SCHRIFTENREIHE
DER ALTNÜRNBERGER LANDSCHAFT
BEGRÜNDET VON FRITZ SCHNELBÖGL †
BAND L

Bilder auf dem Einband

oben, von links:

Burg Neuhaus-Veldenstein, Ausschnitt aus einer Karte des 17. Jahrhunderts (StAAm Plansammlung Nr. 3173)

Burgruine Wildenfels, Stich von L. Schlemmer 1799 (StadtA Lauf)

Burg Hartenstein, Ausschnitt aus einer Karte der reichsstädtischen Ämter Velden und Hauseck 1611 (siehe Vorsatz vorne)

Mitte, von links:

Schloss Reichenschwand, kolorierte Zeichnung von J. C. Bankel 1916 (StadtA Lauf)

Hallerweiherhaus, Federzeichnung von 1612/14 (HallerA)

Herrensitz Lichtenhof, kolorierte Zeichnung von J. C. Bankel 1904 (StadtA Lauf)

unten, von links:

Herrensitz Glockenhof, kolorierte Radierung von F. A. Annert 1788 (StadtMN)

Herrensitz und Hammerwerk Rothenbruck, Ausschnitt aus einer Karte von 1669 (StAAm Plansammlung Nr. 3166)

Herrenhaus Thalheim, kolorierter Stich von J. A. Delsenbach 1718 (StadtA Lauf)

Vorsatz vorne

Ausschnitt aus der Karte der reichsstädtischen Pflegämter Velden und Hauseck, naturalistische Darstellung der Landschaft in Steilaufsicht, gezeichnet im Februar 1611 von Hieronymus Braun (StAN Rst. Nbg., Karten und Pläne Nr. 642)

Vorsatz hinten

Ansicht der Burg Hartenstein von Westen, Zeichnung von 1839 (StAN Reg. v. Mfr. Plansammlung I, Mappe IX Nr. 91)

Seite 6

Wildenfels, Bleistiftzeichnung von Gustav Voit 1984 (Pr)

Gefördert aus Mitteln der Europäischen Union (LEADER+) und des Freistaates Bayern

LAG Gesundheitsregion Hersbrucker Land

Robert Giersch · Andreas Schlunk · Bertold Frhr. von Haller

Burgen und Herrensitze

in der Nürnberger Landschaft

Ein historisches Handbuch
nach Vorarbeiten von Dr. Gustav Voit †

Lauf an der Pegnitz 2006
Selbstverlag der Altnürnberger Landschaft e.V.

Impressum

Herausgeber:
Altnürnberger Landschaft e.V.
Geschäftsstelle: Finstermühle 82, 91284 Neuhaus an der Pegnitz
Staatsarchiv Nürnberg, Archivstraße 17, 90408 Nürnberg

Schriftleitung:
Robert Giersch, Kucha

Gesamtherstellung:
W. Tümmels Buchdruckerei und Verlag GmbH & Co. KG, Nürnberg

© Altnürnberger Landschaft e.V.
Alle Rechte vorbehalten
1. Auflage 2006
Printed in Germany

ISBN: 978-3-00-020677-1

Inhalt

Vorwort 7

Einführung 9

Burgen und Herrensitze von Albewinistein bis Ziegelstein II 15

Anhang 513

Ortsregister 514

Personenregister 519

Allgemeine Abkürzungen 543

Abgekürzt zitierte Literatur 544

Verzeichnis der sonstigen Literatur 546

Bildnachweis 556

Objektübersicht nach Kreisen und Gemeinden 558

Objektübersicht nach Nummern und Übersichtskarte zum Ausklappen

Dr. Gustav Voit †

in memoriam

Vorwort

Die „Altnürnberger Landschaft" hat seit jeher besonderen Wert auf die Geschichte der Burgen und Herrensitze in ihrem Arbeitsgebiet gelegt. Deren Erforschung ging einher mit dem Einsatz für die Erhaltung der Kulturlandschaft mit ihren reichen Bau- und Bodendenkmälern. Einen wesentlichen Anteil daran hatte Dr. Gustav Voit (1923–2001), der sich in zahlreichen Veröffentlichungen mit den Adelsfamilien des Nürnberger Umlandes und ihren baulichen Zeugnissen beschäftigt hat.

Bis zu seinem Tod hat unser langjähriger Vorsitzender trotz eines schweren Augenleidens an einem Buch über die Burgen und Herrensitze gearbeitet, das beinahe 250 Objekte umfassen sollte. Nach mancherlei Schwierigkeiten gelang es im August 2005, mit Robert Giersch und Dr. Andreas Schlunk zwei Bearbeiter zu finden, um das Projekt wieder aufzugreifen und zu Ende zu führen; später stieß dann noch Bertold Frhr. von Haller dazu. Sie übernahmen die mühevolle Aufgabe, das Manuskript von Dr. Voit anhand der einschlägigen Literatur und des über zahlreiche Archive verstreuten historischen Quellenmaterials grundlegend zu überarbeiten und so auf den neuesten Stand der Forschung zu bringen. Zugleich wuchs die Zahl der berücksichtigten Burgstellen, Ruinen, Burgen, Schlösser und Herrensitze auf über 300 an. Mehr als 600 Abbildungen und Pläne, davon viele noch unveröffentlicht, runden die historische Darstellung ab.

Dafür möchte ich den Autoren meinen Respekt und Dank aussprechen, ebenso dem Leiter das Staatsarchivs Nürnberg Dr. Gerhard Rechter, der dieses Werk mit Rat und Hilfe begleitete, und nicht zuletzt Frau Mathilde Voit, die uns das Manuskript ihres verstorbenen Gatten zur Verfügung gestellt hat.

Die „Altnürnberger Landschaft" freut sich sehr, mit diesem 50. Band ihrer Schriftenreihe einen wichtigen Beitrag zur Erforschung der fränkischen Heimat zu leisten, das dank eines großzügigen Zuschusses aus dem „LEADER+"-Förderprogramm der Europäischen Union zu einem günstigen Preis angeboten werden kann und sicher bald zu den Standardwerken der fränkischen Regionalgeschichte zählen wird.

Im Dezember 2006

Hans Recknagel
1. Vorsitzender

Einführung

Noch unmittelbar bevor ihm Krankheit und Tod die Feder aus der Hand nahmen, arbeitete Dr. Gustav Voit (1923–2001) an einer Veröffentlichung, die ihm besonders am Herzen lag. Beeindruckt von der Leistung Hellmut Kunstmanns, der fast sein ganzes Leben vor allem den Burgen der Fränkischen Schweiz gewidmet und in dieser Region etwa 180 Objekte untersucht und beschrieben hatte, machte er sich an eine Zusammenstellung der Burgen, Schlösser und Herrensitze in der Nürnberger Landschaft und übertraf diese Zahl mit 246 noch bei weitem. Dabei konnte er sich auf mancherlei Vorarbeiten stützen.

Bereits der Nürnberger Ratsschreiber Johannes Müllner hatte in seinen 1623 vollendeten Annalen die „alte" und die 1504 eroberte „neue" Landschaft mit ihren Burgen und Sitzen geschildert; seine historischen Angaben sind meist archivalischen Quellen entnommen und daher vergleichsweise zuverlässig. Sie fanden Eingang in die erst im 18. Jahrhundert gedruckten „Deliciae topogeographicae Noribergenses", deren 2. Auflage 1774 von dem Ansbacher Archivar Gottfried Stieber um etliche Nachrichten ergänzt wurde.

M. J. Lehner-Burgstalls Führer durch die nähere Umgebung Nürnbergs „unter besonderer Berücksichtigung der Herrensitze" ist auch in der 2. Auflage von 1913 noch sehr unvollständig und nicht besonders zuverlässig. Umfassender angelegt sind Georg Gärtners Streifzüge „Rund um Nürnberg" bzw. „Alt-Nürnbergische Landschaft" (1926/28), deren historische Daten aber ebenfalls zu wünschen übrig lassen; Quellennachweise fehlen. Mit den militärisch-politischen Aspekten der Herrensitze (vor allem im Gebiet der beiden Reichswälder) befasste sich 1954 Gerhard Pfeiffer in seinem Aufsatz über die „Offenhäuser der Reichsstadt Nürnberg".

Immerhin 81 Objekte beschrieb Renate Freitag-Stadler 1972 im Anhang ihrer Dissertation über die Herrensitze im Bereich der Reichsstadt Nürnberg, doch beschränkte sie sich dabei auf eine knappe Zusammenfassung nach der älteren Literatur und der häufig unzureichenden Inventarisation der Kunstdenkmäler. Wilhelm Schwemmer bot 1979 in der Reihe „Bavaria Antiqua" eine gut bebilderte Übersicht („Alt-Nürnberger Herrensitze, des Rates wehrhafte Offenhäuser"). Den Versuch einer Typologie unternahm 20 Jahre später Jörg Rainer Ruthrof in seiner Magisterarbeit über „Nürnberger Herrensitze der Renaissance", die zwar ebenfalls reich illustriert ist, aber in vieler Hinsicht Lücken und Fehler aufweist. Das Stadtlexikon Nürnberg aus dem Jahr 1999 berücksichtigt nur die wichtigsten Objekte und auch diese nur in knapper Form.

Angesichts der erwähnten Mängel war das Vorhaben Gustav Voits ein Desiderat der Nürnberger Geschichte. Für die 246 von ihm erfassten Objekte erstellte er jeweils einen kurzen Text mit Hinweisen auf die ausgewerteten Quellen und Literatur. Inwieweit die Sichtung von Archivalien noch geplant war, wird nicht deutlich. Gelegentlich zitierte Nachrichten vor allem aus Urkunden hatte er seinen älteren Veröffentlichungen entnommen; es fällt aber auf, dass andere, ihm wohl bekannte Primärquellen (noch) fehlten. Offensichtlich war das Werk über Anfänge nicht hinausgekommen. Mit dieser Materialsammlung hatte Gustav Voit jedoch eine Grundlage geschaffen, um die Burgen und Herrensitze der Nürnberger Landschaft erstmals annähernd vollständig vorstellen zu können.

Die von Gustav Voit getroffene Objektauswahl deckte sich räumlich weder mit dem heutigen Landkreis Nürnberger Land noch mit dem historischen, 1806 untergegangenen Territorium der Reichsstadt Nürnberg, der Alt-Nürnberger Landschaft. Vermutlich spielte hierbei auch die persönliche Liebe zu den touristischen Regionen der südlichen Fränkischen Schweiz und der Hersbrucker Alb eine Rolle. Wie selbstverständlich hatte Gustav Voit Burgen und Herrensitze der südlichen Landkreise Forchheim und Bayreuth einbezogen, auch wenn sie einst weder im Nürnberger Territorium lagen noch in Besitz der Reichsstadt waren. Dagegen verfuhr er im Westen und Süden wesentlich restriktiver, wo er weder die bedeutende Nürnberger Festung Lichtenau bei Ansbach, auch Sitz eines Pflegamtes, noch die einst pfalz-sulzbachische Hofmark Eismannsberg, heute Gemeindeteil der Stadt Altdorf im Nürnberger Land, mit ihren Sitzen berücksichtigte.

Um eine einigermaßen schlüssige Abgrenzung des Untersuchungsgebietes zu erhalten, verständigten wir uns darauf, sowohl die alte als auch die neue Nürnberger Landschaft zu bearbeiten. Daher wurden einerseits der heutige Landkreis Nürnberger Land und die kreisfreie Stadt Nürnberg außerhalb der Stadtbefestigung (sowie

Stein, das bis 1972 zum alten Landkreis Nürnberg gehörte), andererseits aber auch das alte Landgebiet, bestehend aus den Bezirken der reichsstädtischen Wald- und der Pflegämter, herangezogen. Die Ämter Allersberg, Heideck und Hilpoltstein, im 16. Jahrhundert zeitweise in Nürnberger Pfandbesitz, wurden dagegen nicht berücksichtigt.

Um nicht zu viele der von Gustav Voit vorgesehenen Objekte entfernen zu müssen und um das Gebiet einigermaßen geschlossen darstellen zu können, wurden die brandenburg-ansbachischen, brandenburg-bayreuthischen, hochstiftisch-bambergischen und pfalzbayerischen Enklaven integriert. Daher werden auch die Burgen Riegelstein und Spies vorgestellt, die einst im markgräflichen Hoheitsgebiet lagen, das von den Grenzen der Nürnberger Ämter Betzenstein, Hiltpoltstein und Velden eng umschlossen wurde. Die Burg Lichtenegg, im heutigen Landkreis Amberg-Sulzbach gelegen, wurde aufgenommen, da sie die staufische Administration einst ausdrücklich der Reichsvogtei Nürnberg unterstellt hatte. Kritische Leser werden bemerken, dass die Turmburg Breitenthal (Gemeinde Weigendorf) nach den genannten Kriterien eigentlich nicht hätte aufgenommen werden dürfen. Die burgengeschichtliche Bedeutung und die bislang schon mehrfache Verwechslung mit dem 1325 zerstörten Turm im Weidental (bei Hartmannshof) ließen jedoch die Beibehaltung ratsam erscheinen.

Als nicht weniger problematisch erwies sich die begriffliche Abgrenzung. Burgen einschließlich der Ruinen und der ganz abgegangenen Bauten (Burgställe), Schlösser, Herrensitze und -häuser sollten berücksichtigt werden, nicht aber vor- und frühgeschichtliche Anlagen sowie bloße Gartenhäuser. Auch die Existenz eines Geschlechts, das sich nach einem Ort nannte, reicht nach unserer Auffassung ohne weitere Anhaltspunkte für die Annahme eines (abgegangenen) Sitzes nicht aus. Ausgeschieden wurden außerdem unselbständige Teile der neuzeitlichen Nürnberger Befestigungsanlagen wie die Stern- oder Bärenschanze. Wie aber bereits Gerhard Pfeiffer am Beispiel der „Offenhäuser" gezeigt hat, lassen sich kaum abschließende Kriterien aufstellen, um ein Objekt als „Sitz" einzustufen; die heterogene Qualität der Besitzer (aus Adel, Ministerialität, Patriziat oder Bürgertum) erlaubt das ebenso wenig wie die Besitzform (freies Eigen, Mann- oder Erbzinslehen) oder die oft nur bescheidene bauliche Erscheinung. Das führte zu zahlreichen Zweifelsfällen, die andere Bearbeiter vielleicht anders beurteilt hätten. Manche Objekte wurden zwar aufgenommen, aber nur um die bislang behauptete Qualität eines so genannten Burgstalls, Herrensitzes oder dergleichen zu widerlegen.

Von den 246 Objekten des Manuskripts wurden daher zehn entfernt, weil sie sich entweder thematisch oder räumlich nicht einordnen ließen. Aus den verbleibenden 236 Burgen und Herrensitzen wurden nach einer weiteren Sichtung von Archivalien, Druckwerken und Manuskripten sowie mancher Erkundung im Gelände schließlich 305 Objekte. Doch auch diese Zahl kann keinen Anspruch auf Vollständigkeit erheben. Sicherlich ruht das eine oder andere Bodendenkmal noch im Verborgenen, wie uns die Entdeckung der Burgstelle bei Bürtel, Gemeinde Pommelsbrunn, durch Werner Sörgel noch kurz vor Fertigstellung des Buches exemplarisch vor Augen führte.

Wie schon erwähnt, war das Manuskript von Gustav Voit über eine sehr ungleichmäßig ausgearbeitete Materialsammlung kaum hinausgekommen. Zwar konnte er vielfach aus seinen Veröffentlichungen über den Adel (und die Ministerialität) an der Pegnitz schöpfen, die aber das Untersuchungsgebiet räumlich wie zeitlich nicht völlig abdecken. Zu einer eigenen bau- und besitzgeschichtlich orientierten Forschung kam er nicht mehr.

Notwendig waren daher nicht nur die Ermittlung des aktuellen Forschungsstandes anhand der verstreuten Literatur, sondern auch das Aufspüren von Bearbeitungslücken sowie die kritische Würdigung der bereits herangezogenen und die Einbeziehung wichtiger, aber noch nicht erfasster Quellen. Angesichts der knappen personellen Ressourcen mussten die Recherchen zunächst dort ansetzen, wo entweder keine einschlägigen Veröffentlichungen vorlagen oder die Literatur deutliche Mängel erkennen ließ. Häufig erschien die Quellenbasis als recht schmal, was verschiedene Autoren anscheinend zu Spekulationen ermuntert hatte.

Wir standen dabei vor dem Dilemma, nicht nur etwa 70 von Gustav Voit noch nicht berücksichtigte Burgen und Herrensitze völlig neu beschreiben zu müssen. Auch bei den meisten übrigen Objekten waren umfangreiche Ergänzungen und Berichtigungen erforderlich. Angesichts der gewaltigen Menge weitgehend unbearbeiteter archivalischer Überlieferung und des vorgegebenen Zeitrahmens war von Anfang an eine Konzentration auf uns besonders relevant erscheinende Bestände unabdingbar.

Hierzu gehören insbesondere die Akten der reichsstädtischen Waldämter und des Landpflegamtes, die vor allem Informationen zur Baugeschichte enthalten, sowie die Schadenslisten des Zweiten Markgrafenkrieges. Wertvolle Hinweise bieten auch die im 16. Jahrhundert einsetzenden Topographien und Landkarten des Nürnberger Gebiets, darunter die schon 1952 von der „Altnürnberger Landschaft" veröffentlichte Erkundung des Nürnberger Umlandes, die der Rat der Reichsstadt vor Ausbruch des Landshuter Erbfolgekriegs 1504 in Auftrag gegeben hatte („Gelegenhait der landschaft ..."). Die von vielen Autoren meist unkritisch benutzten, materialreichen Manuskripte von Dr. Friedrich August Nagel (1876–1959) erwiesen sich dagegen vielfach als überprüfungsbedürftig. Wertvolle Nachrichten boten schließlich die gedruckten Quellen wie das Nürnberger Urkundenbuch, die schon erwähnten Müllnerschen Annalen usw.

Authentische Informationen zur Besitzgeschichte bergen die zahlreichen Archive der Nürnberger Geschlechter, die immerhin für die Entstehung eines Großteils der hier vorgestellten Herrschaftsbauten verantwortlich waren. Hier konnten wenigstens die umfangreichen Bestände des Hallerarchivs einschließlich seiner Materialsammlungen zur Nürnberger Geschichte ausgewertet werden. Bei den anderen Archiven des Nürnberger Patriziats mussten wir uns dagegen aus Zeitgründen auf Nachprüfungen im Einzelfall beschränken und uns im Übrigen auf frühere Veröffentlichungen verlassen.

Von Gustav Voit so gut wie nicht berücksichtigt wurden Ergebnisse von Bauforschungen, die meist unter der Regie des Bayerischen Landesamtes für Denkmalpflege vor allem im Zuge von Instandsetzungsmaßnahmen erfolgten. Seit den 1980-er Jahren zunehmend interdisziplinär durchgeführt, haben diese in vielen Fällen sehr detaillierte baugeschichtliche Erkenntnisse zu Tage gebracht und nicht selten historische Nachrichten wesentlich ergänzt oder sogar in Frage gestellt. Hervorgehoben seien hier naturwissenschaftliche Methoden wie die Dendrochronologie, d.h. die Jahrringanalyse von Bohrproben aus hölzernen Bauteilen, die mittlerweile zu relativ sicheren Datierungen führt, und das analytische Bauaufmaß, das zur Klärung der oft komplexen Genese eines Bauwerks entscheidend beitragen kann. Eine systematische Auswertung dieser in der Regel nicht veröffentlichten Untersuchungen hätte den Rahmen des Handbuchs gesprengt und eine mehrbändige Reihe erfordert. Gleichwohl wurden ausgewählte, den Bearbeitern zugängliche Ergebnisse eingearbeitet.

Von der Literatur haben wir in jedem Fall die (inhaltlich leider oft überholten) Kunstdenkmälerinventare berücksichtigt, nicht dagegen die meist nur davon abgeleiteten Werke wie den „Dehio", einschlägige Reiseführer, Landschaftsbildbände usw. Die Historischen Atlasbände und die eingangs genannten älteren Arbeiten wurden ebenfalls herangezogen, aber nur dort zitiert, wo sie inhaltlich (noch) von Belang waren. Vor allem aber galt es die zahllosen regional- und lokalgeschichtlichen Veröffentlichungen kritisch auszuwerten.

Wie bereits im Manuskript von Gustav Voit wurden die Objekte alphabetisch angeordnet; abgegangene Burgen (Burgstellen) erscheinen unter dem Namen des nächstliegenden Ortes. Zur exakten Identifizierung erhielt jedes Objekt eine Nummer, die auch in den Bildunterschriften wiederkehrt, sodass jede Abbildung eindeutig dem jeweiligen Bauwerk zugeordnet werden kann. Mehrere Herrensitze an einem Ort werden mit römischen Ziffern unterschieden, auch wenn sie zur selben Schlossanlage gehören, aber wenigstens zeitweise besitzrechtlich abgetrennt waren oder für Nachfolgebauten ein anderer Standort gewählt wurde.

Es erschien zweckmäßig, dem Leser die Zuordnung und Lokalisierung der einzelnen Burgen und Herrensitze mit Hilfe einer in Planquadrate eingeteilten Übersichtskarte zu ermöglichen. Die jeweiligen Koordinaten finden sich in der Kopfleiste rechts von der Objektnummer. Es folgen Bezeichnung und Adresse der Bauten, bei abgegangenen Sitzen wird zumindest die ungefähre Lage angegeben. Der eigentliche Text umfasst regelmäßig die Bau- und Besitzgeschichte sowie eine kurze Beschreibung der Objekte; Nebengebäude werden meist nur kursorisch behandelt.

Am Ende stehen die benutzten Quellen (zuerst die Archivbestände, dann die gedruckten Quellen) und Literatur; hierfür sei auch auf das Abkürzungsverzeichnis verwiesen. Genealogische Daten sind meist den Stammtafeln des Hallerarchivs entnommen, die in der Regel auf authentischem Quellenmaterial beruhen, für die spätere Zeit auch den dort vorhandenen Adelshandbüchern. Die Biedermannschen Geschlechtsregister wurden gewöhnlich erst für das 17. und 18. Jahrhundert herangezogen, wo die Angaben als zuverlässig gelten können.

Die oft sehr widersprüchlichen Angaben in der Literatur wurden anhand von Primärquellen überprüft, soweit dies mit einem vertretbaren Aufwand möglich erschien. Dementsprechend bedeutet die Nennung der angeführten Werke nicht, dass deren Inhalte unkritisch zu übernehmen wären. Auf Vollständigkeit der Literaturhinweise wird kein Anspruch erhoben; ältere Veröffentlichungen werden nur genannt, wenn sie nicht durch neuere überholt sind.

Die historische Ausrichtung des Handbuchs forderte auch eine entsprechende Bebilderung. Die von Gustav Voit angelegte Sammlung von Reproduktionen ging nach seinem Tod vollständig verloren, sodass wir wieder ganz am Anfang der Bildrecherche standen. Ziel war es, nach Möglichkeit unbekannte oder bislang nur selten veröffentlichte historische Abbildungen vorzustellen, die zugleich die Angaben zur Baugeschichte ergänzen sollten, was erwartungsgemäß nicht immer gelang. Auf Innenaufnahmen privat genutzter Objekte wurde generell verzichtet.

Handzeichnungen, historische Karten und Pläne sowie Druckgrafik lieferten vor allem das Staatsarchiv Nürnberg, das Stadtarchiv Lauf, das Hallerarchiv, die Grafischen Sammlungen der Museen der Stadt Nürnberg, das Germanische Nationalmuseum Nürnberg und das Bayerische Landesamt für Denkmalpflege. Die Grafischen Sammlungen stellten das Gros der Fotografien bereit: die 1895 in geringer Auflage veröffentlichten Aufnahmen Guido von Volckamers und die Sammlung der Fotoabzüge von Dr. Friedrich August Nagel, der seit etwa 1909 das Nürnberger Land immer wieder bereiste und es wie kein anderer bildlich überliefert hat. Dass seine Aufnahmen des Öfteren unter Fehlbelichtungen leiden, tut dem dokumentarischen Wert nur geringen Abbruch.

Die Beschreibung der schließlich 305 Objekte hatten sich anfangs mit über 180 Objekten (darunter etwa 60 Neubearbeitungen) Robert Giersch und etwa 120 Objekten Andreas Schlunk geteilt, erst später stieß Bertold Frhr. von Haller dazu, der mit Robert Giersch die zeitraubende Endredaktion übernahm sowie die Verzeichnisse im Anhang erstellte. Durch vielfältige Ergänzungen, Korrekturen und Überarbeitungen entstand schließlich ein Gemeinschaftswerk, sodass wir darauf verzichtet haben, die einzelnen Artikel bestimmten Autoren zuzuordnen. An der Vereinheitlichung der Formalien und der Fahnenkorrektur war auch Herr Prof. Dr. Georg Seiderer beteiligt.

Das vorstehende Handbuch will in erster Linie eine zuverlässige Handreichung sein für alle, die sich über die Burgen, Schlösser und Herrensitze des Nürnberger Umlandes informieren wollen. Zugleich soll es eine solide Grundlage bilden für weitergehende Einzelforschungen, die bei zahlreichen Objekten noch ausstehen. Trotz dieser Einschränkung führte die Bearbeitung bereits jetzt zu vielen neuen Erkenntnissen, die über den bisherigen Forschungsstand weit hinausführen und einen wichtigen Baustein zur Erforschung des Phänomens der Herrensitze im Nürnberger Umland bilden.

Angesichts von vielen tausend Daten sind trotz aller Gründlichkeit bei einem derartigen Werk Unstimmigkeiten und Fehler nicht zu vermeiden. Ergänzungen und Berichtigungen sind uns daher jederzeit erwünscht; sie sollen nach Möglichkeit in eine gesonderte Veröffentlichung einfließen, die auch die gar nicht so wenigen Herrensitze Nürnberger Geschlechter außerhalb des hier behandelten Gebiets einbeziehen könnte.

Den Bearbeitern wurde in jeder Hinsicht viel Hilfe und Wohlwollen zuteil. Ohne die Unterstützung durch den Leiter des Staatsarchivs Nürnberg, Ltd. Archivdirektor Dr. Gerhard Rechter, sowie seine Mitarbeiterinnen und Mitarbeiter, die monatelang mit keineswegs bescheidenen Aushebe- und Reproduktionswünschen konfrontiert wurden, wäre das Werk nicht zum Abschluss gekommen.

Den Grafischen Sammlungen der Museen der Stadt Nürnberg gebührt unser besonderer Dank. Die Bearbeiter haben von der Leiterin Dr. Jutta Tschoeke sowie ihren Mitarbeiterinnen und Mitarbeitern uneingeschränkte Unterstützung erhalten. Auch die Hilfe des Stadtarchivs Lauf und seines Leiters, Herrn Ewald Glückert, fiel in jeder Hinsicht großzügig und wohlwollend aus. Ebenso sei dem Bayerischen Landesamt für Denkmalpflege für die kooperative Überlassung von Bildmaterial herzlich gedankt. Auch durch das Staatsarchiv Amberg, namentlich durch die Herren Erwin Stoiber und Jochen Rösel, erfuhren wir eine immer engagierte, kompetente Beratung und Unterstützung.

Nicht zuletzt haben wir dem Vorstand der Altnürnberger Landschaft e.V. für den Beschluss zu danken, das letzte große Projekt des früheren 1. Vorsitzenden Dr. Gustav Voit aufzugreifen und ihm zu Ehren zu einem würdigen Abschluss zu bringen. Damit konnte ein wesentlicher Teil regionaler Geschichte erforscht und das Ergebnis einer größeren Öffentlichkeit zur Verfügung gestellt werden. Dem schließt sich der Dank an die Kommunale Allianz Hersbrucker Land an, deren Entscheidung, das Projekt für das EU-Förderprogramm „LEADER+" zu empfehlen, der Altnürnberger Landschaft e.V. die Verwirklichung des umfangreichen Druckwerkes und der digitalen Präsentation als CD sowie Internet-Auftritt wesentlich erleichtert hat. Wir danken zudem der LAG-Managerin Frau Gudrun Donaubauer, die uns angesichts der Formalia mit Rat und Tat geduldig zur Seite stand. Herr Reiner Niebauer sowie seine Mitarbeiterinnen und Mitarbeiter der Druckerei Tümmel, hier besonders Herr Siegfried Biller, haben durch ihre Sorgfalt und Umsicht in erheblichem Maße zum Gelingen des Werkes beigetragen. Schließlich aber danken wir den vielen weiteren, hier nicht namentlich genannten Helfern, insbesondere unseren Familien, die ganz erheblich unter der oft ruhelosen Arbeit an diesem Buch gelitten haben.

Angesichts dieser großen Unterstützung hoffen wir sehr, dass die Nürnberger Landschaft jetzt nicht nur über ein historisch orientiertes Handbuch ihrer Burgen und Herrensitze verfügt, sondern dass auch die Bedeutung dieser Baudenkmäler für die regionale Kulturlandschaft wieder stärker ins Bewusstsein der Öffentlichkeit gerät. Dementsprechend war es uns ein Anliegen, nicht nur einem Fachpublikum und den Bildungseinrichtungen, sondern vor allem auch den Gästen der Region leicht zugängliche wie verlässliche Informationen an die Hand zu geben, zumal Burgen und Herrensitze zu den wesentlichsten Merkmalen dieser Landschaft zählen.

An dieser Stelle soll aber nicht verschwiegen werden, dass nicht wenige der hier vorgestellten und unsere Heimat prägenden Bau- und Bodendenkmäler akut im Bestand gefährdet sind. Von daher möge dieses Handbuch nicht nur zur Dokumentation und Wegweisung dienen. Dem Verein „Altnürnberger Landschaft" war schon seit seiner Gründung bewusst, dass gerade in einer Zeit, in der traditionelle kulturelle Werte immer mehr an Gewicht verlieren, die Bedeutung der Region als eine (noch) überdurchschnittlich intakte, historische Kulturlandschaft immer wieder hervorgehoben werden muss. Dabei ist es unabdingbar, dass die von einer vermeintlich immer zweckrationaleren Politik zunehmend im Stich gelassenen Baudenkmäler und deren Eigentümer wieder eine größere Wertschätzung erfahren. Denn wie können vernachlässigte oder gar vorsätzlich geschädigte historische Bauten als Werbeträger einer Landschaft dienen, deren Aura nicht zuletzt von in kühner Lage thronenden Burgen und malerischen Schlössern und Herrensitzen wesentlich geprägt wird? Ein an Nachhaltigkeit und Qualität orientiertes Kultur- und Fremdenverkehrsmanagement wird daher – so hoffen wir – dieses Buch dankbar aufgreifen.

Robert Giersch

Andreas Schlunk

Bertold Frhr. von Haller

1 — H9

Albewinistein

Nicht eindeutig lokalisierte Burg

Vermutlich nicht Stadt Betzenstein

Landkreis Bayreuth

Sowohl Gustav Voit als auch Hellmut Kunstmann haben die urkundlich zwischen 1108 und 1122 bezeugte Reichsburg Albewinistein in der unmittelbaren Nähe Betzensteins vermutet. Demnach soll die noch im 12. Jahrhundert abgegangene Burg – wofür kein Beleg existiert – auf dem Westteil des so genannten Klauskirchenberges bei Betzenstein gestanden haben. An dieser Stelle ließen sich jedoch bislang keine Siedlungsspuren finden. Beide Forscher stützten ihre Annahme auf Lagehinweise in den Urkunden des frühen 12. Jahrhunderts. Darin wird deutlich, dass die Reichsburg Albewinistein samt Zubehör, darunter Mühlen, gelegen in der Nordgaugrafschaft des Grafen Otto (von Habsberg), 1108/1112 für 800 Pfund Silber und 17 Talente Gold von König Heinrich V. an Bischof Otto I. von Bamberg verkauft worden ist. 1122 wurde festgehalten, dass der Bischof in einer nicht weit von der Burg gelegenen Siedlung eine dem St. Nikolaus geweihte Basilika gebaut hatte. Außerdem lag die Burg nahe eines zweiten, „Hovestad" genannten Ortes.

Diese und noch andere Hinweise aus den genannten Urkunden sprechen jedoch eher gegen die Lokalisierung bei Betzenstein: Weder handelte es sich bei der abgegangenen „Klauskirche", der Überlieferung nach eine Kapelle, um eine „basilica", noch überzeugt die Zuordnung des Weilers Höchstädt bei Betzenstein – von den Mühlen, die 1108/1112 mitverkauft wurden, ganz zu schweigen. Kunstmann und Voit vernachlässigten auch die Beobachtung, dass die Urkundenzeugen, u. a. mehrere Edelfreie von Ebermannsdorf, Hartnit von Theuern und der Vogt Richwin zu Lintach, weitgehend aus dem Raum Amberg stammten. Der genannte Graf Otto, aus dem Haus Habsberg-Kastl, zählte im Übrigen zu den entschiedenen Unterstützern Heinrichs V. Schon eher könnte Albewinistein daher südlich von Amberg in der Nähe des an Mühlen reichen Vilstals zu suchen sein, das in der Grafschaft des mit den Schweinfurter Grafen verwandten Otto lag. In Theuern lässt sich zudem eine schon für das Hochmittelalter bezeugte Pfarrkirche St. Nikolaus und der nahe Weiler Hofstetten finden. Unmittelbar benachbart liegt oberhalb des Vilstals bei Ebermannsdorf eine der besterhaltenen salischen Turmburgen Deutschlands: Sollte die Ruine bei Ebermannsdorf, deren opus spicatum (Fischgrätverband) im Füllmauerwerk auf vorstaufische Herkunft weist, mit Albewinistein identisch sein?

Quellen

Mon. Boica Bd. 29a, S. 230, Nr. 440.

Literatur

Dendorfer, Jürgen: Adelige Gruppenbildung und Königsherrschaft. Die Grafen von Sulzbach und ihr Beziehungsgeflecht im 12. Jahrhundert. München 2004.

Giersch, Robert: Quellenzusammenstellung zur Geschichte der Burgruine Ebermannsdorf. Unveröff. Manuskript für das BLfD 2003.

Kunstmann, Östliche Fränkische Schweiz, S. 434 f.

Looshorn, Johann: Die Geschichte des Bistums Bamberg. Bd. 2 München 1888, S. 47.

2 — H6

Alfalter

Abgegangene Burg, „Altes Schloss"

Gemeinde Vorra

Landkreis Nürnberger Land

1597 bezeichnete der Kartograph Paul Pfinzing in einem Plan der Dörfer Vorra und Artelshofen ein Felsmassiv zwischen Vorra und Kirchensittenbach mit „bey dem Alten Schlos". Die Felsen liegen unweit einer Kreuzung der Altstraßen von Hersbruck zum Hohenstein und von Kirchensittenbach ins obere Pegnitztal bei Düsselbach. An der Stelle finden sich zwei Felsriffe

A ALFALTER

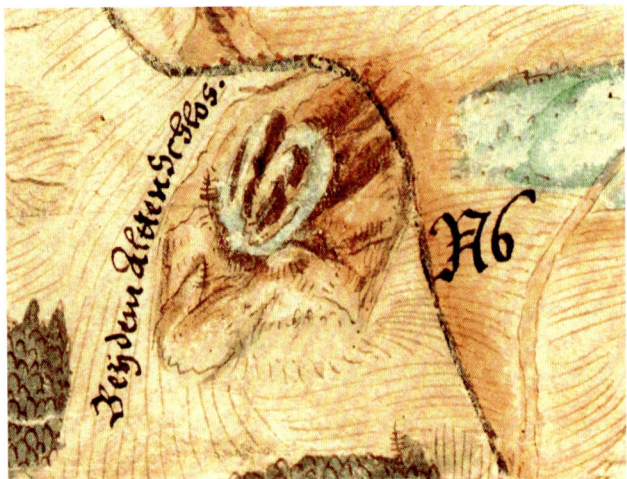

2.1 „Bey dem alten Schlos", Lagebezeichnung auf einem Kartenblatt von 1597 (StAN)

2.2. Auf dem Felsriff haben sich geringe Reste der ehemaligen Umfassungsmauer erhalten (Rg)

mit steilen, bis 10 m hohen Wänden und damit recht günstige Bedingungen zum Bau einer Burg.

Auf dem größeren, westlichen Felsriff entdeckten Walter Heinz und Ernst Dörr geringe Reste von Mauern aus behauenen Steinen, die sich ursprünglich wohl um das gesamte Plateau mit einer Grundfläche von 24 auf 12 Metern herumzogen. Die bislang aufgefundenen Keramikreste weisen ins 13. Jahrhundert. Heinz glaubt den Zugang im Norden, die Stelle eines früheren Gebäudes und den Verlauf der (Futter-)Mauern rekonstruieren zu können.

Historische Nachrichten oder auch nur der Name der Burg fehlen. Denkbar ist eine Zuordnung zu den benachbarten Ministerialen von Alfalter, die zur Reichenecker Dienstmannschaft zählten und sich von 1362 bis 1433 im Umfeld der Reichenecker nachweisen lassen. Bei ihrer letzten Erwähnung im Jahre 1433 veräußerten Erhard und Bernhard „Affalterer" ehemalige Lehen der Reicheneck zu Alfalter an die Harsdorfer. Mit ihrem Aussterben oder Abwandern wird dann auch die Burganlage spätestens im frühen 15. Jahrhundert aufgegeben worden sein, wenn sie nicht – wie die benachbarten Anlagen – den zahlreichen Kriegen und Fehden der Jahrzehnte nach 1290 zum Opfer gefallen ist (vgl. z.B. Lichtenstein, Lichtenegg usw.).

Quellen

StAN Rst. Nbg., Urk. des 7-farbigen Alphabets Nr. 225. Karten und Pläne Nr. 523.

Müllner II, S. 167; III, S. 340.

NUB Nr. 310, 448.

Literatur

Heinz, Walter: Das „Alte Schloss". In: Ehemalige Burgen im Umkreis des Rothenbergs. Eine Auswahl, 2. Teil: Vom Hohenstein zum Keilberg (= Vom Rothenberg und seinem Umkreis Heft 15/2). Schnaittach 1992, S. 102-105.

Heinz, Walter / Leja, Ferdinand: Der Burgstall „Altes Schloß" bei Stöppach. In: MANL 38 (1989), Heft 2, S. 161-168.

Voit, Pegnitz, S. 34.

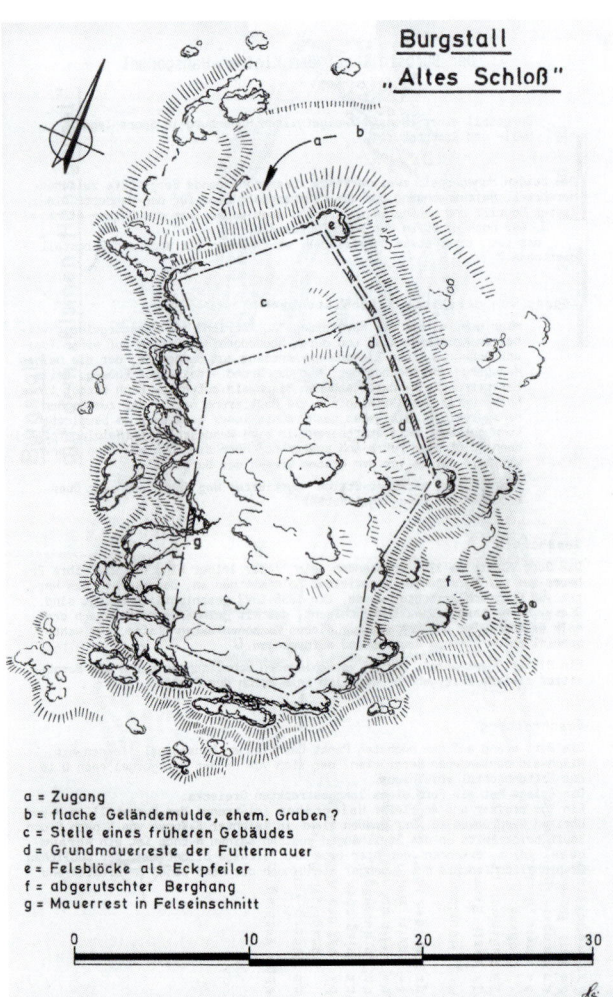

2.3 Vermessung und Rekonstruktionsversuch der Anlage durch Walter Heinz und Ernst Dörr (Pr)

3 | 13

Alfeld

Abgegangener Ministerialensitz

Bierweg Nr. 11

Gemeinde Alfeld

Landkreis Nürnberger Land

Alfeld war Teil der Vogtei Hersbruck, die noch im 16. Jahrhundert 32 von 34 Höfen am Ort besaß. Die Verwaltung vor Ort nahmen die Reichsministerialen von Reicheneck wahr, die im 14. Jahrhundert mehrere Güter dem Kloster entfremdet hatten und am Ort über einen Eigenhof verfügten.

Möglicherweise auf diesem bislang nicht lokalisierbaren Hof saßen ihre Lehnsleute, die sich nach Alfeld benannten und in der Person Konrads von Alfeld erstmals 1286 urkundlich fassbar sind. Konrad besaß in Zant (abgegangen bei Höfstetten) eine Hube als Reichenecker Lehen, seine Tochter Agnes brachte er im Reichenecker Hauskloster Engelthal unter. Während von Konrad kein Siegel bekannt ist, führten spätere Angehörige der Familie nachweisbar seit 1361 mit einem steigenden Wolf im Siegelbild. Mit Albrecht, Burgmann auf Vilseck, verschwindet die Familie nach 1413 aus der Überlieferung.

Die eindeutig ministeriale Herkunft der Familie lässt den Bau eines einfachen befestigten Sitzes im namengebenden Alfeld möglich erscheinen. Walter Heinz und Ernst Dörr vermuten den Sitz beim Anwesen Bierweg 11, wo an der Abzweigung zur Lieritzhöfer Straße (sie führt zur Altstraße Regensburg-Forchheim!) von der Hauptstraße ein nach drei Seiten steil abfallender Felsen in dominierender Ortslage natürlichen Schutz bot. Ein bis zu 2,5 Meter hoher und rund 5 Meter langer Mauerrest findet sich auf dem Felsen, ein Mauerbogen überspannt einen Felsspalt und machte so eine Bebauung bis zur Felsenkante möglich.

Schon bald nach dem Aussterben der Familie muss allerdings auch der Ansitz seinen wehrhaften Charakter verloren haben, da bereits 1504 zu Alfeld keine Befestigung mehr erwähnt wurde. Der Nürnberger Chronist Müllner kann hundert Jahre später nur noch vermuten, dass die Familie „an diesem Ort gewohnet" hat.

Quellen

StAN Rst. Nbg., Urkunden des 7-farbigen Alphabets Nr. 100 f.

Gelegenhait, Nr. 1006.

Lehnbuch 1331, S. 106 f.

Müllner I, S. 216; III, S. 350.

Literatur

Dannenbauer, S. 226.

Heinz, Walther / Dörr, Ernst: Der vergessene Alfelder Burgstall. In: Heimat Hersbruck 68 (1998), Nr. 6, S. 21–23.

Vahl, Rittersiegel, Bd. 1, S. 334; Bd. 2, S. 427.

Voit, Pegnitz, S. 35 f.

Voit, Reicheneck, S. 58 und 98.

4 | B4

Almoshof I

Herrensitz

Almoshofer Hauptstraße 49-53

Stadt Nürnberg

Schon wenige Jahre nach der Ersterwähnung des Ortes 1352 hatte das Nürnberger Geschlecht der Holzschuher hier Grundbesitz. Später erbauten sie einen Sitz, über den sie 1517 der Reichsstadt das Öffnungsrecht einräumten. Im Kriegsfall hätte der Rat daher den Sitz mit Truppen belegen dürfen. Der Ratsschreiber Johannes Müllner führte in seinen Annalen der Reichsstadt Nürnberg von

3.1 In zentraler Ortslage vermutet die lokale Forschung den Sitz der Ministerialen von Alfeld, Fotografie: F. A. Nagel von etwa 1940 (StadtMN)

1623 an, dass es zu Almoshof „etliche Burgersitzlein" gebe, darunter „gar ein alter", der Holzschuhersche Sitz, der jedoch seit der Zerstörung im Zweiten Markgrafenkrieg 1552 noch immer „uber einen Haufen" liege. Nach den Schadenslisten der Reichsstadt war er mit drei weiteren „schönen herren häußern" sowie den übrigen Almoshofer Anwesen, insgesamt 93 Gebäuden, am 17. Mai 1552 niedergebrannt worden.

Noch 1642 führte Sigmund Gabriel Holzschuher die Almoshofer „Brandstützen" in seinem Testament auf und legte seinen Enkeln nahe, darauf ein neues Herrenhaus zu bauen. Er erinnerte daran, dass der Sitz einst über 200 Jahre von seinem Geschlecht bewohnt gewesen war. Erst Sigmund Elias Holzschuher erbarmte sich 1692 des Testamentes und beantragte im Mai des Jahres den Neubau. Das neue zweigeschossige Herrenhaus wurde daraufhin 1692/93 als dreiflügelige Anlage ausgeführt, und zwar südlich der alten Burgstelle. Offenbar war der Baugrund wenig tragfähig, denn das reichsstädtische Waldamt musste 1692 eine größere Menge Bauholz für einen Pfahlrost zur Gründung bewilligen. Darauf wurde der Neubau mit Umfassungen aus Sandsteinquadern errichtet. Der nördlich vorgelagerte Ehrenhof wurde zur Einfahrt hin mit Wirtschaftsgebäuden flankiert. Südlich des Herrenhauses erstreckte sich die heute längst für landwirtschaftliche

4.1   Aufriss der Nordfassaden des Herrenhauses, gezeichnet 1692 für die Baueingabe des Sigmund Elias Holzschuher (StAN)

Nutzungen umgewandelte Gartenanlage. Das äußere Erscheinungsbild wird vor allem von den Giebeln der Seitenflügel bestimmt: Sie weisen Giebelbekrönungen und als Ortgangabschluss Voluten auf. Im Erdgeschoss des Corps de Logis wurde der Gartensaal eingerichtet. Im Obergeschoss findet sich ein weiterer Saal, hier mit einer stuckierten Decke, in anderen Räumen haben sich bauzeitliche Spunddecken erhalten.

Die Familie Holzschuher von Harrlach blieb bis 1941 Eigentümer des Herrensitzes. In Almoshof hatte sie einst die Dorf- und Gemeindeherrschaft wahrgenommen.

4.2   Der Herrensitz von Süden aus der Vogelschau, kolorierter Kupferstich: J. A. Delsenbach 1728 (StadtMN)

4.3 Ansicht des Herrenhauses und des Ehrenhofs von Norden, Fotografie: F. A. Nagel von etwa 1940 (StadtMN)

Die vom Königreich Bayern verliehene Patrimonialgerichtsbarkeit war schon 1834 an den Staat abgetreten worden. Seit 1941 ist das Anwesen im Eigentum der Stadt Nürnberg. Noch 1957 wurde der besondere Erhaltungszustand des Schlosses gerühmt, wobei die Butzenscheibenverglasung hervorgehoben wurde. Der Herrensitz wird heute vom städtischen Amt für Kultur und Freizeit betreut und als Kulturladen genutzt.

Quellen

StAN Rst. Nbg., Urkunden Nr. 827. Rst. Nbg., Handschriften Nr. 198. Rst Nbg., Waldamt Sebaldi I Nr. 260.

Literatur

HAB Nürnberg-Fürth, S. 97, 236.

KDM Stadt Nürnberg, S. 267 ff, hier mit Planzeichnungen.

Schwemmer, Bavaria Antiqua, S. 29, mit Ausschnitt aus dem Kupferstich von J. A. Delsenbach von 1728.

Stadtlexikon Nürnberg, S. 60 f.

5 B4

Almoshof II

Abgegangener Herrensitz, „Praunscher Sitz"
(Abbruch ca. 1870)

Irrhainstraße 19-25

Stadt Nürnberg

Nach den Annalen des Johannes Müllner von 1623 wurde der später Praunsche Herrensitz zu Almoshof um das Jahr 1524 von der Familie Starck neu erbaut. Zwei Jahre später beschwerte sich Markgraf Kasimir im so genannten „Neugebäu-Prozess" vor dem Reichskammergericht, diese „neue Kemenate" sei aus Quadersteinen 30 Schuh (ca. 9 m) hoch auf einem Grundriss von 45 Schuh (ca. 13,5 m) im Quadrat erbaut und von einer 10 Schuh (ca. 3 m) hohen Mauer umgeben worden.

Dass es einen Vorgängerbau gegeben hatte, legt das durch Ulrich Starck 1521 erneuerte Öffnungsrecht der Reichsstadt Nürnberg nahe. Vermutlich war er einer der drei Herrensitze, die in der Erkundung der Landschaft aufgezählt werden, die 1504 vor Ausbruch des Landshuter Erbfolgekrieges unternommen wurde. König Sigmund hatte bereits 1428 Ulrich und Hans Starck mit einem Reichslehen zu Almoshof belehnt.

Am 2. Januar 1537 veräußerte Ulrich Starck den Herrensitz „zum Malmeshoff" mit allen Gebäuden, Mauern, dem Zwinger, Garten und Zubehör an Nicklas Praun. Dessen Nachfahre Hans Praun erlebte 1552 die Zerstörung des Sitzes durch markgräfliche Truppen. In den Jahren danach wurden zunächst nur Nebengebäude wieder aufgebaut, in denen eher provisorische Räume für zeitweilige Aufenthalte der Herrschaft eingerichtet wurden. Der 1578 verstorbene Stephan II. Praun führte den Sitz der Praunschen Familienstiftung zu. 1607 nutzten daher die drei Brüder Paulus, Hans und Jacob Praun den Sitz gemeinsam. Da sie alle Familien mit Kindern hatten, klagten sie über beengte Verhältnisse. Der Sommersitz verfügte angeblich nur noch über zwei kleine Stuben und im Obergeschoss über nur eine Kammer für jede Familie. Die Herren wünschten eine Erweiterung, auch weil sie damit rechneten, irgendwann einmal vor einer Seuche aus der Stadt fliehen zu müssen. Die Brüder beantragten zunächst die Überbauung eines offenen, mit Zinnen bekrönten Wehrgangs, der das kleine Herrenhaus mit dem benachbarten Voithaus verband. 1608 änderten die Brüder ihren Plan und wollten nun im Hofraum ein größeres Herrenhaus errichten, das im Erdgeschoss auch einen Saal beherbergen sollte.

Nach weiteren Änderungen wurde schließlich 1611 dem Bau an der Stelle eines abzubrechenden Gartenhauses zugestimmt. Es sollte ein zweigeschossiges Satteldachgebäude mit Turmerkern an den vier Hausecken werden. Es ist nicht zu belegen, ob der Neubau unmittelbar nach diesen Vorgängen oder erst nach weiteren Verhandlungen ausgeführt wurde. Die baulichen Anstrengungen der Familie Praun wurden jedoch 1632 durch die kaiserliche Soldateska zunichte gemacht. 1633 wollten Friedrich und Christoph Praun im abermals vom Krieg gezeichneten Herrensitz zumindest das Kellerhäuslein, dessen Obergeschoss bisher als „Sommersalettl" genutzt worden war, für eine Voitwohnung in Stand setzen.

A   ALMOSHOF II

5.1   Ansicht des Praunschen Herrensitzes zu Almoshof aus der Vogelschau von 1607, Darstellung des nach 1553 wiederaufgebauten Bestandes (StAN)

5.2   Ansicht des um 1611 gebauten Herrenhauses im so genannten Cnopfschen Skizzenbuch von 1612/14 (HallerA)

5.3 Ansicht des Praunschen Sitzes auf einem kolorierten Kupferstich, anonym, vermutlich spätes 18. Jahrhundert (GNM)

Der bis zum Ende des 30-jährigen Krieges wiederhergestellte Herrensitz blieb schließlich bis zum Aussterben der älteren Linie der Familie Praun 1867 im Besitz des Geschlechts. Um 1870 wurde das Herrenhaus vom an der Nürnberger Kunstgewerbeanstalt lehrenden Professor Bergau erworben und abgebrochen. Der Käufer ließ mit dem Abbruchmaterial ein Haus auf dem Nürnberger Anwesen Pilotystraße 27 rekonstruierend aufbauen, wobei sich Bergau weniger vom historischen Bestand leiten ließ, sondern, wie es heißt, eher etwas Historisierendes schuf, „was der damals modernen Baukunst entsprach". Die Rekonstruktion erhielt u.a. einen Treppenturm, der beim Praunschen Herrenhaus gefehlt hatte. Auch die Ecktürmchen, die beim zweiten Wiederaufbau vor 1648 weggelassen worden waren, und der gesamte Werksteinschmuck wurden von Bergau völlig neu entworfen. Der Neubau in der Pilotystraße wurde im Zweiten Weltkrieg durch Bomben zerstört. Die historischen Werksteine sollen danach noch einige Zeit im Garten Pilotystraße 31 gelegen haben. In Almoshof blieben vom Praunschen Herrensitz noch ein Stück Zinnenmauer (Irrhainstr. 19), das so genannte Kellerhäuschen von 1768 (Irrhainstr. 23) und das barocke Voithaus (Irrhainstr. 25) erhalten.

Quellen

StAN Rst. Nbg., Waldamt Sebaldi I Nr. 260.

StadtAN E 10/21 Nr. 55.

Gelegenhait, Nr. 720, 1940 f.

Literatur

Achilles-Syndram, Katrin: Die Kunstsammlung des Paulus Praun (= QGKN Bd. 25). Nürnberg 1994, S. 234 f mit Abb. 29-32, vier Ölbilder mit Ansichten des Schlosses Almoshof (3 vor, 1 nach dem Umbau von 1611) im GNM.

Lehner-Burgstall, S. 193 f, erwähnt den Abbruch durch Bergau und den veränderten Wiederaufbau.

Neukam, Wilhelm G.: Ein Einbruch in das burggräfliche Geleite in der Nähe Egers durch den Landgrafen von Leuchtenberg und seine Helfer 1413. In: MVGN 42 (1951), S. 111.

Pfeiffer, Gerhard: Die Offenhäuser der Reichsstadt Nürnberg. In: JffL 14 (1954), S. 171.

Ruthrof, Renaissance, S. 45, mit Abbildung des im Stadtarchiv Nürnberg aufbewahrten Aufrisses.

Stromer, Wolfgang von: Ein Lehrwerk der Urbanistik aus der Spätrenaissance. Die Baumeisterbücher des Wolf Jacob Stromer 1561–1614 (= Willibald-Pirckheimer-Gesellschaft, Jahresgabe 2/1984). Nürnberg 1984, S. 84, Hinweis auf das zerlegbare Holzmodell im Stadtmuseum, das dem Praunschen Herrensitz entsprechen soll.

6 B4

Almoshof III

Abgegangener Herrensitz (1943 zerstört)

Almoshofer Hauptstraße 84

Stadt Nürnberg

Der erste sichere Nachweis dieses Herrensitzes ist die Öffnungsverschreibung der Helena, Witwe des Hans Rech, zu Gunsten der Reichsstadt vom Jahr 1517. Nach ihrem Verzicht auf den lebenslänglichen „Beysitz" und dem ihrer Schwäger Endres und Hieronymus Rech auf ihre Lehnanteile verkaufte deren Bruder

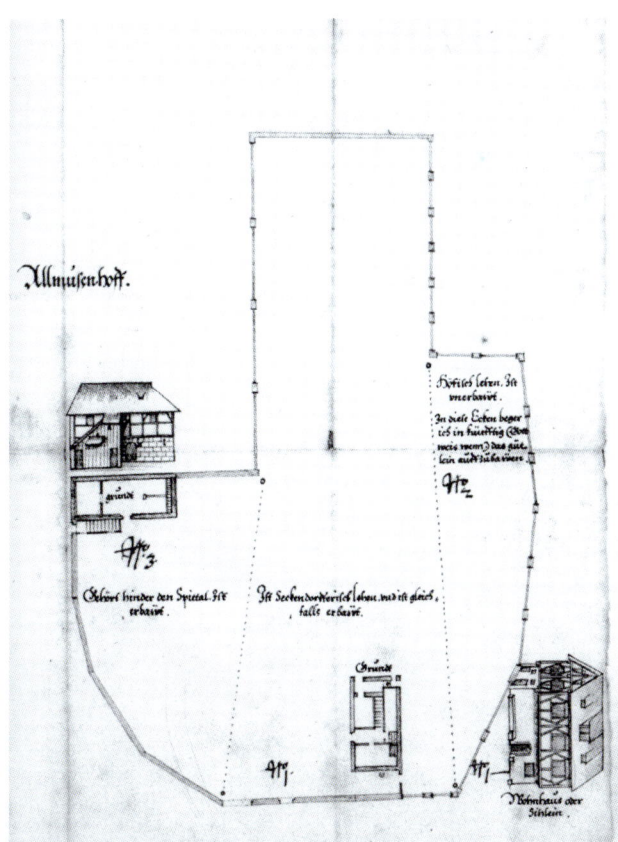

6.1 Grundriss des Stromerschen Herrensitzes zu Almoshof mit Aufrissen des Herren- und Nebenhauses, gezeichnet 1604 vom Nürnberger Stadtbaumeister Wolf Jakob Stromer (StAN)

Sebald Rech 1520 den Sitz zu „Malmaßhof" an seinen Vetter Sebastian Melber. Der Lehnsherr Melchior von Seckendorff-Nolt, an dessen Familie die ehemals Bergschen Reichslehen 1464 gelangt waren, erteilte seine Zustimmung. Die weiteren Besitzer wechselten in rascher Folge: 1527 erwarb Jakob Mayer den Sitz, der 1531 das Heiratsgut seiner Frau darauf versicherte; diese trat ihn 1536 an ihren Bruder Martin Rosenthaler ab. 1557 wurde dessen Sohn Hannibal damit belehnt. Zwei Jahre später verkauften derselbe und seine Ehefrau Susanne den bereits am 17. Mai 1552 im Zweiten Markgrafenkrieg abgebrannten Herrensitz und Garten an den Patrizier Fritz Friedrich Stromer.

Dieser scheint ihn alsbald wiederaufgebaut zu haben, denn das Herrenhaus soll, wie sich der Almoshofer Förster später erinnerte, bereits wenige Jahre nach dem Krieg wieder bewohnbar gewesen sein. Friedrich August Nagel vermutete einmal, dass der alte Ansitz der Familie Rech nicht an der Stelle des Stromerschen Baus, sondern in der benachbarten Flur „Burggraben", Flurstück 78, gelegen war. Eine Überprüfung dieser Spekulation unterblieb bis heute.

1586 wurde der spätere Nürnberger Stadtbaumeister Wolf Jakob Stromer (1561–1614) mit dem Sitz belehnt. Er wollte 1595 ein Voithaus bauen, das Baugesuch wurde jedoch abgelehnt. 1604 versuchte er abermals, das Nebenhaus auf einem anderen Grundstück durchzusetzen, was ihm, dem Stadtbaumeister, erst nach vielen Mühen und mehreren Petitionen gelang.

Der Herrensitz blieb lange Teil der Stromerschen Familienstiftung. 1728 bestand er aus dem Herrenhaus, einer „von Steinen" errichteten Sommerlaube, dem Hofraum und dem Schlossgarten. Seit 1710 war das Anwesen dem Markgrafen von Brandenburg-Ansbach lehnbar. Zuvor war die Lehnsherrschaft von den Seckendorff auf die Sperreuth, dann an die Grafen Pückler und Zeil verkauft worden. Erst 1819 wurden die alten Lehnsbindungen abgelöst. Nachdem angeblich schon im 19. Jahrhundert Abbrüche von Nebengebäuden erfolgt waren, wurde der erhaltene Bestand bei einem Luftangriff 1943/44 zerstört. Die Grundstücke befinden sich noch heute im Besitz der Familie.

Quellen

StAN Rst. Nbg., Waldamt Sebaldi I Nr. 260. Stromer-Archiv Urkunden Nr. 363, 389, 399, 435a, 487, 512, 792-796, 798, 803-818, 820; dgl. Akten Nr. 1071 f.

StadtAN E 10/21 Nr. 55.

Müllner I, S. 315.

Literatur

HAB Nürnberg-Fürth, S. 97, dort irrtümlich als Besitz der Löffelholz geführt.

Sporhan-Krempel, Lore / Stromer, Wolfgang von: Wolf Jakob Stromer 1561–1614, Ratsbaumeister zu Nürnberg. In: MVGN 51 (1962), S. 273-310, v. a. S. 275.

7 B4

Almoshof IV

Abgegangener Herrensitz (1943 zerstört)

Irrhainstraße 8

Stadt Nürnberg

Der vierte, wohl kleinste Herrensitz zu Almoshof war im 16. Jahrhundert bei der Familie Imhoff. Ludwig Imhoff räumte 1517 der Reichsstadt das Öffnungsrecht im Kriegsfall ein. Die Familie baute den Sitz nach der Zerstörung am 17. Mai 1552 vermutlich nur in reduzierter Form wieder auf und besaß ihn 1623 als freies Eigen. Die Darstellung im so genannten Cnopfschen Skizzenbuch von 1612/14 lässt eine Reihe von Gebäuden, jedoch kein repräsentatives Herrenhaus erkennen. Ab 1711 gehörte das Gut Gustav Gabriel Imhoff. Aufgrund der recht dürftigen Überlieferung wird nur vage für die Mitte des 18. Jahrhunderts ein Besitzwechsel an dessen Enkel Gustav Gabriel von Thill bekannt. Dieser

7.1 Der Imhoffsche Sitz (oben) präsentierte sich um 1612/14 unmittelbar nördlich des kleinen Stromerschen Sitzes (unten, mit Fachwerkgiebel und Wetterfahnen) als Gartenanwesen ohne repräsentatives Herrenhaus (HallerA)

wurde dann bis 1772 als Besitzer bezeugt. Seit 1773 besaß eine Frau von Peßler den Ansitz, bis ihn 1779 Johann Friedrich Sigmund von Praun erwarb. 1819 war dessen Neffe Sigmund Christoph Ferdinand von Praun Eigentümer.

Das Anwesen wurde im Bombenkrieg 1943 weitgehend zerstört. Nur das Voithaus, Teile der Einfriedung und das Einfahrtstor blieben erhalten. Die Kartusche mit dem Praunschen Wappen am südlichen Torpfeiler wurde erst 1953 eingemauert; sie stammt vom gleichfalls zerstörten Praunschen Schloss [vgl. Almoshof II].

Quellen

StAN Rst Nbg., Urk. des 7-farbigen Alphabets Nr. 3826.

StadtAN E 10/21 Nr. 55.

Literatur

Biedermann Tab. 598.

HAB Nürnberg-Fürth, S. 86, 236.

Ruthrof, Jörg Rainer: Nürnberger Herrensitze der Renaissance. Versuch einer Typologie reichsstädtischer Herrschaftsbauten. Magisterarbeit Universität Erlangen 1996, S. 95.

8 G2

Altdorf

Ehemals reichsstädtisches Pflegschloss

Schlossplatz 7

Stadt Altdorf

Landkreis Nürnberger Land

Schon im 12. Jahrhundert scheinen königliche Amtmänner zu Altdorf auf: 1129 ein Marquard, 1154 einer aus dem Geschlecht der von Thann, 1284 ein Ritter Ludwig zu Altdorf als Urkundenzeuge in einem Rechtsgeschäft der Reichsministerialen von Thann. Auch in den 1290-er Jahren sitzt dieser Amtmann zu Altdorf, das Mittelpunkt eines Reichsgutkomplexes war, der 1299 von König Albrecht I. an Emicho Graf von Nassau verpfändet wurde. 1324 saß Konrad II. von Rohrenstadt als Richter in Altdorf. Ihm folgten 1352 Georg von Strahlenfels, 1358 Volkolt von Thann, 1374 Georg Knauer und 1396 Wilhelm von Raitenbuch. Seit 1399 war dann die Amtsbezeichnung Pfleger üblich: 1399 siegelten Bertold Ratz von Eismannsberg, 1447 Ulrich von Freudenberg und 1500 Jörg von Mistelbach zu Lintach und Egensbach als Altdorfer Pfleger.

Als Amtshof erscheint der Sitz des landesherrschaftlichen Richters erstmals im Kaufvertrag, mit dem Johann Graf von Nassau das frühere Reichsgut Altdorf

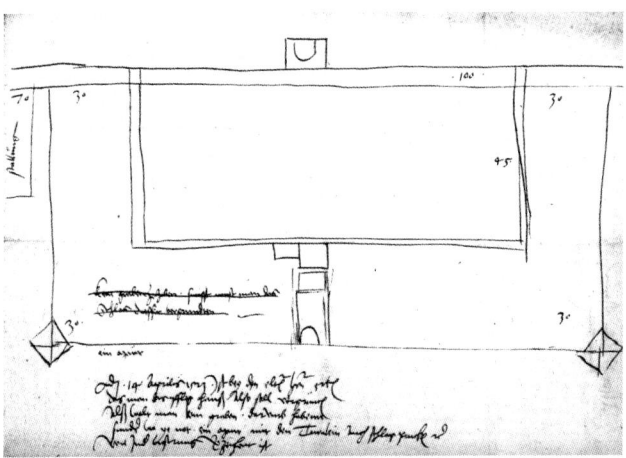

8.1 Einfacher Lageplan von 1522/23 für den Bau des neuen Pflegschlosses, anonyme Skizze mit dem Genehmigungsvermerk des Septemvirats vom 14. April 1523 (StAN)

mit Zubehör 1360 an den Nürnberger Burggrafen Albrecht veräußerte. Aus der Hand des burggräflichen Schwiegersohns Swantibor Herzog von Stettin gelangte Altdorf schließlich 1393 an Kurfürst Ruprecht II. von der Pfalz. Die Pfalz verlor Altdorf 1505 in Folge des Landshuter Erbfolgekrieges an Nürnberg, wobei es 1504 zu einer Belagerung und Beschießung durch Nürnberger Truppen gekommen war, nachdem der pfälzische Pfleger Jörg von Mistelbeck zuerst die Übergabe verweigert hatte.

Der alte pfälzische Amtshof wurde nicht bis 1552 genutzt und lag auch nicht, wie Gustav Voit meinte, an der Stelle des Nürnberger Pflegschlosses. Als 1522/23 die Planungen des Nürnberger Stadtbauamtes zum Bau eines neuen Amtsschlosses anliefen, war der Standort zunächst noch nicht endgültig geklärt. Schließlich wünschte der Rat den Ankauf einiger bürgerlicher Grundstücke, darunter ein Grund hinter dem „alten ampthof". Die Planung des neuen Schlosses war dem Nürnberger Baumeister Hanns, demnach wohl Hanns Beheim d. J., übertragen. Im Mai 1522 legte er eine Materialliste vor, die einen dreigeschossigen, ca. 30 Meter langen Massivbau mit einem gewölbten Erdgeschoss vorsah. Die Obergeschosse sollten Spunddecken erhalten.

Im Frühjahr 1523 war der Neubau beschlossene Sache, wobei das Landpflegamt bekannt gab, dass man auf eine aufwändige Grabenanlage verzichten müsse, um eine kostspielige tiefe Fundamentierung des Neubaus zu vermeiden. Gleichwohl sollte die Anlage mit einer Mauer, einem Türmlein und einer Zugbrücke gesichert werden. Die Baumaßnahme zog sich offenbar einige Zeit hin, weil Nürnbergs oberster Werkmeister Paulus Beheim noch 1530 einen Ratschlag zur Pflasterung vor dem Schloss abgab. 1531 wurde eine Übersicht über das zur Baustelle gelieferte Bauholz erstellt. Auch in den Jahren bis 1542 wurden noch bauliche Nachbesserungen durchgeführt.

Der Zweite Markgrafenkrieg ließ die Mühen der vergangenen Jahrzehnte jedoch in Rauch aufgehen. Schon am 28. Mai 1552 wurde Altdorf ein erstes Mal eingenommen. An der anschließenden Plünderung des Schlosses sollen sich sogar Altdorfer Bürger beteiligt haben, was nach der Rückeroberung der Stadt durch Nürnberger Truppen am 22. Juni 1552 gerichtlich untersucht werden sollte. Der zweite markgräfliche Angriff auf Altdorf am 2. Juni 1553 verlief weniger glimpflich: Bei der fast völligen Einäscherung der Stadt brannte auch das Pflegschloss aus.

Die Planung zur Wiederherstellung des Schlosses waren bereits 1558 angelaufen, sodass die Bauarbeiten wohl unmittelbar folgten. Das Datum 1558 ist auch inschriftlich bezeugt. Eine jüngere Baunachricht betrifft die Zugbrücke des Schlosses, die 1600 erheblich baufällig war und erneuert werden musste. Der Anschicker des Stadtbauamtes und spätere Nürnberger Zeugmeister Matthes Pfeffer plante 1604 dann den Bau der Amtsknechts- und Torwartswohnung, die unmittelbar beim Schlosstor errichtet werden sollte.

Das Pflegschloss, ein dreigeschossiger, mit einem Krüppelwalmdach überspannter Quaderbau, blieb bis heute Amtsgebäude. Nach der Mediatisierung des reichsstädtischen Territoriums 1806 und der Eingliederung ins Königreich Bayern wurde es zunächst Sitz des Landgerichts. Mit der gesetzlichen Trennung von Justiz und Administration und der Einrichtung des Bezirksamtes Nürnberg 1862 zog für einige Jahre das Amtsgericht ein. Nach der Zerstörung des Bezirksamtes und späteren Landratsamtes in der Nürnberger Zeltnerstraße 1945 wurde das Schloss von 1946 bis 1965 wieder für die Verwaltung des Landkreises Nürnberg genutzt. Seit 1971 dient es als Polizeiwache. Nachdem das Schloss von der Staatsbauverwaltung mehrfach veränderten Nutzungen angepasst wurde, ist davon auszugehen, dass sich im Innern kaum noch Bestand aus reichsstädtischer Zeit erhalten hat.

Quellen

StAAm OPf Registraturbücher Nr. 13, fol. 49, 382.

StAN Rst. Nbg., Landpflegamt Pflegamt Altdorf, S I, L 302, Nr. 93, 94, 98; L 305, Nr. 20, 74. Rst. Nbg., Handschriften Nr. 198. Rst. Nbg., Rechnungen des Markgräflichen Krieges Nr. 95, 96.

NUB Nr. 15, 685, 745, 866.

Giersch, Robert: Quellenzusammenstellung zur Baugeschichte der Nürnberger Pflegschlösser Altdorf, Lauf und Velden. Unveröff. Manuskript für das BLfD 1989/90.

8.2 Ansicht des Pflegschlosses auf einer Darstellung der Stadt Altdorf in Schrägaufsicht von Norden 1575 (StAN)

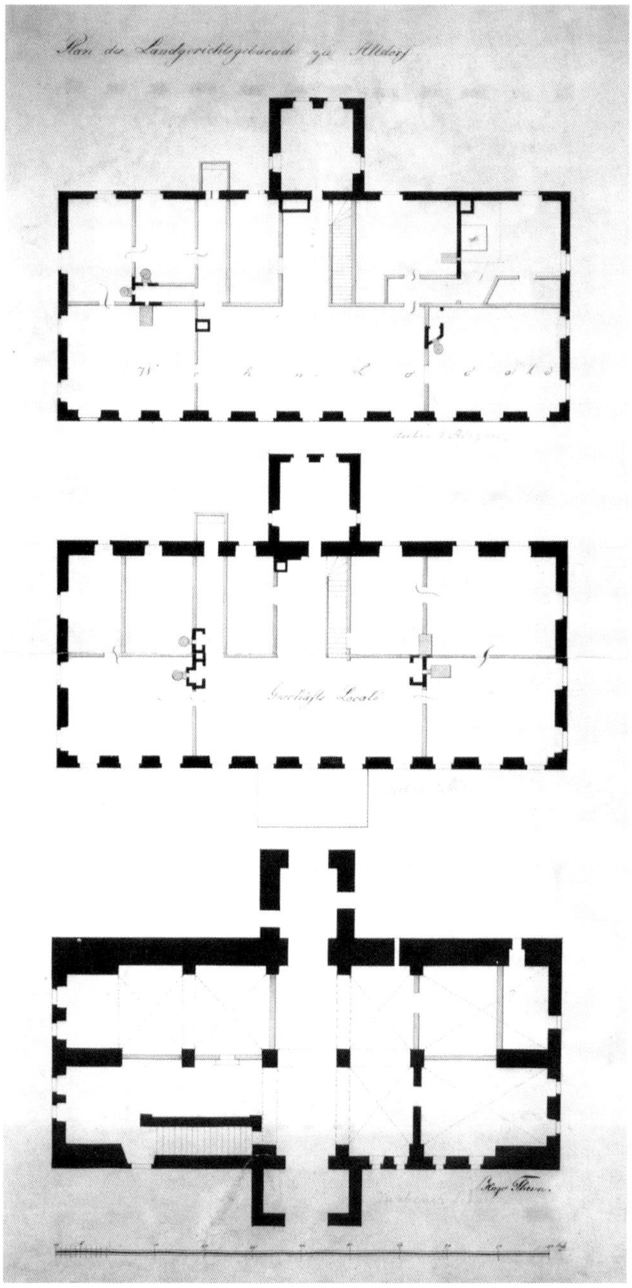

Altenfurt I

Herrensitz

Oelser Straße 13

Stadt Nürnberg

Der Herrensitz zu Altenfurt, bei der berühmten romanischen Rundkapelle St. Johannes und St. Katharina gelegen, soll aus einer Forsthube des Lorenzer Reichswaldes hervorgegangen sein. 1438 erwarb das Nürnberger Kloster St. Egidien das Forstdienstlehen. Bereits 1487 lässt sich dort ein Wohnhaus nachweisen, das den höheren Würdenträgern des Konvents bei ihren gelegentlichen Aufenthalten in Altenfurt zur Verfügung stand. Vermutlich ist daraus später der Herrensitz entstanden. Im Bericht zur Erkundung der Landschaft, 1504 vor Ausbruch des Landshuter Erbfolgekrieges ausgeführt, wurde noch kein Sitz vermerkt. Erst 1512 scheint er auf und war in der Hand des Sebald Wolf. 1523 verkaufte ihn Cunz Kolers Witwe an den Nürnberger Bürger Cunz Reyter, von dem er an Hans Kastner und dessen Frau Barbara gelangte. Diese veräußerten ihn 1551 an Wolf Peßler für 440 Gulden. Seine Stieftochter Katharina Mordeisen verkaufte den Sitz 1582 für 350 Gulden an Hans Haller von Hallerstein.

Die Haller besaßen Altenfurt bis 1686. In diesem Jahr erheiratete Wolf Jakob Nützel, der Anna Maria, Tochter des Hans Christoph Haller, ehelichte, den Sitz. An diese Eheverbindung erinnert das Allianzwappen der Haller und Nützel, das mit der Jahreszahl 1691 über der Rundbogentür zu beobachten ist. Unter den Nützel wurde 1732 neben dem Herrenhaus eine neue Stallung errichtet. Nach dem Erlöschen der Nützel im Mannesstamm, 1747, fiel Altenfurt wieder an die Haller von Hallerstein. Johann Georg Haller (1685–1763) begann Anfang der 1750-er Jahre mit einer Modernisierung des Herrenhauses. 1753 beantragte er den Anbau eines Treppenturms, um durch den Ausbau der alten Treppenanlage mehr Wohnraum zu gewinnen. Das Waldamt Lorenzi bewilligte ihm dafür das nötige Bauholz.

Nach dem Tod seines Sohnes Georg Christian (1788) übernahm dessen Schwiegersohn Jakob Christian Wilhelm Scheurl, der 1785 die Tochter Maria Helena Haller geheiratet hatte, den Ansitz, der offenbar bereits unter einigen Schäden litt. 1805 war eine größere Reparatur nicht mehr zu umgehen, bei der auch die völlig verfaulte Decke über der Stallung erneuert werden musste. 1816

8.3 Grundrisse des Erdgeschosses und der beiden Obergeschosse des ehemaligen Pflegschlosses, Zustand frühes 19. Jahrhundert (StAN)

8.4 Ansicht des Schlosses von Norden, Ausschnitt aus einer Ansichtskarte um 1910, die Altane an der Nordfassade ist bereits abgebrochen (StadtA Altdorf)

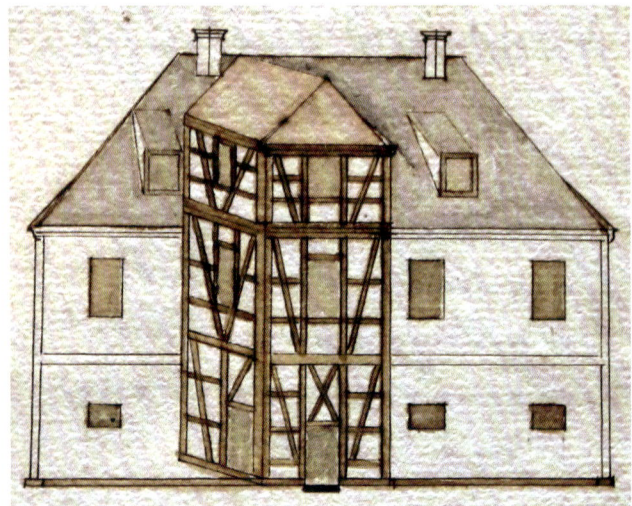 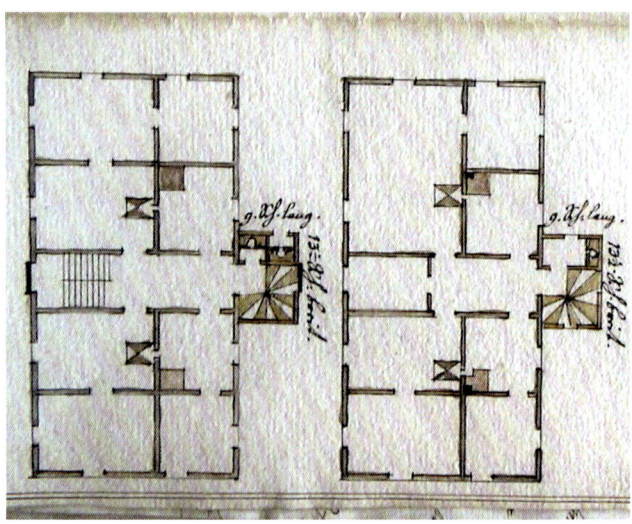

9.1 Aufriss des Herrenhauses für den Anbau eines Treppenturms, Baueingabe des Johann Georg Haller von 1752 (StAN)

9.2 Grundrisse des Erd- und Obergeschosses des Herrenhauses für die Baueingabe 1752 (StAN)

fiel der gesamte Herrensitz endgültig an die Scheurl, die ihn 1950 an die katholische Kirchenstiftung Altenfurt veräußerten.

Der Baubestand des zweigeschossigen, mit einem Walmdach überspannten Herrenhauses soll auf das 17. Jahrhundert zurückgehen. Wesentlich geprägt wurde er offenbar durch die Modernisierung unter Johann Georg Haller in den Jahren 1753/54. Sie brachte vermutlich auch die repräsentativen Stuckierungen mit Stilelementen des Rokoko im Saal und in einigen Zimmern hervor. Nicht gerade sensibel ausgeführte Veränderungen am barocken Bestand bescherten Renovierungen 1953 und 1962/63.

Quellen

StAN Rst. Nbg., Waldamt Lorenzi I Nr. 409 I. Depot StromerA Akten Nr. 2755.

HallerA Akten, Besitz Sigmundsche Linie, Altenfurt.

NUB Nr. 203, 404.

Literatur

Baier, Helmut: Urbar des Klosters St. Egidien in Nürnberg 1487–1522 (= VGFG Bd. X/11). Neustadt/Aisch 1982, S. 160.

KDM Landkreis Nürnberg, S. 25.

KDM Stadt Nürnberg, S. 272.

Schuh, Eduard von: Kurze Geschichte von Altenfurt (Anlage 6). In: Fischbach bei Nürnberg, sein Ursprung und seine Geschichte. Sonderheft 2 der MANL 3 (1954), S. 28.

Schultz, Fritz Traugott: Die Rundkapelle zu Altenfurt bei Nürnberg. Straßburg 1908.

Soden, Franz von: Historisch-topographische Beschreibung der uralten Kapelle zu Altenfurth bei Nürnberg. Nürnberg 1834, S. 50 ff.

Stadtlexikon Nürnberg, S. 63.

9.3 Ansicht der westlichen Traufseite des Herrenhauses, Fotografie: G. v. Volckamer um 1894 (StadtMN)

9.4 Ansicht der östlichen Traufseite, Fotografie: F. A. Nagel 1931 (StadtMN)

10 — D3

Altenfurt II

Abgegangene Burg, „Eingefallenes Schloss"

Hutberg im Lorenzer Wald

Landkreis Nürnberger Land

Etwa 1,5 Kilometer östlich von Altenfurt beginnt im ehemaligen Lorenzer Reichswald die gemeindefreie Forstabteilung „Eingefallenes Schloss", die sich bis auf das westliche Gipfelplateau des 406 Meter hohen Hutberges erstreckt. Bislang scheint sich noch keine Veröffentlichung mit der Frage beschäftigt zu haben, ob diese Flurbezeichnung tatsächlich auf ein abgegangenes „Schloss" zurückgeht. Auch urkundliche Nachrichten über eine burgähnliche Anlage an diesem Ort wurden noch nicht bekannt. Bisher nicht beachtet blieb eine regelmäßige, runde Erhebung, die an einen hochmittelalterlichen Turmhügel erinnert und mittels eines noch erkennbaren ringförmigen Grabens vom Hang des Hutberges abgetrennt wird. Diese mutmaßliche Burgstelle liegt unmittelbar an einer vermuteten Trasse der Altstraße nach Regensburg, die im Hochmittelalter über Fischbach und Feucht geführt worden sein soll.

Quellen

Bay. Landesvermessungsamt Flurkarte N.W. 6533, Forstbezirk XLII/9.

Literatur

Weispfenning, Elisabeth / Scheidl, Sigrid: Unterwegs nach Altenfurt. In: Nürnberger Stadtteile im Wandel der Jahrhunderte. Hg. v. Bürgerverein Nürnberg-Südost e.V. Nürnberg 1999, S. 149 verweist auf die „Nurnberger Reichsstraße" über den Hutberg auf einer historisehen Karte.

11 — F2

Altenthann

Abgegangene Burg

Ochenbrucker Straße 4

Gemeinde Schwarzenbruck

Landkreis Nürnberger Land

Die Stelle der heutigen Kirche gilt als Stammsitz der Reichsministerialen von Altenthann. Ähnlich wie Grünsberg [vgl. Grünsberg] verfügte die Burg dank ihrer Spornlage auf dem nach drei Seiten steil abfallenden Hügel über einen teils natürlichen, teils durch Halsgräben künstlich erweiterten Schutz.

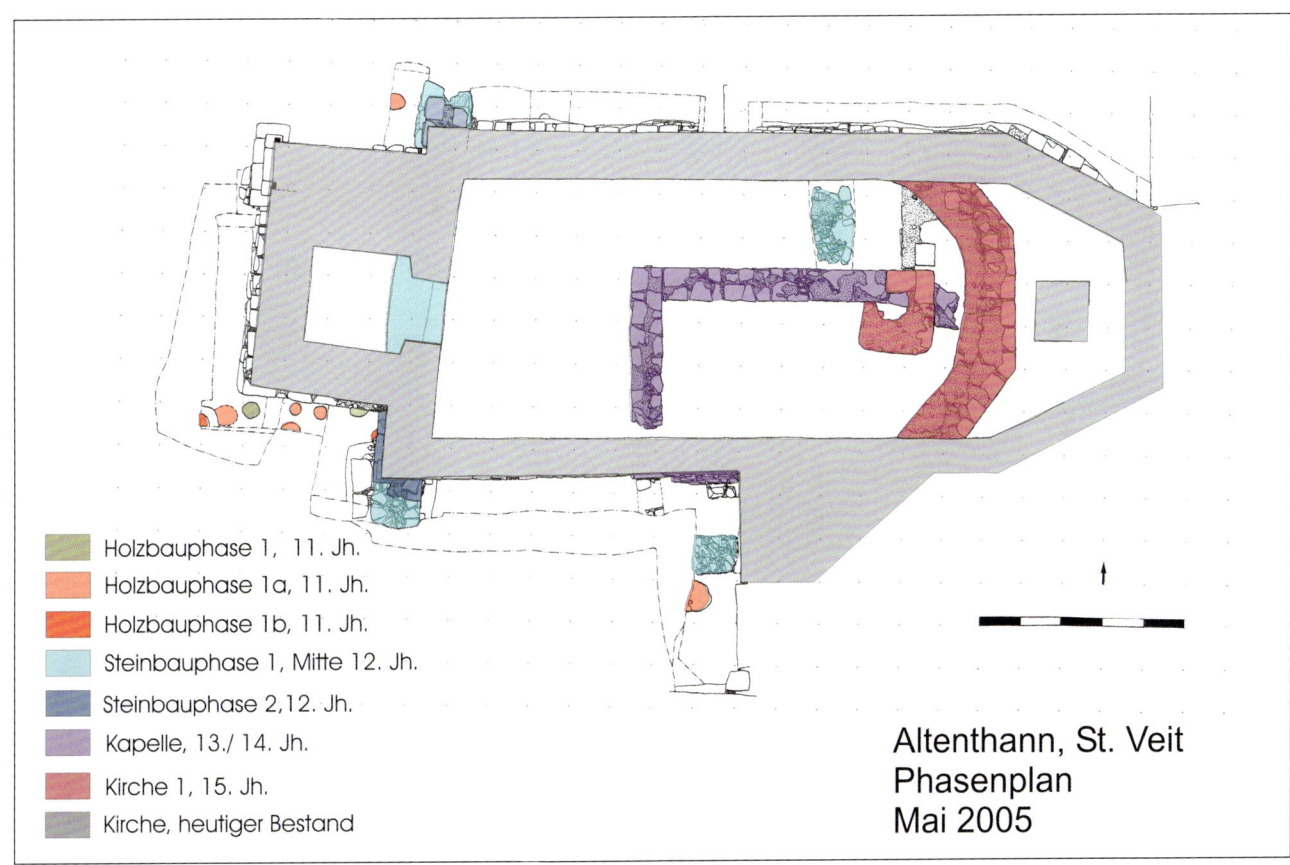

11.1 Die Ausgrabungskampagne 2005 ließ mehrere, bis ins 11. Jahrhundert zurückreichende Bauphasen erkennen (Steeger / Schmidt)

11.2 Für den Kapellenbau wiederverwendete Werksteine der stauferzeitlichen Burganlage (Steeger / Schmidt)

Im Jahre 2005 durchgeführte Ausgrabungen in der Kirche und in ihrem engeren Umfeld lassen mehrere Phasen eines bemerkenswert früh einsetzenden Burgenbaus erkennen. Pfostenlöcher und Keramikfunde belegen eine erste, bereits im 11. Jahrhundert aus Holz errichtete Anlage, die noch im selben Jahrhundert von einer zweiten, ebenfalls in Holzbauweise ausgeführten Burg ersetzt wurde. Diese zweite Burg ist durch einen Brand vernichtet worden.

Der Befund deckt sich mit der schon von der historischen Forschung postulierten Rolle der Burg Altenthann als einer der frühesten (Reichs-)Burgen in der Region. Hermann von Thann, der erste für uns greifbare Vertreter der Familie, erschien bereits 1140 auf einem Hoftag König Konrads III. in Nürnberg unter so prominenten Reichsministerialen wie Otnand von Eschenau und Leupold von Gründlach. Die Familie blieb bis über das Interregnum hinaus im Reichsdienst und gründete zu einem bislang nicht eindeutig nachweisbaren Zeitpunkt Burg Burgthann [vgl. Burgthann].

Die These von einer im Auftrag des Reichs in Altenthann errichteten Burg erhält durch die Ausgrabungsbefunde weitere Nahrung, die einen Wohnturm mit den Innenmaßen von 9 auf 10,5 Metern rekonstruieren lassen. Dieser wurde nach vereinzelt und in Wiederverwendung angetroffenen Steinen aus sorgsam behauenen Buckelquadern errichtet, wie sie in unserem Raum in den Jahrzehnten nach 1160 besonders gern vom Reich für seine repräsentativen Bauten eingesetzt wurden. Der heutige Kirchturm, wiederholt als Bergfried der alten Burg gedeutet, hat mit der staufischen Anlage dagegen keine Gemeinsamkeit und wurde nach den Ausgrabungsergebnissen angeblich erst nach dem 15. Jahrhundert errichtet.

Nicht näher zu datieren ist der Übergang von der Burgen- zur Kapellennutzung im Laufe des 13. oder 14. Jahrhunderts. Die archäologisch nachgewiesene „Nikolaus-Kapelle" hatte eine bescheidene Grundfläche und knüpft nicht an die vorhergehende Burgenphase an. Vielmehr müssen die wertvollen Buckelquader abtransportiert worden sein, da nur so der Platz für die kleine Kapelle entstehen konnte. Möglicherweise sind zwischen dem Ende der Burgennutzung und dem Bau der ersten Kapelle mehrere Jahre oder Jahrzehnte verstrichen.

Eine zeitliche Aufeinanderfolge von Altenthann und Burgthann lässt sich archäologisch nicht belegen, denkbar bleibt ein vorübergehendes Nebeneinander der beiden Burganlagen.

Quellen

Mon. Boica Bd. 29a, Nr. 465.

Literatur

Alberti, Volker / Boesch, Toni / Holz, Horst: Burgen und Schlösser in Altdorf und Umgebung. Altdorf 2004, S. 57-60.

Bosl, Reichsministerialität, Bd. 1, S. 131.

Steeger, Wolfgang / Schmidt, Gwendolyn: Bericht über die archäologische Ausgrabung und Dokumentation der Fundamente der Kirche St. Veit in Altenthann. Bodensee 2005.

Voit, Pegnitz, S. 253 f.

12 — F6

Alter Rothenberg

Abgegangene Burg

Markt Schnaittach

Landkreis Nürnberger Land

Der Burgstall liegt nordwestlich von Schnaittach auf dem Reisberg oberhalb von Lochhof. Ausgrabungen und Keramikfunde aus den 1930-er Jahren belegen eine mittelalterliche Anlage, die in den Jahrzehnten um 1200 errichtet wurde. Die Burganlage bestand aus einer Haupt- und einer westlich vorgelagerten, durch einen Halsgraben abgetrennten Vorburg. Aufgrund der geringen freigelegten Fundamentreste schlossen die Ausgräber auf „Gebäude aus Holz, möglicherweise vielleicht mit Steinfundamenten".

Im genannten Zeitraum befand sich der Grundbesitz in Händen des Hochstifts Bamberg, über den die Staufer bzw. ihre Untervögte die Vogtei ausübten. Die geringen ergrabenen Fundamentreste lassen auf eine schwach befestigte Anlage schließen, möglicherweise errichtet von den örtlichen Reichsministerialen, welche

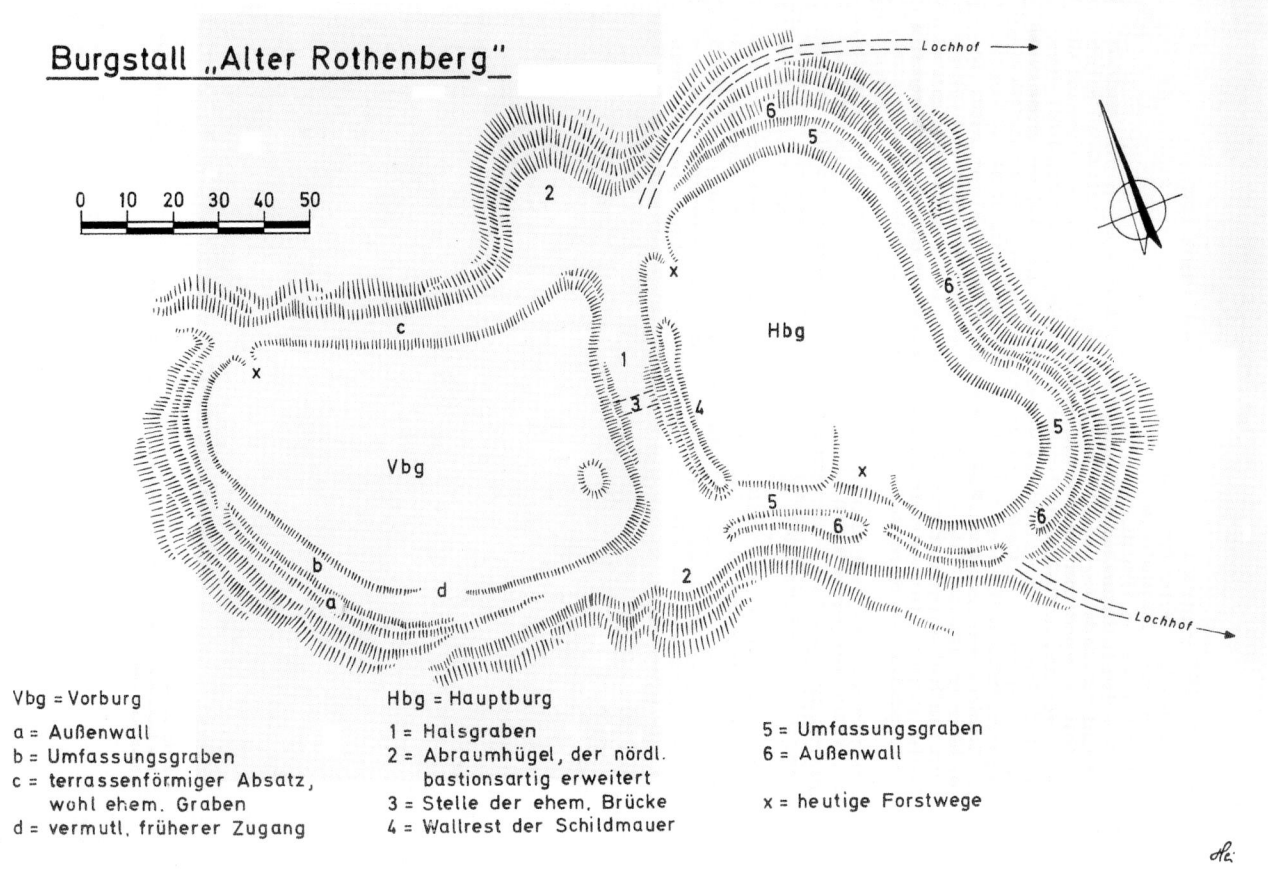

12.1 Lageplan der Burgstelle, aufgenommen von Walter Heinz und Ernst Dörr (Pr)

die Schwäche des Königtums nach 1241/50 zum Bau eigener Anlagen genutzt haben. Kaum zufällig nannte sich der Reichsministeriale Hiltpolt von Hiltpoltstein – er führt noch den Wechselnamen von Lauf – erstmals zu Beginn des Interregnums 1254 nach der Burg „Hilteboldus de Rotenberge".

Nach dem Erlöschen des Reichsministerialengeschlechts zwischen 1285 und 1289 gelangten die Wildensteiner, herzoglich-bayerische Ministeriale, in Besitz von Burg, Grund- und Vogteiherrschaft über Bamberger und Weißenoher Kirchengut. 1289 saß Dietrich I. von Wildenstein mit seinen Söhnen „ze dem Rotenperg"; Heinrich IV. von Wildenstein „von dem Rotenperge" stand 1297 im Dienst Herzog Rudolfs von Baiern.

Bamberger Nekrologe verwenden von den 1280-er Jahren bis 1316 das „castrum Rotenberge", um die Lage der Servitien in den benachbarten Orten „Rotenbach" (Freiröttenbach) und „Tunderatesdorf" (Unterdorf) zu bestimmen („iuxta castellum Rotenberc" = „bei der Burg Rotenberg"). In den folgenden Jahrzehnten ist die Burg zerstört oder aufgelassen worden, da Rothenberg 1350 nur noch als Ortsbezeichnung begegnet („Weygenheimstorf pei dem Rotenperg") und 1366 hinter die Bezeichnung „Reisberg" zurücktritt („Weygenstorf unter dem Reisberg"). Dies deckt sich mit dem völligen Neubau des „neuen" Rothenbergs um 1330 auf dem östlich von Schnaittach gelegenen „weißen" Juraberg [vgl. Rothenberg].

Quellen

StAN Rst. Nbg., Urk. des 7-farbigen Alphabets Nr. 17; Rst. Nbg., Nürnberger Salbücher Nr. 131, fol. 133b, 181.

Pfalzgr. Reg. Bd. 1, Nr. 1387.

Reg. Boica Bd. 4, Nr. 660.

Literatur

Alberti, Volker / Baumann, Lorenz / Holz, Horst: Burgen und Schlösser im Schnaittachtal (= Fränkische Adelssitze Bd. 1). Simmelsdorf-Hüttenbach 1999, S. 26-31.

Ehrngruber, Hans: Aufzeichnungen über die Ausgrabungen am Reisberg. Manuskript im Besitz der Naturhistorischen Gesellschaft Nürnberg.

Heinz, Walter: Der Burgstall „Alter Rothenberg". In: Ehemalige Burgen im Umkreis des Rothenbergs. Eine Auswahl. 1. Teil: Von Schnaittach bis Wildenfels. Schnaittach 1992, S. 1-6.

KDM Lauf, S. 47 f.

Schnelbögl, Fritz: Das Geheimnis des „Alten Rothenbergs". In: MANL 1 (1952), Heft 1, S. 6-11.

Voit, Wildensteiner, S. 4 ff, 17 f.

Voit, Pegnitz, S. 221-224, 279.

Artelshofen

Herrensitz

Am Schloss 1

Gemeinde Vorra

Landkreis Nürnberger Land

Der Herrensitz Artelshofen dürfte spätestens im frühen 14. Jahrhundert in der Gestalt eines in einem Wassergraben stehenden Wohnturms errichtet worden sein. Erst 1361 wird er mit Heinrich von Sittenbach, zu Artelshofen sitzend, urkundlich bezeugt [vgl. Kirchensittenbach I, Hohenstein]. Der Abkömmling eines vermutlich einst bedeutenden Sulzbacher Ministerialengeschlechts siegelte und bürgte damals für die Schenken von Reicheneck, die in Artelshofen Lehen- und Zehntrechte genossen. Auch sein Nachfahre Conrad von Sittenbach saß 1408 noch zu Artelshofen. 1434 verkaufte Margaretha, Witwe des Dietrich von Rüssenbach, möglicherweise eine geborene Sittenbach, mit Einverständnis ihrer Söhne den Sitz mit dem Herrenhaus, dem Graben und dem Ökonomiehof an Erhart Holdolt und dessen Gemahlin Clara. Holdolt, der einem erstmals in Offenhausen feststellbaren Reichenecker Ministerialengeschlecht entstammte, veräußerte die Turmburg offenbar bald weiter: 1452 war sie Besitz der Herren von Freudenberg, die sie verpfändeten. Um Schulden tilgen zu können, gab Albrecht von Freudenberg 1453 seine Rechte an die Egloffsteiner auf. Dabei hatte er angeblich die seines Bruders Christoph übergangen, was zu einem Rechtsstreit über den Umfang der Zugehörungen führte. 1457 siegelte Wolfram von Egloffstein zu Artelshofen. 1476 war der Sitz in der Hand seines Sohnes Hans, der ihn 1508 seinem Vetter Jobst von Egloffstein von der Bärnfelser Linie veräußerte.

Auf nicht näher bekanntem Erbweg brachte schließlich die Jungfer Amaley Groß den Sitz an sich, vererbte ihn aber ihrem Vormund Leonhard von Ploben, der 1522 für eine Kapitalaufnahme das Eigen an den Nürnberger Patrizier Anton Tucher verkaufte. Der Familie von Ploben blieb das Besitzrecht, das dann 1535 von der mit Jörg Holzschuher verheirateten Tochter Margaretha an Hans Ebner [vgl. Eschenbach] veräußert wurde. Dieser hatte schon 1531 das Eigenrecht der Tucher erworben. Unter Hans Ebner soll das jetzt wieder freieigene Weiherhaus um 1550 umgebaut, dabei südlich verlängert und mit einem dritten, vorkragenden Obergeschoss versehen worden sein. Die möglicherweise nicht unbeträchtlichen Bauausgaben der Ebner werden aber angesichts der Ereignisse im Zweiten Markgrafenkrieg vergebens gewesen sein: Am 27. Mai 1552 wurde der Sitz von den markgräflichen Truppen niedergebrannt.

Als Georg Ebner 1570 verstorben war, veräußerte seine Witwe Barbara zwei Jahre später den mittlerweile wiederaufgebauten Sitz an Lazarus Harsdorfer (1511–1598). Erstmals werden nun neben dem Wassergraben auch Türme und Tore bezeugt. Bereits zu Lebzeiten des Vaters (1590) verwaltete der ältere Sohn Wolf Harsdor-

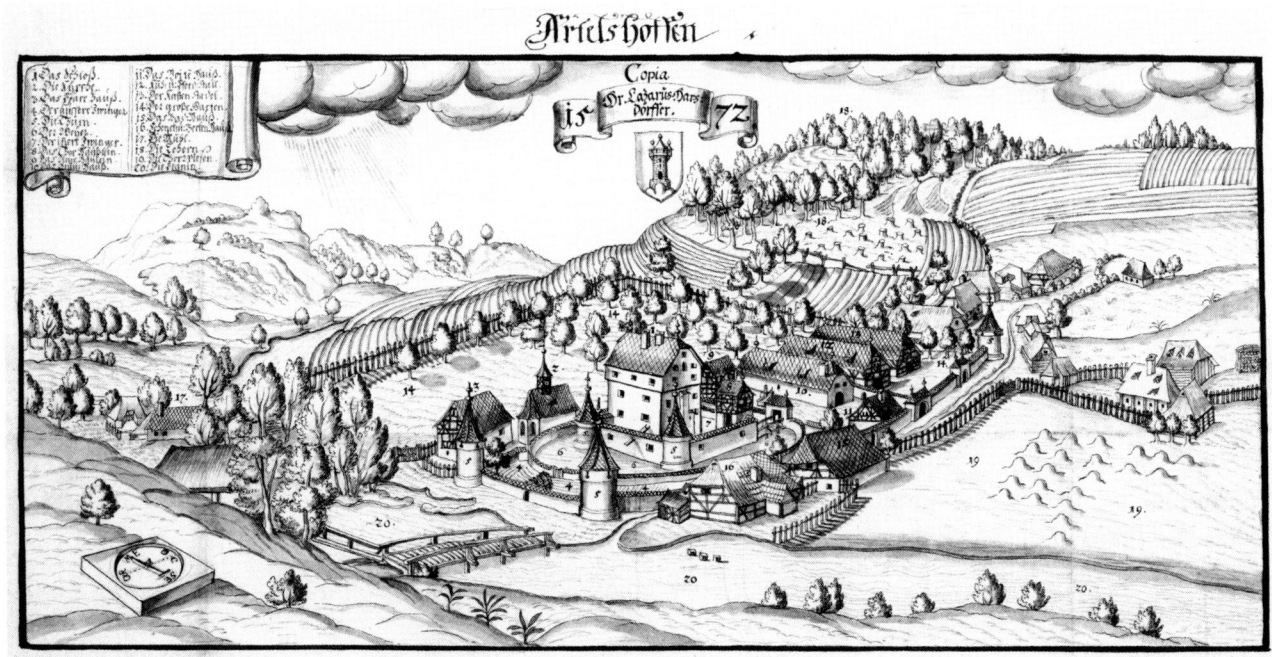

13.1 Ansicht des Herrensitzes Artelshofen aus nordöstlicher Richtung im Jahr 1572, Kopie aus dem Jahr 1711 (StAN)

13.2   Artelshofen aus südöstlicher Richtung, Fotografie: G. v. Volckamer um 1894 (StadtMN)

fer Artelshofen, einen Halbteil übergab er 1623 dem jüngeren Bruder Hans Christoph. Die Erben verkauften den Sitz schon 1626 an Hans Jakob Tetzel [vgl. Kirchensittenbach]. Dieser vererbte das Gut Artelshofen 1646 seinem Sohn Philipp Jakob, der es vor 1660 an die Witwe des Engelthaler Pflegers Wolf Albrecht Pömer verpachtete. 1665 zwangen Schulden den Eigner, den Sitz seinem Bruder Gustav Philipp Tetzel zu veräußern, der ihn aber 1691 an die Nachfahren seines Bruders zurückgab. 1722 wurde das Schloss Bestandteil einer Familienstiftung, die seit 1728 – noch vor dem Tod des letzten Artelshofener Tetzel – von Hieronymus Wilhelm Ebner [vgl. Erlenstegen II, Grünreuth, Guttenberg, Hirschbach] verwaltet wurde. Dieser erlangte nach einem längeren Prozess 1748 das Eigentum an Artelshofen, löste den Tetzelschen Fideikommiss auf und begründete stattdessen zwei Jahre später einen eigenen, dem auch Artelshofen einverleibt wurde. Nach dem Aussterben der Artelshofen-Hirschbacher Linie der Ebner 1793 wurde er bis zu seiner Auflösung (bald nach 1810) von den Haller von Hallerstein verwaltet. 1816 verkaufte die Erbengemeinschaft Haller/Kreß die beiden Rittergüter Artelshofen und Hirschbach dann an den Nürnberger Unternehmer Karl Benedikt Schwarz

13.3   Ansicht des Herrenhauses von Nordosten, Fotografie: F. A. Nagel 1931 (StadtMN)

13.4 Artelshofen aus südöstlicher Richtung. Kolorierte Zeichnung von Joh. Chr. Bankel 1916 (StadtA Lauf)

[vgl. Henfenfeld, Hirschbach], der, um die Grundherrschaft auf seinen Gütern auch ausüben zu können, noch in diesem Jahr vom bayerischen König geadelt wurde. Artelshofen wurde wenig später der Schwarzschen Familienstiftung zugeführt, deren Eigentumsrechte erst mit der gesetzlichen Aufhebung der Fideikommisse 1919 erloschen. Nun wurde das ehemalige Stiftungsgut in der Familie aufgeteilt: Paul August Benedikt von Schwarz erhielt Artelshofen, während sein Bruder Benedikt Gottlieb Henfenfeld übernahm. Paul August Benedikt veräußerte das Schloss schließlich 1932 an die Freiherren von Holzschuher. Sie blieben bis zum Verkauf an die Familie Bischof im frühen 21. Jahrhundert Eigentümer.

Das Artelshofener Herrenhaus besteht im Wesentlichen aus einem wahrscheinlich auf einem Pfahlrost gegründeten mittelalterlichen Weiherhaus. Das heutige Erscheinungsbild des Wohnturms dürfte durch die Erweiterung um 1550 und die Instandsetzung nach dem Brand von 1552 geprägt worden sein. Das Innere des Wohnturms erfuhr jedoch bei der Modernisierung nach 1931 weitgehende Veränderungen. Erhalten sind mehrere Stuckdecken, die einer Renovierung in der ersten Hälfte des 18. Jahrhunderts entstammen. In diesem Jahrhundert wurde auch die bauzeitliche Erdgeschosshalle durch den Einbau von Wirtschaftsräumen verkleinert. Der mit Rondells als Streichwehren verstärkte doppelte Mauerring soll nach Wilhelm Schwemmer auf das 15. Jahrhundert zurückgehen. 1818 wurde von der Familie Schwarz der innere Mauerring abgebrochen, der Wassergraben trocken gelegt und aufgefüllt. Einige Jahre später wurden die südliche Befestigung und ein Teil der Schlossökonomie für den Bau der Fichtelgebirgsbahn abgebrochen.

Quellen

BayHStA Pfalz-Neuburg Auswärtige Staaten 2485/1.

StAN Rst. Nbg., Urkunden Nr. 1093. Rst. Nbg., Kloster Engelthal Urk. Nr. 25. Rst. Nbg., D-Laden Akten Nr. 1504. Rst. Nbg., Handschriften Nr. 198.

StadtAN E 22/1 U 27.

Literatur

Alberti, Volker: Schloss Artelshofen. In: MANL 50 (2001). Heft 1, S. 564-570.

Hacker, Toby / Schramm, Peter: Chronik von Artelshofen 976–1976. Vorra 1976, S. 61-77.

KDM Hersbruck, S. 47-49, mit Kupferstichen von J. A. Boener 1701 und J. A. Delsenbach 1725, S. 53-55, mit Lageplan, Grundriss und Schnitt.

Rühl, Pegnitztal, S. 114 ff.

Ruthrof, Renaissance, S. 24 ff, zeigt Kupferstich von J. A. Boener von ca. 1700.

Stadtlexikon Nürnberg, S. 87, mit Stahlstich von A. Marx ca. 1844.

Voit, Pegnitz, S. 231 f.

B

14 | D6

Beerbach

Abgegangene Burg

Stadt Lauf

Landkreis Nürnberger Land

Noch im 19. Jahrhundert befand sich nur etwa 50 Meter nordnordöstlich der Beerbacher Kirche eine gut erkennbare Burgstelle. Es handelte sich um einen künstlich angelegten, runden Turmhügel, der auch Mauerreste barg. Um 1880 soll er abgetragen und eingeebnet worden sein. Dieses Zerstörungswerk verhinderte für alle Zeiten die archäologische Überprüfung, ob es sich wirklich um eine Motte (Turmhügelburg) gehandelt hatte, wie später vielfach behauptet wurde.

Die Burgstelle wird mit dem Reichsministerialengeschlecht von Rückersdorf in Verbindung gebracht, das sich zeitweise auch nach Beerbach nannte [vgl. Rückersdorf I, Behringersdorf I]. Es tritt urkundlich mit Albert von Rückersdorf 1234 erstmals am Würzburger Hoftag König Heinrichs (VII.) in Erscheinung, offenbar im Kreis um den mächtigen Reichsministerialen Ulrich von Königstein, zu dem Albert auch in den 1240-er Jahren in engerer Bindung stand. Alberts Sohn Durinchart nannte sich dann 1255 erstmals auch nach Beerbach. Möglicherweise war er noch mit dem 1290 bezeugten Durinchart von Beerbach identisch. 1284 bürgte dann ein Heinricus de Berbach für Heinrich von Thann. Konrad von Beerbach vermachte 1311 einen Teil seines Vermögens dem Nürnberger Katharinenkloster. Dies ist der bislang letzte Nachweis des Geschlechts.

Die Turmburg, die vielleicht erst im Interregnum unter Durinchart entstand, dürfte bereits im 14. Jahrhundert zugrunde gegangen sein. Eine Zerstörung im Städtekrieg 1388, wie Gustav Voit angibt, ist nicht belegt. Nach dem Nürnberger Reichssalbüchlein gehörte Beerbach um 1300 noch als Burghutgut zur Reichsvogtei Nürnberg und befand sich damals im Besitz des Deutschen Ordens bzw. der Familie Puck. Ewald Glückert verwies in seinem neuesten Buch auf einen Wachssiegelfund in der Beerbacher Kirche, der das Wappen der Reichsministerialen von Rückersdorf zeigt.

Quellen

StAAm Kloster Seligenporten Urk., U 18.

NUB Nr. 438, 685, 803, 1073 (9).

Literatur

Glückert, Burgen, S. 58-61.

Voit, Pegnitz, S. 225.

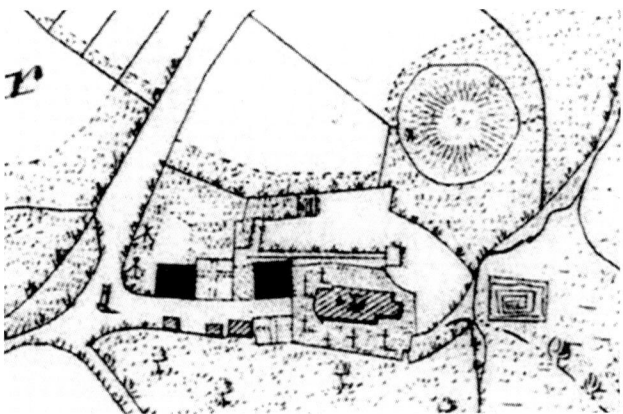

14.1 Lage des noch erhaltenen runden Turmhügels nordöstlich des Beerbacher Kirchhofs, Ausschnitt aus einer Flurkarte, Zustand Mitte 19. Jahrhundert (StadtA Lauf)

15 | D4

Behringersdorf I

Mutmaßliche Burg

Schwaiger Str. 18-26

Gemeinde Schwaig

Landkreis Nürnberger Land

Bisher ohne archäologische Überprüfung blieben Nachrichten von Freilegungen in den Jahren 1717/18, als nordöstlich des großen Schlosshofes ein großer Stadel errichtet und ein Gartenparterre angelegt wurden. Nach Berichten von Bausachverständigen, die damals den Fund in Behringersdorf besichtigten, handelte es sich um Fundamente einer angeblich sehr festen Wehranlage. Dem Bauherrn, Christoph Wilhelm Tucher, kam dieser Fund gelegen, sollte er doch seinem „Schwarzbau" von 1717 [vgl. Behringersdorf IV] zu einer nachträglichen Genehmigung verhelfen. Schließlich konnte er sich damit auf ältere Rechte berufen. Der Verdacht einer Manipulation liegt nahe, jedoch bestätigen Berichte über einen Ortstermin mit Vertretern des Waldamtes Sebaldi das Vorhandensein von Resten starker Quadermauern.

Nicht auszuschließen ist, dass sich in Behringersdorf im 13. Jahrhundert ein Sitz, vielleicht mit einer Beziehung zu den Reichsministerialen von Rückersdorf [vgl. Beerbach, Rückersdorf I], befand, der mit der Burg Malmsbach als Reichslehen an die Herren von Gründlach kam. Durch Heirat mit Margaretha von Gründlach an Gottfried von Hohenlohe-Brauneck gelangt, wurde zumindest ein „Gut" aus dessen Besitz in Behringersdorf 1323/26 an Burggraf Friedrich IV. von Nürnberg verkauft [vgl. Malmsbach].

Das sich nach Behringersdorf nennende Ministerialengeschlecht der Peringsdorfer könnte hier seinen Dienstsitz gehabt haben. Über das weitere Schicksal der Anlage bis zum Auffinden der Reste 1717 ist bislang nichts bekannt. Eine Identität mit einem der zwei 1504 bezeugten Herrensitze ist eher unwahrscheinlich.

Quellen

StAN Rst. Nbg., Waldamt Sebaldi I Nr. 338.

Mon. Zollerana II, Nr. 561, 608.

Literatur

Giersch, Robert: Archivforschung zur Baugeschichte Schloss Behringersdorf. Denkmalpflegerische Voruntersuchung 1993. Unveröff. im BLfD.

16 · D4

Behringersdorf II

Abgegangener Herrensitz, „Spitalsitzlein"

Gemeinde Schwaig

Landkreis Nürnberger Land

Im bekannten Nürnberger Spionagebericht über die „gelegenhait der landschaft", 1504 im Zusammenhang mit dem Landshuter Erbfolgekrieg angelegt, werden ausdrücklich zwei Sitze zu Behringersdorf bezeugt. Das Waldamt Sebaldi hielt einmal den Grolandschen Sitz, eindeutig bei der Kirche gelegen [vgl. Behringersdorf III], sowie das 1552 im Zweiten Markgrafenkrieg zu Grunde gegangene „Spitalsitzlein" fest. Auf dem kleinen Sitz lasteten Eigenrechte des Nürnberger Heilig-Geist-Spitals, das daher vom Besitzer einen jährlichen Eigenzins fordern konnte. Dass die 1717 aufgefundenen Burgreste [vgl. Behringersdorf I] mit dem Spitalsitzlein identisch sein könnten, wurde schon damals bezweifelt.

Das Spitalsitzlein soll von den Peringsdorfern an die Familie Tucher gekommen sein. Genannt werden der Verkauf des Hieronymus Schürstab an Sebald Deichsler im Jahr 1493. Rechte des ratsfähigen Nürnberger Geschlechtes der Schürstab in Behringersdorf lassen sich schon für das frühe 15. Jahrhundert beobachten. Die Witwe des Sebald Deichsler verkaufte dann 1506 an Wolff Peringsdorfer. Die Einräumung des Öffnungsrechtes an den Rat der Reichsstadt erfolgte 1517 durch Elisabeth, die Witwe des Wolff Peringsdorfer. Diese veräußerte schließlich 1532 das Sitzlein an Hans Tucher d. J. Ausdrücklich wurde beim Waldamt vermerkt, dass dieses 1552 abgegangene Herrenhaus recht „eng und klein" gewesen sei.

Quellen

StAN Rst. Nbg., Waldamt Sebaldi I Nr. 338.

StadtAN E 29/II Urk. Nr. 10, 12, 13. Literalien Nr. 22, 23.

Gelegenhait, Nr. 680.

Literatur

Pfeiffer, Gerhard: Die Offenhäuser der Reichsstadt Nürnberg. In: JffL 1954, S. 153-179.

17 · D4

Behringersdorf III

Herrenhaus, „Grolandscher oder Alter Sitz"

Schwaiger Straße 18 (20, 24, 26)

Gemeinde Schwaig

Landkreis Nürnberger Land

Das in jüngster Zeit „Alter Herrensitz" genannte Gebäude erscheint in Quellen des 16. Jahrhunderts als Grolandscher Sitz bei der Kirche. Im 16. Jahrhundert war noch bekannt, dass einst – wohl noch im 15. Jahrhundert – ein Anton Tucher den so genannten Sitz beim Kirchhof an Wolf Groland verkauft hatte. Später ging die Liegenschaft an Jakob Groland über. Der 1552 im Zweiten Markgrafenkrieg weitgehend zerstörte kleine Wohnturm verfügte über mindestens zwei Obergeschosse, die jeweils eine untere und obere herrschaftliche Stube aufwiesen. Unten, wohl im Erdgeschoss, war ein Gewölberaum, in dem Wein gelagert wurde.

Der 1552 zerstörte Sitz wurde als „purkstal" mit landwirtschaftlichen Gebäuden und dem zweigeschossigen Langhaus, auch Voithaus genannt, 1580 von Philipp Geuder an Christoph Tucher verkauft. Die Tucher hatten bereits 1532 das Spitalsitzlein [vgl. Behringersdorf II] erworben. Unter Christoph Tucher wurde das Langhaus 1587 abgebrochen und durch ein neues Voithaus mit Stallungen ersetzt. Bis 1614 folgten weitere neue Ökonomiegebäude, der Wiederaufbau des Wohnturms unterblieb jedoch. Nach einem Bericht des Waldamtes Sebaldi soll das Gebäude erst 1660 durch den Vormund des Christoph Sigmund Tucher in Stand gesetzt worden sein. Vermutlich wurde der viergeschossige Wiederaufbau schon bald Opfer eines neuerlichen Brandunglücks, an das noch 1697 erinnert wurde. Der um 1700 zumindest stark schadhafte Sitz – „so im ruin lieget" – wurde erst um 1715 von Christoph Wilhelm Tucher abermals wiederhergestellt. Mit einem Aufwand von 968 Gulden wurden unter der Leitung eines Nürnberger Meisters Walther Fachwerkkonstruktionen, das Dachwerk und die Ausstattung erneuert.

17.1   Grundriss der Tucherschen Schlossanlage zu Behringersdorf, gezeichnet kurz nach 1800, das Grolandsche Herrenhaus links oben mit sechseckigem Treppenturm, das große Herrenhaus („Neues Schloss") unten mit Gartenparterre (Pr)

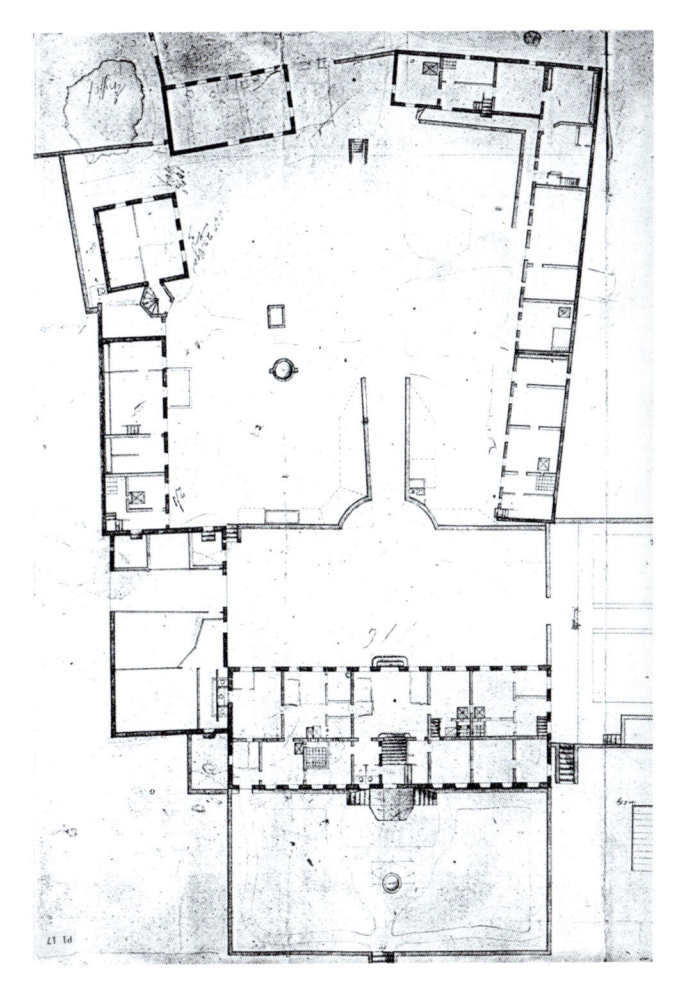

17.2   Ansicht von Behringersdorf, das Grolandsche Herrenhaus unmittelbar links der Kirche, ganz links das neue Schloss, Kupferstich: C. M. Roth um 1760 (StadtA Lauf)

B BEHRINGERSDORF III

17.3 Ansicht des Grolandschen Herrenhauses von Nordwesten, Fotografie: F. A. Nagel 1911 (StadtMN)

Das von der Instandsetzung im Jahr 1715 geprägte Gebäude liegt südöstlich im großen Ökonomiehof, unmittelbar nördlich folgt ihm der Pferdestall, ein Neubau von 1748 an der Stelle des alten Voithauses. Die große Hofanlage wurde im Zuge mehrerer Erweiterungen auch westlich und südlich fast völlig mit Gebäuden umschlossen. Westlich erstreckt sich das Langhaus mit ehemaligen Stallungen, Personal- und Mietwohnungen. Es geht weitgehend auf den Neubau von 1587 zurück. Südlich schließt es mit einem kleinen Turm ab, der 1713 errichtet und 1892 für Wohnzwecke umgebaut wurde. Die Einfahrt in den Schlosshof liegt in der Mitte der südlichen Umfassung, wo westlich um 1740 das Gärtner- und Tagelöhnerhaus erbaut wurde, östlich das Schulhaus, das man 1906 baulich erweiterte. Das Herrenhaus befindet sich mit den übrigen Gebäuden bis heute in Familienbesitz.

Quellen

StAN Rst. Nbg., Waldamt Sebaldi I Nr. 338.

Gelegenhait, Nr. 680.

Literatur

KDM Lauf, S. 62, mit Kupferstich von C.M. Roth von 1759, 70 f mit Grundriss des 1. Obergeschosses und Fotografie.

Giersch, Robert: Archivforschung zur Baugeschichte Schloss Behringersdorf. Denkmalpflegerische Voruntersuchung 1993, unveröff. im BLfD.

Stadtlexikon Nürnberg, S. 133 f.

18 D4

Behringersdorf IV

Herrenhaus, „Neues Schloss"

Schwaiger Straße 22

Gemeinde Schwaig

Landkreis Nürnberger Land

Im Jahre 1715 reichte Christoph Wilhelm von Tucher beim Waldamt Sebaldi eine Baueingabe zur Errichtung einer Winterung für Gartenpflanzen mit einer Remise unter einem Dach ein. Der Neubau wurde genehmigt, weil an seiner Stelle eine bereits bestehende Remise bestand, die abgebrochen werden sollte. Für 30 Gulden erwarb der Bauherr ein Feuerrecht für die Aufstellung eines Ofens, damit die Winterung temperiert werden konnte.

Der Eingabeplan wurde nie verwirklicht. Der Bauherr sandte weitere Risse nach und wünschte 1717 ein zusätzliches Feuerrecht, was aber abgelehnt wurde. Schließlich wurde ruchbar, dass in Behringersdorf ein Neubau entstand, der mit dem Baugesuch wenig zu tun hatte. Der Tucher hatte mittlerweile nach den Plänen und unter der Leitung des Baumeisters Johann Ulrich Mösel mit der Errichtung eines über 30 Meter langen und etwa 11 Meter breiten Herrenhauses begonnen, dessen Weiterbau 1717 vom Waldamt verboten wurde. Trotzdem brachte Christoph Wilhelm Tucher den Rohbau noch provisorisch unter Dach. Erst nach einem längeren Rechtsstreit wurde 1720 zwar die Fertigstellung des Rohbaus, nicht jedoch der Ausbau zum Herrenhaus genehmigt. Noch 1729 wurde heimlich am Ausbau des Erdgeschosses gearbeitet, was dem ausführenden Mau-

18.1 Ansicht des großen Herrenhauses, südliche Traufseite, Fotografie: G. v. Volckamer um 1894 (StadtMN)

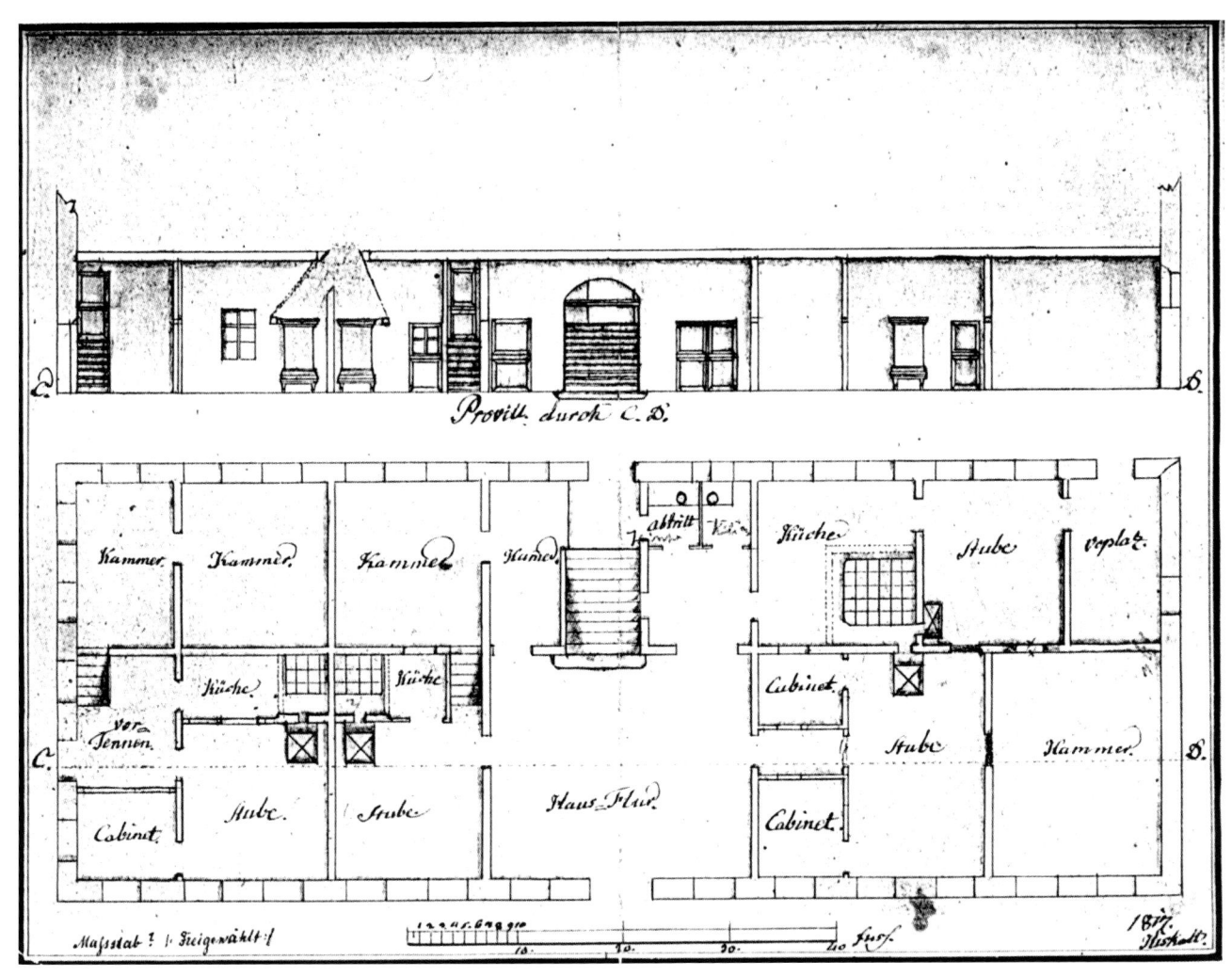

18.2 Längsschnitt und Grundriss des Erdgeschosses des großen Herrenhauses, gezeichnet 1817 vom Maurermeister Kiskalt (Pr)

rer einen 48-stündigen Arrest einbrachte. Schließlich setzte der Bauherr die Einrichtung der unteren Zimmer bis 1732 durch. Das Obergeschoss blieb offenbar weiterhin im Rohbauzustand. Erst gegen 1745 soll das Obergeschoss Stuckdecken erhalten haben. Im Erdgeschoss war zeitweilig die Schule untergebracht, während das Obergeschoss offenbar ohne Nutzung bleiben musste. Im Jahr 1811 war der Innenausbau noch immer nicht erfolgt. Der massige zweigeschossige Sandsteinquaderbau, dessen Erscheinung vom Walmdach und dem großen Zwerchhaus geprägt wird, ist bis heute in Familienbesitz.

Quellen

StAN Rst. Nbg., Waldamt Sebaldi I Nr. 338.

Literatur

KDM Lauf, S. 71-74 mit Grund- und Aufriss von 1720, Erdgeschossgrundriss und Fotografien.

Giersch, Robert: Archivforschung zur Baugeschichte Schloss Behringersdorf. Denkmalpflegerische Voruntersuchung 1993. Unveröff. im BLfD.

19   H9

Betzenstein I

Burg, ehemals reichsstädtisches Pflegschloss

Burgweg 7-9

Stadt Betzenstein

Landkreis Bayreuth

Betzenstein scheint erstmals 1187 im Namen des Ministerialen Friedrich von Betzenstein auf, der offenbar dort seinen Dienstsitz innehatte. Die immer wieder einmal von Autoren angeführte Identität mit der 1108/1112 genannten Burg Albewinistein ist abzulehnen [vgl. Albewinistein]. Die Burg Betzenstein selbst wird erst am 11. August 1311 genannt, als der Bamberger Bischof Wulfing von Stubenberg den Konrad von Schlüsselberg mit ihr belehnte. Dabei wurden ausdrücklich die Verdienste des Edelfreien um das Hochstift Bamberg erwähnt. Einen Teil der Burg verlor das Hochstift bald an die Landgrafen von Leuchtenberg,

19.1 Burg Betzenstein im 17. Jahrhundert, anonyme Tuschezeichnung (StadtMN)

möglicherweise durch die Fehde des Bischofs Wernto Schenk von Reicheneck mit Ulrich von Leuchtenberg. Am 30. Mai 1327 trug der Landgraf Ulrich seine neu gewonnene Hälfte an der Burg Betzenstein der Krone Böhmen zu Lehen auf. Der Nürnberger Burgenforscher Hellmut Kunstmann vermutete schon für diese Zeit eine Doppelanlage, wobei der nördliche Felsen mit der bischöflichen, der südliche dagegen mit der nun leuchtenbergischen Burg bebaut gewesen sein soll. Für diese Annahme spricht, dass im 16. Jahrhundert neben einer noch erhaltenen Feste ein zweiter, mittlerweile wüster Burgteil bezeugt wird.

Nach dem Krieg gegen Konrad von Schlüsselberg 1347 einigten sich die Sieger, die Bischöfe von Würzburg und Bamberg sowie die Burggrafen von Nürnberg, auf eine Überlassung des Schlüsselbergschen Teils, des Bamberger Lehens, an die Burggrafen. Offenbar veräußerten die Hohenzollern diese Hälfte bald darauf an die Landgrafen, denn die Leuchtenberger waren 1359 im Besitz der gesamten Burganlage. Damals gewährte ihnen Kaiser Karl IV. das Marktrecht und das Recht, den Markt Betzenstein zu befestigen.

19.2 Burg und Stadtbefestigung von Betzenstein aus der Vogelschau, anonyme, kolorierte Federzeichnung, Mitte 17. Jahrhundert (HallerA)

1399 rückte die Burg in den Mittelpunkt einer weiteren Fehde, diesmal zwischen dem Bamberger Bischof Albrecht von Wertheim und den Landgrafen von Leuchtenberg, die mit einem Überfall und der Gefangennahme des Bischofs bei Hals (Passau) ihren Höhepunkt erreichte. Als sich die Landgrafen der seit 1402 von König Ruprecht I. eingeleiteten Schlichtung widersetzten, wurde die Burg Betzenstein eingenommen und besetzt. Die Rückgabe sollte erst nach einer Wiedergutmachung der von den Landgrafen verursachten Schäden erfolgen, die Lehnsherrschaft des Hochstifts wenigstens über einen Teil der Feste konnte jedoch nicht zurückgewonnen werden. Die Wiedergutmachung und andere Fehdekosten hatten die Landgrafen von Leuchtenberg hoch verschuldet. Schließlich war Betzenstein mit 2.000 ungarischen Gulden belastet, die Herzog Ludwig von Bayern-Ingolstadt fordern durfte. Landgraf Leopold veräußerte daher am 13. Februar 1418 die Feste und die Stadt Betzenstein dem Pfalzgrafen Johann von Neumarkt-Neunburg.

Kurz darauf wurde die Burg, die vom Ingolstädter Herzog nicht an seinen Neumarkter Vetter übergeben worden war, im Bayerischen Krieg von 1420/21 zerstört, und zwar ausgerechnet von den Truppen des Käufers [vgl. Lichtenstein]. Um dieses Ereignis rankt sich eine Anekdote, nach der die in Abwesenheit ihres Gemahls handelnde Pfalzgräfin von Neumarkt-Neunburg, Katharina von Pommern-Stolp, die Zerstörung auf den vorsätzlich falschen Ratschlag ihres Hofbeamten Sigmund von Egloffstein hin angeordnet habe. Der Egloffsteiner besaß viele Güter in der Nähe Betzensteins und wollte sich die Gelegenheit nicht entgehen lassen, eine unbequeme Nachbarschaft aus der Welt zu schaffen.

19.4 Blick zur nördlichen Burg, Fotografie: F. A. Nagel 1934 (StadtMN)

Als die Reichsstadt Nürnberg mit dem Ausgang des Landshuter Erbfolgekriegs 1505 auch das mittlerweile pfälzische Betzenstein übernahm, fand sie daher höchstens Ruinen vor. Eine auf der Burgstelle eilig errichtete Bastei war im Zuge von Kampfhandlungen 1504 zerstört worden. Der Pfleger des Amtes wurde – wie schon zu pfälzischen Zeiten – auf die Burg Stierberg gesetzt. Erst 1528 entschloss sich die Reichsstadt zum Bau eines Schlosses, um hier wenigstens einen Vogt unterbringen zu können. Dem Nürnberger Werk- und Steinmetzmeister Simon Rösner wurden in den Jahren ab 1528 die Planungs- und Baumeisterarbeiten anver-

19.3 Burg Betzenstein, Blick von Osten, Fotografie: G. v. Volckamer um 1894 (StadtMN)

traut. Nachdem sukzessive bis 1550 mit viel Geld am Ausbau der neuen Burganlage gearbeitet worden war, ging das Ergebnis der reichsstädtischen Bemühungen im Zweiten Markgrafenkrieg in Flammen auf. Truppen des Markgrafen Albrecht Alcibiades besetzten Betzenstein am 20. Mai 1553 kampflos und steckten das neue Pflegschloss in Brand. 1555 wurden wenigstens die äußeren Mauern repariert, die neuerliche Instandsetzung der Burg begann jedoch erst 1557 und wurde über viele Jahre hinweg bis ins frühe 17. Jahrhundert betrieben. Weitere Baumaßnahmen, u. a. der Bau der Bastion auf der südlichen Burg während des 30-jährigen Krieges, dienten vor allem der Verbesserung von Verteidigungsanlagen. Diverse Renovierungen wurden nach 1673 und auch im 18. Jahrhundert vorgenommen.

Die reichsstädtische Burg hat nur kurz als Amtssitz des Pflegers gedient. Nach dem Untergang der Burg Stierberg war das Pflegamt zwar nach Betzenstein verlegt worden [vgl. Stierberg], die Burg wurde aber weitgehend nur während des 30-jährigen Krieges vom Pfleger bewohnt. Das Pflegamt logierte zunächst am Marktplatz, während auf der Burg nur ein Schlosswart und ein Nachtwächter hausten [vgl. Betzenstein II]. Mit der Eingliederung Nürnbergs in das Königreich Bayern wurde die reichsstädtische Feste von den bayerischen Rentbeamten als reparaturbedürftig und kostenintensiv eingeschätzt. Um den staatlichen Bauunterhalt zu entlasten, wurde die Anlage der Stadt Betzenstein überlassen.

Bald darauf wurden baufällige Bereiche eingelegt. Nach Hellmut Kunstmann sollen jedoch erste Teile der Burg schon im 18. Jahrhundert abgebrochen worden sein, u.a. 1709 ein Turm in der nördlichen Oberburg. Erhalten hat sich hier ein eingeschossiges, auf hohem Sockel ruhendes Gebäude mit T-förmigem Grundriss. Der mit einem Walmdach überspannte Bau soll im Kern auf den Wiederaufbau von 1528 zurückgehen. Auf der Südburg existiert noch ein zweigeschossiger Rundturm mit Zeltdach, der durch Umbau des um 1630 errichteten Rondells entstand. Ihm ist nordöstlich ein zweigeschossiges Gebäude des 17./18. Jahrhunderts angebaut, das im 20. Jahrhundert erheblich verändert wurde. Die Burganlage ist heute in privaten Händen.

Quellen

StAAm Kloster Michelfeld Urk. Nr 13.

StAN Rst. Nbg., Landpflegamt, Pflegamt Betzenstein, S I, L 338, Nr. 2. Rst. Nbg., Salbücher Nr. 29.

Gelegenhait, Nr. 80.

Mon. Boica Bd. 25, S. 107.

Literatur

KDM Pegnitz, S. 82-85.

Kolbmann, Georg: Betzensteiner Geschichtsbilder (= Schriftenreihe der ANL Bd. 19). Nürnberg 1973.

Kunstmann, Östliche Fränkische Schweiz, S. 434-455, mit Federzeichnungen kurz vor 1670.

Looshorn, Johann: Die Geschichte des Bistums Bamberg. Bd. II. München 1888, S. 561.

Rühl, Pegnitz, S. 53 f, 195-198.

Seitz, Reinhard H.: Das Betzensteiner Stadtprivileg von 1359. In: MANL 24 (1975), Heft 3, S. 49-59.

Stadtlexikon Nürnberg, S. 141 f, mit Kupferstich von C.M. Roth von etwa 1759.

Voit, Gustav et al.: Vom Land im Gebirg zur Fränkischen Schweiz. Eine Landschaft wird entdeckt (= Schriftenreihe des Fränkische-Schweiz-Vereins Bd. 8). Erlangen 1982, S. 78, mit Stahlstich von Alexander Marx, ca. 1844.

20 H9

Betzenstein II

Ehemaliges Pflegamtshaus, „Pflegschloss"

Schlossstraße 13

Stadt Betzenstein

Landkreis Bayreuth

Bis 1553 waren die Nürnberger Ämter Stierberg und Betzenstein vereint und wurden, da die Burg Betzenstein 1420/21 ruiniert worden war, von Stierberg aus verwaltet. Nach der Zerstörung Stierbergs logierte die Reichsstadt ihren Pfleger in einem angekauften Bürgerhaus am Betzensteiner Marktplatz ein. Dieses Haus wurde 1572 der Stadt als Rathaus geschenkt, während der Pfleger in das Anwesen des Hans Völkl zog. Erst 1668 wurde der Bau eines Pflegamtshauses

20.1 Ansicht des ehemaligen Pflegschlosses von Südosten, das Zwerchhaus mit dem Neorenaissancegiebel ist bereits vorhanden, Fotografie: F. A. Nagel 1934 (StadtMN)

geplant. Die Reichsstadt erwarb hierzu das in der nordwestlichen Stadt gelegene Anwesen eines Bernhard Schaumberger. Hier wurde 1669/70 dann das neue Pflegschloss gebaut, dessen Baugeschichte im Detail noch nicht erforscht ist. Bei Umbauten um 1905 erhielt das zweigeschossige Gebäude einen Südgiebel mit Stilelementen der Neorenaissance. Im 20. Jahrhundert befand sich das Pflegschloss einige Zeit im Besitz der Kommune, die es auch als Schulhaus nutzte.

Quellen

StAN Rst. Nbg., Landpflegamt, Pflegamt Betzenstein, Rep. 30b, fol. 126r, Nr. 6.

Literatur

KDM Pegnitz, S. 85 f.

Dannenbauer, S. 220-222.

21 **G3**

Birkensee

Abgegangener Ministerialensitz

Gemeinde Offenhausen

Landkreis Nürnberger Land

Die in der bewaldeten Flur Höll, südlich von Egensbach, bis heute deutlich erkennbare Burgstelle liegt westlich der Einöde Birkensee. Nach dem kleinen Sitz nannte sich erstmals 1260 der Ritter Konrad von Birkensee. Er ist vermutlich mit Konrad von Egensbach, genannt Vogelhunt, dem Bruder des Heinrich von Egensbach, identisch, der für 1243 als Zeuge bei der Gründung des Klosters Engelthal aufscheint [vgl. Egensbach]. Demnach könnte um 1250 eine Besitzteilung des Rittergutes Egensbach und mit ihr die Entstehung eines zweiten

21.1 Ansicht der Burgstelle in der Flur Höll, Reste von Graben und Turmhügel, Zustand 2003 (Pr)

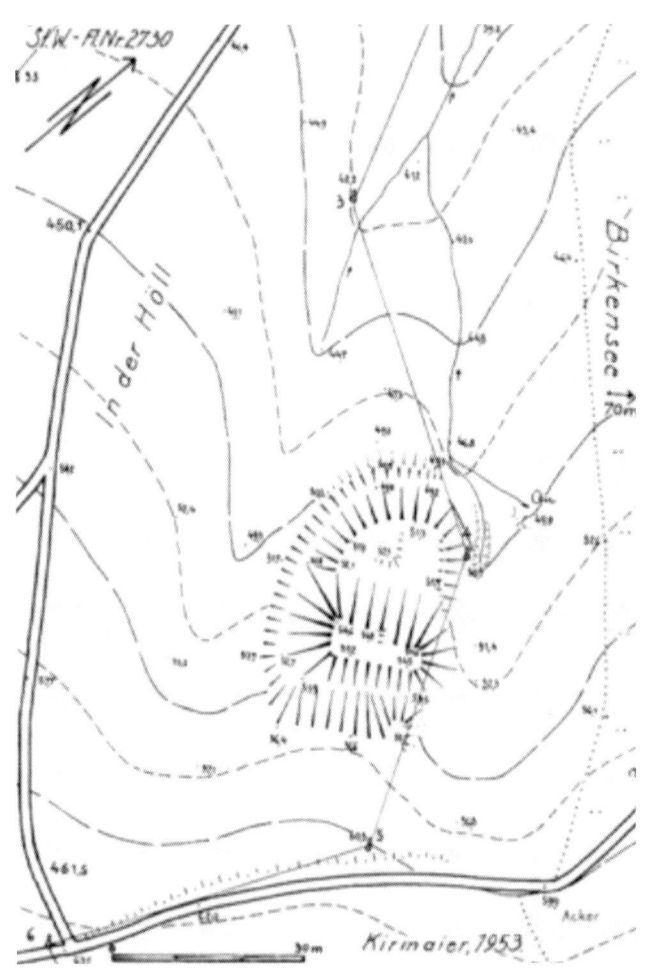

21.2 Lageplan der Burgstelle, 1953 gezeichnet von M. Kirmaier (BLfD)

Ministerialensitzes in der Egensbacher Flur erfolgt sein. Die Zweiteilung wird auch bei der Rekonstruktion der alten Egensbacher Siedlungsstruktur und Wegeerschließung deutlich.

Nach dem Tod des Konrad von Birkensee oder eines gleichnamigen Sohnes um 1300 fiel der Ministerialensitz an die Forchheimer, die auch das Egensbacher Rittergut erworben hatten. Daher erscheint neben einem Marquard von Forchheim zu Egensbach 1339 auch ein Marquard Forchheimer zu Birkensee. Der Sitz wurde noch im 14. Jahrhundert aufgegeben. Der dazugehörige Bauhof wurde an einen Grundholden vergeben. 1508 zählte der Einödhof Birkensee zur Verkaufsmasse des Rittergutes Egensbach.

Von dem Sitz ist der überhöhte Turmhügel mit rechteckiger, ca. 15 auf 5 Meter großer Grundfläche erhalten. Ihm ist eine tiefere, nach Norden gerundete, von einem Graben begrenzte Fläche vorgelagert. Der die Anlage umgebende schmale Graben wird im Nordwesten von einem Wall flankiert. Die Lage macht die einstige Funktion der Turmburg als Statussymbol deutlich: Die Errichtung am unteren westlichen Keilberghang bot keinerlei natürliche Annäherungshindernisse, und auch die geringe Größe des Grabens und der Wallanlage lässt keinen verteidigungstechnischen Wert erkennen.

Quellen

StAN Rst. Nbg., Kloster Engelthal Urk. Nr. 179. Rst. Nbg., Salbücher Nr. 36, 37.

NUB Nr. 317, 387, 409.

Literatur

Giersch, Robert: Denkmalpflegerischer Erhebungsbogen zur Dorferneuerung Birkensee-Egensbach. Dokumentation für das Dorferneuerungsverfahren 2004.

KDM Hersbruck, S. 58.

Voit, Pegnitz, S. 37 f.

22 — E2

Birnthon

Herrensitz

Birnthon Nr. 1

Stadt Nürnberg

In den Annalen der Reichsstadt Nürnberg von 1623 wurde ein Bertold von Birnthal festgehalten, der 300 Jahre zuvor in Birnthon gesessen sein soll. Dieser Abkömmling eines vermutlich aus dem Reichsdienst im Forst enstammenden Ministerialengeschlechts ist für die Zeit um 1309 auch urkundlich nachweisbar, nicht jedoch ein befestigter Sitz. Schließlich erscheint Birnthon als Zeidelmuttergut im Besitz des Conrad Wagner, der sich 1381 verpflichtete, auf dem Gut „kein burglich Gebäu dahin zu machen". Eine andere Quelle vermerkt, dass der Nürnberger Bürger gehalten war, auf seinem „hoff zum Pirnthon in dem waldt gelegen" nichts zu bauen, was nicht „von alter her ist kommen".

Schon ein Jahr später war das Zeidelmuttergut an den Nürnberger Ratsherrn Berthold Behaim gegangen. Ihm folgte vor 1397 Heinrich Rummel, der reiche Nürnberger Kaufherr mit besten Beziehungen zum Pfalzgrafen und späteren König Ruprecht I., der 1409 in Absprache mit dem Nürnberger Rat auch die Herrschaft Lichtenau kaufte [vgl. Lichtenau]. Wie Lichtenau ging auch das viel unbedeutendere Birnthon an den Sohn Franz Rummel über. Als das einst reiche Geschlecht in den 1470-er Jahren in wirtschaftliche Schwierigkeiten geriet, scheint das Zeidelmuttergut an Endres Rech verkauft worden zu sein. Es ist mehr als zweifelhaft, ob es sich bei dem mittelalterlichen Gut um mehr als eine große Hofstelle gehandelt hatte. Schließlich erwirkte erst Endres Rech vor 1495 vom Rat der Reichsstadt die

22.1 Situationsplan des in einer Waldlichtung liegenden Herrensitzes aus der Vogelschau, gezeichnet 1696 (StAN)

Erlaubnis, ein „lusthaus" für sich bauen und anstatt des Zauns den Hof mit einer Mauer einfrieden zu lassen. 1495 erscheint der Sitz als „lusthaws mit einem steynein fuß", demnach als Fachwerkkonstruktion auf einem massiven Sockelgeschoss.

1516 war das Herrenhaus mit dem Gut an Hieronymus Rech übergegangen. Durch Verheiratung der Witwe Agatha des um 1520 verstorbenen Hieronymus kam der Besitz zunächst 1522 an Martin Löffelholz, den reichsstädtischen Pfleger zu Lichtenau, der 1533 verstarb. Die Witwe Agatha heiratete nun ein drittes Mal, diesmal um 1540 Florentin Örtel. Dem neuen Ehemann wurde 1541 die Aufstockung des Herrenhauses mit einem Fachwerkgeschoss genehmigt. Die Örtelsche Investition ging jedoch ein Jahrzehnt später in Flammen auf. Im Zweiten Markgrafenkrieg wurde am 29. Mai 1552 auch „Birnthon, der Örtel sitz unnd sedel dabey", verbrannt.

Das ruinierte Anwesen wurde 1558 von der mittlerweile verwitweten zweiten Ehefrau Örtels an die Verwandten Abraham, Christoph und Paulus Örtel verkauft, wobei Paulus seine Rechte an den reichen, mit dem Hause Fugger verwandten Montanunternehmer Lukas Sitzinger verpfändete [vgl. Schniegling I]. Der 1552 ruinierte Sitz blieb lange öd liegen. Erst Hieronymus Örtel, schon seit 1592 Besitzer, beantragte 1603 wenigstens den Wiederaufbau eines Verwalterhauses, während sich der des Herrenhauses erst um 1611 nach dem Übergang des Gutes an den Verwandten Eustachius Carl Holzschuher anbahnte. Dieser plante 1617 den Neubau, der etwa 24 Meter lang und 12 Meter breit und „gerings herumb von Stainwerck" errichtet werden sollte. Der Bau dauerte wohl bis 1619, wobei ein Hinweis des Waldamtes den Einbau von Spunddecken in diesem Jahr nahe legt.

Eustachius Carl Holzschuher vererbte den Sitz seiner Tochter Maria Salome, die mit dem Nürnberger Juristen Andreas Heinrich Hüls verheiratet war. Die Familie Hüls veräußerte das Gut Birnthon um 1680 an Sigmund Pfinzing; von ihm ging es 1688 an Johann Christoph Tucher, der das Herrenhaus erneuern oder sehr weitgehend umbauen ließ. Die 1995 durchgeführte dendrochronologische Analyse von Bauhölzern des Dachwerks und der Zerrbalkenlage ergab ein Fälldatum im Winter 1687/88.

Johann Christoph Tucher vererbte die Liegenschaft 1692 an seine Schwester Anna Regina Wüttich, die sie offenbar aus rechtlichen Gründen nicht in Besitz nehmen konnte und noch 1692 an die Witwe Maria Jacobina Nützel weitergab. Die neue Besitzerin beantragte 1696 den Bau eines weiteren Hauses, in dem sie Mieter aufnehmen wollte. In diesem Zusammenhang entstand 1696 eine kolorierte Ansicht aus der Vogelschau, die den Ansitz umgeben von Weihern und Feldern inmitten einer Waldlichtung zeigt.

1703 wurden die Brüder Carl Benedict und Wolf Jacob Nützel als Inhaber genannt. Nach ihrem Ableben 1712 bzw. 1725 verfügte eine Erbengemeinschaft über den Ansitz. Durch Erbeinigung gelangte er um 1755 an Maria Jakobina Ebner, Witwe des Zweiten Losungers Hieronymus Wilhelm Ebner von Eschenbach und geborene Nützel [vgl. Erlenstegen II]. 1762 erweiterte sie den Sitz um ein eingeschossiges Sommerhaus. Maria Jakobina führte das Gut Birnthon 1773 einer Familienstiftung zu. Nachdem ihr Sohn Johann Carl schon 1774 verstorben war, fiel das Stiftungsgut zur Administration an die Ehemänner der Töchter Maria Helene Haller von Hallerstein und Anna Maria Kreß von Kressenstein. Die Familienstiftung hielt das Gut bis zur gesetzlichen Aufhebung der Fideikommissgüter in Bayern 1808/09, wurde schließlich von den Erben zerschlagen und 1813/14 in zwei Teilen verkauft. Das Herrenhaus, den Stadel und ein Tagelöhnerhaus erwarb der ehemalige Voit des Gutes, Conrad Kraußer. 1833 übernahm es dessen Sohn Simon Johann Ulrich Kraußer, der den Hausnamen „Simonsgut" prägte. Es folgten weitere Besitzwechsel, bis das Simonsgut 1854 an Johann Conrad Abraham fiel. Dessen Erben verloren es 1882 durch eine Zwangsversteigerung an den Netzstaller Bauernsohn Johann Georg Bauer. Von dessen Nachkommen ging das Herrenhaus 1972 an einen Ingolstädter Bauunternehmer über. 1990 erwarb es Dr. Werner Lang, der es abermals renovierte und sich auch mit der Geschichte des Sitzes beschäftigt hat.

Beim Herrenhaus handelt es sich um einen zweigeschossigen, traufseitig fünfachsigen Massivbau, für dessen Erschließung wohl 1688/89 an der Hofseite ein Treppenturm aus Fachwerk angefügt wurde. Das äußere Erscheinungsbild wird vom barocken Walmdach und der ausgeprägten Gesims-Faschen-Gliederung der Fassaden bestimmt. Die Konstruktion geht vermutlich im Kern auf den Wiederaufbau des frühen 17. Jahrhunderts zurück. Bei der ersten modernen Renovierung 1972/73 wurden offensichtlich größere Eingriffe am historischen Bestand vorgenommen. Bei der zweiten Renovierung nach 1990 folgte ein Ausbau des Dachgeschosses mit neuen stehenden Gauben.

Quellen

StAN Rst. Nbg., Urk. Nr. 1962. Rst. Nbg., Urk. des 7-farbigen Alphabets Nr. 3694. Rst. Nbg., Amts- und Standbücher Nr. 228. Rst. Nbg., Handschriften Nr. 323. Rst. Nbg., Waldamt Lorenzi I Nr. 488, 584. Rst. Nbg., Rechnungen des markgräflichen Krieges Nr. 96. Rentamt Altdorf I Nr. 299, 1189.

Müllner I, S. 347.

Literatur

KDM Stadt Nürnberg, S. 273.

Lang, Werner: Birnthon im Wandel von 7 Jahrhunderten. Vom Zeidelgut zum Herrensitz des Nürnberger Patriziats und zum kleinsten Stadtteil Nürnbergs. In: Nürnberger Stadtteile im Wandel der Jahrhunderte. Hg. v. Bürgerverein Nürnberg-Südost e.V. Nürnberg 1999, S. 211-277.

Schnelbögl, Fritz: Altnürnberger Herrensitze – Schloß Birnthon. In: MANL 22 (1973), Heft 3, S. 56-63.

Schultheiß, Werner: Satzungsbücher und Satzungen der Reichsstadt Nürnberg aus dem 14. Jahrhundert (= QGKN Bd. 3). Nürnberg 1977, S. 34.

Stadtlexikon Nürnberg, S. 147.

22.2 Ansicht der Traufseite mit dem vermutlich 1688/89 angefügten Treppenturm, Fotografie: F. A. Nagel 1931 (StadtMN)

B   BISLOHE

23 | A5

Bislohe

Herrensitz
Bisloher Hauptstraße 6
Stadt Fürth

Auch in Bislohe befand sich einst ein so genanntes Weiherhaus. 1623 wurde es als Nürnberger „Burgersitz Pißloe mit einem ausgefütterten Wassergraben" bezeichnet. Es soll aus einem Sitz burggräflicher Ministerialer hervorgegangen und im 15. Jahrhundert an die Nürnberger Familie Bühler gekommen sein. Bei der Ersterwähnung Bislohes 1396 werden jedenfalls nur einige Bauernhöfe als Bergsche Reichslehen erwähnt, die noch bis um 1440 der Patrizierfamilie Groland unterstanden.

1504 wird für Bislohe erstmals ein „sitzlein" bezeugt. Sebald Bühler räumte 1517 der Reichsstadt das Öffnungsrecht im Kriegsfall ein und veräußerte den bereits mit Wehrmauer und Wassergraben gesicherten Sitz 1531 an die Nürnberger Kaufleute Barthel und Lorenz Schwab. 1536 fanden nicht näher beschriebene Bauarbeiten statt. 1550 richtete die Familie Schwab auf dem Herrensitz ein Werk zur Herstellung von Farben ein.

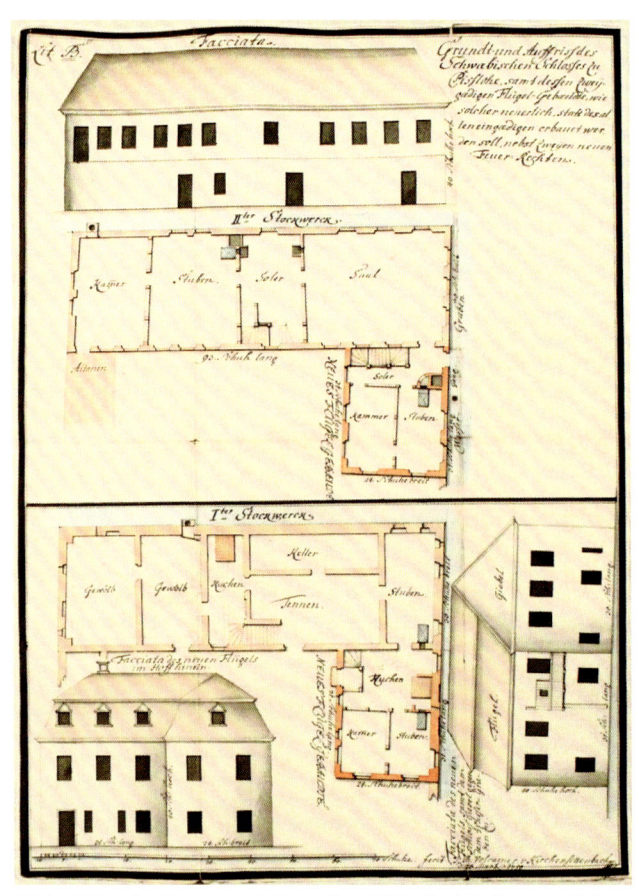

23.1   Eingabeplan zum Anbau eines Flügelgebäudes, gezeichnet 1750 von J. B. Volckamer von Kirchensittenbach (StAN)

Im Zweiten Markgrafenkrieg ging auch der Sitz der Familie Schwab am 13. Mai 1552 durch Brand zugrunde. Eine Liste der Kriegszerstörungen beschrieb den Sitz ausdrücklich als Wohnturm mit Kammern „auffeinander", dem ein Anbau angefügt war. Vermutlich im Vorhof befanden sich weitere Wohnräume in einem Bade- und im Torhaus. Wenigstens der Wohnturm soll schon bald nach dem Kriegsende von der Familie Schwab wieder hergestellt worden sein und wurde der 1586 begründeten Schwabschen Familienstiftung zugeführt, die stets vom ältesten männlichen Spross des Geschlechts verwaltet werden sollte. 1602 saß der um 1563 geborene Sohn des Bauherrn, Erasmus Schwab, auf Bislohe. Inzwischen hatte man ein zweites Wohnhaus errichten lassen. Der 1552 zerstörte Anbau am Wohnturm soll dagegen erst 1608 wieder aufgebaut worden sein. Erasmus Schwab beantragte damals auch den Bau eines offenen, fast 20 Meter langen Gangs, der vom „neuen Haus" zum älteren Wohnturm führen sollte. 1611 richtete Erasmus Schwab ohne Genehmigung des Waldamtes Sebaldi eine Stube für seinen Bisloher Voit ein und provozierte damit einen hartnäckigen Streit mit der Reichsstadt. Als der Schlossherr sich sogar zu beleidigenden Reden und Schreiben hinreißen ließ, wurde er im Nürnberger Rathaus verhaftet und zu einer vorübergehenden Turmhaft in den Luginsland gesperrt.

Um die Mitte des 17. Jahrhunderts verfügte Dr. Johann Christoph Schwab über den Sitz. Er erhielt 1653 gnadenhalber Bauholz für eine nicht näher überlieferte Baumaßnahme, vermutlich zur Beseitigung der im September 1632 erlittenen Kriegsschäden. Damals hatte die Armee Wallensteins bei ihrem Abzug nach der Schlacht an der Alten Veste nahezu alle Dörfer des Knoblauchslandes (ausgenommen Braunsbach) in Brand gesteckt. Sein Sohn Johann Erasmus Schwab ließ sich trotz der Erfahrungen seines Vorfahren wieder zu einem Schwarzbau verleiten. Mit Schmähworten und Drohungen vertrieb er 1688 Beamte des Waldamtes aus dem Schlosshof, als diese eine nicht genehmigte Stallung (rechts vom Tor), später das Flügelgebäude genannt, begutachten wollten.

Das Bisloher Schloss erlebte auch später noch dramatische Stunden. Im frühen 18. Jahrhundert begannen langwierige Auseinandersetzungen innerhalb der Familie Schwab. Zunächst geriet der damalige Familiensenior Carl Wilhelm von Schwab mit seiner Nichte Anna Margaretha Tiefenbrock in harte Erbschaftsstreitigkeiten. Nach seinem Tod 1712 ging das Schloss entgegen den Fideikommissbestimmungen an seine einzige, damals verwitwete Tochter Lucia, die kurz darauf den

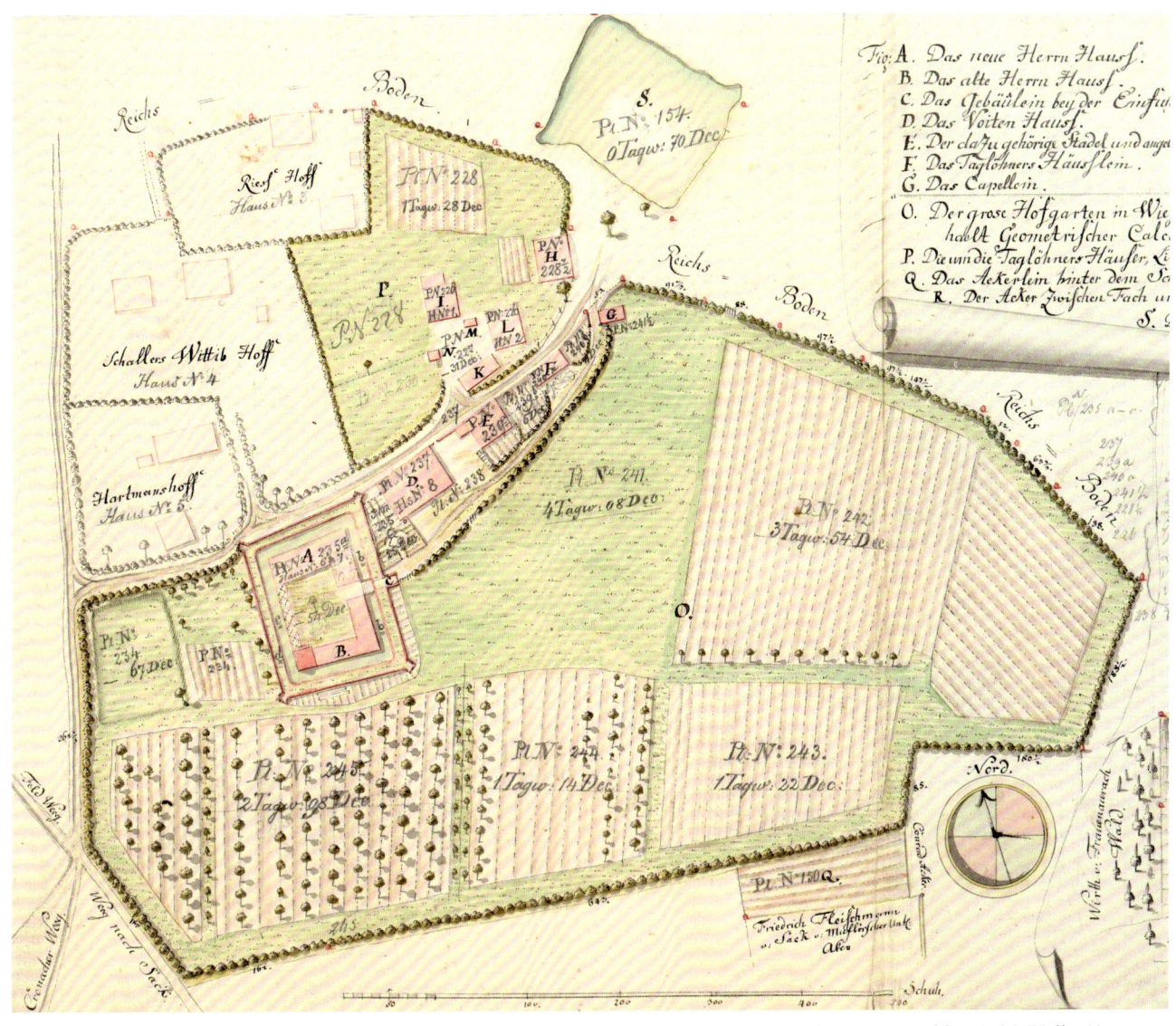

23.2 „Geometrischer Grund-Riss" des Schlossgartens Bislohe, gezeichnet von Landbau-Inspektor W. B. Malther 1785 (HallerA)

aus Wetzlar stammenden Hauptmann Johann Simon Wilcke heiratete, aber schon 1715 im Kindbett starb. Wilcke wurde ihr Testamentserbe und blieb im Schloss wohnen, was zu einem erbitterten Rechtsstreit mit dem eigentlich zur Nachfolge berufenen Wilhelm Friedrich von Schwab, dem Neffen Carl Wilhelms, führte. Um für den mittlerweile beim Reichskammergericht anhängigen Prozess Rückendeckung zu bekommen, unterstellte Wilhelm Friedrich von Schwab 1718 sämtliche bisher freieigenen Besitzungen, darunter das Schloss Bislohe, der Lehenherrschaft der Reichsstadt Nürnberg. Damals bestand es aus dem zweigeschossigen Sitz oder Herrenhaus (im Norden) und einer Behausung samt dem Turm gegenüber (auf der Südseite).

1735 wurde aktenkundig, dass der Hauptmann Wilcke selbstherrlich einen Giebel des Herrenhauses hatte umbauen lassen, auch wollte er noch den Anbau an das alte Weiherhaus aufstocken, als das Waldamt einschritt und den nicht genehmigten Bau bei Strafandrohung verbot. Als Wilcke nach jahrelangem Streit den zwei Töchtern des 1738 verstorbenen Wilhelm Friedrich von Schwab 1749 wieder den Besitz einräumen musste, waren nicht nur Mobilien aus dem Schloss geräumt worden: Der Usurpator hatte mittlerweile Dielen und massive Fußböden entfernt, einige Stuhlsäulen und Büge heraussägen lassen, bis das Dachwerk eingebrochen war. Das 1688 illegal gebaute Flügelgebäude, das Stallung und Küche enthielt, war nach den mutwilligen Beschädigungen angeblich abbruchreif. 1750 verpflichteten sich die beiden inzwischen verwitweten Schwestern, Catharina Benigna von Faber und Clara Susanna Alberti, in den stattdessen zu errichtenden zweigädigen Anbau (zwischen Nordflügel und Torhaus) keine Mieter aufzunehmen.

Trotz zunehmender finanzieller Schwierigkeiten muss der zweigeschossige Nordflügel samt dem erwähnten Anbau vor 1777 nochmals aufgestockt und mit einem neuen Walmdach versehen worden sein; der Innenaus-

23.3 Ansicht des Schlosses nach der Brandkatastrophe, Fotografie: F. A. Nagel 1909 (StadtMN)

bau wurde aber nicht mehr fertiggestellt. Die beiden Schwabtöchter machten nämlich Konkurs und mussten 1777 Schloss Bislohe räumen, das 1785 an die Familie Haller von Hallerstein versteigert wurde. Johann Georg Haller beantragte 1786 die Erneuerung des baufälligen Voithauses und ließ in den Folgejahren die Schlossanlage renovieren und neu möblieren. Auch die bereits 1616 erwähnte Kapelle wurde in dieser Zeit in Stand gesetzt.

1796 begann eine Zeit wiederholter Einquartierungen von Militär im Schloss, die bis 1815 andauerten und die ansonsten meist leerstehenden Gebäude herunterkommen ließen. 1859 wurde das Schlossgut von den Freiherren Haller von Hallerstein an Private verkauft, die im neuen Herrenhaus eine Gastwirtschaft einrichteten. Ein Teil der Gebäude, darunter um 1870/90 auch der alte Wohnturm, wurde abgebrochen, der Wassergraben trocken gelegt und aufgefüllt. Schließlich zerstörte ein Brandunglück 1909 den damals noch stehenden Nordflügel. Nur ein Rest des alten Herrenhauses an der Südostecke der Schlossanlage blieb erhalten.

Das Bisloher Schloss hatte sich bis zum 18. Jahrhundert zu einer eindrucksvollen, mit Mauern und gefüttertem Wassergraben gesicherten Rechteckanlage entwickelt. Die Ringmauer war an den Ecken mit über Eck gestellten Streichwehren verstärkt. Der Zugang führte über eine Brücke in der Mitte der Ostseite. Der Einfahrt folgte nördlich das L-förmige, dreigeschossige neue Herrenhaus, südlich das alte Herrenhaus, dessen westlicher Teil im Obergeschoss Sichtfachwerk wohl noch aus der 2. Hälfte des 16. Jahrhunderts zeigte. Am südwestlichen Eck war der alte, fünfgeschossige Turm angebaut. Im Westen wurden die beiden Herrenhäuser mit dem gewölbten Gang des frühen 17. Jahrhunderts, auch Arkadengang genannt, verbunden. Außerhalb dieser Vierflügelanlage befand sich der Wirtschaftshof mit Voithaus, Stadel und einer Kapelle. Erhalten blieb nur ein zweigeschossiges, mit einem kurzen Anbau versehenes Rudiment an der Südostecke, in dem im 20. Jahrhundert mehrere Wohnungen eingerichtet wurden. Das mit einem Walmdach versehene Gebäude stand nach der Räumung in den 1970-er Jahren lange leer und wurde erst 1997/98 renoviert. Dabei wurde im nördlichen Obergeschoss ein ehemaliger Saal lokalisiert, wo noch traurige Reste von Stuckprofilen an die einst reiche Dekoration erinnerten.

Quellen

StAN Rst. Nbg., D-Laden Akten Nr. 842, 848. Rst. Nbg., Handschriften Nr. 198. Rst. Nbg., Waldamt Sebaldi I Nr. 341.

HallerA Carl-Haller-Stiftung, Bestand Bislohe.

Gelegenhait, Nr. 1917.

Müllner I, S. 321.

Literatur

Denkmäler in Bayern. Bd. V/61: Stadt Fürth. Bearb.: Heinrich Habel. München 1994, S. 432.

KDM Fürth, S. 73.

Mahr, Helmut: Bislohe. Die Geschichte eines Herrensitzes im Knoblauchsland. In: Fürther Heimatblätter 13 (1963), S. 69-100.

Schmid, Dagmar: Ehemaliger Herrensitz Bislohe. Unveröff. Manuskript 1998.

24 D6

Brand I

Abgegangener Herrensitz

Markt Eckental

Landkreis Erlangen-Höchstadt

Im Jahr 1973 stieß man bei Baggerarbeiten im Stettbachgrund auf starke Eichenstämme und auf Quadermauern von 1 ½ Metern Dicke, die nach Einschätzung des Heimatforschers Wilhelm Held zu einem „Wasserschloss" der Ministerialen von Hetzelsdorf gehörten. Held vermutete einen um 1200 entstandenen „turmähnlichen Bau" mit einem tiefen Wassergraben, der nach 1500 verfiel und dessen letzte Quadersteine um 1870 entfernt wurden. Hier am Stettbach befand sich nach einer 1763 angefertigten Territorialkarte des Marktes Eschenau eine vom Bach und einem künstlichen Graben umschlossene Insel.

Der erste archivalische Nachweis für einen Sitz der Hetzelsdorfer in Brand stammt aus dem Jahre 1504, als eine Beschreibung der Nürnberger Landschaft zu „Pranntt" zwei Sitze aufzählte, „einer Jorg Hetzelstorferisch der ander Normbergisch" [vgl. Brand II].

Als Bauherren des Sitzes kommen neben den Hetzelsdorfern, die schon um 1300 fünf Lehen und eine Hube am Ort besaßen, auch die Reichsministerialen von Brand in Betracht, die mit „Leupoldus de Brant" erstmals 1265 im Umkreis Nürnberger Dienstmannen erschienen. Die Familie blieb im Reichsdienst und erhielt von König Rudolf für ihre herausragenden Verdienste 1278 zu Wien das Dorf Eckenhaid um 100 Pfund Nürnberger Heller verpfändet. „Rudegerus de Branth" war 1296 Landrichter und Butigler zu Nürnberg, trat im Jahre 1297 als Vertreter des Bamberger Domkapitels vor dem Nürnberger Landgericht auf und nannte sich 1310 „Rudegerus dictus Branter."

Im 14. Jahrhundert war der Sitz in Brand in der Hand der Hetzelsdorfer. 1424 wohnte Hans Hetzelsdorfer dort, sein Bruder versah das Amt eines Dechanten und Pfarrers zu Eschenau. 1561 verkaufte die Familie ihre Güter an die Gotzmann von Büg, die bis zu ihrem Aussterben 1611 den Besitz in Brand hielten. In der näheren Umgebung verfügten sie über weiteren Besitz [vgl. Büg, Forth, Mausgesees].

Brand teilte fortan das Schicksal von Büg und gelangte 1611 an die mit den Gotzmann verwandten Herren von Bünau. Der Sitz in Brand wurde nicht mehr erwähnt und ist vermutlich im 16. Jahrhundert verfallen. Möglicherweise war er, wie der andere Sitz am Ort, im Zweiten Markgrafenkrieg zerstört und nicht wieder aufgebaut worden.

Quellen

StABa A 240 R 519.

StAN Reg. v. Mfr., K. d. Fin., Lehenurkunden, Nr. 17. Rst. Nbg., Handschriften Nr. 198 fol. 42r. Rst. Nbg., Rechnungen des Markgräflichen Krieges Nr. 96.

Gelegenhait, Nr. 579.

Müllner I, S. 332 f.

NUB Nr. 408.

Literatur

Deliciae II, S. 79.

Gräf, Friedrich: Kurze Beschreibung der Geschichte des Dorfes Brand. München 1922 (Manuskript im StAN Nürnberg, Gemeindedepot Eschenau Nr. 7).

700 Jahre Kalchreuth 1298–1998. Ein fränkisches Dorf im Wandel der Zeiten. Bearb. v. Bertold Frhr. von Haller. Rödental 1998, S. 35.

Held, Wilhelm: Geschichte eines Dorfes. Brand im Schwabachgrund. Brand 1975, S. 9-11.

KDM Erlangen, S. 103.

Voit, Obermain, S. 137 ff.

Voit, Pegnitz, S. 39 f.

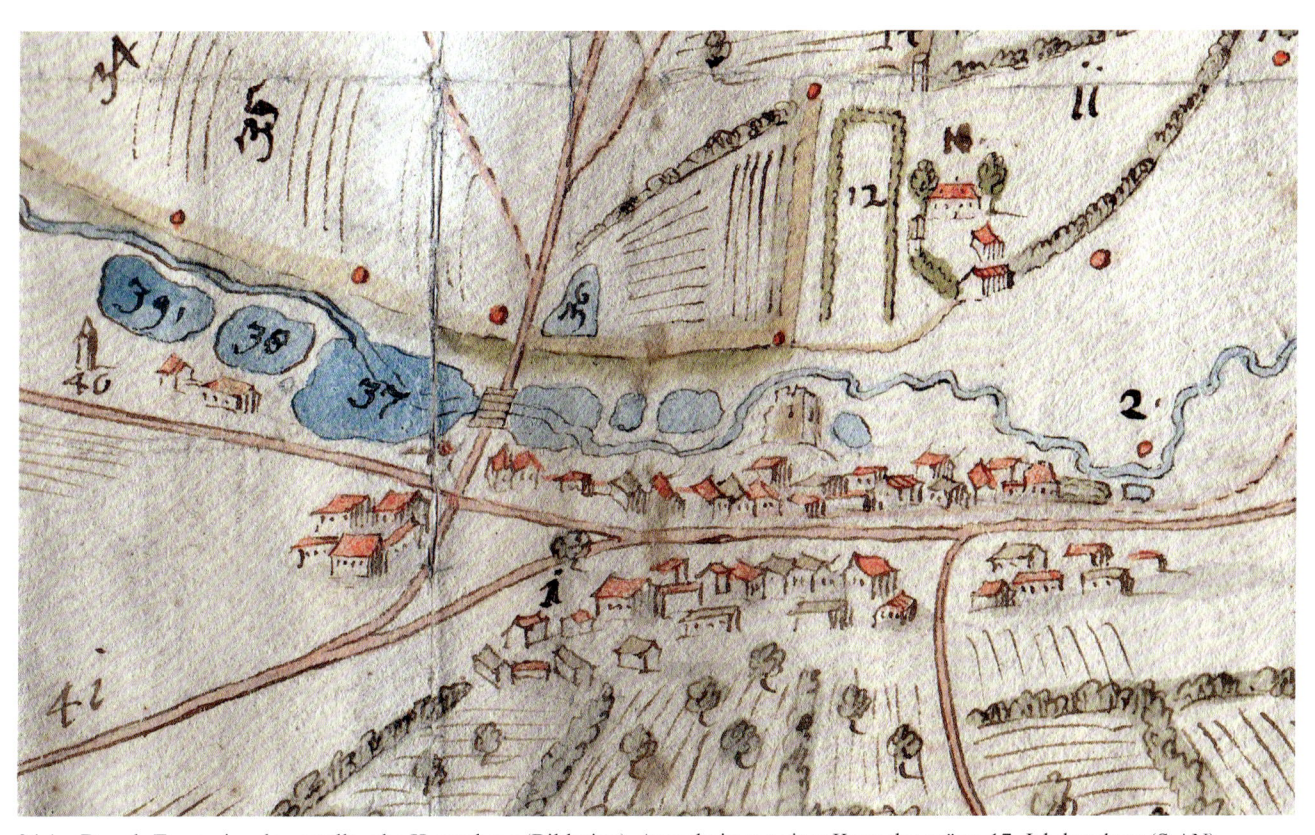

24.1 Das als Turmruine dargestellte alte Herrenhaus (Bildmitte), Ausschnitt aus einer Karte des späten 17. Jahrhunderts (StAN)

25　　　　　　　　　　D6

Brand II

Abgegangener Herrensitz

Brander Hauptstraße

Markt Eckental

Landkreis Erlangen-Höchstadt

Für das Jahr 1504 wurde in Brand neben einem Sitz der Hetzelsdorfer [vgl. Brand I] ein weiterer, „nürnbergischer" Sitz erwähnt, der sich im wechselnden Besitz Nürnberger Bürger befand und an der Stelle der alten Hausnummer 43 hinter dem heutigen Rathaus lag [vgl. Brand III].

Im Zweiten Markgrafenkrieg wurde 1552 „Sebolt Ge(i)gers Sitz abprochen", das „herrnhäußlein" zerstört. Kurz danach war es wieder aufgebaut, als 1561 Sebolts Witwe Katharina und seine Schwester Magdalena ihr „frei lauter eigenes Gut" in Brand für 3000 Gulden an die Reichsstadt veräußerten. Der Burgstall lag an der Straße und bestand aus einem „Herrensitz Gebäu mit Hauszwinger, Zwingermauern, 2 Ecktürmchen, Toren und Türen, sodann einem Voithaus, Stallung, Stadel und Schupfen". 1570 erwarb Jakob Haller, Pfleger zu Gräfenberg, den Herrensitz unter der Auflage, ihn nur an Nürnberger Bürger weiter zu veräußern. Jakob Haller, der auch den Herrensitz in Kalchreuth ausbaute [vgl. Kalchreuth I], verstarb im Alter von 61 Jahren in seinem Schloss in Brand und wurde in der Kalchreuther Kirche beigesetzt. An die kurze Zeit seiner Herrschaft erinnert die Flurbezeichnung „Hallerscher Garten" am (ehemaligen) Ortsrand von Brand.

Nach Haller gelangten Endres Tucher, 1594 Niklas Meusel, Bürger zu Nürnberg, und vor 1616 Christoph Endres Gugel in den Besitz des Gutes. Nach Brand nannten sich nun sechs Generationen der Familie, bis Johann Christoph Gugel das Gut 1750 an Dr. Georg Ernst Finkler veräußerte, Syndikus der Reichsstadt aus einer alten Gelehrtenfamilie.

Am alten Herrensitz wurde noch 1737 von Johann Christoph Gugel der baufällige hintere Giebel in Sandstein erneuert, 1778 aber war das Schloss eingefallen und „nur noch etliche Wände von einer Etage hoch" zu sehen. Im Jahr 1801 wurden die letzten Ruinen abgetragen.

Quellen und Literatur: Siehe Brand I.

25.1　Typisierte Ortsansicht von Brand auf einer Karte von Hieronymus Braun von etwa 1603 mit Turmbau und Hofmauer (StAN)

26　　　　　　　　　　D6

Brand III

Herrensitz

Brander Hauptstraße 12

Markt Eckental

Landkreis Erlangen-Höchstadt

Das heutige Herrenhaus nahe der Hauptstraße wurde nur wenige Meter entfernt vom alten Sitz (ehedem Hausnummer 43 hinter dem heutigen Rathaus) 1751 vom neuen Besitzer Dr. Georg Ernst Finkler errichtet. Der zweigeschossige Quaderbau auf quadratischem Grundriss mit fünf zu fünf Fensterachsen erhielt ein Mansarddach. Ein Kupferstich von Johann Adam Delsenbach zeigt das neu erbaute „Schloß zu Brand". Eine Steinmauer umfriedete den Schlossbezirk, in dem sich Stadel, Back- und Voitenhaus sowie ein großzügiger Obstgarten erkennen lassen.

Dr. Georg Ernst Finkler war mit Helene von Endter verheiratet und starb 1759 ohne männliche Nachkommen. Sein Besitz fiel an seine Witwe, die jedoch noch vor 1761 verstarb und ihr Erbe ihrer einzigen Tochter Johanna Helene überließ, die sich 1756 mit Paul Christoph von Gugel vermählte und der Familie den Besitz wieder zuführte. Paul Christoph von Gugel gelang der Sprung in den Rat der Reichsstadt, wurde 1772 alter Bürgermeister, 1791 Oberster Kriegsrat und verstarb am 4. Mai 1804, nur wenige Tage später folgte ihm seine Frau. Von ihren vier Kindern waren zwei bereits im kindlichen Alter, die beiden anderen unvermählt gestorben, sodass Johanna Helene ihr Erbe testamentarisch an

26.1 Ansicht des 1751 neu erbauten Herrensitzes in Brand. Kupferstich von J. A. Delsenbach, um 1751/65 (StadtMN)

Dr. Wagler aus Nürnberg vermachte. In der Folge kam es zu einem langjährigen Rechtsstreit, weil die Angehörigen der Familien Finkler und Gugel das Testament anfochten, zuletzt aber unterlagen. Dr. Wagler konnte neben dem Herrenhaus auch alle zugehörigen Häuser in Brand behaupten. Wohl von ihm oder seinen Erben kam der Besitz an den Gastwirt Plank von Altensittenbach, der das Gut aufteilte und 1838 den Herrensitz an die Gemeinde Brand verkaufte, die es bis 1966 als Schulhaus nutzte. Danach an die Sparkasse vermietet, dient das renovierte Gebäude heute als Rathaus.

Quellen und Literatur: Siehe Brand I.

26.2 Ansicht aus südöstlicher Richtung, Fotografie: G. v. Volckamer um 1894 (StadtMN)

27 — B5

Braunsbach

Abgegangener Ministerialensitz

Stadt Fürth

Noch in den Annalen der Reichsstadt Nürnberg von 1623 wird überliefert, dass Marquard von Braunsbach neben den Grafen von Dornberg, Ulrich von Königstein, Albrecht von Rückersdorf und Heinrich von Berg zu „des Reichs getreue Burgleut" gezählt habe. Tatsächlich erscheint in den Jahren 1242 bis 1255 der Ritter und Reichsministeriale Marquard von Braunsbach auffallend häufig als Zeuge in zu Nürnberg ausgestellten Urkunden, unter anderem in den bekannten Stiftungsbriefen des Ulrich von Königstein für das Kloster Engelthal. Der Name Marquard bleibt bis ins 14. Jahrhundert bei dem Geschlecht gebräuchlich. Die verschiedenen Personen können allerdings nicht sicher unterschieden werden.

Der bereits von Johannes Müllner angenommene „Burgstall" wurde von Wilhelm Funk anhand des Urkatasters im Bereich des einst reichslehnbaren Braunsbacher Halbhofs Nr. 8 vermutet, der noch 1605 mit Nr. 7 einen Hof bildete. Tatsächlich dürfte dieser zusammen mit dem erst 1806 geteilten Nachbarhof Nr. 6/12 offenbar auf den um 1440 urkundlich nachweisbaren „Halbbau" mit damals zwei Hofstätten zurückgehen. Als Halbbau wird der Grundbesitz des zu einem Ansitz gehörigen Bauernhofs („Bauhof") bezeichnet, weil die Hälfte des Ertrages an den Grundherrn abgeliefert werden musste. Ob dort auch der Ansitz selbst zu lokalisieren ist, ließe sich allenfalls durch gezielte Grabungen feststellen, doch ist die Stelle heute z. T. modern überbaut.

Quellen

Müllner I, S. 321.

NUB Nr. 301, 308, 317, 332, 358, 360, 363, 390, 428.

Literatur

Denkmäler in Bayern, Bd. V/61: Stadt Fürth. Bearb.: Heinrich Hebel, München 1994, S. 432

Haller, Bertold Frhr. von: Zur Geschichte des Halbhofes Nr. 8 (Fleischmann) in Braunsbach. Unveröff. Manuskript o.J.

KDM Fürth, S. 74.

Vahl, Rittersiegel Bd. 1, S. 367-369.

28 J5

Breitenthal

Burgruine, „Bergfried bei Weigendorf"

Gemeinde Weigendorf

Landkreis Amberg-Sulzbach

Nördlich von Weigendorf und südöstlich von Öd, hoch über dem unteren Lehental, ragt ein Felsriff auf. Auf ihm stand eine bemerkenswert feste Turmburg, von der 1955 noch ansehnliche Reste zu sehen waren. Die Burg war im Norden, Westen und Süden durch den Steilabfall des Geländes natürlich geschützt. Im Osten wurde die Anlage durch ein tiefes, doppeltes Grabensystem gesichert. Zu Zeiten von Hellmut Kunstmann stand der Rest des angeblich einst annähernd quadratischen, mutmaßlichen Wohnturmes noch bis zu einer Höhe von 2,2 Metern an. Der Nürnberger Burgenforscher schätzte eine Mauerstärke von immerhin 3 bis 4 Metern und eine imposante äußere Seitenlänge von etwa 15 Metern. An der Nordseite stellte er noch eine kleinere rechteckige Vertiefung fest, die auf ein weiteres Gebäude hinweisen soll.

Hellmut Kunstmann, Gustav Voit und jüngere Autoren haben in ihren Veröffentlichungen die Burgruine mit dem 1325 von Nürnberger Truppen zerstörten „Turm im Weidental" [vgl. Hartmannshof] identifiziert, obwohl schon der Lagehinweis „im Weidental" deutlich dagegen spricht. Auch wurde eine Urkunde des Archivs der

28.1 Rest der „Bergfrieds" von Breitenthal, Zustand 2005 (Rg)

Nürnberger Tetzelstiftung vom 6. Mai 1416 übersehen. Mit ihr beurkundete Altman Kemnater, pfalzgräflicher Landrichter zu Sulzbach, nebenbei auch Hofmeister des Pfalzgrafen und damals Besitzer der Burg Lichtenegg, ein Urteil im Streit zwischen dem Nürnberger Patrizier Hanns Tetzel und einem Conrad Hartmann um den „perfried" [Bergfried] mit dem Lehen (dem Hof Breitenthal) bei Weigendorf. Dem Tetzel wurden die Besitzrechte über die Turmburg eingeräumt, die Ansprüche des Hartmann zurückgewiesen, obwohl Albrecht von Lichtenstein als Zeuge die Rechte des Nürnbergers in Frage gestellt hatte. Weitere Nachrichten über die Burg sind auch im Tetzel-Archiv nicht zu finden, vermutlich wurde die Anlage noch im 15. Jahrhundert zerstört [vgl. Lichtenegg, Lichtenstein]. Dafür spricht auch, dass der Nürnberger Patrizier Jakob Muffel – ein Verwandter des Hanns Tetzel – 1442 den Hof zu „Praittental", über den Pfalzgraf Johann von Neumarkt-Neunburg die Lehnherrschaft behauptete, an die Nürnberger Familie Deichsler verkaufte. Bei dieser Gelegenheit wird der Bergfried nicht mehr erwähnt.

Das mittelalterliche Baudenkmal hat in unseren Tagen ein trauriges Schicksal genommen: Von dem noch in den 1950-er Jahren ansehnlichen Rest des burgengeschichtlich bedeutsamen Bergfrieds sind nur noch geringe Spuren zu beobachten. Die imposante doppelte Grabenanlage wurde erst in den letzten Jahren mit Schutt und Abraum verfüllt.

Quellen

StAAm Oberpfälzer Registraturbücher Nr. 19, fol. 66.

StadtAN E 22/I Nr. 15.

Reg. Boica Bd. VIII, S. 338.

Literatur

Giersch, Robert/Sörgel, Werner: Der Bergfried bei Breitenthal und der Turm im Weidental: Zwei Burgstellen bei Hartmannshof. In: MANL 55 (2006), Heft 1, S. 56-60.

Heinz, Walter: Der „Turm im Weidental". In: Ehemalige Burgen im Umkreis des Rothenbergs. 3. Teil (= Vom Rothenberg und seinem Umkreis, Heft 15/3). Schnaittach 1992, S. 168-171.

Kunstmann Hellmut: Burgenstudien. In: MANL 4 (1955), Heft 2, S. 17-19.

Voit, Pegnitz, S. 167.

29 N

Brezengarten

Abgegangener Herrensitz (Abbruch nach 1900)

Kreuzung von Sulzbacher Straße, Welser- und Viktoriastraße

Stadt Nürnberg

Die ersten Erwähnungen des Brezengartens reichen bis in das 15. Jahrhundert zurück, als ein Hans Ringelsdörfer den Brezengarten „oben am Kühberg, unten am Veilhof gelegen", an den Gärtner Hans Link verkaufte. Der zugehörige Besitz lag südlich von St. Jobst in Richtung des Veilhofes.

Lehensherr des Anwesens war der Rat der Stadt Nürnberg, der den Besitz 1427 mit dem Amt Wöhrd vom Nürnberger Burggrafen erworben hatte. Die im Zweiten Markgrafenkrieg 1552/53 zerstörten Hofgebäude lagen 1574 noch in Ruinen, als sich der neue Besitzer, der Nürnberger Kaufmann und Ratsherr Hans II. Fürleger, erfolgreich um die Wiedererlangung des Holzrechts bemühte, damit er die Gebäude wieder herrichten konnte. 1580 erhielt er die Genehmigung, auf ein bestehendes Haus oder eine Stallung ein „Sommerhäuslein" zu setzen, das er nur als (unbeheizten) Sommersitz nutzen durfte.

1602 wird erstmals von einer „Behausung" im Brezengarten berichtet, als August Fürleger und seine Ehefrau ihren ererbten Anteil an Wolf und Philipp Fürleger für 1233 Gulden 2 Pfund und 24 Pfennige verkauften. Dieselbe Bezeichnung findet sich 1625, als Veit Philipp Vaut und seine Frau Susanna nach dem Tod des Wolf(gang) Fürleger ihren Erbteil an die Miterben Johann Philipp, Andreas und Hans Georg Fürleger um 3.600 Gulden veräußerten.

Die folgenden Verkaufsurkunden mit teilweise detaillierten Besitzbeschreibungen erwähnen allerdings weder Herrenhaus noch Sitz: 1638 verkauften Andreas und Hans Fürleger den Brezengarten „samt allen Feldern und Wiesmathen, wie derselbe mit Zaun und Hecken umfangen" an Magnus Fetzer. 1685 gestattete das Waldamt der neuen Eigentümerfamilie, statt der „sehr engen und niedrigen Gärtnerwohnung" eine größere und weitere Wohnung aufzurichten und das nicht mehr genutzte Feuerrecht zu übertragen. Darüber hinaus wurde die Errichtung einer Sommerlaube gestattet, die nicht zu einer Wohnung ausgebaut werden durfte.

1739/40 war ein Johann Friedrich Welser – er hatte in die Familie eingeheiratet – im Besitz des Bretzengartens und bat das Waldamt, den mittleren Teil des Wohnhauses „über dem Saal" um ein „Kämmerlein" erhöhen zu dürfen – ein deutlicher Hinweis auf ein Herrenhaus. 1743 verkaufte Maria Salome von Heßberg, eine geborene Kreß, das Anwesen nach einer Bestätigungsurkunde des Nürnberger Rats vom 7. August 1744 an

29.1 Abbildung des Brezengartens auf einem Blatt aus den Hesperiden, Kupferstich von 1708 (StadtA Lauf)

29.2   Ansicht des noch erhaltenen Herrensitzes, Fotografie: G. v. Volckamer um 1894 (StadtMN)

29.3   Brezengarten, Gartenseite kurz vor dem Abbruch der letzten Gebäude, Fotografie: F. A. Nagel 1913 (StadtMN)

ihren Vetter Markus Kreß. 1757 erbte Karl Kreß von Kressenstein den Besitz, ihm folgten Christoph Jakob Kreß und Christoph Karl Kreß, der 1779 das obere Stockwerk im Stallgebäude erneuern wollte. 1797 war der Brezengarten Teil des Fideikommisses der Nachkommen Christophs; im November 1812 wurde das Anwesen um 8110 Gulden an den Nürnberger Kaufmann J. G. Mauerer verkauft, der auch im ältesten Grundsteuerkataster als Besitzer erscheint. Das Anwesen bestand zu dieser Zeit aus zwei Wohnhäusern, Nebengebäuden, Hofraum, Garten sowie Äckern und Wiesen mit zusammen 28,58 Tagwerk. 1817 verkaufte Mauerer an Georg Christoph Merkel, 1864 hatten die Eigentümer, der Rosolifabrikant Friedrich Schnell und der „Oekonom" Carl Schnell das Wohnhaus an drei Parteien vermietet. Das Herrenhaus stand noch am Ende des 19. Jahrhunderts, lag aber aus bislang unbekannten Gründen zu Beginn des 20. Jahrhunderts in Trümmern (Bau der Sulzbacher Straße?). Kurz nach 1912 wurde auch das Sommerhaus niedergelegt. In einem Nebengebäude war bis zu seinem Abbruch 1960 die Gaststätte „Zum letzten Hieb" untergebracht.

Quellen

StAN Rst. Nbg., Waldamt Sebaldi I Nr. 339.

StadtAN E 10/21 Nr. 15, 16.

Gelegenhait, Nr. 1954.

Literatur

Frank zu Döfering, Karl Friedrich von: Die Kressen. Eine Familiengeschichte. Senftenegg 1936, Sp. 1549-1550.

HAB Nürnberg-Fürth, S. 103, 242.

Stadtlexikon Nürnberg, S. 314.

30   A6

Bruck I

Abgegangenes Herrenhaus, „Schlösschen" (Abbruch 1966)

Fürther Straße 33

Stadt Erlangen

Die Siedlung Bruck zählte zum Nürnberger Reichsgutkomplex und wurde 1282 als Lehen von König Rudolf I. an Burggraf Friedrich III. von Nürnberg verliehen. Die grundherrschaftliche Situation entwickelte sich relativ komplex, vor allem seit dem 14. Jahrhundert, als zunehmend Nürnberger Bürger und geistliche Stiftungen Rechte erwarben.

Der so genannte Rudelshof, seit dem 16. Jahrhundert in Besitz Nürnberger Patrizierfamilien (zuletzt der Tucher) wurde 1687 von Melchior Christian von Mayersbach erworben. Unmittelbar danach beantragte der Käufer beim reichsstädtischen Waldamt die Erlaubnis zur Errichtung eines Herren- und eines Nebenhauses. Das Baugesuch wurde im August bewilligt, sodass 1687/88 in Bruck der Mayersbachsche Sitz als zweigeschossiges Herrenhaus mit einem „besonderen Aufsatz oder Erker" entstand.

Doch schon kurz darauf wurde der Gutskomplex zerschlagen, vermutlich weil Mayersbach nach Vach verzog. 1690 wurde das ehem. Hofhaus (Sandbergstr. 4) abgetrennt, im Jahr darauf der Hof (Sandbergstr. 3) an einen Bauern und 1705 weiter an den Wirt Leonhard Wittmann verkauft, kam aber ab 1727 wieder in adeligen bzw. bürgerlichen Besitz. Das „neu erbaute Herrenhaus" dagegen wurde bereits 1690 mit dem anstoßenden Garten um 550 Gulden an den Fuhrmann

30.1 Ansicht des Brucker Schlösschens, Fotografie: F. A. Nagel von 1909 (StadtMN)

Hans Zimmermann in Bruck verkauft und gelangte nach mehrfachem Besitzwechsel um 1752/61 an die Tabakfabrikantenfamilie Gechter, die das „Schlösslein" 1834 noch besaß. Der breit gelagerte, womöglich 1728 veränderte Walmdachbau fiel leider 1966 der regen Neubautätigkeit im Erlanger Vorort zum Opfer.

Quellen

StAN Rst. Nbg., Waldamt Sebaldi II Nr. 58.

Literatur

KDM Erlangen, S. 84.

Memmert, Rudolf: Materialien zu einer Ortsgeschichte von Erlangen-Bruck, 5. Folge. In: Erlanger Bausteine zur fränkischen Heimatforschung 44 (1996), S. 336. Dgl. 11. Folge. In: Ebd. 50 (2004), S. 351-384.

Memmert, Rudolf: Materialsammlung zur Geschichte der Meyersbachschen Lehen in Bruck (im Besitz des Heimat- und Geschichtsvereins Erlangen).

31 — A6

Bruck II

Herrenhaus (Reste in modernem Neubau aufgegangen)

Fürther Straße 36

Stadt Erlangen

Der kleine Herrensitz unmittelbar nördlich der Brucker Kirche war bis 1417 im Besitz des Hans Remar/Reymar zu Buckenhof [vgl. Buckenhof]. Das markgräfliche Mannlehen wechselte im 15. Jahrhundert relativ häufig den Besitzer. 1417 folgte Conrad Neustetter, der die Nutzung seiner Tochter Elisabeth überließ, aber auch Besitzansprüche eines Heinz Schütz abwehren musste. Später fiel das Herrenhaus durch Kauf an Walter Schütz, der es 1428 (damals ausdrücklich als „Sitz" bezeichnet) auch bewohnte. Hans Neustetter erwarb das Anwesen möglicherweise als Pfand zurück und wurde 1438 und 1441 durch den Markgrafen belehnt.

30.2 Das Schlösschen vom Brucker Kirchturm aus gesehen, Fotografie: Fritz Minderle 1926 (StadtA Er)

1458 gewannen die Schütz es wieder und wurden als markgräfliche Lehnsleute bis 1516, zuletzt Balthasar und Jörg Schütz, bezeugt.

Von Balthasar Schütz kam das Lehen 1516 an seinen Schwiegersohn Clement von Wiesenthau zu Hundshaupten. Der Wiesenthauer vererbte es seinen Söhnen, wobei der Älteste, Alexander von Wiesenthau, 1539 für seine noch unmündigen Brüder mitbelehnt wurde. Das zumindest formale Ende als Herrensitz trat ein, nachdem Alexander von Wiesenthau das Anwesen vor 1548 an den Nürnberger Patrizier Sigmund Pfinzing d. Ä. veräußert hatte. Der Übergang an einen Nürnberger Bürger war ohne Zustimmung der Lehnsherrschaft erfolgt, sodass der Markgraf nach einem Prozess das Mannlehen 1561 einzog und es als an den Lehnsherrn heimgefallen erklärte.

Die seinerzeit als baufällig bezeichnete Liegenschaft wurde ab 1562 von der Markgraftum als Erbzinslehen dem markgräflichen Zöllner Cunz Stainlein veräußert. Es hatte seinen privilegierten Status verloren und war daher auch der Grundherrschaft unterworfen. Nachdem es vermutlich schon einmal unter den Wiesenthau einen jüdischen Bewohner gegeben hatte, folgten um 1600 weitere jüdische Besitzer und offenbar seit dem frühen 17. Jahrhundert bis 1707 in einem Teil des Hauses (das im 30-jährigen Krieg niederbrannte und danach wieder aufgebaut wurde) auch die Nutzung als Synagoge. Das Gebäude wurde 1876 von den letzten jüdischen Besitzern an den Büttnermeister Johann May verkauft, der es unter vermutlich sehr weitgehenden Bestandsverlusten umbaute. In den letzten Jahren wurde das Haus erneut stark verändert, doch blieb dabei der vermutlich noch frühneuzeitliche Keller mit einer Mikwe des 16. oder 17. Jahrhunderts erhalten.

Literatur

Memmert, Rudolf: Materialien zu einer Ortsgeschichte von Erlangen-Bruck, 5. Folge. In: Erlanger Bausteine zur fränkischen Heimatforschung 44 (1996), S. 352-356.

32 | A6

Bruck III

Herrenhaus, „Steinhaus" (1632/34 zerstört)

Bereich Fürther Straße 47-49

Stadt Erlangen

Das Nürnberger Geschlecht der Geuder besaß seit 1391 als Reichslehen das Amt Heroldsberg, das einst zur Verwaltung von Reichsgütern diente und in Bruck über zahlreiche grundherrschaftliche Rechte verfügte. 1476 hatte Anna, die Witwe des Heinz Walther, des Geuderschen Amtmanns zu Bruck, von den Geudern „des Sackmans gutlein" erhalten. Außerdem erwirkte sie von ihrem Lehnsherrn das Recht, darauf ein neues Haus zu bauen, das 1477 ausdrücklich „Steinhaus" genannt wurde. 1492 bezeichnete Endres Geuder dieses Anwesen als den „gutten steinen Sitz zu Pruck". Noch 1598 wurde vermerkt, dass dieses zweigeschossige Haus „gleich etwas höher denn andere Häuser liegt". Gleichwohl wurde das Gebäude zu dieser Zeit nicht mehr als Herrenhaus genutzt, sondern an der Geuderschen Grundherrschaft unterworfene Erbrechtler verliehen. Nach seiner Zerstörung im 30-jährigen Krieg in den Jahren um 1632/34 wurde die Ruine als „das Steinhauß..., das einem Schlößlein gleich gesehen" bezeichnet.

Auf dem Anwesen wurde in der zweiten Hälfte des 19. Jahrhunderts die Hummelmannsche Mälzerei errichtet, die 1919 abbrannte. Im 20. Jahrhundert wurde das Grundstück mit einem Wohnhaus modern überbaut.

Literatur

Memmert, Rudolf: Materialien zu einer Ortsgeschichte von Erlangen-Bruck, 8. Folge. In: Erlanger Bausteine zur fränkischen Heimatforschung 47 (1999), S. 378-382.

33.1 Ansicht des Herrenhauses aus westlicher Richtung, anonyme Fotografie aus dem frühen 20. Jahrhundert (StadtA Er)

33 A6

Bruck IV

Zeitweise Herrenhaus, „Keltschenschloss"

Fürther Straße 53

Stadt Erlangen

Die Bezeichnung „Keltschenschloß" geht auf die Erzählung vom Brucker Fuhrmann Cunz Keltsch zurück, der sich von 1501 bis mindestens 1505 mit Unterstützung der Markgrafen eine Fehde mit der Reichsstadt Nürnberg geleistet hatte. Der vom Volksmund vermutlich erst seit dem 19. Jahrhundert zugeschriebene Sitz des sagenumrankten Fuhrmanns auf dem Anwesen konnte jedoch von Rudolf Memmert, der die Geschichte der Brucker Anwesen erforscht hat, widerlegt werden. Er überliefert Cuntz Hewplinn als ersten nachweisbaren Besitzer (um 1400), dem in der Zeit von 1481 bis nach 1513 die Familie Humser gefolgt war. Das dem Nürnberger Geschlecht der Geuder grundbare und im 30-jährigen Krieg um 1633 niedergebrannte Anwesen besaß nur um 1800 kurzzeitig den Status eines Herrenhauses.

Sein repräsentatives Erscheinungsbild erhielt das vor 1649 als Wirtshaus wiederaufgebaute Haus erst, nachdem es 1716 von dem Arzt Georg Pfann gekauft worden war. Der Sohn eines von der Ärzteschaft vielfach als „Kurpfuscher" geschmähten Heilpraktikers war offenbar so wohlhabend, dass er um 1724/26 das Anwesen erheblich umbauen lassen konnte. Bei dieser Gelegenheit entstand 1724, wie eine Inschrift ausweist, die massive Giebelfassade mit dem geschweiften und mit Voluten geschmückten Werksteingiebel sowie der zweigeschossige Turmerker.

Auch unter Georg Pfann und seinem Nachfolger, dem Wundarzt Johann Michael Meyer, wurde das Haus an einen Wirt verpachtet. In der zweiten Hälfte des 18. Jahrhunderts wurde hier das schon seit 1702 unter diesem Namen bekannte Wirtshaus Zum goldenen Bären betrieben. Die Wandlung zum Herrenhaus scheint im ausgehenden 18. Jahrhundert eingetreten zu sein, als die Lehnsherren, die Geuder zu Heroldsberg, unter noch nicht geklärten Umständen das Anwesen in Besitz nahmen. Bereits 1801 verkauften die Geuder das nun als Herrenhaus bezeichnete Anwesen mit den Stallungen, dem Hofhaus und einem Belvedere im Garten an den preußischen Justizrat Hoeflich aus Erlangen. Das Herrenhaus wurde dabei auch als Fachwerkbau mit einem „steinern Giebel" bezeichnet.

33.2 Ansicht aus südlicher Richtung, Fotografie: F. A. Nagel 1935 (StadtMN)

Um 1806, vielleicht im Zusammenhang mit der Annexion des Fürstentums Bayreuth durch Frankreich, veräußerte der preußische Beamte den Herrensitz an den Geheimrat Friedrich August von Ausin. Um 1820 folgten der Bierbrauer und Gastwirt Bernhard Gechter und seine Ehefrau Elisabeth aus Baiersdorf. Mit den Gechter endete das Intermezzo als Herrenhaus: Die Familie beantragte die Wirtschaftsgerechtigkeit und eröffnete hier abermals ein Gasthaus Zum goldenen Bären. 1828 verkaufte das Ehepaar Gechter die Liegenschaft an den Tabakfabrikanten Johann Ernst Neder, der bald mit der Einrichtung einer Tabakfabrik begann. 1856 musste Neder jedoch Konkurs anmelden, und das Anwesen fiel an die mit ihm verwandte Großhändlerswitwe Johanna Regina Elch aus Kaufbeuren. Die Witwe ließ Neder jedoch weiterhin auf dem Anwesen wohnen und produzieren. Nach dem Tod der Witwe Elch folgte eine Erbengemeinschaft, die sich schließlich 1870 auf eine Übergabe an August Neder verständigte. Der neue Eigentümer ließ 1876 als Verlängerung an das ehemalige Herrenhaus eine neue Pferdestallung bauen.

1890, wenige Jahre nach dem Tod August Neders, lag das Eigentum bei der Neder & Cie., Cigarren & Tabakfabrik, die 1888 größere Umbauten im Erdgeschoss für die Bedürfnisse der Tabakfabrik ausführen ließ. Um 1900 endete offenbar die Produktion, und die Liegenschaft wurde erst an die Familie Leikam, dann 1904 an Lucie Pöhlmann verkauft. Ihr Erbe war noch in der zweiten Hälfte des 20. Jahrhunderts Eigentümer.

Quellen

StABa C 13 Nr. 1050, 1052.

StAN Rst. Nbg., Waldamt Sebaldi II Nr. 56, 61. Kataster Bruck, Nr. 1, 4, 8, 12, 14, 20.

Literatur

Memmert, Rudolf: Materialien zu einer Ortsgeschichte von Erlangen-Bruck, 8. Folge. In: Erlanger Bausteine zur fränkischen Heimatforschung 47 (1999), S. 382-389. Dgl. 9. Folge. In: Erlanger Bausteine zur fränkischen Heimatforschung 48 (2000), S. 387-402.

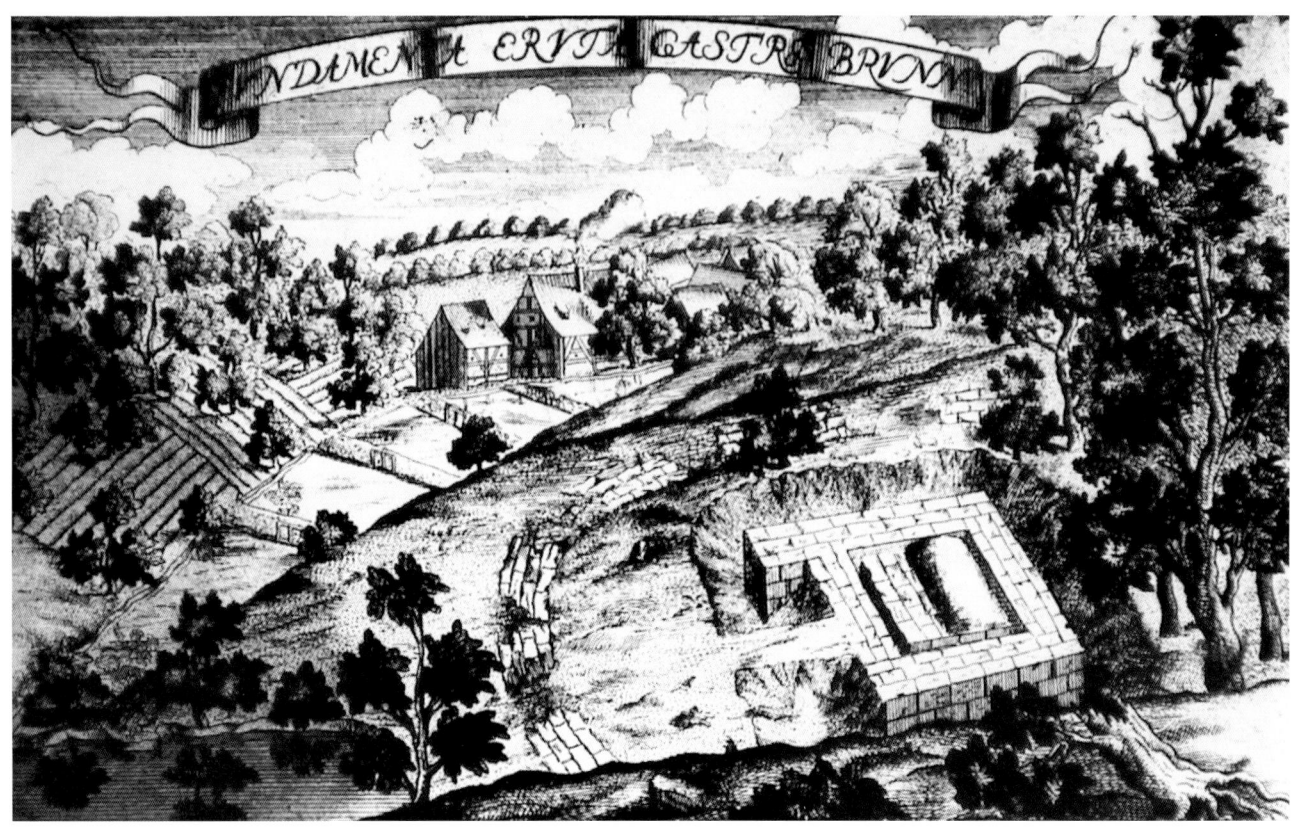

34.1 Grundmauern der ehemaligen Burg Brunn, Kupferstich von 1728 (StadtMN)

34 E3

Brunn

Abgegangene Burg

Stadt Nürnberg

Die erstmals 1347 urkundlich erwähnte „burg in dem wald gelegen, die Brunn genant ist", wurde im 13. oder frühen 14. Jahrhundert wohl als königliches Jagdschloss am Ostrand des Lorenzer Waldes erbaut und als solches vermutlich noch im 14. Jahrhundert von den Kaisern und Königen während ihrer Aufenthalte in Nürnberg genutzt. 1347 ordnete Kaiser Karl IV. an, dass die Burg Brunn im Fall eines Thronwechsels wie die Burg zu Nürnberg den dortigen Bürgern als Treuhänder für den künftigen Kaiser oder König unterstellt sein solle.

Als der „Aufruhrrat" der Reichsstadt 1348 auf die Seite des Gegenkönigs trat, entzog ihm Karl die Burg und belehnte die ihm ergebenen Burggrafen Johann und Albrecht mit dem „haus ze Prune bei Nurenberg" sowie allen anderen Reichslehen im Umkreis der Stadt, die zuvor an Otto Forstmeister, Konrad Waldstromer und an die Fischbecken vergeben waren, was aber bald darauf rückgängig gemacht wurde. Der Besitz war der Stadt Nürnberg so wichtig, dass sie sich nach der Verständigung mit Karl 1349 „die veste zu Prunn" vom Kaiser bestätigen und alle entgegenstehenden Urkunden für kraftlos erklären ließ.

1395 mussten die Waldstromer auf Geheiß König Wenzels das „Haus zu Prunn" einschließlich des Wildbanns an Herdegen Valzner abtreten. Im Jahr darauf überschrieb Wenzel seinem Finanzier Herdegen und dessen Bruder Peter Valzner die Burg auf Lebenszeit, weil sie 400 Gulden „auf unser Jagthauß", das bisher „verwüstet gewesen und zufallen ist", verbaut hätten. Zugleich wurde der Stadt zugesichert, dass ihr die Burg nach dem Ableben der Valzner als dauerhaftes Zubehör der Nürnberger Reichsveste zufallen sollte. 1397 bestätigte König Wenzel den Valznern die Verpfändung, jedoch unter dem Vorbehalt, dass das Haus den römischen Kaisern und Königen „zu unßern Gejägdten und Freuden" offen sei. Dieselbe Bestätigung wiederholte König Ruprecht 1401.

Im Ersten Markgrafenkrieg wurde die Burg 1449 zerstört und nicht wieder aufgebaut. 1462 verzichteten die Valznerschen Erben auf alle Rechte daran. 1623 fand der Nürnberger Historiograph Müllner alles „zerfallen und nichts, dann alt Gemäur". Ein von Johann David Köhler publizierter anonymer Kupferstich aus dem Jahre 1728 zeigt Grundmauern einer nahezu quadratischen Anlage, umgeben von einem Graben und von den Resten einer runden oder ovalen Steinmauer, die das ganze Areal schützte. Heute haben sich lediglich Geländespuren in Form breiter und tiefer Gräben erhalten.

Quellen

StAN Rst. Nbg., Waldamt Lorenzi I Nr. 484. Rst. Nbg., B-Laden, Akten B 37 Nr. 28, 34, 35, 269a, 270 f.

Historia Norimbergensis Diplomatica. Nürnberg 1738, Nr. 117, 120, 127, 158, 250, 259-263, 271-273.

Köhler, Johann David: Commentatio Historica Ad Privilegium Norimbergense De Castro Imperii Forestali Brunn. Diss. Altdorf 1728.

Mon. Zoll. Bd. 3, Nr. 190.

Müllner I, S. 264, 364 f., 389, 456.

Literatur

KDM Stadt Nürnberg, S. 274.

Maier, Rudolf: Dorf und Veste Brunn. In: MANL 29 (1980), Sonderheft 2, S. 9-12.

Schultheiß, Werner: Geld- und Finanzgeschäfte Nürnberger Bürger vom 13.–17. Jahrhundert. In: Beiträge zur Wirtschaftsgeschichte Nürnbergs, Bd. I. Nürnberg 1967, S. 88-92.

Stadtlexikon Nürnberg, S. 162 f.

35 — B7

Buckenhof

Herrensitz, „Hallerschloss"

Gräfenberger Straße 42-44

Gemeinde Buckenhof

Landkreis Erlangen-Höchstadt

Der Herrensitz Buckenhof ging aus einer Erbforsthube des Sebalder Reichswaldes hervor. Sein Besitzer war als so genannter Erbförster mit einem Reichslehen belehnt. Er genoss die mit dem Besitz verbundenen Rechte, musste aber auch die Pflichten des Forstdienstes wahrnehmen, wobei der praktische Forstdienst von bestellten, so genannten Stockförstern wahrgenommen wurde. Die Erbforsthube scheint urkundlich erstmals 1372 auf. Erbförster und Lehnsinhaber war der Nürnberger Bürger Hermann Remar/Raymar, der sich bereits 1359 nach Buckenhof nannte. 1390 war

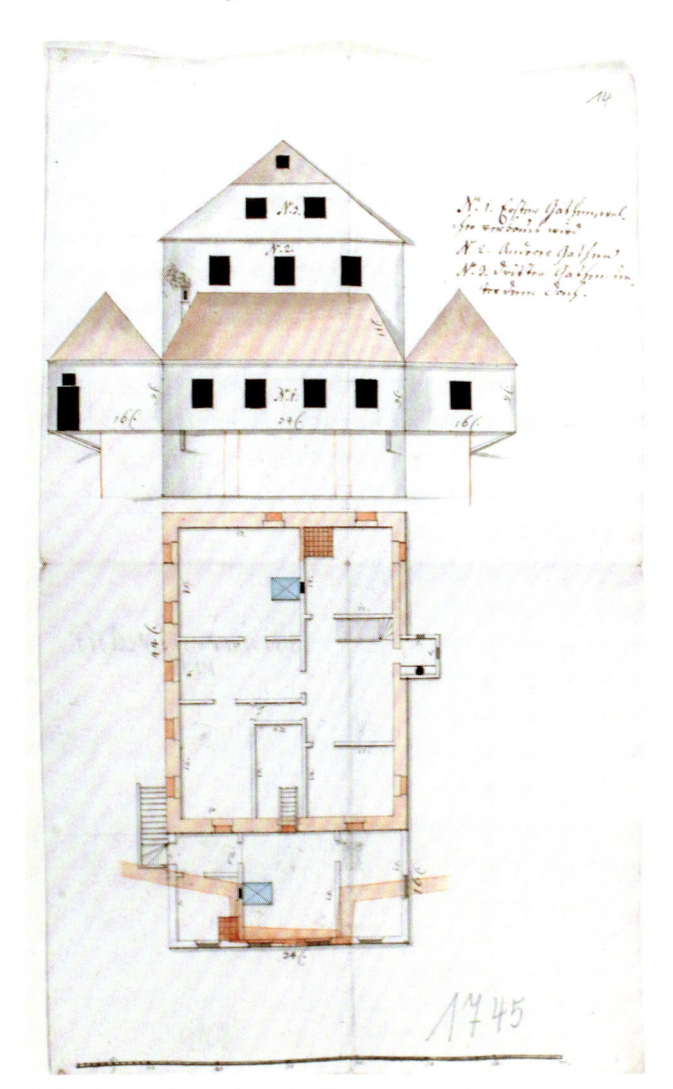

35.1 Auf- und Grundriss des Herrensitzes für eine nicht ausgeführte Überbauung der inneren Wehrmauer, 1745 (StAN)

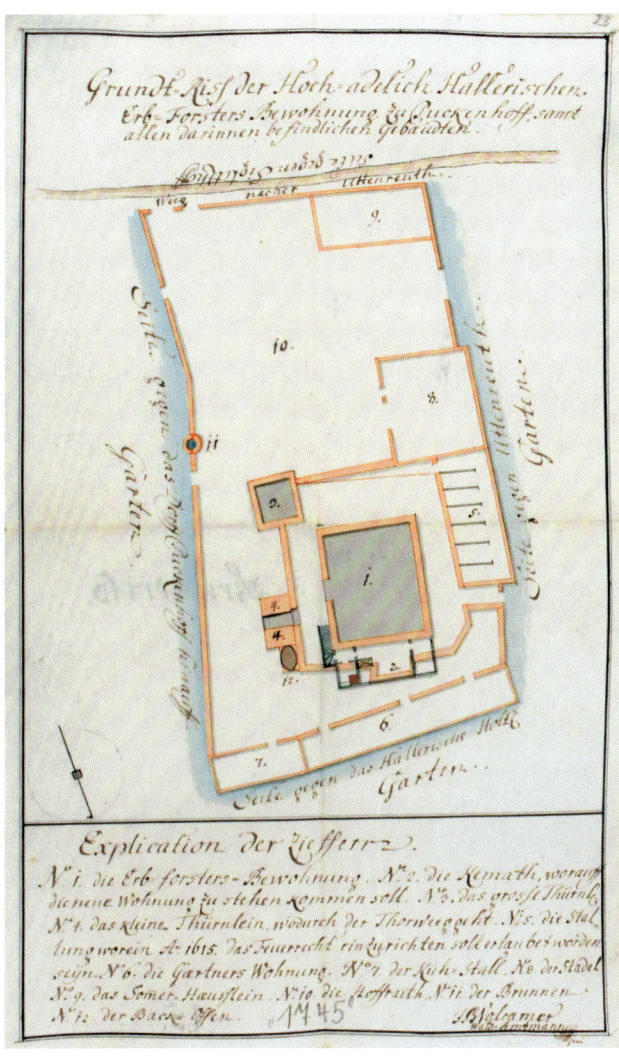

35.2 Lageplan von 1745 für die nicht ausgeführte Überbauung der inneren Wehrmauer (StAN)

Heinrich Remar Besitzer. 1417 erwarb Hans Starz von Hans Remar das Gut. Aufgrund finanzieller Ansprüche gegenüber Georg Starz fiel die Erbforsthube zunächst an Irmel Wagner, die das Gut 1462 an Ludwig Haller verkaufte. 1473 ging es an Peter Haller über, der bereits 1480 zu Buckenhof saß.

Als das Forstgut 1487 an Christoph Rothan veräußert wurde, wird erstmals ein „steinhaus" zu Buckenhof genannt. 1501 wurde der Sitz mit Mauern, Graben und Türmen bezeugt. Zu dieser Zeit war es bereits von Christoph Rothan, auch Inhaber des Gutes Reckersdorf und der Neumühle bei Bruckberg, gegen das Rittergut Bruckberg weggetauscht worden. Tauschpartner war 1501 Georg Haller, der den Sitz Buckenhof für sein Geschlecht wieder in Besitz nahm und ihn 1505 der Georg-Haller-Stiftung zuführte.

Der „Haller Sitz" zu Buckenhof wurde im Zweiten Markgrafenkrieg am 29. Mai 1552 von markgräflichen Truppen niedergebrannt. Sebald Haller ließ den Herrensitz von 1564 bis 1567 wieder in Stand setzen, wobei sich am Erscheinungsbild des Herrenhauses, eines mit Zwinger und Wassergraben gesicherten Wohnturms, wenig änderte. Überliefert wird, dass im Zusammenhang mit der Wiederaufbauplanung zwei Architekturmodelle – eines für eine Fachwerkkonstruktion und eines für den dann ausgeführten Massivbau – hergestellt wurden. In die Wehrmauer eingebunden war ein Wehrturm und die so genannte „Kemnath", ein bewohnbarer Turm, der vermutlich nach der Brandschädigung 1552 nur in den unteren Geschossen wiederhergestellt worden ist und erdgeschossig als Pferdestall und Holzlege genutzt wurde. 1615, mittlerweile war Tobias Haller als Verwalter der Stiftung eingesetzt, sollte hier ein Aufseher untergebracht werden. Im Herrensitz war mehrfach eingebrochen worden, und das Buckenhofer Voithaus

35.3 Ansicht des Herrenhauses aus nördlicher Richtung, Fotografie: F. A. Nagel 1932 (StadtMN)

35.4 Blick in den Rokoko-Saal, Fotografie: F. A. Nagel 1912 (StadtAN)

stand relativ weit entfernt im Dorf. Bei Übergriffen durch kaiserliche Truppen, die das Nürnberger Land in den Jahren von 1631 bis 1634 heimsuchten, erlitt man vermutlich erhebliche Schäden. Vor allem die zwei Mauertürme scheinen bei einer Gelegenheit beschädigt worden zu sein. Eine gründliche Instandsetzung der Türme erfolgte erst 1661/62.

1737 wurde eine alte Schmiede zu einer Sommerlaube umgebaut. In den Jahren 1747 bis 1750 entstand im Vorhof unmittelbar neben dem Tor durch die Verlängerung der Sommerlaube von 1737 ein lang gestrecktes zweigeschossiges Wohnhaus, das später „kleines Schlösschen" genannt wurde. Vermutlich kurz nach 1763 wurde unter dem Administrator Christoph Joachim Haller das Herrenhaus umgebaut. An die östliche Umfassung wurde ein Anbau für eine neue Treppenkonstruktion angefügt und in die alte Erdgeschosshalle eine Art Gartensaal mit repräsentativen Rokoko-Stuckierungen eingebaut. Bemerkenswert ist noch der im Jahr 1801 erfolgte Umbau eines Mauerturms zu einer Waschküche mit Obstdarre und Backofen.

Bereits in den 1830-er Jahren, die Familienstiftungen waren längst gesetzlich aufgehoben worden, bahnte sich ein Verkauf des Schlosses an. Eine Versteigerung gegen Höchstgebot scheiterte 1842. Erst 1848 gelang Sigmund Freiherrn Haller von Hallerstein der Verkauf an Daniel Beck. Bald nach dem Kauf trat die Familie Beck in Kaufverhandlungen mit dem Erlanger Stadtvikar Julius Schunck und den übrigen Initiatoren des „Rettungshauses für arme Knaben und Mädchen" der Inneren Mission. Seit 1850 dient der Herrensitz nun als Jugendheimstätte. Die Anpassung des historischen Baubestandes an die neue Nutzung und die in den folgenden Jahrzehnten immer wieder einmal vorgenommenen Renovierungen brachten Abbrüche von Nebengebäuden und der beiden Türme sowie entsprechende Veränderungen im Herrenhaus. Erhalten blieb aber ein Turmstumpf mit dem Hallerschen Wappen. 1922 konnte Friedrich Freiherr von Haller mit einer Schenkung verhindern, dass die Stuckierungen des Rokokosaals zerstört wurden. Auf dem Schlosshof entstanden vor allem in der Zeit nach dem Zweiten Weltkrieg mehrere Erweiterungsbauten der evangelischen Jugendheimstätte. Der Saal im Herrenhaus wurde 1999 unter denkmalpflegerischer Begleitung restauriert.

Quellen

StAN Rst. Nbg., Waldamt Sebaldi I Nr. 265. Rst. Nbg., Waldamt Sebaldi II Nr. 174, ad 174/3, 174/6, 174/14, 174/16.

Literatur

Haller, Bertold Frhr. von: Regesten zur Geschichte von Buckenhof. Unveröff. Manuskript o.J.

Ders.: Zur Geschichte des Rokokosaales im Schloß Buckenhof. Unveröff. Festrede zur Wiedereröffnung. 1999.

Ders.: Buckenhof und Buckenhof-Hallerschloss. In: Stadtlexikon Erlangen, S. 178 f mit kolorierter Lithografie von K. Jaeckel um 1860.

KDM Erlangen, S. 104 f.

Rühl, Regnitz, S. 142.

Stadtlexikon Nürnberg, S. 166 mit Fotografie aus dem HallerA.

36.1 Darstellung des alten Schlosses Büg als Weiherhaus auf einer Karte des Hieronymus Braun von 1603 (StAN)

36 E7

Büg

Schloss

Schlossplatz 1

Markt Eckental

Landkreis Erlangen-Höchstadt

Ein erster sicherer Nachweis des Herrensitzes gelingt für 1398, als die Burggrafen von Nürnberg die Gotzmann mit ihm belehnten. In älteren Quellen, beispielsweise im Handlungsbuch der Holzschuher, wo 1304 die Brüder Dietrich, Heinrich und Ulrich Gotzmann aufscheinen, wird noch kein Sitz des Geschlechts genannt.

Die Gotzmann blieben für Generationen auf ihrem Ansitz zu Büg und Lehnsleute der Hohenzollern: 1421 wurde beispielsweise Albrecht Gotzmann mit dem Mannlehen belehnt. 1449 wurde das „schloß Pueg" im Ersten Markgrafenkrieg durch Nürnberger Truppen „mit Sturmb erobert und ausgebrennet". 1467 war die Burg mit ihren Befestigungen bereits wiederhergestellt. 1511 veräußerte Conrad Gotzmann die Feste seinem Bruder Albrecht, der 1527 als Schultheiß zu Forchheim amtierte. Vor 1586 sollen umfangreichere bauliche Veränderungen und Erweiterungen ausgeführt worden sein. Mit dem Bauherrn, dem 1522 geborenen Hans Friedrich Gotzmann von Thurn zu Neuhaus, Büg, Brand und Stopfenheim, starb das Geschlecht schließlich 1611 aus.

Noch kurz vor seinem Tod konnte der letzte Gotzmann mit Hilfe eines Vergleichs mit den Markgrafen den drohenden Heimfall des Rittergutes Büg an den Lehnsherrn verhindern und den Übergang an seine Enkel, die Söhne des kursächsischen Amtshauptmanns Heinrich von Bünau, sichern. Von nun an blieb das sächsische, schon seit 1166 überlieferte Geschlecht im Besitz des Ritterguts, zu dem auch noch weitere Güter gehörten [vgl. Forth, Brand, Mausgesees].

Es folgten drei Generationen der Bünau zu Büg, wobei jeweils der Inhaber des Rittergutes früh verstarb und die Söhne erst nach einer längeren Vormundschaftsverwaltung das Erbe antraten. Auch nach dem frühen Tod des Rudolf III. von Bünau 1727 verwaltete lange der Onkel Johann Gottfried Ehrenreich Stettner von Grabenhof für die vier minderjährigen Söhne Bünaus den Besitz. Nach der Übergabe des Erbes um 1749 an die Brüder Heinrich, Rudolf und Günther von Bünau wurde das alte Schloss, das, wie der Boenersche Stich beweist, bis dahin noch wehrhaften Charakter besessen hatte, abgebrochen. An seiner Stelle entstand ein Neubau, in dem den Brüdern Rudolf und Günther Wohnungen eingerichtet wurden. Für den dritten Bruder, Heinrich von Bünau, wurde das Forther Amtshaus zu einem Herrenhaus umgebaut [vgl. Forth].

Die durch die Erbteilung erheblich geschmälerte wirtschaftliche Basis des Rittergutes führte nach der Mitte des 18. Jahrhunderts dazu, dass sowohl im zum Rittergut gehörenden kleinen Weiler Forth als auch vor dem Schloss Büg selbst großzügig Siedlungsland an christliche und jüdische Interessenten vergeben wurde. Durch das rasante Anwachsen beider Siedlungen steigerten die Herren von Bünau ihre Einnahmen aus grundherrschaftlichen Abgaben und Judenschutzgeld. Aufgrund des zuweilen recht zügellosen Lebensstils einiger Familienmitglieder waren die wirtschaftlichen und familiären Verhältnisse des Geschlechts trotzdem bald zerrüttet. Überschuldet fiel das Rittergut um 1791 an den Schwiegersohn des Günther von Bünau, Karl Freiherrn von Egloffstein. Zwar konnten dessen Erben während der französischen Besetzung des brandenburgischen Territoriums 1807 die Mannlehnbarkeit ablösen und das freie Eigen erwerben, die hohe Hypothekenbelastung führte jedoch 1810 zur Zahlungsunfähigkeit.

Erst nach mehreren vergeblichen Auktionsterminen erwarb 1814 der Nürnberger Stadtkommissar Johann Georg Ritter von Kracker das Rittergut Büg, Forth und Brand mit einem Gebot von 50.100 Gulden. Von Kracker trennte viele attraktive landwirtschaftliche Flächen vom Gut ab und veräußerte sie gewinnbringend, bis er 1818 den Restbesitz an Friedrich und Felicitas von Gohren verkaufte. Der Verkäufer soll jedoch auch viel Geld für die Renovierung des Schlosses aufgebracht haben, sodass es sich in den 1820-er Jahren in einem guten baulichen Zustand befand.

Um an die Gerichtsrechte des mittlerweile recht bevölkerungsreichen Rittergutes zu gelangen, erwarb es 1841 der bayerische Staat. Nachdem das Schlossgebäude lange vergeblich zum Verkauf angeboten worden war, wurde es schließlich 1844 an einen Landwirt verpachtet. 1848 entschlossen sich die Finanzbehörden zu einer neuerlichen öffentlichen Versteigerung, bei der es an eine Bietergemeinschaft aus Forth veräußert werden konnte. Die letzten landwirtschaftlichen Flächen wurden abgetrennt, und das Schlossgebäude wurde mit dem dazugehörigen Garten 1849 an den Nürnberger Schneider Ernst Müller veräußert. Die Ökonomie-, Gerichts- und Verwaltungsgebäude gerieten in andere Hände. Nach dem Tod Müllers erbte der Sohn das Schloss, in dem 1873/74 ein Brand ausbrach und schwere Schäden am Dachwerk hinterließ. Wie die dendrochronologische Analyse der Bauhölzer bestätigt, wurde das Dachwerk 1874 erneuert.

Nach einem weiteren Zwangsversteigerungsverfahren 1880 gelangte das Schloss an den Büger Landwirt Georg

36.2 Darstellung des alten Schlosses bereits mit polygonalem Treppenturm, Stich von J. A. Boener 1709 (StadtMN)

36.3 Ansicht des neuen Schlosses von Nordwesten, Fotografie: F. A. Nagel 1938 (StadtMN)

Geist und 1905 an den Nürnberger Justizbeamten Karl Mayer, dessen Erben an die Adolf und Julie Schwarz-Stiftung in Nürnberg verkauften. 1912 baute die Stiftung das Gebäude zu einem Israelitischen Kindererholungsheim um. 1938 wurde das auf mindestens 50.000 RM geschätzte Erholungsheim in einer sprichwörtlichen Nacht- und Nebelaktion zwangsgeräumt, „arisiert" und für den Spottpreis von 9.400 RM dem NS-Lehrerbund Bayreuth zugeschanzt. 1941 richtete das NS-Regime im Schloss ein Auffanglager für Russland-Deutsche ein, später folgten andere Flüchtlinge. 1945 wurde das Schloss kurzzeitig von amerikanischen Truppen besetzt, dann wieder als Flüchtlingsheim genutzt. Nach einer Zeit der Treuhandverwaltung wurde es 1955 der Jewish Restitution Successor Organisation übergeben, die es später wieder privatisierte. In den frühen 1950-er Jahren wurde das Schloss auch als Schulhaus genutzt.

Quellen

StABa A 137 Lade 268 Nr. 190. A 165/I Lade 519 Nr. 236. C 3 Nr. 603, 1725. G 11/II Nr. 674, 775, 775b, 776, 776a.

StAN Rst. Nbg., Salbücher Nr. 147. Ft. An. Lehenakten Nr. 559, 595, 596. Reg. v. Mfr., K. d. Fin. Abg. 1937 Nr. 3165 I-III. Rentamt Erlangen Nr. 108. Stadtgericht Nbg. Grundakten 25369. Kataster Forth.

Gelegenhait, Nr. 578.

Literatur

Giersch, Robert: Bau- und Nutzungsgeschichte des Schlosses Büg. Unveröff. Manuskript.

HAB Forchheim, S. 51-53.

KDM Erlangen, S. 105.

Vahl, Rittersiegel I, S. 369-372.

37 J5

Bürtel

Abgegangene Turmhügelburg, „Purkstal"

Gemeinde Pommelsbrunn

Landkreis Nürnberger Land

Die Textarbeiten zu diesem Buch waren fast abgeschlossen, als Werner Sörgel im Herbst 2006 wenige hundert Meter südlich der Ortschaft Bürtel den vermutlich hochmittelalterlichen Turmhügel entdeckte. Dieser wurde bei einem im späten 20. Jahrhundert erfolgten Straßenbau östlich beschädigt. Der künstlich angelegte Turmhügel besaß zuvor einen annähernd runden Grundriss [vgl. Happurg-Hundsdruck]; nordwestlich scheint sich eine angeschüttete Rampe abzuzeichnen.

Die Burgstelle hat den Ortsnamen geprägt: Im Teilungsbrief der Erben des Konrad II. Schenk von Reicheneck vom 13. Oktober 1344 scheint Bürtel noch als „Purkstal" auf. Die Anlage war demnach bereits im frühen 14. Jahrhundert abgegangen. Der Schenk hinterließ in „Purkstal" die Zehntrechte über 9 Güter und 15 Äcker. Als Lehnsleute der Schenken wurden die Federsäcke genannt, die vermutlich der einfachen Reichenecker Ministerialität angehörten. In der strategischen Erhebung des Landgebiets, 1504 vor Ausbruch des Landshuter Erbfolgekriegs durchgeführt, wird der Ort bereits als „Pürcktal" aufgeführt.

Quellen

Gelegenhait, Nr. 966.

Lehnbuch von 1331, S. 205 mit Hinweis auf: BayHStA Kurbaiern 22970.

Mitteilungen von Herrn Werner Sörgel, Kreisheimatpfleger für Archäologie.

37.1 Blick auf den Turmhügel bei Bürtel aus nordwestlicher Richtung, Zustand 2006 (Rg)

38 — F1

Burgthann

Burgruine, zuvor Pflegschloss
(teilweise zerstört nach 1800)

Burgstraße 1

Gemeinde Burgthann

Landkreis Nürnberger Land

Die Burgruine im Reichsgutbereich zwischen Nürnberg und Neumarkt liegt auf einem Bergsporn mit nach Osten, Norden und Westen steil abfallenden Hängen über dem Schwarzachtal. Die ungewöhnlich große Anlage bestand aus der Hauptburg und einer durch einen Halsgraben abgetrennten großzügigen Vorburg, die den Zugang zur Hochfläche im Süden sicherte.

Als ältester Teil galt bislang der runde Bergfried mit einer beachtlichen Mauerstärke von 3,25 Metern und einer heute noch erhaltenen Höhe von 27 Metern. Mit seinem qualitativ hochwertigen Bossenmauerwerk hebt er sich deutlich vom Mauerwerk des „Festen Hauses" und des Berings ab, das den Keramikfunden zufolge möglicherweise älter ist und bis ins frühe 13. Jahrhundert zurückreicht. Der Rundturm ist heute von nachmittelalterlichen Bauten ummauert und trug um 1800 noch ein Fachwerkobergeschoss mit achteckigem Pyramidendach, das um 1814 abgenommen wurde.

1287 befand sich die Burg in der Hand des Reichsministerialen Heinrich I. von Thann. Die vermutlich aus der Bamberger Ministerialität stammende Familie lässt sich seit 1140 im Dienst des Reiches nachweisen und hatte ihren Stammsitz im nahen Altenthann [vgl. Altenthann]. Heinrich stand in enger Verbindung zu den Schenken von Klingenburg und von Reicheneck, zu den Klöstern Engelthal und Seligenporten sowie zu den Reichsministerialenfamilien um Nürnberg und Neumarkt. 1251 stellte er sich im Meranischen Erbfolgekrieg auf die Seite Bischof Heinrichs von Bamberg. Das offene Eintreten auf Seiten der Gegner des Nürnberger Burggrafen führte möglicherweise zu der archäologisch nachgewiesenen Zerstörung von Burgthann im letzten Drittel des 13. Jahrhunderts.

Das Obereigentum des Reiches wird in den Verkäufen bzw. Übertragungen in den Jahren 1287/88 sichtbar. Zunächst veräußerte der Ritter Heinrich von Thann das „castrum Thann" um 1000 Pfund Heller an den Herzog Ludwig II., erhielt von der Kaufsumme aber sofort wieder 300 Pfund zurück und außerdem das Residenzrecht auf der nun dem Herzog lehnbaren Burg. Deren

38.1 Burgthann mit der Vorburg auf einer idealisierenden Darstellung einer Karte von 1530 (StAN)

Zugehörigkeit zum Reich war allerdings nicht vergessen – kurz darauf musste Herzog Ludwig die Burg und „alles, was ihm Heinrich von Thann verkaufte", an König Rudolf überstellen, der sie umgehend seinem Schwiegersohn, dem Nürnberger Burggrafen Friedrich II. als Reichslehen überließ. Heinrich von Thann wohnte zwar weiter auf der Burg, musste sie aber auf ausdrücklichen Befehl des Königs vom Burggrafen zu Lehen nehmen.

In den folgenden Jahrzehnten behielten die Thanner ihren Wohnsitz auf der Burg. Mit Heinrich II. erreichte die Familie nochmals hohe Bedeutung, als dieser in den Jahren 1318 bis 1322 das Bistum Bamberg als Generalvikar verwaltete. Ihre Verfügungsrechte über Burgthann waren jedoch eingeschränkt: Die Zollern verpfändeten die Burg mehrfach und besetzten sie mit eigenen Burgmannen. Ab 1303 nannte sich zudem eine Familie „de Nuremberc" nach ihrem neuen Burgsitz „de Tanne".

Im Jahre 1346 starben die Thanner aus. Noch im gleichen Jahr ist mit Hermann von Golsdorf erstmals ein burggräflicher Pfleger auf der Burg nachzuweisen. Dennoch wurden die Burg, ihre Einkünfte oder das Amt weiterhin verpfändet – schon 1343 bis 1346 „Tann die Veste" an die Gräfin Kunigunde von Orlamünde, 1366 das ganze Amt Burgthann an den Pfalzgrafen Ruprecht III. (als Teil der Mitgift seiner Frau Elisabeth von Zollern), zuletzt 1441 an Jörg Lichtenberger um 7000 Gulden. Für den Bauunterhalt sollte Lichtenberger „nach des Schloß notdurft" 366 Gulden aufbringen, die er – möglicherweise ein versteckter Zins – auf die Schuldsumme schlagen durfte.

Von Burgthann als vorgelagertem Posten wurde die Machtposition der Reichsstadt Nürnberg stark beeinträchtigt. Dennoch unternahmen die Nürnberger in den beiden Markgrafenkriegen von 1449/50 und 1552/53 offensichtlich keine größeren Anstrengungen, die Burg zu zerstören.

Dagegen scheint es 1460 im „bairischen Krieg" zu einer zweiten, archäologisch nachgewiesenen Brandkatastrophe gekommen zu sein: Vor den weit überlegenen Kräften soll der Pfleger geflohen sein, nicht ohne zuvor das gesamte Pulver im Schloss verteilen zu lassen. Als die Verbündeten ins Schloss eindrangen, entzündete sich das Pulver und zerstörte große Teile der Burg.

Der Wiederaufbau muss bald nach der Rückgabe der Burg 1463 erfolgt sein und erstreckte sich auf nahezu alle Teile. Die zweigeschossige Hauptkemenate wurde an der Stelle des 1460 zerstörten „Festen Hauses" errichtet; im Nordwesteck des Berings entstand ein Flankierungsturm mit zwei gewölbten Räumen, die zeitweise als Kapelle, gegen Ende des 30-jährigen Krieges bis zum Verkauf der Burg als Kanzlei und Registratur dienten.

Ein Plan aus den Jahren 1587/88 mit einer detaillierten Beschreibung gibt unmittelbaren Einblick in Baubestand und Nutzung der Burg. Zu dieser Zeit plante Markgraf Georg Friedrich sich „zue zeitten uff des jagens oder sonsten, alda neben den Unsrigen auffhalten (zu) wollen", die Burg also auch als Jagdschloss zu nutzen. Der Markgraf wandte sich an den Rat der Stadt Nürnberg mit der Bitte um Bauholz aus dem Reichswald und lud Ratsmitglieder zur Besichtigung der Burg ein, damit sie sich selbst ein Bild von den geplanten Maßnahmen machen konnten. Tatsächlich addierte sich die Zahl der angeforderten Baumstämme auf stolze 3673, die für die umfangreichen Instandsetzungen und Umbauten benötigt wurden. Zur „Bequemlichkeit des Fürsten" sollte „eine grosse daffelstuben durch Zusammenlegen von einer Stube und einer Kammer" geschaffen, eine dahinter liegende „Stallung" zu einem „Fürstlich Gemach" umgestaltet werden. Im „underst" (Erdgeschoss) wurden neue „Gemächer" geschaffen, „alda zuvor nichts gewest". Im Turm (Bergfried) ist bislang „kein gebeu gewest", vielmehr war man „an einer Leitern hinaufgestiegen". Er wurde nun ausgezimmert und erhielt eine „hölzerne Schnecke" (eine Treppenspindel). Trotz der „herrschaftlichen" Bestimmung blieb – wie damals üblich – die Tierhaltung im Schlosshof und im Zwinger erhalten; neben den Pferdeställen wurde auch ein neuer Schweinestall genannt. Die Bauleitung lag bei dem Baumeister Paulus Ullrich.

38.2 Die noch vollständig intakte Burg im frühen 19. Jahrhundert, Aquatinta-Radierung von Georg Adam (StadtA Lauf)

B   BURGTHANN

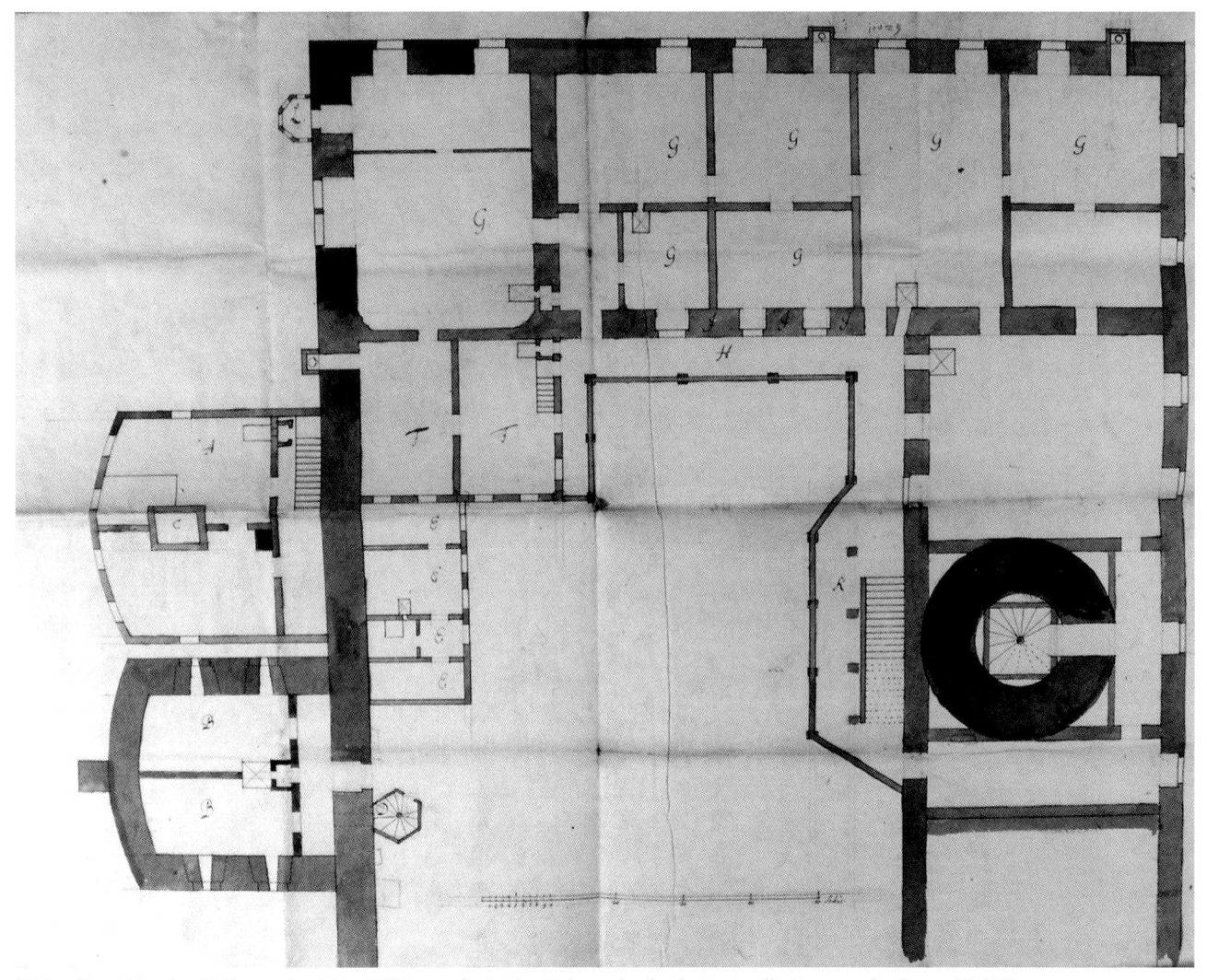

38.3   Grundriss des Schlosses im Jahre 1726, angefertigt im Rahmen laufender Instandhaltungsmaßnahmen (StAN)

Im 30-jährigen Krieg wurde das Schloss 1635 von der gegenüberliegenden Hochfläche beschossen und stark in Mitleidenschaft gezogen. Die Südostecke der Hauptburg stürzte unter dem Beschuss ein; die Vorburg mit der Musloheschen Burghut wurde weitgehend zerstört.

In den Jahren 1651–53 erfolgte eine erste Instandsetzung des Schlosses, 1687 ein Umbau. Die erhaltenen Pläne lassen die neuen Funktionen der einzelnen Räumlichkeiten erkennen. Im Erdgeschoss lagen die Wirtschaftsräume mit (Pferde-)Stallungen sowie eine Malz- und Holzkammer. An beiden Seiten neben dem alten Bergfried befanden sich beheizbare Stuben, wohl für die Wächter oder Knechte. Im Westen führte neben einer Remise eine steinerne Treppe zum Wehrgang, im Norden lag ein überdachter, 27 Meter tiefer Brunnen. Die Räume des Obergeschosses wurden über eine Galerie erschlossen, die sich um den Ostflügel und um Teile des Südflügels zog. Gleich neben dem Bergfried befand sich der Gerichtsraum, an den sich im Osten mehrere Räume anschlossen, die in den ehemals großen Saal hineingebaut wurden. Linkerhand des Turmes lagen je zwei nicht näher bezeichnete Stuben und Kammern.

Im Spanischen Erbfolgekrieg blieb die Burg verschont; geringe Reparaturen im Jahre 1707 bezogen sich vorwiegend auf die Wirtschaftsbauten. 1719 wurden das Dachwerk und die Kanzlei instand gesetzt, deren Größe mit 9,90 x 11,10 Metern bei einer Höhe von 15 Metern angegeben wurde. Trotz laufender Instandhaltungsmaßnahmen galt 1723 das Schloss als „baufällig"; ein Zimmermann erstellte eine lange Liste notwendiger Reparaturen.

Die weitere Geschichte ist eine Chronologie des Niedergangs. Mit der Abdankung des letzten Markgrafen Karl Alexander fiel Burgthann an Preußen, das 1792 den Amtssitz nach Oberferrieden verlegte. Nur drei Jahre später schlug ein Blitz in den vorderen Bau ein und „zerschmettert ... Sparren, Riegel und Stichbalken"; die Schäden an der weitgehend funktionslos gewordenen Burg wurden offensichtlich nicht mehr behoben.

1799 wurde sie an den Gastwirt Johann Wild aus Oberferrieden verkauft, der die Burg mit ihrem Zubehör aufteilte und 1805 weiter veräußerte. Die neuen Besitzer sahen sich jedoch in der erhofften Mitnutzung der Waldrechte getäuscht und stießen ihre Anteile ab. Die folgenden Eigentümer suchten aus ihren Anteilen den maximalen Profit zu schlagen und beraubten das Schloss nach und nach seiner Ausstattung. Die Wohnungen wurden vermietet, der große Saal diente zum Hopfenzupfen. Der Hopfenhändler Lorenz Distler entnahm dem Ostflügel das Baumaterial für mehrere Häuser am Ort, worunter die Statik litt. 1897 traf ein weiterer Blitzschlag die Burg und zerstörte den westlichen Teil des Südflügels. Der Ostflügel kam schließlich 1919 an einen Bergwerksbesitzer aus Sulzbach, der die verwendbaren Materialien zum Bau von Arbeiterwohnungen nutzte. Im gleichen Jahr brach das Dachwerk des Ostflügels mit „gewaltigem Krach" ein. Die Ruine ging 1919 als „herrenloses Gut" in den Besitz der Gemeinde über und wurde nicht wieder aufgebaut.

1919 erwarb Freiherr von Seck den größten Teil der Burg und leitete Maßnahmen zu ihrer Restaurierung ein, verkaufte aber schon 1922 an den Berliner Bildhauer Wilhelm Dietrich. 1937 und erneut 1940 brachen Teile der Mauerschale aus dem Turm. 1945 wurde die Burg von den anrückenden US-Truppen beschossen und dabei das Torhaus der Vorburg zerstört. Immerhin konnten noch 1945 einzelne Räume Flüchtlingsfamilien zugewiesen werden.

1949 wurde im Gewölbe der ehemaligen Registratur eine Kirche eingerichtet, 1951 und nochmals 1967/68 der Turm renoviert, 1980 Flankierungsturm und Dachwerk erneuert. 1984 gründete sich eine „Fördergemeinschaft Burg Burgthann"; 1988 konnte die Gemeinde die Burganteile der Erben Dietrich erwerben. Archäologische Grabungen in den Jahren 1987–1990 leisteten namentlich zur Frühgeschichte der Burg wertvolle Beiträge.

Zu Burgthann gehörte eine ausgedehnte Vorburg, welche die Hauptburg gegen die Bergseite wirkungsvoll schützte. Sie ist heute weitgehend überbaut; erhalten haben sich jedoch Teile der Umfassungsmauern und des ehemaligen Grabens, bis zu den Kämpfen um Burgthann im April 1945 auch das Haupttor („Torliedl").

In der Vorburg lagen zwei Burghuten (eine dritte im Nordwesteck der Hauptburg), die spätestens mit dem Aussterben der Thanner und dem endgültigen Übergang an die Burggrafen 1346 angelegt oder ausgebaut wurden. Mit den Burghuten waren Burglehen verbunden, in der Regel Abgaben von benachbarten Höfen. Vergeben waren sie anfangs wohl an „Verwandte der Thanner", später an burggräfliche Gefolgsleute, bevorzugt an die „Beamten" auf der Hauptburg, unter ihnen die Rindsmaul, Schweppermann, Steinelbecken, dann die von Erlbeck, von Embs, von Kühedorf, von Klack oder von Muslohe. Die Burghuten konnten spätestens seit dem 16. Jahrhundert vererbt oder verkauft werden, mussten aber vom Markgrafen zu Lehen genommen werden. So vererbte der Kastner Hans Link seine Burghut 1509 an seinen Sohn Albrecht, der sie 1524 an den Amtmann Thomas von Kühedorf verkaufte.

Beide Burghuten verfügten über eigene Zugänge und einen eigenen Burghof mit Wohn- und Wirtschaftsbauten. Im 16. Jahrhundert unterschied man eine „große" und eine „kleine" Vorburg, die nach ihren Inhabern als „Kühedorfischer" und „Muslohischer" Burgstall bezeichnet wurden.

Der kleinere, Kühedorfische Burgstall wurde 1564 von dem Wirt Hans Lochner aus Pommelsbrunn nie-

38.4 Ansicht von Westen mit noch intaktem Dachwerk des Ostflügels, kolorierte Zeichnung von J. C. Bankel 1903 (StadtA Lauf)

B   BURGTHANN

38.5   Ansicht von Südwesten wenige Jahre nach Bankels Zeichnung, Ostflügel bereits ohne Dachwerk, Fotografie: F. A. Nagel von 1919 (StadtMN)

Literatur:

Alberti, Volker / Boesch, Toni / Holz, Horst: Burgen und Herrensitze in Kornburg und Umgebung (= Adelssitze in Franken Bd. 5). Nürnberg 2005, S. 49-55.

HAB Nürnberg-Fürth, S. 106.

KDM Landkreis Nürnberg, S. 27.

Stadtlexikon Nürnberg, S. 176.

Steeger, Wolfgang: Vorbericht über die Ausgrabungen im Ostflügel der Burg Thann 1987 und 1988. In: MANL 38 (1989), Heft 2, S. 129-156.

Ders.: Die Staufische Reichsministerialenburg „Tanne" in Burgthann. In: Nürnberg. Archäologie und Kulturgeschichte. Büchenbach 1999, S. 268-278.

Vahl, Rittersiegel, Bd. 2, S. 821-829.

Voit, Pegnitz, S. 253-261.

Wedel, Hans: Burgthann. Geschichte, Geschichten und Notizen aus den Dörfern der Großgemeinde. Burgthann 1982, S. 17 f, 21-24, 58, 91.

dergebrannt, um den Mord an einer Magd und einen Einbruch zu vertuschen. Die größere Burghut befand sich bis 1564 im Besitz der Familie von Klack und fiel dann an den Markgrafen zurück, der im gleichen Jahr die Brüder Heinrich und Sebastian von Muslohe belehnte. Nach dem Tod Heinrichs vereinigte Sebastian die Burghut wieder in einer Hand. Von ihm ging sie an seinen Sohn Endres über, der sich wiederholt als Oberamtmann auf Burgthann nachweisen lässt. Johann Georg Muslohe beerbte 1627 seinen Vater. 1628 war er Oberamtmann zu Baiersdorf und bat darum, auf dem ehemaligen Kühedorfischen Burgstall, dessen Nutzrecht er innehatte, ein dreigeschossiges Haus mit den Außenmaßen von ca. 24 x 16 Metern errichten zu dürfen. Zu diesem Zeitpunkt hatte er – oder sein gerade verstorbener Vater? – bereits Fakten geschaffen und ein zweigeschossiges Brauhaus errichtet.

Nur wenige Jahre später fiel 1633 die Muslohesche Vorburg einem Angriff auf Burgthann zum Opfer. Nach dem Aussterben der von Muslohe 1677 wurden die Burghuten eingezogen und die noch in Ruinen liegenden Brandstätten an Bauern verkauft, die hier mehrere Höfe errichteten.

Quellen

StAN Rst. Nbg., Waldamt Lorenzi I Nr. 383, 384, 385, 387, 413/I. Stromer-Archiv Nr. A 2857.

HallerA Gründlacher Urkunden 16. Februar 1343.

Mon. Zoll. Bd. 2, Nr. 325; Bd. 3, Nr. 145.

Müllner III, S. 376.

NUB Nr. 755.

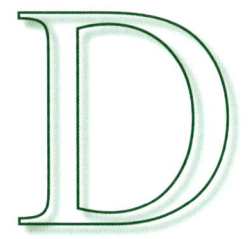

39 — F5

Dehnberg (Egelsee)

Abgegangener Ministerialensitz
(Turmhügel 1980 zerstört)

Egelsee

Stadt Lauf an der Pegnitz

Landkreis Nürnberger Land

Unweit der alten Hochstraße, die von Hersbruck und Lauf kommend über Eschenau zum alten Königshof Forchheim führte, entdeckte 1915 der Flurdenkmalforscher Wilhelm Hühnermann beim Weiler Egelsee eine quadratische Wallanlage mit Seitenlängen von jeweils 20 Metern und einer Höhe von bis zu 2 Metern; im Wall fanden sich (Futter-)Mauerreste aus Sandsteinen und Ziegeln. Einwohner wussten von einem „Wasser-" oder „Raubschloss" zu berichten, ja von einer Zugbrücke, die das Gebäude mit der direkt vorbeiführenden Straße nach Dehnberg verbunden hatte. Hühnermann deutete daher die Anlage als Weiherhaus oder „Wassersitzlein".

In der Tat findet sich noch auf einer Karte des 18. Jahrhunderts an der Stelle ein See eingezeichnet, „der Egelsee", der erst im Laufe des 19. Jahrhunderts verfüllt wurde. Archivalische Recherchen ergaben, dass im Jahre 1346 der Nürnberger Großkaufmann und Finanzier Konrad Groß – Stifter des Heilig-Geist-Spitals – von Heinrich Oedenberger und seiner Frau Kunigunde „ihr Gesezze bei Tenelberg, genannt der Egelsee mit dem See darumb" gekauft hatte. Ob der hier urkundlich fassbare Sitz von den Oedenbergern selbst oder schon von den zwischen 1119 und 1134 nachweisbaren Ministerialen von Dehnberg errichtet wurde, bleibt ungeklärt.

Während der zugehörige Wirtschaftshof im Besitz des Spitals blieb und an Bauernfamilien vergeben wurde, fehlen über das weitere Schicksal des Sitzes selbst zuverlässige Nachrichten. Möglicherweise schon 1486 zerstört, soll sich das – wiederaufgebaute? – „Wasserhaus ze dem See" im 16. Jahrhundert im Besitz der Familie Ammon befunden haben und im 30-jährigen Krieg zerstört worden sein. Nachdem 1957 die letzten Mauerreste beseitigt und 1980 das Gelände eingeebnet wurden, erinnert heute nichts mehr an den ehemaligen Sitz.

Quellen

StAN Kataster Dehnberg Nr. 4.

StadtAN D 2/II Nr. 7.

Mon. Boica Bd. 25, S. 546.

Literatur

Glückert, Burgen, S. 53-57.

Hühnermann, W.: Egelsee. Ein abgegangenes „Weiherhaus" bei Lauf a. P. In: Fränkische Alb 4 (1918), S. 36 f.

KDM Lauf, S. 93 f., 106.

Schnelbögl, Fritz: Ortgeschichtliche Bilder: Aus der Ortsgeschichte von Dehnberg. In: MANL 11 (1962), Heft 1, S. 18 f.

Stadtlexikon Nürnberg, S. 775.

Voit, Pegnitz, S. 55.

40 — F4

Diepersdorf

Mutmaßlicher Ministerialensitz

Gemeinde Leinburg

Landkreis Nürnberger Land

Der Nürnberger Chronist Müllner zählte die Familie von Diepersdorf (Wechselname: von Pötzling bei Leinburg) zu den alten adligen Familien „in der Nürnbergischen Landsart" und vermutete „alda einen adelichen Sitz". Bislang ließen sich jedoch keine weiteren Hinweise dafür erbringen.

Der Ort, alter Reichsbesitz, aus dem vermutlich 1061 Kaiserin Agnes drei Hufen an ihren „serviens" (Ministerialen) Ebbo zu freiem Eigentum schenkte; die Besitzübertragung wurde 1079 von Heinrich IV.

bestätigt. Das Geschlecht, von dem sechs Personen bekannt sind, erlosch 1143. Zusammenhänge mit der von Müllner erwähnten jüngeren Ministerialenfamilie von Diepersdorf, die sich wechselweise nach Pötzling nannte, bestanden vermutlich nicht.

Quellen

Müllner I, S. 216; III, S. 330.

NUB Nr. 21 Anm. 2, 203, 408, 1069.

Guttenberg, Erich Frhr. von: Die Regesten der Bischöfe und des Domkapitels von Bamberg. Würzburg 1963, Nr. 518.

Literatur

Bosl, Reichsministerialität, Bd. 1, S. 55.

Dannenbauer, S. 238.

Voit, Pegnitz, S. 55f.

41 G7

Diepoltsdorf I

Herrenhaus, „hintere oder alte Behausung"

Naifer Straße 5

Gemeinde Simmelsdorf

Landkreis Nürnberger Land

Der von Loefensche Herrensitz besteht aus zwei Häusern, dem so genannten hinteren und dem vorderen Herrenhaus, auf einer mit einem Wassergraben gesicherten Burgstelle. Sein Ursprung geht vermutlich ins 13. Jahrhundert zurück und dürfte in einer „Behausung" von Ministerialen der Herren von Osternohe zu suchen sein. Dies lässt eine Urkunde annehmen, mit der ein Hartmann der Ältere von Diepoltsdorf aus dem Geschlecht der Neidunge am 26. Dezember 1326 für seinen Bruder Neidung von Winterstein bürgte, als dieser Güter an den Deutschen Orden verkaufte [vgl. Osternohe II, Winterstein]. Um 1330 waren Hartmann und sein Bruder auch Lehnsleute der Schenken von Reicheneck. Vermutlich gehörte Folkolt von „Dieplstorff", der 1401 von König Ruprecht I. mit dem Zehnt zu Hormersdorf belehnt wurde, ebenfalls dem Geschlecht an.

Bereits 1366 sollen die Groland Grundbesitz in Diepoltsdorf gehabt haben. 1398 wurden Jakob und Lorenz Groland vom Burggrafen mit der Behausung zu Diepoltsdorf belehnt. Sie begründeten einen bis heute andauernden Familienbesitz. Linhard Groland d.Ä. zu Diepoltsdorf erwarb 1450 auch den benachbarten Herrensitz Utzmannsbach [vgl. Utzmannsbach]. 1507 bis 1521 verfügte Linhard Groland d. J., zeitweise einer der Nürnberger Bürgermeister und ein Freund des Humanisten Willibald Pirckheimer, über den Sitz. Er wurde als Nürnberger Besitzer auch 1504 bei der Erkundung der Landschaft, angeordnet vom Nürnberger Rat vor Ausbruch des Landshuter Erbfolgekriegs, festgestellt.

Linhard d. J. folgten seine Söhne Christoph und der jüngere Sebastian Groland. Die Brüder mussten im Mai 1553 – im Zweiten Markgrafenkrieg – die Niederbrennung des Gutes hinnehmen. Das so genannte hintere Haus erfuhr danach nur einen provisorischen Wiederaufbau, bei dem offenbar nur der untere Teil wiederverwendet wurde, während man die vermutlich aus Fachwerk bestehenden Obergeschosse aufgab. Ernst Waldstromer überlieferte 1632, dass das hintere Haus angeblich der ältere Sitz gewesen war. Bereits vor seiner Zeit war das Gut geteilt worden, und zwar von den Töchtern des Sebastian Groland, wobei das hintere Haus an Ursula, geborene Groland, und ihren Gemahl Hans Waldstromer gefallen war.

Während des 30-jährigen Krieges, vor allem 1648, erlitten beide Herrenhäuser abermals Schäden. Bei einer Plünderung wurden die Ausstattung „zerhauet" und Ernst Waldstromer lebensgefährlich verletzt. Auch soll die Schlossmauer, die beide Herrenhäuser umgab, in dieser Zeit eingefallen und nicht wiederhergestellt worden sein. Nach Waldstromers Tod 1655 wurde der Verwandte und Besitzer des vorderen Herrenhauses, Christoph Gottfried Gugel, stellvertretend für die Töchter Waldstromers belehnt. 1660 traten die Erbinnen dann den Besitz an die Gugel ab, sodass seitdem wieder beide Herrenhäuser in einer Hand vereinigt waren.

41.1 Ansicht der so genannten alten Behausung vor dem Umbau 1963/64, Fotografie: 1931 F. A. Nagel (StadtMN)

Die „hintere Behausung" blieb seit der Wiederherstellung im 16. Jahrhundert ein zweigeschossiges Gebäude, das nach einer Beschreibung von 1816 nur zwei kleine, damals nicht beheizbare Räume sowie Getreideböden enthielt. Sein heutiges Erscheinungsbild soll auf einen weitgehenden Umbau in den Jahren 1963/64 zurückgehen.

Quellen

StAAm Landsassen Nr. 359.

StAN Ft. An., Lehnbücher Nr. 4, fol. 57 v.

HallerA Henfenfeld Urk. Nr. 198.

Gelegenhait, Nr. 608, 847.

Pfalzgr. Reg. Bd. 2, Nr. 501.

Literatur

Alberti, Volker: Das Wasserschloß in Diepoltsdorf. In: MANL 47 (1998), Heft 1, S. 241-247.

Harsdorf, Karl Frhr. von: Die Herrensitze von Diepoltsdorf. In: MANL 2 (1953), Heft 1, S. 1-11.

KDM Lauf, S. 95-100.

Stadtlexikon Nürnberg, S. 213.

Stammler, Georg: Die Wasserburg in Diepoltsdorf. In: Die Fundgrube 3 (1927) Nr. 8, S. 2 f.

Voit, Pegnitz, S. 11, 30, 302ff.

Diepoltsdorf II

Herrenhaus, „vordere Behausung"

Naifer Straße 7

Gemeinde Simmelsdorf

Landkreis Nürnberger Land

Seit wann auf dem heute von Loefenschen Sitz zwei Herrenhäuser standen, ist nicht bekannt; bei der Belehnung 1398 wurde nur eines erwähnt [vgl. Diepoltsdorf I], ebenso noch 1549. Auch in den Schadenslisten des Zweiten Markgrafenkrieges erscheint nur „der herrensytz", der im Mai 1553 niedergebrannt wurde. Ob sich das auf die „alte" oder auf die „vordere" Behausung bezieht, muss offen bleiben. Der letztgenannte Wohnturm wurde jedenfalls, wie eine bauseitig eingeschlagene Inschrift überliefert, bereits relativ früh nach Kriegsende, 1555, erbaut oder wiederhergestellt.

Nach dem Tod Christoph Grolands 1561 übernahm sein jüngerer Bruder Sebastian das Gut. Mit dessen Ableben 1582 erbten Tochter Clara und der Schwiegersohn Georg Coburger den vorderen Sitz. Deren Tochter Maria brachte mit ihrer Heirat das vordere Haus 1627 an den Nürnberger Patrizier Christoph Gottfried Gugel.

42.1 Ansicht der so genannten vorderen Behausung auf einem Gemälde des 18. Jahrhunderts (Pr)

42.2 Ansicht des Herrenhauses aus westlicher Richtung, Fotografie: G. v. Volckamer um 1894 (StadtMN)

42.3 Ansicht des Herrenhauses noch vor den Umbauten der 1930-er und 1950-er Jahre aus südlicher Richtung, Fotografie: F. A. Nagel 1931 (StadtMN)

Dieser erwarb 1660 auch das hintere Herrenhaus und vereinigte das Gut wieder in einer Hand. Dass im 30-jährigen Krieg auch im vorderen Haus erhebliche Schäden zu beklagen waren, überlieferte der mittlerweile 81-jährige Besitzer im Jahr 1674.

Die Familie Gugel blieb nach Christoph Gottfried fast zweieinhalb Jahrhunderte im Besitz. Zu den Diepoltsdorfer Liegenschaften des Geschlechts zählten auch ein Hammerwerk, eine Spiegelglasschleife und eine Mühle. Der letzte der Diepoltsdorfer Linie, Joseph Maria Ludwig Christoph (1764–1843), verkaufte das Gut 1816 an seinen Neffen Franz Wilhelm Christoph von Gugel (1771–1848); an ihn und seine zweite Gemahlin Adelheid erinnert das Allianzwappen Gugel/Muffel über dem Eingang. Nach einer Erbeinigung unter seinen Töchtern ging die Liegenschaft 1872 an die Tochter Luise und ihren Ehemann, den aus einem alten oberpfälzischen Hammerherrengeschlecht stammenden Wilhelm Johann von Loefen, über. Die Familie von Loefen besitzt den Herrensitz noch heute.

Der vordere Sitz steht im südöstlichen Bereich der wohl künstlich aufgeschütteten Burgstelle. Es handelt sich um einen dreigeschossigen Wohnturm mit Krüppelwalmdach und verputzten Fassaden. Von einer Instandsetzung in den Jahren nach 1648 ist angesichts der gründlichen Demolierung der festen Ausstattungen im 30-jährigen Krieg auszugehen. Größere Umbauten folgten um 1775, 1820 und schließlich 1953/54.

Quellen

StAAm Landsassen Nr. 359.

Deliciae II, S. 132.

Literatur

Alberti, Volker: Das Wasserschloß in Diepoltsdorf. In: MANL 47 (1998), Heft 1, S. 241-247.

Alberti, Volker / Baumann, Lorenz / Holz, Horst: Burgen und Schlösser im Schnaittachtal (= Fränkische Adelssitze Bd. 1). Simmelsdorf-Hüttenbach 1999, S. 71-77.

Gothaisches genealogisches Taschenbuch der freiherrlichen Häuser auf das Jahr 1861. Gotha 1860, S. 248-252.

HAB Lauf-Hersbruck, S. 57 f.

Harsdorf, Karl Frhr. von: Die Herrensitze von Diepoltsdorf. In: MANL 2 (1953), Heft 1, S. 1-11.

KDM Lauf, S. 95-100 mit Grundriss des Erdgeschosses.

Rühl, Pegnitz, S. 114 ff.

Ruthrof, Renaissance, S. 34 f, 90.

Stadtlexikon Nürnberg, S. 213.

Diepoltsdorf III

Herrensitz, „Neue Behausung"
Naifer Straße 18
Gemeinde Simmelsdorf
Landkreis Nürnberger Land

Mit der so genannten „Neuen Behausung" entstand 1570 unter Katharina Groland, Witwe des 1561 verstorbenen Christoph Groland, das dritte Herrenhaus in Diepoltsdorf. Offensichtlich hatte eine Erbeinigung mit ihrem Schwager Sebastian Groland vor 1569 zur Abteilung von Grundstücken und zur Errichtung eines Witwensitzes geführt.

1599 erbte der Schwiegersohn Alexander Stockhamer, seit 1593 Nürnberger Stadtrichter, das Herrenhaus. Das Allianzwappen Stockhamer-Groland ist noch an der vorderen Giebelseite zu sehen. Mit der Heirat der Maria Magdalena Stockhamer gelangte der Sitz 1689 an den Nürnberger Patrizier Georg Christoph Pömer. Dessen Nachfahre Georg Wilhelm Pömer geriet in den 1750-er Jahren in wirtschaftliche Schwierigkeiten und veräußerte den Besitz 1760 zum Leidwesen des Nürnberger Rates für 9.000 Gulden an den Herrn von Velhorn [vgl. Schnaittach]. Bereits 1766 wurde der Sitz für nun schon 13.000 Gulden wieder an einen Nürnberger Bürger, den Kaufmann Johann Stephan Zeltner, verkauft. Zeltner war im frühen 19. Jahrhundert bereits verstorben, denn das Landrichteramt Schnaittach hielt 1806 fest, dass es in Diepoltsdorf ein „Schlößchen" gebe, das einer „Wittib von Zeltner aus Nürnberg angehörig ist" und wohl noch jünger sei, da es sich in keinem der alten Salbücher nachweisen lasse.

1809 gelangte der Sitz durch Heirat der Hedwig Zeltner mit Johann Carl Friedrich Christoph von Harsdorf an

43.1   Ansicht des Harsdorfschen Sitzes aus südwestlicher Richtung, Fotografie: G. v. Volckamer um 1894 (StadtMN)

ein altes Nürnberger Geschlecht, das ihn 1878 der Freiherrlich von Harsdorfschen Familienstiftung zuführte.

Das Harsdorfsche Herrenhaus befindet sich nordöstlich des von Loefenschen Sitzes und östlich der Naifer Straße. Das zweigeschossige Satteldachgebäude besitzt Putzfassaden. Das mittels einer Spindeltreppe erschlossene Innere birgt eine Reihe von qualitätvollen Stuckdecken. Der Saal im Südosten des Obergeschosses wurde mit einer Brüstungslambris mit in den Ecken eingebauten Lambrisschränkchen vertäfelt. Im ersten Dachgeschoss findet sich eine Stube mit Bohlenwänden, Rahmenstuckdecke und einem Kachelofen aus der zweiten Hälfte des 18. Jahrhunderts.

Bei einem Umbau 1987/88 wurde u. a. das Obergeschossfachwerk an der Ostseite freigelegt, das erneuerte Satteldach erhielt Krüppelwalme.

Quellen

StAAm Landsassen Nr. 359.

Literatur

Alberti, Volker / Baumann, Lorenz / Holz, Horst: Burgen und Schlösser im Schnaittachtal (= Fränkische Adelssitze Bd. 1). Simmelsdorf-Hüttenbach 1999, S. 79 ff.

HAB Lauf-Hersbruck, S. 57 f.

Harsdorf, Karl Frhr. von: Die Herrensitze von Diepoltsdorf. In: MANL 2 (1953), Heft 1, S. 1-11.

KDM Lauf, S. 100 f mit Grundrissen und mehreren Innenaufnahmen.

Rühl, Pegnitz, S. 114-117.

Ruthrof, Renaissance, S. 76.

44 E9

Dörnhof

Abgegangener Herrensitz

Stadt Gräfenberg

Landkreis Forchheim

Die Einöde Dörnhof im Großenoher Tal gehörte ursprünglich wohl zu einem Leuchtenberger Lehnskomplex, der 1417 von den Hallern an die Helcher überging [vgl. Spiesmühle], und noch bis 1806 zum Hochgerichtsbezirk des Nürnberger Pflegamts Gräfenberg. Der Ortsname lässt sich etymologisch von „thurnhof" (Turmhof) ableiten. An der Talseite des Einödhofes sind hohe Futtermauern erhalten, die nach Kunstmann und Heinz auf den früheren mittelalterlichen Wehrbau hinweisen sollen. Diese Annahme ist noch nicht von der Bauforschung überprüft worden. Möglicherweise handelt es sich um eine frühneuzeitliche Konstruktion zur Hangsicherung. An der Bergseite sind jedoch schwach die Spuren eines Halsgrabens erkennbar.

44.1 Darstellung des Sitzes Dörnhof, turmartiges Haus mit mutmaßlichem Fachwerkobergeschoss, auf einer Karte des 16. Jahrhunderts (StAN)

Die Erbauung des Sitzes ist nicht überliefert. Erstmals erwähnt wird er in einem 1502 nicht vollzogenen Kaufvertrag zwischen den Nürnberger Bürgern Hans Helchner und Sebald Tucher. 1505 wurde der Dörnhof von Hans Helchner jun. als freieigener Sitz und Behausung an der „Graßnach" (Großenohe-Bach), „Durnhof" genannt, mit den zugehörigen Flurstücken an die Stadt Nürnberg verkauft. Die von Hellmut Kunstmann vermutete Erbauung erst zwischen 1502 und 1504 scheint jedoch keineswegs bewiesen. Die Zerstörung im Zweiten Markgrafenkrieg 1553 ist zu vermuten, da der Sitz noch 1547 bezeugt wird. In den Schadenslisten der Reichsstadt wurde er allerdings nicht aufgeführt. 1560 vermerkte Bonifaz Nöttelein in seiner Topographie, dass zu Dörnhof „allda ein Herrnsitzlein gewesen" sei. Auf einer nicht datierten Karte des 16. Jahrhunderts ist dort noch ein hohes Satteldachgebäude mit einem Fachwerkobergeschoss dargestellt.

Quellen

StAN Rst. Nbg., D-Laden Akten Nr. 601. Rst. Nbg., Karten und Pläne Nr. 567. [= Fleischmann, Peter: Die handgezeichneten Karten des Staatsarchivs Nürnberg bis 1806 (= Bayerische Archivinventare Bd. 49). München 1998, Nr. 87.]

Gelegenhait, Nr. 793.

Literatur

Heinz, Walter: Ehemalige Adelssitze im Trubachtal (= Die Fränkische Schweiz – Landschaft und Kultur, Bd. 10). Erlangen-Jena 1996, S. 93-98, Farbtafel 65 f.

KDM Forchheim, S. 85.

Kunstmann, Südwestliche Fränkische Schweiz, S. 217.

Dormitz I

Abgegangener Herrensitz

Kirchenstraße 7

Gemeinde Dormitz

Landkreis Forchheim

In Dormitz hatten die Reichsstadt, das Hochstift Bamberg und die Markgrafen Herrschaftsrechte, wobei das Hochstift die Hochgerichtsbarkeit und damit die Landeshoheit beanspruchte. Fast alle Anwesen verfügten über Waldrechte im Reichswald, über den das Nürnberger Waldamt Sebaldi wachte. Bei der berühmten Erkundung des Landes, die der Nürnberger Rat kurz vor Ausbruch des Landshuter Erbfolgekriegs 1504 erstellen ließ, wurde für Dormitz „ein sitzlein daselbst" notiert.

Es befand sich unmittelbar an der Dormitzer Kirchhofmauer. Im späten 15. Jahrhundert war es in der Hand der Nürnberger Patrizierfamilie Schürstab. Hans Schürstab verkaufte das kleine Herrenhaus 1492 an das Nürnberger Egidienkloster, das ihn offenbar nach einiger Zeit an Hans Stöhr veräußerte. Nach dem Tod des Nürnberger Bürgers wurde das Erbrecht an dem Sitz 1523 von der Witwe des Wolfgang Haller erworben [vgl. Kalchreuth]. Wenig später vererbte sie den Sitz ihrem Sohn Levinus Haller, der 1535 starb. Seine Witwe vermählte sich 1536 mit Hieronymus Huter, der den Besitz übernahm. Das Herrenhaus soll angeblich 1552 im Zweiten Markgrafenkrieg eingeäschert worden sein. 1592 wurde die Brandruine dann von einem Hafner erworben und das Grundstück neu bebaut.

Quellen

StAN Rst. Nbg., Waldamt Sebaldi I Nr. 220.

Gelegenhait Nr. 585.

Literatur

Haller, Bertold Frhr. von: Albrecht Dürer und die Haller. Unveröff. Manuskript (erscheint voraussichtlich 2007).

Held, Wilhelm: Geschichte des Dorfes Dormitz. 3. Auflage Dormitz 1992, S. 45 f.

Rehm, Martin: 850 Jahre Dormitz 1142–1992. Dormitz 1992, S. 12.

Vahl, Rittersiegel Bd. 1, S. 369.

Voit, Pegnitz, S. 57.

Dormitz II

Abgegangener Herrensitz, „Steinhaus"

Hauptstraße 27-29

Gemeinde Dormitz

Landkreis Forchheim

Nicht geklärt scheint die Herkunft eines „steinhauß" genannten Anwesens, das als markgräfliches Lehen um 1500 in der Hand der Nürnberger Patrizierfamilie Pfinzing gewesen sein soll. Es bleibt sehr spekulativ, darin mit Held einen früheren Ministerialensitz des 12. Jahrhunderts zu vermuten. Dormitz scheint lediglich als Herkunftsbezeichnung des 1142 und um 1145 genannten Sigefridus de Dorenbenze als Ministerialen des Bamberger Hochstifts auf. 1360/62 nannte sich der Nachfahre eines Nürnberger Reichsministerialengeschlechts, Otto von Braunsbach, nach Dormitz, 1412 dann Hans von Egloffstein. Später werden als Besitznachfolger der Pfinzing die Stiebar von Buttenheim und dann Georg Albrecht von Schaumberg überliefert. Dessen Witwe Amalia Katharina von Schaumberg starb am 15. Mai 1672 in Dormitz. Im 18. Jahrhundert ging dieses Anwesen in bäuerliche Hände über, 1808 gehörte es einem Hanns Dörfler.

Quellen

StAN Rst. Nbg., Waldamt Sebaldi I Nr. 360.

Literatur

Held, Wilhelm: Geschichte des Dorfes Dormitz. 3. Auflage Dormitz 1992, S. 52-54, 57, 306-308.

Rehm, Martin: 850 Jahre Dormitz 1142–1992. Dormitz 1992, S. 12 f.

E ECKENHAID

47 — E6

Eckenhaid

Herrensitz

Am Eckenhaider Schloss 1

Markt Eckental

Landkreis Erlangen-Höchstadt

Das Eckenhaider Schloss ist ein massiger, symmetriebetonter Walmdachbau, der um 1790 unter Verwendung älterer Mauern in eine heute nur noch in geringen Resten erhaltene Burganlage platziert wurde.

Als „Eckinhaide" erscheint der Ort erstmals 1278. Als Reichsgut wurde er von König Rudolf I. dem „strenuo viro" Brandario (Ruger von Brand) für 100 Pfund Nürnberger Heller verpfändet. Daher findet sich ein Brander auch als Inhaber des Reichsdorfes Eckenhaid im so genannten Nürnberger Reichssalbüchlein von etwa 1300. Ein Hinweis auf eine Burg findet sich hier jedoch nicht. Die Verpfändung hielt noch lange an: 1304 übernahm mit Zustimmung König Albrechts der Nürnberger Reichsschultheiß Konrad Eseler das Pfand, nachdem er es auf eigene Rechnung ausgelöst hatte. Erst 1339 konnte Kaiser Ludwig der Bayer wieder über den Besitz verfügen und verpfändete ihn an Friedrich und Johann Fischbecken [vgl. Fischbach] für ihre Dienste, die sie ihm in Italien und Deutschland geleistet hatten. 1376 hatte Niklas von Wendelstein, Küchenmeister König Wenzels, das Pfand übernommen. Ulrich von Wolfsberg löste es 1383 für den König wieder aus und nahm es seinerseits in Pfandbesitz. 1387 erwarb dann der Nürnberger Patrizier Ulrich Muffel die Reichspfandschaft und begründete erstmals eine länger anhaltende Besitztradition. 1414 wurde Niklas II. Muffel vom König mit dem Reichslehen Eckenhaid belehnt, 1426 folgte sein Sohn Niklas III. Muffel als Lehnsmann nach.

Hatte das Geschlecht der Muffel seit dem 13. Jahrhundert maßgeblich die Geschicke der Reichsstadt mitbestimmt, so geriet sein Ansehen 1469 auf einen Tiefpunkt, als der Besitzer Eckenhaids, Niklas III., der Unterschlagung von städtischen Geldern angeklagt und zum Tode verurteilt wurde. Das Gut Eckenhaid fiel nach diesen dramatischen Ereignissen an die Söhne Gabriel, Hieronymus und Heinrich, die sich 1475 auf einen Übergang Eckenhaids an Gabriel einigten [vgl. Eschenau]. Von ihm erbte es 1498 Jakob Muffel, dessen Porträt so meisterlich von Albrecht Dürer der Nachwelt erhalten blieb.

Wann auf dem Reichslehen ein befestigter Ansitz entstand, ist bis heute ungeklärt. Etwas rätselhaft und ohne weitere Beschreibung blieb ein Bericht des Landrichteramtes Schnaittach an die bayerische Landesdirektion Amberg von 1806. Damals wurde den Vorgesetzten mitgeteilt, dass in Eckenhaid nicht nur das von den Muffeln hinterlassene „Castrum im Orte" zu finden sei, sondern auch außerhalb des Ortes die geringen Überreste einer Burg, die hier „alte Burg oder Marienburg genannt" würden. Weitere Nachrichten zu dieser zweiten, älteren Burg fanden sich bisher jedoch nicht.

Das Schloss der Muffel fand sein Ende im Zweiten Markgrafenkrieg, als es am 2. Juni 1553 von den markgräflichen Truppen niedergebrannt wurde. Gustav

47.1 Darstellung des Sitzes auf einer kolorierten Karte von etwa 1550, noch vor den Zerstörungen des Zweiten Markgrafenkrieges (StAN)

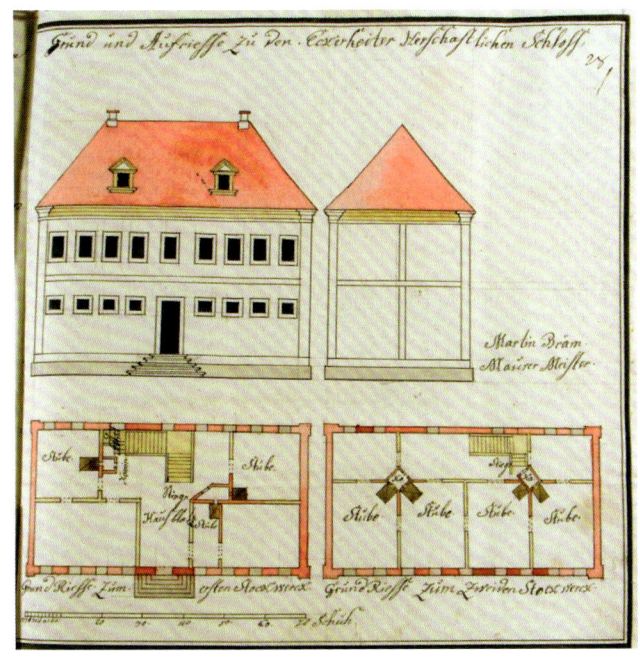

47.2   Aufriss, Schnitt und Grundrisse des Erd- und Obergeschosses als Bestandsplan, um 1823 gezeichnet vom Maurermeister Martin Bräm (StAN)

Voit und andere Autoren berichten, dass der Sitz nicht mehr in Stand gesetzt worden sei. Die Burgstelle soll nach Wilhelm Schwemmer bzw. Gustav Voit erst 1711 wieder bebaut worden sein. Hier sind Zweifel angebracht. Als nämlich Carl Sigmund Muffel um 1710 verstarb, vermachte er die Administration von Schloss und Gut, mittlerweile Teil der Familienstiftung, seinen Vettern Georg Tobias und Christoph Jacob Muffel. Die Erben gaben 1711 lediglich an, der Erblasser hätte an den Eckenhaider Gebäuden viel vernachlässigt und vor allem das Voithaus zur Ruine werden lassen. Schließlich beantragten die Brüder den Neubau ausdrücklich eines Personalwohnhauses. Georg Tobias Muffel stritt sich noch Jahre später mit dem Waldamt Sebaldi um die Genehmigung zum Neubau des zweigeschossigen Verwalterhauses. Er verwies dabei ausdrücklich auf die „Engigkeit des Schloßes zu Eckenhait", demnach eines damals bewohnbaren Schlosses, das aber zur Unterbringung der Dienerschaft zu klein war.

Schon vor dem absehbaren Aussterben der Muffel von Eschenau 1784 und dem dann unausweichlichen Heimfall des Lehens setzte offenbar ein heftiges Gerangel zwischen der Reichsstadt und Kurbayern, das die Landeshoheit behauptete, um das Lehengut ein. Die kurfürstliche Regierung war der Auffassung, dass Eckenhaid und die Marquardsburg [vgl. Marquardsburg] Landsassengüter im Herzogtum Oberpfalz seien, daher müsse der Kaiser unbedingt einen „hiesigen Edelmann" belehnen und nicht einen Muffelschen Erbinteressenten. Kurbayern setzte sich letztlich durch und präsentierte 1789/90 den kurfürstlichen Lehenpropst und Sulzbacher Regierungsbeamten Karl Theodor Graf von Bettschart, dessen Vater noch bürgerlich geboren war und eine glänzende Beamtenkarriere durchlaufen hatte. Gegen spätere Anwürfe hat sich der Graf mit einem Hinweis auf den schlechten Zustand des Gutes und die zahlreichen Schulden, die er von der Witwe Muffel übernommen hatte, gewehrt.

Das Schlossgebäude war 1790 derart schadhaft, dass der neue Besitzer nach eigener Aussage große Teile des weitgehend aus Fachwerkwänden bestehenden Gebäudes abbrechen ließ, weil „die Reparationen doch vor keiner langen Dauer gewesen seyn würden". Ausdrücklich wurde das Schlossgebäude unter Verwendung älterer massiver Teile „beinahe ganz neu und zwar massiv aufgebaut". Das neue Schloss wurde dreigeschossig angelegt, die zwei neuen Wohngeschosse ruhen auf dem „großen Keller", einem hohen Untergeschoss, das in mehrere Tonnengewölbe gegliedert ist. Um 1790 wurden im Obergeschoss fünf Zimmer und ein Saal

47.3   Ansicht des Schlosses von Nordwesten, Stumpf eines Rundturms im Vordergrund, Fotografie: F. A. Nagel 1932 (StadtMN)

47.4   Ansicht des Schlosses von Süden, Fotografie: F. A. Nagel 1932 (StadtMN)

für die Aufenthalte der Herrschaft eingerichtet. Im Erdgeschoss folgten je drei Stuben und Kammern und ein Gefängnis für das Bettschartsche Niedergericht. Eine große gewölbte Küche mit einer benachbarten Speisekammer dürfte damals in einem eingeschossigen Anbau untergebracht worden sein.

1806 wurde das Schloss von französischen Truppen besetzt und an der Ausstattung arg beschädigt. Dabei sollen die in den Zimmern aufgehängten wertvollen Tapeten herabgerissen worden sein. Mit dem Tod des Grafen von Bettschart am 4. Februar 1820 zu München fiel das Lehen an den bayerischen Staat, der das Rittergut in eigene Verwaltung nahm. Der gräfliche Verwalter Karl Alois Münzer wurde vom Staat übernommen und durfte sein Amt und seine Dienstwohnung im Obergeschoss des Schlosses behalten. Durch jahrelang unterlassenen Bauunterhalt, den der Verwalter dem Grafen persönlich anlastete, war das Schlossgebäude 1820 jedoch erheblich baufällig. 1823 ließ der bayerische Staat daher umfangreiche Reparaturen ausführen.

Das Eckenhaider Schloss wurde nur wenige Jahre staatlich verwaltet und bald wieder verkauft. Unter privaten Eigentümern wurde im Schloss eine Gastwirtschaft eingerichtet, wodurch das untere Wohngeschoss einige Änderungen an dem Innenwandgefüge erfuhr. Die übrigen Schlossanlagen wurden seit dem 19. Jahrhundert nach und nach reduziert; erhalten blieben wenige Reste der Befestigung, ein quadratischer kleiner Turm und ein Rest eines aus großen Werksteinen erstellten Rondells. Es dürfte im späten 15. oder frühen 16. Jahrhundert als Bastei an einer Ecke der Wehrmauer errichtet worden sein.

Quellen

StAAm Regierung Amberg, Landsassen Nr. 268, 272, 359.

StAN Rst. Nbg., Waldamt Sebaldi I Nr. 298, 342. Rst. Nbg., Eckenhaider Urkunden und Akten Nr. 1-12. Reg. v. Mfr., K. d. Fin., Abgabe 1937, Nr. 3337/1 und 2.

Gelegenhait, Nr. 595.

NUB Nr. 576, 1073(17).

Literatur

Hirschmann, Gerhard: Die Familie Muffel im Mittelalter. Ein Beitrag zur Geschichte des Patriziats, seiner Entstehung und seines Besitzes. In: MVGN 41 (1950), S. 257-393.

KDM Lauf, S. 101-104 mit Grundriss und zwei Fotografien.

Rühl, Pegnitz, S. 156 f.

Stadtlexikon Nürnberg, S. 232.

48 G3

Egensbach

Abgegangener Herrensitz

Gemeinde Offenhausen

Landkreis Nürnberger Land

Nahe der Egensbacher Hofstelle Nr. 401 war noch in den 1950-er Jahren die Stelle einer kleinen Turmburg erkennbar. Bei einer zeichnerischen Aufnahme durch Kirmaier 1953 bestand die Egensbacher Burgstelle noch aus einem kleinen Turmhügel unmittelbar am Bach, im Norden, Westen und Süden von den Resten eines rechteckig geführten Grabens und Innenwalls umgeben. Die sehr bescheidene Größe der Burgstelle lässt annehmen, dass sich hier die Reste einer mittelalterlichen Turmburg ohne frühneuzeitliche Überformungen erhalten hatten. Umso bedauerlicher ist die Zerstörung der Burgstelle durch einen Straßenbau und eine Einebnung vor nicht allzu langer Zeit.

1243 scheint ein Egensbacher Ministerialengeschlecht erstmals mit Heinricus de Eginsbach und seinem Bruder Konrad, genannt „Vogelhunt", möglicherweise identisch mit Konrad von Birkensee [vgl. Birkensee] auf, und zwar als Urkundenzeugen für Ulrich von Königstein, den Stifter des Klosters Engelthal. Dies lässt annehmen, dass sie zur engeren Gefolgschaft des mächtigen Reichsministerialen gezählt haben. Mit dem prestigeträchtigen Wohnturm setzten sich die Egensbacher von der Mehrzahl der Hammerbachtaler Ministerialen, die nur auf Höfen saß, deutlich sichtbar ab.

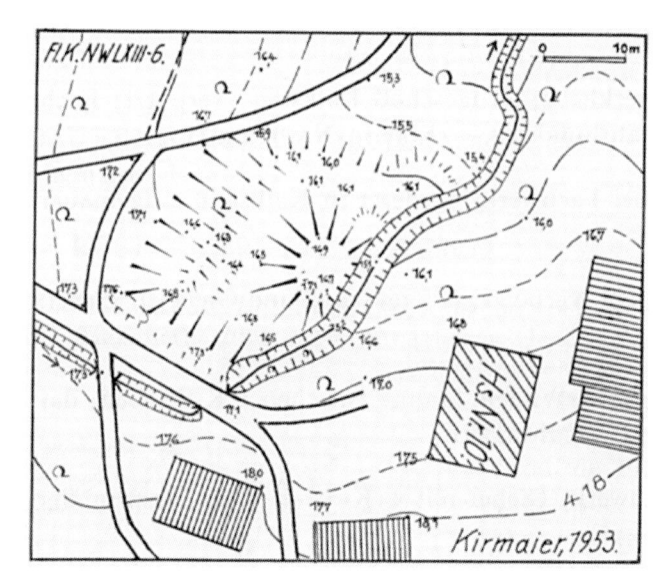

48.1 Lageplan der Burgstelle vor dem Straßenbau, Zeichnung: M. Kirmaier 1953 (BLfD)

48.2 Ansicht der Burgstelle von Westen, Zustand nach Straßenbau, Fotografie 2004 (Rg)

Um 1300 wurden die Egensbacher von den Forchheimern zu Offenhausen abgelöst. 1339 verfügte Marquard von Forchheim über die Rittergüter Egensbach und Birkensee. Ein nicht unerheblicher Teil der Güter war jedoch mittlerweile über Jahrtagsstiftungen und Einpfründungen von Töchtern an das Kloster Engelthal gekommen. Ein jüngerer Marquard von Forchheim vererbte den Sitz Egensbach schließlich um 1445 an Jörg von Mistelbeck d. Ä. zu Lintach, vermutlich identisch mit dem gleichnamigen Teilnehmer an der berühmten Schlacht von Hiltersried gegen die Hussiten. Eine Zerstörung oder Verwüstung des Sitzes 1449 im Ersten Markgrafenkrieg ist mit einiger Wahrscheinlichkeit anzunehmen, da gerade das Hammerbachtal von dem verheerenden Zug der Nürnberger Truppen unter ihrem Feldhauptmann Erhart Schürstab zu leiden hatte. Der Sitz ist wieder in Stand gesetzt worden, da er Anfang 1504 bezeugt wurde. Im Landshuter Erbfolgekrieg könnte der Ansitz der Mistelbecken jedoch abermals zerstört worden sein: Ausgerechnet Jörg Mistelbeck d. J. zu Lintach und Egensbach hatte als pfalzgräflicher Pfleger die Stadt Altdorf erst nach einiger Gegenwehr 1504 an Nürnberg übergeben [vgl. Altdorf]. Der anfängliche Widerstand hatte die reichsstädtischen Truppen zu einer Strafexpedition gegen pfälzische Burgen verleitet, bei der auch Grünsberg und Deinschwang niedergebrannt wurden. 1508 verkauften die Mistelbeck die Rittergüter Egensbach und Birkensee an das Kloster Engelthal. Im frühen 16. Jahrhundert war der Sitz nachweislich abgegangen.

Quellen

Gelegenhait, Nr. 1021.

NUB Nr. 317.

Literatur

Giersch, Robert: Denkmalpflegerischer Erhebungsbogen. Dokumentation für das Dorferneuerungsverfahren Birkensee, Egensbach 2005.

KDM Hersbruck, S. 58.

Voit, Pegnitz, S. 57, 71.

49 B2

Eibach

Mutmaßlicher Ministerialensitz

Stadt Nürnberg

Wilhelm Schwemmer hatte 1977 in Eibach einen Sitz vermutet, der im 14. Jahrhundert an das Geschlecht der Waldstromer, die zeitweise das Amt des Reichsforstmeisters im Lorenzer Wald innehatten, gefallen sein soll. Urkundlich bezeugt ist, dass sie 1344 von Rudolf von Eibach eine Hälfte an der Reichsforsthube erworben hatten. Die andere Hälfte ging an die Motter. Erst 1376 verfügten die Waldstromer über die gesamte Hofstelle. Das angeblich reichsministeriale Geschlecht, das sich nach Eibach nannte, scheint schon für 1303 auf, als Crafft von Eibach das Nürnberger Bürgerrecht erwarb. Um 1309/10 saß ein Seitz von Eibach auf der Forsthube. Ein Beweis für einen befestigten Sitz lässt sich aus den Herkunftsbezeichnungen jedoch nicht ableiten. Das Ministerialengeschlecht saß zudem spätestens gegen Ende des 13. Jahrhunderts auf der Kornburg, nach der sich 1308 ausdrücklich Konrad von Eibach nannte [vgl. Kornburg I].

Auch bei den Verkäufen der Forsthube im frühen 15. Jahrhundert an einen Hanns von Augsburg und 1453 an Burckard Peßler scheint kein Herrenhaus auf. In der zuverlässigen Erhebung der Landschaft um Nürnberg, kurz vor Ausbruch des Landshuter Erbfolgekriegs 1504 durchgeführt, wurde in Eibach kein Sitz beobachtet. 1623 war die Eibacher Forsthube im Besitz der Reichsstadt und bot das Erscheinungsbild einer großen Hofstelle.

Quellen

StAN Rst. Nbg., Waldamt Lorenzi I Nr. 419.

Gelegenhait, Nr. 758, 1883, 1884.

Müllner I, S. 342.

Literatur

Schultheiß, Werner: Satzungsbücher und Satzungen der Reichsstadt Nürnberg aus dem 14. Jahrhundert. Nürnberg 1965, S. 33.

Schwemmer, Wilhelm: Alt Feucht. Aus der Geschichte einer Marktgemeinde am Lorenzer Reichswald (= Schriftenreihe der ANL Bd. 25). Nürnberg 1977, S. 42.

E   EIBENTAL

50 H8

Eibental

Abgegangene Burg

Markt Plech

Landkreis Bayreuth

Die 550 Meter hohe Felskuppe „Burgstall" im Eibental kann als Stelle einer abgegangenen Burg angenommen werden. Die Anlage war bereits im 14. Jahrhundert zerstört, da sie im neuböhmischen Salbuch von 1366/68 als „burchstal in dem Eybeintal" erscheint. Die Burgstelle war zur neuböhmischen Zeit mit der Burgherrschaft Strahlenfels verbunden und ursprünglich Lehen der Landgrafen von Leuchtenberg, die es dann selbst der böhmischen Krone zu Lehen aufgetragen hatten [vgl. Strahlenfels]. Böhmen hatte das Lehen in den 1360-er Jahren an die Herren von Wildenstein vergeben, die damals auch Strahlenfels innehatten. Weitere urkundliche Nachrichten fanden sich bislang nicht. Auf der Burgstelle hat schon Hellmut Kunstmann um 1964 vergeblich nach Resten einer Bebauung gesucht.

Quellen

Böhmisches Salbuch, S. 144, Anmerkung 541 f.

Literatur

Heinz, Walter: Ehemalige Burgen im Umkreis des Rothenbergs. Eine Auswahl. 1. Teil: Von Schnaittach bis Wildenfels (= Vom Rothenberg und seinem Umkreis, Heft 15/1). Schnaittach 1992, S. 62f.

Kunstmann, Östliche Fränkische Schweiz, S. 482.

51 H2

Eismannsberg I

Abgegangene Burg

Bereich Hedwig-von-Eyb-Straße 13-15

Stadt Altdorf

Landkreis Nürnberger Land

An der Stelle der heutigen Anwesen Hedwig-von-Eyb-Straße 13 und 15 befand sich einst eine kleine Burganlage, die erstmals 1339 als Sitz der Ratz von „Eisenhartsberg" aufscheint. In der zweiten Hälfte des 13. Jahrhunderts trat das Geschlecht mit den Rittern Wolfram und Friedrich Ratz im Gefolge des Edelfreien Konrad von Lupburg auf, damals Eigner und Erbauer der Burg Wolfstein, die vermutlich auf von den Landgrafen

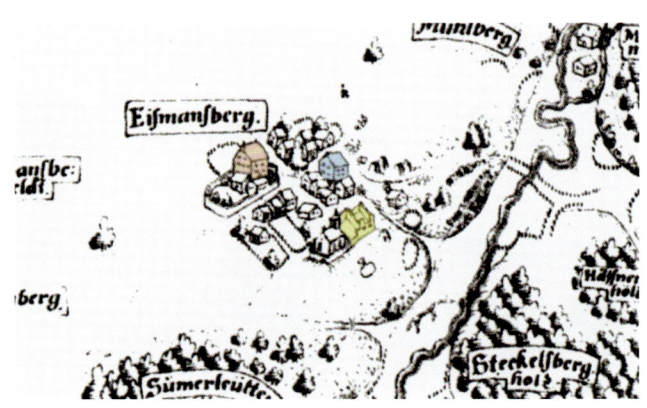

51.1 Ausschnitt aus der Darstellung der Hofmark Eismannsberg, Federzeichnung von 1603 (Pfalz-Neuburgische Landesaufnahme von Christoph Vogel und Matthäus Stang); gelb: die Ruine der alten Burg [Eismannsberg I], blau: mutmaßlicher Ansitz der Familie Rech [Eismannsberg II], rot: Herrenhaus der Ratz [Eismannsberg III] (BayHStA)

von Leuchtenberg erheirateten Herrschaftskomplex bei Neumarkt errichtet worden war. Auch unterhielten die Ratz Beziehungen zu den ehemaligen Reichsministerialen von Thann. Die Verwendung gleicher Namen und Wappen, bezeugt 1385 als steigender Steinbock, lässt eine enge Verwandtschaft mit den im nahen Hammerbachtal sitzenden Königstein-Reicheneckschen Ministerialen von Schwinach-Türriegel-Hager annehmen. Ein Berthold Ratz zählte neben Jörg von Mistelbeck d. Ä., vermutlich der gleichnamige Besitzer des nahen Rittergutes Egensbach, zu den Teilnehmern der berühmten Schlacht von Hiltersried 1433 gegen die Hussiten.

Die der Burgstelle benachbarte Pfarrkirche soll aus der ehemaligen Burgkapelle hervorgegangen sein. Immerhin ist auf einer Ansicht des Ortes auf der berühmten Karte der Jungen Pfalz (von Christoph Vogel aus der Zeit kurz nach 1600) noch deutlich die Burgruine unmittelbar neben der Kirche zu beobachten. Von dem Ende der alten Burg wurde bisher nichts bekannt. Vor dem Sommer 1504 war der Sitz noch erhalten und im Besitz eines Ratz zu Reichenschwand [vgl. Reichenschwand]. Vermutlich ist er im Landshuter Erbfolgekrieg 1504/05 von Nürnberger Truppen ruiniert worden, die nach der anfangs verweigerten Übergabe Altdorfs auch die Burgen und Sitze pfälzischer Landsassen, bezeugt Grünsberg und Deinschwang, heimsuchten [vgl. Egensbach, Grünsberg].

Quellen

StAN Rst. Nbg., Urkunden Nr. 206.

Gelegenhait, Nr. 1258.

Lehnbuch von 1331, S. XXXVII, 5, 68, 92, 95, 115 f.

NUB Nr. 428.

Literatur

Giersch, Robert: Quellenhinweise zur Frühgeschichte der Burg Wolfstein. In: Forschungsergebnisse im Auftrag der Wolfsteinfreunde i. d. OPf. e. V. CD-ROM-Edition Neumarkt 2000.

Ders.: Chronik von Offenhausen. Unveröff. Manuskript Teil I (erscheint voraussichtlich 2007).

Voit, Pegnitz, S. 160 f.

Wild, Dieter: Das Geschlecht derer von Oelhafen und die Herrenhöfe in Eismannsberg. 2005. URL: <http://www.schloss-eismannsberg.de>.

52 — H2

Eismannsberg II

Abgegangener Herrensitz

Stadt Altdorf

Landkreis Nürnberger Land

Im Jahr 1504 befand sich in Eismannsberg ein zweiter Herrensitz, und zwar im Besitz Sebald Rechs d. J. Der Nürnberger Bürger entstammte einem Montangeschlecht des Spätmittelalters, das mit Bergbau und Eisenproduktion zu Reichtum gekommen war. Über den Verlust des Rechschen Sitzes in Eismannsberg in der frühen Neuzeit ist bislang nichts überliefert. Allerdings kann auf der Miniatur der Vogel-Karte von etwa 1603 nordöstlich der Burgruine und östlich des neuen Schlosses [vgl. Eismannsberg III] noch ein deutlich die bäuerliche Nachbarbebauung überragendes Haus beobachtet werden. Der Sitz wird bei der weitgehenden Verwüstung des Dorfes Mitte der 1640-er Jahre zu Grunde gegangen sein.

Quellen

BayHStA Plansammlung Nr. 3091.

Gelegenhait, Nr. 1258.

53 — H2

Eismannsberg III

Abgegangenes Herrenhaus
(Reste in moderner Bebauung aufgegangen)

Von-Oelhafen-Straße 11

Stadt Altdorf

Landkreis Nürnberger Land

Jörg Ratz, dessen Ahnen die alte Burg vermutlich schon 1504 verloren und ihren Sitz nach Reichenschwand verlegt hatten [vgl. Reichenschwand I], errichtete um 1546 ein neues Herrenhaus. Als turmartiges Gebäude erscheint es auf der Karte des Christoph Vogel von 1603 umgeben von Nebengebäuden und einer Hofmauer. Durch die Heirat der Witwe des Jörg Ratz kam Caspar von Seckendorff an Schloss und Hofmark. 1555 verpflichtete er sich als pfälzischer Landsasse gegenüber seinem Landesherrn. Kurz darauf war Seckendorff verstorben, weil die Witwe 1558 ihren Schwiegersohn Hieronymus Gregor von Eyb als Lehnsträger einsetzen musste.

Die Witwe Hedwig von Eyb, die Tochter des letzten Ratz, konnte 1583 mit Hilfe ihres evangelischen Landesherrn, Pfalzgraf Ottheinrich II. von Pfalz-Sulzbach, die Einrichtung einer evangelisch-lutherischen Pfarrei

53.1 Das Herrenhaus des 16. Jahrhunderts als dreigeschossiger Satteldachbau umgeben von Nebengebäuden und der Hofmauer, Ausschnitt aus einer 1689 gezeichneten Landkarte (StAAm)

53.2 Darstellung Eismannsbergs mit dem Hofmarkschloss in der westlichen Dorfmitte, Ausschnitt aus einer 1691 gezeichneten Karte (StAAm)

durchsetzen, damit den lutherisch denkenden Bewohnern der Hofmark der calvinische Gottesdienst im kurpfälzischen Hagenhausen erspart blieb. Damit begann wohl die Funktion der alten Burgkapelle als Pfarrkirche, die um 1600 unter dem neuen Hofmarksherrn Johann Friedrich von Pelckhofen erweitert wurde. Im 30-jährigen Krieg litt das neue Schloss offenbar unter Vernachlässigungen und kleineren Kriegsschäden, wie aus einer Begutachtung durch Hans Philipp Jakob von Preysing von 1644 hervorgeht.

Durch die Heirat der Maria Monica von Pelckhofen kam Hans Wilhelm Wurmrauscher von Frauenberg 1653 an die Hofmark Eismannsberg. Nach seinem baldigen Tod 1658 zu Sulzbach folgte ihm wohl erst nach einer langen Zeit der Vormundschaft und Verpachtung sein Sohn Johann Christoph als Hofmarksherr zu Haunritz, Högen und Eismannsberg nach. 1668 waren Hofmark und Schloss an den Juristen Johann Georg Kad(en) verpachtet, der sich damals viel Ärger mit den bäuerlichen Untertanen der Hofmark einhandelte. 1684 veräußerte die Witwe Maria Monica Wurmrauscher an Hieronymus Felix Welser, der sie schon 1688 an Marquard Leopold Schütz von Pfeilstadt verkaufte. 1709 erwarb sie schließlich der 1675 in Nürnberg geborene Christoph Elias Oelhafen, reichsstädtischer Ratskonsulent. Er ließ 1726 das neue Schloss bauen [Eismannsberg IV]. Das alte Herrenhaus wurde zu einem Ökonomie- und Brauereigebäude umgebaut. 1841 brannte es jedoch bei einem verheerenden Dorfbrand aus.

Im Staatsarchiv Amberg haben sich zwei Ansichten des frühneuzeitlichen Schlosses von 1689 und 1691 erhalten. Demnach handelte es sich um ein vermutlich dreigeschossiges Satteldachgebäude in einem hier rechteckigen, eingefriedeten Hofraum, der von zwei Toren erschlossen wurde. Das dritte Eismannsberger Schloss befand sich auf dem Anwesen „Mederer", wo Teile des Baubestands, die nach dem Brandunglück von 1841 noch erhalten waren, 1968 abgebrochen wurden. Letzte Reste haben sich bis heute in Wirtschaftsgebäuden bewahrt.

Quellen

BayHStA Plansammlung Nr. 3091.

StAAm Pfalz-Sulzbach Regierung, Sulzbacher Akten Nr. 14/22, 14/44, 48/46.

Literatur

Wild, Dieter: Das Geschlecht derer von Oelhafen und die Herrenhöfe in Eismannsberg. 2005. URL: <http://www.schloss-eismannsberg.de>.

54 — H2

Eismannsberg IV

Schloss

Schloss Eismannsberg 1

Stadt Altdorf

Landkreis Nürnberger Land

Christoph Elias Oelhafen von Schöllenbach gab sich nach seinem Erwerb der Hofmark mit dem Herrenhaus des 16. Jahrhunderts nicht zufrieden und ließ 1726 das neue Schloss errichten. Es entstand etwas westlich des alten Hauptgebäudes als großer dreigeschossiger Baukörper, dessen Umfassungen aus großen Werksteinen aus Kalktuff aufgeführt wurden. Ein mächtiges dreigeschossiges Walmdach überspannt seither das neue Schloss. Dasselbe enthält eine große Kelleranlage, die wohl in Verbindung mit der Hofmarksbrauerei stand. Im Inneren finden sich zahlreiche Stuckdecken des 18. Jahrhunderts. Der 72 qm große Saal im ersten Obergeschoss weist noch zwei Welsche Kamine mit reicher Stuckprofilierung auf. Bis heute haben sich auch die beiden großen Deutschen Kamine aus der Bauzeit erhalten.

Über dem Haupteingang in der Mitte der östlichen Umfassung prangt unter einer Verdachung das Allianzwappen der Bauherrn, des Christoph Elias von Oelhafen und seiner Ehefrau Anna Maria, einer geborenen Gwandschneider aus Nürnberg. Jahrelang amtierte der Nürnberger Bürger und pfälzische Hofmarksherr auch als Pfleger des reichsstädtischen Amtes Altdorf. 1736 starb Christoph Elias und wurde in der neuen Oelhafen-Gruft in der Eismannsberger Kirche beigesetzt. Sein Sohn Jakob Christoph führte die Hofmark Eismanns-

54.1 Ansicht des neuen Schlosses von Nordwesten, Fotografie: G. v. Volckamer um 1894 (StadtMN)

54.2 Ansicht der Westfassade nach der 2006 abgeschlossenen Renovierung (Dieter Wild)

patrimoniale, d.h. die niedere Gerichtsbarkeit. 1859 verkauften Karl Christoph und Wilhelmine von Oelhafen das Schloss schließlich an Private. Seit 1901 befindet es sich in neuem Familienbesitz. Die Familie Wild hat es in den letzten Jahren mit viel Engagement und Mühen in Stand gesetzt.

Quellen

StAAm OPf. Lehensurkunden Nr. 710, 711.

Literatur

Wild, Dieter: Das Geschlecht derer von Oelhafen und die Herrenhöfe in Eismannsberg. 2005. URL: <http://www.schloss-eismannsberg.d>.

55 G4

Engelthal

Reichsstädtisches Pflegschloss, ehemaliges Klostergebäude

Am Schloss 2/3, Hauptstraße 32

Gemeinde Engelthal

Landkreis Nürnberger Land

berg bis zu seinem frühen Tod 1749. Sein Bruder Georg Christoph, zeitweise General-Feldmarschall-Leutnant der Truppen des Fränkischen Kreises, starb 1779 ledig zu Eismannsberg. Im ausgehenden 18. Jahrhundert war Jakob Christophs Sohn Georg Christoph der Jüngere Hofmarksherr. Im frühen 19. Jahrhundert folgte ihm Karl Wilhelm, dann Karl Christoph von Oelhafen. Mit der gesetzlichen Aufhebung der Grundherrschaft 1848 endete auch die Hofmarksgerichtigkeit und die

Eher unscheinbar präsentiert sich heute eines der geschichtsträchtigsten Gebäude Ostfrankens. Die Ruine des im Zweiten Markgrafenkrieg am 31. Mai 1553 niedergebrannten Klosters wurde von der Reichsstadt seit 1557 zu einem Pflegschloss in Stand gesetzt. Von seiner Gründung 1243 bis zu seiner Zer-

55.1 Vermutlich älteste Darstellung Engelthals auf einer Landkarte aus der Zeit um 1550 (StAN)

E ENGELTHAL

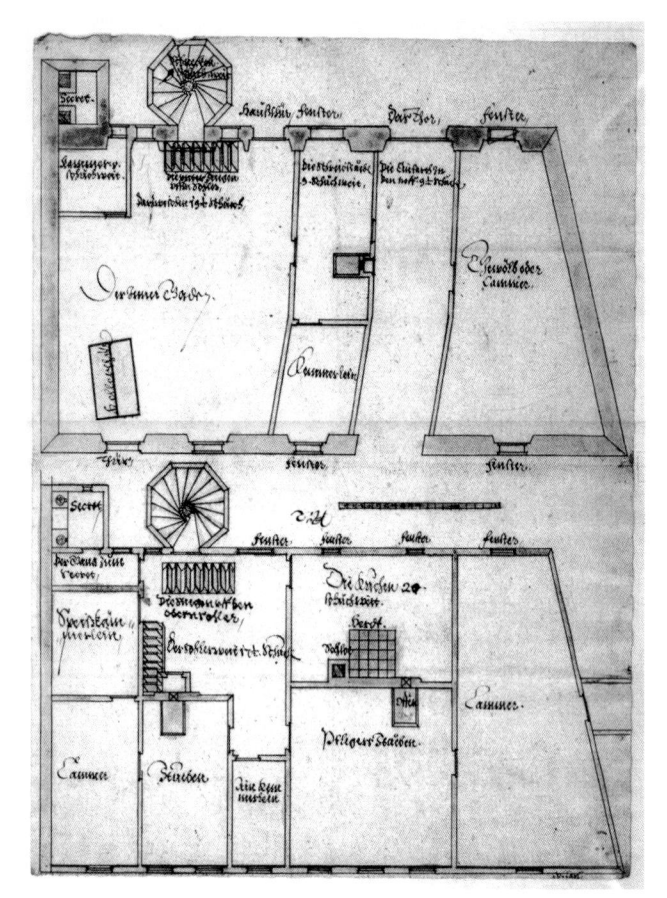

55.2 Grundrisse des Erd- und Obergeschosses des nördlichen Pflegschlosses mit der Pflegerwohnung, gezeichnet 1609 für den Anbau eines Treppenturms vom Nürnberger Stadtzimmermeister Peter Carl (StAN)

störung hatte sich hier ein Dominikanerinnenkloster entwickelt, das seinen Nachwuchs traditionell aus dem fränkischen und oberpfälzischen Adel und dem Nürnberger Patriziat rekrutierte. Das geistliche Leben in Franken fand in Engelthal im frühen 14. Jahrhundert einen Höhepunkt, als hier die Mystikerinnen Christine Ebner und Adelheid Langmann wirkten und den Ruf des Klosters in Europa verbreiteten. Mit dem Ausgang des Landshuter Erbfolgekriegs zeichnete sich 1504

55.3 Darstellung des Pflegschlosses mit Treppenturm unmittelbar neben der ehemaligen Klosterkirche von J. A. Boener um 1705 (StadtMN)

das Ende des Klosters ab. Engelthal geriet unter die Landeshoheit Nürnbergs und erlebte die Reformation. Doch erst 1565 wurde der Konvent, in dem zuletzt nur noch zwei Schwestern lebten, aufgehoben, und für die administrativen und niedergerichtlichen Aufgaben löste ein reichsstädtisches Pflegamt das Klosterpflegamt ab. Die Hochgerichtsbarkeit blieb dagegen weiterhin beim Pflegamt Hersbruck.

Von 1565 bis zur Mediatisierung des reichsstädtischen Territoriums blieb das Pflegschloss Amtssitz und Dienstwohnung des jeweiligen Pflegers. Nach den Baumaßnahmen in den Jahren um 1560 zur Wiederherstellung der Ruinen als Pflegschloss stand 1609 ein größerer Umbau an, als der Engelthaler Pfleger Jobst Kreß die Erschließung der Räume verbessern wollte. Der reichsstädtische Werkmeister Matthes Pfeffer und der Stadtzimmermeister Peter Carl kamen nach Engelthal, um zwei Varianten, den Anbau eines Treppenturms und den Einbau einer zweiläufigen inneren Treppe, zu entwerfen. Das Landpflegamt ordnete schließlich den preiswerteren Einbau einer inneren Treppenkonstruktion an, was vor allem für Veränderungen im Erdgeschoss sorgte. Dass der Treppenturm einige Jahrzehnte später doch noch gebaut worden ist, beweist eine Nachricht von 1654, als das Pflegschloss und der neugebaute Treppenturm mit Ölfarben gestrichen werden sollten. Nach einer wohl umfangreicheren Reparatur 1705 wurde 1737 eine Modernisierung, bei der wohl auch die Stuckierungen in den repräsentativen Räumen erfolgten, eingeleitet.

Das Hauptgebäude des Pflegschlosses ist ein zweigeschossiges Gebäude, das sich heute westlich eines kleinen Platzes erstreckt und eine Durchfahrt in den ehemaligen inneren Klosterhof und späteren Ökonomiehof des Pflegamtes birgt. Es beherbergte die Pflegerwohnung und wurde 1790/92 als „Herrenhaus" oder „Pflegerhaus" bezeichnet. Nördlich fügt sich rechtwinklig das ehemalige Kapitelhaus an, das um 1560 zu einem Amtskasten zur Einlagerung von Getreideabgaben umgebaut wurde. Im östlichen Erdgeschoss des Speicherbaus hatte man jedoch auch den Saal des Pflegamtes eingerichtet.

Mit der Eingliederung Nürnbergs in das Königreich Bayern wurde das Pflegamt Engelthal aufgelöst. Nach einer Bestandsaufnahme der zahlreichen Liegenschaften, die das königlich-bayerische Rentamt Altdorf 1808 durchführte, wurde der vormals reichsstädtische Besitz zerschlagen und an mehrere private Interessenten verkauft. In der ehemaligen Kloster- und späteren Schlossanlage entstanden landwirtschaftliche

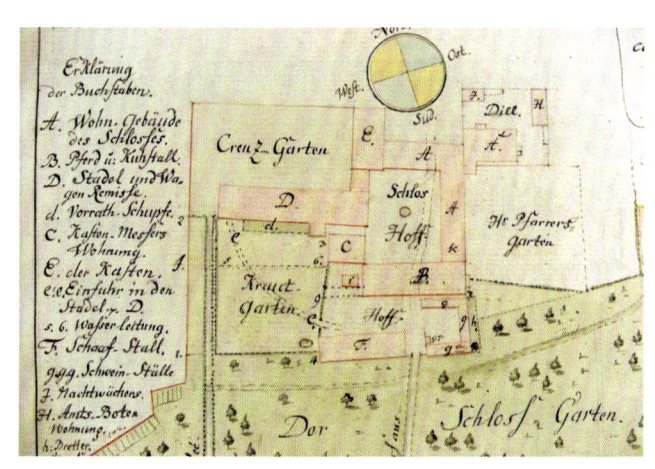

55.4 Lageplan des Pflegschlosses vor der Privatisierung, gezeichnet 1808 vom Altdorfer Maurermeister Luber (StAN)

Anwesen. Der Kern der mittelalterlichen Bebauung ist, wenn auch vielfach verändert, bis heute erhalten. Das Dachwerk des späteren Kastengebäudes aus dem 16. Jahrhundert wurde vom privaten Eigentümer 2005/06 in vorbildlicher Weise in Stand gesetzt.

Quellen

StAN Rst.Nbg., D-Laden Akten Nr. 176, 521, 1072, 1473. Rst. Nbg., Landpflegamt, Pflegamt Engelthal, S I, L 347, Nr. 14; S I, L 350, Nr. 25; Rep. 31b, fol. 75 r, fol. 239 r. Reg. v. Mfr., K. d. Fin., Abg. 1937, Nr. 2667.

Literatur

Giersch, Robert: Chronik von Offenhausen. Teil I (erscheint voraussichtlich 2007).

Voit, Gustav: Geschichte des Klosters Engelthal. Diss. phil. (masch.) Erlangen 1958.

Ders: Engelthal. Geschichte eines Dominikanerinnenklosters im Nürnberger Raum (= Schriftenreihe der ANL Bd. 26). Nürnberg 1978.

56 | 16

Enzendorf

Abgegangener Herrensitz

Gemeinde Hartenstein

Landkreis Nürnberger Land

In Enzendorf existierte spätestens seit dem 15. Jahrhundert eine Hammeranlage. Die bislang nicht genau lokalisierte Anlage lag laut den Ortsbeschreibungen aus dem 18. Jahrhundert „diesseits des Wassers", d.h. auf Hersbrucker Seite und nach einer – sicher mit aller Vorsicht zu nutzenden – Abbildung auf der Pfinzing-Karte des Amtes Hersbruck von 1596 etwa an der Stelle der heutigen Mühle. Die Hammeranlage ist im Ersten Markgrafenkrieg niedergebrannt, aber von dem Nürnberger Bürger Konrad Eschenloher bereits 1450 wiederaufgebaut und 1466 von Jobst Tetzel und Endres Harsdorfer in einen Kupferhammer umgewandelt worden. Ein vermutlich zu dessen Schutz erbauter Sitz wird 1490/94 erstmals erwähnt. Nach dem Tod Endres Harsdorfers 1498 fiel sein Halbteil an der „Behausung" samt Schmelzhütte und Hammerstatt (die andere Hälfte gehörte dem Vetter Peter Harsdorfer) an seinen Sohn Hans, der 1502 von den Erben Peter Harsdorfers auch deren Anteile übernahm.

Im Landshuter Erbfolgekrieg bestand die befestigte Anlage im Februar 1505 ihre Feuertaufe. Jacob Junghans, Diener und „Hullkopf" (technischer Betriebsleiter) der Harsdorfer, organisierte die Verteidigung von Sitz und Hammer. Es glückte den insgesamt 28 Hüttenknechten unter seiner Führung, einen Angriff zahlenmäßig weit stärkerer Pfälzer Truppen auf Schloss und Hammer abzuschlagen, so „das sie ungeschafft abziehen mussen".

Nach Hans Harsdorfers Tod 1511 fiel Enzendorf an dessen drei Töchter Anna, Katharina (verheiratet mit Leonhard Groland) und Ursula, die Ehefrau des Hans Ebner. Dieser erwarb noch im selben Jahr die Anteile seiner Miterben „an dem Sitz und Herrenhaus Enzendorf" sowie an Hütte, Hammerwerk, Kohlenstadel, zwei Häusern und Stallungen einschließlich des Hausrates. Die Ebner besaßen zu dieser Zeit das Monopol auf böhmisches Kupfer aus Kuttenberg, das sie in Enzendorf – dem damit wichtigsten Nürnberger Hammer – verarbeiteten.

1552 verbrannten markgräfliche Truppen am 27. Mai „Herrn Hannsen Ebners sitz unnd hutt". Der Schaden am „herrnsytz, saiger, hutenwerck und hammerwerck" sowie die Einbußen durch den Raub der Vorräte an Kupfer und Blech wurden auf 8000 Gulden beziffert. Hans Ebner starb 1553, Enzendorf wurde von seinen Kindern verkauft. 1556 war Berthold Holzschuher, 1561 auch sein Gläubiger Sebastian Imhoff Besitzer. Nach dessen Tod 1572 verkauften die Erben im Jahr darauf Enzendorf „sambt dem hamerwerckh ... mit wasserredern, heusern, zinnern springenden prunnen, garten" etc. an Hans Dorn, den bisherigen „Hutkapfer", um 2000 Gulden. Wegen finanzieller Schwierigkeiten musste dieser das Gut aber schon 1575 für 1765 Gulden an Michael Paußmann „von der Hamerhüll" weiter veräußern, der anstelle des Hammers eine Säge- und später noch eine Mahlmühle errichtete.

Eine Skizze auf einer Karte des späten 16. Jahrhunderts vermittelt einen schemenhaften Einblick vom Aussehen

E ENZENDORF

56.1 Vereinfachte Darstellung von Herrensitz und Hammer Enzendorf auf einer Karte aus der ersten Hälfte des 16. Jahrhunderts (StAAm)

der Anlage. Ein zwei- oder dreigeschossiger Herrensitz auf rechteckigem Grundriss erhob sich inmitten niedrigerer Wirtschaftsbauten, sicher des zugehörigen Hammers. Dach- und Eckerker lockerten das steile Satteldach auf, ein Pyramidendach ragte über das Dach des Haupthauses hinaus und gehörte vermutlich zu einem an der Rückseite angebauten Treppenturm.

Herrensitz und Hammerwerk sollen zwar noch um 1800 bestanden haben, doch ist hierzu Näheres nicht bekannt.

Quellen

StAAm Plansammlung Nr. 9577.

StadtAN A1, 1572 Dezember 20.

StAN Rst. Nbg., Rechnungen des Markgräflichen Krieges Nr. 96; Rentamt Hersbruck Nr. 977, 979.

StBBa MvO 60, fol. 17v.

Gelegenhait, Nr. 888.

Müllner III, S. 315 f, 342.

NUB Nr. 1073.

Literatur

Dannenbauer, S. 227.

HAB Lauf-Hersbruck, S. 61.

Harsdorf, Karl Frhr. von: Der Kupferhammer zu Enzendorf bei Rupprechtstegen. In: MVGN 48 (1958), S. 26–50.

Ress, Franz Michael: Der Eisenhandel der Oberpfalz in alter Zeit. München 1951.

Werner, Theodor Gustav: Zur Geschichte Tetzelscher Hammerwerke bei Nürnberg und des Kupferhüttenwerks Hans Tetzels auf Kuba. In: MVGN 55 (1967/68), S. 223.

57–64 C4

Erlenstegen

Erlenstegen soll seinen Namen einem Steg verdanken, mit dem die Landstraße von Nürnberg nach Böhmen über den Tiefgraben, der bei Heroldsberg entspringt und bei Erlenstegen in die Pegnitz mündet, geführt wurde. An dieser Stelle entstand auch eine der Kleinburgen, die zum Kranz der Reichsministerialensitze um die Reichsveste Nürnberg zählten. Als Sitz des Nürnberger Reichsschultheißen Giselherus de Erlinstegen erscheint zumindest der Ortsname urkundlich schon im Jahr 1216. Allerdings lässt sich heute nicht mehr klären, welcher der Herrensitze Erlenstegens aus dem des Reichsministerialen hervorging, auch wenn gelegentlich über eine Identität mit dem Grolandschen Sitz [vgl. Erlenstegen] spekuliert wurde, zumal er bis zum Ende des Alten Reiches Reichslehen geblieben war. Auch zur Anzahl der Herrensitze in Erlenstegen wurden bisher recht unterschiedliche Berichte geliefert: 1504, kurz vor Ausbruch des Landshuter Erbfolgekriegs, zählten zwei Nürnberger Kundschafter offenbar voneinander unabhängig einmal zwei, dann drei Herrensitze. Allein im Jahr 1517 wurden jedoch sieben Sitze dem Nürnberger Rat geöffnet, wovon sich aber nur fünf einigermaßen sicher lokalisieren lassen; die Identifizierung der beiden anderen (des Jakob Hübner [vielleicht Erlenstegen VIII] und des Hans Groland – letzterer wird auch im so genannten Neugebäuprozess 1526 erwähnt) ist noch nicht gelungen. In den Schadenslisten des Zweiten Markgrafenkrieges 1552/53 werden dagegen nur ein verbrannter und vier beschädigte „Burgerssitze" genannt, 1560 notierte der reichsstädtische Landschreiber Bonifaz Nöttelein ebenso wie später der Nürnberger Chronist Johannes Müllner wieder sieben Herrensitze. So viele an einem Ort gab es sonst nur noch in Mögeldorf. Vor allem die ältere Besitzgeschichte ist erst ansatzweise erforscht.

Quellen

StAN Rst. Nbg., Rechnungen des markgräflichen Krieges Nr. 95, 96.

Gelegenhait, Nr. 742, 1949.

Müllner I, S. 329.

NUB Nr. 143.

Literatur

Deliciae II, S. 72.

Glockner, Marie: Lorenz Stauber (1486–1539). In: MVGN 52 (1963/64), S. 169-171.

Pfeiffer, Gerhard: Die Offenhäuser der Reichsstadt Nürnberg. In: JffL 14 (1954), S. 168 f, 173.

57.1 Prospekt von Erlenstegen mit seinen Herrensitzen im 17. Jahrhundert, in der Mitte Darstellung des Grolandschen Sitzes als Weiherhaus mit Scharwachttürmchen, anonym (StadtMN)

57 C4

Erlenstegen I

Herrensitz, „Groland- oder Scheurl-Schloss"

Erlenstegenstr. 111

Stadt Nürnberg

Das Grolandsche Schloss gehört nachweislich zu den älteren, schon 1504 vorhandenen Sitzen. Als erster belegbarer Besitzer scheint Ulrich I. Groland, gestorben 1373, auf. Ihm folgte der 1407 verstorbene Ulrich II. Groland, der auch auf der Oberbürg saß [vgl. Oberbürg]. Nach dem Tod Jakob Grolands d.Ä. 1515 übernahm Jakob d.J. den Sitz und räumte 1517 der Reichsstadt das Öffnungsrecht ein. Der Rat konnte den Sitz nun im Kriegsfall mit einer militärischen Besatzung belegen. Die Familie Groland soll jedoch schon im Ersten Markgrafenkrieg 1449 eine Zerstörung ihres Anwesens erlebt haben, als die Truppen des Markgrafen Albrecht Achilles den Ort Erlenstegen einäscherten. Ob sich die Öffnungsverschreibung des Hans Groland (er war der Bruder Jakobs) 1517 auf demselben Sitz bezieht, ist nicht bekannt.

1553 musste man im Zweiten Markgrafenkrieg vielleicht nur eine Plünderung und Beschädigung des Herrensitzes hinnehmen, da von fünf genannten Sitzen nur einer niedergebrannt worden sein soll [vgl. Erlenstegen II]. Noch 1553 begannen die Groland mit der Instandsetzung der Schlossanlage, sie scheint um 1565 zu Ende gebracht worden zu sein. Um 1600 kam es dann durch Jakob Groland unmittelbar beim Herrenhaus, das als idealtypisches Weiherhaus, „so im weyher zu Erlenstegen lieget", zu einem nicht genehmigten Bau eines neuen eingeschossigen Nebenhauses.

Bis 1632 besaß dann Wolff Jakob Groland das Schloss. Nach dem 30-jährigen Krieg, der vermutlich keine großen Schäden beschert hatte, verfügten mit dem 1685 verstorbenen Paul Carl und Gabriel Paul Groland noch zwei Generationen des alten Nürnberger Geschlechts über den Sitz. Mit dem Tod des Letzteren erlosch 1720 die Familie, die sich von und zu Erlenstegen und Ödenberg nannte, und vererbte den Besitz an den

57.2 Aufriss der Südfassade, gezeichnet 1729 für die Eingabe des Umbaus ans Waldamt Sebaldi (StAN)

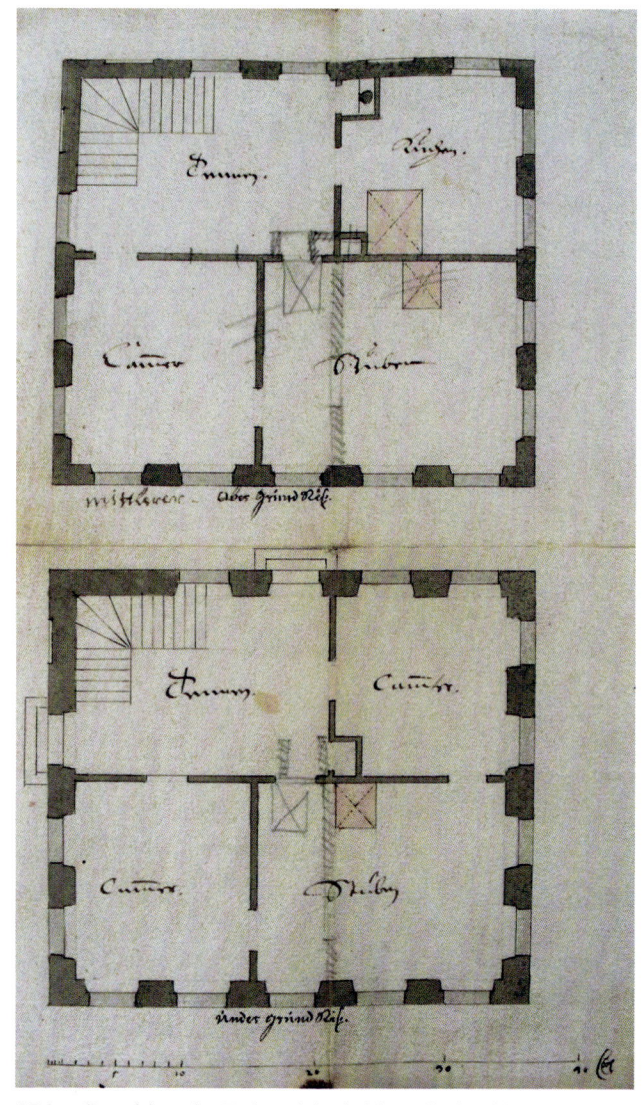

57.3 Grundrisse des Erd- und der beiden offenbar identisch strukturierten Obergeschosse (mit Bleistifttekturen), gezeichnet 1729 für die Eingabe des Umbaus ans Waldamt Sebaldi (StAN)

57.4 Ansicht des Groland- und späteren Scheurl-Schlosses von der Sulzbacher Straße aus, Fotografie: G. v. Volckamer um 1894 (StadtMN)

reichsstädtischen Losungsrat Philipp Jakob Scheurl von Defersdorf (1648–1725). In der Folgezeit bürgerte sich daher der Name „Scheurl-Schloss" ein.

1729 wurde durch den Sohn ein Umbau des wohnturmartigen Herrenhauses eingeleitet, der das Erscheinungsbild wesentlich veränderte. Johann Carl Scheurl (1696–1751) wollte im obersten Geschoss einen neuen repräsentativen Saal einrichten. Dies wurde ebenso genehmigt wie ein Jahr später, 1730, der Anbau von Erkern an der südlichen und nördlichen Fassade. Die alte Dachkonstruktion mit ihren Scharwachttürmchen wurde durch ein barockes Mansarddach ersetzt. Dieser Umbau prägt das Schloss bis heute. Auch wurde damals der Wassergraben verfüllt und an seiner Stelle ein Garten angelegt.

1751 erbte der Sohn Friedrich Carl Scheurl von Defersdorf das Schlossgut [vgl. Erlenstegen VII und VIII]. 1794 war auch er verstorben, und zwar ohne männliche Nachkommen. Der Scheurl-Sitz fiel daraufhin an die Söhne seines Schwagers Karl Wilhelm (1720–1793), nämlich Friedrich Carl Christoph (Pfleger des Amtes Reicheneck), Christoph Gottlieb und Gottlieb Christoph Wilhelm Scheurl. Der Herrensitz befand sich noch im frühen 19. Jahrhundert in ihren Händen. Er bestand damals aus dem massiv gebauten Herrenhaus, der Pächterwohnung mit den Stallungen, einem inzwischen baufälligen Tagelöhnerhaus, dem Stadel und weiteren Ökonomiegebäuden. Der Besitzkomplex geriet später an die Kaufmannsfamilie Bäumler. 1938 hinterließ die Witwe Maria Bäumler das Eigentum der Drogisten-Familie Kütt.

Quellen

StAN Rst. Nbg., Rechnungen des markgräflichen Krieges Nr. 95, 96. Rst. Nbg., Waldamt Sebaldi I Nr. 220, 292. Kataster Erlenstegen Nr. 1, 4, 18.

StadtAN E 10/21 Nr. 60.

Gelegenhait, Nr. 742, 1949.

Literatur

HAB Nürnberg-Fürth, S. 111, 237.

KDM Stadt Nürnberg, S. 280.

Lehner-Burgstall, S. 125-129.

Müllner I, S. 329; II, S. 433.

Mulzer, Vorstädte, S. 88 f.

Rusam, Hermann: Erlenstegen. Ein altes nürnbergisches Dorf im Sog großstädtischer Entwicklung. In: MANL 35 (1986), Heft 1, S. 145-169 mit einer Zeichnung von 1861.

Ruthrof, Renaissance, S. 24 f, 28 f, 91.

Stadtlexikon Nürnberg, S. 251 mit Radierung von J. A. Boener von etwa 1700.

58.1 Ausschnitt aus dem Prospekt des 17. Jahrhunderts, vorne links der Voitsche Sitz, rechts vermutlich Rest des Topplerschen Sitzes [vgl. Erlenstegen III] erkennbar (StadtMN)

58 — C4

Erlenstegen II

Abgegangener Herrensitz, „Voit- oder Ebnerschloss" (Abbruch 1954/1965)

Erlenstegenstraße 84-88

Stadt Nürnberg

Der Ursprung dieses Herrensitzes ist noch nicht geklärt. Vermutlich ist er identisch mit demjenigen, den Endres Hirschvogel (der Erbauer des berühmten Hirschvogelsaals in Nürnberg) 1517 dem Nürnberger Rat für den Kriegsfall zur Verfügung stellen musste und den er 1531 noch besaß. Als Hirschvogel in wirtschaftliche Schwierigkeiten geriet, scheint die Liegenschaft an seinen Gläubiger Hans Buchner gelangt zu sein [vgl. Hartenstein], der 1536 zwei (oder sogar drei?) Sitze in Erlenstegen der Reichsstadt öffnete. 1539 gehörte sie Hans Stauber. Womöglich war sie mit dem „schönen Burgerssitz" identisch, der 1553 im Zweiten Markgrafenkrieg verbrannt wurde. Nach Friedrich August Nagel soll Stauber (oder Staiber) das Herrenhaus um 1560 wieder aufgebaut und später an Hans Voit von Wendelstein um 3.200 Gulden verkauft haben. Dieser lässt sich 1580 als Besitzer nachweisen. Im übrigen hatten zum Voitschen Sitz mehrere Grundstücke gehört, die einst Teil eines an anderer Stelle untergegangenen Topplerschen Herrenhauses gewesen waren [vgl. Erlenstegen III].

Unter der Familie Voit von Wendelstein wurde der Sitz 1598 noch einmal baulich verbessert und erweitert, vor allem an den Nebengebäuden. Um 1632 kam es dann zu einer schweren Beschädigung des Herrenhauses durch marodierende Soldaten. Für Jahrzehnte soll das ruinierte Gebäude danach ungenutzt geblieben sein. Erst im April 1698 beantragte Johann Jacob Voit von Wendelstein beim Waldamt Sebaldi eine gründliche Instandsetzung und den weiteren Ausbau des schadhaften Herrenhauses. Das zweigeschossige Gebäude sollte zwei Erker oder größere Gauben und vier heizbare sowie mit doppelten Kaminen ausgestattete Stuben erhalten.

Mit dem Tod des Christoph Hieronymus starb das Geschlecht der Voit von Wendelstein 1718 aus, und ihr Herrensitz in Erlenstegen fiel an einen Neffen, den reichsstädtischen Zweiten Losungsrat Hieronymus Wilhelm Ebner. Er führte das Schloss seiner nach ihm benannten Ebnerschen Familienstiftung zu. Der Stifter starb im Januar 1752. Die Witwe Maria Jacobina Ebner führte die Geschäfte weiter und ließ 1759/60 die Nebengebäude des Sitzes modernisieren.

Der Herrensitz wurde im 18. Jahrhundert offensichtlich nur als landwirtschaftliches Gut genutzt, das 1698 erneuerte Herrenhaus wurde deshalb von der Ebnerschen Stiftungsadministration nicht mehr herrschaftlich bewohnt. 1766 war es angeblich derart baufällig – die Rede ist von verfaulten Deckenbalken und Sparren –, dass die Familienstiftung den Abbruch und völligen Neubau beantragte. Der Neubau sollte jedoch nicht auf dem alten Burgstall platziert werden, sondern als massives Haus, in dem auch Beständner (Mieter/Pächter) wohnen sollten, unmittelbar an der Straße errichtet werden [später Erlenstegenstraße 88]. Es entstand ein zweigeschossiges, die Symmetrie betonendes Werksteingebäude, das sich durch halbe, mit Voluten geschmückten Giebeln auszeichnete und daher von einem Halbwalmdach überspannt wurde.

58.2 Ansicht des Sitzes von Norden im Jahr 1701, Kupferstich von J. A. Boener (StadtMN)

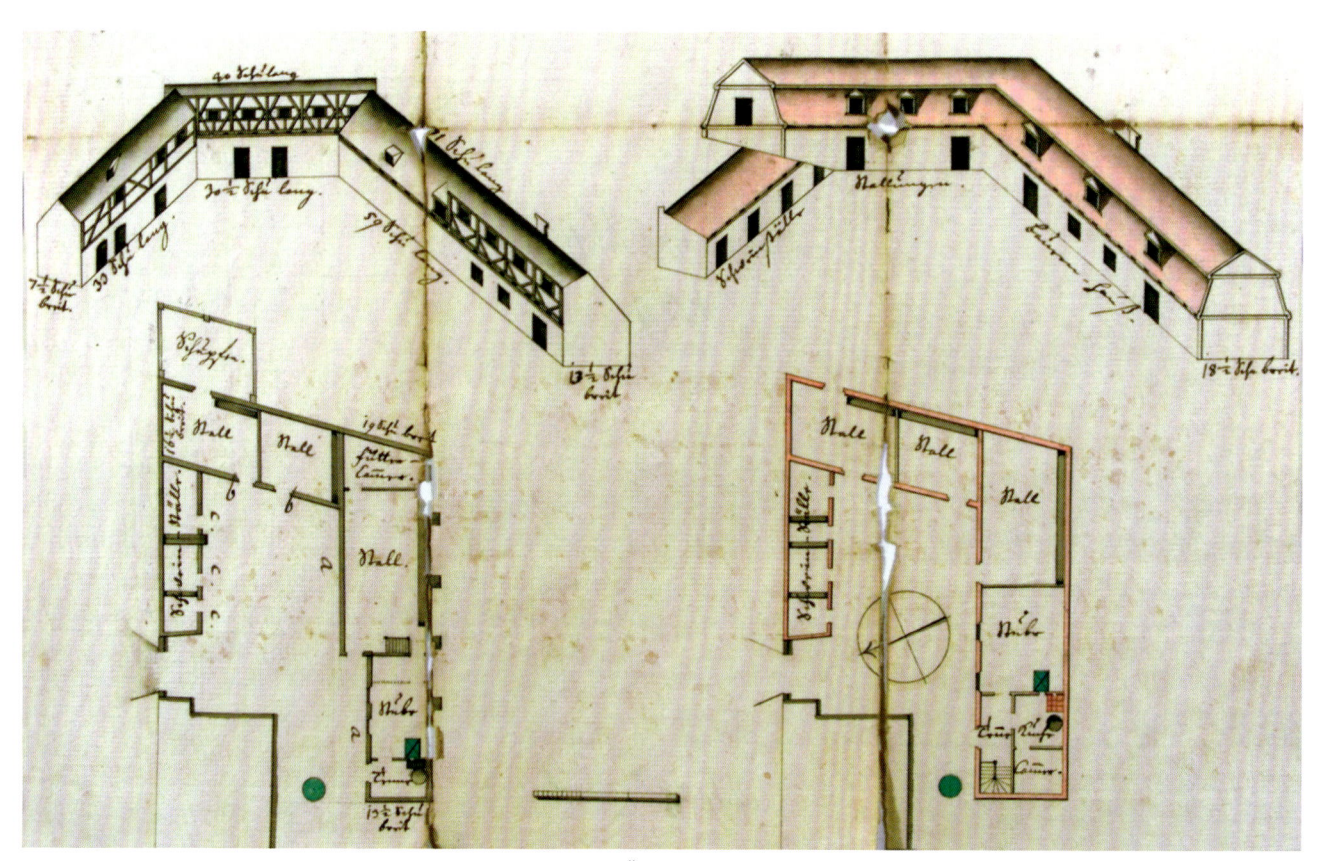

58.3 Grund- und Aufrisse jeweils als Bestand und Planung der Ökonomiegebäude, gezeichnet 1759 für die Baueingabe an das Waldamt Sebaldi (StAN)

Das alte Herrenhaus blieb allerdings trotz der angeblich gravierenden Schäden erhalten und wurde, nachdem das Waldamt wohl mehr oder weniger getäuscht worden war, weiterhin genutzt. 1809 befanden sich daher auf dem Sitz zwei Herrenhäuser, die vom damaligen Stiftungsadministrator Christoph Gottlieb Sigmund Kreß von Kressenstein als zweigeschossig und massiv gebaut beschrieben wurden. Im großen Herrenhaus waren im Erdgeschoss eine Küche, Keller- und Lagergewölbe und ein Pferdestall. Im Obergeschoss fanden sich ein großer Saal, eine weitere Küche, eine heizbare Stube und eine Schlafkammer. Das erste Dachgeschoss war ausgebaut mit einer dritten Küche und vier so genannten „Mansarden-Zimmern" für die Zinsleute. Das kleine, ältere Herrenhaus verfügte ebenfalls über einen Saal, drei Stuben, drei Kammern, eine Küche, einen Abtritt und ein so genanntes „Waßer-Sälchen", offenbar eine Art Sommersaal im Erdgeschoss. Zu dem Anwesen gehörten noch das Voithaus, zwei kleine eingeschossige Zinshäuser sowie mehrere Ökonomiegebäude. An das Voithaus angebaut war ein kleiner Gartensaal.

Mit der gesetzlichen Aufhebung der Fideikommiss-Stiftungen durch das Königreich Bayern fielen die Rechte um 1809 an eine vielköpfige Erbengemeinschaft aus den Familien Haller von Hallerstein und Kreß von Kressenstein. 1822 entschloss sie sich, den Besitz öffentlich zu versteigern. Den Zuschlag erhielt für 14.550 Gulden der Oberleutnant Georg Christoph von Jacquet, der im Namen seiner Ehefrau und Miterbin Maria Hedwig, geborene Kreß von Kressenstein, handelte. Von der Familie Jacquet ging das Rittergut noch in der ersten Hälfte des 19. Jahrhunderts an den Rechtsanwalt Dr. Toussaint. In den 1860-er Jahren wurde die Anlage erheblich durch den Bau der Fichtelgebirgsbahn beeinträchtigt: Nebengebäude wurden abgebrochen, der Schlossgarten überbaut. Der Bahndamm grenzt seither unmittelbar an die Bebauung des Sitzes an.

Um 1900 war der Herrensitz Eigentum der Familie Hofmann. 1912 veräußerte die Privatierswitwe Eva

58.4 Ansicht des neuen Herrenhauses aus etwa westlicher Richtung, Fotografie: G. v. Volckamer um 1894 (StadtMN)

Johanna Hofmann das Herrenhaus an den Rentner Johann Bleisteiner. Die beiden Herrenhäuser erlitten 1943/44 bei Luftangriffen schwere Schäden. Die Ruinenreste wurden 1954 und das behelfsmäßig reparierte große Herrenhaus sogar erst 1965 abgebrochen. Das Grundstück ist heute modern überbaut.

Quellen

StAN Rst. Nbg., Rechnungen des markgräflichen Krieges Nr. 95, 96. Waldamt Sebaldi I Nr. 220, 242, 292. Kataster Erlenstegen Nr. 1, 4, 18. Landgericht ä.O. Erlangen, Grundakten Erlenstegen, Landgut Erlenstegen.

StadtAN E 10/21 Nr. 60.

Literatur

KDM Stadt Nürnberg, S. 280.

Pfeiffer, Gerhard: Die Offenhäuser der Reichsstadt Nürnberg. In: JffL 14 (1954), S. 168, 173.

Rusam, Hermann: Erlenstegen. Ein altes nürnbergisches Dorf im Sog großstädtischer Entwicklung. In: MANL 35 (1986), Heft 1, S. 157.

Schaper, Christa: Die Hirschvogel von Nürnberg und ihr Handelshaus (= Nürnberger Forschungen Bd. 18). Nürnberg 1973, S. 252 f, 266.

Stadtlexikon Nürnberg, S. 251.

59 | C4

Erlenstegen III

Abgegangener Herrensitz

Voßstraße, Standort unbestimmt

Stadt Nürnberg

Zu den drei um 1500 genannten Herrensitzen in Erlenstegen gehörte einer der Familie Toppler. Im März 1517 räumte Paulus Toppler erst nach einem längeren Streit der Reichsstadt das Öffnungsrecht auf seinen Sitz ein, so wie er mit Mauern „umfangen und begriffen" war. Der Sitz wurde 1536 an Hans Buchner verkauft, der die Öffnungsverschreibung erneuerte. Im Zweiten Markgrafenkrieg soll er 1553 schwer beschädigt und schließlich zu einem kleinen Bauernhof umgewandelt worden sein. 1608 war das Anwesen im Besitz des Hans Jacob Voit von Wendelstein [vgl. Erlenstegen II]. Als dieser das Feuerrecht eines kleinen Zinshäusleins verlegen wollte, wurde bemerkt, dass der Hof „oben am Berg zu Erlastegen gegen den Thumenberg" mit einem Bauernhaus und baufälligen Ökonomiegebäuden bebaut sei. Die Hofstelle werde jedoch noch immer „das schlößlein genant", weil sie über ein zweigeschossiges Wohnhaus verfüge.

60.1 Kressischer Sitz auf einem Ausschnitt aus dem Prospekt des 17. Jahrhunderts (StadtMN)

Ob dieser abgegangene Sitz mit dem späteren Haus Nr. 21 in Erlenstegen identisch war, ist mehr als fraglich. Immerhin hielten die ersten bayerischen Steuererhebungen 1811 fest, dass es in Erlenstegen einen „unbezimmerten Lehenhof" (öde Hofstelle) gebe, aus dem mehrere Gärten entstanden seien und der zum „eingegangenen Topplersberger Herrnsiz" gehört hätte. Möglicherweise war das Anwesen im 30-jährigen Krieg zu Grunde gegangen. Gustav Voit hat den Standort des Sitzes im Anwesen Voßstraße 2 vermutet.

Quellen

StAN Rst. Nbg., Waldamt Sebaldi I Nr. 242, 292. Kataster Erlenstegen Nr. 1, 4 Bd. 1, 18.

StadtAN E 10/21 Nr. 115.

Literatur

Deliciae II, S. 72.

Rusam, Hermann: Erlenstegen. Ein altes nürnbergisches Dorf im Sog großstädtischer Entwicklung. In: MANL 35 (1986), Heft 1, S. 156 ff.

60 | C4

Erlenstegen IV

Herrensitz, „Kressischer Sitz"

Voßstraße 19, 19a

Stadt Nürnberg

Wie auch auf anderen reichslehenbaren Erbforsthuben im Reichswald entstand hier zu einem unbekannten Zeitpunkt ein Herrenhaus. Die Erbforsthube soll 1439 in der Hand eines Cuntz Schütz gewesen sein, eine andere Quelle nennt für 1441 Markart Rabnolt. Wilhelm Derrer besaß die Erbforsthube im frühen 16. Jahrhundert

60.2 Ansicht des Herrensitzes vor dem Brandunglück, Stich um 1780 von C. D. Henning (StadtA Lauf)

und räumte der Reichsstadt 1517 das Öffnungsrecht im Kriegsfall ein, was bereits auf die Existenz eines Herrensitzes schließen lässt. 1534 wurde der Sitz an Sigmund Hagelsheimer, auch Held genannt, verkauft. Von diesem ging es um die Mitte des 16. Jahrhunderts an den Compastenmacher Hans Gebhardt, dann im Juli 1571 von den Erben Gebhardts an Gabriel Eysvogel. Der Kriegsschaden von 1553 war zwar zu dieser Zeit wieder behoben, jedoch zeigten sich mittlerweile nach Angaben des Besitzers arge Bauschäden, weil „an dem hauß inn villen jaren nichtzig gepauet und gebessert". Das nur zweigeschossige Herrenhaus sollte renoviert werden, wobei die bisher im unteren Geschoss untergebrachte Voitwohnung in den Stadel verlegt werden sollte.

1592 war das Herrenhaus in der Hand eines Egidius Arnold, der auf dem Sitz einen Forellenweiher unterhielt. Zum Genuss eines „Prospektes" über das Pegnitztal hatte man auf einer Insel im Weiher eine repräsentative Sommerlaube errichten lassen. Wurde für 1599 noch Antoni Rieger als neuer Besitzer genannt, fand sich 1610 ein Stephan Heber als neuer Schlossherr, der wegen eines nicht genehmigten Einbaus einer Waschküche Ärger und eine Geldstrafe bekam. Immerhin stand das Häuschen noch um 1800 und wurde als Unterkunft für einen Vogelfänger genutzt.

1638 veräußerte Barbara, die Ehefrau des Jeremias Wortmann zu Nürnberg, „ihre bisher innegehabte Erbgerechtigkeit an und auf dem Herrensitzlein zu Erlenstegen" an Johann Sigmund Freiherrn von Jö(b)stel(s)berg (1584–1652) aus der Steiermark, der zu den vielen sich in Nürnberg niederlassenden Glaubensflüchtlingen zählte. 1670 beantragte sein Sohn Wolfgang Friedrich (1619–1695) den Umbau des 1571 gebauten Voithauses, dessen steiles, noch mit Mönch-Nonnen-Ziegeln versehenes Dach noch immer an die ehemalige Stadelfunktion erinnerte, aber mittlerweile erheblich schadhaft war. Noch vor 1700 kam der Sitz an Friedrich Wilhelm Ebner von Eschenbach (1652–1711), der das Herrenhaus 1705 durch einen Anbau verlängern ließ. Dabei wurde auch ein Außenkeller integriert. 1709 wurde ein Sommerhäuschen erweitert. Es war noch um 1800 als „das an der Strasse liegende Herren Häußlein" bekannt und wurde als Mietshaus genutzt. 1711 wurde das Stallgebäude durch ein Wohngeschoss aufgestockt und ebenfalls vermietet.

1716 verfügte Ebners Schwiegersohn Georg Jakob Pömer (1687–1732), der vermutlich als Administrator oder Vormund handelte, über den Sitz. Er wollte ein Branntweinbrennerhaus auf dem Gut bauen. Nach dem Tod des Jobst Wilhelm Ebner (1717–1763) kam das Gut an seine Nichte Anna Helena geb. Holzschuher (1727–1786), die Ehefrau des Christoph Leonhard Kreß von Kressenstein. In der Folgezeit wurde der Ansitz daher als „Kreßenhof" bezeichnet, der nicht zuletzt

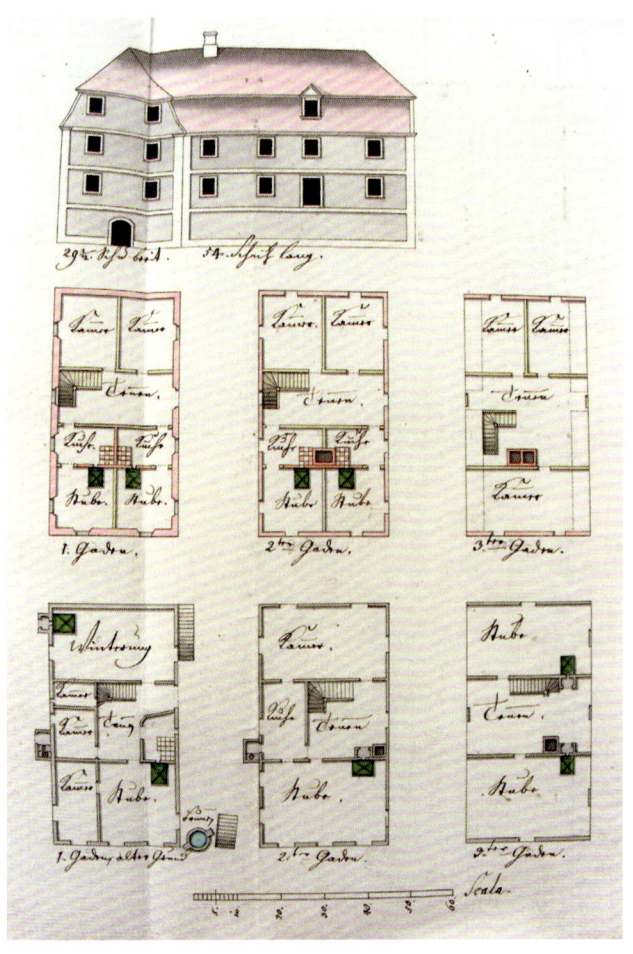

60.3 Grundrisse des 1790 niedergebrannten Alt- und des Neubaus sowie ein Aufriss, 1791 gezeichnet für den Wiederaufbau des Georg Christoph Wilhelm Kreß von Kressenstein (StAN)

60.4 Ansicht des Herrenhauses von Südosten mit dem Brunnen im Vordergrund, Fotografie: F. A. Nagel 1931 (StadtMN)

wegen seiner kunstvollen Gartenanlage, wo man auch eine Pomeranzenzucht pflegte, gerühmt wurde.

1787 wurde der Sitz durch Georg Christoph Wilhelm Kreß von Kressenstein (1744–1825), Nürnberger Burgamtmann und Stadtgerichtsassessor, für seine noch unverheiratete Tochter Sarah Johanna (1771–1853) erworben. Er erlebte das Ende des Herrenhauses am Sonntag, dem 2. Juli 1790, als am frühen Nachmittag ein Feuer ausbrach und das Gebäude angeblich „biß auf den Grund in die Asche" legte. 1791 ließ der Burgamtmann das Herrenhaus zweigeschossig und mit massiven Umfassungen wiederherstellen. 1803 heiratete Sarah Johanna den königlich-württembergischen Oberleutnant (seit 1808 Major) Christian Friedrich von Hüpeden.

1812 bestand der Ansitz aus dem Herrenhaus, in dem damals zwei Mietwohnungen untergebracht waren, drei weiteren Zinshäusern sowie dem Voit- oder Gärtnerhaus. 1823 wurde das Schlossgut an den Großpfragner Friedrich Neumann verkauft, der es in mehrere Anwesen zerschlug. Der Kaufmann veräußerte das Herrenhaus schon im Januar 1825 an den Schreinermeister Johann Samuel Bergmann weiter. 1906 gelangte es nach mehreren Besitzwechseln in die Hand des Steinhauers Johann Kern. Nach dessen Tod ging es 1933 in das Eigentum einer Erbengemeinschaft über.

Das 1791 erneuerte und mit einem Halbwalmdach überspannte Herrenhaus hat sich bis heute erhalten. Bei einer jüngst erfolgten Instandsetzung wurde die Putzhaut in einem Rotton und mit hellem Scheinfugennetz gefasst. Von dem Schlossgarten zeugt leider nur noch der Ziehbrunnen mit auf zwei Werksteinsäulen ruhender Überdachung. Noch 1939 wurden zudem dort platzierte Gartenfiguren aus Sandstein gerühmt, die offenbar bis auf ein Exemplar untergegangen sind.

Quellen

StAN Rst. Nbg., Waldamt Sebaldi I Nr. 292. Kataster Erlenstegen Nr. 1, 4 Bd. 1, 18.

StadtAN E 10/21 Nr. 60.

Müllner I, S. 329.

Literatur

Frank zu Döfering, Karl Friedrich von: Die Kressen. Eine Familiengeschichte. Schloß Senftenegg (Niederösterreich) 1936, Sp. 1099 f, 1539-1542.

KDM Stadt Nürnberg, S. 280.

Schnabel, Werner Wilhelm: Österreichische Exulanten in oberdeutschen Reichsstädten (= Schriftenreihe zur bayerischen Landesgeschichte Bd. 101). München 1992, S. 503.

61 C4

Erlenstegen V

Herrensitz, „Wölckernschloss"

Günthersbühler Straße 15

Stadt Nürnberg

Die Erbauung des Herrensitzes Günthersbühler Straße 15 ist bislang nicht geklärt. Gustav Voit mutmaßte eine Entstehung im 16. Jahrhundert. Friedrich August Nagel datierte den Bau des Herrenhauses erst auf die Jahre nach 1600, als sich hier ein Bauernhof und die Erlenstegener Mühle in der Hand des aus der Steiermark eingewanderten Eisenhändlers Tobias Holl befand. 1611 wurde erstmals ein Wohnhaus des Eisenhändlers bezeugt. Damals wurde festgestellt, dass er unerlaubt eine weitere Stube eingerichtet hatte, ohne das nötige Feuerrecht zu besitzen. Das Bußgeld von 100 Gulden wurde auf 12 Gulden reduziert, nachdem die Stube wieder zu einer ungeheizten Kammer zurückgebaut worden war.

Im frühen 18. Jahrhundert wurde der Herrensitz vom Nürnberger Ratskonsulenten Dr. Carl Wilhelm Wölckern erworben, der es 1725/26 vermutlich um

E ERLENSTEGEN V

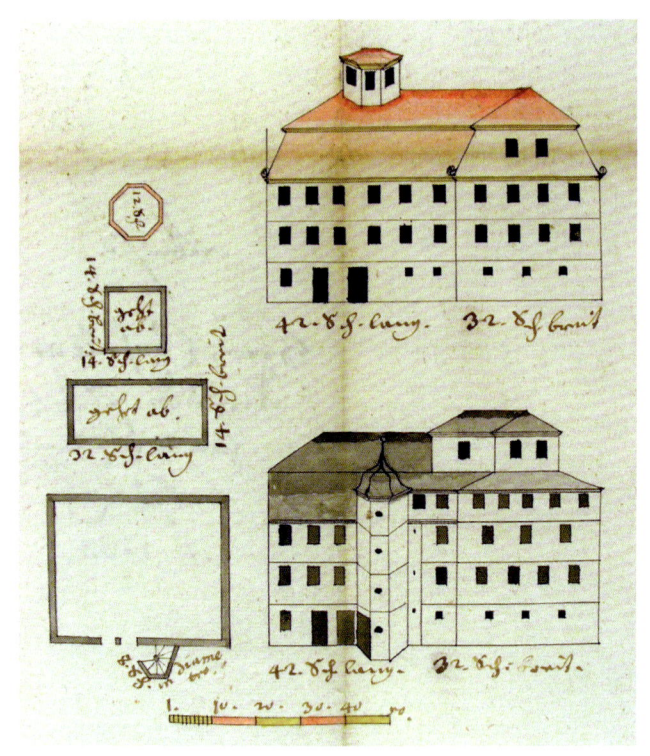

61.1 Aufrisse des Bestands und der Planung sowie einfache Grundrisse, gezeichnet 1733 als Baueingabe an das Waldamt Sebaldi für den geplanten Umbau (StAN)

ein Saalgeschoss aufstocken ließ. 1733 wurde das Gebäude, das im Erdgeschoss die Voitwohnung beherbergte, erheblich umgebaut. Dabei wurde auch ein Treppenturm entfernt und ein Mansarddach mit halben Volutengiebeln erstellt. Seinerzeit wurde auch ein achteckiger Dachreiter auf das Herrenhaus gesetzt.

Die Wölckernsche Familienstiftung war noch im frühen 19. Jahrhundert Eigentümerin; noch immer gehörten die Mühle, ein Bauernhof und ein Bäckeranwesen zum Besitz. Die Administration der Stiftung wurde nach dem Tod des letzten Familienseniors von der Familie

61.2 Ansicht des Herrenhauses auf einem Stich von C. D. Henning um 1780 (StadtA Lauf)

61.3 Ansicht des vom Umbau von 1733 geprägten Herrenhauses von Südosten, Fotografie vom Oktober 1940 F. A. Nagel (StadtMN)

Volckamer durchgeführt. In den Jahren nach der Aufhebung der Stiftung kam der Herrensitz in den Besitz der Helena Hilpert, Ehefrau eines Spezereiwarenhändlers. Sie veräußerte ihn 1830 an den Wagnermeister Andreas Wagner. Im frühen 20. Jahrhundert befand sich das Wölckernschloss im Besitz der Gesellschaft, die das Erlenstegener Naturbad, den früheren Schlossweiher, betrieb. 1938 wurde es von der Naturgarten Erlenstegen, Luft- und Sonnenbad, Erholungsheim GmbH an die Stadt Nürnberg verkauft. Das an der Nordfassade des massiven Herrenhauses angebrachte Chörlein wurde 1910 am Nürnberger Bürgerhaus Karolinenstraße 27 abgebrochen und später hierher transloziert.

Quellen

StAN Rst. Nbg., Waldamt Sebaldi I Nr. 292. Kataster Erlenstegen Nr. 1, 4, 18.

StadtAN E10/21 Nr. 60.

Literatur

KDM Stadt Nürnberg, S. 280.

Rusam, Hermann: Erlenstegen. Ein altes nürnbergisches Dorf im Sog großstädtischer Entwicklung. In: MANL 35 (1986), Heft 1, S. 159 mit Zeichnung von A. S. Walwert von 1792.

Stadtlexikon Nürnberg, S. 251.

62 — C4

Erlenstegen VI

Abgegangenes Herrenhaus, „Gugel- oder Schreiber-Schloss" (1944 zerstört)

Erlenstegenstraße 110

Stadt Nürnberg

Der Herrensitz wird erstmals 1563 überliefert, als sein Besitzer, Christoph von Ploben, dem Nürnberger

62.1 Ansicht des Schreiberschen Schlosses, Stich von C. D. Henning um 1780 (StadtA Lauf)

62.2 Ansicht des Herrensitzes von Nordosten, Fotografie: F. A. Nagel 1912 (StadtMN)

Bürger Jakob Hofmann einen Bauplatz in Erlenstegen abkaufte, um hier ein Nebengebäude bauen zu können. Gehörte der Ansitz noch 1599 der Familie von Ploben, war er wenig später in der Hand der Nürnberger Patrizierfamilie Gugel. Unter Christoph Ludwig Gugel scheint es nach einer bezeugten bauseitigen Datierung um 1667 zu einem weitgehenden Umbau des Herrenhauses gekommen zu sein.

Nach 1678 folgte als Besitzer Christoph Friedrich Gugel, der 1685 die Renovierung eines baufälligen Hauses, möglicherweise des Voithauses, beantragte. Für 1694 wird Albrecht Christoph Gugel als Besitzer genannt. Er veräußerte den Herrensitz vor 1706 an den reichsstädtischen Hauptmann Georg Alexander Schreiber von Grünreuth [vgl. Grünreuth, Hirschbach]. Der Offizier wollte um 1707/08 das Voithaus umbauen und verfügte noch in den 1720-er Jahren über den Herrensitz.

Am 3. Januar 1781 kaufte Johann Sigmund Georg von Imhoff für 6.000 Gulden den Herrensitz von der Witwe Klara Friederike Regina Volckamer, einer geborenen Dillherr von Thumenberg. Die Dillherr scheinen das Anwesen zuvor aus dem Schreiberschen Nachlass erworben zu haben. 1808 verfügte der nun Imhoffsche Herrensitz über das turmartige Herrenhaus, ein Nebenhaus, ein Voit- und Gärtnerhaus sowie über landwirtschaftliche Nebengebäude. Das Herrenhaus wurde als „halb gemauert" beschrieben, was auf einen Fachwerkaufbau auf einem massiven Sockel hinweist. Fotografien des 19. und frühen 20. Jahrhunderts bestätigten dies und überliefern einen annähernd quadratischen Wohnturm mit zwei leicht überkragenden Obergeschossen, die unter ihrer Putzhaut vermutlich noch Fachwerkwände aufwiesen.

Von der Tochter Barbara Sabina Maria, verheiratete Rech, erwarb um 1833 der Spezereiwarenhändler Georg

Hilpert, dessen Ehefrau zuvor den Wölckernschen Sitz besessen hatte [vgl. Erlenstegen V], den Besitz. Im frühen 20. Jahrhundert war er in der Hand der Bäckerfamilie Wedel, deren Nachfahren erleben mussten, wie das als sehr malerisch gerühmte Herrenhaus bei einem Fliegerangriff 1944 zerstört wurde. In den 1950-er Jahren war jedoch noch das Voithaus (Erlenstegenstraße

62.3 Ansicht des Herrenhauses von Südwesten, Fotografie: G. v. Volckamer um 1894 (StadtMN)

E   ERLENSTEGEN VI

106) erhalten. Damals wurde hier noch im Giebel die Jahreszahl 1660 beobachtet.

Quellen

StAN Rst. Nbg., Waldamt Sebaldi I Nr. 242, 292. Kataster Erlenstegen Nr. 1, 4, 18.

StadtAN E 10/21 Nr. 60.

63   C4

Erlenstegen VII

Abgegangener Herrensitz, „Dietherrscher oder Pömerscher Sitz"

Bereich Erlenstegenstraße 118-120

Stadt Nürnberg

Dieser Herrensitz ist in Veröffentlichungen schon mehrfach mit dem benachbarten Förrenbergschen Sitz [vgl. Erlenstegen VIII] verwechselt worden. Dass Friedrich Carl Scheurl im ausgehenden 18. Jahrhundert drei Ansitze in Erlenstegen besaß [vgl. auch Erlenstegen I], macht die Lokalisierung nicht leichter. Im ausgehenden 15. Jahrhundert soll er im Besitz des Nicolaus Imhoff

63.2   Ansicht des Sitzes in der Zeit um 1780, statt des Wohnturms ist ein bescheidenes zweigeschossiges Wohnhaus, wohl das Voit- und Gärtnerhaus, zu sehen, Stich von C. D. Henning (StadtA Lauf)

gewesen sein. Dessen Witwe verkaufte 1497 an einen Niclaus Sachsen. Nach dessen Tod veräußerten die drei Töchter das Gut 1513 an Georg Dietherr, der den Sitz 1517 der Reichsstadt öffnete und 1528 verstarb.

Der Käufer begründete einen langen Familienbesitz: Der gleichnamige Sohn wurde 1547 von seinen Söhnen Christoph und Paulus Dietherr beerbt. Letzterer kaufte

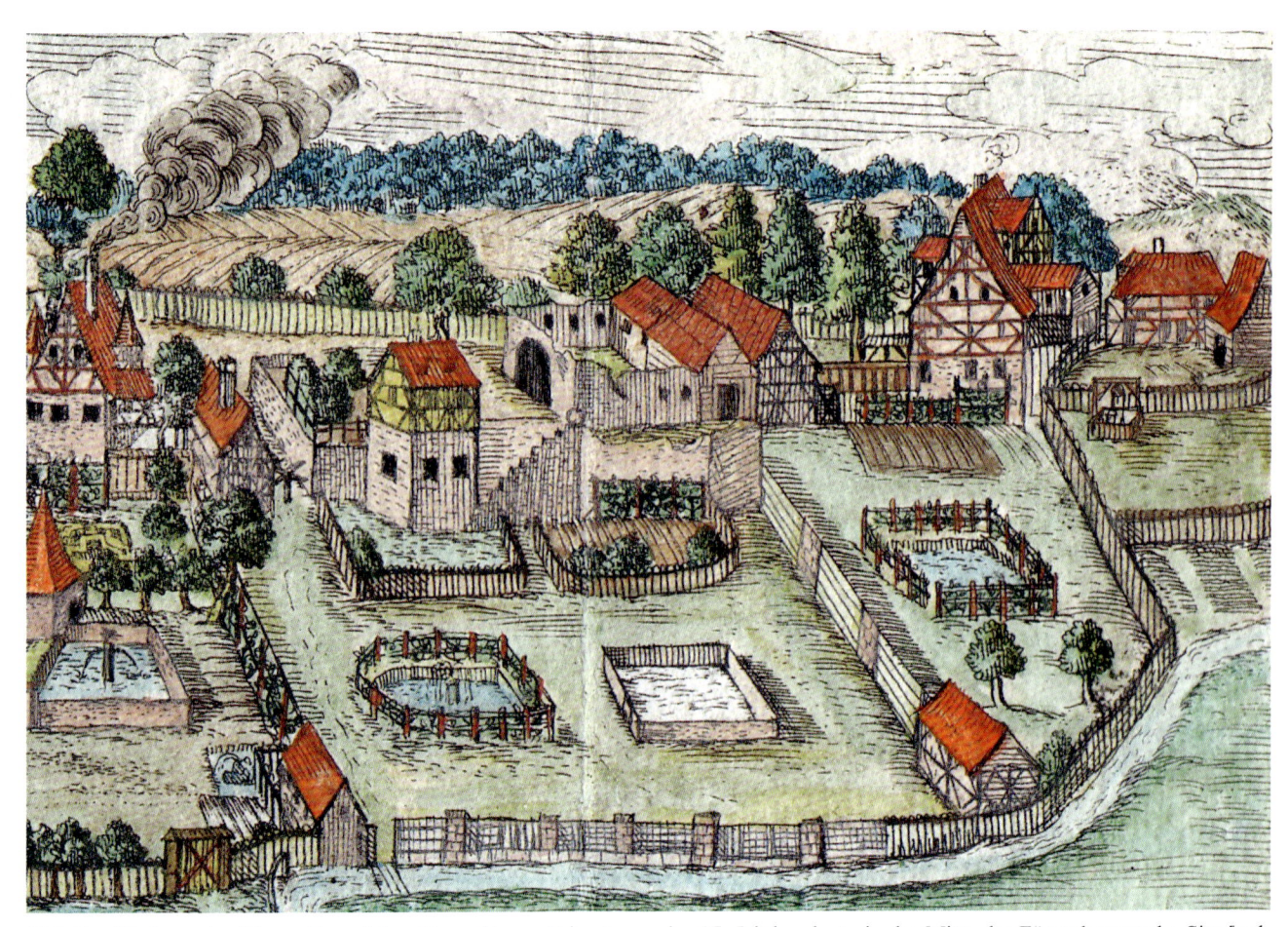

63.1 Der Dietherrsche Sitz rechts auf dem Prospekt von Erlenstegen des 17. Jahrhunderts; in der Mitte der Förrenbergersche Sitz [vgl. Erlenstegen VIII], links das Schreibersche Herrenhaus mit qualmendem Schlot (StadtMN)

„den bey Erlenstegen gegen den Thumenberg über gelegenen ... Garten" und machte ihn 1596 „frey lauter eigen". Nach seinem Tod (1604) gelangte der Sitz an den Sohn Peter Engelhardt und später an dessen Neffen Johann Georg (1625–1700), der 1661 als Besitzer genannt wird, und schließlich an Johann Christoph Dietherr von Anwanden, den letzten seiner Linie. Nach dessen Tod 1709 erbten die Töchter Sabina Dorothea (1695–1738) und Maria Salome (1703–1740) bzw. die Schwiegersöhne Christoph Jakob Waldstromer (1701–1766) und Carl Sigmund Kreß von Kressenstein (1698–1750) [vgl. Schwaig]. Die Erbengemeinschaft war noch 1731 und 1741 im Besitz, als zweimal Bauanträge zur Errichtung von Nebengebäuden gestellt wurden. Der 1741 geplante Neubau des Gärtnerhauses wurde offensichtlich nicht ausgeführt, weil das Gesuch im Jahr 1796 wiederholt wurde.

Seit 1748 und noch um 1780 wurde das Anwesen als „Pömerscher Sitz" bezeichnet; wie die Nürnberger Patrizierfamilie Pömer in den Besitz gelangte, ist nicht bekannt. Danach brachte Friedrich Carl Scheurl von Defersdorf (1723–1794) den Sitz an sich. Er hatte bereits 1768 auch den benachbarten Förrenbergerschen Herrensitz [vgl. Erlenstegen VIII] erworben. Mit seinem Tod fielen die Erlenstegener Liegenschaften an seine Tochter Maria Hedwig, verwitwete Löffelholz (1749–1814).

Nach dem Tod der Erbin veräußerte die Erbengemeinschaft das nun „Löffelholtzsche Schlößlein" im Februar 1815 für 600 Gulden an den Tagelöhner Konrad Kupfer. 1874 geriet das Anwesen an den Maurer Konrad Thürner aus Unterbürg, dessen Nachfahren es noch zur Zeit des Zweiten Weltkriegs besaßen. Nach einem Bombenangriff brannte das ehemalige Herrenhaus 1944 völlig aus.

Quellen

StAN Rst. Nbg., Waldamt Sebaldi I Nr. 292. Kataster Erlenstegen Nr. 1, 4, 18.

StadtAN E 10/21 Nr. 60.

Literatur

Biedermann Tab. 17-20.

Pfeiffer, Gerhard: Die Offenhäuser der Reichsstadt Nürnberg. In: JffL 14 (1954), S. 168 ff., 173.

Rusam, Hermann: Erlenstegen. Ein altes nürnbergisches Dorf im Sog großstädtischer Entwicklung. In: MANL 35 (1986), Heft 1, S. 153.

Ruthrof, Renaissance, S. 23.

Stadtlexikon Nürnberg, S. 251.

Erlenstegen VIII

Abgegangener Herrensitz, „Förrenbergerscher Sitz" (Abbruch 1978)

Erlenstegenstraße 112-114

Stadt Nürnberg

Über die Geschichte des Förrenbergerschen Sitzes in Erlenstegen wurden von Gustav Voit, Friedrich August Nagel und weiteren Autoren sehr unterschiedliche, sich zum Teil widersprechende Angaben gemacht; auch die Lokalisierung blieb trotz eindeutiger Katastereinträge vage. Der Ursprung dieses Erlenstegener Herrensitzes ist bis heute nicht geklärt, sein angeblicher Status als Reichsküchenlehen war schon im 18. Jahrhundert umstritten. Erstmals überliefert wurde er 1518, als der Montanunternehmer Lorenz Stauber (1486–1539) von Katharina Hetzlin – gemeint ist wohl Katharina Hölzel, die 1511 Endres Hirschvogel geheiratet hatte [vgl. Erlenstegen II] – deren „ererbte Behausung" erwarb; womöglich war es derselbe Sitz, den im Jahr zuvor ihr

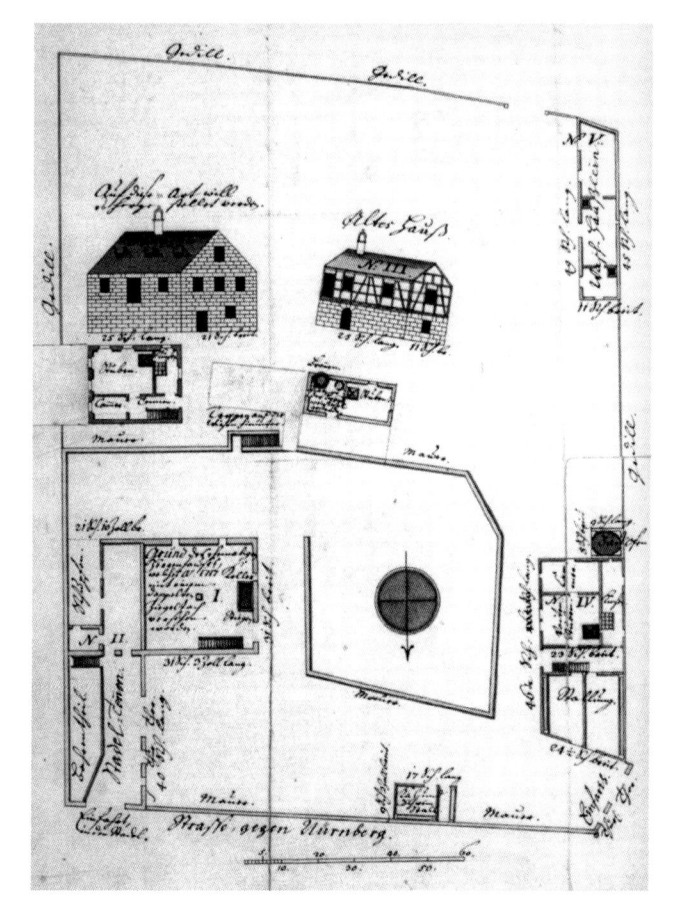

64.1 Grund- und Aufrisse des Förrenberger Sitzes, gezeichnet 1764 für den vermutlich nicht ausgeführten Bau des Branntweinbrennerhauses. Unter I: erhaltene Umfassung des ruinierten Herrenhauses (StAN)

64.2 Ansicht der Ruine des Sitzes, Stich von C. D. Henning um 1780 (StadtA Lauf)

Schwager Jakob Hübner dem Nürnberger Rat geöffnet hatte. 1519 räumte Stauber der Reichsstadt das Öffnungsrecht im Kriegsfall ein. 1564 wurde der Sitz von Sigmund Tetzel an den Kaufmann Friedrich Saurmann d. Ä. veräußert. Die Beschädigungen, die der Sitz 1553 erlitten hatte, waren wohl beseitigt, denn Tetzel übergab ihn mit Herren- und Voithaus sowie den Ökonomiegebäuden, ohne dass auf eine Beeinträchtigung hingewiesen wurde. Vor 1584 fiel das Anwesen auf dem Erbweg an Friedrich Saurmann d. J. und dessen Schwager Frantz Schleicher.

Als die Erben im Frühjahr 1591 an den Kaufmann Heinrich Müllegg verkauften, war der Sitz mittlerweile in einem schlechten Zustand. Unmittelbar danach beantragte Müllegg daher eine Renovierung, wobei man vor allem die Treppen und den „sehr grossen und gantz pueßwirdigen ercker oder außladung gegen der strassen" hätte erneuern müssen. Müllegg wollte den Erker jedoch aufgeben, sollten die reichsstädtischen Behörden ihm eine „newe stiegen" im Haus genehmigen. Auch die Nebengebäude sollten in Stand gesetzt werden. 1605 hatten Hanns Müllegg und sein Schwager Alexander Beck den Sitz geerbt; 1614 trat Hanns Müllegg als Alleinbesitzer auf.

Bald darauf, um 1620, erwarb angeblich durch eine Heirat die Familie Förrenberger den Sitz. Sie musste jedoch 1632 erleben, wie marodierende kaiserliche Truppen den Besitz niederbrannten. Angeblich soll das Herrenhaus danach nur notdürftig repariert und zeitweise als Kaserne genutzt worden sein.

Nachdem die Familie Förrenberger, die in kurbayerische Dienste getreten war, sich außerhalb des reichsstädtischen Territoriums aufhielt, gestaltete sich die Verwaltung des Gutes einigermaßen schwierig. Um 1670 war der Nürnberger Bürger Stephan Jentschura Verwalter seines Schwagers Johann Zacharias Förrenberger. 1674 gab Jentschura, ohne auf die Kasernennutzung einzugehen, an, dass das Herrenhaus im vergangenen Krieg „bis auf den Grund eingeäschert" worden sei. Da der Wiederaufbau zur Zeit „nicht tunlich" sei, wollte er für gelegentliche Aufenthalte der Herrschaft das erste Dachgeschoss des Voithauses ausbauen. Dazu sollte ein Zwerchhaus eingerichtet werden. Dies wurde genehmigt, jedoch mit der Auflage, dass das Voithaus zurückgebaut werden müsse, sollte das Herrenhaus einmal neu hergestellt werden.

Nach 1703 besaß Andreas Zacharias Förrenberger, Verweser des kurfürstlichen Pflegamtes Oberviechtach, den Sitz, den er jedoch an Wolff Simmel verpachtet hatte. Simmel betrieb dort um 1709 eine Branntweinbrennerei. 1713 war dann der kurfürstliche Amberger Regierungsrat Andreas Carl Förrenberger Besitzer. Er ließ die Ruine des Herrenhauses wenig später mit einem Notdach versehen, um es als Remise zum Tabaktrocknen nutzen zu können. 1764 plante der mittlerweile geadelte Joseph Ignatius von Förrenberger abermals die Errichtung herrschaftlicher Räume. Der Gutsherr legte zwei Planvarianten vor, wobei eine den Wiederaufbau der Ruine vorsah, während die andere, preisgünstigere Variante die Instandsetzung und Erweiterung des Voithauses ins Spiel brachte. Es ist fraglich, ob selbst die kleinere Variante zur Ausführung gelangt ist, denn der kurbayerische Beamte verstrickte sich in einen langwierigen Rechtsstreit mit der Reichsstadt,

64.3 Ansicht der mit Wirtschaftsbauten überformten Ruine des alten Herrenhauses, Fotografie: F. A. Nagel 1931 (StadtMN)

die eine angebliche Förrenbergersche Fideikommiss-Stiftung nicht anerkennen wollte. Um 1766 wurde das Verhältnis auch durch die Verweigerung von Brennholzbezügen aus dem Reichswald und einen aufgedeckten Bestechungsversuch getrübt.

Am 9. März 1768 wurde der Sitz schließlich von Förrenberger an Friedrich Carl Scheurl von Defersdorf verkauft [vgl. Erlenstegen I und VII], der 1790 abermals den Wiederaufbau beantragte, sich jedoch auf Baumaßnahmen im Erdgeschoss und am Voithaus beschränkte. Nach dem Tod des Patriziers erbte die Tochter Maria Hedwig von Löffelholz den Besitz. 1812 wurde das „Schloß" noch immer als nur eingeschossig und „von Fachwerk" (was aber nur zum Teil stimmte) bezeichnet. Nach dem Tod der Tochter (1814) verkauften die Erben den Besitz an die Familie Kurz. 1827 übernahm der Bauer Peter Kurz das Anwesen von seiner Mutter.

Im 20. Jahrhundert befand es sich im Eigentum der Gastwirtsfamilie Kalb. Nach dem Tod des Georg Kalb 1941 ging es an eine vielköpfige Erbengemeinschaft. Bei einem Bombenangriff 1944 brannten die Gebäude nieder. Zwar wurden sie in der Nachkriegszeit noch notdürftig in Stand gesetzt, 1978 forcierte man jedoch den Abbruch. Das Landesamt für Denkmalpflege setzte lediglich den Erhalt eines kleinen Teils der westlichen Umfassung und des Portals durch.

Quellen

StAN Rst. Nbg., Waldamt Sebaldi I Nr. 242, 292. Kataster Erlenstegen Nr. 1, 4, 18.

StadtAN E 10/21 Nr. 60.

Literatur

Glockner, Marie: Lorenz Stauber (1486-1539). In: MVGN 52 (1963/64), S. 169-171.

Rusam, Hermann: Erlenstegen. Ein altes nürnbergisches Dorf im Sog großstädtischer Entwicklung. In: MANL 35 (1986), Heft 1, S. 145-160.

65 · D8

Ermreuth

Herrensitz, ehemalige Burganlage

Marktplatz 14

Markt Neunkirchen a. Brand

Landkreis Forchheim

Auch in Ermreuth scheint im Mittelalter ein Ministerialengeschlecht gesessen zu sein, das sich nach dem Ort nannte. Der Nürnberger Chronist Johannes Müllner führte einen Heinz Ermreuther an, der 1392 das Nürnberger Bürgerrecht erwarb. Zu dieser Zeit gehörte den Egloffsteinern bereits ein Sitz zu Ermreuth. 1358 hatten die Brüder Konrad und Hans von Egloffstein zu Erm-

65.1 Darstellung des Schlosses im Dorf Ermreuth, gezeichnet etwa 1603 von Hieronymus Braun für eine Grenzkarte des reichsstädtischen Pflegamtes Hiltpoltstein (StAN)

reuth eine ewige Messe in der dortigen Kapelle gestiftet. Noch im 14. Jahrhundert scheint der Sitz unter den Egloffsteinern zu einer gut befestigten Burg ausgebaut worden zu sein, wo mindestens zwei Wohngebäude zur Verfügung standen.

Im August 1400 kaufte Barbara, die Witwe des Nürnberger Bürgers Niklas I. Muffel, von Albrecht und Elisabeth von Egloffstein zu Wolfsberg ihr freies Eigen an der „Behausung genant Ermrewte" und den halben Anteil am Dorf und den Zehnt zu Ermreuth. Damit begann eine lange Tradition des Nürnberger Patriziergeschlechts, das seinen Ursprung vermutlich in der staufischen Reichsministerialität im Neumarkter Raum hat. Nachdem die tatkräftige Witwe 1442 verstorben war, erlebten ihre Erben gleich zu Beginn des Ersten Markgrafenkriegs 1449 die Niederbrennung des Dorfes Ermreuth durch markgräfliche Truppen, bei der auch das Rittergut beschädigt worden sein wird.

Ein weiterer Teil der Burg war 1400 zunächst bei Georg von Egloffstein verblieben, der sich noch 1414 zu Ermreuth sitzend nannte. Er und seine Ehefrau Martha veräußerten ihren Besitzanteil erst 1422 an den Nürnberger Bürger Lorenz Pirckheimer. Barbaras Enkel Niklas III. Muffel erwarb dann 1464 diese so genannte andere Hälfte von Hans und Ursula Pirckheimer. Das Ehepaar war als Vormünder der Gebrüder von Watt, der Söhne aus der ersten Ehe der Pirckheimerin, eingesetzt. Schließlich musste der wirtschaftlich in Not geratene Nürnberger Ratsherr 1468 an Hans Mullner und Sebolt Rothan verkaufen. Seinen Söhnen gelang es jedoch aufgrund eines Rückkaufrechts und mit Hilfe ihres Schwagers Heinz Toppler, die Burg wieder zurück zu erwerben. Niklas III. Muffel selbst, lange Jahre in den höchsten Ämtern der Reichsstadt, erlitt nach einem der spektakulärsten Prozesse in der reichsstädtischen Geschichte um eine angebliche Unterschlagung städtischer Gelder ein schmähliches Ende am Galgen [vgl. Eckenhaid, Eschenau].

1469 übernahm nach einer Erbteilung Niklas IV. Muffel Ermreuth. Wohl unter dem Eindruck des Ansehensverlustes zog sich der junge Schlossherr aus Nürnberg zurück und widmete sich ganz dem Rittergut. Er begründete die landadelige Linie der Muffel von Ermreuth, die 1497 von den Söhnen Niklas VI. und Stephan fortgeführt wurde. Sie erlebten 1525 die abermalige Inbrandsetzung des Schlosses im Bauernkrieg. Der Schadensersatz von 2.960 Gulden, den Stephan Muffel vom Hochstift Bamberg erhielt, lässt sehr weitgehende Zerstörungen annehmen.

65.2 Ansicht des Schlosses aus westlicher Richtung, Fotografie: F. A. Nagel 1909 (StadtMN)

Die Ermreuther Muffel hatten sich im frühen 16. Jahrhundert von der Reichsstadt abgewendet und wurden von der Reichsritterschaft aufgenommen. 1542 trug Stephan Muffel das Rittergut Ermreuth den Markgrafen zu Lehen auf. 1552 saßen seine Nachfahren Hans und Christoph Muffel zu Ermreuth. Ihr Verwandter Jobst Muffel, Landrichter zu Vohburg an der Donau, verkaufte seinen Erbteil 1556 an Hans Muffel. Die Ära der Muffel zu Ermreuth ging jedoch noch im 16. Jahrhundert zu Ende: 1573 veräußerten Hanns Sigmund Muffel, brandenburg-kulmbachischer Rat, und Hanns Christoph Muffel eine Hälfte an Hanns Joachim Stiebar zu Buttenheim. Der Käufer erwarb die andere Hälfte wenig später von dem verschuldeten Hanns Muffel. 1579 wurde Stiebar bereits mit dem gesamten Schloss und dem Dorf Ermreuth belehnt. Kaiser Rudolf I. bestätigte 1580 die Gerichtsrechte zu Ermreuth, wie sie schon die Muffel innehatten.

Bereits vor 1586 war das Schloss mit der Herrschaft an Hanns Philipp Stiebar gefallen. 1587 wurde Georg Sebastian Stiebar ebenfalls als Lehnsinhaber bestätigt. In den 1590-er Jahren scheint auch ein Albrecht Stiebar, vermutlich als Vormund, zu Ermreuth auf. Er ließ auf dem Schlossgut ein Brauhaus bauen, was ihm Ärger mit dem Magistrat zu Gräfenberg, der sich um das kommunale Brauwesen sorgte, einbrachte. Der Anspruch der Reichsstadt Nürnberg auf die Landeshoheit wurde 1606 nach jahrzehntelangen Streitigkeiten endgültig an das Hochstift Bamberg abgetreten.

1607 hatte der Sohn Hanns Philipps, Wolf Endres Stiebar, bereits das Erbe übernommen. Er starb aber schon um 1619, sodass eine Vormundschaftsverwaltung für seinen kleinen Sohn Philipp Alfons in Kraft trat. Die Vormünder veräußerten vor 1622 Burg und Dorf Ermreuth mit allem Zubehör an Albrecht von Wildenstein, der auch im Namen seiner Neffen handelte. 1630 übernahm dann Wolf Wilhelm von Wildenstein Ermreuth, verstarb aber um 1632 ohne Erben. Das Rittergut fiel zunächst an den Lehnsherrn heim und wurde dann an Valentin Georg von Künsberg, zeitweise Burggraf auf dem Rothenberg, verliehen. Das Künsbergsche Wappen am so genannten Amtshaus neben dem Schloss erinnert an eine Bautätigkeit des ersten Künsbergers auf Ermreuth. Nach dem Tod des Valentin Georg 1667 und einer Vormundschaft folgte der 1653 geborene Georg Friedrich Freiherr von Künsberg der Ältere nach, der 1712 verstarb. Sein gleichnamiger Sohn dürfte Ermreuth nur gelegentlich gesehen haben, da er in brandenburg-ansbachischen Diensten war, zeitweise dem Oberamt Cadolzburg vorstand und als Oberhofmarschall amtierte. Georg Friedrichs Linie erlosch 1763 mit Karl Wilhelm Friedrich von Künsberg. Das Rittergut fiel an die Freiherren von Künsberg zu Thurnau, die den Besitz bis 1858 verwalteten. Seinerzeit verkauften sie das Schloss an den Erlanger Hammerwerksmeister Andreas Schäff.

Im 20. Jahrhundert erregte es als Domizil rechtsextremer Gruppierungen Aufsehen. 1926 richtete der nationalsozialistische Wanderverein Ermreuth e. V. hier ein „Ludendorff-Heim" mit 25 bis 30 Betten ein, die NSDAP 1935 eine Kreisführerschule. Einige Jahrzehnte später diente es einer berüchtigten Wehrsportgruppe als Unterkunft.

Die komplexe Baugeschichte des Ermreuther Schlosses scheint noch nicht profund geklärt. Aufgrund der Besitzteilungen bestand es zeitweise aus mehreren Wohngebäuden und glich wohl bis zur Brandlegung 1525 einer kleinen Ganerbenburg. Um 1600 entstand das heute noch bestehende Schlossgebäude, ein dreigeschossiger Walmdachbau, vermutlich durch einen weitgehenden Umbau. Dabei soll der sechseckige Treppenturm, der in die Südumfassung eingebunden wurde, entstanden sein. Unter Valentin Georg von Künsberg wurde 1664 das oberste Geschoss ausgebaut und der Treppenturm erhöht.

Quellen

StAN Rst. Nbg., Urk. des 7-farbigen Alphabets Nr. 3352. Rst. Nbg., Handschriften Nr. 198. Rst. Nbg., Urk. und Akten der Muffelschen Familie Nr. 222, 301, 302, 303, 305. Ft. An., Ansbacher Lehensurkunden Nr. 1-78.

Literatur

Elstner, Albert: Die von Künsberg. Geschichte eines fränkischen Adelsgeschlechts (= Jubiläumsgabe des Frankenwaldvereins 1972). In: Heimat und Geschichte. Kronach 1972, S. 247-334.

Greif, Thomas: Der Aufstieg der NSDAP im Bezirk Forchheim (1918–1933). In: MANL 55 (2006), Heft 2, S. 19, 39.

HAB Forchheim, S. 47-64.

Hirschmann, Gerhard: Die Familie Muffel im Mittelalter. Ein Beitrag zur Geschichte des Patriziats, seiner Entstehung und seines Besitzes. In: MVGN 41 (1950), S. 257-393.

KDM Forchheim, S. 107.

Looshorn, Bd. 3, S. 299 f.

Mitteilung von Herrn Georg Schäff †, Hammermühle bei Keidenzell.

Voit, Wildensteiner, S. 28, 39.

66   D6

Eschenau I

Abgegangene Burg (ehemalige Turmhügelburg)

Von-Muffel-Platz 1, 2

Markt Eckental

Landkreis Erlangen-Höchstadt

Luftaufnahmen lassen deutlich erkennen, wie sich das Schloss in Eschenau im Zentrum eines kreisförmigen, rund 5 Meter hohen Hügels erhebt, dessen Durchmesser am Fuße etwa 50 Meter beträgt. Um den Hügel läuft ein ehemaliger Wassergraben mit einer Breite von acht bis zehn Metern.

Mitten im Reichsland um Nürnberg gelegen, stand die Anlage nahezu sicher im Zusammenhang mit seiner Erschließung in den Jahrzehnten um 1050. Zu den führenden Vertretern der Reichsmacht zählten in dieser Region die Reichsministerialen von Eschenau, sodass eine Erbauung durch sie – wohl im Auftrag des Reiches – anzunehmen ist.

Als Stammvater der 1132 erstmals urkundlich auftretenden Reichsministerialen von Eschenau-Schellenberg gilt Otnand, der „zweifellos bedeutendste Königsministeriale des 11. Jahrhunderts" und die treibende Kraft der „vom Kaiser betriebenen Reichslandpolitik um feste Burgmittelpunkte" (Bosl) in den Königsgutbezirken um Forchheim, Fürth und Nürnberg.

66.1 Eschenau vor der Zerstörung im Zweiten Markgrafenkrieg: Deutlich erkennbar sind die Turm- und Torbauten, Quelle ständiger Reibereien zwischen den Eigentümern der Burg, Karte um 1550 (StAN)

Als das Geschlecht nach 1370 erlosch, hatte es die Burg in Eschenau auf ungeklärte Weise an die Weigel verloren.

Von den Eßler soll Eschenau an die Fischbecken, dann die Weigel gekommen sein. 1331/34 erwirkte Offnai (Euphemia) Weigel von Kaiser Ludwig Marktfreiheit für Eschenau, 1350 teilte sie Eschenau zwischen ihrem Sohn Jakob Weigel und ihrem Schwiegersohn Albrecht von Wolfstein. Zu diesem Zeitpunkt saßen neben den Weigel und den Wolfsteinern weitere Teilhaber auf der Burg, da erst 1374 Jakob Weigel und Stephan von Wolfstein um insgesamt 4.000 Pfund Heller die Anteile Ernbolts von Ehenheim und Fritz Gundlachs und der „Zollnerin" an der Veste zu Eschenau erwerben konnten. Die erstaunlich hohe Summe lässt auf eine bedeutende Burganlage schließen.

1376 teilten Jakob Weigel und Stephan von Wolfstein die Burg unter sich auf: Jakob Weigel erhielt „den teil der Vesten zu der linken hand, do man hineingeet", Stephan den rechten Teil. Turm, Tor, Brücke und Brunnen blieben im gemeinsamen Besitz. Noch im gleichen Jahr trugen Jakob Weigel und Stefan von Wolfstein jeweils „den halben antheil an feste und markt zu Eschenau" König Karl IV. zu Lehen auf.

Der 1376 erwähnte Turm geht möglicherweise noch auf die alte Turmhügelburg zurück. Für das Jahr 1387 lesen wir erneut von „dem turn und das perfrit", wobei aus der Reihenfolge die Bedeutung des Turms hervorgeht. Daneben zählte man 1387 das „tor ... das geheg und den (mauer?) krantz und die greben" als weitere Bestandteile der Burg. Verträge aus den Jahren 1394 und 1398 erwähnen neben Burggraben und Weiher ein Haus, das näher als vertraglich vereinbart an den Turm gebaut worden war: Allem Anschein nach war der alte Turm nach wie vor zentraler Baukörper und Bezugspunkt der Burganlage.

Zu diesem Zeitpunkt hatten sich die Besitzverhältnisse vollständig verändert: Nach dem Tod Jakob Weigels 1379 gelangte seine Hälfte über die Heiratsverbindungen seiner Töchter Anna und Kunigunde an Georg Haller von Gräfenberg und Martin Haller von Hersbruck, wobei letzterer die Verwaltung der Güter übernahm. 1382 kaufte Niklas I. Muffel die Hälfte Stephans von Wolfstein – die „bedeutsamste Erwerbung" der Muffel überhaupt. Dem Salbuch des Niklas I. Muffel von 1387 verdanken wir die erwähnte erste Beschreibung der Burg.

Im Jahre 1400 wurde Barbara, die Witwe des Niklas I. Muffel, mit dem halben Teil von Eschenau von König Wenzel belehnt. Der König pflegte bei seinen Aufenthalten in Nürnberg im Haus der Muffel am Egidienberg abzusteigen und bedankte sich mit der Belehnung für ihre Dienste, „so seiner Maiestät in ihrem haus undrießlich getan und erzeigt". Barbara erwarb noch im gleichen Jahr Ermreuth bei Gräfenberg und besaß weitere Güter zu Eckenhaid, die sie 1408 ihrem Sohn Niklas II. übertrug [vgl. Ermreuth und Eckenhaid].

Im Jahre 1437 verkaufte Martin Haller zu einem nicht genannten Preis seinen Anteil an Schloss, Turm, Graben, „Kranz und Hag" mit weiteren Gütern an seinen Bruder Ritter Erhard Haller. 1440 kam es zwischen den Muffel und den Haller zum Streit um das „Gehege, das um die Veste geht", den Graben um die Veste, die Weihernutzung und den „gang an der Muffel Behausung in der Vesten". Erkennbar wurden auch Reparaturen an dem gemeinsam genutzten Turm, an Tor und Brücke.

Im Ersten Markgrafenkrieg gingen schon am 5. Juli 1449 „Eschenaw, marckt und sloß" in Flammen auf, obwohl die Befestigungen zuvor von der Reichsstadt mit Geschützen und Munition verstärkt worden waren. Die weitgehend zerstörte Burganlage blieb sechzig Jahre als Ruine liegen. Als Ersatz diente offenbar ein gemeinsames „großes Haus" auf dem „Viehhof", das seit 1475 wiederholt erwähnt wurde.

Als Martin Haller 1502 seinen Anteil an Schloss und Markt Eschenau an Jakob und Stefan Muffel veräußerte, zählten dazu der „Vorderteil am Schloss mit Keller und Zwinger", weiter eine Reihe von Wirtschaftsbauten, darunter Viehhaus und Taubenhaus. Dass das Schloss tatsächlich noch weithin in Ruinen lag, geht aus dem Verkauf Marthas, der Witwe des Hieronymus Haller im Jahre 1503 hervor, als sie ihren Anteil an der Veste mit der „wale", also der Ruinenstätte, mit dem Garten bei der Brücke beschreibt. Auch in ihrem Anteil waren die Wirtschaftsbauten wieder hergestellt, allen voran eine „große Behausung" beim Viehhaus, das den Haller möglicherweise als Quartier bei ihren Aufenthalten in Eschenau diente.

Quellen

StAN Rst. Nbg., Muffel-Archiv Urk. Nr. 20.

HallerA Urk. und Akten Böhmisches Lehen Eschenau.

Müllner I, S. 333.

Literatur

Bosl, Reichsministerialität, Bd. 1, S. 52 f, Bd. 2, S. 611.

Gumpert, Karl: Frühmittelalterliche Turmhügel in Franken. In: Jahresbericht des Historischen Vereins für Mittelfranken 70 (1950), S. 91 f.

Gräf, Friedrich: Geschichte des Marktes Eschenau. Ansbach 1910, S. 74.

Hirschmann, Gerhard: Die Familie Muffel im Mittelalter. In: MVGN 41 (1950), S. 257-292.

KDM Erlangen, S. 109 f.

Voit, Pegnitz, S. 61-67.

67 — D6

Eschenau II

Schloss, „Muffelschloss" oder „Großes Schloss"

Von-Muffel-Platz 1

Markt Eckental

Landkreis Erlangen-Höchstadt

1512 begann Jakob Muffel mit dem Neuaufbau des seit dem Ersten Markgrafenkrieg 1449 in Ruinen liegenden Schlosses, der im wesentlichen bis 1518 abgeschlossen werden konnte. Jakob hatte bis zu diesem Zeitpunkt die Anteile der Haller am Schloss erworben (1502/04), sodass sich erstmals die gesamte Anlage in der Hand seiner Familie befand, wenn auch weiterhin geteilt zwischen seiner Linie und derjenigen seines Vetters Claus. Der

67.1 Das 1612/19 neu erbaute Muffelschloss auf einer Karte des Hans Bien von 1628 (StAN)

67.2   Aufriss des projektierten neuen Schlosses auf einem Bauplan des frühen 17. Jahrhunderts (StAN)

Alleinbesitz der Muffel sollte – mit kurzfristigen Unterbrechungen im Zeitraum 1563/86 – bis 1751 andauern.

Nur vierzig Jahre nach dem Wiederaufbau wurde das „Schlos sampt seinen beypeuen" im Zweiten Markgrafenkrieg am 26. Juli 1553 zerstört und ein Schaden von 5.000 Gulden verursacht.

1563 bis 1565 sehen wir die Furtenbach und 1585 bis 1586 die Plöd im Besitz eines halben Teils an der (zerstörten) Veste und den zugehörigen Besitzungen. Lukas Plöd errichtete 1585 im kleinen Schlosshof ein Haus, verkaufte jedoch schon im Folgejahr seinen Anteil um 12.500 Gulden an Hans Jakob Muffel, der Eschenau wieder in seiner Hand vereinen konnte. Der Betrag spiegelt den hohen Wert der zugehörigen Besitzungen wider, nicht den des weiterhin zerstörten Schlosses.

1603 begann Hans Jakob Muffel das Schloss zum dritten Mal neu zu erbauen. Mehrere Entwürfe dafür sind ebenso erhalten wie die Rechnungen aus den Jahren 1603 bis 1611, die sich zusammen auf knapp 8.000 Gulden addieren. Nach den Baurissen sollten sich auf drei Geschossen links und rechts eines breiten mittleren Erschließungsflures große Kammern und Stuben anschließen. Im dritten Obergeschoss nahm die „Herrenstube" die gesamte linke Seite ein, im zweiten Geschoss waren Küche, „Weißkämmerlein" und „Privet" vom Flur abgeteilt. Im Erdgeschoss lagen links vom „Hausthennen" Kammer, Stube und Küche, rechts Gewölberäume. Ein an der Rückseite angebauter Treppenturm erschloss die oberen Geschosse.

Einquartierungen führten im 30-jährigen Krieg zu erneuten Schäden, die 1622 und 1631 Instandsetzungsmaßnahmen erforderten. Nach dem Tod Hans Jakobs 1632 verwalteten seine Söhne zunächst gemeinsam den Besitz. Als Christoph und Johann Jakob Eschenau 1639 teilten, wurde neben dem neuerbauten großen Schloss erstmals ein „unteres Schloß" außerhalb des Schlossgrabens erwähnt. Die Besitzersplitterung setzte sich 1673 fort, als nach dem Tod Johann Jakobs seine Söhne Wilhelm Heinrich und Johann Christoph jeweils die Hälfte ihres väterlichen Anteils, damit ein Viertel an Eschenau übernahmen. Die Lage verkomplizierte sich 1699 weiter, als der kinderlose Johann Christoph Muffel sein Viertel im Schätzwert von 10.000 Gulden dem Katharinenamt zu Nürnberg vermachte, seinen Anteil aber nicht abtrat, sondern als Hypothek auf Eschenau eintragen ließ.

Die schwierigen Besitzverhältnisse veranlassten 1708 die drei Eigentümer, Eschenau gemeinsam zu verwalten. Jeder bewohnte ein eigenes „Schloss" in Eschenau – das „Große Schloß", ein daran anschließendes „Nebenschlösschen" [vgl. Eschenau III] und das „kleine Schloß" beim ehemaligen Burggraben [vgl. Eschenau IV]. Da weiterhin jede Partei eine eigene Verwaltung mit Angestellten und Dienern unterhielt, wurde die Leistungsfähigkeit des Gutes schnell überfordert und das Klima zwischen den Teilhabern (und gegenüber den über Gebühr belasteten Untertanen) verdorben. Der Höhepunkt der Auseinandersetzungen war 1724 erreicht, als Johann Wilhelm Muffel erschossen wurde und seine Witwe Klara Regina, eine geborene Imhoff, die beiden erbberechtigten Mitbesitzer an Eschenau, die Brüder Christoph Jakob und Georg Tobias Muffel, des Mordes bezichtigte. Der Prozess endete erst 1751 mit dem Verkauf Eschenaus um insgesamt 90.000 Gulden an die Markgrafen von Brandenburg-Bayreuth durch die Erben Friedrich Jakob Muffel (Sohn des Christoph Jakob) und Christian Friedrich von Grone (Schwiegersohn der Klara Regina; er hattte die Tochter Maria Ursula Regina geheiratet). Diese erhielten in ihren Schlössern ein lebenslanges Wohnrecht; Friedrich Jakob Muffel wurde zudem zum ersten Oberamtmann im neu eingerichteten Oberamt Eschenau bestellt.

Der Verkauf des im Nürnberger Territorium gelegenen Ortes an die Markgrafen stieß auf entschiedenen Widerstand der Reichsstadt, die jahrzehntelang vergeblich gegen die Veräußerung opponierte und immerhin eine förmliche Belehnung der Markgrafen mit Eschenau verhindern konnte. Mit der Übertragung der Markgraftümer Ansbach und Bayreuth an das Königreich Preußen änderte sich 1791 die Lage auch in Eschenau grundlegend. Der preußische Minister von Hardenberg ließ 1798 die Schlossgüter an Privatleute verkaufen.

Diese hatten wenig Glück mit dem Erwerb; entsprechend schnell wechselte das Schloss die Besitzer. Der erste war Ernst Jacobi, der eine Poststelle im Schloss einrichtete und die gewölbten Räume des Erdgeschosses in Pferdeställe umwandelte. Auch der nächste, Heinrich von Bünau aus dem benachbarten Büg, behielt die Nutzung als Poststation bei und richtete zusätzlich eine Gaststätte ein, stieß das Schloss aber schon nach einem Jahr wegen Erfolglosigkeit seiner Geschäftsidee ab. Von 1802 bis 1806 war Dr. Möller aus Nürnberg Schlossherr auf Eschenau, der das Schloss mit der Poststelle und der Gaststätte verpachtete. Während er noch 11.000 Gulden für das Anwesen bezahlte, musste er es vier Jahre später an August Weidlich mit einem Verlust von 4000 Gulden veräußern. Weidlich führte den Poststellen- und Gaststättenbetrieb zunächst erfolgreich fort und zählte so prominente Gäste wie den späteren bayerischen General Deroy zu seinen Gästen. Dennoch ging er in Konkurs; 1810 wurde das Schloss – in Eschenau als „Rumpelburg" verspottet – an Georg Peter Rohrmann als Meistbietenden für gerade noch 3000 Gulden versteigert. Rohrmann baute den alten Ritter- oder Herrensaal zu einem Tanzsaal um. 1819 wurde ein neuer Tiefpunkt erreicht, als das Schloss von einer Bietergemeinschaft aus fünf Eschenauer Wirten gekauft wurde, welche seine Räume vermieteten. 1835 wurde schließlich der mächtige Bau aufgeteilt und an zwei Parteien verkauft, den Schuhmacher Georg Friedrich Langenberger und den Maurermeister Johann Rauh, die den Bau teils selbst nutzten, teils vermieteten. Nach einem Brand im Jahre 1843 ließen sie das Gebäude auch förmlich durch eine Feuermauer trennen, das durch den Brand offensichtlich besonders stark in Mitleidenschaft gezogene dritte Geschoss abtragen und in einfacher Form ohne Ecktürmchen und Ziergiebel wieder aufbauen. Den damit verbundenen Verlust zeigt eindringlich ein Vergleich mit einem Kupferstich von Christoph Melchior Roth aus der Zeit um 1759, der den sich auf einem Hügel erhebenden dreigeschossigen Schlossbau abbildete. Besonders imposant wirkte der dreigeschossige Turmbau mit seinen zwei Ecktürmchen und dem hohen Satteldach.

Der Wassergraben wurde anschließend aufgefüllt, die zugehörigen Hofräume verkauft, sodass das Anwesen „nicht einmal mehr die Dachtraufe besitzt" (Held). Neben- und Wirtschaftsgebäude sowie ein Eckturm sind noch erhalten. Insgesamt erinnert an dem Bau nichts mehr an seine großartige Vergangenheit.

Quellen

StAN Rst. Nbg., Muffel-Archiv, Urk. Nr. 196 ab, 200, 215, 216, Akten und Bände Nr. 81.

Müllner I, S. 333 f.

Literatur

Endres, Rudolf: Zum Problem der Landeshoheit in Franken. In: MVGN 61 (1974), S. 161-187.

Gräf, Friedrich: Geschichte des Marktes Eschenau. Ansbach 1910.

Held, Wilhelm: Aus der Geschichte des Marktes Eschenau. Eckental 1981, S. 27 f, mit historischen Ansichten und Plänen.

KDM Erlangen, S. 109 f.

Stadtlexikon Nürnberg, S. 255.

Ruthrof, Renaissance, S. 78.

67.3 Schloss Eschenau nach dem vereinfachten Wiederaufbau von 1853, Fotografie: F. A. Nagel von 1909 (StadtMN)

68.1 Das „Nebenschlösschen" (rechts) neben dem ehemaligen Hauptschloss, davor alte Mauerreste, Fotografie: G. v. Volckamer um 1894 (StadtMN)

68 — D6

Eschenau III

Herrenhaus, „Nebenschlösschen", auch „Mahlsches Schloss"

Von-Muffel-Platz 2

Markt Eckental

Landkreis Erlangen-Höchstadt

Das alte Schloss der Muffel wurde im Ersten Markgrafenkrieg 1449 niedergebrannt und blieb in Ruinen liegen. Beim Wiederaufbau in den Jahren 1512–1518 errichtete Jakob Muffel am Rande des engeren Burgareals ein Gebäude, das erstmals in der Besitzaufteilung von 1549 als „Nebenschlösschen" erscheint und Gabriel Muffel zugeschlagen wurde. Vermutlich stand es an der Stelle eines größeren Vorgängerbaus, der den Besitzern des zweiten Halbteils an der Veste Stephan Weigel (1330–1350), den Rittern Albrecht und Stephan von Wolfstein (1350–1382), dann bis zur Zerstörung 1449 den Muffel von Eschenau wahrscheinlich als Wohnhaus gedient hatte.

Der nach 1512 wieder errichtete Bau wurde wohl zugleich als Unterkunft für die Herrschaft wie als Sitz des Voiten genutzt. Nach 1549 richtete Jakobs Sohn Gabriel in dem Gebäude ein Brauhaus ein, an dessen Funktion man sich noch 1708 erinnert. Georg Jakob Muffel erhielt damals die Erlaubnis, das im großen Schlosshof stehende „ganz eingegangene weiland gewesene Brauhaus auf den Grund abzutragen", um hier für seine Mutter ein zweigeschossiges Haus zu errichten. Offensichtlich ließ er aber das gemauerte Erdgeschoss stehen und entfernte nur die alte Brauerei; im oberen Stockwerk richtete er eine Stube, eine Küche und ein bis zwei Kammern für seine Mutter ein. In dem Gebäude sollten seine Mutter (1716) und er selbst sterben (1728). Das Anwesen fiel an seinen Bruder Christoph Jakob Muffel, wurde 1751 an den Markgrafen veräußert, der es vermietete. 1798 wurde das Nebenschloss mit den anderen Schlossbestandteilen an Privatleute verkauft, zunächst an Ernst Jacobi (der schon das „Kleine Schloss" erworben hatte), noch im gleichen Jahr an den Weißgerber Erhard Müller. Ab 1806 teilte das Nebenschloss das Schicksal des gegenüberliegenden „Großen Schlosses", ging an den Büttner Barth und 1823 an Georg Mahl, der dem Schloss seinen Namen als „Mahlsches Schloss" verlieh.

Literatur

Gräf, Friedrich: Geschichte des Marktes Eschenau. Ansbach 1910, S. 23 f, 75 f.

Held, Wilhelm: Aus der Geschichte des Marktes Eschenau. Eckental 1981, S. 28 f, mit historischen Ansichten und Plänen.

KDM Erlangen, S. 109 f.

69 — D6

Eschenau IV

Herrensitz, „Unteres" oder „Kleines Schloss", auch „von Gronesches Schlösschen".

Schlosshof 10

Markt Eckental

Landkreis Erlangen-Höchstadt

In den Besitzteilungen unter den verschiedenen Linien der Muffel wird 1639 erstmals ein dritter Sitz in Eschenau greifbar, der damals als „unteres", später als „Kleines Schloss" oder als „Gronesches Schlösschen" erschien und westlich des „Großen Schlosses" [vgl. Eschenau II] dicht außerhalb des Burggrabens lag. Wie zum „Großen Schloss" gehörte auch zum Kleinen Schloss ein eigener Schlosshof mit einer Reihe von Wirtschaftsgebäuden, darunter ein Jägerhaus, ein Brau- und ein Bauernhaus, ferner Ställe und Scheunen, ein kleiner Herren- oder Küchengarten mit einer Fontaine sowie umfangreicher Landbesitz.

In der ersten Besitzteilung 1639 wurde das Schloss Johann Jakob Muffel zugeschlagen, der ihm möglicherweise erst in den folgenden Jahren die spätere Größe und Gestalt verlieh, die es bis zu den Umbauten nach 1852 aufwies. Das Schloss stand vermutlich an der Stelle eines früheren, bis in die Zeit Stephan Weigels (1330–1350) zurückreichenden Vorgängerbaus, an den sich eine Reihe von Wirtschaftsbauten anschloss. Nach 1677 kam das „Kleine Schloss" an seinen Sohn Heinrich, der es wiederum an seinen Sohn Johann Wilhelm weiterreichte. Dieser bewohnte das Schloss selbst und bebaute die anschließenden Felder, für deren Ertrag er 1705 eine neue Scheune bauen ließ. Über seine Witwe Clara Regina, eine geborene Imhoff, gelangte das Anwesen an seine älteste Tochter Maria Ursula Regina,

69.1 Ansicht des Groneschen Schlösschens von Süden, Fotografie: F. A. Nagel 1909 (StadtMN)

69.2 Ensemble der Eschenauer Herrensitze um 1759, von links das Große Schloss (bez. Nr. 3), das Nebenschloss und das Kleine Schloss (bez. Nr. 4). Ausschnittt auf einem Stich von C. M. Roth (HallerA)

die 1737 den Kammerjunker Christian Friedrich von Grone heiratete, der sich fortan „Grone von Eschenau auf Eckenhaid" nannte und dessen Name sich auf das Anwesen übertragen sollte.

Wirtschaftliche Not zwang die Eigentümer des Schlosses seit dem Beginn des 18. Jahrhunderts, Teile ihres Besitzes zu veräußern. Am 1. November 1751 verkaufte Friedrich von Grone seine Hälfte an Eschenau mit dem Schlösschen um 30.000 Taler (45.000 Gulden) an den Markgrafen von Brandenburg-Bayreuth und behielt sich nur ein lebenslanges Wohnrecht vor.

Das Kleine oder Gronesche Schlösschen teilte in den folgenden Jahrzehnten das Schicksal des „Großen Schlosses" und wurde 1798 gemeinsam mit demselben von Preußen an Privatleute verkauft. In nur drei Jahren wechselte das Schloss dreimal den Besitzer und befand sich 1801 in der Hand des Bauern Johann Stiegler aus Kleingeschaidt, der den Besitzkomplex zerschlug und das Kleine Schloss (mit dem „kleinen Herrengarten") im Jahre 1807 für 1750 Gulden wohl an die bisherigen Mieter verkaufte, die das Schloss gemeinsam erwarben. Laut Kataster war das Schloss zweigeschossig und zu einem Viertel massiv gebaut. Zu ihm gehörten weiter ein Gärtlein, hinter dem Schloss eine schmale Wiese, ein Backofen und ein Brunnen neben der Zufahrt.

1852 wurde das 2. Obergeschoss der östlichen Hälfte und bei dieser Gelegenheit auch der letzte Schmuck abgetragen, so dass seit dieser Zeit nichts mehr an seine ehedem herausgehobene Bedeutung als Schloss erinnert.

Literatur

Gräf, Friedrich: Haus- und Familiengeschichte Eschenaus (Entwurf). 1913 (= Beiträge zur Heimatkunde des Marktes Eschenau und dessen Umgebung). Manuskript StAN.

Gräf, Friedrich: Geschichte des Marktes Eschenau. Ansbach 1910, S. 75 f.

Held, Wilhelm: Aus der Geschichte des Marktes Eschenau. Eckental 1981, S. 29 f.

Eschenbach

Herrensitz

Eschenbach 41

Gemeinde Pommelsbrunn

Landkreis Nürnberger Land

Eschenbach war ursprünglich Reichsgut und gehörte vermutlich zu den 1008/1011 von König Heinrich II. dem neu gegründeten Bistum Bamberg übergebenen Gütern. Das Hochstift Bamberg konnte die Lehensrechte daran bis zum Ende des Alten Reiches wahren, während die Nutzung zunehmend von den eigentlich mit dem Schutz der Güter beauftragten Vögten usurpiert wurde.

Die frühe Besitzgeschichte der Burg in Eschenbach wird nur vor dem Hintergrund des komplizierten mehrstufigen mittelalterlichen Vogteisystems verständlich: Auf der ersten Stufe standen die Hochvögte, die Grafen von Sulzbach, seit 1188 die Staufer, nach 1266/69 die Wittelsbacher. Als ihre Untervögte erschienen seit dem 13. Jahrhundert die Reichsministerialen von Hartenstein-Neidstein, nach ihrem Aussterben 1324 die Schenken von Reicheneck. Mit der Wahrung ihrer Rechte am Ort hatten sie von ihnen abhängige Dienstmannen beauftragt, die auf der Burg saßen und sich nach ihr benannten, sich aber ebenfalls zunehmend emanzipierten. In Eschenbach waren dies seit 1230/38 die Eschenbecken oder Eschenbach, nach 1330 die Türriegel.

Ähnlich wie auf Burgthann existierten bei der Wasserburg Eschenbach „Burghuten", die direkt von den Hochvögten an ihre „Burgmannen" vergeben wurden und das Vogteisystem durchbrachen. Die Burghuten waren nicht immer an eine dauernde Residenzpflicht oder an ein Wohnrecht auf der Burg gebunden. So wird verständlich, dass die (von den Hochvögten eingesetzten) Inhaber der Burghuten nicht zwingend mit den (von den Untervögten belehnten) Inhabern der Burg personengleich waren und Burghuten selbst dann vergeben werden konnten, wenn die Burgnutzung in anderer Hand lag. In den pfalzgräflichen Registern erschienen schon 1230 ein Markward von Eschenbach, nach langer Pause 1339 die Türriegel, 1341–1360 die Kargel, 1343–67 die Redwitz, 1350 ein Heinrich Lochner, 1357 Heinrich Sittenbeck, 1358–1454 die Schuler und zuletzt 1407–1456 die Brandner.

1367 verkaufte Dietrich Türriegel an Hermann Erlbeck das „Haus Eschenbach mit allen anderen Lehen" und sagte sie seinem Lehnsherren Walter III. Schenk von Reicheneck auf. Wenig später wohnte 1382 Ulrich von Reicheneck mit seinem Schwager Stephan von Wolfstein auf Schloss Eschenbach. Offensichtlich hatten die Reichenecker zwischenzeitlich das Nutzungsrecht an Eschenbach von den Erlbeck übernommen. Nach dem Tod Ulrichs vor 1389 fiel Eschenbach an seine Witwe Margarethe von Wolfstein. 1403 verkauften die Brüder Hans, Wolf und Wygleis von Wolfstein ihre „Behausung" zu Eschenbach mit allen Gütern und Rechten an den Nürnberger Bürger und Montanunternehmer Heinrich Harsdörfer und seine Frau Margarethe.

Die Harsdorfer bauten in den folgenden Jahrzehnten durch Erwerb weiterer Güter ihre Position in Eschenbach aus, während Besitzteilungen oder -veräußerungen stets innerhalb der Familie stattfanden. Ihre über hundertjährige Ortsherrschaft endete mit dem Tod Hans Harsdorfers (1511). Er hatte das Schloss wie die zugehörigen Güter unter seinen drei Töchtern aufgeteilt. Hans Ebner, der 1508 Ursula Harsdorfer geheiratet hatte, konnte 1528 das zweite Drittel an Schloss und Herrschaft von Katharina, der älteren Schwester seiner Frau erwerben, während der Anteil der jüngeren Schwester Anna an die Volckamer fiel. Die Ebner – und die mit ihnen vielfach verschwägerten Harsdörfer – zählten zu den bedeutendsten Montanunternehmer ihrer Zeit, in deren Besitz sich auch benachbarte Hammerwerke befanden [vgl. Enzendorf, Hirschbach].

Hatte im Ersten Markgrafenkrieg die pfälzische Vogteihoheit Eschenbach noch vor einer Verwüstung durch den

70.1 Eine der frühen Darstellungen des Herrensitzes mit den Wirtschaftsbauten auf einer Karte vom Februar 1611 von Hieronymus Braun (StAN)

70.2   Ansicht des Herrensitzes vor dem Umbau; Kupferstich von J. A. Delsenbach um 1720, angeblich nach einer Vorlage des 16. Jahrhunderts (StadtMN)

Markgrafen bewahrt, traf der Zweite Markgrafenkrieg am 4. Juli 1552 das Schloss um so stärker. Nachdem Hans III. Ebner die geforderte Zahlung einer Brandschatzung an den Markgrafen verweigert hatte, wurden seine Herrensitze in Eschenbach wie im benachbarten Hirschbach, in Artelshofen und in Enzendorf zerstört. Der Gesamtschaden belief sich dabei auf 15.000 Gulden, wovon 3.000 Gulden auf den abgebrannten Sitz in Eschenbach entfielen.

Trotz der immensen Schäden und Verluste konnte Hans IV. Ebner – sein Vater starb 1553 – bereits 1554 den Herrensitz in Eschenbach wieder herstellen, so wie er, von den weiter unten erwähnten Veränderungen abgesehen, noch heute erhalten ist. Da vermutlich die starken Umfassungsmauern des Vorgängerbaus mit einbezogen wurden, reicht das Mauerwerk im Erdgeschoss des Haupttraktes möglicherweise bis ins 13. Jahrhundert zurück. Ganz in Stein wurden das erste und zweite Obergeschoss aufgeführt, ebenso der an der Nordwestseite angefügte, ebenfalls dreigeschossige Flügelbau. Bis 1559 waren auch die Wirtschaftsbauten im Vorhof fertiggestellt, darunter ein Pächterhaus. Ein fünfgeschossiger Torturm schützte die Zugangsseite, eine damals wesentlich höhere Wehrmauer mit Rundtürmen umgab Burg und Vorhof.

In den folgenden Jahrhunderten blieb das Schloss von Zerstörungen verschont, sodass sich die Bauaufwendungen auf den normalen Bauunterhalt beschränkten. Schloss- und Grundherrschaft der Ebner wurden lediglich von 1667–1676 unterbrochen, als Maria Helena Ebner, eine geborene Fürer, und Margarete Ebner den Gesamtbesitz an Johann Friedrich von Wimpfen um 10.000 Gulden und 200 Gulden Leihkauf veräußerten.

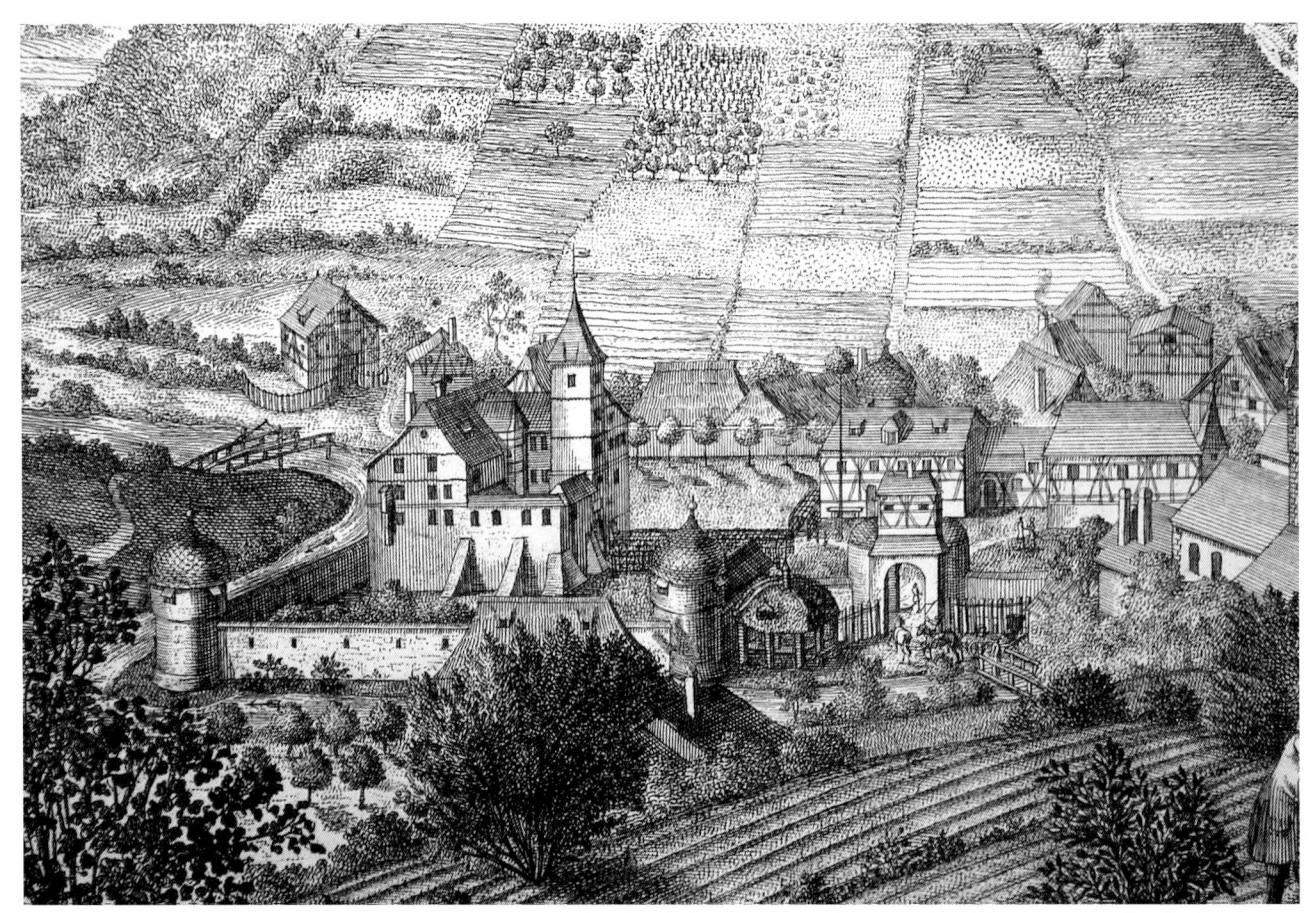

70.3   „Eschenbach, samt dem Schloss, wie solches nachgehends wieder erbauet worden", Kupferstich von J. A. Delsenbach um 1720 (StadtMN)

Mit dem Kauf von Eschenbach (wie der Herrensitze von Grünreuth und Hirschbach) und in Folge unglücklich verlaufener Montangeschäfte übernahm sich Friedrich von Wimpfen finanziell, veruntreute als Losungsamtmann städtische Gelder, wurde 1668 in Haft genommen und verstarb im gleichen Jahr im Gefängnis. Eschenbach wurde der Zwangsverwaltung des Rats unterstellt und konnte 1676 wieder von der Familie Ebner um 12.000 Gulden zurückerworben werden.

Der Zwangsverwaltung des Nürnberger Rates verdanken wir eine Beschreibung des Schlossinnern aus dem Jahre 1675, als der Sitz zum Verkauf ausgeschrieben wurde. Im Hauptbau lagen „fünf Stuben, eine große Küche ..., sieben Schlafkammern, ein kleines Sällein", im Erdgeschoss des Flügelbaus „zwei schöne Gewölbe". Im Vorhof befanden sich neben dem Voitenhaus zwei Mietwohnungen und eine große Scheune, daneben „eine schöne große Viehstallung für 10 Stück Rindvieh", daran angrenzend „eine Roßstallung für mehr als 14 Pferde, mit Knechtskammern".

Erst im 18. Jahrhundert kam es zu nennenswerten Baumaßnahmen, die das Aussehen des Schlosses aber nur unwesentlich veränderten und sich zunächst auf die Wirtschaftsgebäude konzentrierten. So wurde 1711 im Vorhof ein Stadel errichtet, 1726 die Schlagbrücke über den Hirschbach erneuert. Von 1736 bis 1740 wurden im Zuge einer Modernisierung die Wohnräume im spätbarocken „Laub- und Bandwerkstil" stuckiert, der Wassergraben aufgefüllt, der Garten neu angelegt und mit zwei Springbrunnen geschmückt.

Gravierender fielen die Veränderungen im frühen 19. Jahrhundert aus. 1817 wurden der baufällige Treppenturm abgebrochen und die Treppen nach innen verlegt, 1828/29 folgte der Abriss der ebenfalls baufälligen Wirtschaftsgebäude im Vorhof. Noch verwertbares Baumaterial wurde zur Errichtung einer Pferdestallung und einer Wagenremise verwendet. Der äußere Ring mit den vier Rundtürmen wurde nach 1830 bis auf den 1863 restaurierten Westturm („Fuchsen-Turm"), in dem früher das Gefängnis untergebracht war, abgetragen.

In den Jahren nach 1831/32 wurden im Hauptbau des Schlosses, 1837/38 im Seitenflügel und im Turm insgesamt acht neue Zimmer eingerichtet, um der größer gewordenen Familie Unterkünfte zu bieten. Mit der parallel durchgeführten Einrichtung eines Ahnensaales und einer Ahnengalerie waren die Arbeiten im wesentlichen abgeschlossen.

70.4 Blick auf das Herrenhaus von der Vorhofseite. Zeichnung von J. C. Bankel 1917 (StadtA Lauf)

Als einer der wenigen Herrensitze befindet sich Eschenbach seit bald 500 Jahren im ununterbrochenen Besitz ein und derselben Familie, der Ebner von Eschenbach.

Quellen

StBBa MvO 60, fol. 19.

Lehnbuch 1331, S. 120.

NUB Nr. 37, 288, 434, 455, 514, 1073.

Müllner II, S. 6 f.; III, S. 341.

Literatur

Deliciae II, S. 139.

KDM Hersbruck, S. 79-82.

Alberti, Volker / Baumann, Lorenz / Holz, Horst: Burgen und Schlösser in Hersbruck und Umgebung. Oberes Pegnitztal (= Adelssitze in Franken 1). Simmelsdorf-Hüttenbach 1999, S. 57-61.

Schwemmer, Wilhelm: Das Schloss und die Grundherrschaft Eschenbach. In: MANL 25 (1976), Heft 3, S. 53-72.

Stadtlexikon Nürnberg, S. 255.

Vahl, Rittersiegel, Bd. 2, S. 497 f, 737 f.

Voit, Pegnitz, S. 67 ff, 193, 271.

Voit, Grundherrschaften, S. 37 f.

F FEUCHT I

71 — D2

Feucht I

Herrensitz, „Pfinzingschloss" oder „Schloss Mornek"

Pfinzingstraße 8-12

Markt Feucht

Landkreis Nürnberger Land

Zwar haben Heimatforscher einen schon für das 13. Jahrhundert anzunehmenden Ministerialensitz an dieser Stelle vermutet, nachgewiesen ist das so genannte Pfinzingschloss jedoch erst seit dem 15. Jahrhundert. 1469 wurde der Ansitz des Ludwig Pfinzing genannt, als er seine Feuchter Güter an die Reichsstadt Nürnberg verkaufte. Der Nürnberger Patrizier hatte die Güter durch seine Heirat mit einer Waldstromerin 1455 erworben. Das Geschlecht der Waldstromer, das zeitweise die Reichsforstmeisterwürde innehatte, hatte schon im 14. Jahrhundert mehrere Feuchter Güter an sich gebracht.

Der Nürnberger Rat veräußerte den Herrensitz bald nach dem Erwerb an den Ratskonsulenten Dr. Sebald Müller, der ihn bis zu seinem Tod 1495 besaß. Unter seinen Nachfahren wurde das Pfinzingschloss 1504 mitsamt dem Dorf Feucht ein Opfer des Landshuter Erbfolgekrieges. Erst kurz vor 1520 erwarb Gabriel Nützel, der auch das „Schloss im Kartäuserweiher" erbte [vgl. Feucht II], die Brandruine, trat sie aber an einen Bernhard Glotz ab. Der neue Besitzer muss bald nach seinem Kauf mit dem Wiederaufbau begonnen haben: 1521 ist bereits von „Glotzens neu erbautem Haus und Herrensitz" die Rede. Doch schon 1530 wurde es an den Nürnberger Bürger Hanns Pfann

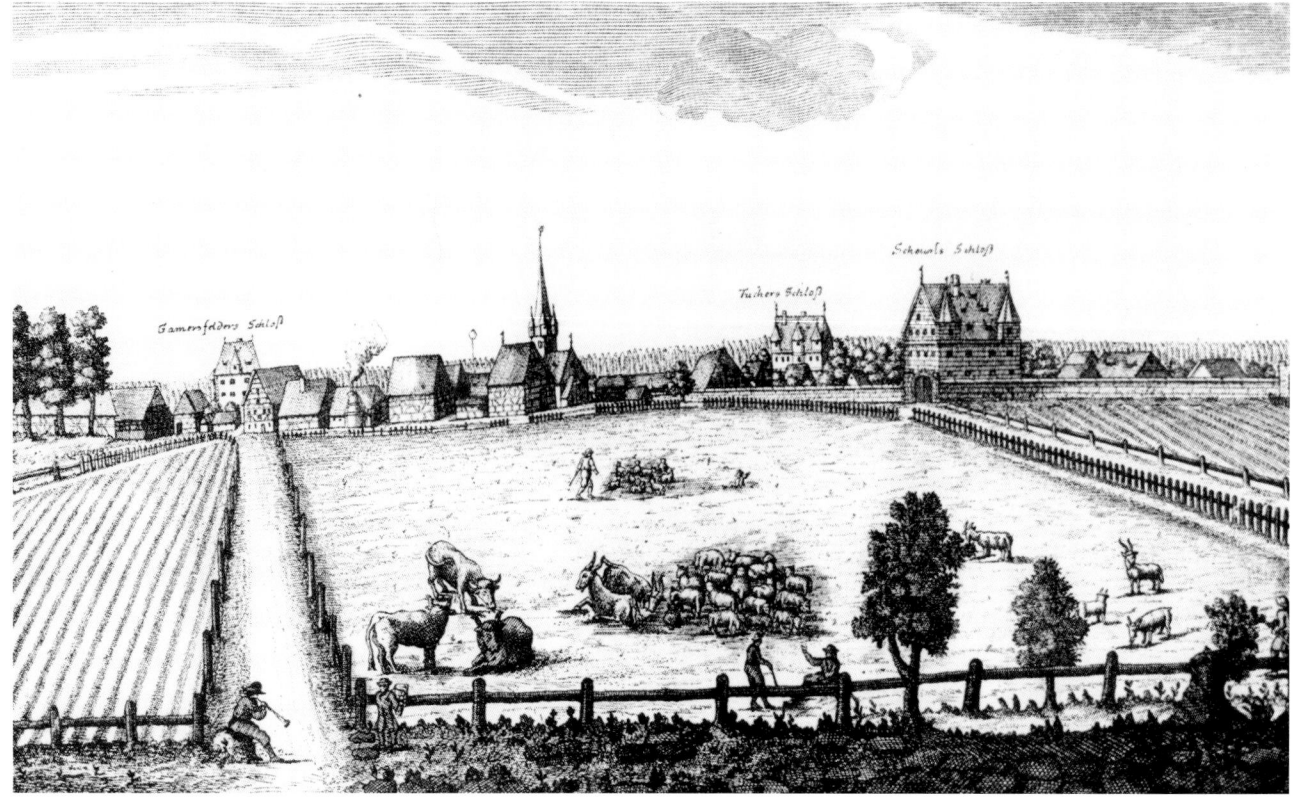

71.1 Ansicht von Feucht im Jahr 1702, Stich von J.A. Boener. Bezeichnet sind drei Herrensitze: „Gamersfelders Schloß" (Zeidlerschloss), „Tuchers Schloß" und „Scheurls Schloß" (Mornek) (StadtMN)

71.2 Ansicht des Herrensitzes aus nordwestlicher Richtung, Fotografie: G. v. Volckamer um 1894 (StadtMN)

71.3 Ansicht aus östlicher Richtung, Fotografie: F. A. Nagel 1931 (StadtMN)

und dessen Stiefsohn Christof Mordeisen [vgl. Feucht II und Fischbach IV] und nur kurz darauf an Kaspar Koberger verkauft.

Koberger erlebte im Zweiten Markgrafenkrieg am 16. Mai 1552 die zweite Zerstörung des Sitzes. 1557 bat Koberger den Rat, den „Burgstall" mit der Brandruine verkaufen zu dürfen. Als Käufer trat der 1529 geborene Patrizier Georg Tetzel auf, der 1558 heiratete und offenbar im folgenden Jahrzehnt den Wiederaufbau des Pfinzingschlosses durchführte. Die Jahreszahl 1568 an einer Wappendarstellung im Erdgeschoss dürfte die Fertigstellung der Baumaßnahme dokumentieren.

1585 verkaufte Georg Tetzel das neue Schloss an Anton Pfann und Alexander Rosenthaler, offenbar Güterspekulanten, die es 1586 an den Kaufmann Eustachius Unterholzer veräußerten. Dieser vererbte es später an seinen gleichnamigen Sohn, auf den 1616 der Enkel Tobias Unterholzer folgte. Er musste im 30-jährigen Krieg wiederholt hinnehmen, dass das Herrenhaus besetzt, geplündert und die Ausstattung demoliert wurde. Nach dem Tod des Tobias Unterholzer verkauften die Vormünder seines noch unmündigen Sohnes den Sitz 1650 an Friedrich Otto Freiherrn von Herberstein, der als Protestant seine Heimat Kärnten hatte verlassen müssen. Der Baron war aber in derart schwierigen wirtschaftlichen Verhältnissen, dass er den Kaufpreis weitgehend schuldig blieb. Das Anwesen fiel daher nach einigen Rechtshändeln an die Familie Unterholzer zurück.

1677 kaufte die Reichsstadt Nürnberg erneut den Herrensitz, nachdem Eustachius Karl Unterholzer keinen Käufer aus Nürnberg hatte finden können. 1682 übernahm Ratskonsulent Dr. Christoph Gottlieb Scheurl von Defersdorf die Liegenschaft. Er ließ zwei Türme der Wehrmauer, den an der Steingasse und den hinteren an der Schlosswiese, abtragen. Damals befanden sich beim Herrenhaus außerdem ein Gärtner- und ein Torhaus sowie diverse landwirtschaftliche Nebengebäude. Auf dem Grund der zwei ehemaligen Mauertürme wurden 1712 kleine Remisen zum Einlagern von Tabak und Futter gebaut.

Nach dem Ableben des Ratskonsulenten folgten 1713 Christoph Gottlieb Scheurl d. J., 1764 Karl Wilhelm und 1793 wieder ein Christoph Gottlieb Scheurl von Defersdorf. Zu dieser Zeit war bereits die Bezeichnung „Schloss Mornek" für den Sitz aufgekommen. Nach den Recherchen von Wilhelm Schwemmer waren zwei sich widersprechende Erklärungen zur Entstehung des jüngeren Schlossnamens im Umlauf: Zum einen soll schon Georg Tetzel seinen Neubau Schloss Mornek genannt haben, während nach einer anderen Erzählung einst ein böhmischer Kaufmann Morne im Schloss gewohnt haben soll.

Der Sitz blieb bis zum Tod des Christoph Gottlieb Scheurl 1823 bei dem Geschlecht. Dann ging es an dessen Tochter, die den Postexpeditor David Friedrich Wild geheiratet hatte, und kurz darauf an den Enkel Gottlieb Friedrich Wild, der den Herrensitz 1847 an Magdalena Schwemmer verkaufte. Nun folgten mehrere spekulative Besitzwechsel, bis Georg Konrad und Barbara Elise Schmidt 1876 das Anwesen erwarben. Deren Tochter Helena und der Schwiegersohn Friedrich Scherrbacher übernahmen es 1887 und richteten im Schloss eine kleine Fabrik ein. Um 1900 musste

Scherrbacher jedoch Konkurs anmelden, und durch Zwangsversteigerung erwarb das Nürnberger Stuckaturgeschäft Otto Schier den Besitz. Die Firma tauschte das Herrenhaus bald darauf gegen ein Nürnberger Anwesen weg, und wieder folgten zahlreiche Besitzwechsel. 1943 erwarb Professor Hermann Oberth, ein bekannter Raumfahrtpionier, das Schloss. 1988 wurde es an die Marktgemeinde Feucht verkauft, die unmittelbar darauf eine Renovierung durchführen ließ.

Das von Georg Tetzel errichtete Herrenhaus weist Umfassungen aus Sandsteinquadern auf. Im Erdgeschoss bestand in der frühen Neuzeit ein großer gepflasterter Saal, ein Milch- und ein Obstgewölbe. Im ersten Obergeschoss waren zwei Stuben und zwei Kammern sowie eine Küche, ein weiterer Saal lag mit einem großen Soller [Vorplatz] und zwei Kammern im zweiten Obergeschoss. Über dem Hauseingang auf der inneren Seite erinnern zwei Wappen mit der Jahreszahl 1568 an den Bauherrn Georg Tetzel, seine erste, früh verstorbene Ehefrau Barbara Fütterer und an die zweite, Magdalena Pfinzing. 1682 befanden sich im ummauerten Hofraum noch ein eingeschossiges Haus für den Torwärter, ein Ziehbrunnen, ein zweigeschossiges Nebenhaus mit Zinswohnungen, ein Gartenhaus, der Schloss-Stadel und die Stallungen.

Quellen

StAN Rst. Nbg., Waldamt Lorenzi II Nr. 170, 171.

Gelegenhait, Nr. 725.

Müllner I, S. 351.

Literatur

Bedal, Konrad: Fachwerk vor 1600 in Franken. Eine Bestandsaufnahme (= Schriften und Kataloge des Fränkischen Freilandmuseums des Bezirks Mittelfranken Bd. 49). Bad Windsheim-Petersberg 2006, S. 248.

Fischer, W. / Kiener, K.: Das Pfinzingschloß – Seine Geschichte – Seine Geschichten. Zur Neueröffnung am 24. November 1989. Feucht 1989.

KDM Landkreis Nürnberg, S. 34.

Ruthrof, Renaissance, S. 40 ff, mit Zeichnung von Enslin um 1830/40.

Schnabel, Werner Wilhelm: Österreichische Exulanten in oberdeutschen Reichsstädten (= Schriftenreihe zur bayerischen Landesgeschichte Bd. 101). München 1992, S. 504 f.

Schwemmer, Wilhelm: Alt Feucht. Aus der Geschichte einer Marktgemeinde am Lorenzer Reichswald (= Schriftenreihe der ANL Bd. 25). Nürnberg 1977, S. 41-47.

Ders., Bavaria Ant., S. 32 f.

Stadtlexikon Nürnberg, S. 282.

Feucht II

Herrensitz, „Schloss im Kartäuserweiher", später „Zeidlerschloss"

Mittlerer Zeidlerweg 8

Markt Feucht

Landkreis Nürnberger Land

Im Jahr 1427 erwarb der Nürnberger Bürger Burckard Peßler die Reichslehengüter, darunter den so genannten Kartäuserweiher, der verschuldeten Familie Hutt. Der reiche Kaufmann begann unmittelbar danach, im Kartäuserweiher ein Herrenhaus zu bauen. Dies wird 1428 deutlich, als der Rat der Reichsstadt Nürnberg von Peßler die übliche Zusicherung forderte, das im Bau begriffene Weiherhaus, sollte es einmal verkauft werden, nur an Nürnberger Bürger oder an den Rat selbst zu veräußern. An diese Bedingung wurde im späten 15. Jahrhundert erinnert, als die Peßler das Wohnrecht an Konrad Konhofer, Pfarrer zu St. Lorenz, und den Nürnberger Bürger Schuler verpachteten. 1480 übernahm dann nach einer Erbeinung Steffan Peßler den Herrensitz und die übrigen Feuchter Liegenschaften der Familie. Er verkaufte 1503 das Herrenhaus im Weiher, eine Fachwerkkonstruktion auf einem massiven Sockelgeschoss, mit allen Nebengebäuden und der Badestube, zwei Zeidelmuttergütern, der Mühle, die zum Messinghammerwerk umgebaut worden war, und den grundherrschaftlichen Rechten über 13 Anwesen an Katharina Harsdorffer, Ehefrau des Fabian Harsdorffer. Der Zeitpunkt stellte sich für die Käuferin als

72.1 Ansicht des Herrensitzes im Vordergrund mit bereits trockengelegtem Weiher, Fotografie: G. v. Volckamer um 1894 (StadtMN)

recht unglücklich heraus, denn ein Jahr später wurden der Ort und der Sitz im Landshuter Erbfolgekrieg niedergebrannt.

1508 war Katharina Harsdorffer verstorben, 1519 folgte ihr Ehemann ins Grab, woraufhin das Erbe an Gabriel und Katharina Nützel, Tochter der Katharina Harsdorffer aus erster Ehe mit Nikolaus Groß, fiel. Das Ehepaar soll um 1519 den Herrensitz wiederaufgebaut haben. Von den Erben des Nikolaus Nützel wurde der Besitz 1535 an Christoph Mordeisen [vgl. Feucht I, Fischbach IV] veräußert, der 1539 Brigitte Nützel zur Frau nahm. 1543 verkaufte Mordeisen jedoch alle Liegenschaften und Rechte an die Brüder Hieronymus und Ludwig Schnöd.

Im Zweiten Markgrafenkrieg sank der Herrensitz am 16. Mai 1552 in Schutt und Asche. Die Gebrüder Schnöd hatten den Besitz jedoch schon 1550 an den Nürnberger Rat verkauft, sodass die Reichsstadt auch diesen Schaden zu tragen hatte. 1556 wurde die Brandruine mit den dazugehörigen Liegenschaften und Rechten dem damaligen Ratskonsulenten Dr. Christoph Gugel geschenkt, allerdings mit der Auflage, den Sitz in Stand zu setzen. Der heutige Bestand geht wesentlich auf die Baumaßnahme des Dr. Gugel zurück.

Nach dem Tod des Bauherrn 1577 übernahm nach einer Erbauseinandersetzung die Tochter Maria Salome Tucher den Sitz. 1594 erbte Schwiegersohn und Neffe Philipp Jakob Tucher, der sich vor allem wegen des geplanten Ausbaus des Hammer- und Mühlwerks viel Ärger mit dem Rat, dem markgräflichen Amt Burgthann und etlichen Nachbarn einhandelte. Vor 1616 verkaufte Tucher daher an den markgräflichen Pfleger und Propsteiverwalter von Solnhofen, Philipp Jakob Grötsch, der Jakobina Welser geheiratet hatte. Diese Heiratsverbindung dürfte den Besitzerwerb des markgräflichen Beamten erleichtert haben. Allerdings musste er der Reichsstadt 1616 wiederum das Vorkaufsrecht für Nürnberger Bürger und ein Öffnungsrecht für die Reichsstadt im Kriegsfall einräumen.

Schon 1626 wechselte der Herrensitz an einen Christoph Adam Holbeck, der unmittelbar danach an Georg Christoph Örtel und dessen Ehefrau Maria, geborene Haller, verkaufte. 1649 erwarb der Nürnberger Ratskonsulent Dr. Justin Hardesheim das Schloss im Kartäuserweiher von den Töchtern des schon 1633 verstorbenen Örtel. Dem Juristen folgte 1660 der Patrizier Hans Wilhelm Schlüsselfelder nach; dessen Erben veräußerten den Sitz 1680 an den Nürnberger Bürger Johann Andreas Waldmann.

72.2 Ansicht des Herrensitzes aus etwa östlicher Richtung, Fotografie: F. A. Nagel 1931 (StadtMN)

Die Besitzgeschichte blieb weiterhin sehr bewegt: Auf Waldmann folgte bald Georg Hannibal Braun, dann 1695 Christof Gottlieb Löffelholz. Bis 1747 erlebte das Schloss noch acht weitere Besitzwechsel, bis es schließlich vom Nürnberger Bürger und hessischen Hofrat Andreas Philipp König 1747 an den Unterrichter Johann Konrad Schneider veräußert wurde. Der Jurist behielt das Weiherhaus bis zu seinem Tod. 1779 ging es an Heinrich Kühnlein über, mit dem abermals eine Ära des schnellen Wechsels eintrat. Wieder wurde der Sitz mehrmals Spekulationsobjekt, bis er 1804 an Georg Christoph von Oelhafen kam. Hatte schon ein Vorgänger einige Teile des Grundbesitzes veräußert, so wurde er nun 1806/07 völlig zerschlagen, bis nur noch das Herrenhaus mit einem Morgen Gartenfläche übrig blieb. Der Kartäuserweiher wurde trockengelegt und aufgefüllt. Diese kleine Restliegenschaft erwarb 1809 Johann Georg Heerdegen, kurz danach wieder die Familie Oelhafen, dann 1818 Christoph Wilhelm von Volckamer.

1842 kaufte der Maurermeister Simon Wild das Herrenhaus. Unter seinem Sohn wurde 1860 eine benachbarte Stallung mit Hofraum erworben und eine Landwirtschaft etabliert. Als landwirtschaftliches Anwesen kaufte es 1887 der Schwabacher Paulus Gutmann, von dem es über einen Johann Humann an Georg und Maria Hausner überging. Erst jetzt verlief die Besitzgeschichte wieder ruhiger. Die Familie Hausner behielt das Herrenhaus bis 1976, als es von der Marktgemeinde Feucht erworben wurde.

Das um 1560 errichtete Herrenhaus war ein idealtypisches Nürnberger Weiherhaus. Der Massivbau aus Sandsteinquadern stand im Wasser und war nur über eine Zugbrücke zu erreichen. Eine Beschreibung von 1709 führt drei Geschosse auf, wobei im Erdgeschoss sich neben einem Lagerkeller und einem Gewölbe nur ein „Schreibkämmerlein" befand. Die Stuben und Kammern sowie jeweils eine Küche waren in den beiden Obergeschossen eingerichtet. Ein innerer und ein äußerer Ökonomiehof mit zwei Voithäusern lagen damals im Vorhof vor dem Kartäuserweiher.

Quellen

StAN Rst. Nbg., Urk. des 7-farbigen Alphabets Nr. 725. Rst. Nbg., Waldamt Lorenzi I Nr. 423.

Gelegenhait, Nr. 1096.

Müllner I, S. 350 f.

Literatur

KDM Landkreis Nürnberg, S. 34.

Ruthrof, Renaissance, S. 31 f.

Schwemmer, Wilhelm: Alt Feucht. Aus der Geschichte einer Marktgemeinde am Lorenzer Reichswald (= Schriftenreihe der ANL Bd. 25). Nürnberg 1977, S. 32-41.

Ders., Bavaria Ant., S. 32.

Stadtlexikon Nürnberg, S. 282, mit Radierung von J. A. Boener von 1702.

73   D2

Feucht III

Herrensitz, „Tucherschloss"

Hauptstraße 70, 72

Markt Feucht

Landkreis Nürnberger Land

Das so genannte Tucherschloss in Feucht entstand erst im späten 16. Jahrhundert auf bäuerlichem Grund. Der 1533 geborene Herdegen IV. Tucher, verheiratet mit Katharina Pfinzing und zusammen mit seinem Bruder Paul seit 1568 Leiter der Tucherschen Handelsgesellschaft, erwarb 1586 in Feucht das Zeidelgütlein eines Jörg Seckler. Obgleich auf dem Anwesen nur

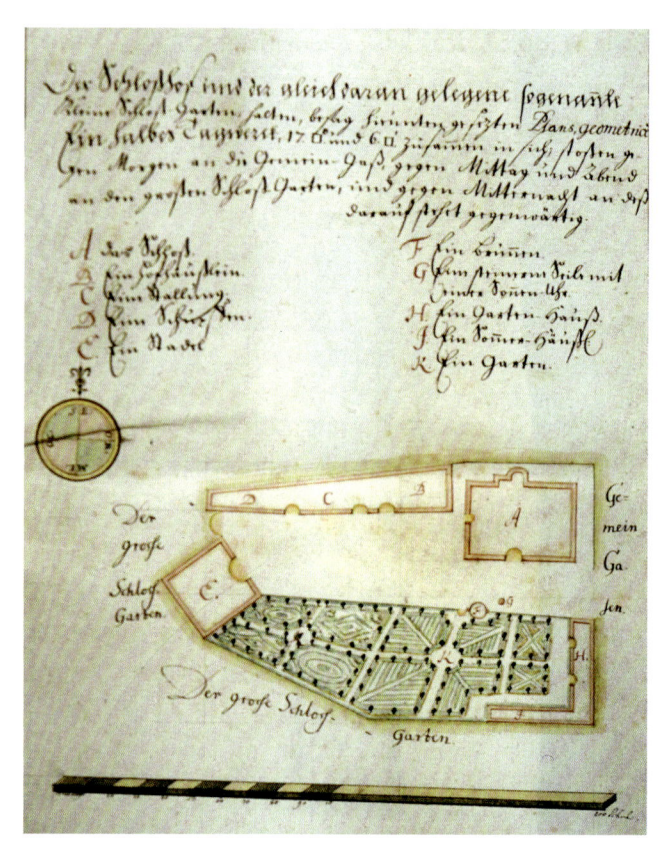

73.1 Kolorierter Lageplan des Tucherschlosses mit dem so genannten kleinen Schlossgarten, gezeichnet vermutlich 1757 (StadtAN)

das bescheidene kleinbäuerliche Wohnstallhaus stand, schritt der Käufer bald zur Errichtung eines Herrensitzes. Angesichts der restriktiven Genehmigungspraxis der Nürnberger Waldämter, die zum Schutz des Waldes in der Regel keine Erweiterung der Baumasse gestatteten, rechtfertigte Herdegen Tucher die besondere Größe des Hauses mit dem angeblich feuchten Baugrund, der eine Bewohnung des Erdgeschosses nicht zulasse. Er verpflichtete sich, die Umfassungen ausschließlich massiv zu bauen und das Erdgeschoss stets unbeheizt zu lassen. Nach der im Herbst 1590 erfolgten Baugenehmigung dürfte das Herrenhaus in den Jahren 1591/92 errichtet worden sein.

Die für das 17. und 18. Jahrhundert überlieferte Raumstruktur zeigt, wie wenig man sich um die Bedingungen der Baugenehmigung von 1590 geschert hatte. Im Erdgeschoss gruppierten sich um den Haustennen nicht nur Lager- und Speisegewölbe, sondern auch eine Stube und eine untere Küche. Die Wohnräume der Herrschaft, eine obere Küche, Schlafkammern, das Schreibstüblein und die Wohnstube fanden sich im ersten Obergeschoss. Die repräsentativsten Räume waren im zweiten Obergeschoss, wo vor allem der Saal, die „große Gaststube" genannt, eingerichtet war. Die Erschließung der Geschosse erfolgte von Anfang an über einen Treppenturm, der den Zugang auf den jeweiligen „Soller" (Vorplatz) gewährt. Auch das erste Dachgeschoss war schon im 17. Jahrhundert mit Mägdekammern wenigstens teilausgebaut.

Noch vor seinem Tod, 1614 im Alter von 81 Jahren, hatte Herdegen Tucher angesichts fehlender männlicher Nachkommen eine Familienstiftung, in Nürnberg meist Vorschickung genannt, gegründet. Der jeweils älteste Nachkomme seines Bruders Paul sollte das Stiftungsvermögen verwalten. Erst nach einem Aussterben des Tucherschen Geschlechtes hätte das Vermögen an das Nürnberger Heilig-Geist-Spital fallen sollen. Bis 1636 verwaltete Anton IX. Tucher den Herrensitz und musste 1632 die Verwüstung und Plünderung des Herrenhauses durch kaiserliche Soldateska erleben, bei der auch das Voithaus niederbrannte. Dann folgte dessen Bruder Karl III. Tucher bis 1646, kurzfristig beerbt von seinem Vetter Anton X. Die Reihe der Administratoren wurde fortgesetzt von Thomas III. Tucher vor 1648, 1657 Stephan, 1689 Georg Stephan d.Ä., 1732 Johann Jakob Tucher, 1746 Georg Stephan d.J., bis 1777 Carl Gottfried, bis 1785 Georg Friedrich und nach einer vorübergehenden Vormundschaft Jakob Gottlieb Friedrich Tucher.

Während dieser Zeit nutzte die Familie Tucher den Feuchter Herrensitz in der Regel nur für Sommeraufenthalte. Im Erdgeschoss wohnte – im Gegensatz zu den Vereinbarungen von 1590 – der Voit, vermutlich seit der Zerstörung des Voithauses im 30-jährigen Krieg. Das Voitanwesen war nach dem Krieg zwar wiederaufgebaut worden, wurde aber seither an einen Landwirt verpachtet. Den entsprechenden Rahmen für die Besuche der Herrschaft bot ein kunstvoll angelegtes

73.2 Ansicht des Tucherschlosses von Nordosten, Fotografie: F. A. Nagel 1931 (StadtMN)

73.3 Nach der Instandsetzung vor wenigen Jahren wieder mit den vier rekonstruierten Ecktürmen, Ansicht aus nordwestlicher Richtung 2006 (Rg)

„Lust-Gärtlein", das im Laufe des 18. Jahrhunderts als Barockgarten neu gestaltet wurde. Es verfügte auch über ein Gärtner- und ein Sommerhaus, wo sich ein Sommersaal und eine Winterung befanden. Diese beiden aus gartenhistorischer Sicht äußerst wertvollen Gebäude haben sich bis heute in unmittelbarer Nachbarschaft des Schlosses erhalten.

Nach dem Tod des Jakob Gottlieb Friedrich Tucher 1832 einigten sich die Erben auf eine Versteigerung des Sitzes gegen Höchstgebot. Erst nach mehreren Anläufen gaben der Feuchter Gastwirt Johann Pfann und der Pächter der Landwirtschaft, Georg Böhm, akzeptable Gebote ab. Nach dem Kauf wurde der Tuchersche Besitz geteilt: Während Böhm das landwirtschaftliche Gut übernahm, fiel das Schloss an Johann Pfann, der noch 1833 erfolgreich die Tafernwirtshausgerechtigkeit für das Anwesen beantragte und damit die Tradition des Gasthauses „Nürnberger Hof" begründete. In dieser Zeit sollen auch die vier charakteristischen Eckürmchen abgebrochen worden sein. Unter dem Sohn Georg Pfann folgte um 1840 die wohl weitgehende Zerstörung der barocken Gartenanlage durch den Bau einer Stallung. Schon um 1845 wurde das Anwesen an den Bierbrauer Johann Paulus Rückert verkauft. Nach dem frühen Tod des Brauers folgten Jahrzehnte raschen Besitzwechsels: Konkurse, Versteigerungen und spekulative Käufe prägten diese Zeit. Bei diesen Gelegenheiten ging auch ein großer Teil der dazugehörigen Grundstücke verloren. Erst mit dem Erwerb des Gastwirts Johann Heerdegen im Jahr 1909 kehrte wieder eine längere Besitztradition ein. Die Familie Heerdegen bewirtschaftete den „Nürnberger Hof" noch in den frühen 1980-er Jahren. 1990/91 erwarb der Architekt Fred Brunner den mittlerweile baufälligen Herrensitz und setzte ihn mit viel Engagement in denkmalgerechter Weise in Stand.

Quellen

StAN Rst. Nbg., Waldamt Lorenzi II Nr. 164.

Literatur

Giersch, Robert: Bau- und Nutzungsgeschichte des Tucherschlosses in Feucht bei Nürnberg. Denkmalpflegerische Voruntersuchungen 1996. Unveröff. im BLfD.

Schwemmer, Wilhelm: Alt Feucht. Aus der Geschichte einer Marktgemeinde am Lorenzer Reichswald (= Schriftenreihe der ANL Bd. 25). Nürnberg 1977, S. 47-51.

Wiegel, Helmut: Schlossgarten Tucherschloss Feucht. Gartendenkmalpflegerische Voruntersuchungen 2005. Unveröff. im BLfD.

74 D2

Feucht IV

Abgegangener Herrensitz

Markt Feucht

Landkreis Nürnberger Land.

Bei der Erkundung der Landschaft um Nürnberg, die der Nürnberger Rat vor Ausbruch des Landshuter Erbfolgekriegs 1504 in Auftrag gegeben hatte, wurden in Feucht drei Herrensitze gezählt. Während der Pfinzingsche Sitz und das Schloss im Kartäuserweiher bereits für diese Zeit bezeugt sind, bleibt der dritte Sitz ohne Nachweis. Er wurde wahrscheinlich mit den übrigen Sitzen im Krieg 1504 zerstört und nicht wiederaufgebaut. In den Jahrzehnten danach lassen sich bis zum Bau des Tucherschlosses nur zwei Sitze in Feucht belegen.

Quellen

Gelegenhait, Nr. 1096.

Müllner I, S. 350 f.

Literatur

Schwemmer, Wilhelm: Alt Feucht. Aus der Geschichte einer Marktgemeinde am Lorenzer Reichswald (= Schriftenreihe der ANL Bd. 25). Nürnberg 1977, S. 51 f.

75 D2

Feucht V

Abgegangenes Herrenhaus

Markt Feucht

Landkreis Nürnberger Land

1623 berichtete Nürnbergs Chronist Johannes Müllner von einem Herrenhaus, das Eustachius Unterholzer, Besitzer des Pfinzingschlosses [vgl. Feucht I], „erst vor wenigen Jahren", daher wohl nach 1600, auf dem Grund eines abgebrochenen Bauernhauses gebaut hatte. Der Hof hatte zuvor einem Haintz Creutzer gehört. Der Nürnberger Kaufmann soll dies ohne Genehmigung des reichsstädtischen Waldamtes getan haben und war daher mit einem Bußgeld von 100 Gulden bestraft worden. Nach einer Bittschrift des Bauherrn wurde die Strafe auf 20 Gulden ermäßigt, wobei Unterholzer ein Feuer- und Waldrecht von einem anderen Gebäude abziehen und auf dieses Anwesen übertragen musste. Da die weitere Überlieferung über das Schicksal des zweiten Unterholzerschen Herrenhauses schweigt, ist anzunehmen, dass das vermutlich eher bescheidene Gebäude noch in der ersten Hälfte des 17. Jahrhunderts wieder zu einem bäuerlichen Anwesen herabsank.

Quellen

StAN Rst. Nbg., Losungsamtliche Reverse Nr. 52.

Müllner I, S. 351.

76 J7

Finstermühle

Abgegangener Herrensitz (1913 zerstört)

Markt Neuhaus a.d. Pegnitz

Landkreis Nürnberger Land

Vermutlich existierte im Weiler Finstermühle schon im 15. Jahrhundert ein Herrensitz. Bei einer Bürgschaft für Jörg und Elsbeth von Rabenstein nannte sich im Jahr 1450 der Edelmann Conrad Stör ausdrücklich „zu der vinsteren mül" sitzend. Um 1567 ging der Sitz Finstermühle von den Erben des Auerbacher Bürgers Kaspar Kauper an Hanns von der Grün, der einem alten oberfränkischen Ministerialengeschlecht

76.1 Der Herrensitz Finstermühle auf einer Karte der Ämter Hauseck und Velden, gezeichnet im Februar 1611 von Hieronymus Braun (StAN)

76.2 Darstellung des Herrensitzes als Weiherhaus, kolorierte Zeichnung auf einer Karte von 1669 (StAAm)

entstammte und der auch das Hammergut Rothenbruck besaß [vgl. Rothenbruck]. In einer Korrespondenz mit der pfalzgräflichen Administration 1593 nannte er sich ausdrücklich zu Finstermühle und Weihersberg. Um 1641 kam das Landsassengut an den pensionierten Hauptmann Hermann Brückhamb, der 1659 gerichtlich gegen den Neubau des Rothenbrucker Hammerwerkes durch die Nürnberger Montangesellschaft Tetzel und Kreß vorging. Zwei kolorierte Darstellungen des Sitzes aus dieser Zeit zeigen ein typisches Weiherhaus, dem eine Grabenanlage und die Wehrmauer einen wehrhaften Charakter verleihen.

Nach 1690 war der Herrensitz „fast ganz in ruin gefallen". Um 1695 wurde er in angeblich schlechtestem Zustand von Jakob de Noblet, Pfleger von Burg und Amt Hartenstein, erworben. Der kurbayerische Beamte führte ab 1696 umfangreiche Bauarbeiten auf seinem Herrensitz durch, der ihn „ein zimbliches gekostet" haben soll. Bei dieser Gelegenheit wurden 1697/98 auch ein Stallgebäude weitgehend neu gebaut, die Schlossmauer erhöht und mit neuem Verputz versehen.

Um 1710 erwarb das Anwesen ein Strassmayr von Herbstheimb, der mit der Besetzung der Oberpfalz im Spanischen Erbfolgekrieg von der kaiserlich-pfälzischen Interimsadministration als Pfleger des Amtes Thurndorf eingesetzt war. 1726 wurde es an Lorenz Hirneiß verkauft. Im frühen 18. Jahrhundert behauptete die Amberger Regierung mehrmals, das Gut sei erst nach der Eroberung durch die Alliierten nach 1703 zum Landsassengut Finstermühle und Rehberg erhoben worden und wollte die Privilegierung als Landsassengut einziehen. Man verwies auch auf die Verweigerung der Edelmannsfreiheit an Jakob de Noblet im Jahr 1700. Erst nach längeren Rechtsstreitigkeiten wurde die Landsassengerechtigkeit von Kurbayern bestätigt und die Familie Hirneiß zur Wahrnehmung der Gerichtsrechte in den Adelsstand erhoben. Unter Johann Franz Michael von Hirneiß, kurbayerischem Regierungsrat in Landshut, avancierte das Gut um die Mitte des 18. Jahrhunderts dann sogar zu einer Hofmark Finstermühle und Rehberg mit einem eigenen Niedergerichtsbezirk.

Nach mehreren Besitzwechseln in den 1770-er Jahren erwarb der Kirchenthumbacher Marktschreiber Prechtl um 1783 das Gut. 1793 wurden ihm die niederen Jagdrechte der Hofmark bestätigt. Prechtl veräußerte den Besitz an seine Tochter und den Schwiegersohn, Johann Georg Freiherrn von Miller, der 1825 verstarb. Unter dessen Witwe geriet das Gut 1834 in eine Zwangsversteigerung und wurde in mehrere Besitzteile zerschlagen. Das Herrenhaus erwarben Johann Bremstahler und Wolfgang Apfelbacher je zur Hälfte. Am 2. März 1913 ging das Herrenhaus, das bis zuletzt ein weitgehend aus Fachwerk bestehendes zweites Obergeschoss besaß, bei einem Brandunglück zugrunde.

F FINSTERMÜHLE

76.3 Ansicht des Herrensitzes wenige Jahre vor der Brandkatastrophe, Fotografie: F. A. Nagel 1910 (StadtMN)

Quellen

StAAm Amt Auerbach Nr. 520, 522, 524, 525, 526, 527. Amt Hartenstein Nr. 57. Plansammlung Nr. 3166, 3173.

StAN SchlossA Hüttenbach Urk. Nr. 8.

Literatur

Dimler, Andreas: Marktgemeinde Neuhaus – Gestern und Heute. Neuhaus 1989.

Giersch, Robert: Geschichte der Burg Hartenstein. Denkmalpflegerische Voruntersuchung 2005. Unveröff. im BLfD.

77–81   D3

Fischbach

In Fischbach wurde im Zuge der Erschließung des Reichswaldes um Nürnberg durch Reichsdienstmannen ein Zeidelgut angelegt. Ab 1330 werden mit den Fischbecken erstmals Personen greifbar, die sich nach dem Ort nannten. Wegen ihrer Teilnahme am Aufstand gegen König Karl IV. verloren 1348 die Brüder Fritz und Hans die Fischbecken alle ihre Reichslehen. Während sie diese [u. a. Eckenhaid] und die Weiher bei Pillenreuth 1349 zurückerhielten, wurde im selben Jahr die Burghut „der Vischebekken von Vischebach" auf der Nürnberger Reichsburg, mit der sie seit 1339 belehnt waren, auf Swinko von Hasenburg übertragen, den Kammerdiener des Königs. Die steigende Verschuldung hatte die Fischbecken schon 1347 zur vorübergehenden Verpfändung ihrer Güter [vgl. auch Malmsbach] an die Waldstromer gezwungen. 1350 mussten sie ihren Besitz – ausgenommen den in Fischbach und Malmsbach – wegen eines Darlehns von 400 Pfund Heller an die Stadt Nürnberg versetzen. Bis 1352 war die Pfandsumme bereits auf 1000 Pfund Heller gestiegen, was 1353/54 zum Verkauf der Weiher an die Stadt führte. Vermutlich gingen auch die Güter in Fischbach bald verloren. Ob dort 1350 schon ein Sitz bestand – wie 1623 der Nürnberger Ratsschreiber Johannes Müllner behauptete –, ist nicht bekannt, aber wahrscheinlich. Jedenfalls wird der Harsdorfsche Sitz [vgl. Fischbach I] seit 1405 erwähnt.

Ob daneben auf dem Zeidelgut [vgl. Fischbach II] oder im Bereich des heutigen Pellerschlösschens [vgl. Fischbach III] bereits weitere Herrensitze existierten, muss offen bleiben. Im Ersten Markgrafenkrieg wurde Fischbach 1449 von den Truppen des Pfalzgrafen niedergebrannt, nähere Angaben über das Ausmaß der Schäden fehlen jedoch.

Obwohl um 1500 schon mindestens drei Sitze bestanden, werden sie in der Beschreibung der Nürnberger Landschaft um 1504 nicht erwähnt. Jedoch erscheint Fischbach unter den Orten, deren Herrensitze und (feste) „Häuser" der Nürnberger Rat im selben Jahr zu Beginn des Landshuter Erbfolgekriegs mit einer Mannschaft belegte. Wenig später werden sie namentlich erkennbar, als in rascher Folge die Inhaber ihre Sitze der Reichsstadt öffneten: Im Jahre 1515 Pankraz und Hans Holzschuher (heute Harsdörfer-Schloss), 1517 Friedrich Behaim (heute Scheurl-Schloss) und Matthias Melber (heute Peller-Schloss), schließlich 1548 auch Hans Mayenschein [vgl. Fischbach IV]. Der Zweite Markgrafenkrieg traf Fischbach erneut, vernichtete drei Herrensitze – Harsdorf, Hübner, Schmidtmayer (heute Pellerschloss) – und beschädigte einen weiteren schwer (Scheurl). Im 18. Jahrhundert standen nach den Neubauten der Harsdörfer und Scheurl in Nachbarschaft ihrer alten Sitze insgesamt sieben Herrenhäuser, von denen zwei vor Ausbruch des Zweiten Weltkrieges abgerissen wurden [vgl. Fischbach IV und V] und einer 1943 nach einem Luftangriff ausbrannte, aber wiederhergestellt werden konnte.

Nicht eindeutig identifizieren lässt sich bislang ein Herrensitz, der 1482 in der Erbteilung unter den Söhnen des Paul Holzschuher (gestorben 1447) erscheint: Das „Herrn haus oder sicz zu Vischbach gegen der kirchen vber gelegen ... so alles aigen ist", das je zur Hälfte an Fritz und Sebald Holzschuher fiel. 1484 kaufte Fritz auch den Halbteil Sebalds. Vermutlich derselbe Sitz war es dann, den Wolf Holzschuher, der Sohn des 1511 verstorbenen Fritz, 1517 der Stadt Nürnberg öffnete. Das weitere Schicksal ist unbekannt. Der Lagebeschreibung nach müsste er im Bereich der Anwesen Fischbacher Hauptstraße 187-191 zu suchen sein.

Auch der Sitz, den 1543 Sebald Pfinzing hinterließ [vgl. Lichtenhof], lässt sich bis jetzt nicht lokalisieren. Eine auf authentische Quellen gestützte Geschichte der Fischbacher Herrensitze bleibt nach wie vor ein Desiderat.

Quellen

Gelegenhait, Nr. 1117.

Gatterer, Johann Christoph: Historia genealogica dominorum Holzschuherorum. Nürnberg 1755, Codex diplomatum et documentorum Nr. 177, 179, 227††.

Müllner I, S. 347, 501; III, S. 277.

Literatur

Alberti, Volker / Boesch, Toni: Herrensitz Weiherhaus. In: MANL 39 (1990), Sonderheft 36, S. 9-16.

Forstner-Karl, Gisela: Fischbach – ein Gang durch seine Geschichte. Hg. vom Bürgerverein Nürnberg-Südost e.V. Feucht 1984, S. 24-30.

HAB Nürnberg-Fürth, S. 114.

KDM Stadt Nürnberg, S. 284-286.

Kretschmer, Ulrich: Fischbach. In: Nürnberger Stadtteile im Wandel der Jahrhunderte. Hg. v. Bürgerverein Nürnberg-Südost e.V. Nürnberg 1999, S. 19-33, 73-91.

Mummenhoff, Ernst: Die Pillenreuther Weiher und die Dutzendteiche. In: MVGN 19 (1911), S. 168-179.

Schuh, Eduard von: Fischbach bei Nürnberg. Sein Ursprung und seine Geschichte. In: MANL 3 (1954), Sonderheft, Anlage 1.

Stadtlexikon Nürnberg, S. 287 f.

77 D3

Fischbach I

Herrensitz, „Harsdorfsches Schloss"

Fischbacher Hauptstraße 197/199

Stadt Nürnberg

1405 verkaufte Veit Pfinzing seinem Schwager Karl Holzschuher „sein hawse zu Vischbach gelegen mit sampt dem grabn vnd Weyer daran"; es war ein Lehen der Burggrafen von Nürnberg. 1441 belehnte Markgraf Albrecht Achilles die Brüder Karl und Paul Holzschuher u.a. mit dem „Hawß zu Vischpach mit dem Graben und Garten", das im Ersten Markgrafenkrieg 1449 vermutlich zerstört wurde. 1515 öffneten Karl Holzschuhers Enkel Pankraz und Hans ihren Sitz der Stadt Nürnberg. Von Hans und Sebastian Holzschuher erwarben 1537 Wolf, Peter und Christoph Harsdorfer das Schloss, das sich noch heute im Besitz der Familie befindet. 1542 war Wolf Harsdorfer der größte Grundeigentümer am Ort; zu seinem Sitz zählten 2 Höfe und 6 Güter. 1544 wurden die Brüder von den Markgrafen mit dem „Haus zu Fischbach mit den Graben und Garten" belehnt. Nach einer Brandkatastrophe 1549 kaum wieder aufgebaut, wurde der „herrnsytz" im Zweiten Markgrafenkrieg schon 1552 wieder zerstört. Der Gesamtschaden an den damals drei Schlössern in Fischbach belief sich auf 8.000 Gulden.

Beim erneuten Wiederaufbau nach 1553 erhielt das so genannte „alte" Schloss unter Wiederverwendung vorhandener Bauteile seine heutige Gestalt. Der lang gezogene Bau mit unverputztem Sandstein-Erdgeschoss und Fachwerk-Obergeschoss trägt ein Krüppelwalmdach mit Schleppgauben; der Fachwerkerker hat ein polygonales Spitzdach. Im Innern barg das Herrenhaus neben den Kammern zwei Küchen, zwei Stuben, im Obergeschoss einen herrschaftlichen Saal. Das zweigeschossige ehemalige Voitenhaus mit vorkragendem Fachwerk-Obergeschoss und Satteldach (Fischbacher Hauptstraße 203) stammt wohl ebenfalls aus dem 16. Jahrhundert. Im Hof befindet sich ein überdachter Ziehbrunnen mit einem runden Becken aus dem 18. Jahrhundert. Der Westgiebel des Schlosses wurde am 10. August 1943 schwer beschädigt, aber bald wieder aufgebaut.

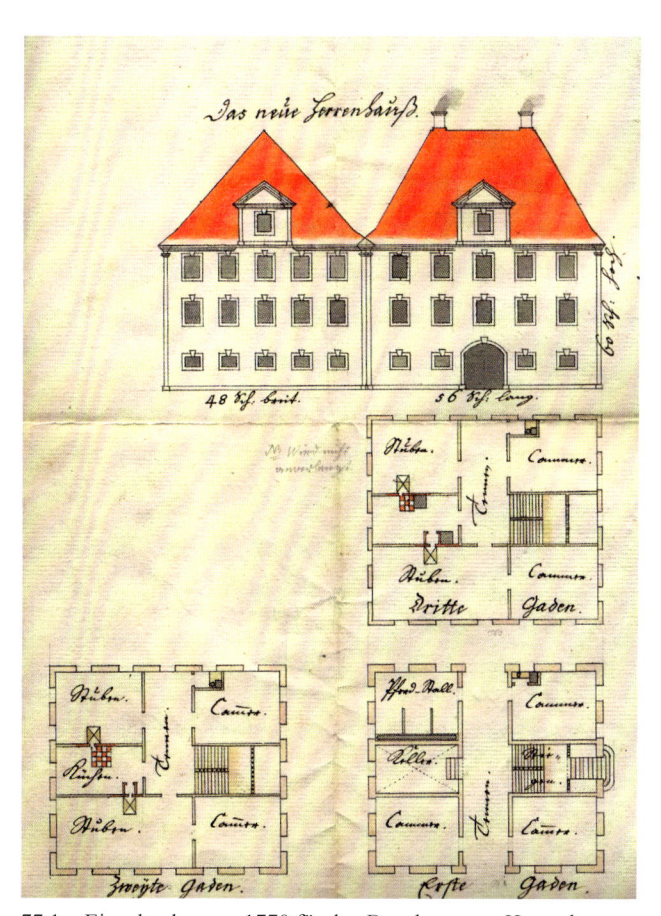

77.1 Eingabeplan von 1770 für den Bau des neuen Herrenhauses, hier noch mit einer Walmdachkonstruktion (StAN)

F FISCHBACH I

77.2 Das 1770 errichtete Harsdorf-Schloss mit Mansarddach. Fotografie: G. v. Volckamer um 1894 (StadtMN)

Auf dem Gelände des alten Sitzes und an der Stelle des alten baufälligen Stadels an der Straße errichtete in den Jahren nach 1771 der Nürnberger Landpfleger Jobst Christoph Harsdorfer (1721–1786) das Neue Schloss. Dem Landpfleger wurde gestattet, die im alten, zweigeschossigen Herrenhaus oben eingerichteten zwei Stuben, Feuerrechte und zwei Küchen auf den Neubau zu übertragen. Dafür musste er zugestehen, dass der „Saal" im so genannten „alten Stadel" wieder aufgegeben wurde.

Der zweigeschossige Bau aus unverputzten Sandsteinquadern mit fünf zu fünf Fensterachsen erhielt wohl planwidrig 1771 ein Mansarddach. Über dem straßenseitigen Tor findet sich ein Allianzwappen des Bauherren Jobst Christoph von Harsdorf und seiner 2. Gemahlin Philippina Jakobina Haller von Hallerstein mit dem (falsch restaurierten) Baudatum 1723 (richtig 1773). 1943 wurde das Schloss durch Bombentreffer schwer beschädigt, der Wiederaufbau wurde mit einem Walmdach ausgeführt.

Quellen

StAN Rst. Nbg., Waldamt Lorenzi I Nr. 424/II. Rst. Nbg., Urkunden des 7-farbigen Alphabets Nr. 572.

Frhrl. v. Harsdorfsches Archiv, Harsdorfsches Salbuch von 1629.

Literatur

Gatterer, Johann Christoph: Historia genealogica dominorum Holzschuherorum. Nürnberg 1755, Codex diplomatum et documentorum Nr. 92, 135, 224*.

KDM Stadt Nürnbedrg, S. 285 mit Ansicht des Alten Schlosses.

Kretschmer, Ulrich: Fischbach. In: Nürnberger Stadtteile im Wandel der Jahrhunderte. Hg. v. Bürgerverein Nürnberg-Südost e.V. Nürnberg 1999, S. 31-33, 85.

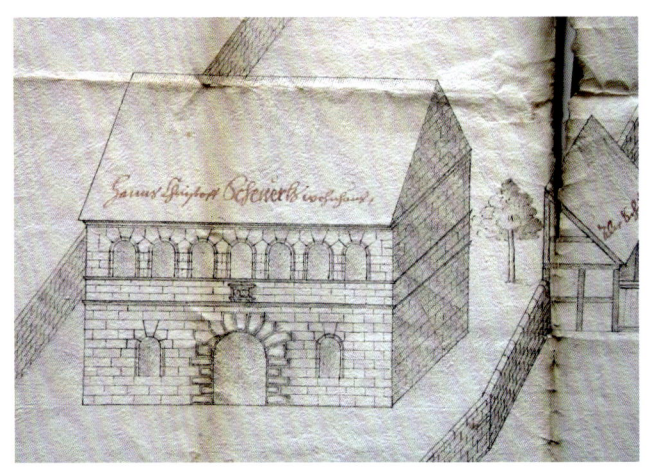

78.1 Ansicht des „neuerbauten Wohnhauses" des Hans Christoph Scheurl aus dem Bauantrag des Jahres 1603 (StAN)

78 **D3**

Fischbach II

Herrensitz, „Scheurlsches Schloss"

Fischbacher Hauptstraße 164/166, 172.

Stadt Nürnberg

Das Schloss der Familie Scheurl in Fischbach lag auf einem alten Zeidelgut des Lorenzer Waldes und war daher ein Reichslehen. Um 1369 angeblich im Besitz der Rummel, gelangte es später an Sebald Holzschuher (gestorben 1483). Von einem Herrenhaus erfahren wir erst 1497, als Sebalds Kinder das Zeidelgut „mit dem Sitz, Vorhofe und gartten" an Michael Behaim verkauften. Dessen Sohn Friedrich öffnete ihn 1517 der Reichsstadt Nürnberg. Als weitere Besitzer folgten 1532 Anton Koberger, ein Sohn des bekannten gleichnamigen Buchdruckers und Verlegers, bei dem u.a. 1493 die Schedelsche Weltchronik herauskam, der aber noch im selben Jahr in Fischbach starb. 1535

78.2 Ansicht des nahezu unveränderten Herrenhauses, Fotografie: G. v. Volckamer um 1894 (StadtMN)

erwarb der Humanist und Nürnberger Ratskonsulent Dr. Christoph II. Scheurl den Sitz für die Witwe seines 1531 ermordeten Bruders Albrecht. Seitdem befindet sich das Schloss im Besitz der Familie.

Der 1552 zerstörte „herrensytz" wurde in der Folgezeit wieder instand gesetzt. 1603 erhielt Hans Christoph Scheurl (1562–1632) vom Waldamt die Erlaubnis, „das Haus bey seinem Zeidelgut neu erbauen und vergrössern" zu dürfen, allerdings mit der Einschränkung, dass ein bestehender oder geplanter dritter Gaden „abgethan" werden soll. Das Gebäude wurde damals „von grund und von stainen aufgebauet" und zeigt über dem Nordportal die Wappen des Erbauers und seiner Gemahlin Katharina Haller von Hallerstein (mit irreführender Jahreszahl 1648). Nach leichten Schäden im 30-jährigen Krieg 1633 im Jahr 1650 in der alten Form wieder hergestellt, hat es sich bis heute nahezu unverändert erhalten, wie ein Vergleich mit der Ansicht auf einem Silberbecher von 1603 zeigt. Den Zugang bildet ein wohl 1729 errichtetes, zweigeschossiges Sandstein-Torhaus mit dem Scheurl-Wappen über dem Korbbogentor.

Quellen

StAN Rst. Nbg., Waldamt Lorenzi I Nr. 424/I Fasz. 5.

Gatterer, Johann Christoph: Historia genealogica dominorum Holzschuherorum. Nürnberg 1755, Codex diplomatum et documentorum Nr. 197.

Literatur

Hase, Oscar von: Die Koberger. 3. Aufl. Amsterdam-Wiesbaden 1967, S. 37.

Kretschmer, Ulrich: Fischbach. In: Nürnberger Stadtteile im Wandel der Jahrhunderte. Hg. v. Bürgerverein Nürnberg-Südost e.V. Nürnberg 1999, S. 29-31, 76-78.

Scheurl, Siegfried Frhr. von: Die Scheurl von Defersdorf. In: MVGN 61 (1974), S. 289-291.

---

79 | **D3**

Fischbach III

Herrensitz, „Pellerschloss"

Pellergasse 3a

Stadt Nürnberg

Das so genannte Pellerschloss in Fischbach zählt zu den wenigen in ihrer Bausubstanz erhaltenen Beispielen eines typischen Herrensitzes des 16. Jahrhunderts. Auf einem nur mit Schießscharten versehenen steinernen Fuß ruhen zwei vorkragende Fachwerk-Obergeschosse mit Satteldach und Zwerchwalm, schräg gestellte Stützbalken betonen den ausladenden Oberbau. Das Chör-

79.1 Ansicht des Pellerschlösschens vor der Fachwerkfreilegung mit auf den Putz gemaltem Fugennetz. Fotografie: G. v. Volckamer um 1894 (StadtMN)

lein war in die Holzkonstruktion eingeplant. Über dem Stichbogeneingang an der Nordseite findet sich das Wappen der Peller. Der aufgelegte Verputz, den noch eine Fotografie von Guido von Volckamer aus dem Jahre 1894 zeigt, wurde zu Beginn des 20. Jahrhunderts entfernt. Das Schloss war einst von einem heute aufgefüllten Wassergraben umgeben.

Die Anfänge des freieigenen Sitzes sind noch nicht erforscht. Angeblich besaßen um 1400 die Holzschuher das Gut, doch fehlt hierfür ein Nachweis. Die Existenz des Herrensitzes lässt sich erst für das Jahr 1517 belegen, als Matthias Melber – seit 1506/07 Inhaber des Gutes – das Schlösschen der Stadt Nürnberg öffnete. Der Besitz ging 1527 an Jakob Welser über, der den Sitz 1541 seinem gleichnamigen Sohn vererbte. Dieser starb 1553 unvermählt. Ihm folgten 1557 die Schmittmayr, 1573 die Murach, 1609 die Imhoff, 1677 die Paumgartner und schließlich von 1687 bis zu ihrem Aussterben 1870 die Peller, die dem Sitz ihren Namen verliehen.

Im Zweiten Markgrafenkrieg 1552/53 wurden die Fachwerkobergeschosse zerstört. Vermutlich kurz nach 1557 erfolgte durch den neuen Besitzer Schmittmayr auf dem alten Sandsteinsockel der Wiederaufbau. Die Arbeiten wurden nach 1573 von Philipp von Murach und seiner Frau Felicitas von Redwitz vollendet, deren Allianzwappen sich an der Südseite erhalten hat. Die Schäden im 30-jährigen Krieg behoben die Imhoff, kleinere Instandsetzungsarbeiten in den Jahren 1722/23 betrafen vor allem den Außenbereich – Graben und Brücken – und waren nach Auflage des Waldamtes so weit als möglich in Stein auszuführen. Die zu diesem Zeitpunkt noch vorhandenen Verteidigungsanlagen wurden nach 1751 beseitigt und an ihrer Stelle eine Gartenanlage mit der heute vorhandenen Sandsteinmauer angelegt.

Das ehemalige Wasserschloss wurde nach dem Erlöschen der Peller (1870) zwei Jahre später von den Erben für 18.000 Gulden verkauft und gelangte nach häufigem Besitzer- und Nutzungswechsel (vorübergehend auch als Gaststätte) 1962 in den Besitz der Gemeinde Fischbach, 1972 der Stadt Nürnberg. In der Erdgeschosshalle werden heute Trauungen durchgeführt, die Räume können von Firmen wie von Privatpersonen für Veranstaltungen angemietet werden.

Quellen

StAN Rst. Nbg., Waldamt Lorenzi I Nr. 424/I, Fasz. 60, 83.

Literatur

Kretschmer, Ulrich: Fischbach. In: Nürnberger Stadtteile im Wandel der Jahrhunderte. Hg. v. Bürgerverein Nürnberg-Südost e.V. Nürnberg 1999, S. 27-29, 88.

Ruthrof, Renaissance, S. 18-20.

Seibold, Gerhard: Die Viatis und Peller. Beiträge zur Geschichte ihrer Handelsgesellschaft. Köln-Wien 1977, S. 382, 385 f, 397, 400, 402 f, IC, CVIII und CXXXIII f.

Welser, Johann Michael von: Die Welser. Nürnberg 1917, Bd. 1, S. 88 f.

80 D3

Fischbach IV

Abgegangener Herrensitz (abgebrochen vor 1939)

Fischbacher Hauptstraße 152

Stadt Nürnberg

Gegenüber dem so genannten Rupprechtschen Hof (Fischbacher Hauptstr. 169) stand ein weiterer Herrensitz, den 1548 Hans Mayenschein der Reichsstadt Nürnberg öffnete und der sich kurz danach in der Hand von Christoph Mordeisen befand. Vermutlich im Zweiten Markgrafenkrieg 1552/53 zerstört, wurde das Herrenhaus wohl nicht wieder aufgebaut und sank zu einem bäuerlichen Anwesen herab, das der Grundherrschaft der Nürnberger Familie Nützel (seit 1747 der Stromer) unterstand. 1686 gelangte es an Johann Friedrich Scheurl (1639–1713), der es wieder zu einem Herrensitz ausbaute. Dieser war noch 1792/95 im Besitz der Familie, kam aber spätestens in der ersten Hälfte des 19. Jahrhunderts in bürgerliche Hände.

Quellen

StadtAN A 1 Nr. 1548 Juli 12.

Literatur

Kretschmer, Ulrich: Fischbach. In: Nürnberger Stadtteile im Wandel der Jahrhunderte. Hg. v. Bürgerverein Nürnberg-Südost e.V. Nürnberg 1999, S. 74 f.

81 D3

Fischbach V

Abgegangener Herrensitz, „Kleines Schlösschen" (1938 abgerissen)

Tolstoistraße 5-9

Stadt Nürnberg

Gegenüber dem Pfarrhaus stand bis zu seinem Abriss im Jahre 1938 ein „kleines Schlösschen", dessen Geschichte nur unzureichend erforscht ist. Frühester Besitzer soll 1542 der Nürnberger Bürger Hans Hübner gewesen sein. Neben dem Herrensitz besaß er in Fischbach zwei Schankstätten, drei Höfe und zwei Güter und zählte damit nach Wolf Harsdorfer und vor Christoph Scheurl zu den größten Grundbesitzern am Ort. Unter Hans Hübner stellte die Familie bis 1551 den vom Rat der Reichsstadt eingesetzten Gotteshauspfleger am Ort, ein Amt, das danach bis zum Ende der reichstädtischen Zeit allein zwischen den Familien Harsdörfer und Scheurl wechselte.

Das Herrenhaus wurde im Zweiten Markgrafenkrieg in Mitleidenschaft gezogen, stand aber 1560 offenbar bereits wieder in großen Teilen, als sich Hans Hübner mit Kuntz Koler, einem Bauern der Scheurl, über „etliche Gebäu" einigte, die er zum Nachteil Kolers errichtet hatte. Ein Hans Hübner – der gleichnamige Sohn oder Enkel? – richtete 1596 ein Baugesuch an die Stadt Nürnberg, muss aber kurz danach als letzter seiner Familie verstorben sein. Der Besitz fiel mit seinem Tod an den Markgrafen als Lehnsherrn zurück. Bereits im Jahre 1603/04 befand er sich im Besitz der verwitweten Susanna Geuder, als ihr das Waldamt Lorenzi einen Anbau an ihre „Behausung" zu Fischbach erlaubte. 1658 erhielt Jobst Wilhelm Ebner die Erlaubnis, in seiner Hofrait (umfriedetem Hof) einen neuen Backofen zu errichten. Der Besitz blieb bis zum Beginn des Jahres 1763 in der Hand der Ebner, als Maria Hedwig Hüglin, eine geborene Ebner von Eschenbach, ihren Herrensitz an Hieronymus Bartholomäus Viatis für 3.000 Gulden verkaufte [vgl. Schoppershof]. 1815 gelangte das Anwesen an den Metzgergesellen Georg Friedrich aus Leinburg, der es 1834 noch besaß. Ihm folgten verschiedene bürgerliche Besitzer bis zum Abbruch des ehemaligen Herrensitzes 1938.

Quellen

StAN Rst. Nbg., Waldamt Lorenzi I Nr. 424 I, 15, 24 und 424 II. Rst. Nbg., Losungsamtliche Reverse Nr. 299.

StadtAN A 1 Nr, 1763 Januar 22.

Literatur

Kretschmer, Ulrich: Fischbach. In: Nürnberger Stadtteile im Wandel der Jahrhunderte. Hg. v. Bürgerverein Nürnberg-Südost e.V. Nürnberg 1999, S. 78 f.

Seibold, Gerhard: Die Viatis und Peller. Beiträge zur Geschichte ihrer Handelsgesellschaft. Köln-Wien 1977, S. CII ff, CXXIII.

82 — J9

Fischstein

Abgegangener Herrensitz (vermutlich 1928 zerstört)

Marktgemeinde Neuhaus an der Pegnitz

Landkreis Nürnberger Land

Ein Hammerwerk zu Fischstein lässt sich an der Pegnitz seit 1326 nachweisen. Zunächst besaß es die Auerbacher Hammermeisterfamilie Pogner. Im frühen 15. Jahrhundert erwarb das Erbrecht und damit die Besitzrechte der Auerbacher Zweig des alten Nürnberger Geschlechtes der Stromer, während das Eigen dem Kloster Michelfeld zustand. Heinrich und Michael Stromer wurden 1408 als Besitzer bezeugt. Ulrich Stromer veräußerte das Hammergut Fischstein 1472 an den Sulzbacher Bürger und Eisengewerken Jörg Loneysen, der jedoch dem Kloster Michelfeld die Abgaben schuldig geblieben sein soll. 1477 erwirkte das Kloster die Zwangsvollstreckung und übergab den Hammer an Jörg Stromer, der das Erbrecht dann 1481 dem Sigmund Loneysen verkaufte. Schon bald flammte abermals ein Streit auf, weil der neue Besitzer angeblich den Hammer vernachlässigte. Jörg Stromers Schwester Appolonia, 1493 verheiratet mit dem Regensburger Bürger Zaymer, nannte sich zeitweilig zu Fischstein, obwohl der Besitz offenbar zu dieser Zeit noch immer von Sigmund Loneysen gehalten wurde.

Dass schon um 1500 ein Herrensitz neben dem Hammerwerk stand, belegt eine Landesbeschreibung, die 1504 im Auftrag des Nürnberger Rates durchgeführt wurde. Hammer und Sitz sollen damals im Besitz eines Sulzbacher Bürgers, wohl Sigmund Loneysen, gewesen sein. 1513 war dann Leonhart Zeller, Bürger der Stadt Amberg, Hammermeister zum Fischstein. 1522 wurde er auch als Inhaber des kleinen Wildbanns im pfälzischen Amt Murach überliefert. 1566 titelte ein jüngerer Leonhart Zeller zum Fischstein sitzend. Der Hammerherr betrieb hier einen Schienhammer, der dem Kloster Michelfeld zinspflichtig war. 1588 wurde Leonhart Zeller, Hammerherr zu Fischstein, Opfer eines Diebstahls.

82.1 Vereinfachte Darstellung des Herrenhauses Fischstein, Ausschnitt aus einer Fraischkarte von 1581 (StAAm)

Hans Wilhelm Zeller verkaufte das Gut 1618 an die Stadtkammer Auerbach. Als städtischer Schienhammer zum Fischstein scheint dasselbe für 1666 auf. 1804 saß die Familie Meixner als Pächter auf dem Hammergut. 1859 veräußerte es die Stadt Auerbach an den bayerischen Staat. Teile der Hammeranlage sollen damals bereits weitgehend Ruinen gewesen sein. Noch bewohnbare Gebäude und die ehemalige Kohlenhütte blieben erhalten und wurden der königlichen Forstbehörde zugeteilt. Das um 1860 so genannte Hammerhaus, vermutlich das alte Herrenhaus, wurde zum Wirtshaus umgebaut. Es brannte jedoch am 28. Juli 1928 nach einem Blitzschlag ab.

Der Abbruch des Weilers und Gutes Fischstein wurde 1960 eingeleitet und zog sich bis etwa 1990 hin, als die Schutzzone des Trinkwassererschließungsgebiets der Stadtwerke Nürnberg erweitert wurde. Die Ortsstelle Fischstein gehörte als Teil der Gemeinde Höfen bis 1972 zum Regierungsbezirk Oberfranken, 1978 folgte die Eingemeindung Höfens zum Markt Neuhaus im Nürnberger Land.

Quellen

StAAm Amt Auerbach Nr. 533. OPf. Registraturbücher Nr. 32, fol. 14.

StAN Rst. Nbg., Landpflegamt, Pflegamt Velden Rep. 39a, fol. 74r.

Gelegenhait, Nr. 865.

Literatur

Ritter, Ernst: Eisenhämmer der Oberpfalz. Ohne Ort und Jahr, S. 31. [1 Exemplar im Staatsarchiv Amberg]

Schnelbögl, Fritz: Auerbach in der Oberpfalz. Aus der Geschichte der Stadt und ihres Umlandes. Auerbach 1976.

F FLASCHENHOF

83 · N

Flaschenhof

Abgegangener Herrensitz

Flaschenhofstraße 1-7

Stadt Nürnberg

In der Marienvorstadt lag zwischen der Bad-, der Flaschenhof- und der Neudörferstraße bis zur Mitte des 19. Jahrhunderts ein ausgedehnter Hof, der seit 1562 mit der Hadermühle [vgl. Hadermühle] vereint war.

Die Bezeichnung „Flaschenhof" geht auf die 1367 eingebürgerte und im 15. Jahrhundert erloschene Familie (Roth-)Flasch zurück. Nach dem Tod von Anna Flasch, der letzten Vertreterin der Familie, fiel das Gut 1449 an ihren Mann Konrad Imhoff, in dessen Familie sich das Gut bis 1543 vererbte, um dann von Wilhelm Schlüsselfelder über seine Ehe mit Magdalene Imhoff erworben zu werden.

Das Gut „bei der Hadermühle" bestand zu diesem Zeitpunkt nur aus einem Bauernhof. Erst mit dem Erwerb des benachbarten Sitzes mit der Hadermühle durch die Schlüsselfelder im Jahre 1562 entstand ein stattliches Gut aus dem Sitz selbst, dem zugehörigen Garten, einer Sommerlaube, einem Stadel und acht Feuerrechten sowie einer Wiese jenseits der Pegnitz. Zu den Einkünften zählte der Zins in Höhe von zwei Gulden aus dem alten Bauernhof, den damals Lorenz Dietz, der Wirt zum Flaschenhof, inne hatte. Schon ein Jahr später wurde das erweiterte Anwesen mit dem Herrenhaus an der Hadermühle und dem Bauernhof von Paulus Schenk für 1.250 Gulden erworben.

Das Herrenhaus wurde 1736 von Vertretern des Lorenzer Waldamtes besichtigt. Dabei wird es als zweigeschossig „mit einer steinernen Stiegen" beschrieben. Im Obergeschoss lagen ein Saal und zwei weitere, von der „Herrschaft" genutzte Stuben, im Erdgeschoss waren vier Stuben an „arme Leute" vermietet. Dem Haus schloss sich ein Kellerhals und eine offene Sommerlaube an.

Eigentümer des Flaschenhofes war 1653 die Familie Kreß, 1736 erneut die Imhoff. 1759 veräußerten Johann Wilhelm von Imhoff und seine Gemahlin Clara Maria Sophia den Flaschenhof an die Imhoffsche Familienstiftung. 1834 übernahmen Paul Christoph Wilhelm Andreas von Imhoff und seine Frau Helena Jakobina Katharina den Hof wieder von der Familienstiftung und verkauften ihn an die Stadt Nürnberg, die hier – und auf dem benachbarten Gleißbühl – die Marienvorstadt anlegte. Damit verlieren sich die Nachrichten; in den folgenden Jahrzehnten wird der Hof überbaut und der Herrensitz abgebrochen, die Marienvorstadt im Zweiten Weltkrieg fast vollständig zerstört.

Quellen

StadtAN E10/21 Nr. 17.

Müllner I, S. 501.

Literatur

HAB Nürnberg-Fürth, S. 148, 239.

Stadtlexikon Nürnberg, S. 289, 670.

83.1 Ansicht des Herrenhauses hinter der Hofmauer, anonyme Kopie eines Ausschnitts vermutlich aus einem Porträtstich des 18. Jahrhunderts (StadtA Lauf)

84 · E7

Forth

Ehemaliges Herrenhaus

Forther Hauptstraße 33

Markt Eckental

Landkreis Erlangen-Höchstadt

Um 1749 wurde nach einer längeren Vormundschaftsverwaltung das Erbe der Büger Rittergutsbesitzer, der Herren von Bünau, geteilt [vgl. Büg]. Der älteste der Brüder, der 1722 geborene Heinrich von Bünau, zog nicht im Büger Schloss ein, sondern ließ sich 1749 das Bünausche Amtshaus in Forth zu einem Herrenhaus umbauen. Der Forther Schlossherr erlangte aller-

84.1 Ansicht des ehemals Bünauschen Herrenhauses, seit dem frühen 19. Jahrhundert Wirtshaus, Zustand im Jahr 2006 (Rg)

dings mit seinem übel beleumundeten Lebenswandel im ganzen Land traurige Berühmtheit. Nach einem Skandal wurde Heinrich von Bünau 1752 von seinen Brüdern aus Forth vertrieben. Schließlich flüchtete er ins Pfalz-Sulzbachische, wo er verarmte.

Mit einem Testament vermachte Rudolf IV. von Bünau 1780 eine Hälfte des Herrenhauses seiner Nichte Wilhelmine Ernestine von Egloffstein, der Tochter seines Bruders Günther, als Witwensitz. Aber auch die zweite Hälfte fiel der Familie von Egloffstein durch die Tausch- und Erbverträge mit Günther von Bünau 1790 zu. 1802 wurde das Herrenhaus zu einer Gastwirtschaft „Zur goldenen Krone" umgewandelt. Die seit der ersten Hälfte des 19. Jahrhunderts hier sitzende Wirtsfamilie Geier betrieb auch eine Bierbrauerei. Nach dem Tod des Wirts und Bierbrauers Ernst Geier übernahm die Witwe, die bald darauf Paulus Zahn heiratete, den Betrieb. 1867 hielt eine Erbengemeinschaft das Eigentum in Händen. Das zweigeschossige, mit fünf zu fünf Achsen annähernd quadratische Gebäude zeichnet sich durch Ecklisenen und Walmdach aus. Die Hofbebauung wurde in der zweiten Hälfte des 19. Jahrhunderts vermutlich vollständig erneuert.

Quellen

StABa G 11/II Nr. 776.

StAN Kataster Forth Nr. 4, 11.

Literatur

Giersch, Robert: Archivalienforschung zur Bau- und Nutzungsgeschichte des Schlosses Büg. Unveröff. Manuskript.

KDM Erlangen, S. 112.

85 E7

Frohnhof

Abgegangener Ministerialensitz

Markt Eckental

Landkreis Erlangen-Höchstadt

1444 erhielten die Nürnberger Bürger Bartholomäus Schopper und Philipp Pirckheimer „ein wiesen zu dem Fronhofen im Wale gelegen" zu Lehen. Bei der vorangegangenen Belehnung des Peter Schopper 1433 wurde nur die Wiese genannt. Das „Wale", also ein Burgstall, erscheint noch bis 1609 in den Bamberger Lehenbüchern, seit 1485 als Besitz der Gotzmann zu Büg.

Kunstmann vermutete darin den Stammsitz der niederadeligen Herren von Fronhofen, die seit Anfang des 15. Jahrhunderts nachweisbar und nach 1685 erloschen sind. Er müsste dann schon früh aus der Familie und an Nürnberger Bürger gekommen sein, mit denen im 15. Jahrhundert verwandtschaftliche Beziehungen bestanden. Ein Heinrich Fron(h)offer diente im Jahre 1400 als Söldner der Reichsstadt Nürnberg. Er führte eine halbe Lilie mit dreifach gestuftem Fuß im Siegel, während das Geschlecht sonst ein heraldisch nach rechts schreitendes vierbeiniges Tier (Reh, Wolf?) als Wappenbild hatte.

Literatur

KDM Forchheim, S. 108.

Kunstmann, Hellmut: Mensch und Burg. Würzburg 1967, S. 218, 244.

Ders.: Die Herrn von Fronhofen und der Sitz zu Schlichenreuth. In: Fränkische Schweiz 30 (1978), S. 605-608.

Vahl, Rittersiegel, Bd. 2, S. 515.

86 · E2

Gauchsmühle I

Abgegangener Herrensitz (1552 zerstört)

Markt Feucht

Landkreis Nürnberger Land

1508 ist erstmals ein Herrensitz des Stefan Gabler zur reichslehnbaren Gauchsmühle genannt, auf dem drei Haushalte eingemietet waren. Die vor dem Ausbruch des Landshuter Erbfolgekriegs 1504 vom Nürnberger Rat angeordnete Erkundung der Landschaft vermerkte den Sitz bei der Mühle noch nicht, sondern nur den zu Hahnhof [vgl. Weiherhaus bei Feucht].

Im Jahr 1528 wurde Paul Themar als Besitznachfolger Stefan Gablers von Kaiser Karl V. mit der Gauchsmühle belehnt. 1535 räumte der Nürnberger Bürgermeister Paulus Grundherr der Reichsstadt das Öffnungsrecht ein über sein „haus auf der Gauchsmühl, das mit mauern umfangen ist". Nürnberg durfte das mit Wassergraben und Mauer geschützte Weiherhaus jederzeit mit Truppen belegen, sollte es „des unfrieds wegen nothdürftig seyen". Kurz zuvor hatte Paulus Grundherr Sitz und Mühle von Paulus Thymer erworben. 1536 wurde Grundherr von König Ferdinand I. belehnt.

Zwar hatte Paulus Grundherr schon 1547 einen kaiserlichen Schutzbrief für seinen Sitz und die Mühle erwirkt, gleichwohl wurde das Gut im Zweiten Markgrafenkrieg am 29. Mai 1552 zerstört. Später tat sich der Besitzer als Nürnberger Kriegsrat bei der Eroberung der markgräflichen Plassenburg und der Stadt Schweinfurt hervor, was den erzürnten Markgrafen veranlasste, alle Landgüter der Familie Grundherr einzuziehen und vorübergehend seinem Rat Wolf von Truppach zu übergeben, wobei er über Reichslehen gar nicht hätte verfügen dürfen. 1599 wurde der alte Sitz als „zerrissene und baufällige" Ruine eines Turmhauses beschrieben, die einst ein „sehr hohes hauß müßt gewesen seyn und alten raubschlössern" geglichen habe.

Quellen

StAN Rst. Nbg., Waldamt Lorenzi I Nr. 433.

StadtAN E 13/I Nr. 40.

Groß, Lothar: Die Reichsregisterbücher Kaiser Karls V. Wien/Leipzig 1930, Nr. 3912.

Literatur

Giersch, Robert: Archivalien zur Geschichte des Schlosses Gauchsmühle. Hinweise zur Nutzungs- und Baugeschichte. Denkmalpflegerische Voruntersuchung 1998. Unveröff. im BLfD.

87 · E2

Gauchsmühle II

Herrensitz

An der Gauchsmühle 7-9

Markt Feucht

Landkreis Nürnberger Land

87.1 Blick auf die vordere Traufseite des neuen Herrenhauses, Fotografie: F. A. Nagel 1913 (StadtMN)

87.2 Ansicht der östlichen Giebelseite, Fotografie: F. A. Nagel 1931 (StadtMN)

Nachdem der 1552 zerstörte Sitz Gauchsmühle nicht wiederhergestellt worden war, baute Paulus Grundherr nach 1567 das Wohnhaus des Müllers für seine Bedürfnisse um. Das Fachwerkhaus wurde um ein Obergeschoss für die gelegentlichen Aufenthalte der Herrschaft aufgestockt. Bis zum Mai 1571 erhielt der Patrizier für seine Instandsetzungen und Umbauten auf der Gauchsmühle eine größere Menge Bauholz aus dem Reichswald zugeteilt. Das seither als Herrenhaus bezeichnete Wohnhaus der Gauchsmühle war spätestens im frühen 18. Jahrhundert sehr baufällig und wurde 1745 abgebrochen.

Schon 1741 hatte Leonhard Grundherr, damals Administrator der Familienstiftung, einen Bauvertrag zur Erneuerung des Stadels geschlossen und eine Renovierung des Herrenhauses vorbereitet. 1743 beantragte der Bauherr dann jedoch einen völligen Neubau: Das alte Haus hatte sich als viel baufälliger erwiesen als zunächst angenommen. Auch ließen die beengten Wohnverhältnisse eine Instandsetzung nicht mehr ratsam erscheinen. Der Neubau des zweigeschossigen Herrenhauses, das südlich an die alte Burgstelle [vgl. Gauchsmühle I] stieß, begann im Sommer 1744. Der Grundstein, wozu man einen alten Quader des 1552 zerstörten Sitzes nahm, wurde am 1. September 1744 gelegt. Die Pläne fertigte der reichsstädtische Bauinspektor Büttner, während dem Steinmetz- und Maurermeister Johann Georg Haas aus Gostenhof bei Nürnberg [vgl. Schniegling IV] die Ausführung übertragen wurde. Die zum Bau verwendeten Sandsteinquader kamen vorwiegend aus Feuchter und Winkelhaider Steinbrüchen. Die Zimmermannsarbeiten übernahm der Nürnberger Zimmermeister Johann Hirschmann. Nach dem erhaltenen Bautagebuch schlossen die Handwerksmeister die wesentlichen Arbeiten im Herbst 1746 ab.

Der Neubau Büttners, ein langrechteckiger Baukörper mit sieben zu drei Achsen, weist sowohl im Erd- als auch im Obergeschoss eine streng symmetrische Struktur der Räume und Fensteröffnungen auf. Ein Mansarddach überspannt das Gebäude. In der Mitte des Obergeschosses wurde südwestlich ein Saal mit stuckierter Decke eingerichtet. Er wird von drei Fenstern belichtet und ist an der südwestlichen Traufseite durch eine Pilastergliederung von außen erkennbar. Die Fassaden werden darüber hinaus von Eckpilastern mit Kompositkapitellen, erhabenen Fensterfaschen und Stufensockeln geschmückt. Die bauzeitlichen Zugänge zeigen profilierte Gewände. Im Innern sind die Wand- und Deckenflächen verputzt und teilweise stuckiert. Das neue Herrenhaus diente nach wie vor nicht nur für Aufenthalte der Herrschaft, sondern auch als Wohnung des Voits und des Gutsförsters. Im frühen 19. Jahrhundert wurde die Försterwohnung an den königlichen Revierförster von Ochenbruck vermietet. Zu dieser Zeit, 1818, wurde die zuletzt vom bayerischen König beanspruchte Lehnsherrschaft aufgehoben und das Gut Gauchsmühle zum freien Eigentum erklärt. Am 1. Dezember 1843 veräußerte die Familie Grundherr von Altenthann und Weiherhaus das Schloss gegen Höchstgebot an den Landwirt Konrad Schmidt. Der Jurist Jochen Müller übernahm es in den späten 1990-er Jahren und setzte sie denkmalgerecht in Stand.

Quellen

StAN Rst. Nbg., Waldamt Lorenzi I Nr. 433.

StadtAN E 13/II Nr. 2414.

Literatur

Giersch, Robert: Archivalien zur Geschichte des Schlosses Gauchsmühle. Hinweise zur Nutzungs- und Baugeschichte. Denkmalpflegerische Voruntersuchung 1998. Unveröff. im BLfD.

87.3 Blick auf das Herrenhaus aus nordöstlicher Richtung im Jahr 2006 (Rg)

88

Gibitzenhof

Abgegangener Herrensitz (1945 zerstört)

Gibitzenhofstraße 146, 170-176

Stadt Nürnberg

Das seit der Eingemeindung 1899 im südlichen Stadtgebiet Nürnbergs aufgegangene Dorf Gibitzenhof war einst Reichslehen. Ein Herrensitz wird von Johannes Müllner in seinen Annalen der Reichsstadt von 1623 erstmals für das Jahr 1372 im Besitz der Waldstromer überliefert. Friedrich August Nagel hielt diese Nachricht für nicht glaubwürdig und die bis zur Zerstörung des Herrenhauses im Zweiten Weltkrieg dort angebrachte Jahreszahl für nicht authentisch. Nach seinen Recherchen ging der Sitz aus einem reichslehnbaren Bauernhof hervor, der noch kurz nach 1400 einem Fritz Feierlein gehört hatte und von diesem 1422 an Seitz Schiller verkauft wurde. Mit Niklas II. Muffel scheint für 1426 erstmals ein Besitzer aus dem Kreis der ratsfähigen Geschlechter auf. 1430 wurde als Nachfolger Gabriel Tetzel mit dem „Gigitzenhof" belehnt, der ihn im April 1440 seinen Söhnen Gabriel und Hennslein vermachte.

Ein erster Hinweis auf einen, wenn auch bereits zerstörten Herrensitz findet sich in der Verkaufsurkunde von 1455. Seinerzeit veräußerte Gabriel Tetzel die Liegenschaft an Wilhelm Löffelholz, der nun eine fast 500-jährige Besitztradition des Nürnberger Geschlechts begründete. Als Kaufobjekte wurden ausdrücklich der „Gigitzenhof", ein weiteres Bauerngut, ein Stadel sowie der „Burgstall" (die Stelle eines abgegangenen Sitzes) mit Graben festgehalten. Ob dieser Herrensitz im Ersten Markgrafenkrieg 1449/50 zugrunde gegangen war, wird jedoch nicht ausdrücklich überliefert.

Wahrscheinlich blieb die Burgstelle auch unter der Familie Löffelholz noch längere Zeit unbebaut. Dass das Löffelholzsche Schloss als dreigeschossiger, mit Sandsteinquadern aufgeführter Neubau erst 1515/16 entstand, bezeugt schließlich der Lehenbrief, mit dem Kaiser Maximilian I. im April 1515 Wolf Löffelholz mit Gibitzenhof belehnte. Ausdrücklich wurde dem Bau zugestimmt, auch gewährte der Rat der Reichsstadt „ziemlich pawholz" aus dem Reichswald für den Löffelholzschen „sytz". 1517 räumte Wolf Löffelholz der Reichsstadt das Öffnungsrecht über den neuen Herrensitz ein.

Dieser wurde im Zweiten Markgrafenkrieg am 1. Juni 1552 zumindest in Teilen demoliert, wobei die massive

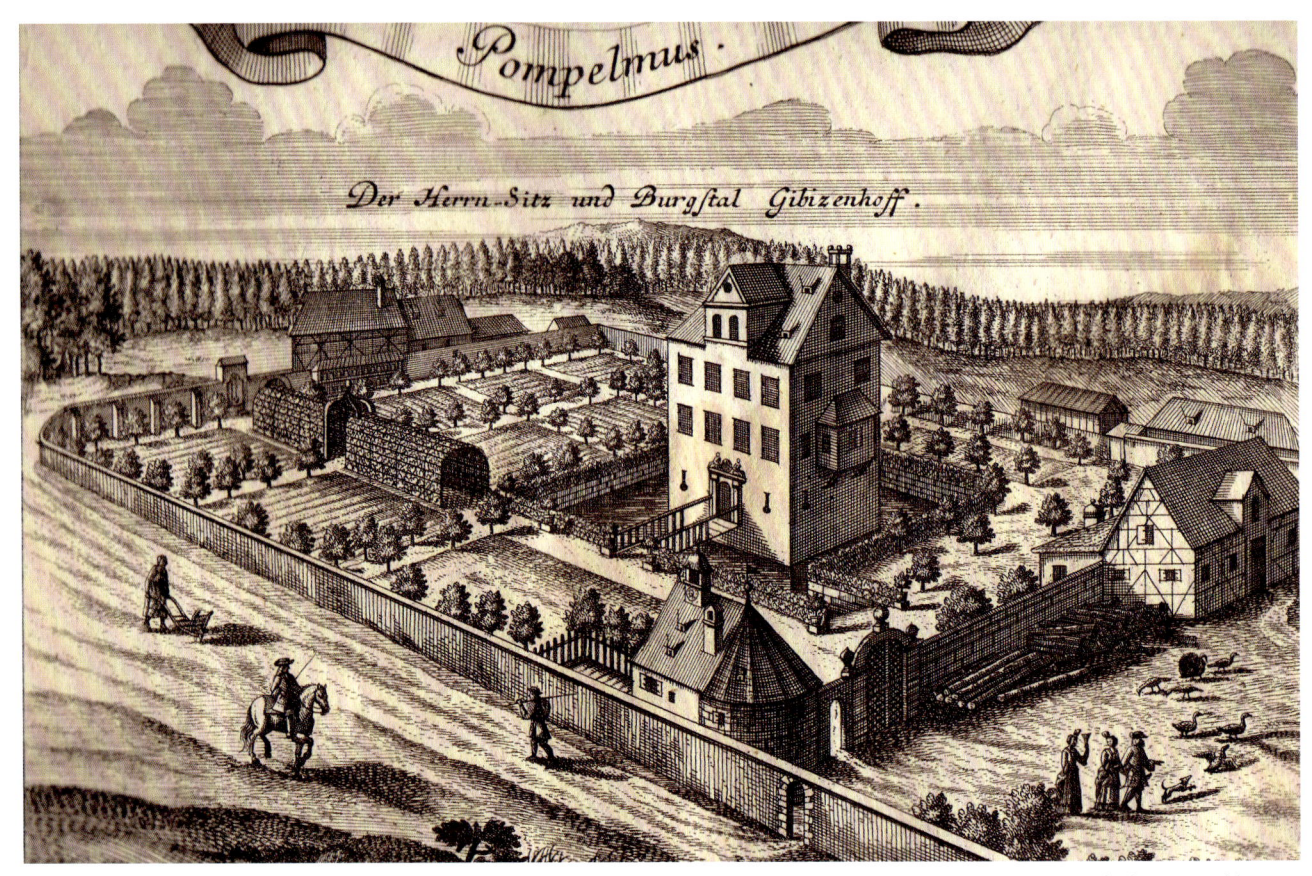

88.1   Ansicht des Herrensitzes mit dem Herrenhaus im gefütterten Graben, Kupferstich von vor 1708 aus Nürnbergische Hesperides von J. C. Volkamer (StadtA Lauf)

88.2 Ansicht der Südostseite, Fotografie: G. v. Volckamer um 1894 (StadtMN)

Konstruktion des Herrenhauses vermutlich weitgehend erhalten blieb. 1562 war das Gebäude wieder in Stand gesetzt, als Matthias Löffelholz vom Waldamt ein weiteres Feuerrecht für sein „weierheuslein zum Gigitzenhof" erhielt. 1563 beantragte er dann den Bau einer hölzernen Wasserleitung für den Abfluss des Wassergrabens, „der umb meinen sitz zum Gigitzenhof geet", in den nahen Landgraben. Der Schlossherr verstarb 1579, ihm folgte nach einer kurzen Vormundschaftsregelung sein Sohn Matthias jun. nach. Er beantragte im Zeitraum von 1595 bis 1603 den Bau einer Viehstallung und verschiedene Umbauten an den Ökonomiegebäuden. Seit 1616 war Christoph Löffelholz Besitzer. Vermutlich musste er 1632 nicht näher überlieferte Schäden durch kaiserliche Kriegsvölker hinnehmen, die in Gibitzenhof einfielen und dabei mindestens zwei bäuerliche Gebäude niederbrannten.

Größere Veränderungen traten dann erst im 18. Jahrhundert wieder ein. 1730 beantragte Johann Hieronymus Löffelholz einen Neubau des Gesindewohnhauses im Schlosshof, das bereits vor 1693 wegen Baufälligkeit abgebrochen worden war. Unter seinem Nachfolger Georg Wilhelm Löffelholz sollte das Stallgebäude 1752 abgebrochen und neu errichtet werden. Dieses Bauprojekt wandelte sich schließlich 1752/53 zum Neubau eines zweiten Herrenhauses, das künftig als „neues Schloß" bezeichnet wurde. Der zweigeschossige Satteldachbau erhielt Umfassungen aus Sandsteinquadern und einen repräsentativen westlichen Giebel, der mit Kugelaufsätzen geschmückt war.

Im frühen 19. Jahrhundert, als Georg Carl Wilhelm und Jakob Gottlieb Wilhelm von Löffelholz den Besitz administrierten, umfasste die Schlossanlage vor den Toren der Stadt zwei Herrenhäuser, ein Bauern- und Gesindehaus, zwei Zinshäuser, einen Schlossstadel, mehrere land- und hauswirtschaftliche Nebengebäude sowie das so genannte „Vogelweiherhaus", das als Sommerhaus genutzt wurde. Das alte Schloss, ein dreigeschossiger Wohnturm aus Sandsteinquadern, war als idealtypisches Weiherhaus noch bis etwa 1900 von einem gefütterten Wassergraben umgeben, der vom nahen Vogelweiher gespeist wurde. Nach fast 500 Jahren im Besitz der Freiherren von Löffelholz wurde der Herrensitz im Bombenkrieg 1945 zerstört. Die Ruinen mehrerer Gebäude wurden 1950 bis auf den Stadel und Teile der Hofmauer beseitigt. Das Vogelweiherhaus musste noch in den 1950-er Jahren einem Neubau weichen.

Quellen

StAN Rst. Nbg., Urk. Nr. 1495. Rst. Nbg., Waldamt Lorenzi I Nr. 438, 1315.

StadtAN E 10/21 Nr. 68. E 22/I Nr. 20.

Müllner I, S. 337.

Reg. Imp. XI/1 Nr. 4948, 7829.

Literatur

HAB Nürnberg-Fürth, S. 177 f.

KDM Stadt Nürnberg, S. 300.

Rusam, Dorfkerne, S. 128-130.

Schwemmer, Bavaria Ant., S. 34.

Ruthrof, Renaissance, S. 33.

Stadtlexikon Nürnberg, S. 360 f, Kupferstich von J. A. Boener von etwa 1700.

88.3 Ansicht des Herrensitzes von der Gibitzenhofstraße aus, links die Kapelle, rechts das neue Herrenhaus, Fotografie: G. v. Volckamer um 1894 (StadtMN)

89 N

Gleißbühl

Abgegangener Herrensitz

Gleißbühlstraße

Stadt Nürnberg

Am Viehmarkt vor dem Frauentor lag bis zum 19. Jahrhundert der so genannte „Scherleins-Garten", benannt nach der Familie Scherl, die den Hof vom 16. Jahrhundert bis ca. 1639 besaß. Über den Hof führten zwei Wege, welche die Lorenzer und Sebalder Stadt mit der Hadermühle verbanden. Auf dem weitläufigen Areal standen drei Häusergruppen: Am Südwesteck zum Viehmarkt hin die größte aus Wohn- und Wirtschaftsgebäuden, eine weitere an der Gasse von der Lorenzer Stadt zur Hadermühle und eine letzte Gruppe am Südosteck gegenüber dem Flaschenhof [vgl. Hadermühle und Flaschenhof.]

Der gesamte Komplex befand sich Anfang des 18. Jahrhunderts in einer Hand, seine Besitzgeschichte lässt sich bis zum Anfang des 16. Jahrhunderts zurückverfolgen. 1517 sprach man noch vom „Millasgarten darauff izt Bonaventura wont", 1531 und noch 1633 befand sich das Areal in der Hand der Familie Scherl. 1531 war der Besitz mit sechs Feuerrechten ausgestattet und von fünf Leuten bewohnt.

Im 17. und 18. Jahrhundert wechselten die Besitzer rasch: Auf den 1639 nachweisbaren Hans Wolf Flürl folgte der „Anschicker" Wolfgang Rupprecht, um die Jahrhundertwende Martin und Wolfgang Rost. 1705 sehen wir Johann Heinrich Müller, 1736 Georg Heinrich Müller auf „Müllers Gut uf dem Gleisbühl". Wie wohl schon in den Jahrhunderten zuvor waren auch unter Georg Heinrich mehrere Gebäude an „Beständner" (Mieter) vergeben. Ab 1750 ist der Konsulent Balthasar Sebastian Muncker neuer Besitzer, ab 1759 seine Witwe. Barbara Johanna geborene „Munckerin von Gleißbühl" heiratete Georg Christoph Wilhelm Kreß von Kressenstein, der 1790/92 und im Kataster 1809 als Eigentümer des „Herrenhauses mit Stadel und Stallungen" erscheint. 1824 war Georg Wilhelm königlicher Landrichter zu Burgebrach, 1825 errichtete er in seinem Garten an der Stelle des alten Herrensitzes ein neues Herrenhaus. 1857/58 verkauften die Erben Georg Wilhelms den Bereich des Scherleinsgartens an die Stadt Nürnberg, die hier – und auf dem wenig später erworbenen Flaschenhof – planmäßig die Marienvorstadt anlegte [vgl. Flaschenhof].

Es ist nicht bekannt, wann der ältere Herrensitz errichtet wurde und ob Vorgängerbauten existierten, nur eine

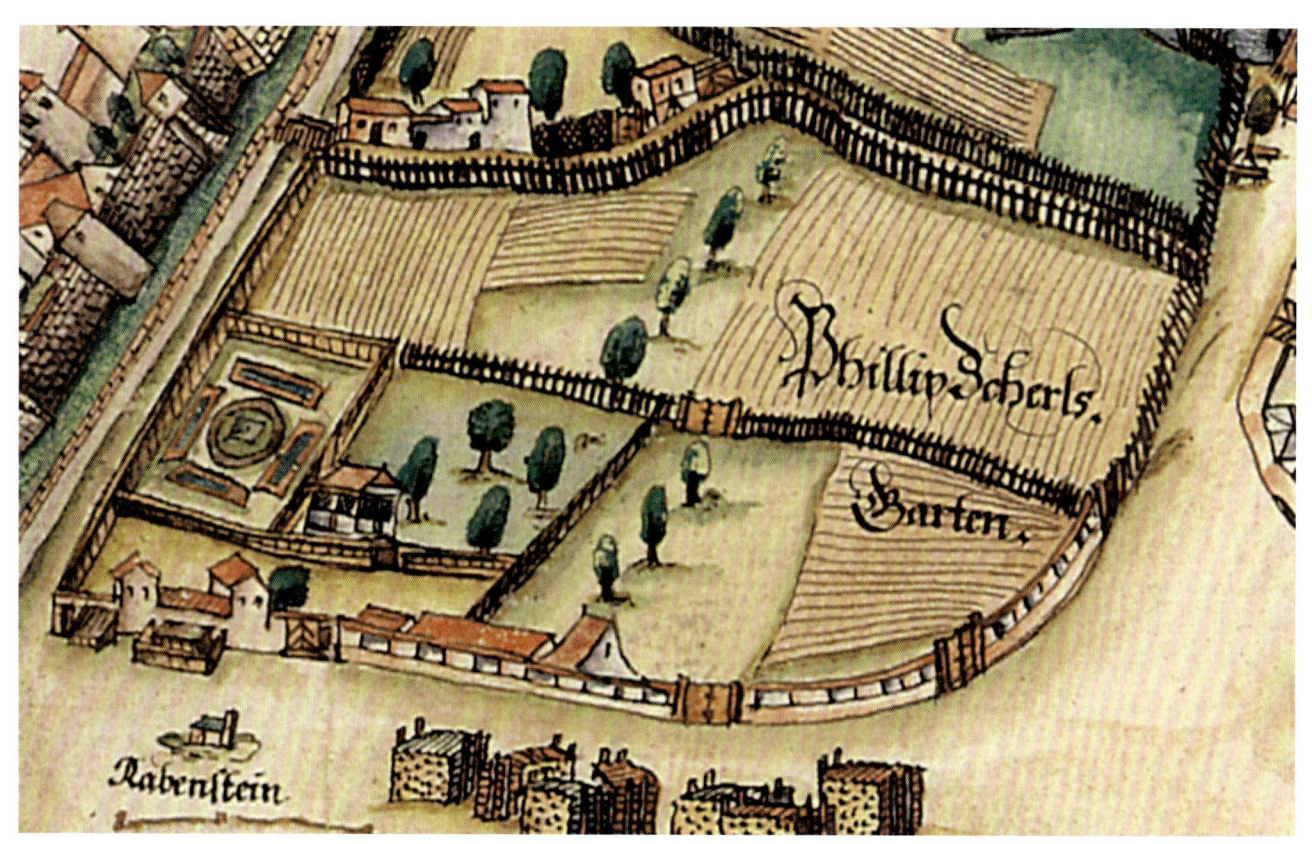

89.1   Ansicht des Scherleins-Gartens mit einem wohnturmartigen Hauptgebäude im Baumgarten, Ausschnitt aus dem Pfinzing-Atlas von 1594 (StAN)

knappe Beschreibung aus dem Jahre 1736 ist überliefert. Ihr zufolge war das „Herrschaftshaus" zweigeschossig, besaß zwei Erker und eine „Stockrinne". Das Gebäude in den Ausmaßen von 16 x 6,3 Meter war unterkellert und hatte unten zwei, oben eine beheizbare Stuben, die unten von einem Mieter bewohnt, oben von der Herrschaft bei ihren Aufenthalten genutzt wurden. An das „Wasserthürmlein" angebaut war ein kleines, eingeschossiges „Baulein mit 2 Dächern", wo das Ochsenwerk, eine Holzlege und zwei Kammern untergebracht waren.

Der gesamte Komplex wurde im Laufe des 19. und des frühen 20. Jahrhunderts im Zuge der Anlage der Marienvorstadt überbaut. 1930 hatten sich weder vom Herrensitz noch von den zugehörigen zahlreichen Gebäuden und Teilgärten irgendwelche Reste erhalten.

Quellen

StAN Rst. Nbg., Waldamt Lorenzi I Nr. 839, 883, 1346.

Literatur:

Frank zu Döfering, Karl Friedrich von: Die Kressen. Eine Familiengeschichte. Senftenegg 1936, Sp. 1552-1554.

HAB Nürnberg-Fürth, S. 149, 239.

Stadtlexikon Nürnberg, S. 364, 670 f.

90

Gleißhammer I

Herrensitz, „Zeltnerschloss"

Gleißhammerstraße 2-6

Stadt Nürnberg

Der seit dem 19. Jahrhundert „Zeltnerschloss" genannte Herrensitz ist als Hammerschloss entstanden. Der Gleißhammer mit seiner Eisenhütte zählt zu den ältesten überlieferten Industrieanlagen Nürnbergs: Im frühen 14. Jahrhundert war Conrad Stromer „der Lange" aus dem bekannten, der Reichsministerialität entstammenden Nürnberger Geschlecht der Besitzer. 1336 verkaufte er den Gleißhammer an den Reichsmünzmeister Konrad Groß, den Stifter des Heilig-Geist-Spitals. Im Jahr 1370 räumte Konrad Groß der Jüngere der Reichsstadt Nürnberg das Öffnungs- und ein Vorkaufsrecht für Nürnberger Bürger über seinen Sitz ein. 1403 kaufte der Montanunternehmer und Finanzmakler Herdegen Valzner Hammerwerk und Sitz von Sebald Groß und erneuerte 1408 das Öffnungsrecht der Reichsstadt. Der im böhmischen Bergbau reich gewordene Kaufmann, dessen Vorfahren aus Großenfalz bei Sulzbach, im Herzen des oberpfälzischen Bergbaus, stammten, beab-

90.1 Ansicht von Gleißhammer aus nördlicher Richtung, rechts hinten das 1610/11 erbaute Herrenhaus (Gleißhammer II). Darstellung im so genannten Cnopfschen Skizzenbuch um 1612/14 (HallerA)

90.2 Ansicht aus südlicher Richtung, Kupferstich von J. A. Delsenbach um 1720 (StadtMN)

sichtigte schließlich beim Gleißhammer, wie Nürnbergs Chronist Müllner schrieb, „ein gewaltig Haus allda aufzubauen". Valzner hatte schon die hölzernen Konstruktionsteile zugerichtet und abgebunden vor Ort liegen, als der Nürnberger Rat die Genehmigung verweigerte. Daraufhin wurde das Bauholz für den Neubau eines Valznerschen Stadthauses herangezogen und auf den Bau des Herrensitzes verzichtet.

Nach dem Tod des Unternehmers 1423 und seines gleichnamigen Sohnes 1427 befand sich die Liegenschaft noch für einige Zeit in der Hand der Witwe und soll 1448 an deren Schwester Anna, Ehefrau des Jakob Toppler, Sohn des berühmten Rothenburger Bürgermeisters Heinrich Toppler, vererbt worden sein. 1476 waren Conrad Toppler, Stephan Peßler, Martha Haller und Margaretha Tetzel, Tochter des Jakob Toppler, gemeinschaftlich Besitzer. Margaretha und ihr Sohn Friedrich Tetzel besaßen den Sitz im frühen 16. Jahrhundert. Sie erlebten, wie es im Landshuter Erbfolgekrieg 1504 von unter pfälzischer Fahne stehender Soldateska unter der Führung des Balthasar von Seckendorff niedergebrannt wurde. Im Ersten Markgrafenkrieg 1449, besetzt mit Nürnberger Söldnern, hatte der Sitz einem Angriff der feindlichen Truppen noch standgehalten.

1522 war zwar die Hammeranlage wieder in Betrieb, der Sitz dagegen war abgegangen, als er als „Hammerweier, darinnen ein Burkstal", von Friedrich Tetzel an seinen Vetter Sigmund Fürer verkauft wurde. Dieser veräußerte den Besitz umgehend an den Kaufmann Jörg Schlaudersbach weiter. Der Käufer ließ daraufhin noch 1523 ein neues, massives Herrenhaus errichten und räumte der Reichsstadt 1524 wiederum das Öffnungsrecht ein. Im Zweiten Markgrafenkrieg wurde die Hammeranlage von der Nürnberger Besatzung kampflos aufgegeben, gleichwohl von den markgräflichen Truppen am 31. Mai 1552 mitsamt dem neuen Herrenhaus in Brand gesteckt.

Offenbar war das Gebäude nicht völlig ruiniert worden, denn des 1552 verstorbenen Besitzers Sohn, Christoph Schlaudersbach, erklärte bereits 1556, er unterhalte auf seinem Anwesen nebst anderen Gebäuden auch ein „herrn hauß". Der jüngere Schlaudersbach starb 1562 am Bodensee, nachdem er wegen Gewalttätigkeiten gegenüber seiner Ehefrau aus der Reichsstadt ausgewiesen worden war. Da er auch zahlreiche Schulden hinterlassen hatte, wurde der Gleißhammer mit dem Sitz in einem Zwangsverfahren an die mit den Schlaudersbach verwandten Endres und Jakob Imhoff verkauft.

Jakob Imhoff ließ dann 1569 vom Bau- und Steinmetzmeister Hans Fuchs das noch vom Krieg gezeichnete Herrenhaus bis auf die Grund- und Sockelmauern abbrechen und an alter Stelle neu errichten. Außerdem wurde das Gebäude im Osten um etwa 5 Meter verlängert und mit einem zur Hälfte ins innere Gefüge eingebauten Treppenturm sowie mit Ecktürmchen versehen. Der Bauherr wünschte sich auch drei Hauptzugänge, deren Portale in der Formensprache der italienischen Renaissance ausgeführt werden sollten, mit einem „welschen Architrav" und vier begleitenden Säulen. Im Erdgeschoss waren ein gewölbter Sommersaal und die Eingangshalle geplant, die auch für Wägen befahrbar gemacht werden sollte. Selbst der vorhandene Keller sollte beim Wiederaufbau erneuert werden. Gegen Süden sollte Fuchs eine mit Zinnen bewehrte Mauer aufrichten und den Raum zwischen Herrenhaus und Mauer mit Bauschutt auffüllen und zu einem Zwinger ausbauen.

Nach einer Abbildung im so genannten Cnopfschen Skizzenbuch stand der Bau wie schon der mittelalterliche Vorgänger auf einer Insel im Gleißhammerweiher. Zusätzlich wurde der Sitz durch einen westlich gelegenen Torbau, der über eine Holzbrücke erreicht wurde, geschützt. Das Hammerwerk war zu dieser Zeit offenbar nicht mehr in Betrieb, denn Johannes Müllner bemerkte 1623 „ein schönes Lusthaus mit einem Weiher und Gärten umbgeben", wo vor Jahren „ein Hammer gewest". 1632 soll der Herrensitz in die strategischen Planungen des schwedischen Königs Gustav Adolf vor seinem Treffen mit der kaiserlichen Armee unter Wallenstein einbezogen worden sein.

Die Imhoff besaßen das Schloss Gleißhammer bis 1654, dann ging es an Georg Seifried Koler, der Susanna Imhoff geheiratet hatte. 1667 scheint Paul Sigmund Koler, verheiratet mit Katharina Imhoff, als Besitzer auf. Er wurde 1685 von Johann Joachim Nützel beerbt. 1713 gelangte Jobst Wilhelm Ebner von Eschenbach der Ältere, vermählt mit Nützels Tochter Maria Sophia, an den Sitz. Er wird noch 1749 als Besitzer bezeugt. 1755 folgte der 1763 verstorbene Jobst Wilhelm Ebner der Jüngere nach. Seine Witwe Helena Eleonora beantragte 1778 im Schlosshof den Neubau eines weiteren Beständnerhauses, um hier noch mehr Mieter aufnehmen zu können. 1779 brannte eines der im Hof stehenden Nebenhäuser ab. Kurz darauf erwarb Gottlieb Christoph Scheurl von Defersdorf das Schloss und ließ seit 1782 einige Umbauten ausführen. Dies begann mit dem Einbau von zwei Innenwänden im Erd- und zweiten Obergeschoss, die zur besseren statischen Sicherung des inneren Tragwerks dienen sollten. Ein „spitziges" Türmlein am „hintern Giebel" sollte 1782 umgebaut werden und eine Satteldachkonstruktion erhalten.

Der Nürnberger Ratskonsulent Eberhard Jodokus König von Königsthal kaufte das Schloss schließlich um 1790. 1795 beantragte Königsthal nicht nur Ersatz für das 1779 zerstörte Nebengebäude und frühere Hochwasserschäden, sondern auch einen gravierenden Um- und Erweiterungsbau des so genannten Basteigebäudes, das aus dem Torbau hervorgegangen war. Der Schlossherr wollte in den neuen Räumen Personal und weitere Mieter unterbringen. Die Baumaßnahme wurde im Juni 1795 genehmigt; man untersagte jedoch, die Zahl der Feuerstellen und Mieter zu erhöhen. 1796 sollte dann auch das südliche Hofgebäude erneuert werden.

Im Jahr 1845 wurde der Herrensitz durch ein verheerendes Hochwasser beschädigt. Noch in diesem Jahr wurde das reparaturbedürftige Anwesen an den Fabrikanten Johann Zeltner, Inhaber der bekannten Ultramarinfabrik, verkauft, da Wilhelm Georg Eberhard König von Königsthal mit der Wiederherstellung finanziell überfordert war. Der Käufer ließ die Gebäude aufwändig renovieren und den Schlossweiher zur Hälfte auffüllen. Unter dem Fabrikanten, der 1848 auch der

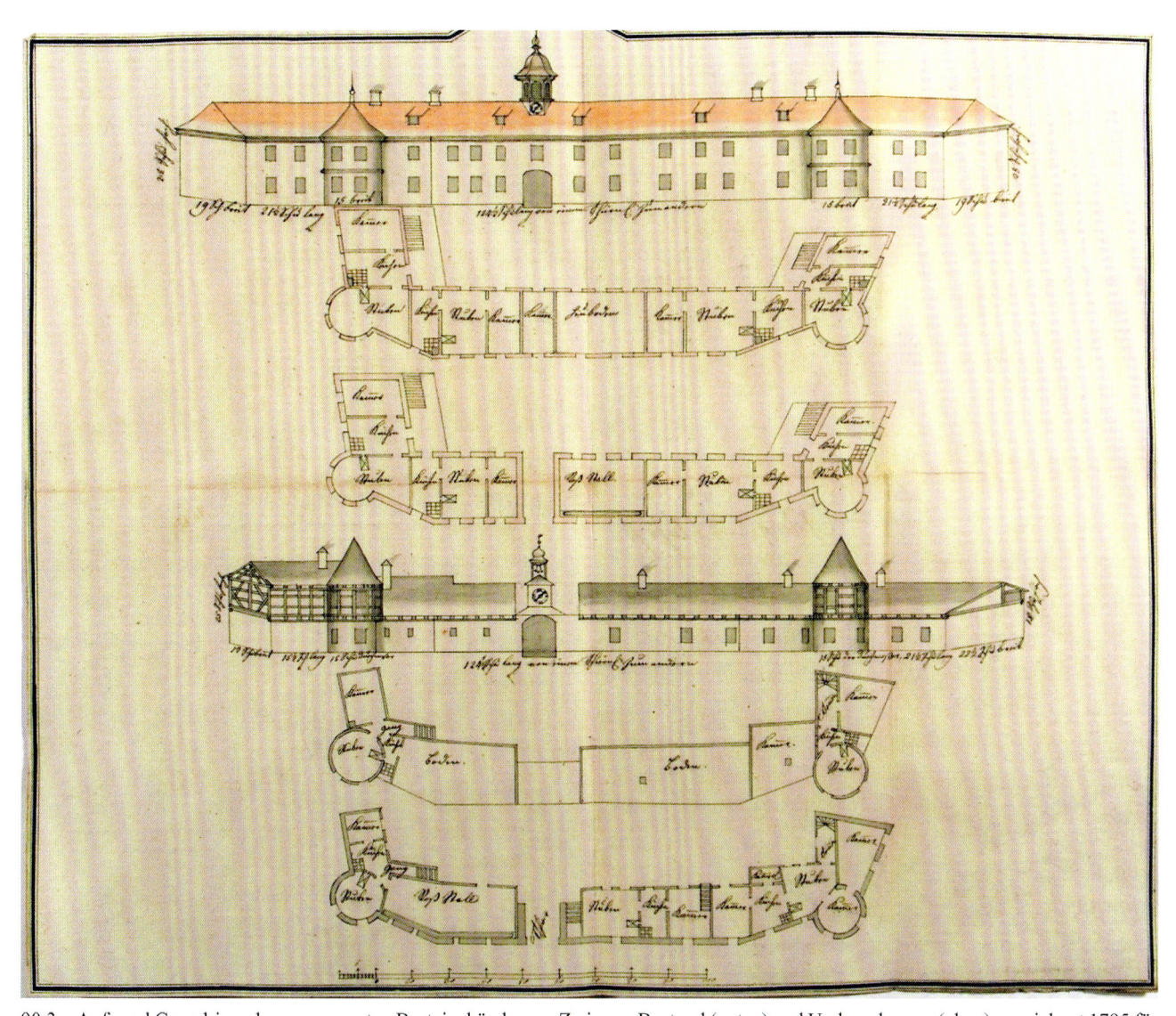

90.3   Auf- und Grundrisse des so genannten Basteigebäudes am Zwinger, Bestand (unten) und Umbauplanung (oben) gezeichnet 1795 für den Einbau von Personalwohnungen (StAN)

90.4 Blick auf das „Zeltnerschloss" von Süden, Fotografie: G. v. Volckamer um 1894 (StadtMN)

Nationalversammlung in der Paulskirche zu Frankfurt am Main angehörte, wurde der neue Name Zeltnerschloss üblich. 1884 erbte der Schwiegersohn Zeltners, Edwin Beckh, die Liegenschaft. Er ließ südlich des Schlosses einen Turm bauen, der jedoch schon 1920 wieder abgebrochen wurde. Nach dem Tod Beckhs 1908 ließen die Erben an der östlichen Umfassung eine Holzveranda anbauen.

Im Jahr 1920 erwarb die Deutsche Reichsbahn von der Familie Beckh das Zeltnerschloss, das bei einem Bombenangriff 1943 schwerste Schäden hinnehmen musste. Bei der Instandsetzung 1955 wurde das Gebäude von der Bundesbahn in eher sparsamer Weise repariert. Man verzichtete auf den Wiederaufbau der Ecktürmchen und Giebel und richtete ein Walmdach auf. Die Stadt Nürnberg erwarb die Anlage 1981 und richtete in den 1980-er Jahren im Zeltnerschloss einen „Kulturladen" ein.

Quellen

StAN Rst. Nbg., Handschriften Nr. 323. Rst. Nbg., Waldamt Lorenzi I Nr. 439 I und II.

StadtAN E 10/21 Nr. 69.

Gelegenhait, Nr. 589, 1856.

Müllner I, S. 360.

Literatur

Beckh, Herrmann: Johannes Zeltner (1805–1882), ein Nürnberger Unternehmer. In: MVGN 58 (1971), S. 304-336.

Beckh, Max: Geschichte des Schlosses Gleißhammer. Nürnberg 1925.

KDM Stadt Nürnberg, S. 305 f.

Lehner-Burgstall, S. 41-51.

Ress, Franz Michael: Bauten, Denkmäler und Stiftungen deutscher Eisenhüttenleute. Düsseldorf 1960, S. 120.

Rusam, Dorfkerne, S. 104-127.

Ruthrof, Renaissance, S. 6, mit Ausschnitt aus dem Kupferstich von J. A. Delsenbach um 1713.

Schnelbögl, Fritz: Herrensitze und Wirkungsstätten der Imhoff im Landgebiet der Reichsstadt Nürnberg. In: MANL 26 (1977), Heft1/2, S. 1-13.

Stadtlexikon Nürnberg, S. 364, mit kolorierter Radierung von G. Adam um 1811; S. 1209, mit Kupferstich von J. U. Kraus nach Zeichnung von J. A. Graff von 1694.

Gleißhammer II

Abgegangener Herrensitz, „Güntherschlößchen" (Abbruch 1930)

Schlossstraße 62-64

Stadt Nürnberg

Im frühen 17. Jahrhundert entstand in der Nachbarschaft des Gleißhammers ein zweiter Herrensitz. Der Nürnberger Bürger und Händler Jörg Jonabach hatte 1602 einen kleinen Bauernhof erworben, den er 1610/11 mit einem Herrenhaus bebaute. Es handelte sich um ein Gebäude mit Fachwerkobergeschossen auf massivem Sockel, vier Ecktürmchen und einem Krüppelwalmdach. Auf dem Anwesen lastete ein Eigenrecht der Nützel von Sündersbühl, das den Bauherrn und seine Nachfolger zu jährlichen Zinszahlungen verpflichtete.

1688 war das Anwesen im Besitz des wohlhabenden Kaufmanns Johann Nikolaus Vargeth, der es jedoch nicht selbst nutzte, sondern dem Offizier Georg Wolfgang Wuttich vermietete. Gleichwohl kam die Bezeichnung „Vargethenschlößchen" auf, was zu Verwechslungen führen kann [vgl. Vargethschloss am Kontumazgarten].

1707 lehnte das Waldamt Lorenzi einen Bauantrag Vargeths zum Bau eines Stadels ab, genehmigte jedoch die Erneuerung einer Remise neben seinem Herrenhaus. Wenig später, vor 1710, erwarb der Besitzer des Hammer- und Glaspolierwerks, Dr. Johann Friedrich Schober, den kleinen Herrensitz. Ihm folgten vor 1741 Johann Veit Kessel, vor 1766 Johann Erdmann als Mitbesitzer und vor 1795 Heinrich Paul Wolfgang von Günther. Seitdem wurde der Sitz „Güntherschlößchen" genannt.

Im frühen 19. Jahrhundert kam die Liegenschaft an den Rotgießer Johann Ernst Körnlein, der sie noch 1835 besaß. 1916 war der Fabrikant Karl Loos Eigentümer. Er richtete hier eine Eisfabrik ein, die im Sommer Stangeneis für die Brauereien, Wirtschaften und andere Abnehmer herstellte. Schon 1919 zog die Fernsprech-

91.2 Ansicht des Herrenhauses nach Beginn der Abbrucharbeiten, Fotografie: F. A. Nagel 1930 (StadtMN)

und Rundfunkapparatefabrik der Firma Bruckner & Stark ein. Für den Neubau der Rundfunkfabrik wurde das Herrenhaus 1930, das im 18. oder 19. Jahrhundert durch einen Umbau seine Ecktürmchen verloren hatte, abgebrochen.

Quellen

StAN Rst. Nbg., Waldamt Lorenzi I Nr. 439 I.

StadtAN E 10/21 Nr. 69.

Literatur

Rusam, Hermann: 650 Jahre Gleißhammer. In: Mitteilungsblatt des Vorstadtvereins Gleißhammer – St. Peter 1899 e.V., Juli 1986, S. 42-65.

91.1 Darstellung des Herrensitzes auf einer Federzeichnung von 1688 (StAN)

92

Glockenhof

Herrensitz, „Grundherrnschloss"

Glockenhofstraße 47

Stadt Nürnberg

Der Glockenhof begegnet zunächst als (Ober-)Galgenhof, benannt nach dem in der Nähe gelegenen Galgen des Hochgerichts, der nach der letzten Stadterweiterung angelegt wurde. Die zunächst wohl rein bäuerlichen Höfe waren im späten 15. Jahrhundert „frei lauter eigener" Besitz der Haller und an Bauern als Erbzinslehen vergeben. Als frühester Eigenherr wird 1491 Wolfgang Haller der Ältere sichtbar, während schon 1471 Martin Wagner und seine Frau Katharina die „Erbschaft" am Oberen Galgenhof besaßen. 1494 ging sie an Erhard Marstaller um 1.094 Gulden über; auf dem Hofkomplex wurden zu diesem Zeitpunkt drei Bauern geführt.

1510 veräußerten die Erben Erhard Marstallers das Erbrecht an den drei Höfen für 500 Gulden an Hans Schütz. Schon ein halbes Jahr später kaufte es der Eigenherr Bartholomäus Haller um 700 Gulden auf. Damals bestand der Komplex aus drei Höfen und fünf Söldengütern, die um einen großen Hofraum angeordnet waren. In dessen Mitte standen bis zu Beginn des 16. Jahrhunderts zwei Wohnhäuser mit einem dazwischen liegenden Pferdestall, nach Zeugenaussagen von 1528 die wohl ältesten Gebäude auf dem Hof. Um 1510, so die Zeugen, habe Hans Schütz die Häuser abbrechen lassen „damit man die Wagen bequem im Hof wenden könne". Die Gebäude wurden vermutlich vom Hofmeister genutzt und dienten dem Eigentümer als Wohnung oder Herrensitz.

92.1 Detailgenaue Darstellung des Glockenhofes im so genannten „Cnopfschen Skizzenbuch" aus den Jahren 1612/14 (HallerA)

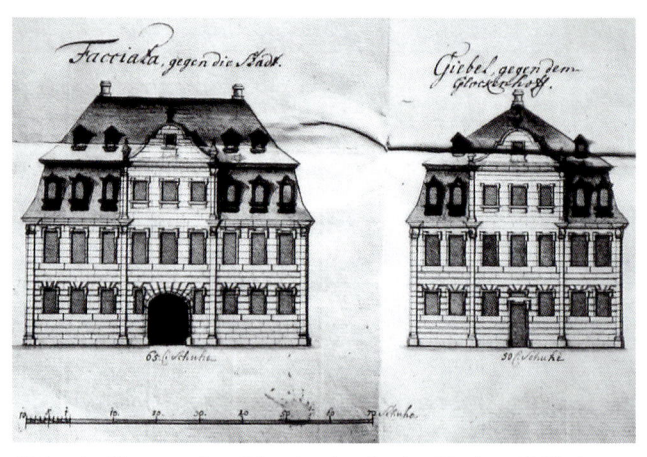

92.2 Aufrisse aus dem Eingabeplan für den Neubau 1764, Reproduktion des heute verschollenen Plans von F. A. Nagel (StadtMN)

Bartholomäus Haller öffnete 1517 seinen mit dieser Urkunde erstmals greifbaren Ansitz im Obergalgenhof „als das mit Mauern umfangen" der Stadt Nürnberg. 1528 verkaufte Bartholomäus Haller auf Ziegelstein seine drei Eigenhöfe an Hans Glockengießer um 130 Gulden und 12 Gulden Leihkauf. Der neue Besitzer bemühte sich sofort um die Sicherung weiterer Feuerrechte auf dem Anwesen. Nach offensichtlich langwierigen Auseinandersetzungen einigte er sich 1538 mit dem „fürsichtigen hern bürgermeister ... mer nit dann zen feuer oder herdstet, wie ich die von Bartholomeus Haller erkauft ... an meinem sitz zu Obergalgenhof" einzurichten. Aus dem Revers wurde weiter deutlich, dass Glockengießer „aigenschaft und erbschaft" (Eigentum und Nutzung) am Sitz erworben hatte.

Zu Beginn des Zweiten Markgrafenkriegs wurde der Galgenhof am 24. Mai 1552 angegriffen, der hieraus entstandene Schaden am „burgershauß" und an den Gebäuden von Ober- und Untergalgenhof auf 2.000 Gulden beziffert. Als die Häuser nach dem Ende des Krieges im Umfang des Vorkriegsbestandes wieder errichtet werden durften, musste sich Hans Glockengießer verpflichten, nicht mehr als 10 Feuerstellen einzurichten – zwei an seinem Sitz sowie je eine in den drei Höfen und den fünf Söldengütlein.

Der Sitz stand in einem vom Fischbach gespeisten Weiher und war mit einer Mauer umgeben, die mit Türmchen

92.3 Ansicht des Glockenhofes in ländlicher Umgebung Ende des 18. Jahrhunderts. Kolorierte Radierung von F. A. Annert 1788 (StadtMN)

bewehrt war. Auf einem in Sandsteinquadern erstellten, fensterlosen Sockel ruhte das Fachwerk-Obergeschoss. Das Satteldach war mit Ziegeln eingedeckt, Fachwerkerker besaßen Rundbogenfenster. Angebaut war ein Treppenturm mit Dachlaterne, von dem ein hölzerner Gang in das Obergeschoss führte.

1559 war Christoph Rosenhard, genannt Glockengießer, der Stiefsohn Hans Glockengießers, Alleinbesitzer auf dem Galgenhof. „Wegen des abscheulichen Namens" taufte er 1566 den Hof kurzerhand in „Glockenhof" um, ließ darüber eine prachtvolle Pergamenturkunde mit einer Ansicht des Herrensitzes in Deckfarbenmalerei anfertigen und den neuen Namen an allen Türen und Häusern anschreiben. Trotz eines Verbots seitens des Rates von 1592 sollte sich der Name halten.

Der 1623 als „Burgersitzlein" bezeichnete Glockenhof blieb im Besitz der Glockengießer bis zu ihrem Aussterben im Jahre 1757. Ansichten aus dem Cnopfschen Skizzenbuch und ein Kupferstich zeigen uns die Veränderungen 1615 und um 1700. 1711 wurde Georg Paulus Glockengießer, der das Herrenhaus gemeinsam mit seinem Vetter Johann Heinrich Glockengießer besaß, gestattet, an der Seite gegen Osten einen Anbau zu errichten und einen neuen Stubenofen zu setzen.

1736 bewohnten die Brüder Carl und Heinrich Glockengießer eine Stube im Herrenhaus. Das Wohnhaus hatte eine Grundfläche von 11,70 x 9,60 Metern, auf dem Dach lag eine „Riebe" mit einer Stube (Riebe = Giebelerker, Zwerchhaus, breite Gaube o.ä.). Im Erdgeschoss fanden sich ein Kellerzugang und eine Stube, im Obergeschoss zwei Stuben. Ein kleiner, wohl 1711 errichteter Anbau hatte kein Feuerrecht. Rechts vor dem Eingang lag ein „Cämmerlein" mit dem Zugang zum „Turmlein" mit einem „Badlein" und einer weiteren Kammer. Vom oberen Geschoss des Turmes gelangte man schließlich über einen hölzernen Gang ins Herrenhaus.

1757 wurde der Glockenhof von der Ratskonsulentenwitwe Sara Johanna Muncker gekauft. Sie ließ 1760 den baufällig gewordenen Herrensitz abtragen, der beschrieben wird als „mit Holz abgebundenes zweigädiges Schlößchen, im dritten Gaden mit einer Rieb und vier Feuerrechten... worinnen dermalen 4 Stuben und allernächst daran ein Waschbadlein sich befunden".

Größe und Höhe des neuen Schlosses wurden deutlich erweitert: Bei einer Grundfläche von 18 auf 15 Metern wurden drei Stockwerke „durchaus mit Steinen" errichtet. Die dreigeschossige Ausführung führte dazu, dass auf ein „gebrochenes" (Mansard-)Dach verzichtet wurde. Die etwas später eingefügten Dreiecksgiebel bereichern das Gebäude.

1765 folgten als Besitzer die Grundherr, denen das Schloss noch heute gehört und deren Namen es trägt. 1857 übergab Georg Christoph Karl von Grundherr das Schloss seiner Familienstiftung. Mit der Niederlassung einer Strumpfwaren- und Strickwaren-Fabrik begann schon 1828 die Industrialisierung des Gebietes, etwa ab Mitte des 19. Jahrhunderts setzte die städtische Überbauung des auf einem Stich Annerts von 1788 noch rein landwirtschaftlich geprägten Areals ein. Der 1945 beschädigte Bau wurde von der Grundherrischen Familienstiftung renoviert.

Quellen

HallerA Besitzurk. Bartholomäus I Haller, 13. Mai 1538.

StadtAN E 20/21 Nr. 17. B 14/I Bd. 27, Bl. 11.

StAN Rst. Nbg., Handschriften Nr. 272. Rst. Nbg.,Waldamt Lorenzi I Nr. 434, 883.

Müllner I, S. 345.

Literatur

HAB Nürnberg-Fürth, S. 149.

Hirschmann, Gerhard: Wie vor 400 Jahren aus dem Galgenhof der Glockenhof wurde. In: MANL 15 (1966), Heft 1/ 2, S. 29-36.

KDM Stadt Nürnberg, S. 306 f.

Stadtlexikon Nürnberg, S. 366 f.

92.4 Ansicht des Herrenhauses von Nordwesten; Fotografie: F. A. Nagel 1911 (StadtMN)

93 N

Gostenhof I

Abgegangener Herrensitz, „Löffelholz-Schlösslein" (Abbruch vor 1900)

Bauerngasse 17-27

Stadt Nürnberg

Der Nürnberger Vorort Gostenhof siedelte einst in zwei Teilen. Im westlichen, eher bäuerlich geprägten Dorf fand sich noch im 19. Jahrhundert ein Herrensitz, der wohl nicht aus dem Sitz hervorgegangen war, auf dem vor 1344 der Ministeriale Berthold von Schweinau saß und der von seiner Witwe an die Waldstromer verkauft wurde.

Dieses Anwesen dürfte noch im Mittelalter abgegangen sein, denn um 1500 lässt sich in Gostenhof kein Sitz mehr nachweisen. Auch in den Schadenslisten für den Zweiten Markgrafenkrieg, als Gostenhof am 12. Mai von den markgräflichen Truppen überfallen und am 4. Juni 1552 von der Reichsstadt selbst, um dem Feind alle Deckung zu nehmen, niedergebrannt wurde, ist kein Sitz verzeichnet.

Erst ein Cuntz Pezold scheint in der zweiten Hälfte des 16. Jahrhunderts in Gostenhof ein kleines Herrenhaus errichtet zu haben. Um 1590 geriet das Pezoldsche Anwesen an die reiche Kaufmannsfamilie Lanzinger [vgl. Schniegling I], dann 1597 an den Kaufmann und Zuckermacher Hans Eißner. Im Jahr 1626 ließ Eißner das Herrenhaus abbrechen und ein neues erbauen. Nach dem Tod des Bauherrn in den verheerenden Pestjahren 1635/36 erbte die Witwe Anna Maria, eine geborene Dilherr und verwitwete Heugel, den Besitz. 1636 heiratete Johann Jobst Schmidtmeier die Witwe. Nachdem Anna Maria auch den dritten Ehemann überlebt hatte, vermählte sie sich 1657 mit Burkhart V. Löffelholz. Von nun an blieb das „Schlösslein" bis nach 1786 im Besitz des Patriziergeschlechts, das in Gostenhof auch ein Gartenanwesen besaß.

1736, als Georg Friedrich und Georg Wilhelm II. Löffelholz den Sitz gemeinsam verwalteten, befanden sich beim Herrenhaus mehrere Nebenhäuser, in denen Zinswohnungen eingerichtet waren. Das Herrenhaus selbst stand jedoch leer. Damals wurde es als etwa 15 Meter langer und fast 13 Meter breiter Massivbau beschrieben, der auf einer Seite zweigeschossig, auf der anderen, dem Dorf zu, dreigeschossig war. Das Gebäude wurde

93.1 Ansicht des Löffelholzschen Herrenhauses, Kopie nach einer Federzeichnung von Johann Andreas Graff 1682 (Pr)

mit einer Spindeltreppe in einem Treppenturm aus Fachwerk erschlossen und wies im Erdgeschoss einen Saal und eine Winterung auf. Überliefert wird auch, dass über dem Hauptportal in der Einfriedung an der Bauerngasse das Allianzwappen Schmidtmeier-Heugel in Stein gehauen war, über der Haustüre dagegen das Allianzwappen Löffelholz-Heugel.

Um 1800 gelangte Martin Karl Wilhelm von Wölckern an den Besitz. Er ließ sich 1819 die Zertrümmerung des großen Anwesens genehmigen, besaß jedoch eine Restfläche mit dem Herrenhaus bis 1832. Nun wurde das stark verkleinerte Anwesen an den Müllermeister Johann Christoph Schlee verkauft. Der Herrensitz soll dann noch im 19. Jahrhundert dem Bauboom der Gründerzeit zum Opfer gefallen sein. 1930 war nach den Beobachtungen von Friedrich August Nagel nichts mehr von der historischen Bebauung erhalten.

Quellen

StAN Rst. Nbg., Waldamt Lorenzi I Nr. 426 II, III, 427 II, III.

StadtAN E 10/21 Nr. 2, 57.

Gelegenhait, Nr. 776, 1890.

Literatur

Stadtlexikon Nürnberg, S. 372 f (mit Ansicht Gostenhofs aus der Vogelschau von J. A. Boener, 1708).

94

Gostenhof II

Abgegangenes reichsstädtisches Pflegschloss (um 1944 zerstört)

Gostenhofer Hauptstraße 14, Schulgasse 9, 11

Stadt Nürnberg

Die Reichsstadt Nürnberg richtete in Gostenhof 1477 ein eigenes Pflegamt ein. Der Standort des ersten Amtssitzes ist bis heute unbekannt. Er ging spätestens am 4. Juni 1552 unter, als die Reichsstadt den unmittelbar vor den Stadtmauern liegenden Ort niederbrannte, um den markgräflichen Truppen mögliche Deckungen zu nehmen. Nach dem Krieg erwarb die Stadt 1555 das Ruinengrundstück des Gostenhofer Färbermeisters Hans Burckhart, um hier einen neuen Amtssitz für den Pfleger zu errichten. Dem zweiflügeligen Gebäude wurde eine Stadtknechtsbehausung angeschlossen, in der auch ein Amtsgefängnis eingebaut wurde.

Mit der Annexion Gostenhofs 1796 durch Preußen wurde der Amtssitz des Pflegers zur preußischen „Gerichtsschreiberey". Nach 1806 hob die neue bayerische Administration das Amt Gostenhof auf. Das bayerische Rentamt Fürth privatisierte 1811 den

G GOSTENHOF II

94.1 Ansicht von Gostenhof mit dem Pflegamtssitz (Vorderhaus mit Dachreiter), Kupferstich von J. A. Boener von 1708 (StadtMN)

staatseigenen Gebäudekomplex, der am Ende des Alten Reiches aus dem ehemaligen Amtsschloss mit angebauter Gerichtsdienerwohnung, einem Gefängnis, dem Registraturgebäude sowie einem Hofraum mit Brennholzschupfe bestand. Käufer war der Huf- und Waffenschmiedemeister Johann Jacob Binder. 1930 war das Anwesen noch „fast unversehrt" erhalten, nur im Hofraum war ein neues Flügelgebäude entstanden. Die Erdgeschosse waren allerdings für ein Ladengeschäft völlig umgebaut worden. Friedrich August Nagel erinnerte sich an das noch vorhandene Türmchen auf dem Hauptgebäude, das ein 1930 jedoch schon ruiniertes historisches Uhrwerk beherbergte. Das Gostenhofer Pflegschloss dürfte im wesentlichen erst im Zweiten Weltkrieg untergegangen sein.

Quellen

StAN Rst. Nbg., Handschriften Nr. 198, 323. Rst. Nbg., Waldamt Lorenzi I Nr. 426, 427.

StadtAN E 10/21 Nr. 2.

Literatur

Eisen, Ludwig: Vor den Toren Alt-Nürnbergs. Geschichte der Vorstadt Gostenhof ... Nürnberg 1923 (mit Radierung von J. A. Boener).

95–96 E8

Gräfenberg

Über die frühe Geschichte Gräfenbergs sind wir nur mangelhaft unterrichtet. An der Fernverbindung von Nürnberg nach Sachsen und unterhalb der vermutlich frühmittelalterlichen St. Michaels-Kapelle gelegen, ist die kurz vor 1200 erstmals urkundlich erwähnte „villa" (Dorf) Gräfenberg wesentlich älter. Gräfenberg lag damals im Grenzbereich zwischen den Einflusszonen des Reichslandes um Nürnberg und des Bamberger Hochstifts im Norden, ohne dass eine klare Zuordnung möglich wäre. Auch die 1172 in einer Weißenoher Urkunde genannten Ministerialen „Sigehard et Wirnto de Grevenberc" sind nicht eindeutig zu identifizieren: Sie erscheinen im Umkreis bedeutender Reichsministerialenfamilien, vertraten aber möglicherweise das Kloster. Ebenso wenig lässt sich 1243 Ulrich von Grevenberg zuordnen; auffällig ist lediglich, dass er – wie schon Sieghard und Wirnto – in der Zeugenreihe an nachgeordneter Stelle aufgeführt wird. Man wird daraus schließen müssen, dass die unfreien Ministerialen zu diesem Zeitpunkt kaum Ortsherren in Gräfenberg gewesen sein können (wie in der Literatur unterstellt), sondern im Ort als Vertreter ihrer Herren saßen und in deren Auftrag die Burg angelegt haben.

Im Jahre 1333 noch im Besitz des Konrad Graf zu Gräfenberg, bestätigte Kaiser Ludwig bereits 1337 dessen Schwiegersohn Berthold I. Haller seine neu erworbenen Rechte an Markt und Gericht. Den ersten sicheren Nachweis für die Existenz einer befestigten Anlage in Gräfenberg findet sich in der Lehensauftragung Berthold I. Haller an den böhmischen König aus dem Jahre 1371, als er den „Markt und das Haus Grevemberg", freies väterliches Eigen, an König Karl von Böhmen aufsagte. Dabei verpflichtete er sich ausdrücklich, dem böhmischen König die „veste" im Kriegsfall zu öffnen. Eine zweite Urkunde aus dem gleichen Jahr sicherte Berthold das Recht, „den Markt und das Haus Gräfenberg nach Notdurft zu bauen". In den Bestätigungen durch das Reich und den König von Böhmen wie in den Besitzteilungen und -verkäufen innerhalb des Hallerschen Familienverbandes werden in den folgenden Jahrzehnten mehrfach „Stadt und Haus", zuweilen „Markt und Schloss", seit 1415 auch „Schloss, Veste, Markt und Gericht" aufgezählt. Mit dem Begriff „Schloss und Veste" war offensichtlich zunächst nur die Befestigung an der Kalkach gemeint, während das spätere Pflegschloss bei der Kirche als „Steinhaus", später als „Steinhof" oder „Großhaus" erscheint.

Literatur

Haller, Bertold Frhr. von: Zusammenstellung der Gräfenberg betr. Urkunden 1300–1600. Unveröff. Mskr.

Kunstmann, Hellmut: Die Burganlagen in Gräfenberg, ihre Besitzer und ihre Schicksale. In: MANL 10 (1961), Heft 1/2, S. 16–25.

Looshorn Bd. 2, S. 477 f.

Gräfenberg I

Ehemalige Burganlage

Bahnhofstraße 11-21

Stadt Gräfenberg

Landkreis Forchheim

Neben dem Pflegschloss [vgl. Gräfenberg II] existierte in Gräfenberg direkt am Ufer der Kalkach im Bereich der Bahnhofstraße eine zweite, heute weitgehend vergessene Burganlage. Mit hoher Wahrscheinlichkeit bereits vor dem Bau der Stadtmauer errichtet, erklärt sich ihre auf den ersten Blick strategisch ungünstige Lage durch ihre Kontrollfunktion für die früher hier vorbei führende Handelsstraße von Nürnberg nach Sachsen. Geschützt war die Anlage von einem Graben, der vom Wasser der Kalkach gespeist wurde.

Aus dem Jahre 1477 haben wir in der Besitzregelung der beiden Ortsherren Haller und Tetzel die erste Beschreibung der Burg an der Kalkach als „Schloss mitsampt Mauern, wässern und innern Zwingern, Greben und brucken als es yezund umbfangen und begriffen ist, auch die zway vichhewser und der platz vor dem Schloss, alles zu Grefenberg gelegen".

95.1 Das Pflegschloss (bez. B) auf einer Stadtansicht Gräfenbergs aus dem Jahre 1639. Feder-/Pinselzeichnung (StAN)

Der Bauzustand der alten Veste muss jedoch zu diesem Zeitpunkt bereits besorgniserregend gewesen sein, da 1485 Ulrich VI. Haller den böhmischen König als Lehnsherrn bat, auf seinen halben Teil von Gräfenberg bis zu 1.000 Gulden aufnehmen zu dürfen, um damit die baufällige Veste zur reparieren. Noch im gleichen Jahr nahm er bei seinem Vetter (und Mitbesitzer von Gräfenberg) Hans Tetzel dem Älteren 800 Gulden auf. Nach Ulrich Hallers Tod 1488 wurde sein Besitz in Gräfenberg unter seinen Söhnen Ulrich VII. und Bernhard aufgeteilt, die bereits 1492 (Ulrich) und 1496 (Bernhards Witwe Dorothea) ihre Anteile an Hans Tetzel um 1.900 Gulden bzw. eine Leibrente verkauften.

In seiner Besitzaufstellung aus den Jahren um 1500 sprach Hans Tetzel, nun Alleinbesitzer von Gräfenberg, vom „alten Schloß mitsamt dem Vorhof und mit zwei gemauerten Zwingern gerings umhin, mit dem Thurn und gebautem Vorwerk". Wollte man das Schloss neu erbauen, müsste man, so Tetzel, sicherlich mehr als 3.000 Gulden aufwenden, so aber war es „wohl bei 400 oder 500 Gulden wert". „Fest bauen" ließ es sich zu seiner Zeit freilich noch „mit geringem Geld".

Zur Instandsetzung kam es nicht, weil Tetzel seinen Sitz im „Steinhaus" bei der Kirche beibehielt. Ohne Funktion und wohl auch ohne Nutzung, verfiel die alte Burganlage zusehends und erschien bereits 1520, dann nochmals 1561 und 1562 als „Burgstall". Eine Nürnberger Kommission empfahl nach Übernahme Gräfenbergs durch die Reichsstadt Mitte des 16. Jahrhunderts, die Gebäude abzutragen und die Steine zum Neubau von Häusern oder zur Ausbesserung der Stadtmauer zu verwenden. Nur der Turm sollte wie bisher als Gefängnis weiter genutzt werden und stand noch 1542. 1561 plante man die Errichtung von acht (!) Wohnhäusern auf dem Areal des Burgstalls; 1563 und 1565 wurden Mauerreste eingelegt, der Abraum zur Anböschung der Stadtmauer verwandt, um eine weitere Unterspülung durch die Kalkach zu verhindern. Noch 1583 mussten Steine des alten Schlosses zur Ausbesserung der Stadtmauer herhalten.

Spätestens mit Beginn des 17. Jahrhunderts setzte mit dem Bau des Malzdörrhauses „auf dem alten Burgstall" die Überbauung des Geländes ein, wobei den privaten Bauherren ausdrücklich die Nutzung der Steine erlaubt wurde. 1617 war auch der Turm verschwunden, auf seinen Fundamenten wurde „auf dem Schlossplatz hinter der Dörr" das sogenannte „Herrenhäuschen" errichtet. Im Keller des Hauses sind noch Fundamente des Turmes mit einer Mauerstärke von ca. 1,6 Meter zu sehen. Durch die große Überschwemmung von 1778 wurde das benachbarte Haus stark beschädigt; ein erhaltener Stich lässt an der Bachseite außergewöhnlich massive Grundmauern erkennen, die möglicherweise zur alten Burganlage gehörten. Im Keller des 1792 abgebrochenen Hauses haben sich bis heute ca. 1,50 Meter dicke Gewölbe erhalten.

Quellen

HallerA Urkunden und Akten betr. Gräfenberg (mit Auszügen aus den Archivalien des StAN).

StadtAN B 14/I Bd. 13, Bl. 114.

StAN Rst. Nbg., Nürnberger Salbücher Nr. 209. Rst. Nbg., Landpflegamt Urk. Nr. 158, 159.

StBBa MvO 60 fol. 23v.

Stahl, Irene (Hg.): Die Nürnberger Ratsverlässe Heft 1 1449–1450. Neustadt/Aisch 1983, v.a. S. 149 und 167.

Literatur

Deliciae II, S. 175-181.

Gundelfinger, Gerhard: Häuserchronik der Stadt Gräfenberg. Gräfenberg 2001, S. 73-76, 168 f, 171, 341, 392-394, 416, 433.

HAB Forchheim, S. 17 f, 25, 35 f.

Haller, Bertold Frhr. von: Zusammenstellung der Gräfenberg betr. Urkunden 1300–1600. Unveröff. Mskr.

KDM Forchheim, S. 114 f, 120.

Kunstmann, Hellmut: Die Burganlagen in Gräfenberg, ihre Besitzer und ihre Schicksale. In: MANL 10 (1961), Heft 1/2, S. 16-25.

Stadtlexikon Nürnberg, S. 374 f.

96 E8

Gräfenberg II

Schloss

Kirchplatz 8

Stadt Gräfenberg

Landkreis Forchheim

Über Jahrhunderte hinweg prägte das Ensemble von Kirche und Schloss das Ortsbild Gräfenbergs. Die Forschung hat daher wie selbstverständlich auch einen baulichen Zusammenhang unterstellt und im Schloss die ältere und lange einzige Burganlage in Gräfenberg gesehen.

Dank der Forschungen Hellmut Kunstmanns und Gerhard Gundelfingers wurde deutlich, dass in Gräfenberg zwei Burganlagen bestanden und – hier ist letzterem gegen Kunstmann zu folgen – die ältere an der Kalkach im Bereich der Bahnhofstraße gestanden hat [vgl. Gräfenberg I]. Auf diese Anlagen bezogen sich vermutlich die frühen Erwähnungen eines „Hauses" oder einer „Veste" (1371), von „Haus und Markt" (1376), von „Schloß, Veste, Markt" (1415), von „Schloß und Stadt" (1424), oder nur „Veste" (1431). Eindeutig dem späteren Pflegschloss lässt sich dagegen das erstmals 1469 erwähnte „Steinhaus" zuordnen, das in der Folgezeit auch als „Steinhof" oder „Großhaus" begrifflich von „Schloss und Veste" unterschieden wurde.

Die Urkunde von 1469 regelte die Besitzverhältnisse in Gräfenberg zwischen Gabriel und Hans Tetzel einerseits und Ulrich VI. Haller andererseits. Das Steinhaus war offensichtlich erst in den letzten Jahren errichtet worden, da vereinbart wurde, die entstandenen Baukosten zu teilen, und nach einer Abrechnung der Bauausgaben Haller den Tetzel noch einen kleineren Betrag von knapp 30 Gulden schuldig geblieben war. Das Steinhaus erhielten die beiden Parteien je zur Hälfte und es wurde ein gegenseitiges Vorkaufsrecht eingeräumt. Zum Steinhaus gehörten zwei weitere Häuser, zwei Hopfengärten und ein Stadel. An den Besitz des Steinhauses waren zudem die jeweiligen Anteile an ganz Gräfenberg mit allen Zugehörungen gebunden.

Der gemeinsame Besitz des Steinhauses führte offensichtlich rasch zu Zerwürfnissen, sodass bereits 1477 Gräfenberg zwischen den Parteien neu aufgeteilt wurde. Erstmals wurde nun deutlich zwischen dem „Steinhof" und dem „Schloss" unterschieden. Der Steinhof mit seinem Zubehör – zwei Hofstätten, ein Hopfengarten, Platz und Brunnen beim Steinhof – wurde den beiden Tetzel und ihren Erben zugestanden. Ulrich Haller erhielt dagegen das „Schloss" mit seinen Mauern, dem äußeren und inneren Zwinger, den Gräben und Brücken, weiter zwei „Viehwiesen" und den Platz vor dem Schloss. Nur der Turm im Schloss sollte als „Strafturm" beiden Seiten offen stehen; im Konfliktfall hatten beide Seiten mit ihren Untertanen freien Zutritt zu den beiden Befestigungen. Haller erhielt weiter ungehinderten Zugang zu seinem Stadel im Steinhof, verkaufte ihn allerdings schon 1483. Die gefundene Aufteilung wurde 1480 von König Wladislaus von Böhmen als Lehensherrn bestätigt, wobei dem „Steinhof mit Gräben, Garten und Peunt" die „Veste, Vorhof und Graben" gegenüber gestellt wurden.

Obwohl Gräfenberg seit 1371 Offenhaus der böhmischen Krone war, machte die Reichsstadt Nürnberg auf dem Besitz ihrer Bürger Hoheitsrechte geltend und betrachtete das Städtchen daher schon vor der Eroberung der „Neuen Landschaft" 1504/05 als einen

96.1 Gräfenberg mit dem als Sitz des nürnbergischen Pflegers dienenden „Steinhaus" neben der Kirche, etwa 1759. Kupferstich von C. M. Roth (StadtA Lauf).

96.2 Ansicht des Pflegschlosses Gräfenberg von Westen mit dem später abgebrochenen Treppenturm. Aquarellierte Bleistiftzeichnung von C.J.W.C.J. Haller von Hallerstein, um 1794 (HallerA)

wichtigen Außenposten. Im Ersten Markgrafenkrieg zählte Gräfenberg neben Lichtenau und Heideck zu den Schlössern, die der Nürnberger Rat unbedingt halten wollte („das man darzu tün süll und wöll, als das man müg, ob man die behalten müg") und daher mehrfach Truppenkontingente dorthin verlegte. Angesichts der Übermacht des markgräflichen Heeres erhielt Ulrich Haller dann aber den Befehl, Gräfenberg „auszuprennen und davon zu bringen, was man mag".

Blieben Stadt und Burg(en) fast ein Jahrhundert geschlossen in der Hand des Hallerschen Familienverbandes, so änderte sich dies 1428, als Peter IV. Haller seinen Anteil in Höhe von 5/8 an seinen Neffen Martin Heyd veräußerte. Das folgende Jahrhundert war geprägt von der Doppelherrschaft Haller-Tetzel, bis es 1496 Hans Tetzel für wenige Jahre gelang, den gesamten Besitz in seiner Hand zu vereinen. Sein kinderloser Tod löste 1505 langwierige Erbauseinandersetzungen zwischen den erbberechtigten Kindern seines Bruders aus, wobei sich zunächst die Söhne gegen ihre Schwestern durchsetzten. Als aber Wolf Tetzel in seinem Testament von 1520 Gräfenberg den Markgrafen vermachte, führte das zur erfolgreichen Intervention des Nürnberger Rates zugunsten der in die Familien Helchner,

Müller und Ketzel verheirateten Schwestern. Bei den folgenden Besitzabgrenzungen mit ihren exakten notariell aufgenommenen Bestimmungen erhalten wir wertvolle Hinweise auf das Aussehen des Schlosses.

Das Schloss wurde um 1520 im Wesentlichen zwischen Barbara Ketzel und Margarethe Helchner aufgeteilt. Das Hauptgebäude, das sogenannte „Großhaus", sollte vom Keller bis zum dritten Gaden durch eine Scheidewand in der Mitte geteilt werden, wobei jede Hälfte einen eigenen Eingang erhielt. Zudem bekam jede Partei vom dritten Gaden (2. Stockwerk) aus über eine „Beybauung" einen Zugang zur Herrschaftsempore der angrenzenden Kirche.

1537 bis 1549 gelang es der Stadt Nürnberg, Zug um Zug Gräfenberg von den Tetzelschen Erben aufzukaufen. Dabei wurde das Schloss schon 1537 als baufällig beschrieben, 1545 richtete der Einsturz des benachbarten Kirchturms einen so großen Schaden an, dass vorübergehend der Abriss des Steinhauses erwogen wurde. Während der Besetzung der Stadt durch markgräfliche Söldner vom 22. Mai bis 21. Juni 1552 scheint es nicht zu größeren Schäden gekommen zu sein.

Die offensichtlich kaum nutzbaren Schlossräume haben den Pfleger Hans Haas 1557 dazu veranlasst, am Markt ein eigenes Gebäude zu errichten (das sogenannte „Wolfsberger Schloss", Marktplatz 10) und hier auch seine Dienstwohnung zu nehmen. Erst 1560 ging man daran, das Schloss wieder instand zu setzen, sodass „ein pfleger darinn wohnen möge". Dabei sollten auf der Hofseite größere Fenster eingebaut werden, die der „durchstreifenden Luft halber" eigentlich auch auf der Ostseite (zum Kirchhof hin) notwendig wären, „aber der Begräbnis der Toten halber abscheulich".

Das kaum wiederhergestellte Pflegschloss ist durch den großen Stadtbrand von 1567 in Mitleidenschaft gezogen, wenn auch kaum vollständig zerstört worden. Schon 1581 kam es zu Dachreparaturen, 1586 galt das Schloss erneut als baufällig, 1587 wurde von Meister Hansen Wittmayer ein Überschlag erstellt, „was das Pfleghaus Gebäu" kosten wird. 1599 entstand eine „Relation" über die Bedachungen am Pfleg- und Kastenhaus, 1604 war die Pferdestallung baufällig. 1612 kam es zu größeren Umbaumaßnahmen, möglicherweise wurden jetzt erst das zweite Geschoss ausgebaut sowie Haupt- und Anbau unter ein gemeinsames Satteldach gestellt. Die Reparaturen namentlich am Dach und an den Wirtschaftsgebäuden setzen sich im 17. und 18. Jahrhundert fort; 1756 sprach man von „schadhaften" Schlossgebäuden, 1779 von der Reparatur derselben und den dazu benötigten Bauhölzern.

Die Ansichten des 17. und 18. Jahrhunderts zeigen kaum Veränderungen an den stets gepflegt wirkenden Bauten. Erst als 1812 im ehemaligen Pflegschloss das Landgericht eingerichtet wurde, musste ein Eckturm entfernt werden, um einen Anbau an der Westseite aufzuführen.

Es dient heute als Sitz der Verwaltungsgemeinschaft der Stadt Gräfenberg mit den Gemeinden Hiltpoltstein und Weißenohe.

Quellen und Literatur

siehe Gräfenberg I

97.1 Darstellung des Herrensitzes auf einer Radierung von 1677 (StadtA Lauf)

97 G8

Großengsee

Herrenhaus

Simmelsdorfer Straße 13

Gemeinde Simmelsdorf

Landkreis Nürnberger Land

Nur ein Hinweis aus dem Archiv der Freiherren von Tucher aus dem Jahr 1630 überliefert eine zu dieser Zeit bereits abgegangene „Burg" zu Großengsee. Eine urkundliche Erwähnung dieser Anlage fand sich bislang nicht. Beim Verkauf des Dorfes Großengsee durch den Burggrafen von Nürnberg 1342 an die Wildensteiner scheint kein Sitz auf. Am 9. März 1450 brannten zwar Nürnberger Truppen nicht nur in Kirchensittenbach und Winterstein, sondern auch in „Gsee" das Dorf nieder, von einer Burg ist in der Überlieferung jedoch nicht die Rede. Auch die Erkundung des Landgebietes, die im Auftrag des Nürnberger Rates vor Ausbruch des Landshuter Erbfolgekrieges 1504 geschah, führt dort nichts dergleichen auf. Gustav Voit und Volker Alberti mutmaßten einen Neubau durch den Besitzer der Burg Wildenfels, den Laufer Pfleger Christoph von Lentersheim, im frühen 16. Jahrhundert [vgl. Wildenfels]. Dass der Lentersheimersche Sitz in keiner Quelle genannt wird, begründete Voit mit seiner vermutlich baldigen Zerstörung im Zweiten Markgrafenkrieg 1553.

Nachdem Großengsee kurz im Besitz des Hans von Furtenbach gewesen war, erwarb die Nürnberger Familienstiftung des Dr. Lorenz Tucher das Dorf Großengsee, St. Helena und die drei Naifermühlen. Erst unter Georg V. Tucher (1579–1644) als Administrator der Tucherstiftung kam es ab September 1630 zum Bau eines neuen Herrenhauses zur Unterbringung des Tucherschen Verwalters und Voits. Möglicherweise war das Obergeschoss auch für gelegentliche Aufenthalte der Herrschaft vorgesehen. Erst in diesem Zusammenhang sprach der Bauherr vom Wiederaufbau des alten Burgstalls, der im September 1630 begann. Nach der Fertigstellung um 1631/32 führte man das Herrenhaus für einige Zeit seiner Bestimmung zu. Christoph Bonaventura I. Tucher, der als Patronatsherr für den neuen Pfarrer von St. Helena eine Unterkunft benötigte, ließ schließlich das Herrenhaus in Großengsee bis zum August 1672 zum Pfarrhaus umbauen. Als solches wird das zweigeschossige, von einem Halbwalmdach mit Dachreiter überspannte ehemalige Herrenhaus bis heute genutzt.

G GROSSENGSEE

Quellen

Gelegenhait, Nr. 609, 835.

Müllner II, S. 458.

Reg. Boica Bd. VII, S. 332.

Literatur

Alberti, Volker: Die Herrschaft Simmelsdorf (= Schriftenreihe der ANL Bd. 41). Simmelsdorf 1995, vor allem S. 92.

KDM Forchheim, S. 120.

98　A5

Großgründlach I

Angeblicher Turmhügel

Schweinfurter Straße 2

Stadt Nürnberg

Die Reichsministerialen von Gründlach zählten zu den ältesten und bedeutendsten Familien des Nürnberger Landes, die bereits seit 1140 im Dienst des deutschen Königs und Kaisers standen. Es liegt daher nahe, dass sie zu dieser Zeit entweder selbst oder im Auftrag des Reiches im namengebenden Großgründlach einen befestigten Sitz anlegten. Die ältere Forschung vermutete diesen am Südrand des alten Ortskerns an der Gründlach, wo sich die „herrschaftlichen" Gewerke – zwei Schenkstätten, eine Schmiede und eine Bäckerei – konzentrierten. Von einem südlich des Flussübergangs gelegenen Anwesen (heute Schweinfurter Straße 2) heißt es 1641 und 1669, das so genannte „Schwabengut" liege „auf einem erhabenen Buck", also auf einem Hügel, in dem man die Reste eines Turmhügels vermutete.

Eine Notgrabung im September 1986 brachte dort jedoch keinerlei Hinweise auf eine frühe Befestigungsanlage. Der ursprüngliche Sitz der Reichsministerialen wird daher wieder im Bereich des Schlosses an der höchsten Stelle des Ortes zu suchen sein [vgl. Großgründlach II].

Quellen

Mon. Boica Bd. 29/I, Nr. 465.

NUB Nr. 37, Anm. 3.

Literatur

Haller, Bertold Frhr. von: St. Laurentius in Großgründlach. Geschichte eines Kulturdenkmals im Knoblauchsland. Nürnberg 1990, S. 13 mit Anm. 21.

Haller von Hallerstein, Helmut Frhr. von: Schloß und Dorf Gründlach. In: MANL 14 (1965), Sonderheft, S. 11-16.

KDM Stadt Nürnberg, S. 347.

99　A5

Großgründlach II

Schloss auf den Fundamenten einer mittelalterlichen Burg, zeitweise Kloster

Großgründlacher Hauptstraße 45

Stadt Nürnberg

Schloss Gründlach erhebt sich dicht westlich der Kirche auf einer leichten Anhöhe über der Niederung des gleichnamigen Flusses. Von der Existenz einer Burg erfahren wir erstmals im Jahre 1326, als Margarethe von Gründlach, nach dem Tod des letzten männlichen Namensträgers um 1314/15 Alleinerbin des Familienbesitzes, und ihr Gemahl Gottfried von Hohenlohe-Braunneck Gründlach mit „Burg, Markt, Gericht und Kirchensatz" und weitere Besitzungen [vgl. Malmsbach] an Burggraf Friedrich IV. von Nürnberg verkauften.

Die Burg ist in weiten Teilen in den Kellern und in den Außenmauern des barockisierten Schlosses der Freiherren von Haller erhalten. Ihre bis über drei Meter dicken Mauern waren – am Sockel sowie in den Kellern noch sichtbar – mit exakt zugeschlagenen Buckelquadern verkleidet, wie sie in unserem Raum in den Jahrzehnten um 1200 nahezu ausschließlich für Reichsbauten eingesetzt wurden.

Gründlach war der Stammsitz der gleichnamigen Reichsministerialen, die seit 1140 im Umkreis des Königs nachweisbar sind. Spätestens seit ihrer Beteiligung am Meranischen Erbfolgekrieg (nach 1248) auf der Seite des Bamberger Bischofs waren ihr Besitz und

99.1 Burg und Kirche von Südosten, an den Bergfried angebaut die Torwärterwohnung. Ausschnitt aus einer Federzeichnung um 1612/14 (HallerA)

99.2 Ansicht der Burgruine von Südwesten, rechts der im Zug des Wiederaufbaus abgebrochene Turm. Lavierte Federzeichnung von J. A. Graff, 1685 (HallerA)

Einfluss sichtbar gestiegen. Davon zeugen Heiraten mit den Edelfreien von Schlüsselberg und Ahorn, die Stiftung des Klosters Frauenaurach (vor 1271) und schließlich die Wahl Leupolds von Gründlach zum Bischof von Bamberg (1296).

In Gründlach hatten sie den alten Ortskern um die regelmäßig angelegte nördliche Hauptstraße (wohl den 1326 erwähnten Markt) erweitert, die exakt auf den Kirchturm zuführt. Die Kirche entstand vermutlich im 13. Jahrhundert anstelle einer Burgkapelle, deren Apsisfundamente 1987 im Schiff der Kirche aufgedeckt wurden; das aufgehende Mauerwerk der Nordseite ist noch in der nördlichen Langhauswand der heutigen Kirche erhalten.

1326 erscheint die Burg als Eigengut der Gründlacher, über das sie und ihre Nachfolger frei verfügten. 1343 verkauften die Burggrafen Johann und Albrecht die ererbte „Veste" an Kunigunde, Witwe Graf Ottos VII. von Orlamünde, die noch in diesem Jahr das Zisterzienserinnenkloster Himmelthron stiftete. Die Burg und ihr Zubehör (darunter der sie umgebende Baumgarten sowie der über der Hauptstraße gelegene Bauhof) im Wert von 5.000 Pfund Heller dienten zunächst als Anlagevermögen des Klosters, mit dessen Verwaltung die Gräfin Konrad Groß, den Stifter des Nürnberger Heilig-Geist-Spitals, betraute.

Es kam jedoch zu Auseinandersetzungen, die 1348 zum Umzug des Konvents nach Großgründlach führten. Die Pfarrkirche wurde zur Klosterkirche umgebaut und zu diesem Zweck bis zur Burg verlängert, die wiederum zum Kloster adaptiert wurde. Über Art und Umfang der Baumaßnahmen sind ansonsten keine Einzelheiten bekannt. Wohl auf eine spätere Reparatur weist die Jahreszahl 1464 an der Mittelsäule des großen Südkellers hin.

Im Zuge der Reformation löste sich 1525 der Konvent selbst auf. Die Reichsstadt richtete für die zugehörigen 36 Anwesen in Großgründlach und ein Gut in Reutles ein eigenes Amt ein, dessen Pfleger im Kloster – also der ehemaligen Burg – wohnte. Aus dem Nachlassinventar des 1545 verstorbenen Pflegers Wolf Löffelholz erfahren wir immerhin die damals vorhandenen Räume: Ein großer Saal, eine geräumige Wohnstube und die Stube der Äbtissin sowie sieben Schlafkammern für die Kinder bzw. Gäste, Knechte und Mägde. Außerdem werden Küche, Keller, das (als Vorratskammer benutzte) alte Refektorium, ein Badstüblein sowie eine Hasenkammer zur Aufbewahrung des Jagdzeugs erwähnt, schließlich noch die Schreinerstube, das Reiter- und das Torstüblein.

Wenige Jahre später traf der Zweite Markgrafenkrieg Gründlach am 23. Mai 1552 wie kaum einen anderen Ort: „Gründlach, auch ein Frauen Closter gewest, das ist mitsambt der Kirchenn und dem gantzen Dorff jemmerlich verprendt worden". Der Schaden an der (Kloster-) Burg wurde mit 6.000 Gulden, an der Kirche mit 3.000 Gulden veranschlagt.

1572 kaufte der Nürnberger Patrizier Philipp Geuder um 12.000 Gulden die durch den Rat nach 1552 nur notdürftig in Stand gesetzten Gebäude mit dem

99.3 Luftbild von Südwesten 1957 (HallerA)

zugehörigen Besitz und ließ mit erheblichem Kostenaufwand das Schloss innerhalb der noch vorhandenen Umfassungsmauern wieder aufbauen. Nach seinem frühen Tod fiel der Besitz 1581 zunächst an seine Witwe Katharina, geb. Welser, die das zum Kauf benötigte Kapital bereit gestellt hatte. Das Schloss war aber z. T. nur provisorisch wiederhergestellt worden und dabei immer noch als Wehrbau konzipiert. Denn bei einem Augenschein um 1585/90 wurde festgestellt, dass der an das Herrenhaus gebaute Schlossturm, „darunter die Gefängnus" (der alte Bergfried), lediglich ein Notdach aufweise. Daher könne dort nur ein einziges Geschütz stehen. Frau Geuder beabsichtige, den Turm „mit einem ganzen Dachwerk zu überdecken, damit sie auf den vier Seiten das Geschütz haben" könne. Im übrigen müsse man ihn vermutlich zur Hälfte abtragen und neu aufmauern. Aus dieser Zeit stammen die ersten genaueren Ansichten im Pfinzingatlas (1590), im so genannten Cnopfschen Skizzenbuch (um 1612/14) und in einer anonymen Federzeichnung.

1616 erbten die Pfinzing Schloss und Grundherrschaft, was zu jahrzehntelangen Prozessen mit der Familie Welser führte, die ebenfalls Anspruch auf Gründlach erhob. In diesem Zusammenhang wurden 1625 bei einem Augenschein etliche Bauschäden konstatiert. Das Tor war „an den Angeln abgefault", die Bodendielen am Eingang des Hauses im Tennen waren „zimlich außgetretten" und die hölzernen „gang seulen" im Hof (die vielleicht zu einem offenen Umgang gehörten?) ebenfalls schadhaft. Karl Pfinzing beabsichtigte daher, die Säulen abzuschneiden und auf Steinsockel zu setzen.

Auch „an den kue- und schweinställen unden im schloßhoff" sei „etlich erfaultes gehülz, außzuwechsln von nötten", was Pfinzing ebenso in Ordnung zu bringen versprach wie den Fachwerkstadel im Bauhof, der nur mit teils bußwürdigen Brettern verschlagen war; ihn wollte er „zwischen den rigeln mit procken außmaurn laßen".

1634 wurden Schloss, Dorf und Kirche durch kurbayerische Truppen zerstört. Das Herrenhaus wurde in Brand gesteckt, und da von dort „ein Gang oben in die Kirchen gangen", ist das Feuer auch „in die Kirche gelauffen". Mehrere großformatige Federzeichnungen von Johann Andreas Graff zeigen den Zustand der Schlossruine und der wieder errichteten Kirche im Jahre 1685. Zusammen mit den erwähnten Abbildungen vor 1634 erlauben sie eine Rekonstruktion des alten Bauzustandes.

Die Außenmauern bildeten annähernd ein Quadrat von knapp 30 Metern Seitenlänge. An der Südostecke erhob sich der alte Bergfried, vor dem ein Torhaus angebaut war, daneben führte der Eingang in das weitgehend fensterlose Erdgeschoss und den Innenhof. Am Obergeschoss fiel vor allem die enge Fensterstellung an der westlichen Südseite auf, die vermutlich die Lage des Saales kennzeichnete. Mit dem Bergfried korrespondierten an den drei übrigen Ecken Türmchen am Dachgeschoss; auch in der Mitte der Südfront erhob sich ein Dacherker. Auf der Ostseite war die ebenfalls zweigeschossige, mit dem Langhaus der Kirche unter einem Dach stehende ehemalige Nonnenkirche angebaut. Ebenerdig führte von dort eine erst 2006 aufgedeckte Türe (jetzt Fenster) in drei kleine gewölbte Räume, die abgesehen von den Kellern als einzige die Zerstörung von 1634 überdauert haben. Bis um 1811 blieb auch noch das aufwändige Renaissancetor stehen, das von der Großgründlacher Hauptstraße in den Garten führte.

Nachdem sich eine schon 1641 geplante Wiederherstellung des Schlosses als undurchführbar erwiesen hatte, blieb es insgesamt 50 Jahre als Ruine liegen. Erst 1685 begann Karl Sebastian Pfinzing mit dem Wiederaufbau (das Bauholz bezog er aus seinen eigenen Waldungen), doch starb er im selben Jahr. Ende 1698 sprach das Waldamt Sebaldi vom „meistenteils vollführten Schloßbau" und verlangte die Einreichung von Plänen zur Berechnung des künftigen Bauholzbedarfs. Im Jahr darauf zeichnete der Baumeister Johann Trost den Grundriss der alten Fundamente sowie des Erd-, Ober- und Dachgeschosses. Im Februar 1700 bestätigte das Waldamt den Eingang der Pläne „wegen deß neu wieder aufgebauten Pfinzing. Schlosses", und 1705 leistete der Pfarrer Tobias Münch seinen Treueid „im neuerbauten Schloss zu Gründlach".

Unter Verwendung der erhaltenen Außenmauern wurde anstelle der alten Burg ein barocker zweigeschossiger Vierflügelbau errichtet, der einen regelmäßigen Hof umschließt (die offenen Arkaden auf dessen Südseite wurden erst 1924 vermauert). Den Eingang verlegte man in die Mitte, und die Fassaden erhielten gleichmäßig angeordnete Fenster. Auf den ursprünglich geplanten Ausbau des durch Gauben belebten Mansarddachs wurde verzichtet. Den Bergfried brach man ebenso ab wie die ehemalige Klosterkirche, die das Bindeglied zwischen Schloss und Pfarrkirche gebildet hatte.

Der Innenausbau zog sich noch längere Zeit hin. Unter Abänderung der Pläne von 1699 wurde um 1720 der bemerkenswerte, reich stuckierte Theatersaal mit den Allianzwappen des Christoph Carl Pfinzing (1680–1739) und seiner 1720 verstorbenen Gemahlin Helena Catharina Tucher eingerichtet. Ein Jahr später ließ Pfinzing eine Medaille auf die Umgestaltung der Kirche (1719) und die Fertigstellung des Schlosses prägen. Dagegen vermeldet die lateinische Inschrift über dem Eingang den Abschluss der Bauarbeiten erst für das Jahr 1723. Auch in den folgenden Jahrzehnten erhielten mehrere Räume noch prachtvolle Stuckdecken, die z.T. Donato Polli zugeschrieben wurden, was aber kaum zutreffen dürfte.

Ob der bereits im Jahr 1700 verstorbene Johann Trost, der 1699 die Pläne gezeichnet hatte, auch die Bauleitung hatte, lässt sich nicht feststellen, da die Bauakten schon lange verloren sind. Kreß gab 1889 an, dass die Fassade „nach den etwas unbeholfenen Vorschlägen des Maurers Jakob Ingwer aus Danzig" ausgeführt worden sei. Offenbar lag ihm noch ein entsprechender Riss vor, der aber inzwischen verschollen ist. Denkbar wäre auch die Beteiligung von Johann Ulrich Mösel, der um dieselbe Zeit für Pfinzings Schwager Christoph Wilhelm Tucher [vgl. Behringersdorf IV] und 1719 auch für Pfinzing selbst an der Großgründlacher Kirche tätig war.

Nach dem Erlöschen der Gründlacher Linie der Pfinzing kamen Schloss und Grundherrschaft 1739 an die Henfenfelder Linie und nach deren Aussterben 1764/66 an die Haller. Auch diese setzten die Verschönerung von Schloss und Garten fort. Vor allem wurde 1769 durch die Anlage einer Allee eine Sichtachse vom Einfahrtstor

99.4   Schloss von Südosten, Zustand 2006 (Bvh)

an der Hauptstraße durch den Barockgarten vor dem Schloss nach Westen geschaffen, die zu einer seit 1794 allmählich aufgelassenen Weiherkette zwischen den beiden Armen der Gründlach führte. Die um diese Zeit neu gepflanzte Allee aus Pyramidenpappeln musste später mehrmals ersetzt werden, zuletzt im Herbst 2004 durch Winterlinden. Das Schloss gehörte seit 1766 den Zwillingsbrüdern Johann Georg und Johann Sigmund Haller von Hallerstein. Für den letztgenannten, der 1794 bis 1804 als Reichsschultheiß die Geschicke Nürnbergs bis kurz vor dessen Einverleibung durch das Königreich Bayern gelenkt hatte, wurde 1805 ein klassizistisches Monument auf einem künstlichen Hügel in der so genannten Herrenwiese errichtet.

Seit 1873 gehört das Schloss der Sigmund Frhr. von Hallerschen Familienstiftung. Ein Bombenangriff brachte 1943 erhebliche Schäden an Dach, Fenstern, Türen und Stuckdecken, die ab 1947 wieder behoben wurden. Die kostspieligen Instandsetzungs- und Sanierungsmaßnahmen der letzten Jahrzehnte haben dazu geführt, dass Großgründlach heute zu den besterhaltenen Schlössern und Herrensitzen des Nürnberger Umlands zählt.

Quellen

StAN Rst. Nbg., A-Laden Akten S I L 19 Nr. 14. Rst. Nbg., D-Laden Akten Nr. 324. Rst. Nbg., Rechnungen des Markgräflichen Krieges Nr. 96.

HallerA Gründlacher Archiv (enthält auch die Archivalien des Klosters Himmelthron).

Müllner I, S. 317 f, 414-417.

Literatur

HAB Nürnberg-Fürth, S. 119 f.

Haller von Hallerstein, Helmut Frhr. von: Schloß und Dorf Gründlach. In: MANL 14 (1965), Sonderheft.

Ders.: Die Reichsministerialen von Gründlach und von Berg-Hertingsberg. In: MANL 14 (1965), Heft 1/2, S. 32-37.

Haller, Bertold Frhr. von: St. Laurentius in Großgründlach. Geschichte eines Kulturdenkmals im Knoblauchsland. Nürnberg 1990.

Ders.: Aus zwei Jahrhunderten Großgründlacher Geschichte. In: Vorstadtverein Alt Gründlach (Hg.): Geschichte(n) aus Großgründlach. Erlangen/München 1997, S. 8-51.

Ders.: Daten zur Baugeschichte von Schloß Großgründlach. Unveröff. Mskr.

KDM Fürth, S. 97-100.

KDM Stadt Nürnberg, S. 347-350.

Kreß, Georg Frhr. von: Gründlach und seine Besitzer. Nürnberg 1889.

Stadtlexikon Nürnberg, S. 381 f, 386, 447.

---

100 J7

Grünreuth I

Abgegangener Herrensitz, „Grünreuther Schlößl" (1920 abgebrochen)

Gemeinde Hartenstein

Landkreis Nürnberger Land

Nördlich des Grünreuther Gasthauses und unmittelbar bei einem jüngst errichteten Neubau stand auf einem niedrigen Felssporn ein Herrensitz, der als „Grünreuther Schlößl" bekannt ist und erst im 20. Jahrhundert ein unrühmliches Ende fand. Heute lassen sich noch geringe Mauerreste des ehemaligen Herrenhauses beobachten. Der Herrensitz ging aus einer dem Hochstift Bamberg mannlehnbaren Forsthube des Veldensteiner Forstes, demnach einem Dienstlehen eines bischöflichen Forstmeisters, hervor. Bemerkenswert ist jedoch, dass der Herrensitz selbst pfalzgräfliches Lehen war. Daraus entwickelte sich ein Streit um die Gerichtsbarkeiten, der bis zum Ende des Alten Reiches zwischen Bamberg und Kurbayern nie richtig geschlichtet werden konnte.

Im bischöflichen Urbar von ca. 1323/28 ist „Ennenreut" eingetragen, wo ein Gottfried Grazberger als Lehnsmann saß. Nach Schwemmer soll sich dies auf Grünreuth beziehen, nach Schnelbögl handelt es sich dagegen um eine Wüstung bei Großmeinfeld. Im Lehnbuch der Schenken von Reicheneck von 1331 scheint dann erstmals eindeutig „dy Grünen Rheutt" auf: Das mächtigste Geschlecht an der Pegnitz besaß die Erbförsterwürde, hatte jedoch die Forsthube als Afterlehen an Hainrich Kastner, vermutlich ein Angehöriger des Amberger Hammerherrengeschlechts, verliehen. Nach Eckard Lullies ist das Lehen an der Erbforsthube erst mit Erlöschen der Schenken 1411 dem Lehnsherrn,

100.1 Grünreuth aus östlicher Richtung, Ausschnitt aus einem Kupferstich von J. A. Delsenbach um 1722 (StadtMN)

dem Hochstift Bamberg, heimgefallen. Es wurde anschließend dem Nürnberger Bürger Eckart Neidung, wohl dem Ministerialengeschlecht der Neidunge entstammend [vgl. Diepoltsdorf, Winterstein], verliehen. Das Mannlehen ging später an Wilhelm Stör, 1448 an Werner von Parsberg. 1491 wurde Jörg Schreiber, Bürger zu Auerbach, mit den 2 Höfen und 5 Selden zu Grünreuth, die er von den Erben des Heinrich Stromer gekauft hatte, von Bamberg (und wegen der Forsthube auch von pfälzischer Seite) belehnt. Die Nürnberger Erkundung des Landgebietes vor Ausbruch des Landshuter Erbfolgekrieges behauptete dagegen 1504 immer noch, dass „Grünreuth der Stromer von Auerbach sei"; ein Sitz wird nicht erwähnt.

Die Schreiber mussten nach der Gegenreformation Auerbach verlassen, einige Mitglieder dieser Familie wurden in Nürnberg ansässig. Vermutlich entstand erst unter den Schreiber, die sich auch nach Grünreuth nannten, der Bau des Herrenhauses auf dem Grund der Forsthube. 1663 verfügte der pfalz-sulzbachische Hofratsassessor Johann Paul Schreiber von Grünreuth über das Lehen und die dazugehörigen grundherrschaftlichen Rechte. Damals verklagte er das Kastenamt Auerbach, weil es die „Reiteranlage", eine Kriegssteuer, für seine Untertanen erhöhen wollte.

Einige Zeit nach 1663 geriet das Landsassengut an die ebenfalls in Nürnberg ansässigen von Wimpffen, denen auch mehrere Hammerwerke in der Region gehörten [vgl. Hirschbach, Rothenbruck]. Um 1699 wurde der Sitz zusammen mit dem Hammergut Hirschbach von Georg Abraham, Johann Christoph und Johann Carl von Wimpffen an den obersten Nürnberger Kriegsrat Friedrich Wilhelm Ebner von Eschenbach veräußert, der sich im frühen 18. Jahrhundert nun auch zu Hirschbach und Grünreuth nannte.

Dieser verstarb 1711 und wurde von Jobst Wilhelm d. Ä. und Johann Wilhelm Ebner beerbt. Jobst Wilhelm, seit 1723 Alleinbesitzer, verschied 1755, woraufhin die Söhne Jobst Wilhelm d. J. und Johann Carl die Nachfolge in Grünreuth antraten. Nach dem Tod des jüngeren Jobst Wilhelm 1763 verkaufte die Ebnersche Erbengemeinschaft den Herrensitz ohne Mitteilung und Zustimmung der Lehnsherrschaft an einen Johann Fechter. Als die Transaktion der Amberger Regierung bekannt wurde, setzte ein jahrzehntelanger Rechtsstreit mit den neuen Besitzern ein, der auch nach dem Tod Johann Fechters 1778 weitergeführt wurde. Seine Witwe, die eine Vorladung zum kuroberpfälzischen Lehenhof nach Amberg ignorierte, heiratete in zweiter

100.2 Blick auf den Ofenwinkel einer Stube im Erdgeschoss kurz vor dem Abbruch des Herrenhauses, (ungenügend ausgeleuchtete) Fotografie: F. A. Nagel 1910 (StadtMN)

Ehe den Auerbacher Michel Hartmann. Noch bis 1793 hielt selbst der oberste bayerische Lehenhof in München daran fest, dass der Sitz mit dem Tod des letzten Ebners an Kurbayern als Lehnsherrschaft hätte heimfallen müssen. Noch immer forderte Kurbayern von der Familie Ebner von Eschenbach die Auszahlung des Kaufpreises. Dem Michel Hartmann sicherte München jedoch Ende 1792 die nachträgliche Belehnung gegen eine Gebühr von 50 Gulden zu.

Michel Hartmann verlor das Grünreuther Schlösschen mit zwei Gärten und einem erstmals erwähnten Keller durch eine Zwangsversteigerung am 10. April 1807, bei der die Gemeinde Grünreuth durch ein Höchstgebot von nur 161 Gulden den Zuschlag erhielt. Die Gemeinde räumte auch dem bisherigen Mieter, einem Friedrich Plendinger, ein lebenslängliches Wohnrecht ein. Der Mieter hatte angegeben, seit 18 Jahren im Herrenhaus zu wohnen und dort auch seine Schwiegereltern zu beherbergen, die selbst schon seit weit über 20 Jahren dort hausten.

Mit dem Gemeindebesitz brach für den ehemals Ebnerschen Sitz die Zeit als Armenhaus an. Die Nutzung der beiden Schlossgärten wurde verpachtet. Am Bauunterhalt des nunmehrigen Armen- und Hirtenhauses sparte die Gemeinde offenbar über Jahrzehnte. In den 1890-er Jahren monierte das Bezirksamt mehrfach den sehr schlechten Zustand des Gebäudes. 1891 waren die Treppe schadhaft, die Dachdeckung undicht und entsprechende Wasserschäden bemerkbar geworden. Dass die Giebel verbrettert werden sollten, lässt vermuten, dass die im 18. Jahrhundert vorhandenen Walme auf Grund von Schäden durch eine einfache Satteldachlösung ersetzt worden waren.

Das Ende des Grünreuther Herrenhauses bahnte sich 1919 an, als sich die Gemeinde zum Verkauf entschloss. Am 10. März 1920 wurde es schließlich auf Abbruch dem Nürnberger Architekten Jakober, der damals noch die Burg Hartenstein besaß, verkauft. Jakober wollte Steinmaterial vom Grünreuther Abbruch für den Bau seines auf der Burg geplanten Erholungsheimes für Offiziere und Soldaten heranziehen. Dank eines Kupferstiches des Nürnberger Künstlers Johann Adam Delsenbach ist uns der Grünreuther Herrensitz aus der Zeit um 1722 bildlich überliefert. Es handelte sich um ein annähernd quadratisches Herrenhaus mit jeweils drei Fensterachsen und einem Walmdach.

Quellen

StAAm Amt Auerbach Nr. 582, 583. Amt Hartenstein Nr. 71. Pfalz-Sulzbach Regierung, Sulzbacher Akten Nr. 77/155.

StABa B 76/Amt Neuhaus-Veldenstein, Nr. 34, 35.

StAN Rst. Nbg., Landpflegamt, Pflegamt Velden Rep. 39b, fol. 74, Nr. 9. Rst. Nbg., Waldamt Sebaldi I Nr. 292.

Scherzer, Walther: Das älteste Bamberger Bischofsurbar 1323/28 (Urbar A). In: Bericht des Historischen Vereins Bamberg 108 (1972), S. 136, 139.

Literatur

Giersch, Robert: Archivalienforschung zur Baugeschichte der Burg Hartenstein. Schwerpunkt 16. bis 19. Jahrhundert. Denkmalpflegerische Voruntersuchung 2005. Unveröff. im BLfD.

Ders.: Kurze Geschichte der Burg Hartenstein. Hartenstein 2006.

Glaß, Erich von: Die Schreiber von Grünreuth. In: Verhandlungen des Historischen Vereins für Oberpfalz und Regensburg 124 (1984), S. 333-347.

Heinz, Walter: Das ehemalige Schlößchen in Grünreuth. In: Ehemalige Burgen im Umkreis des Rothenbergs. 3. Teil: Von der Hacburg zum Grünreuther Schlößl (= Vom Rothenberg und seinem Umkreis Heft 15/3). Schnaittach 1992, S. 172-176.

Kaschel, Werner: Das Schloß zu Grünreuth. Sein Schicksal seit dem Übergang in die Hände der Ortsgemeinde im Jahre 1809. Manuskript o. J.

Ders. / Pfeiffer, Eckhardt: Der Niedergang des Schlößchens in Grünreuth. In: Heimatbeilage der Hersbrucker Zeitung 69 (1999), Nr. 4, S. 15 f.

Schnelbögl, Fritz: Siedlungsbewegungen im Veldener Forst. In: JffL 11/12 (1953), S. 226 f.

Schnelbögl, Fritz: Auerbach in der Oberpfalz. Aus der Geschichte der Stadt und ihres Umlandes. Auerbach 1976.

Schwemmer, Wilhelm: Die Burg und das ehemalige Bamberger Oberamt Veldenstein. In: Bericht des Historischen Vereins Bamberg 92 (1952/53), S. 79-83.

101 J7

Grünreuth II

Abgegangene Burg

Gemeinde Hartenstein

Landkreis Nürnberger Land

Die Archäologin Brigitte Kaulich stellte 2003 eine von ihr bereits vor 1990 entdeckte Burgstelle auf der Hasenleite bei Grünreuth vor. Etwa 500 Meter westnordwestlich der Ruine des Grünreuther Herrenhauses findet sich auf dem Berg Hasenleite ein Felsblock, der im Süden und Westen mittels eines 11 Meter langen Grabens vom Plateau abgetrennt wurde. Im Norden und Osten fällt der Fels dagegen steil ab. Mit dem Aushubmaterial wurde unmittelbar am Graben ein 12 m langer Wall aufgeschüttet, der sich im Laufe der Zeit auf eine Höhe von etwa 1 Meter verflacht hat. Irgendwelche Reste von Mauerwerk oder Felsbearbeitungen wurden bisher nicht beobachtet. Die Autorin hielt daher auch eine hölzerne Konstruktion auf der Burgstelle für möglich. Bild- oder Schriftquellen zu der vermutlich mittelalterlichen Anlage sind bisher nicht bekannt.

Literatur

Kaulich, Brigitte: Ein Burgstall auf der Hasenleite bei Grünreuth, Gde. Hartenstein, Landkreis Nürnberger Land. In: Beiträge zur Archäologie in Mittelfranken 7 (2003), S. 189-194, mit Lageplan der Burgstelle.

102 F2

Grünsberg

Burg

Grünsberg 1-5

Stadt Altdorf b. Nürnberg

Landkreis Nürnberger Land

Die in einer Senke liegende Burg wurde auf einem schluchtartig zur Schwarzach abfallenden Hügelsporn – dem „Berg im Grunde" – vor 1231 auf altem Reichsgut erbaut. Bauherr war vermutlich das Reich, in dessen Auftrag die Burg nachweisbar seit 1231 von den „Rindesmule de Grundisberc" verwaltet wurde, die spätestens seit 1259 nach der Burg siegelten.

Die Rindsmaul stammten vermutlich aus dem Hause der Herren von Heng, die schon im 12. Jahrhundert im Reichsdienst nachweisbar sind. Bedeutendster Vertreter der Familie war neben Hermann Rindsmaul dessen Bruder oder Vetter Albert, der in den 1190-er Jahren

102.1 Blick von Westen auf Grünsberg, links das Gasthaus, rechts das Schloss. Aquarell von 1673 (StadtMN)

im Dienst Kaiser Heinrich VI. aufstieg, beim Romzug des Kaisers interimistisch den „gewaltigen" Markward von Annweiler als Reichstruchsess vertrat und 1197 gemeinsam mit Otnand von Eschenau am Sterbelager des Herrschers weilte.

Obwohl Reichsgut, gelangte das „castrum Grunsperch" aus dem Erbe des letzten Staufers Konradin an Herzog Ludwig II. von Bayern; sein Zubehör in Rasch, Hockelhof (abgegangen) und Stürzelhof erscheint ca. 1275/80 und 1320 in den bayerischen Salbüchern. Besitzer blieben die Rindsmaul, die weiter nach der Burg siegelten. Diese wurde 1311 den Brüdern Albert, Marquard und Hartmann von Herzog Ludwig IV. als Lehnsherrn um 350 Pfund Heller verpfändet. Von der Darlehnssumme waren 250 Pfund bereits ausgezahlt, weitere 100 Pfund sollten auf Grünsberg verbaut werden. Bei der chronischen Geldknappheit der Herzöge schien damit der dauernde freieigene Besitz der Burg in greifbare Nähe gerückt. Ungeachtet der Rindsmaulschen Ansprüche übertrug Herzog Ludwig aber nur vier Jahre später die Burg an Ritter Seifried Schweppermann, Gemahl seiner Schwester Katharina, wegen dessen Verdiensten in der Schlacht bei Gammelsdorf.

1375 bestätigte Pfalzgraf Ruprecht der Ältere der Familie die Pfandschaft an der Burg Grünsberg, „wann nun die ... Schweppermann ... des Rindsmaul erben sind". Die Erben sollten anstehende Baumaßnahmen an der Burg nach Rat des Viztums und Landschreibers zu Amberg durchführen. Die Pfandschaft ist Caspar Schweppermann, Schultheiß zu Neumarkt, noch 1404 von König Ruprecht I., schließlich 1411 von dessen Sohn Pfalzgraf Johann von Neunburg-Neumarkt, erneuert worden.

Den Besitz übernahm nach dem Aussterben der Schweppermann 1433 Hermann Freudenberger mit seinen Söhnen Ulrich und Heinrich. Ulrich erscheint wiederholt als Pfleger des pfälzischen Amtes Altdorf, 1469 als Inhaber der Burg Grünsberg. Nach 1440 folgte er seinem Herrn Pfalzgraf Christoph von Neumarkt, als dieser die dänisch-schwedische Königswürde annahm, nach Skandinavien und lässt sich bis zum Tod des Königs 1448 in Stockholm und Kopenhagen nachweisen.

Im Ersten Markgrafenkrieg zogen die Nürnberger 1450 vor die Burg „und brennten ab den vorhoff daselbst und waz vor dem Schloß stund", wagten aber offenbar nicht den Sturm auf die Hauptburg.

Auf Grünsberg sehen wir nach den Freudenbergern 1481 den Kanzler Pfalzgraf Ottos II., Ludwig Truchsess von Pommersfelden, der sich fortan nach der Burg

102.2 Ansicht von Süden, Kupferstich von J. A. Boener von etwa 1700 (HallerA)

nannte. Noch als Kind einer Tochter des Nürnberger Bürgers Andreas Rech versprochen, heiratete er vor 1480 Dorothea Imhoff. Ihr Sohn Martin Truchsess von Grünsberg blieb im pfälzischen Dienst, ehelichte Ursula Muffel von Ermreuth [vgl. Ermreuth] und trat 1499 nach dem Tod des Vaters den Besitz an. Im Landshuter Erbfolgekrieg 1504 stand Martin Truchsess auf Seiten der Wittelsbacher und hielt sich „zu Neuenmarckt bey des Raths Feinden" auf. Im Nürnberger Dienst stehende böhmische Söldner besetzten daher Grünsberg „mit Kriegsrecht" und brannten es auf Befehl des Rats nieder, als der Truchsess die Huldigung verweigerte.

Die Reichsstadt Nürnberg zog die zerstörte Burg ein und verpachtete sie zunächst 1506 mit allem Zubehör, namentlich den Höfen Dürrenhof und Hackenhof sowie sieben Weihern, fünfzig Tagwerk Wiesen und 150 Morgen Äckern, an den Nürnberger Kaufmann Wilhelm Rauscher. In wirtschaftliche Schwierigkeiten geraten, trat Rauscher den Besitz an seinen Gläubiger Hans Durnhöfer ab und musste ihn schließlich, da er „in etlich jaren keinen Erbzinß bezalt", 1518 wieder an den Rat zurückgeben. 1529 erfolgte um 3.000 Gulden der Verkauf der „gemeiner Statt Burkstat zu Grunsperg ... mit allen gepewen auch dem Vorhof, Weyern, Eckern, Wisen, Gattern, Hölzern, Reutten, Zinsen und Gülten und allen andern Zugehörungen und Gerechtigkeit" an den Nürnberger Patrizier Friedrich Behaim, Mitglied des Kleineren Rats. Behaim verpflichtete sich, die Burg mit allen Befestigungen und Gebäuden dem Rat zu Nürnberg zu öffnen und ausschließlich an Nürnberger Bürger zu verkaufen oder zu vermachen. Doch auch 25 Jahre nach ihrer Zerstörung war die Burg beim Erwerb durch Behaim allenfalls in Teilen erneuert und galt als Ruine.

Der Zweite Markgrafenkrieg verzögerte ihren Wiederaufbau weiter. Am 29. Mai 1552 wurde die Burg angezündet, sodass ein Schaden von 2.000 Gulden entstand. Nach einem auf der Westseite der neuen Kemenate angebrachten Chronogramm erfolgte ihre Vollendung erst 1561 durch Andreas Oertel, dessen gleichnamiger Vater 1556 den Besitz von den Vormündern der Kinder Friedrich Behaims erworben hatte. Die dreigeschossige Kemenate mit Schopfwalm erhielt dabei ihre heutige Form. Auf Oertel ging wohl auch der (Neu-)Bau von Pächterhaus, Eingangstor und Burgkapelle im Vorhof der Burg zurück.

Andreas Oertel wurde 1579 von seinem Schwiegersohn Siegmund Haller beerbt. Die Wohnverhältnisse stellte Haller im Jahre 1605 als beengt und bescheiden dar, als er beim Waldamt um ein weiteres Feuerrecht

102.3 Ansicht von Nordwesten, kolorierte Ansichtskarte um 1904 (HallerA)

für eine Kammer nachsuchte, die er aufteilen und als Kinder- oder Krankenzimmer nutzen wollte. Er begründete seinen Wunsch damit, dass er im „hauß nit alß zwo wohnstuben [habe], an welchen doch kein Kammer ist als daß ich wegen meinen kleinen kindern so wol sonsten auf Zutragende krankheiten, deßelben notdürftig". Die Kammer befand sich über einem Raum, der als Pferdestall, früher als Schmiede genutzt wurde und direkt an der Schlossmauer angebaut war. Das Gesuch wurde unter der Auflage genehmigt, dass Haller niemals Beständner oder Zinsleute (Mieter) in diesem Raum aufnehmen würde.

Nach dem Tod Johann Sigmund Hallers (1606–1670) fiel Grünsberg 1672 an seinen Schwiegersohn Johann Paul II. Paumgartner, dessen Familie in der Reichsstadt, aber auch im pfälzischen Dienst hohe Ämter bekleidete. Dessen Sohn Johann Paul III. Paumgartner baute die Burg vermutlich nach seiner zweiten Eheschließung mit Sophia Maria Nützel (1722) bis 1726 weiter aus. Um Raum zu gewinnen, verlegte er die Innentreppe aus der Erdgeschosshalle des Hauptbaues in einen angebauten Treppenturm mit einer großartigen einbaumigen Spindeltreppe. Weiter entstanden der Turmbau an der Nordwest-Ecke, die Barockdecken wohl von Donato Polli im zweiten Obergeschoss der Hauptkemenate, der zweigeschossige so genannte „Billardbau" an der Stelle eines bastionsartigen Verteidigungsbaus und das Verwalterhaus in der Vorburg. Aus seiner Zeit haben sich die Fenster an der Kemenate mit Venezianer Mondglasscheiben erhalten. Sein Wappen und die Jahreszahl 1723 ziert das Torhaus zur Hauptburg. Zu Ehren seiner zweiten Gemahlin Sophie Maria Nützel ließ Paumgartner 1724–26 rund 500 Meter südlich des Schlosses die Sophienquelle in barocker Fassung anlegen. Seine Witwe ließ diese 1728 durch eine Allee als Sichtachse mit dem Schloss verbinden. Vermutlich um dieselbe Zeit entstand ein Barockgarten, der so genannte Himmelgarten, mit sieben Terrassen und Freitreppe.

Nach Johannes Paul III. Tod 1726 vermählte sich die Witwe 1730 mit Johann Sebastian Haller, der 1743 zum General-Feldmarschall-Leutnant des Fränkischen Kreises ernannt wurde. 1746 beantragte die inzwischen wieder verwitwete „Generalin" Sophia Maria Haller von Hallerstein die Errichtung einer beheizbaren Winterung und den Abbruch des Turms auf der Schlossmauer, der bislang die Schlaguhr getragen hatte.

1766 überließ sie das Schloss ihrem Schwiegersohn Karl Christoph Stromer von Reichenbach, der dafür ihre beträchtlichen Schulden übernahm. Die bis ins 13.

102.4 Blick auf das Hauptgebäude im inneren Hof von Osten, Fotografie von 1916 (HallerA)

Jahrhundert zurück nachweisbare Familie Stromer, die einst zu den ältesten und angesehensten Patriziergeschlechtern der Reichsstadt zählte, blieb bis heute im Besitz.

Das Schloss wurde 1909/12 und 1919/23 aufwändig renoviert, Kriegsschäden im Vorhof des Schlosses bis 1954 notdürftig behoben. Unter dem letzten Besitzer Wolfgang Stromer von Reichenbach folgten nach 1990 umfassende Sanierungsmaßnahmen, die nach seinem Tod von der im Jahre 2000 von ihm gegründeten Stromerschen Kultur-, Denkmal- und Naturstiftung unter Federführung seiner Tochter Rotraud von Stromer-Baumbauer fortgesetzt wird.

Quellen

StAAm Oberpfälzer Registratur Bd. 13, fol. 412 f. Bd. 16, fol. 170.

StAN Rst. Nbg., Losungsamtliche Reverse Nr. 636. Rst. Nbg., Kirchen- und Ortschaften auf dem Land Nr. 343. Rst. Nbg., Rechnungen des Markgräflichen Krieges Nr. 96. Stromer-Archiv Akten Nr. 784 f, 2620.

Mon. Boica Bd. 30/I, S. 218 f, Nr. 724.

Müllner III, S. 284, 296, 373-375, 434 f, 466.

NUB Nr. 192, 683.

Thiel, Mattias / Adam, Carl: Archiv der Freiherren Stromer von Reichenbach auf Burg Grünsberg (Bayerische Archivinventare, Heft 33/34). Neustadt/Aisch 1972.

Literatur

Alberti, Volker / Boesch, Anton / Holz, Horst: Burgen und Schlösser in Altdorf und Umgebung (= Adelssitze in Franken Bd. 4). Altdorf 2004, S. 41-47.

Goez, Werner: Über die Rindsmaul von Grünsberg. Studien zur Geschichte einer staufischen Ministerialenfamilie. In: Hochfinanz, Wirtschaftsräume Investitionen. Festschrift für Wolfgang von Stromer. Hg. v. Uwe Bestmann u.a., Bd. 3. Trier 1987, S. 1227-1249.

HAB Nürnberg-Fürth, S. 122.

Horrelt, Jasmin: Der Himmelgarten zu Grünsberg. Ein historischer Schloßpark in Mittelfranken. In: MANL 45 (1996), Heft 2, S. 88-99.

KDM Landkreis Nürnberg, S. 42 ff.

Schönwald, Ina: Die Patrizierfamilie Paumgartner auf Burg Grünsberg. Lauf 2001.

Stadtlexikon Nürnberg, S. 387 f.

Stromer, Wolfgang von: Die Sophienquelle zu Grünsberg. In: MANL 29 (1980), Sonderheft Nr. 26.

Voit, Pegnitz, S. 145-150 und 204-219.

103 E5

Günthersbühl

Abgegangener Herrensitz

Günthersbühler Hauptstraße 16

Stadt Lauf an der Pegnitz

Landkreis Nürnberger Land

1279 verpfändete König Rudolf an Ulrich von Schlüsselberg neben anderen Besitzungen (Neunhof, Ober- und Unterschöllenbach, Tauchersreuth und die Gabermühle) die „in villa Guntershubel" gelegenen Reichsgüter, die nach dem Tod des letzten Schlüsselbergers 1347 an die Burggrafen von Nürnberg verliehen wurden. 1405 verkaufte Burggraf Friedrich den gesamten Besitzkomplex an verschiedene Nürnberger Bürger, darunter die einzeln aufgezählten Lehen und Vogteigüter in Günthersbühl an Heintz von Grefenberg. Im selben Jahr entließ König Ruprecht die Güter aus dem Reichslehenverband.

Bereits 1398 hatten die Pfinzing von den Reichsministerialen von Breitenstein einen reichslehenbaren Hof gekauft, den sie zur Bewirtschaftung an die Familien Vogelhofer, ab Mitte des 16. Jahrhunderts an die Wieland ausgaben. Die umfangreichen Einkünfte am Ort – außer dem Hof besaßen die Pfinzing spätestens seit 1604 auch die Erbforsthut – veranlassten wohl Seyfried Pfinzing zur Umwandlung des Bauerngutes in einen Herrensitz. 1611 wird „Junker Syfried Pfinzings Herrenhaus und item Voigtenhaus" erstmals erwähnt; 1618 befanden sich „in der Hofraiten ... das Sitzlein neben einem Stadel und noch einem Haus", zudem ein Brunnen, ein Keller, nicht zuletzt ein Back- und ein Brennofen für Ziegel. Zum Hof gehörten 22 Morgen Felder, 5½ Tagwerk Wiesen und Wald sowie ein Vogelherd.

Nach dem Tod Seyfried Pfinzings 1617 ging der Besitz an die von ihm begründete Stiftung über. Diese wird auch 1623 von dem Nürnberger Historiographen Johannes Müllner als Inhaber von „Burgersitz und Forsthub" genannt. Dabei wechselten die Lehensträger mehrfach, bis das Gut 1664 von Carl Pfinzing von Henfenfeld um 325 Gulden für die Familie zurück erworben werden konnte. Nach dem Tod seines Sohnes Karl Sebastian (1685) wurde dem Enkel Christoph Carl Pfinzing 1687 ein Reichslehenbrief über das Gut und Sitzlein „Güntherspiehl" ausgestellt, dessen Erneuerung 1706 nach dem Ableben Kaiser Leopolds beantragt wurde.

Nachdem der „Pfinzingsche Unterthan" Hans Hößler das Schlösschen „an sich erkaufft" hatte, legte er 1723 dem Waldamt Sebaldi einen Plan zum Neubau eines eingeschossigen Fachwerkhauses an der Stelle des alten Schlösschens vor. Der erhaltene Plan zeigt das alte, zweistöckige Herrenhaus in Fachwerkbauweise mit seiner bescheidenen Grundfläche von ca. 113 m². Im Erdgeschoss waren neben einer beheizbaren Stube und einer Kammer zwei Wirtschaftsräume oder Ställe mit jeweils eigenem Zugang untergebracht, im Obergeschoss weitere Wohn- und Wirtschaftsräume.

Aus dem Herrenhaus des 17. Jahrhunderts war so schon 1723 wieder ein einfaches Bauernhaus geworden, das im 19. Jahrhundert einem zweigeschossigen Sandsteinbau weichen musste. Bereits um 1760 war

103.1 Eingabeplan zum Umbau des Herrenhauses in ein eingeschossiges Bauernhaus von 1723 (StAN)

das Reichslehen an den Juristen Georg Abraham Jakob Örtel übergegangen [vgl. Röthenbach I].

Quellen

HallerA Pfinzing Urk. Besitz 21. Mai 1398, Urk. Seyfried Pfinzingsche Stiftung 6. April 1706.

StAN Rst. Nbg. Waldamt Sebaldi I Nr. 342. Kataster Günthersbühl Nr. 4.

Mon. Zoll. VI, Nr. 284, 294; VIII, Nr. 465.

Müllner I, S. 329 mit Anm. 591.

NUB Nr. 596.

Literatur

Glückert, Burgen, S. 78-80.

HAB Lauf-Hersbruck, S. 67.

KDM Lauf, S. 110 f.

Will-Nopitsch, Bd. 7, S. 62.

104 E8

Guttenburg

Ehemaliger Herrensitz

Guttenburg 20

Stadt Gräfenberg

Landkreis Forchheim

Eine Ansicht von Johann Adam Delsenbach von etwa 1720/30 zeigt das Schlösschen in Guttenburg als eingeschossigen verputzten Bau mit Mansarddach. Der Herrensitz war 1718 nach dem Tod des Christoph Hieronymus Voit von Wendelstein an seinen Neffen Hieronymus Wilhelm von Ebner als Universalerben gelangt [vgl. Erlenstegen II]. Eine wohl in diesem Zusammenhang erstellte „Specification" über die sich im Herrenhaus Guttenburg befindlichen Mobilien ist zugleich der älteste Nachweis für die Existenz eines Herrensitzes am Ort.

Die Voit von Wendelstein hatten bereits 1527 umfangreiche Güter und Rechte (darunter das Zehntrecht als Lehen Bambergs) am Ort erworben, die sich zuvor in der Hand Nürnberger Bürger und der Herren von Wildenstein befanden und sich bis zur Mitte des 15. Jahrhunderts zurückverfolgen lassen. In den folgenden Jahrzehnten erweiterten die Voit ihren Besitz in Guttenberg durch Zukauf von Höfen, Gütern und Äckern, ohne dass ein Herrenhaus erkennbar würde.

Dies spricht gegen die Existenz eines älteren Herrensitzes und für den Bau des Schlösschens erst im späten 17. Jahrhundert. Von 1745–1750 wurden umfangreiche Reparaturen durchgeführt und der Dachstuhl neu

104.1   Der Herrensitz in Guttenburg. Kupferstich von J. A. Delsenbach, vor 1745 (StadtMN)

errichtet. Wenige Jahrzehnte später war das Herrenhaus bereits wieder „buswürdig", wie ein (leider nicht erhaltener) Plan über die erste Etage und mehrere Kostenaufstellungen belegen. Für das Jahr 1787/88 verzeichnet ein im Familienarchiv der Praun erhaltenes Repertorium „sieben Stücke ... den Bau des Schlosses und die Einrichtung neuer Wohnungen in dasselbe betr.", wobei unklar bleibt, ob es sich nur um eine Modernisierung handelte. Im Jahre 1989 wurde das Herrenhaus durch Blitzschlag zerstört und wenig später wiederaufgebaut.

Quellen

StadtAN E 28/II Nr. 1096.

Literatur

HAB Forchheim, S. 57.

Dannenbauer, S. 235.

KDM Forchheim, S. 121.

104.2   Ansicht mit dem wohl um 1745/50 errichteten Mansarddach. Fotografie: F. A. Nagel 1909 (StadtMN)

Hadermühle

Abgegangener Herrensitz (vermutlich 1767 zerstört)

Hadermühle/Badstraße

Stadt Nürnberg

Die Hadermühle mit dem Herrensitz vor dem Wöhrder Tor zählt dank der Abbildung in der Schedelschen Weltchronik sicherlich zu den bekannteren Gebäuden der Reichsstadt Nürnberg. In der Hadermühle ließ nach 1391 Ulman Stromer das erste Papier nördlich der Alpen produzieren. Das Betriebsgeheimnis der Papierherstellung wurde streng gehütet und macht die Existenz eines befestigten Herrensitzes zu ihrem Schutz schon zu diesem Zeitpunkt wahrscheinlich. Im Herbst 1414 führte Ulmans Sohn Georg König Sigmund durch die Papiermühle, als dieser für seinen Wirtschaftskrieg gegen Venedig nach alternativen Einkaufsquellen für das im Nachrichtenwesen der Zeit schon unentbehrlich gewordene Papier suchte.

Ulman Stromer hatte das Erbrecht an der Mühle 1390 von Leopold Schürstab erworben, der sie erst 1374 vom Nürnberger Burggrafen Friedrich als Leibgeding gekauft hatte. Das Obereigentum an der „andere(n) (Mühle) bei der Stadt, genannt die Papiermühle" verblieb bei den Burggrafen und wurde von ihnen 1427 mit anderen Besitzungen an die Reichsstadt Nürnberg veräußert.

Die Nutzung als Papier- oder Hadermühle sollte allerdings nur wenige Jahrzehnte anhalten. Als der Rat nach 1463 die Mühle von den Stromerschen Erben einzog, stellte er die Papierherstellung ein, rüstete Teile der Mühle zu einem Zain- und Kupferhammer um, verpachtete andere Teile der Mühlenanlage an Klingenschmiede, Harnischmacher und Rotgerber und betrieb daneben ein Sägewerk.

Eng verknüpft mit dem Schicksal des Hammers bzw. der Mühle war das Geschick des Herrenhauses. 1479 kam es zu einem Großbrand, dem alle Teile der Mühle und vermutlich auch der Sitz zum Opfer fielen. Aus dem Jahre 1493 haben wir die erste Ansicht der Anlage auf der eingangs erwähnten Stadtansicht der Schedelschen Weltchronik, die ihrerseits wohl auf einer Zeichnung Michael Wolgemuts beruhte. Die Ansicht gibt den Zustand der nach dem Brand von 1479 neu errichteten Mühlenanlage wieder und zeigt den von niedrigen Wirtschaftsbauten umgebenen Herrensitz direkt an der Pegnitz. Erkennbar ist ein dreigeschossiger Bau auf quadratischem Grundriss mit steilem Satteldach. Das Erdgeschoss war vermutlich massiv aus Stein gemauert und fensterlos, darüber erhoben sich zwei Fachwerkgeschosse mit einer umlaufendem hölzernen Galerie am 2. Obergeschoss. Im Zweiten Markgrafenkrieg wurde am 1. Mai 1552 die „Hadermul ... auß Nürnberg" verbrannt.

105.1   Die älteste Darstellung der Hadermühle und des benachbarten Sitzes aus der „Schedelschen Weltchronik" von 1493 (StAN)

105.2 Darstellung des Herrensitzes im so genannten Cnopfschen Skizzenbuch, um 1612/14 (HallerA)

Auf den Darstellungen Brauns von 1608, im Cnopfschen Skizzenbuch um 1612/14 und auf den Stadtansichten von 1653 und 1675 hatte sich das Aussehen des Herrensitzes gegenüber der Darstellung Schedels kaum verändert (lediglich das 1. Obergeschoss wurde anscheinend massiv erneuert), deutlich erkennbar wird nun auch seine Lage inmitten einer von der Pegnitz abgezweigten Wasserhaltung.

Der Sitz bei der Hadermühle (nicht diese selbst!) wurde 1562 von den Schlüsselfeldern erworben, die ihn ihrem 1543 erworbenen Flaschenhof, damals einem Bauernhof, angliederten [vgl. Flaschenhof]. In der Folge teilte der Sitz dessen Schicksal. Vermutlich ist er beim Brand der Hadermühle 1767 untergegangen und nicht wieder aufgebaut worden.

Quellen

StAN Rst. Nbg., Ratschlagbücher Nr. 323. Rst. Nbg., Rechnungen des Markgräflichen Krieges Nr. 96.

StadtAN E 10/21 Nr. 2.

Müllner I, S. 326 und 345.

Literatur

Centrum Industriekultur (Hg.): Räder im Fluß. Die Geschichte der Nürnberger Mühlen. Nürnberg 1986, S. 92-96.

Dannenbauer, S. 215.

Sporhan-Krempel, Lore / Wolfgang von Stromer: Das Handelshaus der Stromer von Nürnberg und die Geschichte der ersten deutschen Papiermühle, nach neuen Quellen. In: VSWG 47 (1960), S. 81-104.

Sporhan-Krempel, Lore: Die Gleißmühle zu Nürnberg. Geschichte der ältesten deutschen Papiermühle. In: Archivalische Zeitschrift 49 (1954), S. 89-110.

Dies.: Ulman Stromers Gleißmühle zu Nürnberg. In: Zauberstoff Papier. Sechs Jahrhunderte Papier in Deutschland. München 1990, S. 37-45.

Stadtlexikon Nürnberg, S. 393.

Stromer, Wolfgang von: Oberdeutsche Hochfinanz 1350–1450 (= VSWG Beihefte 55–57). Wiesbaden 1970, S. 250.

106 — G2

Hagenhausen

Abgegangener Herrensitz, „Ödes Schloss"

Stadt Altdorf bei Nürnberg

Landkreis Nürnberger Land

Um 1560 wurde erstmals von einem „Öden Schloss" zu Hagenhausen berichtet. Die weiteren ortsgeschichtlichen Nachrichten erwähnen den offenbar schon im Mittelalter abgegangenen Sitz nicht. Erst ein im späten 19. Jahrhundert herausgegebener Führer durch das Altdorfer Land lokalisierte ihn bei einem Bauernhof am Weg nach Stöckelsberg. Die damals am östlichen Ende des Ortes erhöht liegende Hofstelle soll noch den Namen „Beim Schloss" getragen haben.

Quellen

StAN Rst. Nbg., Handschriften Nr. 323.

StBBa MvO 60, fol. 32v.

Müllner II, S. 402; III, S. 378.

Pfalzgr. Reg. II, Nr. 5555.

Literatur

Böhm, J.: Führer durch Altdorf und Umgebung. Nürnberg 1888, S. 84 f.

106.1 Der mit einem Bauernhof überbaute mutmaßliche Burgstall von Nordwesten, 2006 (Rg)

Haimburg

Burgruine, reichsstädtischer Amtssitz
von 1504 bis 1521

Gemeinde Berg

Landkreis Neumarkt i.d. OPf.

Die Haimburg scheint in der schriftlichen Überlieferung noch vor dem Untergang des staufischen Kaiserhauses auf. Burg und Amt waren an ein Reichsministerialengeschlecht verliehen, das mit Petrissa, verheiratet mit einem Reichsministerialen von Henfenfeld [vgl. Henfenfeld], 1235 erstmals namentlich genannt wird. Ihr Verwandter Heinrich von Haimburg wurde im März 1239 im Nürnberger Franziskanerkloster beerdigt. 1247 wurde die Burg in einer Urkunde bezeugt, die besonders eindrücklich zeigt, wie dramatisch auch in dieser Region der Machtkampf zwischen der staufischen und der stauferfeindlichen Partei verlief. Der Gegenkönig Heinrich Raspe selbst stellte aus Dankbarkeit seinem regionalen Parteigänger Gottfried von Sulzbürg die Belehnung mit der Haimburg oder Adelenburg in Aussicht. Dies macht deutlich, dass die Haimburger offenbar zunächst staufertreu geblieben waren und ihnen die Reichsburg entzogen werden sollte. Dass die Belehnung des Sulzbürgers wirklich erfolgte, ist allerdings wenig wahrscheinlich.

Dass die Haimburger zu den vornehmsten Vertretern der ostfränkischen Reichsministerialität gezählt haben, wird auch bei ihren Konnubien sichtbar. Der letzte des Geschlechtes hinterließ nur Töchter, die sich mit Männern aus einflussreichen Familien vermählten. Eine Tochter, Sophia, heiratete vor 1262 Heinrich d. J. von Stein, den Sohn des gleichnamigen Nürnberger Reichsbutiglers. Mit der so gewonnenen Burg begründete der jüngere Steiner eine eigene Linie des berühmten Reichsministerialengeschlechts [vgl. Steinbühl I]. Dass er sich daraufhin Heinrich von Haimburg nannte, entsprach dem im 13. Jahrhundert noch üblichen Brauch, sich nach dem jeweiligen Sitz zu nennen.

Nach dem Tod des ersten Steiners auf der Haimburg 1309 übernahm sein gleichnamiger Sohn das Erbe. Er wurde 1333 im Nürnberger Franziskanerkloster zu Grabe getragen. Mit dem dritten Heinrich von Stein-Haimburg, der auch zeitweise als herzoglich-bayerischer Viztum amtierte, starb diese Linie schließlich um 1362 aus. Über die weitere Geschichte der Burg finden sich widersprüchliche Hinweise. Nach Gustav Voit soll die Burg an den Vetter Heinrich von Stein zu Niedersulzbürg und zwei weitere Verwandte gefallen sein. Pfälzische Quellen nennen jedoch einen jüngeren Heinrich und Konrad von Haimburg sowie ihren Verwandten Hermann von Stein-Breitenstein. Dass diese neuen Besitzer ihre Burg 1362 dem Kaiser als böhmisches Lehen auftrugen, macht deutlich, wie sehr sie wohl angesichts der böhmischen und pfalzgräflichen Machtpolitik unter Druck geraten waren. Noch 1362 stellte Karl IV. einen Schutzbrief für seine neuen Lehensleute auf der Haimburg aus. Sie empfingen nur das Mannlehen, was eine weibliche Erbfolge ausschloss, und mussten dem Kaiser außerdem das Öffnungsrecht, demnach das militärische Nutzungsrecht im Kriegsfall, einräumen.

Vermutlich kam es nur sehr kurze Zeit darauf zum Verkauf der Haimburg an Heinrich von Wildenstein, der für 1366 als (Mit-)Besitzer der Haimburg genannt wird. 1369 veräußerte dieser seinen Anteil für 1200 Pfund Haller an Heinrich von Stein zu Niedersulzbürg. Heinrich von Stein wurde daraufhin von der Krone Böhmen belehnt und im Februar 1370 vom Kaiser in ganz besonderer Weise privilegiert, indem ihm erlaubt wurde, das Dorf Sindlbach unterhalb der Haimburg zu einer Stadt zu machen, die sogar mit den gleichen Gerichts- und Wochenmarktrechten ausgestattet sein sollte wie die Stadt Sulzbach, die bedeutendste Stadt Neuböhmens.

Heinrich von Stein zu Niedersulzbürg verstarb schon kurze Zeit später. Das Lehen fiel daraufhin an seinen Vetter Hilpolt III. von Stein, der 1371 vom böhmischen König Wenzel belehnt wurde, wobei man in der Urkunde die Bedeutung der Burg als Sitz von Hochgerichtsbarkeit und Herrschaft über die dazugehörigen Dörfer und Untertanen betonte. Hilpolt III. von Stein

107.1 Darstellung der Burg Haimburg auf einer der ältesten Nürnberger Karten, aquarellierte Federzeichnung von vermutlich 1524 (StAN)

Schloß Haimburg in der Obern Pfalz

107.2   Die Haimburg als fantasievolle Federzeichnung im so genannten Cnopfschen Skizzenbuch von 1612/14 (HallerA)

hinterließ nach dem frühen Tod seines gleichnamigen Sohnes nur Töchter, sodass 1385 die Schwiegersöhne, Schwigger von Gundelfingen, Hilpolt von Hohenfels und Martin Förtsch von Thurnau, gemeinschaftlich an die Feste kamen. Nach einer Erbeinigung fiel die Haimburg 1385 an Martin und Anna Förtsch von Thurnau, die sie dann 1388 mit Zustimmung König Wenzels für 5.300 Gulden an Pfalzgraf Ruprecht d.Ä. veräußerten. Damit begann die Zeit der pfälzischen Wittelsbacher auf der Haimburg, wo nun ein pfälzisches Pflegamt eingerichtet wurde. Dabei soll sein Bezirk über den angestammten Hochgerichtssprengel um die Burg mit dem des alten staufischen Amtes Berngau und einem Teil des Amtes Troßberg vereinigt worden sein. Der Besitz der Feste stellte sich für die Pfalzgrafschaft als sehr vorteilhaft bei einer bald folgenden Expansion heraus, als sie 1395 vom Burggrafen von Nürnberg die große Hofmark Altdorf kaufte.

Bei der pfälzischen Landesteilung unter den Söhnen König Ruprechts I. 1410 wurde die Haimburg der Neumarkter Linie zugesprochen. Unter Pfalzgraf Johann von Neumarkt, dem Stifter des zu Füßen der Burg gelegenen Klosters Gnadenberg, soll diese um 1434 zu einem Jagdschloss ausgebaut worden sein. Der erhaltene Ruinenbestand macht deutlich, dass es im 15. Jahrhundert wahrscheinlich zu einem sehr weitgehenden Neubau gekommen sein muss, bei dem wohl nur sehr geringe hochmittelalterliche Reste integriert wurden. In einigen noch erhaltenen Mauerschalen sitzen Buckelquader der staufischen Zeit und ältere Handquader vermutlich meist als Spolien im spätgotischen Mauerverband. Der erhebliche bauliche

107.3 Romantische Ruinenansicht mit Turm, Aquatinta-Radierung von Georg Adam von etwa 1803 (StadtA Lauf)

Aufwand des 15. Jahrhunderts steht offensichtlich in engem Zusammenhang mit der Nähe der Haimburg zur pfalzgräflichen Residenz Neumarkt sowie zum Kloster Gnadenberg. Die Bedeutung, die der Haimburg durch Pfalzgraf Johann zugemessen wurde, wird schon dadurch deutlich, dass sie lange aus dem Reigen der zahlreichen Verpfändungen herausgehalten wurde. Als Bollwerk gegen die Interessen Nürnbergs blieb sie trotz der erheblichen Verschuldung des Fürsten, nicht zuletzt als Folge der Hussitenkriege, landesfürstlich. Erst Pfalzgraf Otto II. von Pfalz-Mosbach-Neumarkt hat die Burg in der zweiten Hälfte des 15. Jahrhunderts kurzzeitig versetzt.

Die Burg gehörte schließlich zu den pfälzischen Ämtern, die Nürnberg im Landshuter Erbfolgekrieg besetzte, wobei die Haimburg selbst am 8. Juli 1504 erobert worden ist. Man ließ eine 18-köpfige Besatzung auf der Burg, die sich jedoch unerlaubt entfernte. Etwas vorschnell gab der Rat daraufhin die Burg zur Plünderung und Inbrandsetzung frei. Als die Reichsstadt wenig später doch noch mit der dauerhaften Inbesitznahme rechnete, musste die Burg 1505 „nit ohne großen Costen" in Stand gesetzt und ein reichsstädtisches Pflegamt Haimburg eingerichtet werden. Für die Pfalzgrafen war der Verlust der Burg schon aufgrund ihrer strategischen Lage auf Dauer nicht hinzunehmen. Jahrelang stritt und verhandelte man mit der Reichsstadt um eine Rückgabe von Burg und Amt. Noch 1518 verweigerte die Reichsstadt die Herausgabe mit einem Hinweis auf die Schutzfunktion der Burg für die Stadt Altdorf, deren Verbleib bei Nürnberg bereits gesichert war. Erst Ende 1521 zeichnete sich bei den Verhandlungen die Rückgabe der Haimburg ab. 1522 fiel sie wieder an die Pfalz zurück und wurde abermals Sitz eines pfalzgräflichen Pflegamtes mit allen fiskalischen und gerichtlichen Aufgaben.

Nach dem Untergang der Kurpfalz mit der Schlacht am Weißen Berg 1620 und der bayerischen Annexion der Oberen Pfalz wurden Burg und Amt bayerisch besetzt. Am 12. August 1632 wurde die Haimburg dann von der schwedischen Armee eingenommen und zeitweise mit einer Besatzung versehen. Bereits 1634/35 war die Haimburg wieder bayerisch. Die zumindest zeitweise auf der Feste stationierten bayerischen Truppen suchten in den 1630-er Jahren von der Haimburg aus den Süden des reichsstädtischen Territoriums heim. Deutlich wird dies beispielhaft beim Kidnapping des Prethalmüllers, der maßgeblich die Stadt Altdorf mit Mehl versorgte, bei der Ermordung der reichsstädtischen Schutzmannschaft auf der Mühle und bei den bezeugten Plünderungseinfällen ins Nürnberger Amt Engelthal. Nachdem die Burg die erste Eroberung 1632 mit vermutlich eher harmlosen Schäden überstanden hatte, wurde sie noch im letzten Kriegsjahr 1648 von schwedischen Truppen in Brand gesteckt.

Die Haimburg wurde nicht wieder in Stand gesetzt und der Amtsbezirk mit dem Amt Pfaffenhofen zusammengelegt. Eine gewisse Übung besaßen die Behörden bereits: Schon 1635 war der Pfaffenhofener Pfleger

107.4 Die stark vernachlässigte, vom völligen Abgang bedrohte Ruine, Zustand 2005 (Rg)

108.1 Stark vereinfachte Darstellung des Schlosses, jedoch mit dem inneren und äußeren Wassergraben, Ausschnitt aus der Karte des Pflegamtes Lauf 1628 von Hans Bien (StAN)

Reitmeier in Personalunion auch zum Pfleger des Amtes Haimburg bestellt worden. Als landesherrschaftlicher Beamter blieb nur der Amtsknecht in Haimburg, für den im 17. Jahrhundert ein Amtshaus errichtet wurde. Seit dieser Zeit ist die Burg dem Verfall preisgegeben, der im 20. Jahrhundert gravierend voranschritt. Der in Resten noch aufragende Rundturm in der Nordostecke des Gevierts soll zwischen 1934 und 1940 eingestürzt sein. Gerundete Werksteine der Außenschale sollen noch 1949 im Burggraben gelegen haben. Heute sind sie nicht mehr vorhanden. Die noch immer sehr imposante und landesgeschichtlich bedeutende Burgruine ist heute in einem sehr schlechten Zustand, sodass mit weiteren Abgängen aufgehenden Mauerwerks zu rechnen ist.

Quellen

StAAm Amt Pfaffenhofen Nr. 95. OPf. Registraturbücher Nr. 13, fol. 179-186; Nr. 15; Nr. 16, fol. 308; Nr. 22, fol. 66, 180, 182; Nr. 23, fol. 45; Nr. 25, fol. 126.

Böhmisches Salbuch, S. 26, 35, 115.

Müllner III, S. 297.

NUB Nr. 335, 506a, 598, 744.

Reg. Boica Bd. 2, S. 382. Bd. 9, S. 231.

Reg. Imp. Bd. VIII, Nr. 4812. Bd. XIV/4, Nr. 18936.

Literatur

HAB, Teil Altbayern. Heft 25: Neumarkt. Bearb. Bernhard Heinloth. München 1967.

Hofmann, Hanns Hubert / Schuhmann, Günther: Franken in alten Ansichten und Schilderungen. Konstanz 1967, S. 247 mit Bleistiftzeichnung des C.J.W.C.J. Haller von Hallerstein von 1794.

KDM Neumarkt, S. 121-124, mit Grundriss und Radierung von A. W. Küffner von 1803.

Oetter, Samuel, Wilhelm: Todenkalender des ehemaligen Franziskanerklosters zu Nürnberg vom Jahre 1228 angefangen ... Nürnberg 1753, S. 45, 53.

Voit, Pegnitz, S. 94-104.

108 — F4

Haimendorf

Herrensitz, „Fürerschloss"

Am Wasserschloss 4-8

Stadt Röthenbach an der Pegnitz

Landkreis Nürnberger Land

Das Haimendorfer Fürerschloss zählt zu den besterhaltenen Renaissance-Herrenhäusern Frankens. Sein Baubestand hat sich seit der Erneuerung in den Jahren 1562 bis 1567 weitgehend unverändert erhalten. Die Anlage dürfte aus einem Sitz von Ministerialen hervorgegangen sein, die sich seit dem frühen 13. Jahrhundert nachweisen lassen. Mit Heroldus de Heimendorf als Zeuge tritt der Ort in der Urkunde des mächtigen Reichsministerialen Ulrich von Königstein von 1238 auf, in der auch die Burg Reicheneck erstmals bezeugt wird [vgl. Reicheneck]. Ein (oder vielleicht auch zwei) Fritz von Haimendorf scheint zwischen 1300 und 1329 auf, ein jüngerer Friedrich dann im Zeitraum von 1373 bis 1407. 1404 wurde eine Elisabetha von Haimendorf im Nürnberger Dominikanerkloster begraben. Ein Berthold Pfinzing, damit ein Mitglied eines der führenden Nürnberger Geschlechter, wird als Verwandter der vor 1426 verstorbenen Engelthaler Klosterfrau Katharina von Haimendorf bezeichnet.

Nach Müllners Annalen von 1623 soll der Sitz von den Haimendorfern an die Feuchter und von diesen an die Strobel gekommen sein; 1381 habe ihn Christian Feuchter besessen. 1386 stellte Heinrich Strobel einen Lehenbrief über ein Gut zu Haimendorf aus, 1387 saß sein Sohn Ulrich zu Haimendorf. Nach 1387 ging der Besitz an den überaus reichen Montanunternehmer Herdegen Valzner [vgl. Altdorf, Gleißhammer I]. Nach dem Tod der Witwe Margaretha Valzner folgten 1448 die von Seckendorff, die Haimendorf wiederum 1452 dem Nürnberger Patrizier Herdegen Tucher veräußerten. 1476 kam der Besitz schließlich mit der Heirat der Anna Tucher an Sigmund Fürer. Mit diesem Übergang wurde ein bis heute anhaltender Familienbesitz begründet. Die Fürer sind seit dem ausgehenden 13. Jahrhundert in Nürnberg nachweisbar, wo sie sich jahrhundertelang im Montangeschäft und im Fernhandel engagierten.

August Gebessler und Gustav Voit gingen von einem seit dem 13. Jahrhundert überkommenen Sitz aus, der im Landshuter Erbfolgekrieg zerstört worden sein soll. Zwar wird die Zerstörung 1504 in diesem Krieg nicht

108.2 Ansicht von Osten, kolorierter Stich von F. A. Annert 1791 (StadtMN)

bezeugt, jedoch verführte offenbar die Erwähnung eines „Burgstalls" (Stelle einer abgegangenen Burg) im frühen 16. Jahrhundert zu dieser Annahme. Bemerkenswert ist aber, dass die Erhebung des Nürnberger Rates über das Landgebiet, vor Ausbruch des Landshuter Erbfolgekrieges angeordnet, keinen Sitz zu Haimendorf feststellte. Wahrscheinlich lag der Haimendorfer Sitz bereits seit dem Ersten Markgrafenkrieg 1449 in Schutt und Asche, da seinerzeit der Zug des Nürnberger Feldhauptmanns Erhart Schürstab in die Orte hinter dem Moritzberg verheerend verlaufen war [vgl. Offenhausen]. Haimendorf als Besitz ausgerechnet der Seckendorffer, die zu den ersten Gefolgsleuten des Markgrafen zählten, dürfte ein besonderes Angriffsziel dargestellt haben.

Es ist davon auszugehen, dass erst Christoph III. Fürer 1512, wie er einmal selbst angab, einen neuen Herrensitz errichten ließ. Nach der Überlieferung des Fürerschen Archivs war es ein Fachwerkgebäude auf einem hohen massiven Sockelgeschoss. Auch Nürnbergs Chronist Johannes Müllner erinnerte 1623 daran, dass der 1537 verstorbene Fürer den Sitz zu Haimendorf „von neuem erpauet und befestigt" hatte.

Das zweite Haimendorfer Schloss blieb nicht lange erhalten: Die Fürer mussten am 31. Mai 1552 im Zweiten Markgrafenkrieg die erneute Brandzerstörung der Anlage hinnehmen. Erst 1561 unter Carl Fürer wurde kurz nach dessen Antritt als Administrator und mit finanziellen Beiträgen seiner Brüder Sigmund, Christoph und Moritz mit dem Wiederaufbau begonnen. Er fand im wesentlichen von 1562 bis 1566 statt. In dieser Zeit wurden nicht nur konstruktive Arbeiten durchgeführt, sondern wohl auch weitgehend die festen Ausstattungen eingebaut. Bis zum Frühjahr 1567 wurden dann einige Verbesserungen und Ergänzungsarbeiten erledigt. Erst bei den 2006 erfolgten Instandsetzungsmaßnahmen wurde deutlich, dass im Erdgeschoss noch erhebliche Teile der älteren Anlage integriert wurden. Es zeigte sich aber auch, dass die Konstruktionen aus der Zeit des Wiederaufbaus von 1562 bis 1566, auch die des Daches einschließlich der Lattung, vollständig erhalten sind.

Beim Haimendorfer Schloss handelt es sich um ein dreigeschossiges Herrenhaus, dessen Umfassungen Werksteinmauerwerk aus Sandstein und im unteren Bereich auch Bruchsteinzonen des Vorgängerbaus aufweisen. Das von einem Krüppelwalmdach überspannte Gebäude weist nordöstlich und südwestlich zwei Ecktürme auf, die nur schwach vor die übrigen Fassaden vorspringen. Die obersten Turmgeschosse tragen geschweifte Spitzhelme. Das Gebäude zeigt sich heute steinsichtig, Fassungsreste bezeugen für die Bauzeit jedoch einen hellroten Fassadenanstrich mit weißem Scheinfugennetz.

Das Herrenhaus stand einst in einem inneren Wassergraben, dem im Abstand von etwa 10 Metern eine hohe innere Wallanlage folgte. Diese wurde von einem teilweise bis heute erhaltenen zweiten, ebenfalls mit Werksteinmauerwerk gefütterten Wassergraben umfasst. Von der im Süden des Schlosses gelegenen Vorburg gelangte man ursprünglich auf Zugbrücken über die Wassergräben. Die innere Brücke führte unmittelbar auf das rundbogige, rustizierte Portal in der Südumfassung. Hier erinnern ein Fürer-Wappen und die Jahreszahl „1565" an den Wiederaufbau. Im 19. Jahrhundert wurden die Wälle der Süd- und Westseite abgetragen, die Gräben aufgefüllt und in Gartenanlagen verwandelt.

Das Erdgeschoss des Herrenhauses wird über eine westliche Halle erschlossen. Die Räume haben weitgehend ihre bauzeitlichen Konstruktionen und Ausstattungen bewahrt: in den Stuben und Kammern Spunddecken, nur im zweiten Obergeschoss findet sich westlich eine im 18. Jahrhundert nachträglich eingebaute Stuckdecke. Die Fletze sind mit Balken-Lehm-Decken überspannt und weisen noch ihre historischen Ziegelböden auf. Bemerkenswert sind die Renaissancetüren mit den bauzeitlichen Bekleidungen. Im ersten Obergeschoss hat sich noch eine Rauchküche mit ihrem gemauerten Herd erhalten.

Das Schloss erfuhr nach 1567 keine größeren Veränderungen. 1613 wurden der Familie Fürer 88 Stämme Bauholz, darunter 28 Eichen, aus dem Reichswald für eine Baumaßnahme bewilligt, die offenbar in einem der Ökonomiegebäude stattfand. Der große Schloss-Stadel im Vorhof, 1605 erbaut, war 1750 derart schadhaft, dass er unter Carl Gottlieb Fürer erneuert werden sollte. Das Voithaus wurde 1758 umgebaut und mit dem Glockenturm mit Schlaguhr ausgestattet. Der angebaute Stall soll auf das Jahr 1881 zurückgehen.

Die Schlossanlage ist noch heute in Besitz der von Fürerschen Erben und wird von diesen mit viel Engagement und nach denkmalpflegerischen Grundsätzen baulich unterhalten.

Quellen

StAN Rst. Nbg., Handschriften Nr. 198. Rst. Nbg., Waldamt Lorenzi I Nr. 443.

StadtAN B 11 Nr. 125.

Gelegenhait, Nr. 1119.

Müllner III, S. 330.

NUB Nr. 288, 891, 1069.

Literatur

KDM Landkreis Nürnberg, S. 45 f.

Mitteilungen der Herren Restauratoren Norbert Lenk und Adalbert Wiech 2006.

Rühl, Pegnitztal, S. 118-124.

Ruthrof, Renaissance, S. 53, 56 ff mit einer Darstellung des 18. Jahrhunderts.

Schwemmer, Wilhelm: Röthenbach a.d. Pegnitz. Die Geschichte einer Industriestadt (= Schriftenreihe der ANL Bd. 30). Nürnberg 1982, S. 87-92.

Stadtlexikon Nürnberg, S. 395 f.

Vahl, Rittersiegel Bd. 1, S. 418, 422; Bd. 2, S. 556 f.

Voit, Pegnitz, S. 87.

108.3 Ansicht des Herrenhauses von Westen, Fotografie: F. A. Nagel 1910 (StadtMN)

Hallerweiherhaus

Abgegangener Herrensitz (1944 zerstört)

Hainstraße (modern überbaut)

Stadt Nürnberg

Zu den bekannteren Patriziersitzen, die noch im näheren Umfeld der Reichsstadt standen, zählte das im Zweiten Weltkrieg durch Bombentreffer zerstörte Hallerweiherhaus. Es entstand frühestens im 14. Jahrhundert. Der Rat hatte Konrad Waldstromer im November 1344 eine Weiheranlage am so genannten Siechgraben bei St. Peter mit der Auflage veräußert, das Wehr des Fischbaches in Stand zu setzen. Dem Waldstromer wurde auch der Bau eines Anwesens für einen Weiheraufseher bewilligt. Nach einer Nachricht aus dem Familienarchiv Petz soll das spätere Weiherhaus aus dem geplanten Aufseherhaus hervorgegangen sein: „dahin hat er das haus gepauet, so man heutigs tags das Weiherhauß nennet".

Die Besitzgeschichte verlief seit der zweiten Hälfte des 14. Jahrhunderts recht bewegt. Heinrich und Jakob Waldstromer verkauften ihrem Vetter Conrad Pfinzing, der bereits eine Hälfte ererbt hatte, 1378 auch den zweiten Anteil an den drei Weihern. Schon 1384 trat die Witwe Conrads diese an Seitz Pfinzing und Friedrich Derrer ab. 1393 gingen sie in den Besitz des Hans Pirckheimer über. Dessen Tochter Barbara Grundherr veräußerte 1421 an die Familie Stark, wobei neben den drei Weihern erstmals „Hofstätte und Haus" erwähnt werden. Für das Jahr 1433 werden Ulrich und Hans Starck als Inhaber des Weiherhauses genannt. 1446 erwarb es Erhart Frey, 1448 Endres Stromer und 1454 Fritz Amman. Im Ersten Markgrafenkrieg 1449/50 war auch auf diesem Weiherhaus [vgl. Lichtenhof] eine Nürnberger Besatzung, die zur erfolgreichen Verteidigung gegen mehrere feindliche Angriffe auf die Stadt beitrug.

Fritz Amman vererbte den Sitz um 1480 an Anton Amman, der ihn schon 1485 an Martin Wagner veräußerte. Kurz darauf, 1487, übernahmen ihn die Vormünder der Erbengemeinschaft des Veit von Wolkenstein. Die Miterbin Dorothea, Ehefrau des Alexius III. Haller, trat 1492 den Besitz an und verkaufte ihn ein Jahr später an ihren Verwandten Wolf II. Haller. Nach dessen Konkurs gaben die Gläubiger das Anwesen 1506 an Ludwig Müntzer weiter, der es 1518 seiner Base Dorothea, verheiratet mit dem 1469 geborenen Hieronymus Holzschuher, vermachte. Dieser räumte noch 1518 der Reichsstadt Nürnberg auch das Öffnungsrecht ein. Angeblich soll das Ehepaar das Weiherhaus kurz darauf „neu aufgebauet" haben. Nach dem Tod Holzschuhers,

109.1   Ansicht des Hallerweiherhauses im so genannten Cnopfschen Skizzenbuch von 1612/14 (HallerA)

109.2   Ansicht des Schlosses von Süden, Fotografie: G. v. Volckamer um 1894 (StadtMN)

109.3   Ansicht des Schlosses von Nordwesten, Fotografie: F. A. Nagel 1940 (StadtMN)

bekannt durch sein Porträt von Albrecht Dürer, 1529 übernahm der gleichnamige Sohn das Erbe. Der jüngere Hieronymus Holzschuher starb 1552, im selben Jahr, als im Zweiten Markgrafenkrieg am 31. Mai das „Holtzschuer hawß bey s. Peter" in Flammen aufging.

Es ist nicht überliefert, ob das Weiherhaus noch unter Carl Hieronymus Holzschuher, der 1557 ohne männliche Erben starb, wieder in Stand gesetzt worden ist. Er wurde von seiner Schwester Polyxena beerbt, die 1566 Hans Jakob I. Haller von Hallerstein heiratete. Dementsprechend erscheint auf dem Rundprospekt von 1577/81 erstmals der Name „Hallers Weiherhaus". Hans Jakob Haller, der am 2. Januar 1593 das Öffnungsrecht der Reichsstadt erneuerte, starb am 16. November 1604. Nach seinem Tod wurde der Wirtschaftshof des Sitzes erweitert, doch schon 1607 erlebte die Erbengemeinschaft ein Brandunglück, das große Teile der Ökonomie vernichtete. Mit dem Wiederaufbau wurde die Bebauung des Wirtschaftshofes an den Rand des Hofraums platziert und eine größere Freifläche geschaffen. Um 1632 wurde der Weiherfläche ein innerer Schlosshof abgerungen. Damals wurde der Sitz mit dem Weiher in die Verteidigungslinie der Schweden einbezogen und überstand so den Dreißigjährigen Krieg unbeschadet. Im Jahr 1655 soll ein nochmaliger Erweiterungsbau stattgefunden haben (diese Jahreszahl befand sich ehemals an der Grabenmauer), der in der Überlieferung des zuständigen Waldamtes Lorenzi nicht aufscheint. Die Umbauten im Zeitraum von 1607/08 bis 1654 geschahen auf Veranlassung von Hans Albrecht Haller.

1687 stiftete Hans Melchior Haller das Schlossgut dem Fideikommiss (Familienstiftung) der Hans Albrechtschen Linie der Haller von Hallerstein zu. Die Nutzung des Besitzes stand nun in einer genau bestimmten Reihe den Neffen des Stifters zu, dann sollte sie jeweils vom Senior des Familienzweiges in Anspruch genommen werden. Der letzte Administrator der Linie, Burckhard Albrecht Haller, schenkte das Gut schließlich 1757 seinem Vetter Johann Georg von der Sigmundschen Linie der Haller von Hallerstein.

Das Hallerweiherhaus machte um 1790 von sich reden, als die Brüder Johann Georg und Johann Sigmund Haller versuchten, hier eine Porzellanfabrik zu etablieren. In den ehemaligen Pferdestallungen wurde 1790/91 ein Versuchsbrennofen eingebaut. Das Projekt wurde jedoch bald wieder aufgegeben: 1794 war die Porzellanwerkstatt zwar noch eingebaut, aber nicht mehr in Betrieb. Damals wurde das dritte Geschoss des Weiherhauses umgebaut. Die Erben des Johann Georg Haller beendeten 1813 die lange Besitztradition der Freiherren Haller von Hallerstein durch Verkauf an Dr. Rudolf Freiherrn von Holzschuher. Von dem Kaufmann Andreas Löwel ging der Sitz 1831 an den württembergischen Salinendirektor und sachsen-weimarischen Legationsrat Johann Wilhelm von Thon [vgl. Reichenschwand I].

Das Weiherhaus bestand aus einem älteren viergeschossigen Wohnturm mit einem obersten Geschoss aus Fachwerk, dem im rechten Winkel ein dreigeschossiger, mit einem Halbwalmdach überspannter Massivbau angefügt worden war. Die beiden Baukörper, deren Baugeschichte nie erforscht worden ist, wurden vermutlich in der frühen Neuzeit mehrmals baulich verändert. Der Herrensitz stand einst im Schlossweiher und war nur über eine Brückenanlage erreichbar. Erst im 19. Jahrhundert wurde die Weiheranlage trockengelegt und verfüllt, auch die Zwingerbefestigung wurde abgetragen. Im weiteren Verlauf bis zu seiner Zerstörung im Zweiten Weltkrieg 1944 wurde das Hallerweiherhaus als Miethaus genutzt.

Quellen

StAN Rst. Nbg., Handschriften Nr. 323. Rst. Nbg., Waldamt Lorenzi I Nr. 482.

StadtAN E 10/21 Nr. 71.

HallerA Besitz Wilhelmsche Linie, Urkunden und Akten Haller-Weiherhaus.

Gelegenhait, Nr. 692.

Müllner I, S. 345, 418; II, S. 448 f, 453.

Literatur

Freitag-Stadler, Renate: Johann Adam Klein 1792-1875. Zeichnungen und Aquarelle (= Bestandskatalog der Stadtgeschichtlichen Museen Nürnberg). Nürnberg 1975, S. 77 f mit Aquarell von 1810.

Friedrich Frommann: Albrecht Dürers „Weier Haus" – das „Haller-Weiherhaus". In: Nürnberger Schau (Oktober 1941), S. 247-249.

HAB Nürnberg-Fürth, S. 125 f.

Pfeiffer, Gerhard: Die Offenhäuser der Reichsstadt Nürnberg. In: JffL 14 (1954), S. 153-179.

Ruthrof, Renaissance, S. 52, 68 ff, 94.

Stadtlexikon Nürnberg, S. 399 mit koloriertem Stich von F. A. Annert von 1788.

Willax, Franz: Die Befestigungsanlagen Gustav Adolfs von Schweden um Nürnberg 1632. In: MVGN 82 (1995), S. 185-235.

110   D4

Hammer

Abgegangenes Herrenhaus (1943 zerstört)

Christoph-Carl-Platz 6

Stadt Nürnberg

Die Industriesiedlung Hammer bei Laufamholz ging am Ende des Mittelalters aus der Laufamholzer Mühle hervor. Das Anwesen war einst Reichslehen der Haller, die es im 15. Jahrhundert dem Nürnberger Bürger Conrad Cammerer als Afterlehen verliehen hatten. Spätestens Conrad Cammerer richtete hier vor 1492 ein Messinghammerwerk ein. Im frühen 16. Jahrhundert war Stephan Kanler im Besitz der Anlage, die 1532 bereits über sieben Wasserräder verfügte. Johannes Müllner erwähnt die Industriesiedlung der Familie Kanler zu Oberbürg [vgl. Oberbürg], die „ein nutzliches Messinghammerwerk ... sambt etlichen Häusern, darinnen die Handwerksleut wohnen", umfasste. Schon damals war die Anlage mit einer Mauer – „gleich einem kleinen Städtlein" – geschützt.

1537 erhielt Stephan Kanler die Erlaubnis, ein „alt von holtz gepawt haws mit dreien wonungen" abzubrechen und an derselben Stelle einen neuen, zweigeschossigen Steinbau (jedoch ohne „sondere bevestigung") zu errichten. Im Gegenzug musste er, wie bei Herrensit-

110.1 Darstellung des Hammerwerks mit dem Kanlerschen Herrenhaus, Ausschnitt aus der Pegnitztalkarte des Hieronymus Beheim von 1544/45 (StAN)

zen üblich, dem Rat der Reichsstadt das Öffnungsrecht im Kriegsfall und ein Vorkaufsrecht für Nürnberger Bürger einräumen. Das Herrenhaus wurde um 1550 als stattliches sechsachsiges Gebäude dargestellt, dessen Ecken Scharwachttürmchen trugen.

Vor 1550 hatte die Familie Kanler das Werk an Michael Hübner vergeben. Er musste im Zweiten Markgrafenkrieg am 3. Juni 1552 die Zerstörung des Besitzes durch die markgräflichen Truppen hinnehmen. Um 1561 war Dr. jur. Georg Kanler Besitzer und ließ das Anwesen wieder aufbauen. Unter ihm geriet das Hammerwerk um 1570 in Konkurs und wurde 1573 von seinem Bruder Endres Kanler erworben. Der Käufer beantragte 1585 den Neubau eines Wohnhauses, weil das Herrenhaus vermutlich seit 1552 in Trümmern lag.

Auf Endres Kanler folgte noch kurz sein gleichnamiger Sohn. Nach dessen Tod 1616 erbte der Enkel des Bauherrn, Hans Thomas Kanler, der mit Anna Katharina Rieter verheiratet war. Der Hammerherr geriet spätestens um 1630 in wirtschaftliche Schwierigkeiten und musste noch zu Lebzeiten die Oberbürg verkaufen. Nach dem Tod des Hans Thomas Kanler nach 1631 und wohl auch Übergriffen durchziehender Soldateska stellte das Hammerwerk seinen Betrieb ein. Erst der Münzmeister Georg Nürnberger richtete 1640 auf dem herabgekommenen Anwesen wieder ein Werk, diesmal eine Schleifmühle, ein.

Gegen Ende des 30-jährigen Krieges wurde auch der Messinghammer wieder installiert. Um 1660 war der Hammer im Besitz der Brüder Hanns Christoph und

Georg Lang, letzterer führte ab 1666 das Werk alleine weiter.

Bis 1681 war in Hammer wieder eine stattliche Industriesiedlung entstanden. Das Herrenhaus war von Arbeiterwohnhäusern, einem Bäckerhaus, einem Wirtshaus und den Werksanlagen wie dem Kupferhammerwerk, dem Drahtzug und der Messingsäge umgeben. 1711 erwarben die Unternehmer Magnus Gottlieb Volkamer und Dr. Carl Falkner das Werk, das nun für Generationen bis in unsere Tage in Familienbesitz blieb. 1741 waren Volkamer und sein Schwager Johann Lorenz Forster die Besitzer. Dr. Paulus Magnus Volkamer und Karl Forster wurden als ihre Nachkommen 1793 vom Königreich Preußen belehnt, das mittlerweile die Lehnsherrschaft des Markgrafen von Brandenburg-Ansbach übernommen hatte. Das Königreich Bayern anerkannte nach der Mediatisierung 1806 auch die Niedergerichtsbarkeit des Hammerherrn über die Industriesiedlung, die 1820 etwa 140 Einwohner zählte. Damit der damalige Besitzer Georg Christoph Forster die Gerichtsrechte wahrnehmen konnte, wurde er 1816 in den Adelsstand erhoben. 1827 wurde der Gerichtsherr nach dem Tod seines Bruders Alleineigentümer der Firma Hieronymus Pius Volkamers Wittib & Forster. 1848 wurde die Patrimonialgerichtsbarkeit aufgehoben. Fast 100 Jahre später fand das im 19. Jahrhundert international bekannt gewordene Messing- und Rauschgoldwarenwerk in der Nacht vom 28. auf den 29. August 1943 durch einen Bombenangriff sein Ende. Dabei wurde auch das Herrenhaus vollständig zerstört.

Nach dem Krieg wurde das Werk nicht wieder in Stand gesetzt. Nur die 1903 begründete Stromproduktion durch das Kraftwerk Hammer wurde weiter betrieben. Nachdem die Siedlung schon 1958 in die Trinkwasserschutzzone der Stadt Nürnberg eingegliedert worden war, veräußerte Herbert von Forster den alten Familienbesitz 1977 an die städtische EWAG. Mittlerweile wurden die weniger stark beschädigten Gebäude renoviert.

Quellen

StAN Rst. Nbg., Handschriften Nr. 323. Rst. Nbg., Waldamt Lorenzi I Nr. 455.

StadtAN A 1/ Nr. 1372 Mai 12, 1398 Sept. 20. E 10/21 Nr. 83 I.

Müllner I, S. 363.

Literatur

HAB Nürnberg-Fürth, S. 124.

KDM Stadt Nürnberg, S. 354.

Mulzer, Vorstädte, S. 49 f, 149 f.

Stadtlexikon Nürnberg, S. 400 mit Stich von L. Schlemmer 1797.

Wittek, Ansgar: Der Nürnberger Vorort Laufamholz. Nürnberg-Laufamholz 1984, S. 115-137.

Pfeiffer, Gerhard: Die Offenhäuser der Reichsstadt Nürnberg. In: JffL 14 (1954), S. 173.

111 — E9

Hammermühle

Abgegangener Hammerherrensitz

Markt Egloffstein

Landkreis Forchheim

Die Einöde Hammermühle lag als ehemaliger „Untern Hamer" im Hochgerichtsbezirk des reichsstädtischen Pflegamtes Gräfenberg. Der Mühlenbetrieb wurde um 1500 von Hans Heber, Mitglied einer Nürnberger Montanunternehmerfamilie, als Hammer- und Sägewerk betrieben. Nur einmal, im Bericht zur Erkundung der Landschaft, vor Ausbruch des Landshuter Erbfolgekriegs 1504 vom Nürnberger Rat angeordnet, wurde ein Herrensitz des Hans Heber bei seinem Hammer notiert. Über das weitere Schicksal des Sitzes wurde bisher nichts bekannt. Vielleicht ging er im Zweiten Markgrafenkrieg 1552/53 mit dem nahen Nürnberger Sitz Dörnhof zugrunde [vgl. Dörnhof].

Quellen

Gelegenhait, Nr. 489, 783.

110.2 Ruine des Herrenhauses aus östlicher Richtung, Zustand 2006 (Rg)

Hammerschrott

Abgegangener Hammerherrensitz (Abbruch 1956)

Markt Neuhaus an der Pegnitz

Landkreis Nürnberger Land

Hammerschrott, einst nur Schrott genannt, soll wie Rothenbruck zum Lehnsbesitz der ehemaligen Reichsministerialen von Neidstein-Hartenstein gehört haben, der nach dem Tod des Heinrich von Hartenstein mit der Burg Hartenstein um 1326 an König Ludwig den Bayern fiel [vgl. Hartenstein, Rothenbruck]. Der Ortsname weist schon für diese Zeit einen Eisen produzierenden Betrieb nach. 1407 bestand das Bamberger Lehen aus einem Hammerwerk mit Zerrennherd für die Eisenschmelze. Vor 1468 saß Hanns Per (Bär) als namentlich überlieferter Hammermeister zu Hammerschrott, er hatte zur Veldener Pfarrkirche einen Jahrtag gestiftet. Bei der Erkundung der Landschaft um Nürnberg, vor Ausbruch des Landshuter Erbfolgekrieges 1504 vom reichsstädtischen Rat befohlen, wurden zu Schrott ein Herrensitz und ein Hammer im Besitz eines nicht namentlich genannten Nürnberger Bürgers festgestellt.

Noch im 16. Jahrhundert kam das Hammergut an das Sulzbacher Hammerherrengeschlecht Zerreis(en). 1595 prozessierte Sebastian Zerreis mit Nachbarn wegen eines neuen Mühlwerks. 1614 war ihm längst Lorenz Zerreis gefolgt, der sich, ausdrücklich zum Hammer Schrott sitzend, 1615 um ein Darlehn bemühte. Um die Mitte des 18. Jahrhunderts wird eine Familie Albrecht, vielleicht als Pächter, zu Hammerschrott überliefert, ihr ertrank 1757 ein Kind. Im späten 18. Jahrhundert kaufte Johann Baptist Hausmann den Hammer. Er war wirtschaftlich so erfolgreich, dass er das oberpfälzische Landsassengut Sinnleithen erwerben konnte und daraufhin 1789 in den Adelsstand aufgenommen wurde. 1807 ersteigerte Johann Baptist von Hausmann die vom bayerischen Staat zum Verkauf ausgeschriebene Burg Veldenstein [vgl. Neuhaus-Veldenstein].

Um 1824 vererbte Hausmann das Hammergut an die Tochter und den Schwiegersohn Maximilian Falkner von Sonnenburg. Noch in der ersten Hälfte des 19. Jahrhunderts folgte Johann Sturm; dessen Erben ließen 1858/59 den Hammer eingehen. Daraufhin kam es zum Einbau einer Bronzefabrik. Im ausgehenden 19. Jahrhundert erwarb Eberhard Weith das Anwesen, baute die Fabrik wieder zum Hammerwerk um und produzierte wie früher schon Stabeisen, das an Nürn-

112.1 Ansicht des Hammergutes Hammerschrott aus der Vogelschau, vorne rechts das Herrenhaus, Ausschnitt aus einer Karte von 1688 (StAAm)

berger Industriebetriebe geliefert wurde. Schon kurz nach 1900 ließ er mit einem seiner Wasserräder einen Generator antreiben, um seine Fabrikräume mit Strom versorgen zu können. 1909/11 wurde aus diesen Anfängen ein kleines Kraftwerk, das dann auch Neuhaus und Krottensee mit elektrischem Strom versorgte.

1912 verpachtete Weith das Hammerwerk schließlich dem Händler Leonhard Praß aus Neuhaus, der das Schmiedehandwerk gelernt hatte. Praß stellte den Hammerbetrieb ein und richtete ein Dampfsägewerk ein, produzierte aber weiterhin auch Strom. 1915 wurde in Hammerschrott zusätzlich eine Holzwollefabrik aufgebaut. Nachdem die Firma Praß die Holzindustrie nach Neuhaus verlagert hatte, wurden in Hammerschrott Erdfarben hergestellt. Nach dem Tod von Leonhard Praß 1937 erbten seine Söhne Georg und Hans die Liegenschaften. Zu ihrer Zeit wurde im Jahr 1956 das Herrenhaus abgebrochen. Von den historischen Gebäuden hat sich nur ein Fachwerkstadel des 17. Jahrhunderts erhalten. Das Herrenhaus wurde 1688 einmal als länglicher Satteldachbau dargestellt, der über massive Umfassungen und Fachwerkgiebel verfügte.

Quellen

StAAm Plansammlung Nr. 3173.

StAN Rst. Nbg., Landpflegamt, Pflegamt Velden, S I, L 451, Nr. 1; Rep. 39a, fol. 89 r, Nr. 13; fol. 144, Nr. 14; Rep. 39c, fol. 41 r, Nr. 7. SchlossA Hüttenbach Urk. Nr. 8.

Gelegenhait, Nr. 861.

Literatur

Dimler, Andreas: Marktgemeinde Neuhaus – Gestern und Heute (= Veldensteiner Mosaik Bd. 2). Neuhaus 1989.

Heller, Ehrenfried: In memoriam: Elektrizitätswerk Hammerschrott. In: MANL 44 (1995), Heft 1, S. 281-309.

KDM Landkreis Pegnitz, S. 271.

Schwemmer, Wilhelm: Burg und Amt Veldenstein (= Schriftenreihe der ANL Bd. 8). Nürnberg 1961.

113 H4

Happurg I

Abgegangener Herrensitz, „Schloßel"
(Abbruch um 1700)

Gemeinde Happurg

Landkreis Nürnberger Land

Schon im frühen 18. Jahrhundert konnten die reichsstädtischen Behörden den Ursprung des Happurger Herrensitzes nicht mehr eindeutig klären. Man stellte fest, dass Vorbesitzer bereits im 16. und frühen 17. Jahrhundert verschiedene Liegenschaften erworben und zusammengelegt hatten. Auch die Frage, ob das in einem Weiher stehende Herrenhaus erst 1623 gebaut worden war, blieb unbeantwortet. Damals hatte Paulus Pfinzing von Henfenfeld jun., der Sohn des berühmten Nürnberger Kartographen, das Gut von einem Egidius Künnerlein erworben. Bemerkenswert ist, dass Künnerlein erhebliche Schulden bei dem italienischen Kaufmann Hortensio Broccho hinterlassen hatte, sodass dieser 1623 Anspruch auf den Kaufpreis der Immobilie erhob.

Offenbar war den Nürnberger Beamten seinerzeit eine bis heute erhaltene Karte von etwa 1589 unbekannt, auf der ein markantes Turmhaus dargestellt ist, das zusammen mit dem Kirchturm die übrige Happurger Bebauung deutlich überragt. Nach einem Dokument des Pfinzingarchivs aus der Zeit um 1630 handelte es sich beim Sitz um ein Weiherhaus, das von einem breiten Wassergraben und einer Mauer umgeben war. Zu dem Besitz zählten noch ein Gärtnerhaus, ein Obstgarten und zwei Forellenweiher. Noch 1666 war das „herrnhauß oder schloßel, so im weyer stehet," im Besitz der Familie Pfinzing.

Nach dem Tod des Paulus Pfinzing jun. 1631 hatte dessen Sohn Martin Seifried geerbt. 1663 veräußerte er den Happurger Herrensitz dem aus Glaubensgründen nach Nürnberg emigrierten Johann Seifried Leininger von Sorgendorf. Eine zuerst angedachte Verpachtung war dann doch zu einem Verkauf gewandelt worden. Der Käufer, der ehemalige Hofmeister des Herzogs Manfred von Württemberg, verstarb bereits vor 1670. Daraufhin heiratete dessen Witwe Eva Sophia, vermutlich eine geborene Brand von Neidstein, Johann Georg von Preysing zu Lichtenegg [vgl. Lichtenegg].

Offenbar konnte oder wollte der Herr von Preysing, der von Schulden ziemlich geplagt wurde, wenig für den Bauunterhalt tun. Im Jahr 1700 war das Gut bereits „ganz eingefallen und ruinirt" und wurde an den Reichenecker Pfleger Gottlieb Tucher verkauft. Das Weiherhaus dürfte in den ersten Jahren des 18. Jahrhunderts abgebrochen worden sein.

Quellen

StAN Rst. Nbg., Karten und Pläne Nr. 518.

HallerA, Pfinzingarchiv, Akten Besitz Happurg.

Literatur

Giersch, Robert: Archivalienforschung zur Geschichte des ehemaligen Herrensitzes zu Happurg. Denkmalpflegerische Voruntersuchung 2000. Unveröff. im BLfD.

Ders.: Burg Lichtenegg. Quellen zur Geschichte der Burg und ihrer Besitzer. In: MANL 49 (2004), Sonderheft 50, S. 56-59.

113.1 Ansicht des Dorfes Happurg, südlich der Kirche ist deutlich ein Turmhaus zu erkennen, vermutlich kennzeichnet es einen älteren Herrensitz, Ausschnitt aus einer Karte von etwa 1589 (StAN)

Happurg II

Herrensitz, „Tucherschloss"

Hauptstraße 9

Gemeinde Happurg

Landkreis Nürnberger Land

Der Pfleger des reichsstädtischen Amtes Reicheneck, der 1662 geborene Johann Gottlieb Tucher [vgl. Rückersdorf], erwarb 1700 das so genannte Weihergut mit dem „schloßel" [vgl. Happurg I] von Johann Georg von Preysing. Der Käufer ließ das alte Weiherhaus vermutlich bald nach dem Kauf abbrechen und im benachbarten Garten 1701/02 ein zweigeschossiges, mit einem Satteldach überspanntes Herrenhaus errichten. Die archivalischen Nachrichten ließen sich durch eine dendrochronologische Analyse der Bauhölzer bestätigen.

Johann Gottlieb Tucher und seine Ehefrau Maria Jakobina, geborene von Hardesheim, haben das Happurger Herrenhaus wohl nur für gelegentliche Aufenthalte genutzt. 1713 hatte das Ehepaar (wohl im Erdgeschoss) eine Mieterin untergebracht, die damals wegen Diebstahls von Wolle angeklagt wurde. Unmittelbar danach vermietete Tucher die Wohnräume an den Pächter der Schlossökonomie, Mattheus Beer, der auch als Voit eingesetzt war.

Der Schlossherr, der lange Jahre als Offizier in der Armee des Fränkischen Kreises gedient und im Spanischen Erbfolgekrieg gekämpft hatte, verstarb in hohem Alter erst 1742. Der Besitz fiel an seinen Sohn Carl Benedikt Tucher, verheiratet mit Maria Katharina Ebner von Eschenbach. Als Carl Benedikt 1750 starb, wurde er von seiner Witwe und der Tochter Maria Jakobina, die Johann Georg Haller von Hallerstein geheiratet hatte, beerbt.

1763 musste die Erbengemeinschaft die Einquartierung von Militär hinnehmen. Im späten 18. Jahrhundert war eine Wohnung an die Witwe des Happurger Gerichtsschreibers vermietet. Nach dem Tod des Johann Sigmund Haller von Hallerstein, der seine Großmutter Maria Katharina Tucher beerbt hatte, wurde der Besitz von der Hallerschen Erbengemeinschaft 1811 in mehreren Teilen an Meistbietende verkauft. Das „Hallerische Schloß" erwarb damals Georg Fuchs, der es 1831 seiner Pflegetochter Walburga Meier schenkte. 1875 übernahm Johann Georg Fuchs den Besitz, 1919

114.1 Ansicht des Herrenhauses von Nordosten, anonyme Fotografie frühes 20. Jahrhundert (Pr)

114.2 Östliche Giebelseite nach der Wiederherstellung der barocken Fassade, 2006 (Rg)

dessen Tochter und ihr Bräutigam Benedikt Müller. Das Tucherschloss ist noch immer Familienbesitz und wurde 2004/2005 einer preisgekrönten Instandsetzung zugeführt. Dabei zeigte sich, dass die bauzeitliche Putzgestaltung der Fassaden unter einer modernen Zementputzlage weitgehend erhalten war. Die bemerkenswerte Fassung aus getönten Flächen und heller Bänderung wurde wiederhergestellt.

Literatur

Giersch, Robert: Archivalienforschung zur Geschichte des ehemaligen Herrensitzes zu Happurg. Denkmalpflegerische Voruntersuchung 2000. Unveröff. im BLfD.

KDM Hersbruck, S. 96.

Mitteilung von Restaurator Claus Giersch zur dendrochronologischen Datierung und Instandsetzung des bauzeitlichen Fassadenputzes.

115 H4

Happurg III

Mutmaßliche Burgstelle

Gemeinde Happurg

Landkreis Nürnberger Land

In beherrschender Lage über dem Pegnitz- und Förrenbachtal finden sich oberhalb von Happurg auf einem Felsvorsprung knapp unterhalb des Karwinkels Geländespuren, die von einer ehemaligen Befestigung stammen können. Von der Houbirg ist der 38 Meter lange, aber nur maximal 15 Meter breite Bergsporn durch einen breiten, jetzt noch ca. 5 Meter tiefen künstlichen Graben getrennt.

Für die Existenz einer Burg spricht neben der beherrschenden Lage zunächst auch der Flurnamen „am (alten) Schloss", der sich zwar wohl erst im letzten Jahrhundert gebildet hat, aber offensichtlich auf eine zu Beginn des 19. Jahrhunderts noch lebendige „Volkssage" zurückgeht. Wolfgang Wörlein berichtete 1838 von heute verschwundenen „Bruchsteinen, mit einer Masse schneeweißen porösen Mauerkalks kittenfest verbunden". Ebenfalls damals noch vorhandene Backsteine und „Baustein-Geröll" trugen nach seinen Worten „deutliche Spuren ..., dass (sie) die stärkste Glut ausgestanden, mithin die Burg im Feuer untergegangen".

Der gänzliche Mangel an historischen Nachrichten hat zu einer Reihe phantasievoller Interpretationen geführt, sodass die Forschung schließlich auch die Existenz einer Burg verneinte. Den Weg zurück wies Walter Heinz, der aufgrund von Geländesprospektionen eine

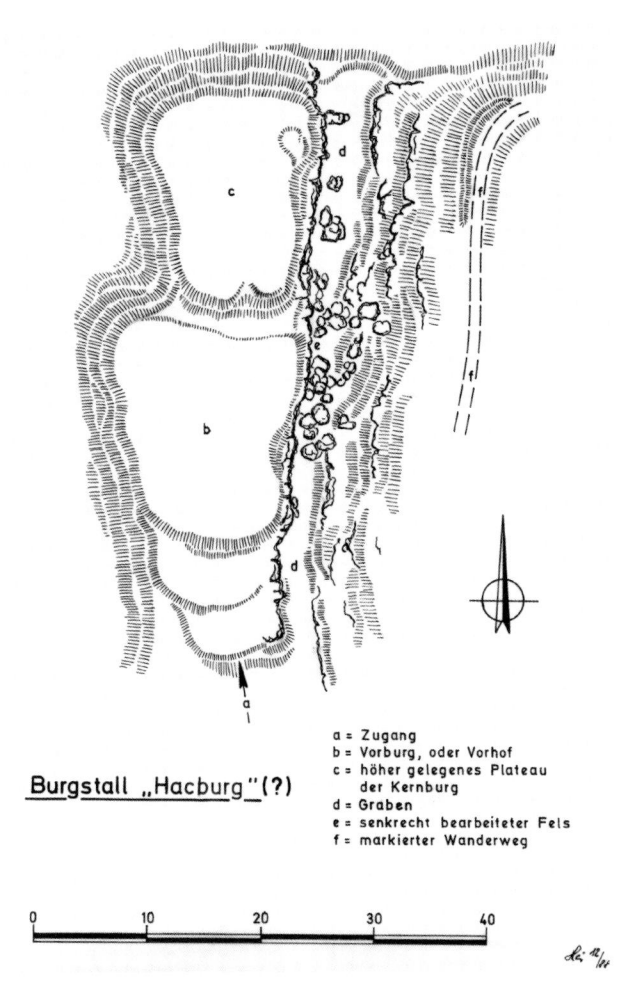

115.1 Aufriss und Rekonstruktionsversuch der vermuteten Burganlage über Happurg unterhalb der Houbirg (Pr)

langgezogene, schmale Burganlage aus „Vorhof" und „Kernburg" rekonstruierte. Da die Anlage von der Bergseite leicht einzusehen und zu bekämpfen war, vermutete Heinz eine Funktion im Zusammenhang mit der Überwachung der vorbeiziehenden Altstraße von Regensburg nach Forchheim.

Literatur

Elbinger, Thomas / Sartorius, J. B.: Führer durch Hersbruck und Umgebung. Hersbruck 1885, S. 121 f.

Heinz, Walter: Der Burgstall bei der Houbirg. In: MANL 37 (1988), Heft 2, S. 69-82.

Ders.: Der Burgstall bei der Houbirg. Oder: Ein Irrtum und seine Folgen. In: Ehemalige Burgen im Umkreis des Rothenbergs. 3. Teil (= Vom Rothenberg und seinem Umkreis Heft 15/3). Schnaittach 1992, S. 141-147.

Koschik, Harald: Die Houbirg im Nürnberger Land (Schriftenreihe der ANL Bd. 32). Nürnberg 1985, S. 58, 75, 99.

Vollrath, Friedrich: Die Houbirg. In: MANL 9 (1960), Sonderheft Nr. 8, S. 5.

Wörlein, Wolfgang: Die kelto-germanische Götterburg der Houbirg. Ein Beitrag zur Alterthumskunde des Nordgaues. Nürnberg 1838, S. 71 f. Wiederabdruck bei Koschik, Houbirg, S. 58.

Happurg IV

Abgegangene Turmhügelburg, „Hundsdruck"

Gemeinde Happurg

Landkreis Nürnberger Land

Der heute „Hundsdruck" genannte Burgstall liegt rund 500 Meter nordwestlich von Happurg und südlich der alten Straße nach Hersbruck. Der kreisrunde Turmhügel hat einen Durchmesser von rund 80 Metern und eine Höhe von 3 bis 4 Metern. Ein im letzten Jahrhundert noch deutlich erkennbarer flacher Graben und ein davor liegender Wall, die einst den künstlichen Hügel umschlossen, sind heute nahezu verschwunden. Vom Burgstall aus bietet sich ein guter Überblick über das Pegnitztal bis Hersbruck und Hohenstadt, wo die wichtigen Altstraßen von Regensburg nach Forchheim und die (später so genannte) „Goldene Straße" von Nürnberg nach Prag verliefen. Geschichte, ursprünglicher Name und Funktion sind nicht bekannt.

Literatur

Heinz, Walter: Der sagenumrankte „Hundsdruck". In: Ehemalige Burgen im Umkreis des Rothenbergs, 3. Teil (= Vom Rothenberg und seinem Umkreis Heft 15/3). Schnaittach 1992, S. 148 f.

KDM Hersbruck, S. 97.

Voit, Reicheneck, S. 112 mit Anm. 482.

116.1 Luftbild des Turmhügels, Fotografie: Strähle-Schorndorf vor 1959 (BLfD)

Hartenstein

Burg

Burg 1

Gemeinde Hartenstein

Landkreis Nürnberger Land

Die Burg Hartenstein erscheint erstmals urkundlich im Jahr 1268, als „Rupertus miles [Ritter] dictus de Hertenstein" das Patronatsrecht über die Pfarrei Eschenbach dem Kloster Engelthal übereignete. Genannt wird auch sein gleichnamiger Vater Rupert von Neidstein. Beide gehörten einem höherrangigen Ministerialengeschlecht an, das schon 1119 zu den ersten Gefolgsleuten des mächtigen Sulzbacher Grafen Berengar zählte und sich später nach der Burg Neidstein im Sulzbacher Land nannte. Als die Staufer die Sulzbacher Grafen 1188 beerbten, traten die Neidsteiner als Reichsministeriale in den Dienst des Kaisers.

Die späte urkundliche Nennung des Hartensteins lässt eine Erbauung erst während des Interregnums um 1250 vermuten, als die Neidsteiner im Zuge der ausbrechenden Machtkämpfe in der Region ihre Herrschaftsansprüche zu markieren versuchten. Nicht unmöglich erscheint aber auch ein etwas früheres Baudatum, da eine 1715 erfolgte Bauaufnahme den ältesten Teilen

117.1 Darstellung der Burg auf einer Karte von vor 1610, bemerkenswert der Steg von der Hohen Kemenate zum Hocheingang des Bergfrieds (StAAm)

sorgfältig gearbeitete Mauerschalen aus großformatigen Werksteinen zuschrieb. Diese kostspielige Bauweise begann unter den finanzkräftigen Stauferkönigen und dem hohen Adel im späten 12. Jahrhundert und wurde nach dem frühen 13. Jahrhundert nur noch selten angewandt. Demnach ist es nicht auszuschließen, dass der Hartenstein noch im Auftrag des Reichs um 1200 entstand und vielleicht als Verpfändung im Besitz der Neidsteiner blieb.

Als König Rudolf I. und seine Nachfolger seit den 1270-er Jahren versuchten, entfremdetes Reichsgut zurückzugewinnen, wurde der Hartenstein allerdings nicht (mehr) als Reichsgut erkannt. Eine Hypothese zur Bauzeit auf der Basis archäologischer Befunde steht derzeit noch aus.

Die Hartensteiner starben im frühen 14. Jahrhundert aus: Heinrich von Hartenstein verschied wohl noch 1324 ohne männliche Erben, seine Brüder Albrecht (Abt des Klosters Ensdorf), Hermann und Eberhard (Komtur des Deutschen Ordens) waren geistlichen Standes. Die Burg ging zunächst an die verwandten Schenk von Reicheneck und geriet noch 1325 in den Krieg des Konrad Schenk mit Nürnberg. Im Frühsommer 1325 hielt die Burg Hartenstein einer Belagerung Nürnberger Truppen stand. Bald nach diesem Ereignis ging sie an König Ludwig den Bayern über. Es ist ungeklärt, ob dies im Zusammenhang mit den kriegerischen Auseinandersetzungen oder aus wirtschaftlichen Gründen geschah.

Mit dem Hausvertrag der Wittelsbacher zu Pavia 1329 überließ der Kaiser die Burg der pfalzgräflichen Linie seines Geschlechts. 1353 führten finanzielle und politische Verpflichtungen dazu, dass die Pfalzgrafen große Teile der Oberen Pfalz an den böhmischen König und späteren Kaiser Karl IV. verpfändeten. Dieser schuf auf der Grundlage der Gebietsgewinne sein neuböhmisches Territorium, wobei auch auf der Burg Hartenstein ein böhmisches Pflegamt eingerichtet wurde. Erst im böhmisch-pfälzischen Krieg 1400/01 konnte Kurfürst Ruprecht von der Pfalz, seit 1400 deutscher König, ehemals

117.2 Die Burg mit der Hohen Kemenate und dem Bergfried im Zentrum, Ausschnitt aus Hieronymus Brauns Karte der Ämter Velden und Hauseck vom Februar 1611 (StAN)

175

117.3 Umbauplanung des Amberger Hofmaurermeisters Friedrich Turban für die Burgkapelle von 1760, links Bestand, rechts Darstellung der geplanten Veränderungen (StAAm)

117.4 Ansicht der Burg von Osten mit noch erhaltenem Bergfried, rechts die Kaserne. Radierung von L. Schlemmer um 1800 (HallerA)

pfälzische Gebiete zurückgewinnen. Die Burg Hartenstein musste der König jedoch für 2.000 Gulden dem reichen Nürnberger Montanunternehmer und Finanzmakler Ott Haid abkaufen, der sie von König Wenzel in den 1390-er Jahren in Pfandbesitz genommen hatte.

Die Pfalz war angesichts chronischer Finanzknappheit häufig gezwungen, Ämter und Burgen an Gefolgsleute zu verpfänden. Von etwa 1415 bis 1503 waren die Herren von Egloffstein Inhaber des Pfandes. 1503 ging die Burg dann von Sigmund von Egloffstein an Ludwig von Eyb den Jüngern, einen engen Vertrauten der Pfalzgrafen, über. Der 1450 geborene Eyb, der zeitweise als Viztum der Oberpfalz, Hofmeister und oberster Feldherr der Pfalzgrafen amtierte, ließ die Burg für seine Bedürfnisse erheblich baulich erweitern. In den Jahren nach 1505 dürften der neue Wohnbau und der Marstall im Süden der oberen Burg geschaffen worden sein. Ludwig von Eyb zu Hartenstein war auch der Verfasser des berühmten Buches „Geschichten und Taten des Wilwolt von Schaumberg", einer der vorzüglichsten Quellen spätmittelalterlicher Adelskultur.

Nach dem Tod des kurfürstlichen Hofmeisters 1521 ging die Burg an dessen gleichnamigen Sohn über. Dieser gab Burg und Herrschaft jedoch schon 1530 für fast 19.000 Gulden an die Pfalz zurück, wobei später 8.000 Gulden für die erfolgten Bauausgaben veranschlagt wurden. Die katastrophale Finanzlage des Pfalzgrafen Friedrich II. („Friedel mit der leeren Tasche") führte wohl dazu, dass die Feste 1541 an den Nürnberger Bürger Hans Buchner verpfändet wurde. Buchner betrieb in Böhmen Bergwerke und nutzte die Burg wohl für seine Montangeschäfte zwischen Nürnberg und Böhmen. Unter ihm kam es unmittelbar nach dem Kauf 1541 zur Errichtung eines Gebäudes, aus dem der heutige Hauptbau hervorging. Wahrscheinlich wurde die Burg nun zur Kupferniederlage, da Buchner aufgrund des von Hans III. Ebner 1530 erworbenen Kupfermonopols nur die nahen Kupfersaigerhütten Enzendorf und Hirschbach beliefern konnte [vgl. Enzendorf, Hirschbach].

Nach einem Konkurs wirtschaftlich und gesundheitlich angeschlagen, verstarb Hans Buchner, der zuletzt als Pflegefall auf der Burg hauste, 1551. Seine Erben gaben das Pfand an die Kurpfalz zurück, die nun abermals ein Pflegamt auf der Burg einrichtete. Auf Grund der seit 1505 unmittelbar an der Burg verlaufenden Grenze zum reichsstädtisch-nürnbergischen Territorium erfüllte die Burg nun auch die Funktion einer Grenzfestung. Entsprechend stark war sie mittlerweile ausgebaut worden. Um 1600 mussten drei Toranlagen und drei Zugbrücken passiert werden, bevor man über die untere in die obere Burg gelangte. Kern der mittelalterlichen Burg waren ein als „hohe kemnat" bezeichneter Wohnturm und ein unmittelbar nördlich anstehender Bergfried. Sie ragten auf dem Felsblock im Zentrum der oberen Burg auf. Der auch nach Verlust seines Daches noch über 16 Meter hohe Bergfried wurde durch Sprengungen 1703 ruiniert und etwa um 1800 vollends abgetragen. Um 1890 war dann auch von den restlichen Hauptgebäuden nur noch ein Trümmerhaufen übrig. Zwischen dem Wohnturm und der Burgkapelle im Süden folgten das wohl unter dem Eyber entstandene „pflegers wohnhaus" sowie ein Trakt auf dem südlichen Felsen mit Pferdeställen und Wohnräumen im Obergeschoss.

Das heute fälschlich als Palas bezeichnete, noch erhaltene Burggebäude basiert auf einem Um- und Erweiterungsbau des Hans Buchner von 1541. Es wurde um 1590 abermals erheblich umgestaltet und vergrößert, nachdem die kurpfälzischen Behörden seit 1585 über mangelhafte Getreidelagerflächen geklagt hatten. Spä-

117.5 Ansicht der Burg aus westlicher Richtung, die so genannte Kaserne noch mit Fachwerk-Bretter-Giebel, Fotografie: G. v. Volckamer um 1894 (StadtMN)

testens im frühen 17. Jahrhundert scheint das Gebäude auch als Zeughaus zur Einlagerung von Waffen genutzt worden zu sein. Als schließlich im 30-jährigen Krieg eine kurbayerische Garnison nach Hartenstein verlegt wurde, wurde es um 1634 zunächst provisorisch, dann 1674/75 umfassend, zur Kaserne umgebaut. Die Bezeichnung Kaserne hielt sich für das Gebäude bis weit ins 19. Jahrhundert hinein und ist erst dann in Vergessenheit geraten. Der 1541 und um 1590 geschaffene Baubestand hat sich in der ehemaligen Kaserne sehr weitgehend erhalten.

Nach dem Untergang der Oberen Pfalz nach der Schlacht am Weißen Berg bei Prag 1620 wurde auch der Hartenstein bayerisch besetzt. Als kurbayerisches Pflegschloss und Grenzfestung erfüllte er seit dem 17. Jahrhundert auch die Funktion einer strategischen Station zwischen der kurbayerischen Festung Rothenberg und der Regierungshauptstadt Amberg. Daher war die Burg Ziel eines Angriffs der kaiserlich-alliierten Truppen unter General Janus im Spanischen Erbfolgekrieg 1703. Unter dramatischen Umständen wurde sie am 8. Mai 1703 vom Feind eingenommen. Mit Pulverladungen sprengte man daraufhin die Basteien, Wehrtürme und sonstigen äußeren Befestigungswerke. Dies führte zu erheblichen statischen Schäden an den übrigen Burggebäuden, die auch im Laufe des 18. Jahrhunderts nicht mehr zufriedenstellend behoben werden konnten und den allmählichen Verfall förderten.

Mit der staatlichen Neuordnung Bayerns im frühen 19. Jahrhundert wurde das Pflegamt Hartenstein aufgelöst und die Burg privatisiert. Zunächst wurde sie vom pensionierten Pflegskommissar Johann Michael Fischer erworben. Nach dessen Konkurs 1818 und der folgenden Zwangsversteigerung wurde die Burg in mehrere Anteile zerschlagen. Drei Haushalte richteten sich unter dürftigsten Verhältnissen in der ehemaligen Kaserne ein, während die hohe Kemenate und der Eybsche Bau, als Steinbruch genutzt, immer mehr zur Ruine wurden.

Es wird davon berichtet, dass sich die Burg um 1900 in einem so jämmerlichen Zustand befand, dass der Staat von 1903 bis 1905 wenigstens die Außenmauern in Stand setzen ließ. Einige Jahre später kaufte der in Nürnberg lebende Architekt Hans Jakober die verschiedenen Besitzanteile auf. Spätestens seit Anfang 1915 wollte er in der Burg ein „Deutsches Kriegerheim" als Erholungsheim für Offiziere und Mannschaften einrichten und ließ auch noch das Grünreuther Schlösschen abbrechen, um an Baumaterial zu kommen [vgl. Grünreuth I]. Der Architekt gab seinen Plan glücklicherweise bald darauf auf und errichtete sein Erholungsheim ab 1921 in Hagenbüchach bei Neustadt/Aisch. Die Burg veräußerte er an Dr. Hans Anna Haunhorst, einen Diplomaten, der sich im frühen 20. Jahrhundert um das Verhältnis zwischen den Kaiserreichen Deutschland und Japan verdient gemacht hatte. Er setzte die Renovierung fort und lebte bis zu seinem Tod 1954 in der Burg, wo er auch zwei volkskundliche Bücher über Japan verfasste. Seine Nachfahren ließen in den 1960-er und frühen 1980-er Jahren mehrere Neubauten, u.a. einen Anbau an die ehemalige Kaserne, errichten. Sie haben die Burg 2003 an die Gemeinde Hartenstein verkauft, die sie erstmals in ihrer Geschichte der Öffentlichkeit zugänglich machen will.

Quellen

StadtA Er X.B.37 (Spendenaufruf „Deutsches Kriegerheim Burg Hartenstein" mit Modellfoto).

Mitteilungen von Herrn Restaurator Holger Wilcke zum restauratorischen Befund in der ehemaligen Kaserne.

Böhmisches Salbuch, S. 20 f, 37, 52, 93.

Gelegenheit, Nr. 937

Literatur

Giersch, Robert: Archivalienforschung zur Baugeschichte der Burg Hartenstein. Schwerpunkt 16. bis 19. Jahrhundert. Denkmalpflegerische Voruntersuchung 2005. Unveröff. im BLfD.

Ders.: Materialsammlung zur Geschichte der Burg Hartenstein. Unveröff. Manuskript 2005.

Ders.: Kleine Geschichte der Burg Hartenstein im Nürnberger Land. Hartenstein 2006.

KDM Hersbruck, S. 99-102 mit Bleistiftzeichnung von Konrad Wießner 1813.

Rühl, Pegnitz, S. 34 f.

Voit, Pegnitz, S. 92 ff, 137.

Winterroth, Hans: Hartenstein. Burg Hartenstein. In: MANL 12 (1963), Heft 1/2, S. 26-30.

Ders.: Hartenstein. Chronik v. Burg, Festung, Dorf. Schwabach 1977.

H HARTMANNSHOF

118.1 Rest der Innenschale der Umfassung eines einstigen salischen Turmhauses, Fotografie 1982 bei einer Notaufnahme anlässlich von Neubauten in der Flur „Fleck" (Pr)

118.2 Ansicht der auf der Innenseite freigelegten Umfassung des salischen Turmhauses, Fotografie 1982 (Pr)

118   J4

Hartmannshof

Abgegangene Turmburg

Gemeinde Pommelsbrunn

Landkreis Nürnberger Land

Im Sommer 1982 wurden im Hartmannshofer Neubaugebiet „Fleck" im historischen „Weidental" die Fundamente einer hochmittelalterlichen Turmburg freigelegt. Der mutmaßliche Wohnturm wies einen annähernd quadratischen Grundriss auf, wobei eine Mauerstärke von etwa 2 Metern angenommen wurde. Die an den Sichtflächen sorgfältig behauenen Quader weisen auf Grund ihrer Formate eher auf eine Entstehung zu Zeiten der Grafen von Sulzbach, demnach deutlich vor 1188, wofür auch der erhaltene Bestand aus quadratischen, rechteckigen und teils auch hochkant gestellten flachen Werksteinen spricht. Eine Brandschicht auf einem ca. 0,2 Meter starken Estrich legt das Ende der Turmburg durch eine Brandzerstörung nahe. Der ausgegrabene Mauerrest musste leider nach der archäologischen Notaufnahme durch Werner Sörgel für eine Neubauerschließung wieder verfüllt werden.

Schon aufgrund seiner Tallage genießt diese Burgstelle viel größere Wahrscheinlichkeit, mit dem 1325 bezeugten Turm im Weidental identisch zu sein, als die nahe Burgruine auf einem Bergsporn bei Breitenthal [vgl. Breitenthal], wo Hellmut Kunstmann, Gustav Voit und Walter Heinz den Turm gesucht haben. Diese Burg erscheint in einer Urkunde vom 26. August 1325, mit der König Ludwig der Bayer dem Konrad Schenk von Reicheneck verbot, das castrum, genannt der Turm im Weidental, das Nürnberger Truppen im Krieg gegen die Schenken zerstört hatten, wieder aufzubauen.

Literatur

Giersch, Robert / Sörgel, Werner: Der Bergfried bei Breitenthal und der Turm im Weidental: Zwei Burgstellen bei Hartmannshof. In: MANL 55 (2006), Heft 1, S. 56-60.

Heinz, Walter: Der „Turm im Weidental". In: Ehemalige Burgen im Umkreis des Rothenbergs. 3. Teil (= Vom Rothenberg und seinem Umkreis Heft 15/3). Schnaittach 1992, S. 168-171.

Kunstmann, Hellmut: Burgenstudien. In: MANL 4 (1955), Heft 2, S.17-19.

Sörgel, Werner: Eine Turmburg der Salierzeit von Hartmannshof. In: Archäologie im Landkreis Nürnberger Land. Bericht des Bodendenkmalpflegers für den östlichen Landkreis 13 (2003), S. 16-39.

Voit, Pegnitz, S. 167.

119   J6

Hauseck

Burgruine, ehemaliges Pflegschloss (1552 zerstört)

Gemeinde Etzelwang

Landkreis Amberg-Sulzbach

Die Burg Hauseck wird erstmals im Teilungsvertrag der Pfalzgrafen von 1338 bezeugt, als sich die Söhne Herzog Rudolfs I. mit ihrem Neffen Ruprecht II. die Pfalzgrafschaft teilten. Im Hausvertrag der Wittelsbacher vom 4. August 1329 zu Pavia wurde die Burg noch nicht aufgeführt. Dies lässt eine relativ späte Erbauung nach der Entstehung der Oberen Pfalz, nach 1329, annehmen. Für eine späte Errichtung spricht auch der bescheidene Herrschaftsbezirk, der einst zur Vogtei des Klosters Bergen zählte. Offensichtlich handelte es sich hier um Vogteigut, das die Schenken von Reicheneck als Erben des staufischen Untervogts Ulrich von Königstein und der Reichsministerialen von Hartenstein nicht für sich reklamieren konnten und das 1269 unmittelbar in die Verfügungsgewalt des Herzogs geraten war. Möglicherweise mussten die Pfalzgrafen mit einem Burgenbau in einer Region, in der die Schenken noch recht machtbewusst und fehdefreudig auftraten, ihre Herrschaftsansprüche markieren. Qualifizierte Untersuchungen vor Ort stehen jedoch bis heute aus, sodass archäologische Hinweise auf die Entstehung der Burg noch fehlen.

Die immerhin seit 1338 nachweisbare Burg ging den Pfalzgrafen 1353 wieder verloren: Die erheblichen finanziellen Verpflichtungen der Pfalzgrafen gegenüber dem böhmischen und seit 1347 deutschen König Karl IV. führten zu einer Verpfändung eines großen Teils der oberen Pfalz, auch der Burg Hauseck. 1354 verlieh der König die Burg als böhmisches Lehen dem Kammermeister der Königin, Konrad von Kemnath, der ihm das Öffnungsrecht im Kriegsfall einräumte. Offenbar erbten wenig später die Brüder Johann, Conrad und Heinrich Kemnather, vermutlich die Söhne des königlichen Kammermeisters, und erneuerten 1358 das Öffnungsrecht. Kurz darauf erwarben Heinrich XI. von Wildenstein und seine Gattin Elsbeth von Henfenfeld das böhmische Lehen und gaben es am 6. Februar 1372 an ihren Verwandten Ulrich von Henfenfeld weiter [vgl. Henfenfeld]. Ulrich, der seinem Sohn Linhard und seinem Bruder Eberhard Mitbesitz eingeräumt hatte, verkaufte Hauseck schließlich am 26. Mai 1380 an Stephan von Wolfstein.

Obwohl die Burg Hauseck böhmisches Lehen blieb, fiel das militärische Öffnungsrecht 1373 mit dem Vertrag von Fürstenwalde den Bayernherzögen zu. 1393 verfügte die Münchner Linie der Herzöge darüber. Die Besitzrechte gingen dagegen von Stephan von Wolfstein an dessen ältesten Sohn Hans I. von Wolfstein. 1422 wurde Wilhelm von Wolfstein von König Sigmund mit dem böhmischen Lehen belehnt. 1469 verfügten die Brüder Hans, Albrecht und Christoph von Wolfstein über die Burg und lösten die Zinslast des Klosters Bergen, die auf der zur Burg gehörenden Landwirtschaft lastete, ab. Schließlich erwarb vor 1489 der Laufer Hammerherr Jörg Petz die Burg, veräußerte sie aber schon 1492 an Sebolt Peringsdorfer und seinen Schwiegersohn Jobst II. Haller, der die Nutzung der Burg, die im Sulzbacher Hoheitsgebiet lag, spätestens um 1500 dem Nürnberger Rat überließ [vgl. Hirschbach].

Im Landshuter Erbfolgekrieg 1504 wurde die Burg von den Pfälzern eingenommen, jedoch von Nürnberger

119.1 Ansicht der Burgruine Hauseck, Ausschnitt aus Hieronymus Brauns Karte der Pflegämter Velden und Hauseck vom Februar 1611 (StAN)

119.2 Vereinfachte Ansicht der Ruine auf einer Grenzkarte von etwa 1665 (StAAm)

Truppen wieder zurückgewonnen. 1507 wurde sie von Jobst III. Haller an die Reichsstadt verkauft. Damals fand auch eine Instandsetzung der Burg statt, die vermutlich vom Nürnberger Steinmetzmeister Michael Behaeim ausgeführt wurde. Zu dieser Zeit bestand die Feste aus einem „unndern unnd obern schloss", das über eine Kapelle verfügte und mit Gräben und Zwingern befestigt war.

Nachdem der für die Reichsstadt siegreiche Ausgang des Erbfolgekrieges zu einer erheblichen Erweiterung des reichsstädtischen Territoriums geführt hatte, versuchte Nürnberg, auch in Hauseck ein reichsstädtisches Pflegamt zu etablieren. Jahrelang prozessierte man mit der Pfalz um die Hoheitsrechte, bis man sich darauf einigte, dass der Nürnberger Pfleger nur für die niedere Gerichtsbarkeit der zur Burg grundbaren Untertanen zuständig sein sollte. Das Ende des Nürnberger Pflegschlosses kam im Zweiten Bundesständischen Krieg, als die markgräflichen Truppen am 27. Mai 1552 vor die Burg zogen und sie in Brand steckten. Die Reichsstadt ließ sie in Trümmern liegen.

Die Feste umfasste einst eine untere und eine obere Burg; letztere fand auf einem 12 Meter hohen Felsblock Platz. Obwohl bereits 1774 von dem „nur noch in einem verfallenen Steinhaufen bestehende[n] Schloß" die Rede war, so waren doch zu Beginn des letzten Jahrhunderts noch Teile der Umfassungen vor allem im westlichen Bereich vorhanden. Die untere oder Vorburg erstreckte sich auf einer Geländeterrasse westlich und nördlich zu Füßen des Burgfelsens. Die untere Burgstelle ist heute mit einem größeren Wohnhaus und mit landwirtschaftlichen Nebengebäuden bebaut. Ein nach 1900 noch beobachteter Mauerrest ist mittlerweile abgegangen. Hager und Lill beschreiben diese Mauer mit einer Schale aus Quadern, die mit Bruchsteinen ausgezwickt war. Dies deutet auf eine spätmittelalterliche Bauzeit hin. Spätestens der Winter 2004/05 hat den allmählich völligen Abgang der Burgruine beschleunigt. Nur noch geringe Spuren von Füllmauerwerk und ein kleiner Schwippbogen erinnern jetzt noch an die obere Burg. Von der unteren Burg sind mittlerweile überhaupt keine sichtbaren Relikte mehr erhalten.

Quellen

StAN Rst. Nbg., Salbücher Nr. 64.

Böhmisches Salbuch, S. 22 f, 25, 35, 107.

Gelegenhait, Nr. 961.

Müllner III, S. 404 f, 598.

Literatur

Deliciae II, S. 202.

Giersch, Robert: Abschied von der Ruine des Nürnberger Pflegschlosses Hauseck. In: MANL 55 (2006), Heft 1, S. 49-55.

KDM Sulzbach, S. 35 f.

HAB Sulzbach, S. 77 f.

119.3 Vom völligen Abgang bedrohte Reste der Oberburg, Fotografie Zustand 2005 (Rg)

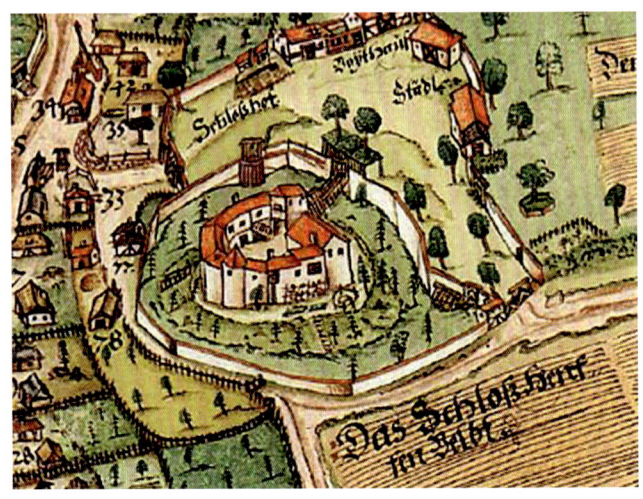

120.1 Die Burganlage aus der Vogelschau, Ausschnitt aus der Karte im Pfinzing-Atlas zur Herrschaft Henfenfeld von 1592 (StAN)

120.2 Kolorierte Ansicht der Burganlage von Osten, in einer Handschrift vom Oktober 1652 (GNM)

120 G4

Henfenfeld

Burg, „Pfinzingschloss"

Am Schloss 10, 12

Gemeinde Henfenfeld

Landkreis Nürnberger Land

Im Jahr 1119 stattete der Bamberger Bischof Otto I. das Gründungsgut des Klosters Michelfeld mit dem Gut „Henphenvelt" mitsamt der Pfarrei und allen Zugehörungen aus. Von einer Burg ist damals nicht die Rede. Eine jüngere Quelle berichtet jedoch, dass Henfenfeld zu den sechs „Munitiones" (Befestigungen) gezählt haben soll, die der Bischof zu Lebzeiten erworben hatte. Das Auftreten des Bamberger Geistlichen Kaezelinus von Henfenfeld als „prolocutor" (Fürsprecher) des Hochstifts bereits im Jahr 1059 hat Gustav Voit als Beweis für ein Edelfreiengeschlecht angeführt, das in Henfenfeld eine Burg unterhielt. Ein sich 1147 nach Henfenfeld nennender Edelfreier, Wirnt von Henfenfeld, wird mittlerweile von Eckard Lullies den Herren von Ebermannsdorf, zeitweise führenden Gefolgsleuten der Grafen von Sulzbach, zugerechnet. Zu dieser Zeit war Henfenfeld in der Hand der Grafen, da sie als Vögte des Hochstifts auf dem Nordgau und des Klosters Michelfeld die weltliche Macht ausübten. Mit dem Aussterben der Grafen von Sulzbach fielen Burg und Herrschaft Henfenfeld als Kirchenlehen 1188 an die Staufer.

Noch erkennbare großformatige Buckelquaderwände des hochmittelalterlichen Baubestandes lassen annehmen, dass die Burg um 1200 umgebaut und/oder erweitert wurde. Das auf der Burg als Niedervögte eingesetzte Reichsministerialengeschlecht reklamierte die Burg nach dem Zusammenbruch des Stauferreiches erfolgreich für sich, geriet jedoch noch im ausgehenden 13. Jahrhundert in wirtschaftliche und machtpolitische Bedrängnis. Anfang der 1290-er Jahre kam es im Rahmen des Hirschberger Krieges zu einer erbitterten Fehde zwischen Gebhard von Henfenfeld und den Herren von Wildenstein [vgl. Rothenberg, Strahlenfels, Wildenfels], die weitere Ressourcen gekostet haben mag. Dass Heinrich V. von Wildenstein 1312/1323 als Gemahl einer von Henfenfeld und als Mitbesitzer der Burg aufscheint, lässt ahnen, mit welchen Opfern die Fehde befriedet wurde.

Im 14. Jahrhundert mussten die Herren von Henfenfeld viele Güter vor allem an das Kloster Engelthal und an

Nürnberger Bürger verkaufen, bis schließlich Ulrich von Henfenfeld 1372 sogar die Stammburg aufgeben musste und sie an Hermann von Breitenstein veräußerte. Hermanns Sohn Erasmus reichte die Burg 1395 an Günther Lisberger weiter, der dem Nürnberger Montanunternehmer Herdegen Valzner [vgl. Altdorf, Gleißhammer I], einem der reichsten und einflussreichsten Männer seiner Zeit, Mitbesitz einräumte. Doch fand die Burg im Mai 1400 mit Wolfhart von Hüttenbach bereits einen neuen Eigentümer. 1405 war die Zeit des schnellen Besitzwechsels vorüber, als Hartung IV. von Egloffstein sie erwarb.

120.3 Ansicht des 1624 errichteten Treppenturms, kolorierte Darstellung in einer Handschrift vom Oktober 1652 (GNM)

Die Herren von Egloffstein begannen zielstrebig von ihrer neuen Burg aus, ihre Herrschaftsrechte auszubauen. Das Privileg der Hochgerichtsbarkeit von 1420 verloren sie jedoch 1429 wieder, als sich ihre Politik gegen König Sigmund selbst wandte. Im weiteren 15. Jahrhundert fielen die Henfenfelder Burgherren nicht selten durch harte Fehdemaßnahmen auf, die von den Städten als Straßenraub ausgelegt wurden. Mit dem für Nürnberg siegreichen Ausgang des Landshuter Erbfolgekrieges 1504/05 und der Eingliederung des Amtes Hersbruck ins reichsstädtische Territorium war auch Henfenfeld der neuen Landeshoheit und Hochgerichtsbarkeit unterworfen. Die Egloffsteiner versuchten einige Zeit lang vergeblich mit juristischen Mitteln, das Nürnberger „Joch" abzustreifen, entschlossen sich aber spätestens 1524 doch zum Verkauf von Burg und Herrschaft. Mit dem Nürnberger Patriziergeschlecht der Pfinzing traten sie in Verhandlungen, die sich bis 1529 hinzogen. Nachdem endlich auch das Bamberger Hochstift als Lehnsherr zugestimmt hatte, konnte der Verkauf an Martin I. Pfinzing 1530 besiegelt werden. Damit ging die einstige Reichsburg an eines der ältesten und vornehmsten Nürnberger Geschlechter, das sich bis zu seinem Erlöschen 1764 auch nach der Burg Pfinzing von Henfenfeld nannte.

Im Zweiten Markgrafenkrieg wurde die Burg vom Feind bereits im Mai 1552 besetzt und dem markgräflichen Parteigänger Hans von Egloffstein übergeben, der behauptete, er sei beim Verkauf 1530 von den Pfinzing übervorteilt worden. Während der Auseinandersetzungen starb der erkrankte Martin I. Pfinzing, und erst sein Sohn Martin II. erreichte die Rückgabe Henfenfelds. Der folgende Einfall markgräflicher Truppen am 4. Mai 1553 verlief weniger glimpflich: Die Burg wurde in Brand gesetzt und brannte vollständig aus.

In den Jahren nach 1557, vermutet wird die Bauleitung des Nürnberger Steinmetz- und Baumeisters Paulus Beheim, wurde die Burg für die Familie Pfinzing in Stand gesetzt. Herrschaft und Burg, die bei ihrem Wiederaufbau ihr wehrhaftes Erscheinungsbild weitgehend verlor, waren mittlerweile Teil einer Vorschickung (Familienstiftung) und wurden daher vom jeweiligen Geschlechtsältesten verwaltet. 1587 bis 1599 oblag diese Aufgabe Paulus II. Pfinzing, dem berühmten Kartographen und Schöpfer des Pfinzing-Atlasses. Nachdem Johann Sigmund Pfinzing, der letzte des Geschlechts, das über ein halbes Jahrtausend die Geschicke Nürnbergs maßgeblich mitgelenkt hatte, zu Grabe getragen war, fiel die Administration der Familienstiftung 1764 an die Brüder der Witwe, einer

120.4 Ansicht von Süden, Fotografie: F. A. Nagel 1910 (StadtMN)

geborenen Haller von Hallerstein. Johann Sigmund III. Haller, Obrist der Fränkischen Kreistruppen und von 1794 bis 1804 Nürnberger Reichsschultheiß, verwaltete das Familienvermögen bis zu seinem Tod 1805.

Nach der gesetzlichen Aufhebung der Familienstiftungen im Jahr 1808 war den Erben die Aufrechterhaltung des umfangreichen Pfinzing-Hallerschen Grundbesitzes nicht mehr möglich. 1817 wurde das Schloss an den wohlhabenden Kaufmann und Handelsgerichtsassessor Karl Benedikt Schwarz veräußert, der schon die Güter Artelshofen und Hirschbach erworben hatte. Damit der Käufer die patrimonialen Gerichtsbarkeiten wahrnehmen konnte, wurde er von König Maximilian I. Joseph geadelt. Unter Karl Benedikt von Schwarz und nach seinem Tod 1832 unter dem Sohn Georg Christoph Benedikt wurde vor allem von 1826 bis 1838 viel renoviert; u.a. wurden in verschiedenen Räumen Stuckdecken eingebaut. Der Barockgarten wandelte sich zu einem Landschaftsgarten. Nach 1920 eröffnete die Familie von Schwarz in Teilen des Obergeschosses einen Gastronomiebetrieb. 1939 etablierte man in den Räumen ein Lager für den weiblichen Reichsarbeitsdienst, auch der NS-Lehrerbund unterhielt hier zeitweise eine Schulungsstätte.

1952 veräußerte die Erbin Erika von Schwarz das Schloss an die Deutsche Bundesbahn, die hier ein Schulungsheim einrichtete. Seither kam es zu mehreren Eingriffen in den historischen Baubestand. Gleichwohl hat die Burg bis heute weitgehend ihr Erscheinungsbild des späten 16. Jahrhunderts bewahrt. Im Nordosten wird sie durch einen gefütterten Graben geschützt. Über eine massive Brücke, die 1959 erneuert wurde, erreicht man das innere Tor und den Burghof, um den sich die an die Ringmauer angefügten Gebäude gruppieren. Unmittelbar südlich der im 16. Jahrhundert erneuerten Toreinfahrt hat sich der einstige Bergfried erhalten. Im untersten Geschoss birgt er noch das Verlies des Patrimonialgerichts mit einer erhaltenen Haspel über dem Angstloch zum Herablassen von Lasten oder Personen. Der einst freistehende Bergfried wurde wahrscheinlich in Folge der Brandkatastrophe 1553 seiner oberen Geschosse beraubt und beim Wiederaufbau in die Wohnbebauung integriert. Während sich an den damals überbauten Fassaden die Buckelquader teilweise erhalten haben, wurden sie an den hofseitigen Fassaden abgearbeitet. Beim Wiederaufbau wurde auch der Torraum nördlich des Bergfrieds überbaut. Hier wurde die neue große Stube, heute roter Saal genannt, eingerichtet.

Südlich des Bergfrieds schließt das dreigeschossige Hauptgebäude an, das in der frühen Neuzeit „Neuer Bau" hieß. Diese Bezeichnung könnte auf einen Neu- oder Umbau im Spätmittelalter hinweisen. Zu seiner Erschließung wurde 1624 der Treppenturm angebaut, der seine ursprünglich sehr repräsentative Turmhaube durch einen Umbau 1795 verlor. Eine zweite Kemenate entstand in den 1560-er Jahren an der westlichen Ringmauer mit Wohnräumen im Obergeschoss, während

120.5 Ansicht vom Kirchhof aus westlicher Richtung, Fotografie: F. A. Nagel April 1941 (StadtMN)

die Erdgeschosse einst Pferdestallungen, Remisen und Wirtschaftsräume bargen.

Die Vorburg ist zumindest in Teilen erhalten, die jedoch in den Jahren nach 1952 weitgehend den Zwecken der Bundesbahn angepasst wurden. So schließt sich nördlich der Auffahrt vom vorderen Tor der gestreckte Baukörper mit der Voit- und Amtsknechtswohnung, den Stallungen und dem ehemaligen Zehntstadel an. Am hinteren Tor hat sich ein allerdings erheblich modernisiertes Personalwohnhaus und das 1832/33 neu erbaute Ökonomiegebäude erhalten. Es wurde schon bauzeitlich mit Personalwohnungen im Obergeschoss ausgebaut und birgt heute im Erdgeschoss einen Gastronomiebetrieb.

Der weitläufige Schlossgarten ist aus gartendenkmalpflegerischer Sicht von großer überregionaler Bedeutung und hat sich, trotz der Eingriffe nach 1952 durch Parkplatzbau und landwirtschaftlicher Nutzung im Osten, weitgehend als im frühen 19. Jahrhundert gestalteter Landschaftsgarten erhalten. Bemerkenswert ist die angeblich einzige Steinbuchen-Allee Deutschlands und ein Monumentensockel, der als Basis einer 1833 von Jacob Daniel Burgschmiet angefertigten Büste des Karl Benedikt von Schwarz diente. Die Büste wurde 1968 entfernt und ist seither verschollen. Nach Auflösung der Bundesbahnschule 1983 wurde die Liegenschaft wieder privatisiert und wird seither überwiegend zur Unterbringung von Geschäftsräumen genutzt.

Quellen

HallerA Henfenfelder Archiv.

Lehnbuch von 1331, S. XLVI, 222.

Literatur

Giersch, Robert: Archivalien zur Baugeschichte des Schlosses Henfenfeld vom 16.–19. Jahrhundert. Dokumentation zu den denkmalpflegerischen Voruntersuchungen 2004/2005. Unveröff. im BLfD.

Haller von Hallerstein, Helmut Frhr. von: Schloß und Dorf Henfenfeld (= Schriftenreihe der ANL Bd. 35). Nürnberg 1986.

Voit, Pegnitz, S. 104-113.

121–124 D5

Heroldsberg

Heroldsberg war Teil des altes Reichsgutes um Nürnberg und befand sich als eigenständiger Verwaltungssitz noch Ende des 13. Jahrhunderts, als es erstmals in den Urkunden genannt wird, im unmittelbaren Reichsbesitz. Erst nach 1295 löste sich mit der Verpfändung des gesamten Amtes an den Nürnberger Konrad Fürer, 1299 (erneuert 1329) an die Grafen von Nassau, die unmittelbare Bindung an das Reich, um 1348 mit der förmlichen Belehnung derselben weitgehend verloren zu gehen. 1361 verkauften Graf Johann von Nassau und sein gleichnamiger Sohn Heroldsberg an den Nürnberger Burggrafen Albrecht, der es zum Witwensitz seiner Gemahlin bestimmte. Nach deren Tod wurde Heroldsberg 1374 seiner Tochter Anna als

121.1 Blick von Westen auf den Ort mit Kirche und (von links) dem „Weißen", „Grünen" und „Roten", ganz links das „Gelbe Schloss". Radierung von J. A. Boener 1708 (StadtA Lauf)

Mitgift für ihre Ehe mit Herzog Swantibor von Pommern übertragen. 1391 verkaufte dieser schließlich die für ihn entfernt liegenden Besitzungen einschließlich Hals- und Dorfgericht an die Nürnberger Familie Geuder, die im Fernhandel und in Bergwerksgeschäften zu Reichtum gekommen und mit dem Nürnberger Schultheißen, Finanzier und Spitalstifter Konrad Groß eng verwandt war. Die Geuder gewannen im Laufe der folgenden Jahrzehnte alle landesherrlichen Rechte an Heroldsberg und errichteten hier nicht weniger als vier bis heute erhaltene Herrensitze, die zur besseren Unterscheidung – angeblich nach der früheren Farbe ihrer Fensterläden – als Grünes, Weißes, Rotes und Gelbes Schloss bezeichnet werden.

Einen ersten, vielleicht unbefestigten Sitz des königlichen Amtmanns vermutet man im Bereich der Kirche [vgl. Heroldsberg I]. 1471 wird das erste Geuderschloss erwähnt, 1492 ist bereits von drei „Edelmannsitzen" die Rede, während die Beschreibung der Nürnberger Landschaft von 1504 nur zwei Sitze nennt. Im Zweiten Markgrafenkrieg 1552/53 wurden „drey wolerpaute herrensytze" (wahrscheinlich alle damals vorhandenen) zerstört, der Schaden auf 12.000 Gulden beziffert. Sie wurden z.T. erst nach Jahrzehnten wieder aufgebaut, spätestens jetzt kam auch das vierte Schloss hinzu. Alle vier Herrensitze waren noch bis 1928 im Besitz der Familie, heute gehört nur noch das „Rote Schloss" Nachfahren der Geuder.

Quellen

StAN Rst. Nbg., Rechnungen des Markgräflichen Krieges Nr. 96.

Gelegenhait, Nr. 632.

NUB Nr. 891, 1039, 1073.

Literatur

Brunel-Geuder, Eberhard: Heroldsberg. Geschichte einer Marktgemeinde. Heroldsberg 1990.

Stadtlexikon Erlangen, S. 360 f.

Memmert, Rudolf: Materialien zu einer Ortsgeschichte von Erlangen-Bruck, 11. Folge. In: Erlanger Bausteine zur fränkischen Heimatforschung 50 (2004), S. 352 f.

Schnelbögl, Fritz: Heroldsberger Urkunden mit geschichtserzählendem Inhalt. In: Archive und Geschichtsforschung. Neustadt/Aisch 1966, S. 175-186.

Ders.: Heroldsberg im Bild von der Dürerzeit bis zur Gegenwart. In: MANL 16 (1967), Heft1/2, S. 1-9.

Stadtlexikon Nürnberg, S. 439 f.

121 — D5

Heroldsberg I

Herrensitz, „Grünes Schloss" oder „Rabensteiner Schloss"

Kirchenweg 5

Markt Heroldsberg

Landkreis Erlangen-Höchstadt

Als ältestes „Schloss" gilt das so genannte „Grüne Schloss" gegenüber der Kirche in Spornlage über dem Gründlachtal, wo die Forschung auch den ehemaligen königlichen Verwaltungs- bzw. Gerichtssitz sucht. Der erste urkundliche Nachweis eines Schlosses stammt allerdings erst aus dem Jahre 1471, als Endres I. Geuder berichtet, er habe „zu volzihung eins edelmans stants eincn edelmanssitz zum Heroltzperg gepaut". Das dürfte sich nicht auf das „Weiße Schloss" [vgl. Heroldsberg II], sondern das „Grüne Schloss" beziehen. Dessen Aussehen ist durch eine Silberstiftzeichnung Albrecht Dürers aus dem Jahr 1510 überliefert, die den Ausblick vom Roten Schloss zur Kirche zeigt.

121.2 Ansicht der nördlichen Giebelseite. Fotografie: F. A. Nagel 1938 (StadtMN)

121.3 Ansicht des Herrenhauses von Nordwesten, Fotografie 2006 (As)

Danach handelte es sich um einen erdgeschossigen Steinbau mit einem hohen Steildach, in das zwei große, ebenfalls massive Zwerchhäuser mit Fachwerkgiebeln, Krüppelwalmen und First in Nord-Süd-Richtung geschickt einbinden [vgl. auch Neunhof bei Kraftshof und Ziegelstein I]. 1519 wurde der Herrensitz mit einer Wehrmauer umgeben, die am Südgiebel angebrachte Jahreszahl 1545 (?) dürfte auf bauliche Veränderungen hindeuten. Kurz darauf wurde das Grüne Schloss im Zweiten Markgrafenkrieg 1552 zerstört.

Beim Wiederaufbau um 1560 entstand unter Einbezug bestehender Mauerteile ein dreigeschossiger Sandsteinbau mit Satteldach und Schopfwalm. Die Traufseiten zeigen Mittelrisalite mit Zwerchhäusern, die Giebelseiten dreigeschossige Erker, am Nordgiebel findet sich das Geuderwappen. Im Keller haben sich angeblich aus dem „Mittelalter" stammende „Lochgefängnisse" erhalten. Die kleinen Lichtschlitze und Fenster des Erdgeschosses unterstreichen den wehrhaften Charakter des Sitzes. Süd- und südöstlich des Schlosses befanden sich eingeschossige Wirtschaftsgebäude, östlich davon eine Gartenanlage.

Die für das „Grüne Schloss" ebenfalls gebräuchliche Bezeichnung „Rabensteiner Schloss" geht auf die 1649 geschlossene zweite Ehe Johann Philipp Geuders mit Anna Elisabeth Rabensteinerin von Döhlau zurück. Johann Philipp Geuder (1597–1650) zählte zu den herausragenden Persönlichkeiten der Familie, diente als anhaltinischer und brandenburgischer Rat und amtierte zuletzt als Direktor der drei Ritterkreise in Franken, Schwaben und am Rhein. Seine Nachkommen gehörten dem Reichsritterstand an und nahmen den Beinamen „Rabensteiner" an, etwa Johann Georg Geuder genannt Rabensteiner zu Heroldsberg, Stein und Lichtenfels (1677–1747), der es als Ordenskanzler des Johanniterordens zu großem Einfluss brachte.

Wohl um 1760 fertigte der Maler Magnus Brasch aus Nürnberg (1731–1787) für das Grüne Schloss großformatige Wandbilder mit Abbildungen der damaligen Geuderbesitzungen, die 1969 ins Rote Schloss transferiert wurden.

Kriegsschäden von 1945 wurden bald renoviert. Das Schloss war bis 1963 im Besitz Friedrich Karl Sigmunds Freiherrn von Geuder-Rabensteiner, ihm folgte bis zu ihrem Tod 1977 seine Schwester Emilie. Anschließend erwarb es der Nürnberger Zahnarzt Dr. Hans Much und ließ das Gebäude renovieren. In den letzten Jahren erfolgten Sanierungsmaßnahmen an den Umfassungsmauern durch die Schlossherren Karola und Hans Much.

Quellen

Biedermann, Tab. 53, 56.

Literatur

Brunel-Geuder, Eberhard: Heroldsberg. Geschichte einer Marktgemeinde. Heroldsberg 1990, S. 32, 34, 55.

Brunel-Geuder, Eberhard / Alberti, Volker: Die Geuder-Rabensteiner und das Weiße Schloss zu Heroldsberg. Heroldsberg 2002, S. 57.

KDM Erlangen, S. 122 f.

Mitius, Otto: Mit Albrecht Dürer nach Heroldsberg und Kalchreuth. Erlangen 1924.

Ruthrof, Renaissance, S. 81 f.

122 D5

Heroldsberg II

Herrensitz, „Weißes Schloss"

Kirchenweg 4

Markt Heroldsberg

Landkreis Erlangen-Höchstadt

Andreas Geuder erwarb 1471 ein Erbrecht am Kirchhof und einen daran stoßenden Garten. Nach einer Urkunde von 1487 hatte er inzwischen auf „seiner Hofstatt zu Heroldsberg" mit dem Bau eines Herrensitzes begonnen, womit vermutlich das Weiße Schloss gemeint ist. Als 1517 die Geuder ihre Güter in Heroldsberg aufteilten, wird ein „Herrenhaus neben dem großen Haus" – dem Grünen Schloss – erwähnt, was sich auf das „Weiße" Schloss beziehen dürfte. Nach der Zerstörung im Zweiten Markgrafenkrieg von 1552 erfolgte 1587 der bis heute erhaltene Neubau. Der dreigeschossige

Herrensitz mit drei zu fünf Fensterachsen, Satteldach, Schopfwalm und Schleppgauben erhebt sich unmittelbar über dem Hang vor dem Kirchhof. Wegen des schlechten Bauzustandes erfolgte 1762 (?) eine umfassende Instandsetzung, in deren Verlauf die mehrgeschossigen Erker an den Giebelseiten abgebrochen und stattdessen auf der Ostseite ein achteckiger, viergeschossiger Treppenturm mit verputztem Fachwerk, Zeltdach und hölzerner gewundener Treppenspindel angebaut wurde.

Elsa Johanna von Mayer-Starzhausen, eine geborene Freiin von Geuder-Rabensteiner, verkaufte 1928 das Schloss der Marktgemeinde Heroldsberg, die es als Rathaus und als Wohnung des Bürgermeisters nutzte. In den Dreißiger und Vierziger Jahren des vergangenen Jahrhunderts war im Erdgeschoss neben dem Bürgermeisteramt auch ein Kindergarten untergebracht, während das großzügige Areal mit dem Schlossweiher am Fuß des Weißen Schlosses zu einem Freibad, dem heutigen Schlossbad, umgestaltet wurde. 1952 fand eine Renovierung und ein Umbau statt, in deren Verlauf Decken abgehängt, ein Raum im Erdgeschoss unterteilt und die oberen Geschosse in die Gemeindeverwaltung einbezogen wurden. Trotzdem war man schon in den 1970-er Jahren gezwungen, Teile der Verwaltung auszulagern. 2005 wurde schließlich der Umzug des Rathauses in das neue Bürgerzentrum an der Hauptstraße durchgeführt.

122.1 Blick auf die Süd- und Ostfassade, Fotografie: F. A. Nagel 1938 (StadtMN)

122.2 Blick vom Kirchhof auf das Weiße Schloss (As)

Literatur

Brunel-Geuder, Eberhard: Heroldsberg. Geschichte einer Marktgemeinde. Heroldsberg 1990, S. 32, 35, 55.

Brunel-Geuder, Eberhard / Alberti, Volker: Die Geuder-Rabensteiner und das Weiße Schloss zu Heroldsberg. Heroldsberg 2002, S. 59-61.

KDM Erlangen, S. 124.

Ruthrof, Renaissance, S. 82 mit Anm. 261.

123 — D5

Heroldsberg III

Herrensitz, „Rotes Schloss"

Oberer Markt

Markt Heroldsberg

Landkreis Erlangen-Höchstadt

Das Rote Schloss wurde in den Jahren vor 1487 durch Martin III. Geuder (1455–1532) „auff des Kunz Schäfers Erb" errichtet. 1487 sagte Geuder der Reichsstadt Nürnberg zu, sein Haus, wie es mit „Gräben, Zäunen und Mauern umfangen", nur an einen Nürnberger Bürger zu veräußern. 1510 zeichnete Albrecht Dürer, Freund Martin Geuders, aus einem Fenster des Roten Schlosses den Ausblick auf die Kirche und das Grüne Schloss [vgl. Heroldsberg I]. Durch Tausch wurde das reichslehnbare Schloss 1489 freies Eigen. Martin Geuders Enkel Julius (gestorben 1594) ließ das im Markgrafenkrieg 1552 zerstörte Schloss um 1589 neu errichten. Das offenbar vom alten Bau übernommene Erdgeschoss weist Buckelquader mit Randschlag und teilweise noch Schießscharten auf, die Obergeschosse sind davon durch ein umlaufendes Kehlgesims abgesetzt.

123.1 Blick vom Schlossweiher auf das „Rote Schloss" mit Gartenterrassen. Reproduktion nach Zeichnung um 1860/70 (HallerA)

Durch die Heirat von Julius Geuders Tochter Maria Magdalena 1591 gelangte das Rote Schloss an Seyfried Pfinzing [vgl. Heuchling, Weigelshof] und 1617 an die nach ihm benannte Wohltätigkeitsstiftung. Beschädigungen während des Dreißigjährigen Krieges wurden bald nach 1648 behoben. Eine Abbildung Johann Alexander Boeners aus dem Jahr 1708 zeigt uns den Herrensitz kurz vor den 1711 begonnenen Umbauten. Die drei Geschosse mit jeweils vier Fensterachsen waren mit einem hohen Walmdach mit einem Mittelerker eingedeckt; über einen an der Nordwestecke angebauten, über das Dach hinaus führenden Turm wurden die oberen Stockwerke erschlossen.

Nach dem Rückerwerb des Schlosses von den Pfinzing ließ Karl Benedikt Geuder umfangreiche Instandsetzungsmaßnahmen durchführen, an die der Torbogen mit der Jahreszahl 1711 erinnert. Vermutlich gehen die Dacherker mit den gesprengten Giebeln auf diesen Umbau zurück. Das zweite Stockwerk stattete der aus Lugano stammende Meister Donato Polli (1663–1738) mit Stuckdecken im Stil des Barock aus, während im darunterliegenden „großen Saal" die wertvollen Holzvertäfelungen der Renaissance erhalten blieben. Auf Karl Benedikt Geuder geht auch die barocke Neugestaltung des Gartens zurück, die sich mit ihrer Umfassungsmauer, dem Sandsteintor mit dem verwitterten Geuderwappen und dem Schlossweiher weitgehend bis heute erhalten hat. Der östlich des Schlosses gelegene, lang gestreckte Vorhof ist zu beiden Seiten von ehemaligen Gesindehäusern eingerahmt. In ihm haben sich weiter eine angeblich schon 1539 erbaute Scheune, ein Backofen und ein Ziehbrunnen erhalten.

1962 besaß der Geuderenkel Dr. Roland Brunel das Schloss, danach seine Witwe Dr. Erika Brunel-Geuder, heute ihr Sohn Roland Brunel-Geuder. Die Familie Brunel-Geuder hat das Schloss für die Öffentlichkeit zugänglich gemacht: In den Sommermonaten veranstaltet der Kulturverein des Ortes Heroldsberg gelegentlich Konzerte im Schlosshof.

Quellen

StAN Rst. Nbg., Urk. des 7-farbigen Alphabets Nr. 3612.

Literatur

Brunel-Geuder, Eberhard: Heroldsberg. Geschichte einer Marktgemeinde. Heroldsberg 1990, S. 32 f, 36, 55.

Brunel-Geuder, Eberhard / Alberti, Volker: Die Geuder-Rabensteiner und das Weiße Schloss zu Heroldsberg. Heroldsberg 2002, S. 58.

KDM Erlangen, S. 123 f.

Ruthrof, Renaissance, S. 83.

Stadtlexikon Nürnberg, S. 821.

123.2 Gartenansicht des „Roten Schlosses". Fotografie: F. A. Nagel 1938 (StadtMN)

124　D5

Heroldsberg IV

Herrensitz „Gelbes Schloss"

Hans-Sachs-Straße 2

Markt Heroldsberg

Landkreis Erlangen-Höchstadt

Gruppieren sich Weißes, Grünes und Rotes Schloss eng beisammen westlich bzw. südlich der Kirche, liegt das Gelbe Schloss vergleichsweise abseits vom Ortskern in der Hans-Sachs-Straße. Das Areal nördlich des Pfarrhofs erwarb 1486 Endres Geuder von Fritz Klugel. Zwischen 1580 und 1611 errichtete Hieronymus Geuder das heutige Herrenhaus auf den Fundamenten eines vielleicht im Zweiten Markgrafenkrieg zerstörten Vorgängerbaues. Möglicherweise handelte es sich dabei um den auf der Dürerzeichnung von 1510 [vgl. Heroldsberg I] rechts vom Chor der Kirche abgebildeten mächtigen Turmbau, der allerdings auch als Teil der Kirchhofbefestigung angesprochen wird. Im Deckenbereich des „Gartenzimmers" erinnern in einer Stuckumrahmung die Wappen der Geuder und Koler sowie die Jahreszahl 1680 an damals erfolgte Umbauten durch Johann Adam Georg Christoph Geuder.

Weitere Baumaßnahmen erfolgten nach 1750 durch Johann Adam Geuder, Losunger (Bürgermeister) der Stadt Nürnberg und damit einer ihrer wichtigsten Persönlichkeiten. Er ließ das Walmdach und das zweite Obergeschoss des verputzten Massivbaus durch ein abgewalmtes Mansarddach ersetzen; auch die Risalite auf beiden Längsseiten und die flachen Fensterrahmungen dürften auf ihn zurückgehen. Johann Adam residierte 1752 bis 1789 im Gelben Schloss, empfing hier Gesandtschaften und suchte in der politisch umwälzenden Zeit die Unabhängigkeit der Reichsstadt zu sichern.

Das Schloss verblieb bis 1955/57 im Besitz der Geuder, als es der Verleger Karl Barromäus Glock von Luise Lauter, geborene Geuder erwarb und 1958 renovierte. Aus dem Herrensitz im benachbarten Kleingeschaidt ließ Glock einen wertvollen Barockofen, den sogenannten „Löwenofen" ins Gelbe Schloss bringen [vergl. Kleingeschaidt]. Das Willibald-Pirckheimer-Kuratorium richtete seinen Verwaltungssitz im Schloss ein. 1987 gelangte das ehemalige Herrenhaus an die Nürnberger Familie Böhm, die es 1988 erneut renovierte. Der Garten erhielt ein spätbarockes Tor aus dem Tuchergarten am Maxtor in Nürnberg.

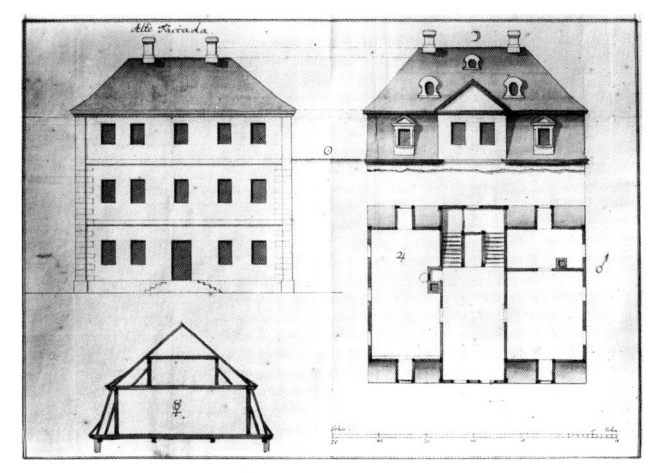

124.1　Die geplanten Änderungen am Dachwerk im Jahre 1752. Reproduktion des heute verschollenen Plans, F. A. Nagel 1938 (StadtMN)

Literatur

Brunel-Geuder, Eberhard: Heroldsberg. Geschichte einer Marktgemeinde. Heroldsberg 1990, S. 33, 37, 55.

Brunel-Geuder, Eberhard / Alberti, Volker: Die Geuder-Rabensteiner und das Weiße Schloss zu Heroldsberg. Heroldsberg 2002, S. 59.

KDM Erlangen, S. 124 f.

124.2　Ansicht der Eingangsseite, Fotografie: F. A. Nagel 1929 (StadtMN)

125.1 Der Neubau des Pflegschlosses auf einer Ansicht Hersbrucks von G. Perian 1645 (StAN)

125   **H5**

Hersbruck

Ehemals reichsstädtisches Pflegschloss

Schlossplatz 1

Stadt Hersbruck

Landkreis Nürnberger Land

Hersbruck zählt zu den ältesten Siedlungen im Bereich des Nordgaus. An der wichtigen Verbindungsstraße zwischen den Königshöfen Forchheim und Regensburg gelegen, passierte die Straße hier die Pegnitz. 976 stiftete Wiltrud, Witwe des bayerischen Herzogs Berthold, Kloster Bergen bei Neuburg an der Donau. Sie stattete es überwiegend mit den ihr von Kaiser Otto II. überschriebenen Gütern im bayerischen Nordgau aus, die von Hersbruck aus von einem Propst verwaltet wurden, zeitweise residierte die Äbtissin in Hersbruck. Der Reichsbesitz in und um „Haderihesprucga" wurde bei der Erstnennung 1011 von König Heinrich II. an das neu gegründete Bistum Bamberg übertragen, der Ort 1057 durch die Ausstattung mit Markt-, Zoll- und Münzrecht aufgewertet. Die Vogtei (im weitesten Sinne die „hoheitlichen Rechte") über die Güter kam über die Sulzbacher Grafen 1188 an die Staufer, aus deren Erbe 1268 an die Bayernherzöge. Die Vogtei galt weiterhin als Reichsgut und wurde nochmals 1301 bis 1308 in direkte Reichsverwaltung genommen. Nach Rückgabe an die Wittelsbacher wurden die Güter auf dem Nordgau mit der Stadt Hersbruck im Hausvertrag von Pavia (1329) der pfälzischen Linie zugeschlagen und 1353 an Kaiser Karl IV. verpfändet, der Hersbruck und den Hohenstein zu Pflegämtern erhob.

Der Klosterhof – auf dem Gelände der alten Burg? – blieb dagegen bis ins 14. Jahrhundert im Eigentum der Abtei und musste im Jahre 1360 eigens von Kaiser Karl IV. erworben werden. Zu diesem Zeitpunkt befand sich auf dem Gelände, „da etwenn das Closter gewesen ist", ein befestigter „Turm und Sitz", über dessen Bauzeit wir nicht unterrichtet sind. Als Bauherrn kommen wohl nur die Klostervögte in Frage, die Sulzbacher Grafen im 11. oder frühen 12., die Staufer im späten 12. oder frühen 13. Jahrhundert.

Hersbruck blieb nur wenige Jahre Sitz eines königlichböhmischen Pflegamtes. 1379 fiel die Stadt an Niederbaiern-Landshut, 1393 an Baiern-Ingolstadt, 1395 an die Kurpfalz. 1398 wurden Schloss und Stadt für ein Darlehn von 6.050 Gulden an den Nürnberger Montanunternehmer Herdegen Valzner verpfändet [vgl. Altdorf, Gleißhammer I, Henfenfeld]. 1410 kam es aus dem Erbe König Ruprechts an dessen Sohn Johann, 1452 an Baiern-Landshut und schließlich 1504/05 an die Reichsstadt Nürnberg.

Aufgrund der wechselhaften Geschichte ist offenbar auf größere Baumaßnahmen und eine regelmäßige Instandhaltung verzichtet worden, Schäden im „Landshuter Erbfolgekrieg", der um Hersbruck besonders erbittert ausgetragen wurde, mögen hinzugekommen sein. Nach 1504 waren den neuen Nürnberger Herren die Gebäude so „bußwürdig", dass sie ihren kompletten Abriss anordneten. Die Steine des Turms wurden zur Ausmauerung des Grabens verwandt. Auf den Grundmauern der alten „Kemenate an dem Burkstall des alten Schloßes" errichtete 1517 der Nürnberger Landbaumeister Hans Beheim der Jüngere einen einfachen zweigeschossigen Bau mit Walmdach, weitgehend in den Ausmaßen des Vorgängerbaues von ca. 27 auf 11 Metern. Im unteren Bereich wurden Ställe für 40 Pferde eingerichtet, im Erdgeschoss lag an der Westseite die repräsentative Hofstube mit verglasten Fenstern und einem grünen, glasiertem Ofen. Das erste Obergeschoss nahm größtenteils ein mittig gelegener Saal ein, an den sich im Osten eine Stube und eine Kammer für die „Herrschaft", im Westen Stube und Kammer für den Pfleger anschlossen. Die Wände dieses „Repräsentationsgeschosses" wurden geweißelt, die Stuben erhielten Bänke. Im Dachgeschoss wurden mehrere Kammern eingerichtet, die als Getreideboden dienten. Die Fußböden in den Sälen des Erdgeschosses wie des ersten Stockes wurden mit Ziegeln belegt, die Kammern mit einfachen Estrich-, die beheizbaren Stuben mit Bretterböden ausgestattet.

Der nunmehr wichtigste Verwaltungssitz im Nürnberger Landgebiet wurde 1523, 1525, 1535 und 1560 in

Stand gesetzt; 1533 errichtete man einen neuen Getreidekasten. 1523 wurden die Mauern hinter dem Schloss abgebrochen und 1533 neu aufgebaut. Im Zweiten Markgrafenkrieg ist Hersbruck vom 25. Mai 1552 bis 21. Juni 1552 besetzt worden. Eine von Paul Pfinzing 1596 geschaffene Ansicht zeigt das langgezogene, schlichte „Pfleghaus" mit einfachem Satteldach.

Zwanzig Jahre später genügte das Schloss den Repräsentationsbedürfnissen der Reichsstadt nicht mehr. Kaum zufällig nach der Quartiernahme des späteren Kaisers Matthias und seines umfangreichen Gefolges in Hersbruck reichte der Landpfleger 1616 dem Nürnberger Rat Konzept und Bauplan für die „Erhöhung und Erweiterung" des Pflegschlosses „mit den geringsten Kosten" ein. Obwohl Nürnberg gerade durch den Neubau des eigenen Rathauses beansprucht war, sagte der Rat nach Sichtung der Pläne durch den Stadtbaumeister Jakob Wolff und den Zeugmeister Matthes Pfeffer 1617 zu, dass „ettliche Gemächer verändert und erhöht würden".

Unter der örtlichen Leitung des Pflegers und der fachliche Oberleitung von Jakob Wolff wurden 1618 die Arbeiten angegangen und trotz Ausbruch des 30-jährigen Krieges energisch voran getrieben. Für die einfachen Arbeiten waren Hersbrucker Handwerksmeister eingesetzt, für die „übrigen sauberen Arbeiten" Meister aus Nürnberg. Wegen der „gar mürben und in der Mitte buckligen" Mauern mussten zunächst ganze Mauerpartien des vor nicht einmal 100 Jahren errichteten und mehrfach sanierten Vorgängerbaus abgetragen und neu aufgeführt werden.

Die erhaltenen Schlossbaurechnungen geben trotz Verlust der Pläne einen guten Einblick über Art und Fortschritt der Arbeiten: Der 1517 erbaute, heutige Mitteltrakt wurde ca. 12 Meter nach Westen erweitert, im Nordosten und Nordwesten je ein ca. 16 m langer Flügelbau angesetzt, Achtecktürme in den beiden so entstandenen Ecken des Innenhofes erschlossen die oberen Räume. 1618 war der Neubau bereits unter Dach, 1619 folgte unter Jakob Wolff die Errichtung der Türme mit ihren charakteristischen Kuppelhauben. 1620 wurden unter der Leitung seines Nachfolgers Niklas Teufel Hauptportal, Chörlein und äußere Steintreppe gestaltet, im Untergeschoss des neuen Westtraktes ein Pferdestall für 56 Pferde eingebaut sowie der Schlossstadel errichtet.

1620 begannen die Innenarbeiten, die ihren Höhepunkt in den Stuckaturen der Brüder Hans und Heinrich Kuhn

125.2 Ansicht des ehemaligen Pflegschlosses von Nordwesten, kolorierte Zeichnung von J. C. Bankel 1904 (StadtA Lauf)

aus Weikersheim fanden, die zur gleichen Zeit das neue Rathaus in Nürnberg ausstatteten. Im Obergeschoss des alten Südtraktes wurden große Repräsentationsräume eingerichtet, „Kaiserstube" und „Kaisersaal" im Osten, an die sich im Westen die Kanzlei mit einer nicht mehr erhaltenen, wertvollen Holzvertäfelung anschloss. Die hier einheitlich gestalteten Deckenspiegel wurden durch schwere Stuckprofilrahmen in Kassetten unterteilt, Rankenwerk wechselte mit Tierdarstellungen, Fruchtgehängen und Kriegstrophäen.

Wo im 17. und 18. Jahrhundert die Kaiser und Könige Joseph I. und Karl VI. auf ihren Reisen ins Reich Quartier nahmen, ließen im frühen 19. Jahrhundert die neuen Herren aus München für die Nutzung als Landgericht Zwischenwände einziehen, entfernten die Holzvertäfelungen und zerstörten große Teile der Stuckdecken. Die alte Raumstruktur blieb weitgehend im Nordwestflügel – der ehemaligen Pflegerwohnung – und im Erdgeschoss erhalten, auch wenn hier einzelne Räume im Zuge der Umbaumaßnahmen des frühen 19. Jahrhunderts verändert wurden. Bemerkenswert sind die erhaltenen Stuckdecken des Rokoko in den Räumen des Nordwestflügels, der Klassik im Nordostflügel. Im Eingangsportal des Südflügels haben sich alte Balkendecken erhalten, die möglicherweise auf den Bau des frühen 16. Jahrhunderts zurückgehen.

Vergleiche mit historischen Abbildungen zeigen, wie wenig sich das Schloss seit seiner Bauzeit verändert hat. Im 18. Jahrhundert wich die Zugbrücke einer steinernen Bogenbrücke, 1840 wurde der Zehntstadel abgerissen (und an seiner Stelle eine „Fronveste" errichtet), schließlich 1909 der westliche Schlossturm wegen angeblicher Baufälligkeit zur Hälfte abgebrochen, 1972 aber wieder hergestellt. Das Schloss blieb in öffentlicher Nutzung, diente ab 1808 als Sitz eines Landgerichts, seit 1862 als Bezirks- und Rentamt und von 1939 bis 1972 als Landratsamt. Heute beherbergt das Schloss das Amtsgericht Hersbruck.

Quellen

StAN Rst. Nbg., Rechnungen des Markgräflichen Krieges Nr. 96. Rst. Nbg., Nürnberger Ratsverlässe aus den Jahren 1616–1622. Rst. Nbg., Manuale des Landpflegamtes Nr. 88-94. Rst. Nbg., Briefbücher des Landpflegamtes Nr. 83, 84. Rentkammer Nr. 2326 und 2327.

Böhmisches Salbuch, S. 25.

NUB Nr. 1073.

Literatur:

Alberti, Volker / Baumann, Lorenz / Holz, Horst: Burgen und Schlösser in Hersbruck und Umgebung. Oberes Pegnitztal (= Adelssitze in Franken 1). Simmelsdorf-Hüttenbach 1999, S. 9-15.

Geiger, Rudolf: Hersbruck – Propstei des Klosters Bergen. In: MVGN 43 (1952), S. 154-224.

Geiger, Rudolf / Voit, Gustav (Hrsg.): Hersbrucker Urbare (= Schriftenreihe der ANL Bd. 15). Nürnberg 1965, S. 16-19.

KDM Hersbruck, S. 152-158.

Schnelbögl, Fritz: Wiederaufbau des zweiten Schlossturms in Hersbruck. In: MANL 17 (1968), Heft 2/3, S. 62 f.

Ders.: Der zweite Schlossturm in Hersbruck steht wieder. In: MANL 20 (1971), Heft 3, S. 58.

Schultheiß, Werner: Geld- und Finanzgeschäfte Nürnberger Bürger vom 13.–17. Jahrhundert. In: Beiträge zur Wirtschaftsgeschichte Nürnbergs, Bd. I. Nürnberg 1967, S. 88-92.

Stadtlexikon Nürnberg, S. 442 f.

Süß, Helmut: Kostenvoranschläge und Schreiben zum Neubau der Hersbrucker Schloßbrücke von 1741 bis 1775. In: MANL 54 (2005), Heft 1, S. 38-53.

Wiedemann, Ernst: Der Hersbrucker Burgstall. In: MANL 7 (1958), Heft 1, S. 1-7.

126 — F5

Heuchling

Herrensitz

Dehnberger Straße 2

Stadt Lauf an der Pegnitz

Landkreis Nürnberger Land

Die Namensendung auf -ing deutet auf ein hohes Alter der Siedlung Heuchling, deren Höfe sich in der Hand von Ministerialen und Laufer oder Nürnberger Bürgern befanden und noch im 14. und 15. Jahrhundert überwiegend dem Reich, teilweise auch dem böhmischen König lehenbar waren.

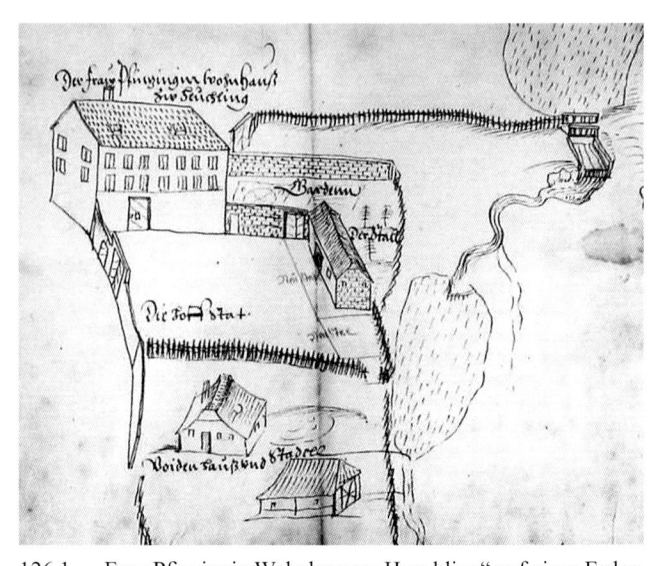

126.1 „Frau Pfinzingin Wohnhaus zu Heuchling" auf einer Federzeichnung von 1592 (StAN)

1539/40 verkauften der Nürnberger Bürger Niclaus Kun und seine Ehefrau Christina alle ihre Besitzungen zu Heuchling, nämlich „iren ansitz unnd behausung" samt Stadel, Stallung und Hofreit, Garten, Brunnen, Fischgrube usw., dazu das Bauernhaus mit Stadel sowie drei bezimmerte und ein ödes Gütlein, für 3.500 Gulden an Georg Geuder. Kun war 1523/24 mit reichslehenbaren Gütlein zu Heuchling belehnt worden, die er z.T. anscheinend von Christoph Fürer erworben hatte; ein Sitz wird dabei aber nicht erwähnt.

Georg Geuder starb Anfang 1552 und musste daher nicht mehr erleben, wie das Haus im Zweiten Markgrafenkrieg zu Grunde ging. Am 1. Juni 1552 wurde „der Geuderin sitz oben im Gespärr eins teils abbrochen". Sofort repariert, ist er am 31. Mai 1553 erneut „abgebrannt worden". Durch die wiederholte Zerstörung entstand den Geudern am „burgersytz" ein Schaden von 2.500 Gulden. Die Witwe Katharina musste den Sitz zweimal wieder aufbauen. Nach ihrem Tod im Jahre 1561 fiel das Anwesen an ihre einzige Tochter Eleonora, die 1566 in zweiter Ehe Carl Pfinzing heiratete. 1593 beantragte sie den Bau eines Stadels, da sie zur Lagerung des Getreides bislang die Scheune ihres Verwalters mit genutzt hatte – selbst vierzig Jahre nach dem Ende des Markgrafenkrieges waren also wichtige Wirtschaftsgebäude noch nicht wiederhergestellt. Das Waldamt genehmigte ihr daher, dass sie die zwei im Markgrafenkrieg abgebrannten Städel „widerumb aufpauen und die Stahlung, so jetzt an demselben ort steht, neben derselben Stadel rucken unnd setzen möge".

Der erhaltene Bauplan zeigt der „Frau Pfinzingin Gebeu zu Heuchling", zu dem damals 33 Güter und Mannschaften gehörten, außerdem große Teile des Neunkirchener Pfarrzehnten zu Heuchling. Das Herrenhaus präsentierte sich schlicht mit Sandsteinsockel und Fachwerkobergeschoss. Stallungen und die nach der Zerstörung 1553 wiederaufgebauten Stadel gruppierten sich um einen teilweise ummauerten Hof.

Der Sitz des Verwalters, des Voiten, war noch durch einen Holzzaun abgetrennt, der mitten durch den Hof verlief; im Voitenteil stand die erwähnte gemeinsam genutzte Scheune, die nun durch eine eigene große Fachwerkscheune auf Sandsteinsockel mit hohem Satteldach ergänzt wurde. Eleonoras Sohn Seyfried Pfinzing setzte den Ausbau fort, ließ das Voitenhaus abbrechen und durch einen Neubau mit Sandsteinsockel in den Maßen 15 x 12 Meter ersetzen. Den trennenden Holzzaun zwischen Schloss- und Voitenhof ließ er „zur Bequemlichkeit darin" beseitigen.

126.2 Nordseite des Herrensitzes. Fotografie: F. A. Nagel 1910 (StadtMN)

Seyfried Pfinzing blieb als der „tolle, reiche Pfinzing" in Erinnerung. Bei seinem Tod 1617 hinterließ er neben zwei Häusern in Nürnberg, je einem Sitz in Weigelshof, Nuschelberg und Heuchling sowie den Forsthuben Käswasser, Kalchreuth und Günthersbühl ein Barvermögen von 100.000 Gulden – eine damals unvorstellbar hohe Summe. Bei all dem Reichtum musste er erleben, wie seine vier Kinder aus seinen beiden Ehen vor ihm ins Grab sanken. Als auch er im Alter von nur 48 Jahren aus dem Leben schied, starb mit ihm die Weigelshofer Linie der Pfinzing aus. Der Großteil seines Erbes gelangte, wie von ihm testamentarisch bestimmt, an eine nach ihm benannte Wohltätigkeitsstiftung. Heuchling – damals ein „fein gebautes Haus" – wurde 1620 mit allem Zubehör um 8.000 Gulden von seinem Neffen Sebastian Scheurl erworben, der sich fortan „von Defersdorf auf Heuchling und Weigelshof" nannte.

1630 quartierte Albrecht von Wallenstein einen Teil seines Gefolges im Heuchlinger Schloss ein. Am 2. Dezember 1633 ist der Sitz mit dem Stadel abgebrannt, nur die Stallungen blieben verschont. Der Stadel wurde 1649/50 wieder erbaut und erhielt dabei ein Glockentürmchen, wie es auch eine Zeichnung aus der 2. Hälfte des 17. Jahrhunderts überliefert. Wann das Schloss wieder errichtet wurde, ist nicht bekannt.

Auch Sebastian Scheurl musste den Tod von acht seiner neun Kinder aus seiner Ehe mit Susanne Welser erleben. Unter diesem Eindruck machte er „nach Abgang seiner Nachkommenschaft seinen Herren Sitz Heuchling ... zu einem Fidei commisso der Familie", der jeweils durch den Senior der Familie verwaltet werden sollte.

Durch die Ehe seiner Tochter Eleonore mit Karl Pfinzing fiel 1652 die Nutzung nochmals an die Pfinzing, da der als Erbe eingesetzte Sohn Gabriel Seifried nur

126.3 Der Herrensitz auf einer kolorierten Zeichnung von J. C. Bankel 1917 (StadtA Lauf)

wenige Wochen nach seinem Vater am 28. Juli 1652 als letzter Vertreter seiner Linie verstarb und der Enkel Karl Sebastian Pfinzing in der Erbfolge nachrückte, der sich fortan „ab (von) Henfenfeld in Grundlach, Reitles et Heuchling" nannte. Als Senioratsgut kam Heuchling erst nach dem Tod seines Sohnes Christoph Carl 1739/40 wieder an die Scheurl zurück und wurde zunächst vom Familienältesten Christoph [VI.] Scheurl verwaltet.

Nach dessen Tod im Juli 1740 gelangte Christoph Wilhelm III. Scheurl von Defersdorf „auf Vorra, Schwarzenbruck und Heuchling" in den Besitz des Gutes. Er hatte bereits durch seine beiden Ehen mit der Witwe Wolf Schmidtmayers und mit Maria Helena Tetzel zwei Herrensitze erheiratet [vgl. Schwarzenbruck und Vorra], musste aber als Pfleger in Lauf ein besonderes Interesse an der Instandsetzung des nahe gelegenen Sitzes haben. Auf ihn gehen die heute erhaltenen Gebäude zurück: An der Stelle der alten Pferdestallung und direkt im Anschluss an die Scheune errichtete er ein einfaches zweigeschossiges Herrenhaus mit Mansarddach. Das Erdgeschoss wurde in Stein, das Obergeschoss in Fachwerk erbaut und beide Stockwerke einheitlich verputzt. Ein dreigeschossiger, sechsseitiger Fachwerk-Treppenturm mit geschwungener Zelthaube erschloss über eine Wendeltreppe mit glatter Spindelsäule die oberen Geschosse.

1853 verkaufte Christoph Gottlieb Adolph von Scheurl das durch Veräußerungen in den Vorjahren stark dezimierte Gut für 46.000 Gulden an den Gastwirt Johann Ziegler aus Hohenstein, der es zerschlug. Das Herrenhaus selbst wurde 1875 von Ludwig Volckamer von Kirchensittenbach (1835–1902) erworben. Im Jahre 1900 bezog die neue Besitzerin Margarethe Warmuth aus Nürnberg mit ihren beiden Kindern das Schloss, ihr folgten Dr. Otto Kolb und ab 1935 Otto Lauterbach, der das ehemalige Herrenhaus an Arbeiter und Rentner vermietete. Erst nach dem letzten Krieg konnte die Familie Engelhard den Besitz wieder in ihrer Hand vereinen und 1975 umfassend renovieren.

Quellen

StAN Rst. Nbg., Handschriften Nr. 323. Rst. Nbg., Waldamt Sebaldi I Nr. 317. Rst. Nbg., Rechnungen des Markgräflichen Krieges 96. Rst. Nbg., Nürnberger Salbücher Nr. 231.

StadtA Lauf AO 22.

Gemeindearchiv Heuchling Nr. 0/21, 0/40, 3/303, 3/305, 7/509.

HallerA Pfinzing Urk. und Akten Besitz Heuchling.

Biedermann, Tab. 407, 409, 443, 447, 456.

Gelegenhait, Nr. 667.

Groß, Lothar: Die Reichsregisterbücher Kaiser Karls V. Wien-Leipzig 1930, Nr. 1240, 3178, 3332.

Müllner III, S. 329.

Literatur

Alberti, Volker: Herrensitz Heuchling. In: MANL 48 (1999), Heft 1, S. 351-357.

Alberti, Volker / Baumann, Lorenz / Holz, Horst: Burgen und Schlösser in Lauf und Umgebung. Unteres Pegnitztal (= Fränkische Adelssitze Bd. 2). Simmelsdorf-Hüttenbach 1999, S. 21-27.

Gärtner, Georg: Altnürnbergische Landschaft. Nürnberg 1928, S. 272-274.

Glückert, Burgen, S. 41-47.

HAB Lauf-Hersbruck, S. 72.

Hirschmann, Gerhard: Das Nürnberger Patriziat im Königreich Bayern (= Nürnberger Forschungen Bd. 16). Nürnberg 1971, S. 182.

KDM Lauf, S. 115-118.

Schnelbögl, Lauf-Schnaittach, S. 74, 104, 108.

127.1 Hiltpoltstein aus nördlicher Richtung, Radierung von J. A. Boener von 1696 (StadtMN)

127 — F8

Hiltpoltstein

Burg, ehemals Pflegschloss

Am Schlosshof 4-7

Markt Hiltpoltstein

Landkreis Forchheim

Die Burg zählt zu den ältesten hochmittelalterlichen Festen der Region. Vermutet wird ihre Entstehung als Sitz des Vogtes vor allem über die Güter des Klosters Weißenohe, das in der zweiten Hälfte des 11. Jahrhunderts gegründet wurde. Die Burg scheint bereits im Namen des Odalricus de Hilteboldestein in einer Überlieferung des Bamberger Klosters Michelsberg von 1139 auf. Ob dieser Ulrich von Hiltpoltstein als Ahnherr des hochrangigen Reichsministerialengeschlechts der Hiltpoltstein-Rothenberg gelten kann, ist nur zu vermuten, da Herkunftsnamen seinerzeit nur den jeweiligen Amts- oder Wohnsitz wiedergaben. Am Ende des Stauferreiches nannte sich der Reichsministeriale Hiltpold von 1246 bis 1276 wechselweise nach den Burgen Hiltpoltstein, Rothenberg und Lauf [vgl. Lauf, Alter Rothenberg, Rothenberg].

Die Reichsburg wurde schließlich von den Bayernherzögen im Zuge des staufischen Erbfalls 1268 übernommen. 1275 war Hiltpoltstein Sitz eines herzoglich-bayerischen Amtes, das neun Orte umfasste. Als Kaiser Ludwig der Bayer 1329 zu Pavia das Wittelsbacher Gut mit den Erben seines Bruders teilte, fiel die Burg der pfälzischen Linie der Herzöge zu. 1353 zählte sie

127.2 Hiltpoltstein aus südlicher Richtung, Radierung von J. A. Boener von 1699 (StadtMN)

H HILTPOLTSTEIN

127.3 Ansicht der Burg von Südwesten, Lithographie von Th. Rothbarth nach Zeichnung von C. Käppel um 1840 (StadtA Lauf)

zu den pfälzischen Burgen, die dem böhmischen und deutschen König Karl IV. verpfändet wurden, weil die Pfalzgrafen sich erheblich bei ihrem angeheirateten Verwandten verschuldet hatten. Im nach 1353 entstandenen neuböhmischen Territorium des Monarchen blieb die Burg Sitz eines Pflegamtes, das auch für die Hochgerichtsbarkeit zuständig war. Zur Burgbesatzung zählten im Jahr 1366 der Burggraf als Kommandant, ein Türmer, ein Torwart, vier Wächter, acht Kriegsknechte und ein Koch.

König Wenzel verpfändete die Burg 1397 an die Montanunternehmer Herdegen und Peter Valzner [vgl. Altdorf, Gleißhammer I, Henfenfeld], einige Jahre später hatte Friedrich von Seckendorff sie in Pfandbesitz. 1417 verlieh König Sigmund dem Seckendorffer das Marktrecht für Hiltpoltstein. Hans von Seckendorff, kaiserlicher Landrichter zu Nürnberg, war noch 1454 Besitzer des böhmischen Pfandes. Guotha von Riesenburg, oberster Landrichter des Königreichs Böhmen, löste die Burg mit Zustimmung des böhmischen Königs Wladislaus mit 3.600 Gulden von den Seckendorffern aus und versetzte sie 1503 für 6.000 Gulden an die Reichsstadt Nürnberg. Der Rat musste zwar dem böhmischen König ein Öffnungsrecht im Kriegsfall einräumen und sich verpflichten, 2.000 Gulden in die Burg zu verbauen, konnte nun aber sein Herrschaftsgebiet im Norden erweitern. Die nicht näher beschriebenen Bauarbeiten begannen bereits 1503 unmittelbar nach dem Erwerb. 1527 wandelte König Ferdinand I. die Pfandschaft in ein böhmisches Lehen um. Unmittelbar darauf wurden dann Untersuchungen am schadhaften Baubestand der Burg angeordnet, die 1530/31 zu neuerlichen Reparaturen führten.

Im Zweiten Markgrafenkrieg wurde die Burg am 21. Mai 1552 von dem markgräflichen Kriegshauptmann Wilhelm von Stein eingenommen. Genau vier Wochen später eroberten reichsstädtische Truppen unter Martin Schrimpf sie wieder zurück. In der Literatur, so auch von Gustav Voit im Nürnberger Stadtlexikon, wird immer wieder auf eine Brandzerstörung im Mai oder Juni 1553 hingewiesen. Mehrere überlieferte Nürnberger Kriegsrechnungen bestätigen diese Meldung jedoch nicht. Gegen eine Zerstörung der Burg spricht auch, dass die erhaltenen Hiltpoltsteiner Amtsrechnungen bereits für die 1560-er Jahre eine uneingeschränkt erhaltene und genutzte Burganlage ausweisen.

Größere Bauausgaben fielen erst nach 1590 an, als erhebliche Baumängel zu Tage traten. Es folgten umfangreiche Renovierungs- und Umbauarbeiten, die im Detail noch nicht erforscht sind, jedoch das Erscheinungsbild erheblich verändert haben dürften. 1591 wurde Baumeister Hanns Dietmaier beauftragt, den Turm zu begutachten und vermutlich Vorschläge zur Beseitigung von Bauschäden zu unterbreiten. Schließlich erhielt der Turm ein neues Dach. Die eigentlichen Bauarbeiten scheinen erst 1595 angelaufen zu sein. Der Maurermeister Paulus Müller errichtete an den beiden alten wohnturmartigen Kemenaten, die in etwa firstparallel stehen und östlich sowie westlich den oberen Hof begrenzen, neue Giebel. Vor den diese

127.4 Ansicht der Burg aus nordwestlicher Richtung, Fotografie von G. v. Volckamer um 1894 (StadtMN)

beiden Hauptgebäude verbindenden schmalen Südtrakt setzte Müller den südlichen Treppenturm, der einer besseren Erschließung der oberen Burg dienen sollte. Einem Zimmermeister war dagegen aufgetragen, neue Dachwerke aufzusetzen und Spunddecken einzubauen. Außerdem wurden zwei neue Torhäuser errichtet. Spätestens seit 1596 wurde die Baustelle vom Anschicker des Stadtbauamtes und späteren Nürnberger Zeugmeister Matthes Pfeffer betreut [vgl. Hohenstein, Hersbruck, Lauf]. Die neuen Burgdächer wurden eingedeckt, wozu man eigens den Dachdeckermeister Jobst Salva nach Hiltpoltstein holte.

Obwohl der Bergfried 1591 noch einmal mit einem Dach versehen worden war, führten Baumängel und ein Blitzschlag bald zu großen statischen Schäden, sodass man den Turm dann doch 1611 abbrechen ließ. Matthes Pfeffer war 1612 wieder vor Ort, um in der Burg die Unterkunft des so genannten „Halbbauern", der für die Schlossökonomie zuständig war, aufzustocken. 1634 wurde offenbar unter dem Eindruck der Kriegsereignisse eine Untersuchung angestellt, wie man die „Fortifikation" verbessern könnte. 1637 und 1657 waren wieder Schäden an Befestigungsmauern, an den zwei Torhäusern und am oberen Schloss zu beobachten. Auch während des 18. Jahrhunderts verursachten Baumängel hohe Kosten: 1728 und 1778 musste der gedeckte Gang im Schloss repariert werden, 1740 stürzte die Zwingermauer wenigstens zum Teil ein und musste erneuert werden. Dasselbe geschah 1807, wobei der damalige Bauinspektor und spätere Archäologe Carl Haller von Hallerstein (der 1771 im Pflegschloss geboren wurde und 1817 in Griechenland starb) ein Gutachten mit Plänen erstellte.

Wohl noch im 16. Jahrhundert war in der Vorburg aus Resten einer Vorgängerbebauung ein bequemer erreichbares Pfleghaus, auch „Neues Schloß" genannt, entstanden, das im frühen 17. Jahrhundert durch einen zweiten, nördlichen Flügel erweitert wurde. Die Burgkapelle wurde 1617 und 1699 zur Pfarrkirche St. Matthäus umgebaut.

Nach der Eingliederung des reichsstädtischen Territoriums in das neue Königreich Bayern endete die lange Geschichte der Anlage als Amtssitz. Die Burg wurde vom Staat verkauft und ging in private Hände über. Wie auch in Hohenstein trat König Ludwig I. als Retter in höchster Not auf, denn als der Abbruch bevorstand, erwarb der Monarch 1841 die Burg zurück. Daraufhin diente sie lange als Sitz eines Forstamtes. 1966 wurde die Burg vom Staat an einen Nürnberger Unternehmer

127.5 Blick in den unteren Schlosshof, Fotografie: F. A. Nagel 1938 (StadtMN)

verkauft. Unmittelbar darauf wurde die Burg einer Renovierung zugeführt, die, wie damals üblich, von keiner wissenschaftlichen Bestandserfassung und archäologischen Untersuchung begleitet wurde. Dabei hatte sich bei den Arbeiten gezeigt, dass der obere Hof und die Kellergeschosse erheblich mit Bauschutt aufgefüllt waren. Bei der Freilegung des Hofraums trat das Fundament des 1611 abgebrochenen achteckigen Turmes zu Tage.

Quellen

StAN Rst. Nbg., D-Laden Akten Nr. 4405, 4420. Rst. Nbg., Briefbücher des Landpflegamtes. Rst. Nbg., Landpflegamt, Pflegamt Hiltpoltstein S I, L 399, Nr. 1, 13, 23a, Rep. 34a, 34b, 34c. Rst. Nbg., Rentkammer Akten Nr. 2051 [Gutachten 1807]. Rst. Nbg., Handschriften Nr. 198, 313, 323.

Böhmisches Salbuch S. 61 ff, 83 f, 87, 123.

Literatur

KDM Forchheim, S. 131-135.

Hofmann, Hanns Hubert / Schuhmann, Günther: Franken in alten Ansichten und Schilderungen. Konstanz 1967, S. 188 mit Bleistiftzeichnung des C.J.W.C.J. Haller von Hallerstein von 1809.

Kunstmann, Hellmut: Hiltpoltstein. In: MANL 10 (1961), Heft 1/2, S. 63 f.

Ders.: Burg Hiltpoltstein. In: MANL 17 (1968), Heft 2/3, S. 64-66.

Lauter, Karl Theodor: Weißenoher Urkundenfälschungen. In: Archivalische Zeitschrift 39 (1930), S. 226-259.

Schnellbögl, Fritz: Das Geheimnis des „Alten Rothenberges". In: MANL 1 (1952), Heft 1, S. 6-11.

Stadtlexikon Nürnberg, S. 447.

Voit, Pegnitz, S. 221-224.

128 E4

Himmelgarten

Ehemaliger Herrensitz

Himmelgarten Haus Nr. 1

Stadt Röthenbach an der Pegnitz

Landkreis Nürnberger Land

Der 1361/64 schon „Hymelgarten" genannte Bauernhof war ursprünglich Reichsgut und wurde 1401 als Reichslehen von König Ruprecht an seine Geldgeber, die Nürnberger Bankiers und Montanunternehmer Herdegen und Jobst Valzner verliehen. Im 16. Jahrhundert befand sich der Hof im Besitz des Klosters St. Katharinen zu Nürnberg und gelangte 1558 an die Fürer, die 1609 auch Eigenschaft und Zins ablösten und den nun frei eigenen Hof zu einer „besungenen Städte der Musen" ausbauten.

Ein Herrenhaus wurde erstmals um 1623 von Müllner als „Burgersitz" erwähnt. Nach Schäden wohl im 30-jährigen Krieg erfolgte 1668 durch Georg Sigmund Fürer ein Neubau oder eine umfassende Sanierung, wobei eine damals am Haus angebrachte Inschrift Bezug nahm auf den Namen Himmelgarten „VranIos DeVs InCoLVMes hos sospItet hortos" („Gott möge diese himmlischen Gärten unversehrt erhalten"); die hervorgehobenen Großbuchstaben ergeben das Jahr der Baumaßnahme (MDCLVVVIII = 1668). 1694 noch als „wolgebauter Landsitz" erwähnt, wurde das Herrenhaus 1712 von Georg Sigmund Fürer von Haimendorf in Stand gesetzt und erweitert (Inschrift im Giebel unter dem Konsoldach).

Das Schlossgut wurde 1844/45 dismembriert, um 29.076 Gulden an Bauern verkauft und war in der Folge kaum noch als Herrenhaus zu erkennen. Eine gelungene Renovierung um 1995 stellte seinen ehemaligen Charakter als Herrensitz wieder her. Der zweigeschossige Bau mit hohem Giebeldach und zwei breiten Schleppgauben zeigt wie das kleine quer gestellte Giebelhaus in den Obergeschossen Fachwerk, im Erdgeschoss Quadermauerwerk. Die Giebelseite des Anbaus ziert eine aufgemalte Sonnenuhr.

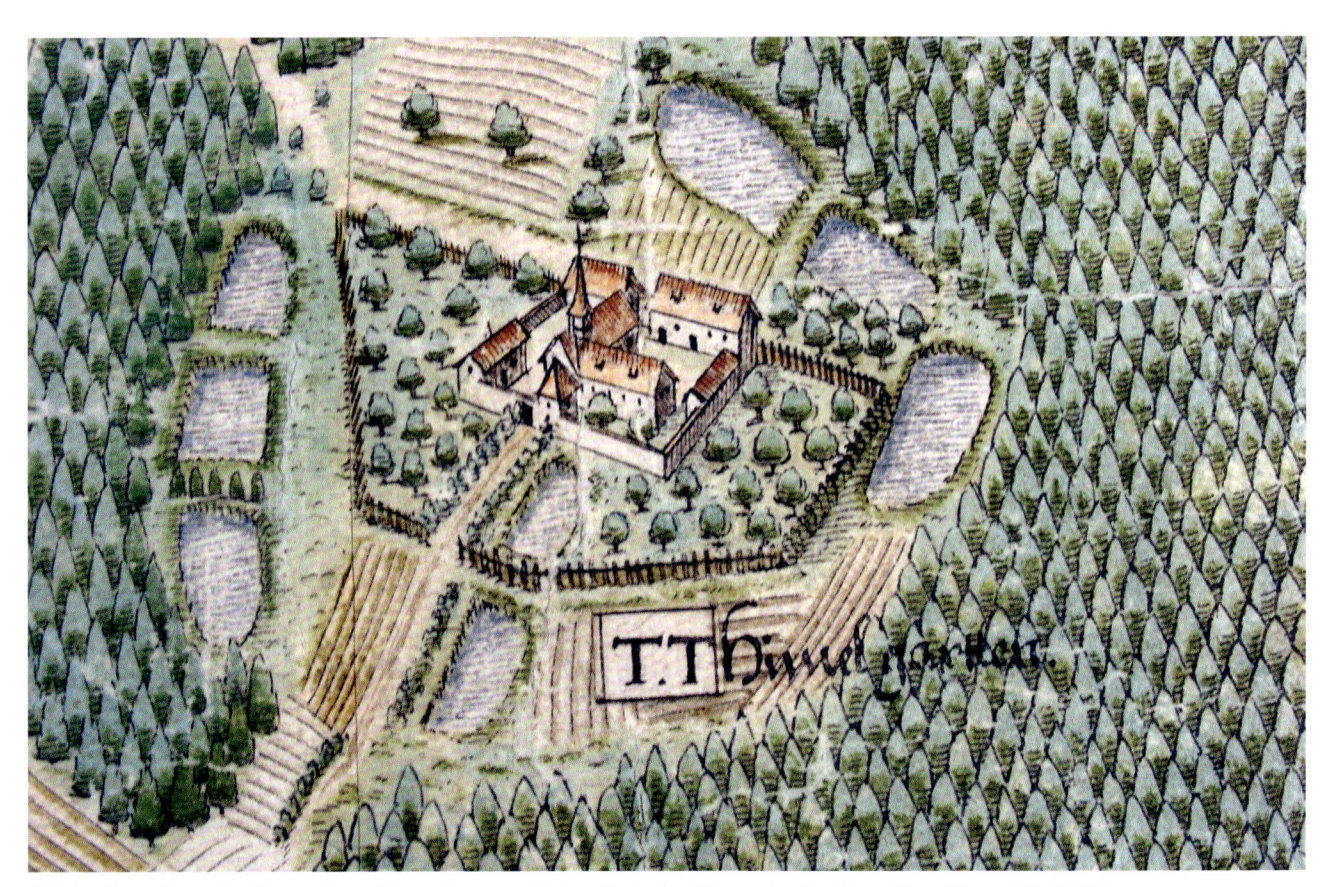

128.1 Darstellung des Herrensitzes Himmelgarten auf einer Karte des Pflegamtes Lauf von Hans Bien 1628 (StAN)

128.2 Ansicht von Süden. Fotografie: F. A. Nagel 1931 (StadtMN)

Quellen

StAN Rst. Nbg., E-Laden Akten Nr. 461.

Mon. Boica Bd. 47, S. 547.

Müllner III, S. 330.

Pfalzgr. Reg. II, Nr. 927.

Literatur:

Alberti, Volker / Baumann, Lorenz / Holz, Horst: Burgen und Schlösser in Lauf und Umgebung. Unteres Pegnitztal (= Fränkische Adelssitze Bd. 2). Simmelsdorf-Hüttenbach 1999, S. 78-83.

Deliciae II, S. 163.

HAB Nürnberg-Fürth, S. 126.

KDM Lauf, S. 119-121.

Schwemmer, Wilhelm: Röthenbach an der Pegnitz. Die Geschichte einer Industriestadt (= Schriftenreihe der ANL Bd. 30). Nürnberg 1982, S. 93 f.

128.3 Küchenherd. Fotografie: 1931 F. A. Nagel (StadtMN)

129 N

Himpfelshof

Abgegangene Herrenhäuser des Deutschen Ordens (um 1632 zerstört)

Himpfelshofstraße/Deutschherrenstraße

Stadt Nürnberg

Der Himpfelshof war ursprünglich Bauhof der Deutschordens-Kommende. Er befand sich südlich der so genannten Deutschherrenwiese und westlich der Rosenau. Um 1500 unterhielt der Deutsche Orden bei dem Hof zwei kleine Herrensitze in der Gestalt befestigter Weiherhäuser.

Im Zweiten Markgrafenkrieg wurde auch die Himpfelshofer Bebauung 1552 von der Reichsstadt niedergelegt, um dem Feinde jede Deckung vor der Stadt zu nehmen. Nach dem Krieg erfolgte offenbar ein Wiederaufbau nicht nur der Ökonomiebauten, sondern auch der Neubau zumindest eines Herrenhauses, das dem Ordenskomtur zur Verfügung stehen sollte. Bezeugt wurde dies, als der Nürnberger Komtur Gebhard von Nenningen 1603 den Bau eines „Voglerhäuschens" beantragte, das ausdrücklich zwischen Weiher und Wassergraben zur rechten Hand des Schlosses errichtet werden sollte. Es handelte sich offenbar auch hier um ein Weiherhaus.

Das Ende des Herrenhauses kam im 30-jährigen Krieg: In einem reichsstädtischen Verzeichnis von Zerstörungen durch die kaiserliche Soldateska 1632 erscheint der Ordenshof ausdrücklich „sambt dem schloß" als niedergebrannt. Acht Gebäude sollen damals zerstört worden sein. 1696 bestätigte der damalige Ordenskomtur den Ruin des Herrenhauses, als er sich zu seiner „Recreation" und zeitweiligen Fischerei ein Sommerhaus bauen wollte, und zwar „bey dermalig noch oed liegendem herrschaftlichen Schlösschen".

Quellen

StAN Rst. Nbg., Waldamt Lorenzi I Nr. 1315.

StadtAN E 10/21 Nr. 2, 17.

Gelegenhait, Nr. 775.

Müllner I, S. 360.

Hirschbach

Herrensitz, „Hammerschloss"

Haus Nr. 32

Gemeinde Hirschbach

Landkreis Amberg-Sulzbach

Die Entstehung des Herrensitzes bei dem schon für das 14. Jahrhundert nachweisbaren Hammerwerk Oberhirschbach ist noch nicht geklärt. In der oberpfälzischen Hammereinung von 1387 erscheint der Hammer im Besitz des Conradt Suntleuttner. Möglicherweise bestand das Weiherhaus in der Gestalt eines mit einem breiten Wassergraben gesicherten Wohnturms bereits zu dieser Zeit. Angeblich schon vor 1424, also bevor er den Hammer Rothenbruck kaufte [vgl. Rothenbruck], erwarb der Sulzbacher Montanunternehmer Erasmus Sauerzapf den Hammer Hirschbach, den er 1442 an seinen in gleicher Weise tätigen Verwandten Jacob Sauerzapf veräußerte.

Im Ersten Markgrafenkrieg wurde der Hammer am 23. Juni 1450 von Nürnberger Fußsoldaten eingenommen und ausgebrannt. Der geschädigte Hammerherr Jacob Sauerzapf überstand auch diese Zeit und bekam 1460 die niedere Gerichtsbarkeit über die auf dem Hammergut Oberhirschbach lebenden Untertanen verliehen. Auf diese Privilegierung stützten die nachfolgenden Inhaber ihren Anspruch auf die Hofmarksgerechtigkeit. Bereits 1458 hatte Sauerzapff die Erlaubnis erwirkt, Messen in seiner von ihm erbauten Schlosskapelle lesen lassen zu dürfen, weil ihm der Weg zur Pfarrkirche nach Eschenbach zu weit war.

1472 übergab er Hirschbach seinem Sohn Erasmus Sauerzapf; dieser veräußerte das Hammergut 1491 mit dem Herrensitz und der Kapelle an den Nürnberger Bürger Sebolt Peringsdorfer und dessen Schwiegersohn Jobst II. Haller. Nun soll auf dem Hammer ein Kupfersaigerwerk eingerichtet worden sein. Beide hatten zu dieser Zeit dem Hammerherrn Jörg Petz von Lauf auch die nahe Burg Hauseck abgekauft [vgl. Hauseck]. In der Fehde des Christoph von Giech gegen die Reichsstadt Nürnberg wurde das Hüttenwerk „mitsambt dem burgershaus" 1499 eingeäschert. Dass der Sitz mit dem Werk 1504 (wieder) bestand und in Nürnberger Händen war, ergibt sich aus der Erkundung der Landschaft um Nürnberg, die der Rat vor Ausbruch des Landshuter Erbfolgekrieges durchführen ließ. Jobst Haller starb 1505; sein gleichnamiger Sohn blieb auch nach seinem Verkauf der Burg Hauseck im Besitz des Hammers in Oberhirschbach „mit graben, zwingern und mit der hamerhütten"; den Hammer „wie er mit der Mauer umfangen" (nicht aber das Herrenhaus) verpachtete

130.1 Ansicht von Hammerwerk und Herrensitz Oberhirschbach mit Allianzwappen der Geschlechter Gugel und Meindel. Anonymer Kupferstich, frühes 17. Jahrhundert (StAN)

130.2 Darstellung der Werksanlagen und des Herrensitzes als Ausschnitt aus der Karte der Nürnberger Pflegämter Velden und Hauseck von Hieronymus Braun vom Februar 1611 (StAN)

er 1520 an Georg Pfinzing zu Haunritz. 1524 ließ er sich die Gerichtsrechte noch einmal bestätigen, die jedoch nach den vertraglichen Regelungen zwischen der Pfalz und Nürnberg 1529 an das neue reichsstädtische Pflegamt Velden abgetreten wurden. Nur ein Mühlenanwesen wurde herausgenommen und war der pfalz-sulzbachischen Gerichtsbarkeit unterworfen, weil es jenseits des anerkannten Grenzbaches lag.

Nach den Aufzeichnungen des Nürnberger Chronisten Johannes Müllner folgten auf Jobst Haller als Besitzer weitere Nürnberger Geschlechter, die im Montangeschäft aktiv waren, zunächst der 1482 geborene Hanns III. Ebner, eines der bedeutendsten Mitglieder des alten Nürnberger Geschlechts. Dieser hatte bereits 1508 von den Harsdorfern Eschenbach erheiratet, war 1529 im Besitz von Hirschbach und übernahm 1530 das Monopol im böhmischen Kupfergeschäft, sodass zeitweise die gesamte Kupfereinfuhr aus Böhmen nach Enzendorf und Hirschbach geliefert wurde [vgl. Enzendorf, Eschenbach, Hartenstein]. Im Zweiten Markgrafenkrieg steckten die markgräflichen Söldner den Sitz mit dem Hammerwerk am 27. Mai 1552, am selben Tag wie die Burg Hauseck, in Brand. Im Zuge des Wiederaufbaus entstand wohl um 1560 die noch heute bestehende wohnturmartige Konstruktion mit den Fachwerkobergeschossen auf dem älteren massiven Sockelgeschoss.

Auf die zuletzt verschuldeten Ebner folgte als Besitzer um 1585 ihr Gläubiger Georg Meindel, der schon 1587 mit einem Nachbarn über eine neu verlegte Wasserleitung stritt. 1588 legte er sich mit dem Kirchenpatron Wilhelm Ebner von Eschenbach an, weil er in der Kapelle des Hammerguts eine Bleiweißhütte eingerichtet hatte. Meindels Tochter Katharina heiratete 1597 den Nürnberger Patrizier Georg Christoph Gugel. Dieser übernahm das Hammergut 1603 von seinen Schwägern Georg d.J. und dem 1612 verstorbenen Konrad Meindel, die noch 1602 als Besitzer genannt wurden. Vor 1624 erwarb Adam Waldstromer den Besitz; 1664/66 geriet er dann an Johann Friedrich von Wimpffen, der 1668 wegen einer Unterschlagung in Nürnberg in der Turmhaft verstarb. 1699 veräußerten Georg Abraham, Johann Christoph und Johann Carl von Wimpffen den Hammerherrensitz Hirschbach an Friedrich Wilhelm Ebner von Eschenbach [vgl. Grünreuth], sodass der Sitz zum zweiten Mal an die Familie Ebner gelangt war.

Nach dem Tod Friedrich Wilhelms am 3. Juni 1711 erbten die Söhne Johann Wilhelm und Jobst Wilhelm Ebner den Herrensitz. Als Johann Wilhelm schon 1723 verschied, fiel sein Erbteil an den Bruder. Jobst Wilhelm sen. verstarb erst am 5. Juli 1755 und hinterließ Hirschbach dem gleichnamigen Sohn, der jedoch jung am 20. Mai 1763 starb. 1765 gehörte Hirschbach bereits zur Hieronymus Wilhelm Ebnerischen Familienstiftung, die um 1800 von Johann Sigmund Haller von Hallerstein verwaltet wurde. Nach der gesetzlichen Aufhebung der Fideikommisse wurde das Hammergut Hirschbach mit Artelshofen 1816 dem Nürnberger

130.3 Ansicht des Herrenhauses, Fotografie: F. A. Nagel 1910 (StadtMN)

H HIRSCHBACH

130.4 Ansicht des Hammergutes, hinten rechts: Brücke zum Schlosstor, Fotografie: G. v. Volckamer um 1894 (StadtMN)

Unternehmer Karl Benedikt Schwarz verkauft [vgl. Artelshofen, Henfenfeld].

1823 führte der vom bayerischen König geadelte von Schwarz das Gut Hirschbach seiner Schwarzschen Familienstiftung Artelshofen und Henfenfeld zu. Die Wehrmauern mit den beiden Ecktürmchen, die als Streichwehren dienen sollten, sowie der Wassergraben verschwanden bei einer Gelegenheit im 19. Jahrhundert, und die Kapelle wurde 1852 abgebrochen. Die Familie von Schwarz veräußerte den Sitz und das Hammerwerk 1878 an Georg Duschel, der den Hammer zu einer Getreidemühle umbaute. 1894 wurde der Sitz an die Familie Brunner verkauft. Im 20. Jahrhundert wurde im Herrenhaus ein Ausflugslokal „Zum Hammerschloß" eingerichtet; entsprechende Umbauten folgten. Der Betrieb ist mittlerweile wieder geschlossen. Ein neuer Eigentümer will das einstige Weiherhaus nun einer Instandsetzung zuführen.

Quellen

StAAm Landsassen Nr. 359, 384. Pfalz-Sulzbach Regierung, Sulzbacher Akten Nr. 23/32, 77/155.

StAN Rst. Nbg., Landpflegamt, Pflegamt Velden S I, L 451, Nr. 135, Rep. 39a, fol. 64 Nr. 3, fol. 104 Nr. 4, fol. 106 Nr. 6/7. Rst. Nbg., Handschriften Nr. 198. Rst. Nbg., Salbücher Nr. 64.

HallerA Besitz Jobstsche Linie, Urkunden Hirschbach 1460–1524.

Gelegenhait, Nr. 962.

Müllner II, S. 476; III, S. 177, 369, 598 f.

Literatur

Giersch, Robert: Abschied von der Ruine des Nürnberger Pflegschlosses Hauseck. In: MANL 55 (2006), Heft 1, S. 49-55.

HAB Sulzbach, S. 33.

Heinz, Walter: Was blieb vom alten Hammerort Hirschbach? Ein Kupferstich des Nürnbergers Johann Adam Delsenbach gibt Aufschluß, wieviel vom alten Ortskern noch besteht. In: Hersbrucker Zeitung Heimatbeilage 70 (2000), Nr. 25.

KDM Sulzbach, S. 36 f.

Nikol, Hans: Die Herren von Sauerzapf. In: Verhandlungen des Historischen Vereins für Oberpfalz und Regensburg 114 (1974), S. 141 f, 144, 147 f.

Raum, Helmut: Gasthof „Goldener Hirsch" in Hirschbach und seine Geschichte. In: MANL 35 (1986), Heft 1, S. 170 ff.

Ress, Franz Michael: Bauten, Denkmäler und Stiftungen deutscher Eisenhüttenleute. Düsseldorf 1960, S. 118 f, 126, 234, 290.

Sporhan-Krempel, Lore: Zur Geschichte der Familie Hermann von Wimpffen. In: Blätter für fränkische Familienkunde 12, Heft 2 (1984), S. 57-68.

131 B4

Höfles

Herrensitz, „Altes Schloss", jetzt Gaststätte

Höfleser Hauptstraße 74

Stadt Nürnberg

130.5 Ansicht des Torhauses, Fotografie: F. A. Nagel 1910 (StadtMM)

131.1 Blick auf das als Gasthof genutzte Herrenhaus aus südöstlicher Richtung, Zustand 2006 (Rg)

Im Gegensatz zu seinem Namen „Altes Schloss" blickt der Herrensitz in der Höfleser Hauptstraße nur auf eine junge Geschichte zurück. Erst im Jahre 1762 wurde von Margarete Felicitas Scheller ein Herrensitz als einfacher zweigeschossiger Sandsteinbau mit Volutengiebeln errichtet. Ein Vorgängerbau lässt sich nicht nachweisen. Der Sitz blieb bis 1810 im Besitz der Nürnberger Kaufmannsfamilie. In diesem Jahr erwarb der Nürnberger Kaufmann Johann Andreas Stellwag um 8.325 Gulden das Gut, zu dem neben dem zweigädigen „ganz von Steinen" erbauten Wohnhaus ein Stadel, eine Stallung, ein Backofen, ein Schweinestall, ein Pumpbrunnen und ein Sommerhäuslein gehörten, ferner Gärten, Äcker und Wiesen sowie ein Waldrecht im Sebalder Wald. Stellwag, der von den Schellerschen Erben auch ein zweites Anwesen in Höfles erworben hatte, verpachtete das Gut für 250 Gulden jährlich und vermachte es testamentarisch an die Kaufmannsfrau Maria Katharina Roth, die seit 1832 im Besitz des Schlösschens erscheint.

Neben dem Herrensitz hat sich ein Gartenhäuschen (das alte Sommerhäuslein?) und die Toreinfahrt aus bossierten Sandsteinpfeilern und Kugelbekrönung erhalten. Das Schlösschen wird heute als Gastwirtschaft genutzt („Zum Alten Schloss").

Quellen

StAN Kataster Buch Nr. 1 Bd. 1.

Literatur

KDM Nürnberg, S. 356.

Rusam, Hermann: Herrensitze und Lusthäuslein des reichsstädtischen Patriziats im Knoblauchsland bei Nürnberg. In: Fürther Heimatblätter 35 (1985), S. 60.

Stadtlexikon Nürnberg, S. 454.

132 — H7

Hohenstein

Burg, ehemaliges Pflegschloss

Gemeinde Kirchensittenbach

Landkreis Nürnberger Land

Die Entstehung der Burg wird schriftlich nicht überliefert, doch ist sie mit ihrer schon für das 12. Jahrhundert erkennbaren Funktion für die Entwicklung des Landes so bedeutsam, dass sie zweifellos zu den ersten Herrschaftsburgen der Region gezählt haben wird. Die Grundlagen hierfür schuf König Heinrich II. mit der Gründung des Bistums Bamberg, für dessen Ausstattung ein großer Teil der Nordgaugrafschaft herangezogen wurde. Auch überließ er dem neuen Hochstift 1007 das von der bayerischen Herzogswitwe Wiltrudis im 10. Jahrhundert gegründete Kloster Bergen, das über einen relativ großen Besitz bei Hersbruck verfügte. Dieser Güterkomplex wurde von einem in Hersbruck sitzenden Propst verwaltet. Schutz und Schirm dieser geistlichen Güter oblagen einem Vogt, dessen Amt schon im 11. Jahrhundert die Grafen von Sulzbach innehatten. Als die Burg Hohenstein erstmals 1163 bezeugt wird, saß der Ministeriale Sicolinus de Hohenstein als Untervogt des Grafen Gebhard von Sulzbach dort.

Die Herrschaft des Vogts über die Güter des Hochstifts und der Propstei Bergen wurde von dem wohl markantesten und exponiertesten Punkt der Pegnitzregion ausgeübt. Die Fernwirkung der Burg beeindruckt noch heute. Mehrere Autoren haben bereits die Grafen von Sulzbach als Erbauer der Burg angenommen. Nicht auszuschließen ist jedoch, dass die Anfänge zumindest der beiden Burgen Hohenstein und Königstein noch auf die Zeit der salischen Kaiser Heinrich III. oder Heinrich IV. zurückgehen, die im 11. Jahrhundert nachdrücklich versucht hatten, großzügig vor allem an geistliche Institutionen vergebene Reichsgüter zurückzugewinnen. Mit dem Scheitern der kaiserlichen Politik könnten diese Stützpunkte dann noch im 11. Jahrhundert dem Hochstift und seinem Vogt überlassen worden sein, spätestens seit Graf Berengar von Sulzbach in enger Beziehung zu König Heinrich V. stand [vgl. Albewinistein].

Mit dem absehbaren Aussterben des Sulzbacher Grafengeschlechts hatte Kaiser Friedrich I. Barbarossa für den Erbfall der Bamberger Hochstiftsvogtei und ihrer Lehen an seine Söhne gesorgt. 1188 wurde daher auch der Hohenstein staufisch. Die Staufer haben die Burg

H HOHENSTEIN

132.1 Darstellung der Burg Hohenstein im Pfinzing-Atlas von 1594, erkennbar sind der seit 1553 ruinierte Wohnturm der oberen Burg und das 1590 beim Hohensteiner Dorfbrand zerstörte Pfleghaus in der unteren Burg (StAN)

dann in den Jahren um 1200 sehr weitgehend umgebaut und erweitert. Wie die im Jahr 2000 erfolgte Bauforschung und archäologische Grabung feststellen konnte, bestand die salische Burg vermutlich aus einem breiten Wohnturm an der Stelle des heute als Palas bezeichneten Hauptgebäudes der Oberburg. Die Sockelmauern dieses Gebäudes und von Aufschüttungen überdeckte Mauerreste zeigen noch heute die sorgfältig behauenen, kleinformatigen Werksteine der Mauerschalen, wie sie typisch für den vorstaufischen Burgenbau sind. Bei der baulichen Neugestaltung um 1200 wurde die Burg unter Verwendung älterer Konstruktionen neu aufgeführt. Außerdem entstand in qualitätvoller Bauweise ein neues Torhaus mit der Burgkapelle im Geschoss darüber. Ob auch der schmale Bergfried, der in der nördlichen Oberburg aufragte, zu dieser Zeit entstand, kann nach seinem Abbruch 1809 nicht mehr geklärt werden. 1266 verpfändete der letzte Staufer, Konradin, die Burg Hohenstein mit der Vogtei über Hersbruck, Vilseck und weiteren Gütern seinem Onkel, dem Bayernherzog Ludwig II. Der Besitzübergang an die Bayernherzöge war daher bereits vor der Hinrichtung Konradins in Neapel vollzogen. Bei der Teilung des staufischen Erbes am 29. Oktober 1269 zu Aufhausen blieb die Burg bei

Herzog Ludwig, der vom Bamberger Bischof auch mit dem „castrum Hohinsteyn" belehnt wurde. Mehrere Versuche der so genannten Revindikation, der Rückgewinnung von Reichsgut durch die Könige, scheiterten letztlich 1308, als König Heinrich VII. die Besitzrechte des Bayernherzogs Rudolf bestätigte. 1317 wurde die Burg wohl nur kurzfristig an Dietrich von Parsberg verpfändet. Mit dem Wittelsbacher Hausvertrag von Pavia 1329 fiel die Burg an die pfälzische Linie, bis sie 1353 mit den anderen pfälzischen Ämtern an König Karl IV. versetzt wurde [vgl. Lauf, Hartenstein, Hauseck, Hersbruck, Hiltpoltstein]. Wenig später erstand Kaiser Karl IV. 1360 zudem die Rechte des Klosters Bergen über Hersbruck und Hohenstein und verlegte den Vogteisitz nach Hersbruck. Auf dem Hohenstein blieb eine Besatzung, die um 1366 aus dem Burggrafen, zwei Reitern, acht Fußsoldaten, vier Wächtern, einem Türmer, einem Torwart und einem Koch bestand.

In den späten 1390-er Jahren wurde die Burg von König Wenzel zunächst an seinen Kanzler Wenzel verpfändet. 1399 hielt der reiche Nürnberger Kaufmann, Bergbauunternehmer und Finanzmakler Ott Haid das Pfand in Händen [vgl. Hartenstein]. Nachdem der neue König Ruprecht I., auch Pfalzgraf, sich im böhmisch-pfälzischen Krieg 1400/01 gegen den abgesetzten Wenzel militärisch durchgesetzt hatte, blieben die Versuche der Krone Böhmens, den Hohenstein zurückzuerlangen, aussichtslos. Schließlich fiel die Burg im Zuge der Pfandlösung im frühen 15. Jahrhundert an Herzog Ludwig VII. von Bayern-Ingolstadt. Dieser versetzte die Burg aber selbst weiter, beispielsweise 1415 an Hilpolt Mendorfer, der dem Herzog das militärische Öffnungsrecht einräumte. Das Verpfänden von Burgen und Ämtern an Gefolgsleute war angesichts der fürstlichen Finanznöte ein häufig zu beobachtendes Phänomen. Mit dem Erlöschen der Ingolstädter Linie der Herzöge fiel der Hohenstein 1447 an Bayern-Landshut. Zu dieser Zeit, spätestens seit 1444, wurde die Burg wieder von herzoglichen Pflegern verwaltet. Nach Georg von Erlbeck, Georg von Strahlenfels und Conrad Magerer war Werner Türriegel von Riegelstein lange, von 1463 bis 1497, Pfleger der Burg.

Mit dem Ausgang des Landshuter Erbfolgekriegs waren 1504/05 die pfälzischen und niederbayerischen Gebiete um den Hohenstein an die siegreiche Reichsstadt Nürnberg gefallen. Um den Gebietserwerb zu arrondieren, kaufte die Reichsstadt Burg und Amt Hohenstein für 10.000 Gulden von Herzog Albrecht IV.

132.2 Burg Hohenstein als Ausschnitt aus der Karte der Pflegämter Velden und Hauseck von Hieronymus Braun vom Februar 1611 (StAN)

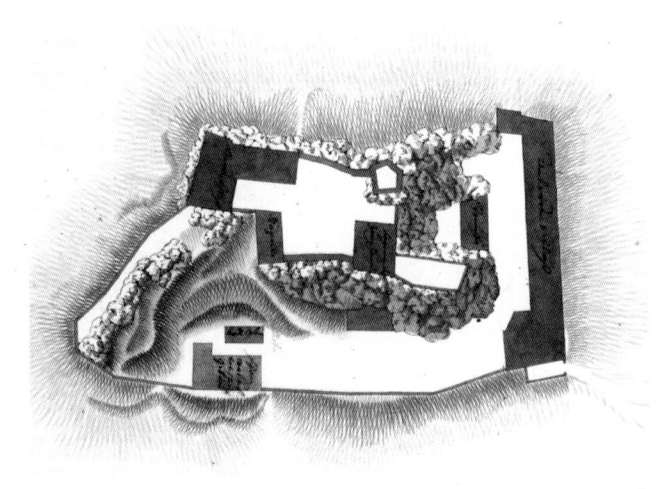

132.3 Lageplan der unteren (rechts) und oberen Burg zur Bauaufnahme von 1811 (StAN)

von Bayern. Sie übernahm auch den Pfleger, Andreas von Lichtenstein, der vermutlich bis 1517 auf dem Hohenstein amtierte. Die Reichsstadt gab noch 1505 einen größeren Geldbetrag für Bauarbeiten auf der Burg aus und sorgte auch in den folgenden Jahren für den Bauunterhalt. Doch wurden alle Mühen im Zweiten Markgrafenkrieg zunichte gemacht. Bereits am 19. Mai 1552 war der Hohenstein dem markgräflichen Hauptmann Wilhelm von Stein kampflos übergeben, aber nach einer Plünderung wieder geräumt worden. Ein Jahr später verlief ein Angriff weniger glimpflich. Nachdem die Nürnberger in Stierberg die Erfahrung gemacht hatten, dass die Markgräfler nur die leicht brennbaren Gebäude der Vorburg zu entzünden brauchten, um eine Feste zur Gänze zu ruinieren, ließ man um den 23. Mai 1553 die gesamte Bebauung der Unterburg mit dem Voithaus, dem Getreidekasten und der so genannten langen Stallung abbrechen. Diese Umsicht half jedoch nicht, denn am 2. Juni 1553 wurde der Hohenstein vom Markgrafen eingenommen und auch die Oberburg noch am Nachmittag nach 16 Uhr in Brand gesteckt.

Die völlig ausgebrannte Burg wurde nach dem Krieg nur sehr notdürftig gesichert. Der Tor-Kapellen-Bau wurde vermutlich reduziert und eher provisorisch unter Dach gebracht, der Bergfried wurde repariert und südlich des Tores ein Burggebäude zu einem Zeughaus hergerichtet. Die übrigen Teile blieben als Ruinen stehen. Zur Unterbringung des Pflegamtes ließ die Reichsstadt stattdessen in der Unterburg das so genannte Langhaus bauen. Vermutlich entstand es an der Stelle der 1553 zerstörten „langen Stallung". Der Zustand des ausgebrannten Wohnturms der Oberburg verschlechterte sich in der zweiten Hälfte des 16. Jahrhunderts immer mehr. Nürnbergs berühmter Kartograph Paul Pfinzing hat 1591 die erste genaue Ansicht der ruinösen Burg

überliefert, und zwar als ein durch Fahrlässigkeit ausgelöster Dorfbrand 1590 abermals die untere Burg mit dem neuen Pfleghaus zerstört hatte.

Während das Pfleghaus bis 1593 wieder in Stand gesetzt worden ist und sich im wesentlichen bis heute erhalten hat, kam es 1606 bei einem Sturm schließlich zu einem Teileinsturz des ausgeglühten Wohnturms. Unter der Leitung des Stadtwerkmeisters Matthes Pfeffer ließ das Nürnberger Landpflegamt das ehemalige Hauptgebäude bis auf das Erdgeschoss abbrechen und 1607 ein neues Obergeschoss und Dachwerk aufsetzen. Damals erhielt das Gebäude, abgesehen von dem Dachreiter, sein heutiges Erscheinungsbild. 1609/10 setzte man die Bauarbeiten mit einer neuerlichen Renovierung des Tor-Kapellen-Baus und des Bergfrieds fort.

Im 30-jährigen Krieg scheint die Burg keine bemerkenswerten Schäden davongetragen zu haben. Sie wurde auch kaum noch genutzt. Im Erdgeschossgewölbe des „Neuen Baus", wie das Hauptgebäude seit dem Umbau von 1607 hieß, wurde Pulver eingelagert. Die Schlosskapelle wurde seit 1693 für die Gottesdienste der Dorfbevölkerung geöffnet. Der Plan, die Oberburg zu einem Zuchthaus umzubauen, wurde 1719/20 diskutiert, dann aber doch nicht weiter verfolgt.

Schon vor der Mediatisierung der Reichsstadt Nürnberg war dem Pflegamt Hohenstein keine größere

132.4 Ansicht in Bleistift und Tusche von Westen: Darstellung der ruinierten Mauerschale nach dem ersten Einsturz 1839 (StAN)

Bedeutung mehr zugemessen worden, zumal es zum Hochgerichtsbezirk des Hersbrucker Pflegamtes zählte. Jobst Wilhelm Furtenbach von Reichenschwand war der letzte Hohensteiner Pfleger. Kurz nach 1790 wurde er durch einen Pflegsverweser, damals Hans Recknagel, ersetzt. 1806 zeichnete sich die Aufhebung des Amtes ab. Das neue bayerische Landgericht und das Rentamt Hersbruck wurden für Hohenstein zuständig. Die Finanzbehörden sahen sich bereits nach privaten Käufern um, als das „königliche Militär-Topographische Bureau", das eben mit der bayerischen Landesvermessung begonnen hatte, dringend ein trigonometrisches Signal benötigte. Die nördlich von München in Angriff genommene Vermessung musste von den Signaltürmen Dillenberg bei Postbauer und Wildbad bei Burgbernheim aus weiter nach Norden vorangebracht werden. Die Vermessungsbehörden errichteten daraufhin 1807 auf dem Neuen Bau den markanten Dachreiter, der bis heute der Burg ihre unverwechselbare Silhouette verleiht. Während der Neue Bau für die Zwecke der Landesvermessung im Staatsbesitz blieb, wurden die übrigen Teile der Ober- und Unterburg an mehrere Private verkauft. Der mittlerweile baufällige Bergfried erlitt am 26. April 1808 unter „entsezlichen Gepraßel" einen Teileinsturz und wurde wenig später vollkommen abgebrochen.

Mangelnder Bauunterhalt, konstruktive Mängel (vor allem seit dem Aufbau des Dachreiters, der das Tragwerk des 17. Jahrhunderts beeinträchtigt hatte) und schließlich der Diebstahl aller Dachziegel durch die Dorfbevölkerung führten dazu, dass der Neue Bau bereits um 1820 erheblich baufällig wurde. Trotz vieler Mahnungen – so hatte der königliche Bauinspektor Erdinger mehrfach auf die Denkmalwürdigkeit des Gemäuers und seine Bedeutung als romanisches Bauwerk hingewiesen – stellten die Finanzbehörden keine Mittel für eine Instandsetzung zur Verfügung. Im April 1839 stürzte schließlich die Außenschale der westlichen Umfassung in die Tiefe. Erst die persönliche Initiative König Ludwigs I., dem der Schutz „vaterländischer Alterthümer" sehr am Herzen lag, führte 1840 zur Restaurierung des Gebäudes unter der Leitung Erdingers.

Nach diesem Kraftakt folgten wieder Jahre sparsamsten Bauunterhalts. Der Versuch des Hersbrucker Landrichters, die Hohensteiner Schule in der Burg unterzubringen, um an Mittel des Schulfonds zu kommen, scheiterte an der mangelnden Eignung des Gebäudes. Bald darauf fielen 1854 Teile der oberen Wehrmauern in die Tiefe; baufällige Abschnitte wurden abgetragen. Schließlich ereignete sich bei einem Sturm im Februar

132.5 Grundrisse und Querschnitt des 1607 aus den Resten des hochmittelalterlichen Wohnturms geschaffenen Neuen Baus mit dem Dachreiter für das trigonometrische Signal der Landesvermessung, Bestandsplan des Ingenieur-Aspiranten Hugo Thenn vom Februar 1840 (StAN)

1867 wieder ein Teileinsturz des Hauptgebäudes; abermals brachen Teile der erst 1840 erneuerten Umfassung ab. Der daraufhin angeregte völlige Abbruch der oberen Burg konnte mit Mühe von Heimatpflegern und mit Hilfe des Staatsministeriums des Innern verhindert werden. Dank einer von Nürnberger Heimatfreunden angeregten Sammlung und eines Zuschusses aus dem bayerischen Denkmalpflegefond kam es 1868 zur zweiten Instandsetzung.

Die eigentlichen Probleme, statische Unzulänglichkeiten und mangelnder Bauunterhalt, wurden jedoch auch nach 1870 nicht abgestellt. Bereits 1881 verzeichnete man schlimme Schäden am Obergeschoss des Neuen Baus, sodass die Fachwerkkonstruktion durch massives Ziegelmauerwerk ersetzt wurde. Schadhaft war auch das Mauerwerk der romanischen Kapelle, die zeitweise als Stall genutzt worden war. Nach der Gründung des Hohensteiner Verschönerungsvereins 1899 konnte die Kapelle jedoch von 1902 bis 1908 restauriert werden.

Konnte der Abbruch des Dachreiters, der als Aussichtsturm bei Ausflüglern äußerst populär war, noch 1934 verhindert werden, so wurde seine Beseitigung und der Aufbau eines Beobachtungsturms für die Wehrmacht 1940 ohne weiteres verfügt. 1957 wurde der Beobachtungsturm entfernt und durch eine Rekonstruktion des alten Dachreiters ersetzt. Damit war die vertraute Silhouette des Hohensteins wiederhergestellt. Noch bevor die westliche Umfassung, an der es schon 1839 und 1867 zu spektakulären Bauschäden gekommen war, im Jahr 2000 wieder einmal in die Tiefe stürzte, war mit einer umfassenden Instandsetzung der gesamten oberen Burg begonnen worden, die mittlerweile weit fortgeschritten ist.

Quellen

BayHStA Plansammlung Nr. 10291.

StAN Rst. Nbg., Karten und Pläne Nr. 642. Reg. v. Mfr., Plansammlung I, Mappe IX Nr. 85-92.

Altnürnberger Landschaft e.V. / Staatsarchiv Nürnberg (Hg.): Der Pfinzing-Atlas von 1594. Nürnberg 1994.

Böhmisches Salbuch, S. 123.

Literatur

Chlingensperg, Maximilian Benno Peter von: Das Königreich Bayern in seinen alterthümlichen, geschichtlichen, artistischen und malerischen Schönheiten ... München 1849, S. 147, mit Stahlstich von Johann Poppel.

Giersch, Claus: Bauforschung an der Burg Hohenstein. Denkmalpflegerische Voruntersuchung 1998–2002. Unveröff. im BLfD.

Giersch, Robert: Bau- und Nutzungsgeschichte der Burg Hohenstein. Auswertung der Hohensteiner Amtsrechnungen. Dokumentation für die denkmalpflegerischen Voruntersuchungen 1998. Unveröff. im BLfD.

HAB Lauf-Hersbruck, S. 38, 74.

KDM Hersbruck, S. 184-194, mit Lageplan, Grundrissen und Schnitten und Fotografien.

Kunstmann, Hellmut et al.: Burg Hohenstein. Ein Baudenkmal und seine Geschichte. In: MANL 4 (1956), Sonderheft mit umfangreichem Bildanhang.

Mayer, Friedrich: Wanderungen durch das Pegnitzthal mit 24 Stahlstichen von Alexander Marx. Nürnberg 1844, S. 204 f, mit Stahlstich von Marx.

Rühl, Pegnitz, S. 64-68.

Stadtlexikon Nürnberg, S. 456 f, mit Radierung von J. A. Boener von ca. 1700.

Voit, Grundherrschaften, S. 6-13.

132.6 Blick im oberen Burghof auf die Ostfassade des Neuen Baus mit dem Obergeschoss von 1607 und dem hochmittelalterlichen Erdgeschoss. Fotografie: G. v. Volckamer um 1894 (StadtMN)

132.7 Blick auf den so genannten Glockenturm an der Stelle des am 26. April 1808 eingestürzten Bergfrieds, Fotografie: G. v. Volckamer um 1894 (StadtMN)

Hüttenbach

Schloss

Am Schloss 1

Gemeinde Simmelsdorf

Landkreis Nürnberger Land

Bereits 1140 erscheint mit Engelhard und Eschwin urkundlich ein Ministerialengeschlecht, das sich nach Hüttenbach nannte. Über 100 Jahre später, 1254, finden wir einen jüngeren Engelhard von Hüttenbach unter den Zeugen für den Reichsministerialen Hiltpolt von Lauf-Rothenberg-Hiltpoltstein. Im 14. Jahrhundert zählten Hüttenbacher zu den Burghütern der mittlerweile böhmischen Feste Rothenberg [vgl. Alter Rothenberg, Lauf, Hiltpoltstein, Rothenberg]. Für 1369 wird mit Wolflein Herdegen wohl noch ein Mitglied dieses Geschlechts zu Hüttenbach genannt. Spätestens um 1400 war der Sitz in den Händen eines Philipp Hiltpoltsteiner, ebenfalls ein Nachfahre aus der Hiltpoltstein-Rothenberger Dienstmannschaft. 1408 nannte er sich ausdrücklich zu Hüttenbach [vgl. Utzmannsbach]. Wann die Burg, befestigt mit Turm, Wehrmauern und Graben, entstanden war, überliefern diese Nachrichten allerdings nicht.

Der Hüttenbacher Burgherr, Philipp Hiltpoltsteiner, betätigte sich auch als Montanunternehmer. 1420 mutete er zusammen mit dem Verwandten Hans Hiltpoltsteiner und dem Ritter Albrecht von Freudenberg das Bergwerk auf dem Berg „Huzpühel" bei Hüttenbach. 1426 nannte sich neben Philipp auch ein Heinz Hiltpoltsteiner zu Hüttenbach sitzend. Spätestens gegen Ende der 1440-er Jahre verstarb Philipp Hiltpoltsteiner. Mit der Heirat seiner Witwe Elsbet fiel das Rittergut zumindest vormundschaftlich 1449 an Jörg von Rabenstein. Die von Philipp hinterlassenen zahlreichen Schulden – offenbar waren die Montangeschäfte nicht sehr erfolgreich gewesen – führten jedoch bis 1468 zu einem Übergang an den Verwandten Caspar Hiltpoltsteiner, der „die behausung oder den sitz zu Hyttenbach" mit allem Zubehör 1487 an Heinrich Türriegel von Riegelstein, damals Pfleger von Betzenstein und Stierberg, veräußerte. Der Käufer trat den Besitz jedoch schon 1491 an den Nürnberger Patrizier Anton Tucher ab, der ihn 1503 an Fritz von Seckendorff, der zu den Ganerben des Rothenbergs zählte, verkaufte. Dieser Kaufbrief nennt weitere bauliche Details: So umfasste der Sitz zwei Kemenaten, demnach zwei beheizbare Wohngebäude,

133.1 Blick auf Dorf und Schloss aus südöstlicher Richtung, Fotografie: G. v. Volckamer um 1894 (StadtMN)

einen Turm, einen Wassergraben und die Zugbrücke darüber. Im Vorhof verfügte der Sitz über ein Voithaus, einen Stadel, ein Brauhaus und zwei Nebenhäuser.

Anfang 1528 verkaufte Caspar von Seckendorff das Rittergut an Pankraz Lochner von Winterstein [vgl. Winterstein]. Damit konnte das oberfränkische Geschlecht der Lochner seinen Besitz im Bereich des oberen Schnaittachtales weiter ausbauen. 1498 saß Pankraz noch zu Weiher bei Hollfeld, war aber schon 1512 Amtmann auf der Burg Leienfels, nicht weit von Betzenstein. Nach dem Tod des Pankraz Lochner 1546 verfügten erst Vormünder über die Burgen Hüttenbach und Winterstein. Nach ihrem Besitzantritt teilten die Söhne Andreas und Georg das Erbe, wobei Georg Lochner den Sitz Hüttenbach übernahm. Er erweiterte ihn um ein noch im Burghof erhaltenes „Steinhaus", das als künftiger Witwensitz für seine Gemahlin gedacht war. Das alte Herrenhaus selbst war zu dieser Zeit ausdrücklich noch ein Wohnturm, der aus vier Geschossen „ubereinanther" bestand, die im 16. Jahrhundert über einen wohl nachträglich angebauten Treppenturm erschlossen wurden. Unmittelbar benachbart fand man den „großen viereckhichten thurn".

Ein Familienvertrag von 1592 schrieb dem Sohn Georgs, Hans Georg Lochner, die Burg zu. Der Nachfolger verstarb aber schon 1606 unter Hinterlassung etlicher Schulden und noch kleiner Kinder. Erst nach einer vormundschaftlichen Verwaltung durch den Onkel Wolf Pankraz Lochner von Winterstein übernahm Rochus Lochner kurz vor 1624 das Erbe; er hat Hüttenbach lange verwaltet. Bei seinem Tod 1674 im Alter von 73 Jahren hatte er das Rittergut jedoch schon seinem Sohn Liborius übergeben, dessen Ehefrau großen Besitz an der oberen Wiesent mit in die Ehe brachte. Nach dem frühen Tod des Liborius 1683 stand das Erbe mehreren Söhnen zu. Erst 1704 kam es zu einem Erbteilungsvertrag unter den Brüdern zugunsten des ältesten, Christoph Heinrich Lochner. Der nunmehrige Alleinbesitzer war in bambergischen Militärdiensten, später als Pfleger des Bamberger Amtes Vilseck eingesetzt. In Vilseck starb Christoph Heinrich 1743 als 80-jähriger Pensionär. Die Besitzungen vermachte er den Söhnen Christoph Ludwig, Joseph Christian und Carl Dietrich, der schließlich nach einer Erbeinigung das Rittergut Hüttenbach übernahm. Der jüngere Lochner war wie sein Vater Offizier, seit 1764 Oberstleutnant und bischöflicher Hofkriegsrat. Im Todesjahr 1770 amtierte er als Kommandant der Bamberger Festung Rosenberg oberhalb von Kronach, des nördlichen Bollwerks des Hochstifts.

Unter Carl Dietrich Lochner kam es zum Abbruch eines großen Teils der alten Burg und zum Bau des neuen Schlosses, der bis etwa 1766 abgeschlossen wurde. Allerdings übergab der Bauherr noch im Fertigstellungsjahr das Rittergut seinem Bruder Joseph Christian. Möglicherweise spielte die nicht unerhebliche Verschuldung Carl Dietrichs dabei eine entscheidende Rolle. Daher nahm Joseph Christian Lochner den barocken Neubau mit seinem massigen, fünf- und sechsachsigen Baukörper in Besitz. Der dreigeschossige Massivbau verfügt über ein Mansardzeltdach und beeindruckende Fassaden mit breiten Ecklisenen und Mittelrisaliten im Westen und Süden. Wenigstens eine Inschriftentafel aus Kalkstein über dem Westportal erinnert an den Bauherrn. Von der alten Burg hat sich nur nördlich ein kleinerer Flügel unbestimmten Alters erhalten. Ihm ist nordwestlich ein Treppenturm mit einer Spindeltreppe angefügt. Die Räume des Erdgeschosses, darunter auch die Küche, wurden weitgehend mit Kreuzgewölben und Korbbogentonnen versehen. Die Schlosskapelle wurde in der Südostecke platziert. Die Obergeschosse zeichnen sich noch heute durch stuckierte Rokokodekorationen an den Decken und Wänden aus. Bemerkenswert sind auch erhaltene Ausstattungsteile aus der Bauzeit wie barocke Türen, diverse Schlosserarbeiten und Öfen.

Im ausgehenden 18. Jahrhundert kam das Schloss an Friedrich Ferdinand Lochner. Er vererbte das Rittergut vor 1805 dem Sohn Franz Ludwig, der wieder einmal mit sehr schwierigen wirtschaftlichen Verhältnissen zurechtkommen musste und schon 1809 verstarb. Das Erbe ging an die Vettern Christian Adam und Adam Friedrich Lochner. Nach deren Tod 1825 und 1828 folgten die Söhne Adam Friedrich, Christian Philipp und Adam Joseph. Die anhaltende Verschuldung des Gutes konnte jedoch trotz mehrfacher Güterverkäufe nicht beseitigt werden. 1829 wurden sogar die Einkünfte des Gutes von den Gläubigern beschlagnahmt. Trotzdem konnte das Geschlecht den Besitz noch einige Zeit halten. Adam Joseph Lochner starb 1866 auf Schloss Hüttenbach. Der letzte Lochner zu Hüttenbach, Josef

133.2   Ansicht der alten Wasserburg vor ihrem Abbruch, Ölgemälde etwa aus der Mitte des 18. Jahrhunderts (Gemeinde Simmelsdorf)

Simon, ein bayerischer Offizier, blieb ohne Erben und verkaufte das Schloss 1906 dem Frankfurter Bankier Rudolf Plochmann. Die Ländereien des einstigen Ritterguts waren zuvor an die Tucher von Simmelsdorf veräußert worden. 1934 wurde das Schloss dann an den Verein „Schloß Hüttenbach e.V. 1920" verkauft, der sich seither um die Erhaltung des Baudenkmals bemüht. Dem Verein und einigen Sponsoren gelang von 1979/80 bis 1990 die Sanierung, die vor allem mit der starken Schädigung der Pfahlrostgründung, ausgehend von einem gesunkenen Grundwasserspiegel, zu kämpfen hatte und eine Unterfangung des Schlosses mit einem Betonsockel notwendig machte. Mit der statischen Instandsetzung wurde auch eine Fassadenrenovierung durchgeführt, die sich weitgehend an Befunden aus der Bauzeit 1766 orientierte.

Quellen

StAAm OPf. Registraturbücher Nr. 26, fol 112.

StAN SchlossA Hüttenbach Urk. Nr. 2, 3, 5, 6, 7, 8, 12, 20, 21, 23, 26; Akten Nr. 39.

Literatur

Alberti, Volker / Boesch, Toni: Herrensitz Hüttenbach. In: MANL 40 (1991), Sonderheft Nr. 37, S. 46 mit Zeichnung Mitte 19. Jahrhundert.

Ders. et al.: Hüttenbach. Geschichte eines Dorfes 1140-1990. Hüttenbach 1989.

KDM Lauf, S. 123-130, mit Lithografie von Duxsios von 1839, Grundriss des Erdgeschosses und mehreren Fotografien.

Janz, Heinrich: Carl Dietrich Lochner von Hüttenbach, der Erbauer des neuen Schlosses. In: MANL 25 (1976), Heft 1/2, S. 28-31.

Rühl, Pegnitz, S. 125 f.

Voit, Pegnitz, S. 115-118.

Voit, Gustav: Die Rabensteiner. Werdegang, Schicksale und Ende eines bedeutenden Rittergeschlechtes der Fränkischen Schweiz. In: MANL 47 (1998), Sonderheft Nr. 46, S. 21 f, 71.

134 N

Hummelstein

Herrensitz, ehemaliges Weiherhaus

Hummelstein 45

Stadt Nürnberg

Zu den bekannteren Weiherhäusern im Süden der Stadt Nürnberg zählt der Sitz Hummelstein. Seiner Entstehung ging voraus, dass der Rat der Reichstadt 1487 dem Ratskonsulenten Dr. jur. Nikolaus Hummel auf Erbrecht mehrere Weiher überließ. Im Mai 1487 wurde dem Erwerber dann erlaubt, „zu seinem weyer ein lusthewßlein zu pawen", das ein massives Sockel-

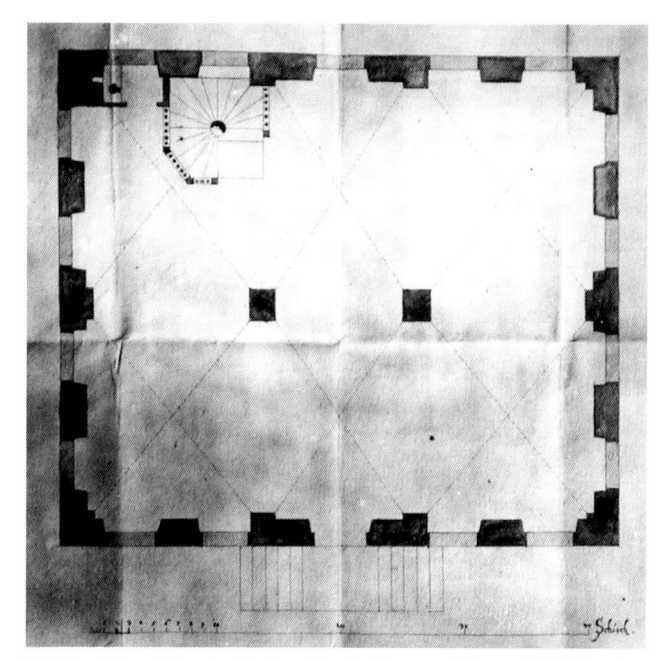

134.1 Grundriss der Erdgeschosshalle, gezeichnet 1706 für eine Baueingabe an das Waldamt Lorenzi (StAN)

geschoss erhalten dürfe. Nach dem Tod des Nikolaus Hummel 1501 geriet der neue Sommersitz an Christoph Grünhofer. Angeblich soll das Weiherhaus dann schon 1502 im Zusammenhang mit der Schlacht zu Affalterbach durch Truppen des Markgrafen Kasimir zerstört worden sein. In der vom Rat befohlenen Erkundung des Landgebietes kurz vor Ausbruch des Landshuter Erbfolgekrieges 1504 wurde „des Hummels weyerhaus" jedoch mit keinerlei Einschränkungen vermerkt.

Der Sitz fiel 1520 an Anton Tetzel, nachdem die Witwe Ursula Grünhofer in wirtschaftliche Schwierigkeiten geraten war und verkaufen musste. Bald darauf wurde Wolf Horneck Besitzer und ließ 1526 einen sehr weitgehenden Umbau durchführen, der eine deutliche Erweiterung und Befestigung des Sitzes mit sich brachte. Bei dieser Maßnahme wurde auch eine Zwingeranlage mit vier runden Ecktürmen als Streichwehren errichtet,

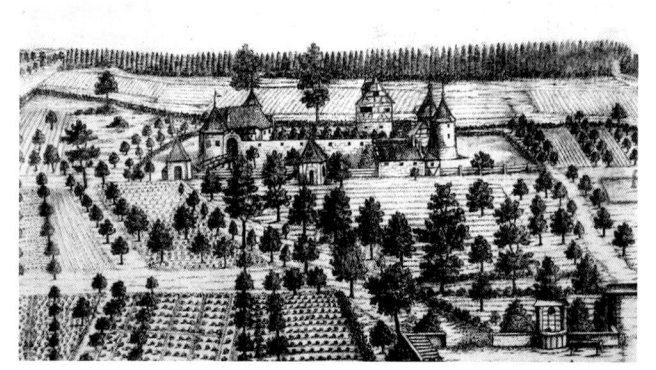

134.2 Hummelstein vor dem Neubau. Radierung von J. A. Boener 1708 nach etwas älterer Vorlage (StadtMN)

134.3 Der Herrensitz Hummelstein, dargestellt auf einer kolorierten Radierung von Johann Adam Klein 1812 (StadtMN)

die den Markgrafen zu einer vergeblichen Klage beim Reichskammergericht provozierte.

1528 war der neue Sitz in der Hand des Dr. Sebald Horneck, der seinerzeit vom Rat mit einem Brennholzrecht privilegiert wurde. Auch diese Nachricht macht deutlich, dass der Sitz kein althergebrachtes, mit Waldrechten versehenes Anwesen war. Auf Horneck folgte durch eine Heirat mit Ursula Horneck der Montanunternehmer Kilian Flentz als Besitzer nach. Er war Mitgesellschafter der Montangesellschaft Flentz & Tramel, die auch das Hüttenwerk am Dutzendteich betrieb. Flentz starb wohl schon vor 1550. Als Witwe erlebte Ursula Flentz im Zweiten Markgrafenkrieg, wie das Schloss am 24. Mai 1552 niedergebrannt wurde.

Die Ruine wurde zunächst nicht wiederaufgebaut. Nach dem Tod der Witwe wurde das zerstörte Anwesen von den Erben an den Nürnberger Bürger und Kaufmann Christoph Freydell/Friedell verkauft. Die Reste des dreigeschossigen, turmartigen Hauptgebäudes wurden abgebrochen und durch einen Bau mit einem massiven Erd- und einem Obergeschoss aus Fachwerk ersetzt, der nicht exakt an der alten Stelle errichtet wurde. Es ist nicht sicher, ob sich die Baunachricht von 1583, nach der der gleichnamige Sohn Freydells beim Waldamt Bauholz zum „vorhabenden gepeus halben zum Hummelstein" beantragt hatte, auf diesen Bau oder auf Nebengebäude bezieht. Der jüngere Freydell verstarb 1591 früh unter Hinterlassung noch minderjähriger Kinder. Deren Vormünder veräußerten Hummelstein im März 1593 an den Gewandhändler Melchior Büttel.

Offenbar war der Neubau unter dem Vorbesitzer nicht gerade hochwertig erfolgt, denn um 1607 war er bereits erheblich baufällig und für Büttels Ansprüche zu klein. Nachdem die ursprünglich geplante Erweiterung vom Waldamt untersagt worden war, wollte Büttel sich 1607 noch mit einem Ausbau des Daches sowie der Erneuerung der Stallungen und der Gärtnerwohnung zufrieden geben. 1613 entschloss er sich dann doch zum Abbruch des Herrenhauses und einem dreigeschossigen Neubau auf dem Grund des 1552 zerstörten Schlosses.

Die Reichsstadt wollte jedoch eine Beschränkung auf eine zweigeschossige Bauweise durchsetzen, da das zweite Obergeschoss des zerstörten Vorgängerbaus angeblich nur aus einem Geschützboden bestand, auf dem vier Kanonen aufgestellt waren. Der Tod Büttels um 1614 und der Ausbruch des 30-jährigen Krieges verhinderten weitere Maßnahmen, die auch von der Erbengemeinschaft eine Zeit lang verfolgt worden waren. Sie einigte sich dann auf eine Überlassung an den Miterben Veit Christoph Büttel, der jedoch um 1625 nach Amsterdam auswanderte. Büttels Schwager, der fürstlich-brandenburgische Rat Christoph Agricola, verheiratet mit Anna Sabina Büttel, erwarb den Sitz als Kurator seiner zwei unmündigen Töchter. Agricola wollte 1639 die Stallungen im Vorhof erweitern lassen. Er hielt sich nicht an Bauvorschriften und stritt viele Jahre lang mit dem Waldamt und dem Rat der Reichsstadt. Die Behörden warfen ihm auch vor, unerlaubte Herdstellen zu betreiben und Grenzsteine versetzt zu haben.

Vermutlich durch Heirat mit Anna Maria Agricola gelangte Georg Waldmann aus Neustadt/Aisch an den Besitz, der ihn, mittlerweile erheblich baufällig, vor 1683 an den Ratsschreiber Johann Wöhrlein verkauft haben soll. 1691 erwarb dann Dr. med. Michael Friedrich Lochner den verkommenen Ansitz. Lochner war ein bekannter Naturforscher, zählte zum Nürnberger Gelehrtenkreis um Johann Christoph Volkamer und wurde später Direktor der Leopoldina, der Kaiserlichen Akademie der Naturforscher in Wien. Der Wissenschaftler legte in Hummelstein zunächst einen kunstvollen Pomeranzen- und Zitronengarten an, wozu auch der Bau einer Orangerie zur Überwinterung der Pflanzen zählte. Bei dieser Gelegenheit wurde erst bekannt, dass die Schweden 1632 im Schlossgarten eine Schanze angelegt hatten, die nun wieder beseitigt wurde. Nachdem Dr. Lochner 1703 einen neuen Pferdestall hatte errichten lassen, beantragte er 1706 den Neubau des Herrenhauses, dessen Baufälligkeit angeblich eine sichere Bewohnung nicht mehr zuließ.

Aus dem Neubau wurde schließlich nur ein umfangreicher Um- und Erweiterungsbau. 1710 folgten eine weitgehende Erneuerung der Ökonomiegebäude und 1720 die des Voithauses.

Mit dem Tod des Bauherrn 1720 fiel Hummelstein an die Tochter Anna Maria, die mit dem Arzt Dr. Christoph Ludwig Göckel verheiratet war. Aus dieser Ehe gingen vier Söhne hervor, die 1759 erbten, aber offenbar selbst keine männlichen Erben hinterließen. Die Witwe des Dr. jur. Heinrich Lorenz Göckel veräußerte das Anwesen 1774 dem Diakon zu St. Lorenz Hieronymus Conrad Wagner. Der neue Besitzer musste 1814 die Beschlagnahme des Schlosses durch das kaiserlich-russische Heer dulden. Die Militärs richteten im Herrensitz eine Pulver- und Patronenfabrik ein, was zu großen Schäden an der Ausstattung führte. Auch der kunstvolle Springbrunnen im Garten soll bei dieser Gelegenheit zerstört worden sein.

Nach Wagners Tod 1820 besaß die Tochter Carolina Maria, verwitwete Balbach, den Herrensitz bis 1855. Der Rostocker Konsul Paul Howitz erwarb ihn und ließ den Herrensitz durch Karl Alexander Heideloff neugotisch umgestalten. Nach Plänen des Baumeisters entstand im Garten auch die historische Kapelle, wo Howitz 1880 bestattet wurde. Die Erbengemeinschaft Howitz verkaufte den Herrensitz schon 1895 an die Stadt Nürnberg, die 1925 beim Schloss einen Schulgarten anlegen ließ. In den Bombennächten des Zweiten Weltkriegs wurde das Hauptgebäude nur begrenzt beschädigt, die Kapelle jedoch 1944 zerstört. Heute unterhält die Stadt im Herrenhaus ein Umweltpädagogisches Zentrum.

Quellen

StAN Rst. Nbg., Waldamt Lorenzi I Nr. 449, ad 1258.

StadtAN E 10/21 Nr. 74.

Gelegenhait, Nr. 1873.

Müllner I, S. 346.

Literatur

KDM Stadt Nürnberg, S. 295 f, mit Grundriss.

Nagel, Friedrich August: Die Herrensitze Lichtenhof und Humelstein (sic!). In: MVGN 38 (1941), S. 125-160 mit Abb. 21-38.

Ruthrof, Renaissance, S. 46 f, mit Stich von Wilder 1810.

Schwemmer, Bavaria Ant., S. 23, 37 f, mit Stich von 1708.

Stadtlexikon Nürnberg, S. 463, 466, Radierung von J. A. Klein 1812.

Umweltpädagogisches Zentrum der Stadt Nürnberg (Hg.): Hummelstein im Wandel der Zeiten. Nürnberg 1997.

134.4 Ansicht des Herrensitzes aus südwestlicher Richtung, Fotografie: G. v. Volckamer um 1894 (StadtMN)

135 Immeldorf

Abgegangener Ministerialensitz

Markt Lichtenau

Landkreis Ansbach

Das sich im 13. Jahrhundert nach Immeldorf bei Lichtenau nennende Geschlecht ist mit den Reichsministerialen von Laufamholz, die einst zur gehobenen staufischen Dienstmannschaft Nürnbergs zählten, identisch. Bruno von Immeldorf scheint 1243 auf; 1273 wird er (oder ein gleichnamiger Verwandter) als Bruder von Heinrich und Konrad von Laufamholz genannt. Der Standort des Ministerialensitzes wurde 1914 bei einem Anwesen mit der alten Hausnummer 5 vermutet, wo eine Wiese noch „Burgstall" genannt wird.

In der neueren Literatur wird dieser „200 m nordwestlich der Kirche auf einem erhöhten Hügel ... zwischen zwei Armen des Büschelbachs" lokalisiert und den Herren vom See zugeordnet. Diese nannten sich nach einem abgegangenen Ort bei Kleinsorheim (Altlandkreis Nördlingen), waren aber wohl kaum die ursprünglichen Besitzer. Als solche sind vielmehr die bereits genannten von Immeldorf anzunehmen, zumal Sifried von Immeldorf 1265 seine Besitzungen am Ort an Wolfram von Dornberg veräußerte.

Dessen Testamentsvollstrecker übergaben 1291 dem Kloster Heilsbronn als Seelgerätstiftung u.a. 10 Güter zu Immeldorf, die Wolfram von Sifrid de Lacu (vom See) gekauft hatte. Zwei Töchter Wolframs waren mit Grafen von Oettingen verheiratet, zu deren Gefolgsleuten Sifrid vom See vermutlich gehörte, was seinen Besitz in Immeldorf erklären dürfte. Die dritte Tochter war mit Gottfried von Heideck vermählt, der anscheinend den Hauptteil der Güter in Immeldorf erhielt und diese 1406 mit Lichtenau an die Rummel verkaufte.

1406 war Immeldorf noch Sitz einer eigenen Vogtei und Gerichtsbarkeit. Erst Hans Rummel, der Inhaber der Herrschaft Lichtenau, verlegte den Gerichtssitz um 1420 auf die Burg nach Lichtenau. Das Ende des Immeldorfer Sitzes könnte schon im Ersten Markgrafenkrieg 1449 gekommen sein, als Markgraf Albrecht Achilles Anfang August in der Nürnberger Herrschaft Lichtenau einfiel und ihre Dörfer niederbrannte. Bei der Erkundung der Landschaft, 1504 vor Ausbruch des Landshuter Erbfolgekrieges vom Rat der Reichsstadt angeordnet, wurde in Immeldorf kein Herrensitz mehr festgestellt.

Quellen

Gelegenhait, Nr. 1652.

NUB Nr. 308, 408, 428, 445, 458.

Schuhmann, Günther / Hirschmann, Gerhard (Bearb.): Urkundenregesten des Zisterzienserklosters Heilsbronn (= VGFG III/3). Würzburg 1957, Nr. 198.

Literatur

Deliciae II, S. 195 f, mit dem irreführenden Hinweis auf die Herren von See.

Der Landkreis Ansbach. Vergangenheit und Gegenwart. Aßling-Pölsdorf 1964, S. 25, 157, mit Lokalisierung auf dem Hügel zwischen den Armen des Büschelbaches.

KDM Ansbach, S. 115.

Kelber, Karl: Chronik des Kirchspiels Immeldorf. Unveröff. Manuskript 1914.

Vahl, Rittersiegel Bd. 2, S. 386.

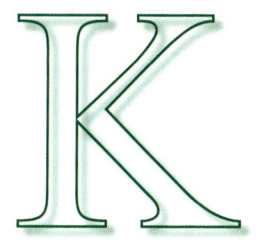

K

136–138 | C6

Kalchreuth

Kalchreuth wurde vermutlich nach 1150 auf altem Reichsgut gegründet, zählte noch im späten 13. Jahrhundert zum Amt Heroldsberg und war bei seiner ersten Erwähnung im Nürnberger Reichssalbüchlein um 1295/97 als Burghut an den Nürnberger Burggrafen Konrad den Frommen ausgegeben. 1298 bestätigte König Albrecht den Burggrafen Johann und Friedrich sowie ihrer Schwester Agnes von Truhendingen auf Bitten ihres Onkels Konrad die Burghut in Kalchreuth als Reichslehen. Wenige Jahrzehnte später verkauften die Burggrafen, die am Ort einen eigenen Amtmann einsetzten, 1342 an Ulrich [II.] Haller Teile von Kalchreuth ausdrücklich als freies Eigen, das Ulrich allerdings schon drei Jahre später den Burggrafen zu Lehen auftrug. Mit dem Erwerb wurden die Haller zum mächtigsten Grundherrn im Dorf Kalchreuth. Durch Erwerb weiterer Höfe und von Zehntrechten bauten sie ihre Position in den folgenden Jahrzehnten weiter aus und sorgten seit dem 15. Jahrhundert auch für die heute noch weitgehend erhaltene, reiche Ausstattung der benachbarten St. Andreaskirche.

Quellen

NUB Nr. 1016, 1073 [9].

Literatur

Gemeinde Kalchreuth (Hrsg.): 700 Jahre Kalchreuth 1298–1998. Ein fränkisches Dorf im Wandel der Zeiten. Konzeption: Bertold Frhr. von Haller. Rödental 1998, S. 22-28, 139 f.

Pilz, Kurt: Kalchreuth und seine Pfarrkirche St. Andreas. In: Erlanger Bausteine 21 (1974), S. 55-152.

Spälter, Otto: Frühe Etappen der Zollern auf dem Weg zur Territorialherrschaft in Franken (= VGFG IX/48). Ohne Ort 2005, S. 568 f, 692.

136.1 Schloss und Kirche von Nordosten auf einer Radierung von J. A. Boener aus dem Jahre 1708 (HallerA)

Kalchreuth I

Herrensitz

Schlossplatz 4

Gemeinde Kalchreuth

Landkreis Erlangen-Höchstadt

Ein Herrenhaus, ein „Sitz" in Kalchreuth wird in den Verkaufs- und Belehnungsurkunden des 13. und frühen 14. Jahrhunderts nicht genannt und bestand damit wohl auch noch nicht. Erst als im Jahre 1395/98 Burggraf Johann die Söhne des verstorbenen Ulrich III. Haller mit Kalchreuth belehnte, wird urkundlich eine „Behausung" erwähnt.

Nach einer Notiz aus der Zeit um 1500 sollen sich aber der „alte" Ulrich Haller († 1357) und seine Kinder wegen „des Grabens, der umb das Schloß geht" verpflichtet haben, den Graben um die Kirchhofmauer nicht zu beschädigen und „mit Bauen und Graben" mindestens sechs Schuh (ca. 1,8 Meter) Abstand zu halten. Trifft die Nachricht zu, muss Ulrich bald nach dem Erwerb von Kalchreuth 1342 mit dem Bau eines Herrensitzes in unmittelbarer Nachbarschaft zur Kirche begonnen haben.

Bei der ersten Beschreibung des Sitzes aus dem Jahre 1425 bestand er aus der Behausung mit Zwinger, Graben, Gärtlein und Stall. Mit dem Dorf Kalchreuth wurde im Ersten Markgrafenkrieg 1449 auch der Sitz stark in Mitleidenschaft gezogen. In den folgenden Jahrzehnten zersplitterter Besitzrechte berichten die Urkunden von „Haus und Burgstall", sodass man vermuten darf, dass der zerstörte Sitz nur teilweise wiederhergestellt wurde. Einzelne Besitzrechte am Ort und am Schloss gelangten auf dem Kauf- oder über den Erbweg in die Hände fremder Familien. 1473 gestattete König Friedrich III. dem Nürnberger Balthasar Pömer eine Verschreibung auf die „Behausung und das (reichslehenbare) Seldengütlein zu Kalkenrewt". Ein Viertel an „Graben und Zwinger" blieben im Besitz von Thomas Haller, der 1476 gegen den Widerstand seines Vetters Jobst einen weiteren Bau errichten wollte, eine zweite, „kleinere Behausung" vermutlich an der Stelle des späteren Südflügels. Nach seinem Tod 1508 gelangte sein Besitzanteil an Hans Truchseß von Wetzhausen, 1528

136.2 Südansicht des Hallerschlosses. Aquarellierte Federzeichnung, vermutlich von Pfarrer C. G. Rehlen, um 1843 (Pfarrarchiv Kalchreuth)

136.3 Aufnahme des Herrensitzes Kalchreuth vor den Umbauten zur Gaststätte. Fotografie: G. v. Volckamer um 1894 (StadtMN)

an Konrad Haller und wurde schließlich für 100 Gulden von Jobst III. Haller aufgekauft, der damit wieder alle Anteile am Schloss in seiner Hand vereinigte.

Das Schloss gehörte seit 1497 Wolf III. Haller, der mit Ursula, einer Tochter des Buchdruckers Anton Koberger, vermählt war. Albrecht Dürer, Kobergers Patensohn, hielt sich in den kommenden Jahren zu Besuch in Kalchreuth auf und zeichnete aus einem der Fenster des Schlosses eines seiner berühmtesten Aquarelle. Angesichts des heraufziehenden Landshuter Erbfolgekrieges öffnete Wolf Haller 1504 seinen Sitz den Dorfbewohnern. Bei dieser Gelegenheit wurde auch der Herrensitz näher beschrieben: Die dreigeschossige „Kemenate" (Herrensitz) war durch Zwinger und Gräben gesichert, nur über eine mit zwei Toren gesicherte Zugbrücke zu erreichen und gut mit Geschützen, Pulver, Blei, Armbrüsten, Spießen und Hellebarden versorgt. In jedem der drei Stockwerke hielt sich Haller eine verschließbare Kammer zurück, die Bauern durften die anderen Räume nutzen, sollten aber die Stiegen, Bänke und Öfen im Schloss nicht zerschlagen. 1517 musste sein Sohn Martin Haller den Sitz der Reichsstadt Nürnberg öffnen, d.h. im Kriegsfall zur Verfügung stellen.

Als 1552 der Zweite Markgrafenkrieg ausbrach, kämpfte der Schlossbesitzer Jakob IV. Haller [vgl. Brand II] aktiv als Reiterfähnrich der „Hauptfahne" gegen den Markgrafen. Obwohl von Kriegsschäden am Herrensitz nichts bekannt ist, führte Jakob mit einem Gesamtaufwand von 1.200 Gulden umfangreiche Bau- und Renovierungsmaßnahmen durch und erweiterte den engeren Schlossbezirk. Von ihm stammte wohl das dritte, in Fachwerk aufgeführte Obergeschoss mit einem Satteldach. Unter Einbeziehung der Zwingermauern errichtete er, vermutlich an der Stelle der „kleineren Behausung" und direkt an den dreigeschossigen Hauptbau anstoßend, den südlichen Querflügel mit einem verputzten Fachwerkobergeschoss. Über dem Rundbogentor ließ er die Jahreszahl MDLX (1560), sein Wappen und das seiner Frau Ursula Letscher anbringen.

Erst im 18. und 19. Jahrhundert kam es erneut zu größeren Baumaßnahmen, nachdem das Schloss den 30-jährigen Krieg (im Gegensatz zu vielen bäuerlichen Anwesen im Ort) weitgehend unversehrt überstanden hatte. Um 1775 wurde auf dem Hauptbau das Satteldach sowie das dritte, in Fachwerk erbaute Obergeschoss abgebrochen und durch ein Mansarddach ersetzt; 1802 wurden die beiden Brücken über den (heute trockenen) Graben erneuert.

Das Schloss blieb im Besitz der Hallerschen Familie, wechselte 1663 an den katholischen Zweig der Sigmundschen Linie in der Oberpfalz und nach deren Aussterben 1779 an den evangelischen Zweig in Nürnberg. Mit dem Ende des Alten Reiches und der Auflösung des Feudalsystems kam es nach 1806 zu einschneidenden Veränderungen: Das Lehensverhältnis des Schlosskomplexes wurde 1819/23 aufgehoben und derselbe freies Eigentum; 1821 ging die niedere Gerichtsbarkeit an den Staat verloren.

Der Herrensitz selbst wurde von den Hallern seit dem 18. Jahrhundert kaum noch genutzt; für ihre seltenen Aufenthalte hatte der Schlossverwalter – er bewohnte das Obergeschoss des angebauten Südflügels – den Hauptbau herzurichten und zu beheizen. 1848 verpachteten, 1850 verkauften die Haller das Schloss an die Familie Wölfel, die ebenfalls nur einen Teil der Räume

136.4 Der ehemalige Herrensitz nach den Umbauten zur Gaststätte mit der neu errichteten Aussichtsplattform. Fotografie: F. A. Nagel 1936 (StadtMN).

selbst nutzte, einzelne Zimmer vermietete und auf größere Baumaßnahmen verzichtete. 1907 erwarb der Flaschnermeister Wilhelm Schenk aus Nürnberg das Schloss um 15.200 Goldmark. Schenk setzte auf den zunehmenden Ausflugsverkehr der Nürnberger und begann sofort mit entsprechenden Modernisierungs- und Erweiterungsmaßnahmen: Fremdenzimmer und „Sommerwohnungen" wurden im Hauptbau wie im Dachgeschoss des Südflügels eingerichtet, eine (nach 1968 wieder beseitigte) Aussichtsplattform geschaffen, Küche und Gastzimmer eingerichtet. Nachdem sich die hoch gesteckten Erwartungen nicht erfüllten, wurde 1923 der seit 1911 bestehende Wirtschaftsbetrieb eingestellt, 1927 das Schloss an Heinrich Sörgel verkauft. Dessen Schwiegersohn Leonhard Böhm erhielt 1929/32 neue Ausschankkonzessionen und konnte den Betrieb erfolgreich fortführen. 1968 erwarb die Familie Scheer Schloss und Gastwirtschaft, die sie renovierten und erweiterten.

Quellen

StAN Rst. Nbg., Salbücher Nr. 296 a/b. Rst. Nbg., Urk. des 7-farbigen Alphabets Nr. 3851. Rst. Nbg., Rechnungen des Markgräflichen Krieges Nr. 95, 96. LRA Erlangen Abgabe 1978 Nr. 2466, 2467.

HallerA Urkunden und Akten Kalchreuth.

Gelegenhait, Nr. 661.

Reg. Imp. Bd. XIII, Nr. 6693.

Literatur

700 Jahre Kalchreuth 1298–1998. Ein fränkisches Dorf im Wandel der Zeiten. Konzeption: Bertold Frhr. von Haller. Rödental 1998, S. 22-45, 61-67, 139-143.

Stadtlexikon Erlangen, S. 402 f.

KDM Erlangen, S. 130 f.

Stadtlexikon Nürnberg, S. 514.

137 — C6

Kalchreuth II

Herrensitz, „Imhoff-" oder „Wölckern-Schlösschen"

Dorfplatz 14

Gemeinde Kalchreuth

Landkreis Erlangen-Höchstadt

Der Nürnberger Bürger Matthäus Sauermann verfügte im späten 15. Jahrhundert in Kalchreuth über mehrere, vom Reich und von den Markgrafen zu Lehen gehende Güter, teilweise wohl aus zuvor Hallerschem Besitz. Im Jahre 1492 soll er einen eigenen Sitz errichtet haben, der 1504 als zweiter Sitz neben dem Herrenhaus der Haller erscheint und 1517 dem Nürnberger Rat geöffnet wurde. Mit den anderen Dorfherren erließ Matthäus Sauermann 1527 eine Gemeindeordnung. Im Zweiten Markgrafenkrieg 1552/53 wurde sein „Herrensitzle verprennt ... in die 600 Gulden wert". Das Schlösschen ist von den Sauermann zumindest notdürftig wiederhergestellt worden. Nachdem die Familie die zugehörigen Güter schon um die Mitte des 17. Jahrhunderts abgestoßen hatte, verkaufte sie auch den Sitz im Jahre 1683 an Friedrich Waldstromer, der aber bald darauf starb.

Von dessen Erben erwarb der Nürnberger Rat 1684 das Schlösschen und ließ auf dem offensichtlich weitgehend intakten Erdgeschoss aus Sandstein ein Fachwerkobergeschoss setzen, um hier eine Försterwohnung einzurichten. Da die Reichsstadt aber die notwendige kaiserliche Belehnung nicht erhielt, veräußerte sie den Sitz an den Nürnberger Ratskonsulenten Dr. Christian Leonhard Leucht weiter, der ihn 1716 an Georg Karl Imhoff verkaufte. Dieser hielt sich häufig in Kalchreuth

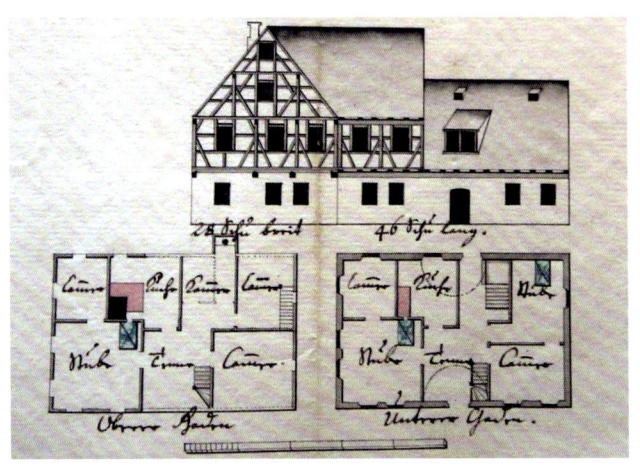

137.1 Grundriss des Vorgängerbaus vor dem Umbau im Jahre 1759. Zeichnung für die Baueingabe beim Waldamt Sebaldi (StAN)

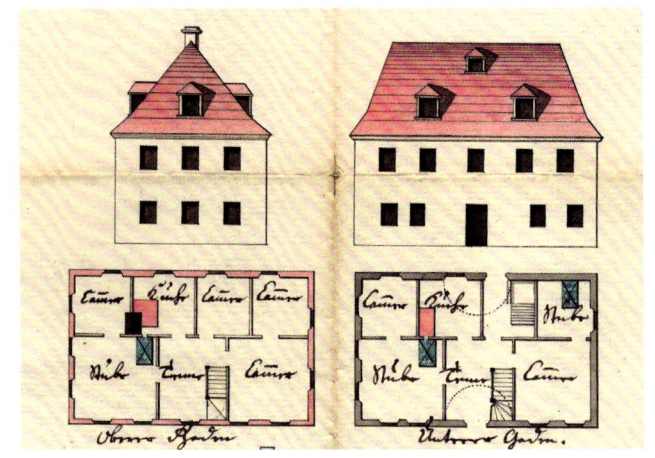

137.2 Planung für den Neubau des Imhoffschen Herrensitzes, 1759 (StAN)

auf, wo er 1719 starb. Sein Sohn Philipp Ernst Imhoff bat 1759 um Bauholz zur Erneuerung seines „baufälligen Wohnhauses"; der beigelegte Plan zeigt Ansicht und Grundrisse des bestehenden wie des geplanten Baus. Das Waldamt entsprach dem Gesuch, das Wohnhaus „weil es sich nicht wol mehr repariren lässt ... nach und nach durchaus zweigädig und von Steinen ... aufzubauen". Die Pläne lassen erkennen, dass das massive Erdgeschoss wohl aus dem 16. Jahrhundert übernommen und nur die Fenster verändert wurden. Das Obergeschoss aus Fachwerk sollte dagegen ganz abgetragen und durch Stein ersetzt werden. Obwohl Größe und Raumaufteilung des 13,8 auf 8,4 Meter großen Gebäudes weitgehend unverändert blieben, entstand nun ein zeitgemäßer barocker Quaderbau mit Walmdach, profiliertem Traufgesims und Dachgauben in den bis heute erhaltenen Formen.

Kaum war der Umbau abgeschlossen, verkaufte Imhoff den Besitz 1763 an die Familie Wölckern. 1845 erwarb das Königreich Bayern den Sitz und richtete in ihm eine Forstdienststelle ein. Heute befindet sich in dem von der Familie Meisel umfassend restaurierten Gebäude ein Hotel.

Quellen

StAN Rst. Nbg., E-Laden Akten Nr. 456. Rst. Nbg., Landpflegamt Gemeindeakten S I, L 571, Nr. 37. Rst. Nbg., Waldamt Sebaldi I Nr. 325 II. Rentamt Erlangen II Nr. 1953, 2351.

HallerA Urkunden und Akten Kalchreuth.

Gelegenhait, Nr. 611.

Literatur

700 Jahre Kalchreuth 1298-1998. Ein fränkisches Dorf im Wandel der Zeiten. Konzeption: Bertold Frhr. von Haller. Rödental 1998, S. 31, 33, 42 f, 67, 141.

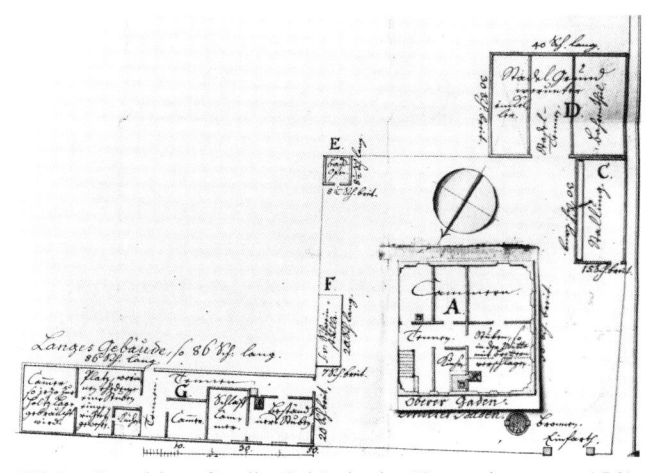

138.1 Grundrisse für die Gebäude des Herrensitzes von 1761, nach einer Reproduktion von F. A. Nagel (StadtMN)

Kalchreuth III

Abgegangener Herrensitz, „Neues Haus" oder „Drachenschloss"

Weißgasse 14

Gemeinde Kalchreuth

Landkreis Erlangen-Höchstadt

In der Weißgasse von Kalchreuth erinnert heute nur noch eine Gartenmauer an den dritten Herrensitz in Kalchreuth, der wegen seiner markanten Wasserspeier seit dem 18. Jahrhundert als „Drachenschloss" bezeichnet wurde und dessen Geschichte bis ins frühe 16. Jahrhundert zurückführt.

Um 1526/30 verkaufte Wolf Hallers ältester Sohn Martin das ererbte Schloss [vgl. Kalchreuth I] an seinen Vetter Jobst III. Haller, behielt aber die Grundherrschaft über mehrere Höfe in Kalchreuth zurück. Martin und Carl Haller (dieser wohnte damals auf dem „Birnhof" in Kalchreuth) begannen 1592 mit dem Bau eines eigenen Herrensitzes, der zunächst als „Neues Haus" in den Quellen erscheint. Ihr Vorhaben mussten sie gegen den Widerstand des Waldamtes (das erst im Jahr 1600 nachträglich die Baugenehmigung erteilte) wie der Kalchreuther Bauern, zuletzt ihrer Vettern durchsetzen, sodass sich die Fertigstellung bis nach 1600 hinzog.

Nach Carl Hallers Tod 1609 fiel das „Neue Haus" an seinen Schwiegersohn Hans Egidius Ayrer und ging 1671 an Anton Heinrich Murus über. Dann wechselten die teils bürgerlichen, teils adeligen Besitzer häufig. 1709 wird das „Schlößlein" beschrieben als „von lauter Quater Stücken". Im Erdgeschoss waren „zwey mit Brettern verschlagene Cammern, ein hübscher großer Dennen, darunter ein mit Quatern gemachter Keller", im 1. Stock zwei Wohnstuben, eine Kammer und eine Küche. Im 2. Obergeschoss gab es „eine schöne große Stuben mit neuen christallenen Fenstern, darinnen ein neugesetzter grüner Kachelofen, daran eine Cammer und Nebenstüblein, welches à parte geheitzet werden kann". Im Dach waren u.a. zwei große „Getraydtböden" eingerichtet.

1726 ließ der damalige Besitzer Johann Leonhard Knorrenschild den zweiten Stock des „Schlößleins" abbrechen, nachdem das Bauwerk durch Salpetergraber beschädigt worden war. Ein Plan von 1761 zeigt den Grundriss des jetzt nur noch zweigeschossigen „Neuen Hauses" sowie den Hof mit allen Gebäuden: Stadel,

K KALCHREUTH III

138.2 Ansicht des „Neuen Hauses" (auch „Drachenschloss").
Fotografie: F. A. Nagel 1932 (StadtMN)

Nebenhaus, Stallung, Backofen und Schweinestall. Im Erdgeschoss des Herrenhauses waren jetzt zwei Wohnungen mit je einer Stube, Küche und Kammer eingebaut, im 1. Stock befanden sich eine weitere Stube, drei Kammern und eine Küche.

Seit dem Umbau von 1726 präsentierte sich das Herrenhaus in schlichten Formen und mit einem steilen Walmdach. Es war massiv aus Sandstein errichtet und besaß im Obergeschoss nach Westen und Norden je vier Fenster. Seit 1761 wurde das „Neue Haus" als Bauernhaus genutzt. Nach jahrzehntelanger Vernachlässigung entschloss man sich 1937 zum Abbruch. Heute steht an seiner Stelle das Gasthaus zum Roten Ochsen.

Quellen

StAN Rst. Nbg., E-Laden Akten, Nr. 359.

HallerA Urkunden und Akten Kalchreuth.

Literatur

700 Jahre Kalchreuth 1298–1998. Ein fränkisches Dorf im Wandel der Zeiten. Konzeption: Bertold Frhr. von Haller. Rödental 1998, S. 36, 67, 141.

Held, Wilhelm: Chronik der Gemeinde Kalchreuth. Unveröff. Manuskript 1953/56 (Kopie im Hallerarchiv), S. 540 ff.

139 B1

Katzwang

Abgegangener Ministerialensitz

Stadt Nürnberg

Mit dem Ritter Waltherus de Kazwanc scheint für 1255 ein vermutlich der niederen Reichsministerialität angehörendes Geschlecht auf, das sich nach Katzwang nannte. Bereits 1297 war der Ansitz des Geschlechts abgegangen und wurde als „Burchstal ze Katzwanch" nebst anderen Gütern von Marquart von Volkolstorf und seinen Söhnen an das Kloster Ebrach verkauft. In den Jahren danach erscheint Katzwang als Hofmark des Klosters und als Sitz eines Klosterrichters. Die Stelle der abgegangenen Burg wurde von einigen Forschern südwestlich des Ortskerns vermutet, entweder in der Nähe der Katzwanger Pfarrkirche oder nach Heinrich Schlüpfinger auf einer Hangterrasse unmittelbar östlich der Rednitzbrücke.

Quellen

Goez, Elke (Bearb.): Codex diplomaticus Ebracensis I. Die Urkunden des Klosters Ebrach 1127–1306. Neustadt/Aisch 2001, Nr. 465.

NUB Nr. 363, 913, 1050, 1044.

Müllner I, S. 358.

Literatur

HAB Schwabach, S. 312.

KDM Stadt Nürnberg, S. 356 f.

Stadtlexikon Nürnberg, S. 527 f.

Ulsamer, Willi (Hg.): 100 Jahre Landkreis Schwabach 1862–1962. Schwabach 1964, S. 332.

140 B4

Kernstein

Abgegangener Herrensitz

Doos

Stadt Nürnberg.

In Doos bestand schon im Mittelalter eine reichslehnbare Mühle, zu der auch ein Fischwasser gehörte. 1428 wurden Ulrich und Hans Ortlieb damit belehnt; letzterer machte zwei Jahre später Konkurs und floh unter Hinterlassung eines Schuldenbergs von 21.000 Gulden aus Nürnberg. Mühle und Fischwasser gingen 1431 an seinen Mitgesellschafter Georg Stromer und im Jahr darauf an Clara geb. Haller, die Frau Hans Ortliebs, die ebenfalls Forderungen an die Konkursmasse hatte.

Toh. Kernstain.

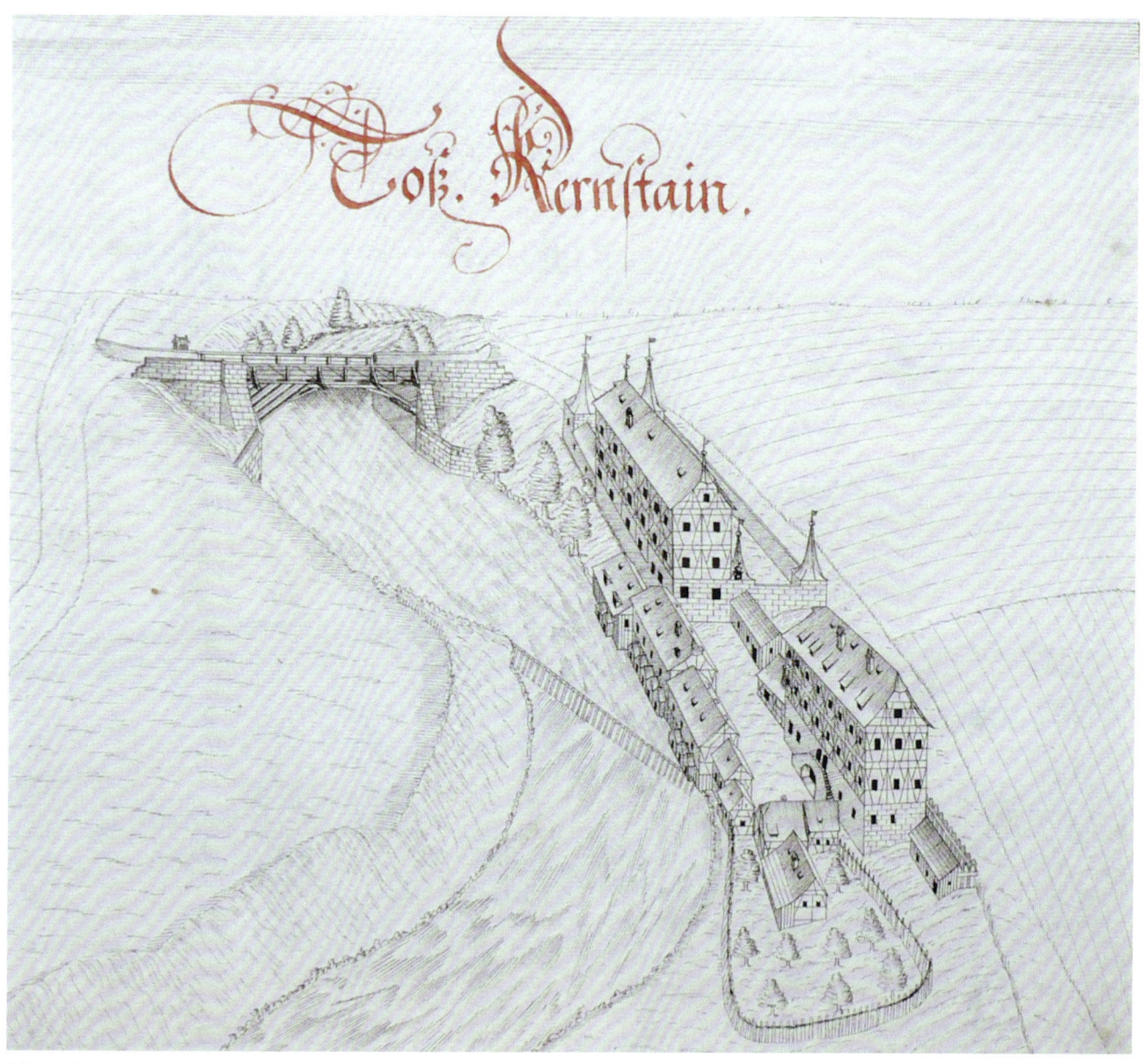

140.1 Der Herrensitz auf einer detailreichen Ansicht im Cnopfschen Skizzenbuch aus den Jahren 1612/14 (HallerA)

1425 musste sie den Gläubigern Paul Stromer und Hartmann Schedel 670 Gulden zahlen, um die Mühle und weiteren Besitz ihres Mannes behalten zu können.

1448, zwei Jahre nach ihrem Tod, verkaufte Hartmann Schedel „die Mühle zu Doß bei der Steinbrücke an der Pegnitz gelegen" an Hans Schürstab den Älteren. Trotz der detaillierten Besitzauflistung wird wiederum kein Herrensitz erwähnt. Eine fünfzig Jahre später vor Ausbruch des Landshuter Erbfolgekrieges 1504 angelegte Liste geht mehrfach auf Doos ein, erwähnt aber ebenfalls nur „hamer oder trotmul" und keinen Sitz.

Das spricht dafür, dass ein befestigter Sitz zum Schutz des inzwischen in Doos eingerichteten Messing- und Lahn-Goldschlaghammers samt Drahtziehmühle tatsächlich erst nach 1504 angelegt wurde. Den Hammer kauften 1497 der Messinghändler Erhard Stöckel, 1530 Hans Stubinger (für 800 Gulden) und 1535 Conrad Zeunlein für 1250 Gulden. Dieser oder schon sein Vorbesitzer dürfte den Herrensitz errichtet haben, denn im Zweiten Markgrafenkrieg wurden 1552/53 neben der Mahl- und Schleifmühle sowie dem Messing- und Eisenhammer auch ein „burgersytz" zerstört und ein auf 5000 Gulden (!) veranschlagter Gesamtschaden verursacht. 1560 erwarb der Nürnberger Kaufmann und Waffenhändler Wolf Kern (1503–1582) von Conrad Zeunlein den Messinghammer „zum Thos bei der steinen Prucken" und ließ „das eingeäscherte Herrnhaus oder Schlößchen von Grunde aus neu erbauen und nannte es Kernstein". Nach seinem Tod fand sich „im untern Saale seines Herrenhauses" eine Waffensammlung, die vom eisernen Streitkolben bis zu zwei neuen Kanonen reichte.

1583 gelangte der Hammer an Hans Flinsch zu Wetzendorf, der ihn 1587 samt dem Sitz seinem Sohn Konrad

K KERNSTEIN

140.2 Ansicht der Dooser Brücke vor dem Sitz nach einer Radierung von Georg Adam, um 1810 (StadtMN)

vermachte, und 1593 an den Nürnberger Ochsenhändler Endres Schurger. Nach einer Federzeichnung im Cnopfschen Skizzenbuch um 1612/14 stand der Kernstein am Hang nördlich der Mühlenanlage als ein langgestreckter dreigeschossiger Fachwerkbau (nur das Erdgeschoss war teilweise massiv), dessen Hof von einer Sandsteinmauer mit vier Ecktürmchen begrenzt wurde. Östlich davon befand sich ein weiteres Gebäude mit zwei Fachwerkgeschossen über einem massiven Sockel, dem auf der Südseite eine Freitreppe vorgelegt war. 1632 wurde ganz Doos mit den Mühlen zerstört. Wann der Herrensitz wieder aufgebaut wurde, ist nicht bekannt.

1728 gehörte der Messinghammer Johann Magnus Volkamer und wurde vier Jahre später an den Kaufmann Christoph Mager verkauft. Dieser ließ ihn zur Spiegelfabrik umbauen, was aber vom Nürnberger Rat verboten wurde. Erst nach Erteilung eines kaiserlichen Privilegs 1751 erwarb der Handelsmann Alexander Grotte die Spiegelfabrik; er war es auch, der 1753 einen massiven Neubau des Herrenhauses errichtete. Nach seinem Tod kam der Kernstein an den Schwiegersohn Carl Gottfried Kießling, der 1785 die durch Hochwasser beschädigte Spiegelfabrik durch einen größeren Neubau ersetzte. Um 1800 war dieser noch Eigentümer des Kernsteins, „welcher Name auch über dem Eingange in Stein gehauen ist"; grundherrschaftlich unterstand Doos damals immer noch dem Nürnberger Spitalamt. Das weitere Schicksal des heute verschwundenen Sitzes ist noch nicht erforscht.

Quellen

StadtAN A 1 Nr. 1435 Juni 1.

StAN, Rst. Nbg., Waldamt Sebaldi I Nr. 291. Rst. Nbg., Heiliggeistspital Nürnberg, Urkunden Nr. 283.

Reg. Imp. Bd. XI, Nr. 7029, 8847, 9177.

Gelegenhait, Nr. 739, 1909.

Müllner I, S. 323.

Literatur

Büchert, Gesa: Die mechanische Herstellung von Glasspiegeln im Landgebiet der Reichsstadt Nürnberg. In: MVGN 85 (1998), S. 85-89.

Centrum Industriekultur (Hg.): Räder im Fluß. Die Geschichte der Nürnberger Mühlen. Nürnberg 1986, S. 278 f, 282-284.

HAB Nürnberg-Fürth, S. 109.

Roth, Johann Ferdinand: Geschichte des Nürnbergischen Handels. 4 Bde., Leipzig 1800–1802. Bd. 2, S. 276 f, Bd. 4, S. 298-300.

Schaper, Christa: Die Beheim. Eine Geschütz- und Glockengießerfamilie in Nürnberg (1350–1600). In: MVGN 51 (1962), S. 168, 196.

Stadtlexikon Nürnberg, S. 219 f, 530 (Kern, Wolf).

Willers, Johannes: Die Nürnberger Handfeuerwaffe bis zur Mitte des 16. Jahrhunderts. Nürnberg 1973, S. 240 f.

141 — G6

Kersbach

Abgegangener Ministerialensitz

Gemeinde Neunkirchen am Sand

Landkreis Nürnberger Land

Wo die große Flussschleife des Kersbachs und der einmündende Weißenbach natürlichen Schutz bot, stand inmitten eines Weihers ein Haus, zusätzlich von Wall und Graben geschützt.

Das Weiherhaus war, wie u.a. aus der Verkaufsurkunde von 1548 zu entnehmen ist, Sitz des Niedervogtes über Güter des Klosters Bergen, das wohl seit dem 14. Jahrhundert von den Sittenbach (Sittenbeck) bewohnt wurde; 1455/56 saß Ulrich II. von Sittenbach zu Kersbach. Hochvogt über die Bamberger Güter am Ort war nach den Pfalzgrafen von 1353 bis 1373 der böhmische König, der mit den Gütern eine Burghut auf dem Rothenberg ausstattete und an die Sittenbach vergab. Der Urkunde von 1548 zufolge fiel nach dem Aussterben der Sittenbeck (1457) die Burghut mit dem Sitz zurück an Herzog Otto II. von Pfalz-Mosbach und gelangte später an die Kurfürsten Ludwig und Friedrich, welche zwischen 1518 und 1525 mit der Burghut Wolf von Mülheim betrauten. Dieser saß zu Neumarkt und konnte für die wenigen Aufenthalte auf seinen Besitzungen sein Wohnrecht auf dem Rothenberg nutzen. 1548 verkaufte er um 340 Gulden an Hans Joachim Stiebar von Buttenheim – die Familie besaß seit 1522 auch Vorra [vgl. Vorra] – sein Burggut „mit dem Wall, darauf etwan ein Haus gestanden, dem Graben darum und was dazu gehört", darunter eine „Weiherwiese", die wohl noch an das „Weiherhaus" erinnert. Als Hans

Joachim Stiebar nur sieben Jahre später Cuntz Petzold dem Älteren einen Teil des Gutes übergab, war bereits der Wall abgetragen, der Graben zugeschüttet, und an der Stelle der Sitzes hatte sich Cuntz Petzold ein Bauernhaus errichtet. Die zugehörigen Güter dienten zu einem kleinen Teil als wirtschaftliche Grundlage des Hofes, waren sonst parzelliert und an mehrere Einwohner von Kersbach gegen Zinsabgaben vergeben. Die ehedem zum Sitz gehörenden beiden Höfe in Kersbach erscheinen später unter der Bezeichnung „Weiherhaus" und „Weiherbauernhof", das ehemalige Weiherhaus noch 1597 (obwohl längst verschwunden) als „Sitz oder Herrenhaus". Noch 1620 wurden die „Voitsgründe" erwähnt, die „etwan vom alten Schloß Kerschbach vererbt worden".

Quellen

BayHStA Gerichtsurkunden Rothenberg Nr. 53.

StAN Rst. Nbg., Kloster Engelthal Urk. Nr. 102.

StAAm Ganerbschaft Rothenberg,Nr. 354. Lehenhof Nr. 475.

StadtALauf Spital-Urk. 80.

Literatur

Adamski, Margarete: Kersbach am Rothenberg. In: MANL 44 (1995), Sonderheft 43, S. 18, 30, 32, 39 f, 48-50, 71-74.

HAB Lauf-Hersbruck, S. 77.

Heinz, Walter: Ehemalige Burgen im Umkreis des Rothenbergs, 1. Teil (= Von Rothenberg und seinem Umkreis, Heft 15/1). Schnaittach 1992, S. 7-10.

Ambronn, Karl-Otto: Landsassen und Landsassengüter des Fürstentums der Oberen Pfalz im 16. Jahrhundert (HAB Altbayern, Reihe II, Heft 3). München 1982, S. 107 f.

Voit, Pegnitz, S. 231-234.

142-144 H6

Kirchensittenbach

Kirchensittenbach erscheint im baierischen Salbuch um 1275 mit mehreren Anwesen, die aber zum Grundbesitz der Propstei Hersbruck gehörten. 1289 trat mit Rudker von Sickenbach erstmals ein Angehöriger der Ministerialenfamilie auf, die sich vermutlich nach Kirchen- und nicht nach Altensittenbach nannte. Sie errichtete wohl schon bald einen kleinen Sitz, der anscheinend mit dem 1360 erwähnten „alten Burgstall" identisch war und an der Stelle der ab 1498 so genannten „Glashütten" stand [vgl. Kirchensittenbach I].

Der Besitz der von Sittenbach (auch Sittenbeck) ging vor 1350 an die Erlbeck über, die wahrscheinlich etwas nördlich davon auf der Insel im heute noch bestehenden Wassergraben einen neuen Sitz erbauten [vgl. Kirchensittenbach II]. Als die Tetzel 1569 Kirchensittenbach erwarben und eine geschlossene Grundherrschaft erlangten, wurde er als sehr baufällig beschrieben; im 17. Jahrhundert dürfte er abgebrochen worden sein.

Schließlich ließ 1590 bis 1595 Jobst Friedrich Tetzel an der Stelle der ehemaligen „Glashütte" das so genannte „Tetzelschloss" errichten, das heute noch wohl erhalten ist [vgl. Kirchensittenbach III].

Die hier und im Folgenden vorgetragene ältere Geschichte und Lokalisierung der Herrensitze I und II entspricht dem gegenwärtigen Stadt der Forschung, die sich wiederum auf ältere Traditionen stützt. Eine kritische Überprüfung derselben sowie eine gründliche Auswertung der Quellen könnten durchaus zu anderen Ergebnissen führen.

Literatur

Geiger, Rudolf / Voit, Gustav (Hg.): Hersbrucker Urbare (= Schriftenreihe der ANL Bd. 15). Nürnberg 1965, S. 30, 89.

HAB Lauf-Hersbruck, S. 20, 41, 77.

Schwemmer, Wilhelm: Altnürnberger Herrensitze. Schloss und Dorf Kirchensittenbach. In: MANL 23 (1974), Heft 3, S. 37-52.

Stadtlexikon Nürnberg, S. 539.

Voit, Grundherrschaften, S. 44.

142 H6

Kirchensittenbach I

Abgegangener Ministerialensitz, „Glashütte"

Schloss 1

Gemeinde Kirchensittenbach

Landkreis Nürnberger Land

Als im Jahre 1569 Claus Erlbeck an „seinen lieben Freund" Jobst Tetzel seine Besitzungen zu Kirchensittenbach verkaufte, befand sich unter den Erwerbungen auch „eine öde Hofstatt zu einem Köblersgütlein gehörig Glashütten genannt". Nach einem Vertrag mit der Stadt Nürnberg vom folgenden Jahr war das Gütlein damals eine unbebaute, öde Hofstelle von lediglich ca. 18 Meter Breite ohne jedes Zubehör, auf dem nur noch vier bis fünf alte Obstbäume standen. Allerdings wiesen Spuren eines Wassergrabens auf „ein vor langen gewesen burckhstatt, darinnen dem Hörensagen nach vor Zeiten ein Asyl für Totschläger gewesen sein soll".

Ein heute verschollener Plan Kirchensittenbachs aus dem Jahre 1569, der nur noch durch eine Kopie aus dem 19. Jahrhundert überliefert ist, zeigte „die Glashütte" unterhalb des Schlossweihers direkt neben dem

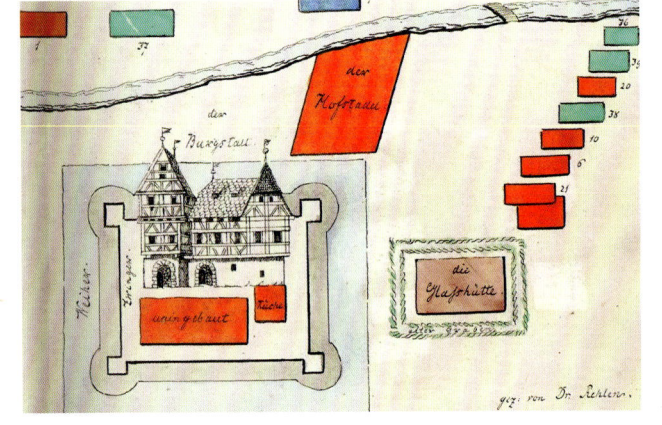

142.1 „Burgstall" und „Glashütte" auf einem Ortsplan 1569 nach einer Kopie von Dr. C. G. Rehlen 1847 (StadtAN)

alten Herrensitz der Erlbeck und etwa an der Stelle des heutigen Schlosses [vgl. Kirchensittenbach III]. Wahrscheinlich handelte es sich bei der bescheidenen, von einem Graben umzogenen rechteckigen Anlage um den ältesten Sitz in Kirchensittenbach, der schon von den Ministerialen von Sittenbach im 13. oder frühen 14. Jahrhundert angelegt und von den Erlbeck nach dem Bau des eigenen Herrensitzes aufgelassen oder vorübergehend als Glashütte (?) genutzt wurde.

Der Burgstall „Glashütte" war anscheinend der letzte Rest erkennbaren Reichsbesitzes in Kirchensittenbach, den Kaiser Maximilian II. noch 1570 an Jobst Tetzel als Eigentum übertrug, da die Hofstatt „ob ihrer Öde" die Taxgebühren „nit mehr wert" war. Dem Reichslehengut Glashütte begegnen wir 1498, als Haug Erlbeck von König Maximilian I. mit dem Gut seines Vaters Cuntz Erlbeck belehnt wurde, das vor vier Jahren an ihn und seine Brüder gefallen war. Weitere Belehnungen durch Kaiser Karl V. erfolgten 1524 für Sebastian und Wolfgang Erlbeck und durch Ferdinand II. 1559 für Sebastian Erlbeck nach dem Tod seines Bruders. Wenig später befand sich das Gut in der Hand von Claus Erlbeck.

1579 wurde die Glashütte nochmals erwähnt, als nach dem Tod Jobst Tetzels dessen Söhne die Güter aufteilten. Jobst Friedrich Tetzel erhielt „den alten Burgstall, die Glaßhütten genannt, samt umgebenden Graben, Hofraite und Garten, wie sie von Claus Erlbeck erkauft wurde". Auf dem Gelände „an der Stelle des Glashüttenhofes" ließ Jobst Friedrich Tetzel nach 1590 sein „großes Schloss" erbauen [vgl. Kirchensittenbach III].

Quellen

StadtAN E 22/I Nr. 42, 47, 60, 69, 87.

Literatur

Schwemmer, Wilhelm: Altnürnberger Herrensitze. Schloss und Dorf Kirchensittenbach. In: MANL 23 (1974) Heft 3, S. 38 f, 41-43, 50.

143 H6

Kirchensittenbach II

Abgegangenes Herrenhaus

Schloss 1

Gemeinde Kirchensittenbach

Landkreis Nürnberger Land

Auf einem heute verschollenen Plan des Dorfes Kirchensittenbach aus dem Jahre 1569 erkennt man inmitten eines Weihers und umgeben von einem (rechteckigen) Zwinger mit Eckbastionen einen Herrensitz mit zwei Fachwerkgiebeln (ein Ölbild im Schloss zeigt denselben Zustand, allerdings spiegelverkehrt!). Der Weiher mit einer Insel – dem Platz des alten Sitzes – hat sich bis heute nur wenige Meter nördlich vom Schloss Kirchensittenbach entfernt erhalten.

Das Herrenhaus bestand aus zwei getrennten, nur etwa 60 bis 75 cm von einander entfernten Baukörpern, „Kemenaten", die auf der Abbildung von 1569 deutlich an ihren beiden Zugängen zu erkennen sind. Die erste besaß einen Sandsteinsockel und darauf ein Stockwerk „loses, baufälliges Zimmer". Auch die andere Kemenate „ist von Steinwerk ... zwiegädig, darauf noch ein Gaden von dünnem Gemäuer ... Beide Kemenaten waren mit Schindeln eingedeckt, die „allbereit ... faul sein", wie überhaupt „die Gebäu sonst auch baufällig, daß nit viel Gutes daran ist".

Diesen „Sitz und Edelmannshaus" mit zwei baufälligen Kemenaten, mit Zwingern, Mauern, Türen und Toren, Brücke, Wassergraben, Weiher und weiterem Zubehör verkaufte im Jahr 1569 Claus Erlbeck zu Sinning (bei Neuburg an der Donau) an Jobst Tetzel. Sitz und Grundherrschaft waren zuvor über viele Jahrzehnte

143.1 Der alte Herrensitz der Erlbeck (die Gebäude stimmen mit Abb. 142.1 spiegelbildlich überein!), nach einer Darstellung des 19. Jahrhunderts (StadtAN)

in der Hand zweier Linien der Erlbeck gewesen: Erst 1564 hatte Claus Erlbeck nach dem Tod seines Vetters Sebastian den Anteil seiner minderjährigen Nichten um 2.100 Gulden aufgekauft und den Besitz am Herrenhaus und im Dorf wieder in seiner Hand vereinigt. Dies erklärt die beiden Kemenaten mit ihren jeweils eigenen Zugängen. Offensichtlich waren die Gebäude allerdings seit längerem nicht mehr bewohnt – Sebastian Erlbeck wohnte als Ganerbe und Burggraf auf dem Rothenberg, als pfälzischer Landrichter in Amberg und starb schon 1563. Claus Erlbeck war damals Pfleger in Reichertshofen (südlich von Ingolstadt) und offensichtlich bereits seit längerem an der Donau ansässig, da die Hofmark Sinning seit 1542 im Besitz der Familie war.

Zum Zeitpunkt des Verkaufs 1569 waren die Erlbeck schon über 200 Jahre in Kirchensittenbach begütert [vgl. Kirchensittenbach I]. Vor 1350 hatten sie von den Ministerialen von Sittenbach die Güter in Kirchensittenbach erworben. Bei der Erkundung der Landschaft vor Beginn des Landshuter Erbfolgekriegs 1504 wird in Kirchensittenbach ausdrücklich ein Sitz „der Erllpecken" genannt. Obwohl der Sitz den Zweiten Markgrafenkrieg unbeschadet überstand, war er 1569 in so schlechtem Zustand, dass Jobst Tetzel auf eine Instandsetzung verzichtete. Stattdessen ließ er gegen das Dorf zu neue Gebäude aufrichten, darunter das sogenannte „Kleine Schloss".

Laut Testament des Jobst Tetzel sollte der Besitz ungeteilt bleiben. Reibereien zwischen den beiden Söhnen Karl und Jobst Friedrich führten jedoch schon 1579 „zur Aufteilung der Burgställe und übrigen Güter" zu Kirchensittenbach. An Karl fiel der „alte Burgstall" (der Erlbeck) „samt seinem Gebäu und Steinwerk samt dem Weiher", Jobst Friedrich erhielt den „alte(n) Burgstall, die Glashütte genannt, mit dem Graben umgeben, samt der Hofreit und daran liegenden Garten".

Über das weitere Schicksal des alten Erlbeckschen Herrensitzes sind wir nicht unterrichtet. Ein Abbruch durch Jobst Friedrich beim Neubau des heutigen Schlosses in den Jahren ab 1590 ist auszuschließen, da sich der Burgstall in der Hand seines mit ihm verfeindeten Bruders Karl Tetzel befand. Die jahrelangen gerichtlichen Auseinandersetzungen haben Karl Tetzel 1597 bewogen, nach Vorra auszuweichen [vgl. Vorra I] und daher wohl auf Instandsetzung oder Wiederaufbau des ererbten Herrensitzes zu verzichten.

Vermutlich noch im 17. Jahrhundert wurde der alte Sitz abgerissen. An seiner Stelle entstand in der Barockzeit ein Ziergarten mit Springbrunnen. Die Fundamente der

143.2 Blick auf die Stelle des abgegangenen Wasserschlosses von Nordwesten. Fotografie: F. A. Nagel 1910 (StadtMN)

rechteckigen Anlage sind noch heute von einem Wassergraben bzw. Weiher umgeben, über den vom „Neuen Schloss" her eine eiserne Brücke führt.

Quellen

StAN Rst. Nbg., D-Laden Akten Nr. 1150. Rst. Nbg., D-Laden Urkunden Nr. 825.

StadtAN E 22/II Schublade LXIV Nr. 1, 8, 13; Schublade LXXXI.

Gelegenhait, Nr. 902.

Literatur

Alberti, Volker / Baumann Lorenz / Holz, Horst: Burgen und Schlösser in Hersbruck und Umgebung. Oberes Pegnitztal (= Adelssitze in Franken Bd. 3) S. 22–27.

HAB Lauf-Hersbruck, S. 20.

KDM Hersbruck, S. 204–209.

Schwemmer, Wilhelm: Altnürnberger Herrensitze. Schloss und Dorf Kirchensittenbach. In: MANL 23 (1974), Heft 3, S. 38 f, 41-43, 47, 50.

144 — H6

Kirchensittenbach III

Herrensitz „Großes Schloss" oder „Tetzelschloss"

Schloss 1

Gemeinde Kirchensittenbach.

Das „Neue Schloss" wurde 1590 bis 1595 von Jobst Friedrich Tetzel ca. 50 Meter südwestlich des alten Herrensitzes der Erlbeck [vgl. Kirchensittenbach II] auf dem Gelände des Alten Burgstalls [vgl. Kirchensittenbach I] errichtet. Bauplanung und Bauleitung des Schlosses lag mit hoher Wahrscheinlichkeit bei dem Nürnberger Ratsbaumeister Wolf Jakob Stromer, der mit Tetzel befreundet war.

Das Schloss zeigt sich noch heute in nahezu unverändertem Zustand. An den dreigeschossigen Sandsteinbau fügt sich nordwestlich rechtwinkelig ein ebenfalls dreigeschossiger Flügel an; beide sind mit Satteldächern und Schleppgauben versehen. Im einspringenden Winkel vermittelt ein achteckiger Treppenturm mit Kuppelhelm und Spindeltreppe den Zugang vom Innenhof in die oberen Stockwerke. Im Erdgeschoss liegt eine – später abgeteilte, im Zuge der jüngsten Sanierungen aber wieder geschaffene – große Halle, im 2. Obergeschoss ein repräsentativer Saal. In den meisten Räumen sind heute noch die originalen Spund- und Balkendecken erhalten. Zwei Seiten des Hofes werden von einer Mauer mit Satteldach umfriedet. Über dem Rundbogenportal ist ein Stein mit den Wappen Jobst Friedrich Tetzels und seiner beiden Frauen aus den Familien Groland und Schlüsselfelder sowie die Jahreszahl 1590 angebracht. Die Schlossanlage wurde von seiner Witwe Anna durch Bau des Voitenhauses und der Nebengebäude – Stallung, Waschhaus und Schupfe – vollendet; den ganzen Schlosskomplex ließ sie durch eine ebenfalls heute noch erhaltene Mauer umgeben. Eine weitere Umfriedung mit vier schräg gestellten Ecktürmen war von ihr um das Schloss geplant, kam jedoch nicht zur Ausführung.

1612 gelangte das Schloss in den Besitz der vom Erbauer begründeten Jobst-Friedrich-Tetzel-Stiftung, der es noch heute gehört. Unter Ausschluss von Katholiken wie der ihm verhassten Linie seines Bruders Karl hat Jobst Friedrich die Verwaltung der Stiftung durch die ältesten männlichen Mitglieder aus den Familien Tetzel und Schüsselfelder angeordnet. Die Administratoren hatten Wohn- und Nutzungsrecht im Schloss Kirchensittenbach, Veräußerungen von Stiftungsgütern waren ihnen dagegen untersagt. Nach dem Aussterben der „Stifterfamilien" sollten die Volckamer, Groland, Rummel und Stockamer nachrücken, danach das Los entscheiden.

Die Verwaltung der Stiftung übernahm zunächst Tetzels Witwe Anna, eine geborene Schlüsselfelder, nach ihrem Tod 1640 ihr Neffe Willibald Schlüsselfelder. 1709 war auch seine Familie erloschen. Ihr folgten daher die Volckamer, ab 1729 (die Groland, Rummel und Stockamer waren inzwischen ebenfalls ausgestorben) im Wechsel zunächst mit den Pfinzing (erloschen 1764), ab 1780 mit den Behaim. Nach dem Aussterben

144.1   Das Schloss Kirchensittenbach mit dem Burgstall des Erlbeckschen Sitzes auf einem Kupferstich von C. M. Roth aus dem Jahre 1759 (StadtA Lauf)

144.2 Ansicht von Nordosten. Fotografie: G. v. Volckamer um 1894 (StadtMN)

der Behaim (1942) rückte die Familie von Stromer nach.

Die finanziell gut ausgestattete Stiftung konnte 1736/37 nach dem Erlöschen der Linie Karl Tetzels deren Besitzungen in Kirchensittenbach um 20.000 Gulden aufkaufen und nach 158-jähriger Teilung die Güter in ihrer Hand vereinigen. Schon 1698 war das erst um 1620 errichtete Voitenhaus abgebrochen und durch einen Neubau ersetzt worden. 1701 plante man das Schloss mit einem wassergefüllten Graben zu umgeben.

Im Jahre 1777 wurden umfangreiche Reparaturen vorgenommen, nachdem tragende Bauteile verfault waren und die obere Stube nicht mehr genutzt werden konnte. 1822 bis 1825 wandte der Stiftungsadministrator von Volckamer über 16.000 Gulden für die Instandsetzung und Modernisierung des Schlosses auf; der große Saal im zweiten Obergeschoss (später Tetzel-, dann Rittersaal genannt) wurde neu eingerichtet und mit Stuckdecken versehen. Einer weitreichenden Modernisierung des ersten Obergeschosses in den neunziger Jahren des vergangenen Jahrhunderts schloss sich unter dem Administrator Dr. Volker von Volckamer eine noch 2006 anhaltende, umfassende Sanierung des gesamten Schlosses an.

Quellen

StadtAN E 22/II Schublade VIII Nr. 1b, Schublade XIV Nr 1.

Literatur

KDM Hersbruck, S. 204-209.

Ruthrof, Renaissance, S. 65 f.

Schwemmer, Wilhelm: Altnürnberger Herrensitze. Schloss und Dorf Kirchensittenbach. In: MANL 23 (1974), Heft 3, S. 43, 45-50.

145

Kleingeschaidt

Herrensitz, heute „Schlossbauernhof"

Kleingeschaidt 25

Markt Heroldsberg

Landkreis Erlangen-Höchstadt

Kleingeschaidt war Teil des Reichsgutes um Heroldsberg und gelangte im Laufe des 14. und 15. Jahrhunderts geschlossen in die Hand Nürnberger Bürger. Am Ort befand sich eine Erbforsthube, als deren Besitzer die Holzschuher, Reich, Harsdörfer und Pfinzing genannt werden, zuletzt (um 1700) die Oelhafen.

Auf dem Boden der Erbforsthube wurde angeblich schon 1417 an der Stelle eines älteren Vorgängerbaus ein Sitz errichtet. Er wird aber bei der Erkundung der Nürnberger Landschaft vor dem Landshuter Erbfolgekrieg 1504 nicht erwähnt. Im Verlauf der Kampfhandlungen wurden Klein- und Großgeschaidt geplündert, aber nicht niedergebrannt. Von Schäden in Folge des Zweiten Markgrafenkrieges lesen wir dagegen nichts, was umso mehr erstaunt, als die meisten benachbarten Sitze [vgl. z.B. Heroldsberg, Nuschelberg, Oedenberg] verbrannt wurden.

Sichere Nachricht von einem Herrensitz erhalten wir erst aus dem Jahre 1614, als Christoph Pfinzing die „alte Behausung" abtragen ließ und bis 1618 neu errichtete. Nach seiner Beschreibung war der Vorgängerbau quadratisch mit Seitenlängen von knapp 16 Meter, was an den bekannten Weiherhaustypus erinnert [vgl. z.B. Fischbach IV]. Das Herrenhaus war nur teilweise zweistöckig, das Erdgeschoss an einen Pachtbauern vermietet, das Obergeschoss barg die Wohnung für den Inhaber der Forsthube. Christoph Pfinzing verlängerte den Bau auf rund 18 Meter und führte ihn „von neuen mit Steinen bis unter Dach" auf. Der zweigeschossige Sandstein-Quaderbau mit Spitzgiebel, Rundbogenportal und Satteldach zeigt noch die Bauinschrift SOLI DEO GLORIA 1618.

Der Herrensitz kam über die Oelhafen an die Welser und wurde 1747 an Bauern verkauft. Die größeren Teile der einstigen Kassettendecke mit reich geschnitztem Rankenwerk und das Decken-Hauptgemälde sowie der wertvolle Barockofen (der sogenannte „Löwenofen") befinden sich heute im Gelben Schloss in Heroldsberg [vgl. Heroldsberg IV]. Der Giebel wurde vor 1963 nach einem Dachstuhlbrand erneuert; dieser Maßnahme fielen leider die Zierobelisken zum Opfer, die bis dahin die Geschossteilung angedeutet hatten.

Quellen

StadtAN E 13/III Nr. A 107 ff.

StBBa MvO, Bd. 60 fol. 25.

Gelegenhait, Nr. 658.

Müllner I, S. 331; III, S. 311, 331.

Literatur

KDM Erlangen, S. 132.

Ruthrof, Renaissance, S. 78 f, 85.

Voit, Gustav: Zwei Schadenslisten aus dem Baierischen Erbfolgekrieg 1504/1505. In: MVGN 65 (1978), S. 177, 205.

146 — C2

Königshof

Herrensitz

Marthweg 129

Stadt Nürnberg

145.1 Herrenhaus in Nord-Ostansicht. Fotografie: F. A. Nagel 1933 (StadtMN)

145.2 Ansicht des Ostgiebel. Fotografie: F. A. Nagel 1933 (StadtMN)

Den prominenten Namen trägt der Herrensitz nach seiner Lage am Großen Königsweiher, an dessen Ostufer der Sitz nach 1814 auf einer leichten Anhöhe errichtet wurde. Der Königsweiher, mit 108½ Morgen größer als der Dutzendteich, gehörte bis 1812 zum Gutskomplex Weiherhaus, den die Gebrüder Oelhafen von Schöllenbach von der Witwe des hochverschuldeten Nürnberger Ratsmitglieds und Baumeisters Karl Wilhelm Welser von Neunhof erworben hatten [vgl. Weiherhaus bei Pillenreuth. Die Oelhafen waren bereits Besitzer umfangreicher Güter und mehrerer Herrensitze um Nürnberg [vgl. Eismannsberg III und IV, Mögeldorf VI, Oberschöllenbach II]. Der umfangreiche Gutskomplex Weiherhaus wurde von ihnen kurz nach dem Erwerb zerschlagen, die Weiher trockengelegt und einer rentableren landwirtschaftlichen Nutzung zugeführt.

Der „Herrensitz" diente der Bewirtschaftung der neu gewonnenen landwirtschaftlichen Flächen und wurde daher von Paul Christoph von Oelhafen als einfacher, eingeschossiger Sandsteinquaderbau mit Satteldach und Giebelfachwerk errichtet. Der repräsentative Fachwerkerker über dem Eingang ist eine späte Zutat des 20. Jahrhunderts. Herrschaftlich wirkt die Gartenanlage, die in symmetrischen Formen östlich des Herrenhauses angelegt wurde.

146.1 Ansicht des Herrenhauses mit dem erst im frühen 20. Jahrhundert aufgesetzten Fachwerkzwerchhaus. Fotografie: F. A. Nagel 1933 (StadtMN)

Der Hof wurde zunächst an die Familie Ströbel aus Reichelsdorf verpachtet. Als Besitzer folgte nach 1852 der Nürnberger Spielwarenfabrikant Röhser, der den Hof erweiterte. 1906 stattete Oskar Weigel aus Nürnberg das Erdgeschoss im altdeutschen Stil mit Holzvertäfelungen aus. Bis heute wird das Gut landwirtschaftlich genutzt.

Literatur

Alberti, Volker / Boesch, Toni: Herrensitz Weiherhaus. In: MANL 39 (1990), Sonderheft 39, S. 58 f.

Alberti, Volker / Boesch, Toni / Holz, Horst: Burgen, Schlösser und Herrensitze in Kornburg und Umgebung (= Adelssitze in Franken Bd. 5). Kornburg 2005, S. 83 f.

KDM Stadt Nürnberg, S. 363.

Stadtlexikon Nürnberg, S. 553.

147 N

Kontumazgarten

Abgegangener Herrensitz, „Vargethschloß" (Abbruch nicht datiert)

Praterstraße 5-13

Stadt Nürnberg

Schon im Spätmittelalter entstanden westlich der Stadt zahlreiche bürgerliche Gartenanwesen. Am Fuhrweg, der östlich der Kleinweidenmühle zum Spittlertor führte, lag unmittelbar an der Kontumazanstalt, einer Quarantänestation für in Seuchenzeiten ankommende Reisende und Güter, ein großes Gartenanwesen, das wohl einst im 15. Jahrhundert den Holzschuhern gehört hatte und 1531 bei Endres Geuder war. Im Zweiten Markgrafenkrieg erlitt die Bebauung das Schicksal aller Anwesen vor der Stadtbefestigung und wurde 1552 niedergerissen, da der heranrückende Feind keine Deckung finden sollte.

Der Garten erlebte in der Zeit danach häufige Besitzwechsel. Wohl einige Zeit vor 1590 erwarben ihn die italienischen Kaufleute Frane und Francesco Franchi. Unter ihrem Nachfolger Paul Seidenschuher wurde 1592 ein repräsentatives Herren- und ein Voithaus auf dem Anwesen überliefert, die vermutlich beide von der Familie Franchi gebaut worden waren. Im Garten soll es sogar einen unterirdischen, in den Fels geschlagenen Gang zu einem Wasserwerk gegeben haben, das zum Betrieb von Fontänen und diverser Wasserspiele diente.

Um die Mitte des 17. Jahrhunderts kam der Herrensitz an den Kaufmann Georg Vargeth. Der sehr wohlhabende Unternehmer ließ nicht nur 1669 das im Garten errichtete Herrenhaus, auch „Langhaus" genannt, erheblich ausbauen, sondern zur besonderen Zierde des Anwesens auch ein kleines, ca. 6 auf 6 Meter in der Grundfläche großes Weiherhaus im Stil des italienischen Manierismus. Dessen Gestalt hat uns der bekannte Zeichner Johann Andreas Graff, Ehemann der Maria Sybilla Merian, überliefert. 1676 war Georg Vargeth offenbar in profanerer Stimmung und richtete in seinem Anwesen eine Pottaschenfabrik zur Pulverfabrikation ein. Vargeth beschäftigte den Naturforscher David Schwämmlein, der hier seine „Probier- und Chymische Kunst" etablierte.

Vor dem Juni 1701 erwarb der bekannte Astronom und Kaufmann Johann Philipp von Wurzelbau (auch Wurzelbaur), Mitglied der Preußischen Akademie der Wissenschaften, das Vargethschloss und ließ zumindest einen Teil der kunstvollen, jedoch von der Witterung sehr beeinträchtigten Annexe des Weiherhauses, eine werksteinerne Altane und eine Galerie, abbrechen. 1702 sollte das Herrenhaus durch einen Umbau des Treppenturms verändert werden. Unter dem 1725 verstorbenen Gelehrten und seinem Sohn Johann Friedrich wurden offenbar die Mieteinnahmen optimiert und in den verschiedenen Gebäuden, selbst im Herrenhaus, zahlreiche Zinswohnungen untergebracht, ein Umstand, der vom Waldamt auf Grund der nur begrenzten Wald- und Feuerrechte argwöhnisch beobachtet wurde.

1734 übernahm der Handelsmann Hans Degenkolb das Anwesen. Zu seiner Zeit wurde das Herrenhaus als dreigeschossig beschrieben. Im Erdgeschoss barg es einen Gartensaal und das schon früher genannte Wasserwerk. Im ersten Obergeschoss befanden sich herrschaftliche Wohnstuben. Das zweite Obergeschoss war an Zinsleute vermietet. 1734 existierte auch noch das kunstvolle kleine Weiher- oder Lusthaus im Gartenweiher.

147.1 Ansicht des „welschen" Weiherhäusleins oder kleinen Herrenhauses, Stich von J. U. Krauß nach einer Zeichnung von J. A. Graff von etwa 1685 (StAN)

Zur Zeit der Eingliederung der Reichsstadt ins Königreich Bayern um 1806 wurde das Anwesen in mehrere Einzelteile zerschlagen. Der Gartenanteil mit dem Herrenhaus befand sich 1829 im Besitz eines Georg Kretschmann. 1860 war der Kaufmann und Marktvorsteher Christian Merk Eigentümer. In der Zeit danach fiel es schließlich dem Bauboom der Gründerzeit zum Opfer. 1930 war von den Gebäuden und Gartenanlagen nichts mehr erhalten.

Quellen

StAN Rst. Nbg., Waldamt Lorenzi I Nr. 441.
StadtAN E 10/21 Nr. 2, 17.

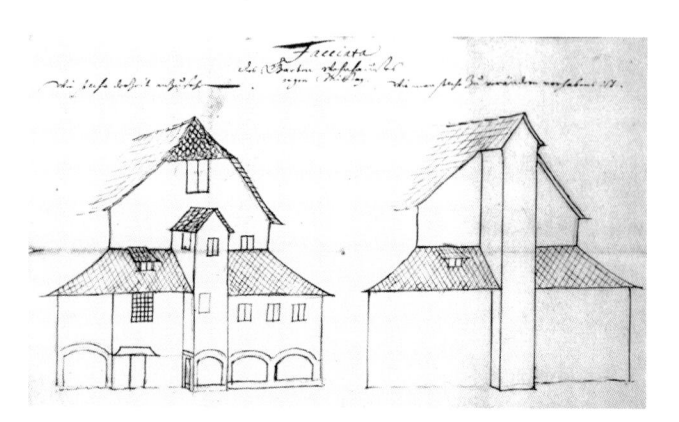

147.2 Zwei Skizzen der Südfasssade, Bestand und Planung. Baueingabe an das Waldamt Lorenzi zur Erhöhung des Treppenturms und anderer Umbauten am so genannten langen Herrenhaus 1702 für Johann Philipp von Wurzelbau (StAN)

148   C1

Kornburg I

Ehemalige Wasserburg

Im Schlosshof 2

Stadt Nürnberg

Nach der Burg nannte sich schon 1236 der Nürnberger Reichsbutigler Chunradus de Churenburc in einer Schenkungsurkunde. Der Name der Burg soll sich vom alten Wort „Kürn" für Mühle ableiten. Auch in den 1260-er Jahren lässt sich das reichsministeriale Geschlecht von Kornburg nachweisen. Ein wohl jüngerer Cunradus zeugte 1272 für den Reichsministerialen Heinrich von Thann. 1293 werden ein schon verstorbener Konrad von Kornburg und sein Sohn Heinrich genannt. Vielleicht war Konrad mit dem gleichnamigen Nürnberger Zeidelmeister identisch, dessen zweiter Sohn, ebenfalls ein Konrad, 1313 gestorben sein soll. Johannes Müllner erwähnte in seinen Annalen von 1623 auch die Annahme des Nürnberger Bürgerrechts durch „Cunradt von Eibach de Kürenburg" im Jahr 1308. Vermutlich waren die Kornburger mit den Ministerialen von Eibach eines Stammes [vgl. Eibach].

Die Ausübung grundherrschaftlicher Rechte dürfte für die Kornburger erheblich erschwert worden sein, als der

Ort und das Gericht Kornburg als Reichspfandschaft 1299 an Graf Emicho von Nassau, dann 1364 durch Verkauf an die Burggrafen kam. 1347 sollte ein Vergleich zwischen Anna Gräfin von Nassau, ihrem Sohn Emicho jun. und dem Ritter Heinrich von Kornburg die Verhältnisse regeln. Im Städtekrieg erlebten die Kornburger 1388, wie die wohl noch hochmittelalterliche Burg von den Nürnberger Truppen niedergebrannt und geschleift wurde. Unter Stephan von Kornburg dürfte sie bald darauf wiederaufgebaut worden sein.

Nach dem Tod des letzten Kornburgers 1404 brach ein Erbschaftsstreit aus, mit dessen Schlichtung 1405 die Kornburg an die Witwe Katharina von Hohenfels, eine geborene Kornburgerin, fiel. 1405 wurde Katharina von König Ruprecht I. mit der Kornburg auch belehnt. 1422 vererbte sie die Burg ihrer Tochter Anna, die mit Hans von Seckendorff zu Dettelsau verheiratet war. Von Anna von Seckendorff ging sie dann vor 1445 an ihren Sohn Georg von Seckendorff zu Dettelsau, der sich seither zu Kornburg nannte. Er geriet wegen der Nutzung der Kornburger Steinbrüche mit der Reichsstadt in Streit, der 1446 sogar vor den königlichen Hof getragen wurde. 1447 verkaufte der Seckendorffer, der wohl ewigen Ärger mit Nürnberg voraussah, die ererbten Reichslehen, darunter auch die berühmten Sandsteinbrüche, an den Nürnberger Bürger Peter Rieter, der mit seiner Tante Barbara verheiratet war. Die Rieter, wohl der Ministerialität entstammend, hatten vermutlich mit Heinz Rieter 1361 das Nürnberger Bürgerrecht angenommen und waren 1437 erstmals in den Rat der Reichsstadt aufgenommen worden. Die Burg blieb fortan bis zum Aussterben des Geschlechts, das sich bis zuletzt Rieter von Kornburg nannte, in dessen Besitz.

Peter Rieter übergab seinen Kornburger Besitz 1450 der von ihm gegründeten Rieterschen Familienstiftung. Ob die im Ersten Markgrafenkrieg 1449 erlittenen Kriegsschäden bereits behoben waren, wird nicht deutlich. Nach dem Erlöschen der Kornburger Linie der Rieter wurde das Stiftungsgut Kornburg um 1502 unter Jörg Rieter von Boxberg mit der Rieterschen Stiftung Kalbensteinberg vereinigt. Da dieser sich bei Bad Mergentheim aufhielt, überließ er die Administration und Nutzung 1517 gegen einen Jahreszins bis 1585 dem Nürnberger Heilig-Geist-Spital. Das Spital musste im Zweiten Markgrafenkrieg schon am 15. Mai 1552 erleben, wie die Burg und der Ökonomiehof abermals niedergebrannt wurden. Die Beseitigung der Kriegsschäden erfolgte in den 1560-er Jahren, auch im Jahr 1563, als das Waldamt Bauholz aus dem Reichs-

148.1 Kolorierte Ansicht der kleinen Wasserburg, hier: Bestand ohne Tektur, gezeichnet 1613 für eine Baueingabe an das Waldamt Lorenzi (StAN)

wald zuteilte. Allerdings fiel die Instandsetzung, wie die Rieter später selbst angaben, aus wirtschaftlichen Gründen eher provisorisch aus.

Unter dem Administrator Hans Rieter von Kornburg erlebte die Burg vor allem nach 1600 größere Veränderungen, als man sich nicht mehr mit den beengten Wohnverhältnissen im Wohnturm abfinden wollte. Um 1607 entstand zu seiner Hochzeit in einem Anbau an der Ringmauer der so genannte lange Saal. 1612 wurden dann weitere Anbauten für Wohnräume geplant, weil sich der Schlossherr über die unbequeme Erschließung und Heizung der übereinander liegenden Stuben und Kammern im Turm ärgerte. 1613 wurde schließlich der Abbruch eines westlich am Wohnturm angefügten Fachwerkgebäudes geplant; vorgesehen war, es durch einen massiven, an die Ringmauer angelehnten Baukörper zu ersetzen. Dadurch sollte die Mauer zwischen dem langen Saal und dem Turm vollständig überbaut werden. Der große Umbau wurde 1613 unter der Bedingung, dass keine zusätzlichen Feuerstellen eingerichtet würden, genehmigt und ist wohl 1614 ausgeführt worden. Unter Hans Rieter wurde auch die Vorburg baulich weitgehend erneuert: Neben einer Modernisierung der Stallungen erfolgte um 1608 der Neubau zweier Scheunen und des Amtsknechtshauses. 1613 bis 1615 kam es zum Neu- oder weitgehenden Umbau des Voithauses, eines Viehstalls mit Personalwohnung, einer Wagenremise sowie eines Backhauses.

Die Soldaten des kaiserlichen Generals Wallenstein, die im September 1632 kurz vor dem Abzug aus ihrem Lager an der Alten Veste die Ortschaften auch des südlichen Nürnberger Umlands systematisch anzündeten, hat die baulichen Anstrengungen der Familie Rieter weitgehend zunichte gemacht. Die reichsstädtische Administration verzeichnete hernach in Kornburg

148.2 Ansicht der Burg aus westlicher Richtung mit dem Ökonomiehof im Vordergrund, Fotografie: G. v. Volckamer um 1894 (StadtMN)

148.3 Ansicht der Burg aus südöstlicher Richtung vor den Nüßleinschen Umbauten, Fotografie: G. v. Volckamer um 1894 (StadtMN)

insgesamt 83 aus- oder niedergebrannte Gebäude, darunter die Pfarrkirche und das Rietersche Schloss. Nicht geklärt ist, ob die Wasserburg tatsächlich bis 1686 verwüstet liegen blieb, wie mehrfach angegeben wurde. Eine größere Baumaßnahme, die nach Aktenlage des Waldamtes 1682 anlief, könnte nur eine Renovierung der schon zuvor reparierten „alten Gebäu" gewesen sein. Mit 215 Stämmen Bauholz sollten 1682/83 vermutlich die Dachwerke der Gebäude in Stand gesetzt werden.

Mit dem Tod des Johann Albrecht Andreas Rieter von Kornburg am 13. Februar 1753 starb das Geschlecht aus. Gemäß der Satzung der Rieter-Stiftung des 15. Jahrhunderts und entgegen dem anderslautenden Rieterschen Testament fiel letzlich das Vermögen dem Heilig-Geist-Spital zu. Infolge von Protesten des Ritterkantons Altmühl behielt dieser aber die Besteuerung der Güter, zugleich wurde jeweils ein Mitglied des Nürnberger Rates als Administrator bestellt, der bei der Ritterschaft immatrikuliert wurde; sie gehörten sämtlich der Familie Haller von Hallerstein an, zunächst Burkhard Albrecht (bis 1763), dann Christoph Joachim (bis 1792) und schließlich dessen Sohn Johann Sigmund Christoph Joachim Haller von Hallerstein (bis 1807). Zumindest die beiden letztgenannten hielten sich im Sommer des öfteren mit ihren Familien im Schloss Kornburg auf. Die Spitalverwaltung zog zwar die Renten des Rittergutes ein, sparte aber am Bauunterhalt der alten, mit einem gefütterten Graben geschützten Wasserburg.

Außerdem musste sie mehrfach Militäreinquartierungen erdulden, bei denen die Ausstattung malträtiert wurde. 1812 wurde die Anlage schließlich an den früheren Kornburger Amtsdiener verkauft, der mit dem Bauunterhalt überfordert war. 1817 war der alte Wohnturm derart baufällig, dass man sich nicht anders zu helfen wusste, als die Obergeschosse abzubrechen.

Im 19. Jahrhundert erlebte das Schloss zunächst die Einrichtung einer Tapetenfabrik, dann einer Tabakspinnerei. Nach 1860 wurde es Quartier einkommensschwacher Mieter. Dass dabei die Bauschäden zunahmen und wertvolle Ausstattungen verloren gingen, ist anzunehmen. 1922 erwarb der Antiquitätenhändler und Maler Heinrich Nüßlein das ziemlich heruntergekommene Anwesen und ließ die Anlage von 1923 bis 1927 sehr frei rekonstruierend erneuern. Nüßlein wollte der Wasserburg zu ihrem alten Erscheinungsbild verhelfen und ließ die Obergeschosse des Wohnturms wieder aufbauen. Auch große Teile des angrenzenden Wohnflügels mit den runden Erkertürmchen sowie die Hoffassaden wurden zu dieser Zeit erneuert. Der Bauherr, der auch vor einer Umgestaltung der historischen Innenräume nicht Halt machte, nutzte sie für Gemäldeausstellungen, sodass die Anlage damals auch als „Schloß der tausend Bilder" bezeichnet wurde.

Nach dem Zweiten Weltkrieg erwarb Ida Volkert die Burg. Ihre Nachfahren unterhalten sie noch heute. Mittelalterlicher Bestand dürfte nur noch in unteren Bereichen zu finden sein. Die von den Umbauten der frühen Neuzeit geprägten Gebäude umschließen den inneren Burghof und weisen hier Fachwerkaußenwände auf. Die historisierende Galerie mit Freitreppe entstammt dem Nüßleinschen Umbau. Ein nördlich angebrachter Dacherker mit polygonalem Dach, Pilastern und sonstigem Schnitzwerk aus der Zeit um 1600 dürfte erst um 1925 von einem unbekannten Ort hierher transloziert worden sein. Über dem Portal ist ein Allianzwappen des Paul Albrecht Rieter und seiner Gemahlin, einer geborenen Löffelholz, von 1686 zu sehen.

148.4 Ansicht der Burg aus südöstlicher Richtung nach dem rekonstruierenden Umbau durch Heinrich Nüßlein, Fotografie: F. A. Nagel 1926 (StadtMN)

Quellen

StAN Rst. Nbg., Urk. des 7-farbigen Alphabets Nr. 136. Rst. Nbg., Waldamt Lorenzi I Nr. 450, 1315.

HallerA Personalia Christoph Joachim und Johann Sigmund Christoph Joachim Haller von Hallerstein.

Gelegenhait, Nr. 1104.

Mon. Boica Bd. 47, S. 173 ff.

Müllner I, S. 342, 353, 356f.

NUB Nr. 278, 281, 391, 408, 419, 453, 470, 849, 1063.

Reg. Imp. XIV Bd. 3.2, Nr. 15566.

Literatur

Alberti, Volker: Burgen, Schlösser und Herrensitze in Kornburg und Umgebung (= Adelssitze in Franken 5). Nürnberg 2005, S. 9-23.

Bartelmeß, Albert: Lebensbeschreibung des Hans Rieter von Kornburg (1522–1584) und seine beiden Kopial- und Stammbücher. In: MVGN 56 (1969), S. 360-383.

Dannenbauer, S. 92.

Geiger, Otto: Die Steinbrüche am Kornberg bei Wendelstein. In: MVGN 22 (1918), S. 149 ff.

Großner, Rudolf / Haller, Bertold Frhr. von: „Zu kurzem Bericht umb der Nachkommen willen". Zeitgenössische Aufzeichnungen aus dem Dreißigjährigen Krieg in Kirchenbüchern des Erlanger Raumes. In: Erlanger Bausteine zur fränkischen Heimatforschung 40 (1992), S. 25, mit Hinweis auf die Züge der marodierenden kaiserlichen Söldner am 11./21. September 1632.

HAB Schwabach, S. 401 f, 475.

KDM Schwabach, S. 229-234, mit Grundriss und den zwei Ansichten von 1613, Ansicht von Osten.

KDM Stadt Nürnberg, S. 365 ff.

Stadtlexikon Nürnberg, S. 577, mit Fotografie von G. v. Volckamer um 1894; S. 902 f (Eintrag für Rieter von Kornburg).

Stremel, Fritz: Das Rieterschloß bei Kornburg. In: Die Fränkische Alb 15 (1928), S. 207-211.

Wiedemann, Ernst: Die Besitzverhältnisse am Kornberg bei Wendelstein. In: MVGN 23 (1919), S. 89-93.

149 C1

Kornburg II

Herrenhaus, „Seckendorffsches Schloß"

Kornburger Hauptstraße 16

Stadt Nürnberg

Die Witwe Maria Sophia Rieter von Kornburg, eine geborene Fürer von Haimendorf, erwarb 1707 das Anwesen des markgräflichen Untertans Georg Huter, das sich damals in einem baufälligen Zustand befand. Das alte Wohnhaus wurde abgebrochen, um Platz für den Neubau eines Herrenhauses zu schaffen, das die Käuferin als Witwensitz beziehen wollte. Nachdem das Baugesuch erst im Herbst 1707 vorgelegt wurde, dürfte der Neubau in den Jahren 1708/09 erfolgt sein.

1720 erheirateten die Freiherren von Seckendorff das Anwesen. Einige Jahre bewohnte dann der preußische Hofrat Ludwig Karl Kopp wohl als Pächter der Seckendorff das Herrenhaus. 1774 brachte eine Heirat den Besitz an Georg Albrecht Freiherrn von Egloffstein. Der Baron musste das Herrenhaus um 1800 aus finanziellen Gründen an Privatleute verkaufen. Vor 1830 erwarben die Freiherren von Egloffstein das Anwesen wieder zurück, stießen es aber nach kurzer Zeit erneut an bürgerliche Interessenten ab. 1851 wurde von der Familie Meßthaler im Herrenhaus eine Gastwirtschaft eingerichtet. Die Familie unterhält das Anwesen mit großem Aufwand bis heute.

Das zweigeschossige Gebäude wird seit der Bauzeit von einem Walmdach überspannt. Ecklisenen und geohrte Rahmungen der Fensteröffnungen gliedern die symmetrischen Fassaden. Bemerkenswert ist das über eine Freitreppe erreichbare profilierte Hauptportal,

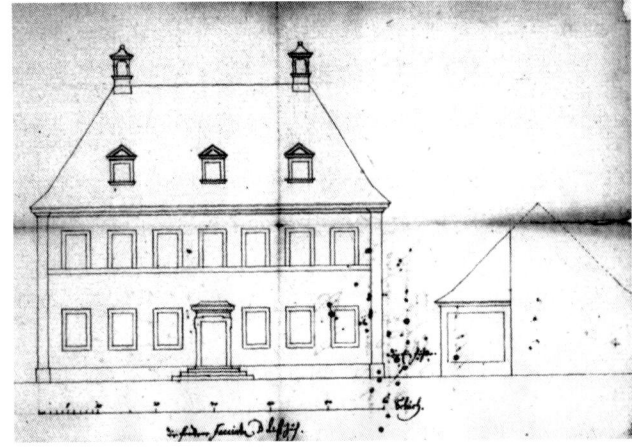

149.1 Fassadenaufriss für den Bau des neuen Herrenhauses, gezeichnet 1707 für die Baueingabe der Maria Sophia Rieter an das Waldamt Lorenzi (StAN)

149.2 Ansicht der straßenseitigen Fassade, Fotografie: F. A. Nagel 1936 (StadtMN)

150.1 Ansicht der Vorderfassade des dritten Kornburger Sitzes. Fotografie: F. A. Nagel 1936 (StadtMN)

über dem eine Kartusche mit einem Allianzwappen der Familien Egloffstein und Seckendorff angebracht ist. Im Inneren haben sich mehrere Stuckdecken erhalten, worunter die Decke des Saales besonders reich gestaltet ist. Die Urheberschaft des bekannten, 1738 verstorbenen Stuckateurs Donato Polli wird angenommen, kann aber nicht belegt werden. Auf dem Anwesen findet sich auch ein barockes Gartenhaus aus Fachwerk.

Quellen

StAN Rst. Nbg., Waldamt Lorenzi I Nr. 450.

Literatur

KDM Schwabach, S. 230-233, mit Ansicht des Saales und des „Wächterhäuschens".

KDM Stadt Nürnberg, S. 366.

150 C1

Kornburg III

Herrenhaus, „Müller-Vargethsches Freihaus"

Kornburger Hauptstraße 29

Stadt Nürnberg

Das Anwesen ist als „Müller-Vargethsches Freihaus" überliefert, das im Jahr 1731 für den Nürnberger Kaufmann Tobias Gottlieb Müller errichtet worden ist. Nach dessen Ableben fiel das Herrenhaus 1744 an den Kaufmann Johann Christoph Vargeth. Nach der Jahrhundertmitte wurde hier ein Gasthaus „Zum goldenen Schwan" eingerichtet, das 1770 von der Familie von Holzschuher gekauft wurde. Nach dem Tod des Christoph Johann Sigmund Holzschuher wurde die Liegenschaft von einem Edlen von Serz, wohl von Johann Wolfgang Albert, erworben [vgl. Schniegling III]. Ob dessen Schwager Heinrich Paul Wolfgang Günther zunächst Mit- und dann erst Alleinbesitzer wurde, ist noch nicht geklärt.

Die Gemeinde Kornburg kaufte das Herrenhaus, um es 1885 zu einem Schulhaus umzubauen. Später wurde es als Kornburger Rathaus genutzt. Nach einer wenig geglückten Renovierung in den 1970-er Jahren finden im Herrenhaus Arztpraxen, eine Apotheke und der Bürgerverein Kornburg ein Unterkommen.

Das Müller-Vargethsche Freihaus, später auch als Serzsches Schloss bezeichnet, fällt durch seine Ähnlichkeit mit dem Seckendorffschen Herrenhaus auf [vgl. Kornburg II]. Volker Alberti berichtet davon, dass Tobias Gottlieb Müller beim Bau auf die Pläne des benachbarten Herrenhauses zurückgegriffen hätte. Daher erscheinen die Fassaden auch dieses Gebäudes mit sieben zu drei Achsen. In der mittleren Achse der Straßenseite führt eine Freitreppe zum Portal, das mit einer segmentbogigen Verdachung geschmückt ist. Die repräsentative Ausstattung des Hauses, zu der auch aufwändige Stuckierungen gehört hatten, ist zu einem großen Teil späteren Modernisierungen zum Opfer gefallen.

Quellen

StAN Rst. Nbg., Waldamt Lorenzi I Nr. 450.

Literatur

Alberti, Volker: Burgen, Schlösser und Herrensitze in Kornburg und Umgebung (= Adelssitze in Franken 5). Nürnberg 2005, S. 29-31.

KDM Stadt Nürnberg, S. 367.

Kotzenhof

Abgegangener Herrensitz

Alt Kotzenhof 1

Stadt Lauf an der Pegnitz

Landkreis Nürnberger Land

Der erstmals 1290 erwähnte Kotzenhof lag an der wichtigen Altstraße von Lauf über Neunhof nach Forchheim auf Reichsgut. Fünf Jahre später wurden Hof und Zehnt zu „Katzenhoff" von dem Reichsministerialen Konrad von Neumarkt und seiner Frau Adelheid Pfinzing dem Dominikaner-Kloster St. Katharinen in Nürnberg übergeben und zählten somit zu dessen Gründungsausstattung. Das einzige Gut im Ort blieb bis zum 16. Jahrhundert mit dem Kloster verbunden und wurde nach dessen Auflösung vom Rat 1566 als Einöde an Hanns Sigerer von Heuchling verkauft.

In den folgenden Jahrzehnten muss es durch Hans Sigerer oder seine Nachfolger zum Bau eines ersten Sitzleins gekommen sein, da im erhaltenen Baugesuch des Bartel Lorenz Schwab von 1617 das alte „Herrn Haus" mit Sandsteinsockel, Fachwerkobergeschoss und zwei Fachwerkgiebeln abgebildet ist. Schwab hatte es von den Erben des Niclaus Pfleger, Bauern und Bewohner des Kotzenhofs, erworben, wollte den Hof nun aber selbst beziehen und deshalb das „zweigädige Wohnhaus, weil baufällig und ... unbequem" aus Stein neu erbauen, außerdem den alten Pferdestall beseitigen.

Einer Ortsbesichtigung durch das Waldamt verdanken wir eine recht genaue Beschreibung des alten Herrenhauses, das „in allem zusammen 68 Schuh lang" (ca. 20,40 Meter) „und durchaus zweigädig" war. „Auff der Erden" lagen „ein kleines Stüblein, eine Küche und etliche Kammer(n)", während sich im „oberen gaden" weder (beheizbare) „Stuben noch andere Feurrecht"

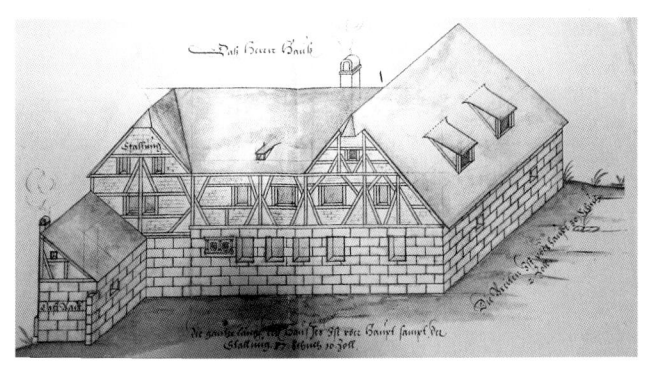

151.1 Ansicht des alten Herrenhauses, gezeichnet für eine Baueingabe an das Waldamt aus dem Jahre 1617 (StAN)

151.2 Der Kotzenhof. Ansicht des geplanten Neubaus aus dem Jahre 1617 (StAN).

befanden. Schwab wurde der Umbau genehmigt, das von ihm erstellte Gebäude jedoch noch vor dem Ende des 17. Jahrhunderts erneuert, möglicherweise aufgrund von Schäden aus dem 30-jährigen Krieg.

1695 wurden neben dem „neu gebauten Herrenhaus" zwei Bauernhäuser aufgezählt, zwei „Getreid Kästen", eine Pferdestallung mit „Knechtskammer" und 2 „Stüble", eine „Kälberstallung", 7 Schweineställe, 1 „bedeckter Backofen, 1 gewölbte gute Stuben, 1 Trebergruben mit Quaderstein, 1 Schöpfbrunnen im Hof, 1 guter Keller im Herrenhaus und 1 Badstüblein". Auch diesen Gebäuden war keine Dauer beschieden. 1788 nahm der neue Besitzer erneut umfangreiche Veränderungen vor, möglicherweise unter Abriss der alten Gebäude. Bis heute erhalten hat sich neben dem 1788 errichteten eingeschossigen Wohnstallhaus ein 1804 von Leonhard Langfritz beantragtes Nebenhaus nach den Plänen des Maurermeisters Peter Schmidt von Lauf.

Quellen

StAN Rst. Nbg., Salbücher Nr. 231. Rst. Nbg., Waldamt Sebaldi I, Nr. 327.

Gelegenhait, Nr. 672.

Müllner I, S. 270; III, S. 329.

NUB Nr. 803, 894.

Literatur

Dannenbauer, S. 238.

Fries, Walter: Kirche und Kloster zu St. Katharina in Nürnberg. In: MVGN 25 (1924), S. 9, 62, 125.

KDM Lauf, S. 160 f.

Rebmann, August: Aus der Geschichte des Kotzenhofes. In: Fundgrube 1941, S. 73, 89.

Kraftshof I

Herrensitz, „Kressenstein"

Kraftshofer Hauptstraße 185

Stadt Nürnberg

Nach der älteren Überlieferung hätte bereits 1276 Burggraf Friedrich die Brüder Friedrich und Herdegen die „Holzschuher", Bürger Nürnbergs, zu „castrenses" (Burgmannen) seiner Burg zu Kraftshof aufgenommen. Dazu schien recht gut zu passen, dass noch heute ein Stein an der Mauer des Kressensteins mit dem Allianzwappen der Kreß und Strobel die Jahreszahl 1291 trägt. Die Urkunde von 1276 erwies sich jedoch als Fälschung, der Wappenstein von 1291 als Zutat wohl des 15. Jahrhunderts.

Vielmehr war Kraftshof altes Reichsgut und befand sich im 14. Jahrhundert in der Hand der Herren (ehedem Reichsministerialen) von Berg. Einer der dortigen Bauernhöfe war von ihnen als sogenanntes Afterlehen an die Kreß vergeben. Im Jahre 1357 veräußerte Brechtel Cresse den Hof (später wurden diese Worte der Urkunde verfälscht zu „das Hauß" – es sollte also der Eindruck entstehen, als hätten die Kreß schon zu dieser Zeit einen Herrensitz in Kraftshof gehabt), „da er auf säs zu dem Crafftshof gelegen", mit allem Zubehör, Reichslehen der von Berg, an seinen Schwager Konrad Ehinger aus einer Nürnberger Ratsfamilie. Erst diese machte aus dem Hof einen Sitz, den sie 1370 der Reichsstadt öffnete – Kraftshof gehörte damit zu einem der ältesten befestigten Außenposten Nürnbergs. 1379 verzichteten die Berg auf ihre Lehensherrschaft über das „Steinhaus"

152.1 Alter und neuer Herrensitz aus der Vogelschau. Federzeichnung von Hans Bien um 1629 (GNM)

152.2 Rückansicht des Sommerhauses auf dem „Kressenstein". Fotografie: G. v. Volckamer um 1894 (StadtMN)

zu Kraftshof, das fortan unmittelbares Reichslehen der Ehinger und ihrer Besitznachfolger wurde.

Von den Ehinger wechselte der Ansitz 1375/76 an die Ebner, dann im Jahr 1400 – nunmehr als „haus mit samt dem weyher, graben und garten" bezeichnet – an Hermann Volland und fiel schließlich 1403 an die Brüder Konrad und Ulrich Kreß. Im ununterbrochenen Besitz dieser Familie blieb nun die „behaußung und geses zu Crafftshoffe mit sambt der Hoffraith, Weyer und graben", so wie es Konrad Kreß 1429 in seinem Testament festlegte. Im Salbuch des Ulrich Kreß von 1410 findet sich angeblich erstmals die Bezeichnung Kressenstein.

Die exponierte Lage machte den Sitz bei Auseinandersetzungen mit dem Markgrafen zu einem lohnenden Angriffsziel. So war im Ersten Markgrafenkrieg am 4. Juli 1449 „zu Kraftshof der alt Burgstall, so insgemein der Kressenstein genannt wird, auch in Rauch aufgegangen". Dieser wird im Stamm- und Wappenbuch des Christoph Kreß von 1530 rückblickend beschrieben „als ein stark vest Wasserhaus mit einem Graben mannstief und zweier so groß als der jetzig weyer oder graben". Der Weiher um den alten Kressenstein reichte ursprünglich weiter nach Osten bis an die Kraftshofer Hauptstraße und schloss den Platz des um 1457 errichteten neuen Herrensitzes [vgl. Kraftshof II] und vermutlich auch dessen Vorhof ein. Von einer größeren Anlage als es der bis heute erhaltene Rest des Burgstalls andeutet, sprach 1537 auch Georg Kreß: Der von seinem Großvater erbaute neue Sitz sei „gegen der vorigen ganz unachtpar und unwe(h)rlich".

Obwohl der Burgstall Kressenstein in den Lehenurkunden von 1478 bis 1767 als Kern des Kraftshofer Besitzes der Kreß erscheint, wurde er zunächst nicht wiederhergestellt. Vielmehr errichtete man dort – genauer wohl im

Vorhof – um 1452/60 zunächst einen Schuppen. 1583 standen dort außerdem ein Keller sowie „ein Stadel sambt dem Hauß daran". Zwei Jahre später baute Hieronymus Kreß auch den Burgstall selbst wieder auf. Da er nämlich „keine rechte Wohnung daselbst gehabt", habe er sich „in dem Sommerhauß uf dem Alten Burgstall zum Kressenstein genannt ufhalten müssen, wie ich dan daselbst jerlich die Kirchwey und anderer zeit die Gotshausrechnung gehalten hab". Dieses Bauwerk mit einem gemauerten, wohl fensterlosen Erdgeschoss und einfachem Fachwerkobergeschoss sowie einem Satteldach mit Glockentürmchen war ungleich kleiner als der benachbarte Herrensitz und wirkte fast verloren auf dem massiven Sockel des alten Kressensteins.

Die Situation hatte sich kaum verändert, als Hans Bien in einer Federzeichnung um 1629 den Kraftshofer Herrensitz detailreich abbildete. Der alte Sitz lag auf dem erhaltenen „steinernen Fuß", durch eine Brücke mit dem Schlossvorhof verbunden, exakt in der Straßenachse zur Kirche in einem, wie erwähnt, offensichtlich ehedem größeren Weiher. Dieser umfloss auch das nordöstlich angrenzende neue Herrenhaus [vgl. Kraftshof II].

Was 1585 noch ein willkommenes Ausweichquartier war, wurde im 30-jährigen Krieg zur Notunterkunft. Nach ersten Zerstörungen und Brandschatzungen im Ort Kraftshof in den Jahren 1632 und 1633 wurde 1634 neben Pfarrhaus und Schmiede sowie zahlreichen weiteren Gebäuden auch das Kressische Wasserschloss niedergebrannt. Man behalf sich anscheinend zunächst mit dem „Neben- oder Fischerhaus" im Vorhof. Weil aber 1676 das Schloss „noch in der Asche lieget und keine Stuben oder Wohnung vorhanden", beantragte Jobst Christoph Kreß „in den vorhandenen Saal der Kressenstein genannt ein Feuerrecht und Wohnung einrichten zu dürfen – jedoch mit der Condition, dass bei künftiger Wiedererbauung des Schlosses das Feuerrecht im Saal wieder abgelöst und rückübertragen" werde. Die vermeintliche Übergangslösung dauerte bald 50 Jahre: Bei ihren Aufenthalten in Kraftshof nahmen die Kreß Quartier im alten Burgstall. Erst 1712/13 ließ Georg Adolf Kreß an der Stelle der früheren Ökonomiegebäude ein repräsentatives zweigeschossiges barockes Herrenhaus mit Walmdach erbauen [vgl. Kraftshof III]. Damit dürfte das „Sommerhaus" auf dem alten Burgstall wieder seinem Namen gerecht geworden sein. Zuletzt war darin bis 1934 das Familienarchiv der Kreß untergebracht. Während das barocke Herrenhaus im Zweiten Weltkrieg zerstört wurde, blieb der 1933/34 gründlich renovierte „Kressenstein" in seiner Substanz erhalten.

152.3 Vorderansicht des „Sommerhauses" auf dem gemauerten Sockel des alten „Kressensteins". Fotografie: 1931 F. A. Nagel (StadtMN)

Quellen

Müllner I, S. 316.

NUB Nr. 440, 542 und 814, Anm. 3.

Literatur

Fleischmann, Peter: Der Nürnberger Zeichner, Baumeister und Kartograph Hans Bien (1591–1632) (= Ausstellungskataloge der Staatlichen Archive Bayerns Nr. 30). München 1991, S. 152 f.

Frank zu Döfering, Karl Friedrich von: Die Kressen. Eine Familiengeschichte. Senftenegg 1936, Sp. 1312, 1394-1427.

Hirschmann, Gerhard: Kraftshof. Ein nürnbergisches Dorf mit Herrensitz und Wehrkirche. In: MANL 19 (1970), Sonderheft.

KDM Stadt Nürnberg, S. 373.

Rusam, Hermann: Kraftshof – ein Ortsbild von Hans Bien aus der ersten Hälfte des 17. Jahrhunderts. In: MANL 33 (1984), Heft 2, S. 29-43.

Stadtlexikon Nürnberg, S. 580 f.

153 — B5

Kraftshof II

Abgegangener Herrensitz

Kraftshofer Hauptstraße 185

Stadt Nürnberg

Nach der Zerstörung des Kressensteins 1449 [vgl. Kraftshof I] ließ Hieronymus Kreß etwa 1457 in dessen unmittelbarer Nachbarschaft einen neuen Herrensitz erbauen. Dies erfahren wir aus einer Erklärung seines Enkels Jörg Kreß aus dem Jahre 1537. Er verteidigte sich damit gegen den 1526 erhobenen Vorwurf des Markgrafen, erst er als derzeitiger Inhaber hätte „einen sitz oder behausung zum Crafftshofe ... mit ainem stai-

K   KRAFTSHOF II

153.1   Der neue Herrensitz auf einer Zeichnung im so genannten Cnopfschen Skizzenbuch aus den Jahren 1612/14 (HallerA)

nin fus von quaderstucken gemacht und aufgericht und ain wassergraben gefüttert". Im übrigen tauge der neue Sitz nicht als befestigte Anlage – der Weiher sei bloß knietief, die Obergeschosse nur aus Fachwerk.

Tatsächlich wurde jedoch Kraftshof im Landshuter Erbfolgekrieg von 1504 mit einer kleinen Zahl von Hakenbüchsenschützen belegt. Der Sitz, den Anton Kreß 1517 der Reichsstadt Nürnberg öffnen musste, überstand diesen wie auch den Zweiten Markgrafenkrieg von 1552/53 unbeschadet. 1530 erhielten Georg und Christoph Kreß von Kaiser Karl V. das Privileg, auch den neuen Sitz als Kressenstein zu bezeichnen und sich danach zu nennen. Gleichzeitig wurde ihnen ein freies Verfügungs- und Vererbungsrecht auf die Reichslehen zugestanden, was es Christoph Kreß ermöglichte, eigenständig über die Güter zu bestimmen und sie in eine „Vorschickung" umzuwandeln, die jeweils vom ältesten Kreß verwaltet werden sollte.

Kaum verändert findet sich der neue Herrensitz noch auf den beiden Zeichnungen von Hans Bien aus den Jahren um 1629. Im ummauerten Vorhof, von dem eine Zugbrücke in das Schloss (es war in den östlichen Ausläufer des Weihers gebaut) und eine über den Wassergraben zu dem unmittelbar westlich gelegenen alten Burgstall [vgl. Kraftshof I] führte, stand eine große Linde und daneben das so genannte Fischerhaus. Nach Osten schlossen sich in einem umzäunten Grundstück die 1583 erwähnten Gebäude an („Stadel samt Haus daran" sowie eine Schupf). Im Süden erstreckte sich ein großer Garten mit einem überdachten Ziehbrunnen.

Über Raumaufteilung und Nutzung des neuen Herrensitzes sind wir dank einer Beschreibung aus dem Jahre 1600 gut unterrichtet. Demnach hatte „das Herren Hauß oder Schloß zu Crafftshoff ... unten in eingang auf der rechten Hand gehabt ein Reuterstüblein (Reiterstube),

ein Küchelein, ein badt, zwei gewölb, unter der stiegen ein gefängnüß und ein Knecht Kammern. Im ersten gaden (Stockwerk) ein Cammer, Stuben, Kuchen, Sohler (Flur) und speiß Kämmerlein, die Stiegen hinauff in andern gaden ein Sohler, daran ein Kammer, Kuchen, stuben, drey Cammern, und daß Privet neban der Stiegen. Im dritten gaden ein Sohler daran ein langer Saal mit zweyen großen Erckern und an der Stiegen ein Cammern. Dann unter den Dach zween große beeden (Böden), so lang daß Hauß gewest ist". Über zwei Türen standen Sinnsprüche, wie sie etwa auf Burg Grünsberg noch erhalten sind.

Nach dieser Beschreibung ist nicht recht ersichtlich, wie Hieronymus Kreß 1585 behaupten konnte, dass er im neuen Herrensitz „keine rechte Wohnung daselbst gehabt". Vermutlich fiel ihm nichts anderes ein, um den Bau des Sommerhauses auf dem alten Burgstall zu begründen.

Bei einem Einfall kaiserlicher Truppen wurden 1634 das Schloss und der größte Teil des Dorfs zerstört, nur die Kirche und das Sommerhaus auf dem Burgstall blieben verschont. Noch 1676 lag das abgebrannte Schloss „in der Asche", erst 1712/13 ließ Georg Adolf Kreß nebenan ein schlichtes zweigeschossiges Barockschloss errichten [vgl. Kraftshof III]. Das Baumaterial gewann er z.T. durch den Abbruch der Ruine, an deren Stelle das „Weihergärtlein" angelegt wurde.

Quellen

Gelegenhait, Nr. 707, 1937.

Müllner III, S. 277.

Literatur

siehe Kraftshof I.

154.1   Gartenansicht des im 2. Weltkrieg zerstörten barocken Herrenhauses in Kraftshof. Fotografie: G. v. Volckamer um 1894 (StadtMN)

154 — B5

Kraftshof III

Abgegangenes Herrenhaus (zerstört 1944)

Kraftshofer Hauptstraße 185

Stadt Nürnberg

Nach der Zerstörung des Herrenhauses im Jahre 1634 dienten jahrzehntelang das Sommerhaus auf dem alten Burgstall [vgl. Kraftshof I] sowie das „Neben- und Fischerhaus" im Vorhof als provisorischer Herrensitz. Dort sollte nach einem Beschluss des Kressischen Familienrats aus dem Jahr 1697 ein Neubau zu stehen kommen, der aus Geldmangel aber erst 1712 durch den damaligen Administrator Georg Adolf Kreß in Angriff genommen werden konnte. Unter Verwendung des Baumaterials aus dem alten Herrensitz – namentlich der Quadersteine – entstand bis 1713 (vermutlich unter Leitung des Baumeisters Johann Ulrich Mösel) ein einfaches zweigeschossiges barockes Herrenhaus mit Walmdach. Im Laufe des 18. Jahrhunderts wurde dann auch der alte Schlossweiher aufgelassen und in die große Gartenanlage einbezogen.

1828 endete die Patrimonialgerichtsbarkeit der Kreß, 1848 das Untertanenverhältnis. Nach der Eingemeindung Kraftshofs nach Nürnberg im Jahre 1930 blieb den Kreß von ihren ehedem weitreichenden Herrschaftsrechten nur das (inzwischen ebenfalls abgelöste) Kirchenpatronat. Die umfangreichen Güter der Vorschickung wurden bis auf wenige verkauft, so dass schon in den 1930-er Jahren Döfering von einem „mehr ideellen Wert" sprach. Erhaltene Photos aus dieser Zeit zeigen im 1. Stock des Herrenhauses einen großen Saal und ein Wohnzimmer mit Stuckdecken, im Erdgeschoss einen Schlafraum. 1933/34 innen und außen nochmals umfassend renoviert, wurde das Schloss am 8. September 1944 durch einen Luftangriff zerstört. Erhalten blieben nur die Gartenmauer aus dem 18. Jahrhundert und der alte Kressenstein.

Literatur

Fensel, Rainer: Kraftshof. Haus- und Sozialgeschichte eines nürnbergischen Dorfes (= Quellen und Forschungen zur fränkischen Familiengeschichte Bd. 9). Nürnberg 2001, S. 309-317.

Frank zu Döfering, Karl Friedrich von: Die Kressen. Eine Familiengeschichte. Senftenegg 1936, Sp. 1402-1427.

HAB Nürnberg-Fürth, S. 133, 241.

Hirschmann, Gerhard: Kraftshof. Ein nürnbergisches Dorf mit Herrensitz und Wehrkirche. In: MANL 19 (1970), Sonderheft, S. 9-12.

KDM Stadt Nürnberg, S. 373.

154.2 Blick in die Konventstube. Fotografie: F. A. Nagel 1931 (StadtMN)

155 — H3

Kucha

Abgegangener Ministerialensitz

Flur Sauanger

Gemeinde Offenhausen

Landkreis Nürnberger Land

Gegen Ende der 1950-er Jahre beobachtete Wilhelm Schwemmer auf der Flur Sauanger in Kucha einen runden Turmhügel, dessen Plateau noch einen Durchmesser von etwa 8 Metern aufwies. Außerdem waren die Spuren eines Ringgrabens deutlich erhalten. Schwemmers Hinweis auf einen Beobachtungsturm für die Burg Hohenkuchen [vgl. Oberndorf] sind ebenso spekulativ wie seine und Karl Thiermanns Ausführungen zur Besitzgeschichte. Für das späte 13. Jahrhundert lassen sich in Kucha bis zu fünf Ministerialen nachweisen, ohne dass jedoch irgendeine Zuordnung der genannten Personen aus der Reicheneecker Ministerialität zu der kleinen Burgstelle am Sauanger möglich wäre.

Der 1959 noch vollständig erhaltene Turmhügel wurde einige Jahre später durch den Bau eines Einfamilienhauses und Straßenbauarbeiten erheblich beschädigt

155.1 Lageplan des Turmhügels an der Straße nach Dippersricht, Zeichnung von M. Kirmaier 1953 (BLfD)

und ist heute kaum noch wahrnehmbar. Schwemmer vermutete im Bereich der Hofstellen Nr. 15 und 19 eine weitere Burgstelle und sprach sogar von einem „Schlößchen", wobei schon 1959 dort keinerlei Spuren mehr vorhanden waren. Diese Annahmen gingen wohl auf die Ausführungen von Karl Thiermann zurück, der selbst die niedere Ministerialität des Hammerbachtales dem Adel zuordnete. Mittlerweile ist deutlich geworden, dass nur ein kleiner Teil der Reichenecker Dienstmannschaft über befestigte Sitze verfügte [vgl. Birkensee, Egensbach, Offenhausen].

Quellen

StAN Rst. Nbg., Salbücher Nr. 36.

Literatur

KDM Hersbruck, S. 212.

Thiermann, Karl: Adel und Adelssitze im Mittelalter, namentlich im und am Hammerbachtal. In: Heimatbeilage der Hersbrucker Zeitung 8 (1932), Nr. 2.

156.1 Darstellung des wohnturmartigen Herrenhauses mit Fachwerkobergeschoss und des benachbarten Hammerwerks. Ausschnitt aus einer kolorierten Karte aus der Zeit um 1530 (StAN)

156   D1

Kugelhammer

Herrensitz, „Schlüsselfeldersches Schloss"

Kugelhammer, Haus Nr. 1-3

Markt Wendelstein

Landkreis Roth

Auch der Sitz Kugelhammer ging aus einem der alten reichslehnbaren Zeidelmuttergüter des Reichswaldes hervor. Nachdem Nürnberger Bürger im Mittelalter regen Anteil am europäischen Montangeschäft nahmen, konnte es nicht ausbleiben, dass sich das Zeidelgut am wasserreichen Gauchsbach zu einer Industriesiedlung entwickelte. Spätestens im frühen 14. Jahrhundert entstand das Hammerwerk mit einem steinernen Haus, das einem Heinrich Kreutzer gehörte. Vielleicht war dieses Gebäude schon mit dem kleinen, wohnturmartigen Herrensitz identisch, der für die Zeit um 1500 bezeugt ist und für den Hammerherrn Repräsentativ- und Schutzfunktionen erfüllte. Die als Annäherungshindernis angelegte Grabenanlage wurde vom Wasser des Baches gespeist. Der Name Kugelhammer kam erst in der Neuzeit auf, nachdem im Werk auch eiserne Kugeln hergestellt wurden.

Für 1463 und 1512 wurde jeweils ein Heinrich Meichsner als Besitzer überliefert, der den Hammer 1463 – angeblich von den Halbwachsen, einer Nürnberger Bürgerfamilie – erworben hatte. Die Meichsner stammten aus der Steiermark und waren 1396 nach Nürnberg eingewandert. 1453 war Heinrich Meichsner erstmals Mitglied des Inneren Rats. 1530 erwarb Heinrich Holzschuher den Kugelhammer und modernisierte das Hammerwerk. Aber schon 1539 wechselte das Gut an die Fürer von Haimendorf. Sigmund Fürer d.Ä. beantragte 1539 und 1540 Eichenholz aus dem Reichswald wohl für größere Wasserbaumaßnahmen.

Im Zweiten Markgrafenkrieg wurde das Anwesen am 15. Mai 1552 in Brand gesteckt. Nach dem Krieg wurde zunächst nur die Industrieanlage wiederhergestellt. 1582 war das Werk unter Carl Fürer von Haimendorf in Betrieb und wurde baulich unterhalten. Durch die Heirat der Felizitas Fürer ging der Kugelhammer bald danach an Hans Nützel d. Ä. Dieser ließ 1584 das Voithaus mit einem Obergeschoss, in dem herrschaftliche Räume eingerichtet werden sollten, errichten. Das alte Herrenhaus lag noch immer „in der Asche" und wurde daher als „Burgstall" bezeichnet.

Erst 1607 beantragte Hans Nützel beim Waldamt Lorenzi das nötige Bauholz zur „erpauung des alten burgstalls", das ihm im Dezember 1607 bewilligt wurde. Demnach dürfte frühestens 1608 mit den Bauarbeiten begonnen worden sein. Nach Hans Nützels Tod 1620 waren Sitz und Hammerwerk an den seit 1613 mit dessen Tochter Felicitas Nützel verheirateten Hanns Albrecht Haller von Hallerstein (1569–1654) gelangt. Dieser ließ 1622 an einer Papiermühle und der Schlossbrücke arbeiten. Nach 1662 folgten Hanns Christoph Haller (1620–1671), dann dessen 1692 verstorbener Sohn Hans Jakob Haller. 1692 wurde der Kugelhammer an den 1653 geborenen Johann Carl Schlüsselfelder übergeben, der 1678 eine Tochter Hanns Christoph Hallers geheiratet hatte. Schlüsselfelder investierte gleich 1693 abermals in den Wasserbau und ließ 1704 ein Sägewerk beim Schloss bauen. Er wandelte den Besitz vor seinem Tod 1709 zu einer Familienstiftung um, die nach dem Tod seiner Witwe Maria Helena 1713 von Administratoren aus verwandten Familien verwaltet werden sollte. Dem jeweiligen Administrator war auferlegt, im berühmten Nassauer Haus bei der Nürnberger Lorenzkirche, der Schlüsselfelderschen Stadtwohnung, zu residieren. Es stand und steht ihm bis heute auch die Nutzung des Herrenhauses in Kugelhammer zu.

Als erster Administrator trat 1713 Christoph Michael Kreß von Kressenstein sein Amt an. Er und seine Nachfolger wurden von mehreren Brandunglücken in den Werksanlagen, beispielsweise 1737 und 1786, heimgesucht, bei denen das Herrenhaus glücklicherweise unversehrt blieb. Der Eisenhammer, eine Schmiede und das Sägewerk wurden immer wieder repariert und waren im ausgehenden 18. Jahrhundert noch immer in Betrieb. Der Hammer ging erst nach dem Bau des Ludwig-Donau-Main-Kanals (1836/45) ein, weil dieser dem Werk die Wasserkräfte entzog.

Das Herrenhaus aus Sandsteinquadern weist zwei Obergeschosse auf einem hohen Sockelgeschoss auf. Der Bau zeigt noch heute sein vom Wiederaufbau 1608 geprägtes Erscheinungsbild, das maßgeblich von den Volutengiebeln und dem mit einem Zwerchhaus gegliederten Satteldach bestimmt wird. Das Schlüsselfelder-Hallersche Allianzwappen über dem Haupteingang erinnert bis heute an die Eheverbindung des Stiftungsgründers. Im Inneren weisen vor allem Stuckierungen auf Modernisierungen des 18. Jahrhunderts hin. Die Raumstruktur entsprach im 17. Jahrhundert einer häufig gebrauchten Lösung: Im Erdgeschoss befand sich eine große Halle, während die Wohnräume im ersten Obergeschoss eingerichtet waren. Das zweite Obergeschoss wird vor allem vom repräsentativen Saal eingenommen. Die Schlossanlage wird bis heute mit großem Aufwand von der Schlüsselfelderschen Familienstiftung, die zur Zeit die Familie Kreß von Kressenstein verwaltet, unterhalten.

156.2 Ansicht des Hammergutes Kugelhammer auf einem Kupferstich um 1707 von J. A. Boener (StadtMN)

Quellen

StAN Rst. Nbg., Waldamt Lorenzi I Nr. 494 I und II.

Gelegenhait, Nr. 1097.

Müllner I, S. 352.

Literatur

Frank zu Döfering, Karl Friedrich von: Die Kressen. Eine Familiengeschichte. Schloß Senftenegg 1936, Sp. 1600-1640, Schlüsselfelderische Familienstiftung (mit Liste der Administratoren), davon Sp. 1619-1636: Kugelhammer; mit Abbildungen und Hinweisen auf die Planzeichnungen im Stiftungsarchiv.

Giersch, Claus / Giersch, Robert: Baugeschichte Schloss Kugelhammer. Aktenvermerke zu den denkmalpflegerischen Voruntersuchungen 1996. Unveröff. im BLfD.

HAB Schwabach, S. 398.

KDM Schwabach, S. 238-245, mit einer Ansicht und vier Grundrissen von 1613 oder 1617 aus dem Stiftungsarchiv.

Ruthrof, Renaissance, Umschlaggestaltung nach Darstellung von H. Enslin von etwa 1840, S. 29-31, 33 f, mit Kupferstich von J. A. Boener um 1700.

156.3 Ansicht des Herrenhauses von Osten, Fotografie: G. v. Volckamer um 1894 (StadtMN)

157 — E5

Lauf

Kaiserburg, später reichsstädtisches Pflegschloss

Schlossinsel 1

Stadt Lauf an der Pegnitz

Landkreis Nürnberger Land

Die Burg Lauf, die sich unmittelbar südlich der Altstadt auf einer Pegnitzinsel erhebt, zählt zweifellos zu den bedeutendsten spätmittelalterlichen Burgenbauten Deutschlands. Die vermutlich bis Ende 1361 von Kaiser Karl IV. errichtete Anlage ist jedoch nicht die erste Burg an dieser Stelle: Hier stand schon um 1200 eine Reichsburg, die 1243 erstmals aufscheint, als sich der Reichsministeriale Liupold nach seinem Dienstsitz nannte. Liupoldus de Laufe gehörte einem Geschlecht an, das zur höheren Reichsministerialität im Nürnberger Raum zählte und sich auch nach den Burgen Rothenberg und Hiltpoltstein nannte [vgl. Alter Rothenberg, Hiltpoltstein]. Mit dem Untergang der Staufer 1268 ging die Reichsburg an die Bayernherzöge, die hier ein 1275 bezeugtes Amt unterhielten, dem Hiltpold aus dem Geschlecht der Hiltpoltstein-Lauf-Rothenberger vorstand. Im Krieg Herzog Rudolfs von Bayern gegen die Parteigänger des Königs wurde die Burg bei einem Vergeltungsschlag des Grafen Gebhard von Hirschberg schließlich 1301 zerstört.

Der Neubau von um 1360 an der Stelle der ehemaligen Reichsburg stand in engem Zusammenhang mit der Schöpfung Neuböhmens. Die große Verschuldung des Pfalzgrafen Rudolf II. bei seinem Schwiegersohn, dem 1346/49 zum römischen König Karl IV. gewählten böhmischen König, und die Lösegeldzahlung Karls für den Pfalzgrafen Ruprecht II., der in sächsische Kriegsgefangenschaft geraten war, führten 1353 zu den für die Pfalz verheerenden Gebietsabtretungen an den König.

157.1   Ansicht des Pflegschlosses auf einer Radierung von J. A. Boener von 1702 (StadtA Lauf)

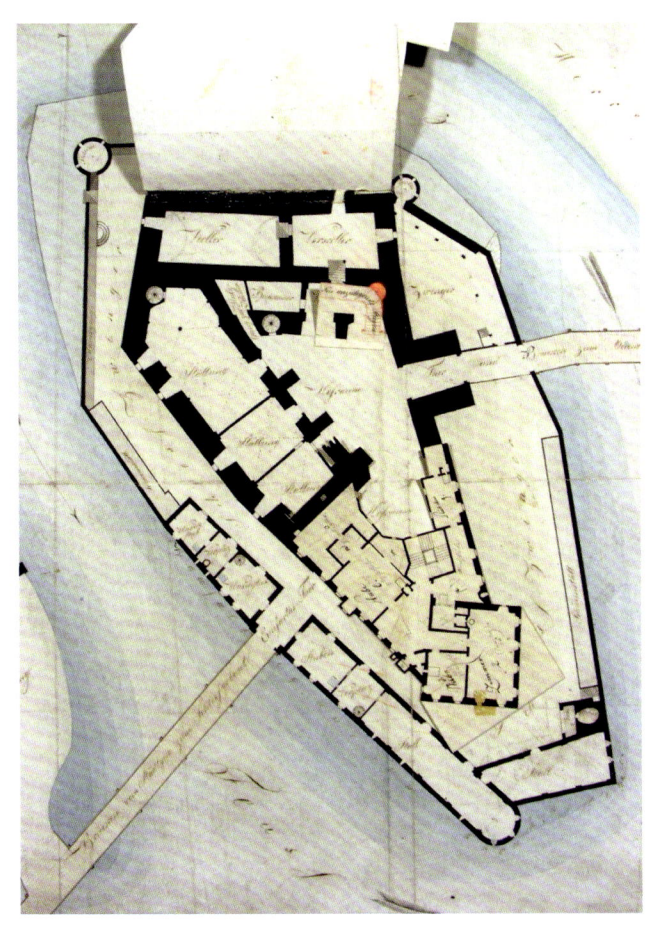

157.2 Grundriss des Erdgeschosses im Palas (Tektur aufgeklappt), Grundriss der nördlichen Amtszimmer und des 2. Obergeschosses auf dem Bergfried (unten) als Tektur, Planzeichnung des Landbaumeisters L. Schwesinger, nicht datiert, vermutlich um 1840 (StAN)

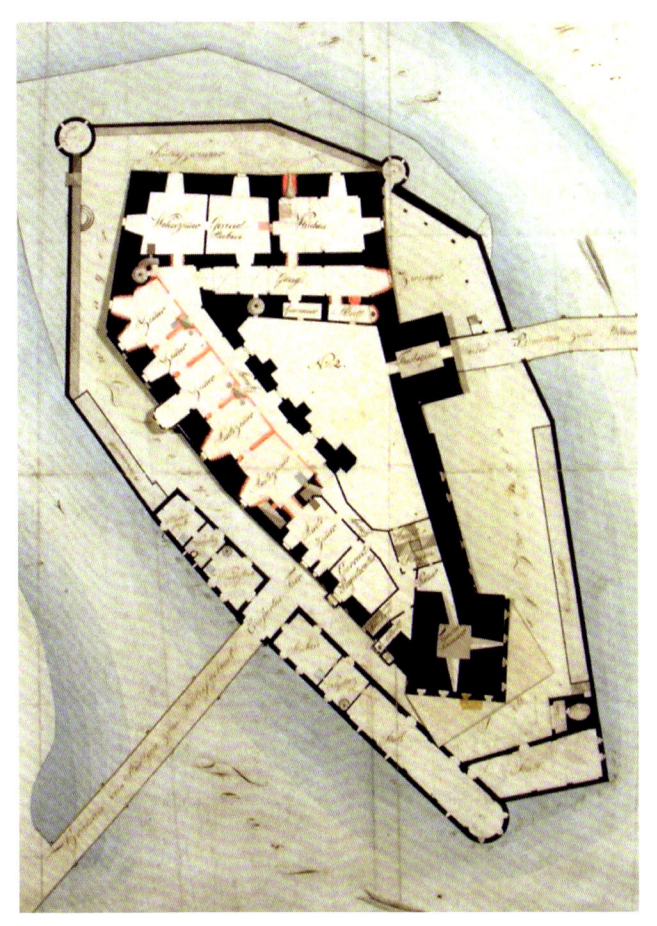

157.3 Grundriss der 1. Obergeschosse im Palas als Tektur, vor allem für den Einbau von Innenwänden im ehemaligen Kaisersaal, Planzeichnung von L. Schwesinger, nicht datiert, vermutlich um 1840 (StAN)

Entlang der „Goldenen Straße" von Nürnberg nach Prag, einer der wichtigsten Handelsstraßen Europas, nahm der Monarch pfälzische Orte, Ämter und Burgen in Besitz.

Vor den Toren der Reichsstadt Nürnberg, des oberdeutschen Wirtschafts- und Finanzzentrums, fast am Endpunkt der Achse Prag-Nürnberg, entstand auf der Laufer Burgstelle spätestens bis 1361 eine kaiserliche Nebenresidenz. Nach den 1514 notierten Aufzeichnungen Nürnberger Ratskanzlisten soll der Kaiser selbst die Burg als „seinen keiserlichen lust sal" bezeichnet haben. In diesem Zusammenhang stand auch die Erhebung des Marktes Lauf zur Stadt mit weitreichenden, vor allem den Handel fördernden Privilegien.

Die repräsentative Nutzung hielt nur wenige Jahre an: Als sich Karl schon 1373 die Gelegenheit bot, vom Bayernherzog Otto V. die Mark Brandenburg zu erwerben, trat er mit dem Vertrag von Fürstenwalde einen großen Teil Neuböhmens, darunter Lauf, an die Bayernherzöge ab. Bereits 1381 wurden Feste und Stadt vorübergehend als Leibgeding an die Nürnberger Bürger Jobst Tetzel und Peter Haller vergeben, doch behielt sich Herzog Friedrich das Öffnungsrecht vor. In den folgenden Jahrzehnten erlebten Burg und Stadt eine wechselvolle Geschichte, geprägt von den Kriegen der Wittelsbacher Vettern und ihren Landesteilungen. Zu größeren baulichen Veränderungen an dem nun herzoglichen Pflegschloss kam es vermutlich nicht. Als es am Ende des Landshuter Erbfolgekriegs 1504/05 an die Reichsstadt Nürnberg fiel, übernahm die reichsstädtische Administration wohl eine noch weitgehend bauzeitlich geprägte Burg.

Der Aufbau der kaiserlichen Burg folgt dem Terrain der Pegnitzinsel. Südöstlich erstreckt sich der im Grundriss etwa hakenförmige, zweiflügelige Palas, ihm gegenüber als westlicher Endpunkt der im spitzen Winkel zulaufenden Außenmauern der Bergfried. Die mächtigen Umfassungen der Hauptburg weisen außen rundum Buckelquadermauerwerk mit sorgfältig gearbeiteten Pressfugen auf und erinnern an ihre Funktion, den Machtanspruch des Bauherrn zu symbolisieren. In die nördliche und südliche Wehrmauer wurde je eine Toranlage gesetzt. Besonders aufwändig wurde das Südtor ausgeführt: Es erscheint in einem aus der

Mauerfront vorspringenden Torturm, einst „Wenntzels thurn" genannt, dessen vordere Fassade von der Figur des hl. Wenzel und dem böhmischen Wappen geziert wird. Im 16. Jahrhundert wurden die oberen Räume des Wenzelturms als Rüstkammern genutzt, vielleicht war dies schon zuvor üblich gewesen.

Auch wenn sich keine bauzeitlichen Quellen erhalten haben, so wusste wenigstens die reichsstädtische Überlieferung des 16. Jahrhunderts noch von der Nutzung der Burg als kaiserliche Hofhaltung. Das Erdgeschoss des nördlichen Palasflügels war vollständig mit einem Kreuzrippengewölbe überfangen. Noch um 1560 waren hier die Pferdestallungen und wohl auch die so genannte Reiterstube untergebracht; eine Pferdeknechtswohnung aus Fachwerk war unmittelbar am Palas angebaut. Zwei größere, nur mit Schlitzfenstern belichtete Räume unten im Ostflügel (vermutlich mit dem so genannten „hindern" und „fördern" Schlosskeller identisch) dienten sicher als Lagerräume.

Die Beschreibung des Obergeschosses im Palas dürfte nicht nur einer gewissen „Karlsnostalgie" des Nürnberger Rates entsprungen sein: Die repräsentativsten Räume wurden noch um 1505 und 1550 als Kaisersaal, Kaiserstuben und Kaiserkammer „mit den Behemischen wappen" bezeichnet. Die in den 1930-er Jahren hinter Putz-Tünche-Lagen wiederentdeckten 114 in Stein geschlagenen Wappen böhmischer Vasallen des Kaisers sind einzig in ihrer Art und weisen auf die Nutzung der Räumlichkeiten bei repräsentativen Anlässen. Die Wappen sollen unmittelbar nach Fertigstellung der Burg um 1361 angebracht worden sein.

Im 15. und frühen 16. Jahrhundert waren vier Räume der Burg mit Kachelöfen beheizbar. Vielleicht war ein „Wasserwerck" im Saal, das im 16. Jahrhundert eine „Muschel", wohl ein steinernes Becken, mit Wasser füllte, bereits im 14. Jahrhundert eingerichtet worden. Die aufwändige Ausgestaltung der inneren Werksteinarbeiten werden mittlerweile böhmischen Steinmetzen zugewiesen: Die Profile der Rippen sollen Ausführungen im Prager Veitsdom entsprechen, die der Parler-Werkstatt entstammen sollen. Die Kapelle war vermutlich in einem großen „Chörlein" am Saal untergebracht. Bis zur Reformation hielt man jährlich am Wenzelstag, am 28. September, zu Ehren des Heiligen eine Messe und einen „kirtag", und zwar „nach alter gewonhait". Im 15. Jahrhundert wurden die Geschosse oberhalb des repräsentativen Obergeschosses als Getreideböden genutzt. Während des Landshuter Erbfolgekrieges musste dann auch der Kaisersaal als Haferlager herhalten. 1531 wollte das Nürnberger Landpflegamt Geschütze auf dem obersten Geschoss aufstellen und ließ die Deckenkonstruktion entsprechend verstärken. Einige Jahrzehnte später wurde hier jedoch wieder Getreide gelagert.

Zumindest um 1500 verfügte die Burg über eine Zwingeranlage, in der zu dieser Zeit ein Viehhaus und ein Stall für Jagdhunde aufgestellt waren. Die beiden Tore waren über hölzerne Brücken erreichbar, deren letztes Joch jeweils durch „geringe schlag prucken" aufgezogen werden konnte. Überlegungen im Jahr 1550, die Brücken durch massive Konstruktionen zu ersetzen, wurden aus Kostengründen bald aufgegeben.

Bereits unmittelbar nach der Inbesitznahme Laufs durch die Reichsstadt wurde ein Pfleger als Amtmann auf die Burg geschickt und eher provisorisch im Palas untergebracht. Erst 1525 entschloss sich die Reichsstadt, nicht nur eine umfangreiche Renovierung der Burg durchzuführen, sondern unter der Leitung des Stadtwerkmeisters Paulus Beheim 1526 einen „alt paw", die alte Schreibstube der Burg, sowie den oberen Teil des Bergfrieds abzubrechen und auf den unteren Teil des Turms eine neue Pflegerwohnung aufzubauen. Bemerkenswert ist, dass man trotz des Umbaus das Verlies im unteren Teil des Bergfrieds beließ. Noch um 1550 wurde es als Untersuchungsgefängnis des Pfleggerichts genutzt.

Mit einer Katastrophe endete der Zweite Markgrafenkrieg in Lauf. Schon am 11. Mai 1553 hatten markgräfliche Truppen Lauf erobert, jedoch konnten Stadt und Burg am 22. Mai wieder zurückgewonnen werden. Am 29. Mai nahm der Feind Lauf abermals ein und steckte diesmal die Stadt und das Pflegschloss am 3. Juni 1553 in Brand. Die Wiederherstellung des Pflegschlosses wurde ein Jahr nach dem Ereignis in Angriff genommen.

157.4 Blick auf die ehemalige Kaiserburg von Nordwesten, Fotografie: G. v. Volckamer um 1894 (StadtMN)

Am 18. Mai 1554 hatte sich der leitende Zimmermeister des Stadtbauamtes, Barthel Grolock, die Brandruine angesehen und ein Gutachten erstellt. Demnach waren die auf den unteren Geschossen des ehemaligen Bergfrieds aufgesetzte Pflegerwohnung und die Zwingerbebauung völlig ausgebrannt. Der Palas hatte geringere Schäden davongetragen. Zwar waren das Dachwerk und hölzerne Ausstattungen zerstört, das repräsentative Obergeschoss mit den ehemaligen kaiserlichen Räumen und dem Fletz davor war, weil eingewölbt, relativ unversehrt geblieben. Allerdings fand sich die Stallung im Erdgeschoss arg beschädigt, weil hier Brennholz gelagert worden war. Die Brandhitze hatte vor allem das wertvolle Kreuzrippengewölbe ausgeglüht, einige Gewölberippen und Schlusssteine waren herabgefallen. Die Wiederaufbaupläne sahen vor, zusätzlichen Raum über dem Nordtor, am westlichen Ende des Saals, zu schaffen. Außerdem wurde der Einbau hölzerner Zwischendecken und Scheidwände im Erd- und Obergeschoss geplant. Dass die Instandsetzung im Jahr 1555 nicht abgeschlossen wurde und sich noch über 1560 hinaus hinzog, lag am budgetierten Bauetat, zu dem sich die vom Krieg ungeheuer geschädigte Reichsstadt gezwungen sah.

Bauliche Veränderungen wurden auch im 17. Jahrhundert vorgenommen: Nach Entwürfen des Nürnberger Steinmetz- und Baumeisters Jacob Wolff, vermutlich Jacob Wolff d. J., und des Werkmeisters Matthes Pfeffer wurde von 1614 bis 1618 der Zwinger umgestaltet. Es entstanden umfangreiche Verbesserungen der Verteidigungsanlagen wie der Bau von Rondells und diverse Anbauten an der Zwingermauer. Es wurden verschiedene Ökonomieräume und Stallungen im Zwinger untergebracht, die um 1830 weitgehend wieder abgebrochen wurden.

Von 1678 bis 1680 wurde die Pflegerwohnung erweitert und umgebaut. Bei dieser Gelegenheit setzte man ein weiteres „Chörlein" an die Außenmauer. Ob die prächtigen Stuckdecken der Pflegerwohnung bei dieser Gelegenheit entstanden sind, ist noch immer ungeklärt. Vermutlich fertigte man sie erst einige Zeit nach 1680, da sie bei der Abrechnung des Umbaus von 1678/80 nicht aufgeführt wurden.

Die ehemalige Kaiserburg blieb bis zur Eingliederung des reichsstädtischen Territoriums in das junge Königreich Bayern 1806 Pflegamtssitz. Der bayerische Staat ist bis heute Eigentümer der Anlage, die im 19. und 20. Jahrhundert den Justizbehörden Raum bot und seit 1985 von der Akademie der Bildenden Künste Nürnberg genutzt wird. Vor allem der Einbau von neuen Innenwänden und Decken um 1810 und um 1862 sowie der Umbau von 1900 bis 1903, der neue Treppenhäuser bescherte, führten zu gravierenden Verlusten an gotischer Bausubstanz. Das Abschlagen des prachtvollen gotischen „Chörleins" am Kaisersaal 1856 kann nur als ein Akt von Kulturbarbarei bezeichnet werden.

157.5 Blick auf die Kaiserburg und das Wenzelstor von Südwesten, Fotografie: G. v. Volckamer um 1894 (StadtMN)

Die besondere landesgeschichtliche Bedeutung und der große kunsthistorische Wert der Kaiserburg wurden erst spät angemessen gewürdigt. Die Arbeiten von Wilhelm Kraft und Wilhelm Schwemmer waren bis vor kurzem die wichtigsten Veröffentlichungen zur Burggeschichte. Seit Ende der 1980-er Jahre fanden mehrere Bauforschungen in Teilbereichen statt, die zahlreiche neuere Erkenntnisse erbrachten. Schließlich beschäftigten sich Tagungen der Deutschen Burgenvereinigung 1995 und der Wartburg-Gesellschaft zur Erforschung von Burgen und Schlössern im Jahr 2003 mit internationaler Beteiligung mit der Burg Lauf.

Quellen

StAAm OPf. Registraturbücher Nr. 56, fol. 20, 42.

StAN Rst. Nbg., Landpflegamt, Pflegamt Lauf, S I, L 407, Nr. 141. Reg. v. Mfr., Plansammlung I, Mappe IX, Nr. 97-114.

Böhmisches Salbuch, S. 123.

Giersch, Robert: Archivalien zur älteren Baugeschichte der Burg Lauf an der Pegnitz. Transkription der wesentlichsten Archivalien aus dem Staatsarchiv Nürnberg. Unveröff. Dokumentation zur Begleitung der Bauforschung für das Staatliche Hochbauamt Nürnberg. Stand März 2004.

NUB Nr. 317.

Literatur

Alberti, Volker / Baumann, Lorenz / Holz, Horst: Burgen und Schlösser in Lauf und Umgebung. Unteres Pegnitztal (= Fränkische Adelssitze 2). Simmelsdorf-Hüttenbach 1999, S. 9-21.

L LAUF

Giersch, Claus: Untersuchungsberichte zu restauratorischen Untersuchungen für das Staatliche Hochbauamt Nürnberg 1990-2004. Unveröff. im BLfD.

Glückert, Ewald: Burgen, Schlösser, Herrensitze. Wehr- und Herrschaftsbauten im Stadtgebiet von Lauf a. d. Pegnitz (= ZeitenLauf Bd. 5). Lauf 2005, S. 6-20, mit Kupferstich von J. A. Boener von 1702.

Großmann, G. Ulrich et al. (Hg.): Burg Lauf a.d. Pegnitz. Ein Bauwerk Kaiser Karls IV. (= Forschungen zu Burgen und Schlössern Sonderband 2). Nürnberg 2006.

Kraft, Wilhelm / Schwemmer, Wilhelm: Kaiser Karls IV. Burg und Wappensaal zu Lauf (= Schriftenreihe der ANL Bd. 7). Nürnberg 1960.

KDM Lauf, S. 204-238, mit zahlreichen historischen Abbildungen und Fotografien.

Pfeiffer, Gerhard: Die Offenhäuser der Reichsstadt Nürnberg. In: JffL 14 (1954), S. 160.

Rebmann, August: Der Wappensaal in Lauf. In: MANL 8 (1959), Heft 1, S. 1-10.

Schnelbögl, Fritz: Das „Böhmische Salbüchlein" Kaiser Karls IV. über die Nördliche Oberpfalz 1366/68. München-Wien 1973.

Seibt, Ferdinand: Karl IV. Ein Kaiser in Europa 1346–1378. München 1978.

Stadtlexikon Nürnberg, S. 615, mit Aquarell von Carl Käppel um 1840.

Voit, Pegnitz, S. 221-224.

Zelenka, Ales: Der Wappenfries aus dem Wappensaal zu Lauf. Passau 1976.

158 — D4

Laufamholz

Herrenhaus

Moritzbergstraße 50, 52

Stadt Nürnberg

In der älteren Literatur wurde behauptet, dass die Familie Praun um 1685 das zweigeschossige Herrenhaus aus Werksteinen erbaut habe. Dies dürfte ein Irrtum sein. Noch um die Mitte des 17. Jahrhunderts war das Zeidelgut, über das das Waldamt Lorenzi die Grundherrschaft ausübte, nur mit einer bäuerlichen Hofstelle ausgestattet. Bis 1645 wurde es von der Familie Kißkalt bewirtschaftet. Margaretha, Witwe des Konrad Kißkalt, musste es damals Schulden halber für 210 Gulden an Hanns Hunger veräußern. Der Käufer übergab den Hof schon 1651 seinem Sohn Michael Hunger. Noch in der zweiten Hälfte des 17. Jahrhunderts geriet das Zeidelgut an den Lederhändler und Genannten des Größeren Rates Cornelius Künzel, der es im Januar 1699 für nun schon 2.500 Gulden an Johann Jakob Imhoff (1627–1702), Pfleger des Stadtalmosens, verkaufte.

Leider spricht nur die Höhe des Kaufpreises für die Existenz des Herrenhauses zu diesem Zeitpunkt, da der

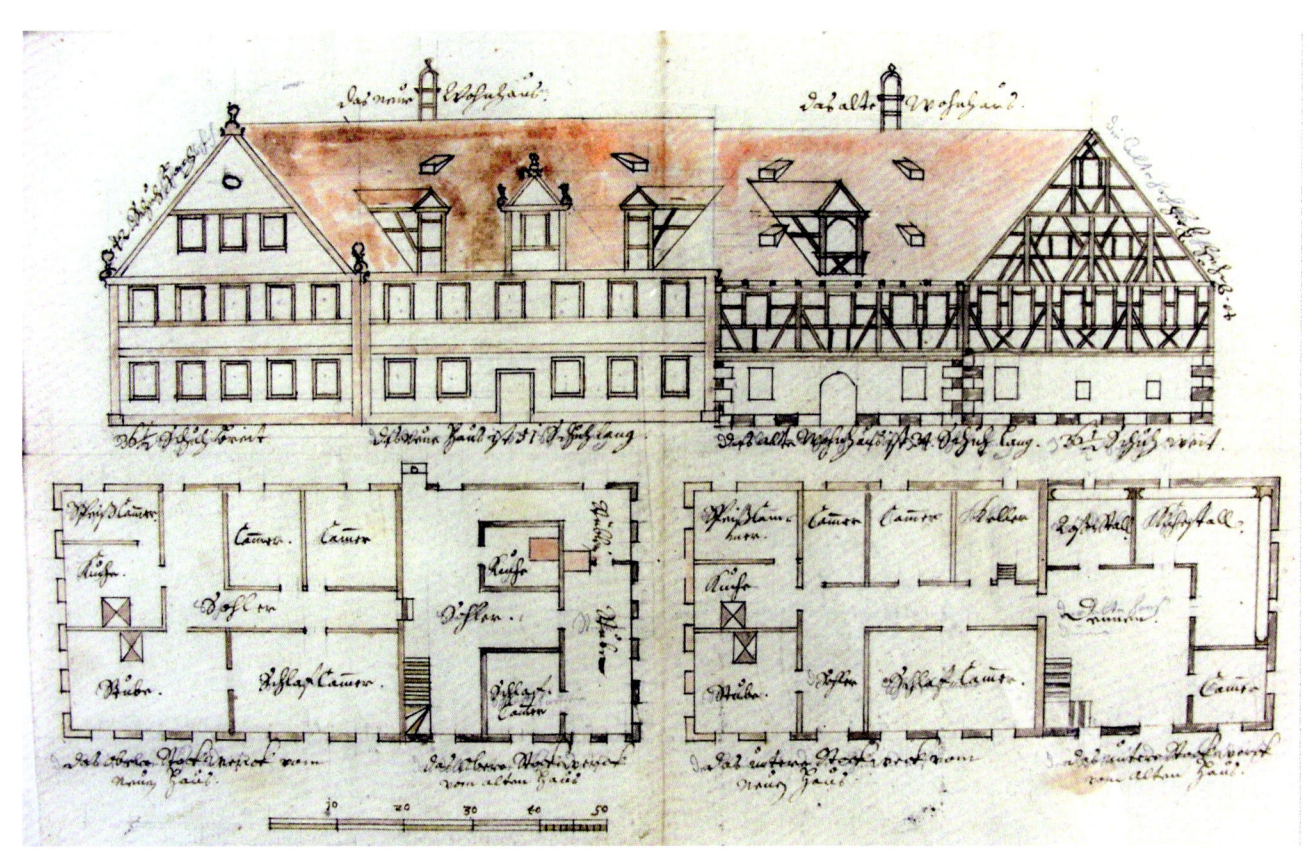

158.1   Aufriss und Grundrisse des Erd- und Obergeschosses für die Aufstockung des südöstlich angebauten alten Bauernhauses, Baueingabe an das Waldamt Lorenzi von 1723 (StAN)

Wortlaut des Vertrags keinen Hinweis darauf liefert. Das Herrenhaus scheint als zweigeschossiges, steinernes Wohnhaus erst 1702 auf, als der Käufer bereits verstorben war und die Liegenschaft an seine Töchter Charlotte Katharina und Louise Maria Imhoff vererbt hatte. Die erste Tochter wollte seinerzeit einen zusätzlichen Ofen im Obergeschoss aufstellen, wo sie Räume an Tagelöhner vermietet hatte.

1709 verkauften die beiden Schwestern ihr Erbe an den Wundarzt Johann Pfann und dessen Ehefrau Anna. 1718 erbat sich der Käufer, dessen Bruder Georg ein Herrenhaus in Bruck bei Erlangen erworben hatte [vgl. Bruck IV], die Aufstellung eines Ofens in einer Kammer, wo er im Winter Arzneien aufbewahren wollte. Ende 1723 beantragte Pfann einen Umbau, für den sich sogar der Eingabeplan an das Waldamt erhalten hat. Er überliefert die schon 1709 beschriebene Situation: Der jüngere zweigeschossige Massivbau war südöstlich direkt an das alte Bauernhaus angebaut worden. Der Altbau sollte aufgestockt werden, auch um eine einheitliche Firstlinie zu erreichen. Das genehmigte Vorhaben wurde 1724, wie eine bauseitige Inschrift bezeugt, auch ausgeführt.

Unmittelbar nach der Baumaßnahme wurden 1725 und 1726 größere Darlehn aufgenommen. Dies wurde den Kindern zum Verhängnis, als der Wundarzt um 1730 verstarb. Die Erben mussten, um die Schulden tilgen zu können, 1731 an den Förster Johann Leonhard Zitzmann verkaufen. Der trat den Besitz jedoch schon wenige Monate später, im Januar 1732, für 4.025 Gulden an den Syndikus und Nürnberger Landschreiber Johann Adam Herold ab, der selbst wenige Jahre später starb. Nach einer vertraglichen Einigung mit den Miterben übernahm dessen Witwe Susanna Barbara 1737 den Alleinbesitz. Von ihr ging der Zeidelhof später an die Tochter Maria Sabina, die den Juristen Dr. Johann Kaspar Birkner geheiratet hatte. 1777 trat der Sohn Johann Paul Birkner das Erbe an.

Um 1800 begannen unruhige Zeiten: Der junge Birkner veräußerte die Liegenschaft 1798 an Jobst Christoph Sigmund von Praun, der sie schon 1802 seinem Bruder Sigmund Friedrich Wilhelm von Praun überließ. Dieser verkaufte 1804 an den Müllermeister Johann Ottmann, der den Besitz bereits 1807 an den Nürnberger Kaufmann Karl Benedikt Schwarz und dessen Ehefrau Maria Regina, geborene Weghorn, weitergab. Schwarz, der im frühen 19. Jahrhundert eine Vielzahl von Immobilien im Nürnberger Land erwarb [vgl. u.a. Artelshofen, Henfenfeld], bestimmte das Anwesen, das

158.2 Blick auf das Herrenhaus an der Moritzbergstraße von Norden, Fotografie: F. A. Nagel 1911 (StadtMN)

mittlerweile „Schloß" genannt wurde, zum künftigen Witwensitz seiner Ehefrau.

Wenige Jahre später änderte das Ehepaar seine Absichten; nach der Erwerbung von Artelshofen und Henfenfeld sowie der Erhebung in den Adelsstand 1816/17 hatte wohl das Interesse an dem kleinen Herrenhaus ohne eigene Gerichtsbarkeit stark nachgelassen. So verkaufte es die Liegenschaft in Laufamholz um 1819 an Albrecht Schertel, der sich jedoch derart verschuldete, dass er diese 1820 an Georg Paul Amberger, den Sohn seines Gläubigers Johann Amberger, abtreten musste. Bei dieser Gelegenheit wurde das Herrenhaus als etwa 15½ Meter langes, gut 10 Meter breites „Schloß" aus Sandsteinquadern beschrieben. Im Erdgeschoss des Hauses fanden sich 1 Stube, 4 Kammern, 1 Küche, der Tennen und eine Kammer über einen Kellerraum; im Obergeschoss 1 Stube, 1 Alkoven, 2 Kammern, 1 Küche und 1 Speisekammer. Unmittelbar angebaut war noch immer das 1724 mit einem Fachwerkobergeschoss aufgestockte alte Bauernhaus. Zum Anwesen gehörten auch 1 Stadel, 1 Schupfe, 1 Backofen, Schweineställe, 1 Brunnen, der Hofraum und ein „Schloßgarten".

1825 wurde die Landwirtschaft an Michael Schmidt verpachtet, Amberger behielt sich aber die Nutzung des Herrenhauses vor. 1834 teilte er die Liegenschaft, verkaufte einen Teil seinem Pächter und tauschte den anderen mit dem zweigeschossigen Herrenhaus an den bayerischen Staat weg. Es wurde den Forstbehörden überlassen, die hier ein Forstamt einrichteten. Seit 1973 ist hier der Sitz des Forstamts Nürnberg.

Der knapp 10 Meter lange hintere Teil des Gebäudes, das alte Bauernhaus, wurde zu noch nicht geklärter Zeit im 19. Jahrhundert abgebrochen. Zugesetzte Fassadenöffnungen erinnern an die frühere Situation. Der erhaltene Werksteinbau zeichnet sich durch eine Gliederung mit Gesimsen und Ecklisenen aus. Der Volutengiebel ist mit Vasen bekrönt. Im Inneren soll sich das alte Raumgefüge weitgehend bewahrt haben, auch einfache Rahmenstuckdecken blieben erhalten.

Quellen

StAN Rst. Nbg., Waldamt Lorenzi I Nr. 56, 455, 549a, 1490, 1491, 1492, 1493, 1494, 1496, 1497. LG ä.O. Nürnberg Grundakten Steuergemeinde Laufamholz Nr. 34, 35.

StadtAN E 10/21 Nr. 83 I, 92.

Biedermann, Tab. 251.

Literatur

KDM Stadt Nürnberg, S. 375.

Frdl. Mitteilungen von Herrn Heinrich Rodenhäuser, Laufamholz.

Stadtlexikon Nürnberg, S. 615 f, mit Stich des Ortes von J. Trautner.

Wittek, Ansgar: Vom Zeidelgut zum Bürgerschlößchen. In: Der Nürnberger Vorort Laufamholz. Nürnberg 1984, S. 37 f.

159 E4

Letten

Herrensitz

Letten 1

Stadt Lauf an der Pegnitz

Landkreis Nürnberger Land

Noch im frühen 15. Jahrhundert bestand Letten, Reichsgut im Lorenzer Reichswald, nur aus einem einzigen Hof, mit dem König Ruprecht 1401 Herdegen und Jobst aus der Nürnberger Bankiersfamilie Valzner belehnte [vgl. Brunn, Gleißhammer I, Haimendorf]. Sie legten in der Folgezeit südlich des Hofes zahlreiche Weiher an und errichteten zu ihrem Schutz einen Sitz. Dieser Sitz inmitten der Weiher war – im Gegensatz zum Hof – freies Eigen und zehntfrei.

1448 kam der Besitz auf dem Erbweg von Margarethe, Witwe des Herdegen Valzner, an ihre Nichte Apollonia Mendel. Schon ein Jahr später wurde das „Sitzlein" im Ersten Markgrafenkrieg zerstört, gelangte an die Nürnberger Patrizierfamilie Rieter, die sich in der Folgezeit „von Letten" nannte. Durch die Ehe mit Katharina Rieter, der einzigen Tochter Sebald Rieters, erhielt Kaspar Kreß 1490 das Gut mit dem Sitz. Sein Enkel Christoph II. Kreß ließ 1544 durch den Nürnberger Landbaumeister Paulus Behaim für die beachtliche Summe von über 1.200 Gulden das „Herrensitzlein" erneuern. Nur wenig später musste er erleben, wie das Herrenhaus im Zweiten Markgrafenkrieg am 31. Mai 1552 erneut zerstört, der Hausrat geplündert, die Weiher ruiniert und abgefischt wurden, sodass ein Gesamtschaden von 3.500 Gulden entstand. Für 600 Gulden wurde bis 1558 der Sitz wieder instand gesetzt und eine Stube getäfelt.

Magdalena, die Witwe Christophs II. Kreß, brachte 1573 Letten ihrem zweiten Ehemann Johann Pfinzing zu, der sich in der Folge als „von Henfenfeld und Letten" bezeichnete. Nach einer Bauinschrift am Giebel hatte 1603 sein Sohn Karl Pfinzing den Sitz umfassend umbauen, wenn nicht neu errichten lassen. Der zweigeschossige Bau erhielt einen Sandsteinsockel mit einem Fachwerkobergeschoss und Satteldach. Im Besitz folgten 1622/29 über die Ehe Christoph Jakobs Muffels mit Klara Magdalena Pfinzing die Muffel, dann die Löffelholz und 1743 wieder die Kreß, die den Sitz mit seinem Zubehör um 17.200 Gulden erwarben.

Anfang des 19. Jahrhunderts verkaufte Georg Christoph Wilhelm Kreß das Gut Letten an den Hopfenbauern Georg Rögner, der den Herrensitz in der Folgezeit

159.1 Der von einer Mauer mit Ecktürmchen umgebene Herrensitz aus der Vogelschau. Karte Pflegamt Lauf, Hans Bien 1628 (StAN)

159.2 Ansicht des ehemaligen Herrensitzes von Südosten. Fotografie: G. v. Volckamer um 1894 (StadtMN)

159.3 Ansicht der südlichen Giebelfassade mit dem Hauseingang. Fotografie: F. A. Nagel 1931 (StadtMN)

entsprechend den Erfordernissen seiner Landwirtschaft umbaute. Vermutlich durch ihn wurden die noch im 18. Jahrhundert mit Wasser gefüllten Gräben aufgelassen und gutteils verfüllt, die Zugbrücke an der Stirnseite mit den beiden flankierenden Rundtürmchen entfernt. Im Erdgeschoss führte einst ein Rundbogenportal in eine große Tenne, die zur Stallung umgebaut, während das Portal zugesetzt wurde. 1993 wurde die Fachwerkfassade des Herrensitzes freigelegt und restauriert.

Quellen

StAN Rst. Nbg., Handschriften Nr. 198. Rst. Nbg., Rechnungen des Markgräflichen Krieges Nr. 96.

StadtAN E 16/I Nr. 40.

Müllner III, S. 329 f.

Pfalzgr. Reg. II, Nr. 927.

Literatur

Alberti, Volker / Baumann, Lorenz / Holz, Horst: Burgen und Schlösser in Lauf und Umgebung. Unteres Pegnitztal (= Fränkische Adelssitze Bd. 2). Simmelsdorf-Hüttenbach 1999, S. 84-89.

Frank zu Döfering, Karl Friedrich von: Die Kressen. Eine Familiengeschichte. Senftenegg 1936, Sp. 1505-1507.

Glückert, Burgen, S. 34-40.

KDM Lauf, S. 279 f.

160 — G9

Leupoldstein

Abgegangene Burg

Stadt Betzenstein

Landkreis Bayreuth

Auf einem Dolomitfelsriff südlich des Ortes Leupoldstein finden sich noch geringe Spuren einer abgegangenen Burg. Sie war bereits im 16. Jahrhundert, als das Amt Betzenstein nürnbergisch wurde, demoliert. Die Burg Leupoldstein soll nach der Vita des 1139 verstorbenen Bischofs Otto I. von Bamberg zu den sechs Burgen gezählt haben, die er zu seinen Lebzeiten erworben hatte. Er übergab die Burg und ihre grundherrschaftlichen Rechte und Einkünfte dem von ihm 1119 gegründeten Kloster Michelfeld. Die von Hellmut Kunstmann vorgestellte Geschichte von der Gründung eines bayerischen Edelfreien Leupold, der bei einem Kreuzzug ums Leben kam und dessen Vermächtnis die Burg dem Hochstift zuführte, stammt aus einem Michelfelder Kopialbuch des 15. Jahrhunderts und sollte eher kritisch betrachtet werden.

1194 nannten sich zwei Bamberger Ministeriale „Ebermarus et Egilolfus de Luipoltstein" nach der Burg. Im ältesten bischöflichen Urbar von 1323/27 findet sich das „castrum Leupoltstein". Wenige Jahre später wurde das

160.1 Darstellung der Burgruine als Ausschnitt auf dem Grundriss der Waldung Ottenberg, im Juli 1603 gezeichnet von Hieronymus Braun (StAN)

160.2   Blick aus südlicher Richtung auf das Felsriff, das einst die Burg trug (Rg)

Ministerialengeschlecht von Wiesenthau mit der Burg belehnt. 1370 mussten sich die Brüder Eyring, Cunrad, Heinrich und Seybrecht von Wiesenthau dem Hochstift gegenüber mit einem Öffnungsrecht im Kriegsfall und einem Vorkaufsrecht für Bamberger Vasallen verpflichten. 1375 kamen die Wiesenthau untereinander in Streit, und bischöfliche Truppen mussten vor das Schloss ziehen, um einem Teil der Burgbesitzer wieder zu seinem Recht zu verhelfen. 1386 wurden Besitzteile an die Egloffsteiner verkauft.

Bald darauf folgte das Ende der Burg: Dietrich von Wiesenthau zählte zu den Landadeligen, die sich besonders mit Straßenraub hervortaten, sodass bei der von den Reichsstädten initiierten Strafaktion König Wenzels 1397 auch die Burg Leupoldstein eingenommen und zerstört wurde. Der König verbot auch den Wiederaufbau der Burg. Da andere Mitglieder der Familie von Wiesenthau noch bis 1422 mit ihren ererbten Teilen der Burg belehnt wurden, nahm Hellmut Kunstmann an, dass König Wenzel nur einen Teil der Burg gebrochen hatte. Der Nürnberger Burgenforscher vermutete den völligen Untergang der Burg im Hussitenkrieg um 1430.

1498 und mehrmals im 16. Jahrhundert wurde der Leupoldstein als „Burgstall" im Lehnsbesitz der Herren von Egloffstein bezeichnet. Bei der bekannten Erkundung der Landschaft, vom Nürnberger Rat vor dem Ausbruch des Landshuter Erbfolgekrieges 1504 in Auftrag gegeben, wurde in Leupoldstein nicht einmal mehr die Stelle der abgegangenen Burg bemerkt.

Während auf Nürnberger Landkarten des frühen 17. Jahrhunderts die Burgruine zumindest schematisch dargestellt wurde, war nach einer Beschreibung von 1728 die Burgstelle weitgehend abgeräumt. Joseph Heller beobachtete 1842 noch geringe Mauerreste, die vermutlich beim bedauerlichen Bau des Leupoldsteiner Wasserwerks im Burgareal im 20. Jahrhundert beseitigt wurden.

Quellen

StAAm Kloster Michelfeld Urk. Nr. 12.

StAN Reg. v. Mfr., Lehenurkunden I Nr. 20.

Gelegenhait, Nr. 802.

Mon. Boica Bd. 25, S. 108.

Müllner II, S. 145 und 174.

Literatur

Kunstmann, Östliche Fränkische Schweiz, S. 428-433, mit Ansicht der Ruine als Ausschnitt aus der Karte von 1607.

161

Lichtenau

Festung und ehemals reichsstädtisches Pflegschloss

Markt Lichtenau

Landkreis Ansbach

Zum Territorium der Reichsstadt Nürnberg gehörte die Herrschaft Lichtenau, eine Exklave weit westlich von Nürnberg im Ansbacher Land an der fränkischen Rezat gelegen. Das Pflegschloss war aus einer Wasserburg hervorgegangen, deren Ursprung nicht mehr zu klären ist. Sie hatte wohl schon um 1200 ihre Funktion im spannungsreichen Beziehungsgeflecht zwischen dem Hochstift Würzburg, den Staufern als dessen Obervögten und den Edelfreien von Schalkhausen-Dornberg als Untervögten zu erfüllen. Als Besitz des Rudolf von Dornberg scheint die Burg Lichtenau erstmals 1246 als „castrum Lihtenowe" auf. Zu dieser Zeit hatte der Zerfall der staufischen Macht bereits begonnen, und im Interregnum ging die Zeit der staufischen Obervogtei endgültig zu Ende, sodass die Dornberger sich uneingeschränkt als Würzburger Vögte fühlen konnten. Mit Wolfram von Dornberg starb das bedeutende Edelfreiengeschlecht jedoch schon 1288 im Mannesstamm aus. Das Dornberger Erbe fiel an die Schwiegersöhne: Die Burgen Lichtenau und Vestenberg nahm der Edelfreie Gottfried von Heideck als Gemahl der Kunigunda von Dornberg in Besitz, den größeren Teil des Vermögens jedoch die Grafen von Öttingen [vgl. Immeldorf].

Mit dem Verkauf von Dornberg und der Stadt Ansbach durch Ludwig Graf von Öttingen 1331 an die Burggrafen von Nürnberg bahnte sich eine konfliktreiche Zeit an. Die Hohenzollern nahmen beim Ausbau ihrer territorialen Herrschaft keinerlei Rücksichten auf nachbarschaftliche Befindlichkeiten. Die Herren von Heideck suchten in ihrer Bedrängnis die politische Nähe zur Reichsstadt Nürnberg: 1386 wurde Friedrich II. von Heideck Nürnberger Bürger und räumte der Reichsstadt das Öffnungsrecht über alle Heidecker Burgen ein. Daher wurde die Burg Lichtenau im Städtekrieg 1388 den Nürnbergern zur Verfügung gestellt. Schließlich verkaufte der Heidecker Burg und Herrschaft mit allem Zubehör 1406 an Nürnberg, wozu auch die zunehmende Verschuldung des Edelfreien beigetragen hatte.

Vermutlich um eine unmittelbare Machtprobe mit dem Burggrafen zu umgehen, verkaufte die Reichsstadt einige Heidecker Güter an das so genannte Reiche Almosen, eine Nürnberger Stiftung, die der reiche Kaufmann Burkhard Sailer 1388 gegründet hatte, um Stadtarme mit Lebensmitteln zu versorgen. Die Burg, die Gerichtsrechte, den Markt Lichtenau und einige Dörfer der Herrschaft veräußerte man 1409 dem Nürnberger Patrizier Heinrich Rummel, der der Reichsstadt das Öffnungsrecht und damit die militärische Verfügungsgewalt über die Burg einräumte. Im Ersten Markgrafenkrieg war der Reichsstadt daher sehr an einer Verstärkung der Burg gelegen: Man unterstützte den Ritter Franz Rummel, den damaligen Inhaber, beim Bau von Befestigungen und schickte Waffen, darunter fünf Geschütze, und Munition nach Lichtenau. Diese Anstrengungen halfen wenig: Im August 1449 zog Markgraf Albrecht Achilles in Lichtenau ein, verheerte das Land und beschoss die Burg, deren Besatzung sich am 13. August ergab. Erst 1453 nach Abschluss der Friedensverhandlungen wurde Lichtenau an Franz Rummel zurückgegeben.

Möglicherweise hatte der immense Kriegsschaden bereits das Vermögen der Rummel erheblich geschwächt, spätestens um 1470 geriet die Familie in große Zahlungsschwierigkeiten. 1472 wurden die grundherrschaftlichen Rechte um 5.000 Gulden an das Reiche Almosen verkauft. 1476 belehnte Kaiser Friedrich III. die Pfleger der Nürnberger Stiftung auch mit der Hochgerichtsbarkeit, dem Blutbann über die Herrschaft Lichtenau. Wenig später wurde ein reichsstädtisches Pflegamt in der Burg eingerichtet und Lichtenau unmittelbar dem Rat der Reichsstadt unterstellt.

Die Burg war zu dieser Zeit von zwei Wassergräben umgeben. Hinter dem äußeren Graben war ein gewal-

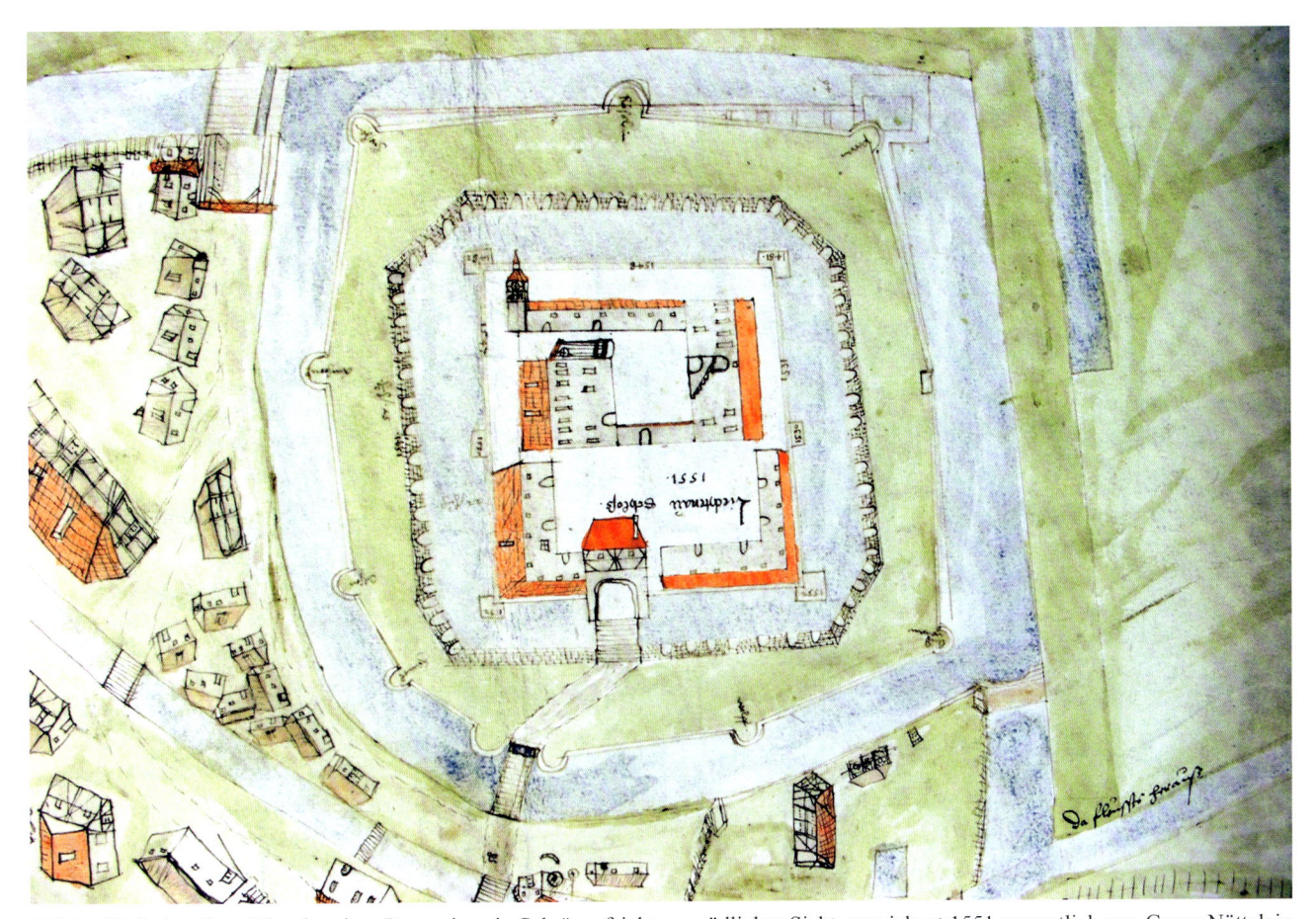

161.1 Einfacher Grundriss der alten Burganlage in Schrägaufsicht aus südlicher Sicht, gezeichnet 1551 vermutlich von Georg Nöttelein (StAN)

L LICHTENAU

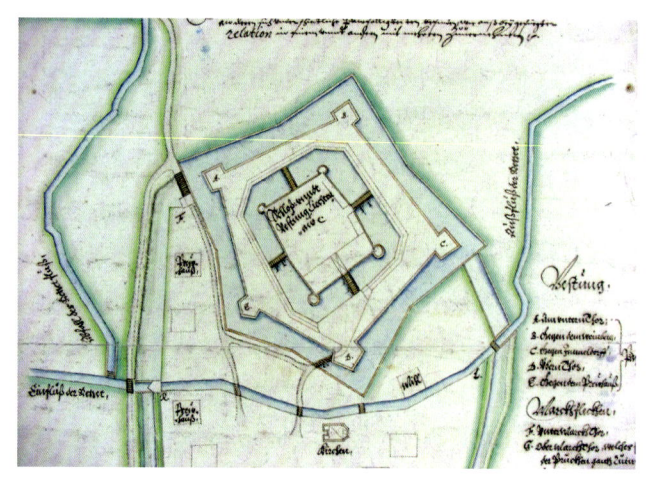

161.2 Grundriss der Festung, gezeichnet 1634 vom reichsstädtischen Zeugmeister Johann Carl zur Schadensaufnahme nach der Belagerung durch kaiserliche Truppen (StAN)

tiger Wall aufgeworfen, der von einer Wehrmauer mit halbrunden Streichwehren oder Bastionen, damals Rondells genannt, bekrönt wurde. Hinter dem äußeren Befestigungswerk folgte der innere Wassergraben, der die annähernd quadratische Grundfläche des Pflegschlosses schützte. Dass das innere Terrain der Wasserburg als Insel „Schütt" bezeichnet wurde, weist darauf hin, dass es einst zur Anlage der Feste im Talgrund aufgeschüttet worden war. Hinter einem zweiten Mauerring, von 1482 bis 1548 mit rechteckigen Bastionen verstärkt, erstreckten sich die Schlossgebäude, zu denen auch ein Torhaus und ein Turm mit Fachwerkobergeschossen zählten. An der Verbesserung der Festungswerke war 1538 auch der an der Nürnberger Stadtbefestigung beschäftigte italienische Festungsbaumeister Antonio Fazuni beteiligt.

Der Markgraf hatte seit der Zeit um 1470 nichts unversucht gelassen, um die Herrschaft Lichtenau seiner Landeshoheit zu unterstellen. Trotz immer wieder aufgenommener Verhandlungen und Prozesse vor dem Reichskammergericht war die Reichsstadt nie zu einer Abtretung Lichtenaus bereit und baute die 1449 wohl erheblich beschädigte Burg weiter aus. Aber auch im Zweiten Markgrafenkrieg konnte sie ihre Festigkeit nicht unter Beweis stellen, denn als Markgraf Albrecht Alcibiades am 4. Mai 1552 vor Lichtenau erschien, übergab der Pfleger die Feste entgegen den reichsstädtischen Befehlen ohne Gegenwehr. Die Befestigungen wurden anschließend gesprengt und geschleift: Bauern mussten die Grabenanlage mit den Trümmern füllen. Der Schaden an der größten Nürnberger Festung (noch vor Reicheneck) wurde auf stolze 45.000 Gulden geschätzt. Das Zerstörungswerk des Markgrafen war einigermaßen gründlich geglückt: Die so genannte alte Kemenate, demnach wohl der noch mittelalterliche

Wohnbau, war völlig „zersprengt", ebenso der Turm und das Haus des Büchsenmachers, völlig ausgeglüht waren das Mauerwerk einer zweiten Kemenate und der so genannten Dürnitz. Von der inneren Mauer standen nur noch sechs bis sieben Quaderreihen.

Der Wiederaufbau der Festung lief, abgesehen von einigen Vorbereitungsmaßnahmen, erst 1558 unter der Aufsicht des Landpflegamtes und der Leitung des Stadtwerkmeisters Paulus Beheim und seines Assistenten Jörg Weber [vgl. Utzmannsbach, Velden] an. Die neue Festung sollte nach Erfahrungen des italienischen Festungsbaus entstehen, daher wurde ein fünfeckiger Grundriss gewählt, der die Anordnung von fünf großen Bastionen erlaubte. Obwohl sich kein Bauplan erhalten hat, wies Wilhelm Schwemmer 1980 auf die Urheberschaft von Antonio Fazuni hin. Zwar wird seine direkte Beteiligung in den Quellen nicht bezeugt, in den überlieferten Bauberatungen im Jahr 1572 wird jedoch ein heute verschollener Riss Fazunis erwähnt.

Unter drei örtlichen Meistern begannen die Räumungsarbeiten, das Brechen neuer Werksteine und der Einbau von Pfahlrosten aus Eichenholz für neue Gründungen. Am 4. Oktober 1558 fand die feierliche Grundsteinlegung statt. Danach zog sich das Bauvorhaben in die Länge, weil zuerst der örtliche Bauleiter, Hans Westhauser, verstarb, dann der Weggang von Jörg Weber 1560 und der Tod des Paulus Beheim 1561 hingenommen werden mussten. Schließlich verklagte der Markgraf Georg Friedrich von Brandenburg-Ansbach die Reichsstadt vor dem Reichskammergericht wegen Verletzung seiner angeblichen Hoheitsrechte.

Mit einer eher bescheidenen Zahl von Steinmetzen und Handlangern wurde die Festungsbaustelle Jahr um Jahr zögerlich weitergeführt, während der Prozess beim Reichskammergericht kein Ende fand und die Markgräflichen die Nürnberger mit kleineren Übergriffen schikanierten. Erst 1591 waren die Arbeiten an den Befestigungsanlagen soweit gediehen, dass 1592/93 zum Ausbau des Pflegschlosses im inneren Hof geschritten werden konnte. Hier sollten die Pflegerwohnung und die Amts- sowie Repräsentationsräume untergebracht werden. Die Baustelle lag nun in der Verantwortung des Stadtbaumeisters Wolf Jakob Stromer [vgl. Almoshof III, Kirchensittenbach III], des Werkmeisters Hans Dietmair und bald seiner beiden genialen Kollegen Peter Carl und Jakob Wolff. Sie mussten sich mit zum Teil gravierenden Bauschäden herumärgern, die bereits in den 1570-er Jahren zu Tage getreten waren und sich bis etwa 1590 dramatisch verschärft hatten. Nun mussten mit viel Aufwand diverse Planungsfehler vor allem bei den Gründungen und sonstigen Tragwerken bereinigt werden. Im Wesentlichen konnte der Wiederaufbau der 1552 zerstörten Festung daher erst 1606 abgeschlossen werden. Gleichwohl wurden noch 1610 Bauschäden beseitigt, und erst 1620, also zwei Jahre nach Ausbruch des 30-jährigen Krieges, stattete man die repräsentative Herrenstube und die benachbarte Nebenstube mit aufwändigen Wandvertäfelungen aus. Bis 1630 waren schließlich 194.000 Gulden in die neue Festung Lichtenau verbaut worden.

Die Nürnberger Festung war kaum fertiggestellt, als der kaiserliche Oberbefehlshaber Tilly im Herbst 1631 in Ansbach einzog. Bei dieser Gelegenheit sollten Truppen im November auch die Festung Lichtenau besetzen, was problemlos gelang, weil sich der Nürnberger Pfleger, diesmal Georg Scheurl, wieder ohne Gegenwehr ergab. Dagegen rückte die kaiserliche Besatzung erst nach einer Beschießung durch schwedische Truppen unter General Graf Thurn am 23. August 1633 wieder ab. Im Herbst 1633 zog mit Wolf Albrecht Pömer wieder ein reichsstädtischer Pfleger mit einem nürnbergischen Truppenkontingent in die Feste ein. Der Pfleger Johann Friedrich Haller von Hallerstein durchbrach dagegen 1688 die schlechte „Tradition": Beim letzten großen Angriff auf die Feste durch einen Überfall französischer Truppen des „Sonnenkönigs" Ludwig XIV. widersetzte er sich der Aufforderung zur Übergabe, woraufhin die Franzosen die Erstürmung aufgaben.

1721 kam es zu einer statischen Instandsetzung vor allem der äußeren Befestigungswerke, die im sumpfigen Gelände der Flussniederung offenbar ungenügend gegründet waren. Die Renovierung einschließlich des Unterfangens der schadhaften Bereiche mit neuen Quadern gestaltete sich äußerst kostspielig. Die spätere Nutzung wurde dann 1794 vorweggenommen, als in der Festung 300 französische Kriegsgefangene inhaftiert wurden.

Kurz nach der Eingliederung des reichsstädtischen Territoriums in das neue Königreich Bayern wurde die Festung 1807 zu einem Zuchthaus für Schwerverbrecher umgewandelt. Die dafür nötigen Umbauten veränderten die Baulichkeiten massiv: In den Mannschaftsquartieren, Kasematten und in den Türmen wurden Gefängnisse eingerichtet. Der innere Wassergraben wurde trockengelegt und aufgefüllt. Die Basteien erhielten vorwiegend Räume für das Wach- und sonstige Anstaltspersonal. An das Hauptgebäude mit der Pflegerwohnung wurden zwei zweigeschossige Flügelgebäude angebaut. Sie wurden allerdings in

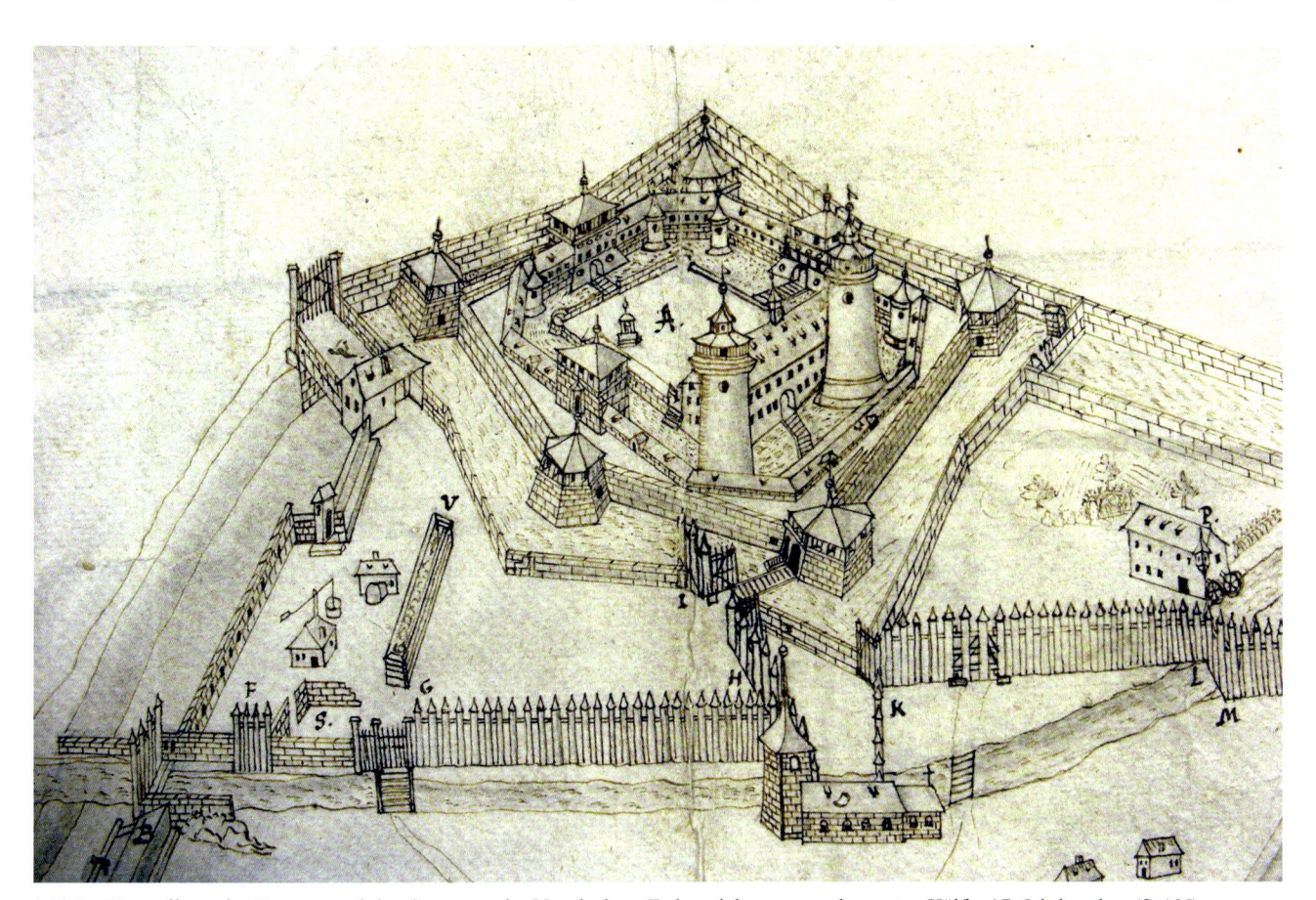

161.3 Darstellung der Festung und des Ortes aus der Vogelschau, Federzeichnung aus der ersten Hälfte 17. Jahrhundert (StAN)

den 1930-er Jahren ebenso wieder abgebrochen wie der nördliche Kavalier, der im frühen 19. Jahrhundert zur Anstaltskirche umgewandelt worden war, wieder zurückgebaut wurde. Die Gefängnisnutzung hielt bis 1932 an, wobei das Zuchthaus schon 1862 in eine Gefangenenanstalt für Verurteilte leichterer Vergehen, 1927 dann zu einem bloßen Obsorgeheim für entlassene Strafgefangene umfunktioniert worden war. 1933 bis 1936 war ein Reichsarbeitsdienstlager in der Festung, nach dem Zweiten Weltkrieg ein Lager für „desplaced persons". Von 1949 bis 1972 befand sich schließlich eine staatliche Erziehungsanstalt für straffällig gewordene Jugendliche in der Festung.

Als auf Grund der vielen statischen Schäden in den 1970-er Jahren eine Instandsetzung geplant wurde, zeichnete sich auch die neue Nutzung als Außenstelle des Staatsarchivs Nürnberg ab. Über die Vorgehensweise der 1974 begonnenen Arbeiten kann man heute aus denkmalpflegerischer Sicht geteilter Meinung sein. Zwar wurden die statischen Probleme durch das Unterfangen mit 64 Betonrohrpfählen beseitigt, dafür wurde das Schlossgebäude vollständig entkernt: Die Innenwände und alle hölzernen Tragwerke wurden abgebrochen und ein solches aus Stahlbeton eingebaut. Betontragwerke wurden auch in den Kasematten eingefügt, um die neuen Traglasten, der Archivnutzung angemessen, gewährleisten zu können. Im Sommer 1978 konnte die Archivverwaltung einziehen, während die Außenarbeiten noch bis in die frühen 1980-er Jahre anhielten.

Quellen

StAAm Adelsarchive, Rummel Nr. 3.

StAN Rst. Nbg., Landpflegamt, Pflegamt Lichtenau Repertorien. Ft. An., Oberamtsakten Nr. 917. Reg. v. Mfr., Plansammlung I, Mappe IX, Nr. 117 f. Depot Historischer Verein Mittelfranken, Handschriften Nr. 193 f.

NUB Nr. 329.

Literatur

Landbauamt Ansbach (Hg.): Die Festung Lichtenau: Pläne, Bilder, Texte zur Einweihungsfeier am 20. Oktober 1983. Ansbach 1983.

Schaper, Christa: Die Ratsfamilie Rummel – Kaufleute, Finanziers und Unternehmer. In: MVGN 68 (1981), S. 1-107.

Schnelbögl, Fritz: Nürnbergs Bollwerk Lichtenau. In: MANL 4 (1955), Sonderheft Nr. 3.

Schwemmer, Wilhelm: Alt-Lichtenau. Aus der Geschichte der Ortschaft und der Festung (= Schriftenreihe der ANL Bd. 27). Nürnberg 1980.

162 J4

Lichtenegg

Burgruine

Gemeinde Birgland

Landkreis Amberg-Sulzbach

Die Burg Lichtenegg wird erstmals im Nürnberger Reichssalbüchlein von etwa 1300 genannt. Dieses Güterverzeichnis wurde im Zuge der seit König Rudolf I. betriebenen Revindikation, des wenig erfolgreichen Versuchs, von Kirche und Adel ursurpiertes Reichsgut wieder für die Krone zurückzugewinnen, angelegt. Hier wurde rekonstruiert, was vor dem Untergang der Staufer zur Reichsvogtei mit dem Sitz auf der „purk ze Nuremberch" gehört hatte. Dass die an die Reichsfeste Nürnberg gebundene Burg Lichtenegg nicht zur Vogtei Hersbruck, demnach nicht zu den Kirchenlehen der Staufer zählte, lässt vermuten, dass sie unmittelbar auf Veranlassung des Königs einige Zeit nach 1188 „auf des reiches aigen" errichtet wurde. Diese Datierung wird durch zahlreiche Keramikfunde und einen spektakulären Münzfund, der ins frühe 13. Jahrhundert weist, untermauert. Zweifellos stand die Funktion der Reichsburg in engem Zusammenhang mit der wichtigen Verbindung von Nürnberg nach Sulzbach und Amberg, den Zentren des Erzbergbaus.

161.4 Ansicht des südlichen Innenhofs. Fotografie: G. v. Volckamer um 1894 (StadtMN)

Die Bayernherzöge hatten die Burg mit dem Erbe Konradins an sich gezogen und vor 1300 an einen Ministerialen, Konrad Truchsess von Sulzbach, als Lehen vergeben. Im frühen 14. Jahrhundert ging das Lehen dann an die Steinlinger: 1344 wird ein Friedrich Steinlinger, dann für 1349 Hans I. Steinlinger zu Lichtenegg überliefert. Die Lehnsherrschaft selbst war mit der Entstehung der oberen Pfalz nach dem Vertrag von Pavia 1329 an die pfälzische Linie der Wittelsbacher gefallen.

Schließlich befand sich auch die Burg Lichtenegg unter den Burgen, die 1353 von den Pfalzgrafen an König Karl IV. verpfändet wurden. Die Feste wurde Teil Neuböhmens und Sitz eines Pflegamts, um 1366 besetzt mit einem Pfleger, einem Torwart, zwei Wächtern, fünf Kriegsknechten, davon zwei zu Pferd, und einem Koch. Damit war Lichtenegg das Schlusslicht unter den neuböhmischen Burgen: Die Sulzbacher Burg war beispielsweise mit 36 Mann, der nahe Lichtenstein mit 15 Mann ausgestattet.

In Lichtenegg hielt die böhmische Administration nur bis 1373. Mit dem Vertrag von Fürstenwalde trat der Kaiser einige Ämter, darunter Lichtenegg, an die Bayernherzöge im Tausch gegen die Mark Brandenburg ab. Das Pflegamt wurde nun bayerisch: Nach 1374 saß Heinrich III. von Thann als Pfleger auf der Burg. Einige Zeit später muss das Amt aufgelöst und die Burg verpfändet worden sein, und zwar an den Landrichter von Sulzbach, Heinrich Kemnather. Er räumte dem Münchner Herzog 1393 das militärische Öffnungsrecht über die Burg Lichtenegg ob dem Weidental ein. 1395 verpfändete der Herzog die Burg seinem Vetter, dem Pfalzgrafen Ruprecht III., dem späteren König.

Der Besitz ging nun als pfälzisches Lehen an Altman Kemnather, der ebenfalls einige Zeit das Sulzbacher Landrichteramt innehatte und auch sonst ein wichtiger Funktionär der pfalzgräflichen Administration war. Nach dem Tod König Ruprechts 1410 und der Landesteilung unter seinen Söhnen erbte Pfalzgraf Johann von Neumarkt das Pfand. Der Fürst erneuerte 1411 die Belehnung an Altman, der damals als sein Hofmeister amtierte.

Altman Kemnather starb vor dem Sommer 1419 und vererbte das Lehen Lichtenegg seinem Sohn Friedrich. Wenig später kam das Ende der einstigen Reichsburg. Noch 1424 bezeichnete Linhard von Hag sich als Pfleger des Kemnathers auf der Burg. Im Winter 1428/29 ist Friedrich Kemnather verstorben. Ob er im Kampf gegen die Hussiten gefallen ist, wird nicht überliefert.

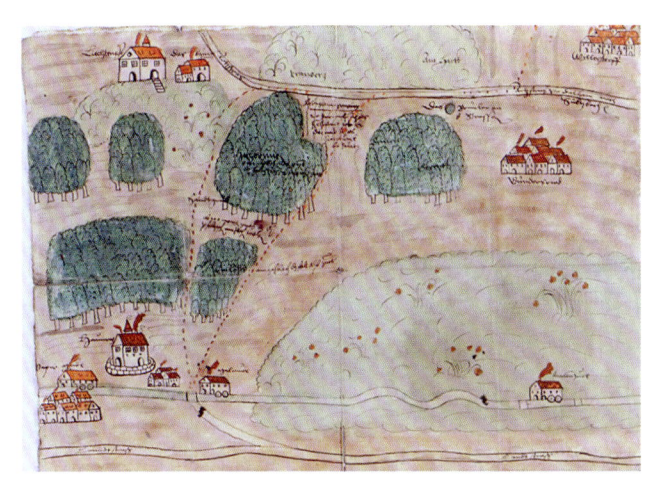

162.1 Vereinfachte Darstellung der Burg Lichtenegg (links oben) auf einem Situationsplan, gezeichnet im Juli 1586 anlässlich eines Grenzstreites vom Nürnberger Landpflegamtsschreiber Hans Leikauf (StAN)

Als die Erben 1432 Lichtenegg an den Gläubiger des Verstorbenen, den Montanunternehmer Ulrich Hegner, verkauften, könnte die Burg bereits ruiniert gewesen sein. Möglicherweise erfolgte die Zerstörung durch die Hussiten, zumal bezeugt ist, dass sie 1427 die von Lichtenegg nicht allzu weit entfernte Burg Hohenburg erstürmten, wo Friedrich Kemnather als Pfleger saß. Bemerkenswert ist, dass Ulrich Hegner im Jahr des Kaufes, 1432, von Sulzbach nach Nürnberg zog und dort das Bürgerrecht annahm. Schon 1441 wurde er in den Rat gewählt und 1449 zu einem der Nürnberger Kriegsräte im Ersten Markgrafenkrieg ernannt.

Gegen die Annahme einer Zerstörung der Burg 1449 spricht, dass schon in der Urkunde von 1443, mit der die Verpfändung der Münchner Güter an die Pfalzgrafen erneuert wurde, die Burg nicht mehr aufscheint. Auch bei den folgenden Verhandlungen zwischen den Pfalzgrafen und Herzog Ludwig IX. wird die Feste Lichtenegg nicht mehr genannt. In dem Bericht über die Erkundung der Landschaft, die der Nürnberger Rat vor dem Ausbruch des Landshuter Erbfolgekrieges 1504 in Auftrag gegeben hatte, wurde für Lichtenegg nicht einmal mehr eine Ruine vermerkt. In einer pfälzischen Quelle dieser Zeit scheint Lichtenegg nur noch als „öd haus" auf.

Die offensichtlich abgeräumte Burgstelle war im frühen 16. Jahrhundert als Lehen an den Hammerherrn zu Haunritz, Jörg Pfinzing, verliehen. Nach seinem Tod folgte sein Sohn Bertold. Um 1551 verkaufte dieser das Lehngut aufgrund diverser Schulden je zur Hälfte seinem Schwiegervater Hanns Bernklau und dem Montanunternehmer Ott Rauch, bei dem Pfinzing ebenfalls Schulden hatte. Nach dem Tod des Ott Rauch

L LICHTENEGG

162.2 Blick auf die Ruine aus südlicher Richtung, nach der Instandsetzung aufgenommen 2004 (Rg)

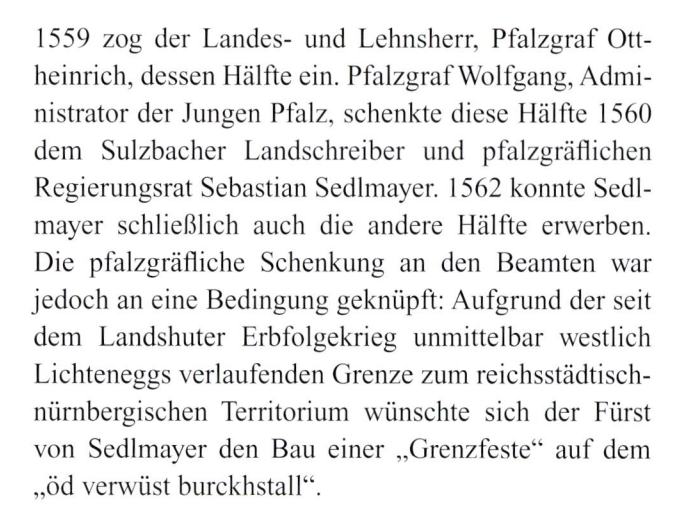

162.3 Zustand der westlichen Ruine im Jahr 1937, Fotografie: F. A. Nagel (StadtMN)

1559 zog der Landes- und Lehnsherr, Pfalzgraf Ottheinrich, dessen Hälfte ein. Pfalzgraf Wolfgang, Administrator der Jungen Pfalz, schenkte diese Hälfte 1560 dem Sulzbacher Landschreiber und pfalzgräflichen Regierungsrat Sebastian Sedlmayer. 1562 konnte Sedlmayer schließlich auch die andere Hälfte erwerben. Die pfalzgräfliche Schenkung an den Beamten war jedoch an eine Bedingung geknüpft: Aufgrund der seit dem Landshuter Erbfolgekrieg unmittelbar westlich Lichteneggs verlaufenden Grenze zum reichsstädtisch-nürnbergischen Territorium wünschte sich der Fürst von Sedlmayer den Bau einer „Grenzfeste" auf dem „öd verwüst burckhstall".

Auf diese Weise kam es um 1562 zum Bau einer zweiten Burg Lichtenegg, deren Kubatur und bauliche Qualität jedoch weit hinter der abgegangenen staufischen Burg zurückblieb. Für Sedlmayer, der nie an einer Bewohnung des unwirtlichen Baus, sondern nur an den grundherrschaftlichen Renten des Lehens interessiert war, bedeuteten die baulichen Anstrengungen nur lästige Kosten, die man möglichst niedrig halten musste. Der Bau brachte ihm auch kein Glück: Schon um 1575 brach in dem neuen Gebäude, vermutlich durch Blitzschlag, ein Brand aus, der einen größeren Schaden bewirkte. Der mittlerweile nach Neuburg versetzte Beamte hatte jedes Interesse an der Grundherrschaft Lichtenegg verloren und suchte einen Käufer. Die Meldung an seinen Landesherrn, er habe die Burg wieder repariert, stellte sich später als arg übertrieben heraus.

Mit dem zwielichtigen und enorm reichen Nürnberger Kaufmann Hans IV. von Furtenbach fand Sedlmayer 1576 einen Käufer, der bereits die Hofmark Haunritz gekauft hatte und wohl nur seinen Besitz arrondieren wollte [vgl. Reichenschwand]. Der Käufer musste sich zwar gegenüber dem Lehnsherrn zur Instandhaltung der Burg verpflichten, löste sein Versprechen jedoch nie ein. Er weigerte sich auch, den größten Teil des Kaufpreises an Sedlmayer auszubezahlen, weil er sich von dem Beamten getäuscht sah. Anscheinend war Furtenbach mit der Rendite seiner neuen Güter unzufrieden, vielleicht drückte zusätzlich die Baulast sehr, denn schon 1580 veräußerte er Lichtenegg und Haunritz an Hans Sigmund von Preising, einen bayerischen Adeligen, der sich wegen seines evangelisch-lutherischen Bekenntnisses in der oberen Pfalz niedergelassen hatte.

Unter diesem setzte sich der Zank um die Burg fort: Auch er blieb den größten Teil des Kaufpreises schuldig und tat nichts zur Erhaltung des mittlerweile sehr herabgekommenen Sedlmayerschen Baus.

Über 10 Jahre sorgten die unterlassenen Zahlungs- und Bauverpflichtungen für gerichtliche Auseinandersetzungen, deren Ende der 1584 verstorbene Hans Sigmund von Preising nicht erlebte. Seine Nachfahren und Erben kamen auch weiterhin nicht der Instandhaltungspflicht nach, sodass die Sedlmayersche Burg schon zur Zeit des 30-jährigen Krieges nur noch als Ruine bezeichnet werden konnte. 1662 wurde der Burgberg mit der Ruine vom Landsassengut abgetrennt und von der Familie von Preising an den Landesherrn, an Pfalzgraf Christian August von Pfalz-Sulzbach verkauft. Der weitere Verfall wurde jedoch nicht gestoppt. Erst am Ende der 1990-er Jahre wollten sich der Lichtenegger Hans Seitz und weitere Freunde der Burgruine nicht mehr damit abfinden und gründeten 1998 den Förderverein Burgruine Lichtenegg e.V., der nun seit 2001 in mehreren Bauabschnitten eine Instandsetzung der Ruine durchführt und der Nachwelt ein landesgeschichtlich sehr bedeutendes Baudenkmal erhält.

Literatur

Giersch, Robert: Burg Lichtenegg. Quellen zur Geschichte der Burg und ihrer Besitzer. In: MANL 53 (2004), Sonderheft Nr. 50.

Leja, Ferdinand: Die Burgruine Lichtenegg. Gde. Birgland, Lkr. Amberg-Sulzbach/OPf. Sanierung und Ergebnis der archäologischen Untersuchungen. In: MANL 52 (2003), Heft 2, S. 751-763.

Frdl. Mitteilungen von Werner Sörgel, Kreisheimatpfleger für Archäologie, zum Münz- und Keramikfund.

163 N

Lichtenhof

Herrensitz, „Petzenschloss"

Wirthstraße 74-76

Stadt Nürnberg

Lichtenhof wird erstmals 1358 erwähnt, als Kaiser Karl IV. seinen Kammermeister Swinko Has von Hasenburg mit dem Dorf Lichtenhof belehnte, und zwar als Burglehen zu dem Haus auf der Nürnberger Burg, das er Swinko bereits 1349 gegeben hatte [vgl. Fischbach, Einleitung]. Das Dorf scheint aber zuvor im Besitz der Waldstromer gewesen zu sein, denn am 30. Mai 1377 erhielt Conrad Pfinzing von König Wenzel das Gut, das Haus und die Höfe zu dem Lichtenhof nebst weiteren Reichslehen bei Laufamholz, Mögeldorf usw., die alle von seinem (nach 1355) verstorbenen Großvater Conrad III. Waldstromer herrührten. Dessen Tochter Katharina war nämlich mit Heinrich Pfinzing vermählt, dem Vater Conrads, während der Sohn Conrad IV. Waldstromer mit Anna Has von Hasenburg verheiratet gewesen sein soll, wohl einer nahen Verwandten Swinkos.

Bereits am 21. Mai 1377 hatte Conrad Pfinzing sein „hause zu dem Lichtenhof" dem Nürnberger Rat geöffnet. Auch sollte die Stadt das Recht haben, dasselbe niederzureißen, sollte dies aus strategischen Gründen nötig sein. Nachdem der Sitz 1358 noch nicht erwähnt wird, dürfte Friedrich August Nagels Annahme zutreffen, erst Swinko Has von Hasenburg habe ihn erbaut.

1405 empfing Sebald I. Pfinzing von König Ruprecht „ein hus mit dem graben und garten" sowie die Fürreuth und mehrere Güter zu Lichtenhof. 1413 erneuerte König Sigmund die Belehnung, ebenso 1434 für die Söhne Ludwig und Sebald II. Im Ersten Markgrafenkrieg 1449 wurde der Pfinzingsche Sitz mit Nürnberger Kriegsknechten besetzt, die mehrmals Angriffe von Truppen des Markgrafen Albrecht Achilles und des mit ihm verbündeten Pfalzgrafen Otto von Pfalz-Mosbach abwehren konnten.

Nur kurze Zeit nach Kriegsende kam die Lichtenhofer Linie der Pfinzing in einen ernsten Konflikt mit dem Rat der Reichsstadt. Sebalds gleichnamiger Sohn hatte 1452 einen Totschlag begangen und sich in die Freiung des Deutschen Ordens gerettet. Auch der Vater, der sein Nürnberger Bürgerrecht aufgegeben hatte, wurde als „Mörder" verrufen, verhaftet und zeitweise nach Rothenburg verbannt. Erst Ende 1454 erhielt er durch einen Schiedsspruch 500 Gulden Schadensersatz. Schließlich söhnte sich auf Intervention des Kaisers und des Papstes der Rat 1459 auch mit Sebald II. Pfinzing wieder aus.

Der Versuch des Vaters, im Jahr 1465 „sein hauß zu Liechtenhof mit neuen Gebäuden [zu] befestigen", wurde durch den Protest der Reichsstadt beim Kaiser verhindert. Der Streit verschäfte sich auch deshalb, weil Sebald Pfinzing inzwischen in den Dienst des „Erbfeindes" der Reichsstadt, des Markgrafen Albrecht Achilles, getreten war. Kaiser Friedrich III. gebot daraufhin 1471 den unverzüglichen Abbruch dieser unerlaubten Bauten. Ob es dazu kam, ist nicht bekannt; dass aber, wie verschiedentlich behauptet, der Herrensitz von der Reichsstadt zerstört worden sei und dann „mehrere Jahrzehnte in Ruinen lag", erscheint durchaus fraglich. Möglicherweise betraf der gewaltsame Abbruch nur Gebäude im Vorhof, beispielsweise ein Wirtshaus, das ohne Genehmigung des Rates errichtet worden war. 1504 wird jedenfalls ein „sitzlein" zu Lichtenhof genannt.

Unter den nachfolgenden Besitzern entspannte sich das Verhältnis zum Rat wieder. 1490 wurde Sebald III. mit Lichtenhof belehnt, nach seinem Tod im Jahre 1511 erbte der gleichnamige Sohn. Der spätere

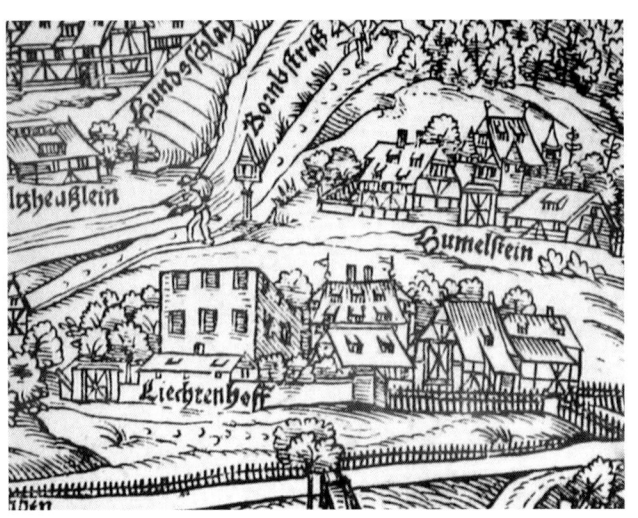

163.1 Darstellung des seit dem 2. Markgrafenkrieg ruinierten Herrenhauses auf dem so genannten Rundprospekt, von etwa 1577/81 (StAN)

Landpfleger und oberste Hauptmann der Reichsstadt, Sebald IV. Pfinzing, ließ den baufälligen Sitz, den er 1517 dem Rat öffnete, zwei Jahre später „widerumb von stainwerck" erneuern. Bis dahin war es vielleicht noch ein Fachwerkbau auf steinernem Sockelgeschoss. Dabei wurde der Sitz offenbar noch stärker befestigt: Der Rat bestätigte dem Bauherrn im September 1519, dass dieser mit einem Aufwand von über 500 Gulden nicht nur einen beidseitig gefütterten Wassergraben gebaut habe, sondern auch einen Zwinger und an den Ecken der annähernd rechteckigen Befestigungsanlage überdachte Basteien oder turmartige Streichwehren, die jeweils die Sicherung der Flanken mit Schusswaffen gewährleisten konnten. Prompt folgte 1526 im so genannten „Neugebäuprozess" eine Beschwerde des Markgrafen gegen den Bau des wohnturmartigen Herrenhauses, das eine Grundfläche von etwa 13½ auf 11 Metern und eine Höhe von 12 Metern einnahm.

163.2   Situationsplan aus der Vogelschau, 1594 gezeichnet von Paulus Pfinzing anlässlich eines Baustreits zwischen Pius Petz und dem Waldamt Lorenzi (StAN)

Sebald IV. Pfinzing starb 1543 und vererbte Lichtenhof seinen vier Söhnen; die Witwe Katharina, eine geborene von Ploben, erhielt Wohnrecht im Sommer zu Lichtenhof und auf dem Sitz in Fischbach [vgl. Fischbach]. Die Brüder wurden 1544 belehnt. Sebald V. starb 1551 kinderlos und musste daher nicht mehr erleben, wie im Zweiten Markgrafenkrieg am 24. Mai 1552 der Sitz in Flammen aufging. Das Weiherhaus brannte mitsamt der so genannten Marienkapelle unter den Linden, den Nebengebäuden und vier Zinshäuslein im Vorhof ab. 1557 übernahmen die Brüder Konrad und Bertold Pfinzing die Ruine, wobei der wohnturmartige Hauptbau, die „steinen behaussung", vorerst nicht wiederaufgebaut wurde.

Konrad Pfinzing, nach dem Tod seines Bruders Bertold (1571) Alleinbesitzer, geriet jedoch spätestens um 1575 in Zahlungsschwierigkeiten und schließlich in Konkurs, sodass er sich vor seinen Gläubigern ins markgräfliche Roth retten musste, wo er 1598 unvermählt starb. Die Reichsstadt zog den noch immer weitgehend zerstörten Sitz Lichtenhof (der Nürnberger Rundprospekt von 1577/81 zeigt ihn als ausgebrannte Ruine ohne Dach) für die Gläubiger ein und verkaufte ihn „kommissionsweise" an den Nürnberger Bürger und Kaufmann Valentin Schönborn, der als Meistbietender 3.800 Gulden geboten hatte und im August 1577 von Kaiser Rudolf II. mit Lichtenhof belehnt wurde. Er brachte den ausgebrannten Hauptbau wieder unter Dach. Nach dem Tod Schönborns fiel der Sitz um 1590 an dessen Tochter Maria, die mit Pius Petz verheiratet war. 1594 plante Petz eine gründliche Renovierung und Instandsetzung vor allem der Nebengebäude. Auf den Resten eines quadratischen Baukörpers, „einem thürnlein gleich antzusehen", sollte eine Gärtnerwohnung aufgebaut werden. Aus der ruinierten Marienkapelle entstand ein Hirtenhaus. Ein neues Stallgebäude war auch nötig, da der provisorische Stalleinbau im Stadel größere Bauschäden verursacht hatte.

Nach dem Tod des Pius Petz im Jahre 1604 heiratete Maria um 1612 den Kaufmann Hieronymus Hofmann, wobei der Sitz später an die Kinder aus erster Ehe überging. 1620 wurde die Erbengemeinschaft Petz von Kaiser Ferdinand II. belehnt. Möglicherweise war das Hauptgebäude unter Hofmann ab 1614 erneut in Stand gesetzt oder doch zumindest erheblich modernisiert worden. Vielleicht gehört das 1941 noch in Schwarzenbruck erhaltene, zerlegbare Modell dieser Zeit an, das auch die Inneneinrichtung des Schlosses zeigt. Eine Auswertung der mit dem Jahr 1614 beginnenden Rechnungsbücher der Familie Petz ist offenbar noch nicht

163.3 Ansicht des Herrensitzes von J. A. Graff, aquarellierte Federzeichnung von 1688 (StadtMN)

erfolgt. 1632 soll König Gustav Adolf von Schweden sein Hauptquartier im Schloss eingerichtet haben, als neben dem Herrensitz das schwedische Heerlager aufgeschlagen wurde. Bei einem Überfall kaiserlicher Truppen im 30-jährigen Krieg, vermutlich noch 1632, wurden jedoch verschiedene Nebengebäude niedergebrannt, u.a. die zum Hirtenhaus umgebaute ehemalige Schlosskapelle.

Die Familie Petz, die sich seit dem 17. Jahrhundert nach ihrem Sitz Petz von Lichtenhof nennt, bewohnte den Herrensitz nicht nur selbst, sondern vermietete mehrere Zinswohnungen im Vorhof. Hieronymus Petz wollte 1707 deren Zahl sogar erhöhen und eines der Zinshäuser aufstocken. 1722 folgte eine erhebliche Erweiterung der Stallungen. Nach dem Ende des Alten Reichs 1806 ging die Lehnsherrschaft vom Kaiser auf den bayerischen König über. König Max I. Joseph belehnte 1808 die Brüder Hieronymus, Friedrich Hannibal und Georg Friedrich sowie deren Vetter Georg Gustav Wilhelm Petz. Dessen Enkel Karl Friedrich Ludwig August Petz erwarb nach dem Erlöschen der Wolf Paulschen Linie des Geschlechts (1845) den alleinigen Besitz, der 1848 freies Eigentum geworden war. 1851 veräußerte er einen Anteil am Rittergut an die Witwe seines Onkels Georg Christoph Wilhelm Petz, Susanna Maria Wilhelmine geborene Tucher.

Erhebliche Verluste an alter Bausubstanz brachte ein großer Umbau des Schlosses in den Jahren 1910/11, den der Nürnberger Architekt Rudolph Behringer plante und das Baugeschäft Christian Tauber ausführte. Das äußere Erscheinungsbild wurde vor allem durch den Anbau eines „Vorbaus" und durch den für die

163.4 Ansicht des Herrensitzes von Osten, Fotografie: G. v. Volckamer um 1894 (StadtMN)

Erneuerung des Treppenhauses notwendigen Abbruch von Teilen der Westfassade verändert. Beim Umbau wurden im alten Schloss die Raumstrukturen des zweiten Ober- und des ersten Dachgeschosses grundlegend verändert, alle Kamine, die Treppe und andere historische Konstruktionen und Putze beseitigt sowie alle alten Fußböden, Öfen, Fenster, Türen und Fensterläden entfernt. Zur Modernisierung des Schlosses zählten der Einbau einer Dampfzentralheizung, wofür auch eine Erweiterung der Kelleranlage nötig wurde. Dies wiederum führte zum Ausbruch von Fensteröffnungen im Sockelgeschoss. Im Jahr 1912 folgte eine Renovierung der zum Schloss gehörigen Wirtschaftsgebäude, die jedoch 1944 einem Bombenangriff zum Opfer fielen. Städtebaulich wenig glücklich wirkte sich der Bau der Gustav-Adolf-Kirche 1930 aus: Er behindert seither die Sicht auf die Schlossanlage erheblich. Diese gehört bis heute der Petz von Lichtenhofschen Familienstiftung.

Quellen

StAN Rst. Nbg., Ratsbücher Nr. 1b, Bl. 355v. Rst. Nbg., Waldamt Lorenzi I Nr. 459. Ft. An., Lehenurk. Nr. 2356, 2362, 2386, 2387, 2395.

StadtAN A 1 Nr. 1377 Mai 21. B 14/I LL Bd. 93, Bl. 150. E 10/21 Nr. 82. E 31 Urk. Nr. 24, 25, 26, 27, 28; Akten Nr. 16, 904, 911, 918, 944, 946; Bände Nr. 37, 38.

HallerA Pfinzing Personalia-Urk. 17. April 1542.

Gelegenhait, Nr. 1872.

Müllner I, S. 345 f; II, S. 505.

Pfalzgr. Reg. II, Nr. 4226.

Reg. Imp. XIII, Heft 19, Nr. 265, 343, 349, 385-387.

Literatur

Deliciae II, S. 100.

KDM Stadt Nürnberg, S. 294 f, mit Aufriss der Ostfassade.

Lehner-Burgstall, S. 31, 299 f, 306 f.

Mulzer, Vorstädte, S. 80 f.

Nagel, Friedrich August: Die Herrensitze Lichtenhof und Hummelstein. In: MVGN 38 (1941), S. 93-125, 160-164 mit Abb. 1-20.

Pfeiffer, Gerhard: Die Offenhäuser der Reichsstadt Nürnberg. In: JffL 14 (1954), S. 171.

Scharr, Adalbert: Die Nürnberger Reichsforstmeisterfamilie Waldstromer bis 1400 und Beiträge zur älteren Genealogie der Familien Forstmeister und Stromer von Reichenbach. In: MVGN 52 (1963/64), S. 24.

Schwemmer, Bavaria Ant., S. 9, Aquarell von J. A. Graff von 1688, S. 39.

Stadtlexikon Nürnberg, S. 631, Radierung von J. A. Boener von 1700, S. 817, Fotografie von 1911.

Lichtenstein

Burgruine

Gemeinde Pommelsbrunn

Landkreis Nürnberger Land

Über die Anfänge der Burg Lichtenstein liegen noch keine gesicherten Erkenntnisse vor. Ihr Name lässt eine enge Beziehung zur nahen staufischen Reichsburg Lichtenegg annehmen [vgl. Lichtenegg], die, bezeugt durch archäologische Befunde, bereits im frühen 13. Jahrhundert bestand. Der Lichtenstein wurde auf einem weithin sichtbaren Felsblock oberhalb des westlichen Ortes Pommelsbrunn errichtet. Es bestand eine direkte Sichtverbindung zur Burg Lichtenegg. Die Oberburg musste auf einem etwa 300 qm großen Felsriff Platz finden. Die Veränderungen der 1850-er Jahre haben jedoch letzte Hinweise auf den mittelalterlichen Bestand verwischt. Die auf einer Zeichnung von 1874 noch erkennbare Zisterne ist heute verschüttet.

Die Feste erscheint urkundlich erstmals 1270 im Namen des Ministerialen Heinrich von Lichtenstein, der dem Kloster Michelfeld grundherrschaftliche

164.1 Felsriff mit den Resten der oberen Burg von Osten, Fotografie: G. v. Volckamer um 1894 (StadtMN)

164.2 Ansicht der in den 1850-er Jahren veränderten Reste der oberen Burg von Westen, Fotografie: G. v. Volckamer um 1894 (StadtMN)

Einkünfte für eine Jahrtagsstiftung abtrat. 1297 findet sich Agnes Lichtensteinerin unter den im Nürnberger Franziskanerkloster Bestatteten. Das sich nach der Burg nennende, vielleicht ursprünglich im Reichsdienst stehende Ministerialengeschlecht unterhielt um 1300 sowohl Beziehungen zu den Schenken von Reicheneck als auch zu den Bayernherzögen. Dass Lichtensteiner in herzoglichem Dienst standen, wird mehrfach bezeugt: Einem jüngeren Heinrich von Lichtenstein verpfändete Herzog Ludwig IV., der spätere Kaiser, 1314 zu Amberg zum Ausgleich für geleistete Dienste die Vogtei über die Heuchlinger Güter der Propstei Hersbruck. 1322 erschien ein Heinrich von Lichtenstein als Urteiler am herzoglichen Gericht zu Amberg.

Eine Notiz des 16. Jahrhunderts (!) überliefert, dass ein Lichtensteiner einst befehdet worden sei. Dabei soll die Burg „zerrissen, verprennt unnd ganntz verwuestet" worden sein. Diese Quelle führt jedoch keine Datierung an. Gustav Voit hat diese Zerstörung der Burg ins Jahr 1325 verlegt, als bei der Fehde zwischen den Schenken von Reicheneck und der Reichsstadt Nürnberg der Turm im Weidental [vgl. Hartmannshof] zerstört und die Burg Hartenstein [vgl. Hartenstein] belagert wurden. Ein Zusammenführen beider Ereignisse erscheint jedoch angesichts der Fehdefreudigkeit des Spätmittelalters und der Ereignisse von 1421 äußerst spekulativ. Ein Beleg für die Zerstörung des Lichtensteins durch die Nürnberger 1325 existiert nicht. 1349 war sie landesherrschaftlich, und Ludwig Schenk von Reicheneck amtierte als pfalzgräflicher Pfleger auf der Burg.

Sie zählte schließlich ausdrücklich zu den pfälzischen Burgen, die 1353 von den Pfalzgrafen an König Karl IV. verpfändet wurden. Auf der Burg wurde nun ein neuböhmisches Pflegamt eingerichtet. Nach dem neuböhmischen Salbüchlein von 1366 zählten zur Burgbesatzung der Pfleger mit zwei berittenen Kriegsknechten, vier Wächter, sechs Kriegsknechte zu Fuß, ein Türmer und ein Torwart. Die böhmische Herrschaft über den Lichtenstein hielt nicht lange an: Burg und Amt waren unter den Gütern, die mit dem Vertrag von Fürstenwalde 1373 an die Bayernherzöge fielen. Für die gelegentlich behauptete Zerstörung der wittelsbachischen Burg im Städtekrieg 1388 fehlt ein Nachweis. 1391 wurde dieselbe an Linhard von Henfenfeld verpfändet. Außerdem wird die Burg noch im Teilungsvertrag der Bayernherzöge Stephan und Johann von 1393 genannt. 1412 soll Hans von Wiesenthau Pfleger auf dem Lichtenstein gewesen sein. 1419 trat in einer Urkunde neben Hilpolt Mendorfer zum Hohenstein ein Hans Pawr, entweder als Pfandinhaber oder Pfleger zum Lichtenstein, auf. Wenig später sollte sie in den Besitz der Brüder Hanns, Eberhart und Wilhelm von Mistelbeck übergehen. Die Brüder konnten offenbar Ansprüche gegen Herzog Ludwig von Bayern-Ingolstadt erheben.

Zur Übergabe an die Mistelbeck kam es nicht mehr: Nach den Ausführungen Würdingers wurde die Burg 1421 im Krieg des Herzogs Ludwig von Bayern-Ingolstadt gegen seine Vettern, die Bayernherzöge von Landshut und München, und den Markgrafen zerstört. Pfalzgraf Johann von Neumarkt-Neunburg, der sich mit den Gegnern Ludwigs verbündet hatte, vergalt Einfälle Ingolstädter Truppen und eroberte im Juni 1421 Freystadt, Lauf, Betzenstein und die Burg Lichtenstein. Das Landgericht Sulzbach anerkannte im Herbst 1421 und nochmals im Frühjahr 1422 den Anspruch auf Schadensersatz der Brüder Mistelbeck, die ihre Burg nicht mehr in Besitz nehmen konnten. Die 1421 ruinierte Burg wurde anscheinend in Trümmern liegen gelassen. In der bekannten Nürnberger Erhebung strategisch relevanter Orte, durchgeführt vor Ausbruch des Landshuter Erbfolgekrieges 1504, wird der Lichtenstein als „ein alt prochen schloß" bezeichnet.

Die Ruine verfiel immer mehr, bis sie 1851 vom bayerischen Staat an Paul Wilhelm Freiherr Ebner von Eschenbach verkauft wurde. Der Käufer ließ die Reste im Sinne der gerade erwachten Burgenromantik in Stand setzen, wobei nun auf der Oberburg unter der leider weitgehenden Verwendung aufgehenden Mauerwerks die Pseudoruine mit ihren neugotischen Wandöffnungen entstand. Die Maßnahme erfolgte

164.3   Ansicht der Burgruine, Luftbild vom Mai 1997 (BLfD)

ganz im Zeichen der damaligen Begeisterung für den Englischen Landschaftsgarten, sodass auch das Gelände entsprechend mit Spazierwegen und Baumpflanzungen gestaltet wurde. Auf der Terrasse unmittelbar nordöstlich der Burgruine erinnert ein Denkmal an den Initiator und Finanzier dieser Maßnahme. Von der Unter- oder Vorburg, die sich eng um das Felsriff der Oberburg gruppiert, haben sich noch ansehnliche Reste erhalten, vor allem eines schmalen mutmaßlichen Ökonomiegebäudes, das sich unmittelbar südlich zu Füßen der Oberburg erstreckt. Gerade der noch mittelalterliche Ruinenbestand der Unterburg erscheint dringend instandsetzungsbedürftig.

Quellen

StAAm OPf. Registraturbücher Nr. 9 fol. 447, Nr. 13 fol. 479.

StAN Rst. Nbg., Handschriften Nr. 198.

Böhmisches Salbuch, S. 123.

Gelegenhait, Nr. 986.

Mon. Boica Bd. 25, S. 114.

Müllner III, S. 352 mutmaßt wohl irrtümlich die Zerstörung im Städtekrieg 1388.

Reg. Boica Bd. 8, S. 168, 317. Bd. 9, S. 308. Bd. 10, S. 337. Bd. 11, S. 325.

Literatur

Heinz, Walter: Ehemalige Burgen im Umkreis des Rothenbergs. Eine Auswahl. 3. Teil: Von der Hacburg zum Grünreuther Schlößl (= Vom Rothenberg und seinem Umkreis, Heft 15/3). Schnaittach 1992, S. 150-157.

KDM Hersbruck, S. 215 f, mit Lageplan und Bleistiftzeichnung von J. C. Bankel von 1874.

Kunstmann, Hellmut: Burgenstudien. In: MANL 4 (1955), Heft 2, S.17-19.

Stadtlexikon Nürnberg, S. 631.

Voit, Gustav: Die Lichtensteiner. In: Heimatbeilage der Hersbrucker Zeitung 31 (1961), Nr. 8.

Ders., Pegnitz, S. 129-133.

Würdinger, J.: Kriegsgeschichte von Bayern, Franken, Pfalz und Schwaben von 1347 bis 1506. Bd. I, München 1868, S. 225.

165 B2

Lohhof bei Nürnberg

Abgegangener Herrensitz

Mühlhof

Stadt Nürnberg

Werner Sprung hat auf einen möglicherweise schon bald nach seiner Erbauung abgegangenen Herrensitz Lohhof bei Mühlhof hingewiesen. Er stand auf einer Wiese am östlichen Rednitzufer „vor der heutigen Loh-

165.1 Darstellung des mit einem Wassergraben gesicherten Herrenhauses, Ausschnitt aus einer Karte des Rednitztales, 1565 gezeichnet anlässlich eines Rechtsstreites möglicherweise vom Maler Endres Löcher (StAN)

hofer Brücke". Ein bäuerlicher Lohhof scheint erstmals 1394 als Lehen der ehemaligen Reichsministerialen von Laufamholz auf, die es an die Mendel zu Nürnberg vergeben hatten. 1424 verkauften die Laufamholzer dem Patriziergeschlecht auch das Eigentum, das später an die Herren von Wiesenthau, 1564 an den Schwabacher Bierbrauer Hans Permüller fiel. Für die Zeit um 1500 ist am Standort Lohhof ein Hammerwerk nachgewiesen.

Ein Herrensitz entstand nachweislich 1583 unter dem Schwiegersohn Permüllers, dem Dr. jur. Gabriel Gienger, Bürger zu Schwabach. Erst nach einer längeren Auseinandersetzung mit dem reichsstädtischen Waldamt durfte er ein zweigeschossiges Herrenhaus auf dem Lohhof bauen. Offenbar fand der Jurist wenig Freude an seinem neuen Besitz, vielleicht auch wegen der anhaltenden Streitigkeiten zwischen dem Markgrafentum und der Reichsstadt um die Hoheitsrechte, sodass Dr. Gienger bereits 1586 an den Nürnberger Patrizier Jobst Friedrich Tetzel verkaufte. Möglicherweise war Tetzel ein Strohmann des Rates, denn die Reichsstadt erwarb den Lohhof fast unmittelbar danach 1587 und übertrug das Anwesen dem Heilig-Geist-Spital. Der Lohhof wurde wieder als Bauerngut an Untertanen des Spitals vergeben. Über das Schicksal des Giengerschen Herrenhauses ist bislang nichts bekannt.

Quellen

StAN Rst. Nbg., Waldamt Sebaldi I Nr. 362 (Lohhof hier irrtümlich eingelegt).

Gelegenhait, Nr. 1882.

Literatur

Sprung, Werner: Reichelsdorf und Mühlhof. In: MANL 25 (1976), Sonderheft Nr. 23, S. 43 f.

Maiach

166   **B2**

Herrensitz, „Tucherschloss"
Innstraße 43-47
Stadt Nürnberg

Der Herrensitz Maiach ist eng mit der Geschichte des Reichswaldes verbunden. Als so genanntes Zeidelmuttergut zählt er zu den Urzellen der Waldbesiedlung. Vermutlich saßen schon früh Dienstleute des königlichen Forstmeisters auf diesen Reichslehen. Im Spätmittelalter gerieten die Zeidelmütter allmählich an Nürnberger Geschlechter. Hatte noch Kaiser Karl IV. im 14. Jahrhundert den Bau neuer fester Häuser im Reichswald untersagt, wird sich die Entstehung weiterer Herrensitze spätestens nach dem Erwerb der beiden reichslehnbaren Wälder 1396 und 1427 durch die Reichsstadt Nürnberg abgezeichnet haben.

Der Sitz in Maiach dürfte auf einen herrschaftlichen Hof zurückgehen, der vom Deutschordenshaus in Nürnberg an das Elisabethspital vertauscht wurde. In dessen ältestem Urbar von 1394/97 werden nämlich Getreidegülten „von dem halben paw an dem hoff zu dem hindern Meyach" genannt. 1416 soll dieser Besitz an Hilpolt Kreß (gestorben 1427) gekommen sein; dieser „hielt sich zeitlebens viel auf seinem Landgute Maiach auf" und vermachte es seinem Bruder Conrad. Dessen Tochter Klara (gestorben 1463) brachte es ihrem Gatten Berthold Pfinzing zu, was durch einen Eintrag im Nürnberger Ratsbuch von 1482 bestätigt wird. Von Pfinzing fiel das Gut im späten 15. Jahrhundert an Hans Gärtner am Markt, so genannt, weil er in einem Anwesen am Nürnberger Hauptmarkt residierte. Zu seiner Zeit wird erstmals der mit einem Wassergraben geschützte „siz und zeidelgut zu Mayach" bezeugt, als Gärtner ihn am 21. Februar 1495 an Hans IX. Tucher, in Nürnberg der „lange Hans" genannt, verkaufte. 1499 führte Hans Tucher, der schon 1497 den Kammerwagen seiner Braut Cordula von Thill nach Maiach geschickt hatte, eine umfangreiche Renovierung des Herrenhauses durch, das damals als Weiherhaus bezeichnet wurde.

Im Zusammenhang mit überlieferten Schlosserarbeiten im Jahr 1504 wurde bezeugt, dass der Sitz schon damals über ein zweites Herrenhaus verfügte. Zum Schloss zählten darüber hinaus Verteidigungsanlagen wie ein Torhaus und eine Zugbrücke sowie Ökonomiegebäude und eine Kapelle. Im Landshuter Erbfolgekrieg 1504 wurde der Sitz stärker befestigt und mit reichsstäd-

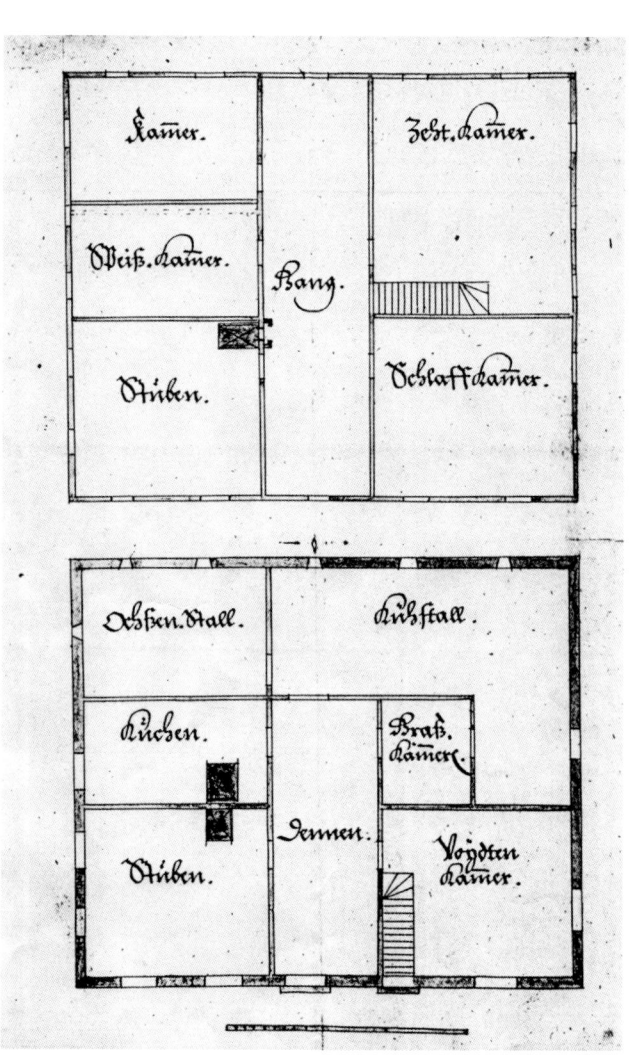

166.1   Grundrisse der Voitwohnung im Erdgeschoss und der herrschaftlichen Zimmer im Obergeschoss, um 1680 gezeichnet für den Bau des neuen Herrenhauses in Maiach (StadtAN)

166.2 Blick auf das „Weiherschlößlein" des Paul XII. Tucher, links im Vordergrund ein Teil des „vordern Schloßes", Radierung von J. A. Boener 1708 (StadtA Lauf)

tischen Söldnern besetzt. Noch im Jahr zuvor war der als Unternehmer sehr erfolgreiche Hans Tucher bei einem Aufenthalt in Maiach von dem Placker Hans Baum überfallen und in die Rhön verschleppt worden. Erst nach einer Lösegeldzahlung von 3.000 Gulden wurde der „lange Hans" nach 23 Wochen wieder freigelassen.

1511 vermachte Hans Tucher, der ohne männliche Erben geblieben war, seine Liegenschaften einer Vorschickung, wie die Stiftungen zur Erhaltung von Familiengütern in Nürnberg genannt wurden. Der jeweils Älteste aus der Linie seines Bruders sollte die Stiftung administrieren. Im Zweiten Markgrafenkrieg musste die Familie Tucher am 15. Mai 1552 hinnehmen, dass die markgräflichen Truppen auch ihren Maiacher Herrensitz niederbrannten. Vermutlich unter Adam Tucher, der sich 1556 mit Anna Tetzel vermählte, kam es vermutlich zur Instandsetzung nur noch eines der beiden zerstörten Herrenhäuser.

Auf Adam folgte Jobst Tucher, der 1629 ohne männliche Erben verstarb und den zweiten Untergang des Gutes nicht mehr miterleben musste. Auch Maiach zählte zu den Orten, die 1632 von marodierenden kaiserlichen Soldaten heimgesucht und in Brand gesteckt wurden. Das Tucherschloss und alle bäuerlichen Anwesen wurden „auff den grundt abgebrandt und ruinirt". Nach dem 30-jährigen Krieg wurden von den neuen Administratoren aus dem so genannten ältesten Zweig der älteren Linie der Familie Tucher nur die Ökonomiegebäude wiederhergestellt; das um 1560 erneuerte Herrenhaus, noch immer ein typisches Weiherhaus, blieb in Trümmern liegen. Noch 1689 war, wie Inventare ausweisen, das Maiacher Mobiliar, das man vor 1632 ausgebaut hatte, im Tucherschloss in der Nürnberger Hirschelgasse eingelagert.

Für gelegentliche Aufenthalte der Herrschaft und zur Unterbringung des Voits wurde 1681/82 unmittelbar westlich der Ruine das so genannte „große Haus", auch „vorderes Schloß" genannt, von dem Reichelsdorfer Maurermeister Conrad Steinmüller errichtet. Während der Voit im Erdgeschoss wohnte, stand der Familie Tucher im Obergeschoss eine Wohnung mit einer großen Stube, einem Stüblein, einer Küche und mehreren Kammern zur Verfügung. Erst unter Paul XII. Tucher, der es als Offizier bis zum Feldmarschall-Leutnant der Fränkischen Kreistruppen gebracht hatte und der auch im Inneren Rat der Reichsstadt saß, wurde das alte Weiherhaus einige Zeit vor 1700, nicht erst 1707, wie gelegentlich berichtet wurde, erneuert. Auf den Futtermauern und Fundamenten der rechteckigen Burgstelle entstand nun ein viel kleineres Sommerhaus, das in der Folgezeit als „Weiherschlößlein" oder „hinteres Schloß" bezeichnet wurde. Es beherbergte einen Saal, eine Stube, eine kleine Kapelle und fünf Kammern. 1697 erfolgte hier die Renovierung des roten und weißen Zimmers. In einer letzten Baumaßnahme 1707/08 scheint – wie Werksteinlieferungen zeigen – ein repräsentativerer Ausbau zum Abschluss gekommen zu sein. Um 1720 und 1735 fanden unter Hans Paul Tucher weitere Renovierungen, u.a. Stuckierungen, statt, ohne dass deutlich wird, welche dieser Arbeiten im „vorderen" und welche im „hinteren Schloß" erfolgten.

Nach dem Tod des Jakob Gottlieb Friedrich Freiherrn von Tucher 1832 wurde das Schlossgut Maiach zum Verkauf gegen Höchstgebot veräußert. Erst nach mehreren Auktionsterminen fanden sich mit den Schwabacher Brüdern Johann Konrad und Georg Andreas Nerreter 1834 Bieter mit einem akzeptablen Gebot. Die Gebrüder Nerreter waren jedoch nur an einer spekulativen Gutszertrümmerung interessiert und gaben die Grundstücke gewinnbringend an acht Interessenten weiter. Die beiden Herrenhäuser, das vordere und das hintere Schloss, erwarb der frühere Voit der Tucher, Johann Völkel, um hier eine Gastwirtschaft zu eröffnen. Der Gastbetrieb entwickelte sich im 19. Jahrhundert zu einem beliebten Nürnberger Ausflugsziel, das schließlich mit einem großen Biergarten, einer Kegelbahn und einem Musikpavillon ausgestattet wurde.

Das vordere Schloss wurde 1891 für die Gaststätte umgebaut, gleichwohl entstand 1898/99 südlich davon ein neues Gasthaus mit einem Saalbau. Daraufhin endete der Gastbetrieb im vorderen Herrenhaus, das in der Folgezeit nur noch als Mietshaus Verwendung fand. Das hintere Herrenhaus wurde 1944 durch Brandbomben sehr schwer beschädigt und um 1956 in vereinfachter Form wieder in Stand gesetzt. Es ist ein kleines, vierseitig um einen kleinen Innenhof (Atrium) gruppiertes, eingeschossiges Gebäude.

Das so genannte große Haus oder vordere Schloss ist ein etwa 16 Meter langer und über 12 Meter breiter Satteldachbau. Während das Erdgeschoss Umfassungen aus Sandsteinquadern aufweist, ist das Obergeschoss mit der ehemals herrschaftlichen Wohnung eine Fachwerkkonstruktion. Ihm war rückwärtig ein massives, etwa 25 Meter langes Stallgebäude angebaut. Das Gebäude ist seit dem ausgehenden 20. Jahrhundert in einem vernachlässigten Zustand und im Bestand gefährdet.

Quellen

Gelegenhait, Nr. 1876.

Müllner I, S. 360.

Pfeiffer, Gerhard (Bearb.): Die ältesten Urbare der Deutschordenskommende Nürnberg (= VGFG X/10). Neustadt/Aisch 1981, Nr. B 130, 166, 209, 235.

166.3 Blick auf die Dorfstraße und die westliche Giebelseite des „vordern Schloßes", Fotografie: G. v. Volckamer um 1894 (StadtMN)

Literatur

Deliciae II, S. 112.

Frank zu Döfering, Karl Friedrich von: Die Kressen. Eine Familiengeschichte. Senftenegg 1936, Sp. 102, 104, 129, 155.

Giersch, Robert: Bau- und Nutzungsgeschichte des Tucherschlosses in Maiach. Schwerpunkt ehemals vorderes Schloss. Denkmalpflegerische Voruntersuchungen 1996. Unveröff. im BLfD.

KDM Stadt Nürnberg, S. 378.

Ruthrof, Renaissance, S. 52, 60 f, mit Federzeichnung von 1607, S. 70.

Stadtlexikon Nürnberg, S. 666, mit derselben Federzeichnung, hier aber irrtümlich mit 1601 datiert.

167 D4

Malmsbach

Ehemalige Wasserburg

Schlossgrabenstraße 6–18

Gemeinde Schwaig bei Nürnberg

Landkreis Nürnberger Land

Malmsbach gehört zu den vielen Besitzungen der Reichsministerialen von Gründlach, die erst nach dem Erlöschen des Geschlechts aufscheinen, als die verschuldeten Erben sie abstoßen mussten. 1323 verpfändeten Gottfried von Hohenlohe-Brauneck und seine Gemahlin Margaretha (geborene von Gründlach) ihre „Veste Malmspach" und das Gut zu Behringersdorf für 240 Pfund Heller an Burggraf Friedrich IV. von Nürnberg unter Vorbehalt der Wiedereinlösung binnen drei Jahren. Der Burggraf durfte die Veste „bauen und bessern", entsprechende Ausgaben sollten auf die Pfandsumme geschlagen werden. 1326 mussten Gottfried und Margaretha nicht nur Gründlach samt Zubehör [vgl. Großgründlach II], sondern auch Hohenstadt, Malmsbach („das halbs aigen ist und halp lehen ist von dem Reiche") und das Reichslehen Behringersdorf endgültig an den Burggrafen verkaufen [vgl. Behringersdorf I].

Als burggräflicher Lehnsmann auf Malmsbach begegnet 1329 Heinrich II. „Vorcheimer von Almspach". 1342 belehnten die Burggrafen die Fischbecken mit dem Besitz. Diese mussten ihn 1347 mit Eckenhaid an die Waldstromer versetzen, nahmen drei Jahre später aber Malmsbach und ihr Stammgut Fischbach ausdrücklich von der Verpfändung an die Reichsstadt Nürnberg aus [vgl. Fischbach, Einleitung]. Angeblich nannte sich dieser Zweig der Familie (vielleicht nach dem Verlust von Fischbach) auch Malmsbecken.

167.1 Burg Malmsbach mit dem Wohnturm und der Kapelle auf der Karte des Pflegamts Lauf von Johann Bien von 1628 (StAN)

1365 verkauften Ulrich Amman von Wendelstein, Bürger zu Nürnberg, und Fritz Huck, Richter zu Feucht, an Konrad Haid ein „Haus", burggräfliches Lehen sowie einen Hof „auf dem der Malmpeck sitzt". 1370/71 versprachen Konrad und Otto Haid, „das haus zum Malmsbach gelegen mit Zaunen, mit Gräben und wassern, die darum gehen", nur an Nürnberger Bürger zu verkaufen.

1419 verpflichtete sich Peter IV. Haller (seine Schwester Margaretha hatte 1404 Peter Haid, einen Sohn Konrads geheiratet) gegenüber der Reichsstadt Nürnberg, dass er „seine Behausung zu Malmsbach", die er „jetzund zu mauern und zu bauen angefangen" habe, „mit der Höhe und der Weite des Gemäuers mit einem schlechten (einfachen) Dache darauf ohne Erker vollführen und es ... dabei bleiben lassen" wolle. Außerdem werde er sie nur an einen Nürnberger Bürger verkaufen. Hans Rummel, der den Sitz von Peter Haller gekauft hatte, wiederholte 1426 diese Verpflichtungen und

167.2 Schloss und Kapelle von Südosten um 1830. Aquarell von L. Mayle nach G. C. Wilder (HallerA)

167.3 Ansicht aus südwestlicher Richtung auf das innere Torhaus, kolorierte Zeichnung von J. C. Bankel 1905 (StadtA Lauf)

verzichtete ausdrücklich auf einen weiteren Ausbau des Sitzes, namentlich auf eine Verstärkung des (mit Zustimmung des Nürnberger Rates) gefütterten Grabens und der Mauern. Vielmehr werde er es „bei einer schlechten brustwehr darauf (auf der Mauer) bleiben lassen und nicht höher mauern". Die verschärften Auflagen sind durchaus verständlich, da Malmsbach markgräfliches Lehen war, was eine „Öffnung" des Sitzes zugunsten des Nürnberger Rates mit dem Recht, ihn im Krieg mit einer Mannschaft zu besetzen, verhinderte.

Hans Rummel starb 1434. Sein Sohn Ulrich wollte Malmsbach verkaufen, zerstritt sich aber 1448 darüber mit dem Nürnberger Rat und übergab die Burg auf Anraten seines Schwagers Georg Klack, Amtmanns zu Burgthann, dem Markgrafen als Lehnsherrn. Im Ersten Markgrafenkrieg plünderten und zerstörten die Nürnberger 1449 in ihrem ersten Kriegszug das von der Besatzung bereits geräumte Wasserschloss. Ulrich Rummel kämpfte in den folgenden Monaten offen auf Seiten des Markgrafen, erlebte dessen Niederlage bei Pillenreuth, ersuchte aber nach dem Ende der Kämpfe um eine Wiedereinbürgerung, die ihm auch genehmigt wurde. 1455 verkaufte er Malmsbach an Ludwig von Eyb, den Rat des Markgrafen Albrecht Achilles.

Ludwig Pfinzing erwarb 1463 Malmsbach von Ludwig von Eyb und wurde vom Markgrafen mit dem „Haus" samt Hof, Gärten, Söldengütern und drei Weihern belehnt, erhielt das alles aber noch im selben Jahr im Tausch gegen andere Güter vom Markgrafen zu Eigen und begann mit dem Wiederaufbau. Die Angaben über die weitere Besitzerfolge sind widersprüchlich: So soll Malmsbach 1468 an Ursula Deichslerin verkauft worden sein. Dagegen kam es 1476 zu einem Vergleich mit Niclas Toppler, der dem Ludwig Pfinzing bereits 600 Gulden für den Kauf Malmsbachs und außerdem 120 Gulden „an dem Bau" bezahlt hatte und nun alles zurückerhalten sollte. So fiel der Besitz wohl an Ludwig Pfinzing zurück, gelangte nach dessen Tod 1477 an seinen gleichnamigen Sohn und schließlich 1482 an Anton Küfler.

Da Pfinzings Schwiegersohn Hans Seiboth und seine Gemahlin Margaretha den Sitz nicht räumen wollten, ließ Küfler nach einem erfolgreichen Urteilsspruch 1483 durch Nürnberger Soldknechte das Herrenhaus gewaltsam besetzen. Noch im gleichen Jahr (oder schon 1482?) veräußerte er seine Behausung zu Malmsbach „mit sambt dem Garten, als weit die mit Zwinger, Graben und Mauer umbfangen" an Sebald Peringsdorfer [vgl. Hauseck, Hirschbach]. Dieser vermachte Malmsbach seinem Enkel Jobst III. Haller und starb 1498.

Im Jahre 1504 wurde Malm(a)spach als ein „guter sitz" bzw. als „Schlos" bezeichnet. 1516 wiederholte Jobst Haller die Verpflichtung, den Besitz nur an Nürnberger Bürger zu verkaufen. Nach seinem Tod ging das Wasserschloss 1532 an seinen Sohn Jobst IV. über. Wegen der Rechte an Malmsbach begann dieser 1535 einen Prozess gegen seine Geschwister vor dem Nürnberger Stadtgericht, der in 2. Instanz bis 1542 vor dem Reichskammergericht geführt wurde. Wie so oft, ging darüber der Streitgegenstand verloren, denn der Herrensitz wurde spätestens 1540 an Heinz (Hans?) und Barbara Straub, die sich ab 1540 als Inhaber nachweisen lassen, verpfändet und 1548 an die Witwe Straub verkauft.

Nach 1553 erscheinen Anton Imhof, 1593 dessen Vetter Karl Imhof als Eigentümer, der „Haus und Sitz" 1607 an seine Schwester Katharina Tucher (1559–1630) veräußerte. Ihre Kinder verkauften 1631 das freieigene Schloss Malmsbach, „von Steinwerk bis unter das tach erbauet", an Johann Sigmund Fürer von Haimendorf, der sich auch nach Steinbühl, Himmelgarten und Malmsbach nannte. Als er 1642 starb, gelangte das Schloss an seine Tochter Sybilla, die das Gut ihrem Mann Sebastian Löffelholz von Colberg vermachte. Drei Generationen blieb das Gut im Besitz der Familie; auf Georg Sebastian folgte 1710 Johann Sebastian Löffelholz, mit dem 1737 diese Linie ausstarb. Malmsbach fiel an seine Witwe, die 1739 Johann Carl Grundherr von Altenthann ehelichte. Anschließend wurde der Besitz eine Zeitlang von beiden Familien gemeinsam verwaltet. Nach Johann Carls Tod 1760 trat sein Sohn Christoph Carl die Nachfolge an, der es bis zum Bürgermeister der Reichsstadt brachte.

167.4 Blick auf den Graben und die westliche Umfassungsmauer mit dem Torbau. Fotografie: F. A. Nagel 1910 (StadtMN)

1823 war dessen Sohn, der Nürnberger Senator Johann Karl Burkhard von Grundherr, alleiniger Eigentümer, der den Besitz bis zu seinem Tod 1829 zusammenhielt. Bis dahin war die Anlage noch weitgehend erhalten. Nach einer Beschreibung um 1800, die z.T. wohl aus älteren Aufzeichnungen zitiert, war Schloss Malmsbach „mit einer starcken Mauer von Quater-Steinen und einem tiefen Wassergraben umgeben ... in deßen – mit einem großen Thor versehenen Hof, ein Kirchlein mit einer Schlag-Uhr, item 4 Zinnß Wohnungen für den Schloß Aufseher und Beständner, ingl. unten im Schloß, ein unterirdisches Gefängnuß, befindl. ist." Zwei bewohnte steinerne Basteien wurden 1755 „wegen deren Alterthum und Bußwürdigkeiten abgetragen" und darauf stattdessen neue Wohnungen für den herrschaftlichen Gärtner und Nachtwächter sowie einen Beständner erbaut, „wegen nächtlicher Sicherheit und Aufsicht auf das Schloß Thor und Brücke". Das Schloss selbst war, wie alte Abbildungen zeigen, ein mehrgeschossiger massiver Wohnturm mit steilem Halbwalmdach und Zwerchhäusern auf allen Seiten; die gotische Kapelle war auf dem südöstlichen Eckturm der Ringmauer erbaut und barg innen ein Netzgewölbe und einen Altar aus dem 15./16. Jahrhundert.

1832 erfolgte mit dem Verkauf durch die Erben die Abtrennung der Patrimonialgerichtsbarkeit vom Gutskomplex. Bereits drei Jahre später dismembrierte der neue Eigentümer, der Papierfabrikant Hahn aus Röthenbach an der Pegnitz, das Gut und ließ das Schloss, die Kapelle und das äußere Torhaus abtragen, um die Steine für einen Neubau in Röthenbach zu verwenden. Erhalten blieben ein gefütterter Graben mit Resten der Ringmauer und ein 1948 renoviertes, aber stark verändertes Torhaus mit vorkragendem Fachwerk-Obergeschoss. Das Werksteinmauerwerk des gefütterten Grabens ist stellenweise akut im Bestand gefährdet.

Quellen

StAN Rst. Nbg., D-Laden Urk. Nr. 29, 628. Rst. Nbg., 7-farb. Alphabet Urk. Nr. 604 (fehlt seit 1948), 711. Rst. Nbg., Losungsamt Akten, S. 18. Ft. An. Ansbacher Lehenurk. Nr. 2475; Ft. An., Ansbacher Lehenbücher Nr. 7, Bl. 103v, 104, 225v, 226.

StadtAN B 14/I LL 14, Bl. 108-113v. E 17/III Nr. 40.

HallerA Besitz Ältere Linien, Urk. und Akten Malmsbach. Henfenfelder Archiv, B 96 neu; Urk. Nr. 259, 288; Akten Nr. 2216, 2284, 2291, 2385-2392.

Bayerisches Hauptstaatsarchiv Reichskammergericht Bd. 11 (= Bayer. Archivinventare 50/11). München 2004, Nr. 4580.

Gelegenhait, Nr. 682, 1848.

Mon. Zoll. III, Nr. 561, 608.

Müllner I, S. 44; 363, II, S. 432.

Literatur

Alberti, Volker / Baumann, Lorenz / Holz, Horst: Burgen und Schlösser in Lauf und Umgebung. Unteres Pegnitztal (= Fränkische Adelssitze Bd. 2). Simmelsdorf-Hüttenbach 1999, S. 110-117.

Dannenbauer, S. 239.

HAB Nürnberg-Fürth, S. 139.

KDM Landkreis Nürnberg, S. 50 f.

Lehner-Burgstall, S. 59-70.

Pfeiffer, Gerhard: Die Offenhäuser der Reichsstadt Nürnberg. In: JffL 14 (1954), S. 157, 164, 167.

Schaper, Christa: Die Ratsfamilie Rummel – Kaufleute, Finanziers und Unternehmer. In: MVGN 68 (1981), S. 68, 71 f.

Voit, Pegnitz, S. 73.

168 D6

Marquardsburg

Ehemaliger Herrensitz

Marquardsburg 1, 2

Markt Eckental

Landkreis Erlangen-Höchstadt

Im Ortsteil Marquardsburg liegt am Rande einer Anhöhe unmittelbar über dem Eckenbach und oberhalb der Eckenmühle ein Herrensitz. Der zweigeschossige Werksteinbau mit fünfachsiger Fassade und Walmdach wird erstmals 1716 erwähnt. Das Herrenhaus war von Georg Tobias Muffel [vgl. Eckenhaid] nahe der Fraischgrenze des Landrichteramtes Schnaittach auf dem Boden des Pflegamtes Lauf als bescheidenes „Sommerhaus oder Lustschlößlein" erbaut und nach seinem einjährigen Sohn Marquard benannt worden. Der evangelische Gutsherr umging damit das 1661 zwischen der Reichsstadt Nürnberg und Kurbayern vereinbarte und ab 1700 geltende Verbot einer dauernden Niederlassung protestantischer Bürger im bayerisch gewordenen Rothenberger Fraischbezirk, zu dem Eckenhaid gehörte.

Schon vor dem Tod des letzten Muffel auf Eckenhaid, Georg Marquard (er starb 1784), kam es zwischen der Reichsstadt Nürnberg und der kurbayerischen Regierung zu Auseinandersetzungen um die Nachfolge der demnächst heimfallenden Reichslehen Eckenhaid und Marquardsburg. Dabei konnte sich Kurbayern mit seinem Kandidaten, dem hohen Regierungsbeamten Karl Theodor Graf von Bettschart, durchsetzen, der ab 1790 den Besitz der Güter antrat, auch wenn die Belehnung bis zum Ende des Alten Reiches umstritten blieb.

Nach dem Tod des Grafen im Jahre 1820 fielen die Lehen ans Königreich Bayern zurück, das die Güter in eigene Verwaltung nahm. Die in diesem Zusammenhang aufgestellten Inventare beschreiben das Schloss als dreigeschossigen, Massivbau (einschließlich des Kellers) mit angebautem Turm. Das ganze Gebäude – wie ein Stadel, eine Viehstallung und eine Holzremise – sei „im hohen Grade baufällig". Ein Tagelöhnerhaus befinde sich gar in einem so schlechten Zustand, dass „dessen Einsturz täglich zu befürchten ist". Nachdem der Bauunterhalt die Überschüsse aufzehrte, wurde die Marquardsburg im Sommer 1830 durch das zuständige Rentamt Hersbruck zur Versteigerung ausgeschrieben und beim 2. Termin am 31. Oktober 1830 an Abraham Hirsch Gerngroß aus Fürth (oder Forth?) verkauft. Der auf 2.607 Gulden geschätzte Komplex bestand zu diesem Zeitpunkt aus dem Schloss mit Hofraum, einem Nebenhaus, der Scheune, zwei Mauertürmen, einem Ziehbrunnen und den Umfassungsmauern mit einem Torbogen.

In der Folgezeit wurde das Gut an zwei Bauern verkauft und tiefgreifend umgestaltet, wobei der ehedem in der Mitte der Hofseite stehende, vermutlich polygonale Treppenturm beseitigt wurde.

Quellen

StAN Rst. Nbg., Landpflegamt, Gemeindeakten S I L 590 Nr. 6. Reg. v. Mfr., K. d. Fin., Abgabe 1937, Nr. 3337/1 und 4.

Literatur

Endres, Rudolf: Zum Problem der Landeshoheit in Franken. In: MVGN 61 (1974), S. 183-187.

HAB Forchheim, S. 83, 141.

HAB Lauf-Hersbruck, S. 83.

KDM Lauf, S. 282.

Schnelbögl, Lauf-Schnaittach, S. 143 f, 259.

168.1   Blick vom Tal aus über die Mühle zum ehemaligen Herrensitz Marquardsburg. Fotografie: F. A. Nagel 1910 (StadtMN)

169 E6

Mausgesees

Abgegangener Herrensitz

Markt Eckental

Landkreis Erlangen-Höchstadt

Das Nürnberger Patriziergeschlecht Stromair/Stromer verfügte um 1355 über reichslehnbare Güter in Mausgesees. Ab 1468 wird hier eine „behausung" des Geschlechts bezeugt, was nach damaligem Sprachgebrauch einen mehr oder weniger befestigten Ansitz annehmen lässt. Bei der Erkundung des Landgebietes, die der Nürnberger Rat für strategische Planungen vor dem Landshuter Erbfolgekrieg 1504 in Auftrag gegeben hatte, wurde für Mausgesees ein Nürnberger Herrensitz verzeichnet.

In der ersten Hälfte des 16. Jahrhunderts verkaufte Wolf Stromer das Reichslehen, das er zuletzt 1521 empfangen hatte, an die Gotzmann von Büg, weil er nicht mehr mit der Heimkehr seines einzigen Sohnes Fritz Friedrich aus der Fremde rechnete. Als dieser wider Erwarten zurückkehrte, betrieb er die Wiederbelehnung, die er ab 1553 auch erreichte – vielleicht aber nur dem Namen nach. Möglicherweise ist der Sitz in der Zwischenzeit abgegangen. In den Schadenslisten des Zweiten Markgrafenkrieges 1552/53 wird seine Zerstörung nicht aufgeführt.

Noch vor dem Aussterben der Gotzmann 1611 hatte sich der sächsische Kanzler David Peiffer 1576 die Anwartschaft auf deren Reichslehen verschafft. Seit 1646 führten die Stromer einen Lehenprozess gegen Peiffers Sohn Johann David, der 1670 noch anhielt. Doch scheinen sich letztendlich die Herren von Bünau zu Büg in den Besitz gesetzt zu haben; sie hatten 1611 die Eigengüter der Gotzmann geerbt [vgl. Büg]. Dabei ist jedoch von einem Herrenhaus zu Mausgesees nicht mehr die Rede.

1686 wollte Dorothea Sabina von Bünau Mausgesees an Hans Sigmund Muffel von Eschenau veräußern. Der geplante Verkauf scheiterte wohl, denn das Gut blieb weiterhin mit der Herrschaft Büg verbunden. Das Landrichteramt Schnaittach teilte der Landesdirektion Amberg 1806 mit, dass die Hofmark Mausgesees mit Forth und Büg von der Hofmarksverwaltung der Freiherren von Egloffstein, den Erben der Herren von Bünau, administriert werde, im Ort aber noch „die Rudera des alten Schloßes" vorhanden seien. Heute sind die Ruinen nicht mehr zu finden. Möglicherweise gehen Spuren einer Grabenanlage in einem nicht zugänglichen privaten Grundstück auf den Sitz zurück.

Quellen

StAN Rst. Nbg., Urk. und Akten der Muffelschen Familie, Akten Nr. 424. Familienarchiv Geuder-Rabensteiner Akten Nr. 987. Depot Stromer-Archiv Urk. Nr. 21, 25; Akten Nr. 2943.

Gelegenhait, Nr. 596.

Literatur

Thiel, Matthias (Bearb.): Archiv der Freiherren Stromer von Reichenbach auf Burg Grünsberg. Teil I: Urkunden (= Bayerische Archivinventare, Heft 33). Neustadt/Aisch 1972, S. 209, 289 ff.

170 I4

Mittelburg

Vermeintlicher Ministerialensitz

Gemeinde Pommelsbrunn

Landkreis Nürnberger Land

Um das Jahr 1187 bezeugten die Dienstmannen Konrad und sein Bruder Erkenbrecht „de Mittelburc" eine Urkunde des Klosters Kastl. Die Brüder gehörten offenbar zur Ministerialität der Grafen von Sulzbach. Aufgrund dieses Hinweises haben schon der Heimatschriftsteller August Sieghardt (1887–1961) und zuletzt Walter Heinz und Ernst Dörr den Hochberg bei Mittelburg nach Spuren eines Ministerialensitzes untersucht. Werner Sörgel konnte den Nachweis führen, dass es sich bei den Wallresten eindeutig um frühgeschichtliche Anlagen handelt (darunter eine keltische Doppelburganlage mit Zangentor). Der archäologische Befund schließt einen hochmittelalterlichen Sitz der Ministerialen „de Mittelburc" auf dem Hochberg aus. Möglich bleibt ein Sitz im Ort Mittelburg, der jedoch weder archäologisch noch urkundlich bezeugt ist.

Quellen

StAAm Kloster Kastl Urk. Nr. 9.

Lehnbuch 1331, S. 160, die hier genannte Verwandtschaft mit dem hochrangigen Ministerialengeschlecht von Henfenfeld erscheint sehr spekulativ.

Mon. Boica Bd. 24, S. 330, Nr. 18 (dort irrtümlich zwischen 1278 und 1296 eingereiht).

Literatur

Sörgel, Werner: Der Hochberg bei Mittelburg. Eine bedeutende vorgeschichtliche Höhensiedlung in der Frankenalb. In: MANL 54 (2005), Heft 2, S. 21–34.

Ders.: Versunkene Kulturen. Hartmannshof – Archäologie einer Kleinregion in der Frankenalb. Nürnberg 2006, S. 43–51.

Voit, Pegnitz, S. 133 f.

M MITTELDORF

171 E7

Mitteldorf

Abgegangene Burg

Gemeinde Weißenohe

Landkreis Forchheim

Auf dem Bergrücken oberhalb von Mitteldorf lag zwischen Dorfhaus und Kirchrüsselbach eine befestigte Anlage, die sich von der Felsspitze im Westen der „Hauptburg" bis zur Wallkrone der „Vorburg" über 130 m erstreckte. Die große Befestigung wurde durch einen in den Fels geschlagenen Graben und durch eine in Resten erhaltene Mauer in Vor- und Hauptburg getrennt. Ein in weiten Teilen erkennbares, gut erhaltenes Wall- und Grabensystem schützte von der Bergseite im Osten und Norden; im Süden und Westen grenzte die Anlage unmittelbar an einen Steilhang. Erhaltene Mörtelspuren und Mauerreste belegen einen zusätzlichen Schutz durch eine Mauer aus unbehauenen Bruchsteinen mit einer durchschnittlichen Stärke von etwa 2 Metern. Fundamentreste von Gebäuden lassen sich bislang nicht nachweisen; lediglich im Norden kann eine nahezu quadratische Vertiefung angeblich als Fundament eines Flankierungsturms gedeutet werden.

Scherben der Späthallstatt- und der Latène-Zeit belegen eine Nutzung des Bergrückens bereits in vorgeschichtlicher Zeit als Wehranlage, Siedlung oder Kultstätte. Die Mauerreste mit ihren Mörtelspuren verweisen dagegen ins Mittelalter; Scherben dieser Nutzungsepoche konzentrieren sich ausschließlich auf das 13. Jahrhundert. Die Burganlage war somit frühestens im 12. Jahrhundert angelegt, im 13. Jahrhundert bereits wieder aufgegeben worden, was das Schweigen der Schriftquellen erklärt.

Das Fehlen historischer Nachrichten und systematischer Grabungsergebnisse haben Heimatforscher zu einer Reihe stark abweichender Deutungen veranlasst: Einmal als frühgeschichtliche Anlage, dann als mittelalterliche Burg mit Erweiterungen im ausgehenden Mittelalter, einmal als (Haupt-)Burg des Pfalzgrafen Aribo, Gründer des Klosters Weißenohe, ein andermal als Sitz der allerdings nur im frühen 12. Jahrhundert nachweisbaren Reichsministerialen von Rüsselbach.

Bis zum Vorliegen weiterer Forschungsergebnisse sind diese Deutungsversuche sehr spekulativ. 1504 wurde die Anlage bereits als „purkstal" bei Unterrüsselbach bezeichnet, 1567 als Burgstall Rüsselbach.

Quellen

Gelegenhait, Nr. 623.

Literatur

KDM Forchheim, S. 162.

Kunstmann, Hellmut / Schnelbögl, Fritz: Der Burgstall oberhalb Mitteldorf, der mutmaßliche Sitz der Reichsministerialen von Rüsselbach. In: MANL 2 (1953), Heft 3, S. 14–19, dort auch ein Lageplan mit umfangreicher Legende

172–179 C4

Mögeldorf

Im Hochmittelalter war hier an einer Pegnitzfurt ein Reichsministerialensitz entstanden, der aus dem Königshof hervorgegangen sein soll; dort hatte König Konrad II. 1025 und 1030 Urkunden ausgestellt. 1200 scheint erstmals als hochrangiger Reichsministerialer Reimarus von „Meglindorf" wohl aus dem Geschlecht der Laufamholzer auf; er hatte 1213 das Amt des Nürnberger Reichsbutiglers inne. Im Laufe des Spätmittelalters und in der frühen Neuzeit entstanden im Dorf vermutlich noch sechs weitere Herrensitze. Mögeldorf wies daher neben Erlenstegen die höchste Dichte an Herrschaftsbauten in der alten Nürnberger Landschaft auf.

Ihre Erforschung kam allerdings bisher über Anfänge kaum hinaus. Die Literatur, die nur selten eindeutige Quellen angibt, enthält viele Widersprüche und hat die z.T. mehrfach abgestuften Lehen- und Besitzverhältnisse kaum berücksichtigt. Einige Mögeldorfer Herrensitze waren nur Erbzinslehen, unterstanden also einer Grundherrschaft, die wiederum von einem Lehnsherrn abhängig war. Da diese verschiedenen Ebenen nicht immer auseinandergehalten und genealogische Daten nicht beachtet wurden, entstanden irreführende Besitzerreihen. Eine auf gründlichen Archivrecherchen beruhende Geschichte der Mögeldorfer Herrensitze bleibt nach wie vor ein Desiderat.

Schon bisher ging man davon aus, dass das „Hallerschloss" neben der Kirche der älteste Sitz sei. Er ist wohl mit dem einzigen Sitz identisch, der bei der Erkundung der Nürnberger Landschaft 1504 genannt wird. Bis zum Ausbruch des Zweiten Markgrafenkriegs 1552 kamen noch drei „wohlgebaute Herrenhäuser" hinzu (vermutlich Mögeldorf II, V und VI), die im Krieg geplündert wurden; nur einer brannte aus. Der Nürnberger Chronist Johannes Müllner erwähnt dann 1623 schon fünf Sitze: der Haller (I), Holzschuher (VI), Buch(n)er (VII), Rottengatter (V) und der Pfinzing (II). Bis auf den ersten seien sie alle „auf gemeine Baurngüter erbauet" worden. Im 17. Jahrhundert wurden noch zwei neue Schlösschen errichtet (IV und VIII). Der achte Sitz schließlich (III) erwies sich als Phantom; seine frühere Existenz wurde anscheinend erst im 18. Jahrhundert behauptet, um den Anspruch auf Bauholz aus dem Reichswald für ein Nebengebäude zu begründen. Heute bestehen noch fünf ehemalige Herrensitze in Mögeldorf, da im Laufe des 20. Jahrhunderts zwei abgebrochen wurden (VI und VII).

Quellen

StAN Rst. Nbg., Rechnungen des markgräflichen Krieges Nr. 95, 96.

Gelegenhait, Nr. 1853.

Müllner I, S. 361 f.

NUB Nr. 6, 7, 107, 135.

Literatur

Beyer, Leo: Mögeldorf, der Schmausenbuck und der Nürnberger Reichswald. Nürnberg 1952.

Ders.: Der Nürnberger Stadtteil Mögeldorf. Eine Häusergeschichte. Nürnberg 1964.

Deliciae II, S. 83.

HAB Nürnberg-Fürth, S. 140 f.

KDM Nürnberg, S. 378 f, 382-386.

Nagel, Friedrich August: Führung durch die Mögeldorfer Schlößchen und Bauernhäuser. In: Jahresbericht des Vereins für Geschichte der Stadt Nürnberg 63 (1940), S. 16-27.

Rusam, Hermann: Mögeldorf. Aus der Geschichte eines alten Dorfes vor den Mauern Nürnbergs bis zu seiner Eingemeindung am 1. Januar 1899. In: MANL 32 (1983), Heft 1/2, S. 1-9.

Schwemmer, Bavaria Ant., S. 39-42, mit Ausschnitt aus dem Cnopfschen Skizzenbuch.

172 — C4

Mögeldorf I

Herrensitz, „Hallerschloss"

Kirchenberg 7-11

Stadt Nürnberg

Königshof und Reichsministerialensitz werden im Bereich des Mögeldorfer Kirchhofs und des westlich benachbarten Hallerschlosses vermutet. Im 13. Jahrhundert hatten die Burggrafen von Nürnberg die ehemaligen Reichsministerialen verdrängt und die Rechte an der kleinen Burg für sich reklamiert. In der 2. Hälfte des 15. Jahrhunderts erwarb Hans Tetzel den Sitz. Er musste sich 1482 verpflichten, die Behausung

172.1 Darstellung der meisten Herrensitze auf dem Blatt „Mögeldorff" des so genannten Cnopfschen Skizzenbuches von 1612/14. Erkennbar von links: Mögeldorf I, V, II, vermutlich VII und VI (HallerA)

zu Mögeldorf, die er im Einverständnis mit dem Nürnberger Rat „auffzurichten und zu pauen furgenomen und des ytzo in dem paw stee", nur an Nürnberger Bürger zu verkaufen. Auf eine etwas spätere, archivalisch bislang nicht belegte Bauphase deutet dagegen eine dendrochronologische Analyse, die den oberen westlichen Teil des Turmhauses, ein auf einem im Südwestteil deutlich älteren Massivbau ruhendes Obergeschoss aus Fachwerk, auf das Jahr 1502 datiert.

Von den Tetzel gelangte der erneuerte Sitz an die Augsburger Unternehmer Anton und Lukas Grander, die 1515 vom Markgrafen belehnt wurden. Von den Grandern ging die Liegenschaft an Hieronymus Rehlinger (ebenfalls aus einem Augsburger Geschlecht) über. Dieser verkaufte es spätestens 1555 an Wolf VIII. Haller von Hallerstein, Reichspfennigmeister Kaiser Karls V. [vgl. Ziegelstein I], an den eine beschädigte Wappenscheibe in der Kirche erinnert (Kopie mit der Jahreszahl 1555 im Schloss Großgründlach).

1571 erbten die beiden Töchter den Besitz. Maria war mit Thomas Kötzler verheiratet [vgl. Mögeldorf V], Helena mit Martin VI. Haller, der 1617 starb. Nach seinem Tod war nur noch Maria (die sich inzwischen in zweiter Ehe mit Erasmus Ruland vermählt hatte) mit dem „Sitzlein" in Mögeldorf belehnt, und es bestand die Gefahr, dass das Lehen an den Markgrafen heimfiel. Dieser werde dann vermutlich auf der gegenwärtig hohen Zahl an Beständnern (Mietern) im Haus beharren. Daher sollte das Waldamt eine Beschreibung der Feuerrechte liefern. Dieser aufschlussreiche Bericht vom 8. November 1617 lässt die intensive Nutzung der Gebäude erkennen.

Danach bestand im Erdgeschoss des Herrenhauses eine große Stube mit Ofen, gegenüber eine Kammer, vermietet an den Bortenwirker Hans Ott. Im ersten Obergeschoss lagen zwei Stuben mit Öfen sowie jeweils eine Kammer einander gegenüber; dort wohnten der Steinbrecher Cuntz Fiechtel und die Witwe Barbara Mair. Im zweiten Obergeschoss befanden sich eine Stube, eine Küche und zwei Kammern, welche die Inhaber versperrt hielten. Unter dem Dach schließlich (im ehemaligen Taubenschlag!) war ein kleines Stüblein mit Ofen und Schlot, das der Taglöhner Fritz Krausel benutzte.

Im inneren Hof hinter dem Herrenhaus stand ein kleines Häuslein mit Stüblein, Kämmerlein, Ofen und Schlot, das von dem Büttner Peter Escherer bewohnt wurde. Nach Auskunft des Pfarrers sei dort vor 24 Jahren nur ein Bad gewesen. Im äußeren Hof zur rechten Seite sei ein Backofen, anschließend ein Langhäuslein mit zwei Stuben, Kammern, Öfen und Schlöten; der vordere Teil sei an die Bäckerswitwe Margareta Fertsch, der hintere an den Taglöhner Hans Ringel vermietet. Zur linken Seite stehe zunächst ein Stadel ohne, dann ein Häuslein mit Feuerrecht, Stuben, Kammern, Ofen und Schlot, das der Zimmermann Joachim Widman bewohne.

Anfang Dezember erfuhr der Nürnberger Rat von dem Leibarzt des Markgrafen Dr. Christoph Heinrich Ayrer, dass der Markgraf das „Sitzlein" angeblich selbst übernehmen und einen Wildmeister hineinsetzen wollte. Offenbar um das zu verhindern, kamen die Hallerschen Erben auf die Idee, den Sitz an Dr. Ayrer zu schenken, der ab 1618 durch seine dritte Ehe mit Barbara Kastner zur näheren Hallerschen Verwandtschaft zählte.

Im April 1618 verlangte der Markgraf von den Erben, sie sollten den Sitz entweder binnen zwei Monaten reparieren oder vorläufig auf die Mieteinnahmen verzichten. Zwei Monate später entschied der Nürnberger Rat, dass im Hallerschen Sitz nur drei Feuerrechte bleiben dürften; die beiden unter dem Dach und im Bad sollten abgeschafft werden. Dagegen wurden die Feuerrechte im vorderen Hof genehmigt.

Später versuchte Martin Hallers Sohn Martin Carl offenbar, die Schenkung des Sitzes an Dr. Ayrer rückgängig zu machen und selbst beim Markgrafen die Belehnung zu erreichen. 1622 wurde eine gütliche Einigung angemahnt, 1624 wollte der Markgraf immer noch den Sitz einziehen. Die rechtmäßige Inhaberin Maria Ruland starb aber erst 1632, und danach muss Martin Carl Haller doch noch belehnt worden sein. So fiel der Sitz in Mögeldorf 1652 an seinen Schwiegersohn Georg Wilhelm Schlüsselfelder (gestorben 1679).

172.2 Ansicht des alten Hallerschlosses und der Kirche von Nordwesten, Fotografie: G. v. Volckamer um 1894 (StadtMN)

172.3 Ansicht des ehemaligen Herrensitzes aus südlicher Richtung 2006 (Rg)

Seine Tochter Helena Catharina heiratete schließlich 1666 den Altdorfer Pfleger Georg Andreas Imhoff.

Um 1669 fanden nach Aussage weiterer dendrochronologischer Daten größere Veränderungen statt. 1691 wurde der Stadel des Herrensitzes zu einem zweiten Wohngebäude, dem so genannten Imhoff-Bau, umgewandelt. Das Schloss blieb danach noch für 140 Jahre im Besitz der Familie Imhoff. 1801 wurde sie vom preußischen König als Rechtsnachfolger der Markgrafen mit dem Sitz belehnt.

Johann Sigmund Georg von Imhoff verkaufte das Anwesen 1810 an den Bäckermeister Brechtelbauer. Die Witwe Maria Helena Brechtelbauer übergab den Besitz 1829 ihrer Tochter, der Witwe des Bäckers Georg Wagner. 1854 war deren Sohn aus zweiter Ehe, Bäckermeister Ernst August Weber, Eigentümer, der jedoch 1857 in Konkurs ging. Im Zuge der Konkursabwicklung wurde der Herrensitz zerschlagen. Das alte Herrenhaus wurde an den Maurer Quenzler veräußert, der so genannte Imhoff-Bau an den Maurer Munkert, die Nebenhäuser mit der Bäckerei und Brennerei an die Familie Kachelrieß. Die Familie Quenzler besaß das mittelalterliche Herrenhaus noch Anfang des 20. Jahrhunderts, bis es von der Familie Röschlau erworben wurde.

Das viergeschossige Herrenhaus besteht unverkennbar aus einem älteren südwestlichen Wohnturm, der in der frühen Neuzeit östlich erweitert wurde. Der ältere Teil weist drei massive Geschosse unbestimmten Alters mit Schlitzfenstern und einem dritten, leicht vorkragenden Obergeschoss aus zum Teil noch verblattetem Fachwerk auf, das auf den Bau des Hans Tetzel von 1482/1502 zurückgehen dürfte. Vermutlich schon gegen Ende des 17. Jahrhunderts verlor das hohe Gebäude sein Walmdach und erhielt ein Satteldach und Giebelscheiben aus Fachwerk.

Der Imhoff-Bau ist ein gestreckter zweigeschossiger Satteldachbau auf einem hohen massiven Sockel. Während die Umfassung im Süden und Osten weitgehend aus Fachwerk besteht, wurde die West- und Nordseite aus Sandsteinquadern aufgeführt. Die massiven Fassaden sind an den Ecken rustiziert und weisen an den Fenstern Profilierungen auf. Das Gebäude wurde 1977 in Stand gesetzt.

Quellen

StAN Rst. Nbg., Waldamt Lorenzi II Nr. 368 und 851. Kataster Mögeldorf Nr. 4, Bd. 1.

StadtAN E 10/21 Nr. 88, 89.

HallerA Materialsammlung Hallerschloss Mögeldorf.

Müllner I, S. 361 f.

Literatur

Bedal, Konrad: Fachwerk vor 1600 in Franken. Eine Bestandsaufnahme (= Schriften und Kataloge des Fränkischen Freilandmuseums des Bezirks Mittelfranken Bd. 49). Bad Windsheim-Petersberg 2006, S. 431.

Beyer, Leo: Mögeldorf, der Schmausenbuck und der Nürnberger Reichswald. Nürnberg 1952, S. 34-36.

Ders.: Der Nürnberger Stadtteil Mögeldorf. Eine Häusergeschichte. Nürnberg 1964, S. 120-127.

KDM Stadt Nürnberg, S. 382 f, mit Aufriss der Südfassade.

Kindler, Gerhard: Mögeldorf einst und jetzt. Mögeldorf 1978, Abb. 13-15, 39-41, 43, 176, 177.

Lehner-Burgstall, S. 114-117.

Mulzer, Vorstädte, S. 77 f.

Nagel, Friedrich August: Führung durch die Mögeldorfer Schlößchen und Bauernhäuser. In: Jahresbericht des Vereins für Geschichte der Stadt Nürnberg 63 (1940), S. 20 f.

Rusam, Hermann: Die bauliche Entwicklung des alten Ortskerns von Mögeldorf. In: MANL 39 (1990), Heft 1, S. 181-200.

Stadtlexikon Nürnberg, S. 698, mit kolorierter Radierung von H. Duncker nach J. A. Klein um 1820/30.

172.4 Ansicht des Herrensitzes von Südosten, hier das neue Haus oder „Imhoffbau", Fotografie: F. A. Nagel 1936 (StadtMN)

173.1 Aufriss des Herrenhauses als Bestandsplan, gezeichnet 1612 für die Baueingabe des Georg Pfinzing an das Waldamt Lorenzi (StAN)

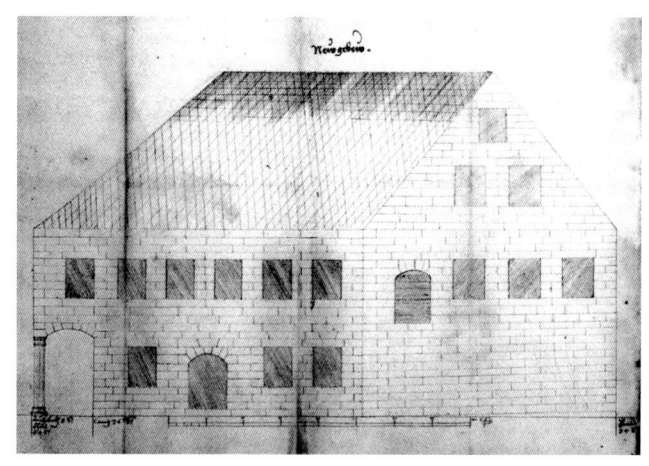

173.2 Aufriss für den geplanten Umbau des Herrenhaues, gezeichnet 1612 für die Baueingabe des Georg Pfinzing (StAN)

173 C4

Mögeldorf II

Herrensitz, „Baderschloss"

Mögeldorfer Hauptstraße 55

Stadt Nürnberg

Der Herrensitz soll aus zwei ursprünglich den Reichsministerialen von Laufamholz lehnbaren Bauernhöfen hervorgegangen sein, die seit 1394 im Besitz der Ebner gewesen seien. 1516 öffnete Hieronymus Ebner seine Behausung zu Mögeldorf dem Nürnberger Rat, 1545 wird sein Sohn Erasmus Ebner als Besitzer genannt. Dieser Sitz war angeblich der einzige, der von den markgräflichen Truppen am 3. Mai 1553 in Mögeldorf verbrannt wurde. Ob es sich bei dem Ebnerschen Sitz tatsächlich um das spätere „Baderschloss" handelte, erscheint aber keineswegs gesichert, denn Erasmus Ebner saß 1546 auf dem Hof an der Stelle des „Doktorschlosses" [vgl. Mögeldorf VI].

Zuverlässigere Nachrichten über diesen Herrensitz beginnen erst nach dem Zweiten Markgrafenkrieg. Zu diesem Zeitpunkt war die Lehnsherrschaft von den Laufamholzern längst an die Markgrafen übergegangen, die den Besitz an die Rieter und diese wiederum als Afterlehen an Nürnberger Bürger weitergaben. 1568 verkaufte ein Hans Dietz seine Rechte an Jakob Pömer. Um 1579 soll ein Hans Kemplein einen zweigeschossigen Neubau, eine Fachwerkkonstruktion auf massivem Sockelgeschoss, errichtet haben.

Schon 1582 kaufte Hieronymus Gwandtschneider das Afterlehen, um es nach 1600 seinem Schwiegersohn Georg Pfinzing (1568–1631) zu vererben. Diesem offenbarten sich unmittelbar nach dem Erwerb arge Bauschäden, die als Folge längerer Durchfeuchtung erkannt wurden. Im Frühjahr 1612 beantragte Pfinzing, das Herrenhaus durch eine massive, größere Konstruktion zu ersetzen und „solche von Steinen wider aufzubawen". Dabei sollte eine angebaute Altane, auch als ein auf Säulen stehender Erker bezeichnet, deren Konstruktionsweise an den Feuchtigkeitsschäden nicht ganz unschuldig war, wiederum mit Werksteinen erneuert werden.

1627 scheint der niederländische Kaufmann Abraham de Brahe als Lehnsmann der Rieter auf. 1637 folgte ihm Johann Georg Heher. Der Kauf durch den Nürnberger Rechtskonsulenten Dr. Christoph Carl Wölckern im Jahr 1673 wurde storniert, nachdem sich der Jurist geweigert hatte, den von den Rietern geforderten Handlohn, eine bei Besitzwechsel fällige Abgabe, zu zahlen. 1685 war dann Georg Andreas Imhoff, der Besitzer des Hallerschlosses [vgl. Mögeldorf I], Lehnsmann, der sich vor allem durch größere Baumaßnahmen an den Ökonomiegebäuden hervortat.

Die Rieter von Kornburg veräußerten den Sitz noch vor 1750 an den Nürnberger Stadtuhrmacher Zacharias Landeck, der sich in einem Nebengebäude eine Schmiede- und Uhrmacherwerkstatt einrichtete. Sein Sohn Wolfgang Jacob Matthäus Landeck, nach dem Aussterben der Rieter nun markgräflicher Lehnsmann, nahm in den 1770-er Jahren den Leinwanddrucker Johann Conrad Keller als Pächter auf. Keller baute in der Schmiede 1776 Farbkessel für eine Leinwanddruckerei ein.

Auf die Familie Landeck folgten wieder die Imhoff: Hans Christoph Wilhelm von Imhoff beantragte 1795 einen größeren Umbau. Am etwa 13,5 Meter langen

173.3 Ansicht des Baderschlosses von Nordwesten, Fotografie: F. A. Nagel 1936 (StadtMN)

173.4 Blick in den Hof des Baderschlosses aus südlicher Richtung, Fotografie: F. A. Nagel 1940 (StadtMN)

Herrenhaus musste die zum Hof zeigende Traufseite, deren Fachwerk schadhaft war, durch eine Konstruktion aus Sandsteinquadern ersetzt werden. Außerdem wollte der Schlossherr das Innere des Hauses umgestalten, wozu auch das Versetzen von Innenwänden gehörte. Die Uhrmacherwerkstatt und spätere Leinwanddruckerei sollte abgebrochen werden. Dafür war geplant, das Herrenhaus mit einem knapp 10 Meter langen Anbau zu erweitern.

Der 1795 begonnene Umbau prägt das heutige Erscheinungsbild. Das nördlich den Innenhof begrenzende Herrenhaus ist seither ein mit einem Mansarddach überspannter, gestreckter Bau aus Sandsteinquadern. Ein profiliertes Korbbogenportal führt in eine Erdgeschosshalle mit dem Treppenhaus aus der Umbauzeit. In den Stuben findet sich einfacher Rahmenstuck, im repräsentativen Saal im 1. Obergeschoss eine auch mit floralen Dekorationen versehene Stuckdecke. Westlich und südlich begrenzen zwei Flügelbauten den Hof; sie waren einst mit Ökonomiezonen und wohl auch mit Zinswohnungen belegt.

1805 erwarb der Maurermeister Wölfel das Anwesen, um es sofort an den Kaufmann Christoph Andreas Burka zu verkaufen. Nach dessen Konkurs kam es 1810 an den Bader Eberhard Leopold. Auch Leopold kam in wirtschaftliche Schwierigkeiten, sodass das nun „Baderschloss" genannte Gut 1836 an Andreas Saalwirth versteigert wurde. 1842 erwarb es dann der Mögeldorfer Bauunternehmer Johann Michael Gößel, 1861 der Zimmermeister Johann Maurer, dessen Erben es noch im frühen 20. Jahrhundert besaßen. Seit 1962 gehört das „Baderschloss" mit seiner Dreiflügelanlage der Familie Herzog und ihren Nachfahren. Gegen Ende der 1970-er Jahre wurde eine Renovierung durchgeführt.

Quellen:

StAN Rst. Nbg., Rechnungen des markgräflichen Krieges Nr. 95, 96. Rst. Nbg., Waldamt Lorenzi I Nr. 462 I, 462 II. Waldamt Lorenzi II Nr. 368. Kataster Mögeldorf Nr. 4, Bd. 1.

StadtAN E 10/21 Nr. 88, 89.

Müllner I, S. 362.

Literatur

Beyer, Leo: Der Nürnberger Stadtteil Mögeldorf. Eine Häusergeschichte. Nürnberg 1964, S. 71, 74-80.

KDM Stadt Nürnberg, S. 383 f.

Kindler, Gerhard: Mögeldorf einst und jetzt. Mögeldorf 1978, Abb. 32, 33.

Mulzer, Vorstädte, S. 98.

Nagel, Friedrich August: Führung durch die Mögeldorfer Schlößchen und Bauernhäuser. In: Jahresbericht des Vereins für Geschichte der Stadt Nürnberg 63 (1940), S. 17-19.

Ruthrof, Renaissance, S. 73 f mit Abb. der Baupläne 1612, S. 84 f.

174 — C4

Mögeldorf III

Vermeintlicher Herrensitz

Ziegenstraße 18-20

Stadt Nürnberg

Nach Gustav Voit, der sich auf Leo Beyer berief, soll auf dem Areal des späteren Schmausenschlosses [vgl. Mögeldorf IV] ein älterer Sitz gestanden haben, was ein im Schlossgarten zu beobachtender Gewölberest beweise. Das Herrenhaus sei im Zweiten Markgrafenkrieg 1552/53 zerstört worden, ein Hinweis, der sich durch die reichsstädtische Überlieferung nicht bestätigen lässt.

Tatsächlich hatte Wolf VIII. Haller von Hallerstein [vgl. Mögeldorf I] von Hans Egen einen im Zweiten Markgrafenkrieg 1552 abgebrannten Hof gekauft und wollte die Gebäude beim Wiederaufbau „von der alten statt heraus an den garten neben den zaun an die Laufenholzerstraß" versetzen. Daher verzichtete er, wie allgemein üblich, ausdrücklich auf jegliches Feuer- und Waldrecht auf der „alten hofstatt".

Erst um 1751, als der seinerzeitige Besitzer des Gutes das Waldrecht zurückforderte, wurde anscheinend zur Begründung behauptet, es handle sich um das ehemalige „Voitenhaus" eines untergegangenen Sitzes, wofür aber nicht das Mindeste spricht.

Quellen

StAN Rst. Nbg., Waldamt Lorenzi I Nr. 851.

Literatur

Beyer, Leo: Mögeldorf, der Schmausenbuck und der Nürnberger Reichswald. Nürnberg 1952, S. 41.

Ders.: Der Nürnberger Stadtteil Mögeldorf. Eine Häusergeschichte. Nürnberg 1964, S. 140 f.

175 C4

Mögeldorf IV

Herrensitz, „Schmausenschloss"

Ziegenstraße 12-20

Stadt Nürnberg

Der sehr wohlhabende Rotbierbrauer Georg Schmaus, der ertragreiche Steinbrüche besaß und der dem Reuhelberg seinen neuen Namen Schmausenbuck verlieh, erwarb 1667 einen großen Garten an der heutigen Ziegenstraße, wo einst ein Herrenhaus gestanden haben soll [vgl. Mögeldorf III]. Ein noch vorhandenes Gebäude, angeblich ein ehemaliges Voithaus, ließ er 1680/81 durch einen zweigeschossigen Neubau ersetzen. Erst seine Tochter Anna Susanne ließ dann 1682 in einiger Entfernung ein neues Herrenhaus und einen prachtvollen Barockgarten errichten. 1692 wurde neben dem Herrenhaus noch eine Remise gebaut, wobei das Remisendach an das oberste Geschoss des Hauptgebäudes angefügt werden sollte, was das Waldamt Lorenzi jedoch untersagte.

Beim Neubau 1682 entstand ein zweigeschossiger Massivbau aus Sandsteinquadern, dessen Erscheinungsbild von Volutengiebeln, gegliedert mit einem muschelförmigen Giebelaufsatz, Gesimsbändern und aufgesetzten Vasen, und dem polygonalen Treppenturm geprägt wird.

Die Tochter des Rotbierbrauers heiratete 1693 den Fabrikanten Johann Daniel van Lierd. Nach einem Skandal um einen Entführungsversuch der Lierdschen Tochter veräußerte Frau van Lierd den Herrensitz 1725 an den Nürnberger Apotheker Johann Wilhelm Neubauer. Er oder sein Sohn Lorenz Wilhelm, der 1752 starb, könnte die nachträgliche Stuckierung von Zimmern im ersten Obergeschoss veranlasst haben. 1762 erwarb ein Neffe von Lorenz Wilhelm Neubauers Gemahlin, der brandenburgische Hof- und Kreisrechnungsrat Johann Georg Friedrich von Hagen [vgl. Oberbürg], der Gründer des Nürnberger Mopsenordens, das Anwesen. Der Hofrat besaß es angeblich noch um 1774, nach anderen Überlieferungen verkaufte er es 1768 an seinen Schwager (?), den Bankier Johann Georg von Scheidlin (1726–1792), der in der südöstlichen Gartenanlage ein noch erhaltenes Gartenhaus errichten ließ. Bereits um 1765 war ein neues Voithaus erbaut worden.

Nachdem Johann Georgs Sohn David, ebenfalls Bankier, 1811 gestorben war, behielt die Familie von

175.1 Ansicht des Herrensitzes mit dem Schmausengarten, Radierung von J. A. Boener von 1698 (StadtA Lauf)

175.2 Ansicht des Herrenhauses von Osten, Fotografie: G. v. Volckamer um 1894 (StadtMN)

175.3 Ansicht von Westen nach dem Umbau von 1929, Fotografie: F. A. Nagel 1931 (StadtMN)

Scheidlin die Liegenschaft noch bis 1830. Ihr folgte kurz eine Frau von Wahler [vgl. Oberbürg]. Schon 1831 wurde das Schmausenschloss von dem Kaufmann Albert Johann Cramer, dem Vater von Theodor Freiherr von Cramer-Klett, dem Gründer der MAN, gekauft. Nach weiteren Besitzerwechseln gelangte es 1894 an den Kommerzienrat Beck-Brass. 1926 erwarb die Stadt Nürnberg den Herrensitz. 1957 wurde der große Schlosspark geteilt; der größere, südliche Bereich mit dem historischen Gartenhaus wurde zum Volkspark, der kleinere verblieb beim Schloss. Heute findet sich hier eine Dependance der Musikschule Nürnberg.

Quellen

StAN Rst. Nbg., Waldamt Lorenzi I Nr. 488. Kataster Mögeldorf Nr. 4, Bd. 1.

Literatur

Beyer, Leo: Mögeldorf, der Schmausenbuck und der Nürnberger Reichswald. Nürnberg 1952, S. 40-43.

Ders.: Der Nürnberger Stadtteil Mögeldorf. Eine Häusergeschichte. Nürnberg 1964, S. 140-145.

Deliciae II, S. 83.

KDM Stadt Nürnberg, S. 385, mit Aufriss der Westfassade.

Kindler, Gerhard: Mögeldorf einst und jetzt. Mögeldorf 1978, Abb. 22-31.

Mulzer, Vorstädte, S. 21, 93.

Nagel, Friedrich August: Führung durch die Mögeldorfer Schlößchen und Bauernhäuser. In: Jahresbericht des Vereins für Geschichte der Stadt Nürnberg 63 (1940), S. 21 f.

176 — C4

Mögeldorf V

Herrensitz, „Cnopfsches Schloss" oder „Linksches Schloss"

Ziegenstraße 3-5

Stadt Nürnberg

Der Herrensitz scheint im frühen 16. Jahrhundert aus einer Hofstelle hervorgegangen zu sein, deren Geschichte noch nicht geklärt ist und die möglicherweise in einer Beziehung zur unmittelbar benachbarten mittelalterlichen Burg stand. Dieser Hof „gegenüber der Kirche" wurde 1510 von der Familie Minderle an die Nürnberger Bürgerswitwe Margaretha Gaiswurgel verkauft. Zusammen mit ihrem Sohn Michael Gaiswurgel begann die Käuferin einen Neubau, den der Rat einstellte, als deutlich wurde, dass ein repräsentatives Herrenhaus errichtet werden sollte. Nach einigem Hin und Her wurde schließlich doch noch ein zweites Obergeschoss genehmigt, nachdem der Sohn auf die ebenfalls geplanten vier Ecktürmchen verzichtete. 1517 räumte Michael Gaiswurgel der Reichsstadt das Öffnungsrecht im Kriegsfall ein. Die Zahl 1519 am Ostgiebel weist offenbar auf das Jahr der Fertigstellung hin. 1531 erwarb der Nürnberger Peter Grätz das Herrenhaus. Um die Mitte des 16. Jahrhunderts gab er es an Wolf Haller weiter [vgl. Mögeldorf I], von dem es 1571 an seine Tochter Maria Kötzler kam. Das Anwesen soll den Zweiten Markgrafenkrieg ohne nennenswerte Schäden überstanden haben.

Maria Kötzler veräußerte den Sitz 1580 an Paulus Rottengatter. Der Nürnberger Kaufmann vererbte ihn um 1615 seinen Kindern, einem gleichnamigen Sohn und zwei Töchtern. Sie verkauften das Erbe noch 1615 an ihren Schwager Georg Groe. 1676 wurde ein Heinrich Barmeyer als Besitzer überliefert, 1682 dann Eitel Heinrich Barmeyer. Über dessen Erben gelangte der Sitz 1699 an Euphrosina Rosina von Schoener und im Jahr darauf an Benedict Monroe. Aus dem Nachlass wurde er 1720 an Tobias Magnus Fetzer verkauft. Von 1733 bis 1753 war der Sitz bei dem Trompetenmacher Wolf Wilhelm Haas, der in den 1730-er Jahren einen Baron von Pettendorf, einen Offizier, als Mieter aufnahm. Für dessen Bedürfnisse wurden in bisher nicht beheizten Räumen, auch im Erdgeschoss, weitere Öfen eingebaut. 1752 verkaufte Haas an Johann Sigmund Meyern, dann folgte von 1785 bis 1787 Georg Daniel Winter.

1788 erwarb schließlich der Apotheker Johann Jakob Christoph Cnopf den Besitz und ließ ihn renovieren, wobei jedoch der Gartensaal, das Lusthaus und mehrere Ökonomiegebäude abgebrochen wurden. 1808 übernahm Johann Konrad Cnopf das Gut und vererbte es 1823 wiederum an den Sohn Georg Karl. 1878 übernahm dessen Sohn, Landgerichtsrat Dr. jur. Adolf Cnopf, das Schlösschen. Er besaß eine große Noricasammlung, zu der auch das nach ihm benannte „Cnopfsche Skizzenbuch" gehörte, das zahlreiche wertvolle Ansichten aus Nürnberg und seiner Umgebung aus der Zeit um 1612/14 enthält (heute im Hallerarchiv). Er starb 1896, seine Witwe erst 1932. Von den Erben kaufte 1936 der Fabrikant Carolus Linck den Ansitz.

Das Herrenhaus, ein dreigeschossiger Sandsteinquaderbau, wurde im 17. und frühen 18. Jahrhundert mehrfach umgebaut, wobei Inschriften im Westgiebel auf die Jahre 1669, 1699 und 1733 weisen. 1878 bis um 1880 wurde es in historisierender Weise grundlegend modernisiert. Dabei erhielt das Gebäude die charakteristischen hölzernen Ecktürmchen und Gauben. Die südliche Umfas-

176.1 Ansicht Mögeldorfs auf einem Kupferstich von C. M. Roth um 1760, von links Hallerschloss, Cnopfsches Schloss, Bader- und Doktorschloss (StadtA Lauf)

176.2 Ansicht des Herrenhauses aus nordöstlicher Richtung, Fotografie: G. v. Volckamer um 1894 (StadtMN)

176.3 Blick auf den mit Pilastern und Dreiecksgiebel umrahmten Hauseingang, Fotografie: vermutlich F. A. Nagel 1931 (StadtMN)

sung zeichnet sich durch ein profiliertes, mit toskanischen Halbsäulen und Dreiecksgiebel geschmücktes Rundbogenportal aus. In den Jahren 1936 und 1977/78 fand eine umfassende Renovierung des Gebäudes statt. Nördlich wird der Sitz durch eine an den Steilhang gesetzte Stütz- und Wehrmauer abgeschlossen, an der auf der Innenseite ein eingeschossiges Fachwerkhaus angebaut ist. Diese mächtige Konstruktion stützt die Reste eines Wehrgangs und scheint noch mittelalterliche Abschnitte und/oder Spolien aufzuweisen.

Quellen

StAN Rst. Nbg., Waldamt Lorenzi I Nr. 462 I, II, 488, 553. Kataster Mögeldorf Nr. 4, Bd. 1.

StadtAN E 10/81 Nr. 88, 89.

Literatur

Bedal, Konrad: Fachwerk vor 1600 in Franken. Eine Bestandsaufnahme (= Schriften und Kataloge des Fränkischen Freilandmuseums des Bezirks Mittelfranken Bd. 49). Bad Windsheim – Petersberg 2006, S. 431.

Beyer, Leo: Mögeldorf, der Schmausenbuck und der Nürnberger Reichswald. Nürnberg 1952, S. 38-40.

Ders.: Der Nürnberger Stadtteil Mögeldorf. Eine Häusergeschichte. Nürnberg 1964, S. 146-153.

KDM Stadt Nürnberg, S. 384.

Kindler, Gerhard: Mögeldorf einst und jetzt. Mögeldorf 1978, Abb. 16-21.

Lehner-Burgstall, S. 313-315.

Mulzer, Vorstädte, S. 16, 85 f.

Nagel, Friedrich August: Führung durch die Mögeldorfer Schlößchen und Bauernhäuser. In: Jahresbericht des Vereins für Geschichte der Stadt Nürnberg 63 (1940), S. 22 f.

Ruthrof, Renaissance, S. 73 f mit Abb. der Baupläne 1612, S.40, 49.

177 C4

Mögeldorf VI

Abgegangener Herrensitz, „Doktorschlösschen" (1972 abgebrochen)

Mögeldorfer Hauptstraße 31-39

Stadt Nürnberg

Der Sitz geht anscheinend auf einen Bauernhof und zwei Söldengüter zurück, die von den Laufamholzern und nach deren Erlöschen von den Markgrafen zu Lehen gingen. Hieronymus Holzschuher hatte sie 1546 von Christoph Radnecker erworben. Damals saß Erasmus Ebner auf dem Hof [vgl. Mögeldorf II], nach dem Tod seiner beiden Söhne brachte sie 1560/68 Veit Holzschuher an sich, dessen Nachkommen sie bis ins 18. Jahrhundert behielten. In den bekannten Lehenurkunden wird der Sitz allerdings nicht erwähnt. Vielleicht liegt es an seiner späten, zeitlich noch nicht bestimmbaren Entstehung, dass er über keinerlei Wald- oder Feuerrechte verfügte.

Friedrich August Nagel vermutete, der Herrensitz sei womöglich schon im 14. Jahrhundert von der Familie Deichsler erbaut worden. Tatsächlich stiftete dieselbe in die Kirche mehrere Epitaphien. Eine Kreuzigung aus dem späten 15. Jahrhundert zeigt offenbar die Wappen der Brüder Christian und Conrad, letzterer soll mit einer Kettenhöfer verheiratet gewesen und 1352 gestorben sein. Aus dieser nachträglichen Familientradition lässt sich jedoch nicht auf die Existenz des Sitzes schon im 14. Jahrhundert schließen.

Auch die Nachricht über den Verkauf desselben 1538 durch Hans Deichsler an die Holzschuher ist zweifelhaft. Der Sitz umfasste damals angeblich ein Herren- und ein Voithaus, in dem auch ein Bad und eine Voglerstube untergebracht waren.

1560 besaßen die Vettern Veit und Berthold Holzschuher die Laufamholzerischen Lehen. Acht Jahre später übernahm Veit auch Bertholds Halbteil. An Veit Holzschuher, der 1580 starb, erinnert noch ein Epitaph in der Kirche. Vor 1570/71 ging der Sitz (vermutlich aber nur das Erbrecht daran) dann an Endres Preuß über. Dessen Töchter Margaretha und Ursula Preuß veräußerten 1571 an Paulus und Sybille Milchvogel. Von der Witwe Sybille Milchvogel fiel der Herrensitz 1577 wieder an Veit Holzschuher zurück. 1578 beantragte Veit Holzschuher den Abbruch und Neubau des Voithauses. Der Abbruch stieß jedoch auf Schwierigkeiten: Das hölzerne Tragwerk des Voithauses war in der Umfassungsmauer des Sitzes eingelassen, sodass ein Abbruch des Hauses auch zu irreparablen Schäden an der Mauer geführt hätte. Holzschuher durfte daraufhin den Altbau stehen lassen, obwohl er nach dem Waldrecht hätte abgebrochen werden müssen.

Wohl im 18. Jahrhundert gaben die Holzschuher den Sitz auf, behielten aber die Grundherrschaft darüber. Vermutlich gelangte das Gut (um 1756?) an den Nürnberger Bankier David von Scheidlin, da es auf dem

177.1 Darstellung des markanten Herrenhauses auf einer Radierung von F. A. Annert um 1790 (StadtA Lauf)

177.2 Ansicht des Herrenhauses aus südöstlicher Richtung, Fotografie: G. v. Volckamer um 1894 (StadtMN)

Stich von Roth um 1760 erstmals als „Scheidlingisches Schloß" bezeichnet wurde. Außerdem erscheint seit 1762 dessen Schwiegersohn Christoph Gottlieb Wilhelm von Furtenbach (1732–1782) als Besitzer, der 1762 Margaretha Klara von Scheidlin heiratete (gestorben 1776). Die Tochter Catharina Eleonora Carolina (1765–1794) vermählte sich 1786 mit Christoph Karl von Oelhafen (1764–1831), der 1822 die Holzschuhersche Grundherrschaft ablöste. 1832 erbten die Witwe (Oelhafens zweite Frau Klara Jakobina geb. Kreß) und seine Tochter Katharina Eleonora Karolina, Gattin des bekannten Naturforschers Prof. Dr. August Goldfuß, das nunmehr freieigene Gut. Die Erbengemeinschaft veräußerte es 1835 an den Wundarzt Johann Paul Eckstein, der in den Folgejahren den Hausnamen „Doktorschlößchen" prägte. Von der Witwe des Wundarztes gelangte das Herrenhaus 1873 an Heinrich Seufferheld, den Schlossgärtner auf dem Sitz Gleißhammer [vgl. Gleißhammer I].

Der Käufer ließ 1877 an der Südwestecke ein Treppenhaus anbauen und die Grabenanlage weitgehend einebnen. Seufferheld geriet bald in wirtschaftliche Schwierigkeiten und musste Konkurs anmelden. Der Herrensitz ging daraufhin in das Eigentum der Süddeutschen Bodenkreditbank über, die ihn 1883 an den Bäcker Johann Lorenz Speiser veräußerte. Dieser vertauschte ihn 1896 an das Ehepaar Ferdinand und Therese Hirt. Noch in den 1960-er Jahren erinnerte Leo Beyer an die bei Renovierungen zum Vorschein gekommenen „buntfarbig schillernden" Vogeldarstellungen, die Hirt an Wände und Türen hatte malen lassen.

Hirt blieb nicht lange Eigentümer: Im Jahr 1900 folgten die Brennerei Metzger & Böhm und 1936 der Installateur Fritz Großhauser, bis 1958 wieder ein Wechsel anstand. Dem „Doktorschlösschen" war kein rühmliches Ende beschieden: Schon 1940 waren das Torhaus und um 1960 ein markanter Eckerker abgebrochen worden, 1972 wurde das Herrenhaus, ein dreigeschossiger Sandsteinquaderbau mit Ecktürmchen, noch „rechtzeitig" vor Inkrafttreten des bayerischen Denkmalschutzgesetzes für den Bau einer modernen Wohnanlage beseitigt.

Quellen

StAN Rst. Nbg., Waldamt Lorenzi I Nr. 462 I und II. Kataster Mögeldorf Nr. 4, Bd. 1.

StadtAN E 10/21 Nr. 88.

Gatterer, Johann Christoph: Historia genealogica dominorum Holzschuherorum. Nürnberg 1755, Codex diplomatum et documentorum Nr. 250d, 258***, 261***, 267*, 269**, 287*, 305*, 316.

Literatur

Beyer, Leo: Mögeldorf, der Schmausenbuck und der Nürnberger Reichswald. Nürnberg 1952, S. 43 f, mit Fotografie von vor 1952.

Ders.: Der Nürnberger Stadtteil Mögeldorf. Eine Häusergeschichte. Nürnberg 1964, S. 51-57.

KDM Stadt Nürnberg (1. Aufl. 1961), S. 275 f.

Kindler, Gerhard: Mögeldorf einst und jetzt. Mögeldorf 1978, Abb. 34, 35.

Mulzer, Vorstädte, S. 14, 83 f.

Nagel, Friedrich August: Führung durch die Mögeldorfer Schlößchen und Bauernhäuser. In: Jahresbericht des Vereins für Geschichte der Stadt Nürnberg 63 (1940), S. 16 f.

177.3 Ansicht des Herrenhauses aus westlicher Richtung, Fotografie: F. A. Nagel 1911 (StadtMN)

Pilz, Kurt: Die St. Nikolaus- und Ulrichskirche in Nürnberg-Mögeldorf. Nürnberg 1970, S. 19-22.

Rusam, Hermann: Mögeldorf. Aus der Geschichte eines alten Dorfes vor den Mauern Nürnbergs bis zu seiner Eingemeindung am 1. Januar 1899. In: MANL 32 (1983), Heft 1/2, S. 7.

Ders: Die bauliche Entwicklung des alten Ortskerns von Mögeldorf. In: MANL 39 (1990), Heft 1, S. 181-200.

178 — C4

Mögeldorf VII

Abgegangener Herrensitz, „Bremensitz" (Abbruch 1916)

Kinkelstraße 2

Stadt Nürnberg

In den Annalen des Johannes Müllner von 1623 wird der Buchnersche Sitz in Mögeldorf genannt, als Vorbesitzer die Familien Weihermann und Kötzler. In der Literatur wird von der völligen Zerstörung im Zweiten Markgrafenkrieg berichtet, ohne dass sich hierzu ein zeitgenössischer Beleg finden ließ. Die Geschichte dieses Herrensitzes beginnt vermutlich erst 1574, als der Kaufmann Anthony Brem auf dem Lehngut, das der Grund- und Eigenherrschaft der Familie Löffelholz unterworfen war, ein neues Herrenhaus errichtete. Als „Premen Sitz" wird es auf dem Nürnberger Rundprospekt von 1577/81 erstmals namentlich genannt. Der Besitz gelangte dann offenbar an Joachim Weyermann, der seit 1562 Genannter des Größeren Rats in Nürnberg war. Seine Tochter Clara heiratete 1588 Dr. Sigmund Buchner. Dieser starb 1608 als Assessor am Reichskammergericht in Speyer.

Sein ältester Sohn Sigmund, der 1607 als Besitzer aufscheint, starb 1630. Der zweite Sohn Moritz Buchner (1596–1636) war seit 1621 mit Anna Maria Wertemann vermählt [vgl. Sündersbühl III]; an sie erinnert ein Epitaph in der Mögeldorfer Kirche. Der jüngste Sohn Friedrich Buchner, mit dem die Familie 1673 im Mannesstamm ausstarb, wird 1651 genannt, als er im Hofraum ein neues Waschhaus bauen wollte.

Um 1662 wurde der Sitz an den Nürnberger Kaufmann Zacharias Schoapp (Schoax?) verkauft, dessen Erben ihn 1668 an Georg Friedrich Freiherrn von Künsberg weitergaben. 1684 erwarb der Notar Georg Ehringshauser, dann folgten als Besitzer schon wenige Jahre später ein Metzger namens Kohlhofer, der Gewürzhändler Hans Paulus Brauch und schließlich Johann Philipp Rothenhofer. Nach dessen Tod verkaufte die Erbengemeinschaft Rothenhofer an den Handelsmann Gottfried Schadelock, der 1718 einen neuen großen Stadel im Vorhof errichtete. Dieser Stadel brannte 1761 ab und wurde 1762, wozu 66 Stämme Bauholz aus dem Reichswald beantragt wurden, von Gottfried Schadelock neu aufgebaut.

Von der Familie Schadelock gelangte der Besitz, der immer noch der Grundherrschaft der Löffelholz unterstand, an Sophia Maria Fürer von Haimendorf; sie verkaufte das zweigeschossige Herrenhaus und die Ökonomiebauten 1777 an Johann Georg von Scheidlin (1726–1792). Von ihm erbten die Söhne, Johann Kaspar (1758–1843) und Friedrich Ludwig August (1768–1824), 1843 Johann Kaspars Sohn, Johann August von Scheidlin (1797–1869).

In den 1850-er Jahren zeichnete sich das Ende des Ansitzes ab: Ein Teil des im Süden gelegenen Grundes musste für den Bau der Ostbahn verkauft werden, das

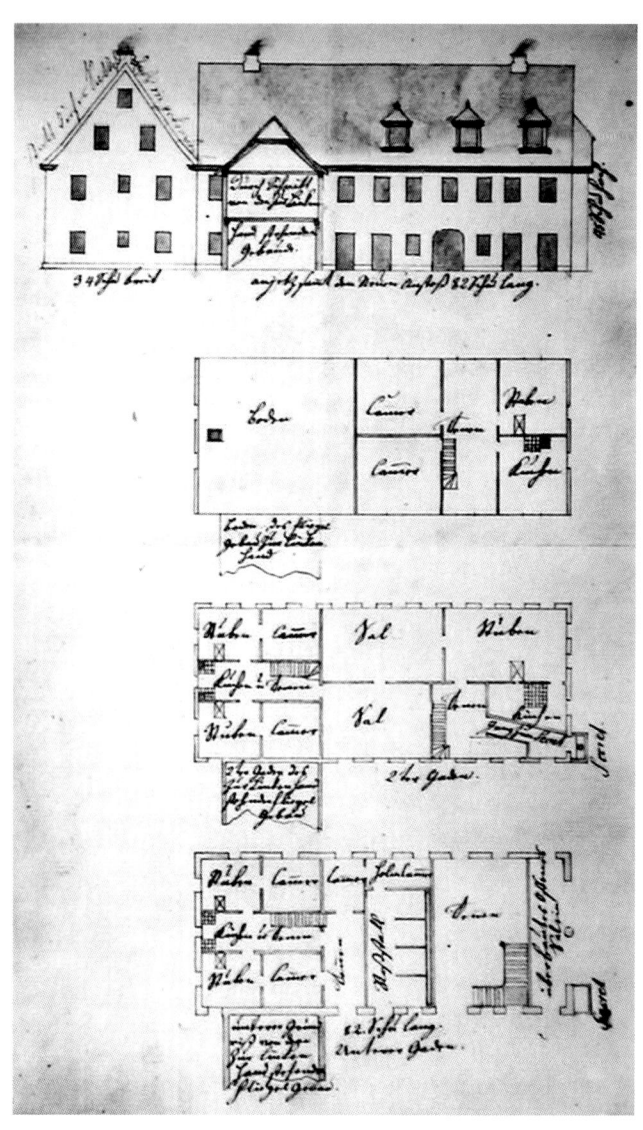

178.1 Auf- und Grundrisse des Herrenhauses für den Antrag zum Umbau von 1795, Reproduktion des offenbar nicht mehr vorhandenen Planes von ca. 1940 (StadtMN)

Herrenhaus wurde 1854 an den Zimmermeister Konrad Riedel veräußert. 1864 erwarb es der Kaufmann Heinrich Pattberg, um das Restanwesen schon 1866 seinem Sohn Gustav Adolf Pattberg, einem Forstbeamten, zu übergeben. Der Mögeldorfer Forstwart geriet aber in wirtschaftliche Schwierigkeiten, sodass er das väterliche Gut 1867 in einer Versteigerung an den Zahnarzt Johann Georg Schmidt verlor. Dessen Erben veräußerten 1883 an eine Bietergemeinschaft um den Seifen- und Lichterfabrikanten Andreas Stock. 1894 übernahm ein Verwandter Stocks, Christoph Wilhelm Vogel, das Anwesen, das mittlerweile erhebliche bauliche Mängel aufwies. Die Schäden wurden nicht mehr behoben: 1916 ließ die Familie Vogel das Herrenhaus abbrechen und durch ein mehrgeschossiges Wohnhaus ersetzen.

Quellen

HallerA Norica, Genealogie der Familie Buchner.

StAN Rst. Nbg., Waldamt Lorenzi I Nr. 462 I. Kataster Mögeldorf Nr. 4 Bd. 2, 8 Bd. 2, 12.

Literatur

Beyer, Leo: Mögeldorf, der Schmausenbuck und der Nürnberger Reichswald. Nürnberg 1952, S. 44 f.

Ders.: Der Nürnberger Stadtteil Mögeldorf. Eine Häusergeschichte. Nürnberg 1964, S. 261-266.

Nagel, Friedrich August: Führung durch die Mögeldorfer Schlößchen und Bauernhäuser. In: Jahresbericht des Vereins für Geschichte der Stadt Nürnberg 63 (1940), S. 26 f.

Pilz, Kurt: Die St. Nikolaus- und Ulrichskirche in Nürnberg-Mögeldorf. Nürnberg 1970, S. 18.

179 C4

Mögeldorf VIII

Herrensitz, „Lincksches Schloss"

Schmausenbuckstraße 14

Stadt Nürnberg

Das kleine Herrenhaus entstand als Sommersitz in einem Garten, der schon um 1700 für seine Pomeranzenzucht berühmt war, und wurde damals auch in den „Nürnbergischen Hesperiden" als „das obere Schlößlein und Garten in Mögeldorf" abgebildet. Ein ganz ähnlicher Stich Johann Alexander Boeners von 1707 ist dagegen bezeichnet als „das Linckische Garten-Haus in Mögeldorf". Das Gut unterstand der Grundherrschaft der Familie Löffelholz und wurde wohl als Erbzinslehen vergeben.

179.1 Ansicht des Linckschen Sitzes von angeblich 1698, Repro einer anonymen Darstellung um 1940 von F. A. Nagel (StadtMN)

1710 bis 1729 wird Dr. Martin Linck (vermutlich aus der Nürnberger Juristenfamilie) als Inhaber bezeugt, dann bis 1739 seine Witwe Margaretha Barbara. Ab 1740 wird Paul Canutius Leincker, ein Nürnberger Apotheker, als Besitzer genannt.

1779 folgte auf Paul Canutius Leincker Hofrat Dr. Sebald Schütz (geb. 1746), der mit einer Leincker verheiratet war, als Inhaber. Ihm gehörte das Anwesen mit dem Herrenhaus, einem Gärtnerhaus, einem Zinshäuslein und dem Voithaus sowie diversen Wirtschaftsgebäuden noch um 1800.

Die Familie Schütz verkaufte den Herrensitz 1825, der damals immer noch ein Erbzinslehen der Löffelholz war, an den Mögeldorfer Bauunternehmer Johann Michael Gößel. Der Käufer zerschlug das Anwesen, veräußerte viele Grundstücke und behielt nur das Herrenhaus und den Schlossgarten für sich. Allerdings wurde der Garten später durch den Bau der Ostbahn erheblich verkleinert. Gößel hatte das Restanwesen jedoch 1851 an Christoph Ruff aus Rasch verkauft, der es im selben Jahr an den Schneider Stephan Sippel weitergab. 1856 wurden neue Ökonomiegebäude an das Herrenhaus angebaut, bevor 1862 der Verkauf an den Papierfabrikanten Christian Hahn folgte [vgl. Malmsbach].

Mit der kurz darauf folgenden Veräußerung an den Maurermeister Leonhard Huber und seine Ehefrau Christina kam es zu einer Nutzungsänderung: Die Familie wandelte 1864 das Herrenhaus zu einem Gasthaus um (in dieser Zeit dürfte auch das Halbwalmdach durch das heutige niedrige Satteldach ersetzt worden sein) und brach die Wirtschaftsgebäude ab, um ein Tanzsaalgebäude errichten zu können. Huber starb jedoch bald, und seine Witwe musste 1868 Konkurs anmelden, dem 1869 der Übergang an das Gastwirtsehepaar Johann Georg und Margaretha Wittmann folgte. Leo Beyer berichtet vom großen Aufschwung, den die Gaststätte erlebte, nachdem sie 1882 vom Früchtehändler Johann Heinrich Herrmann übernommen worden war.

179.2 Ansicht von Herrensitz und Gartenanlagen, Radierung von J. A. Boener 1707 (StadtA Lauf)

1899/1900 wechselte das Anwesen wieder mehrmals seinen Besitzer und gelangte an die Fürther Großbrauerei Humbser. Während der Saalbau und die Kegelbahn im Zweiten Weltkrieg zerstört oder zumindest erheblich beschädigt wurden, blieb das Herrenhaus bis heute erhalten. Bei einer Fassadenrenovierung wurde um 1956 die Putzhaut abgenommen und das konstruktive Fachwerk der Obergeschosse auf Sicht gehalten. Friedrich August Nagel schätzte den Baubestand als Ergebnis mehrerer frühneuzeitlicher Bauphasen ein: Er wünschte sich schon in den 1950-er Jahren Untersuchungen, da ihm die Konstruktion und das Baualter des ehemaligen Herrenhauses „noch Rätsel" aufgaben. Das Gebäude besteht als Gasthaus „Volksgarten" bis heute.

Quellen

StAN Rst. Nbg., Waldamt Lorenzi I Nr. 462 I und II. Kataster Mögeldorf Nr. 4 Bd. 2, 8 Bd. 2, 12.

StadtAN E 10/21 Nr. 88.

Literatur

Beyer, Leo: Mögeldorf, der Schmausenbuck und der Nürnberger Reichswald. Nürnberg 1952, S. 45.

Ders.: Der Nürnberger Stadtteil Mögeldorf. Eine Häusergeschichte. Nürnberg 1964, S. 230-238.

KDM Stadt Nürnberg, S. 386.

Kindler, Gerhard: Mögeldorf einst und jetzt. Mögeldorf 1978, Abb. 36, 37.

Nagel, Friedrich August: Führung durch die Mögeldorfer Schlößchen und Bauernhäuser. In: Jahresbericht des Vereins für Geschichte der Stadt Nürnberg 63 (1940), S. 26.

180 — B2

Mühlhof

Abgegangenes Herrenhaus (1632 zerstört)

Mühlhofer Hauptstraße

Stadt Nürnberg

Mühlhof zählte mit seiner Mühle an der Rednitz 1336 zum Reichslehnsbesitz, den die Witwe des Ministerialen Rüdiger von Reichelsdorf an Konrad Waldstromer veräußerte [vgl. Reichelsdorf]. Neben der Mühle entstanden noch im Mittelalter ein Hammer- und Schleifwerk sowie ein Drahtzug. Vor der Mitte des 16. Jahrhunderts kam der reiche, zu Spekulationsgeschäften neigende Kaufmann Bonaventura von Furtenbach an das Eigentum [vgl. Reichenschwand]. Als Erbzinslehen vergab er die Industrieanlage einige Zeit vor 1550 an die Nürnberger Montanunternehmer Sebald Ochsenfelder und Sebastian Hofmann, die gemeinsam eine Handelsgesellschaft in Prag unterhielten, Ochsenfelder außerdem den Hammer und den Herrensitz in Stein [vgl. Stein I].

Sebald Ochsenfelder, der den Hofmannschen Anteil offenbar übernommen hatte, starb 1549 und vererbte den Besitz der Witwe Magdalena und dem Sohn Joachim, die noch in diesem Jahr auch das Furtenbachsche Eigenrecht kauften. Wenig später mussten sie im Zweiten Markgrafenkrieg am 11. Mai 1552 die Zerstörung des Mühlhofs hinnehmen. Die Familie war aber offenbar so vermögend, dass sie um 1560 die Hammer- und Schleifwerke wieder aufbauen und in Betrieb nehmen konnte. 1563 war Joachim Ochsenfelder Alleineigentümer und hinterließ sein Vermögen um 1580 dem Sohn David Ernst.

Der Erbe, der seinerzeit in den Jesuitenorden eintrat, gab 1585 sein Bürgerrecht auf und verkaufte das Gut für 5.700 Gulden an die Reichsstadt Nürnberg. Im Zusammenhang mit dem Verkauf wird erstmals ein Herrenhaus genannt, das wohl mit dem Zainhammer, den drei Schleifmühlen, der Mahlmühle und einer Schenkstatt beim Wiederaufbau um 1560 entstanden war.

1588 veräußerte die Reichsstadt den Mühlhof als Erbzinslehen an den Messingkaufmann Caspar Seeger [vgl. Stein II]. Nach dessen Konkurs folgte 1616 der Kaufmann Hans Gärtner, der ausdrücklich auch das Herrenhaus, nach der bildlichen Überlieferung eine zweigeschossige Fachwerkkonstruktion auf massivem Sockel, übernahm. Gärtner erlebte schließlich beim Abzug der kaiserlichen Truppen unter Generalissimus Wallenstein im Sommer 1632 die abermalige Zerstörung des Mühlhofs. Die Siedlung scheint lange Zeit wüst gelegen zu sein. Nach 1670 wurde das Werk wiederaufgebaut, ein Herrenhaus scheint jedoch in der Überlieferung nicht mehr auf. Unter der Familie Stieber wurde hier 1837 eine Leonische Drahtfabrik eingerichtet, die über Jahrzehnte und bis ins späte 20. Jahrhundert hinein erfolgreich produzierte.

Quellen

StAN Rst. Nbg., Rechnungen des markgräflichen Krieges Nr. 95, 96. Rst. Nbg., Waldamt Lorenzi I Nr. 1315.

StadtAN E 10/21 Nr. 90.

Literatur

Sprung, Werner : Reichelsdorf und Mühlhof. In: MANL 25 (1976), Sonderheft Nr. 23.

180.1 Ansicht des Mühlhofs mit dem Herrenhaus, Ausschnitt aus einer kolorierten Karte mit naturalistischen Darstellungen in Schrägaufsicht von 1565 (StAN)

181 E3

Netzstall

Mutmaßlicher, abgegangener Herrensitz

Stadt Nürnberg

Im Jahre 1623 erwähnt der Nürnberger Ratsschreiber Johannes Müllner, bei der Burg Brunn liege „auch ein Dörflein, Brunn genannt, sambt einem Sitzlein und einem Baurnhof, genannt Netzstall". Eine topographische Beschreibung von 1774 spricht ebenfalls von einem „schlechten (im Sinne von: „schlichten, einfachen") Schlösslein", schöpfte ihre Information aber wahrscheinlich nur aus Müllners Annalen.

Von den frühesten Erwähnungen im 14. bis ins 19. Jahrhundert hinein existierten in Netzstall zwei Höfe, die dem Dorf Brunn zugeordnet waren. Sie teilten dessen Besitzgeschichte, bis die Volckamer im Jahre 1516 neben den Gütern zu Brunn auch einen Hof in Netzstall an das Heilig-Geist-Spital verkauften. Der andere Hof soll mit der Burg Brunn 1462 an die Stadt Nürnberg gefallen sein und unterstand um 1800 der Grundherrschaft des Waldamts Lorenzi. Es fällt auf, dass ein Sitz in Netzstall weder in der dichten Beschreibung der Nürnberger Landschaft von 1504 („Gelegenhait") noch in den Schadenslisten des Zweiten Markgrafenkriegs erwähnt wird. Die ersten Kataster von Netzstall aus den 1830-er Jahren kennen wiederum nur zwei Bauernhöfe mit einfachen Wohnhäusern, auf denen Hand- und Spanndienste ruhten. Das erstmals 1623 erwähnte „Sitzlein" wird – wenn es nicht etwa in Brunn zu suchen ist – vielleicht schon im 30-jährigen Krieg zerstört oder spätestens im 18. Jahrhundert wieder zu einem Bauernhof abgesunken sein.

Quellen

StAN Rst. Nbg., Waldamt Lorenzi Nr. 472. Kataster Brunn Nr. 4.

Müllner I, S. 365.

Literatur

Deliciae II, S. 88.

HAB Nürnberg-Fürth, S. 143.

KDM Stadt Nürnberg, S. 389.

Stadtlexikon Nürnberg, S. 733.

182 J8

Neuhaus-Veldenstein

Burg

Markt Neuhaus

Landkreis Nürnberger Land

Die Burg Veldenstein dürfte erst im 13. Jahrhundert entstanden sein. Immer wieder einmal publizierte Meldungen vom Burgenbau des Eichstätter Bischofs nach 918 sind eher ärgerlich und gründen auf einer Fehlinterpretation einer Urkunde König Konrads I. Wilhelm Schwemmer verwies als Erstbeleg auf die Urkunde, mit der die Bayernherzöge Ludwig und Heinrich 1269 die erbten Güter ihres Neffen, des in Neapel enthaupteten letzten Staufers Konradin, unter sich aufteilten. Das darin genannte „novum castrum", in der

182.1 Ansicht der Burg als Ausschnitt aus Hieronymus Brauns Karte der Pflegämter Velden und Hauseck vom Februar 1611 (StAN)

182.2 Darstellung der Burganlage auf einer kolorierten Karte der Zeit um 1660 (StAAm)

Reihung nach „Haersprukk" aufgeführt, erkannte der Autor als Neuhaus. Allerdings fällt auf, dass die Burg im Salbuch Herzog Ludwigs von 1275 fehlt. Das Amt Velden wurde zwar als Bamberger Vogteilehen herzoglich, ausdrücklich jedoch nicht die Burg. Schwemmer erklärt den Widerspruch mit einer Ungenauigkeit des Urkundentextes von 1269: Der Bamberger Bischof soll schon bei der Belehnung der Staufer die Burg und den Veldener Forst aus den Bamberger Lehen herausgenommen und für das Hochstift selbst reserviert haben. Er mutmaßt, dass der Bischof bereits vor der Mitte des 13. Jahrhunderts gebaut hatte, nachdem er den wertvollen Forst aus den staufischen Vogteilehen ausgebrochen hatte. Die Burg soll zur Verwaltung des hochstiftischen Gutes und zur weithin sichtbaren Demonstration des bischöflichen Rechtsanspruches errichtet worden sein.

Einige Jahre später wurde die Burg von Bischof Arnold von Solms verpfändet, und zwar 1296 an den Grafen Albert von Hals und seine Ehefrau Elisabeth von Truhendingen. 1308 erwarb Bischof Wulfing von Stubenberg eine Reihe von Pfändern, darunter auch Neuhaus und den Markt Schesslitz, von dem Grafen Friedrich von Truhendingen für 5.000 Mark Silber zurück. Das älteste Bamberger Urbar von etwa 1323 überliefert erstmals, dass die Burg Neuhaus auch Veldenstein genannt wurde. Der ganze Veldener Forst – später nach der Burg Veldensteiner Forst genannt – mit allen Dörfern, Häusern und Forstrechten zählte zu ihrem Zubehör.

1331 ging die Burg in der Fehde zwischen dem Bamberger Bischof Wernto/Wirnt Schenk von Reicheneck und Ulrich Landgrafen von Leuchtenberg zeitweilig verloren [vgl. Betzenstein I, Reicheneck]. Nachdem der Bruder des Bischofs vom Landgrafen gefangen genommen worden war, kam es zu einem Vertrag, der Ulrich zum Pfleger und Amtmann von Veldenstein ernannte und ihm die Burg auf Lebenszeit einräumte.

Dafür versprach der Landgraf, in den kommenden vier Jahren für 400 Pfund Heller bauliche Verbesserungen durchzuführen. Ulrich von Leuchtenberg verstarb jedoch schon 1334, und wenig später war die Burg in der Hand von Mitgliedern der Geschlechter Stör und von Egloffstein, die auch als Veldensteiner Burghüter überliefert werden. Die Familien, die Veldenstein vielleicht als Pfand vom Landgrafen erhalten hatten, stritten sich um 1344 mit dem Hochstift um eine Rückgabe der Feste. Seit 1345 war die Burg Veldenstein dann wieder in bischöflicher Gewalt, wobei sich an den Burghutdiensten der Stör, Egloffstein und anderer ministerialer Familien nichts änderte. Irreführend ist die Schwemmersche Behauptung, einfache Bauern hätten auf Veldenstein Burghutdienste geleistet und auch Burghutgüter in und vor der Burg innegehabt. Die von ihm angeführten „Bauern" lassen sich allesamt eindeutig als Ministeriale nachweisen, zum Teil auch in Diensten anderer Herren, beispielsweise bei den Schenken von Reicheneck.

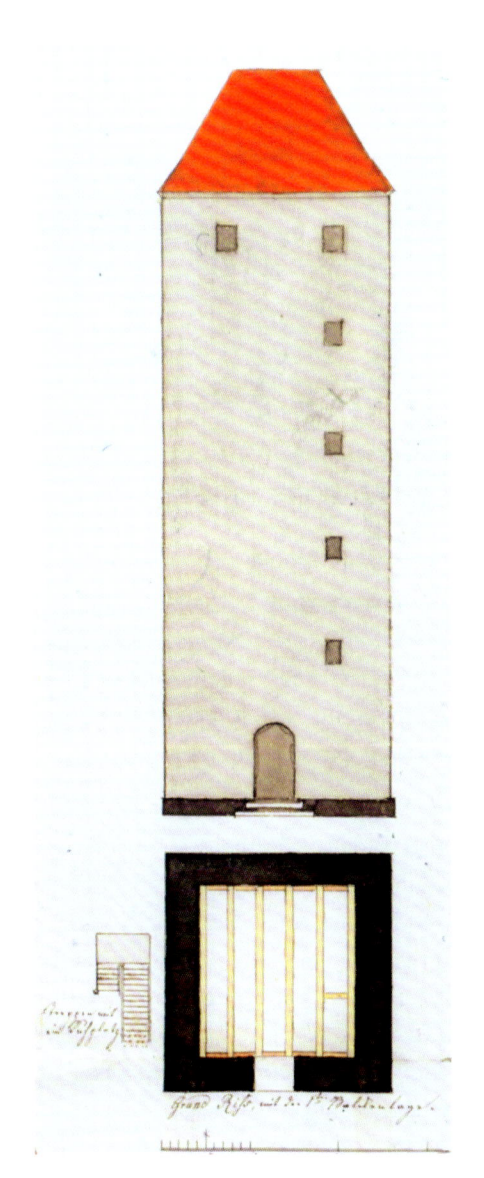

182.3 Auf- und Grundriss zur geplanten Instandsetzung des Bergfrieds, gezeichnet im April 1834 vom Plecher Zimmermeister Johann Dümler (StABa)

182.4 Ansicht der Burg von Südwesten, Fotografie: G. v. Volckamer um 1894 (StadtMN)

Auch im frühen 15. Jahrhundert nutzte der Bamberger Bischof die Möglichkeit, die finanziellen Verhältnisse des Hochstifts mit Hilfe der Verpfändung von Burgen und Ämtern zu verbessern. Um 1400 versetzte er Veldenstein an Hans VI. von Egloffstein, der auf eigene Rechnung vor 1410 einen Neubau mit Zwingeranlage sowie weitere nicht näher beschriebene Baumaßnahmen in den 1420-er und 1430-er Jahren durchführen ließ. Diese Bauten dürften in engem Zusammenhang mit der akuten Bedrohung des Landes durch die Hussiten gestanden haben. In diesen Jahren fanden auch anderenorts große Anstrengungen beim Bau von Befestigungsanlagen statt, wie das für die benachbarte Bamberger Burg Vilseck, verpfändet an Heinrich Nothafft, und die Amberger Stadtbefestigung bezeugt ist. Es ist davon auszugehen, dass zumindest ein Teil der Zwingeranlagen in dieser Zeit entstand und über den Umweg der Verpfändung finanziert worden ist.

Nach 1436 war Sigmund II. von Egloffstein, später auch Reichsschultheiß zu Nürnberg, Pfandinhaber. Erst 1468 löste der Bamberger Bischof das Pfand wieder ein und begann, auch die Burghutgüter, Hofstellen im Ort, Grundstücke und grundherrschaftliche Einnahmen, mit denen einst die Burghüter entlohnt worden waren, aufzukaufen. Mit dieser Zäsur beginnt auch die bis heute erhaltene Rechnungslegung des Neuhauser Kastenamtes für das Amtsjahr 1469/70. Schon zu Beginn seiner Tätigkeit rechnete der bischöfliche Kastner Matthesen Zigler auch die Herstellung der „newen stuben" durch einen Pottensteiner Zimmermann ab. Mit dem Erwerb der Burghutgüter der Herren von Wiesenthau 1480 und eines kleinen Restes 1491 konnte das Hochstift schließlich alle entfremdeten Besitzrechte wieder an sich bringen.

Unter dem Bischof Philipp Graf von Henneberg war es schon nach 1475 zur wohl umfangreichsten Bauperiode in der Geschichte der Burg gekommen. Wie die nach 1475 erfolgte Inschrift über dem Portal des äußeren Tores besagt, hatte der Baumeister Erhard Bornacz die „mauern, thurn und thore" neu „gemacht". Um 1480 folgte dann auch eine Erneuerung der Amts-, Wohn- und Repräsentationsgebäude. Die Arbeiten an den neuen und umgebauten Gebäuden, die sich auch archivalisch belegen lassen, hielten noch um die Mitte der 1480-er Jahre an. Zumindest die Veldensteiner Amtsrechnung von 1485/86 überliefert umfangreiche Bauarbeiten vor allem durch den Steinmetzmeister Hanns Keil und den Zimmermeister Franz Streit. Die Burg erhielt damals ein neues Stallgebäude und eine neue Zisterne zur Wasserversorgung. Wir erfahren im Zusammenhang mit Umbauten, dass es auf der Burg sowohl fürstliche Gemächer, die für den Besuch des Bischofs und anderer hoher Herren zur Verfügung standen, als auch eine Pflegerwohnung gab. Das Hauptgebäude wurde als die große Kemenate bezeichnet. Eine letzte größere Erweiterung fand um 1502 im Süden der Burg statt,

182.5 Ansicht der Burg von Süden, Fotografie: G. v. Volckamer um 1894 (StadtMN)

als unter Bischof Veit I. Truchsess von Pommersfelden ein weiterer Zwinger mit einem neuen äußeren Tor vor die Zwingermauer des späten 15. Jahrhunderts gesetzt wurde.

Es ist davon auszugehen, dass die Burg auf Grund ihrer besonderen strategischen Bedeutung für das Hochstift bis 1502 baulich erweitert worden ist. Künstliche Aufschüttungen auch mit Bauschutt älterer Bebauungen innerhalb der heutigen Burganlage führten zu den noch erhaltenen Zwingeranlagen. Der Bergfried, hoher Turm genannt, stammt, wie konstruktive Details offenkundig zeigen, keineswegs, wie Schwemmer mutmaßt, aus der ersten Hälfte des 13. Jahrhunderts. Vielmehr dürfte er im ausgehenden Mittelalter erneuert worden sein. Wie bedeutend die Burg für das Hochstift Bamberg gewesen war, wird nicht zuletzt durch die große Zahl repräsentativer Räume erkennbar: Bezeugt wurden im 16. Jahrhundert drei Säle, wovon mindestens zwei getäfelte Wände aufwiesen. Auf der Burg befand sich auch ein eigenes Badehaus.

Die Burg wurde sowohl im Bauernkrieg, in dem 1525 viele Bamberger Burgen in Brand gesteckt wurden, als auch im Zweiten Markgrafenkrieg 1552/53 verschont. Im Mai 1552 hatte Markgraf Albrecht Alcibiades von Brandenburg-Kulmbach bereits vertraglich Veldenstein mit anderen östlichen Ämtern dem Hochstift abgepresst. Nach einer vorübergehenden Wiederinbesitznahme der Burg durch das Hochstift erfolgte eine Rückeroberung. Auf eine Zerstörung verzichtete der Markgraf, vermutlich weil er sie selbst nutzen und wieder dauerhaft besetzen wollte. Nach den Wirren des Krieges und einer kurzzeitigen Verpfändung etablierte sich wieder ein Bamberger Pfleg- und Kastenamt auf der Burg. Zweifelhaft ist die von Schwemmer verkündete neue Funktion als Nebenresidenz der Bischöfe. Aufenthalte des Fürsten bei Erbhuldigungen und ähnlichen Gelegenheiten lassen sich beispielsweise auch in den Pflegschlössern Vilseck und Waischenfeld beobachten.

Im 30-jährigen Krieg wurde die Burg am 4. November 1632 von einem Trupp Schweden aus dem Regiment des Obersten Monroe besetzt. Daraufhin versuchten bayerisch-kaiserliche Truppen mehrmals vergeblich, die mittlerweile von den Schweden an die Reichsstadt Nürnberg übergebene Burg zurückzuerobern. Erst im Mai 1635 gelang es dem Amberger Stadtkommandanten, General Graf von der Wahl, mit einem Aufgebot von etwa 2.000 Fußsoldaten und 800 Reitern die Burg einzunehmen, wobei die Bayern ein schlimmes Massaker anrichteten und von der Besatzung angeblich nur vier Soldaten und zwei junge Frauen am Leben ließen. Die Burg hatte dagegen keine größeren Schäden erlitten und wurde noch 1635 wieder von einer bischöflichen Besatzung übernommen.

War die Burg bisher in Kriegen eher glimpflich davongekommen, so richtete eine durch Blitzschlag ausgelöste Pulverexplosion am 2. April 1708 den ersten wirklich großen Schaden an. Durch die Detonation wurden vor allem die beiden Flügel des Hauptgebäudes, der großen Kemenate, weitgehend ruiniert. Zwar ließ Fürstbischof Lothar Franz von Schönborn noch Pläne für einen Wiederaufbau fertigen, die Instandsetzung beschränkte sich jedoch aus Kostengründen auf das zerstörte Befestigungswerk, die Bastei genannt. Während die große Kemenate als Ruine liegen blieb, wurde für den Oberamtmann eine Wohnung in einem Anbau an der äußeren Wehrmauer, die so genannte Verwalterwohnung, eingerichtet. Nachdem der Titel des Veldensteiner Oberamtmanns im 18. Jahrhundert allmählich nur noch als Ehrencharge verdienter Höflinge verliehen wurde, wohnte hier bloß noch ein Pflegamtsverweser.

1802/03 ging das Hochstift Bamberg an das Kurfürstentum Bayern über. Nach den Bestimmungen des Lunéviller Friedensvertrages sollte Bayern für seine linksrheinischen Abtretungen an Frankreich entschädigt werden. 1807 wurde die Burg, wobei auch die völlige „Demolierung" zeitweilig in Betracht gezogen worden war, auf Anordnung der bayerischen Behörden an Private versteigert. Johann Baptist von Hausmann, Besitzer des Hammerwerks Schrott, gab das Höchstgebot ab [vgl. Hammerschrott]. Die Gebäude waren mittlerweile in einem schlimmen Zustand. Das Rentamt hielt 1812 sämtliche Räumlichkeiten für unbewohnbar „indem von allen der Einsturz zu befürchten steht".

Nach dem Tod des Hammerwerksbesitzers erbte 1824/26 die Tochter, die mit Max Falkner von Sonnenburg verheiratet war. Ihr Gemahl hatte sich von der aufkommenden Burgenromantik begeistern lassen und begann mit einigen Instandsetzungsarbeiten. 1834 wollte Max Falkner von Sonnenburg schließlich den Bergfried der Burg nach einer Planung des Maurermeisters Johann Dümler grundlegend renovieren. Dabei waren erhebliche Bestandsverluste geplant: Dachwerk, Balkenlagen und Treppen sollten völlig erneuert werden. Außerdem wollte man eine Wohnstube einbauen. König Ludwig I. war froh, dass die Burg erhalten werden sollte, und gewährte hierzu einen staatlichen Zuschuss in Form einer kostenlosen Zuteilung von Bauholz, das seinerzeit sehr teuer war. In welchem Umfang die Baumaßnahme ausgeführt wurde, ist noch nicht geklärt. Denn im selben Jahr trennte sich der Bauherr von einem großen Teil der Burg, den er an den Tuchmachermeister Benedict Brunnhuber veräußerte. Nur den Bergfried und das Verfügungsrecht über die inneren Befestigungen behielt er zurück, um etwaige Zerstörungen verhindern zu können. Unter den Erben des bald darauf verstorbenen Falkner von Sonnenburg kam es um 1840 zu einem Streit mit der Gemeinde Neuhaus, die fürchtete, der hohe Turm der Burg könnte einmal zu einer ernsten Gefahr für die Häuser zu ihren Füßen werden. Sowohl die königlichen Behörden als auch der Historische Verein von Oberpfalz und Regensburg verhinderten einen Abbruch und setzten sich damals für eine denkmalpflegerische Instandsetzung ein, die schließlich mit Hilfe eines staatlichen Baukostenzuschusses 1846 gelang.

Leider erlitt der Brunnhubersche Burgteil ein weniger glückliches Schicksal: Zwischen 1830 und 1857 wurde die Ruine der 1708 beschädigten Kemenate mit ihren Anbauten als Steinbruch missbraucht und weitgehend abgetragen. Eine neue Epoche wurde eingeleitet, als der ehemalige Landrichter von Auerbach, Carl Heinrich Friedrich August May, erst 1861 den Brunnhuberschen, dann 1862 den Besitzanteil der Erbengemeinschaft Falkner erwerben konnte. Unter May erfolgte der Abbruch des Getreidekastens und 1863 unter Verwendung von älteren Mauern der Neubau des heute noch bestehenden so genannten Herrenhauses.

Nach dem Tod Carl Mays 1873 stand die Burg lange Zeit leer, weil seine Witwe nach Nürnberg gezogen war. In den Folgejahren wurde die Erbengemeinschaft May jahrelang mit Klagen und Schadensersatzforderungen von Neuhauser Nachbarn beschwert, die sich durch herabfallende Steine belästigt fühlten. Nach Jahren eher notdürftiger Reparaturen verkaufte die Witwe May die Burg 1897 an den Berliner Stabsarzt Dr. Hermann Epenstein, einen Katholiken jüdischer Abstammung, der den Nürnberger Architekten Johann Göschel mit einer umfangreichen Renovierung beauftragte. Dr. Epenstein hatte bereits „Burgenerfahrung", denn er hatte zuvor die Burg Mauterndorf im Salzburger Land erworben und mit großem Aufwand renoviert, was ihm um 1910 den vom Kaiser Franz Joseph I. ausgestellten Adelsbrief einbrachte. In einem angeblich 16-jährigen Bauvorhaben wurden in Neuhaus vor allem die Befestigungswerke repariert, wobei es zu einer ganzen Reihe von mehr oder weniger freien Rekonstruktionen gekommen sein soll. Teilweise wurden Konstruktionen bis auf den Grund abgetragen und neu aufgeführt. Der Bergfried erhielt ein neues Dachwerk, und der südwestliche Wehrturm des inneren Rings wurde völlig neu aufgebaut. Neben der Amtmannswohnung des 18. Jahrhunderts wurde ein neues Stallgebäude errichtet. 1914 wurde noch die äußere nordwestliche Bastei erneuert.

Nach dem Tod des Dr. von Epenstein 1934 gelangten die Burgen Veldenstein und Mauterndorf 1938/39 von der Witwe an den nationalsozialistischen Reichsmar-

182.6 Blick auf die Burg von Osten, 2006 (Rg)

schall Hermann Göring. Der neue Burgherr war der Patensohn von Epensteins und hatte schon seine Kindheit auf den beiden Burgen erlebt. Ob unter Göring größere bauliche Veränderungen stattfanden, ist fraglich. Wilhelm Schwemmer, der, trotz der kostspieligen und offensichtlich abgeschlossenen Bemühungen von Epensteins, von einer angeblich „durchgreifenden Gesamtrestaurierung" in den Jahren vor 1945 spricht, lässt offen, wo die Schwerpunkte dieser Bauarbeiten gelegen haben sollen. Überliefert wird nur der Einbau eines bombensicheren Schutzraums mit eigener Energieversorgung im 1863 errichteten Herrenhaus. Bemerkenswert ist die Meldung, dass die amerikanische Armee, die die Burg 1945 in Beschlag nahm, nach Görings Kunstschätzen suchte und dabei auch „Pressluftmeißel" eingesetzt haben soll. Ein zerlegter mittelalterlicher Kreuzgang, den Göring 1941 über den französischen Kunsthandel erworben hatte, wurde 1973 zufällig im Zwingerbereich gefunden, geborgen und nach einer längeren Zwischenlagerung im Germanischen Nationalmuseum Nürnberg nach Frankreich zurückgegeben.

Nach Ende des Zweiten Weltkriegs ging die Burg in Staatsbesitz über. Nach einer Verpachtung um 1972 wurde das Herrenhaus abermals, nun zu einem Gastronomiebetrieb umgebaut. Der im 19. und frühen 20. Jahrhundert mehrfach ohne Bestandsaufnahme und denkmalpflegerische Betreuung überformte Baubestand der Burg wurde bis heute nicht umfassend untersucht.

Quellen

StABa A 231/VI Nr. 52700, 52701, 52786. B 48 Nr. 18. Regierung Obermainkreis, Abgabe Staatsarchiv Amberg, Nr. 1027.

Lehnbuch von 1331, S. LVII-LXX.

NUB Nr. 443, 905 (1).

Literatur

Pohl, Boris: Burg Veldenstein. 2006. URL:<http://www.burg-veldenstein.de/geschichte.htm>, verweist auf Neuhauser Zeitzeugen, die Hinweise auf die ältere Geschichte folgen Schwemmers Ausführungen.

Schwemmer, Wilhelm: Die Burg und das ehemalige Bamberger Oberamt Veldenstein. In: 92. Bericht des Historischen Vereins für die Pflege der Geschichte des ehemaligen Fürstbistums Bamberg. Bamberg 1953, S. 35-159.

Ders: Burg und Amt Veldenstein – Neuhaus (= Schriftenreihe der ANL Bd. 8). Nürnberg 1961.

Wolf, Georg Philipp / Tausendpfund, Walter: Pegnitz – Veldensteiner Forst (= Die Fränkische Schweiz – Landschaft und Kultur Bd. 3). Erlangen 1986, S. 456-461.

Neunhof bei Lauf

Im Gründungsbuch des Kollegiatsstifts St. Jakob in Bamberg wird unter den vielen Gütern, die dem Stift am Tag der Kirchweihe 1109 geschenkt wurden, auch der Zehnt „Cemoniuwenhoue" (zum neuen Hof) erwähnt. Die „villa dicta zum Newenhove" befand sich noch 1279 im unmittelbaren Reichsbesitz, als sie (mit Gütern in Günthersbühl, Ober- und Unterschöllenbach, Tauchersreuth und der Gabermühle) von König Rudolf an Ulrich von Schlüsselberg als Dank für die Waffenhilfe in der Entscheidungsschlacht von Dürnkrut gegen den böhmischen König Ottokar II. verpfändet wurde. Nach dem um 1300 angelegten Nürnberger Reichssalbüchlein hatte Neunhof zum Amt Heroldsberg gehört. Mit der Verpfändung stieg der Ort zum Zentrum eines kleinen Gerichts- und Verwaltungsbezirkes auf. Dementsprechend ist seit 1445 ein „Vogthaus" nachweisbar. Ob das auch zum Bau eines befestigten Ansitzes führte, ist ungewiss. Geeignete Plätze dafür wären sicher das Umfeld der Johanniskirche [vgl. Neunhof I] wie der Bereich des späteren „Kolerschlosses" [vgl. Neunhof II].

Nach dem Aussterben der Schlüsselberger belehnte 1347 Kaiser Karl IV. die Nürnberger Burggrafen mit deren Rechten „zu den Newenhof" und an weiteren Orten. 1373 wurden Amt und Gericht auf Lebenszeit an den Nürnberger Reichsschultheißen Heinrich Geuder vergeben. Schließlich veräußerte Burggraf Friedrich VI. 1405 seinen gesamten Besitz in Neunhof, der zugleich von König Ruprecht aus dem Reichslehenverband entlassen und damit freies Eigen wurde, an den Nürnberger Bürger Hans Pirckheimer. Auf dem Erbweg gelangten die Güter an die Mendel, durch Verkauf in den Jahren 1438/40 an die Harsdorfer und 1441 bis 1445 an die Geuder. Der vermutlich von den Mendeln errichtete Sitz blieb nach seiner Zerstörung im Zweiten Markgrafenkrieg fast zwei Jahrhunderte als Halbruine liegen und wurde erst 1749 auf den alten Fundamenten von Johann Karl Welser als Barockschloss neu errichtet [vgl. Neunhof II].

Nach dem Tod Martin Geuders teilten seine beiden Söhne den Besitz in Neunhof auf. Etwa 1570 errichtete Anton Geuder auf seiner Besitzhälfte das sogenannte „Altherrenhäuslein" [vgl. Neunhof III], das Jakob Geuder 1610 um ein wesentlich repräsentativeres Herrenhaus in der Verlängerung des sogenannten „Steingrabens" ergänzte [vgl. Neunhof IV]. Bereits

183.1 Ansicht von Neunhof aus nördlicher Richtung, rechts der Kirchhof mit dem wohnturmartigen „Pfaffenhäuslein" an der Stelle des angeblich abgegangenen älteren Herrensitzes. Kupferstich von G. D. Heumann 1760 (StadtA Lauf)

kurz nach dessen Fertigstellung ließ Jakob Geuder die Fundamente für einen weiteren, erheblich größeren Sitz aufheben, dessen Bau bis zum Beginn des 30-jährigen Krieges schon weit vorangekommen war, dann aber mit dem neuen Herrensitz am Steingraben in Teilen niederbrannte. Geldnöte zwangen die Erben Jakobs seit 1618 zur Aufnahme von Kapitalien bei den Welsern, die weder verzinst noch zurückgezahlt werden konnten, sodass der Sitz 1660/61 an diese abgetreten werden musste. Nach den alten Plänen stellten die Welser um 1685/95 das „Hauptschloß" fertig [vgl. Neunhof V]; 1722 ersetzten sie das Altherrenhäuslein durch einen zweigeschossigen barocken Bau [vgl. Neunhof III, „Schloss Nr. 2" oder „Brille"].

Quellen

Mon. Zoll. Bd. 6, Nr. 270, 284, 294.

NUB Nr. 596, 1073 [17].

Literatur

Glückert, Ewald: Zwischen Reichsstadt und Reichsritterschaft. Aus der Geschichte der Herrschaft Neunhof bei Lauf. In: MANL 36 (1987), Heft 1, S. 249-263.

Voit, Gustav: Die Schlüsselberger in Neunhof. Ein bisher unbekanntes Zinsregister im Staatsarchiv Bamberg. In: MANL 15 (1966), Heft 3, S. 62-66.

Ders.: Die Schlüsselberger (= Schriftenreihe der ANL Bd. 37). Nürnberg 1988, S. 115.

Welser, Ludwig Frhr. von: Neunhof. Kulturgeschichtliche Blätter aus dem Archive eines patrizischen Herrensitzes im Gebiete der Reichsstadt Nürnberg. Bamberg 1928, S. 5-32.

183 E6

Neunhof bei Lauf I

Mutmaßlicher Herrrensitz

Kirchenweg 6

Stadt Lauf an der Pegnitz

Landkreis Nürnberger Land

Die älteste Wehranlage in Neunhof wurde wiederholt an der Stelle des befestigten Kirchhofs vermutet, den 1521 der Nürnberger Humanist Willibald Pirckheimer beschrieb als „würdiges Kirchlein ... im weiten Umfang mit Gräben und einer Mauer umgeben und dadurch nicht allein für die Bauern, sondern auch für Groß- und Kleinvieh Schutz gewährend". Nach West, Ost und Nord bot das steil abfallende Gelände zusätzlichen natürlichen Schutz; im Süden lag ein heute verschwundener Wassergraben. Ein Vorgängerbau an dem günstig gelegenen Platz etwa unter den Schlüsselbergern

183.2 Blick auf den Kirchhof und das Pfaffenhäuslein mit dem Treppenturm von Nordwesten, anonyme Darstellung aus dem 18. Jahrhundert (StadtA Lauf)

– der womöglich zerstört wurde, als die Nürnberger im Städtekrieg 1388 „Newenhof den markt" verbrannten – kann beim Fehlen archäologischer Untersuchungen derzeit nicht ganz ausgeschlossen werden.

Das auf mehreren Ansichten des Ortes aus den Jahren 1610 bis 1760 abgebildete, erst im 20. Jahrhundert abgetragene „Amtshaus" im Südosten des ummauerten Areals geht allerdings nicht auf einen früheren Ansitz zurück. Vielmehr handelte es sich dabei um das ehemalige „Pfaffenhäuslein", das dem Inhaber der 1493/95 gestifteten Movendelpfründe als „Wohnung auf dem Kirchhofe" eingeräumt war.

Quellen

Die Chroniken der deutschen Städte. Nürnberg Bd. 1. Leipzig 1862, S. 157.

Literatur

Alberti, Volker / Baumann, Lorenz / Holz, Horst: Burgen und Schlösser in Lauf und Umgebung. Unteres Pegnitztal (= Fränkische Adelssitze Bd. 2). Simmelsdorf-Hüttenbach 1999, S. 35 f.

KDM Lauf, S. 292-295.

Rühl, Pegnitztal, S. 306 f.

Stadtlexikon Nürnberg, S. 740 f.

Welser, Ludwig Frhr. von: Neunhof. Kulturgeschichtliche Blätter aus dem Archive eines patrizischen Herrensitzes im Gebiete der Reichsstadt Nürnberg. Bamberg 1928, S. 142, 151.

184 E6

Neunhof bei Lauf II

Herrensitz, „Kolerschloss"

Schlossstraße 3

Stadt Lauf an der Pegnitz

Landkreis Nürnberger Land

Gegenüber der Kirche von Neunhof erhebt sich auf dem zweiten Hügel in beherrschender Spornlage das ehemalige Schloss der Koler. Sein Vorgängerbau wurde erstmals 1438/40 als „behausung" erwähnt, die mit dem übrigen Besitz der Mendel in Neunhof an die Geuder verkauft wurde. Vermutlich hatten ihn erst die Mendel errichtet, da noch die detaillierte Besitzbeschreibung von 1405 keinen Sitz anführt. Die Befestigungen des Herrensitzes waren stark genug, um im Ersten Markgrafenkrieg 1449 einem Angriff markgräflicher Truppen standzuhalten. Einige Wochen später jedoch musste sich das nur von „etlichen Gesellen" besetzte „Lusthaus" überlegenen Truppen mit „viel Volk zu Ross und Fuß" und einer großen Kanone geschlagen geben. Der Sitz wurde ausgebrannt, aber von Martin Geuder wieder aufgebaut. 1504 sind schließlich in „Newenhoff ein kirch, ein sitz und eygen halsgericht" nachgewiesen.

Im Jahre 1521 hielt sich Willibald Pirckheimer in Neunhof auf. Der bekannte Humanist war mit Juliane, der Schwester Martins III. Geuder verheiratet und beschrieb bei einem seiner Besuche den Herrensitz seines Schwagers als ein „stattliches Schloss von Quadersteinen". Es sei „mit mancherlei Gebäulichkeiten versehen, auch mit Graben und Verteidigungswerken ausgerüstet, von denen man nach allen Seiten Ausblick hat". Zwischen dem Schloss und den Befestigungswerken der Kirche erstrecke sich das unlängst im Krieg (wohl 1504) in Flammen aufgegangene Dorf, das von beiden Seiten mit Geschützen gedeckt werden könne. Pirckheimer berichtete weiter von einem Springbrunnen im Hof des Schlosses, der von dem gegenüber liegenden Berg durch eine hölzerne Rohrleitung gespeist werde, welche auch

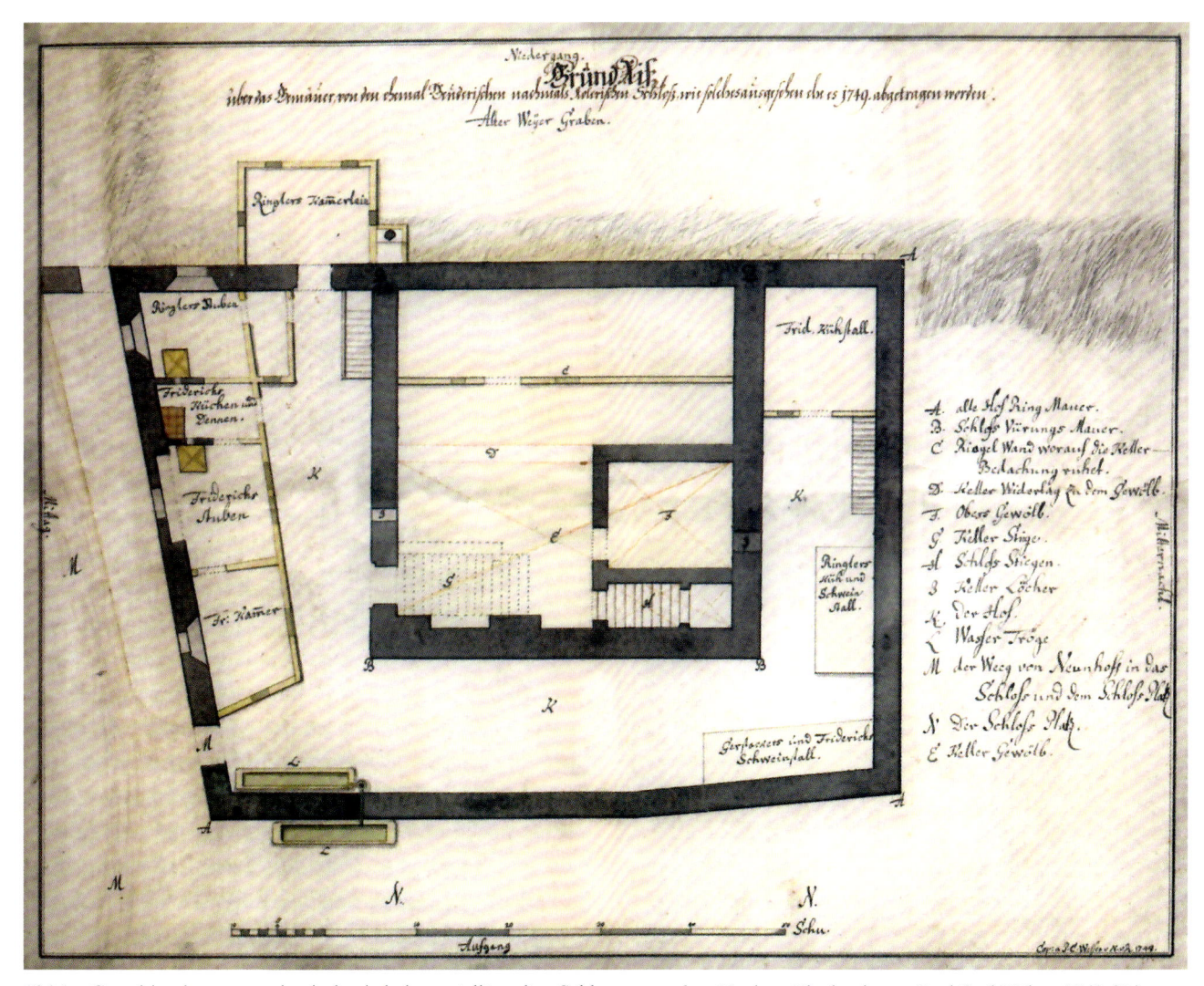

184.1 Grundriss des nur provisorisch wiederhergestellten alten Schlosses vor dem Neubau. Plankopie von Paul Carl Welser 1749 (Pr)

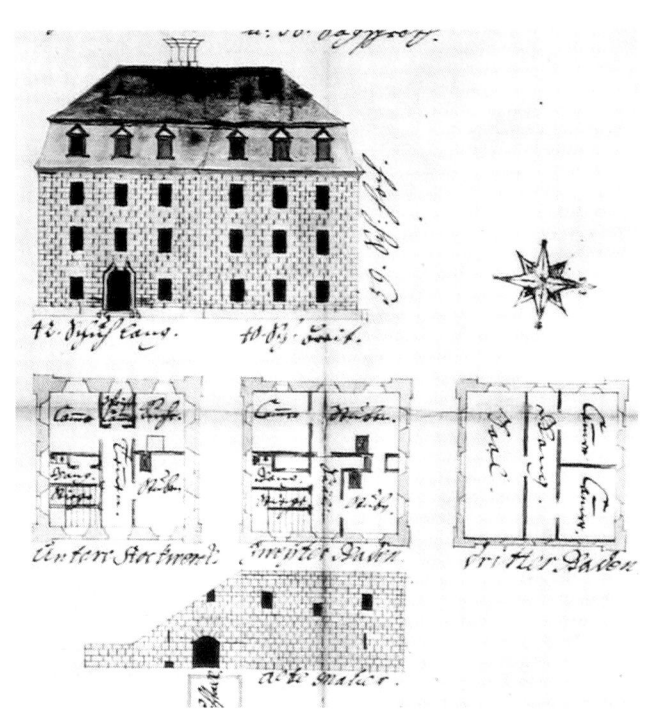

184.2 Auf- und Grundrisse des geplanten Neubaus und der Ruine. Variante von 1748 während des längeren Planungsprozesses. Reproduktion von F. A. Nagel 1932 (StadtMN)

die mit Fischen besetzte Grabenanlage um das Schloss mit Wasser versorge.

Am 20. Mai 1552 wurde das Schloss, dessen Wert auf 3.000 Gulden veranschlagt wurde, zerstört und blieb zwei Jahrhunderte als Halbruine liegen, von der im Zuge der Neubauplanung 1749 ein Grundriss aufgenommen wurde. Demnach stand ein nahezu quadratischer Wohnturm auf drei Seiten frei innerhalb eines ummauerten Hofes, saß im Westen auf der Außenmauer auf und wurde zusätzlich durch einen „Weyer-Graben" geschützt. Von dem Gebäude waren zu diesem Zeitpunkt teilweise noch zwei Geschosse erhalten. Im äußeren Schlosshof lagen Garten, Wirtschaftsgebäude und Voithaus, im inneren Hof war innerhalb der Ruine und in Anlehnung an die alte südliche Außenmauer ein in Holz errichtetes Gebäude mit Küche, zwei Stuben und Kammer entstanden. Im Osten und Norden wurden im Bereich zwischen Turm und Außenmauer mehrere Kuh- und Schweineställe eingerichtet. Der Wohnturm verfügte weiter über einen Gewölbekeller, der zumindest teilweise mit einer (provisorischen?) „Kellerbedachung" geschützt wurde.

Nach dem Tod des Johann Christoph Geuder fielen „der verprennt Herrnsitz zum Neuenhoff mit einem Zwinger und Mauern eingefangen" an seine Witwe Maria. Diese ehelichte 1582 Paul II. Koler und führte ihm die Hälfte der Herrschaft Neunhof mit der Ruine zu. 1619 ließ sie (mittlerweile wieder Witwe) das Vogthaus im äußeren Schlosshof, dessen Bausubstanz wohl teilweise noch ins 16. Jahrhundert zurückreicht, ausbauen und im Obergeschoss Räume für die Herrschaft einrichten.

1688 fiel die Kolersche Hälfte an Neunhof nach dem Tod des letzten männlichen Familienmitgliedes Georg Seifried Koler an seine Tochter Helene Juliana Jacobine, die mit Johann Michael Welser verheiratet war.

Ihr Sohn Johann Karl Welser errichtete 1749 an der Stelle des alten Schlosses einen standesgemäßen Barockbau. Unter der Leitung des Laufer Zimmermanns Marx Oberst entstand ein dreigeschossiger Bau mit hohem Walmdach, das 1771 durch ein Mansarddach ersetzt wurde. Die Eingangsseite betonte ein schwacher Mittelrisalit; die Mansardgiebel wurden mit Voluten versehen. Im Parterre befanden sich die Wirtschafts-, in den oberen beiden Geschossen die Wohnräume, im zweiten Obergeschoss war an der Ostseite ein Festsaal untergebracht.

Maria Helena, die Witwe Johann Carl Welsers, verkaufte 1763 dem Sohn ihrer Stieftochter, Johann Wilhelm Christoph Karl Oelhafen, ihren Anteil an Neunhof. 1799 konnte Hans Karl von Welser das Schloss von dessen Witwe Sara Johanna Sabina um 28.500 Gulden für die Welser zurückerwerben.

Im Gegensatz zu vielen Nürnberger Herrensitzen blieb das Schloss in der Hand der Patrizierfamilie, fiel mit dem gesamten Familienbesitz 1878 an die Ulmer Linie der Welser und wurde 1894 Teil der Welserschen Familienstiftung. Schäden an der Einrichtung, aber auch an der Bausubstanz erlitt das Schloss nach dem Zweiten Weltkrieg, als Besatzungstruppen, dann Vertriebene dort untergebracht wurden. 1978 erwarben Karl Kellner und seine Frau Brigitte Lemke-Kellner das Anwesen und sanierten es unter großem persönlichen Einsatz.

184.3 Das Herrenhaus aus nordöstlicher Sicht. Fotografie: G. v. Volckamer um 1894 (StadtMN)

Quellen

StAN Rst. Nbg., Waldamt Sebaldi I Nr. 334. Rst. Nbg., Rechnungen des Markgräflichen Krieges Nr. 96.

Gelegenhait, Nr. 653.

Müllner III, S. 311.

Literatur

Alberti, Volker / Baumann, Lorenz / Holz, Horst: Burgen und Schlösser in Lauf und Umgebung. Unteres Pegnitztal (= Fränkische Adelssitze Bd. 2). Simmelsdorf-Hüttenbach 1999, S. 36-38, 42-47.

Glückert, Burgen, S. 81-87.

Ders.: Das Kolerschloss in Neunhof. In: Neunhofer Land 24 (1999), S. 20-53.

Ders.: Zwischen Reichsstadt und Reichsritterschaft. Aus der Geschichte der Herrschaft Neunhof bei Lauf. In: MANL 36 (1987), Heft 1, S. 249-263.

HAB Lauf-Hersbruck, S. 85.

KDM Lauf, S. 295 und 311-315.

Welser, Ludwig Frhr. von: Neunhof. Kulturgeschichtliche Blätter aus dem Archive eines patriziatischen Herrensitzes im Gebiet der Reichsstadt Nürnberg. Bamberg 1928, S. 150 f.

185 — E6

Neunhof bei Lauf III

Herrenhaus, „Schloss Nr. 2", auch „Brille", zuvor „Altherrenhäuslein"

Welserplatz 2

Stadt Lauf an der Pegnitz

Landkreis Nürnberger Land

An der Stelle des kleinen Barockschlosses (Schloss Nr. 2) stand unmittelbar an der Straße nach Lauf und auf dem dritten Hügel in Neunhof seit etwa 1570 ein zweiter Herrensitz. Der Sitz entstand, weil nach dem Tod Martin III. Geuder seine Söhne Christoph und Sebald 1541 den Besitz Neunhof aufteilten und das Herrenhaus vollständig an Christoph Geuder, später an die Koler, fiel. Die andere, an Sebald Geuder gefallene Hälfte war mit umfangreichen Besitzungen in Neunhof selbst wie in den umliegenden Orten verbunden, verfügte jedoch weder über Gebäude für die Verwaltung des Besitzes noch für die Aufenthalte der Herrschaft.

Während sich Sebald Geuder noch mit dem Sitz im benachbarten Heroldsberg begnügte, ließ sein Sohn Anton nach 1570 neben Voithaus und Wirtschaftsgebäuden einen bescheidenen Herrensitz errichten und 1575 den Schlosskomplex mit einer eigenen Wasserleitung versorgen. Das Aussehen der Schlossanlage gibt ein Plan von 1610 und, detailreicher, ein Kupferstich von 1760 wieder, der den Zustand von 1660 zeigen soll. Auf steinernem Sockel mit kleinen Fensteröffnungen saß ein schmuckloses, zur Straße hin vorkragendes Fachwerkobergeschoss mit zwei oder drei Fensterachsen. Dacherker lockerten das einfache Walmdach auf; ein angebauter sechseckiger Treppenturm erschloss das Obergeschoss. Nach dem Bau des neuen Herrensitzes 1610 [vgl. Neunhof V] wurde der Sitz als „Altherrenhäuslein" bezeichnet. Offenbar ohne größere Schäden überdauerte er den 30-jährigen Krieg und ging 1660 in den Besitz der Welser über.

1722 ließ Carl Welser das wenig repräsentative, wohl auch schon baufällige „Altherrenhäuslein" abtragen und durch einen zweigeschossigen barocken Bau mit Mansarddach ersetzen. Die Räume wurden gern zu Wohnzwecken genutzt und dienen heute als Gutsarchiv. Das kaum veränderte Schloss teilte das Schicksal des Hauptschlosses und befindet sich wie dieses heute im Besitz der Welserschen Familienstiftung. Dem Hauptschloss direkt vor die Nase gesetzt, wird der Bau gern als „Brille" bezeichnet.

185.1 Ansicht des ruinierten Welser-Schlosses von Norden mit dem „Altherrenhäuslein" links im Vordergrund. Angeblicher Zustand um 1660, Kupferstich von G. D. Heumann von 1760 (StadtA Lauf)

Literatur

Alberti, Volker / Baumann, Lorenz / Holz, Horst: Burgen und Schlösser in Lauf und Umgebung. Unteres Pegnitztal (= Fränkische Adelssitze Bd. 2). Simmelsdorf-Hüttenbach 1999, S. 38.

Glückert, Burgen, S. 88-98.

KDM Lauf, S. 310 f.

Stadtlexikon Nürnberg, S. 740 f.

Welser, Ludwig Frhr. von: Neunhof. Kulturgeschichtliche Blätter aus dem Archive eines patriziatischen Herrensitzes im Gebiet der Reichsstadt Nürnberg. Bamberg 1928, S. 16-18.

185.2 Ansicht der „Brille", dahinter das Hauptschloss. Fotografie: G. v. Volckamer um 1894 (StadtMN)

186 — E6

Neunhof bei Lauf IV

Abgegangener Herrensitz, „Geuderschloss"

Welserplatz 1

Stadt Lauf an der Pegnitz

Landkreis Nürnberger Land

Der in den 1570-er Jahren von Anton Geuder errichtete bescheidene Herrensitz direkt an der Straße nach Lauf [vgl. Neunhof bei Lauf III] genügte offenbar den repräsentativen Ansprüchen seines Sohnes Jakob Geuder nicht mehr. Er ließ daher vor 1610 im rückwärtigen Grundstücksteil ein weiteres Herrenhaus errichten, das bereits 1632 einem Brand vollständig zum Opfer fiel und nicht wieder aufgebaut wurde. Eine kolorierte Federzeichnung aus dem Jahr 1610 und eine Skizze vermittelt einen guten Eindruck vom Geuderschen Schlosskomplex. Das neue Herrenhaus hatte einen Sandsteinsockel und zwei Obergeschosse mit zehn Fensterachsen; Ecktürmchen verstärkten das repräsentative Aussehen. Zwischen dem neuen Herrensitz und dem ebenfalls neu erbauten mächtigen Zehntstadel lag ein mit Wasser gefüllter, breiter Graben mit Springbrunnen (der heute noch erhaltene „Steingraben"), der die beiden Gebäude in einer Achse verband.

Literatur

Glückert, Burgen, S. 88-91.

KDM Lauf, S. 294 f.

Welser, Ludwig Frhr. von: Neunhof. Kulturgeschichtliche Blätter aus dem Archive eines patriziatischen Herrensitzes im Gebiet der Reichsstadt Nürnberg. Bamberg 1928, S. 18-21.

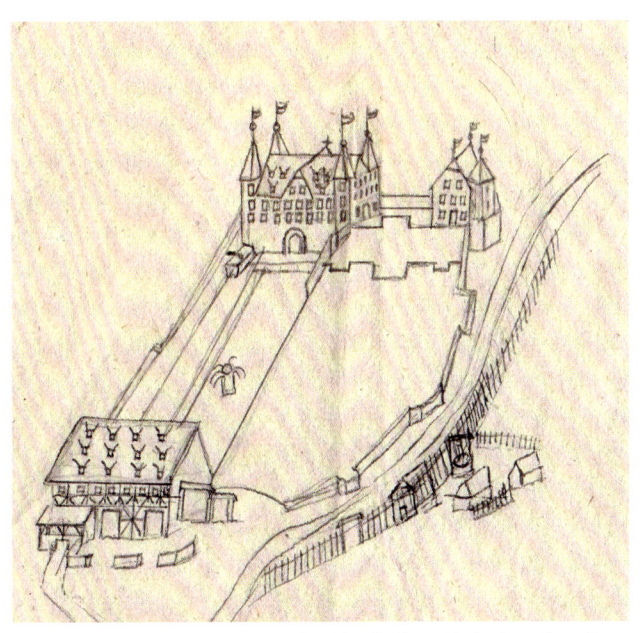

186.1 Situation um 1610 aus der Vogelschau: Zwischen dem Geuderschloss (links) und dem „Altherrenhäuslein" (rechts) sind die Umrisse des geplanten Neuen Schlosses zu erkennen (Gutsarchiv Neunhof)

187   E6

Neunhof bei Lauf V

Neues Schloss oder „Hauptschloss"

Welserplatz 1

Stadt Lauf an der Pegnitz

Landkreis Nürnberger Land

Kaum hatte Jakob Geuder sein neues Herrenhaus und die Zehntscheune fertiggestellt [vgl. Neunhof IV], begann er 1611 mit der Vorbereitung eines größeren Schlosses. Auf einem um 1610 gezeichneten Plan erkennt man bereits den Grundriss des neuen Schlosses zwischen den beiden Herrenhäusern. Unter Leitung des Laufer Steinmetzen Hans Egloff war der Bau schon weit fortgeschritten, als er nach Ausbruch des 30-jährigen Krieges 1619 eingestellt werden musste. Dreizehn Jahre später fielen einem verheerenden Brand neben dem neuen Herrenhaus auch weite Teile des Rohbaus zum Opfer. Der Südwest- und Mitteltrakt blieben in Ruinen liegen, nur der Nordosttrakt konnte weiter genutzt werden. Hier im großen Steinsaal wurden – gegen wütende Proteste der Lutheraner – bis 1650 Gottesdienste der Reformierten aus dem Nürnberger Umkreis abgehalten, da die Geuder zum reformierten Glauben übergetreten waren.

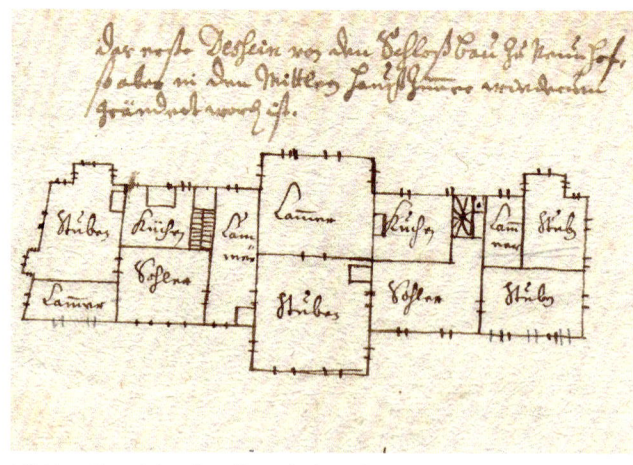

187.1   Grundriss für die Wiederaufnahme der Bauarbeiten, ca. 1690 (Gutsarchiv Neunhof)

Ein Kupferstich von 1760 zeigt den Zustand der Schlossanlage im Jahre 1660, als die Geuder ihren Anteil an Neunhof an ihre Gläubiger, den Nürnberger Zweig der Welser, abtreten mussten. Hinter dem bescheidenen Herrenhaus von 1577 stand der Nordostflügel des Neuen Schlosses unter Dach, dem sich die Ruine des Mittel- und Südwesttrakts anschloss, teilweise von Bäumen und Gestrüpp überwachsen. Zehntscheune und Voithaus hatten den Krieg dagegen ohne erkennbare Beschädigungen überstanden. Ein Ölgemälde im Schloss zeigt die Anlage im selben Zustand von der Gegenseite.

187.2   Ansicht des Welser-Schlosses mit der barocken Gartenanlage im Vordergrund, links der so genannte Steingraben. Kupferstich von G. D. Heumann 1760 (HallerA)

187.3   Ansicht des Neuen Schlosses und der „Brille" von Westen. Fotografie: F. A. Nagel 1932 (StadtMN)

Nach dem Tod des hoch verschuldeten Jakob Geuder nahmen seine Erben zwischen 1616 und 1632 „zur Erhaltung dero Güter und Hintanrichtung der damals stark auf sie gedrungenen Creditoren" 13.000 Gulden auf, die sich bis 1659 auf 22.563 Gulden summierten. Ein 1661 von Kaiser Leopold genehmigter Vergleich sah die Abtretung der auf 20.103 Gulden geschätzten Besitzungen in und um Neunhof vor, womit sich die Welser, nicht aber die Geuder zufrieden gaben. Die Auseinandersetzungen mit den Geudern, die vor dem Reichshofrat den Rückerhalt ihrer Besitzungen erstreiten wollten, zogen sich noch Jahrzehnte hin und verzögerten die Instandsetzung und den Weiterbau des Neuen Schlosses. Erst 1685 begannen die Welser mit dem Wiederaufbau von Mittel- und Südwesttrakt, der bis 1695 weitgehend abgeschlossen werden konnte. Die Fertigstellung der Innenausstattung zog sich dagegen bis 1734 hin.

Der zweigeschossige langgestreckte Bau wird an der Schauseite zum Garten hin durch einen turmartigen Mittelrisalit mit flachen Giebeln und je einem vierseitigen Pyramidenhelm gegliedert. Vom Erdgeschoss wachsen zu beiden Seiten schmale, durchgehende Erkertürmchen empor, die zugleich die Dachregion auflockern und an die Eckerker der Nürnberger Herrensitze erinnern. Die beiden schmalen Giebelseiten ruhen auf großformatigen Sandsteinquadern; ihre geschweiften Giebel sind durch Gesimse unterteilt.

Das im Mittelrisalit eingerichtete breite Tor führt in eine dreischiffige, nach Nordwesten durch Arkaden geöffnete Halle, von der aus die Seitenflügel erschlossen werden. Das Erdgeschoss des Südwestflügels barg neben einer „Bauernstube" (wohl für das Gesinde) eine Küche sowie Wirtschaftsräume; darüber liegen im Zwischengeschoss die Wohnräume des Stiftungsadministrators. Im älteren Erdgeschoss des Nordostflügels aus den Jahren nach 1610 befindet sich (mit eigenem Zugang zum Garten), der so genannte Steinsaal, in dem bis 1650 reformierte Gottesdienste abgehalten wurden. Im Erker an der Nordostseite hat sich unter den barocken Architekturmalereien von Michael Gebhardt aus dem frühen 18. Jahrhundert eine ältere Fassung mit Rankenmalerei erhalten.

Von der Halle aus führt eine Spindeltreppe zu den Repräsentationsräumen des ersten Obergeschosses. Hier liegt im Mittelbau das Glanzstück des Welserschlosses, der

"Weiße Saal" mit einer von Donati Polli im Zeitraum von 1693 bis 1697 geschaffenen Stuckdecke. Dieser frühen Arbeit des berühmten Stuckateurs steht sein Spätwerk aus den Jahren nach 1734 in der sogenannten Götterstube im Nordostflügel gegenüber, die bereits in die Zeit des Rokoko hinüberführt.

Vor dem Schloss wurde ein weitläufiger, auf das Schlossportal hin ausgelegter Barockgarten in strengen Formen angelegt, der 1760 von Heumann dargestellt wurde. Ihm schließt sich im Südwesten ein mit Wasser gefüllter Graben, der alte „Steingraben" an [vgl. Neunhof IV]. Der heutige Garten im englischen Stil wurde 1852 angelegt. Ein Rundturm, der die Einfahrt beim Zehntstadel flankierte, wurde 1839 abgetragen.

Das „Neue Schloss" blieb bis zum Übergang an Bayern im Jahre 1806/1807 bzw. bis zum Ende der adeligen Grundherrschaft 1848 der zentrale Sitz des Rittergutes Neunhof. Neue Funktion fand der Komplex als Mittelpunkt für die weitverzweigte Welserfamilie, die ihr Familienarchiv, ihre Bibliothek, Kunstwerke und Porträts im Schloss unterbrachte. Nach dem Aussterben der Nürnberger Linie (1878) fiel das Gut 1894 an die Welsersche Familienstiftung und dient seither als Sitz des Stiftungsadministrators.

Das Schloss blieb – sieht man vom Einbau größerer Fenster in den Jahren 1771 bis 1774 ab – in seinen ursprünglichen bauzeitlichen Formen erhalten. Ihr Erhalt fordert große finanzielle Opfer von der Familie, die schon in den Jahren nach dem Zweiten Weltkrieg die Spuren der amerikanischen Besatzung beseitigen ließ. Statische Probleme am Dachstuhl und Feuchtigkeitsschäden wurden in einer aufwändigen Sanierung von 2001 bis 2004 behoben.

Quellen

StAN Rst. Nbg., Waldamt Sebaldi I Nr. 334.

Literatur

Alberti, Volker / Baumann, Lorenz / Holz, Horst: Burgen und Schlösser in Lauf und Umgebung. Unteres Pegnitztal (= Fränkische Adelssitze Bd. 2). Simmelsdorf-Hüttenbach 1999, S. 35-41.

Glückert, Burgen, S. 88-98.

Ders.: Schloss Neunhof als Gottesdienststätte reformierter Glaubensflüchtlinge. In: Frankenland 38 (1986), S. 311-316.

HAB Lauf-Hersbruck, S. 85, 144.

KDM Lauf, S. 294-310.

Stadtlexikon Nürnberg, S. 740 f.

Welser, Ludwig von: Neunhof. Kulturgeschichtliche Blätter aus dem Archive eines patriziatischen Herrensitzes im Gebiete der Reichsstadt Nürnberg. Bamberg 1928, S. 18, 22-26.

188 — B5

Neunhof bei Kraftshof I

Herrensitz

Neunhofer Schlossplatz 1-3

Stadt Nürnberg

Neunhof bei Kraftshof wird 1246 erstmals erwähnt, als Heinricus de Nova Curia (der sich also nach dem Ort nannte, was aber noch keinen befestigten Sitz voraussetzt) mit seiner Frau Mechthild von Braunsbach eine Wiese bei Neunhof dem Vorgänger des Nürnberger Klarissenklosters stiftete. Weitere Urkunden ab 1258 lassen eine Vielfalt von Lehen- und Eigenherrschaften erkennen, wobei vor allem die Hohenlohe-Brauneck als Erben der Reichsministerialen von Gründlach eine wichtige Rolle spielten. Ab der Mitte des 14. Jahrhunderts erscheinen auch die Kreß erstmals als Besitzer einzelner Höfe und Güter.

Im Ersten Markgrafenkrieg wurde Neunhof 1449 niedergebrannt. Angeblich befand sich unter den zerstörten Anwesen auch ein Herrensitz. Diese Behauptung findet sich erstmals im Salbuch des Erkenbrecht Koler von 1594: Es seien „die Markgräfischen zu Roß und zu Fuß ... mit einer großen Büchsen für Neunhof kommen, weilen es aber nur ein Lusthaus war, daß mans nicht erhalten konnt, ist es aufgeben und ausgebrannt worden". Diese Nachricht bezieht sich aber in Wahrheit auf den gleichnamigen Ort bei Lauf [vgl. Neunhof bei Lauf II].

Richtig dürfte vielmehr sein, was Hans Wilhelm Kreß zu Beginn des 17. Jahrhunderts notierte: Auf die 1449 abgebrannten Eigengüter der Kreß (angeblich waren es diejenigen, die von den Burggrafen 1342 an die Derrer verkauft wurden) seien „nit allein der Sitz, sondern auch die andern Gebäu, so noch vor Augen, von Hanß Kressen erbaut worden".

Das geschah um 1479, wie eine dendrochronologische Untersuchung des Schlosses ergab. Dazu passt sehr gut, dass sich Hans Kreß 1482 verpflichtete, seine Behausung zu Neunhof (die er mit Genehmigung des Nürnberger Rates „aufgericht und gepawen" habe) der Reichsstadt Nürnberg zu öffnen, d.h. im Kriegsfall zur Verfügung zu stellen, und sie außerdem nur an Nürnberger Bürger zu verkaufen. Von einem 1449 zerstörten Herrensitz kann also keine Rede sein.

Hans Kreß starb im Jahre 1500 kinderlos; seine Witwe Elisabeth veräußerte den Neunhofer Besitzkomplex 1503 um 800 Gulden an Georg Fütterer. Der aus dem

188.1 Ansicht des Herrensitzes Neunhof bei Kraftshof auf einer kolorierten Federzeichnung des Hans Bien, um 1620/30 (StadtMN)

Handwerkerstand stammenden Familie war es im Laufe des 14. und 15. Jahrhunderts gelungen, über den Fernhandel zu Reichtum und sozialem Prestige zu gelangen. Der Erwerb eines „standesgemäßen" Sitzes sollte vermutlich den weiteren sozialen Aufstieg erleichtern. Tatsächlich wurde Georg Fütterer 1504 als Junger Bürgermeister in den Kleineren Rat aufgenommen, 1521 glückte der Familie die Aufnahme ins Patriziat.

Einige Details zum Herrenhaus in Neunhof werden in der Kaufurkunde sichtbar – so ein Brauhaus neben einem Schöpfbrunnen, Wirtschaftsgebäude und ein Garten. Schon 1504 wurde im Landshuter Erbfolgekrieg Georg Fütterers „Sitzlein" zu „Newenhoff am wald" von der Reichsstadt mit einer Handvoll Schützen belegt. Aus einem Beschwerdebrief des Markgrafen aus dem Jahr 1507 geht hervor, dass Georg Fütterer die Befestigungen nach dem Erwerb erheblich ausgebaut hatte. Als daraufhin eine Nürnberger Kommission den Sitz besichtigte, hielt sie in ihrem Bericht fest, dass derselbe zum Zeitpunkt des Erwerbs nur unzureichend durch einen „schlechten liechtzaun" (einfache Palisaden) und durch ein „kleines gräblein" gegen die Waldseite gesichert war. Fütterer hatte daher begonnen, „ein mauern zu bauen gerings umb das Burghauß" und einen „zwinger" anzulegen, nach Aussagen des Eigentümers aber „nit zu seiner sonder bevestigung, sonders dem hauß und keller zu gut ... und damit er zu Zeiten auch Fisch drein thuen mög".

Ungeachtet der markgräflichen Proteste scheint Fütterer den Ausbau der Befestigungen wie des Herrensitzes vorangetrieben zu haben. Nach einem weiteren Beschwerdebrief des Markgrafen von 1526 soll Fütterer den Sitz „mit einem Steinernen Fuß von Quaterstücken bei 30 schue hoch und 25 über zwerch" errichtet, „darauf zwei stockwerck stehen gebaut und aufgericht" haben, „hat auch gute schießlöcher darein gemacht und einen gefütterten graben darum gemacht". Diese vielleicht nur aus der Ferne geschätzten Maßangaben lassen sich freilich mit dem bestehenden Bau nicht in Übereinstimmung bringen (Grundfläche 13,3 x 9,65 Meter, Höhe der beiden steinernen Geschosse 6,62 Meter). Freitag-Stadler führte die für Neunhof so charakteristischen beiden Zwerchgiebel auf Georg Fütterer zurück, worauf auch die (wohl nicht ursprüngliche) Jahreszahl 1508 in einem der Fachwerkgiebel hinzuweisen scheint. Allerdings datieren dendrochronologische Untersuchungen das Fachwerk zumindest in Teilen auf das Jahr 1479 (den Bau von Hans Kreß).

1535 verkaufte Fütterers Witwe den auf 900 Gulden taxierten Besitz an Thomas und Pankraz Reich. Nach dem Tod seines Bruders Pankraz (1544) wurde Thomas Reich Alleinbesitzer und musste 1552 erleben, wie sein Neunhofer Besitz im Zweiten Markgrafenkrieg trotz Zahlung einer „Brandschatzung" in Mitleidenschaft gezogen wurde: „Das sytzle ... im Knoblauchslanndt" wurde „zerschlagen", Voithaus und Stadel im Vorhof verbrannt. Dennoch erzielte 1557 Thomas Reich beim Verkauf an den Nürnberger Kaufmann Hans Gutteter (Gutthäter) 1.050 Gulden.

Die Gutteter begannen angeblich schon 1558 mit Renovierungen am Schloss, die sie bis 1587 fortführten. 1578/79 stand der Innenausbau des Schlosses im Vordergrund, namentlich der beiden Obergeschosse. Im Jahr 1594 erwarb Erkenbrecht Koler den Sitz und die Grundherrschaft um 3.500 Gulden, die er neben 60 Goldgulden Leihkauf in drei Raten bis 1597 bar bezahlte.

Anlässlich des Besitzübergangs wurde 1594 eine ausführliche Beschreibung des Herrensitzes angelegt, wie sie in dieser Dichte und Detailfreudigkeit bei kaum einem anderen Sitz begegnet. Das Herrenhaus war demnach „dreigädig auf die alte Manier gebauet", stand in einem gefütterten Wassergraben und war nur über eine Brücke zu erreichen. Davor lag der „Vorzwinger" mit Pferdestall, Badehaus, „Abziehkämmerlein" (?) und Keller.

Der Grundriss war zweckmäßig: In einem mittleren Flur befand sich die Treppe zu den oberen Geschossen, der Zugang zum Keller wie zu den angrenzenden Räumen, wo neben Stube, Küche und Speisekammer auch eine Holzkammer untergebracht war. Im zweiten Geschoss wiederholte sich die Einteilung, wobei die Küche allerdings – offen oder abgemauert – im mittleren Erschließungsflur lag. Das folgende dritte Geschoss war ebenfalls ausgebaut, hier lagen links und rechts des Flures Stuben und Kammern. Unterm Dach wurden später sogar zwei „Stücklein Geschütz von Messing" aufgestellt – wohl in den beiden Zwerchhäusern. Im Hof lagen „eine lange Abseiten" (d.h. ein Gebäude mit Pultdach) samt einem Uhrturm, das Voithaus, Stallungen und weitere Bauten, neben Wasch- und Backhaus, ziegelgedeckten Stadeln auch eine Schupfe, um „Wagen darin zu stellen und ander Rüstung".

Erkenbrecht Koler nahm alsbald umfangreiche Renovierungen in Angriff. Die Fachwerkgeschosse waren damals noch mit schwarzer Ölfarbe angestrichen, das Dach mit Hohlziegeln gedeckt, „welchs ein sehr schwer Tach und ganz baufällig gewest". Koler ließ es daher 1599 mit Flachziegeln neu decken, die bereits der Vorbesitzer zu diesem Zweck angeschafft hatte. Im selben Jahr wurde das Fachwerk „mit einem rauhen wurff" versehen; zur besseren Haftung des Verputzes waren 13.000 Hufnägel eingeschlagen worden. Die Tünche wurde dem Sandstein der unteren Geschosse angeglichen, die Fensterläden „überal rot und weis angestrichen", was dem Haus „ein herrlichs und Schlossisches aussehen macht". Auch das Innere ließ Koler wohnlich herrichten und vor allem an den Türen zahlreiche Sinnsprüche und Malereien anbringen.

Erkenbrecht Koler hinterließ aus seiner Ehe mit Susanna (geborene Seckler) nur eine gleichnamige Tochter, die 1615 Johann Wilhelm Kreß von Kressenstein heiratete und nach dem Tod ihres Gemahls 1629 Neunhof „zu einer ewigen Vorschickung" bestimmte. 1632/34 zerstörten kaiserliche Truppen Teile von Neunhof, darunter das Voithaus, Stallungen und den Stadel im Vorhof des Schlosses. Dieses selbst kam offensichtlich glimpflich davon, die Schäden waren nur wenig später behoben.

Johann Adam Kreß griff 1736/37 ein letztes Mal stärker in die Bausubstanz ein. Auch die große Zahl und die Anordnung der Fenster geht weitgehend auf diese Maßnahme zurück. Unter ihm entstand die barocke Hauskapelle mit den beiden Hauptaltar-Flügeln aus der Kraftshofer Kirche und einer funktionstüchtigen Schrankorgel. In der gleichen Zeit entstand der heute noch erhaltene Schlossgarten mit einem oktogonalen Pavillon, 1740 erbaut vom Kraftshofer Maurermeister Conrad Schön.

Das Äußere des Herrenhauses zeigt heute eine Mischung aus spätmittelalterlichen, frühneuzeitlichen und barocken Elementen. Auf dem zweigeschossigen Sockel aus Sandsteinquadern ruht ein zweites, überkragendes Obergeschoss aus verputztem Fachwerk. Die Satteldachkonstruktion wurde an den Giebelseiten jeweils durch zwei quer zum First stehende, über die gesamte Hausbreite errichtete Zwerchhäuser aus Fachwerk erweitert. Diese waren seit 1599 bis zur Freilegung im frühen 20. Jahrhundert verputzt. Die markante Dachlandschaft prägt das Erscheinungsbild des Gebäudes, das heute als Wahrzeichen Neunhofs und des

188.2 Ansicht des Herrenhauses wenige Jahre vor der Fachwerkfreilegung. Kolorierte Zeichnung aus dem Jahre 1903 von J. C. Bankel (StadtA Lauf)

188.3 Südansicht des Herrensitzes nach der Fachwerkfreilegung. Fotografie: F. A. Nagel 1931 (StadtMN)

Knoblauchlandes gilt. Es wird von einer weitgehend erhaltenen Zwingermauer (auf der östlichen steht die 1736 erbaute Pferdestallung) und einer heute trockenen, gefütterten Grabenanlage umgeben. Bewahrt haben sich auch der westlich vorgelagerte Ökonomiehof mit einem Voithaus und einem Stadel aus dem 18. Jahrhundert. Östlich und nordöstlich liegt der Schlossgarten mit seiner wiederhergestellten barocken Grundstruktur und mehreren Kopien aus dem Bestand der Gartenplastiken des Germanischen Nationalmuseums.

In der Hand der Familie Kreß blieb Neunhof bis zum Tod von Christoph Wilhelm Karl von Kreß, mit dem der Familienzweig 1856 ausstarb. Der Besitz fiel an seine Witwe Anna Helena Katharina Holzschuher. Ihre Nachkommen verpachteten 1956 das Familiengut Neunhof an das Germanische Nationalmuseum in Nürnberg, das in der Außenstelle ein Jagdmuseum einrichtete. Führungen unterrichten heute über die Wohnkultur des Nürnberger Patriziats in der Renaissance, unter anderem mit einer authentisch eingerichteten Koch- und Prangküche. Schloss und Schlossgarten zählen heute zu den wenigen Nürnberger Patriziersitzen, die öffentlich zugänglich sind.

Quellen

Gelegenhait, Nr. 706 und 1936.

Müllner I, S. 317; III, S. 277.

NUB Nr. 332.

Literatur

Beyerstedt, Horst-Dieter: Neunhof. Geschichte eines Dorfes im Knoblauchsland (= Schriftenreihe der ANL Bd. 43). Simmelsdorf 1996.

Frank zu Döfering, Karl Friedrich von: Die Kressen. Eine Familiengeschichte. Senftenegg 1936, Sp. 1462-1492.

Freitag-Stadler, Renate: Herrensitze im Bereich der Reichsstadt Nürnberg unter Berücksichtigung des Problems der Weiherhäuser. Erlangen-Nürnberg 1972, S. 81-123, 241-259.

Dies.: Neunhof bei Kraftshof, ein Nürnberger Patriziersitz. In: MVGN 61 (1974), S. 129-160.

Großmann, Ulrich: Architektur und Museum – Bauwerk und Sammlung. Ostfildern-Ruit 1997 (= Kulturgeschichtliche Spaziergänge im Germanischen Nationalmuseum Bd. 1), S. 40-46.

HAB Nürnberg-Fürth, S. 143 f.

KDM Stadt Nürnberg, S. 389-394 (mit Plänen).

Spille, Irene: Das Patrizierschloss Neunhof bei Nürnberg. Dependance des Germanischen Nationalmuseums. Nürnberg 2001.

Stadtlexikon Nürnberg, S. 586 f, 740.

Stromer, Wolfgang von: Oberdeutsche Hochfinanz 1350–1450 (= VSWG Beiheft 55-57). Wiesbaden 1970, Bd. 2, S. 318.

189 — B5

Neunhof bei Kraftshof II

Vermeintlicher Sitz

Stadt Nürnberg

Auf drei Karten des Nürnberger Landgebiets aus der Mitte des 16. Jahrhunderts werden zwei Herrensitze in Neunhof dargestellt: auf dem bisher ältesten bekannten Exemplar der „großen Wald- und Fraischkarte" von 1541 (heute in der Österreichischen Nationalbibliothek Wien), auf der weitgehend übereinstimmenden, ebenfalls handgezeichneten Karte der Nürnberger Wälder in der Stadtbibliothek Nürnberg (um 1552/55) sowie auf dem nach diesen Vorlagen entstandenen, mit „HW" signierten Holzschnitt von 1559. Alle drei zeigen Neunhof übereinstimmend als ein nördlich der Gründlach liegendes, zweigeteiltes Dorf mit je einem turmartigen Sitz.

Die Erklärung schien einfach, denn in der Beschreibung der Nürnberger Landschaft von 1504 heißt es: „Von der capeln Sandt Felitzen an den wald ligt fornen am wald ein wasserheuslein, ist Karl Hallers hinter dem Neuenhoff, und man nenntz auch zum Newenhoff. Item Newenhoff am wald, ein sitzlein und ein dorflein". Dieser zweite Sitz sollte also zwischen der Reutleser Kapelle und Neunhof liegen.

Tatsächlich besaß Karl Haller bei Neunhof seit 1493 ein dem Kloster Himmelthron [vgl. Großgründlach II] lehnbares Fischwasser an der Gründlach mit zwei Tagwerk Wiesen. 1509 vermachte er das Fischwasser testamentarisch seiner Frau Anna, doch belehnte das Kloster seinen Bruder Wilhelm IV. Haller damit. Nachdem Anna in zweiter Ehe Anton Tetzel geheiratet

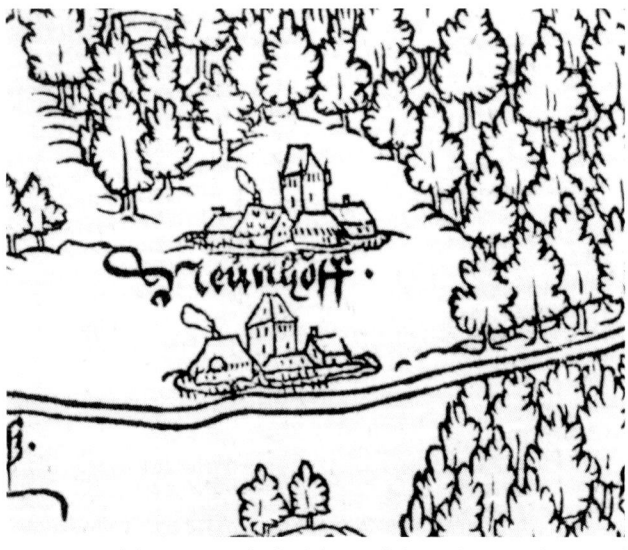

189.1 Ansicht von Neunhof mit irrtümlich zwei Herrensitzen und auf der falschen Seite der Gründlach auf einem mit „HW" (vermutlich Hans Weigel) signierten Holzschnitt von 1559 (StadtMN)

hatte, gelang es diesem bis 1517, die testamentarische Verfügung durchzusetzen und sich mit dem Fischwasser belehnen zu lassen. Bereits 1524 verkaufte er es an Christoph Kreß, der zehn Jahre später auch die Lehensherrschaft erwarb. Die entsprechenden Urkunden erwähnen allerdings keine Gebäude, geschweige einen Herrensitz oder Weiherhaus. Das lässt vermuten, dass es bei sich dem „Wasserheuslein" tatsächlich nur um ein einfaches unbefestigtes Bauwerk gehandelt haben dürfte, das Karl Haller zur besseren Nutzung des Fischwassers errichtet hatte. Ein 1985 aufgenommenes Luftbild ließ Bodenverfärbungen in den Sooswiesen an der Gründlach erkennen, die aber keinen sicheren Hinweis auf einstige Baulichkeiten ergaben. Die Darstellung auf den drei Karten ist dagegen offenbar unzuverlässig, denn Neunhof liegt südlich der Gründlach. Erst die Große Wald- und Fraischkarte des Jörg Nöttelein von 1563 korrigiert diesen Fehler, und auf ihr ist auch nur ein Herrensitz eingezeichnet.

Quellen

Gelegenhait, Nr. 1934, 1935.

HallerA Gründlacher Archiv, Urk. und Akten betr. Fischwasser bei Neunhof; Korrespondenz mit Dr. Hermann Rusam vom 28.9. bis 26.12.1985.

Literatur

Beyerstedt, Horst-Dieter: Neunhof. Geschichte eines Dorfes im Knoblauchsland (= Schriftenreihe der ANL Bd. 43). Simmelsdorf 1996, S. 10 f, 15, 20, 34.

Fleischmann, Peter: Die handgezeichneten Karten des Staatsarchivs Nürnberg bis 1806 (= Bayerische Archivinventare Bd. 49). Nürnberg 1998, S. 84.

Mende, Matthias: Albrecht Dürer – ein Künstler in seiner Stadt. Nürnberg 2000, S. 19, 136 f.

190　　E5

Nuschelberg I

Abgegangener Sitz

Nuschelberger Hauptstraße 5

Stadt Lauf an der Pegnitz

Landkreis Nürnberger Land

Die Siedlung Nuschelberg mitten im Reichswald bestand 1275 aus zwei Höfen und einem Lehen, die zur Reichsburg Lauf gehörten und sich im Besitz der Bayernherzöge befanden. Alle drei Anwesen lagen zu diesem Zeitpunkt wüst. Derselbe Besitzstand ist für 1326 überliefert, doch waren nun alle Höfe wieder bewirtschaftet. Einer derselben erscheint 1398 als Reichslehen in der Hand der Breitensteiner, die ihn damals an Seifried Pfinzing verkauften. Dessen Nachkommen wurden bis 1448 mit dem Hof belehnt, doch kam es unter ihnen 1445 zu einem Streit um die Besitzrechte. Nach dem Tod des Christian Pfinzing 1450 gelangte der Hof an Hans Voit, der 1453 mit seinem Schwiegersohn Ludwig Pfinzing das Reichslehen erhielt. Pfinzing veräußerte den Besitzkomplex 1467 an das Glockengießerspital in Lauf. In der Verkaufsurkunde wurde dieser beschrieben als „das Burkstal daselbs mitsamt der hoftstat, garten, wiesen, und weyer", dazu einige Waldstücke sowie das Gut des Hans Schatz. Dagegen ist kurz darauf in dem vom Kaiser ausgestellten Reichslehenbrief nur vom „Gut" zu Nuschelberg samt Hölzern, Gärten, Wiesen und Weihern die Rede. 1472 kam es zu einem Schiedsspruch zwischen Seitz Pfinzing als Inhaber des reichslehnbaren Zehnten und der Anna Schatz und ihren Kindern zu Nuschelberg. Es wurde bestimmt, dass letztere „aus dem paumgarten daselbst darinn das purgstal ligt als weyt der ytzo mit dem zaun umbfangen" den Zehnt geben müssten. Da aber der Baumgarten mit Getreide bebaut werde, habe Pfinzing die Wahl, entweder den Obst- oder den Getreidezehnt zu erheben, nicht jedoch beides.

Dieser abgegangene Sitz ist auf dem Gelände des ehemals zum Spital gehörigen Hofs zu lokalisieren, der seit 1817 der Familie Gottschalk gehört. Nach August Rebmann war im Wiesengelände nordöstlich der Scheune „der vordere Rand eines alten, breiten Burggrabens noch klar erkennbar, ebenso der Burghügel". Nördlich zwischen Wohnhaus und Scheune stand nach Auskunft des damaligen Besitzers angeblich „ein alter Sandsteinbau mit hohem Gewölbe, starken Mauern und schmalen, vergitterten Fenstern", der aber 1941 durch

Blitzschlag zerstört und danach abgebrochen worden sei. Dagegen stieß man 1965 beim Bau der Wasserleitung vor dem Hof in 1,80 m Tiefe auf einen schmalen, in den Felsen geschlagenen Gang, der vom ehemaligen Burgstall nach Süden führte.

Da in der archivalischen Überlieferung des 13./14. Jahrhunderts kein Sitz und 1467/72 nur noch ein Burgstall erwähnt wird, kommen als Erbauer vor allem die Pfinzing in Frage. Die Zerstörung dürfte dann schon im Ersten Markgrafenkrieg 1449 erfolgt sein.

Quellen

StAN Kataster Günthersbühl Nr. 4.

StadtAN A 1 Nr. 1445 Nov. 29.

HallerA Pfinzingarchiv, Urk. und Akten der Seyfried-Pfinzing-Stiftung betr. Nuschelberg.

Pfalzgr. Reg. II, Nr. 1942.

Reg. Imp. XIII, Nr. 1386, 2219, 2491, 3100, 5119, 8198, 8754.

Literatur

Alberti, Volker / Baumann, Lorenz / Holz, Horst: Burgen und Schlösser in Lauf und Umgebung. Unteres Pegnitztal (= Fränkische Adelssitze Bd. 2). Simmelsdorf-Hüttenbach 1999, S. 21-27.

Andrian-Werburg, Klaus Frhr. von: Nuschelberg und das „Hallerschlößchen". Typoskript 1954.

Geiger, Rudolf / Voit, Gustav: Hersbrucker Urbare (= Schriftenreihe der ANL Bd. XV). Nürnberg 1965, S. 27, 39, 91.

Glückert, Burgen, S. 69-72.

KDM Lauf, S. 335, 337.

Koch, Karl: Das Glockengießerspital zu Lauf a. d. Pegnitz (= Schriftenreihe der ANL Bd. 2). Lauf 1954, S. 83 sowie Regest Nr. 119, 120, 129, 131, 147.

Rebmann, August: Die drei Urhöfe in Nuschelberg und sein Burgstall. In: Fundgrube 29 (1959), Nr. 1/2, S. 3 ff.

191 E5

Nuschelberg II

Herrensitz, „Hallerschlösschen"

Nuschelberger Hauptstraße 1

Stadt Lauf an der Pegnitz

Landkreis Nürnberger Land

Von den drei Nuschelberger Höfen, die 1275 und 1326 erwähnt werden, besaßen einen 1398 die Breitensteiner als Reichslehen [vgl. Nuschelberg I]. Sie brachten aber auch die beiden anderen an sich, diese jedoch anscheinend als freies Eigen, und vergaben sie selbst als Lehen. 1530 verzichteten Christoph, Joachim und Hans von Breitenstein auf ihre Lehenrechte und verkauften die beiden Höfe an die Witwe Anna Gartner. Nur wenige Monate später veräußerte Anna die beiden Güter an den Nürnberger Bürger Endres Pegnitzer, der sie 1534 um 1.010 Gulden an Sebastian Cammerer weiter verkaufte. In den folgenden Jahren bis 1541 hat Cammerer

191.1 Das „Hallerschlösschen", Schmalseite mit Sonnenuhr. Fotografie: F. A. Nagel 1931 (StadtMN)

191.2 Aquarellierte Darstellung des nach den Bombentreffern im Zweiten Weltkrieg wiederaufgebauten Herrenhauses (StadtA Lauf)

„an des einen Hofstatt einen Sitz baut", der jedoch nur wenige Jahre später im Zweiten Markgrafenkrieg 1553 beschädigt wurde. Bislang ist ungeklärt, ob sich von dem alten Bau der Cammerer im quadratischen Sandsteinturm des „Hallerschlösschens" ein Überrest erhalten hat. Der 1553 entstandene Schaden war offensichtlich behoben, als Wolf Cammerer 1587 den Sitz an Caspar Benninger und Georg Beer verkaufte. Die beiden Laufer Bürger nutzten das Herrenhaus zunächst gemeinsam, teilten den Sitz dann aber auf. Möglicherweise entstand in diesen Jahren der Fachwerkanbau an den Turm und damit sein heutiges charakteristisches Aussehen.

1607 erwarb Seyfried Pfinzing – er besaß bereits mehrere Herrensitze [vgl. Günthersbühl, Heuchling, Weigelshof] – einen Halbteil, 1617 konnte er den Besitz in seiner Hand ganz vereinen. Noch im gleichen Jahr verstarb er als letzter seines Familienzweiges, nicht ohne zuvor den Nuschelberger Besitz zum Kern einer Wohltätigkeitsstiftung für bedürftige Männer umgewandelt zu haben.

Stiftungsadministratoren waren bis zu ihrem Aussterben im Jahre 1764/66 die Pfinzing [vgl. Henfenfeld, Großgründlach II], danach bis zur Aufhebung der Stiftung im Jahre 1811 ihre Universalerben, die Haller von Hallerstein, weshalb das Schlösschen noch heute ihren Namen trägt. Die bescheidene Ausstattung des Sitzes geht aus einer Beschreibung von 1815 hervor und macht einen längeren Aufenthalt der Haller auf dem Schlösschen eher unwahrscheinlich: Das Erdgeschoss wie das zweite Obergeschoss waren nicht ausgebaut, das erste Obergeschoss an eine Tagelöhnerfamilie vermietet. Die Verwaltung vor Ort war schon seit dem 17. Jahrhundert einem Vogt übertragen, der im gegenüber liegenden Voitenhaus (Nuschelberger Hauptstraße 4) wohnte. Das jetzige eingeschossige Gebäude mit Mansardendach und Gauben stammt aus dem 18. Jahrhundert.

Das Gut wurde zerschlagen, der Herrensitz 1815 um die bescheidene Summe von 600 Gulden an Johann Kießkalt verkauft. Der neue Besitzer richtete im Schloss eine Gaststube ein, die sich unter den folgenden Familien zu einem beliebten Ausflugsziel entwickelte und 1934 grundlegend renoviert wurde. Der durch einen Bombentreffer im Zweiten Weltkrieg vollständig zerstörte Anbau mit Fachwerk und Steinsockel war bereits 1948 annähernd im alten Zustand wieder aufgebaut. Das Schloss dient auch heute noch als Gastwirtschaft.

Quellen

Müllner I, S. 329; III, S. 311.

Literatur

Alberti, Volker / Baumann, Lorenz / Holz, Horst: Burgen und Schlösser in Lauf und Umgebung. Unteres Pegnitztal (= Fränkische Adelssitze Bd. 2). Simmelsdorf-Hüttenbach 1999, S. 48-53.

Andrian-Werburg, Klaus Frhr. von: Nuschelberg und das „Hallerschlößchen". Typoskript 1954.

Dannenbauer, S. 239.

Glückert, Burgen, S. 72-77.

HAB Lauf-Hersbruck, S. 86.

KDM Lauf, S. 335-337.

Rebmann, August: Die drei Urhöfe in Nuschelberg und sein Burgstall. In: Fundgrube 29 (1959), Heft Nr. 1/2, S. 3-10.

O OBERBÜRG

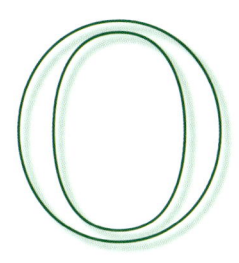

192　　D4

Oberbürg

Ehemaliges Wasserschloss (1943 zerstört)

Oberbürger Straße 1

Stadt Nürnberg

In der frühen Neuzeit galt die Oberbürg als einer der prächtigsten Nürnberger Herrensitze. Das in einer Weiheranlage gelegene Wasserschloss war sehr wahrscheinlich nicht, wie Friedrich August Nagel angenommen hat, die ursprüngliche Laufamholzer Reichsministerialenburg. Vielmehr dürfte, wie Ansgar Wittek dargelegt hat, die Oberbürg als Sitz erst im 15. Jahrhundert entstanden sein, und zwar nach der Besitzteilung von 1407/09 [vgl. Unterbürg]. Damals hatte Hans d. J. Groland die Grundstücke im Bereich der späteren Oberbürg übernommen. Dort stand eine reichslehnbare Hofstatt, die im Ersten Markgrafenkrieg 1449 niedergebrannt wurde und lange Jahre in Trümmern lag.

Von den drei Söhnen Hans d. J. Grolands starb Hans 1465. Im selben Jahr wurden seine Brüder Niklas und Peter von Kaiser Friedrich III. mit einer Wiese zu Laufamholz und „einer öden Hofstatt in einem öden Weiher" belehnt. 1487 wird erstmals ein Sitz erwähnt, als sich Nikolaus und Peter Groland verpflichteten, ihre „behausung zum obern pürgleins bei Lauffenholtz

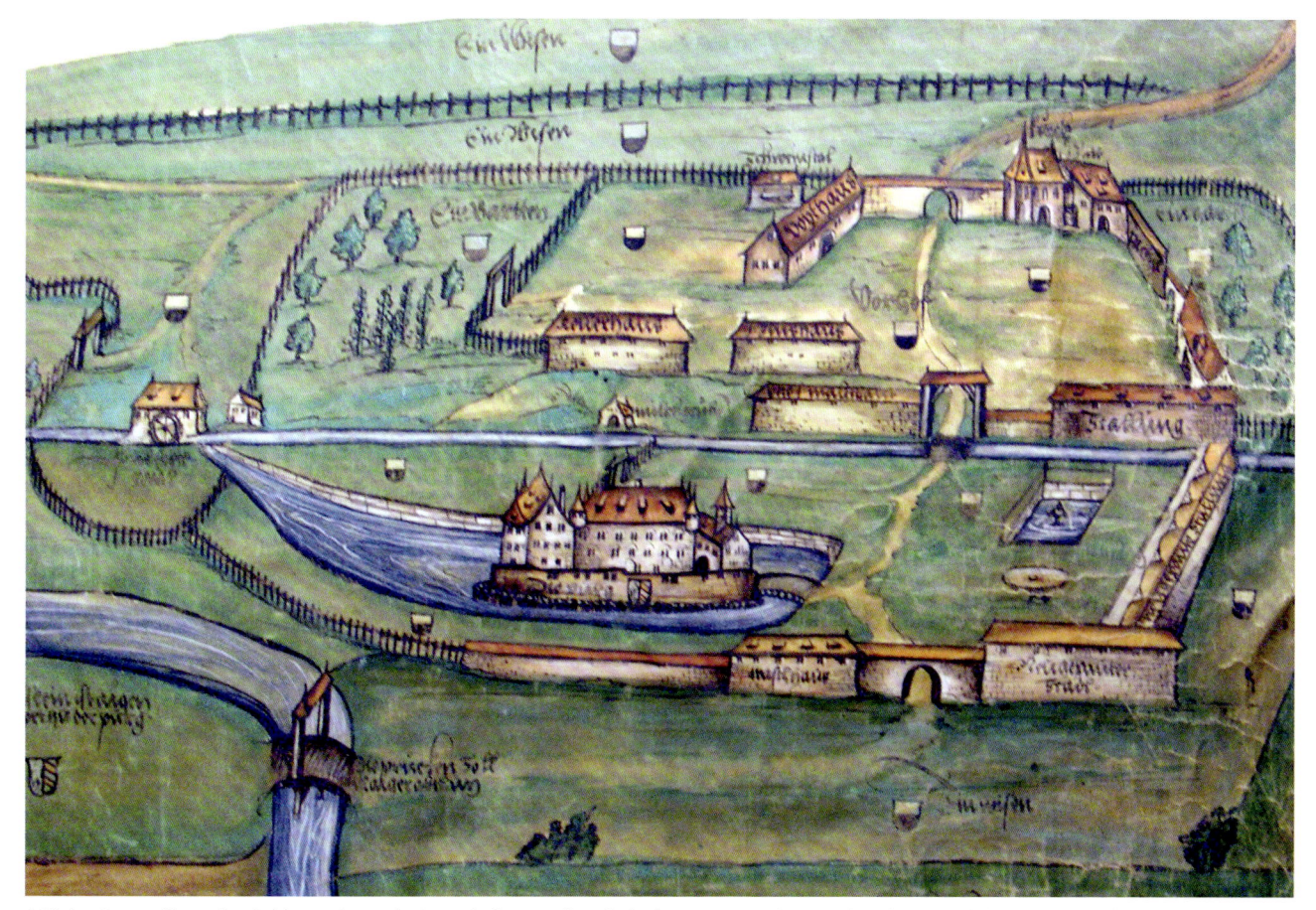

192.1　Darstellung der Schlossanlage als Ausschnitt aus einer kolorierten Karte des Pegnitztales, gezeichnet um 1544/45 von Hieronymus Beheim (StAN)

O OBERBÜRG

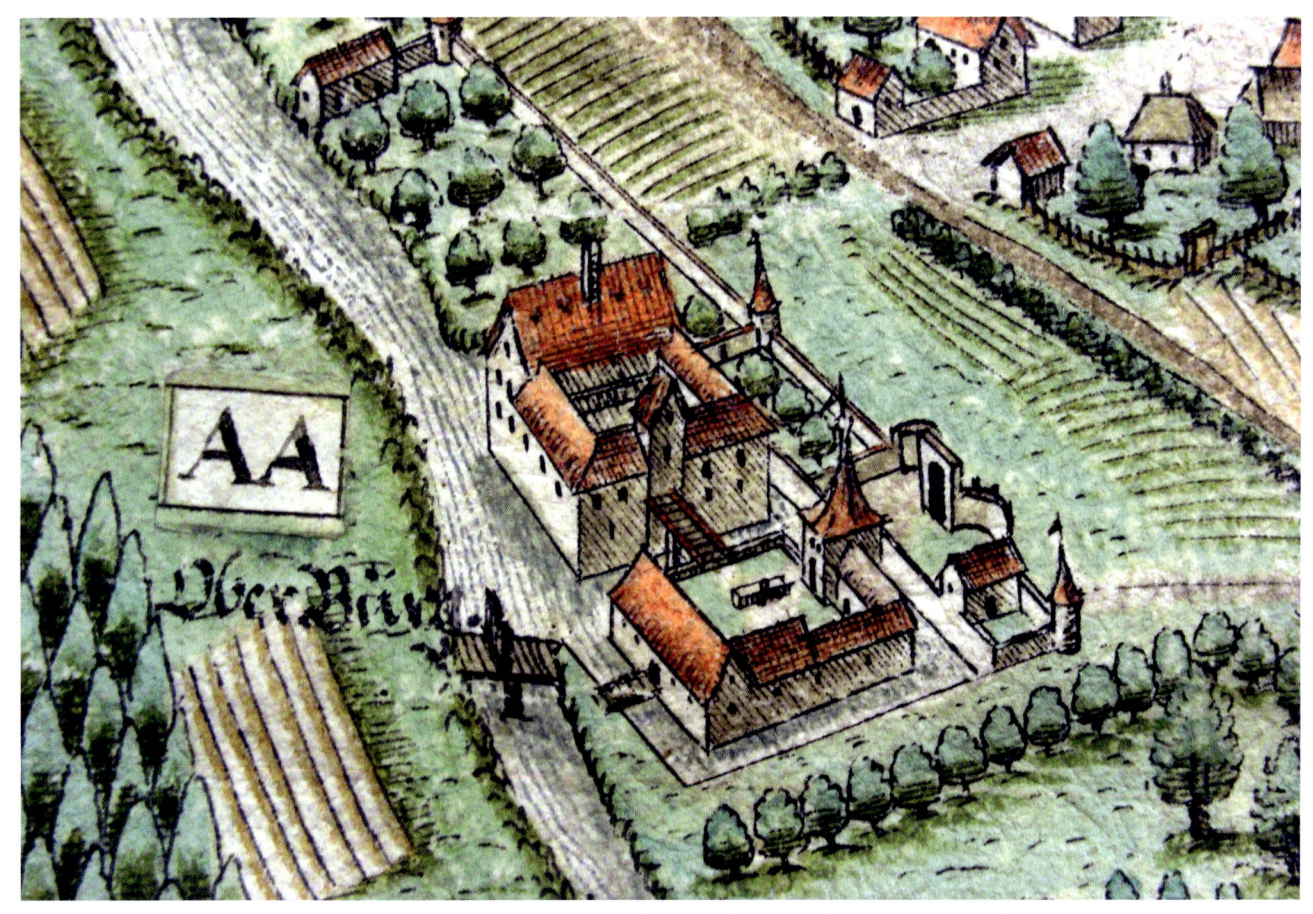

192.2 Schloss Oberbürg aus der Vogelschau, vereinfachte Darstellung auf der Karte des Pflegamtes Lauf 1628 von Hans Bien (StAN)

gelegen, als das mit gräben, wassern und tüllen (Zäunen) und anderem umbfangen ist", nur an Nürnberger Bürger zu verkaufen. Vermutlich handelte es sich um eine bescheidene Fachwerkkonstruktion auf einem massiven Sockel. Immerhin sprach Johannes Müllner in seinen Annalen der Reichsstadt Nürnberg davon, dass der einstige Sitz der Groland „nur hülzen" gewesen sei. 1504 werden unter „Obernpurck" lediglich ein Sitz und ein Steg angeführt. Niklas Groland war 1499 gestorben, sein Bruder Peter wurde 1501 allein belehnt. Nach seinem Tod Anfang 1507 fiel die Oberbürg an seinen Sohn Niklas. Dieser war es wohl auch, der einen massiven Neubau erstellte, worüber sich der Markgraf heftig beschwerte: Der Sitz sei aus Quadersteinen 40 Schuh hoch auf einem quadratischen Grundriss von 30 mal 30 Schuh erbaut und mit Schlagbrücke, einem Zwinger (55 Schuh im Quadrat und 16 Schuh hoch), vier Türmen mit Schießlöchern und einem Graben versehen.

Niklas Groland, dessen einziger Sohn 1535 gestorben war, verkaufte den erneuerten Herrensitz um 1539 an Hans Buchner, der in Böhmen Kupferbergwerke betrieb und zeitweise die Burg Hartenstein sowie den Sitz Rückersdorf besaß [vgl. Hartenstein, Rückersdorf]. 1542 gab Buchner die Oberbürg an Bonaventura von Furtenbach (1498–1564), einen reichen und wegen seiner Spekulationsgeschäfte berüchtigten Kaufmann, weiter [vgl. Reichenschwand]. Dieser erreichte noch im selben Jahr, dass die alte Lehnsbindung an das Reich abgelöst wurde und die Oberbürg von nun an als freies Eigen galt. Gleichwohl wurde der Sitz schon um 1543 an Jörg Rayger veräußert, der offenbar größere Baumaßnahmen durchführte. Dass Rayger jahrelang mit der Reichsstadt prozessierte, führte schließlich

192.3 Ansicht aus westlicher Richtung vom Vorhof aus, Fotografie: G. v. Volckamer um 1894 (StadtMN)

zu einer bis heute erhaltenen Ansicht des Schlosses aus der Zeit um 1551, gefertigt von Werkmeistern des Stadtbauamtes. Hier ist das Wasserschloss bereits mit zwei Wohngebäuden und einem Torhaus, dessen Satteldach einen Dachreiter trägt, zu erkennen. Vor dem Schlossweiher erstreckt sich ein großzügiger Vorhof mit zahlreichen Ökonomiegebäuden.

Im Zweiten Markgrafenkrieg wurde die Oberbürg am 3. Juni 1552 von den markgräflichen Truppen vermutlich nur geplündert. Wenig später wurde sie von Bonaventura von Furtenbach, der die Liegenschaft aufgrund von Forderungen an Rayger gepfändet hatte, 1561 an Dr. jur. Georg Kanler, den Besitzer des nahen Hammerwerks [vgl. Hammer], verkauft. Dr. Kanler begann um 1563 mit baulichen Erweiterungen, die das spätere Erscheinungsbild der dreiteiligen Schlossanlage prägten. Das ringsum durch einen Wassergraben und einen Pegnitzarm gesicherte Hauptschloss bestand aus vier Flügeln, deren Ecken als Rundtürme ausgebildet waren. Dem hohen dreigeschossigen Hauptgebäude mit dem First in Nord-Süd-Richtung im Osten schlossen sich die zweigeschossigen Seitenflügel an. Im Westen umschloss ein vierter Flügel mit einem mittig integrierten Torturm den engen Innenhof. Eine Brücke führte zum westlich vorgelagerten, ebenfalls mit Wassergräben gesicherten Ökonomiehof. Es handelte sich um eine große dreiflügelige Anlage, die bis heute weitgehend erhalten ist. Weitere Ökonomiegebäude und der Schlossgarten lagen südlich, außerhalb des Wassergrabens, waren jedoch durch eine mit Rundtürmen verstärkte Mauer und ein Tor geschützt.

Offenbar geriet der Bauherr später in Zahlungsschwierigkeiten, denn Wolff Ehinger erwarb 1581 „mit gerichtlicher Execution" einen halben Teil an der Oberbürg. Die andere Hälfte war an die Reichsstadt gefallen, die sie 1587 ebenfalls an Wolff Ehinger verkaufte. Johannes Müllner mutmaßte 1623, Ehinger sei ein „Scheininhaber gewest", der den Ansitz für einen Florentiner Kaufmann, der sich in Nürnberg niedergelassen hatte, erworben haben soll. 1592 war der Sitz jedoch wieder bei der Familie Kanler. Endres Kanler erneuerte die üblichen Verpflichtungserklärungen gegenüber dem Rat. Unter seinem Enkel Hans Thomas Kanler wurde bis in die Anfangsjahre des 30-jährigen Krieges in Oberbürg eifrig weitergebaut. Als auch der letzte Kanler zu Oberbürg in Konkurs ging, kam das Schloss an den Rechtsrat Jakob Fetzer, der sich an sehr zwielichtigen Geschäften beteiligt haben soll und 1634 auf einer Wienreise ermordet wurde.

1636 erwarb Hans von Blansdorf, ein aus Kärnten ausgewanderter Berater des Kurfürsten Johann Georg von Sachsen, die Oberbürg als Alterssitz. Er starb aber schon im Jahr darauf und vererbte das Schloss den Söhnen des ebenfalls aus Österreich emigrierten evangelisch-lutherischen Grafen Paul Khevenhüller. Die Brüder gewährten ihrem Verwandten Karl Freiherrn von Windischgrätz (1588–1651) bis 1644 Wohnung auf der Oberbürg und starben fast alle als schwedische Offiziere eines gewaltsamen Todes. Danach ließ sich Amalie von Stubenberg (1593–1664) dort nieder, die aufgrund ihrer Forderungen an die Khevenhüller das Schloss als Pfandbesitz erhalten hatte. Die Witwe des letzten Khevenhüller verkaufte die Oberbürg 1684 an ihre Vettern, Otto Christian und Georg Ludwig Reichsgrafen von Zinzendorf, die auf dem Besitz ihre Mutter wohnen ließen, ihn jedoch schon 1693 ihrer Schwester Margaretha Susanna veräußerten.

Mit Margaretha Susanna, die 1694 Matthias Julius Eberhard Graf von Polheim heiratete, brach wieder eine glanzvollere Zeit für die Oberbürg an, die auch nicht

192.4 Ansicht aus südwestlicher Richtung, Fotografie: F. A. Nagel 1936 (StadtMN)

192.5 Ansicht aus östlicher Richtung, Fotografie: F. A. Nagel 1936 (StadtMN)

192.6 Blick in den großen Salon im 1. Obergeschoss, Fotografie: F. A. Nagel vermutlich um 1940 (StadtMN)

192.7 Blick in die Schreibstube im 1. Obergeschoss, Fotografie: F. A. Nagel vermutlich um 1940 (StadtMN)

unterbrochen wurde, als der Ehemann schon 1704 verstarb. Durch die Umgestaltung vieler Räume erhielt das Schloss ein barockes Gepränge, wozu die Anlage eines prachtvollen Gartens, ausgestattet mit großzügigen Broderien, Skulpturen und einer Orangerie, zählte. Zu dieser Zeit dürfte zudem das hohe Satteldach des Hauptgebäudes durch die bereits um 1700 nachweisbare Walmdachkonstruktion ersetzt worden sein.

Nachdem sich die Oberbürg unter der lebenslustigen Gräfin von Polheim zu einem gesellschaftlichen Zentrum des Adels, vor allem österreichischer Emigranten, entwickelt hatte, erfreute sie sich des Besuchs vieler illustrer Gäste. Selbst der Ansbacher Markgraf soll die Oberbürg besucht haben. Noch kurz vor ihrem Tod 1721 veräußerte die Gräfin das Schloss an den Oberkriegskommissar des Fränkischen Kreises Johann Georg Fritz und seine Ehefrau Barbara Sabina, eine geborene Paumgartner von Holnstein. Nach dem Tod des neuen Besitzers 1727 fiel das Schloss an eine Erbengemeinschaft aus Töchtern und Schwiegersöhnen. 1748 kam der Enkel Johann Georg Friedrich von Hagen, brandenburgischer Hof- und Kreisrechnungsrat, an die Oberbürg [vgl. Mögeldorf IV]. Er hinterließ 1782 zerrüttete wirtschaftliche Verhältnisse, sodass das Hagensche Vermögen unter Zwangsverwaltung geriet. Aus der Konkursmasse erwarb schließlich 1785 Johann Wolfgang von Wahler das Schloss und begründete eine längere Besitzdauer seiner Familie. Nach seinem Tod erbte die Witwe Friederike, die bald den französischen Offizier Jean Jacques de Guibert heiratete. Um 1815 erbte ihr Sohn Johann Jakob von Wahler das Schloss. Erst seine Witwe, eine geborene von Scheidlin [vgl. Mögeldorf IV, VI, VII], veräußerte die Oberbürg 1864 an den bayerischen Generalmajor Leopold Ernst Eduard Ferdinand Freiherrn von Andrian-Werburg. Ihm folgte 1880 Wilhelm Freiherr Leuckart von Weißdorf, der den landwirtschaftlichen Gutsbetrieb intensivierte. Nach seinem Tod 1927 übernahm dessen Bruder Dr. jur. Friedrich Freiherr Leuckart von Weißdorf die Liegenschaft.

In der Nacht vom 28. auf den 29. August 1943 zerstörte ein Bombenabwurf das Schloss und bereitete einem der prachtvollsten Schlösser der Region ein trauriges Ende. Es blieb als ausgebrannte Ruine liegen; nur der Ökonomiehof im Westen der Anlage wurde wieder in Stand gesetzt. Gegen Ende der 1950-er Jahre wurde das Schlossgut an die Energie- und Wasserversorgung AG der Stadt Nürnberg verkauft, weil das Areal in die Trinkwasserschutzzone integriert werden sollte. Aus diesem Grund stellte man auch den landwirtschaftlichen Betrieb ein. 1966 wurde der größte Teil der noch stattlichen Schlossruine abgebrochen, nur einige Bereiche der Wehrmauer, Toranlagen, Teile der Rundtürme und der Ökonomiegebäude wurden restauriert. Der alte Ziehbrunnen wurde 1966 nach Nürnberg, vor das Vestnertor der Burg, versetzt. Der erhaltene Bestand bietet heute einen stark vernachlässigten und von Vandalismus gezeichneten Anblick.

Quellen

StAN Rst. Nbg., Urk. des 7-farbigen Alphabets Nr. 3614, 4160. Rst. Nbg., Amts- und Standbücher Nr. 80. Rst. Nbg., Rechnungen des markgräflichen Krieges Nr. 95, 96. Rst. Nbg., Waldamt Lorenzi I Nr. 860.

StadtAN E 10/21 Nr. 83 I, 92.

Gelegenhait, Nr. 685, 1851 f.

Müllner I, S. 363.

Literatur

HAB Nürnberg-Fürth, S. 231.

KDM Stadt Nürnberg, S. 375 f.

Mulzer, Vorstädte, S. 103 f.

Pfeiffer, Gerhard: Die Offenhäuser der Reichsstadt Nürnberg. In: JffL 14 (1954), S. 167, 171, 173 f, 178.

Ruthrof, Renaissance, S. 53 f, mit Zeichnung aus dem 17. Jahrhundert, S. 62-64 und 71 mit Fotografien.

Schnabel, Werner Wilhelm: Österreichische Exulanten in oberdeutschen Reichsstädten (= Schriftenreihe zur bayerischen Landesgeschichte Bd. 101). München 1992, S. 500-503.

Schwemmer, Bavaria Ant., S. 6, mit Zeichnung des 17. Jahrhunderts (stammt nicht aus dem Cnopfschen Skizzenbuch), S. 47, mit Ausschnitt aus dem Kupferstich von G. D. Heumann von 1756.

Sieghardt, August: Nordbayerische Burgen und Schlösser. Nürnberg 1934, S. 24-30, Tafel 4 ebenfalls mit Kupferstich von G. D. Heumann.

Stadtlexikon Nürnberg, S. 772, mit Radierung von J. A. Boener von 1707.

Wittek, Ansgar: Der Nürnberger Vorort Laufamholz. Nürnberg-Laufamholz 1984, S. 46-49, 63-95.

193 G6

Oberkrumbach

Mutmaßliche Burgstelle

Gemeinde Kirchensittenbach

Landkreis Nürnberger Land

Bei Oberkrumbach verlief, von Hersbruck über den Pass zwischen dem Kleinen und Großen Hansgörgl kommend, ein Abschnitt der alten Fernhandelsstraße zwischen den Königspfalzen Regensburg und Forchheim. Südlich von Oberkrumbach quert die Straße die Flur „Burgstein", an deren höchstem Punkt und nur wenige Meter von der Altstraße entfernt sich Reste einer kleinen Wallanlage finden. Die stark verschliffenen Steinwälle gruppieren sich um mehrere bis zu 4,5 Meter hohe Felsblöcke. Der geringe Durchmesser der Wälle von maximal sieben Metern sowie fehlende Bearbeitungsspuren an den Felsen schließen eine größere Anlage aus, lassen aber Raum für die von Walter Heinz und Ernst Dürr vorgetragene hypothetische Deutung als „Wachhaus" (Wachturm) zur Sicherung und Überwachung der vorbeiführenden Straße, die von diesem hochgelegenen Punkt über eine weite Strecke einzusehen war. Da weitere Untersuchungen und Nachrichten über Bau und Schicksal fehlen, kann aber auch eine frühgeschichtliche Anlage beim derzeitigen Kenntnisstand nicht ausgeschlossen werden.

Literatur

Malter, Wilhelm: Mittelfranken, Nürnberger Umland. Nürnberg 1971, S. 22.

Heinz, Walter / Dörr, Ernst: Rätselhafte Wallanlage an der Eisenstraße. Vermutlich die Reste eines „Wachhauses" mit weiter Sicht an der Altstraße zwischen Regensburg und Forchheim. In: Heimat. Beilage zur Hersbrucker Zeitung 69 (Febr. 1999), Nr. 1, S. 3 f.

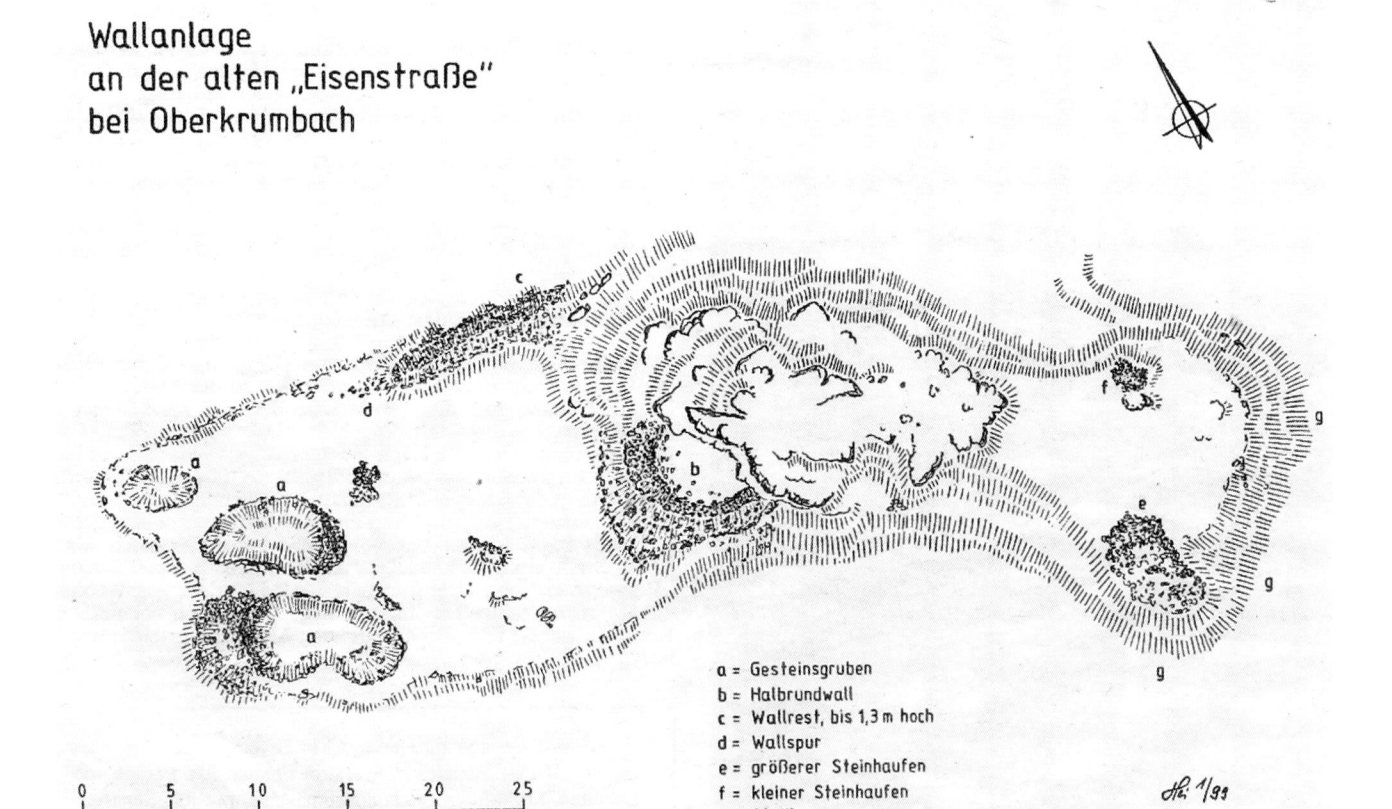

193.1 Lageplan der kleinen Wallanlage bei Oberkrumbach, Zeichnung Walter Heinz (Pr)

Oberndorf bei Offenhausen

Abgegangene Burg, „Hohenkuchen"

Gemeinde Offenhausen

Landkreis Nürnberger Land

Südöstlich des Offenhausener Gemeindeteils Oberndorf findet sich auf dem so genannten Schlossberg die Stelle einer abgegangenen Burg. Die geringe Größe der Burgstelle lässt eine hochmittelalterliche Turmburg annehmen. Die bis zu 21 Meter im Durchmesser große ovale Fläche wird von einem bis zu 12 Meter breiten und etwa 2 Meter tiefen Graben geschützt. Im Norden ist noch ein Wall vorgelagert. Die Burgstelle und der Graben wurden östlich und südöstlich offenbar durch Steinbrucharbeiten oder eine Raubgrabung gestört, die schon Hellmut Kunstmann 1955 beobachtet hatte. Die vom Nürnberger Burgenforscher aufgefundenen Gefäßscherben wurden seinerzeit auf das 12., „vielleicht sogar 11. Jahrhundert" geschätzt.

Die Anlage zählt zu den wenigen hochmittelalterlichen Burgstellen, die sogar urkundlich bezeugt sind. Sie scheint als Hohenkuchen im Jahr 1245 in einer Urkunde auf, in der sich der Ministeriale Heinrich Ros nach ihr nannte. Der Burgname stand in Beziehung zu den nahen Orten Kucha und Oberndorf, die noch bis in die frühe Neuzeit hinein Niedernkuchen und Oberkuchen genannt wurden. 1264 nannte sich ein Heinrich Ros noch ein letztes Mal nach Hohenkuchen, als er vom Nürnberger Burggrafen Konrad ein Gut zu Peuerling kaufte.

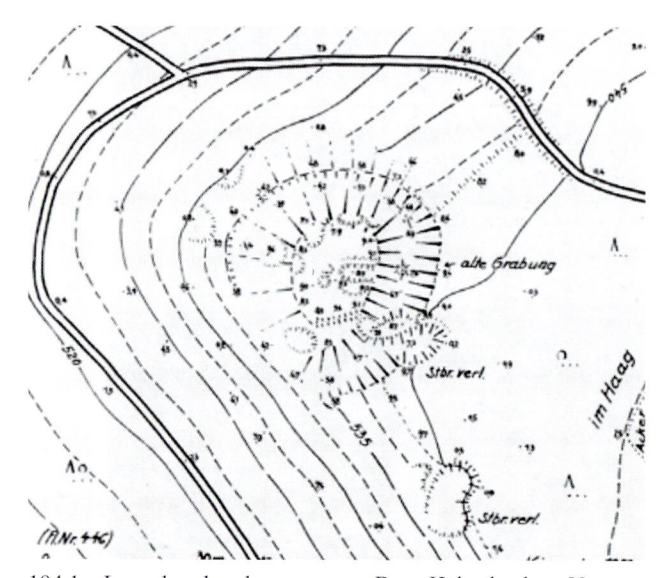

194.1 Lageplan der abgegangenen Burg Hohenkuchen, Vermessung 1953 durch M. Kirmaier (BLfD)

194.2 Blick auf die heute bewaldete Burgstelle und den erhaltenen Graben aus südöstlicher Richtung (Rg)

Heinrich Ros zählte zur im Hammerbachtal in hoher Dichte ansässigen Dienstmannschaft des mächtigen Reichsministerialen Ulrich von Königstein. Schon um die Mitte des 13. Jahrhunderts wanderten Familienmitglieder der Ros/Rosa nach Nürnberg ab, wo sie dem Beispiel anderer Ministerialengeschlechter folgten und sich unternehmerisch betätigten. Nach der Häufigkeit ihres urkundlichen Auftretens zählten sie schon ab 1251 zu den aktivsten und einflussreichsten Bürgern Nürnbergs. Die Burg Hohenkuchen wurde nach 1264 nicht mehr genannt und wird vielleicht noch im 13. Jahrhundert aufgegeben worden sein. Neben Heinrich Ros/Roso dem Älteren und seinem gleichnamigen Sohn findet sich 1270 noch der Ritter Hermann Ros. Der Tod des alten Heinrich Ros ist im Nekrolog des Nürnberger Barfüßerklosters für den 27. Februar 1275 vermerkt. Ein jüngerer Heinrich Ros trat für den Reichsschultheiß zu Nürnberg noch im Frühjahr 1307 als Zeuge auf. Das Geschlecht scheint im frühen 14. Jahrhundert erloschen zu sein.

Quellen

StadtAN E 13/1. Nr. 1.

Lehnbuch von 1331, S. 167.

NUB Nr. 341, 348, 349, 384, 410, 441, 445, 453, 470, 541, 668, 679, 680, 732, 748, 757, 767, 786, 803, 917, 919, 941, 1041, 1048, 1049, 1053.

Literatur

Giersch, Robert: Chronik von Offenhausen. Teil I (erscheint voraussichtlich 2007).

Heinz, Walter: Vom Hohenstein zum Keilberg. In: Ehemalige Burgen im Umkreis des Rothenbergs. 2. Teil (= Vom Rothenberg und seinem Umkreis, Heft 15/2). Schnaittach 1992, S. 129-131.

KDM Hersbruck, S. 213.

Kunstmann, Hellmut: Burgstall bei Oberndorf. In: MANL 4 (1955), Heft 2, S. 22 f.

Voit, Pegnitz, S. 219 f.

195 · G5

Oberndorf bei Reichenschwand

Herrensitz

Oberndorf 1

Gemeinde Reichenschwand

Landkreis Nürnberger Land

Der Sitz Oberndorf wurde nach einer Inschriftentafel an der Giebelfassade 1627 von Bonaventura Furtenbach auf Reichenschwand und Oberndorf von Grund auf neu erbaut („aedes has funditus ex strui curavit"). Der Bauherr stammte aus einer Allgäuer Familie, die durch den Fernhandel mit Textilien, Gewürzen und Salz zu Reichtum gelangt war und sich seit Bonaventura I. Furtenbach (1498–1564) in Nürnberg nachweisen lässt. Der ältere Bonaventura gilt als Begründer der Nürnberger Linie, wurde von Kaiser Karl V. geadelt, konnte rasch in die Nürnberger Führungsschicht einheiraten (verschwägert u.a. mit den Holzschuher), 1530 das namengebende Reichenschwand und bis 1535 die Güter in Oberndorf erwerben. In seinem Testament widmete 1563 er die Herrschaft Reichenschwand mit den Gütern zu Oberndorf und Leuzenberg zu einem Fideikommißgut um, das seine Nachkommen „weder verkaufen oder vergeben" durften und das so bis zum Anfang des 19. Jahrhunderts in der Hand der Familie blieb [vgl. Reichenschwand].

Sein Urenkel Bonaventura III. Furtenbach hatte nach Studien in Lauingen und Straßburg sowie Tätigkeiten in holländischen (Kriegs-)Diensten im Jahre 1611 Maria Magdalena Tucher geheiratet und seither den Sitz Reichenschwand gemeinsam mit den Nachkommen seines Onkels Hans V. von Furtenbach bewohnt. Aus unbekanntem Gründen – möglicherweise führte das enge Zusammenleben mit den Verwandten zu Zerwürfnissen – errichtete er 1627 nach 16 Jahren auf einem der Bauerngüter in Oberndorf den eingangs erwähnten neuen Sitz. Der rechteckige schlichte Bau erhielt einen flachen Gewölbekeller und wurde im Erdgeschoss in Sandstein, im Obergeschoss teilweise in Fachwerk ausgeführt. Der ganz in Sandstein aufgeführte Südgiebel wirkt durch seine drei Gesimse mit geschweiften Giebellinien und Steinkugelbekrönung herrschaftlich, während sich die anderen Fassaden einfacher präsentieren.

Nachdem mit seinem Sohn Christoph Andreas († 1671) und dessen Witwe Sabina Dorothea Tetzel († 1681) der Oberndorfer Familienzweig wieder ausstarb, fiel der Besitz an die Reichenschwander Linie zurück. Im Herrensitz Oberndorf wurde 1702 Jakob Wilhelm geboren, der die so genannte „zweite Reichenschwander Linie" begründen sollte. 100 Jahre später verkaufte sein Sohn Jobst Wilhelm von Furtenbach das Schlösschen mit geringem Zubehör um 3.500 Gulden an den Bauern Johann Deinzer, der es wieder in einen Bauernhof umwandelte.

Literatur

Alberti, Volker / Baumann, Lorenz / Holz, Horst: Burgen und Schlösser in Hersbruck und Umgebung. Oberes Pegnitztal (= Adelssitze in Franken Bd. 3). Simmelsdorf-Hüttenbach 1999, S. 35.

Furtenbach, Franz Josef von: Geschichte des Geschlechts Furtenbach 14.–20. Jahrhundert. Hg. v. Amalie von Furtenbach. Limburg 1969, S. 37-39, 52 f.

KDM Hersbruck, S. 224 f.

Schwemmer, Wilhelm: Alt-Reichenschwand. In: MANL 28 (1979), Sonderheft Nr. 25, S. 13-21.

195.1 Ansicht der Giebelfassade mit Kugelbekrönung und Inschrift. Fotografie: F. A. Nagel 1910 (StadtMN)

Oberschöllenbach I

Abgegangener Herrensitz

Oberschöllenbacher Hauptstraße 11 / Rheinstraße 2

Markt Eckental

Landkreis Erlangen-Höchstadt

Oberschöllenbach war Teil des Reichsgutes um Nürnberg, wurde 1279 von König Rudolf mit Neunhof bei Lauf, Tauchersreuth und Günthersbühl an die edelfreien Schlüsselberger verliehen [vgl. Einleitung zu Neunhof bei Lauf, Günthersbühl] und kam 1347 an die Burggrafen von Nürnberg, welche die Güter 1405 an Berthold Pfinzing verkauften. Die Übertragung des Reichslehns wurde von König Ruprecht am 11. August 1405 genehmigt, die verkauften Güter zu freiem Eigen der Erwerber erklärt. Als nachfolgende Besitzer werden die Holzschuher, Halbwachs, 1454 Endres Rech und schließlich 1490 Hieronymus und Sebald Rech genannt, die 1512 Ober- und Unterschöllenbach an Sixt I. Oelhafen veräußerten.

Sixt I. Oelhafen (1466–1539), Sohn eines Nördlinger Ratsherrn, gilt als bedeutendster Vertreter der Familie, da er es zum obersten Sekretär in den Hofkanzleien der Kaiser und Könige Friedrich III., Maximilian I. und Karl V. brachte. Nach seinem Tod am 22. Juni 1539 folgten seine Söhne Sixt II. (bis 1544), Maximilian (1544–1557) und Hans (1557/60–1580) im Besitz von Oberschöllenbach.

Angeblich soll 1512/18 bereits ein altes Herrenhaus bestanden haben. Allerdings erwähnt die 1504 angefertige Beschreibung der Nürnberger Landschaft in Oberschöllenbach noch keinen Sitz. Dasselbe gilt für die Urkunde, in der Sixt I. Oelhafen 1538 sein „Dörflein Ober-Schöllenbach" nebst den Gütern in Unterschöllenbach testamentarisch zur Vorschickung Schöllenbach bestimmte, deren Verwaltung und Nutznießung jeweils beim Familienältesten liegen sollte (Seniorat).

196.1 Ansicht des unteren Sitzes, Ausschnitt aus einem Porträtstich von G. P. Nußbiegel 1752 (StadtA Lauf)

196.2 Ansicht des unteren Sitzes von Südosten, Stich von L. Schlemmer 1798 nach einer Zeichnung von J. A. Graff 1685 (HallerA)

Im Jahre 1547 bat Maximilian Oelhafen das Nürnberger Waldamt Sebaldi, im Dorf Schöllenbach einen Sitz errichten zu dürfen. 1550 soll dann ein zweigeschossiges steinernes Haus erbaut worden sein, das mit 52 auf 41 Schuh (ca. 15,8 x 12,45 Meter) stattlich ausfiel und kaum kleiner war als der ebenfalls neu errichtete Stadel, der etwa 16,1 x 13 Meter maß. Der Zeitpunkt für den Bau war allerdings denkbar schlecht gewählt, da die Gebäude schon am 2. Juni 1552 im Zweiten Markgrafenkrieg „bis in den Grund" niedergebrannt wurden. Der Schaden wurde auf 3.000 Gulden geschätzt.

Maximilian Oelhafen begann bereits 1556 mit dem Wiederaufbau, wenn auch in bescheideneren Dimensionen. Über dem Bau des Herrenhauses – es war gerade etwa 2 Meter hoch gemauert – starb er. Sein Bruder Hans vollendete 1557/58 das angefangene Werk und umgab es mit einem „Meuerlein und Zwingerlein". Im Hof standen ein Stadel, ein Viehstall, Schweinestall und Schupfen. An den Bau erinnert eine Medaille mit einer lateinischen Inschrift, die sinngemäß lautet: „Johannes Oelhafen, Schwiegersohn des ehrbaren Herren Hieronymus Paumgartner, ließ dieses Haus für sich und die seinen und die Nachkommen seines Stammes erbauen und mit einer Mauer umgürten. 1558".

Vor 1614 hatte Maximilian Oelhafen (seit 1609 Inhaber der Vorschickung) mit Baumaßnahmen an seinem Herrensitz begonnen, wozu ihm das Waldamt bereits Bauholz genehmigt hatte. Nachdem aber einer seiner Untertanen gezwungen war, sein baufälliges Bauernhaus zu erneuern, bat Oelhafen das Waldamt, das ihm für seinen Herrensitz genehmigte Holz für den Neubau seines Untertanen verwenden zu dürfen. Er verzichtete ausdrücklich auf den weiteren Ausbau des Herrensitzes, wofür ihm und seiner Familie ein Wohnrecht im Obergeschoss des Bauernhauses eingeräumt werden sollte.

Nach den erhaltenen Grundrissen aus dem Jahre 1614 führte eine Rundbogentür in einen mittleren Flur mit einer abgemauerten Kammer, dem sich rechterhand je eine Stube und Kammer anschlossen, auf der linken Seite lag ein teilweise eingewölbter Stall. Über eine Innentreppe erreichte man das Obergeschoss, in dem links und rechts des mittleren Flures (mit einem großen Rauchfang?) je eine Kammer und eine Stube lagen. Vom Flur war ein weiterer Raum mit einem Kamin abgetrennt, vermutlich eine Küche. Ob und auf welchem Anwesen die Pläne verwirklicht wurden, ist nicht bekannt.

Tatsächlich wurde im Jahre 1618 mit der Errichtung eines steinernen Obergeschosses der Ausbau des Herrenhauses fortgesetzt. 1685 zeichnete Johann Andreas Graff eine Ansicht von Südosten (sie ist nur durch einen 1798 nach dieser Vorlage ausgeführten Stich überliefert), die den zweigeschossigen Herrensitz mit Sonnenuhren auf beiden Seiten und einem Dacherker mit Uhrzifferblatt an der Südfront zeigt. Ein posthumer Porträtkupferstich des Familienseniors (seit 1736) Christoph Friedrich II. Oelhafen aus dem Jahr 1752 überliefert als Hintergrundbild den Anblick von Nordosten. Danach wies das Herrenhaus auch auf der Nordseite einen Dacherker auf.

1778 wurden unter den Besitzungen der Oelhafen in Oberschöllenbach an erster Stelle beschrieben „ein altes Herren-Hauß, ohnbewohnt, außer unten wohnen 2 Taglöhner". Es muss sich um den „unteren" Sitz handeln, da anschließend der „obere Hof" [vgl. Oberschöllenbach II] erwähnt wird. 1811 war das Gut in Besitz des damaligen Familienseniors Georg Christoph von Oelhafen zu Eismannsberg (1748–1825) und bestand aus dem Schloss Haus Nr. 1, massiv gebaut und unbewohnt, dem Voitenhaus Nr. 2 nebst einem Stadel, besonderer Stallung und Backofen sowie schließlich dem Zwingerhäuslein Nr. 3.

Schon im Jahr darauf wurde das Gut – vermutlich in Folge der bayerischen Gesetzgebung zur Auflösung der Fideikommisse – zerschlagen. Johann Horlemus erwarb am 12. August das Voitenhaus für 550 Gulden, dessen westliche Hälfte Nr. 23 wurde am selben Tag für 200 Gulden an den Taglöhner Johann Korn verkauft. Aus dem Zwingerhäuslein entwickelte sich spätestens um 1840 eine Gastwirtschaft, die heute noch besteht. Das Schlossgebäude war vermutlich ebenfalls 1812 an den Köbler Sebastian Ochs veräußert worden, von dem es

Johann Seybold „und Consorten" am 28. März 1815 für 600 Gulden erwarben.

Zu diesem Zeitpunkt war das Obergeschoss allerdings bereits abgetragen und die westliche Hälfte des Erdgeschosses abgebrochen, sodass der Bau den Charakter eines Herrensitzes verloren hatte. Später wurde das Haus wieder aufgestockt. In dem inzwischen modern veränderten Gebäude dürften immer noch Reste der alten Außenmauern integriert sein.

Am erhaltenen, leider sehr schadhaften unterkellerten Nebengebäude (Rheinstraße 2) ist am Giebel die Jahreszahl 1720 eingeschlagen und in einer Nische darunter ein in Sandstein gearbeiteter, heute stark abgewitterter Löwe (das Wappentier der Oelhafen) angebracht. Womöglich stammt er vom benachbarten Schloss, denn der erwähnte Stich von Schlemmer von 1685/1798 zeigt an der Südfront ein großes, offenbar plastisch gearbeitetes Wappen.

Quellen

StAN Rst. Nbg., Waldamt Sebaldi Nr. 335. Kastaster Eschenau Nr. 1 Bd. 2, fol. 132.

Gelegenhait, Nr. 662.

Mon. Zoll. Bd. VI, Nr. 270, 284, 294.

Müllner I, S. 332.

196.3 Das Nebengebäude mit dem im Giebel eingemauerten Wappenlöwen, Fotografie: F. A. Nagel 1938 (StadtMN)

O OBERSCHÖLLENBACH I

Literatur

Biedermann, Tab. 338 f, 344, 346.

Deliciae II, S. 77 f.

Glückert, Ewald: Ein Bild im Bilde: Oberschöllenbach. In: Neunhofer Land 26 (2001), S. 42-46.

Gräf, Friedrich: Kurze Geschichte der zwei benachbarten Dörfer Ober- und Unterschöllenbach. München 1933.

Held, Wilhelm: Ein kurzer Beitrag zur Geschichte der beiden Dörfer Ober- und Unterschöllenbach. In: 700 Jahre Ober- und Unterschöllenbach 1279–1979. Festschrift Eckental 1979, S. 13-14.

KDM Erlangen, S. 139.

Rhau, Johann Leonhard: Versuch einer topographischen Beschreibung derer in den Ober- und Jurisdictionsamt Bayersdorf rechtfraischlichen Territorialbezirk gelegener Orthschaften, Dörfer, Wailer, Hoefe, Mühlen ... 1778 (Mskr. im Stadtarchiv Erlangen), S. 401.

Stadtlexikon Nürnberg, S. 776 f.

197 D6

Oberschöllenbach II

Ehemaliger Herrensitz

Oberschöllenbacher Hauptstraße 2, 2a

Markt Eckental

Landkreis Erlangen-Höchstadt

Die Anfänge des „oberen" Sitzes in Oberschöllenbach sind bislang nicht bekannt. Das gegenwärtige zweigeschossige Gebäude soll am westlichen Sandsteingiebel die Jahreszahl 1643 tragen. Ob sich das auf die Erbauung oder nur auf eine Instandsetzung während des 30-jährigen Krieges bezieht, muss offen bleiben.

Die Anlage des damals so genannten „oberen Hofes" mit seinen Nebengebäuden geht aus einem Baugesuch von 1759 hervor, für das ein Situationsplan angefertigt wurde. Demnach dominierte das „zweigädige

197.1 Der „Obere Hof" der Oelhafen, Ansicht von Norden. Fotografie: G. v. Volckamer um 1894 (StadtMN)

197.2 Der obere Sitz von Südwesten, Fotografie: F. A. Nagel 1912 (StadtMN)

Herrenhaus" mit einer Größe von 51 auf 35 Schuh (ca. 15 auf 10 Meter) den Hof. Nördlich davon stand ein mit etwa 13,7 auf 13,4 Metern beachtlich großer, aber baufälliger Stadel (vermutlich noch mit einem steilen Vollwalmdach), für den ein Neubau auf verkleinertem Grundriss geplant wurde. Das hier bisher untergebrachte Vieh und die Schweine sollten in der herrschaftlichen Stallung am Rande des Hofes einen neuen Platz finden. Veränderungen waren auch an zwei Nebengebäuden vorgesehen: Das eine war südlich an das Herrenhaus L-förmig angebaut und sollte zugunsten der darin bestehenden Wohnung vergrößert werden unter Verzicht auf die bisher dort befindliche Schmiede mit Kohlenlager und Backofen. Im Taglöhnerhaus an der nordöstlichen Ecke des Grundstücks war der Einbau von zwei weiteren Mietwohnungen geplant; zu diesem Zweck sollte dorthin ein Feuerrecht aus dem zu einem unbekannten Zeitpunkt abgebrannten Gärtnerhaus übertragen werden, das zwischen dem Herrenhaus und dem Stadel gestanden hatte.

1778 heißt es in der Beschreibung des Oberamts Baiersdorf, „der Herr von Oehlhaf(en) hat vor sich einen halben Hof, der Obere genannt, so er vor frey eigen hält, worauf ein Beständner (wohnt), so solchen in Pacht" habe. 1811 bestand das Gut aus dem Wohnhaus Nr. 15, halbgemauert mit Steinen, den Nebengebäuden Nr. 16, 17 und 18 (die beiden letzteren wurden 1837 abgebrochen), einer Viehstallung sowie einem Backofen. Auf

3.000 Gulden veranschlagt, war er in der Hand des Stadtgerichts-Asssesors Christoph Karl von Oelhafen (1764–1831), der ihn von seiner Mutter im Jahre 1788 übernommen hatte. Von ihm gelangte er an seine Söhne Christoph Karl Jakob (1796–1863) und Karl Sigmund Jakob Ferdinand (1802–1866).

Als letzter der zahlreichen Herrensitze, die sich im 18./19. Jahrhundert im Besitz der Familie von Oelhafen befanden [vgl. Eismannsberg IV, Mögeldorf VI, Neunhof bei Lauf II, Weiherhaus bei Pillenreuth], wurde das obere Schloss am namengebenden Stammsitz Oberschöllenbach verkauft. Ferdinand von Oelhafen und Eugen, der Sohn seines verstorbenen Bruders, ließen es am 27. Juni 1864 öffentlich versteigern. Den Zuschlag für das alte Herrenhaus und die dazu gehörigen, damals verpachteten landwirtschaftlichen Gebäude und Flächen erhielt ein Bieterkonsortium aus drei Kaufleuten für 22.100 Gulden. Auf dem Tauschweg kam das Gut an einen gewissen Maier aus Oberschöllenbach und über die Heirat seiner Tochter schließlich an den Bauernsohn Ulrich Bub aus Kleingeschaidt. Im Besitz der Familie Bub befindet sich der ehemalige Herrensitz noch heute.

Nach dem Verkauf des „unteren" Sitzes 1812 avancierte der zuletzt noch im Besitz der Familie gebliebene „obere Hof" endgültig zum „Schloss" der Oelhafen zu Oberschöllenbach. Infolge der ähnlichen Gestaltung und Größe des zweigeschossigen Baukörpers mit steilem Satteldach wurden die beiden erwähnten Stiche [vgl. Oberschöllenbach I] irrtümlich auf den oberen Sitz bezogen. Tatsächlich unterscheidet sich dieser durch seine nur halbmassive Bauweise – das Obergeschoss und der Ostgiebel bestehen aus verputztem Fachwerk – und das Fehlen der Dacherker. Ein durch eine Fotografie von 1894 überliefertes Glockentürmchen, vermutlich eine Zutat des 19. Jahrhunderts, war schon um 1950 wieder verschwunden. Eine baugeschichtliche Untersuchung des Hauses wäre zu wünschen.

Quellen

StAN Rst. Nbg., Waldamt Sebaldi Nr. 335. Kataster Eschenau Nr. 1, Bd. 2; Nr. 9, Bd. 1.

Literatur

Gräf, Friedrich: Kurze Geschichte der zwei benachbarten Dörfer Ober- und Unterschöllenbach. München 1933.

KDM Erlangen, S. 139.

Rhau, Johann Leonhard: Versuch einer topographischen Beschreibung derer in den Ober- und Jurisdictionsamt Bayersdorf rechtfraischlichen Territorialbezirk gelegener Orthschaften, Dörfer, Wailer, Hoefe, Mühlen ... 1778 (Mskr. im Stadtarchiv Erlangen), S. 401.

198 — D5

Oedenberg

Ehemaliger Herrensitz

Schlossweg 1

Stadt Lauf an der Pegnitz

Landkreis Nürnberger Land

In einer durch Bischof Konrad von Eichstätt besiegelten Urkunde wird 1166 unter den zahlreichen Zeugen auch ein Ministerialer „Chonrad de Ödenburc" genannt. Ob ein Zusammenhang mit Oedenberg besteht, ist ungewiss. Erst ab 1312 erscheint das Geschlecht der Oedenberger, die aber zu diesem Zeitpunkt den namengebenden Ort bereits verloren hatten. Denn 1304 ließ sich Konrad Pfinzing die bisherigen Lehen zu Unterdeutenbach (bei Stein) vom Eichstätter Bischof eignen und trug dafür seine „freieigenen" Güter zu Oedenberg an das Hochstift Eichstätt zu Lehen auf, das dann bis zum Ende des Alten Reiches seine Lehnsrechte behauptete.

Als weitere Besitzer nach den Pfinzing sind um 1384 bis 1446 die Vorchtel nachweisbar und vor 1449 die Paumgartner. Diese verkauften Oedenberg um 1489/90 für 600 Gulden an die Groland, die das Gut bis zu ihrem Aussterben im Jahre 1720 innehatten. Schon 1489 ist von geplanten Baumaßnahmen an der „Behausung" der Groland die Rede, welche sie 1518 der Stadt Nürnberg für den Kriegsfall zur Verfügung stellten. Nach der Zerstörung im Zweiten Markgrafenkrieg 1553 blieb das

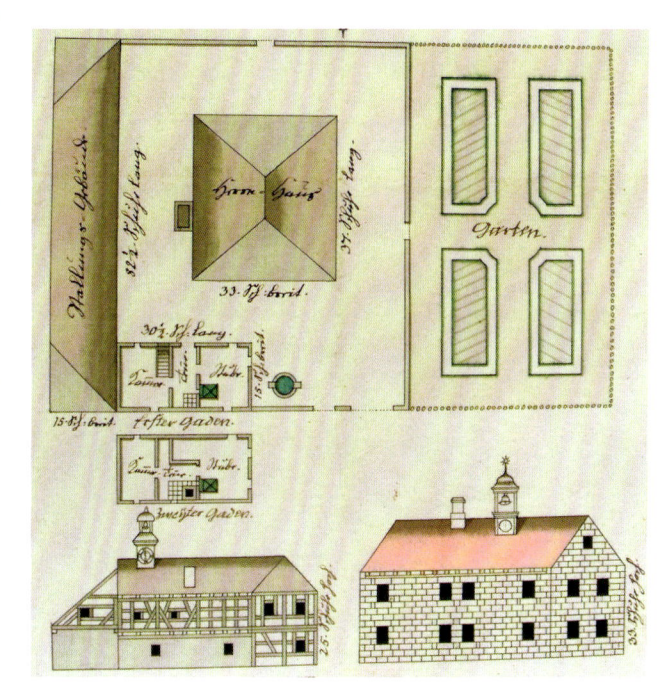

198.1 Grundriss bzw. Lageplan und zwei Aufrisse zum Bau des Nebenhauses 1769 (StAN)

Schloss, dessen Wert (samt den zugehörigen Gütern) auf 2.000 Gulden geschätzt wurde, als Ruine liegen. Einer Beschreibung aus dem 18. Jahrhundert zufolge verfügte das alte Groland-Schloss über einen Keller und einen steinernen Sockel, die „sich in den Ruinen noch ziemlich conserviert" hatten.

Für ihren Verwalter, möglicherweise auch für den eigenen Aufenthalt in Oedenberg, errichteten die Groland auf der erhalten gebliebenen steinernen Ringmauer des Schlosses gegen das Dorf zu einen kleinen, zweigeschossigen Fachwerkbau in den Maßen 9,15 x 4,5 Meter. Der schlichte Bau bestand aus Schlafkammer und Stube im Erdgeschoss, Stube, „Söllerlein" (Flur) und Küche im Obergeschoss. Er diente später als Beständnerhaus, wurde 1769 abgebrochen und in Stein neu aufgeführt.

Mit dem Erlöschen der Groland im Jahre 1720 fiel der Weiler mit dem Sitz dem Hochstift Eichstätt heim, dessen Bischof Johann Anton I. Knebel von Katzenellnbogen das Lehen zunächst seiner eigenen Familie übertrug. 1730 folgte Jobst Wilhelm Ebner, der umgehend den Nürnberger Rat ersuchte, „das alte in den kriegerischen Zeiten ruinierte Herrenhaus ... wiederum ... in einen wohnbaren Zustand stellen" zu dürfen. Noch 1731 entstand das heutige Herrenhaus, wohl weitgehend auf den Fundamenten des Vorgängerbaus. Das mit Seitenlängen von 9,90 auf 11,10 Metern annähernd quadratische, dreigeschossige Gebäude wurde ganz in Stein aufgeführt und hat je drei Fensterachsen. An der Vorder- und Rückseite des Walmdachs steht jeweils ein Zwerchhaus mit Giebeln. Ein großzügiges Treppenhaus erschließt die beiden oberen Stockwerke. Im ersten Obergeschoss befanden sich eine Stube, Küche und Kammern, im zweiten ein kleiner repräsentativer Saal. Über dem Portal an der Südseite ließ der Erbauer neben der Jahreszahl 1731 das Wappen seiner Familie und das der Familie seiner Ehefrau Maria Sophia Nützel anbringen.

1790/92 wurden ein Voitenhaus, fünf Güter, ein Wirtshaus, zwei Tropfhäuser sowie ein Hirtenhaus als Zubehör des Ebnerschen Herrensitzes aufgezählt. 1853 veräußerte Regina Ebner von Eschenbach, Witwe des Paul Sigmund Wilhelm Ebner, das Schlossgut an Sigmund Häffner, Spezereihändler aus Rückersdorf. Der Besitz wechselte im folgenden Jahrzehnt rasch und gelangte schließlich 1865 an die Familie Fensel aus Kalchreuth, die im Erdgeschoss eine Schmiede betrieb und 1892 im ersten Obergeschoss eine Wirtsstube einrichtete. Nach dem Tod des Schmiedemeisters Georg Fensel 1945 wurde das Handwerk aufgegeben, die Gaststätte ins Erdgeschoss verlegt und diese 1968 durch einen Neubau erweitert. Das Gasthaus mit angeschlossener Metzgerei im ehemaligen Herrensitz befindet sich heute in der sechsten Generation im Besitz der Familie Fensel.

Quellen

StAN Rst. Nbg., Waldamt Sebaldi I Nr. 337. Hochstift Eichstätt Lehenbücher Nr. 1-7.

Heidingsfelder, Franz: Die Regesten der Bischöfe von Eichstätt. Erlangen 1938, Nr. 442, 1282.

Mon. Boica Bd. 49, Nr. 340.

Müllner I, S. 329 f, 503.

Literatur

Alberti, Volker / Baumann, Lorenz / Holz, Horst: Burgen und Schlösser in Lauf und Umgebung. Unteres Pegnitztal (= Fränkische Adelssitze Bd. 2). Simmelsdorf-Hüttenbach 1999, S. 54-57.

Dannenbauer, S. 239.

Glückert, Burgen, S. 63-68.

HAB Lauf-Hersbruck, S. 42, 87.

KDM Lauf, S. 339-342.

Sprung, Werner: Aus der Ortsgeschichte von Deutenbach. In: MANL 18 (1969), Heft 3, S. 46, 50 f.

Stadtlexikon Nürnberg, S. 775 f.

Voit, Pegnitz, S. 140.

198.2 Das Herrenhaus nach dem Umbau von 1731 auf einem Kupferstich von J. A. Delsenbach aus dieser Zeit (StadtA Lauf)

198.3 Ansicht der Gartenseite des Herrensitzes. Fotografie: F. A. Nagel 1937 (StadtMN)

199 — G3

Offenhausen I

Mutmaßlicher Ministerialensitz

Gemeinde Offenhausen

Landkreis Nürnberger Land

Karl Thiermann, der aus seiner Zeit als Offenhausener Pfarrer zahlreiche heimatgeschichtliche Schriften hinterlassen hat, führte eine Burg der Grafen von Hirschberg in Offenhausen an, die bei der Pfarrkirche an der Stelle der beiden schon im frühen 15. Jahrhundert bezeugten Tafernwirtshäuser gestanden haben soll. Er und auch andere Autoren legten hierzu keine Quelle vor, sondern verwiesen lediglich auf das bloße Patronatsrecht der Grafen. Die urkundlichen Nachrichten lassen eher das Gegenteil annehmen. Vermutlich hatten die Hirschberger das Patronatsrecht 1188 von den Grafen von Sulzbach geerbt und offensichtlich, weil es fern des eigenen Machtbereichs lag, an die Reichsministerialen von Hiltpoltstein-Lauf-Rothenberg als Lehen abgegeben. 1267 schenkte Graf Gebhard von Hirschberg das Patronat dem Kloster Engelthal, im Jahr darauf verzichtete Hiltpold von Lauf auf seine Rechte. Die behauptete Zerstörung einer Burg im Städtekrieg lässt sich bisher nicht nachweisen. Die Nachricht vom Nürnberger Stoßtrupp in das Altdorfer Hinterland unter der Führung von Ulman Stromer führt lediglich die Zerstörung der Burg Deinschwang 1388 an.

Dass die in überraschend großer Zahl in Offenhausen nachweisbaren Ministerialen des Reiches und der Schenken von Reicheneck wie in Birkensee, Kucha oder Egensbach wenigstens zum Teil in prestigeträchtigen Turmhäusern saßen, erscheint möglich, ließ sich bislang jedoch weder archivalisch noch archäologisch nachweisen [vgl. Birkensee, Egensbach, Kucha, Oberndorf]. Immerhin nannten sich Geschlechter wie die Türriegel [vgl. Riegelstein, Simmelsdorf] oder die Forchheimer, Schwinach, Amman, Schwob und Holdolt u.a. bei ihrem ersten Aufscheinen zu Offenhausen sitzend.

Allerdings taucht in einer Quelle des frühen 16. Jahrhunderts eine damals offenbar schon abgegangene „Widenburg" auf, die leider nicht genau lokalisiert wurde. Der Name lässt darüber spekulieren, ob eines der zur Pfarrei gehörenden oder grundbaren Anwesen aus dieser „Burg" hervorgegangen war. Ein befestigter Sitz in Offenhausen wurde bei der Nürnberger Erkundung der Landschaft, die der Rat vor Ausbruch des Landshuter Erbfolgekriegs 1504 befohlen hatte, nicht mehr festgestellt.

Quellen

StAN Rst. Nbg., Salbücher Nr. 36, 40-44. Depot Hist. Ver. Mfr. Ms. hist. 247.

Gelegenhait, Nr. 1007.

Literatur

Giersch, Robert: Chronik von Offenhausen. Teil I (erscheint voraussichtlich 2007).

KDM Hersbruck, S. 232.

Thiermann, Karl: Adel und Adelssitze im Hammerbachtal. In: Heimat. Beilage zur Hersbrucker Zeitung 8 (1932), S. 1 ff.

200 — G3

Offenhausen II

Angebliche Burgstelle auf dem Keilberg

Gemeinde Offenhausen

Landkreis Nürnberger Land

Der Nürnberger Burgenforscher Hellmut Kunstmann hatte erstmals in einer Veröffentlichung 1955 auf die Burgstelle auf dem Keilberg hingewiesen. Er vermutete eine frühhochmittelalterliche Turmburg, die auf dem nach Nordosten vorgeschobenen markanten Bergsporn des Keilbergs Platz gefunden haben soll. Bis heute wird die Stelle zum Bergsporn hin von einer relativ gut erhaltenen Graben-Wall-Anlage gesichert. Für Gustav Voit zählte die Burg auf dem Keilberg gar als Glied einer Burgenkette um die Königsteiner Burg Reicheneck.

Die Grabungskampagne unter der Leitung von Oliver Specht 2005/06 hat dieser Spekulation jede Grundlage genommen. Bei der Freilegung traten an der Stelle der vermuteten Burgreste die Grundmauern der 1448 errichteten Keilbergkapelle zu Tage. Der Umfang der Kapelle erwies sich als überraschend groß und übertraf den so mancher Dorfkirche. Der Kapellenbau wurde vermutlich schon 1449 bei der Verwüstung des Hammerbachtals durch die Nürnberger Truppen unter ihrem Feldhauptmann Erhart Schürstab zerstört. Die Kapelle wurde noch im 15. Jahrhundert erheblich kleiner wieder aufgebaut. Im frühen 16. Jahrhundert, vielleicht im Zusammenhang mit der Reformation, scheint der Sakralbau aufgegeben und dem allmählichen Verfall preisgegeben worden zu sein. Eine Zerstörung 1553 im Zweiten Markgrafenkrieg, die Andreas Würfel 1757 behauptet hatte, kann weder archivalisch noch durch archäologische Befunde bestätigt werden. Das benachbart stehende und um 1550 noch bewohnte Bruderhaus wurde 1568 auf Abbruch dem Engelthaler Ziegler verkauft. Johannes Müllner erwähnt in seinen Annalen von 1623 auf dem „Keirberg" noch „eine zerfallene Capell und Bruderhaus". Bei der Ausgrabung fanden sich keinerlei Siedlungsspuren, die vor das 15. Jahrhundert zurückgehen. Eine genaue Überprüfung der Wall-Graben-Anlage steht derzeit noch aus.

Quellen

Müllner III, S. 344.

Literatur

Giersch, Robert / Specht, Oliver: Archäologie und Baugeschichte einer Pestkapelle: St. Ottmar und St. Ottilien auf dem Keilberg in Offenhausen. In: Das archäologische Jahr in Bayern 2005. Stuttgart 2006, S. 137-140, mit Kupferstich von C. M. Roth von vor 1757, Ausgrabungsplan und mehreren Fotografien.

Heinz, Walter: Vom Hohenstein zum Keilberg. In: Ehemalige Burgen im Umkreis des Rothenbergs. 2. Teil (= Vom Rothenberg und seinem Umkreis, Heft 15/2). Schnaittach 1992, S. 123-128, durch die Grabungsergebnisse von Oliver Specht überholt.

KDM Hersbruck, S. 232 f.

Kunstmann, Hellmut: Burgstall auf dem Keilberg. In: MANL 4 (1955), Heft 2, S. 21 f, mit Grundriss der vermeintlichen Burgreste.

Specht, Oliver: Archäologie und Baugeschichte der Pestkapelle auf dem Keilberg bei Kucha. In: MANL 55 (2006), Heft 2, S. 49-71.

Voit, Pegnitz, S. 251 f.

Würfel, Andreas: Sammlung einiger Nachrichten von der Capelle zu St. Ottmar und St. Ottilien bey Offenhausen. Altdorf 1757.

201 G3

Offenhausen III

Mutmaßlicher Ministerialensitz, „Hag"

Gemeinde Offenhausen

Landkreis Nürnberger Land

Nach einem schon im 14. Jahrhundert wüst gefallenen Hag bei Offenhausen nannten sich Dienstleute der Schenken von Reicheneck. Am Prosberg, der unmittelbar östlich von Offenhausen ansteigt, findet sich eine gleichnamige Flur, der in der lokalen Überlieferung ein „Schlößlein" zugeschrieben wird. Möglicherweise prägte sich diese Lokalisierung mit einem Münz- und Geschmeidefund von 1760 dort, den der Offenhausener Pfarrer Andreas Würfel 1763 dem kurbayerischen Münzkabinett überlassen hat. Der mutmaßliche Standort des Sitzes mit der Andeutung eines Grabens ist noch nicht archäologisch überprüft worden.

1289 waren Heinrich und Wolfhart die Hager an der Beilegung der Fehde der Schenken von Reicheneck mit Heinrich Türriegel und seinen Söhnen beteiligt. 1290 und 1291 trat Wolfhart der Hager neben den Reicheneckern Ministerialen Heinrich Gothelmeshover und Heinrich Sunter wiederum als Urkundenzeuge für Konrad und Walter Schenk von Reicheneck auf. Im Salbuch der Schenken von Reicheneck von 1331 erscheint als Lehnsmann „Wolfram von dem Hag". Die Vornamen lassen darüber spekulieren, ob es sich nicht um einen Seitenzweig der miteinander verschwägerten und zu Offenhausen und Schrotsdorf sitzenden Türriegel-Schwinacher-Schrotsdorfer gehandelt hat. Der 1424 bezeugte Linhart von Hag, Pfleger der Burg Lichtenegg, könnte als letztes bezeugtes Mitglied dieses Geschlechts gelten, zumal das in der Nachricht von 1424 genannte Rechtsgeschäft im engsten Umkreis des Reichenecks stattfand.

200.1 Blick auf einen Ausgrabungsschnitt auf dem Keilberg im Jahr 2005. Der Befund bezeugt den 1448 erstmals errichteten Bau einer Kapelle St. Ottmar und St. Ottilien (Rg)

Quellen

StAN Rst. Nbg., Salbücher Nr. 36 f.

Lehnbuch von 1331, S. 62, 67.

NUB Nr. 822.

Literatur

Deliciae II, S. 145.

Giersch, Robert: Denkmalpflegerischer Erhebungsbogen zur Dorferneuerung Aichamühle, Hallershof, Schrotsdorf. Dokumentation für das Dorferneuerungsverfahren 2004.

Ders.: Burg Lichtenegg. Quellen zur Geschichte der Burg und ihrer Besitzer. In: MANL 49 (2004), Sonderheft Nr. 50, S. 23.

Heinz, Walter: Vom Hohenstein zum Keilberg. In: Ehemalige Burgen im Umkreis des Rothenbergs. 2. Teil (= Vom Rothenberg und seinem Umkreis, Heft 15/2). Schnaittach 1992, S. 132, berichtet von der vergeblichen Suche nach einschlägigen Geländespuren.

KDM Hersbruck, S. 245.

202 · G6

Osternohe I

Angebliche Turmburg

Markt Schnaittach

Landkreis Nürnberger Land

Nach Osternohe nannte sich ein Edelfreiengeschlecht, das erstmals 1169 mit „Poppo de Osternahe" aufscheint und seinerzeit zu den mächtigsten Familien der Region gezählt haben dürfte. Zwischen 1178 und 1205 lässt sich dann ein Würzburger Domkanoniker Reginold aus diesem Geschlecht nachweisen. Die Herren von Osternohe unterhielten in Würzburg auch einen eigenen Domherrenhof. Hellmut Kunstmann und Gustav Voit vermuteten einen Turmhügel im Talgrund bei Osternohe, auf der noch im 15. Jahrhundert so genannten Turmwiese, als den älteren Ansitz der Edelfreien. Die dann wohl noch salierzeitliche Turmburg soll mit Errichtung der Burg auf dem Schlossberg [vgl. Osternohe II] noch im 12. Jahrhundert aufgegeben worden sein. Archäologische Forschungen sind dieser Hypothese noch nicht nachgegangen, ebenso wenig der Frage, ob es sich möglicherweise nur um den kleinen Ansitz eines ministerialen Burghüters gehandelt haben könnte.

Literatur

Kunstmann, Hellmut / Schwemmer, Wilhelm / Schnellbögl, Fritz: Osternohe, Burg und Kirche. In: MANL 17 (1968), Sonderheft 16, S. 13, 20.

Looshorn, Bd. 2, S. 416.

Voit, Pegnitz, S. 142 ff.

203 · G6

Osternohe II

Burgruine

Schlossberg

Markt Schnaittach

Landkreis Nürnberger Land

Das Alter der Burg Osternohe auf dem Schlossberg, wie auch der Gemeindeteil genannt wird, ist noch nicht mit Hilfe wissenschaftlich-archäologischer Forschungen bestimmt worden. Zumindest der Bergfried der Burg könnte jedoch in den Jahrzehnten um 1200 entstanden sein. Dafür sprechen die Zeichnung von Georg Christoph Wilder und historische Fotografien, die eine Werksteinkonstruktion zeigen, die bis zur Turmreparatur 1968 noch deutliche Merkmale des staufischen Burgenbaus aufwies. Die Burg, deren hochmittelalterlicher Bestand auf einem Felsriff am Westrand des Ortes platziert wurde, ist bereits für das Jahr 1228 als „castrum Osternach" urkundlich bezeugt.

Es ist zu vermuten, dass sich die Herren von Osternohe, so wie andere Edelfreie auch, vor 1200 zur höheren Reichsministerialität zählten. Immerhin traten Poppo II. und sein Bruder Konrad von Osternohe 1199 als Urkundenzeugen für König Philipp auf. Der bedeutendste Vertreter des Geschlechtes war Poppo IV., der am 22. Juli 1228 seinen Anteil an der Burg einem Verwandten Bruno von Osternohe übergab, sich 1229 an einem Kreuzzug beteiligte und 1253 bis 1257 als Hochmeister des Deutschen Ordens amtierte. Auch der 1219 genannte Konrad de Osternach war später Angehöriger des Ritterordens.

Die Familie war mit dem Dynastengeschlecht der Hohenlohe verwandt, was ebenfalls für die edelfreie Abkunft und hohe Stellung der Osternoher spricht. Gottfried von Hohenlohe erwarb vermutlich 1254 die Burg vom letztgenannten Osternoher, dem „Engelhard de Osterna". Danach schweigen die Quellen über sieben Jahrzehnte. Erst aus einer Ende 1326/Anfang 1327 ausgestellten Urkunde geht hervor, dass Rienolt, der verstorbene Vater des Neidung von Winterstein und des Hartmann von Diepoltsdorf aus dem Geschlecht der Neidunge [vgl. Simmelsdorf I, Winterstein], sich nach Osternohe nannte. Ob er die Burg verwaltete und in wessen Auftrag, ist nicht bekannt. Letzteres gilt auch für den 1330 erwähnten Wolfram, Vogt von Osternohe. Zwar wurde angenommen, dass um 1323/26, als Gottfried von Hohenlohe-Braunneck und seine

203.1 Kolorierte Darstellung der Burg als Ausschnitt aus der um 1550 gezeichneten Karte des markgräflichen Amtes Schönberg (StAN)

Frau Margaretha geb. von Gründlach einen Teil ihrer Besitzungen an Burggraf Friedrich IV. von Nürnberg verkauften [vgl. Großgründlach II, Malmsbach], auch Osternohe an die Burggrafen gelangte, doch fehlt hierfür ein Nachweis.

1340 saß Heinrich Rindsmaul zu Osternohe. Erst 1354 wird Berthold Haller [vgl. Gräfenberg, Einleitung] eindeutig als burggräflicher Vogt zu Osternohe erwähnt. Vermutlich war er ebenso Pfandbesitzer wie 1374 Dietrich III. von Spies und Dietrich Türriegel. Von nun an blieb die Burg eng mit der Geschichte der Hohenzollern verknüpft: Seit 1385/88 erscheint Osternohe zeitweise als Sitz eines burg-, dann markgräflichen Amtes. Gleichwohl wurde die Burg auch im 15. Jahrhundert häufig vom Landesfürsten verpfändet. Als Pfandnehmer traten vor 1415 Heinrich Schenk von Leutershausen, 1416 Georg Türriegel und vor 1435 Georg von Wildenstein auf.

Im Städtekrieg 1388 wurden angeblich alle Orte im Amt Osternohe zerstört; ob das auch für die Burg selbst gilt, konnte noch nicht bewiesen werden. Im Ersten Markgrafenkrieg dagegen brannten die Nürnberger Truppen am 9. März 1450 nur die Vorburg nieder, die dann erst nach 1457 wieder aufgebaut wurde. Damals war die Burg seit 1447 an Hans von Egloffstein verpfändet, der als markgräflicher Amtmann noch in den 1470-er Jahren auf ihr saß und den Bau der Osternoher Kirche initiierte. Neben den Amtsleuten oder Pflegern waren auf der markgräflichen Burg so genannte Burghüter ministerialer Herkunft eingesetzt. Ihnen stand zur Vergütung ihrer Dienste eine nicht mehr zu rekonstruierende Anzahl von Burghutgütern zur Verfügung [vgl. Diepoltsdorf]. Ein solches befand sich jedenfalls in der Vorburg, das von etwa 1349 bis 1467 den Hüttenbecken verliehen war [vgl. Hüttenbach].

Im Zweiten Markgrafenkrieg wurde die Burg am 23. Mai 1553 von Nürnberger Söldnern, die auf dem Hohenstein stationiert waren, geplündert und in Brand gesteckt. Spätestens mit den bezeugten Bauarbeiten um 1573 wurde die Burg wieder in Stand gesetzt und von 1577 bis 1722 als markgräflicher Amtssitz, seit 1694 zum Oberamt erhoben, genutzt. 1692 wurde der Zustand der Befestigungen noch als gut befunden. 1703 nahmen im Spanischen Erbfolgekrieg bayerische Truppen die Feste in Beschlag und verwüsteten Räume.

Im 18. Jahrhundert kam der Niedergang des Amtes. Der letzte Oberamtmann zog 1718 aus der Burg, und nach seinem Ausscheiden aus dem Dienst wurde das Amt nicht mehr besetzt. 1766 wurde das Oberamt Osternohe endgültig im Zuge einer Verwaltungsreform

203.2 Ansicht der bereits ruinösen Burg auf einer Tuschezeichnung von J. L. Hoffmann von 1773 (StadtA Lauf)

aufgehoben und dem brandenburg-bayreuthischen Oberamt Pegnitz zugeteilt. Zu dieser Zeit war die Burg schon nicht mehr bewohnbar. Der Ruin der Baulichkeiten war bereits 1747 beklagt worden. 1764 war die Burg nur noch mit einem Wächter besetzt. Nachdem der Bergfried durch einen Blitzschlag nach 1766 seine oberen Geschosse verloren hatte, wurden die übrigen Gebäude im ausgehenden 18. Jahrhundert demoliert und von der Bevölkerung als Steinbruch genutzt. Das Wohngebäude, die so genannte alte Kemenate, und große Teile des Bergfrieds sollen 1773 geschleift worden sein.

In den ersten Jahren des 19. Jahrhunderts wurde die Ruinenanlage in Teilen privatisiert und lange sich selbst überlassen. Ein kleinerer Rundturm mit gedrücktem Zeltdach wurde erst nach 1843 abgebrochen. In den 1930-er Jahren war wieder ein merklicher Abgang von aufgehendem Mauerwerk zu beobachten. Die Heimatforscher Dr. Hellmut Kunstmann und Gottfried Stammler ließen jahrzehntelang keine Gelegenheit aus, um auf den dringenden Handlungsbedarf hinzuweisen.

In der Nachkriegszeit konnte mit Mühe ein Abbruch der Ruine verhindert werden, zu Sicherungsmaßnahmen kam es jedoch nicht. Die Instandsetzung wurde von Jahr zu Jahr verschleppt, bis schließlich am 26. April 1968 die südwestliche Umfassung des Bergfrieds einstürzte. Unmittelbar nach dem Unglück wurde ein Verein zur Erhaltung der Burgruine gegründet, um den Wiederaufbau des Turmes und weitere Instandsetzungen fördern zu können. Mit Hilfe von staatlichen Zuschüssen auch des Landesamtes für Denkmalpflege

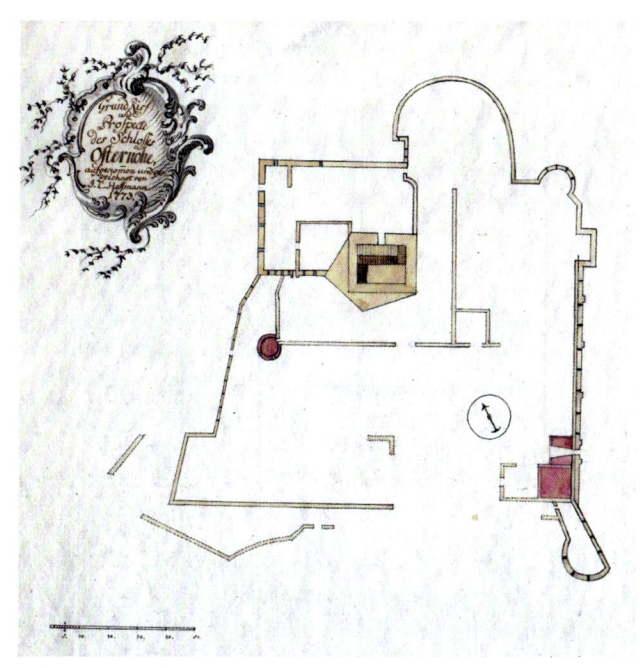

203.3 Grundriss der Burganlage mit dem damals noch fünfeckigen Bergfried, gezeichnet 1773 von J. L. Hoffmann (StadtA Lauf)

wurde das Mauerwerk des Bergfrieds noch 1968 in Stand gesetzt, ohne dass es jedoch zu einer Dokumentation der baugeschichtlichen Befunde gekommen wäre. Die Reparatur erfolgte derart brachial, dass sogar der alte fünfeckige Grundriss des Turmes aufgegeben wurde. Heute präsentiert sich der ehemalige Bergfried als annähernd rechteckiger Turmstumpf.

1968 blieb es bei den Arbeiten am Turm, Walter Heinz musste daher 1992 bei einer Begehung weitere Verluste von Ruinenteilen beobachten. Vor allem nordöstlich geht zunehmend aufgehendes Mauerwerk verloren. Auch das Mauerwerk des unmittelbar westlich des Bergfrieds situierten Wohngebäudes, 1773 noch mit zwei Vollgeschossen aufragend, ist bis auf wenige Reste heute fast völlig verschwunden. Die jüngere Unterburg ist in einem Privatgrundstück aufgegangen. Erhalten haben sich größere Teile der östlichen Wehrmauer sowie südlich eine hufeisenförmige Bastion. Unmittelbar nordöstlich des abgegangenen Tores, heute eine private Zufahrt, sind die Reste eines massiven Ökonomiegebäudes zu beobachten. Die bemerkenswert lange Ostfront, die, wie schon Walter Heinz bemerkte, verteidigungstechnisch wenig sinnvoll erscheint, war zusätzlich durch einen Graben geschützt, der nordöstlich noch zu erkennen ist.

Quellen

StAN Rst. Nbg., Rechnungen des markgräflichen Krieges Nr. 95, 96. Rst. Nbg., Landpflegamt, Pflegamt Hohenstein Repertorien 35a-c.

HallerA Henfenfelder Archiv, Urk. Nr. 3 alt, 197 alt. Heilig-Kreuz-Archiv, Urk. Nr. 2.

NUB Nr. 183/1, 218, 340/2.

Literatur

Heinz, Walter: Ehemalige Burgen im Umkreis des Rothenbergs. 1. Teil: Von Schnaittach bis Wildenfels (= Vom Rothenberg und seinem Umkreis, Heft 15/1). Schnaittach 1992, S. 13-23.

KDM Lauf, S. 424-428, mit Grundriss, Zeichnung von G. Chr. Wilder von 1817, von J. L. Hoffmann von 1773 und zwei Fotografien aus der Zeit vor der „Restaurierung".

Kunstmann, Hellmut: Gefahr für die Ruine Schloßberg bei Osternohe. In: MANL 6 (1957), Heft 2 S. 53 f.

Ders. / Schwemmer, Wilhelm / Schnellbögl, Fritz: Osternohe, Burg und Kirche. In: MANL 17 (1968), Sonderheft Nr. 16.

Pröll, Friedrich: Geschichte des ehemaligen markgräflich-bayreuthischen Schlosses und Amtes Osternohe und der dortigen Kirche. In: Jb. Mfr. 50 (1903), S. 1-144.

Stadtlexikon Nürnberg, S. 783.

Voit, Pegnitz, S. 142-144, 302 f.

204 — F5

Ottensoos

Angeblicher Herrensitz

Friedhofstraße 6 („beim Ozamer")

Gemeinde Ottensoos

Landkreis Nürnberger Land

Im Jahre 1940 erwarb Friedrich August Nagel, der sich vor allem durch die fotografische Überlieferung der historischen Bauten Nürnbergs und seines Umlandes große Verdienste erworben hat, eine Anzahl Aquarelle aus der Hand des Nürnberger Mundartdichters und Malers Georg Brunner. Darunter befand sich auch ein Motiv aus Ottensoos mit einem dreigeschossigen Turmbau. Wie typisch für die Nürnberger Sitze des 15. Jahrhunderts, war das (nahezu) fensterlose Erdgeschoss massiv aufgeführt, die beiden Obergeschosse bestanden aus Fachwerk. Aufgrund der architektonischen Details war Nagel überzeugt, dass es sich bei dem Bild um kein Phantasieprodukt handeln konnte.

Nagel bemühte sich um eine Lokalisierung des angeblichen Sitzes und kam dabei auf den Hausnamen „beim Ozamer", an dem einst die alte Straße von Lauf nach Reichenschwand vorbeiführte; beim „Ozamer" handelt es sich um einen der ältesten Bauernhöfe in Ottensoos. Der Eigentümer des Anwesens wollte bei Arbeiten in seinem Garten auf Mauerwerk gestoßen sein, hier soll nach Aussagen eines Lehrers einst ein „Schlösschen" gestanden haben. Auch Jost Weber führte noch die Überlieferung an, wonach der Hof „auf den Ruinen eines alten burgähnlichen Wohnplatzes erbaut worden" sei.

Allerdings erscheint ein Sitz in Ottensoos weder in den Schriftquellen noch auf den zahlreichen historischen Abbildungen des Ortes. Eine 1426 angeblich erwähnte „purckstat" erwies sich zudem als Lesefehler für „pruckstat". So verdichtet sich der Eindruck, dass Nagel eben doch einem Phantasieprodukt oder einer Lokalsage zum Opfer gefallen ist.

Quellen

StadtAN E 10/21 Nr. 129.

Literatur

Weber, Jost: Siedlungen im Albvorland von Nürnberg. Erlangen 1965, S. 182-198.

Voit, Pegnitz, S. 18 f.

P

205   G4

Peuerling

Abgegangene Burg, „Ödes Schloss"

Gemeinde Engelthal

Landkreis Nürnberger Land

Unmittelbar südlich der Ortschaft Peuerling erhebt sich auf einem nördlichen Sporn des Nonnenbergs, zuweilen Geierstein genannt, die Burgstelle „Ödes Schloß". Die Burg stand in beherrschender Lage weit über dem Pegnitztal, sodass die hier untergegangene Anlage einst einen grandiosen Anblick geboten haben dürfte. Sie wurde auf dem nördlichsten Bergsporn angelegt und mittels eines Halsgrabens vom Berg getrennt. Nach den noch gut erkennbaren Fundamenten handelte es sich vermutlich um zwei turmartige Gebäude, zwischen denen der zweite Graben als Abschnittsgraben platziert worden ist. Es lässt sich noch ein sorgfältig gearbeiteter Quader von Doggersandstein beobachten.

Offensichtlich war der Burg keine lange Lebensdauer beschieden. Als der Weiler Nonnenberg mit Gütern in Gersberg und Peuerling im späten 13. Jahrhundert an

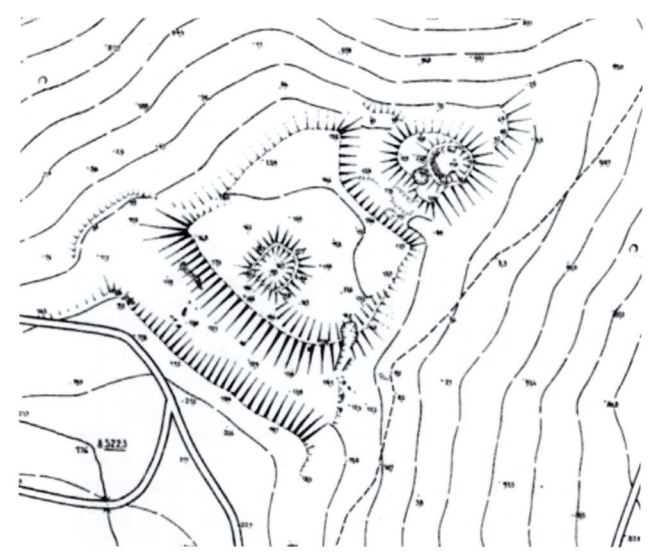

205.2 Blick in den äußeren Graben, Zustand 2005 (Rg)

das Kloster Engelthal kam, wurde die Anlage schon nicht mehr genannt. Auch die gute Überlieferung des Klosters bezeugt die Burg nicht mehr. 1312 war der aus zwei Hofstellen bestehende Weiler Nonnenberg bereits wüst gelegt. Die im Kunstdenkmälerband Hersbruck angeführte Vermutung eines Besitzes der Ministerialen von Prosberg, die der niederen, schließlich sogar der Grundherrschaft unterworfenen Dienstmannschaft angehörten, ist abzulehnen.

Quellen

StAN Rst. Nbg., Salbücher Nr. 36.

NUB Nr. 408.

Literatur

KDM Hersbruck, S. 72, mit Grundriss.

205.1 Lageplan der Burgstelle in Spornlage mit den beiden Gräben, gezeichnet 1953 von M. Kirmaier (BLfD)

206   B2

Pillenreuth I

Ehemaliger Wirtschaftshof, „Alter Herrensitz"

Zum Klösterle 6

Stadt Nürnberg

Im Jahre 1345 stiftete der Nürnberger Großkaufmann und Reichsschultheiß Konrad Groß in Pillenreuth ein Kloster für die Töchter der führenden Nürnberger Familien. Nach bescheidenen Anfängen entstand ein umfangreicher, von einem breiten, wassergefüllten

206.1 Ansicht des „Alten Sitzes" und Voithauses, zum Teil hinter einem Baum im rechten Bildteil, neben der Klosterruine. Kupferstich von L. Schlemmer um 1800 (StadtA Lauf)

Graben und einer Mauer gesicherter Klosterbezirk, der durch eine innere Mauer unterteilt war in das eigentliche Kloster (mit Kirche, Kapelle, Pröpstinnen- und Nonnenhaus) und einen angrenzenden Wirtschaftshof mit Voithaus und diversen landwirtschaftlichen Gebäuden.

Möglicherweise an der Stelle des Voithauses, das sich an der höchsten Stelle des Klostergeländes erhebt, stand einst der Sitz des Ministerialengeschlechts der Fischbecken, in dessen Räumen sich die Nonnen anfangs zum Gottesdienst versammelten. Beim ehemaligen Voithaus findet sich noch heute ein 12 Meter tiefer, aufwändig aus Sandsteinen gemauerter Brunnen. Im Zuge von Sanierungsmaßnahmen in den Jahren 1985 bis 1987 traten in diesem Bereich zudem mächtige Sandsteinfundamente zu Tage, die zu einem größeren Vorgängerbau gehören müssen.

Im Zweiten Markgrafenkrieg wurde auch Kloster Pillenreuth 1552 von markgräflichen Truppen zerstört. Während die Nonnen hinter den sicheren Mauern Nürnbergs im Klarakloster verblieben und das Kloster nie mehr bezogen, ist nach neueren Erkenntnissen aus dendrochronologischen Untersuchungen bereits 1552 mit dem Wiederaufbau des Wirtschaftshofes begonnen worden.

Nach dem endgültigen Übergang der Klostergüter an die Stadt Nürnberg im Jahre 1591 und der Aufhebung des Klaraklosters im Jahre 1596 schuf die Stadt zur Verwaltung der Grundherrschaft über die Klostergüter das so genannte Klarenamt unter Leitung eines eigenen Pflegers. Der Wirtschaftshof des Klosters wurde schon 1592 von dem Bauern Konrad Lämmermann, „der zuvor im Closterhof gedient", erworben. Auf ihn folgte 1604 Johann (Hans) Georg Gwandschneider, Inhaber eines noch zu Ende des 16. Jahrhunderts bedeutenden Handelshauses. Gwandschneider suchte damals aus seinen Gütern in Weiherhaus und im nahen Pillenreuth eine möglichst geschlossene Gutsherrschaft zu bilden [vgl. Weiherhaus]. Ihr Mittelpunkt sollte das ehemalige Kloster Pillenreuth werden, wozu er „in solchem hoff one erlaubnis vil gebauet" – auch am Voithaus, wie eine Inschrift kündet –, was ihm viel Ärger mit den reichsstädtischen Behörden einbrachte.

Schon 1607 sah sich der Nürnberger Rat angesichts der Schwarzbauten zum Einschreiten gezwungen. Um die Rechtsansprüche der Stadt nach außen zu demonstrieren, ließ er die wichtigsten Klostergebäude absperren und mit dem reichsstädtischen Wappen versehen. Gwandschneider blieb nur die Nutzung der Wirtschaftsbauten – namentlich von „Schupfen, Stadel, Viehhäusern und Ställen", da er nur einen Bauernhof „und merer nit" habe, vor allem kein Herrenhaus, zu dem er sich das ehemalige Pröpstinnenhaus ausgebaut hatte [vgl. Pillenreuth II].

Nach dem Tod des Kaufmanns fiel das Gut 1609 an seine Witwe, die den Hof aufteilte und nur noch teilweise selbst bewirtschaftete. 1619 übernahm ihr Sohn

Christoph den Hof, 1628 der Kandelgießer Hans Puchner. Auf Puchner folgte 1642 Hans Heinrich Bayer, der jedoch bald hochverschuldet starb, so dass der Nürnberger Rat nach einem potenteren Käufer suchte. Mehrere adelige Emigranten aus Österreich, darunter Otto Friedrich Freiherr von Herberstein, der den Hof bereits 1643 gepachtet hatte, waren ihm aber nicht genehm. 1657 erschien Georg Michel, ein wohlhabender Kaufmann in Nürnberg, als neuer Besitzer des Klostergutes, der die teils seit der Klosterauflösung verfallenen, teils durch die Folgen des 30-jährigen Krieges beschädigten Klostermauern und Gräben mit einem Kostenaufwand von angeblich 3.000 Gulden wieder herrichten ließ. Dem Bauherrn verdanken wir auch eine erstmals ausführliche Beschreibung des Klosters, seiner Geschichte und seiner Bauten, dessen Wert er auf 14.000 Gulden schätzte.

Michel renovierte auch das alte Voithaus, das im Erdgeschoss Wohnräume für das Gesinde vorhielt und im Obergeschoss die Wohnung der Gutsherrschaft und des Verwalters barg, sodass allmählich die Bezeichnung „Alter Herrensitz" üblich wurde. Das Gebäude mit massivem Erdgeschoss und einem Obergeschoss aus Fachwerk hat sich seither nur wenig verändert. Erst von Gwandschneider oder einem seiner Nachfolger wurde auf dem Dach ein Dachreiter mit einer großen Schlaguhr errichtet, deren Geläute die Bauern „allenthalb auf dem feldt hören schlagen" konnten. In der zweiten Hälfte des 17. Jahrhunderts wurde eine große Scheune angebaut, nachdem das Herrenhaus um 1650 durch Einbau einer Kommunwand in zwei separate Haushälften geteilt worden war.

Michels Erben verkauften den ehemaligen Ökonomiehof 1681 an die Bauernfamilie Zwingel aus Herpersdorf, die ihn teilten. Der östliche eingeschossige Flügel wurde zur Wohnung ausgebaut und kam 1764 an die Familie Pommer („Pommerhof"); der westliche, zweigeschossige Teil gelangte 1784 an die Familie Kolb („Kolbenhof"). Nach der Eingemeindung Worzeldorfs ins Nürnberger Stadtgebiet wurde nach 1972 das ehemalige Klosterareal mit Einfamilienhäusern überbaut. Ein Abbruch des „Alten Herrensitzes" konnte 1978 von der Familie Boesch verhindert werden, die 1992 für ihr Engagement und für die vorbildliche Sanierung des Gebäudes von den Nürnberger Altstadtfreunden ausgezeichnet wurde.

Quellen

StadtAN A 21 Cod. man. 193 2°.

Literatur

Alberti, Volker / Boesch, Toni / Holz, Horst: Burgen, Schlösser und Herrensitze in Kornburg und Umgebung (= Adelssitze in Franken Bd. 5). Nürnberg 2005, S. 69-75.

Alberti, Volker: Bausteine zur frühen Ortsgeschichte Pillenreuths. Existierte in vorklösterlicher Zeit ein Castellum in Pillenreuth? In: MANL 53 (2004), Heft 2, S. 805-813.

Schnabel, Werner Wilhelm: Österreichische Exulanten in oberdeutschen Reichsstädten (= Schriftenreihe zur bayerischen Landesgeschichte Bd. 101). München 1992, S. 503 f.

Stadtlexikon Nürnberg, S. 543, 826 f, mit kolorierter Federzeichnung 1630.

Wich, Heinrich: Geschichte von Kloster Pillenreuth mit Weiherhaus und Königshof. Nürnberg 1925, S. 71-73.

207 B2

Pillenreuth II

Ehemaliger Herrensitz, zuvor Pröpstinnenhaus

Zum Klösterle 14

Stadt Nürnberg

Auf einer Ansicht des Klosters Pillenreuth aus dem Jahre 1609 erkennt man ganz am Rand des Klosterareals ein wohl erhaltenes, massives zweistöckiges Gebäude, das in der Literatur als ehemaliges Pröpstinnenhaus des 1345 gegründeten Klosters bezeichnet wird. Hier soll sich der Sitz der Pröpstin, die Klosterbibliothek und das Scriptorium (Schreibstube) befunden haben, angeblich errichtet im frühen 15. Jahrhundert.

Nach der schweren Beschädigung des Klosters im Zweiten Markgrafenkrieg 1552 blieb das Pröpstinnenhaus mehrere Jahrzehnte ungenutzt Wind und Wetter ausgesetzt, da die Nonnen ihren Zufluchtsort im Nürnberger Klarakloster nicht mehr verließen. Als Johann Georg Gwandschneider 1604 den Klosterökonomiehof erwarb, wurde ihm erlaubt, die „gewölbten Keller zu bedachen". Diese Nachricht bezieht sich mit

206.2 Ansicht des „Alten Sitzes" von Westen. Fotografie: G. v. Volckamer um 1894 (StadtMN)

207.1 Ansicht des ehemaligen Klosters aus dem Jahre 1603 mit dem „Alten Herrensitz" rechts (Nr. 3 und 4) und dem ehemaligen Pröpstinnenhaus links (mit dem Buchstaben E gekennzeichnet) (StAN)

hoher Wahrscheinlichkeit auf das ehemalige „Pröpstinnenhaus", das nach einer Beschreibung von ca. 1650 ausdrücklich über „schöne gewölbte" Keller verfügte. Namentlich die Dreistigkeit, mit der Gwandschneider die Nutzungsbestimmungen mißachtete und das Gebäude mit den Kellern zu einem Herrenhaus ausbaute, hatte 1607 den Rat zu energischen Maßnahmen veranlasst [vgl. Pillenreuth I]. In diesem Zusammenhang ließ der Rat kurzerhand den inneren Klosterbereich sperren und ausdrücklich die Nutzung als Herrenhaus verbieten. Noch 1616 wurde Gwandschneiders Erben die Nutzung des Gebäudes untersagt.

Im weiteren Verlauf des 17. und 18. Jahrhunderts blieb das Pröpstinnenhaus (einschließlich der sonstigen Gebäude an der östlichen Seite des Klosterhofs) dem jeweiligen Pfleger des Klarenamtes, das die Güter beider Klöster verwaltete, überlassen. Die Nutzung der Gebäude war ausdrücklich Teil seiner Besoldung. Kurz nach der Inbesitznahme der Reichsstadt Nürnberg durch das Königreich Bayern 1806 wurde das Herrenhaus, „zweystöckig massiv von Stein", von der neuen Stiftungsadministration als „unnütz und kostspieliges" Gebäude an Private verkauft. 1813 war es im Besitz von Adam Lohbauer, der es 1817 für 2.000 Gulden an Johann Rühl verkaufte. Von dem gelangte es 1862 an die Familie Meßthaler (bis 1886), die eine Gastwirtschaft einrichtete. Sie besteht als Gasthaus „Zum Klösterle" bis heute fort, wobei das Baudenkmal wie auch die benachbarten Reste des Klosterhofs im späten 20. Jahrhundert in denkbar unsensibler Weise durch An- und Umbauten völlig verunstaltet worden sind.

Quellen

StAN Rst. Nbg., Karten und Pläne Nr. 320. Kataster Steuergemeinde Worzeldorf 1.

StadtAN A 21 Nr. 193 2°.

Literatur

Alberti, Volker: Bausteine zur frühen Ortsgeschichte Pillenreuths. Existierte in klösterlicher Zeit ein Castellum in Pillenreuth? In: MANL 53 (2004), Heft 2, S. 805-813.

Alberti, Volker / Boesch, Anton / Holz, Horst: Burgen und Schlösser in Kornburg und Umgebung (= Adelssitze in Franken Bd. 5). Kornburg 2005, S. 77-81.

KDM Stadt Nürnberg, S. 397.

Schieber, Martin: Geschichte des Klosters Pillenreuth. In: MVGN 80 (1993), S. 53 f.

Stadtlexikon Nürnberg, S. 826.

Wich, Heinrich: Geschichte von Kloster Pillenreuth mit Weiherhaus und Königshof. Nürnberg 1925, S. 64-67.

Pommelsbrunn I

Abgegangene Burg, „Altes Haus"

Landkreis Nürnberger Land

Südöstlich der Burg Lichtenstein liegt beherrschend über dem Högenbachtal die Stelle einer abgegangenen Burg, deren ausgedehnte Wall- und Grabenreste einige Forscher an eine frühgeschichtliche (Vorgänger-)Anlage denken ließen: Mit einer Länge von etwa 100 Metern übertraf sie selbst die benachbarte Burg Reicheneck, den Stammsitz der Schenken. Steilhänge im Westen, Norden und Osten gewährten natürlichen Schutz, im südlich zum Hochplateau flacher abfallenden Gelände deckte eine Graben- und Toranlage den Zugang zur Hauptburg, die nur über einen vorgelagerten „Brückenkopf" und eine (Zug-?)Brücke zu erreichen war. Die Hauptburg lag etwa 3 Meter höher, war nach den Beobachtungen von Walter Heinz rund 50 Meter lang und 20 Meter breit und durch eine weitere Mauer geschützt, von der sich an der Südostecke ein letzter Rest erhalten hat.

Noch im späten 16. Jahrhundert zeichnete der Kartograph Paulus Pfinzing auf einem Blatt seines berühmten Atlasses eine Ruine mit zwei Türmen ein, die er als „alt schlos" bezeichnete. Bei aller Vorsicht gegenüber den schematisierenden Darstellungen Pfinzings wird zumindest sichtbar, dass damals wohl noch umfangreiche Mauerreste vorhanden waren. Im Bericht über strategisch bedeutsame Orte, 1504 vor Beginn des Landshuter Erbfolgekrieges vom Nürnberger Rat angeordnet, wurde die Burgstelle im Gegensatz zur nahen Ruine Lichtenstein allerdings nicht mehr erwähnt [vgl. Lichtenstein].

Die Anlage erscheint als Altes Haus, bei dem sich lehnbare Äcker der Schenken von Reicheneck befanden, erstmals in deren Lehnbuch von 1331. Ob die Burg zu dieser Zeit noch genutzt wurde, wird nicht deutlich. Die wenigen eher zufällig entdeckten Fundkeramiken sollen auf das späte 13. oder frühe 14. Jahrhundert verweisen. Jüngere Befunde liegen bislang nicht vor. Eine wissenschaftlich fundierte Untersuchung fand noch nicht statt.

Obwohl im 14. Jahrhundert nachweislich nur Äcker beim Alten Haus von den Schenken von Reicheneck als Lehen vergeben wurden, nimmt Eckard Lullies an, dass die vielleicht schon ruinierte Burg zu dieser Zeit Besitz der konradinischen Linie des regional mächtigen Geschlechts war. Über ihre Beziehung zu den nahen Burgen Lichtenegg und Lichtenstein wird nichts überliefert, auch nicht die denkbare Vorgängerfunktion des „alten Hauses". Vermutlich verdankt die Anlage ihre Entstehung der unmittelbar passierenden wichtigen Altstraße, deren Verlauf Werner Sörgel mit Hilfe zahlreicher frühgeschichtlicher bis mittelalterlicher Funde dokumentiert hat und die auch den Aufenthalt des späteren Kaisers Friedrich I. Barbarossas um den 1. November 1152 im benachbarten Stallbaum erklärt.

208.1 Idealisierende Darstellung als Ruine im Pfinzing-Atlas von 1594 (StAN)

Quellen

StAN Rst. Nbg., Nürnberger Salbücher Nr. 99b, fol. 118.

Lehnbuch von 1331, S. LVIII, 52, 86, 104, 210.

Monumenta Germaniae Historica. Die Urkunden der deutschen Könige und Kaiser. 10. Bd. 1. Teil: Die Urkunden Friedrichs I. 1152–1158. Bearb. v. Heinrich Appelt. Hannover 1975, S. 116 f.

208.2 Blick von Westen auf den Graben zwischen Vor- und Hauptburg im Jahr 2006 (As)

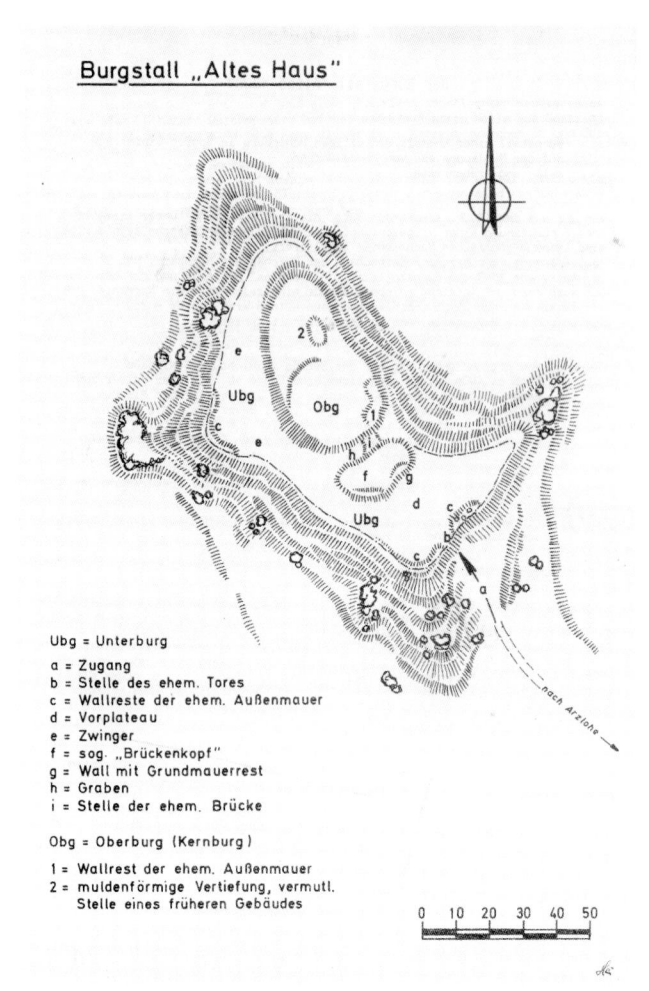

208.3 Lageplan nach der Vermessung der Burgstelle durch Walter Heinz und Ernst Dörr (Pr)

Literatur

Frdl. Mitteilung des Kreisheimatpflegers Werner Sörgel aus laufendem Forschungsprojekt „Altstraßen im Raum Hartmannshof".

Heinz, Walter: Der Burgstall „Altes Haus". In: Ehemalige Burgen im Umkreis des Rothenbergs. 3. Teil (= Vom Rothenberg und seinem Umkreis, Heft 15/3). Schnaittach 1992, S. 162-164.

KDM Hersbruck, S. 244 f.

Kunstmann, Hellmut: Burgstall „Altes Haus". In: MANL 4 (1955), Heft 2, S. 19 f.

Voit, Reicheneck, S. 40 f., 56, 58, 98, 138 Anm. 834.

209 I5

Pommelsbrunn II

Mutmaßliche Turmburg

Landkreis Nürnberger Land

Bei den Erdarbeiten zur Erneuerung des Wasserbehälters der Gemeinde Pommelsbrunn im Jahre 1957/58 fanden sich nahe der Straße von Pommelsbrunn nach Appelsberg Grundmauerreste eines bislang nicht datierten, vermutlich hochmittelalterlichen Gebäudes, die vom Heimatforscher Zillinger als Reste des seit 1426 urkundlich nachweisbaren Rabenshofes gedeutet wurden. Mehrere wallähnliche Geländeformen und ein noch wahrnehmbarer künstlicher Graben zur Bergseite ließen Walter Heinz dagegen an ein befestigtes Turmhaus denken, dessen Steine möglicherweise zum Bau des Rabenshofes verwandt worden waren. Der Forscher kann für seine These mehrere historische Lokalisierungen vom 14. bis 16. Jahrhundert ins Feld führen. So findet sich 1393 ein Gut „zu dem Thurn", 1483 ein Gütlein „zum Thurm ober Bomblesbrunn", 1508 ein „holtzperg zum Thurn", zuletzt 1543 werden ein Acker und ein „Holzberg" erwähnt „am Durn genannt gegen Apelsperg". Der Eintrag des Nürnberger Spionageberichts von 1504 enthält dagegen keinen Hinweis auf den wohl schon abgegangenen Turm. Vielleicht standen er und das Gütlein als Burghütergut in Beziehung zu benachbarten Burgen [vgl. Lichtenstein, Pommelsbrunn I].

Quellen

Gelegenhait, Nr. 984.

Literatur

Heinz, Walter: Stand einst ein Turm bei Pommelsbrunn? In: Ehemalige Burgen im Umkreis des Rothenbergs, 3. Teil. Von der Hacburg zum Grünreuther Schlößl (= Vom Rothenberg und seinem Umkreis Heft 15/3). Schnaittach 1992, S. 158-161.

Voit, Gustav: Engelthal (= Schriftenreihe der ANL Bd. 26). Nürnberg 1977/78, S. 86, 220.

Voit, Reicheneck, S. 58 f, 122.

210 G2

Prackenfels

Abgegangene Burg

Stadt Altdorf bei Nürnberg

Landkreis Nürnberger Land

Bis ins 19. Jahrhundert waren in Prackenfels beachtliche Mauerreste einer Burg zu sehen, die im Landshuter Erbfolgekrieg 1504 zerstört und anschließend nicht wieder aufgebaut wurde. Die erste urkundliche Erwähnung stammt vom Jahre 1362, als Konrad Harder von Rasch den Hof zu der „Gybelspürg", ein Gütlein und eine Wiese um 200 Pfund Haller an Kaiser Karl IV. verkaufte. Den Besitz erhielt er umgehend als böhmisches Burghutlehen auf dem Rothenberg zurück [vgl. Rothenberg]. Konrad Harder verpflichtete sich weiter, das Burglehen nur an einen Burgmann auf dem Rothenberg zu verkaufen. Auch um 1366/68 ist noch von dem Hof zu „Goppoltzpürg", auch „under der Gybelspürge", die Rede.

Erst ab 1374 unter Konrad Harder und seinem gleichnamigen Sohn erscheint die Burg in Anlehnung an den seit 1350 nachweisbaren Brackenkopf (Hundekopf) im Wappen der Harder unter dem neuen Namen Prackenfels. Die Burg wechselte ab 1387 häufig die Besitzer: Zunächst verpfändeten Ruprecht Harder und seine Frau Anna sie an Ludwig Schenk von Reicheneck und Hans Waldstromer, 1393 verfügte Agnes, die Witwe von Konrad Waldstromer, über den (Pfand-) Besitz. Fast eineinhalb Jahrhunderte blieben Burg und Güter im Besitz dieses Geschlechts. 1434 wurden die Söhne des Hans Waldstromer, der am königlichen Hof gedient hatte, vom Kaiser Sigmund belehnt. Um 1461/67 vermachte ein jüngerer Hans Waldstromer den Besitz seinen Söhnen Lorenz und Franz.

Bei der Erkundung der Nürnberger Landschaft vor Beginn des Landshuter Erbfolgekriegs 1504 war „Prackennfelß, ein schlos, ... des Waltstromers" noch intakt. Im selben Jahr musste die Familie erleben, wie es „mit sambt einem stadel zu grundt ausgeprennt" wurde [vgl. Altdorf, Grünsberg]. 1539 verkauften Konrad und Bertold Waldstromer ihre Besitzanteile an der Ruine und dem Zubehör an Sebald Rech. Erst nach einigen Rechtshändeln wurde der Käufer 1542 von König Ferdinand mit dem Prackenfelser Lehnskomplex belehnt, zu dem auch ein Hof, fünf Seldengüter zu Rasch und drei Fischwasser in der Schwarzach gehörten. 1550 war das Lehen angeblich kurzzeitig im Besitz des Nürnberger Rates, im Jahr darauf aber verkaufte Rech Prackenfels mit einigem Zubehör an Paulus Grundherr. Dessen Söhne Leonhard, Paul und Carl Grundherr wurden 1558 vom Kaiser belehnt, veräußerten den Besitz jedoch schon 1564/65 an Andreas Örtel [vgl. Grünsberg, Rasch]. Nach dessen Tod traten die Söhne Christoph und Sigmund Örtel 1579/80 den Gesamtbesitz an ihren Schwager Sigmund Haller von Hallerstein ab. In dessen Familie verblieb das böhmische Lehen, das erst 1818 in freies Eigentum überführt wurde, bis zum Verkauf im Jahre 1823. In diesem Jahr wurde Prackenfels um 8.000 Gulden an den Nürnberger Unternehmer Karl Benedikt von Schwarz veräußert [vgl. u.a. Artelshofen, Henfenfeld].

Ein Ölgemälde von 1738 und eine etwas jüngere Gouachemalerei zeigen Prackenfels als stattliche Ruine mit hoch aufragendem Mauerwerk und den Resten eines Turmes. Noch 1787 war von einem „Burgstall", von dem „gleichwohl noch ein Gemäuer zu sehen ist", die Rede. Damals gestattete das Waldamt Lorenzi den Bau einer Bretterremise, in der auch eine Wohnung mit einer

210.1 Prospekt von Altdorf von der Höhe westlich von Rasch aus gesehen; links unten sind stattliche Reste der Ruine erkennbar. Anonymes Gemälde von etwa 1750 (StadtA Altdorf)

210.2 Blick auf die Burgruine von Süden auf einem Gemälde von 1738 (Pr)

Herdstätte für den Holzaufseher eingerichtet werden durfte. Dieses Haus stand unterhalb der ehemaligen Burg.

Letzte Reste der Ruine verschwanden erst in der zweiten Hälfte des 19. Jahrhunderts. 1888 heißt es dazu: „Von dem Schlosse wurden in den letzten 15 Jahren fast alle Spuren verwischt. Nur die Mulde einer Einfuhr deutet den früheren Schloßgraben an, und auf dem höher liegenden Garten ist noch der gemauerte tiefe Brunnen sichtbar."

Quellen

StAAm Landsassenregister 1518, fol. 233v.

StAN Rst. Nbg., Waldamt Lorenzi I Nr. 491. Ft. An. Lehenurk. Nr. 3940. StromerA Urkunden Nr. 425, 447.

StadtAN E 13/III Nr. 106.

HallerA Besitz Urk. und Akten Böhmische Lehen/Prackenfels. Henfenfelder Archiv, Urk. Nr. 333, A 3099 und 3104 alt.

Gelegenhait, Nr. 1078.

Müllner II, S. 161; III, S. 377.

Böhmisches Salbuch, S. 26 und 114.

Reg. Imp. Bd. XI, Nr. 10944.

Literatur

Alberti, Volker / Boesch, Anton / Holz, Horst: Burgen und Schlösser in Altdorf und Umgebung. Schwarzachtal (= Adelssitze in Franken 4). Altdorf 2004, S. 37-39.

Böhm, J.: Führer durch Altdorf und Umgebung. Nürnberg 1888, S. 20.

Dannenbauer, S. 206 und 219.

Deliciae II, S. 122.

HAB Nürnberg-Fürth, S. 160.

KDM Landkreis Nürnberg, S. 56.

Vahl, Rittersiegel, Bd. 2, S. 557-560.

Voit, Pegnitz, S. 88-91.

Voit, Reicheneck, S. 118.

Voit, Gustav: Zwei Schadenslisten aus dem Baierischen Erbfolgekrieg 1504/05. In: MVGN 65 (1978), S. 184 f, 208.

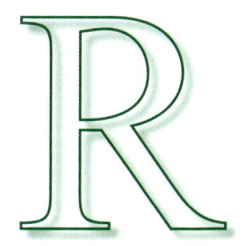

211 — G7

Rampertshof I

Angeblicher Herrensitz

Gemeinde Simmelsdorf

Landkreis Nürnberger Land

Im Jahre 1504 berichteten Nürnberger Kundschafter, „Ramperstorff" sei nürnbergisch und es bestehe dort „ein Sitz". Weder vorher noch nachher lässt sich bislang ein solcher in Rampertshof nachweisen, das zumindest seit dem 15. Jahrhundert nur ein Einzelhof war. Von daher liegt ein Versehen näher als die Vermutung, Heinrich IV. Türriegel, Inhaber von Schloss und Gut Simmelsdorf, der 1417 von König Sigmund mit dem Zehnten zu Rampertshof und umfangreichem Besitz zu Simmelsdorf belehnt wurde, könnte hier über einen weiteren Sitz verfügt haben [vgl. Simmelsdorf I].

Quellen

Reg. Imp. Bd. XI, Nr. 2566.

Gelegenhait, Nr. 606.

212 — G7

Rampertshof II

Abgegangene Burg

Gemeinde Simmelsdorf

Landkreis Nürnberger Land

In unmittelbarer Nähe von Rampertshof wird an der Nordwestkante des Hienbergs die Stelle einer Burg vermutet, die bislang keinem Erbauer zugewiesen werden konnte. Die Anlage wurde auf zwei Felstürmen errichtet, die ehedem mit einer Mauer verbunden waren. Deren Gipfelflächen boten allenfalls für bescheidene Gebäude Platz; im offenkundig planierten Bereich davor wird eine Vorburg vermutet, von der sich jedoch bislang keine Bebauungsspuren nachweisen ließen. Die wenigen bei Sondierungen gefundenen Keramikreste erlauben nur eine grobe Datierung auf das 12. und 13. Jahrhundert. Nach Beobachtungen und Vermessungen von Wall und Graben vermuten Walter Heinz und Ferdinand Leja, dass die Anlage bereits vor ihrer Fertigstellung wieder aufgegeben wurde.

Literatur

Heinz, Walter / Leja, Ferdinand: Der Burgstall auf dem Hienberg, Gde. Simmelsdorf, Lkr. Nürnberger Land. In: MANL 41 (1992), Heft 1, S. 26-36.

213 — G1

Rasch I

Abgegangene Burg, „Hohenrasch"

Gemeinde Berg

Landkreis Neumarkt i. d. OPf. und

Stadt Altdorf bei Nürnberg

Landkreis Nürnberger Land

Mit Pertold de Raske scheint erstmals 1138/47 ein Geschlecht auf, das zur höheren Reichsministerialität im Nürnberger Raum zählte. Immerhin nannte er sich nach dem Sitz einer Pfarrei, deren Sprengel einst von

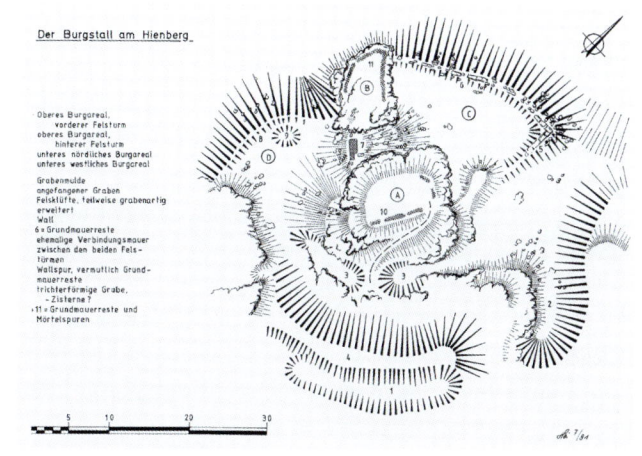

212.1 Lageplan der Burgstelle bei Rampertshof nach Vermessung durch Walter Heinz und Erst Dörr (Pr)

213.1 Blick in den ringförmigen Graben der abgegangenen Hauptburg, Zustand 2006 (Rg)

Mögeldorf bei Nürnberg bis zur königlichen Hofmark Altdorf reichte. 1154 befand sich Pertoldus de Rasche bei König Friedrich I., als dieser die Abtei Niederaltaich der Herrschaft des Bamberger Bischofs unterstellte. Bertolds Nachfahre Heinrich trägt in einer von König Friedrich II. 1216 ausgestellten Urkunde den Titel eines Marschalls zu Rasch. In den 1230-er Jahren standen ein Heinrich und ein jüngerer Bertold König Heinrich (VII.) nahe und offenbar auch im Dienst der Staufer in Italien. Ein jüngerer Heinrich von Rasch bezeichnete sich 1238 als Pfarrer der großen, nahe der staufischen Pfalz Eger liegenden Pfarrei Wondreb, der als Mutterpfarrei vor 1259 besondere Bedeutung für das Reichsland südöstlich Eger zukam. König Heinrich (VII.) hatte die Pfarrei und Kirche Wondreb bereits 1227 dem Kloster Waldsassen geschenkt. Bemerkenswert erscheint, dass König Albrecht I. 1308 ausgerechnet diesem Kloster das bisher königliche Patronatsrecht der weit entfernten Pfarrei Rasch überließ.

Als letzter des Geschlechts lässt sich Heinrich von Rasch 1242 als Urkundenzeuge für Bischof Siegfried von Regensburg nachweisen. Die offenkundig hohe Position mancher Rascher in der staufischen Administration hatte Karl Bosl dazu verleitet, den erstgenannten Bertold mit dem Reichsministerialen Bertold von Schniegling gleichzusetzen und eine gemeinsame Abstammung von dem 1054 genannten kaiserlichen Ministerialen Bertold anzunehmen. Bereits Gustav Voit hat auf den sehr spekulativen Charakter dieser Hypothese hingewiesen.

Die urkundlichen Nachrichten des 12. und frühen 13. Jahrhunderts lassen annehmen, dass dem Geschlecht eine der bedeutenden Reichsburgen im Königsland südlich Nürnbergs anvertraut war. Der Nürnberger Burgenforscher Hellmut Kunstmann glaubte sie 1955 in der Flur Kaar auf dem Rascher Berg gefunden zu haben. Er stellte eine knapp 120 Meter lange und bis zu 25 Meter breite Burgstelle vor, die auf der Westspitze des Berges mittels eines „doppelten Wall- und Grabensystems" vom Plateau abgetrennt werde. Am Westende identifizierte er eine etwa 8,5 Meter lange und 6 Meter breite Vertiefung mit den Überresten eines Turms.

Bei einer Überprüfung des Areals traten erhebliche Zweifel an dieser Lokalisierung auf. Das doppelte Graben- und Wallsystem stellte sich als ausgesprochen kleindimensioniert heraus und bedarf der archäologischen Klärung. Es erinnert in keiner Weise an die Grabenanlage einer hochmittelalterlichen Burg von der anzunehmenden Bedeutung. Auf der gesamten

Innenfläche des angeblichen Burgstalls fanden sich außer der genannten Vertiefung keinerlei Spuren einer ehemaligen Bebauung.

Hellmut Kunstmann hatte offenbar auf der falschen Flur gesucht. Die Lokalisierung kann einem Schiedsspruch von 1547 entnommen werden, der zur Befriedung eines Holzstreites zwischen dem damaligen Besitzer des Rascher Herrensitzes und den holzberechtigten Bauern verkündet wurde [vgl. Rasch II]. Darin heißt es ausdrücklich, dass die Stelle der alten Burg Hohenrasch eben nicht auf dem Kaar (Rascher Berg) liege, sondern auf dem Berg in der Flur „im Hofbach", wo noch einige Ruinen zu sehen seien.

Tatsächlich lassen sich in der von 1547 bis heute unverändert bezeichneten, etwa einen Kilometer weiter südwestlich gelegenen Flur Reste einer großen, vermutlich zweiteiligen Burganlage feststellen. Von der Hauptburg hat sich ein annähernd runder, bis zu 60 m im Durchmesser großer Turmhügel erhalten, auf dem sich im Gelände mit Humus überdeckte Grundmauerreste abzeichnen. Dieser vielleicht noch der Zeit des späten 11. oder 12. Jahrhunderts angehörende Turmhügel wird durch einen ringförmig umlaufenden, beeindruckend dimensionierten Halsgraben von der Hochfläche abgetrennt.

Die Burgstelle ist bemerkenswert exponiert platziert und gewährte einst einen weiten Blick nördlich in die Hofmark Altdorf und südlich in das einstige staufische Amt „Baern" (Berngau). Der Hauptburg vorgelagert ist nördlich eine an drei Seiten durch einen Graben und östlich durch den Steilabfall des Geländes gesicherte Fläche, die vermutlich als Vorburg gedient hat. Der Untergang von Hohenrasch wird nicht überliefert. Es ist aber davon auszugehen, dass die Burg bereits im 14. Jahrhundert ruiniert war.

Quellen

NUB Nr. 65, Anm. 3; Nr. 143.

Reg. Imp. Bd. IV/2 Nr. 208; Bd. V Nr. 875.

Literatur

Bosl, Reichsministerialität, Bd. 1, S. 54 f.

Giersch, Robert: Hohenrasch. Ein bisher falsch lokalisierter Burgstall. Unveröff. Manuskript (erscheint voraussichtlich 2007 in den MANL).

Klöhr, Hans: Aus der Ortsgeschichte von Rasch. Typoskript im Haller-Archiv, ohne Jahr (1962), S. 1-6, 12-15.

Kunstmann, Hellmut: Burgstall Hohenrasch. In: MANL 4 (1955), Heft 2, S. 23.

Voit, Pegnitz, S. 159 f.

214 G1

Rasch II

Ehemaliger Herrensitz, „Welserschloss"

Am Kirchenbühl 1/2

Stadt Altdorf bei Nürnberg

Landkreis Nürnberger Land

Mit der Witwe Elspet Harder von Rasch scheint 1312 ein Geschlecht auf, das der niederen Ministerialität angehörte, jedoch einen kleinen Teil der Rascher Reichslehen erworben hatte. Gustav Voit nahm eine frühere Zugehörigkeit der Harder zur Dienstmannschaft der Grafen von Hirschberg an, vielleicht aufgrund ihrer Heiratsverbindungen. Ob sie im frühen 14. Jahrhundert auf dem einstigen Reichsministerialensitz Hohenrasch saßen [vgl. Rasch I], ist fraglich. Es ist nicht auszuschließen, dass sie bereits damals einen Sitz im Dorf innehatten, während ihnen die Stelle der ruinierten Burg lediglich, wie 1547 bezeugt, als reichslehnbare Waldung verblieben war. Der Hardersche Sitz könnte aus einem mit Lehen bedachten Burghutgut hervorgegangen sein, wie dies im Umkreis auch anderer größerer Burgen zu beobachten ist.

1322 bezeichnete sich Konrad, genannt „der Eschbercher", als „Herr zu Rasche", dessen Zugehörigkeit zu den Harder umstritten ist. 1339 erscheint Berthold Harder „von Rasche". 1362 verkaufte der jüngere Konrad Harder von Rasch bäuerliche Güter bei der „Gybelspurg" an Kaiser Karl IV. [vgl. Prackenfels] und nannte sich 1374 bereits nach der Burg Prackenfels. Sein Verwandter „Conrad der Harder, Prennberger genannt", gab ab 1383 Güter in Rasch und Prackenfels auf und

214.1 Herrensitz und Kirche, Ausschnitt aus einem Kupferstich von C. M. Roth von 1759 (StadtA Lauf)

wurde 1388 Bürger zu Nürnberg, wo er von 1401 bis 1408 als Genannter des Größeren Rates erscheint.

Der größte Teil der Rascher Reichsgüter – er umfasste sechs Huben, eine Burg wurde nicht erwähnt – war 1299 von König Albrecht I. mit der Hofmark Altdorf an Emicho Graf von Nassau verpfändet worden, dessen Nachfolger ihn 1360 an Burggraf Albrecht von Nürnberg veräußerten. Nach dem Verkauf des Pfandes an Pfalzgraf Ruprecht II. 1393 trat Konrad Harder bald in Verhandlungen mit Anna Waldstromer, die bereits Prackenfels als Pfand in den Händen hielt, und mit seinem Schwager Hans Strupperger, der zur pfalzgräflichen Gefolgschaft zählte. Beide Interessenten kauften schließlich 1396 jeweils einen Anteil an den Harderschen Gütern. Zum Struppergerschen Gut zählte der so genannte Burgstall, wobei vermutlich die Waldung mit der abgegangenen Reichsburg in der Flur Hofbach gemeint war.

Im frühen 15. Jahrhundert übernahm Jakob Strupperger, der 1427 als Oheim des Albrecht Harder erscheint, vom Vater das kleine Rittergut. Nach Klöhr soll unter ihm damals ein neuer Sitz bei der Kirche auf einem ehemaligen Bauernhof entstanden sein, aus dem das spätere Anwesen Nr. 27 (seit 1819 Pfarrhaus) hervorgegangen sei.

Die Erkundung der Landschaft um Nürnberg, 1504 vom reichsstädtischen Rat vor Ausbruch des Landshuter Erbfolgekriegs angeordnet, führte ausdrücklich nur einen Sitz der Strupperger in Rasch auf. Hier saß auch Georg Strupperger, der mit Ursula von Wipfeld vermählt war und im Frühjahr 1541 verstarb. Ursula verheiratete sich noch vor 1543 ein zweites Mal mit dem Nürnberger Bürger Reinhart Rech, Sohn des reichen Unternehmers Sebald Rech [vgl. Eismannsberg II, Rechenberg].

Nach seinem Besitzantritt brach bald ein Streit mit den bäuerlichen Nachbarn aus, die Weide-, Viehtrieb-, Fisch- und Holzrechte verletzt sahen. Das Nürnberger Landpflegamt, das sich seit 1543 um eine Schlichtung bemühte, erzielte 1547 eine vertragliche Einigung, die Rechs Ansprüche auf das Holz in der Flur Kaar (Rascher Berg) ab- und auf die Waldung mit dem alten Burgstall „im Hofbach" verwies. In diesem Vertrag heißt es auch, dass der Sitz des Rittergutes von seinen Inhabern zuweilen „Nidern-Rasch" genannt wurde; außerdem geht daraus hervor, dass damals schon nicht mehr bekannt war, wann das „alt gewesen Schloß" auf dem Berg aufgegeben worden war.

Nur kurz nach dem Schiedsspruch veräußerten Reinhart und Ursula Rech das Rittergut mit seinen Lehnsrechten 1550 an den Nürnberger Bürger Andreas Oertel, der den Zeitpunkt seines Kaufs nicht gerade glücklich gewählt hatte, denn bald brach der Zweite Markgrafenkrieg aus, und feindliche Truppen brannten den Sitz am 29. Mai 1552 nieder.

Der Sitz blieb in Trümmern liegen, während Oertel, der sein Rascher Gut mit dem 1556 erworbenen Grünsberg vereinigte, bzw. der gleichnamige Sohn bis 1561 die dortige Burg wieder in Stand setzen ließ [vgl. Grünsberg]. Zusammen mit Grünsberg fiel das Rittergut Rasch 1578 an des jüngeren Oertels Schwiegersohn Sigmund Haller von Hallerstein (1530–1589), der den Besitzkomplex durch den Ankauf weiterer Güter in Rasch und Prackenfels arrondierte [vgl. Prackenfels]. Nach dem Tod seines gleichnamigen Sohnes 1620 wurde 1646 der „Burgstall" Rasch mit den zugehörigen Gütern an den Enkel Johann Andreas Haller um 2.100 Gulden verkauft, der sie mit dem inzwischen wiederhergestellten Sitz 1651 um 4.500 Gulden an die Reichsstadt Nürnberg veräußerte. Diese verpachtete die Güter dem Altdorfer Pfleger Georg Pömer, nach dessen Tod 1653 dem Sohn Georg Christoph Pömer.

Eine Abbildung auf einer Grenzkarte der Amberger Regierung für das Amt Haimburg aus dieser Zeit zeigt das Herrenhaus als Satteldachgebäude mit zwei oder drei Vollgeschossen, mit einem geschweiften Giebel und an den vorderen Ecken mit zwei flankierenden Türmen, die Welsche Hauben tragen. Ob diese Darstellung zuverlässig ist, muss offen bleiben. Der Sitz war damals jedoch in einem sehr schlechten baulichen Zustand, wie bei einer Begutachtung 1654 durch Altdorfer Bauhandwerker deutlich wurde.

214.2 Der steinerne Sockel im Burggraben des Herrensitzes. Fotografie: F. A. Nagel 1910 (StadtMN)

214.3 Der als Pfarrhaus genutzte Herrensitz noch mit altdeutschen Kaminen. Fotografie: G. v. Volckamer um 1894 (StadtMN)

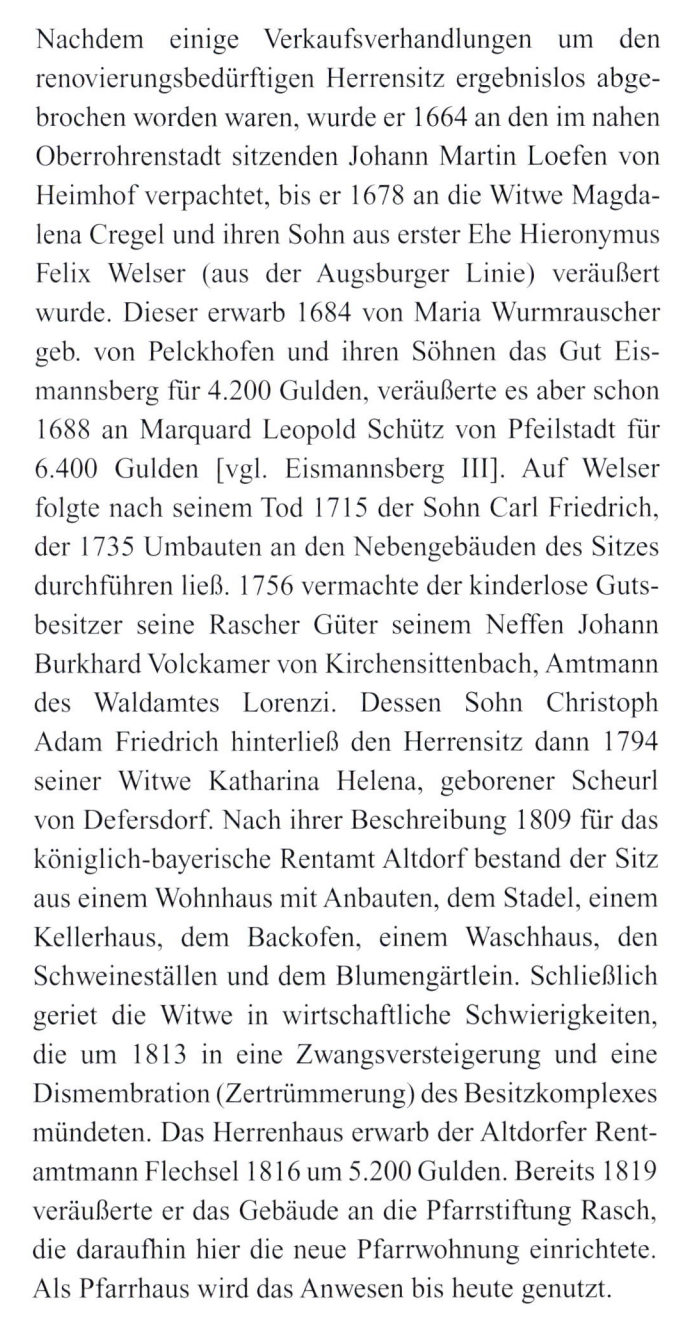

214.4 Ansicht des ehemaligen Herrenhauses mit freigelegtem Fachwerkgiebel von Südosten, Zustand 2006 (Rg)

Nachdem einige Verkaufsverhandlungen um den renovierungsbedürftigen Herrensitz ergebnislos abgebrochen worden waren, wurde er 1664 an den im nahen Oberrohrenstadt sitzenden Johann Martin Loefen von Heimhof verpachtet, bis er 1678 an die Witwe Magdalena Cregel und ihren Sohn aus erster Ehe Hieronymus Felix Welser (aus der Augsburger Linie) veräußert wurde. Dieser erwarb 1684 von Maria Wurmrauscher geb. von Pelckhofen und ihren Söhnen das Gut Eismannsberg für 4.200 Gulden, veräußerte es aber schon 1688 an Marquard Leopold Schütz von Pfeilstadt für 6.400 Gulden [vgl. Eismannsberg III]. Auf Welser folgte nach seinem Tod 1715 der Sohn Carl Friedrich, der 1735 Umbauten an den Nebengebäuden des Sitzes durchführen ließ. 1756 vermachte der kinderlose Gutsbesitzer seine Rascher Güter seinem Neffen Johann Burkhard Volckamer von Kirchensittenbach, Amtmann des Waldamtes Lorenzi. Dessen Sohn Christoph Adam Friedrich hinterließ den Herrensitz dann 1794 seiner Witwe Katharina Helena, geborener Scheurl von Defersdorf. Nach ihrer Beschreibung 1809 für das königlich-bayerische Rentamt Altdorf bestand der Sitz aus einem Wohnhaus mit Anbauten, dem Stadel, einem Kellerhaus, dem Backofen, einem Waschhaus, den Schweineställen und dem Blumengärtlein. Schließlich geriet die Witwe in wirtschaftliche Schwierigkeiten, die um 1813 in eine Zwangsversteigerung und eine Dismembration (Zertrümmerung) des Besitzkomplexes mündeten. Das Herrenhaus erwarb der Altdorfer Rentamtmann Flechsel 1816 um 5.200 Gulden. Bereits 1819 veräußerte er das Gebäude an die Pfarrstiftung Rasch, die daraufhin hier die neue Pfarrwohnung einrichtete. Als Pfarrhaus wird das Anwesen bis heute genutzt.

Das heutige Hauptgebäude mit dem klar gegliederten, erst 1929 freigelegten Fachwerkgiebel auf der Ostseite dürfte der zweiten Hälfte des 17. oder dem frühen 18. Jahrhundert angehören. Der nach Norden im rechten Winkel angebaute Flügel, bis auf die später massiv erneuerte Westseite ebenfalls aus Fachwerk, wurde vermutlich erst nach 1760 erbaut. Die durch eine Radierung von 1810 noch bezeugte, nach Osten anschließende Wehrmauer sowie ein Torturm verfielen wohl noch in der ersten Hälfte des 19. Jahrhunderts dem Abbruch.

Quellen

BayHStA OPf Urk. 256/1.

StAAm Plansammlung MA 3258.

StAN Rst. Nbg., Waldamt Lorenzi I Nr. 498. Rst. Nbg., D-Laden Urk., Nr. 1154, 1178, 4186. Rst. Nbg., Rechnungen des Markgräflichen Krieges Nr. 96.

HallerA Besitz Sigmundsche Linie, Burgstall (Nieder-) Rasch.

Mon. Zoll. Bd. 3, Nr. 385.

Literatur

Alberti, Volker / Boesch, Toni / Holz, Horst: Burgen und Schlösser in Altdorf und Umgebung. Schwarzachtal (= Adelssitze in Franken 4). Altdorf 2004, S. 31-34.

Biegel, Hans: Nürnberger Künstler in der Landschaft. In: MANL 8 (1959), Heft 1, S. 25-28.

Dannenbauer, S. 219.

Deliciae II, S. 122 f.

KDM Landkreis Nürnberg, S. 60 f.

Klöhr, Hans: Aus der Ortsgeschichte von Rasch. Typoskript im Haller-Archiv, ohne Jahr (1962).

Vahl, Rittersiegel, Bd. 2, S. 557-561.

Voit, Pegnitz, S. 88-91.

Welser, Johann Michael von: Die Welser. Nürnberg 1917, Bd. 1, S. 570-583.

215.1 Darstellung des zinnenbekrönten Wohnturms, deutlich sichtbar der Mund des 1902 wiederentdeckten Wasserstollens. Holzschnitt von Erhard Schön 1534 (GNM)

Rechenberg I

Abgegangener Herrensitz (1552 zerstört)
Bereich Rechenberganlage, Äußere Sulzbacher Straße
Stadt Nürnberg

Der Nürnberger Bürger Sebald Rech erwarb im frühen 16. Jahrhundert den Hof am „Küeberg", auch Schübelsberg genannt, und errichtete von 1524 bis 1527 „eine hohe steinerne Kemmet" [Kemenate] auf der Anhöhe. Nach den Angaben im so genannten Neugebäuprozess 1526 sowie verschiedenen Abbildungen des 16. Jahrhunderts (ein wohl erst nach der Zerstörung entstandenes, 1945 verbranntes Ölgemälde ist dagegen weniger zuverlässig) handelte es sich um einen vermutlich dreigeschossigen, wohnturmartigen Bau, etwa 12 Meter lang und breit und über 7 Meter hoch, der 1530 mit einem Öffnungsrecht für den Nürnberger Rat belastet wurde. Die Reichsstadt konnte ihn daher im Ernstfall mit Kriegsknechten belegen. Da zum Sitz 40 Tagwerk landwirtschaftliche Flächen gehörten, die von einem Pächter bewirtschaftet wurden, fand sich zu Füßen des Schlosses auch ein tiefer gelegener, unterer Hof, der mit dem so genannten Bauernhaus, mit Häusern für Gärtner und Tagelöhner, dem Stadel, Stallungen, diversen Kleingebäuden und einer Sommerlaube bebaut war. Überliefert wird auch, dass auf dem Sitz einst Vieh- und Fischwirtschaft betrieben sowie Wein angebaut wurden.

Für die u.a. auf die bambergischen Oberlehnsrechte gestützte Behauptung, der Rechsche Sitz sei auf den Fundamenten einer einstigen Burg des Bamberger Bischofs erbaut, fehlen archivalische und archäologische Belege [vgl. Winzelbürg]. Diese Nachricht dürfte auf den Hinweis Sebald Rechs, er habe an der Baustelle etwa 1,8 Meter dicke Fundamente gefunden, zurückgehen. Der Wahrheitsgehalt dieser Nachricht ist umstritten, zumal sie im Verdacht steht, ältere Rechte vorzutäuschen und damit baurechtliche Vorteile wie Holzbezugsrechte zu erlangen.

Vor 1545 veräußerte der Bauherr den Sitz, den er mit kaiserlicher Bewilligung seit 1530 Rechenberg nennen durfte, an den Nürnberger Bürger und Gastwirt Adolarius Vischer, 1543/49 Genannter des Größeren Rates, der 1545 die Erlaubnis erhielt, den bisher offenbar nur durch einen Graben gesicherten Wohnturm mit einer mit vier Ecktürmen verstärkten Zwingeranlage zu umgeben. Der Wirt konnte sich nicht lange über seinen Erwerb freuen, denn er starb völlig überschuldet schon Anfang 1551.

Im Zweiten Markgrafenkrieg wurde der Sitz von den Nürnbergern ausgebrannt, damit er vom Feind nicht besetzt werden konnte. Gleichwohl wurde die Ruine vom Markgrafen im Mai 1552 zu einer Geschützstellung gegen die Reichsstadt herangezogen. Ein Jahr nach diesen Ereignissen ließ der Rat das Bauwerk bis auf den Grund abtragen, damit sich der Feind angesichts der neuerlichen Eskalation des Kriegsgeschehens nicht noch einmal dort verschanzen konnte. Das alte Schloss ist nach dem Markgrafenkrieg nie mehr wiederhergestellt worden, zumal das Abbruchmaterial zur Tilgung Vischerscher Schulden veräußert worden war.

Quellen

StAN Rst. Nbg., Handschriften Nr. 323. Rst. Nbg., Waldamt Sebaldi I Nr. 352.

Müllner I, S. 326f.

Literatur

Mummenhoff, Ernst: Der Rechenberg und der unterirdische Gang daselbst. In: MVGN 16 (1904), S. 193-213.

Sieghardt, August: Nordbayerische Burgen und Schlösser. Nürnberg 1934, S. 13-17, Tafel 2.

Zahn, Anton: Heimatkunde zwischen Erlenstegen und Stadtpark Nürnberg. Nürnberg 1968, S. 6-9, 29 f.

Zink, Fritz: Hans Sachs am Rechenberg bei Nürnberg. In: MVGN 46 (1955), S. 518-523.

216

Rechenberg II

Abgegangener Herrensitz (1916 abgebrochen)

Äußere Sulzbacher Straße, unterhalb der Rechenberganlage

Stadt Nürnberg

Wie der spätere Besitzer der Liegenschaft, Jobst Wilhelm Ebner von Eschenbach, im frühen 18. Jahrhundert schriftlich festhielt, entstand nach 1553 im Ökonomiehof unterhalb des abgetragenen Wohnturms ein zweigeschossiges, knapp 19 auf 9 Meter großes Herrenhaus, das im Obergeschoss einen repräsentativen Saal und herrschaftliche Stuben erhielt. Bauherr des unteren Herrenhauses dürfte der promovierte Apotheker und damals weithin bekannte Naturwissenschaftler Dr. Joachim Kammermeister (Camerarius) gewesen sein. Er hatte das vermutlich noch weitgehend öde Anwesen 1589/90 von dem Eisenhändler und Genannten des Größeren Rates Sebastian Zatzer gekauft, der es 1577

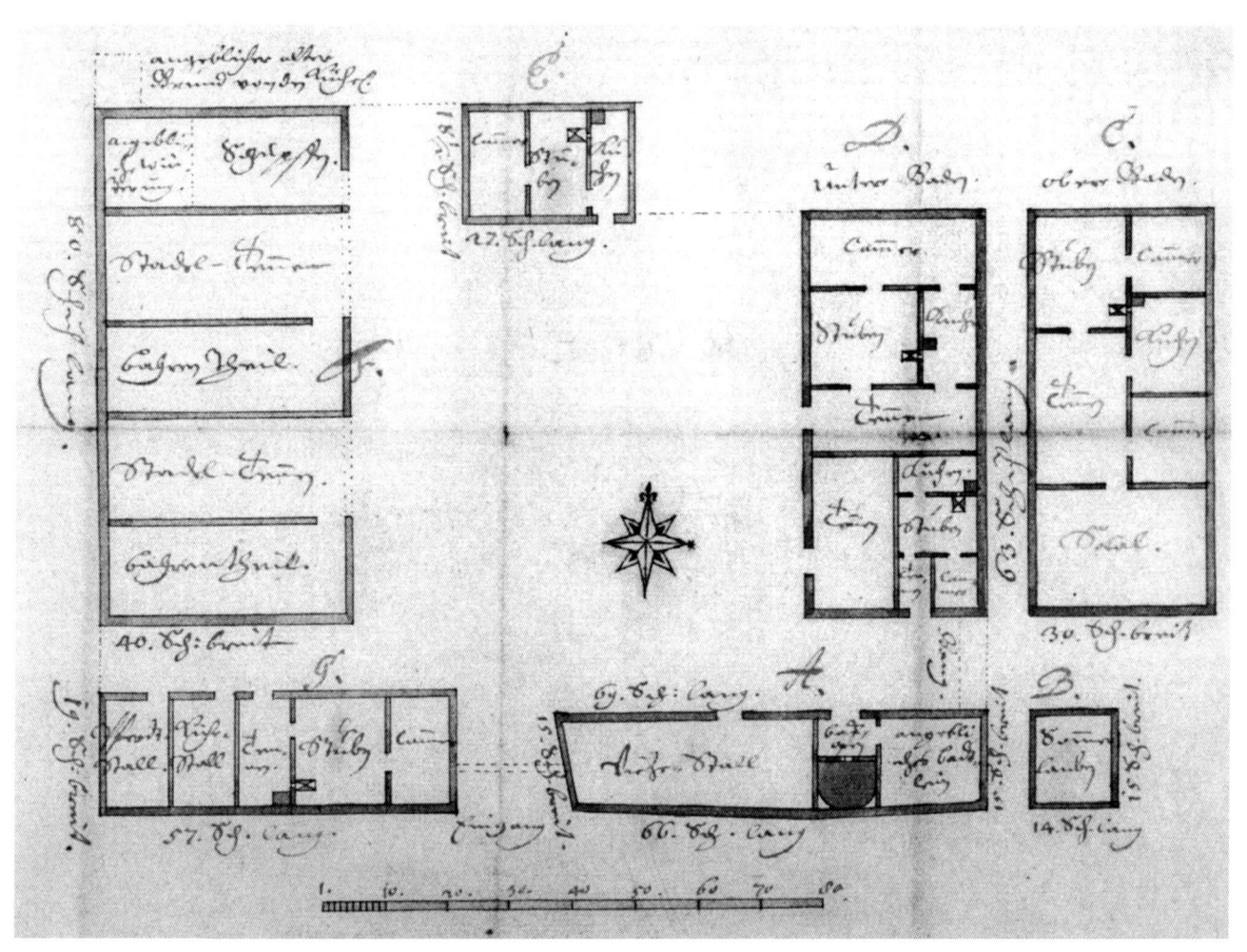

216.1 Grundrisse der Gebäude des Herrensitzes, 1731 gezeichnet für den Einbau einer Personalwohnung; rechts unter „C" und „D" die beiden Geschosse des Herrenhauses (StAN)

216.2 Ansicht des Herrenhauses an der Äußeren Sulzbacher Straße. Fotografie: G. v. Volckamer um 1894 (StadtMN)

von der Gläubigergemeinschaft des Adolarius Vischer erworben hatte. Dr. Kammermeister konnte durch eine Ablösezahlung 1590 auch die althergebrachte Lehnsbindung an das Hochstift Bamberg abstreifen. Im Anschluss daran erneuerte der Gelehrte nicht nur das Öffnungsrecht der Reichsstadt, sondern verpflichtete sich auch, den Sitz im Falle des Verkaufs nur an Nürnberger Bürger weiterzugeben.

Vermutlich durch die Heirat mit Maria Magdalena Kammermeister 1624 geriet Karl Nützel an den Besitz, der bis zum Tod des Johann Joachim Nützel 1728 bei der Familie blieb. Das Erbe fiel an Jobst Wilhelm Ebner, den Ehemann der Nützel-Tochter Maria Sophie. Dieser wollte sich mit den seiner Meinung nach beengten Verhältnissen im Herrenhaus nicht mehr abfinden und schuf 1730 eigenmächtig im Erdgeschoss weitere Stuben, was ihm prompt Ärger mit dem Waldamt Sebaldi einbrachte. Der Bauherr wehrte sich gegen Strafandrohungen mit der Behauptung, dass der Sitz im Winter unbewohnt und daher Einbrechern schutzlos ausgeliefert sei. Die neuen Räume waren angeblich für einen Aufseher gedacht, der dauerhaft auf dem Rechenberg hausen sollte.

Der Herrensitz fiel durch die Heirat der Maria Ebner 1754 an Christoph Karl Kreß von Kressenstein, der 1763 bemerkte, dass vor allem die Fachwerkgiebel des Herrenhauses sehr schadhaft waren. Sie sollten daher durch massive Konstruktionen ersetzt werden. Auch in der Folgezeit wurde der Sitz vor allem als herrschaftliches Gartenanwesen genutzt. Im Herren- und in den Nebenhäusern brachte man aber auch Mietwohnungen unter. Nach dem Tod des Ehepaars von Kreß fiel das Anwesen nach einer Erbeinigung an die Tochter Maria Sophia Klara und deren 1773 angetrauten Ehemann Sigmund Friedrich von Behaim, dessen Familie über 100 Jahre Besitzer blieb. 1898 wurde es an Theodor Freiherrn von Tucher und den Hopfengroßhändler Johannes Barth [vgl. Weigelshof] verkauft.

In das Herrenhaus zog 1859 der berühmte Philosoph Ludwig Andreas Feuerbach, der damals beim Konkurs der Feuerbachschen Porzellanfabrik in Bruckberg bei Ansbach sein gesamtes Vermögen verloren hatte. Hier lebte er in ärmlichen Verhältnissen, u.a. vom Großindustriellen Theodor von Cramer-Klett unterstützt, und starb am 13. September 1872 an einer Lungenentzündung. Das ehemalige untere Herrenhaus am Rechenberg wurde 1916 abgebrochen. In der Rechenberganlage wurde später ein an den Philosophen erinnerndes Denkmal errichtet.

Lange Zeit erregten allerhand Erzählungen über einen unterirdischen Gang im Rechenberg die Phantasie vieler Nürnberger. Nach der Wiederentdeckung des Eingangs durch den Freiherrn von Tucher wurde der Gang 1902 vom Stadtbauamt untersucht. Er besaß eine Länge von 76 Metern und führte bis zu einem Brunnenschacht, der wohl zum ehemaligen Sitz gehörte. Der damalige Stadtarchivar Ernst Mummenhoff nahm an, dass der Gang für eine Wasserleitung angelegt worden war, und veröffentlichte 1904 einen Bericht über seine Befahrung.

Quellen

StAN Rst. Nbg., Waldamt Sebaldi I Nr. 352.

Literatur

Fink, Helmut: Ludwig-Feuerbach-Stätten in Nürnberg. In: Aufklärung und Kritik. Sonderheft Nr. 3 der Zeitschrift für freies Denken und humanistische Philosophie 6 (1999), Teil II.

Frank zu Döfering, Karl Friedrich von: Die Kressen. Eine Familiengeschichte. Senftenegg 1936, Sp. 1543 f.

Mummenhoff, Ernst: Der Rechenberg und der unterirdische Gang daselbst. In: MVGN 16 (1904), S. 193-213.

Stadtlexikon Nürnberg, S. 282 f, mit Bleistiftzeichnung von G. C. Wilder 1842.

Zahn, Anton: Heimatkunde zwischen Erlenstegen und Stadtpark Nürnberg. Nürnberg 1968, S. 6-9, 29 f.

217 — B2

Reichelsdorf

Herrensitz, „Waldstromer-Schlösschen"

Schalkhauser Straße 24-28

Stadt Nürnberg

Schon Johannes Müllners Annalen der Reichsstadt Nürnberg von 1623 berichten von einem Ministerialengeschlecht von Reichelsdorf oder Reichersdorf, das um 1300 auf der Reichsforsthube zu Reichelsdorf saß und das wohl eines Stammes mit den Ministerialen von Eibach war [vgl. Eibach]. Sie gehörten vermutlich zu den Dienstleuten des Reichsministerialengeschlechts Rindsmaul, die 1391 als Lehenherren der „Behausung" zu Reichelsdorf genannt werden.

Im Juli 1299 werden im Zusammenhang mit einem Streit um Wiesen ein Herr Sifrit von Reicholtsdorf und sein Sohn Rudger bezeugt, 1313 ein sich nach dem Ort nennender Rüdiger. In den 1330-er Jahren veräußerten die Erben Rüdigers einen Großteil des Besitzes, zuletzt 1336 die Rechte „an dem Forst zu Reycherstorf" mit der Mühle, den Forstrechten und Zubehör an Conrad Waldstromer. Diesem bestätigte 1344 Kaiser Ludwig der Bayer den Besitz der Forsthube zu Reichelsdorf sowie der halben Forsthube Eibach, die er inzwischen ebenfalls erworben hatte. 1382 wurden noch letzte Anteile an die Waldstromer übertragen. Von nun an waren die Forsthube und auch der erst 1377 ausdrücklich genannte Herrensitz zu Reichelsdorf in der Hand der Waldstromer, eines Zweiges des Schwabach-Nürnberger Reichsministerialengeschlechts der Stromair/Stromer, der mit der Reichsforstmeisterwürde belehnt worden war. 1386 wurde dann erstmals eine Kapelle auf dem Hof des Sitzes genannt.

Beim Verkauf des Reichsforstmeisteramtes 1396 an die Reichsstadt Nürnberg behielten die Waldstromer die Forsthuben Reichelsdorf und Eibach zurück. Bei der Belehnung der Waldstromer durch den späteren Kaiser Friedrich III. 1442 wird die reichslehnbare „behausung" mit umgebenden Wassergräben und zwei Gärten bezeugt. Ein Inventar von 1482 überliefert „das purkstall, da das schloß aufgestanden ist, mit samt dem großen wassergraben, der darumb geht". Bei welcher Gelegenheit die kleine Burg zu Grunde gegangen war, ist nicht bekannt – vielleicht im Ersten Markgrafenkrieg 1449/50. Jedenfalls erscheint auch im Bericht über die Landeserkundung, die der reichsstädtische Rat vor Ausbruch des Landshuter Erbfolgekriegs 1504 befohlen hatte, zu Reichelsdorf kein befestigter Sitz mehr.

1519 ist wieder ein Sitz der Waldstromer bezeugt. 1539 veräußerte Berthold Waldstromer von Reichelsdorf einen Teil seines Vermögens an den Markgrafen. Daher beeilte sich die Reichsstadt, einen nach dem Tod Bertholds 1547 ausbrechenden Erbstreit nutzend, mit Hilfe von Strohmännern 1548 und 1550 den Herrensitz und die Forsthube zu kaufen, bevor auch sie von Brandenburg-Ansbach erworben werden konnten. Kurz nach dieser Transaktion, im Zweiten Markgrafenkrieg, brannten die markgräflichen Truppen am 11. Mai 1552

217.1   Darstellung des Schlosses mit dem Ökonomiehof auf einer aquarellierten Federzeichnung von etwa 1820 (StadtMN)

217.2 Ansicht des Schlosses von Südwesten, Fotografie: G. v. Volckamer um 1894 (StadtMN)

217.3 Ansicht von Südosten, Fotografie: G. v. Volckamer um 1894 (StadtMN)

den Sitz, das Hammerwerk, den Ökonomiehof und alle dazugehörigen grundbaren Höfe nieder.

Der 1554 noch in Schutt und Asche liegende Sitz gelangte an den Ratskonsulenten Dr. Johann Gemmel, der dem Rat auch gleich das Öffnungsrecht in Kriegszeiten einräumte. Bis 1557 ließ der städtische Jurist das Anwesen wieder aufbauen. Das Herrenhaus erstand an alter Stelle, vom Wassergraben umgeben, als dreigeschossiges Turmhaus. Gemmels Witwe veräußerte den Sitz vor 1565 an Michel und Simon Steinhauser. Von der Familie Steinhauser ging er 1589 an einen Kaufmann Balthasar König, der den Sitz wiederum 1599 an Stefan Kötzler abtrat; beide öffneten den Sitz der Reichsstadt Nürnberg. 1629 verstarb der Käufer und vererbte an den gleichnamigen Sohn. Der junge Kötzler musste jedoch im September 1632 hinnehmen, dass die Wallensteinsche Armee bei ihrem Abzug den Herrensitz abermals in Brand steckte.

Der neuerliche Wiederaufbau des Herrenhauses und der Wirtschaftsgebäude wurde keineswegs, wie Werner Sprung angibt, in der Zeit danach „kräftig in Angriff genommen". Im Gegenteil: Stefan Kötzler ließ zunächst 1636/37 im nördlich vorgelagerten Wirtschaftshof nur ein Wohnhaus erneuern, damit er wieder einen Voit unterbringen und wenigstens die Schlossökonomie in Betrieb nehmen konnte. Der Herrensitz fiel daher

1653 als Ruine an Karl Kötzler, Rat des Fürsten von Hohenlohe-Öhringen. Der Erbe beklagte sich noch 1675 über den Kriegsschaden seines Vaters, als er die Wiederherstellung endlich vorbereiten und um 1679 beginnen konnte. Karl Kötzler starb allerdings schon 1684 während der Bauarbeiten, woraufhin sein Bruder Christoph Hieronymus das Anwesen übernahm. Er wird die Erneuerung des Schlosses bis 1686 abgeschlossen haben, das sich seither als dreigeschossiger, massiver Rechteckbau präsentiert. Sein Erscheinungsbild wird von einem zweiachsigen, mit Voluten geschmückten Zwerchhaus, rustizierten Ecken des zweiten Obergeschosses und diversen Giebelaufsätzen geprägt.

Mit dem Tod des Christoph Hieronymus Kötzler erlosch das alte Nürnberger Geschlecht am 4. Oktober 1695 im Mannesstamm. Von der Erbengemeinschaft, bestehend aus Töchtern und Schwiegersöhnen, wurden der Sitz und die Forsthube an den Nürnberger Bürger und Messerschmied Georg Stepper veräußert, der 1722 ein neues Voithaus errichten ließ und 1731 Umbauten am Herrenhaus vornahm. Um 1750 erwarb Christoph Karl Joseph von Volckamer die Liegenschaft. Der rechteckige Wassergraben, über den zwei Brücken nördlich und südlich zum Herrenhaus mit dem einst von einer Zwingermauer eingefassten inneren Hof geführt hatten, wurde in der 2. Hälfte des 18. Jahrhunderts zu einer Wiese gemacht.

1818 ging das Reichelsdorfer Schloss an Sigmund Friedrich Karl Wilhelm von Volckamer und seine mit Dr. Emil von Furtenbach verheiratete Schwester Maria Philippina Karolina. 1833 übernahm die Schwester den gesamten Besitz. Um 1839 kam es unter dem Ehepaar zu einem Umbau des Herrenhauses, wie eine Jahreszahl am östlichen Giebel ausweist. Der Ehemann richtete schließlich eine chemische Fabrik in der Schlossanlage ein, die nicht lange betrieben wurde, aber nach Friedrich August Nagels Worten „den Bauwerken großen Schaden brachte". 1880 wurde die Liegenschaft nach dem Tod Furtenbachs an die Freiherren von Stromer veräußert, die sie jedoch nur bis 1891 behielten.

In den letzten Jahren des 19. Jahrhunderts nutzte der Eigentümer Johann Georg Kettlein, ein Landwirt, das Herrenhaus als Mietshaus. Kettleins Erben verkauften das Anwesen 1902 an Ferdinand Hirt, bis es 1906 der Postdirektor Karl August Eßlinger aus Leer in Ostfriesland kaufte. Er verlieh dem Ansitz sein „altertümliches Gepräge", als er einen alten Brunnen mit Wasserbassin und diverse Steinfiguren aufstellen ließ. Er soll auch viele alte Truhen zerschlagen haben, um mit den Brettern die große Stube im Obergeschoss zu täfeln. Eine Renaissancetäfelung in einem Raum des zweiten Obergeschosses wurde aus dem so genannten Tilly-Zimmer des Hotels „Bayerischer Hof" in Nürnberg hierher transloziert. Der offene Kamin im Erdgeschoss ist eine aus Ostfriesland stammende Attrappe. Die von einer achteckigen Säule und einem Unterzug getragene Erdgeschosshalle wurde damals durch den Abbruch mehrerer, vielleicht nachträglich eingebauter Innenwände hergestellt. Eßlinger veröffentlichte 1922 auch eine kurze, leider sehr mangelhafte Geschichte Reichelsdorfs. 1921 erwarb der Fabrikant Hans Durban das Herrenhaus mit dem großen Garten; seine Nachfahren waren noch im ausgehenden 20. Jahrhundert Eigentümer.

Quellen

StAN Rst. Nbg., Handschriften Nr. 323. Rst. Nbg., Amts- und Standbücher Nr. 47. Rst. Nbg., Waldamt Lorenzi I Nr. 858, 1315. Bezirksamt Schwabach I Nr. 91.

StadtAN E 10/21 Nr. 97, mit Auszügen aus dem Manuskript Eßlingers.

Gelegenhait, Nr. 760, 1880-1882.

Müllner I, S. 343.

NUB Nr. 1050.

Reg. Imp. XIII Heft 14, Nr. 102.

Literatur

Eßlinger, K.: Zur Geschichte von Reichelsdorf. Schwabach 1922.

KDM Stadt Nürnberg, S. 398 f.

Mulzer, Vorstädte, S. 89 f.

Schwemmer, Bavaria Ant., S. 44 f.

Sprung, Werner: Reichelsdorf und Mühlhof. In: MANL 25 (1976), Sonderheft Nr. 23.

Stadtlexikon Nürnberg, S. 871, mit Stich von Henning von etwa 1770.

217.4 Ansicht der Schlosseinfahrt, rechts das Voithaus, links ein Wirtschaftsgebäude mit Wohnzone, Fotografie: F. A. Nagel 1938 (StadtMN)

218 B2

Reichelsdorfer Keller

Abgegangener Sitz, „Purgstall"

Östlich Reichelsdorfer Keller

Stadt Nürnberg

Westlich des Main-Donau-Kanals liegt im Wald (etwa einen Kilometer östlich des S-Bahn-Haltepunkts Reichelsdorfer Keller) ein von einem Graben umfasster, mutmaßlich hochmittelalterlicher Turmhügel. Eine 1989 vorgenommene Vermessung ergab eine durchschnittliche Höhe des Hügels von 3,5 Metern bei einem Durchmesser von 13 Metern; der Graben zeigte eine Breite zwischen 12 und 13 Metern. Die kreisrunde Anlage findet sich in einem Weiherplan aus dem Jahre 1727 und lag damals unmittelbar an und zwischen den beiden so genannten „Purgstall-Weihern" nordwestlich des Weißensees, die über zwei kurze Kanäle mit dem Graben verbunden waren. Die Bezeichnung „daz purgstal" für den einen Weiher erscheint bereits 1428.

Die Besitzgeschichte und die einstige Funktion dieser spätestens im 12. Jahrhundert entstandenen Turmburg bleiben ungeklärt. Ein Zusammenhang mit den großen Weiheranlagen bei Weiherhaus und Pillenreuth ist auszuschließen, weil diese damals noch nicht existierten. Spekulativ bleibt sowohl die Zuordnung zu bestimmten Ministerialengeschlechtern als auch ihr möglicher Einsatz zur Überwachung der Altstraße von Katzwang über Reichelsdorf nach Nürnberg.

Literatur

Alberti, Volker / Boesch, Anton: Herrensitz Weiherhaus bei Pillenreuth. In: MANL 39 (1990), Sonderheft 36, S. 17, 79-81, 108, 112 f.

Mummenhoff, Ernst: Die Pillenreuther Weiher und die Dutzenteiche. In: MVGN 19 (1911), S. 182-186.

218.1 Der noch deutlich im Gelände erkennbare Turmhügel mit seiner runden Grabenanlage im Jahr 2006 (Rg)

219 I4

Reicheneck

Burgruine, ehemaliges reichsstädtisches Pflegschloss

Gemeinde Happurg

Landkreis Nürnberger Land

Die Burg Reicheneck wird erstmals 1238 urkundlich als Besitz des mächtigen Reichsministerialen Ulrich von Königstein bezeugt. Von hier aus nahm er im Auftrag der Staufer Vogteirechte wahr, die sich über den umfangreichen Besitz des Hochstifts Bamberg und der Propstei des Klosters Bergen im Hersbrucker Land erstreckten. Ab den 1240-er Jahren wird größerer Eigen- und Lehnsbesitz vor allem um Reicheneck-Happurg und Königstein sichtbar, dessen Herkunft, wohl auch übertragenes oder vielleicht verpfändetes Gut der 1188 ausgestorbenen Sulzbacher Grafen oder der ihnen folgenden Staufer, nicht mehr zu klären ist.

Der Reichenecker Burgherr, verwandtschaftlich mit der höheren Reichsministerialität aus dem staufischen Schwaben verbunden, rückte spätestens in den 1230-er Jahren an die Spitze der Staufertreuen im ostfränkischen Raum auf. Die überaus zahlreichen Spuren hochmittelalterlichen Eisenerzabbaus im Hersbrucker Land und die dem Schutzheiligen des Bergbaus St. Bartholomäus geweihte, 1253 bezeugte Reichenecker Burgkapelle lassen erkennen, auf welcher ökonomischen Basis Macht und Reichtum des Königsteiners fußten. Durch die Heirat seiner Tochter Elisabeth mit Walter, dem Sohn des dem Kaiser nahe stehenden Edelfreien Konrad Schenk von Klingenburg, erreichte die verwandtschaftliche Verbundenheit die Kernlandschaft des Reiches am Main und Rhein.

Da sowohl der Sohn Wirnt vor 1241 als auch der Enkel Ulrich um 1242 jung verstarben, zeichnete sich das Erlöschen der männlichen Linie der Königsteiner ab. Dies soll Ulrich spätestens 1243 zur Gründung des Dominikanerinnenklosters Engelthal im Hammerbachtal veranlasst haben, zu der er einen erheblichen Teil seines Eigengutes stiftete.

Mit dem Tod des Stifters im Winterhalbjahr 1252/53 ging Reicheneck an den Schwiegersohn Walter Schenk von Klingenburg, wobei erst dessen Söhne Konrad und Walter nach der Veräußerung ihres Besitzes am Untermain ab 1278 als Schenken von Reicheneck siegelten. Zu ihrer Zeit soll die Burg bereits über zwei Kemenaten, demnach zwei heizbare Hauptgebäude verfügt haben. Nach wie vor blieb sie Mittelpunkt einer Herrschaft,

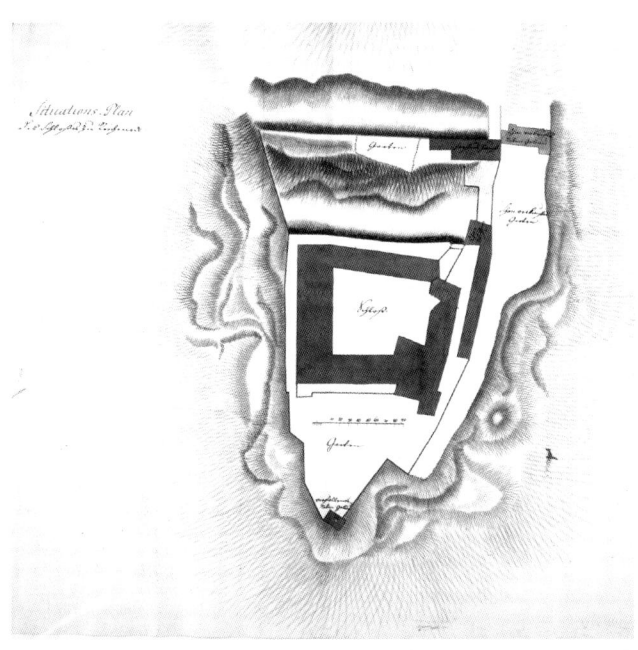

219.1 Situationsplan des Schlosses Reicheneck, Bestandsaufnahme um 1810 (StAN)

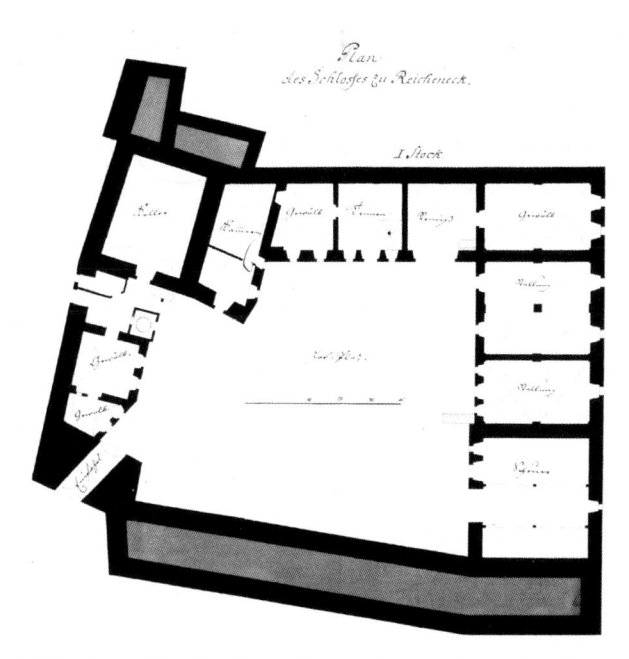

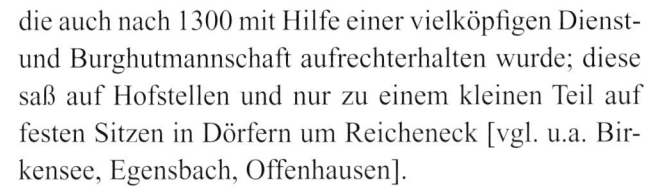

219.2 Grundriss des Ersten Obergeschosses, Bestandsaufnahme um 1810 (StAN)

die auch nach 1300 mit Hilfe einer vielköpfigen Dienst- und Burghutmannschaft aufrechterhalten wurde; diese saß auf Hofstellen und nur zu einem kleinen Teil auf festen Sitzen in Dörfern um Reicheneck [vgl. u.a. Birkensee, Egensbach, Offenhausen].

Die Söhne des Schenken begründeten im frühen 14. Jahrhundert mit der Waltherschen und Konradinischen zwei Linien, die sich die Burg teilten, jedoch immer häufiger in kräftezehrende Kleinkriege vor allem gegen die Pfalzgrafen, die Stadt Nürnberg und die Landgrafen von Leuchtenberg gerieten. Nach dem unglücklichen Ausgang der Fehde des Konrad III. Schenk 1347/48 gegen die Pfalzgrafen und die Reichsstadt musste eine Hälfte der Burg, die Konradinische Kemenate, dem Bamberger Bischof zu Lehen aufgetragen werden, vermutlich um sie vor einer Zerstörung durch die Pfalzgrafen zu bewahren. Allerdings musste sich der Schenk verpflichten, den Pfalzgrafen einen vierjährigen Kriegsdienst zu leisten und ihnen zehn Jahre lang mit der halben Burg Reicheneck im Bedarfsfall „zu gewarten".

Die Machtstellung der Schenken wurde weiter geschwächt, als der Bamberger Bischof den Grafen Ludwig von Hohenlohe mit der aufgetragenen Burghälfte belehnte, der sie jedoch bereits 1353 an König Karl IV. verkaufte. Der mittlerweile zum Kaiser gekrönte Karl erklärte sie schon 1356 zu einem böhmischen Erblehen. In den Jahren danach räumte die Walthersche Linie dem Kaiser sogar das Öffnungsrecht über die zweite, noch freieigene Burghälfte ein, sodass der Lehnsherr die Burg im Ernstfall mit Truppen belegen konnte. Durch den folgenreichen Vertrag von Fürstenwalde, mit dem Karl IV. 1373 große Teile seines erst ab 1353 geschaffenen Neuböhmen gegen die Mark Brandenburg eintauschte, fielen das böhmische Lehen (die konradinische Burghälfte) und das Öffnungsrecht über den freieigenen Teil an die Bayernherzöge.

Mit dem Tod dreier Mitglieder der Konradinischen Linie gingen um 1390 (bis auf ein Achtel des Erhard Schenk) deren Anteile an Ludwig II. Schenk von der Waltherschen Linie über. Mit seinem Tod im Jahr 1395 vollzog sich die Übernahme der Burg durch die Töchter Margaretha und Klara und die Schwiegersöhne Hans und Heinrich von Absberg zu Rumburg, die bereits seit dem Städtekrieg 1388 in heftiger Fehde vor allem mit der Reichsstadt Nürnberg lagen. Obwohl die Brüder noch 1397 König Wenzel die Einhaltung des Landfriedens gelobt hatten, fanden weitere Fehdehandlungen statt, die am 7. Juli 1398 zur Belagerung und Einnahme der Burg durch Truppen des Nürnberger Burggrafen Friedrich VI. und der Reichsstadt führten. Der König befahl, sie „bis auf den Grund" niederzubrennen, woraufhin die Feste noch im Juli angesteckt und innerhalb von sechs Tagen eingelegt wurde. Der Versuch des Wiederaufbaus im Jahr 1400 wurde durch ein Verbot König Ruprechts I. gestoppt.

Nachdem nur weibliche Nachkommen der 1415 bis 1420 verstorbenen Absberger erbten, verfügten als deren Ehemänner Bartholomäus Truchsess von Pommersfelden, Hans Schenk von Geyern und Heinrich VII. von Egloffstein über die Burgstelle. Der Vater des Letzteren, Albrecht VI. von Egloffstein, wurde für seine verwitwete Schwägerin und seine Schwiegertochter vom Herzog Ludwig VII. von Bayern-Ingolstadt 1420 mit der nun Egloffsteinschen Besitzhälfte belehnt. Die Herren waren jedoch schon um 1416 übereingekommen, unmittelbar südlich der abgebrochenen alten Burg mit einem Neubau zu beginnen. Mit der Verlegung des Bauplatzes sollte das königliche Verbot des Wiederaufbaus umgangen werden. Daher waren noch um 1510/20 Reste der alten Burg auf dem nördlichen Bergsporn zu sehen, die wohl erst im Laufe des 16. Jahrhunderts vollends verschwanden. Vermutlich mit Duldung der Lehnsherren wurde der Neubau bis etwa 1425 fertiggestellt. Es entstand eine vierflügelige Anlage, die sich um einen fast quadratischen Innenhof gruppierte, in dem ein über Eck stehender rechteckiger Bergfried aufgeführt wurde. Die neue Anlage wurde darüber hinaus mit zwei Torhäusern gesichert.

Streit unter der Erbengemeinschaft blieb nicht aus, spätestens seit die Truchsesse von Pommersfelden ihre Anteile an die Egloffsteiner verkauft hatten. Ab 1434 fand ein Schlichtungsverfahren unter dem Vorsitz des Markgrafen Friedrich I. statt, das 1437 zu einem Teilungsvertrag zwischen Albrecht VI. von Egloffstein und Hans Schenk von Geyern führte. Er enthält auch Einzelheiten über die Burganlage, wo mehrere Stuben und Kammern aufgeteilt wurden, auch ein Gewölbe „mit einem Kellerlein", Dachböden, Pferde- und Schweinestallungen und der nicht näher lokalisierte Stadel. Nicht geteilt wurden der Bergfried, die Tor- und Badestuben, die Bäckerei mit dem Backofen, der Brunnen, die Kapelle, die Befestigungsanlagen wie der Zwinger, die hohe Mantel- oder Schildmauer und die Gräben. Dasselbe galt für die Anlagen, die wohl außerhalb der Burg lagen: eine Schenke, Gärten und das Gärtnerhaus, der Hag (das die Burg umgebende Freigelände, vermutlich mit Dornengesträuch bewachsen) sowie diverse grundherrschaftliche Rechte.

Wie schon die Absberger gebärdete sich Albrecht VI. von Egloffstein, der auch über Henfenfeld verfügte, als eifriger Fehdeteilnehmer und aggressiver Vertreter einer restaurativen Adelspolitik. Dies brachte ihm die Aberkennung der Hochgerichtsbarkeit über Henfenfeld und Reicheneck, mit der er erst privilegiert worden war, und schließlich sogar die Reichsacht ein, 1431 ausgesprochen durch König Sigmund. Ein Höhepunkt seiner Umtriebe war sicher die Beteiligung an der so genannten Hirschhorner Fehde, bei der Bischof Johann II. von Würzburg Ende 1438 gefangen, auf die Burg Reicheneck verbracht und erst im März 1439 wieder freigelassen wurde.

Mit dem Tod des Hans Schenk von Geyern um 1444 fiel dessen Besitzanteil an die Tochter Magdalena und den Schwiegersohn Georg von Seckendorff, die ihn bereits 1453 an Herzog Ludwig IX. von Bayern-Landshut verkauften. Die Egloffsteiner hielten ihren Anteil noch für Jahre und leisteten sich mit dem herzoglichen Pfleger der anderen Burghälfte zunehmende Zwistigkeiten, bis Herzog Ludwig 1472 mit dem Clan handelseinig wurde und auch die Egloffsteinsche Hälfte für 4.400 Gulden erwerben konnte.

Für den Rest des 15. Jahrhunderts blieb die Burg daher Sitz eines niederbayerischen Pflegamts. Mit dem Erlöschen der Landshuter Linie der Wittelsbacher und dem Streit um das Erbe zwischen der Linie Bayern-München und den Pfalzgrafen endete 1504 dieses Kapitel der Burggeschichte. Am 13. Juni ergab sich die

219.3 Aufriss des Hauptgebäudes und Schnitte durch die Seitenflügel um 1810 (StAN)

219.4 Pflegschloss Reicheneck im Jahre 1794, Kupferstich von F. A. Annert (StadtA Lauf)

Burgbesatzung den Nürnberger Söldnern, die im Zuge der Reichsexekution gegen die pfälzischen Truppen kämpften. Nach Verhandlungen mit Herzog Albrecht IV. von Bayern, der auf das Landshuter Erbe Anspruch erheben konnte, erwarb die Reichsstadt die Burg 1505 mit allen herrschaftlichen Rechten und richtete ein Nürnberger Pflegamt ein, das formal bis 1806 Bestand hatte. Allerdings nahm der Reichenecker Pfleger wie sein Engelthaler Kollege nur die Niedergerichtsbarkeit wahr, während die Hochgerichtsbarkeit dem Amt Hersbruck vorbehalten blieb.

Der Burg kamen nach dem Ende des Landshuter Erbfolgekrieges und der erheblichen Erweiterung des reichsstädtischen Territoriums nicht nur neue administrative Funktionen zu: Aufgrund ihrer relativen Nähe zu den Territorien der Kurpfalz und der Jungen Pfalz nahm sie in der frühen Neuzeit zunehmend den Charakter einer Festung an, wenn sie auch nicht in dem Maße der neuzeitlichen Fortifikationskunst unterworfen wurde wie das westliche Gegenstück Lichtenau. Zuvor musste sie allerdings im Zweiten Markgrafenkrieg am 18. Mai 1552 eine kampflose Einnahme durch feindliche Söldner hinnehmen, nachdem sich der Pfleger Stephan Paumgartner kurz zuvor in Sicherheit gebracht hatte. Die Feste wurde gründlich ausgeplündert, wobei sich auch die Bevölkerung der umliegenden Orte nicht zurückhielt. Diese Ereignisse waren jedoch nicht mit dem Ausgang des zweiten markgräflichen Zuges im Frühjahr des darauffolgenden Jahres zu vergleichen: Am 11. Mai 1553 folgte eine weitere Einnahme, bei der die Burg ausgeplündert und hernach völlig ausgebrannt wurde. Auf 13.200 Gulden wurde der Schaden später geschätzt.

Erst 1559 begann die unter den Kriegsfolgen leidende Reichsstadt mit dem Wiederaufbau, der mit Bauholzbeschaffungen und Planungen unter den leitenden Stadtzimmermeistern Jörg Weber und Barthel Grolock begann [vgl. Lauf, Velden] und im Wesentlichen bis 1564 andauerte. Besonders aufwändig gestaltete sich der Ausbau der Zwingeranlagen und die Instandsetzung des Bergfrieds, dessen Mauerwerk erheblich erneuert werden musste. Er verlor sein bisheriges, von vier großen Zinnen oder vielleicht auch offenen Scharwachttürmchen geprägtes Dach und erhielt ein gedrungenes Zeltdach.

Der Wiederaufbau, der natürlich die erhaltenen massiven Teile nach Möglichkeit integrierte, änderte an der Struktur wenig: Am nordwestlichen Eck der vierflügeligen Hauptburg blieb das dreigeschossige Hauptgebäude mit einem großen Kellergewölbe im

Erdgeschoss und den Obergeschossen für die Amtsräume und die Pflegerwohnung. Ihm schloss sich nach Nordosten ein zweigeschossiger Flügel an, unten mit gewölbten Wirtschaftsräumen, oben mit Kammern. Der etwa in nord-südlicher Firstrichtung anstoßende Westflügel, der weitere Räume für den Pfleger beherbergt haben dürfte, endete südlich mit dem inneren Torhaus. Der parallel stehende Ostflügel war ein Wirtschaftsbau, wo sich im Erdgeschoss die Stallungen und der Stadel sowie im Ober- und in den Dachgeschossen große Lagerböden befanden. Der schmälere Südflügel wurde im 18. Jahrhundert als der „Stückboden" bezeichnet: Hier war demnach das Waffenarsenal untergebracht, wo auch die Geschütze („Stücke") lagerten.

Die Stelle der 1398 untergegangenen Burg auf dem Sporn des Burgberges war in die Zwingeranlage integriert, wobei die Fläche als Pflegergarten diente und an der nördlichen Spitze mit einem Garten- oder Sommerhäuschen bebaut war. An der westlichen Flanke der Zwingermauer war entlang des Torweges, der mit dem mittleren Torhaus abschloss, seit 1702 die lange, schmale Kaserne angebaut. Vor der inneren Zwingermauer lag südlich bis südöstlich, gegen die Hochfläche, ein gewaltiger innerer Graben, dem eine Schildmauer, das erste Torhaus und der äußere Graben vorgelagert waren. Die südwestliche Flanke der Burg war mit einer äußeren, mit Basteien verstärkten Zwingerbefestigung gesichert.

In den Jahrzehnten danach musste die Reichsstadt viel für den laufenden Bauunterhalt und die ständigen Verbesserungen der Verteidigungsanlagen aufbringen, vor allem für Reparaturen von Wehrmauern in den 1690-er Jahren und im Zuge des Spanischen Erbfolgekrieges ab 1702. Die Zeugkammern waren mit einem ansehnlichen Arsenal gefüllt: 1708 waren für die acht

219.6   Im späten 19. Jahrhundert war der Verfall weit fortgeschritten. Fotografie: G. v. Volckamer um 1894 (StadtMN)

Geschütze und acht großen Doppelhakenbüchsen, 30 Musketen und 100 Flinten größere Mengen Eisen- und Bleikugeln verschiedener Größen, Kartätschen und Handgranaten sowie zahlreiche Blankwaffen auf der Burg. Die Pulvervorräte wurden im Bergfried oder Hauptturm aufbewahrt, der auch das Untersuchungsgefängnis des Amtes barg. In der Nacht vom 11. auf den 12. Mai 1709 wurde das Pulverlager dem Turm zum Verhängnis, als ein Blitzschlag die Vorräte zur Explosion brachte. Das obere Drittel des Gebäudes wurde völlig zerrissen, die umliegenden Wohngebäude, vor allem die Fachwerkwände, schwer beschädigt. Bis 1712 dauerten die Reparaturarbeiten an, wobei der ruinierte Turm abgetragen wurde.

Bis Anfang der 1790-er Jahre hielt der Bauunterhalt auf hohem Niveau an, bis er 1796 mit dem Abzug des letzten Pflegers Friedrich Karl Christoph Scheurl von Defersdorf nach Hersbruck, der im Zuge einer Verwaltungsreform auch das dortige Kastenamt übernahm, fast völlig eingestellt wurde. Die schon 1792 festgestellten Dachschäden wurden nicht mehr behoben, sondern durch die teilweise Abnahme von Dachziegeln 1802 bis 1804 noch verschlimmert. Brandversicherungsbeiträge wurden für das Pflegschloss seit 1804/05 nicht mehr bezahlt.

Nach der Eingliederung Nürnbergs in das junge Königreich Bayern wurde die Burg auf Anordnung des königlich-bayerischen Rentamtes Hersbruck mehr oder weniger ausgeschlachtet: Fenster, Türen, Öfen und sogar Dielen wurden ausgebaut und verkauft. 1809 wurden

219.5   Wenige Jahrzehnte nach der Privatisierung standen nur noch „romantische" Ruinen. Stahlstich von A. Marx 1844 (StadtA Lauf)

auch die Gebäude zum Verkauf angeboten, wobei den Käufern der Abbruch freigestellt wurde. Den größten Teil der ehemaligen Feste ersteigerte der Eschenbacher Maurermeister Johann Georg Linnert, der im Herbst 1810 mit Abbrucharbeiten und der Verwertung des gewonnenen Baumaterials begann. Dies wurde offenbar nach einiger Zeit eingestellt, denn in der Zeit um 1840 waren von der Burg noch hoch aufragende Ruinenteile zu beobachten. Deren Verfall schritt jedoch im 19. und 20. Jahrhundert voran, auch weil sie über Jahrzehnte hinweg zur Beschaffung von Bausteinen missbraucht wurden. Gleichwohl haben sich bis heute große Teile der Zwingeranlagen und des inneren Schlosses erhalten, die allerdings akut vom völligen Verfall bedroht sind. Es ist zu befürchten, dass eines der für Ostfranken bedeutendsten Geschichtszeugnisse noch in unseren Tagen weitgehend untergehen wird. Besonders verhängnisvoll wirkte sich aus, dass nach etwa 1850 der Neubau von Wohnhäusern im Ruinengelände genehmigt wurde, wofür man einerseits selbstverständlich Baumaterial vom Ruinenbestand heranzog, andererseits ein konservatorisch angemessenes Nutzungskonzept nachhaltig verhinderte. Bis heute hat sich auch das so genannte Jägerhaus erhalten, das um 1650 am äußeren Torhaus angebaut worden war. Das Torhaus selbst und auch noch größere Reste der Kaserne sind irgendwann nach 1935 bzw. 1950 beseitigt worden.

Quellen

StAN Rst. Nbg., Salbücher 36. Rst. Nbg., Rechnungen des Markgräflichen Krieges Nr. 96.

HallerA Henfenfelder Archiv, ungeordneter Bestand, vorläufige Aktennr. A 3408.

Gelegenheit, Nr. 998.

Lehnbuch von 1331, S. XXXII-LXXI.

NUB Nr. 262, 288, 332, 386.

Literatur

HAB Lauf-Hersbruck, S. 5-16.

KDM Hersbruck, S. 246-251.

Schlunk, Andreas: Wernto von Reicheneck, Dompropst zu Regensburg und Bischof zu Bamberg (ca. 1293-8.4.1335), Teil I: Als Domkanoniker in Regensburg (1309–1328). In: MANL 54 (2005), Heft 1, S. 31-38.

Stadtlexikon Nürnberg, S. 871 f.

Voit, Gustav: Reicheneck (= Schriftenreihe der ANL Bd. 38). Nürnberg 1989, mit zahlreichen historischen Abbildungen und Fotografien im Anhang.

Ders., Grundherrschaften, S. 14-33.

Ders., Pegnitz, S. 153-203.

220 G5

Reichenschwand I

Wasserschloss

Schlossweg 12

Gemeinde Reichenschwand

Landkreis Nürnberger Land

Das Wasserschloss Reichenschwand geht auf einen befestigten Sitz zurück, den das Ministerialengeschlecht von Strahlenfels vermutlich in den Jahren um 1300 errichtet hat. Offensichtlich hatte das Geschlecht versucht, hier an der Pegnitz und in unmittelbarer Nähe zu Henfenfeld Fuß zu fassen, nachdem es auf dem Strahlenfels durch die benachbarten Herren von Wildenstein [vgl. Rothenberg, Wildenfels] in Bedrängnis geraten war. Die Wildensteiner, zu den wichtigsten Gefolgsleuten der Bayernherzöge zählend, gingen im Krieg ihrer Herren gegen den Hirschberger Grafen ab 1290 massiv gegen das gräfliche Umfeld vor, vor allem gegen die ehemaligen Reichsministerialen von Henfenfeld, die wiederum in einem engen, auch verwandtschaftlichen Verhältnis zu den Strahlenfelsern standen [vgl. Henfenfeld, Strahlenfels].

Konrad von Strahlenfels scheint erstmals 1310 als Inhaber grundherrschaftlicher Rechte in Oberndorf bei Reichenschwand und 1312 in Sendelbach auf. Die Sendelbacher Rechte bestätigen die engen Beziehungen zu den Henfenfeldern, die dort einst über sämtliche Grundholden verfügt hatten. 1331 saß Adam von Strahlenfels zu Reichenschwand, das offenbar als freies Eigen reklamiert wurde. Erst Georg von Strahlenfels trug es 1366 Kaiser Karl IV. zu böhmischem Lehen auf. Georg und Peter von Strahlenfels gehörten zu den 20 Burghütern der mittlerweile böhmischen Burg Rothenberg. 1399 wurden Peter, 1424 Leonhard und 1440 Thomas von Strahlenfels von der böhmischen Krone mit Reichenschwand belehnt.

Spätestens 1464 ging die Zeit des Geschlechts in Reichenschwand zu Ende, als Ulrich Ratz von Eismannsberg, vielleicht durch eine Heiratsverbindung, die Wasserburg und die dazugehörigen Rechte erwarb [vgl. Eismannsberg I]. Nach seinem Tod kam sie vermutlich um 1480 an Bertold Ratz. Kurz nach 1500 starb Bertold und hinterließ den Sitz seiner Witwe Amalie, die 1504 in Folge des Landshuter Erbfolgekrieges die Landeshoheit der Reichsstadt Nürnberg anerkennen musste. Jahrelang verwaltete ein Administrator, Hans von Seckendorff, das Rittergut, bis es 1531 an Bonaventura Furtenbach

220.1 Ansicht des Schlosses von Südwesten vor dem Umbau, Radierung von C. J. W. C. J. Haller von Hallerstein 1794 (StadtMN)

verkauft wurde. Dieser stammte aus einer in Feldkirch ansässigen Familie, die im Fernhandel und durch gewagte Transaktionen ein Vermögen gemacht hatte. Der seit 1522 in Nürnberg niedergelassene Furtenbach heiratete eine Tochter Anton Derrers und gelangte nach zum Teil dubiosen Finanzgeschäften mit verschiedenen Fürsten, u.a. mit dem Kaiser und andern Habsburgern, zu sagenhaftem Wohlstand. Die Geschäfte des Bonaventura Furtenbach mit dem kaiserlichen Hof brachten ihm 1548 einen kaiserlichen Adelsbrief und eine Wappenverleihung ein, 1555 sogar die Privilegierung seiner Herrschaft Reichenschwand mit der Gerichtsbarkeit, die von Nürnberg jedoch nicht anerkannt wurde.

Der Unternehmer prägte seinen neuen Besitz auch baulich. Der alte Strahlenfelser Ansitz wurde in den 1530-er Jahren weitgehend erneuert und auch erheblich erweitert. Auf einer um 1538 erstellten Karte vom Flusslauf der Pegnitz wurde ausdrücklich der Vermerk „new erpaut Hauß oder Schloß" eingetragen. Allerdings war der Furtenbachschen Pracht keine lange Dauer beschieden. Im Zweiten Markgrafenkrieg nahmen die markgräflichen Truppen zunächst am 18. Mai 1552 das Wasserschloss ein, das die Nürnberger unter der Führung von Niklas Nöttelein aber zurückeroberten. Im zweiten Kriegsjahr, am 12. Mai 1553, wurde das Schloss widerstandslos dem Feind übergeben und von diesem ausgebrannt.

Noch vor seinem Tod am 24. Juni 1564 hatte Bonaventura von Furtenbach den bereits wiederaufgebauten Sitz zu einem Fideikommiss bestimmt, um einen Verkauf oder eine Zertrümmerung des Gutes unter seinen Erben zu verhindern. Die Stiftung blieb auch bis zur gesetzlichen Aufhebung durch das Königreich Bayern 1808 bestehen. Hans IV. von Furtenbach war erster Administrator; er ließ den Streit mit der Reichsstadt um die Reichenschwander Gerichtsbarkeit wieder aufleben, der jedoch 1566 mit einer Anerkennung der reichsstädtischen Landeshoheit und Hochgerichtsbarkeit endete.

Unter Hans V. von Furtenbach wurde das neue Schloss ein zweites Mal ruiniert, nämlich 1632 von den Kaiserlichen, die es besetzten, plünderten und zum Teil in Brand steckten. Eine zweite Einnahme des beschädigten Schlosses durch kurbayerische Truppen wurde allerdings im September 1634 von der Reichsstadt gewaltsam beendet. Unter Johann Bartholomäus von Furtenbach begann 1636 allenfalls eine provisorische Instandsetzung. Die eigentliche Wiederherstellung folgte erst in den Jahren 1660 bis 1664 durch die Brüder Johann Sigmund und Johann Wilhelm von Fur-

220.2 Ansicht der Schlosses aus nordöstlicher Richtung, Fotografie: G. v. Volckamer um 1894 (StadtMN)

tenbach. 1692 ließ die Witwe Johann Wilhelms, Ursula Philippina, die so genannte große neue Stube ausbauen und mit Gemälden neu ausschmücken. Unter ihrem 1663 geborenen Stiefsohn Wilhelm August kam es nicht nur in den Jahren 1694 bis 1718 zu einer weiteren Modernisierung des Schlosses, auch der Schlossgarten wurde neu angelegt, wozu die Auffüllung des inneren Wassergrabens, die Errichtung eines Lusthauses und 1712 der Bau einer Springbrunnenanlage gehörten.

Nach der gesetzlichen Aufhebung der Fideikommisse veräußerte man im Dezember 1812 etwa eine Hälfte der Liegenschaft an den königlichen Legationsrat und Oberpostmeister Ernst Gottlieb Heinrich Ritter von Axthelm, 1813 und 1814 wurden ihm schließlich von den Pflegern des von Schlaganfällen gezeichneten Jobst Wilhelm von Furtenbach auch noch die restlichen Anteile verkauft. Der Oberpostmeister gab das Schlossgut im April 1828 für 57.500 Gulden an den aus Böhmen stammenden Medizinalrat Dr. Franz Otto Ritter von Stransky weiter. Dieser begann sofort mit ersten Umbauarbeiten, die sich bis 1831 hinzogen. Nach den erhaltenen Baurechnungen leitete ein Laufer Maurermeister Schmidt die Arbeiten, auch wurde der Mögeldorfer Bauunternehmer Gößel herangezogen [vgl. Mögeldorf II, VIII].

Nach Wilhelm Schwemmer soll der Umbau nach den Plänen des damals in Nürnberg beschäftigten Architekten Karl Alexander Heideloff erfolgt sein. Diese Einschätzung beruht allein auf der Beobachtung, dass die Umformung der Fassaden und der Ecktürme im neugotischen Stil – betont durch Zierzinnen, Fialen und Maßwerke – ganz dem Heideloffschen Wirken in dieser Zeit entspricht. Diese an sich naheliegende Hypothese ließ sich noch nicht belegen. Auch im Nachlass Heideloffs im Archiv des Germanischen Nationalmuseums konnte bisher kein Hinweis auf dessen Urheberschaft gefunden werden.

Trotz des völlig veränderten Erscheinungsbildes blieben wenigstens die massiven Konstruktionen weitgehend erhalten: Das Hauptgebäude der Schlossanlage, einst im inneren Wassergraben gelegen, besteht noch immer aus einer großen, mit dem First etwa in Ost-West-Richtung platzierten Kemenate, an deren nordwestliche und nordöstliche Ecke man jeweils einen Rundturm gestellt hatte. An dieses Hauptgebäude schließen südwestlich und südöstlich zwei schmale Seitenflügel, die einen engen Innenhof begrenzen, dessen südliche Abschlussmauer abgebrochen wurde. Nur am westlichen Seitenflügel wurde stärker eingegriffen, da der viergeschossige Torturm, der ein Satteldach und einen

Dachreiter als Glockentürmchen trug, ersatzlos abgebrochen wurde. Im Zuge der Neugestaltung verlegte man den Zugang in die Mitte der Nordfassade. Bei dem Umbau wurden auch die Wehrmauern bis auf die vier Ecktürme abgebrochen und der äußere Wassergraben teilweise aufgefüllt.

Trotz der sicher nicht unbeträchtlichen Investitionen wechselte das Schloss Reichenschwand schon 1837 wieder seinen Eigentümer: Ritter von Stransky veräußerte es für 80.000 Gulden an den Fürsten Adolph Wilhelm von Wrede zu Ellingen, den jüngsten Sohn des berühmten bayerischen Feldmarschalls. Dieser kümmerte sich sehr um den Bauunterhalt und führte viele kleinere Bauarbeiten durch; so ließ er 1842 im südöstlichen Turm der Befestigungsanlage eine katholische Kapelle einrichten und im Garten ein Treibhaus bauen. 1854 verkaufte der Fürst den Besitz schließlich an den Juristen Christian Heinrich Ludwig Thon aus Nürnberg für nur 55.000 Gulden. Hintergrund des Verlustgeschäftes waren wohl weniger der Verdruss des Fürsten über die gesetzliche Aufhebung der Grundherrschaft 1848, als seine stattlichen Schulden bei verschiedenen Gläubigern. Fürst von Wrede hatte allein 1853 bei Thon, der von Bankgeschäften lebte, etwa 20.000 Gulden aufgenommen und das Rittergut Reichenschwand als Sicherheit geboten.

Der aus einer mit Salzbergbau und Darlehnsgeschäften reich gewordenen Familie stammende Thon blieb bis zu seinem Tod 1877 Eigentümer des Schlosses. Sein Sohn Wilhelm und die Witwe erbten das Rittergut. 1882/83 führte Wilhelm Thon eine größere Renovierung durch. 1892 und 1896 wurden die Wirtschaftsgebäude an der alten Zwingermauer abgebrochen und durch verschiedene Neubauten von Verwaltungs- und Ökonomiegebäuden ersetzt. Auf Wilhelm Thon folgte vor 1920 sein Sohn Oskar, der sich seit 1925 persönlich um den Gutsbetrieb kümmerte. Im April 1945 wurde das Schloss von der US-Army besetzt und zum Sitz eines Armeestabes bestimmt. In der Nachkriegszeit verpachtete Oskar Thon das Schloss an Ärzte, die hier ein Kurheim einrichteten. Ein Kur- und Hotelbetrieb blieb bis in die 1970-er Jahre bestehen. Heute gehört das Schloss Reichenschwand dem Unternehmer Hans Rudolf Wöhrl, der die Anlage wiederum gastronomisch nutzt.

Quellen

BayHStA MK 27405.

StAN Rst. Nbg., Rechnungen des markgräflichen Krieges Nr. 95, 96. Gutsherrschaft Reichenschwand Akten und Rechnungen.

GNM-A Nachlass Heideloff.

Gelegenhait, Nr. 668.

Müllner III, S. 336 f.

NUB Nr. 203, 255.

Literatur

Boeck, Urs: Karl Alexander Heideloff. In: MVGN 48 (1958), S. 178.

Furtenbach, Franz Josef von: Geschichte des Geschlechts Furtenbach 14.–20. Jahrhundert. Hg. v. Amalie von Furtenbach. Limburg 1969.

Giersch, Robert: Archivalienforschung zur Baugeschichte des Schlosses Reichenschwand – Schwerpunkt bauliche Veränderungen an den Fassaden 19./20. Jahrhundert. Manuskript 1999. Unveröff. im BLfD.

Haller von Hallerstein, Helmut Frhr. von: Schloß und Dorf Henfenfeld (= Schriftenreihe der ANL Bd. 35). Nürnberg 1986, S. 13-21.

KDM Hersbruck, S. 256-260, mit Aquarell von J. C. Bankel 1916, Grundriss des Schlosses und Schnitt durch einen Rundturm.

Schwemmer, Wilhelm: Alt-Reichenschwand. In: MANL 28 (1979), Sonderheft Nr. 25.

Voit, Pegnitz, S. 105-112, 242-244.

220.3 Blick auf den Wassergraben und die zwei Rundtürme der ehemaligen Befestigungsanlage, Fotografie: F. A. Nagel 1910 (StadtMN)

221.1 Ansicht des neuen Herrenhauses mit einem nachträglich angebauten Scheunenteil von Nordosten, Zustand 2006 (Rg)

221 — G5

Reichenschwand II

Herrenhaus, „Neues Schloss"

Hersbrucker Straße 6

Landkreis Nürnberger Land

Als im ausgehenden 17. Jahrhundert die Familien sowohl des Wilhelm August als auch des Georg Sigmund von Furtenbach in Reichenschwand lebten, klagte man über beengte Wohnverhältnisse im Schloss. Der damalige Administrator der Familienstiftung, Wilhelm August von Furtenbach, ließ daher nördlich der Schlossanlage an der Landstraße kurz nach 1700 das so genannte „Schlößchen" oder „neue Schloß" errichten. 1755 und 1778 wurde das zweigeschossige Herrenhaus mit seinen Umfassungen aus Sandsteinquadern und dem Mansarddach erweitert und umgebaut. Als nach 1808 die Zerschlagung des Furtenbachschen Stiftungsvermögens stattfand, wurde das neue Schloss an den Seilermeister Arnold verkauft, dessen Witwe es 1823 dem Sohn Andreas Arnold übergab. Die Seilerei wurde weiterhin auf dem Anwesen betrieben. Peter Arnold, der das Anwesen 1858 übernahm, geriet in wirtschaftliche Schwierigkeiten und 1869 in eine Zwangsversteigerung, bei der ein Kühnhofener Bauer Georg Stiegler das Höchstgebot abgab. Nachdem dieser die Arnoldschen Grundstücke in mehreren Teilen gewinnbringend verkauft hatte, veräußerte er das ehemalige Herrenhaus 1870 an Martin Süß, dessen Erben es noch im 20. Jahrhundert besaßen.

Quellen

StAN Kataster Reichenschwand Nr. 1, 4, 11, 14.

Literatur

KDM Hersbruck, S. 260.

Schwemmer, Wilhelm: Alt-Reichenschwand. In: MANL 28 (1979), Sonderheft Nr. 25, S. 18, 20 f.

222 — E4

Renzenhof

Herrensitz

Hartmann-Schedel-Straße 1

Stadt Röthenbach an der Pegnitz

Landkreis Nürnberger Land

In Renzenhof lässt sich seit dem 14. Jahrhundert eine reichslehnbare Forsthube nachweisen. Als Besitzer von Renzenhof werden 1362 Konrad Peßler und anschließend Konrad Hutt, Richter zu Lauf, genannt, der es 1374 für 300 Gulden an den Nürnberger Bürger Hans Maier verkaufte. Dieser wurde 1401 von König Ruprecht mit dem Renzenhof („ein Vorsthub") belehnt und erhielt die Erlaubnis, an seiner Stelle einen anderen darauf zu setzen (d.h. den Forstdienst versehen zu lassen). 1402 traten der bedeutende Großkaufmann und Montanunternehmer Herdegen Valzner und Hans Maier gemeinsam auf, um die Forsthube Haimendorf von Ulrich Strobel zu kaufen, wobei vereinbart wurde, dass dieses Gut mit der Forsthube Renzenhof verbunden werden sollte. Im

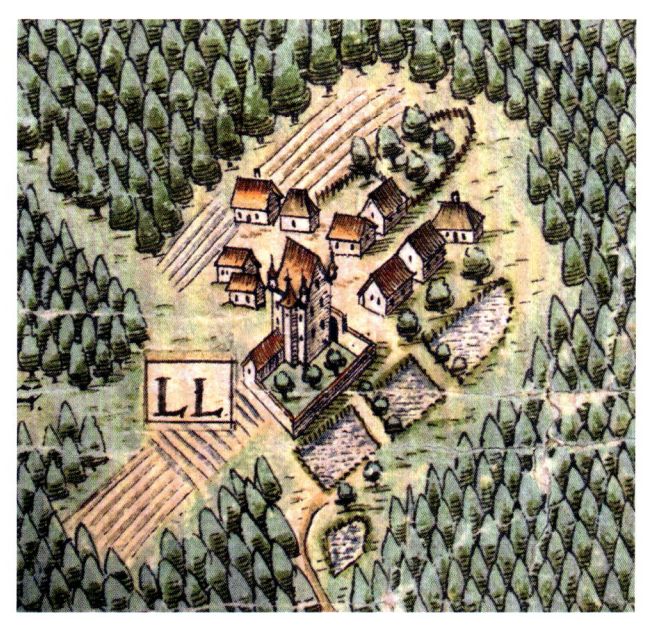

222.1 Das wohnturmartige Herrenhaus zu Renzenhof mit den typischen Eckerkern auf der Karte des Pflegamtes Lauf von Hans Bien aus dem Jahre 1628 (StAN)

selben Jahr verlieh König Ruprecht die Forsthube Haimendorf dem Hans Maier und bestätigte, dass sie „in den Renzenhof" gehöre. Später gelangten die Güter an Albrecht von Egloffstein, der 1416 Renzenhof angeblich dem Nürnberger Rat öffnete, d.h. die Besetzung mit Soldaten im Kriegsfall erlaubte. Ein Beleg hierfür fand sich bislang nicht; zudem verkaufte Egloffstein mit seinem Sohn Wolfram die beiden Forsthuben schon 1415/16 an den Nürnberger Bürger Peter Eyttenholzer. 1417 belehnte ihn König Sigmund mit den Reichsforstlehen zu Renzenhof und Haimendorf.

1426 veräußerte Eyttenholzer die Forsthube Renzenhof an Hans Hallertauer, von dem sie 1453 an Kunz Wagner ging. Der auffallend niedrige Kaufpreis von 25 Gulden lässt einen gravierenden Kriegsschaden vermuten, zumal gerade die Landschaft um den Moritzberg im Ersten Markgrafenkrieg 1449 schwer zu leiden hatte. Später gelangte die Forsthube an Nikolaus Paumgartner, der sie 1480 an Thomas Zingel veräußerte. Die Familie Zingel war Ende des 14. Jahrhunderts von Nördlingen nach Nürnberg eingewandert und durch Fernhandel und Eisenproduktion reich geworden. Thomas Zingel starb 1482 und vermachte Renzenhof seinen Neffen, den Brüdern Dr. Johann und Paul Zingel. Diese verkauften den Besitz 1484 für nun 440 Gulden an Jörg Schedel, was für eine mittlerweile erfolgte Erneuerung spricht.

Im Spionagebericht, der 1504 vor Ausbruch des Landshuter Erbfolgekriegs erstellt wurde, ist der „Sitz" zu Renzenhof erstmals ausdrücklich bezeugt. Dieser fiel nach Jörg Schedels Tod im Jahr darauf an dessen Bruder Dr. Hartmann Schedel, den berühmten Arzt und Humanisten, der vor allem durch die 1493 bei Koberger gedruckte Schedelsche Weltchronik bekannt wurde. Nach seinem Tod im Jahre 1514 räumte der gleichnamige Sohn 1517 der Reichsstadt das Öffnungsrecht ein. Die Erben des berühmten Gelehrten verkauften am 20. Juli 1544 den Sitz an Christoph II. Fürer von Haimendorf, der damit eine jahrhundertelange Besitztradition begründete.

Das wohnturmartige, massive Herrenhaus überstand offenbar den Landshuter Erbfolgekrieg ebenso wie den Zweiten Markgrafenkrieg ohne größere Schäden. Die Datierung August Gebesslers („bestehender Bau Ende 15./Anf. 16. Jh. über vermutlich älteren Grundmauern") unter Hinweis auf eine früher angeblich über dem Portal vorhandene Bauinschrift von 1485 erscheint dennoch überprüfungsbedürftig. Auf Baumaßnahmen um 1600 dürfte der Anbau eines inzwischen abgebrochenen Treppenturms an die nordwestliche Traufseite (die vermauerten Durchgänge sind heute noch zu erkennen) sowie die Herstellung des Renaissanceportals hindeuten, das seither mit toskanischen Säulen und flachem Dreiecksgiebel umrahmt wird. Vielleicht gingen auch das verwitterte Fürer-Wappen über dem Portal und

222.2 Der Herrensitz mit den links anschließenden Wirtschaftsbauten von Südwesten auf einer Radierung von F. A. Annert 1791 (StadtA Lauf)

222.3 Das Herrenhaus und die Ökonomiegebäude von Südosten. Fotografie: G. v. Volckamer um 1894 (StadtMN)

vier ebenfalls wieder verschwundene Ecktürmchen aus dieser Maßnahme hervor.

1573 wurde die Genehmigung für einen Pferdestall „auf neuem Grund" erteilt als Anbau an das Voithaus. Dieser Neubau betraf demnach den Wirtschaftshof, der sich westlich des Herrenhauses befand. Eine weitere Inschrift „Renovirt 1784" über einem Ovalfenster des Erdgeschosses belegt eine jüngere Baumaßnahme. Treppenturm und Ecktürmchen sind noch auf dem Kupferstich von F. A. Annert von 1791 zu erkennen; letztere waren schon 1894 verschwunden. An den Traufecken waren noch 1961 Eisenbänder vorhanden, die einmal zur Befestigung der Ecktürmchen gedient hatten. Die frühere Erdgeschosshalle mit einem von einer Säule gestützten Unterzug wurde später durch den Einbau von Innenwänden unterteilt.

Die Familie Fürer von Haimendorf verkaufte den Herrensitz mit allem Zubehör erst 1847 für 9.785 Gulden an Private. Später gelangte er an die Industriellenfamilie Conradty, die unter Conrad Conradty 1880 in der Röthenbacher Papiermühle eine Bleistiftfabrik gegründet hatte, die sich noch im 19. Jahrhundert zu einer der weltweit bedeutendsten Produktionsstätten von Beleuchtungskohlen entwickelte [vgl. Röthenbach II]. Leider gerieten die weitgehend frühneuzeitlichen Ökonomiegebäude in andere Hände und zeigen heute die Spuren jahrelanger Vernachlässigung. Hoffentlich gelingt die Rettung des historisch sehr wertvollen Baubestandes.

Quellen

StAN Fremdrepertorien, Fürer von Haimendorf.

StadtAN B 23 Nr. 1.

Gelegenhait, Nr. 676.

Müllner III, S. 330.

Pfalzgr. Reg. II, Nr. 483, 513, 2505.

Reg. Imp. XI, Nr. 2332.

Literatur

Alberti, Volker / Baumann, Lorenz / Holz, Horst: Burgen und Schlösser in Lauf und Umgebung. Unteres Pegnitztal (= Fränkische Adelssitze Bd. 2). Simmelsdorf-Hüttenbach 1999, S. 94-99.

KDM Landkreis Nürnberg, S. 61.

Rühl, Pegnitztal S. 131 f.

Schwemmer, Wilhelm: Röthenbach an der Pegnitz. Die Geschichte einer Industriestadt. Nürnberg 1982, S. 74-76, 97-99, 108.

R RIEGELSTEIN

223 H8

Riegelstein

Burgruine

Stadt Betzenstein

Landkreis Bayreuth

Auf der Flur Schlossberg nördlich der Ortschaft Riegelstein finden sich die spärlichen Reste der Burg Riegelstein. Nach Gustav Voit soll sie um 1360 von dem Geschlecht der Türriegel erbaut worden sein. Hellmut Kunstmann und Walter Heinz dagegen datierten die Burg auf die Zeit um 1200. Kunstmanns These stützt sich auf einen Scherbenfund, der von ihm leider nicht beschrieben wurde und daher auch nicht mehr überprüft werden kann.

Der Burgenname, der erst im 14. Jahrhundert aufgekommen sein kann, ist untrennbar mit dem Geschlecht der Türriegel verbunden. Es scheint um die Mitte des 13. Jahrhunderts mit Dienstleuten des Reichsministerialen Ulrich von Königstein und seiner Erben, der Schenken von Reicheneck, zu Offenhausen und zu Swinach (Engelthal) auf [vgl. Offenhausen, Reicheneck]. Die Familie war schon um 1250 mit anderen Ministerialengeschlechtern des Hammerbachtals eng versippt. Keineswegs gehörte sie, wie Kunstmann annahm, „uraltem Adel" an, sondern zählte, wie die Überlieferung bezeugt, zur vielköpfigen niederen Reicheneckerr Dienstmannschaft, die im 13. Jahrhundert meist auf Hofstellen im Hammerbachtal hauste. Erst im 14. Jahrhundert traten die Türriegel, die schon einmal im späten 13. Jahrhundert mit den Schenken in Fehde gelegen und sich ihnen entfremdet hatten, als Burghüter auf dem Rothenberg sowie als burggräfliche und bambergische Lehnsleute auf.

Die Burg Riegelstein wird sehr spät, nämlich erst 1403 oder einige Jahre danach, bezeugt als Sitz der Brüder Hans, Georg, Dietrich und Heinz Türriegel, die sich dort wohl nur zeitweise aufgehalten haben, da sie vielfach als Pfleger in Diensten verschiedener Landesherren tätig waren. Schon der Name der Burg sollte den sozialen Aufstieg aus der unfreien niederen Ritterschaft deutlich zum Ausdruck bringen. Bei allem Ritterstolz waren sich aber auch die Türriegel nicht zu schade, ihre wirtschaftlichen Verhältnisse durch Teilhabe am Montangeschäft zu verbessern. So betrieben sie zeitweise auch Hammerwerke, wie in Lauf bei Hohenfels.

1502 trugen die Türriegel ihre Burg dem Markgrafen Friedrich IV. von Brandenburg-Kulmbach zu Lehen auf. Sie gewährten dem Fürsten auch das Öffnungsrecht im Kriegsfall. Auf Grund von Lehnsbeziehungen zur Kurpfalz behauptete jedoch die pfälzische Regierung in Amberg seit dem 16. Jahrhundert Riegelstein als pfälzisches Landsassengut. Hans Türriegel zum Riegelstein wurde 1535 in der Landsassenmatrikel für das kurpfälzische Amt Auerbach geführt. Der Rechtsstreit zwischen der Pfalz und dem Markgraftum zog sich bis ins 18. Jahrhundert hin. Mit dem Tod des Georg Michael Türriegel von Riegelstein war das Geschlecht aber am 23. März 1619 erloschen. Der Markgraf zog daraufhin die Burg mit den übrigen Lehngütern des Verstorbenen ein und belehnte den markgräflichen Kammerjunker Henning von Wilmersdorf damit. Zwar verhinderte dessen Witwe nach seinem Tod 1637 den Einzug des Lehens, musste jedoch nach 1642 die Besetzung der Burg durch kurbayerische Truppen hinnehmen. Bei ihrem Abzug soll die Soldateska eine völlig demolierte Burg hinterlassen haben.

223.1 Vereinfachte Darstellung der Burgruine als Ausschnitt aus einer kolorierten Nürnberger Grenzkarte von 1574 (StAN)

223.2 Aufgehendes Mauerwerk, akut im Bestand gefährdet, in der unteren Burg, Zustand 2006 (Rg)

Als Ehemann der Maria Elisabeth von Wilmersdorf wurde Christoph Adam von Varell 1648/49 nur noch mit einer unbewohnbaren Ruine belehnt. 1712 beantragte er beim Lehnsherrn den Verkauf des Sitzes, der bereits 1691 nur noch als ödes und wüstes Schloss bezeichnet worden war. Lange schon hatte man die Burg im 17. Jahrhundert als Steinbruch missbraucht. Nachdem die Kaufverhandlungen mit Christoph Gottlieb Volckamer von Kirchensittenbach gescheitert waren, wurde Riegelstein 1714 an Christoph Ludwig Lochner von Hüttenbach verkauft [vgl. Hüttenbach]. Die Lochner nahmen die Grundherrschaft Riegelstein bis zur gesetzlichen Aufhebung 1848 wahr. Um die Burgruine kümmerte sich niemand mehr.

Nurmehr geringe Reste sind heute auf dem 610 m hohen Schlossberg zu beobachten. Die Ruine liegt auf einem nordöstlichen Bergsporn, durch einen 50 Meter langen, bis zu 8 Meter breiten und tiefen, teils senkrecht in den Fels gehauenen Halsgraben vom Berg getrennt. Nach Hellmut Kunstmann diente ein 11 Meter langer und 4 Meter breiter Fels am Nordwestrand des Grabens als Brückenpfeiler. Ihm folgt ein zweiter, 30 Meter langer Graben, dessen Sohle 7 Meter höher liegt. Er begrenzt den kleinen unteren Burghof, wo heute nur noch Grundmauerreste, u.a. des einstigen Torhauses, sowie die ehemalige Zisterne existieren. Die obere Burg befand sich 10 Meter über dem Hof auf dem Felsriff am östlichen Ende des Sporns. Hier sind nur noch geringe Reste eines größeren Gebäudes zu beobachten, deutlich reduziert gegenüber dem von Kunstmann um 1965 festgestellten Bestand.

Quellen

StAAm Landsassen Nr. 325. OPf. Registraturbücher Nr. 56.

StABa C 3 Nr. 1697. A 258 IV Nr. 270.

StAN Rst. Nbg., Salbücher Nr. 36. SchlossA Hüttenbach Akten Nr. 146.

Gelegenhait, Nr. 851.

Lehnbuch von 1331, zahlreiche Belege von Mitgliedern des Geschlechts.

Literatur

Stadtlexikon Erlangen, S. 707.

Heinz, Walter: Ehemalige Burgen im Umkreis des Rothenbergs. 1. Teil: Von Schnaittach bis Wildenfels (= Vom Rothenberg und seinem Umkreis, Heft 15/1). Schnaittach 1992, S. 55-61 mit Plan.

KDM Pegnitz, S. 495 f.

Kunstmann, Östliche Fränkische Schweiz, S. 482-493, mit Lageplan.

Voit, Pegnitz, S. 267-273.

224 F4

Rockenbrunn

Herrenhaus, „Brunnenhof"

Rockenbrunn 1

Stadt Röthenbach an der Pegnitz

Landkreis Nürnberger Land

Am Weg von Haimendorf nach Diepersdorf, an westlichen Hangausläufern angelehnt, ließen die Fürer von Haimendorf 1653 ein kleines Herrenhaus errichten [vgl. Haimendorf]. Das zweigeschossige Gebäude mit einem massiven Erdgeschoss und einem Obergeschoss aus Fachwerk umschließt nördlich und westlich einen einzigartigen Brunnenhof, in dem ein mit einer Balustrade aus Sandstein umfasstes, rechteckiges Bassin Platz findet. Der frühere Springbrunnen ist allerdings abgegangen. Im Süden und Osten wird der Brunnenhof von einer Böschungsmauer aus Werksteinen eingefasst, die mit einer weiteren steinernen Balustrade bekrönt und östlich mit drei tiefen, rundbogigen Arkadennischen gegliedert ist und einst eine Gartenterrasse begrenzte.

Ältere Inschriften in Werksteinen lassen annehmen, dass Reste einer Vorgängerbebauung integriert wurden. Müllner berichtete schon 1623 in seinen Annalen, dass der Rockenbrunn ein „schöner Brun-Quel, so aus einem Felßen entspringt", sei. Daher sei „darein auch ein grosser Keller in lauttern Felß gehauen" worden. Die romantische Situation hatte Johann Moritz Fürer, Mitglied des Pegnesischen Blumenordens, offenbar motiviert, hier ein Refugium für Musenfreunde zu etablieren. Wie eine Inschrift überliefert, ließ Georg Sigmund Fürer 1673 eine Renovierungsmaßnahme durchführen, nachdem der Hangdruck eine Stützmauer

224.1 Blick in den Brunnenhof, Radierung von F. A. Annert um 1790 (StadtMN)

224.2 Ansicht des Fürerschen Herrenhauses inmitten der Landschaft am Moritzberg, anonyme kolorierte Radierung (StadtMN)

zerstört hatte. Eine Datierung auf einem Fenstersturz und Archivalien lassen weitere Umbauten 1718 und 1832 annehmen. Die Baugeschichte dieser Anlage scheint zwar noch nicht angemessen geklärt, vermutlich kam es jedoch nach 1832 zu keinen gravierenden Veränderungen mehr.

Schon 1653 hatte man einen Schankbetrieb auf dem Anwesen eingerichtet, obwohl keine Konzession vorlag, wie das Waldamt Lorenzi einmal feststellen musste. Als Gastwirtschaft wird das im späten 18. Jahrhundert mehrmals als Herrenhaus bezeichnete Anwesen der Familie Fürer von Haimendorf bis heute genutzt.

Quellen

StAN Rst. Nbg., Waldamt Lorenzi I Nr. 1338.

Müllner III, S. 330.

224.3 Ansicht aus nordöstlicher Richtung, Fotografie: G. v. Volckamer um 1894 (StadtMN)

224.4 Blick in den Brunnenhof, Fotografie: F. A. Nagel 1937 (StadtMN)

Literatur

Alberti, Volker / Baumann, Lorenz / Holz, Horst: Burgen und Schlösser in Lauf und Umgebung. Unteres Pegnitztal (= Fränkische Adelssitze 2). Simmelsdorf-Hüttenbach 1999, S. 73-77.

HAB Nürnberg-Fürth, S. 164.

KDM Landkreis Nürnberg, S. 62 f, mit Stich von F. A. Annert Ende 18. Jahrhundert.

Recknagel, Erika / Recknagel, Hans / Theisinger, Dieter : Mauritius Hoffmann: Botanische Exkursion von Altdorf zum Moritzberg 1694. In: Natur und Mensch (= Jahresmitteilungen der Naturhistorischen Gesellschaft Nürnberg e.V.) 2001, S. 35-60.

Schönwald, Ina: Rockenbrunn und Grünsberg. Zwei außergewöhnliche Quellfassungen Nürnberger Patriziersitze. In: Frankenland 49 (1997), Heft 6, S. 382-385.

Schwemmer, Wilhelm: Röthenbach an der Pegnitz. Die Geschichte einer Industriestadt (= Schriftenreihe der ANL Bd. 30). Nürnberg 1982, S. 95 f.

225 C6

Röckenhof

Abgegangener Herrensitz

Schlossstraße 4

Gemeinde Kalchreuth

Landkreis Erlangen-Höchstadt

Namengebend für den kleinen Ort, der selbst erst 1346 mit Heinrich und Bertold Reck „von Reckenhof" urkundlich nachweisbar ist, wurden die Ministerialen von Reck, die seit 1270/79 in der Umgebung der Reichsministerialen von Thann und von Gründlach erschienen, im 14. Jahrhundert das Nürnberger Bürgerrecht erwarben und in das Handels- und Bankgeschäft einstiegen. Zu den bedeutendsten Vertretern der Familie zählte Hermann Reck, der 1418 von Venedig aus 38.500 Gulden nach Heidelberg transferierte, mit denen Pfalzgraf Ludwig den abgesetzten Papst Johannes XXIII. (Balthasar Cossa) aus der Gefangenschaft auslösen konnte.

Schon vor 1368 soll Röckenhof an die Pfinzing und 1370 an die Pömer, zwei alte Nürnberger Patrizierfamilien, gelangt sein. Lehenherren über Röckenhof waren die Hohenlohe-Brauneck als Erben der um 1315 ausgestorbenen Reichministerialen von Gründlach und ab 1390 die Burggrafen von Nürnberg (später Markgrafen von Brandenburg). Diese Brauneckschen Lehen wurden nach langen Auseinandersetzungen 1474 den Herren von Eyb zugesprochen, die sie von den Markgrafen empfingen und ihrerseits vor allem an Nürnberger Bürger weiter verliehen.

1425 veräußerten die Pömer einen Teil ihrer Güter in Röckenhof an die Nürnberger Familie Stark, die es im Fernhandel zu großem Vermögen und politischem Einfluss gebracht hat. Mit dem Erwerb der letzten Pömerschen Güter, darunter angeblich auch des 1504 bei der Erkundung der Nürnberger Landschaft genannten Sitzes, im Jahre 1514 stiegen die Herren von Stark zu Alleinbesitzern in Röckendorf auf, eine Position, die sie 200 Jahre halten konnten. 1518 räumte Ulrich Stark der Stadt Nürnberg ein Öffnungsrecht ein, sie durfte den Sitz also im Kriegsfall mit einer Besatzung belegen. Am 20. Mai 1552 wurde dieser im Zweiten Markgrafenkrieg stark in Mitleidenschaft gezogen, der Schaden auf 2.500 Gulden veranschlagt.

Ein unbekannter Künstler des 17. Jahrhunderts überliefert eine leider nicht sehr zuverlässige Ansicht des hoch ragenden Wohnturmes mit steilem Satteldach sowie einem Mauerkranz, der teilweise noch einen Wehrgang trug. Auf dem gemauerten, fensterlosen Sockel saßen zwei Wohngeschosse, das erste massiv, das zweite vermutlich ebenso wie der Giebel in Fachwerk erbaut. In unmittelbarer Nähe standen weitere Häuser, deren Funktion 1703/06 deutlich wird, als die Stark ihren Sitz an die aus Schwabach stammende Familie Link veräußerten: Ein Voithaus mit Brau- und Backgerechtigkeit war an die Schlossmauer angebaut, in seiner Nachbarschaft standen die Häuser des Vogelfängers und des Schäfers, ferner ein Gütlein mit Schankrecht (wegen dem es im 16. Jahrhundert zu einer Auseinandersetzung

225.1 Der Herrensitz auf einem anonymen Kupferstich von etwa 1680 (StadtA Lauf)

225.2 Der ummauerte Herrensitz von Südosten. Aquarellierte Federzeichnung, vermutlich von Pfarrer C. G. Rehlen, um 1843 (Pfarrarchiv Kalchreuth)

225.3 Blick auf die Stelle des ehemaligen Herrensitzes in Röckenhof. Fotografie: F. A. Nagel 1912 (StadtMN)

mit den Hallern von Kalchreuth gekommen war) sowie ein Baderhäuslein mit Bad und Baderwohnung.

1715 erwarb der kaiserliche Generalmajor Dietrich Christian Freiherr von Stappel den Restbesitz der Stark und wenige Jahre später auch den Herrensitz der Link. 1751 wurde Röckenhof an Johann Christian von Knebel, Oberkonsistorialrat und Stadtpfarrer von Ansbach verkauft, der das damals schon baufällige Schloss renovierte. Von dessen Erben übernahm der Lehensherr Friedrich Carl Marquard von Eyb (1773–1814), zu dessen zahlreichen Ämtern auch das eines Erbschenken des Hochstifts Eichstätt gehörte, den Gutskomplex in eigene Verwaltung. Sein Sohn Friedrich Carl Joseph (1776–1851) nannte sich zu Reisensburg, Neuendettelsau und Röckenhof, wo er 1820 ein Patrimonialgericht einrichtete, das aber bereits 1826 wieder eingezogen wurde. Die Brauneckschen Lehen, die zuletzt dem bayerischen König unterstanden, und damit auch Röckenhof wurden 1822 freies Eigentum. Um 1850 wurde das Schlossgut zerschlagen.

Zwei Zeichnungen des Herrensitzes kurz vor seinem Abbruch lassen erkennen, dass das vermutlich dreigeschossige Haus immer noch auf drei Seiten von einer mit Schießscharten versehenen Wehrmauer umgeben war, an die sich einige Nebengebäude anlehnten. Das zweite Obergeschoss und die Giebel des Halbwalmdachs bestanden aus (teilweise verputztem?) Fachwerk und gehörten vermutlich der zweiten Hälfte des 16. Jahrhunderts an, als die Schäden des Zweiten Markgrafenkriegs behoben wurden. Auf der Südseite erhob sich ein schlanker Uhrturm.

Das Schloss (Hausnr. 1) wurde 1850 von Georg und Christoph Klausner erworben, die es 1856 wegen Baufälligkeit abbrechen ließen. An der Stelle des ehemaligen Torbaues wurde ein einstöckiges Wohnhaus, heute die Gastwirtschaft „Zum Schloss", errichtet. Erhalten blieben der westlich gelegene 5 Meter tiefe, teilweise gefütterte Graben und Reste der Schlossmauer. Die alte Schlossglocke wurde von der Gemeinde erworben und auf dem neu gebauten Haus des Schuhmachermeisters Christoph Klausner angebracht.

Quellen

StAN Rst. Nbg., Landpflegamt Gemeinakten Nr. 17. Rst. Nbg., Waldamt Sebaldi I Nr. 353. Rst. Nbg., Rechnungen des Markgräflichen Krieges Nr. 96.

StadtAN E 1.1753 Nr. 1, 4, 13.

Gelegenhait, Nr. 660.

Müllner I, S. 331 f; II, S. 166 f.

NUB Nr. 445, 607.

Literatur:

Dannenbauer, S. 213.

Deliciae II, S. 76 f.

Eyb, Eberhard Freiherr von: Das reichsritterliche Geschlecht der Freiherren von Eyb (= VGFG Reihe IX, Bd. 29). Neustadt/Aisch 1984, S. 44, 592, 628-632.

Friedrich, Helmut: Chronik des Dorfes Röckenhof. In: Gemeinde Kalchreuth (Hrsg.): 700 Jahre Kalchreuth 1298–1998. Ein fränkisches Dorf im Wandel der Zeiten. Konzeption: Bertold Frhr. von Haller. Rödental 1998, S. 49-54.

KDM Erlangen, S. 140.

Stromer, Wolfgang von: Oberdeutsche Hochfinanz 1350–1450 (= VSWG Beiheft 55-57). Wiesbaden 1970, S. 197 f.

Vahl, Rittersiegel Bd. 1, S. 404-406.

226 — D7

Rödlas

Angebliche Burgstellen, „Lindelburg", „Purckles"

Markt Neunkirchen am Brand

Landkreis Forchheim

Auf dem langgezogenen Bergrücken des bis zu 545 Meter hohen Lindelbergs findet sich etwa 750 Meter südlich der Ortschaft Rödlas und etwa 1.000 Meter nordwestlich von Oberlindelbach eine größere, annähernd quadratische Wallanlage. Von Heimatforschern wurde die Nachricht von einer abgegangenen Burg verbreitet, die je nach Lesart und Abschreibefehler verschiedenen regionalen Geschlechtern zugeschrieben wurde.

Mittlerweile haben archäologische Untersuchungen gezeigt, dass die Wallanlage, der kein Graben vorgelagert ist, eindeutig frühgeschichtlicher Herkunft ist. Für den Lindelberg ist längst eine größere Siedlung der Urnenfelderzeit (ca. 1300 bis 800 v. Chr.) nachgewiesen, der eine Mittelpunktsfunktion zugewiesen wird.

Ebenso muss die von Gustav Voit vorgestellte angebliche Burgstelle „Purckles" bei Rödlas in Frage gestellt werden, die wohl in der nur wenige hundert Meter westlich der Wallanlage gelegenen Flur „Birckles" vermutet wurde. Dieser Hinweis gründet auf Heinrich Dannenbauers Nachricht über ein wüst gefallenes Gut (bäuerliche Hofstelle), das den Muffel von Ermreuth grundbar war, und der wohl einem Lesefehler folgenden Mitteilung Hellmut Kunstmanns von einem angeblichen Sitz oberhalb Ermreuths. Archäologisch konnte bisher keine Burgstelle festgestellt werden.

Quellen

Gelegenheit, Nr. 537-540.

Literatur

Baier, Alfons / Freitag, Dieter: Zur Geologie und zur vorgeschichtlichen Stellung des Hetzlaser Gebirges bei Neunkirchen am Brand (Oberfranken). In: Geologische Blätter für Nordostbayern 43 (1993), Heft 3/4, S. 271-314.

Dannenbauer, S. 234.

Goldwitzer, F. W.: Geschichte des Marktes Neunkirchen am Brand und des ehemaligen Klosters. Erlangen 1814, S. 3, 57, 69, fälschlicherweise den Scholl von Dachstadt zugewiesen.

KDM Forchheim, S. 108, 192.

Nadler, Martin: Testgrabung in einer urnenfelderzeitlichen Siedlung bei Großenbuch, Gemeinde Neunkirchen a. Brand, Landkreis Forchheim, Oberfranken. In: Archäologisches Jahr in Bayern 1986, hg. v. Bayer. Landesamt für Denkmalpflege. Stuttgart 1987, S. 71-73.

Rühl, Eduard: Burgen und Schlösser im Landkreis Forchheim. In: Kaupert, Joh. Max (Hg.): Forchheimer Heimat. Ein Heimatbuch für den Stadt- und Landkreis Forchheim. Bamberg 1951, S. 186 f.

227 — E4

Röthenbach an der Pegnitz I

Herrensitz, „Gelbes" oder „Bachmeier-Schlösschen"

Schlossgasse 4

Stadt Röthenbach an der Pegnitz

Landkreis Nürnberger Land

1531 erwarb der Nürnberger Bürger Lorenz Hentz von Ladislaus Derrer die Grundherrschaft über ein „Seldengütlein", also ein kleines landwirtschaftliches Anwesen in Röthenbach. Nach mehrfachem Besitzwechsel gelangte sie 1660 an Georg Wilhelm Hentz [vgl. Röthenbach II], der sie 1667 an das Nürnberger Heilig-Geist-Spital veräußerte. Da die Verpachtung des Gütleins sich als unrentabel erwies, wurde das Erbrecht daran 1695 an den Nürnberger Patrizier Johann Friedrich von Thill verkauft.

Dieser bat noch im selben Jahr das Waldamt Lorenzi um Bauholz, um das angeblich „ganz baufällige Schlößlein" in Stand setzen zu können. Der Bauherr, der einem im 15. Jahrhundert aus Brabant eingewanderten Geschlecht angehörte, das sich in den folgenden Jahrhunderten mit Nürnberger Patrizierfamilien verschwägerte, gebrauchte diese Formulierung offensichtlich, um das Waldamt zu täuschen, das auf den guten Stand der Wälder und die Einhaltung der Waldrechte zu wachen hatte. Als Seldengütlein verfügte das Anwesen nämlich keineswegs über den Status, der zum Bau eines repräsentativen, mehrgeschossigen Wohnhauses berechtigte.

Nachdem die Eingabe trotz der fragwürdigen Angaben 1695 genehmigt worden war, errichtete Thill in den folgenden Monaten an der Stelle des Bauernhauses ein zweigeschossiges, traufseitig dreiachsiges Herrenhaus.

227.1 Das so genannte „Gelbe Schlößchen" auf einer kolorierten Zeichnung von J. C. Bankel aus dem Jahre 1916 (StadtA Lauf)

227.2 Ansicht von Norden mit dem 1734 errichteten Treppenturm.
Fotografie: F. A. Nagel 1910 (StadtMN)

Nach Wilhelm Schwemmers Angaben wurden in den beiden Geschossen jeweils eine Stube und Küche eingerichtet, im südlichen Erdgeschoss ein Stall, während sich nur im Obergeschoss eine zweite Kammer fand. 1697 erlaubte das Waldamt nach anfänglicher Ablehnung dann sogar den Bau eines Zinshäusleins, in dem Tagelöhner untergebracht werden sollten. Es entstand als langer, schmaler Baukörper, der an die nordwestliche Einfriedungsmauer des Sitzes angebaut wurde.

Der Bauherr, der 1698 Brandenburg-Kulmbachischer Kammerherr geworden war, konnte sich nicht lange seines neuen Herrenhauses erfreuen: Nach dem Verlust seiner Bayreuther Beamtenstelle verkaufte er die Liegenschaft im November 1702 für 2.100 Gulden an den herzoglich-württembergischen Rat Philipp Karl Hammerer, um 1703 einen Dienst in den holländischen Kolonien anzutreten, wo er 1706 auf einer Seereise tödlich verunglückte.

Der neue Besitzer war bald so verschuldet, dass er 1706 an seinen Hauptgläubiger, den Nürnberger Handelsmann Paul Sauter, verkaufen musste. Dieser fiel nur durch einen Schwarzbau eines Nebengebäudes und die Vermietung der Räume an fünf Beständner auf. Erst 1733 veräußerte Sauter an den Nürnberger Ratskonsulenten Dr. Hieronymus Eckenbrecht, der schon 1734 begann, den Herrensitz zu modernisieren. Das Zinshaus wurde erheblich erweitert, und im Obergeschoss des Herrenhauses wurde mindestens eine Innenwand entfernt, um in der Südhälfte einen Saal einrichten zu können, der die ganze Hauslänge einnahm und mit einer reich dekorierten Stuckdecke im Régencestil verschönert wurde. Um Wohnraum zu gewinnen, wurde die Treppe entfernt und an die östliche Giebelseite ein Treppenturm errichtet. Unmittelbar nordwestlich stieß ein Anbau mit einem Lagergewölbe an das Haus, dem fast rechtwinklig eine Scheune angesetzt war. An diese schon vor 1734 erstellten Gebäude wurde nun westlich eine größere Remise angefügt.

Nach dem Tod des Dr. Eckenbrecht stießen dessen Erben den Herrensitz im Dezember 1756 für 3.600 Gulden an den Advokaten Abraham Jakob Örtel ab, einen Alfelder Pfarrerssohn, der in Altdorf studiert hatte und im Dienst, zuletzt als „wirklicher Geheimer Rat", des Herzogs von Sachsen-Hildburghausen stand. Der Käufer, der auch das Reichslehen Günthersbühl besaß und 1762 in den Reichsadelsstand aufgenommen wurde, verbrachte über drei Jahrzehnte auf dem Gut, ohne größere Änderungen vorzunehmen [vgl. Günthersbühl]. Örtel ließ lediglich entlang der nordöstlichen Einfriedung ein Sommerhaus mit drei kleinen Sälen errichten. Nach dem Tod des herzoglichen Geheimrats am 29. Januar 1790 übernahm der Sohn Carl Heinrich das Anwesen. Über seine Zeit in Röthenbach wird nichts Erwähnenswertes überliefert. 1830 wurde er von seiner Tochter Jakobine Karoline, die mit einem Dr. Kapfer verheiratet war, beerbt. Die Nachfahren des Ehepaars veräußerten schließlich 1855 an den Steinhauermeister Leonhard Bachmeier, dessen Familie für drei Generationen das Herrenhaus bewohnte, weshalb sich mit der Zeit der Hausname „Bachmeier-Schlösschen" einbürgerte.

1890 erwarb es der Fabrikant Conrad Conradty, der 1880 die Röthenbacher Bleistiftfabrik gegründet hatte, aus der später eine der weltweit größten Produktionsstätten für Beleuchtungskohlen wurde. Er ließ im „Bachmeier-Schlösschen" drei Arbeiterwohnungen einrichten. Als Eigentümer folgten 1901 der Sohn Friedrich, 1909 dessen Witwe Pauline Johanna Karoline und schließlich deren Söhne Eugen und Ottmar Conradty.

Um 1995 wurde das Herrenhaus renoviert. Nach wie vor wird sein Erscheinungsbild von den reich gegliederten

Putzfassaden geprägt. Sie zeichnen sich durch geohrte Faschen, Ecklisenen, ein reich profiliertes Traufgesims und Geschossbänder aus. Der 1734 angefügte Treppenturm birgt eine hohle Spindeltreppe, deren profilierte Spindel aus einer einzigen Tanne hergestellt worden ist.

Quellen

StAN Rst. Nbg., Waldamt Lorenzi I Nr. 559.

Literatur

Alberti, Volker / Baumann, Lorenz / Holz, Horst: Burgen und Schlösser in Lauf und Umgebung. Unteres Pegnitztal (= Fränkische Adelssitze Bd. 2). Simmelsdorf-Hüttenbach 1999, S. 100-103.

KDM Lauf, S. 380-382, mit Grundrissen des Erd- und Obergeschosses.

Schwemmer, Wilhelm: Röthenbach an der Pegnitz. Die Geschichte einer Industriestadt (= Schriftenreihe der ANL Bd. 30). Nürnberg 1982, S. 43-48.

Stadtlexikon Nürnberg, S. 1073.

228 E4

Röthenbach an der Pegnitz II

Ehemaliger Herrensitz, „Zainhammer-Schloss" oder „Zimmermann-Schlösschen" (1907 abgetragen)

Hammergasse 6 und 8

Stadt Röthenbach an der Pegnitz

Landkreis Nürnberger Land

228.1 Das „Zainhammer-Schloss" von Nordosten auf einer kolorierten Zeichnung von J. C. Bankel 1880 (StadtA Lauf)

An das ehemalige Zainhammer-Schloss erinnert heute nur noch ein in die Fassade des Nachfolgebaus eingemauerter Sandstein mit der Jahreszahl 1611. Eine vor dem Abbruch des Gebäudes von Christoph Bankel angefertigte aquarellierte Zeichnung aus dem Jahre 1880 überliefert ein kleines Herrenhaus, das aus einem zweigeschossigen, massiven Sockel und einem Fachwerkobergeschoss bestand. An einer Traufseite war ein achteckiger Treppenturm zur Erschließung des Satteldachgebäudes angefügt.

Das Herrenhaus war lange Sitz des Hammerherrn, der den Röthenbacher Zainhammer betrieb. Dieser war aus einer Pulvermühle hervorgegangen, die nach 1495 auf einem an das Reiche Almosen vertauschten Bauerngut errichtet und als Erbzinslehen vergeben wurde. Seit dem 16. Jahrhundert war das reichsstädtische Landalmosenamt, das nun die geistlichen Stiftungsgüter verwaltete, Grund- und Lehnsherr. Der Nürnberger Kaufmann Joachim Schmitter kaufte die Pulvermühle 1593, richtete den Betrieb jedoch zugrunde und wurde 1607 unter Zwangsaufsicht des Nürnberger Rates gestellt. Zur Befriedigung der Gläubiger und damit das Mühlwerk wieder in Stand gesetzt werden konnte, wurde das Anwesen 1611 an den Nürnberger Schreib- und Rechenmeister Johann Heher, einen Genannten des Größeren Rates, veräußert. Der Käufer begann sofort mit der Renovierung der Anlagen. In diesem Zusammenhang wurde ein im Mühlhof stehendes, mit einem Keller versehenes Gebäude um ein Obergeschoss aufgestockt, wo der Bauherr künftig bei seinen Röthenbacher Aufenthalten Quartier nehmen wollte. Der genannte Inschriftenstein lässt annehmen, dass das Herrenhaus aus diesem Umbau hervorgegangen war.

Bereits 1632 fiel der Mühlenkomplex einem verheerenden, von feindlichen Truppen gelegten Feuer zum Opfer und blieb 15 Jahre als Ruine liegen. Erst 1647 erwarb der Nürnberger Kaufmann Georg Wilhelm Hentz [vgl. Röthenbach I] die Ruinen, stetzte sie in Stand und richtete 1651/52 ein Kupferhammerwerk ein. Nach dem Tod des Hammerherrn fiel das Erbe an die drei Töchter. 1701 wurden nach dem Tod der Susanna Maria noch einmal Clara Magdalena Hentz und ihre Schwester Maria Felizitas Groper mit dem mittlerweile zum Zainhammer umgebauten Werk und Herrensitz belehnt. Von den Schwestern ging der Besitz 1711 an den Nürnberger Bürger Johann Geiger, dessen Witwe 1715 für 2.600 Gulden an den Eisenhändler Wolfgang Pilgram verkaufte.

Nach dem nicht datierten Tod Pilgrams übernahm der Kaufmann Johann (I.) Port den Hammer. Ihm folgte vor 1753 ein gleichnamiger Sohn, der im Erdgeschoss seines „Steinhauses", das bislang nur als Holzlege gedient hatte, eine Wohnung einrichtete. Noch in diesem Jahr folgte Johann (III.) Port, der 1777 die bisherige Kohlenhütte zu einem zweiten Wohnhaus umbaute. Seit 1799 befand sich das „Schloss" im Besitz von Johann Andreas Port, der den Besitz von seiner Mutter übernommen hatte und den Zainhammer unter der Firma Port & Söhne betrieb. Zu seiner Zeit umfasste das Anwesen das Herrenhaus (Hammergasse 8), das Gesellenhaus (Schlossgasse 2), das Zainhammerwerk (Hammergasse 2), das aus der Kohlenhütte hervorgegangene Wohnhaus (Friedrichsplatz 2) sowie aus zwei Schupfen, einem Stall, dem Backofen und einigen landwirtschaftlichen Flächen.

Um 1820 gelangte die Liegenschaft an den Unternehmer Johann Engelhard, der kurz nach seinem Erwerb eine spekulative Güterzertrümmerung (Dismembration) durchführte. Das „Zainhammer-Schlösschen" wurde vom Restbesitz abgetrennt und im Dezember 1820 an den Glasschleifer Johann Hirschmann verkauft. Vor 1853 war es im Besitz des Zimmergesellen Georg Reiter, dessen Erben es an den Steinbrecher Georg Zimmermann veräußerten. Nach häufigem Besitzerwechsel verfiel das Schlösschen immer mehr und wurde 1907 als baufällig abgetragen.

Literatur

KDM Lauf, S. 382.

Schwemmer, Wilhelm: Röthenbach an der Pegnitz. Die Geschichte einer Industriestadt (= Schriftenreihe der ANL Bd. 30). Nürnberg 1982, S. 17, 24-34.

229 B2

Röthenbach bei Schweinau

Abgegangener Herrensitz, „Weiherhaus bei Stein"

Faberpark

Stadt Nürnberg

Der Nürnberger Stadtteil Röthenbach bei Schweinau ist geprägt von moderner urbaner Bebauung und stark frequentierten Ausfallstraßen, sieht man einmal von dem großen Komplex der Faber-Castell-Werke und dem 1878 bzw. 1903 bis 1906 gebauten „Bleistiftschloss" der Grafen von Faber-Castell ab, das aber zur Gemarkung der Stadt Stein gehört. Westlich des alten Ortskerns um die Röthenbacher Hauptstraße lag einst unweit der Rednitz, etwas südlich der Brücke nach Stein, ein typisches Nürnberger Weiherhaus.

Bei der 1504 befohlenen Erkundung der Landschaft um Nürnberg wurde bei Röthenbach noch kein Sitz genannt. Er lässt sich erst im ausgehenden 16. Jahrhundert nachweisen, als die Löffelholz Hans Prünsterer mit dem Anwesen belehnten. Der Besitzer war ein reicher Nürnberger Kaufmann, der um 1606 von vier benachbarten Müllern an der Rednitz verklagt wurde, nachdem er beim Herrensitz ein Mühlwerk hatte errichten lassen. Angetrieben wurde die Mühle vom Röthenbach, der auch den Schlossweiher speiste und kurz danach westlich in die Rednitz mündete. Nach einer Beschreibung des Waldamtes Lorenzi besaß das mitten im Weiher stehende kleine Herrenhaus zwei Geschosse und einen Umfang von nur etwa 6½ auf 5 Meter. Im Erdgeschoss befand sich die Gärtnerwohnung, für die Herrschaft stand das Obergeschoss zur Verfügung. An das Sitzlein war ein Stall angebaut, auf der Insel fanden sich außerdem ein Stadel mit einer zweiten Pferdestallung, ein Außenkeller sowie die kurz nach 1600 errichtete Mühle. Dementsprechend wurde die Anlage in Müllners Annalen von 1623 als „Weiherheußlein und kleines Burgersitzlein" bezeichnet, das der Grundherrschaft der Löffelholz unterstand.

Nachdem der Nürnberger Kaufmann den Prozess um die Mühle verloren hatte und ihm das Mahlen seit 1607 verboten war, verlor er jedes Interesse an der Liegenschaft. 1609 fand er in dem Landkomtur des Deutschen Ordens, Johann Conrad Schutzbar, genannt Milchling, einen Käufer. Der hochrangige Ordensritter wollte den Sitz seiner Nichte Magdalena von Stetten schenken und zu diesem Zweck auch ein neues, größeres Herrenhaus errichten lassen. Nach einer ausgiebigen Begutachtung der Situation erteilte das Waldamt Lorenzi die Genehmigung, nachdem auch der Rat und der Eigenherr Burkhard Löffelholz dem Verkauf zugestimmt hatten.

Der vom Landkomtur geschaffene Neubau wurde mit den übrigen Anwesen in Röthenbach im September 1632 von den abziehenden kaiserlichen Soldaten der Wallenstein-Armee niedergebrannt und blieb lange in Trümmern liegen. 1656 war das Anwesen im Besitz des Kaufmanns Daniel van Lierd, doch erst unter seinem Nachfolger Johann Paul Gwandschneider aus einer alten Nürnberger Kaufmannsfamilie kam es zum Wiederaufbau. Allerdings wurde beim Bauantrag 1697 deutlich, dass der Bauherr auch eine Tabakfabrik auf dem Sitz einrichten lassen wollte und das neue Haus einen Umfang von 15 auf 12 Meter erhalten sollte.

Johann Paul Gwandschneider starb 1707 als letzter des seit dem 14. Jahrhundert in Nürnberg nachweisbaren Geschlechts. Das Schlösslein ging an die Harsdorfer über. 1720 ließ Christoph Willibald Harsdorfer den Stadel des Sitzes verlängern. Um 1730 erwarben die Fürer von Haimendorf die Liegenschaft, die noch immer Lehen der Löffelholz war. 1828 ging das Weiherhaus aus dem Nachlass Karl Sigmund Fürers an den Sohn Christoph Karl Sigmund Fürer von Haimendorf über. Damals bestand das Anwesen aus dem steinernen Herrenhaus, einem Garten, einem Nebenhaus, diversen landwirtschaftlichen Nebengebäuden und einem „Werkhäuschen".

Der Erbe veräußerte das „Weiherhaus bei Stein" schon 1833 an Johann Georg Weidner, Besitzer der Gerasmühle. 1880 kauften Lothar und Ottilie von Faber, die Besitzer der Faberschen Bleistiftfabrik, das Anwesen. Bald darauf wurde das Gelände des angeblich 1879 abgebrannten Herrensitzes in den 1850/53 angelegten „Faberpark" einbezogen. Friedrich August Nagel hat schon vor einem halben Jahrhundert beklagt, dass kein Maler oder Zeichner sich je die Mühe einer Abbildung gemacht hat.

Quellen

Gelegenhait, Nr. 761, 1884, 1885.

StAN Rst. Nbg., Waldamt Lorenzi I Nr. 419, 1315.

StadtAN E 10/21 Nr. 9861, 1884 f.

Müllner I, S. 342.

230.1 Älteste Abbildung des Rothenbergs auf einer Karte aus der Mitte des 16. Jahrhundert (StAN)

Literatur

Großner, Rudolf / Haller, Bertold Frhr. von: „Zu kurzem Bericht umb der Nachkommen willen". In: Erlanger Bausteine zur fränkischen Heimatforschung 40 (1992), S. 25.

HAB Nürnberg-Fürth, S. 185.

Stadtlexikon Nürnberg, S. 261, 907.

230 — G6

Rothenberg

Festungsruine, ehedem Burg und Stadt

Markt Schnaittach

Landkreis Nürnberger Land

Oberhalb Schnaittachs liegen die ansehnlichen Reste der bayerischen Festung Rothenberg. Sie steht an der Stelle einer spätmittelalterlichen Burg, die um 1330 von den Ministerialen von Wildenstein erbaut wurde. Das Geschlecht entstammte der bayerischen Ministerialität und wurde nach 1250 von den Herzögen zur Verwaltung des ihnen überschriebenen bzw. von ihnen ererbten staufischen Besitzes um Nürnberg eingesetzt. In ihrem Dienst stiegen sie rasch zu einer der führenden Familien in der Region auf. Ende der 1280-er Jahre hatten sie – wohl durch eine Heiratsverbindung mit den älteren Reichsministerialen von Hiltpoltstein-Rothenberg-Lauf – die Burg Alt-Rothenberg in ihrer Hand [vgl. Alter Rothenberg, Hiltpoltstein, Lauf]. Die von Dietrich I. von Wildenstein begründete Linie der Familie übernahm das Wappen der Rothenberger und nannte sich schon vor 1290 nach dem neuen Familiensitz „ze dem Rotenperg", so benannt, weil die Burgstelle auf rötlichem Doggersandstein aufsitzt.

Nach deren Zerstörung oder Auflassung in den Jahrzehnten nach 1300 errichteten die Wildensteiner ihre neue Burg auf der gegenüberliegenden Talseite oberhalb von Schnaittach auf altem, ihnen verpfändetem Reichsgut. Den Namen „Rothenberg" nahmen sie dabei mit, obwohl das Plateau des neuen Burgberges vom weißen Malm gebildet wird.

Als Heinrich VI. von Wildenstein 1331 „ze dem Rotenberg" siegelte, dürfte er sich bereits nach der neuen Burg genannt haben. 1336 lag er krank auf dem neuen Rothenberg und traf letzte Verfügungen. Sein Sohn Heinrich XI. von Wildenstein stand 1350 wegen eines Eigenmannes, der sich nach Nürnberg abgesetzt hatte, mit der Reichsstadt in Fehde. Sie gipfelte in einem Über-

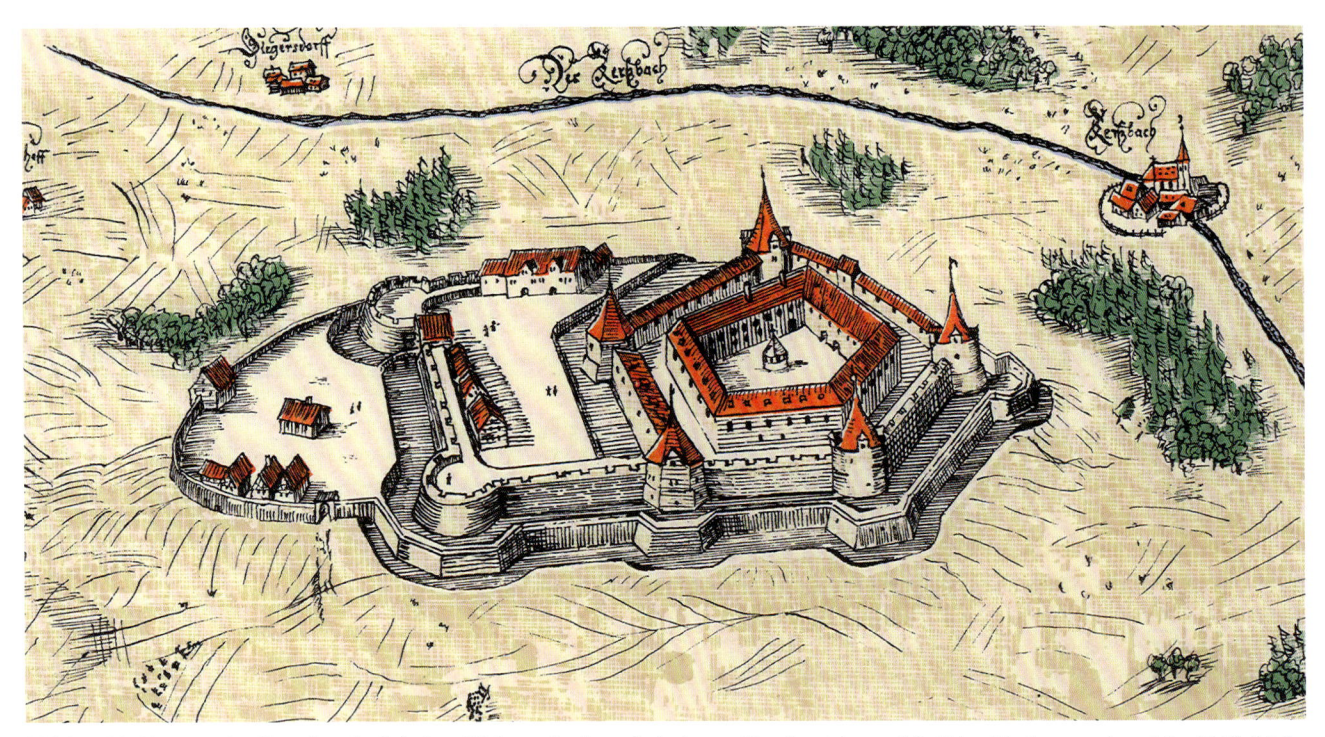

230.2 Die Festung der Ganerben in Schrägaufsicht nach einem kolorierten Kupferstich von Matthias Merian aus dem Jahr 1648. Links von der Festung die so genannte „Alte Stadt" (StadtA Lauf)

fall auf einen Warenzug der Nürnberger Bürger Konrad Eisvogel und Werner Tintner an der Schnaittachbrücke auf der Straße von Nürnberg nach Hersbruck.

Ab 1353 begann der schrittweise Übergang des Rothenbergs an Karl IV., der nach der Inbesitznahme der verpfändeten pfälzischen Ämter sein neuböhmisches Territorium begründet hatte. Zunächst räumte Heinrich XI. von Wildenstein 1353 dem böhmischen und deutschen König für 1.000 Pfund Haller das Öffnungsrecht über den Rothenberg ein. 1355 erwarb Karl um 800 Pfund Haller die Reichspfandschaften der Wildensteiner um den Rothenberg. Schließlich kaufte Karl 1360 von den Burggrafen von Nürnberg um 3.000 Gulden die Lehnsherrschaft und vom Wildensteiner die Lehensnutzung und alle übrigen Rechte, die mit der Burg Rothenberg verbunden waren.

Die nun böhmische Amtsburg wurde 1363 Sitz eines umfangreichen Hochgerichtsbezirks. Östlich der Hauptburg entstand eine große, stark befestigte Vorburg mit einer ummauerten Vorstadt, welche die Versorgung der Burg sicherstellen sollte. In dieser Siedlung, die später den Namen Altstadt erhielt, lagen auch Werkstätten verschiedener Gewerbe, ein Badehaus, Vieh- und Pferdeställe und eine Schenkstatt. Nach einem Nürnberger „Spionagebericht" aus den Jahren 1477/78 besaß die Stadt auf dem Rothenberg sogar einen eigenen Pfarrhof, ein Rathaus und einen Herrensitz, „Egloffstayner" oder „linkes" Schloss genannt, wohl nach einem Burghüter aus dem Geschlecht der Egloffsteiner. Ein breiter Graben und eine mit 26 Türmen verstärkte Mauer umgab die Stadt, ein besonders tiefer Graben trennte sie vom „rechten Schloß", der eigentlichen Burg Rothenberg. Vor dem Rathaus lag ein großer freier Platz, der später

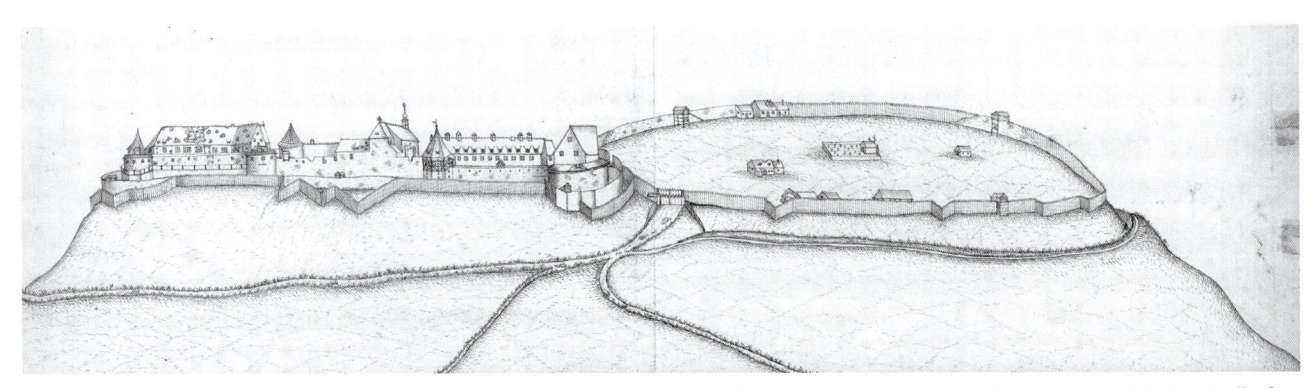

230.3 Festung und Stadt auf dem Rothenberg aus der Vogelschau von Südosten; anonyme Darstellung des erheblich schadhaften Baubestands vermutlich aus der Zeit um 1660 (HallerA)

Turnierplatz genannt wurde und sich etwa an der Stelle des (heutigen) Ravelins (nördlich des Festungstores) befand. Hier und vor dem Rathaus waren insgesamt drei Zisternen zur Wasserversorgung untergebracht. 1366/68 gab es zudem eine Burgkapelle St. Wenzel.

Zu dieser Zeit saßen neben den zunächst aus böhmischem, später fränkischem Adel stammenden Pflegern oder Burggrafen 21 niederadelige Burgmannen oder Burghüter mit ihren Familien, Mägden und Knechten auf dem Rothenberg. Als Burghüter hatten sie Residenzpflicht, erhielten Burghutlehen und wurden aus den zugehörigen, teils selbst bewirtschafteten Burggütern versorgt [vgl. Kersbach]. Aus ihrer Mitte wurden die vier Amtsleute gewählt, die den Burggrafen zur Hand gingen: „marschalk, kammerer, schenk, kuchenmeister".

Dramatische Ereignisse bahnten sich gegen Ende des 14. Jahrhunderts an, als die Spannungen zwischen König Wenzel I. und den Kurfürsten wegen dessen Reichspolitik vor allem in Italien zunahmen. 1399 schlossen die Kurfürsten unter maßgeblicher Beteiligung des Kurfürsten Ruprechts III. von der Pfalz ein Bündnis gegen den König, das 1400 zur Absetzung Wenzels und zur Wahl Ruprechts zum König führte. Im daraufhin ausbrechenden pfälzisch-böhmischen Krieg wurden noch im selben Jahr die meisten neuböhmischen Ämter, soweit sie nach dem Vertrag von Fürstenwalde 1373 noch bestanden, von Ruprecht erobert. 1401 wurde der Rothenberg von den Pfälzern mit Nürnberger Unterstützung fünf Wochen lang belagert und schließlich eingenommen.

Die Burg blieb im Besitz der Pfalzgrafen, auch wenn sie, förmlich 1465, die böhmische Lehnshoheit anerkennen mussten. 1410 wurde bei der pfälzischen Teilung nach dem Tod König Ruprechts die Burg dem Sohn Johann und seinem Herzogtum Pfalz-Neumarkt-Neunburg zugeschlagen. Mit dem Erlöschen der Neumarkt-Neunburger Linie 1448 übernahm das Herzogtum Pfalzgraf Otto I. von Mosbach, der sich im Ersten Markgrafenkrieg auf die Seite des Markgrafen Albrecht Achilles schlug. Schließlich eroberten und verbrannten nürnbergische Soldknechte 1449 Stadt und Vorhof; ihre dabei erlittenen hohen Verluste hielten sie aber von einem Sturm auf die Hauptburg ab.

1478 begann auf dem Rothenberg eine neue Ära: Nicht weniger als 44 Mitglieder der Ritterschaft, die sich zu einer Ganerbschaft zusammengeschlossen hatten, erwarben um 4.500 Gulden von Pfalzgraf Otto II. von Mosbach die Burg und die Stadt zum Rothenberg mit den Kirchenlehen, dem Markt Schnaittach und den dazugehörigen Dörfern, Höfen und dem Recht des Kirchweihschutzes in allen Orten.

Die Ganerben saßen künftig als Afterlehnsleute auf der Burg, da sich die Pfalz die Lehns- und Landeshoheit sowie das Recht, die Burg im Kriegsfall militärisch zu besetzen (Öffnungsrecht) vorbehalten hatte. Die Oberlehnsherrschaft Böhmens blieb davon unberührt. Gab es auch andernorts gerade in der Zeit der Adelsbünde große Ganerbenburgen, so blieb der Rothenberg hinsichtlich der Zahl der Mitglieder jedoch ohne Parallele in der Geschichte des Alten Reiches. Der Kauf stand im Zusammenhang mit der Einungsbewegung der fränkischen Ritterschaft, die sich hier – in unmittelbarer Nachbarschaft zu einer der mächtigsten Reichsstädte – einen militärischen Ausgangs- und Rückzugspunkt schaffen wollte. Erfolglos hatte daher Nürnberg alles versucht, den Kauf durch Interventionen beim Kaiser und bei Fürsten zu verhindern.

Schon im Mai 1478 ist der erste ritterschaftliche Burggraf Lamprecht von Seckendorff-Rinhofen auf dem Rothenberg nachzuweisen. Die Befürchtungen der Reichsstadt Nürnberg vor einem neuen „Raubnest" schienen zunächst unbegründet gewesen zu sein. Erst im Jahre 1498 begann der als städtefeindlich bekannte

230.4 Festung und Stadt nach der Beschießung im Spanischen Erbfolgekrieg 1703, Radierung von J. A. Boener (StadtA Lauf)

230.5 Feldlager vor der Festung vermutlich während der Belagerung 1744 im Österreichischen Erbfolgekrieg (links im Hintergrund der Hohenstein); anonymes Gemälde aus der Zeit um 1750 (HallerA)

Burggraf Kunz Schott eine ausgedehnte Fehde gegen Nürnberg. Meist nur verdeckt unterstützt von zahlreichen Rittern, bald von den Markgrafen sowie vom Kurfürsten Philipp von der Pfalz als Lehnsherrn, blieben seine oft brutalen Übergriffe ungestraft. Mehr oder weniger offen sympathisierten die Ganerben mit den Fehdegegnern Nürnbergs, denen auf dem Rothenberg Unterschlupf und Aufenthalt gewährt wurde, unter ihnen Götz von Berlichingen. Im Landshuter Erbfolgekrieg 1504 vermieden die zunehmend unabhängiger auftretenden Burgherren jedoch eine eindeutige Stellung gegen die Reichsstadt, zu der sie die pfälzische Landeshoheit eigentlich verpflichtet hätte. Einzelne Ganerben kämpften gegen Sold sogar auf der gegnerischen Seite mit.

Mit dem für Nürnberg erfolgreichen Kriegsausgang konnte das reichsstädtische Territorium erheblich nach Osten ausgeweitet werden. Der Rothenberger Herrschaftsbezirk wurde fast völlig von den neuen Nürnberger Ämtern umfasst. Die Ganerben wussten sich jedoch zunächst zu behaupten. 1523 wurde die Grenze ihres Territoriums gegen Nürnberg mit 48 Steinen vermarkt.

Spätestens in den Jahren nach 1537 wurde der Rothenberg umfassend nach den modernsten Erkenntnissen der damaligen Festungsbaukunst ausgebaut. 1546 sah der Verteidigungsplan eine Besatzung von bis zu 853 Mann vor, denen je zehn Maurer und Zimmerleute, sechs Schmiede, vier Büchsenmeister und zwei Wundärzte zur Verfügung stehen sollten. Zu dieser Zeit bildeten die Gebäude der Hauptburg die Form eines (erst später vollkommen geschlossenen) Fünfecks und umstanden einen Innenhof mit einem eingehausten Ziehbrunnen. Eine innere Zwingeranlage, verstärkt mit fünf runden Batterietürmen als Streichwehren an den Ecken, stellten den der Hauptburg vorgelagerten Verteidigungsring dar.

Ein breiter Graben trennte Haupt- und Vorburg. Letztere war wiederum durch einen breiten Graben vom Bergplateau abgesichert, über dessen Südende eine Brücke führte. An den beiden äußeren Ecken der Vorburg erhoben sich mächtige Rondells oder Basteien. Die beiden Burgteile waren wiederum von einer äußeren Zwingermauer mit Streichwehren und einem äußeren Graben umschlossen. An die Vorburg schloss sich die kleine, befestigte Stadt an.

Der festungsmäßige Ausbau der Burg, mehr noch die meist geschickt taktierende Politik der Ganerben haben dem Rothenberg auf Jahrzehnte eine militärische Bewährungsprobe erspart. Ein Gesuch des Markgrafen Albrecht Alcibiades im Jahre 1552 um Aufnahme in die Ganerbschaft und um Einräumung des Öffnungsrechtes wurde hinhaltend beantwortet, sodass die Anlage den Zweiten Markgrafenkrieg unbeschadet überstanden hat. Noch zu Beginn des Dreißigjährigen Krieges ignorierten die Ganerben ungestraft eine Aufforderung des Kurfürsten Friedrich V. von der Pfalz als Landes- und Lehnsherrn um Huldigung und Öffnung der Burg. Das Blatt wendete sich jedoch nach dem Untergang der Pfalz nach der Schlacht am Weißen Berg 1620. Der Bayernherzog, dem die Obere Pfalz vom Kaiser überlassen wurde, kannte weniger Skrupel und ließ die Ganerben auf dem Rothenberg, die sich der Rekatholisierung ihres Schnaittacher Landes heftig widersetzten, 1629 belagern.

Ein scheinbar günstiges Angebot, das die Rechte der Ganerben weitgehend zu wahren versprach, veranlasste die Belagerten zur kampflosen Übergabe und Öffnung der Festung, die wenig später mit bayerischen Truppen besetzt wurde. Nach und nach wurden die Ganerben von den bayerischen Militärs gezielt aus der Burg gedrängt, wobei das neue Kurbayern auf die alten Hoheitsrechte der „ererbten" Pfalz verwies. Ab 1631 wurde ihnen schließlich sogar der Zugang zum Rothenberg verweigert, von dem aus die Bayern immer wieder Nürnberger Orte und Schlösser angriffen oder feindliche Versorgungszüge aufbrachten [vgl. Reichenschwand I]. Die bayerischen Übergriffe führten jedoch die alten Rivalen Reichsstadt und Ritterschaft zusammen, sodass 1648 in Nürnberg sogar ein Tag der Ganerben abgehalten werden konnte.

Erst nach zahllosen Protestnoten an den Kaiser und mit Unterstützung Nürnbergs, des Markgrafen von Brandenburg-Bayreuth und Schwedens erfolgte nach Ende

230.6 Aufrisse und Schnitt von Torhaus und Brücke; Planzeichnung des Militärbaubüros auf dem Rothenberg, 2. Hälfte 18. Jahrhundert (HallerA)

des 30-jährigen Krieges im Jahre 1650 die Rückgabe der mittlerweile arg verwahrlosten Feste an die Ganerben, doch ließ Kurfürst Ferdinand Maria die Burg schon 1657 erneut besetzen. Auf diese Weise einigermaßen zermürbt, beschlossen die Ganerben 1661, Kurbayern Burg und Herrschaft Rothenberg um 200.000 Gulden anzubieten, was noch im selben Jahr angenommen wurde. Schon 1663 wurde eine erste Rate in Höhe von 100.000 Gulden ausgezahlt und die Feste fortan gemeinsam verwaltet. Erst 1698 wurde die Restrate – allerdings nur noch 65.000 Gulden – ausbezahlt, da der Kurfürst die mittlerweile erheblichen Kosten für Bauunterhalt und Modernisierungen in Abzug stellte. Im Anschluss daran zogen die letzten Ganerben ab und beendeten eine 220 Jahre anhaltende Besitzgeschichte.

Der Rothenberg galt nach einem Ausbau von 1662 bis 1685 unter der Leitung des kurfürstlichen Ingenieur-Hauptmanns Christoph Heidemann als bayerische Grenzfestung, die bald darauf im Spanischen Erbfolgekrieg dem Ernstfall ausgesetzt wurde. Nach monatelanger, wenn auch vorübergehend unterbrochener Belagerung und Beschießung durch die Truppen des Fränkischen Kreises unter General Jahnus kapitulierte die Besatzung schließlich im September 1703.

Nach der Übergabe begann der Fränkische Kreis unverzüglich mit Hilfe von angeblich 2.000 Arbeitskräften mit einer gründlichen Demolierung der Festung, von der bald nur noch ein „Steinhaufen" übrig blieb, während der Kaiser die Herrschaft Rothenberg (und Hartenstein) der Reichsstadt nach jahrelangen Bemühungen 1707 endlich als teilweisen Kriegskostenersatz überließ. Erst mit den Friedensverträgen von Rastatt 1713 und Baden 1714 wurden das Ende der kaiserlich-alliierten Besatzung Bayerns und damit auch die Rückgabe Rothenbergs an den Kurfürsten besiegelt, die am 26. Februar 1715 erfolgte.

Noch unter Kurfürst Max Emanuel wurde an den Wiederaufbau gedacht und 1721 begann man damit, den Bauplatz von den Trümmern zu befreien. Doch erst unter dem neuen Kurfürsten Karl I. Albrecht, der 1731 persönlich mit seinen Brüdern zur Grundsteinlegung kam, wurde der Wiederaufbau nach den Grundsätzen der damals modernen französischen Festungsarchitektur befohlen. Seit 1730 stand die Baustelle, auf der bis zu 700 Personen beschäftigt wurden, unter der Leitung des kurfürstlichen Festungsbaumeisters Johann Peter de Coquille.

Die Bauarbeiten waren längst nicht abgeschlossen, als die Festung 1741 mit einer Garnison besetzt wurde. Der Österreichische Erbfolgekrieg war ausgebrochen, nachdem der bayerische Kurfürst sich angeschickt hatte, seine Wahl zum König gegen die Ansprüche Maria Theresias durchzusetzen. Der preußische König war im Dezember 1740 ins österreichische Schlesien einmarschiert und hatte die kriegerischen Auseinandersetzungen entfacht. Immerhin wies die Festung 1741 bereits ihren bis heute erhaltenen Grundriss auf, der durch die Bastionen die Form eines sechszackigen Sterns besaß. Die schwierigen topographischen Verhältnisse hatten jedoch die gewohnte barocke Symmetrie verhindert und erhebliche Unregelmäßigkeiten bei der Anordnung und Gestaltung der Bastionen verursacht. Die gewaltigen Festungsmauern wurden bis zu 19 Meter hoch und erhielten am Fuß eine Dicke von bis zu 6 Metern.

Der Festungsbau Coquilles zeichnete sich vor allem durch den lückenlosen Einbau von Kasematten aus, die alle Bastionen und die dazwischen liegenden Courtinen (Schildmauern) durchzogen. Sie sind tonnengewölbt und erschließen alle Schießkammern und den großen Bereitschaftsraum, eine vierschiffige, mit Kreuzgratgewölben überspannte Halle, die man zweckmäßigerweise in den alten Burggraben zwischen der einstigen Haupt- und Vorburg eingebaut hatte. An ihrer Westseite verläuft ein schmälerer, niedriger Gang mit Schießkammern und ursprünglich mannshohen schmalen Scharten für Bogenschützen, der noch von der mittelalterlichen Anlage stammt und in das 14. Jahrhundert datiert wird. Im Übrigen erhielten alle Bastionen und Courtinen eine breite, mit Schießscharten ausgestattete Brustwehr, die im Nordosten jedoch nur noch als Erdaufschüttung ausgebildet wurde.

Unmittelbar südlich des Torhauses an der nördlichen Courtine erstreckten sich zwei fast über die ganze Hofbreite reichende Kasernen, einst langgestreckte, dreigeschossige Walmdachgebäude für die etwa 80 Mann Besatzung. Südlich dahinter folgten die Kommandantur, das Pfarr- und Schulhaus sowie oberhalb der unterirdischen Bereitschaftshalle das wiederum langgestreckte Zeughaus mit den Arsenalen.

Zwar bestand die Festung bei einer viermonatigen Belagerung durch österreichische Truppen 1744 ihre Bewährungsprobe und konnte sich halten, die überstürzte Fertigstellung nach dem Kriegsbeginn 1741 hatte jedoch dazu geführt, dass die Kasematten in aller Eile mit Schutt und Erde statt mit Lehmisolierungen überdeckt worden waren. Das Mauerwerk war daher nicht ausreichend gegen eindringendes Oberflächen-

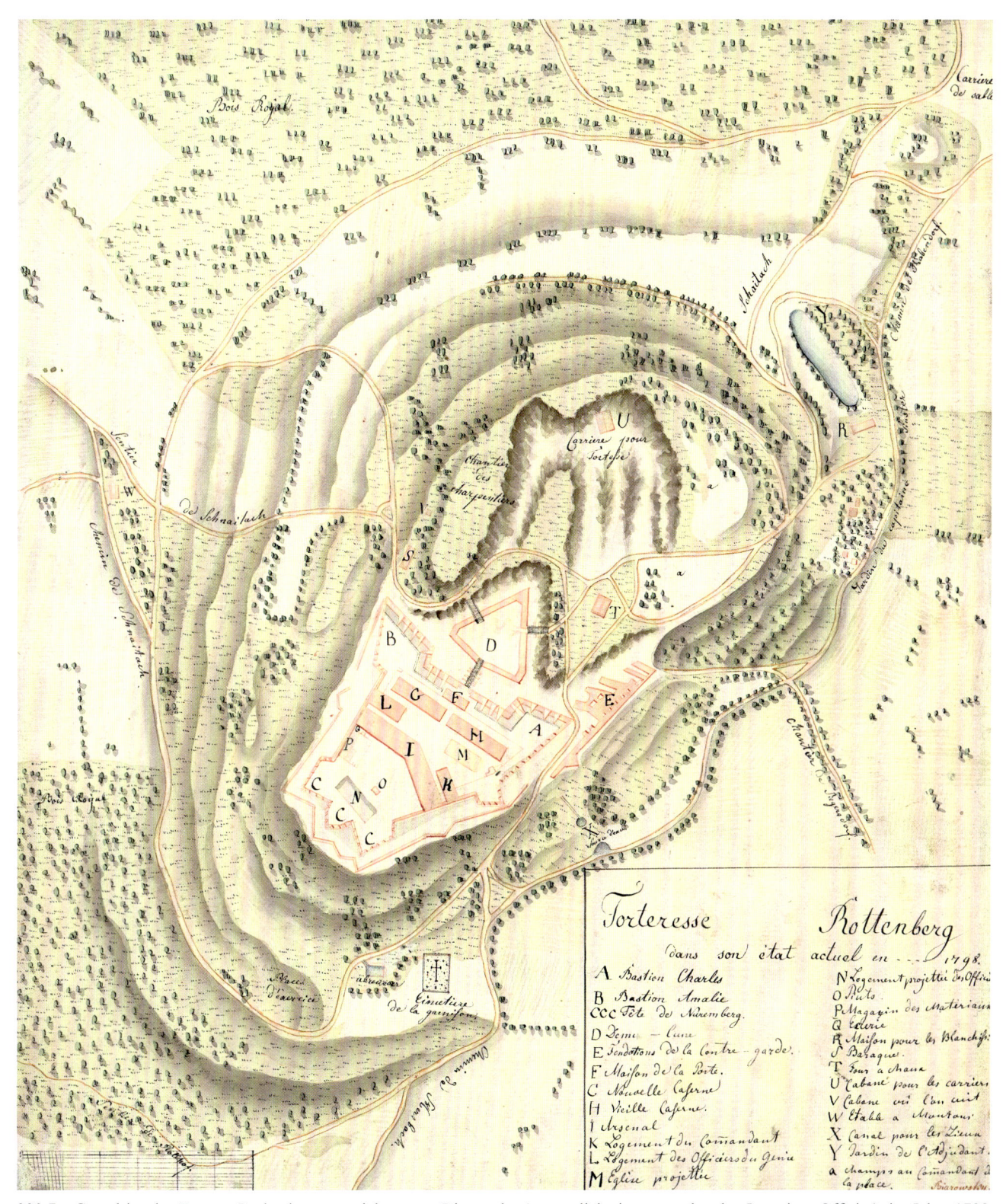

230.7 Grundriss der Festung Rothenberg, gezeichnet von Biarowsky (vermutlich einem angehenden Ingenieur-Offizier), im Jahre 1798 (HallerA)

wasser geschützt. Dies rächte sich mit bald schon eintretenden Bauschäden, die bis heute nachhaltig den Erhalt des Bauwerkes erschweren.

Nach dem Krieg begann man 1748 mit der Fortsetzung der Bauarbeiten, zunächst noch unter Coquille, dann unter seinem Nachfolger Johann Claude de Rozand, der jedoch bereits 1754 verstarb. Unter dem Ingenieur-Offizier François d'Ancillon wurde noch etwa zehn Jahre unvermindert weitergebaut. Er begann mit dem fünfeckigen Ravelin vor dem Tor in der nördlichen Courtine, das den Torweg und den Graben sichern sollte, doch nicht mehr fertiggestellt wurde. Eine hölzerne Brücke, im letzten Segment aufziehbar, verband seither den Ravelin mit dem Haupttor, unter dem eines der fünf Ausfalltore in den Graben eingerichtet war. Nach dem Ende des Siebenjährigen Krieges 1763 wurden die Bauausgaben zusammengestrichen und 1767 der weitere Ausbau gestoppt. Für das geplante Kommandanten- und Offiziersgebäude, das Marketender- und das Stockhaus sowie die neue Kirche (die alte war 1750 eingestürzt, seitdem wurden die Gottesdienste im Zeughaussaal gehalten) war lediglich der Grund ausgehoben worden, dann stellte man die Arbeiten ein. 1793 wurden nochmals 19.000 Gulden zur Vollendung des Ravelins bewilligt und ausgegeben, doch wäre noch einmal die doppelte Summe nötig gewesen.

Im August 1796 übergab Bayern die Festung, ohne Widerstand zu leisten, den vordringenden französischen Revolutionstruppen, die sich aber schon nach zwei Wochen fluchtartig zurückzogen und den Rothenberg ebenso kampflos den Österreichern überließen; zwei Wochen später konnte die bayerische Besatzung wieder einziehen. Die napoleonischen Kriege führten 1806/07 nochmals zu einigen Instandsetzungsarbeiten. Die Kasematten waren damals wegen des eindringenden Sickerwassers, das beständig von der Decke tropfte, kaum noch benützbar. Daher wurden dort einige ausgemauerte Pulverkammern sowie hölzerne Einbauten mit Bretterdächern hergestellt, um im Notfall wenigstens die Kranken schützen zu können.

Kurbayern und nach 1806 auch das junge Königreich Bayern nutzten die Festung als Gefängnis, in dem so berühmte Staatsgefangene wie Andreas Andre, der Geliebte der Herzogin Maria Anna, eingekerkert waren. Auch ein Invalidenheim war hier zeitweise untergebracht. Die „bayerische Bastille" erlebte noch viele berühmte Insassen. Der 1832 inhaftierte kritische Publizist Dr. Viktor Amadeus Coremans überlieferte jedoch ein eher gemütliches Bild von der Festungshaft, das der 1836 eingesperrte Erlanger Student und Burschenschafter Johann Christian Lunckenbein, der dem letzten Festungkommandanten Karl von Gemming sogar Gedichte widmete, bestätigte.

Die Zeit der Festungshaftanstalt war jedoch bald zu Ende. Der Bauunterhalt der Gebäude und Bastionen wurde immer teurer, zumal die Festung mit dem zwar leicht ortsnah abbaubaren, jedoch sehr der Erosion unterworfenen Werkkalk gebaut worden war. Nachdem eine Kommission in einem Gutachten den geringen militärischen Wert der Anlage (die nun keine Grenzfestung mehr war, sondern inmitten des Königreichs lag) dargestellt und die „gänzliche Preisgebung dieses Platzes" empfohlen hatte, verfügte König Ludwig I. 1837 die Auflassung. Nach Abzug der Besatzung, Verkauf der Mobilien und der wertvollen Baumaterialien [vgl. Simmelsdorf I] begannen 1839 erste Abbrucharbeiten, im Oktober 1841 zog die letzte Wache ab. Witterung und Zeit sorgten für weitere Zerstörungen. Die Festungsruine ist heute ein großartiges Geschichtsdenkmal, um dessen Erhalt seit über 100 Jahren mit großem ehrenamtlichen Engagement und zeitweise auch erheblichem Einsatz von Finanzmitteln gekämpft wird.

Quellen

HallerA Norica bzw. Graphische Sammlung, Festung Rothenberg.

Mon. Zoll. III, Nr. 417, 423.

Böhmisches Salbuch, S. 22 f, 33-35, 39 f, 44 f, 83 f, 115 f, 119-122.

Literatur

Alberti, Volker / Baumann, Lorenz / Holz, Horst: Burgen und Schlösser im Schnaittachtal (= Fränkische Adelssitze Bd. 1). Simmelsdorf-Hüttenbach 1999, S. 8-25.

KDM Lauf, S. 384-405.

Knapp, Friedrich: Die Bergfestung Rothenberg. Nürnberg 1898.

Kriegstage 1796 (= Vom Rothenberg Nr. 9). Schnaittach 1980.

Potzel, Herbert: Gefangene auf dem Rothenberg (= Vom Rothenberg Nr. 10). Schnaittach 1983, S. 8-37.

Rupprecht, Klaus: Das früheste Urbarbuch der Ganerbschaft Rothenberg (1478). Edition und Erläuterungen. In: Jb.Mfr. 97 (1994/95), S. 51-76.

Schnelbögl, Fritz: Schnaittach und seine Landschaft (= Schriftenreihe der ANL, Bd. 20). Nürnberg 1971.

Ders.: Burg und Festung Rothenberg. In: MANL 21 (1972), Sonderheft Nr. 20, S. 36-39.

Schönwald, Claus: 100 Jahre Heimatverein Schnaittach (= Vom Rothenberg Nr. 17). Schnaittach 1993.

Schütz, Martin: Die Ganerbschaft vom Rothenberg in ihrer politischen, juristischen und wirtschaftlichen Bedeutung. Nürnberg 1924.

Ders. (Hg.): Vom Rothenberg. Gesammelte Aufsätze und Beiträge zur Geschichte der ehemaligen Herrschaft und der (bayerischen) Festung, Heft 1 und 2. Lauf 1939 und 1951.

Stadtlexikon Nürnberg, S. 912, 1003.

Voit, Pegnitz, S. 274-301.

Voit, Wildensteiner, S. 16-19.

Wierczimok, Joachim: Die Territorialerwerbungen der Reichsstadt Nürnberg im Spanischen Erbfolgekrieg. Diss. Erlangen 1959.

Willax, Franz: Die Zerstörung der Veste Rothenberg 1703 und die erhaltenen Bauteile. In: MANL 24 (1975), Heft 1/2, S. 32-37.

Ders. [Bearb.]: Die Belagerung der Festung Rothenberg 1744 (= Vom Rothenberg Nr. 3). Schnaittach 1975.

Ders.: Der Kampf um die Veste Rothenberg 1703 (= Vom Rothenberg Nr. 16/1-5). Schnaittach 1992-96.

Rothenbruck

Abgegangenes Hammerherrenhaus
(Abbruch im 20. Jahrhundert)

Markt Neuhaus an der Pegnitz

Landkreis Nürnberger Land

Der Hammerort Rothenbruck soll zu dem auf Vogtrechten ruhenden Besitz der Herren von Neidstein-Hartenstein gehört haben. Mit dem Erlöschen des Geschlechts fiel er um 1326 an König Ludwig den Bayern [vgl. Hammerschrott, Hartenstein]. Die Lehnsherrschaft nahm das Hochstift Bamberg wahr. Die Bedeutung des Hammerwerks an der Pegnitz wird schon dadurch deutlich, dass es im späten 14. Jahrhundert im Besitz des Montanunternehmers Hans Hegner war. Das wirtschaftlich stärkste und einflussreichste Mitglied der oberpfälzischen Hammereinung von 1387 besaß seinerzeit noch drei weitere Hammerwerke. In der berühmten Urkunde vom 7. Januar 1387 zählte das Hammer- und Hüttenwerk Rothenbruck zu den wenigen Betrieben, die gleich zwei Rennfeuer zum Schmelzen von Eisenerz unterhalten durften.

1424 erwarb der Sulzbacher Montanunternehmer Erasmus Sauerzapf das Hammergut [vgl. Hirschbach] von Mertein Virdung und wurde vom Bamberger Bischof damit belehnt; er durfte den Sitz beim Hammer mit einem Graben umgeben und darin für den eigenen Bedarf Fische einsetzen. Zugleich musste er ihn jedoch in Notzeiten dem Bischof öffnen. Zwei Jahre später erteilte Herzog (Pfalzgraf?) Johann sein Einverständnis, verlangte die Öffnung aber auch für sich. Noch im 15. Jahrhundert kamen die Vilber daran, ein Sulzbacher Bürgergeschlecht, das durch Bergbau und Eisenverhüttung zu Wohlstand gekommen war. 1475 belehnte Bischof Philipp von Henneberg den Hans Vilber, Ratsherrn von Sulzbach sowie Schwiegervater des Georg Pfinzing, eines Montanunternehmers Nürnberger Herkunft, mit dem Hammer. Im Bericht zur Erkundung der Landschaft, die der reichsstädtische Rat vor Ausbruch des Landshuter Erbfolgekrieges 1504 befohlen hatte, wurde für „Rotennpruck" der Hammer ausdrücklich mit einem Sitz vermerkt. Das Gut war damals in der Hand eines hier namentlich nicht genannten Sulzbacher Bürgers, womöglich noch Hans Vilbers.

Im frühen 16. Jahrhundert, vielleicht bald nach dem Landshuter Erbfolgekrieg, war Hans Schütz, Bürger zu Nürnberg, nebst Verwandten im Besitz des Hammergutes, das seit der Erweiterung des Nürnberger Territoriums im nun reichsstädtischen Pflegamt Velden lag. 1508 erwarben seine Söhne auch den nahen Hammer Güntersthal. Der jüngere Hans Schütz geriet wenig später in einen berühmt gewordenen Streit mit Nürnbergs großem Humanisten Willibald Pirckheimer, der mit einer Verurteilung des Rothenbrucker Hammerherrn und aufgrund seiner Unnachgiebigkeit gegenüber der Nürnberger Justiz mit seiner Verbannung endete. 1521 verkaufte er Rothenbruck notgedrungen an den Rat der Reichsstadt und ließ sich in der oberen Pfalz bei Waldmünchen nieder. Für 1516 wird jedoch bereits Anthoni Kreß zu Rothenbruck genannt, wo er vielleicht als Pächter des Schütz saß.

Die Reichsstadt veräußerte oder verpachtete 1521/22 das Gut an Jörg von der Grün, der bereits 1522 als Hammermeister zu Rothenbruck bezeichnet wurde. Der Besitz blieb für längere Zeit bei dem Geschlecht, das der Ministerialität entstammte und sich später lange im Montangeschäft engagierte. In den 1560-er Jahren war Hans von der Grün der Hammerherr, der für seinen Betrieb große Mengen Holzkohle aus sulzbachischen Wäldern bezog und 1567 auch den Herrensitz Finstermühle kaufte [vgl. Finstermühle]. Auf von der Grün folgte abermals das Nürnberger Geschlecht der Kreß von Kressenstein, das 1576 einen angeblich baufälligen Hammer übernahm. Schließlich scheint die Hammermeisterfamilie Heber um 1602 zu Rothenbruck auf. Für 1615 wird Veit Heber genannt, dem spätestens kurz vor 1625 Christoph Heber folgte. Als er 1636 starb, war das Hammergut offenbar durch Kriegseinwirkung

231.1 Darstellung des Hammerwerks mit dem Herrenhaus, Ausschnitt aus einer kolorierten Karte von 1669 (StAAm)

stark beschädigt worden, denn seine Kinder zogen nach Doos bei Nürnberg und ließen den Hammer öd liegen. Um 1654 erwarb ein finanzkräftiges Nürnberger Konsortium aus Mitgliedern der Geschlechter Löffelholz, Kreß und Tetzel den Hammer und baute das Anwesen bis vor 1659 wieder auf.

Die Unternehmer gerieten wegen Wasserbauten mit ihrem Nachbarn Brückhamb, der das Landsassengut Finstermühle gekauft hatte, in Streit. Im Zuge der Auseinandersetzung wurde 1669 eine Landkarte mit einer Darstellung des Hammergutes angefertigt. Zu erkennen ist nördlich des Hammerwerks ein dreigeschossiges Herrenhaus mit einem zweigeschossigen Anbau.

Der für 1663 überlieferte Hammermeister zu Rothenbruck, Johann Dietrich von Wimpffen, Bürger zu Nürnberg (sein Bruder Johann Friedrich besaß damals Hirschbach), hatte das Hammergut offenbar schon bald nach dem Rechtsstreit von der Löffelholz-Tetzel-Kreß-Gesellschaft erworben. 1675 wollten die Vormünder der von Wimpffenschen Erbengemeinschaft das Hammerwerk an einen katholischen Hammermeister verpachten. Im späten 17. Jahrhundert geriet Rothenbruck vermutlich wieder in oberpfälzische Hände. Genannt wird als Besitzer der Auerbacher Bürgermeister Friedrich Held mit Konsorten. 1756 sollte auf dem Gut ein größerer Neubau stattfinden, wobei die Verwendung von Maurern und Zimmerleuten aus dem Bamberger Amt Veldenstein einen größeren Streit mit dem reichsstädtischen Pflegamt Velden provozierte.

1773 erwarb der Schmied Kaspar Trettenbach aus Neuhaus die Liegenschaft. 1805 war sein Nachfahre Balthasar Trettenbach Besitzer. Unter ihm bestand das Gut um 1811 aus dem „Schloß oder Herrenhaus", der „Hammerhütte", einer Erzschupfe, einem Bauernhaus mit Stallung, dem Stadel, einem Wirtshaus und drei Tagelöhnerhäusern, der Kapelle, zwei weiteren Gütern und vielen land- und forstwirtschaftlichen Grundstücken. 1885 wurde der ehemals Trettenbachsche Hammerbetrieb eingestellt. Die Fürther Firma Stöbers Nachfolger baute als neuer Eigentümer das Werk zu einer Bronzefabrik um, die 1887 von der Fürther Bronzefabrik Ludwig Auerbach & Co. übernommen wurde. Der jüdische Eigentümer emigrierte in den 1930-er Jahren und veräußerte die Liegenschaft an die Carl Schlenk AG in Nürnberg. Im Zuge von Erweiterungen der Werksanlagen fielen das Hammerschloss und die Kapelle dem Abbruchhammer zum Opfer.

Quellen

StAAm Amt Auerbach Nr. 524. Pfalz-Sulzbach Regierung, Sulzbacher Akten Nr. 23/6, 23/32. Sulzbach Stadt- und Landgericht Nr. 640/1. Plansammlung Nr. 3166, 3173.

StAN Rst. Nbg., Landpflegamt, Pflegamt Velden S I, L 451, Nr. 22. S I, L 458, Nr. 6. Rep. 39a, fol. 172 Nr. 15. Rep. 39b, fol. 6 Nr. 39, fol. 19 Nr. 6, fol. 74 Nr. 7, fol. 111r Nr. 1.

Gelegenhait, Nr. 861.

Literatur

Dimler, Andreas: Marktgemeinde Neuhaus – Gestern und Heute. Neuhaus 1989.

Klier, Richard: Zur Genealogie der Bergunternehmerfamilie Schütz in Nürnberg und Mitteldeutschland im 15. und 16. Jahrhundert. In: MVGN 55 (1967/68), S. 185-213.

Nikol, Hans: Die Herren von Sauerzapf. In: Verhandlungen des Historischen Vereins für Oberpfalz und Regensburg 114 (1974), S. 141 f.

Ress, Franz Michael: Bauten, Denkmäler und Stiftungen deutscher Eisenhüttenleute. Düsseldorf 1960, S. 142.

Voit, Grundherrschaften, S. 85, 222.

232 — E4

Rückersdorf

Herrensitz, „Tucherschloss"

Schlossgasse 1-7

Gemeinde Rückersdorf

Landkreis Nürnberger Land

1234 scheint mit Albert von Rückersdorf erstmals ein Reichsministerialengeschlecht auf, das vermutlich maßgeblich zur Administration und zum Schutz des Reichswaldes eingesetzt war. Bis ins frühe 14. Jahrhundert hinein nannte sich das Geschlecht wechselweise nach Rückersdorf und seinem Sitz in Beerbach [vgl. Beerbach]. Im Laufe des Spätmittelalters ging die Erbforsthube an Nürnberger Bürger über. 1423 wurde sie von der Familie Peringsdorfer an Hans und Elsbet Gotfrid verkauft, ohne dass jedoch ein befestigter Sitz auf dem Reichslehen in den Quellen genannt wird. Auch im Bericht über strategisch wichtige Punkte in der Landschaft, auf Veranlassung des Nürnberger Rates vor Ausbruch des Landshuter Erbfolgekrieges 1504 erstellt, fehlt jeder Hinweis auf eine Befestigung oder einen Herrensitz.

Ein Sitz zu Rückersdorf wird erst 1542 bezeugt, als die Nürnberger Patrizier Erasmus Schürstab und Silvester Tucher gemeinschaftlich im Besitz des Reichslehens waren. Der reiche Nürnberger Montanunternehmer Hans Buchner [vgl. Hartenstein, Oberbürg] hatte die Forsthube 1540 an die Witwe Katharina Ketzel, die

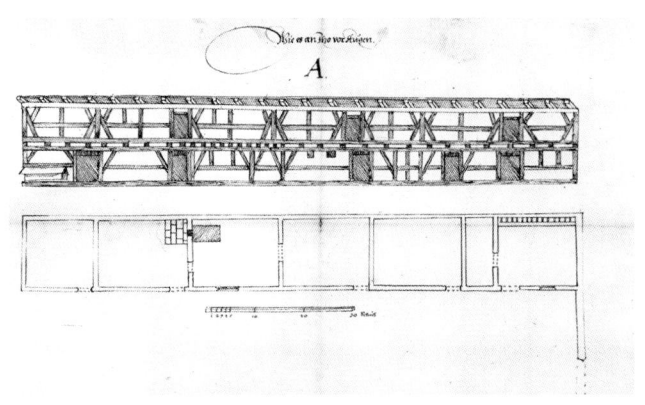

232.1 Auf- und Grundriss des alten Voithauses, gezeichnet 1606 als Bestandsplan (StAN)

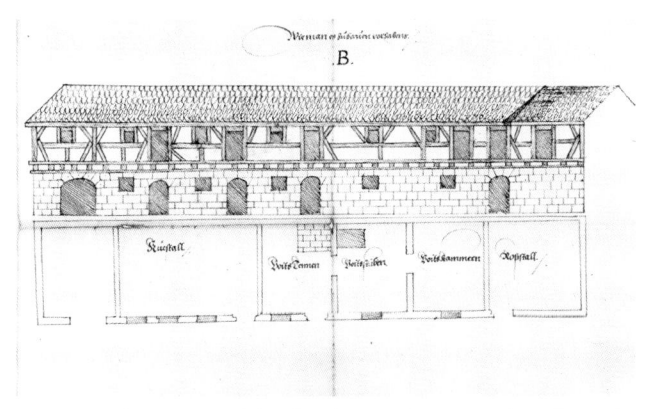

232.2 Auf- und Grundriss für den geplanten Neubau des Voithauses, gezeichnet 1606 für das Waldamt Sebaldi (StAN)

Schwiegermutter des Silvester Tucher, verkauft. Nach einem Dokument von 1595 soll das Herrenhaus selbst nicht auf der Forsthube, sondern angeblich auf einem unmittelbar benachbarten Gütlein, das erst in den 1530-er Jahren erworben worden war, gebaut worden sein.

Das vorläufige Ende des Sitzes kam schon im Zweiten Markgrafenkrieg, als markgräfliche Truppen am 25. Mai 1552 „der vorsthueb hawß" nicht nur in Brand steckten, sondern auch niederrissen. 1555 kaufte Silvester Tucher den Schürstabschen Anteil am zerstörten Sitz und begann mit dem Wiederaufbau. Nach den erhaltenen Bauakten konnte der bis heute erhaltene Kernbau, ein noch mittelalterlich anmutendes Turmhaus mit Fachwerkobergeschossen auf einem massiven Erdgeschoss, bereits 1557 bewohnt werden. Der Versuch der Witwe des früheren Mitbesitzers Erasmus Schürstab, 1555 auf einem angrenzenden Grundstück ein zweites Herrenhaus bauen zu lassen, scheiterte am Widerstand des Waldamtes und der Familie Tucher.

Mehrmals wurde der Herrensitz noch im 16. Jahrhundert baulich erweitert: Bemerkenswert ist die Errichtung eines Anbaus, des so genannten Neuen Baus, den die Witwe Ursula des 1564 verstorbenen Sylvester Tucher um 1572 durchführen ließ. Als Ursula Schlegel, verwitwete Tucher, 1593 starb, vererbte sie die Forsthube mit dem Herrensitz an einen Verwandten, an Christoph Größer. Der neue Besitzer führte noch 1594 eine Renovierung durch. Unter Größers Witwe folgten 1607 der Neubau des Voithauses, für den sich bis heute die Eingabepläne erhalten haben, und die bauliche Vereinigung des Herrenhauses mit dem Neuen Bau von 1572.

Im 30-jährigen Krieg wurde die gesamte Ausstattung, auch die Wandvertäfelungen, ausgebaut und in Nürnberg eingelagert. Die Familie Größer ist auch nicht wieder nach Rückersdorf zurückgekehrt. Andreas Paulus Größer, zeitweise Pfleger des reichsstädtischen Amtes Reicheneck, hatte sich während des Krieges erheblich bei der Witwe Magdalena Tucher verschuldet, die schließlich, als die Rückzahlung ausblieb, 1650 eine Zwangsvollstreckung erwirkte. Unmittelbar vor der Versteigerung kamen Größer und seine Ehefrau Margaretha unter nicht genannten Umständen ums Leben. Durch einen gerichtlichen Vergleich mit den Vormündern der sieben minderjährigen Kinder wurde daraufhin dem Sohn der Gläubigerin, Johann Sebastian Tucher, das Schlossgut zugesprochen. Der ihm zugefallene Herrensitz brachte Johann Sebastian Tucher wenig Glück: Im April 1663 wurde seine 29-jährige Ehefrau auf einer Fahrt von oder nach Rückersdorf auf offener Straße bei Behringersdorf von Unbekannten ermordet.

Nach Tuchers Tod 1684 erbte dessen Sohn Johann Gottlieb das Gut. Dieser diente lange Jahre als hoher Offizier bei den Truppen des Fränkischen Kreises sowie als reichsstädtischer Pfleger von Reicheneck und Engelthal und räumte das Herrenhaus seiner Stiefmutter Helena Barbara, einer geborenen Ebner, als Witwensitz

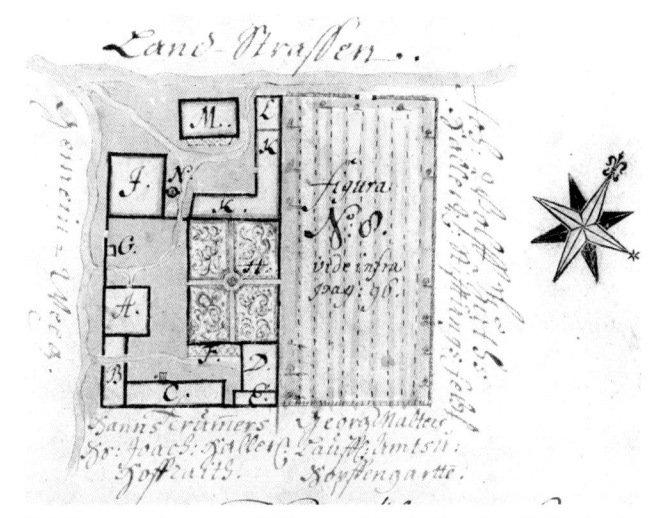

232.3 Lageplan von 1720, gezeichnet für das Salbuch der Forsthube. Das Herrenhaus ist mit „A" bezeichnet, der so genannte Neue Bau mit „B", das Voithaus mit „C" (StadtAN)

232.4 Ansicht des Herrenhauses aus nordwestlicher Richtung, Fotografie: G. v. Volckamer um 1894 (StadtMN)

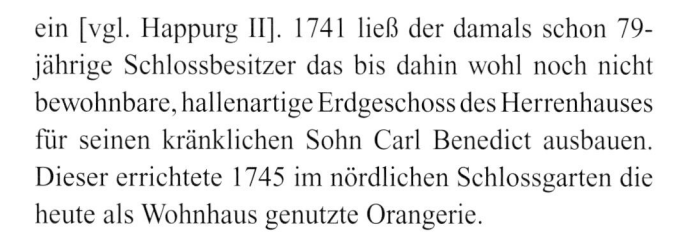

232.5 Ansicht des Innenhofs und des neuen Baus mit der nachträglich zugesetzten Renaissance-Galerie im Obergeschoss, Fotografie: F. A. Nagel 1931 (StadtMN)

ein [vgl. Happurg II]. 1741 ließ der damals schon 79-jährige Schlossbesitzer das bis dahin wohl noch nicht bewohnbare, hallenartige Erdgeschoss des Herrenhauses für seinen kränklichen Sohn Carl Benedict ausbauen. Dieser errichtete 1745 im nördlichen Schlossgarten die heute als Wohnhaus genutzte Orangerie.

Mit Carl Benedict starb 1750 diese Linie der Familie Tucher aus. Sein Vermögen fiel an den Schwiegersohn Johann Georg Haller von Hallerstein [vgl. Großgründlach II, Hallerweiherhaus, Henfenfeld], damals Pfleger des reichsstädtischen Amtes Hersbruck. Nachdem dessen Tochter Maria Hedwig Jakobina bereits 1816 ihrem Rückersdorfer Voit und Gärtner Häffner das Voithaus und einen großen Teil des Schlossgartens vermacht hatte, wurde der Restkomplex 1822 von der Erbengemeinschaft in Teilen an Meistbietende verkauft. Schließlich befand sich das Herrenhaus in der Hand dreier Eigentümer. Der Teil, der an den Revierförster Hofmann gegangen war, wurde seit 1846 vorübergehend als Schulhaus genutzt. Recht unglücklich entwickelten sich jüngere Umbauten, so der Einbau von Mietwohnungen in den Jahren nach 1940, der den Verlust vieler historischer Ausstattungsteile mit sich brachte, und die Veränderung der bis dahin ungestörten westlichen Fensterachsen 1961. Ein Brand im Jahr 1958 verlief dagegen glimpflich. Das Herrenhaus ist heute Besitz der Gemeinde Rückersdorf.

Quellen

Gelegenhait, Nr. 674, 678, 687.

NUB Nr. 269, 295.

Literatur

Deliciae II, S. 163.

Giersch, Robert: Archivforschung Herrensitz Rückersdorf. Denkmalpflegerische Voruntersuchungen 1991, unveröff. im BLfD.

Ders.: Geschichte des Rückersdorfer Herrensitzes. In: MANL 43 (1994), Heft 1, S. 205-234, mit Planreproduktionen und historischen Fotografien.

KDM Lauf, S. 416-420.

Kleinöder, Evi / Rosenbauer, Wilhelm: Rückersdorf. Ein Ort im Wandel. Rückersdorf 1984, S. 20-23, 76-81, 175 f.

Voit, Pegnitz, S. 225 f.

233 E1

Rummelsberg

Abgegangener Herrensitz

Gemeinde Schwarzenbruck

Landkreis Nürnberger Land

Der Name Rummelsberg soll seinen Namen angeblich von der Familie Rummel ableiten, einem der ältesten Geschlechter Nürnbergs, das schon im 13. Jahrhundert bezeugt und wohl von ministerialer Herkunft ist [vgl. Lichtenau]. Vermutlich stand dort ein Ansitz mit einem Bauernhof. Diesen Hof zu „Rumelsperg" überließ 1369 der Nürnberger Bürger Prant Groß dem Heinz Freitag zu Erbrecht, ausgenommen die Weiher, den Biengarten sowie den Garten gegenüber dem Baumgarten innerhalb des Grabens. Während der Hof später an das Heilig-Geist-Spital in Nürnberg gelangte, blieben Weiher, Gärten und Graben als Überrest des Ansitzes im Besitz Nürnberger Patrizierfamilien. 1488 gingen „der Rumelsberg mit sambt dreyen Weyerlein und Holtzmarcken" bei der Erbteilung nach dem Tod des 1480 verstorbenen Karl Holzschuher an den Sohn Lazarus über. 1499 und 1506 erscheint dieser Besitz jedoch im Nachlass seines Bruders Karl bzw. dessen Witwe Agnes, wobei auch ausdrücklich der „Burckstall" genannt wird, also eine bereits abgegangene befestigte Anlage. Dementsprechend wurde in der Erhebung strategisch bedeutsamer Punkte in der Landschaft, vor Ausbruch des Landshuter Erbfolgekrieges 1504 vom Nürnberger Rat angeordnet, in Rummelsberg kein Sitz erwähnt.

In den Jahrzehnten danach muss dann – offenbar auf dem Bauernhof des Spitals – ein kleiner Herrensitz erbaut worden sein, denn in den Schadensrechnungen des Zweiten Markgrafenkrieges wurde vermerkt, dass das „sitzle" zu Rummelsberg am 3. Mai 1553 von den Markgräflern niedergebrannt worden war. In seinen Annalen der Reichsstadt Nürnberg berichtete Johannes Müllner 1623, dass das „Burgerssitzlein" der Grundherrschaft des Heilig-Geist-Spitals unterstand und einst einem Goldschmied Hofmann gehört hatte – vermutlich dem 1564 verstorbenen Jacob Hoffmann [vgl. Schoppershof]. Zu Müllners Zeiten war es längst wieder aufgebaut und gehörte der Familie Römer. Danach sollen es der Advokat Dr. Sebald Kraus und später verschiedene Professoren der Universität Altdorf besessen haben, so 1671 der Jurist Dr. Ernst Cregel und ab 1756 der Mediziner Dr. Johann Nikolaus Weiß.

Johann Alexander Boener hat den Herrensitz 1708 dargestellt als dreigeschossigen Fachwerkbau mit vier Eckttürmchen. An der östlichen Traufseite war ein Treppenturm, ebenfalls in Fachwerk und mit Welscher Haube, angebaut. Südlich und südwestlich des Herrenhauses erstreckte sich ein großer Garten. Das Herrenhaus soll noch im 18. Jahrhundert ersatzlos abgebrochen worden sein. Der dazugehörige Bauernhof wurde um 1800 neu aufgebaut und 1903 an den Landesverein für Innere Mission, die spätere Rummelsberger Brüderschaft, verkauft. Der Bauernhof ist längst verschwunden. Heute erstreckt sich hier das weitläufige Gelände der Rummelsberger Anstalten.

Quellen

StAN Rst. Nbg., Rechnungen des markgräflichen Krieges Nr. 95, 96.

StadtAN A 1 Nr. 1369 30.1.

Gatterer, Johann Christoph: Historia genealogica dominorum Holzschuherorum. Nürnberg 1755, Codex diplomatum et documentorum Nr. 183, 199, 208.

Gelegenhait, Nr. 1090.

Müllner I, S. 348.

Literatur

Deinlein, Konrad: Aus der Geschichte Rummelsbergs. Rummelsberg 1982.

HAB Nürnberg-Fürth, S. 167.

Schnelbögl, Fritz: Rummelsberg. In: 950 Jahre Schwarzenbruck. Schwarzenbruck 1975 (ohne Paginierung).

Wehr, Gerhard: Gutes tun und nicht müde werden. Ein Jahrhundert Rummelsberger Diakone. München 1989, S. 75-79.

Will, Georg Andreas: Die Nürnbergischen Münzbelustigungen Bd. 4. Nürnberg 1767, S. 246.

Ders.: Geschichte und Beschreibung der Nürnbergischen Landstadt Altdorf. Altdorf 1796, S. 125 f.

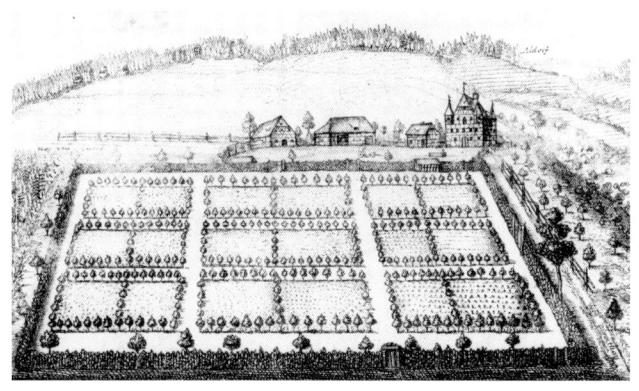

233.1 Blick auf den Herrensitz und die Gartenanlagen um 1700, Radierung von J. A. Boener (GNM)

234

Sandreuth

Mutmaßlicher, abgegangener Herrensitz

Stadt Nürnberg

Sandreuth bestand einst aus einem Einödhof vor den Toren der Reichsstadt, der schon 1242 im Besitz des Deutschen Ordens war. Der Hof wurde als Lehen vergeben. Wohl erst nach dem Zweiten Markgrafenkrieg 1552/53 wurde unter der Familie Neubauer auf dem Hof ein Sommerhaus gebaut. Die Fachwerkkonstruktion ruhte nach einer Beschreibung von 1584 auf einem massiven Sockelgeschoss und diente offensichtlich als Sommersitz wohlhabender Bürger, die mit dem Hof belehnt worden waren, die Bewirtschaftung jedoch Pächtern überlassen hatten. 1657 war das Lehen des Deutschen Ordens in der Hand des Tobias Heymann, 1663 kaufte es der Patrizier Christoph Fürer von Haimendorf. Die Hofstelle war damals ausdrücklich von einem Wassergraben umgeben, der über einen schon im Mittelalter abgegangenen festen Sitz spekulieren lässt. Eine Baumaßnahme des Gustav Philipp Fürer

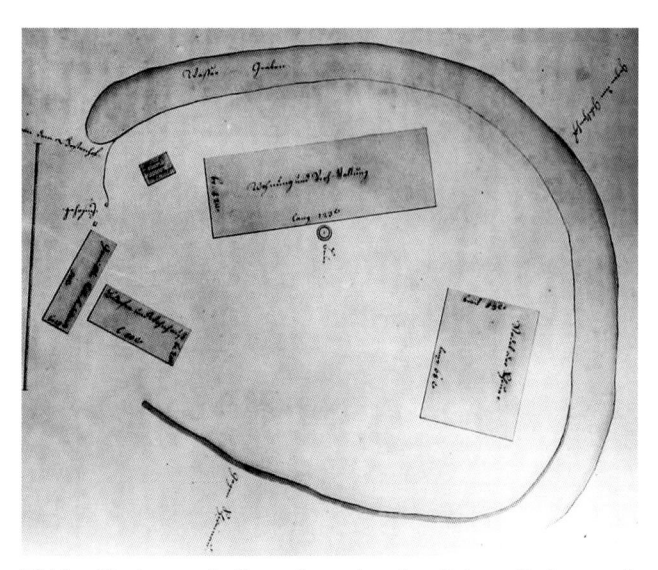

234.2 Ansicht des Gutes Sandreuth auf einem Kupferstich von J. A. Boener von 1706 (StadtMN)

betraf 1706 nur das Bauernhaus seines Pächters. Ein um diese Zeit von J. A. Boener gefertigter Stich stellt den Sommersitz nicht mehr dar.

Quellen

StAN Rst. Nbg., Waldamt Lorenzi I Nr. 507. Manuskripte Nr. 267.

234.1 Heute verschollener Lageplan des Gutes mit dem noch erhaltenen Wassergraben (das Herrenhaus bereits abgegangen), Reproduktion von 1940 F. A. Nagel (StadtMN)

235

Sankt Helena

Mutmaßliche Burgstelle

Gemeinde Simmelsdorf

Landkreis Nürnberger Land

Westlich der Mittelnaifermühle ragt im Naifertal, nahe bei St. Helena, ein steiles Felsriff auf, das den Namen „Burgstuhl" trägt. Dieser Flurname hat in der Vergangenheit mehrmals Spekulationen über den Standort einer Burg angeregt. Bislang sind jedoch weder Bebauungsspuren noch einschlägige Funde beobachtet worden. Eine wissenschaftliche Grabung fand bisher nicht statt.

Literatur

Heinz, Walter: Ehemalige Burgen im Umkreis des Rothenbergs. 1. Teil: Von Schnaittach bis Wildenfels (= Vom Rothenberg und seinem Umkreis, Heft 15/1). Schnaittach 1992, S. 28.

KDM Forchheim, S. 194.

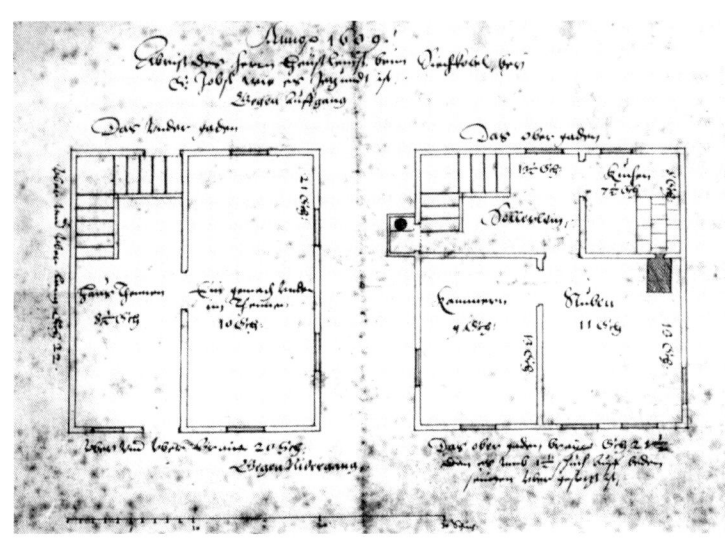

236.1 Grundrisse des Erd- und Obergeschosses von 1609 (StAN)

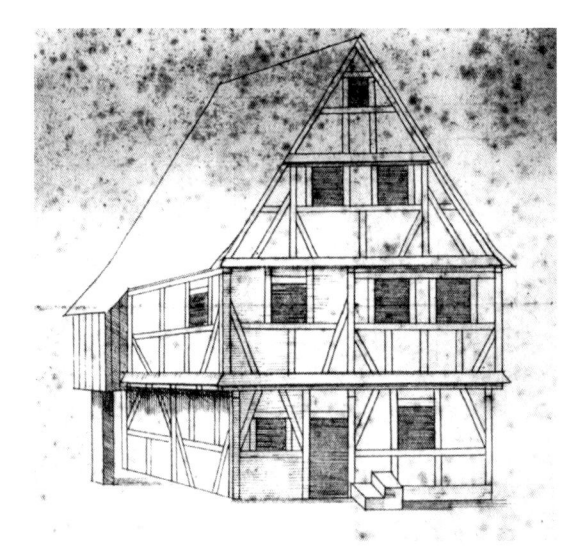

236.2 Aufriss des neuen Herrenhauses als Fachwerkkonstruktion, vermutlich für den Wiederaufbau 1609 gezeichnet (StAN)

236 N

Sankt Jobst

Abgegangenes Herrenhaus, „Pflegerschlösschen" (1842 abgebrochen)

Äußere Sulzbacher Straße 144 b

Stadt Nürnberg

In der ersten Hälfte des 14. Jahrhunderts entstand auch östlich der Stadt an der Straße nach Böhmen, der heutigen Äußeren Sulzbacher Straße, ein Siechkobel für Leprose. Dabei wurde eine Kapelle errichtet, die dem heiligen Jobst geweiht wurde; eine Altarweihe ist für das Jahr 1356 bezeugt.

Das Leprosenspital wurde im Zweiten Markgrafenkrieg am 3. Mai 1553 niedergebrannt. Dass auch ein Herrenhaus für die gelegentlichen Aufenthalte der aus dem

236.3 Ansicht von St. Jobst mit dem Herrenhaus im Hintergrund rechts auf einem Kupferstich von J. A. Delsenbach um 1720 (StadtMN)

Patriziat stammenden Pfleger der Spitalstiftung errichtet worden war, wird 1609 überliefert. Damals ordnete der Rat der Reichsstadt an, das seit dem Krieg noch immer in Trümmern liegende Herrenhaus wiederherzustellen. Ausdrücklich lag ein Bauplan hierfür bereits vor. Der ursprünglich zweigeschossige Fachwerkbau wurde mehrfach umgebaut und stand südlich der zum Spital gehörigen Gastwirtschaft. Er wurde nach der Auflösung des Siechkobels nach 1806 an Privatleute verkauft. 1842 erwarb es der damalige Pfarrer, ließ es abbrechen und an seiner Stelle das „alte Pfarrhaus" errichten, das heute noch erhalten ist.

Quellen

StAN Rst. Nbg., Waldamt Sebaldi I Nr. 319.

StadtAN E 10/21 Nr. 100.

Literatur

Evangelische Kirchengemeinde St. Jobst (Hg.): St. Jobst: acht Jahrhunderte Kirche an ihrem Ort. Nürnberg 1996.

Rusam, Georg: St. Jobst in Geschichte und Gegenwart. 2. Aufl. Nürnberg 1981.

Stadtlexikon Nürnberg, S. 488.

237 N

Sankt Johannis I

Abgegangenes „Weiherhaus"

Westlich von Brückenstraße 40

Stadt Nürnberg

Der Begriff „Weiherhaus" meinte im Nürnbergischen nach den Feststellungen Renate Freitag-Stadlers ursprünglich keinen befestigten Ansitz, sondern Gebäude, die in oder bei einem Weiher lagen und der Fischerei dienten [vgl. auch Neunhof II]. Erst später erweiterte sich die Bedeutung auf Herrensitze mit trockenem oder nassem Graben, wozu sicher die verschiedenen, ausdrücklich als „Weiherhaus" benannten Anlagen um Nürnberg beitrugen, die später wehrhaft ausgebaut wurden [vgl. etwa Haller-Weiherhaus, Röthenbach bei Schweinau, Weiherhaus (bei Feucht) und Weiherhaus bei Pillenreuth].

Als Weiherhaus im ursprünglichen Sinn am bekanntesten ist wohl das um 1496/97 entstandene Aquarell von Albrecht Dürer, das fälschlich mit dem Haller-Weiherhaus in Verbindung gebracht wurde. Erst Fritz Zink gelang 1949 die Lokalisierung. Danach stand es wahrscheinlich auf einer Insel in einem Nebenarm der Pegnitz unterhalb von St. Johannis. Auf jeden Fall lässt sich dort ein entsprechendes Gebäude nachweisen, das zum Fischwasser zwischen der Weidenmühle und Schniegling gehörte und grundherrschaftlich dem Egidienkloster unterstand.

Das Fischwasser war seit 1486 an Linhart Angerer vererbt. 1502 findet sich im Inventar seiner Tochter Barbara Fischer das „Fisch- und Weiherhäuslein an der Pegnitz", und 1534 erscheint als Erbschaft von Hans Angerers Tochter Magdalena die „Fischerei samt Weiherhäuslein". 1577 wird ein kleiner Stadel „bei des Angerers Weiherhäuslein hinter St. Johans" erwähnt. Um dieselbe Zeit ist es auch im Nürnberger Rundprospekt von 1577/81 als „Angeres [!] Weierhauß" eingetragen. Auf seiner Karte des Pegnitzlaufs hat Paul Pfinzing 1595 das „Weyerheußlein" ebenfalls dargestellt. Auf dem massiven Sockel sitzt ein Obergeschoss, das wie der kleine Anbau in Fachwerk aufgeführt wurde. Die letzte und zugleich genaueste Abbildung ist ein Stich von Peter Isselburg aus dem Jahre 1615, betitelt „Fischers häuslein vndcrm Lazaret". Auf einer kleinen Insel stehen ein zweigeschossiges Gebäude mit Laubengang und vorkragendcm Fachwerkobergeschoss sowie ein Bretterschuppen direkt am Wasser.

Dieses unbefestigte „Weiherhäuslein" fiel vermutlich den Schanzanlagen des 30-jährigen Krieges zum Opfer. Fritz Zink wollte aber noch 1949 an der Bodenformation und Vegetation den genauen Standort des Weihers

237.1 Darstellung des „Angererschen Weiherhäusleins" auf einem Blatt aus dem Pfinzing-Atlas von 1594 (StAN)

westlich des Anwesens Brückenstraße 40 festgestellt haben. Eine Überprüfung dürfte heute wohl kaum mehr möglich sein.

Literatur

Freitag-Stadler, S. 1-10.

Frommann, Friedrich: Albrecht Dürers „Weier-Haus" – das Haller-Weiherhaus. In: Nürnberger Schau 1941, S. 247-249.

Zink, Fritz: Dürers Weiherhäuschen in Nürnberg-St. Johannis. In: Zeitschrift für Kunstgeschichte 12 (1949), S. 41-45; gekürzter Wiederabdruck in: Bürgerverein St. Johannis-Schniegling-Wetzendorf 53 (2003), S. 22-26.

Ders.: Die Entdeckung des Pegnitztales. In: MVGN 50 (1960), S. 272 f mit Abb. 2-4.

238   N

Sankt Johannis II

Abgegangenes Herrenhaus, „Pflegerhaus des Heilig-Kreuz-Spitals" (1945 zerstört)

Johannisstraße

Stadt Nürnberg

Das frühe 14. Jahrhundert war in Nürnberg eine Zeit der Spitalstiftungen. Neben Siechkobeln für Aussätzige wie St. Jobst oder Spitäler für arme Kranke und Pflegebedürftige (Heilig-Geist-Spital) entstanden zu dieser Zeit auch zwei Hospize, in denen fremde Pilger auf ihren beschwerlichen Reisen Herberge finden sollten. Der Nürnberger Patrizier Bertold Haller gründete vor 1354 das Pilgrimspital zum Heiligen Kreuz, das an der vor dem Neutor beginnenden Fernstraße, der heutigen Johannisstraße, in Richtung Frankfurt angelegt wurde. Die Leitung der Stiftung wurde nach dem Tod des Stifters Spitalpflegern übertragen, die vom Rat, der anfangs die Stiftungsaufsicht wahrnahm, ernannt wurden. Mit der Zeit entwickelte sich das Spital mit der Heilig-Kreuz-Kirche zu einer Hallerschen Privatstiftung, sodass auch die eingesetzten Pfleger nur noch aus dem Kreis der Familie Haller von Hallerstein berufen wurden.

Im Mai 1552, als der Angriff des Markgrafen Albrecht Alcibiades auf Nürnberg unmittelbar bevorstand, ließ der Rat der Reichsstadt auch die Bebauung vor dem Neutor niederbrennen und schleifen. Es sollten alle möglichen Deckungen, die der Feind hätte nutzen können, beseitigt werden. Dieser Maßnahme fiel auch das Pilgerspital Heilig-Kreuz zum Opfer. Der damalige Spitalpfleger Sebald Haller konnte nur das Inventar bergen lassen.

238.1   Ansicht des an die Heilig-Kreuz-Kirche angebauten Herrenhauses aus südlicher Richtung, Kupferstich von J. A. Boener um 1700 (HallerA)

1555/56 wurden die Gebäude des Spitals wiederaufgebaut, wobei nachweislich Stadtwerkmeister Paulus Beheim die Bauleitung übernahm. Im Zuge der Wiederherstellung wurden das ehemalige, unmittelbar an die Kirche angebaute Pfründhaus zu einem Wohnhaus für den „Kreuzpfleger" umgewidmet und 1564/65 dessen Westgiebel und Dach repariert. 1622 war der Westgiebel des Herrenhauses, eine Konstruktion aus Fachwerk, bereits erheblich baufällig. Unter dem Werkmeister Hans Carl wurden der Giebel und die südliche Umfassung durch eine Werksteinkonstruktion ersetzt und vermutlich bei dieser Gelegenheit das Haus nach Westen verlängert. 1708 wurde eine Aufstockung des bereits 1597 erwähnten nördlichen Anbaus, der bis dahin einen Viehstall barg, genehmigt. Allerdings entdeckte man schon damals arge Bauschäden, deren Beseitigung immer wieder aufgeschoben und erst 1760/61 in Angriff genommen wurde.

Noch während der Bauarbeiten zeigte sich, dass die hölzernen Tragwerke erheblich vermorscht waren, sodass unter großem Aufwand nicht nur das Dachwerk, sondern auch Deckenbalken und die Treppenanlage erneuert werden mussten. Nach dieser Maßnahme hob sich der Baukörper des Herrenhauses durch das neue Mansarddach mit Giebelgauben deutlich von der Spitalkirche ab, wobei aber die einheitliche Firstlinie mit dem Kirchendach beibehalten worden war. Nach dieser Instandsetzung, die einer sehr weitgehenden Erneuerung gleichkam, fanden in den folgenden Jahrzehnten keine bemerkenswerten Veränderungen mehr statt.

Zwei Jahre nach der Eingliederung Nürnbergs ins Königreich Bayern wurde die Heilig-Kreuz-Stiftung zerschlagen und der Familie Haller die uneinge-

238.2 Ansicht des Spitals mit dem Herrenhaus von Südwesten, Fotografie aus der Zeit um 1900 (HallerA)

schränkte Stiftungspflege durch einen Ministerialerlass entzogen, allerdings blieb sie im unentgeltlichen Genuss von Herrenhaus und Garten. Mit Mühe konnte sich die Familie auch den Zugang vom Obergeschoss des Herrenhauses auf die herrschaftliche Empore in der Kirche reservieren. Der laufende Bauunterhalt musste weiterhin vom Hause Haller beglichen werden, während die so genannten Hauptbaufälle von nun an die städtische Stiftungsadministration zu tragen hatte. Auf Kosten der Familie wurden 1842 ein Witwensitz im Obergeschoss und 1853 eine Wohnung für den städtischen Rechtsrat Sigmund Haller im ersten Dachgeschoss eingerichtet. 1884 ließ man einen Anbau zur Unterbringung des Archivs herstellen, das aber 1897 in feuersicher ausgebaute Räume im Erdgeschoss verlegt wurde. Die einzig größere Instandsetzung durch die Stadtverwaltung erfolgte 1937, nachdem der Heilig-Kreuz-Pfleger Friedrich Freiherr Haller von Hallerstein auf den dringenden Handlungsbedarf hingewiesen hatte. Doch bald darauf folgte das unrühmliche Ende des geschichtsträchtigen Hauses: Bei dem grauenhaften Luftangriff am 2. Januar 1945 gingen die Kirche und das Herrenhaus des Heilig-Kreuz-Pflegers durch Bombentreffer zu Grunde. Je eine Inschrift- und Wappentafel, die man 1761 über dem Hauseingang angebracht hatte, wurden vor dem Abbruch der Ruine geborgen und befinden sich heute in der Eingangshalle von Schloss Großgründlach. Das Grundstück wurde dem Evangelischen Siedlungswerk überlassen und mit Wohnungen überbaut.

Quellen

HallerA Archiv Heiligkreuz.

Literatur

Haller, Bertold Frhr. von: Das Pilgerspital zum Heiligen Kreuz. In: Wallfahrten in Nürnberg um 1500 (= Pirckheimer Jahrbuch Bd. 17). Wiesbaden 2002, S. 105-132.

Haller von Hallerstein, Helmut / Eichhorn, Ernst: Das Pilgrimspital zum Heiligen Kreuz vor Nürnberg. Geschichte und Kunstdenkmäler (= Nürnberger Forschungen Bd. 12). Nürnberg 1969.

Stadtlexikon Nürnberg, S. 431 f (mit Ansicht auf Porzellan nach Entwurf von Friedrich Trost, 1885).

239 F3

Scherau

Herrenhaus

Scherau 2

Gemeinde Leinburg

Landkreis Nürnberger Land

Die Einöde wurde bis zum 18. Jahrhundert „Kitzenau" genannt; erst seit dem frühen 17. Jahrhundert wurde auch der neue Name Scherau gebraucht. Der Nürnberger Ratsschreiber und Chronist Johannes Müllner beschrieb sie um 1620 unter beiden Namen „Scharnaw" und „Kitzenau" als „ein aintziger Hoff sambt etlichen Weyern, darauff auch ein Herrensitzlein erpauet,

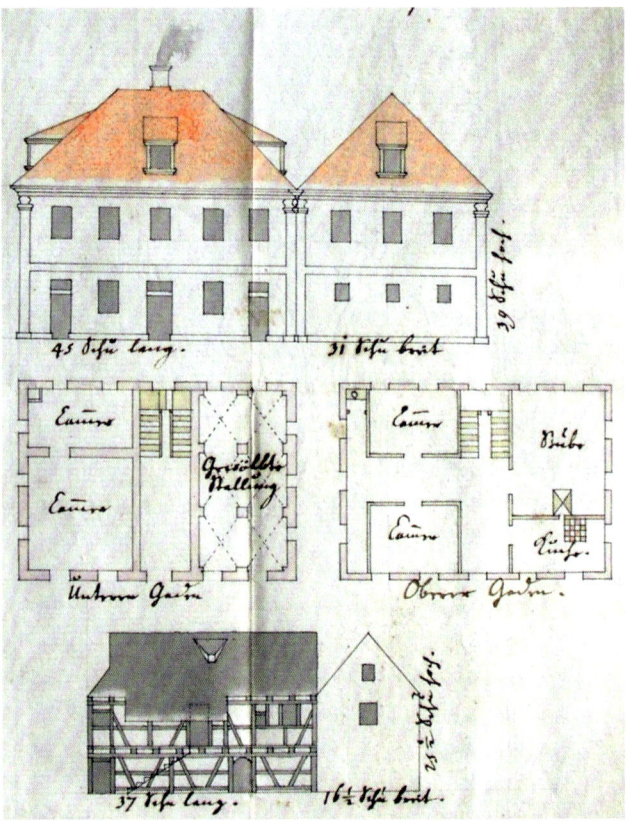

239.1 Auf- und Grundrisse für den Neubau des Herrenhauses von 1765, die untere Zeichnung zeigt den bald darauf abgebrochenen Vorgängerbau (StAN)

239.2 Der Herrensitz Scherau mit Voithaus und Stadel auf einem Kupferstich von F. A. Annert um 1790 (StadtA Lauf)

heutigstags den Fuerern zugehoerig". Der Hof zählte zu den so genannten Zeidelmuttergütern, den ältesten Reichslehen, von denen die weitere Siedlungsentwicklung im Reichswald ausgegangen war. Weder in den Berichten zur Landeserkundung, die der Nürnberger Rat 1504 vor Ausbruch des Landshuter Erbfolgekrieges befohlen hatte, noch in den Schadenslisten des Zweiten Markgrafenkriegs scheint der Hof mit einem Herrenhaus auf. Dies lässt eine Entstehung unter dem Nürnberger Geschlecht der Fürer von Haimendorf erst im Laufe des späteren 16. Jahrhunderts annehmen.

Das Erscheinungsbild des alten Herrenhauses wird durch einen Baueingabeplan überliefert, mit dem Christoph Sigmund Fürer 1765 den Abbruch und die Errichtung eines Neubaus beim Waldamt Lorenzi beantragte. Es handelte sich um einen eher bescheidenen zweigeschossigen Fachwerkbau, etwa 11 Meter lang und 5 Meter breit, dessen Erdgeschoss lediglich Stallungen enthielt. Im Obergeschoss, das nur über eine hölzerne Freitreppe an der Vorderfassade erschlossen wurde, standen der Familie Fürer eine Stube, eine Kammer und ein großer Vorplatz zur Verfügung.

Der massive Neubau sollte mit fünf zu drei Fensterachsen etwa 13,5 Meter lang und 9,3 Meter breit, die Werksteine für die Umfassungswände aus einem Fischbacher Steinbruch geholt werden. Für das Erdgeschoss war in der mittleren Achse ein Haustennen vorgesehen, der nur zum Treppenaufgang ins Obergeschoss führte. Der Stallraum, mit einem sechsjochigen Gewölbe überspannt, war in der rechten Haushälfte angeordnet und nur vom Hof aus erreichbar, ebenso die zwei Kammern in der linken Hälfte, die offenbar für Personal gedacht waren. Die herrschaftlichen Räume wiederum wurden im Obergeschoss angeordnet. Der Eingabeplan zeigt hier eine Stube, eine Küche, zwei Kammern, einen geräumigen Fletz und an der Ostseite einen schmalen Abortgang. Im Inneren wurden die Decken der Stube, der Vorplätze und des Treppenhauses stuckiert.

Das bis Ende 1767 fertig gestellte Walmdachgebäude präsentiert sich noch heute mit ungefassten Werksteinfassaden, die durch Eckpilaster, Kranzgesims und profilierte Fassadenöffnungen gegliedert werden. Über dem Eingang wird das Allianzwappen des Bauherrn und seiner Gemahlin Anna Maria, einer geborenen Grundherr, von einer Kartusche mit Rocaillenrahmung eingefasst.

1823 wurde der Herrensitz noch einmal von der Familie Fürer einer nicht näher beschriebenen Baumaßnahme unterzogen. Nach dem Tod des Karl Gustav Gottlieb von Fürer verkaufte ihn die Erbengemeinschaft im

S SCHERAU

239.3 Ansicht des Herrenhauses von Nordwesten. Fotografie: G. v. Volckamer um 1894 (StadtMN)

Januar 1840 an das Ehepaar Heinrich und Margaretha Abraham. Zur Kaufmasse zählten das Herrenhaus, ein zweites Wohnhaus mit Stallung, das vermutlich als Voithaus gedient hatte, eine Scheune, ein Kastengebäude, der Schweinestall und ein Backofen. Der Käufer erneuerte, wie inschriftliche Datierungen belegen, um 1846 Ökonomiegebäude und führte das ehemalige Zeidelmuttergut mit seinen angestammten Wald- und Fischrechten als Bauernhof weiter.

1849 übergab ihn das Ehepaar an den Sohn Heinrich und die Schwiegertochter Margaretha Meier, die ihn fast ein halbes Jahrhundert lang bewirtschafteten. Erst im Juli 1898 wurde das Gut unter den zwei Söhnen aufgeteilt. Andreas Abraham übernahm das ehemalige Herrenhaus mit einer Hofhälfte, die nach wie vor land-, forst- und fischwirtschaftlich genutzt wurde. Ihm folgten der Sohn Georg und anschließend die Enkeltochter Luise, die Konrad Sußner heiratete. Das Herrenhaus ist noch immer in Familienbesitz und wird gegenwärtig von der Familie Martin und Birgit Sußner mit viel Engagement und handwerklichem Geschick einer denkmalgerechten Instandsetzung zugeführt.

Quellen

StAN Rst. Nbg., Bauamt Nr. 225. Rst. Nbg., Waldamt Lorenzi I Nr. 451.

Müllner III, S. 331.

Hauschronik Familie Sußner.

Literatur

Alberti, Volker / Baumann, Lorenz / Holz, Horst: Burgen und Schlösser in Lauf und Umgebung. Unteres Pegnitztal (= Fränkische Adelssitze Bd. 2). Simmelsdorf-Hüttenbach 1999, S. 90-93.

KDM Landkreis Nürnberg, S. 64.

240 F6

Schnaittach

Ehemaliges Herrenhaus, „Velhorn-Schloss"

Bayreuther Straße 15

Markt Schnaittach

Landkreis Nürnberger Land

Das so genannte Velhorn-Schloss wurde bis 1727 von Johann Leonhard Velhorn, dem kurbayerischen Pflegamtsverwalter zu Schnaittach, zur privaten Bewohnung errichtet. Der frühere Gerichtsschreiber und Proviantverwalter auf der Festung Rothenberg war schon 1689 bis 1703 Pflegamtsverwalter gewesen. Mit dem Sieg der kaiserlich-alliierten Truppen im Spanischen Erbfolgekrieg wurde Bayern kaiserlich besetzt, wobei 1707 die Herrschaft Rothenberg der Reichsstadt Nürnberg überlassen wurde [vgl. Rothenberg]. Velhorn floh außer Landes und wurde erst nach den Friedensverträgen von 1713/14 und der Wiedereinsetzung des bayerischen Kurfürsten 1714 von der Amberger Regierung nach Schnaittach an seinen alten Dienstposten entsandt. Möglicherweise zeichnete sich bereits 1722 seine Pensionierung ab, denn der Beamte erwarb in diesem Jahr das bisher mit einem Kalkofen bebaute Grundstück des Kalkbrenners Hans Georg Kolbmann und begann bald darauf mit dem Bau eines Herrenhauses.

Das zweigeschossige Gebäude aus unverputzten Sandsteinquadern mit sieben zu fünf Fensterachsen erhielt ein hohes, dreigeschossiges Walmdach. Der östliche,

240.1 Ansicht des Herrenhauses von Osten. Fotografie: G. v. Volckamer um 1894 (StadtMN)

in einem Korbbogenportal liegende Haupteingang im erhöht liegenden Erdgeschoss wird über eine doppelläufige Freitreppe erreicht. Vom mittig angeordneten Haustennen führte eine in der westlichen Umfassung eingerichtete Türöffnung in den Garten, der mit Broderien, einem Springbrunnen im Wegekreuz und einem Pavillon ausgestattet wurde. In den 1727 fertiggestellten Bau zog der Bauherr als Privatier ein, starb jedoch bereits in diesem Jahr.

Er wurde von seinem Sohn Johann Friedrich Anton (1695–1767) beerbt, der 1749 geadelt wurde. Damit konnte er die von ihm erworbenen und mit der Edelmannsfreiheit privilegierten Landsassengüter Tressau und Ursensollen in Besitz nehmen. Im Jahre 1743 hatte er in dritter Ehe Susanne Maria Helena von Muffel auf Eschenau (1719–1757) geheiratet. Dritter Besitzer aus der Familie wurde Johann Wolfgang Alois von Velhorn (1734–1789), der Sybilla von Loefen zu Diepoltsdorf geheiratet hatte. Als Landrichter trat er 1767 das höchste kurbayerische Amt in Schnaittach an, starb aber bereits 1789, ohne einen männlichen Erben zu hinterlassen.

Der Besitz ging an seine Tochter Josefa von Velhorn, die sich 1796 mit dem Schnaittacher Bürger Wolfgang Reiser vermählte. Mit der Ehe ihrer Tochter Ernestine ging das Schloss 1822 an den Schnaittacher Ziegeleibesitzer Johann Baptist Schmauss über. Dessen Sohn Leonhard Schmauss modernisierte die Ziegelei zwischen 1857 und 1862 und bezog auch das Gelände westlich des Herrenhauses für den Abbau von Ton mit ein. Ihm folgte als Eigentümer der Sohn Albert nach, der die Dampfziegelei und die Kalkbrennerei 1918 wegen Unrentabilität einstellte und das ehemalige Velhorn-Schloss an Friedrich Reck-Malleczewen verkaufte.

Der Käufer zählte mit seinen für den Publikumsgeschmack geschriebenen Kriegs- und Abenteuerbüchern zu den populärsten Schriftstellern der Weimarer Zeit, dessen Bücher bis in die 1960-er Jahre erstaunliche Auflagen erlebten. Monarchistisch gesinnt, machte Reck kein Hehl aus seiner Abneigung gegen die Nationalsozialisten und starb nach einer Denunziation Anfang 1945 im Konzentrationslager Dachau. Das Schnaittacher Schloss hatte Reck aufgrund der hohen Unterhaltskosten bereits 1922 wieder verkauft – „nachdem es dort spukte".

1925 wurde das Schloss von der Caritas übernommen, die es zu einem Fürsorgeheim und zu einer Kleinkinderschule ausbaute. Zwischen 1943 und 1945 waren

240.2 Aufriss der Vorderfassade von etwa 1800 (StAN)

in den Räumen ein Lazarett und ein Hilfskrankenhaus untergebracht. Heute ist das Schloss Teil des weitläufigen Caritas-Jugendhilfezentrums, dessen Gebäude sich im ehemaligen Schlossgarten erstrecken. Das Herrenhaus wurde in der zweiten Hälfte des 20. Jahrhunderts mehrfach umfassend modernisiert und der Nutzung angepasst, sodass sich vermutlich kaum noch historischer Bestand innerhalb der Umfassungsmauern bewahrt hat. Auch die in den 1960-er Jahren noch inventarisierten, bauzeitlichen Stuckdecken fielen den Umbauten zum Opfer.

Quellen

StAN Reg. v. Mfr., K. d. Fin., Abgabe 1909 Nr. 6661. Rst. Nbg., Differentialakten Nr. 494. BA Hersbruck I Nr. 1604.

Literatur

Alberti, Volker / Baumann, Lorenz / Holz, Horst: Burgen und Schlösser im Schnaittachtal (= Fränkische Adelssitze Bd. 1). Simmelsdorf-Hüttenbach 1999, S. 32-39.

KDM Lauf, S. 456-458.

Kroder, Karl / Kroder-Gutmann, Birgit: Schnaittacher Häuserchronik (= Quellen und Forschungen zur fränkischen Familiengeschichte 11). Nürnberg 2002, S. 239-243.

Willax, Franz: Der Kampf um die Veste Rothenberg 1703 (= Vom Rothenberg Nr. 16/1-5). Schnaittach 1992-96, S. 317 f.

Schniegling I

Abgegangenes Herrenhaus (um 1632 zerstört)

Stadt Nürnberg

Dass die frühe bauliche Entwicklung des Dorfes Schniegling schwer zu deuten ist, musste schon das reichsstädtische Waldamt Sebaldi im frühen 18. Jahrhundert feststellen. Die Behörde, die seinerzeit die Herkunft der Schnieglinger Waldrechte prüfte, führte die verworrene Situation auf die Zerstörung des Ortes durch kaiserliche Soldateska um 1632 zurück. Beim Wiederaufbau des Dorfes hatte man sich nicht immer an den alten Hofstellen und Grundstücksgrenzen orientiert und neue Anwesen durch Teilungen oder Zusammenlegungen geschaffen. Gleichwohl ließ sich belegen, dass bereits vor dem Zweiten Markgrafenkrieg 1552/53 ein Herrensitz auf dem großen Hammerwerk zu Schniegling existierte. In Dokumenten von 1428 und 1504 werden dagegen weder Herrschaftsbauten noch Befestigungen genannt.

Ein Herrensitz scheint erstmals 1540 auf, als er von dem mit dem Hause Fugger in Augsburg verwandten Montanindustriellen Lukas Sitzinger erworben wurde. Als Vorbesitzer des Hammergutes wurde ein „Hanns Bömer", vielleicht ein Mitglied der Patrizierfamilie Pömer, angeführt. Ganz Schniegling brannte mit diesem Herrensitz am 13. Mai 1552 nieder, nachdem die markgräflichen Truppen den Ort angezündet hatten. Drei Tage später ließ Markgraf Albrecht Alcibiades den Knecht des Lukas Sitzinger hängen, der zuvor auf dem Sitz zu Schniegling die Markgräflichen mit Speis und Trank versorgt hatte in der vergeblichen Hoffnung, das Haus dadurch zu retten.

Unter der Familie Sitzinger wurden die Industrieanlage an der Pegnitz und der Sitz ab 1554 wiederaufgebaut, wobei sich bis zur Mitte der 1570-er Jahre durchwegs Bauaktivitäten belegen lassen. Auch erwarb sie mehrere benachbarte Anwesen, um den Besitz arrondieren zu können. Nürnbergs berühmter Kartograph Paulus Pfinzing hat das große Anwesen um 1594 dargestellt.

Nach dem Tod des Lukas Sitzinger 1572 führte die Witwe Ursula den Betrieb weiter und soll auch bis zum Verkauf 1603 den Herrensitz in Schniegling bewohnt haben. Dann erwarb der Nürnberger Eisenhändler Leonhard Seyfried die Liegenschaft und beantragte 1604 den Einbau eines Kellers in einem als „Sommerhaus" und „Schloß" bezeichneten Gebäude sowie einen Neubau im westlich des Sitzes gelegenen Garten. Der Neubau sollte, einer Altane ähnlich, über einem Fischbassin mit Springbrunnen errichtet werden. Im darüber liegenden Geschoss wollte Seyfried eine Wohnung für einen Aufseher einrichten, um endlich gegen den anhaltenden Diebstahl von Fischen aus seinem Gartenweiher vorgehen zu können.

Noch vor 1617 trat eine Seyfriedsche Erbengemeinschaft als Besitzerin auf; in einer Beschreibung Schnieglings um 1625 wird „des Seyfrieds Wittib und Erben ihr Hochhaus und Lustgarten" erwähnt. Mit dem „Hochhaus" ist offenbar der mittlerweile in Stein aufgeführte, zweigeschossige Herrensitz gemeint. Im Besitz folgte der Nürnberger Kaufmann Sebastian Lanzinger nach. Er musste im September 1632 die Zerstörung des Werks und des Hammerschlosses durch die Armee Wallensteins hinnehmen.

Quellen

StAN Rst. Nbg., Waldamt Sebaldi I Nr. 354.

StadtAN E 1/1709.

Gelegenhait, Nr. 737 f.

Müllner I, S. 323 f.

NUB, Nr. 50.

Literatur

Giersch, Robert: Das Sitzingersche Hammergut und das Krochmann-Serzsche Schloss zu Nürnberg-Schniegling. In: MANL 54 (2005), Heft 1, S. 12-30.

Großner, Rudolf / Haller, Bertold Frhr. von: „Zu kurzem Bericht umb der Nachkommen willen". In: Erlanger Bausteine zur fränkischen Heimatforschung 40 (1992), S. 25.

Kunnert, Heinrich: Nürnberger Montanunternehmer in der Steiermark. In: MVGN 53 (1965), S. 232-245.

Mummenhoff, Ernst: Altnürnberg in Krieg und Kriegsnot I. Nürnberg 1916, S. 11, 13.

Sprung, Werner: Aus der Geschichte Schnieglings. In: Festschrift zur Einweihung der Versöhnungskirche in Nürnberg-Schniegling. Nürnberg 1967, S. 3-6.

241.1 Darstellung des Hammergutes mit dem Herrenhaus aus Fachwerk als Ausschnitt aus dem Pfinzing-Atlas von 1594 (StAN)

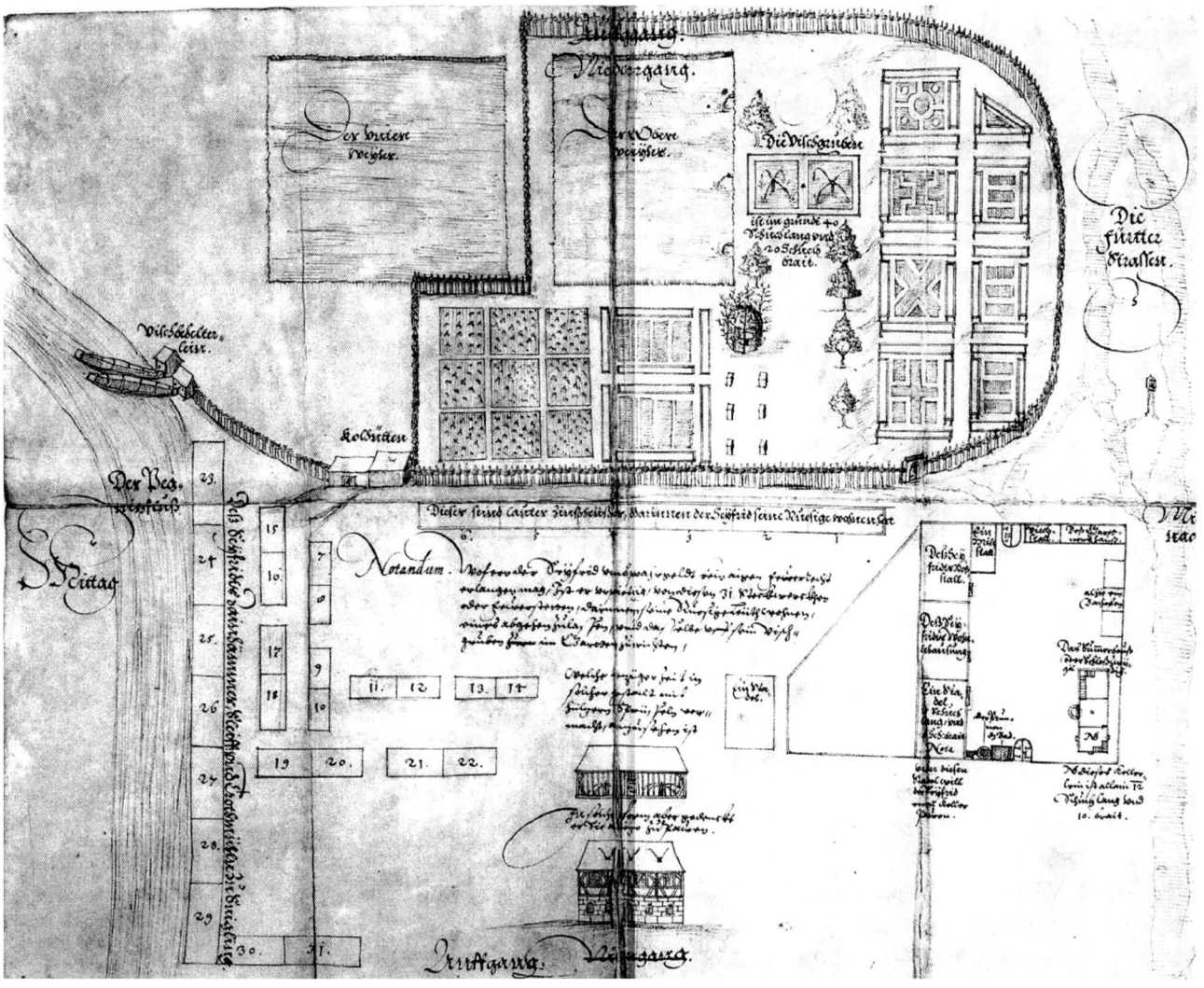

241.2 Lageplan des Seyfriedschen Hammerwerks mit dem Grundriss des „Schlößleins" (rechts unten) und einem Aufriss des Aufseherhauses, Federzeichnung von 1604 (StAN)

242

Schniegling II

Herrenhaus, „Hörmannscher Sitz"

Schnieglinger Straße 249

Stadt Nürnberg

Ob es unter Sebastian Lanzinger schon bald nach der Zerstörung des ehemals Sitzingerschen Hammergutes um 1632 zum Neubau eines Herrenhauses gekommen ist, erscheint fraglich. Noch Jahrzehnte nach dem Kriegsende waren in Schniegling Ruinen zu sehen. Nach dem Tod Lanzingers vermutlich um 1650 fiel der Besitz an eine Erbengemeinschaft, die sich schließlich auf eine Übernahme durch den Miterben Daniel Besserer einigte. Wohl um 1665 starb Besserer, und wiederum nach einer Erbeinung erwarb der mutmaßliche Schwiegersohn Johann Adam Hilling das einstige Hammergut. Um 1690 kam es zur Zerschlagung der großen Liegenschaft, sodass die Wohn- und Betriebsgebäude sowie die Gärten und sonstigen landwirtschaftlichen Flächen an mehrere Kaufinteressenten veräußert wurden.

Ein Teil der Werksanlagen wurde 1692 von dem Kaufmann Johann Daniel van Lierd sowie von Johann Jakob und Johann Gustav Silberrad, den Söhnen des Ratskonsulenten Dr. Stephan Jacob Silberrad, erworben. Sie ließen ab 1698 eine Furnierfabrik errichten, um hier mit Hilfe des berühmten Augsburger Furniersägers Johann Dürsch vor allem Elfenbein-, Edel- und Tropenholzfurniere herzustellen. Nachdem das Projekt offensichtlich gescheitert war, veräußerte das Konsortium den Hammer mit Nebengebäuden und einer „Brandstätte" 1706 an den Eisenhändler Johann Elias Schöpff. Die Furniersäge wurde vom Besitz abgetrennt und 1712 an Georg Pömer, dann bald darauf an Christoph Löchner verkauft.

In der Zeit der seit 1692 häufigen Besitzwechsel soll das neue Herrenhaus errichtet worden sein. Am 3.

242.1 Ansicht der westlichen Traufseite mit der Hofeinfahrt, Fotografie: F. A. Nagel 1935 (StadtMN)

Dezember 1722 ging es mit der Furnierfabrik an Petrus Berlin, der das Werk mit Hilfe seines Schwiegervaters Johann Friedrich Schober [vgl. Gleißhammer II] zu einer Spiegelfabrik umbaute. Angeblich veräußerte er aber das Herrenhaus schon um 1733 an den Fabrikanten Wilhelm Gottfried Hörmann, dessen Familie den späteren Namen prägte. Im späten 18. Jahrhundert war Johann Christian Hörmann Besitzer. Ihm folgte der geadelte Karl von Hörmann, der 1817 starb und den Besitz an seine Töchter Maria Katharina von Schmidt und Susanna Martha Bödecker vererbte. Nach einer Einigung in der Familie blieb die Familie von Schmidt bis 1838 Eigentümerin. Vor 1854 war die Liegenschaft dann an Margaretha Barbara Daumer übergegangen.

Das Herrenhaus, ein zweigeschossiger Satteldachbau mit Umfassungen aus Sandsteinquadern und einem Volutengiebel, hat sich bis heute bewahrt und hält die Erinnerung an die Bedeutung Schnieglings für die Nürnberger Wirtschaftsgeschichte wach.

Quellen

StAN Rst. Nbg., Waldamt Sebaldi I Nr. 354. Kataster Schniegling Nr. 1, 4, 9.

StadtAN E 10/21 Nr. 105.

Literatur

Büchert, Gesa: Die mechanische Herstellung von Glasspiegeln im Landgebiet der Reichsstadt Nürnberg. In: MVGN 85 (1998), S. 80-85.

KDM Stadt Nürnberg, S. 477.

Mulzer, Vorstädte, S. 101 f.

Stadtlexikon Nürnberg, S. 944 f, mit koloriertem Stich aus J. G. Volkamers Hesperiden von 1708.

243

Schniegling III

Herrenhaus, „Serzsches Schloss"

Schnieglinger Straße 229

Stadt Nürnberg

Das Herrenhaus besteht im Kern aus dem Sommerhaus des Nürnberger Kaufmanns Daniel Besserer von 1669 [vgl. Schniegling II]. Besserer hatte den Garten mit den Ruinen zweier 1632 zerstörter Gartenhäuser von seinem Schwiegervater, dem Weinhändler Pankraz Pilgram erworben. Vor dem 30-jährigen Krieg war das Gartenanwesen, möglicherweise ein Ausbruch aus dem großen Sitzingerschen Hammergut, in der Hand des Andreas Grünschneider gewesen und dann über die Familie Lanzinger an Pilgram gekommen.

Über die Familie Hilling und den Kaufmann Johann Anton Ballador gelangte das Sommerhaus 1724 an den Kaufmann und Marktadjunkten Heinrich Krochmann, der noch in diesem Jahr mit einem Erweiterungsbau begann. 1732 erfolgte ein zweiter großer Umbau, der die heutige Kubatur schuf. 1737 begründete Krochmann auf seinem Sitz eine Schnupftabakfabrik, die zum Teil in den Räumen des Schlosses etabliert wurde. 1739/41 wurde die Fabrikation auf dem Gartengelände bedeutend erweitert. Die mit der Hofkammer in München vereinbarte Gründung einer Tabakfabrik zur zentralen Versorgung des kurbayerischen Tabakmonopols rief 1741 den Widerstand des Fürstentums Brandenburg-Ansbach hervor (das die Landeshoheit in Schniegling beanspruchte), was sogar zu einer Besetzung und mutwilligen Beschädigung des Anwesens durch ein markgräfliches Kommando führte.

Heinrich Krochmann hatte zu Lebzeiten eine Familienstiftung gegründet, die nach seinem Tod jeweils der älteste männliche Nachkomme verwalten sollte. Dementsprechend wurde kurz vor 1750 sein Sohn Johann Jakob Krochmann Administrator. Da der Sohn noch 1750 verstarb, fiel das Gut dem jüngeren Bruder Johann Christoph zu, der ebenfalls nicht alt wurde. Daraufhin entbrannte ein erbittert geführter Erbschaftsprozess zwischen den Witwen. Erst ein Vergleich des Stadtgerichts sprach 1769 das Erbe der Anna Susanna, Tochter

243.2 Ansicht des Herrenhauses von Nordosten noch vor dem Brandunglück, Fotografie: F. A. Nagel 1910 (StadtMN)

des Johann Christoph Krochmann, zu. Die Erbin heiratete Johann Albrecht Edlen von Serz, woraufhin der Name Serzsches Schloss üblich wurde.

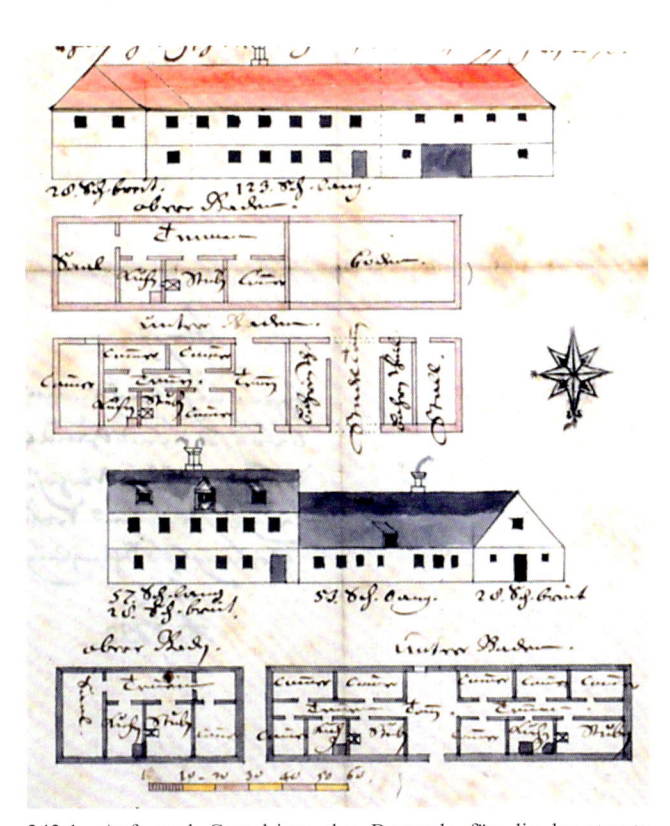

Die Familie von Serz war äußerst wohlhabend und betrieb neben anderen Unternehmen in Österreich eine Eisen- und Stahlfabrik. Nach Anna Susannas Tod 1777 brach der Streit abermals los, endete zwar mit einer Besitzübergabe an ihren Sohn Nicolaus Christoph Albrecht von Serz, der jedoch um 1795 auf einer Ostindienreise ums Leben kam. Die Familienstiftung wurde daraufhin aufgelöst und der Besitz den Geschwistern gemeinsam übergeben. Eine Schwester hatte den Kaufmann Heinrich Paul Wolfgang Günther geheiratet [vgl. Gleißhammer II], der im frühen 19. Jahrhundert als Mitbesitzer aufscheint.

Heinrich Krochmanns Enkel Johann Wolfgang Albert von Serz starb in hohem Alter 1855 als letzter der Besitzgemeinschaft. Seine Erben verkauften den Familienbesitz 1856 an Louis Vetter und den Dooser Müllermeister Johann Adam Förster. Nach einer Zertrümmerung des Gutes behielt der aus Ansbach stammende Vetter den Herrensitz für sich und begründete dort die bekannte Schnieglinger Metallkapselfabrik. Die Krochmannsche Tabakfabrik und die sehr repräsentativen Serzschen Gartenanlagen fielen im Laufe des späten 19. und frühen 20. Jahrhunderts der kontinuierlich erweiterten Kapselfabrik zum Opfer. Das von Louis Vetter gegründete Unternehmen entwickelte sich zu einem international bekannten Hersteller von Flaschenkapseln, Tuben, Hülsen und Façondeckeln. Das Herrenhaus war bis zur Stilllegung der Fabrik in den 1990-er Jahren mit Büroräumen und Mietwohnungen belegt. 1913 war das Dachwerk des Herrenhauses bei einem Brand zerstört und mit einer neuen, einfacheren Konstruktion versehen worden. Das Uhrtürmchen und

243.1 Auf- und Grundrisse des Bestands für die beantragte Erweiterung des Herrenhauses, gezeichnet 1732 (StAN)

das Serzsche Familienwappen im Dreiecksgiebel wurden nicht wieder hergestellt.

Das Herrenhaus ist ein über 42 Meter langer, zweigeschossiger Bau aus Sandsteinquadern, der mit einem Walmdach überdeckt wird. Im östlichen Obergeschoss hat sich ein Saal mit einer sehr qualitätvollen bemalten Stuckdecke erhalten. Die Decke ist zudem als Muldengewölbe (Bohlen-Lamellen-Gewölbe) ausgebildet, das glücklicherweise das Brandunglück von 1913 überstanden hat. Das Gebäude weist auch barocke Innenwände aus Fachwerk und Spunddecken auf. Dendrochronologische Analysen bestätigten die Baumaßnahmen von etwa 1669 und 1732.

Quellen

StAN Rst. Nbg., Waldamt Sebaldi I Nr. 354.

StadtAN E 1/1904; E 9/564.

Literatur

Giersch, Robert: Das Sitzingersche Hammergut und das Krochmann-Serzsche Schloss zu Nürnberg-Schniegling. In: MANL 54 (2005), Heft 1, S. 12-30, mit Abbildungen des 18. und 19. Jahrhunderts.

KDM Stadt Nürnberg, S. 476 f.

Mulzer, Vorstädte, S. 99-101.

Stadtlexikon Nürnberg, S. 1140.

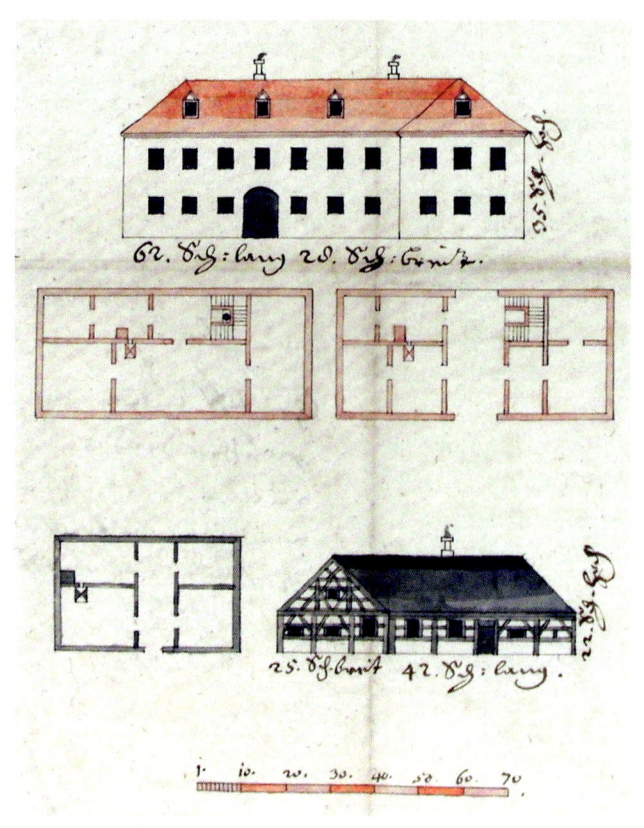

244.1 Baueingabeplan des Christoff Wilhelm Dannreuther an das Waldamt Sebaldi für den Neubau des Herrenhauses, gezeichnet 1731 (StAN)

244.2 Blick auf die vordere Traufseite aus westlicher Richtung, Fotografie: F. A. Nagel 1910 (StadtMN)

Schniegling IV

Herrensitz, „Schloss im Brettergarten"

Brettergartenstraße 70

Stadt Nürnberg

Als Dr. Friedrich August Nagel, der Nürnberger Häuserfotograf, einige Zeit nach Ende des Zweiten Weltkriegs auf einem Wehrgang der Nürnberger Stadtmauer in einem „Schutthaufen" stöberte, entdeckte er zu seinem Entsetzen völlig ruinierte Rollen einer barocken Textiltapete, die er als die repräsentative Wandbespannung des Brettergarten-Schlosses wiedererkannte. Bei einer Nachschau vor Ort musste er feststellen, dass die Stadtverwaltung die Innenräume „in sinnloser Weise zerstört" hatte, als Büros für das Landwirtschaftsamt eingerichtet worden waren. Vielleicht waren die Tapeten seinerzeit wenigstens noch geborgen, aber während der Nachkriegswirren achtlos weggeworfen worden. Dabei war der Herrensitz als ein Kleinod barocker Raumgestaltung bekannt, da sich die bauzeitliche Ausstattung laut Nagel bis dahin unversehrt erhalten hatte.

Das so genannte „Schloß im bretterten Garten" zählt zu den jüngeren Nürnberger Herrensitzen. Errichtet wurde es 1732 durch den Nürnberger Münzschau-Amtmann Christoph Wilhelm Dannreuther, der 1731 den „bretterten Garten" zwischen Schniegling und Wetzendorf gekauft hatte. Der Garten hatte um die Mitte des 17. Jahrhunderts zu einer der vielen Besitzungen des Nürnberger Weinhändlers Pankraz Pilgram gezählt, bevor er später an Johann Georg von Rumpler fiel.

Als Christoph Wilhelm Dannreuther den Garten kaufte, fand er dort nur ein eingeschossiges, hölzernes Sommerhaus vor, das seinen Ansprüchen nicht genügte. Nachdem sein Bauantrag ein wesentlich größeres Gebäude vorsah, musste sich der Bauherr verpflichten, das Herrenhaus zur Einsparung von Bauholz massiv zu bauen. Dannreuther durfte den Sitz nur persönlich nutzen, die Aufnahme von Mietern wurde untersagt. Auch erhielt er kein Waldrecht, sondern musste das nötige Bau- und Brennholz auswärts erwerben. Nach dem Neubau wurde das Herrenhaus mit besonderem Aufwand ausgestattet, hierzu zählten Stuckdecken im Regence-Stil und die später zerstörten Leinwandtapeten, die „galante Gartenscenen im Watteaugeschmack mit nahezu lebensgroßen Figuren" zeigten und vom Fußboden bis zu den Vouten der Decken reichten. Die Nebenzimmer des Saals waren bis um 1945 mit Tapeten versehen, die mit Chinoiserien in Blau und Silber bemalt waren. Auch eine Wappenkartusche mit den Wappen des Christoph Wilhelm Dannreuther über dem Eingang in den Saal verschwand nach 1945.

Auf Christoph Wilhelm Dannreuther folgte um 1750 sein Sohn Friedrich Wilhelm. 1753 ließ der Junior die landwirtschaftlichen Nebengebäude umbauen und eine Winterung errichten. 1770 gelangte das Herrenhaus mit seiner streng symmetrischen Fassadengliederung durch die Heirat mit Maria Magdalena Dannreuther an Johann Wolfgang von Wahler (1748–1797) dessen Familie es bis 1877 behielt. Nach mehreren Besitzwechseln wurde es 1913 von der Stadt Nürnberg gekauft.

Quellen

StAN Rst. Nbg., Waldamt Sebaldi I Nr. 354.

StadtAN E 10/21 Nr. 105.

Literatur

KDM Stadt Nürnberg, S. 477 f, mit Aufriss der Südfassade.

Mulzer, Vorstädte, S. 96 f.

Reichold, Helmut: Aus Atzelsbergs Vergangenheit. In: Erlanger Bausteine zur fränkischen Heimatforschung 14 (1967), S. 43-45.

245 F4

Schönberg

Abgegangene Burg, ehemals markgräfliches Amtsschloss (abgebrochen 1899)

Jakobusweg 2

Stadt Lauf an der Pegnitz

Landkreis Nürnberger Land

Noch bis zum Ende des 19. Jahrhunderts stand in Schönberg eine der größeren Burganlagen des Nürnberger Landes. Auf der Burgstelle befinden sich heute die 1900/01 gebaute ev.-luth. Pfarrkirche St. Jakob und ein begrünter Kirchhof, von der Burg haben sich nur ein runder, spätmittelalterlicher Eckturm, die Sockelmauern und Reste des Burggrabens erhalten.

Seine früheste Erwähnung findet Schönberg – allerdings ohne die ausdrückliche Nennung einer Burg – 1052, als Kaiser Heinrich III. den Ort seinem Ministerialen Berthold übergab. Vom Eichstätter Bischoff Gundekar II. (1057–1075) ist überliefert, dass er in „Sconenberc" eine Weihehandlung vollzogen habe. Ob sich dies auf eine etwa schon vorhandene Burgkapelle bezieht, muss offenbleiben.

Ausdrücklich erwähnt wird die Burg erst im 13. Jahrhundert. Wie aus einer Urkunde König Rudolfs von 1274 hervorgeht, befand sich das „castrum Schönnenberch" im Besitz des staufischen Königshauses und wurde von König Konrad IV. seiner Gemahlin Elisabeth, der Schwester Herzog Ludwigs II. von Bayern, anlässlich der Hochzeit (1246) übertragen. Ihr Sohn Konradin erbte die Burg und vermachte sie vor seinem unglücklichen Italienzug seinem Onkel, dem Bayern-

244.3 Blick in einen Saal mit Wandschrank und einer der Textiltapeten, die bei Umbauarbeiten zerstört wurden, Fotografie: F. A. Nagel 1910 (StadtMN)

245.1 Älteste, wohl wenig realistische Darstellung des markgräflichen Schlosses, Ausschnitt aus einer Karte von etwa 1550 (StAN)

herzog Ludwig II. Diese Schenkung wurde 1274 von König Rudolf bestätigt.

Auf der Burg saßen damals vermutlich die Brüder Lupold und Eberhard von „Schonberg" als ehemalige Reichsministeriale, die sich 1255, Lupold auch 1265 bis 1268 und 1282 bis 1288 (falls es sich immer noch um dieselbe Person handelte) nachweisen lassen. Von 1305 bis 1345 nannte sich ein Zweig der bedeutenden Reichsministerialen von Rindsmaul nach Schönberg, nämlich zunächst Albrecht IV., dann seine Söhne Albrecht V. und Heinrich I. sowie schließlich Albrechts V. Söhne Ludwig und Johann I. Erst 1357 wird Schönberg als (offenbar schon länger andauernder) Besitz der Burggrafen genannt. Wann und auf welchem Wege die Burg von den bayerischen Herzögen an die Burggrafen überging, ist nicht bekannt.

Um 1360 erscheint Schönberg erstmals als eigenes Amt im burggräflichen Urbar. Aber bereits 1374 wurden „Feste und Haus" Schönberg mit Hohenstadt und weiteren Besitzungen an Ulrich III. und Peter III. Haller als Leibgeding verkauft, doch sollte Schönberg „Offenhaus" des Burggrafen sein, ihm also im Kriegsfall zur Verfügung stehen. Offenbar übernahmen die Haller das Personal des Burggrafen, denn zwischen 1367 und 1375 trat Heinrich III. Strobel als Vogt und im Januar 1379 wieder als burggräflicher Amtmann zu Schönberg auf, wo er auch einen Hof besaß. Im März 1379 ist bereits von einer weiteren Verpfändung an Jörg Auer von Luppurg die Rede. Dies zeigt, dass das weit ab von den anderen burggräflichen Ämtern gelegene Schönberg ein beliebtes Pfandobjekt war, wenn die Burggrafen in Geldverlegenheit waren. Andererseits bestätigte Markgraf Friedrich I. 1417 die von seinem Vater Burggraf Friedrich V. für die Burgkapelle St. Jakobus gestiftete Frühmesse. 1493 wurde von Markgraf Friedrich dem Älteren ein Flügelaltar gestiftet, der bis zum Abbruch 1899 in der Burg verblieb und sich heute in der katholischen Pfarrkirche in Feucht befindet. Außerdem haben sich drei auf den Zeitraum 1475 bis 1525 datierte Kirchenglocken erhalten.

Im Städtekrieg 1387/88 war Schönberg angeblich „durch Verrat" an die Stadt Nürnberg gekommen, welche die Burg niederbrannte und erst nach einem Vergleich mit den Burggrafen 1389 zurückgab. 1446 wurde Schönberg an Georg und Stefan Hüttenbeck auf 12 Jahre verpfändet, drei Jahre später aber im Ersten Markgrafenkrieg 1449 erneut durch reichsstädtische Söldner erobert, die den Burghauptmann Stefan Hüttenbeck erschossen und die Feste in Brand steckten. Sein Bruder Georg gab dann 1458 nach Zahlung der Pfandsumme das inzwischen vermutlich wiederaufgebaute Schloss an den Markgrafen zurück. Schon 1460 wurde es freilich von Herzog Ludwig IX. (dem Reichen) von Bayern-Landshut eingenommen und geplündert, zuletzt brannten abermals die Nürnberger 1502 Schönberg nieder.

Ungeachtet dieser Turbulenzen bauten die Burggrafen die jeweils wiederhergestellte Burg zum Mittelpunkt einer Vogtei aus, die bis zur Vereinigung mit Burgthann im Jahre 1662 ein eigenes Oberamt bildete [vgl. Burgthann]. Von hier aus beanspruchten die Burggrafen, dann Markgrafen von Brandenburg-Ansbach einen weiten Hochgerichts- und Wildbannbezirk, der den Südteil des nürnbergischen Pflegamts Lauf umfasste und bis an die Nürnberger Stadtmauer reichte – eine Quelle nicht enden wollender Auseinandersetzungen mit der Reichsstadt, welche diese konkurrierenden Ansprüche stets zurückwies und seit der Übernahme von Lauf 1504 ihrerseits diese Rechte auch in Schönberg auszuüben versuchte. Faktisch konnten die Markgrafen lediglich die Hochgerichtsbarkeit rund um Schönberg sowie die Grundherrschaft im Dorf mit Splitterbesitz in 11 Ortschaften behaupten.

Zusätzlichen Zündstoff im Konflikt mit der Reichsstadt bot die mit der Burg verbundene kaiserliche Freiung, möglicherweise ein Relikt aus der Zeit ihrer Zugehörigkeit zum Königsgut. Die Freiung stellte eine Art Asylrecht dar, das noch im 17. Jahrhundert von Nürnberger Bürgern genutzt wurde, um sich der städtischen Gerichtsbarkeit zu entziehen. Um die Konflikte zu beenden, wurde mehrmals an eine Bereinigung der sich überschneidenden Gerechtsame gedacht [vgl. Lichtenau]. Ein Angebot von 1662, Schönberg an die Reichsstadt Nürnberg zu verkaufen, zerschlug sich wegen zu hoher Geldforderung des Markgrafen. Erst das Königreich Preußen, das 1791 die Nachfolge der Markgrafen angetreten hatte, setzte die alten Ansprüche dann mit militärischer Gewalt durch.

Die Burg war nicht nur Verwaltungssitz, sondern diente den Burg- und Markgrafen auch als Aufenthaltsort bei ihren Jagden. Gleich nördlich der Burg hatten sie am Rande des Forstes Nessenau einen bereits um 1360 erwähnten „Tiergarten" namentlich für Rotwild angelegt. In den Jahren 1694 bis 1703 wurde Schönberg zur Residenz aufgewertet: Christian Heinrich von Bayreuth-Kulmbach, aufgrund seiner Mesalliance mit der Gräfin Sophie Christine von Wolfstein vom Bayreuther Hof verstoßen, erhielt vom Ansbacher Markgrafen Schönberg als Aufenthaltsort zugewiesen [vgl. Schwarzenbruck I]. Dort wurde im Jahre 1700 Sophia Magdalena geboren, die spätere Königin von Dänemark. Ein ebenfalls 1703 zu Schönberg abgeschlossener Vertrag zwischen dem Königreich Preußen und dem erbberechtigten Christian Heinrich, der Preußen die Nachfolge im Fürstentum Bayreuth gesichert hätte, wurde später vom Kaiser nicht anerkannt. Der Vertrag erlaubte aber dem fürstlichen Paar 1704 den Umzug von Schönberg in das standesgemäße Schloss Weferlingen bei Oschersleben. 1713 wurde die Schlosskapelle in größere Räume verlegt und mit Orgel und Seitenempore ausgestattet. Sie bot nun Platz für knapp 200 Gottesdienstbesucher.

Im Zusammenhang mit dem Aufenthalt der markgräflichen Familie standen sicher die Baumaßnahmen, die für die Jahre 1695/96 in den Akten des Nürnberger Waldamtes Lorenzi verzeichnet sind. 1695 wurden 260 Stämme verbaut „zur unumgänglichen Renovierung des Großen Saals, etlicher Stuben, Kammern und anderer Gemächer", ohne Zweifel bestimmt für den Markgrafen und sein Gefolge. Im Jahr darauf sollte auch die Vogtwohnung neu erbaut werden, wohl um weiteren Wohnraum zu schaffen. Schönberg hatte – wie auch das markgräfliche Burgthann – Waldrechte im Lorenzer Forst, Neubauten waren aber „ohne Consens und Einwilligung des Nürnbergischen Waldambts" nicht zulässig. Die Akten belegen im Übrigen kontinuierliche Instandhaltungsmaßnahmen am Schloss, namentlich an der Brücke, dem Pferde-, Kuh- und Schweinestall. 1587/88 hatten die Holzabgaben die exorbitante Höhe von 5.236 Stämmen erreicht, ohne dass der Grund dafür ersichtlich wäre.

Die Burg wurde noch Mitte des 18. Jahrhunderts beschrieben als ein „von Quader-Steinen erbauetes ... Fürstl. Schloß ... mit einem vor- und einem innern Hof ... und mit einem tiefen Graben umgeben". Der fast rechteckige Innenhof wurde auf drei Seiten von zweigeschossigen Gebäuden und im Westen von einer hohen Wehrmauer umschlossen. Bis 1861 gelangte man nur über eine Zugbrücke zur Burg, deren Ein-

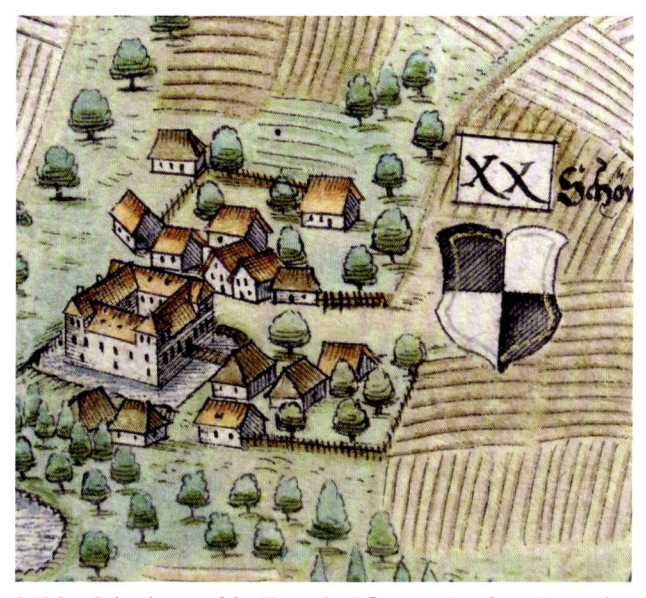

245.2 Schönberg auf der Karte des Pflegamts Lauf von Hans Bien von 1628 (StAN)

245.3 Das Pflegamtschloss auf einer kolorierten Zeichnung von J. C. Bankel aus den 1890-er Jahren (StadtA Lauf)

gang im Südwesten lag und durch einen Torvorbau und Doppeltore geschützt war. Durch eine gewölbte Einfahrt (über ihr erstreckte sich ein großer Saal, die so genannte „Tafelstube") gelangte man in den Innenhof. Dort waren die Fassaden des Obergeschosses in Fachwerk erbaut und trugen umlaufende Galerien. Der Vogt wohnte im Nordflügel, die Kapelle lag seit 1713 in der Nordost-Ecke, während sich der Glockenturm (ein achteckiger Dachreiter mit Laterne) über der Einfahrt erhob. In der Südostecke stand ein Treppenturm, in dem eine Spindeltreppe in die obere Etage führte. An der Nordwestecke sprang ein Rundturm mit einem achteckigen Zeltdach vor, der so genannte Hungerturm. Er ist heute neben dem Sockel der Umfassungsmauer der einzig erhaltene Teil der Burg.

1791 wurde Schönberg mit dem Fürstentum Ansbach dem Königreich Preußen einverleibt, sechs Jahre später das Vogtamt zugunsten des neuen Justiz- und Kammeramtes Burgthann aufgelöst. Das nunmehr als Amtssitz entbehrliche Schloss verkaufte man schon 1798/99 an eine Eigentümergemeinschaft aus Schönberg. Ausgenommen blieben der Kirchentrakt und der Glockenturm, die in das Eigentum der Kirchenstiftung übergingen und als Ortskirche dienten. Die gemeinsame Verwaltung wollte jedoch nicht recht funktionieren; schon 1811/12 wurde die Burg in vier Teile (die Kirche nicht gerechnet) aufgeteilt, wobei bereits völlig neue Besitzernamen auftauchen. Der häufige Eigentümerwechsel sollte das ganze 19. Jahrhundert über anhalten und zu einem stetigen Verfall der Bausubstanz beitragen, lediglich im Kirchenteil wurden die nötigsten Reparaturen durchgeführt. 1861 wurde die Brücke abgebrochen und durch einen Damm ersetzt. 1896/97 war die Burg mit insgesamt 70 Mietern belegt, „kleinen Leuten, die als Fabrikarbeiter oder Tagelöhner ihren Unterhalt suchen und mit Kindern reich gesegnet sind". Den Hof verstellten „kleinere Remisen, Schweineställe, gegen 8 Düngerstätten, ein höchst primitiver Abort ... Die im gesamten Schlosse sich ergebenen Abwasser fließen offen über den Hof." Im Fall eines Brandes sei eine Katastrophe zu befürchten, da es ja nur einen einzigen Ausgang gab. Der Bericht des zuständigen Bezirksamts Hersbruck charakterisierte die Verhältnisse als so unerträglich, dass man dringend den Abriss der maroden Burganlage empfahl. Zuvor sollten die privaten Anteile um 18.600 Mark aufgekauft werden. Beim Abbruch zeigte sich freilich, dass auch der Kirchentrakt aufgrund der statischen Probleme nicht mehr zu halten war, sodass er ebenfalls eingelegt werden musste. Schon im Frühjahr 1899 standen von der Burg nur noch der Brunnen, Reste der Umfassungsmauer und der Graben sowie der „Hungerturm". Bis 1901 ist die heutige Pfarrkirche von German Bestelmeyer als eine Art „Kirchenburg in beherrschender Lage" neu erbaut worden. Zwei der drei erhaltenen mittelalterlichen Glocken hängen heute im Westgiebel der Kirche und erinnern an die Zeit der markgräflichen Burgkapelle.

Quellen

StAN Rst. Nbg., Waldamt Lorenzi I Nr. 374, 379–382, 679. Rst. Nbg., Differentialakten Nr. 347.

Gelegenhait, Nr. 1122.

Heidingsfelder, Franz: Die Regesten der Bischöfe von Eichstätt. Erlangen 1938, Nr. 251 (56).

Mon. Zoll. III, Nr. 379, 489; IV Nr. 236; V Nr. 14, 26, 160, 220.

Müllner III, S. 229, 331.

NUB Nr. Nr. 363, 408, 428, 437, 442, 668, 674, 674a, 683.

Reg. Boica VIII, S. 34.

Wittmann, Franz Michael (Hg.): Monumenta Wittelsbacensia I. München 1857, Nr. 113.

Literatur

Alberti, Volker / Baumann, Lorenz / Holz, Horst: Burgen und Schlösser in Lauf und Umgebung. Unteres Pegnitztal (= Fränkische Adelssitze Bd. 2). Simmelsdorf-Hüttenbach 1999, S. 58-63.

Glückert, Burgen, S. 22-33.

HAB Lauf-Hersbruck, S. 16.

HAB Nürnberg-Fürth, S. 169.

KDM Lauf, S. 471-475.

Rühl, Pegnitz, S. 147-151.

Stadtlexikon Nürnberg, S. 946 f.

Thurm, Sigrid: Deutscher Glockenatlas, Bd. Mittelfranken. München 1973, Nr. 765-767.

Vahl, Rittersiegel I, S. 417 f.

Voit, Pegnitz, S. 205, 211, 213 f, 228 f.

245.4 Eine der letzten Aufnahmen des Schlosses vor dem Abbruch, Reproduktion einer Fotografie von 1894 durch F. A. Nagel um 1936 (StadtMN)

246

Schoppershof

Herrensitz

Elbinger Straße 16-20

Stadt Nürnberg

Der Nürnberger Stadtteil Schoppershof hat seinen Namen von dem Geschlecht Schopper, das 1267 erstmals aufscheint. 1308 verkaufte Bigenot Ebner dem Götz Schopper Äcker vor dem Laufer Tor, die Lehen der Marschälle von Biberbach (= Pappenheim) waren. Vermutlich entstand auf diesen Grundstücken nicht lange danach der später so genannte Schoppershof, der noch bis ins 16. Jahrhundert Pappenheimer Lehen war. 1356 erhielt nämlich Götz Schoppers Sohn Fritz von Kaiser Karl IV. Waldrechte im Reichswald für das Haus, geheißen der „Durrenhof". Noch im selben Jahr wurde das Anwesen als „Schoppershof" bezeichnet, doch hielt sich der alte Name noch längere Zeit.

1370 räumten Fritz Schoppers Söhne Heinrich, Christian, Jakob und Fritz Schopper der Reichsstadt das Öffnungsrecht im Kriegsfall über „das hawse zu dem Dürrenhof, genant zu dem Schübelspühel" ein. Damals befand sich also bereits ein befestigter Sitz (worauf schon die Bezeichnung „Haus" 1356 hindeutet) in Schoppershof. Der alte Ortsname „Durrenhof" (nicht zu verwechseln mit dem Dürrenhof bei Gleißhammer) muss sich daher nicht vom wenig fruchtbaren Sandboden ableiten, vielleicht erinnerte er stattdessen an einen „Thurn", wie das auch in Dörnhof deutlich wurde [vgl. Dörnhof].

In der Mitte des 15. Jahrhunderts war Schoppershof im Besitz der Brüder Hans und Christian Deichsler, deren Söhne Hans und Berthold 1453 von Marschall Heinrich von Pappenheim mit dem Schoppershof belehnt wurden, nämlich mit dem „hoch haus" samt dem Garten, der Ziegelhütte und weiterem Zubehör. Diese Bezeichnung dürfte ebenfalls auf ein mittelalterliches Turmhaus hindeuten. Allerdings war Schoppershof bereits im Juli 1449 gleich zu Beginn des Ersten Markgrafenkriegs verbrannt worden. Dementsprechend erhielt Hieronymus Kreß, der den Besitz um 1.100 Gulden von Berthold Deichsler erworben hatte, 1468 in Schoppershof nur ein „purckstall, das man nennt das Hochhaus" zu Lehen.

1497 wurden die Söhne Anton und Hans Kreß wieder mit dem Hochhaus, Garten, Ziegelhütte usw. belehnt, doch übergeht der Bericht zur Erkundung der Land-

246.1 Darstellung des Herrensitzes – allerdings ohne Wassergraben – im so genannten Cnopfschen Skizzenbuch von 1612/14 (HallerA)

schaft, vor Ausbruch des Landshuter Erbfolgekrieges 1504 angeordnet, den Sitz zum Schoppershof mit Stillschweigen.

Beim Verkauf des Schoppershofs im Januar 1531 durch Antons Söhne Georg und Christoph Kreß wurde ein dazugehöriger Garten ausdrücklich „Burgstall" genannt, in dem sich ein Hofhäuslein und eine Sommerlaube befanden. Käufer war der reiche Handelsmann und Güterhändler Bonaventura Furtenbach [vgl. Reichenschwand], der den Sitz diesmal nicht sofort wieder gewinnbringend abstieß [vgl. Oberbürg], sondern über längere Zeit behielt und auch die Lehenschaft der Pappenheimer ablöste. So musste er auch im Zweiten Markgrafenkrieg am 17. Mai 1552 hinnehmen, dass sein Schoppershof von den Nürnbergern niedergebrannt wurde, damit dem Feind im Vorfeld der Stadt kein Stützpunkt geboten würde. Bereits 1557 schritt Furtenbach zum Wiederaufbau von Herrenhaus und Stallung, wozu er im März des Jahres 270 Stämme Bauholz aus dem Reichswald erhielt. 1558 folgten das Voithaus und der Stadel.

Der erneuerte Sitz des vom Kaiser geadelten Bonaventura von Furtenbach entsprach dem typischen Bild eines Nürnberger Weiherhauses, das aus einem massiven Wohnturm bestand, der mit einem beidseitig mit Quadermauerwerk gefütterten Wassergraben befestigt worden war. Auch die vier Ecktürmchen gehen bereits auf den Wiederaufbau zurück. Doch nicht lange danach veräußerte der Bauherr das Schloss zusammen mit dem Sitz Thumenberg 1561 an den reichen Goldschmied Jacob Hofmann, der aber schon 1564 verstarb [vgl. Rummelsberg]. Die Hofmannsche Erbengemeinschaft verkaufte Schoppershof 1569 an Georg Gößwein. Schon im Winter 1569/70 plante dieser einen Anbau an das Weiherhaus, über dessen Ausführung jedoch nichts verlautet wurde. Ein weiteres Baugesuch im Jahr 1572 wurde abgelehnt. 1582 gelangte der Sitz auf dem Erbwege an Gößweins Bruder Carl, der um 1588 in Zahlungsschwierigkeiten geriet und nach seinem Konkurs den Sitz Schoppershof 1589 für 8.500 Gulden an Bartholomäus Viatis veräußern musste.

Viatis stammte aus Venedig, war als 12-jähriger Lehrbub nach Nürnberg gekommen und dort spätestens nach einer lukrativen Heirat und der Gründung einer Handelsgesellschaft zu sehr großem Reichtum gekommen. 1590 erneuerte Viatis nicht nur das Öffnungsrecht und die Verpflichtung, den Sitz nur an Nürnberger Bürger weiter zu veräußern, sondern begann unverzüglich mit baulichen Verbesserungen. Zunächst sollten die Gärtnerwohnung, ein so genanntes Bäckerhaus und die Wohnung des Schlossbauern im Ökonomiehof renoviert werden. Außerdem hatte Viatis vor, aus den bestehenden Gärten einen großen „luest garten zurichten" zu lassen. 1594 hatte er bereits über 4.000 Gulden verbaut. 1599 beantragte der Kaufmann dann den Anbau eines runden Treppenturms an das Herrenhaus, der alle Geschosse erschließen sollte. Der Ausbau der alten Treppe sollte die

246.2   Ansicht des Herrenhauses aus östlicher Richtung, Fotografie: G. v. Volckamer um 1894 (StadtMN)

Wohnfläche im Wohnturm, der über drei Vollgeschosse und ein zumindest teilausgebautes erstes Dachgeschoss verfügte, erweitern. Womöglich geht auch der Treppengiebel erst auf diesen Umbau zurück.

Da sich Viatis über den zu kleinen und zu feuchten Keller im Haus ärgerte, versuchte man lange vergeblich, den Keller auszubauen. Immer wieder drang jedoch Wasser aus dem Graben ein. 1614 sollte eine völlig neue Kelleranlage mit Hilfe von Isolierschichten aus Lehm eingebaut werden. 1617 bekam der Schlossherr dann einigen Ärger mit der reichsstädtischen Administration, nachdem er ohne Genehmigung einen Mauerturm hatte errichten lassen.

Bereits 1622 verwaltete Martin Peller, der Schwiegersohn des 1624 hochbetagt verstorbenen Bartholomäus Viatis des Älteren, das Schloss. 1642 trat der Sohn Tobias Peller das Erbe an, der auch die Anteile seiner Brüder übernahm. Weil seine Söhne keine männlichen Nachkommen hatten, verkauften sie Schoppershof 1710 an ihre Vettern von der Christoph Pellerschen Linie. Diese bestimmten den Besitz 1723 zu einem Fideikommiss, dessen Nutzung jeweils dem Familienältesten zustand. Dabei werden kaum noch bedeutende Baumaßnahmen überliefert, sieht man von einem Kamineinbau 1671 unter Christoph Peller und dem Anbau eines Chörleins im 19. Jahrhundert ab.

Christoph Gottfried III. Peller von Schoppershof leitete die Familienstiftung bis zu seinem Tod am 30. Oktober 1795; unter ihm wurde nördlich ein eingeschossiger, mit einem Mansarddach überspannter Sandsteinquaderbau errichtet. Die Verwaltung fiel dann an seinen ältesten Sohn Carl Christoph Alexander bis zur Auflösung der Fideikommisse durch die bayerische Gesetzgebung 1808.

Erst nachdem Christoph Carl Friedrich Wilhelm Peller als letzter männlicher Namensträger am 15. August 1870 an den Folgen einer schweren Verwundung im Deutsch-Französischen Krieg gestorben war, verkaufte die Pellersche Erbengemeinschaft 1875 den Herrensitz an die Freiherren von Tucher, die das Gut noch heute besitzen. Die Raumstruktur und die Ausstattung des frühen 17. Jahrhunderts soll weitgehend unverändert geblieben sein. Auch der Ökonomiehof mit seiner eingeschossigen Bebauung ist noch erhalten. Abgänge an den Befestigungsanlagen ereigneten sich im 20. Jahrhundert; ein südwestlicher Eckturm wurde Anfang 1945 im Zweiten Weltkrieg zerstört. Auch die einst beeindruckend großzügige Gartenanlage ist nur noch zum Teil vorhanden, größere Flächen und Teile der Gartenmauer sowie der Gartenbebauung wurden in der zweiten Hälfte des 20. Jahrhunderts Wohnbebauungen geopfert.

Quellen

StAN Rst. Nbg., Waldamt Sebaldi I Nr. 361.

StadtAN A 1, Nr. 1356 September 27, 1356 Dezember 12.

HallerA Besitz Pappenheimer Lehen, Forschungsakten.

246.3 Ansicht des Herrenhauses auf einer kolorierten Zeichnung von J. C. Bankel von 1903 (StadtA Lauf)

246.4 Ansicht des Herrenhauses aus westlicher Richtung, Fotografie: F. A. Nagel 1925 (StadtMN)

Gatterer, Johann Christoph: Historia genealogica dominorum Holzschuherorum. Nürnberg 1755, Codex diplomatum et documentorum Nr. 16a.

Gelegenhait, Nr. 744, 1956.

Müllner I, S. 328.

NUB Nr. 428.

Literatur

Frank zu Döfering, Karl Friedrich von: Die Kressen. Eine Familiengeschichte. Senftenegg 1936, Sp. 1503-1505.

KDM Stadt Nürnberg, S. 400-402, mit Grundriss des Erdgeschosses und Aufriss der Ostfassade.

Mulzer, Vorstädte, S. 81-83.

Rusam, Herrmann: Schoppershof – das prächtigste Renaissance-Schlößchen vor den Mauern Nürnbergs. In: Frankenland. Zeitschrift für fränkische Landeskunde und Kulturpflege 50 (1998), S. 333-337.

Ruthrof, Renaissance, S. 94.

Schwemmer, Bavaria Ant., S. 18, mit Ölgemälde im Besitz der Familie Tucher des 18. Jahrhunderts, S. 46 f, Ausschnitt aus dem Cnopfschen Skizzenbuch um 1612/14.

Seibold, Gerhard: Die Viatis und Peller. Beiträge zur Geschichte ihrer Handelsgesellschaft. Köln/Wien 1977, S. 74-77, 124-131, 227, 277 f, 399, CXXIV, CXXXIV.

Stadtlexikon Nürnberg, S. 949, mit Sepiazeichnung von J. A. Graff 1685.

Tacke, Andreas: Bartholomäus Viatis im Porträt. In: MVGN 83 (1996), S. 57-59.

Zahn, Anton: Heimatkunde zwischen Erlenstegen und Stadtpark Nürnberg. Nürnberg 1968, S. 6 f, 10-15.

247 N

Schübelsberg

Herrensitz

Bismarckstraße 36

Stadt Nürnberg

Schübelsberg ist die ältere Bezeichnung des Rechenberges, an dessen Fuß der so genannte Rennweg, die älteste Straßenverbindung von der Nürnberger Burg nach Osten verlief. Am Straßenzug lagen mehrere Höfe mit Herrensitzen [vgl. Weigelshof, Schoppershof]. Auf dem alten Schübelsberg soll eine alte, jedoch weder urkundlich noch archäologisch nachgewiesene Burg der Bamberger Bischöfe gestanden haben [vgl. Winzelbürg], auf deren Fundamenten 1524/27 Sebald Rech angeblich seinen mächtigen Wohnturm errichtete [vgl. Rechenberg].

1533 verkauften die Vormünder des Hans Heilmann dessen vom gleichnamigen Vater ererbten Hof „zum Schübelsberg genannt" an Sebald Rech. Ob dieser Hof an der Stelle des späteren Herrensitzes stand, ist nicht geklärt. Das „bürgerßheusle zu Schübelsberg", auf 300 Gulden geschätzt, wurde im Mai 1552 im Zuge des Zweiten Markgrafenkrieges zerstört und blieb offenbar jahrzehntelang wüst liegen, da erst 1582 Augustin Fürnberger Bauholz zum Wiederaufbau seines Hauses am Schübelsberg auf altem Grund genehmigt wurde.

Im Jahre 1597 war der Hof am Schübelsberg in der Hand von Andreas Imhoff (1562–1637). Aus seinem Baugesuch aus diesem Jahre erfahren wir erste Details zum Herrenhaus, das eine Größe von etwa 14,5 auf 7,5 Metern hatte, ein massives Sockelgeschoss von 3,5 Metern Höhe besaß und darüber ein Fachwerk-obergeschoss etwa gleicher Höhe. Ecktürmchen und Gauben gliederten das Dach. Bereits 15 Jahre nach dem Wiederaufbau beantragte der neue Besitzer einen umfangreichen Umbau, der die Fachwerkkonstruktion durch ein massives Obergeschoss ersetzen sollte. Zur Begründung gab er „sehr verfaulte und bußwürdige" Balken des Fachwerks an der Westseite an. Nach erfolgter Genehmigung durch das Waldamt Sebaldi erhielt das Gebäude bis 1602 sein heutiges Erscheinungsbild.

Der Sandsteinbau mit zwei vorkragenden Obergeschossen hat ein steiles Satteldach, das durch ein jeweils in der Traufenmitte angeordnetes, zierliches Zwerchhaus und kleine Schleppgauben geprägt wird, und ein bemerkenswertes Renaissanceportal auf der Ostseite. Von der Straße war das Gut durch eine hohe Mauer getrennt, an die westlich der Einfahrt ein schmales Nebengebäude sowie nach Osten das Voithaus mit Halbwalmdach angebaut waren. Dieser Zustand wird durch eine Federzeichnung um 1614 im Cnopfschen Skizzenbuch detailliert überliefert; sogar die seltene, heute noch erhaltene Nord-Sonnenuhr ist darauf zu erkennen.

Die weiteren Aus- und Umbaumaßnahmen sollten das Aussehen des Schlosses nicht mehr wesentlich verändern. 1644 stellte Georg Imhoff (1601–1659) einen Antrag auf Bau eines Wagenschupfens, 1674 bat sein Sohn Georg Endres Imhoff (1640–1713) um die Genehmigung zum Ausbau seiner Wohnung und zur Errichtung eines Stalles. 1678 wollte er auf ein Feuerrecht im Gärtnerhaus gänzlich verzichten, um es in ein Gebäude beim gegenüberliegenden Kuhstall zu transferieren; schließlich ersuchte er 1711 um ein weiteres Feuerrecht „zur heizung und auswinterung eines stübleins".

Im Besitz folgte 1728 die Nürnberger Patrizierfamilie Ebner, die sich sofort um einen weiteren Ausbau des Herrensitzes bemühte. Johann Wilhelm Ebner (1676–1730), ein Schwiegersohn des Georg Endres Imhof, stellte daher den Antrag, „in seinem frey lauter eigenen Garten auf dem Schübelsberg über der Gärtnerwohnung, ... noch einen Gaden stellen zu dürfen", um dort einen Saal und 3 Kammern einzurichten. Das Gesuch bezog sich auf den westlich der Einfahrt an die Gartenmauer angelehnten, langgestreckten Bau, der immerhin drei Feuerrechte (Ofen- und Herdstellen) besaß. Das Verlangen wurde vom Rat abgelehnt. Um 1910 war das Gebäude mit Ausnahme des Sommerhäusleins an der Einfahrt immer noch eingeschossig und wurde im Lauf des 20. Jahrhunderts abgebrochen.

Auf die Ebner folgte der Marktvorgeher Paul Döbrich, dessen Tochter Sibylla Barbara 1719 den Rechtskon-

247.1 Aufriss des Herrenhauses als Bestandsplan, 1597 für die Baueingabe an das Waldamt Sebaldi gefertigt (StAN)

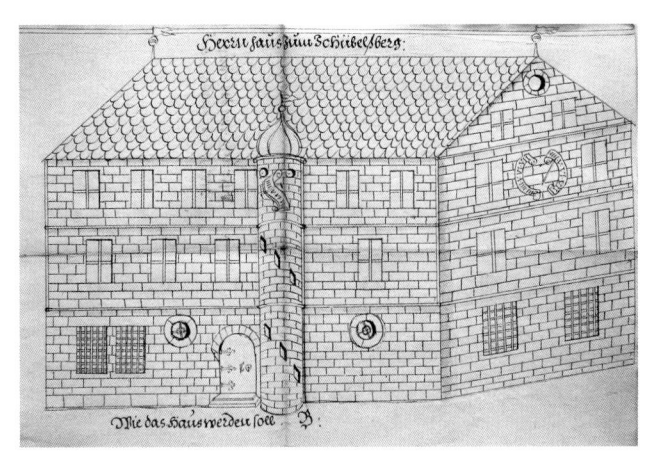

247.2 Aufriss des Herrenhauses für die Umbauplanung, 1597 für das Waldamt Sebaldi gefertigt (StAN)

S SCHÜBELSBERG

247.3 Blick auf den Herrensitz, Ausschnitt aus einem Blatt aus den Hesperides von 1708 (StadtA Lauf)

247.5 Südwestseite des Herrensitzes Schübelsberg. Fotografie: G. v. Volckamer um 1894 (StadtMN)

sulenten Dr. Paul Jakob Marperger (1686–1767) heiratete. Dieser erscheint 1750 als Besitzer, um 1790 eine Familie Zeltner. Trotz seiner Nähe zur Stadt lag der Schübelsberg noch zu Beginn des 20. Jahrhunderts mit seinen landwirtschaftlichen Nebengebäuden inmitten von Feldern und Wiesen. Um 1960 jedoch befanden sich die beiden zum Schloss gehörenden Bauernhäuser Bismarckstraße 38/40 „in trostlosem Verfall" und wurden später abgebrochen. Erhalten haben sich dagegen im Garten ein Brunnenbassin sowie eine barocke Figurengruppe (Diana mit Hund und Reh) aus dem 18. Jahrhundert.

Quellen

StAN Rst. Nbg., Handschriften Nr. 81. Rst. Nbg., Salbücher Nr. 297. Rst. Nbg., Waldamt Sebaldi Nr. 362.

Literatur

HAB Nürnberg-Fürth, S. 170, 242.

KDM Stadt Nürnberg, S. 402.

Mittenhuber, Martina / Schmidt, Alexander / Windsheimer, Bernd: Arbeiterwohnungen, Villen und Herrensitze. Der Nürnberger Nordosten (= Nürnberger Stadtteilbücher Nr. 4). Nürnberg 1998, S. 15, 19-21, mit Fotos aus der Zeit um 1910.

Mulzer, Vorstädte, S. 91.

Mummenhoff, Ernst: Der Rechenberg und der unterirdische Gang daselbst. In: MVGN 16 (1904), S. 199-201.

Stadtlexikon Nürnberg, S. 952.

Vogt, Gerhard: Historische und moderne Sonnenuhren in Franken. In: Erlanger Bausteine zur fränkischen Heimatforschung 45 (1997), S. 31.

Will, Georg Andreas: Nürnbergisches Gelehrten-Lexicon, Bd. 2. Nürnberg 1756, S. 583.

Zahn, Anton: Heimatkunde zwischen Erlenstegen und Stadtpark Nürnberg. Nürnberg 1968, S. 6-9, 18-20.

248 D4

Schwaig

Herrensitz, „Schwaiger Schloss"

Schlossplatz 1

Gemeinde Schwaig bei Nürnberg

Landkreis Nürnberger Land

Auf einem alten Zeidelmuttergut des Reichswaldes entstand auch in Schwaig im 16. Jahrhundert ein Herrensitz. Die Erkundung der Landschaft um Nürnberg, die der Rat der Reichsstadt vor dem Ausbruch des Landshuter Erbfolgekrieges 1504 befohlen hatte, stellte im Dorf Schwaig noch keinen Herrensitz fest. Nürnbergs Chronist Johannes Müllner berichtete im frühen 17. Jahrhundert etwas vage, dass das Gut „vor Alters" den Grundherr und dann den Ebner gehört hätte, bevor es an den Nürnberger Bürger Hanns Dietz gegangen sei. Diesem genehmigte die Reichsstadt im März 1545 dann nachweislich eine Erweiterung des

247.4 Teilweise kolorierte Skizze von J. C. Bankel aus dem Jahre 1903 (StadtA Lauf)

demnach schon bestehenden Herrenhauses. Der Bauherr, der im Erdgeschoss einen Stall einrichten lassen wollte, sollte sich „oben darauff ein stuben machen" dürfen, vielleicht in Höhe des ersten Dachgeschosses. Doch sollte es bei der Aufstockung des Gebäudes bleiben: eine Erweiterung der Grundfläche wurde ebenso untersagt wie die Heizbarmachung weiterer Stuben.

1557 war Paulus Lengenfelder Besitzer des Herrenhauses, das in keinen Nürnberger Schadenslisten von 1553 aufscheint und daher den Zweiten Markgrafenkrieg weitgehend unbeschadet überstanden haben dürfte. Ihm folgte die Tochter, die einen Jorg Schultheiß heiratete. Dieser musste sich 1559 verpflichten, bauliche Veränderungen am „Sitz oder Herrenhaus" in Schwaig nur mit Zustimmung des Nürnberger Rats vorzunehmen und ihn im Fall der Veräußerung an einen dem Rat genehmen Bauersmann (!) zu verkaufen. Schultheiß veräußerte den Sitz indessen schon 1563 an Endres Melfuhrer. Ihm folgte 1576/77 Marx Kötzler und 1580 Joachim und Susanna Weyermann. Mit der Heirat der Weyermannschen Tochter erbte Hans Christoph Gugel um 1589 den Besitz. Das offenbar noch recht bescheidene Herrenhaus war damals erheblich „pußwürdig" und zudem „unbequem" in der Bewohnung, sodass Gugel 1590 einen Umbau plante. Dabei sollten auch zwei größere Erker und drei Gauben abgebrochen und durch vier Türmchen an den Ecken ersetzt, im Osten ein neuer Abort errichtet werden.

Hans Christoph Gugel und seinem Schwiegersohn Johann Christoph Hardesheim (1575–1620) folgte zu Beginn des 30-jährigen Krieges Paulus Ayrer, der Hardesheims Witwe geheiratet hatte. Er ließ 1626 ein Nebengebäude errichten, in dem eine Viehstallung und ein Backofen Platz finden sollten. Wenig später verkaufte Ayrer dann an Ludwig Dietherr von Anwanden (1588–1632). Wohl um 1632/34 wurde der Herrensitz Opfer der Kriegsfurie. Die späteren Besitzer, Ludwigs Sohn Johann Georg Dietherr (1625–1700) sowie sein (Schwipp-)Schwager Jacob Fetzer (beide hatten Töchter des Johann Christoph Hardesheim geheiratet), berichteten 1666, dass ihr Gut im Krieg „den mehrern theil ruiniret" und hernach im Rahmen ihrer bescheidenen Möglichkeiten repariert worden sei. Vermutlich war die Wiederherstellung eher provisorisch erfolgt, denn 1667 sollte eine größere Instandsetzung beginnen, für die bis zu 170 Stämme Bauholz aus dem Reichswald erbeten wurden. Der nächste große Umbau fand unter der Familie Dietherr 1708 statt, der diesmal die 1545 noch verweigerte Erweiterung der Grundfläche mit sich brachte. Dieser Umbau dürfte das heutige Erscheinungsbild des Herrenhauses erheblich geprägt haben.

Johann Christoph Dietherr, Johann Georgs Sohn, starb 1709 als letzter seiner Linie [vgl. Erlenstegen VII]. Die Erbrechte lagen bei den Töchtern, wobei nach einer Einigung schließlich Sabina Dorothea mit ihrer Heirat mit Christoph Jacob Waldstromer 1727 den Sitz Schwaig übernahm. Das Ehepaar ließ 1731 Wirtschaftsgebäude erneuern. 1747 waren der Westgiebel des Herrenhauses sowie Teile der beiden Fachwerkobergeschosse und des Treppenturms durch Feuchtigkeitsschäden baufällig. Die Handwerker lösten das Problem, indem sie das Gebälk auswechselten und die westliche Fachwerkfassade mit Flachziegeln (Biberschwanzziegel) verblendeten. Bereits 1752 offenbarten sich die Nachteile dieser Aktion: Größere Teile des Fachwerks waren wegen der Verblendung inzwischen völlig verfault, sodass sich Christoph Jacob Waldstromer entschloss, das erste und zweite Obergeschoss hier durch massive Außen-

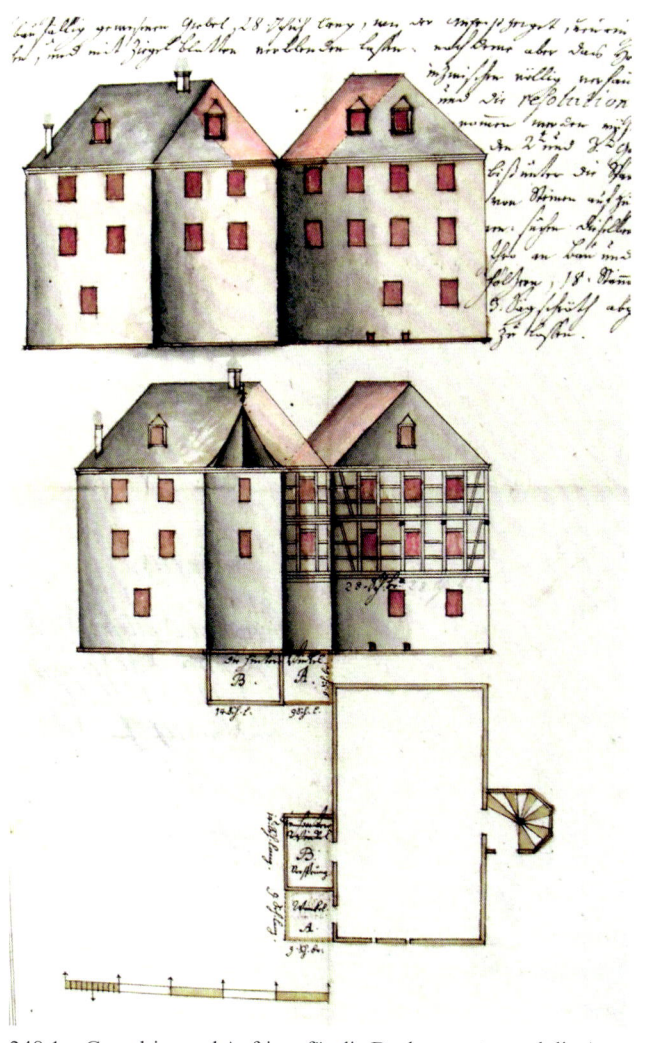

248.1 Grundriss und Aufrisse für die Dachreparatur und die Auswechslung des Fachwerks durch Mauerwerk, gezeichnet 1752 für die Baueingabe an das Waldamt Lorenzi (StAN)

248.2 Ansicht des Herrensitzes auf einem Kupferstich von C. W. Bock von 1771 (StadtA Lauf)

248.3 Ansicht des Herrenhauses von Süden, Fotografie: G. v. Volckamer um 1894 (StadtMN)

wände zu ersetzen. In diesen Jahren wurde wohl auch im Innern modernisiert, wovon die noch erhaltenen Rokoko-Stuckdecken zeugen.

Unter Christoph Wilhelm Waldstromer, der den Sitz Schwaig 1766 geerbt hatte, folgten ab 1799 weitere umfangreiche Renovierungsmaßnahmen. Es wurden nicht nur Mängel an der festen Ausstattung des Herrenhauses beseitigt, sondern auch in den Stallungen, im Stadel, am Voit- und am Gärtnerhaus sowie an drei weiteren Zinshäusern im Besitz der Herrschaft.

Christoph Wilhelm, der 1804 bis 1806 als letzter Nürnberger Reichsschultheiß amtiert hatte, starb 1810 und hinterließ den Schwaiger Besitz dem Sohn Carl Alexander Waldstromer, der 1814 in die bayerische Adelsmatrikel eingetragen wurde. Mit dessen Sohn Christoph Carl Alexander erlosch 1844 eines der ältesten Nürnberger Geschlechter für immer. Das Schwaiger Schloss ging in bürgerliche Hände über und war lange im Besitz der Familie Riegel. Der dreigeschossige Massivbau mit dem südlich angefügten Treppenturm kam 1952 an die evangelische Kirchengemeinde, die in der Erdgeschosshalle einen Kirchensaal einrichtete. 1972 übernahm die Gemeinde Schwaig das Anwesen, das erst vermietet, dann um 1992 renoviert und für kulturelle Zwecke eingerichtet wurde.

Quellen

StAN Rst. Nbg., Waldamt Lorenzi I Nr. 511. Rst. Nbg., Waldamt Sebaldi II Nr. 185. Kataster Schwaig Nr. 4, 11.

Gelegenhait, Nr. 681, 1128, 1847.

Müllner I, S. 364.

Literatur

Deliciae II, S. 86.

KDM Landkreis Nürnberg, S. 64.

Pfeiffer, Gerhard: Die Offenhäuser der Reichsstadt Nürnberg. In: JffL 14 (1954), S. 172.

Ruthrof, Renaissance, S. 44 f.

Schötz, Hartmut / Töpner, Kurt: Vergangenheit hat Zukunft – Denkmalprämierung des Bezirks Mittelfranken 1995. Bergatreute 1995, S. 12.

248.4 Blick auf den Herrensitz von Osten, kolorierte Zeichnung von J. C. Bankel 1916 (StadtA Lauf)

Schwarzenbruck I

Herrensitz, zeitweise Nürnberger Pflegschloss, „Petzsches Schloss"

Schlosshof 1-9

Gemeinde Schwarzenbruck

Landkreis Nürnberger Land

Schwarzenbruck, im Jahre 1025 Ausstellungsort einer Urkunde König Konrads II., blieb auch nach dem Ausgang der Staufer Reichsbesitz. Zwei Lehen wurden 1360 als Zubehör des Amtes Altdorf durch die Grafen von Nassau an den Nürnberger Burggrafen Albrecht veräußert. Der Hauptteil des Ortes war bis 1372 Reichslehen der Rindsmaul und wurde zunächst als Afterlehen an die Neumarkter und Mentelein vergeben (die 1372 die Lehenschaft der Rindsmaul ablösten) und gelangte 1376/78 an die Imhoff, die wie ihre Besitznachfolger direkt vom Reich belehnt wurden. 1404 gab König Ruprecht I. Hans und Burkhard von Lochaim das Dorf Schwarzenbruck zu Lehen, 1407 nach dem Tod des Bruders an Hans allein.

Bei all diesen Beurkundungen erscheint allerdings weder eine Burg noch ein „Sitz" in Schwarzenbruck. Erst König Sigmund sprach 1425 von „Dorf und Haus" Schwarzenbruck, die er an den erwähnten Hans von Lochaim mit dem Recht verlieh, das „Haus und Geseß" nach seinem Belieben umzubauen und „nach seiner Notdurft und Lust auch mit Graben und Zwingern (zu) befestigen". 1447 wurde der gleichnamige Sohn belehnt, der 1473 Dorf und Sitz Schwarzenbruck an die Brüder Dr. Sebald und Hans Müllner aus Nürnberg verkaufte. Diese ließen sich im Jahr darauf das Befestigungsrecht von Kaiser Friedrich III. bestätigen.

1486 veräußerte Dr. Sebald Müllner den Besitz ausgerechnet an die Markgrafen Friedrich und Sigmund von Brandenburg. Diese für Nürnberg höchst unerfreuliche Nachbarschaft führte dazu, dass die Reichsstadt alles versuchte, um Schwarzenbruck an sich zu bringen. Erst 1502 gelang es ihr im Rahmen des Schiedsspruchs von Erfurt, der die Differenzen mit den Markgrafen bereinigen sollte, den Sitz mit Graben, Mauern, Vorhöfen, Gebäuden und Gütern für den horrenden Preis von 16.000 Gulden zu erwerben. Unmittelbar darauf wurde in der Burg ein Pflegamt eingerichtet, das bis 1552 mit einem Pfleger besetzt wurde.

249.1 Älteste Darstellung des Sitzes Schwarzenbruck auf einer Karte um 1530 (StAN)

Im Zweiten Markgrafenkrieg wurde das Schloss im Mai 1552 von den feindlichen Truppen eingenommen und in Brand gesteckt. Der Schaden an den Gebäuden wurde auf 4.000 Gulden geschätzt. Das zerstörte Schloss wurde von der Reichsstadt nicht wiederhergestellt, sondern 1561 als Afterlehen mit den herrschaftlichen Rechten und dem Hammerwerk in Gsteinach für 2.200 Gulden an Sigmund Pfinzing (1513–1572) veräußert. Der Käufer musste dem Rat das Öffnungsrecht im Kriegsfall und ein Vorkaufsrecht für Nürnberger Bürger einräumen.

In den Jahren danach soll Sigmund Pfinzing mit einem Einsatz mehrerer Tausend Gulden das Hauptgebäude wiederaufgebaut haben. Seine Tochter Margarethe brachte den Komplex um 1595 an ihren Ehemann Endres Schmidmayer. Der Schwiegersohn entstammte einem angeblich um 1380 aus Ungarn eingewanderten Geschlecht, das durch Montan- und Textilgeschäfte reich geworden war und 1585 in den Adelsstand aufgenommen wurde. Schmidmayer, der sich fortan nach Schwarzenbruck nannte und im Jahr 1600 verstarb, soll den Sitz weiter ausgebaut haben. Bei dieser Gelegenheit entstanden vielleicht die beiden schmalen Seitenflügel mit den Ecktürmchen.

1631 befand sich der Herrensitz in der Hand des Nürnberger Kaufmanns Hans Eyser, der 1632 den schwedischen König Gustav Adolf auf Schwarzenbruck empfing. Nach seinem Tod heiratete seine junge Witwe Anna Maria geb. Heugel 1639 Johann Jobst Schmidmayer und brachte der Familie den Besitz wieder zurück. Nur in den Jahren nach 1650 und bis zu ihrem Ableben 1664 verfügten, nach Schmidmayers Tod, über ihn der Obristleutnant Vinzenz Essig und ab 1657 als vierter Ehemann Burkard Löffelholz.

Von 1691 bis 1693 fiel vorübergehend fürstlicher Glanz auf den Herrensitz, als Markgraf Christian Heinrich von Brandenburg-Bayreuth mit seiner Familie hier Quartier nahm. Der Markgraf war aufgrund seiner als nicht standesgemäß empfundenen Heirat mit der Gräfin Sophie Christiane von Wolfstein vom Bayreuther Hof verstoßen worden. 1694 verließ er Schwarzenbruck wieder und zog auf Einladung seines Ansbacher Vettern ins markgräfliche Schloss Schönberg [vgl. Schönberg].

Nach dem Auszug des Fürsten währte die Ära der Schmidmayer von Schwarzenbruck nicht mehr lange: Mit Wolf Jakob starb 1707 der letzte männliche Spross des Geschlechts. Nach längerer gerichtlicher Auseinandersetzung zwischen den Erbberechtigten belehnte die Stadt Nürnberg 1714 Christoph Wilhelm Scheurl als Lehensträger seiner Frau Clara Helena, Witwe des Wolff Jacob Schmidmayer, geb. Tucher, mit dem Schloss Schwarzenbruck und den dazugehörigen Rechten.

Das Schloss blieb nun vier Generationen im Besitz der Familie, bis mit dem Urenkel des Erwerbers Christoph Joachim Wilhelm von Scheurl 1851 die Schwarzenbrucker Linie des Geschlechts erlosch. Seine Witwe überlebte ihn um 25 Jahre und vererbte den Besitz an die Kinder ihrer verstorbenen Schwester Susanne, die den Magistratsrat Georg Christoph Wilhelm Petz von Lichtenhof geheiratet hatte.

Seit 1876 ist das Schloss im Besitz der Petz, die es in ihre Familienstiftung überführten. Es überdauerte unbeschadet den Zweiten Weltkrieg, jedoch führte 1946 ein Bericht in dem amerikanischen Magazin „Stars and Stripes" über die reiche Ausstattung des Schlosses zu Plünderungen und trotz raschen Eingreifens der amerikanischen Militärbehörden zum Verlust eines Großteils des wertvollen Inventars.

Das Schloss erhebt sich östlich des Ortskerns über dem Steilufer der Schwarzach, die es im Osten und Süden abschirmt. Ein gefütterter Graben, über den eine einjochige massive Brücke führt, sichert es gegenüber dem Vorhof. Das dreigeschossige Hauptgebäude aus Sandstein besitzt an den Ecken vier Zwerchhäuser, die an den Giebelseiten über die gesamte Hausbreite miteinander verbunden sind, so als hätte man nachträglich jeweils zwei der für Nürnberger Herrenhäuser so charakteristischen Ecktürmchen unter ein Satteldach gebracht. Die Hausgiebel stehen dabei nicht über der Außenmauer,

249.2   Kolorierte Zeichnung des Schlosses von J. C. Bankel 1903 (StadtA Lauf)

sondern etwas zurückgesetzt über der Firstlinie der Zwerchhäuser. Nördlich und südlich begrenzen zwei schmale, einachsige Flügelbauten den Innenhof, die beide westlich in Türmchen mit geschweiften Zeltdächern enden. Im Westen schließt eine Mauer mit einem gedeckten und unterbauten Wehrgang ab, in der auch das innere Tor eingerichtet ist.

1765/83 sollen Wehrgänge und nicht näher genannte Türmchen (vermutlich an der Ummauerung des Vorhofs) abgetragen worden sein; um 1800 folgte ein weiteres, das sich über dem inneren Tor erhoben hatte.

Das Innere des Hauptbaus fällt durch eine Zweiteilung auf. Eine die Nord- von der Südhälfte teilende Scheidwand ist wie eine Umfassung dimensioniert und könnte als frühere Außenwand gedient haben. Beide Hälften sind mit eigenen Treppenaufgängen ausgestattet. In der Südhälfte findet sich eine Hauskapelle und im zweiten Obergeschoss ein Saal mit einer Régence-Stuckdecke aus der Zeit um 1720/30. Bemerkenswert sind auch Räume im ersten Dachgeschoss, die mit unterschiedlichen figürlichen und ornamentalen Fassungen und Sinnsprüchen angeblich aus der Zeit um 1803/05 versehen sind. Es handelt sich dabei um eine private Freimaurerloge, die wohl auf Karl Jakob Wilhelm Scheurl (1756–1822) zurückgeht, der bei der Gründung der Nürnberger Loge „Zu den drei Pfeilen" 1789 eine maßgebliche Rolle gespielt hat.

Der Vor- oder Ökonomiehof wird von einer barocken Einfriedung aus Sandsteinquadern umgeben, wobei westlich vier eingeschossige barocke Gesindehäuser und im Nordosten das äußere Tor integriert sind. Im Hofraum stehen ein vermutlich als Voithaus im 18. Jahrhundert errichtetes Wohnhaus mit einem Erdgeschoss aus Sandsteinquadern und einem Fachwerkobergeschoss sowie eine Scheune. Der einstige Garten war im nördlichen Vorhof angelegt.

Quellen

StAN Rst. Nbg., Kirchen und Ortschaften auf dem Land, Akten Nr. 392, 399-403, Urkunden Nr. 347, 349, 350. Rst. Nbg., Amts- und Standbücher Nr. 60, 61. Rst. Nbg., D-Laden Akten Nr. 1211, 1214.

StadtAN E 20/I Nr. 21-30; E 20/II Nr. 800, 832, 833, 837.

Gelegenhait, Nr. 1095.

Mon. Zoll. III, Nr. 429, 440.

Müllner I, S. 348 f; III, S. 200, 227 f.

Pfalzgr. Reg. II, Nr. 3520, 4775 (hier irrtümlich „von Beham" statt „von Locham").

Reg. Boica Bd. 9, S. 7, 208, 287; Bd. 10, S. 2; Bd. 13, S. 61.

Reg. Imp. Bd. 13, Nr. 1855, 2383, 6679, 6848.

249.3   Nordwestseite des Schlosses. Fotografie: G. v. Volckamer um 1894 (StadtMN)

Literatur

Alberti, Volker / Boesch, Toni / Holz, Horst: Burgen und Schlösser in Altdorf und Umgebung. Schwarzachtal (= Adelssitze in Franken 4). Altdorf 2004, S. 87-91.

Deliciae II, S. 102 f.

Hacker, Paul: Eine private Schloss-Loge im Nürnberger Patrizierschloss Schwarzenbruck um 1800. In: Quator Coronati Jahrbuch 1975, S. 141-145.

KDM Landkreis Nürnberg, S. 65-67 mit Grundriss und Westansicht.

Nagel, Friedrich August: Die Herrensitze Lichtenhof und Humelstein (sic!). In: MVGN 38 (1941), S. 160-164 mit Abb. 15-20.

Rühl II, S. 151-163.

Schnelbögl, Fritz: Die Königsurkunde vom 6. Mai 1025. In: 950 Jahre Schwarzenbruck. Ein historischer Ort im Nürnberger Reichswald. Nürnberg 1975, ohne Seitenzählung, mit zwei Stichen um 1647 und einer Aufnahme der Gesindehäuser im Vorhof.

Stadtlexikon Nürnberg, S. 635, 817 f, 941.

Voit, Pegnitz S. 216, 218.

250 · E1

Schwarzenbruck II

Schloss, „Faberschloss"

Dürrenhembacher Straße 15

Gemeinde Schwarzenbruck

Landkreis Nürnberger Land

Das Schloss wurde in den Jahren 1883 bis 1885 vom Bleistiftfabrikanten Lothar von Faber (1817–1896) und seiner Frau Ottilie aus Stein im Landkreis Fürth erbaut. Die Werksteinfassaden des zweigeschossigen Herrenhauses sind mit Stilmitteln der Neorenaissance gestaltet. Das äußere Erscheinungsbild wird vor allem durch den am Südost-Eck hoch aufragenden Rundturm mit vorkragendem offenem Kranzgeschoss und runden Treppentürmen geprägt.

250.1 Eingangsseite des Faber-Castellschen Schlosses in Schwarzenbruck. Fotografie: G. v. Volckamer um 1894 (StadtMN)

Das Schloss sollte Lothar von Faber, der die 1839 übernommene Bleistiftfabrik des Vaters zu einem weltberühmten Großunternehmen empor gebracht hatte, als Alterssitz dienen. Der frühe Tod seines einzigen Sohnes Wilhelm von Faber, seit 1877 zur Nachfolge bestimmt, zwang 1893 den damals Sechsundsiebzigjährigen zur Rückkehr an den Firmensitz in Stein. Während der Bauzeit des dortigen neuen Schlosses siedelte die Familie seiner Tochter Ottilie, verheiratet mit dem späteren Unternehmensleiter, dem Grafen Alexander zu Castell-Rüdenhausen, nach Schwarzenbruck über, wo die Kinder Irmengard Luise (1904–1972) und Roland Lothar Wolfgang (1905–1978) geboren wurden. Mit der Fertigstellung des neuen Faberschlosses in Stein im Jahre 1906 verlor das Schwarzenbrucker Schloss seine Bedeutung, es wird heute von der Arbeiterwohlfahrt als Alten- und Pflegeheim genutzt.

Literatur

KDM Landkreis Nürnberg, S. 67.

Kölbel, Richard: Lothar von Faber. Ehrenbürger der Stadt Nürnberg. In: MVGN 83 (1996), S. 145-166.

Stadtlexikon Nürnberg, S. 261.

251–253

Schweinau

Die überwiegende Anzahl der Schweinauer Anwesen waren Erbzinslehen der Dompropstei Bamberg, während die Hochgerichtsbarkeit von den Markgrafen von Brandenburg-Ansbach und ihrem Oberamt Schwabach beansprucht wurde. Dies wurde von der Reichsstadt bestritten, was bis zur faktischen Übernahme durch das Königreich Preußen 1796 zu langwierigen Rechtsstreitigkeiten führte. Das Dorf bestand weitgehend aus Anwesen von Bauern, Handwerkern und Gewerbetreibenden, die sich vor allem der Dosen- und Bleistiftfabrikation widmeten. Der Gewerbefleiß und die hohe Verkehrsdichte auf der durch den Ort führenden Fernstraße – sie teilte sich südwestlich von Schweinau in die beiden Hauptstrecken über Schwabach und Weißenburg nach Augsburg und Italien bzw. über Stein und Ansbach nach Südwestdeutschland und Frankreich – führten dazu, dass sage und schreibe 25 Gastwirtschaften in den 60 Anwesen betrieben wurden. Erst gegen Ende des 18. und zu Beginn des 19. Jahrhunderts etablierten sich auf ehemals bäuerlichen Anwesen drei Herrensitze, die aber inzwischen allesamt fast restlos verschwunden sind.

Literatur

HAB Nürnberg-Fürth, S. 171, 205, 243.

Stadtlexikon Nürnberg, S. 964.

251 Schweinau I

Abgegangenes Herrenhaus (zerstört 1943/45)

Lochnerstraße 12

Stadt Nürnberg

Das einst prächtige zweigeschossige Wohnhaus, knapp 17 Meter lang und fast 12 Meter breit, wurde einige Zeit vor 1798 von dem Weinhändler Peter Fischer „neu erbaut", und zwar auf einem von Peter Pfeßel nach 1776 erkauften „Gütlein", das der Dompropstei Bamberg grundbar war. Der auch als Schweinauer „Wiesenwirt" bekannte Bauherr war jedoch spätestens Ende 1798 zahlungsunfähig. Anlässlich der anstehenden Zwangsvollstreckung besichtigten die Schweinauer Gerichtsschöffen und der Gostenhofer Maurermeister Conrad Haas Anfang 1799 das Gebäude. Sie waren vom Erscheinungsbild sehr angetan und bemerkten ausdrücklich, dass „dasselbe überhaupt nach einem guten Geschmacke gebaut und eingerichtet" sei. So fanden sich im Erdgeschoss drei getäfelte Zimmer, ein Kabinett, eine große Küche mit Speisekammer und zwei gewölbte Lagerräume. Im Obergeschoss fielen ihnen ein Tanzsaal und zwei repräsentative Zimmer auf, von denen eines mit einer kunstvoll bemalten Wachstapete, das andere mit einer nicht weniger kostbaren Leinentapete behängt war. Selbst die Decken der Flure und Vorplätze waren stuckiert, die Fußböden dort mit „weißen Marmorplatten" (vermutlich Juramarmor) belegt und die aufwändig gearbeiteten Zweiflügeltüren mit französischen Messingschlössern beschlagen. Das Anwesen verfügte auch über ein zweigeschossiges Nebenhaus mit Pferdestallungen, einen Fachwerkstadel und eine Hofmauer als Einfriedung. Dass die vom Großvater und Vater 1776 ererbte Wirtschaftsgerechtigkeit des „Wiesenwirts" auf das Haus übertragen worden war, lässt auch eine entsprechend geplante Nutzung annehmen.

Bei dem Zwangsversteigerungstermin am 22. März 1800 erhielt Christian Wilhelm Karl Graf von Pückler und Limpurg mit einem Höchstgebot von 13.100 Gulden den Zuschlag. Der Käufer war einer der drei Inhaber der Herrschaft Burgfarrnbach, die wegen Verschuldung unter der Aufsicht einer kaiserlichen Debit-Kommission stand. Vermutlich hat der Graf das neue Schweinauer Haus auch persönlich bewohnt, da er, mit seinen Brüdern zerstritten, nach einer Abfindungszahlung seine Wohnung im Burgfarrnbacher Schloss geräumt hatte. Bereits 1802/03 ließ er ein eingeschossiges, massives Hofhaus zur Unterbringung einer Torwärterwohnung und einer Waschküche anbauen.

Nach dem Tod des Grafen im April 1816 ging das zum Herrensitz avancierte Anwesen für 16.150 Gulden an den Bleistiftfabrikanten Johann Mulzer, der 1823 starb und dasselbe seiner Witwe Helena Maria hinterließ. Sie veräußerte es aber schon 1825 für 13.000 Gulden an Michael August Stöttner, ebenfalls Bleistiftfabrikant, während die Mulzersche Fabrik von Paul Mulzer weiter betrieben wurde. In der Zeit danach wurde auf dem großen Hofraum und vermutlich auch auf Gartenland eine Bleistiftfabrik errichtet, die später mit dem Herrenhaus an den Fabrikanten Christian Friedrich Nopitsch kam. 1868 übergab er die Liegenschaft, bebaut mit zwei Wohnhäusern, dem Fabrikgebäude, einer Lagerhalle und diversen Nebengebäuden an Moritz und Anna Magdalena Nopitsch. Die Übernehmer begannen ab 1870 mit einer erheblichen Erweiterung der Bleistiftfabrik, die 1882 sogar ein Dampfkesselhaus erhielt. Im frühen 20. Jahrhundert wurde der Betrieb zu einer Lackfabrik, die 1924 unter dem Namen Mehnert & Veeck KG firmierte.

251.1 Blick von Norden auf das Herrenhaus an der Lochnerstraße. Fotografie: F. A. Nagel 1941 (StadtMN)

Das einstige Herrenhaus ging bei einem Luftangriff 1943/45 vollständig zugrunde. Es handelte sich um einen Sandsteinquaderbau, dessen Haupteingang durch einen profilierten und mit hervorgehobenem Schlussstein betonten Korbbogen sowie eine horizontale Werksteinverdachung geziert wurde. Die klassizistischen Fassaden zeichneten sich durch strenge Symmetrie, große Fensteröffnungen mit profilierten Werksteinrahmungen und schlichten Eckpilastern aus.

Heute steht hier ein gelungener Bau der 1950-er Jahre, der sich an die Gestaltung des alten Hauses anlehnt.

Quellen

StAN LG ä.O. Nürnberg Grundakten StG Schweinau Nr. 60. Kataster Schweinau Nr. 1, 4, 12.

StadtA Fürth Pückler-Archiv Akten Nr. 864 I, 873.

Literatur

Rusam, Hermann: Schweinau. Ein ehemals bambergisches Dorf im Sog der großstädtischen Entwicklung Nürnbergs. In: MANL 36 (1987), Heft 2, S. 289-302, S. 297 mit falscher Angabe zur Erbauung.

Rusam, Dorfkerne, S. 154-158.

252

Schweinau II

Abgegangenes Herrenhaus (Abbruch nach 1980)

Hintere Marktstraße 71

Stadt Nürnberg

Um das zweite so genannte Herrenhaus in Schweinau herrschte bisher eine gewisse Verwirrung. Einerseits wurde dafür das 1785 erbaute Anwesen Hintere Marktstraße 55 (alte Hausnummer 58) genannt, das rein äußerlich als zweigeschossiger Sandsteinbau mit abgewalmtem, durch Zwerchhäuser und verschiedengestaltige Gauben belebtem Mansarddach durchaus einen herrschaftlichen Eindruck machte. Es war jedoch vom Gastwirt Anton Krach gebaut worden und kann daher keinesfalls als „Herrenhaus" angesprochen werden. Mit mehr Berechtigung wird das Haus Hintere Marktstraße 71 (alte Hausnummer 62) angeführt. Dieses hat im Jahr 1811 der wohl aus Italien stammende Spiegelfabrikant Candido Mamolo auf einem der alten Schweinauer Bauernhöfe erbaut. Bereits am 23. Juni 1801 hatte er das

252.1 Das massive Herrenhaus Hintere Marktstraße 71 mit Walmdach aus nördlicher Richtung. Fotografie: F. A. Nagel 1929 (StadtMN)

Anwesen im Zuge des Zwangsvollstreckungsverfahrens der Margaretha Elisabetha Steinberger für 7.100 Gulden ersteigert. Es stammte aus dem Nachlass des Fabrikanten Georg Friedrich Steinberger [vgl. Schweinau III] und war 1801 nur mit einem eingeschossigen Bauern- und einem ebenso kleinen Schulhaus bebaut. Unter der Familie Steinberger war der Hof, der auch Tabakanbau betrieb, von einem Pächter bewirtschaftet worden.

Spätestens Ende 1810 hatte sich der neue Besitzer zur teilweisen Übergabe an seinen Sohn Wilhelm Mamolo entschieden, wobei er eine Hälfte des Grundstücks für einen Neubau, der vermutlich als Alterssitz gedacht war, abtrennen wollte. Im Januar 1811 war ein entsprechender Gerichtstermin beantragt worden. Bei einer Erneuerung des Gesuchs ein Jahr später war bereits vom „neu erbauten Wohnhaus" die Rede, das Mamolo senior für sich reservieren wollte. Die grundrechtliche Teilung fand aber nie statt. Noch um 1830, als die Spiegelfabrik Mamolo zahlungsunfähig geworden war, zählten sowohl der zweigeschossige, massive Neubau (Hausnummer 62) als auch das alte Bauernhaus (Hausnummer 63) zu „Candido Mamolos Konkursmasse".

Das wohl nur aufgrund seines repräsentativen Erscheinungsbildes zu den „drei Schlößchen" gezählte Anwesen geriet wenig später an die Metzgerfamilie Rödel, die hier eine Gastwirtschaft etablierte. 1868 übergab die Witwe Susanna Maria Rödel an ihre Nachkommen, den Metzgermeister Konrad Rödel und dessen Ehefrau Anna Barbara. Das Ehepaar ließ bald nach 1868 an das Wohngebäude ein „Kegelhaus" mit Kegelbahnen anbauen. Das Rödelsche Anwesen mit der Wirtschaft „Zum Grünen Baum" wurde im Bombenkrieg 1943/45 nur beschädigt und war 1977 noch in der Denkmalliste verzeichnet. Es ist in den Jahren danach abgebrochen worden, ohne dass dies großes Aufsehen erregt hätte. In den 1990-er Jahren wurde es in einer Veröffentlichung als „längst verschwunden" bezeichnet.

Quellen

StAN LG ä.O. Nürnberg Grundakten StG Schweinau Nr. 62/63. Kataster Schweinau Nr. 1, 4, 12.

Literatur

KDM Stadt Nürnberg, S. 479.

Beer, Helmut: Nürnberger Erinnerungen 10. Nürnberg 2001, S. 139.

Rusam, Hermann: Schweinau. Ein ehemals bambergisches Dorf im Sog der großstädtischen Entwicklung Nürnbergs. In: MANL 36 (1987), Heft 2, S. 289-302, S. 297 dort mit dem Wirt Krachschen Haus Hintere Marktstraße 55 (alte Nr. 58) vermengt.

Rusam, Dorfkerne, S. 154.

252.2 Ansicht des Krachschen Hauses, das den Bombentreffern des Zweiten Weltkriegs zum Opfer fiel. Fotografie: F. A. Nagel 1929 (StadtMN)

253 N

Schweinau III

Abgegangenes Herrenhaus (zerstört 1943/45, Wiederaufbau um 2000 abgebrochen)

Holzwiesenstraße 18 (zuvor Maiachstraße 18)

Stadt Nürnberg

Das zweigeschossige, als Herrenhaus bezeichnete Gebäude (von einem „Jagdschlösschen" kann keine Rede sein!) an der späteren Holzwiesenstraße wurde im Jahr 1769 von Georg Friedrich Steinberger, Kaufmann und Spiegelglasfabrikant, „ganz neu von Steinen" erbaut. Außerdem entstand ein Keller- und Waschhaus völlig neu. Die ehemals bäuerliche Hofstelle war 1747 von seinem Vater Johann Caspar Steinberger erworben und im Januar 1769 übergeben worden. Der Bauherr verstarb bereits 1784 und hinterließ sein Vermögen einer größtenteils minderjährigen Erbengemeinschaft. Man einigte sich 1788, das „elterliche zweygädige neu erbaute Wohnhaus" an den Miterben Friedrich Steinberger zu veräußern. Zum Kaufobjekt zählten auch der teils mit einer Mauer, teils mit einem Plankenzaun eingefriedete Hofraum, der mit einem Stadel, Stallungen, einer hölzernen Schupfe und einem Backofen bebaut war.

Doch auch der Sohn starb jung 1793 und vererbte ein beachtliches Vermögen von fast 48.000 Gulden (das Anwesen war mit 6.000 Gulden veranschlagt) seiner Witwe Anna Margaretha und seinem gerade erst geborenen Söhnchen. Durch Wiederverheiratung erwarb der Kaufmann und Spiegelglasfabrikant Johann Gottlieb

253.1 Ansicht des Herrenhauses an der Holzwiesenstraße von Südosten. Fotografie: G. v. Volckamer um 1894 (StadtMN)

Rock den Mitbesitz, der 1808 das zweigeschossige, von Sandsteinquadern erbaute Herrenhaus mit seinen Nebengebäuden, eine Spiegelglasfabrik, die 17 Arbeiter beschäftigte, ein Spiegelschleif- und Polierwerk im Spitzgarten bei Stein und ein weiteres Schleif- und Polierwerk in Penzendorf bei Schwabach umfasste.

Mit Erlangung der Volljährigkeit trat 1811 ein Erbteilungsvertrag in Kraft, der den Sohn aus erster Ehe Georg Friedrich Steinberger begünstigte. Die wirtschaftlichen Verhältnisse des jungen Besitzers, der nebenbei auch Kapitän der Landwehr war, werden auch durch ein Darlehen deutlich, das er dem Grafen von Pückler noch kurz vor dessen Tod gewährte [vgl. Schweinau I]. 1835 folgte ihm sein Sohn Friedrich. Etwa 10 Jahre später wurde das Herrenhaus mit der Spiegelfabrik an den Buchbindermeister Johann Georg Schrödel verkauft, der hier 1846 eine Buchbinderei gründete. 1880 übernahmen der gleichnamige Sohn und dessen Ehefrau Maria die Liegenschaft mit einer Auszahlung der Miterben und bauten sie noch im späten 19. Jahrhundert zu einer Kartonagenfabrik um. Seit etwa 1900 produzierte die Firma hier Spiele. Die Ideal Sport- und Spielefabrik J. G. Schrödel KG war bis vor kurzem Eigentümerin.

Das Herrenhaus wurde im Zweiten Weltkrieg durch Bomben getroffen und die Ruine in der Nachkriegszeit abgebrochen. An seiner Stelle entstand ein Neubau, dessen Kubatur sich am Vorgängerbau orientierte. Bis zu seiner Zerstörung handelte es sich um einen zweigeschossigen, fünfachsigen Sandsteinquaderbau auf annähernd quadratischem Grundriss. Das Erscheinungsbild wurde vor allem von dem dreigeschossigen Mansarddach geprägt, das je Fläche ein Zwerchhaus und fünf Gauben aufwies, die mit Wellengiebeln und Voluten geschmückt waren, sowie drei kleinere, einfacher gehaltene Giebelgauben im dritten Dachgeschoss. Hinzu kamen die beiden Werksteingiebel mit Gesimsen in den Brüstungshöhen und aufwändigen Vasenaufsätzen. Mit Wellengiebel, Vasen und Pilastern war auch das breite Korbbogenportal für den zur Holzwiesenstraße zugewandten Hauseingang versehen. Erhalten hatten sich noch im ausgehenden 20. Jahrhundert ein Nebengebäude mit Volutengiebel und ein sehr qualitätvolles Sandsteinportal, das mit der Inschrift „1778" und einem nicht mehr zu klärenden Wappen geschmückt war. In den 1970-er Jahren wurden auch die Reste einer barocken Gartengestaltung sowie Gartenplastiken des 19. Jahrhunderts inventarisiert. Diese letzten Relikte des Steinbergerschen Herrensitzes sind offenbar erst vor kurzer Zeit beseitigt worden.

Quellen

StAN LG ä.O. Nürnberg Grundakten StG Schweinau Nr. 65. Kataster Schweinau Nr. 1, 4, 12.

Literatur

KDM Stadt Nürnberg, S. 480, mit zum Teil falschen historischen Angaben.

Mulzer, Vorstädte, S. 106, 148.

Rusam, Hermann: Schweinau. Ein ehemals bambergisches Dorf im Sog der großstädtischen Entwicklung Nürnbergs. In: MANL 36 (1987), Heft 2, S. 289-302.

Rusam, Dorfkerne, S. 154-158.

253.2 Das Herrenhaus von Nordosten. Fotografie: F. A. Nagel 1929 (StadtMN)

254 · G6

Siegersdorf

Mutmaßlicher Ministerialensitz

Markt Schnaittach

Landkreis Nürnberger Land

1836 wird einmal der Flurname „Burgstall" für einen rund 700 Meter nordöstlich von Siegersdorf nach Westen vorspringenden Bergsporn genannt. Dieser bietet einen weiten Blick bis zum Rothenberg, Rabenshof und Enzenreuth und war an drei Seiten durch einen Steilabfall gesichert. 1703 beschossen im Spanischen Erbfolgekrieg die Truppen des Fränkischen Kreises von dem gut gelegenen Platz aus die bayerische Festung Rothenberg [vgl. Rothenberg]. Bei einer Grabung in den 1980-er Jahren soll hier auch ein Schanzkorb aus dieser Zeit zu Tage getreten sein, jedoch kein mittelalterlicher Befund, der auf einen befestigten Sitz an dieser Stelle hätte schließen lassen. Entsprechende urkundliche Nachrichten fehlen ebenfalls.

Ein im herzoglichen Urbar von etwa 1275 erwähnter „Sigartstorfaerius", dem Güter in Siegersdorf verpfändet waren, gehörte einem Geschlecht niederer Dienstmänner im Umkreis der Reichsministerialen von Hiltpoltstein-Lauf-Rothenberg an. In den 1330-er Jahren erscheint die Familie, die auch zu Rollhofen wohl lediglich auf einer Hofstelle saß, unter den Dienstleuten der Schenken von Reicheneck. Gegen Ende des 14. Jahrhunderts erwarben einzelne Familienangehörige das Nürnberger Bürgerrecht oder traten in den Solddienst der Reichsstadt. Im Jahr 1400 wurde mit Jakob letztmals ein Siegersdorfer erwähnt. Ein Herrensitz in ihrer Hand wird auch zu dieser Zeit nicht überliefert und ist daher auch im Ort selbst nicht sehr wahrscheinlich.

Quellen

Lehnbuch 1331, S. 6, 31, 69, 77, 143.

Literatur

Hersbrucker Urbare. Hg. v. Rudolf Geiger und Gustav Voit. Nürnberg 1965, S. 32.

Heinz, Walter: Ehemalige Burgen im Umkreis des Rothenbergs. 1. Teil: Von Schnaittach bis Wildenfels (= Vom Rothenberg und seinem Umkreis, Heft 15/1). Schnaittach 1992, S. 11 f.

Kaschel, Werner: Die Flurnamen der Gemarkung Siegersdorf (= Vom Rothenberg und seinem Umkreis, Heft 12). Schnaittach 1990, S. 32-35.

Schnelbögl, Fritz: Aus der Geschichte von Siegersdorf. In: MANL 22 (1973), Heft 3, S. 63 f.

Voit, Pegnitz, S. 230 f.

255 — F7

Simmelsdorf I

Herrensitz

Am Tucherschloß 1

Gemeinde Simmelsdorf

Landkreis Nürnberger Land

Das Simmelsdorfer Tucherschloss entsprach einst in idealtypischer Weise einem so genannten Weiherhaus: Das wohnturmartige Hauptgebäude lag inmitten einer Weiher-Graben-Anlage, die erst im 19. Jahrhundert dem Landschaftsgarten weichen musste. Die Erbauungszeit wird nicht überliefert; Gustav Voit nennt Dietrich III. von Wildenstein, der 1350 eine Gült aus einem Gut zu Simmelsdorf an das Kloster Michelfeld für seinen Jahrtag stiftete und danach nicht mehr erwähnt wird, als Bauherrn, doch lässt sich diese Vermutung nicht belegen. Ein erster Hinweis erscheint aber für 1352, als sich ein Ulrich Neidung nach Simmelsdorf nannte. 1360 wurden dieser und sein Bruder Fritz mit der Burg Rothenberg von Heinrich XI. von Wildenstein an Kaiser Karl IV. übergeben [vgl. Rothenberg] und sind daher für 1366/68 als Eigenleute der Krone Böhmen bezeugt. Das Geschlecht der Neidunge, die sich je nach Dienstsitz nach verschiedenen Burgen nannten, findet sich aber auch unter Nürnberger Bürgern und Montanunternehmern der Region [vgl. Diepoltsdorf I, Hiltpoltstein, Winterstein].

Nach 1368 gelangten die Türriegel von Riegelstein auf unbekanntem Wege, vielleicht durch eine Heirat, an den Simmelsdorfer Sitz. Immerhin verfügte der Rothenberger Burghüter Dietrich Türriegel 1379 auch über andere Grundstücke aus dem Vermögen der Neidunge. 1417 erhielt Heinrich IV. Türriegel von König Sigmund die Lehen zu Simmelsdorf. 1430 bekam sein Bruder Georg vom König die Erlaubnis, die Heimsteuer seiner Frau auf seinem Reichslehen Simmelsdorf zu versichern. Ob sich diese Nachrichten auf den Sitz beziehen, ist unklar, denn fortan erscheint dieser als böhmisches Lehen, so bei der Belehnung Werner Türriegels 1454 durch König Ladislaus von Böhmen. Zumindest die hölzernen Konstruktionen des Weiherhauses, die auf einem Sockelgeschoss aus Kalkbruchstein ruhen, sind in den Jahren 1445 bis 1455 grundlegend erneuert worden, wie eine dendrochronologische Analyse 1990 ergab. Es könnte sich wenigstens zum Teil um eine Instandsetzung von Kriegsschäden gehandelt haben, denn nach dem Bericht des Nürnberger Kriegshauptmanns Erhart Schürstab brannten seine Söldner 1450 auch das Dorf Simmelsdorf nieder. Ob davon auch der durch die Weiheranlage geschützte Sitz betroffen wurde, ist nicht bekannt.

Im Jahr 1500 fand unter den Brüdern Heinrich, Hans und Conz Türriegel eine Erbteilung statt. Erhebliche Schulden zwangen Hans und Conz bald darauf, ihren Simmelsdorfer Besitz zu verkaufen. Von seinem Schwager Conz Türriegel erwarb Sixt von Seckendorff 1504 zunächst einen halben Teil. Die Verkaufsurkunde vom 15. März 1504 überliefert erstmals eine wehrhaft ausgebaute Anlage mit Türmen, Zwinger, Wassergraben und Torhäusern. 1506 übernahm Seckendorff dann auch die Hälfte des tragisch verstorbenen Hans Türriegel, der 1504 zu den Verteidigern der Festung Kufstein gezählt haben soll, die nach deren Einnahme auf Befehl Kaiser Maximilians mit dem Schwert hingerichtet wurden.

Das Simmelsdorfer Schloss blieb nun für Jahrzehnte bei den Seckendorffern: 1517 folgte Caspar, wie sein Vater Sixt markgräflicher Amtmann zu Schönberg, um 1523 sein Bruder Lorenz. Dessen Nachfahren Hans und Georg von Seckendorff hinterließen erhebliche Schulden, sodass deren Witwen, Töchter des Conz III. Türriegel, 1570 und 1572 die beiden Besitzhälften an Werner II. Türriegel, Pfleger des pfälzischen Amtes Hartenstein, veräußern mussten. Wiederum Schulden zwangen Georg Michael Türriegel, der Simmelsdorf nach einer Erbteilung erhalten hatte, 1594 dazu, mit der Familie Tucher in Kaufverhandlungen zu treten. Erst nach langwierigen, zum Teil gewalttätig geführten Auseinandersetzungen mit der Ganerbenherrschaft Rothenberg, die sogar zur Inhaftierung Türriegels und zur kurzzeitigen Besetzung des Schlosses geführt hatten, gelang es dem Nürnberger Geschlecht 1598, das Rittergut Simmelsdorf für die Dr. Lorenz Tucher-Stiftung zu erwerben. Der Einspruch der Kurpfalz, die die

255.1 Ansicht des Herrenhauses im Wassergraben um 1677, Radierung von C. Renner (StadtMN)

255.2 Ansicht des Herrenhauses nach den Schmidtnerschen Umbauten in den 1840-er Jahren, Fotografie: G. v. Volckamer um 1894 (StadtMN)

255.3 Ansicht des Herrenhauses von Süden, Fotografie: F. A. Nagel 1931 (StadtMN)

Lehnsherrschaft über den Rothenberg beanspruchte, verzögerte dann nochmals die Tuchersche Inbesitznahme. Erst die Anerkennung des Kurfürsten Friedrich IV. von der Pfalz als Landesherrn und die Verpflichtung der Tucher als pfälzische Landsassen machten den Weg für die Tucher-Stiftung frei. Im Februar 1607 wurde das mittlerweile erheblich renovierungsbedürftige Schloss den Stiftungsadministratoren übergeben. Unter der Leitung des Endres VI. Tucher (1551–1630) wurde der Sitz vom Frühjahr 1607 an in Stand gesetzt.

Zwar sorgte die Tucher-Stiftung über alle Jahrhunderte hinweg kontinuierlich für den Bauunterhalt, doch verlor das Schloss sein mittelalterliches Erscheinungsbild, das durch eine um 1677 (nicht um 1650) entstandene Radierung vermutlich nach einer Vorlage von Johann Keill (1642–1719) überliefert ist, erst nach 1830. Zunächst wurde die Weiher-Graben-Anlage trockengelegt und aufgefüllt, damit man um die Mitte des 19. Jahrhunderts einen Landschaftsgarten im englischen Stil anlegen konnte. Zur Planung des Gartens holte die Familie Tucher keinen Geringeren als Carl Eduard von Pezold (1815–1891). Pezold war erster Schüler von Hermann Fürst von Pückler-Muskau, der in Bad Muskau und Branitz zwei der weltweit großartigsten Landschaftsgärten geschaffen hatte. Pezold übernahm seinerzeit als Gartendirektor die Weiterentwicklung des Muskauer Parks und zählte zu den berühmtesten Landschaftsarchitekten, die sich in Europa dem Englischen Garten verschrieben hatten. Bei dieser Maßnahme verschwanden die hölzernen Brückenanlagen, die, teils gedeckt, teils als Zugbrücken ausgeführt, den Zugang zum Vorhof, der selbst in Insellage stand, und zum Herrenhaus gewährten.

Um 1845/48 veränderte man auch das Herrenhaus. Der Umbau erfolgte angeblich nach Entwürfen des vormaligen Nürnberger Stadtbauinspektors Leonhard Schmidtner (1799–1873), seit 1837/38 Zivilbauinspektor in Passau und Landshut, und brachte die vier markanten Ecktürmchen sowie an der Nordwestseite einen historisierenden, achteckigen Treppenturm hervor. Das Balkenwerk für die Ecktürmchen soll von der ab 1838 aufgelassenen Festung Rothenberg stammen; damals hatte man von dort alles leicht verwertbare Baumaterial (Dachziegel und -rinnen, Dach- und Deckenbalken usw.) verkauft. Die Schlossanlage in Simmelsdorf gehört heute noch der Tucher-Stiftung.

Quellen

Böhmisches Salbuch, S. 115.

Gelegenhait, Nr. 605, 846.

Reg. Imp. XI, Nr. 2566, 7855.

Literatur

Alberti, Volker: Die Herrschaft Simmelsdorf. Grundherren und Untertanen vom 14. bis 19. Jahrhundert (= Schriftenreihe der ANL Bd. 41). Simmelsdorf 1995, mit Abb. S. 108, 143 f.

Ambronn, Karl-Otto: Die Landsassen des Fürstentums der Oberen Pfalz (= HAB Altbayern, Reihe II). München 1982, S. 189 f.

Deliciae II, S. 184 f.

KDM Lauf, S. 479-487, mit Lageplan von E. Pezold und vier Grundrissen des Herrenhauses.

Ruthrof, Renaissance, S. 25-27, mit Ansicht „um 1650", S. 48 f.

Schwemmer, Wilhelm: Der Herrensitz und die Grundherrschaft Simmelsdorf. In: MANL 5 (1956), Heft 1, S. 1-13.

Stadtlexikon Nürnberg, S. 996, ebenfalls mit der Rennerschen Radierung, hier richtig um 1677 datiert.

Voit, Pegnitz, S. 267-273, 277, 285, 302 f.

Wiegel, Helmut: Gartendenkmalpflegerische Voruntersuchungen Schlossgarten Simmelsdorf. Unveröff. Manuskript.

256   F7

Simmelsdorf II

Herren- und Amtshaus, „Neues Schloss"

Am Tucherschloss 6-8

Gemeinde Simmelsdorf

Landkreis Nürnberger Land

1781 wurde im Ökonomiehof ein Gebäude errichtet, das vorübergehend „kleines Herrenhaus" genannt wurde. In dem zweigeschossigen Walmdachbau (Am Tucherschloss 6) brachte man 1808 den Voit und Amtsräume für das Patrimonialgericht unter. Im Zuge der umfassenden Modernisierung der Schlossanlage ließ die Tucher-Stiftung das alte Gerichtsschreiberhaus abbrechen und an seiner Stelle 1844/45 im neogotischen Stil ein weiteres Amtshaus bauen (Am Tucherschloss 8), das später als „Neues Schloss" bezeichnet wurde. Die symmetrisch angeordneten Flügelbauten wurden bei einem Umbau 1877 mit Obergeschossen erweitert. Nach einem Brandschaden musste der Mittelbau („Corps de Logis") 1894 erneuert werden. Von 1992 bis 2002 war die Geschäftsstelle der Altnürnberger Landschaft e.V. hier untergebracht.

Literatur

Alberti, Volker: Die Herrschaft Simmelsdorf. Grundherren und Untertanen vom 14. bis 19. Jahrhundert (= Schriftenreihe der ANL Bd. 41). Simmelsdorf 1995, S. 143, 145, 153.

KDM Lauf, S. 483 f.

Schwemmer, Wilhelm: Der Herrensitz und die Grundherrschaft Simmelsdorf. In: MANL 5 (1956), Heft 1, S. 1-13.

256.1   Ansicht des „neuen Schlosses" während der Wiederherstellungsarbeiten nach dem Brand von 1894. Fotografie: G. v. Volckamer 1894 (StadtMN)

257 E6

Simonshofen

Abgegangener Ministerialensitz

Flur „Gemeindebühl" nördlich von Simonshofen

Landkreis Nürnberger Land

1978 untersuchte der Kreisarchäologe Günther Schroth einen vermeintlich bronzezeitlichen Grabhügel nördlich von Simonshofen. Dieser stellte sich jedoch als Rest eines Turmhügels mit umlaufendem Graben heraus, den Schroth ins frühe 11. Jahrhundert datierte.

Der einzige archivalische Hinweis auf einen schon im 14. Jahrhundert abgegangenen Sitz ist einer Nachricht von 1335 zu entnehmen. Seinerzeit veräußerte Friedrich, Propst zu Berching, einen Hof „mit Purchstallen, mit Weiherstetten, mit Zeidelweide" an den Nürnberger Reichsschultheißen Konrad Groß, der ihn später seiner großen Stiftung, dem Heilig-Geist-Spital zu Nürnberg, überwies. Dieses Anwesen könnte mit dem später dem Spital grundbaren „Burkhof" identisch sein, der 1630/98 in drei Höfe aufgeteilt worden ist und einst mit über 225 Morgen Land der größte Hof am Ort gewesen sein soll. Möglicherweise zählte dieser Hof zur Ausstattung eines schon im Hochmittelalter abgegangenen Ansitzes.

Quellen

StadtAN D 2/I Nr. 1335 Januar 1; D 2/II Nr. 42, 252.

Literatur

Frdl. Mitteilung von Günther Schroth, Kreisheimatpfleger für Archäologie.

Glückert, Burgen, S. 48-52.

258 G8

Spies

Abgegangene Burg

Stadt Betzenstein

Landkreis Bayreuth

Oberhalb der Ortschaft Spies, einem Gemeindeteil der Stadt Betzenstein, ragen die eindrucksvollen Spieser Felsen in die Höhe, seit Jahrzehnten ein beliebtes Ausflugsziel der Frankenalb. Auf ihnen finden sich die Spuren der abgegangenen Burg Spies. Ein mit Perthold um 1187 und Heinrich 1189 erscheinendes Ministerialengeschlecht der Herzöge von Andechs-Meranien und der Grafen von Abenberg nannte sich bereits „Spiez".

Ulrich I. Spies zählte offenbar zur engeren Gefolgschaft des 1248 verstorbenen Herzogs Otto VIII., des letzten Meraniers. Im späten 13. und frühen 14. Jahrhundert gehörten mehrere Spies zu den Ministerialen der Schenken von Reicheneck.

Ein Hinweis auf die Besitzrechte des Geschlechts an der gleichnamigen Burg Spies lässt sich jedoch nicht ausmachen. Die von Hellmut Kunstmann und Gustav Voit angeführte Bauherrenschaft der Spies schon im 12. Jahrhundert muss entschieden in Frage gestellt werden, denn Mitglieder des Geschlechts werden allenfalls als Dienstleute hier gesessen sein. Doch nicht einmal dies ist belegt. Als die Burg Spies 1346 erstmals in der Überlieferung aufscheint, ist sie Besitz des Hartmann von Waizmannsdorf, der Nürnberger Bürger wurde und der Reichsstadt für vier Jahre das militärische Öffnungsrecht über die Feste einräumte. Nach 1350 wurde die Burg Spies an Heinrich von Berg, Nachfahren eines bedeutenden Nürnberger Reichsministerialengeschlechts, verkauft. Schon 1354 musste der Käufer die Feste jedoch der Krone Böhmen zu Lehen auftragen.

Heinrich von Bergs Söhne Eberhard und Heinrich waren im ausgehenden 14. Jahrhundert in anhaltende Fehden mit der Reichsstadt Nürnberg verwickelt, ein Kleinkrieg, der wohl im Zusammenhang mit den machtpolitischen Spannungen zwischen den Reichsstädten und dem Adel stand. Während sich die Herren von Berg auf das Fehderecht beriefen, warf die Reichsstadt den Brüdern Straßenraub vor und drängte König Wenzel 1397 zu einer Reichsexekution. Der schnelle Verkauf eines Drittels der Burg mit der Kemenate (Wohngebäude) an den Nürnberger Burggrafen konnte nicht mehr verhindern, dass der König am 17. September 1397 mit den Truppen fränkischer Reichsstädte vor die Burg zog und sie immerhin acht Tage lang belagerte. Unmittelbar vor der Einnahme konnten nachts jedoch 22 Mann der 24-köpfigen Besatzung fliehen.

Die Burg wurde unmittelbar nach der Eroberung zerstört. Mit der Beurkundung der Urfehde verzichteten die Gebrüder von Berg am 14. Oktober 1397 darauf, sich wegen der gebrochenen Burgen Spies und Weisendorf (bei Höchstadt) an ihren Feinden zu rächen. Wenig später verbot König Wenzel, der mit dem städtischen Kontingent 1397 noch weitere Festen zerstört hatte, den Wiederaufbau der Raubnester, darunter auch Spies. Die Reichsstadt Nürnberg setzte 1401 durch, dass auch Wenzels Gegner und Nachfolger, König Ruprecht I., das Verbot erneuerte. 1404 veräußerte Heinrich von Berg die Burgstelle, abgesehen von dem burggräflichen

Drittel, worauf einst die Kemenate gestanden hatte, an den Nürnberger Bürger Heinrich Harsdorfer.

Spies sorgte gleichwohl weiterhin für Unruhe. Der Burggraf, mittlerweile zum Markgrafen von Brandenburg avanciert, belehnte nämlich 1421 Konrad von Aufseß mit seinem Teil an der Burg, woraufhin der Belehnte das königliche Verbot ignorierte und wahrscheinlich in Absprache mit den Hohenzollern an den Wiederaufbau ging. 1426 konnte Nürnberg König Sigmund dazu bewegen, die Reichsacht über Konrad von Aufseß zu verhängen. Schließlich schritt Markgraf Friedrich ein und übernahm 1427 Spies gegen Auszahlung eines Leibgedings an den Aufsesser. Wenig später verpfändete der Markgraf die wiederhergestellte Burg zunächst an Georg von Wildenstein, dann 1431 an Kunz Stör zu Neuhaus. 1464 soll dieser heimlich weitere Gebäude errichtet haben. 1482 heißt es schließlich, dass die Burg Spies mittlerweile durch Blitzschlag abgebrannt war. Die Pfandsumme wurde in diesem Jahr erhöht, um Fritz Stör die Instandsetzung des Brandschadens zu erleichtern. Wenig später machte sich Stör jedoch nicht näher genannter Verbrechen schuldig, woraufhin der Markgraf die Burg 1491 gewaltsam einnehmen ließ.

Das an die Stör verpfändete Amt Spies-Hetzendorf wurde seit dem Einschreiten des Fürsten von markgräflichen Amtleuten verwaltet. 1492 saß Thomas von Kühedorf als Amtmann auf der Burg. Im frühen 16. Jahrhundert wurde die Burg als markgräfliches Schloss und Sitz einer Vogtei bezeichnet. Im Zweiten Markgrafenkrieg fand die wechselvolle Burggeschichte ein zweites kriegerisches Ende: Am 26. Mai 1553 nahmen Nürnberger Truppen die Burg ein und brannten sie nieder. Um 1562 wurde die Feste als „alt zerfallenes schloß" bezeichnet. Hellmut Kunstmann nahm an, dass zumindest das „Vogthaus" vor 1580 wieder aufgebaut worden sei, die übrigen Ruinen blieben sich selbst überlassen. Vermutlich befand sich das Vogthaus im Dorf, denn in den Annalen des Nürnberger Ratsschreibers Johannes Müllner von 1623 wurde das Schloss bereits als bloßer Steinhaufen beschrieben.

Die Burg erstreckte sich einst auf einem 120 Meter langen und bis zu 15 Meter breiten Dolomitfelsriff auf einer Höhe bis zu 616,5 Metern. Nach den Beobachtungen von Hellmut Kunstmann, der um 1964 noch einen 1,5 Meter langen und 1 Meter hohen Mauerrest vorfand, erstreckte sich die Burganlage über die gesamte Felslänge. Die einzige bislang bekannte Darstellung der Burg auf einer Karte aus der Mitte des 16. Jahrhunderts, auf die sich Kunstmann vor allem gestützt hat, dürfte leider wie die meisten anderen Ortsbilder dieser Karte mit der Wirklichkeit nicht viel zu tun haben und erlaubt daher keine zuverlässige Rekonstruktion. Die untergegangene Burg dürfte im Wesentlichen über zwei wohnturmartige Hauptgebäude, die so genannten Kemenaten der oberen Burg, verfügt haben, die auf dem nördlichen und östlichen Felsriff standen. Der Zugang erfolgte von Süden, wo die Burg durch einen Halsgraben geschützt worden war. Unmittelbar nördlich des Grabens sind noch die Fundamente eines Torbaus zu erkennen. Der Torweg führt zur unteren Burg, einer Terrasse unterhalb der östlich ansteigenden, die Hauptburg tragenden Felsen, wo sich noch ein fast verfüllter Rest der ehemaligen Zisterne erkennen lässt. Der weitgehend aufgefüllte Graben und das eingeebnete Gelände davor lassen annehmen, dass die Burg viele Jahre lang als Steinbruch genutzt worden ist. Dies dürfte auch den fast völligen Verlust aufgehenden Mauerwerks erklären.

Quellen

StAN Rst. Nbg., Rechnungen des markgräflichen Krieges Nr. 95, 96.

Gelegenhait, Nr. 850.

Lehnbuch von 1331, S. XXXVII, LXIII, 14 f, 26, 28, 71, 76 , 132, 150, 153, 174, 199 (Spieser als Lehnsleute der Schenk von Reicheneck).

Müllner II, S. 252; III, S. 145, 174, 243.

Literatur

KDM Pegnitz, S. 513 f.

Kunstmann, Östliche fränkische Schweiz, S. 493-503, mit idealisierter Abbildung von etwa 1530 und Lageplan der Burgstelle.

Rühl, Pegnitz, S. 89.

Voit, Pegnitz, S. 234-237.

258.1 Idealisierte Ansicht der Burgruinen Spies und Riegelstein auf einem Ausschnitt aus Hieronymus Brauns Karte der Pflegämter Velden und Hauseck vom Februar 1611 (StAN)

258.2 Luftbild von Spies, Burgstelle auf den „Spieser Felsen" rechts im Bild, Aufnahme vom Mai 1993 (BLfD)

259 F8

Spiesmühle

Abgegangene Burg, „Purgstall" bei der Spiesmühle

Stadt Gräfenberg

Landkreis Forchheim

Im ältesten Leuchtenberger Lehenbuch erscheint für 1379 unter den Lehen des Berthold Haller [vgl. Gräfenberg, Einleitung] an der Grasnach (= Großenohe-Bach) ein „purkchof", der in der Nähe des Dörnhofs bzw. der Spiesmühle zu suchen ist. In diesem Bereich befand sich aber auch ein Waldstück, „purgstall genant", das 1417 Bertholds Enkel Georg II. Haller nebst der Spiesmühle, einem unterhalb derselben gelegenen Höflein (= der spätere Dörnhof?) und weiteren Flurstücken an den Nürnberger Bürger Burkhart Helchner verkaufte. Dieser erhielt 1421 die Leuchtenberger Lehen als freies Eigentum.

Die zu dem Besitzkomplex gehörige „Kriegswiese" sowie die „Burkleiten zum Furchstein" vererbte Burkharts Enkel Hans Helchner 1493 an Peter Heber, Hammermeister an der Trubach [vgl. Hammermühle], der dort ein Wohnhaus errichten sollte. 1505 verkaufte Helchner seine freieigene „Behausung" Dürnhof [vgl. Dörnhof] mit den zugehörigen Liegenschaften, darunter dem Holz „Burgstall", an den Nürnberger Rat.

Hellmut Kunstmann lokalisierte um 1970 die Burgstelle auf der Flur „Burggraf", einer Berghöhe 275 Meter östlich von Dörnhof, als kleines, annähernd dreieckiges Plateau. Es wird hier von einem 20 Meter breiten und 5 Meter tiefen natürlichen Einschnitt nordwestlich vom Fels, auf dem heute ein bekannter Aussichtspunkt ins Trubachtal angelegt ist, getrennt. Während der Platz im Norden und Westen durch den steilen Geländeabfall geschützt ist, wollte Kunstmann im Süden und Osten einen künstlich angelegten Wall erkennen. Dieser war aber schon um 1970 nur noch schwach ausgebildet. Im Nordteil der vermeintlichen Burgstelle fand er damals einen 7 Meter langen Grundmauerrest, den er für mittelalterlich hielt.

Diese archäologisch noch nicht bestätigte Lokalisierung steht im Widerspruch zur urkundlichen Überlieferung von 1417, nach der sich der „purgstall" gegenüber, demnach westlich der am Ostufer des Großenohe-Bachs liegenden Mühle befinden soll. Der Standort der schon im 14. Jahrhundert abgegangenen Burg ist möglicherweise noch immer nicht gefunden.

Quellen

StAN Rst. Nbg., Päpstlich-fürstliche Privilegien Nr. 171, 186.

Völkl, Georg: Das älteste Leuchtenberger Lehenbuch. In Verhandlungen des Historischen Vereins für Oberpfalz und Regensburg 96 (1956), S. 312, 315.

Literatur

Heinz, Walter: Ehemalige Adelssitze im Trubachtal (= Die Fränkische Schweiz Bd. 10). Erlangen 1996, S. 79-89.

Kunstmann, Südwestliche Fränkische Schweiz, S. 215-217.

Wagner, Illuminatus: Geschichte der Landgrafen von Leuchtenberg, Bd. 3. Kallmünz 1951, S. 39, 82.

260

Stein I

Abgegangener Herrensitz, „Geudersitz"
(Abbruch 1922)

Stadt Stein bei Nürnberg

Landkreis Fürth

Von einem „Burgerssitz, Stain genannt", bei einem Hammerwerk und etlichen Bauerngütern berichten 1623 die Annalen der Reichsstadt Nürnberg. Die Güter waren Lehen der ehemaligen Reichsministerialen von Leonrod-Buttendorf. 1466 belehnten die Herren von Leonrod den Nürnberger Bürger Martin Rebel mit dem Mühlwerk zu Stein, wozu auch ein Hammerwerk, eine Papiermühle und ein Schleifwerk gehörten. Auf dem Anwesen scheint ein Herrenhaus entstanden zu sein, das schon 1488 genannt wurde, als es von den Rebel als Afterlehen an Nikolaus Glockengießer vererbt war. Es fand im Jahr 1499 ein unrühmliches Ende, als der berüchtigte Kunz Schott mit seinen Helfern Christoph von Giech und Stephan von Wirsberg den Ort im Zuge ihrer Fehde gegen Nürnberg niederbrannten [vgl. Hirschbach]. 1501/02 veräußerte Wolf Rebel die Brandruine an Martin Geuder.

Aus den Trümmern entstand 1532 ein neuer Sitz, nachdem der Nürnberger Bürger und Montanunternehmer Sebald Ochsenfelder als Afterlehnsmann der Geuder sich die Errichtung eines zweigeschossigen Herrenhauses genehmigen ließ [vgl. Mühlhof]. Da der Markgraf die Hochgerichtsbarkeit über Stein beanspruchte, musste auch Brandenburg-Ansbach dem Bau zustimmen. Dies geschah, jedoch wurde ausdrücklich der Bau von Befestigungsanlagen verboten.

Im Zweiten Markgrafenkrieg wurde am 11. Mai 1552 auch dieser zweite Sitz ein Raub der Flammen, als die markgräflichen Truppen bei Stein ein Feldlager aufgeschlagen hatten. Spätestens in den 1560-er Jahren hatten die Ochsenfelder ihr Gut wiederaufgebaut. 1586 gab David Ernst Ochsenfelder das Herrenhaus für 1.200 Gulden an Julius und Anton Geuder zurück, die es zuerst an den Hammermeister Thomas Reichold, drei Jahre später an den Nürnberger Kaufmann Endres Schurger weiterverliehen. Die Gestalt des Ochsenfelderschen Herrensitzes wird durch einen Stich von Lorenz Strauch von 1598/99 überliefert. Demnach handelte es sich um den Typus eines Turmhauses, bei dem zwei Obergeschosse auf einem hohen Sockelgeschoss ruhten. An einer Traufseite befand sich ein Treppenturm. Zu erkennen sind auch ein Fachwerkgiebel und ein Krüppelwalmdach, wobei die Giebelspitzen von Hirschgeweihen geschmückt werden, wie wir das auch von Abbildungen vieler anderer Herrensitze dieser Zeit kennen.

Dieser dritte Sitz wurde ebenfalls nicht alt: Im September 1632 wurde Stein von kaiserlichen Truppen verwüstet. Dabei brannten 19 Anwesen nieder. 1640

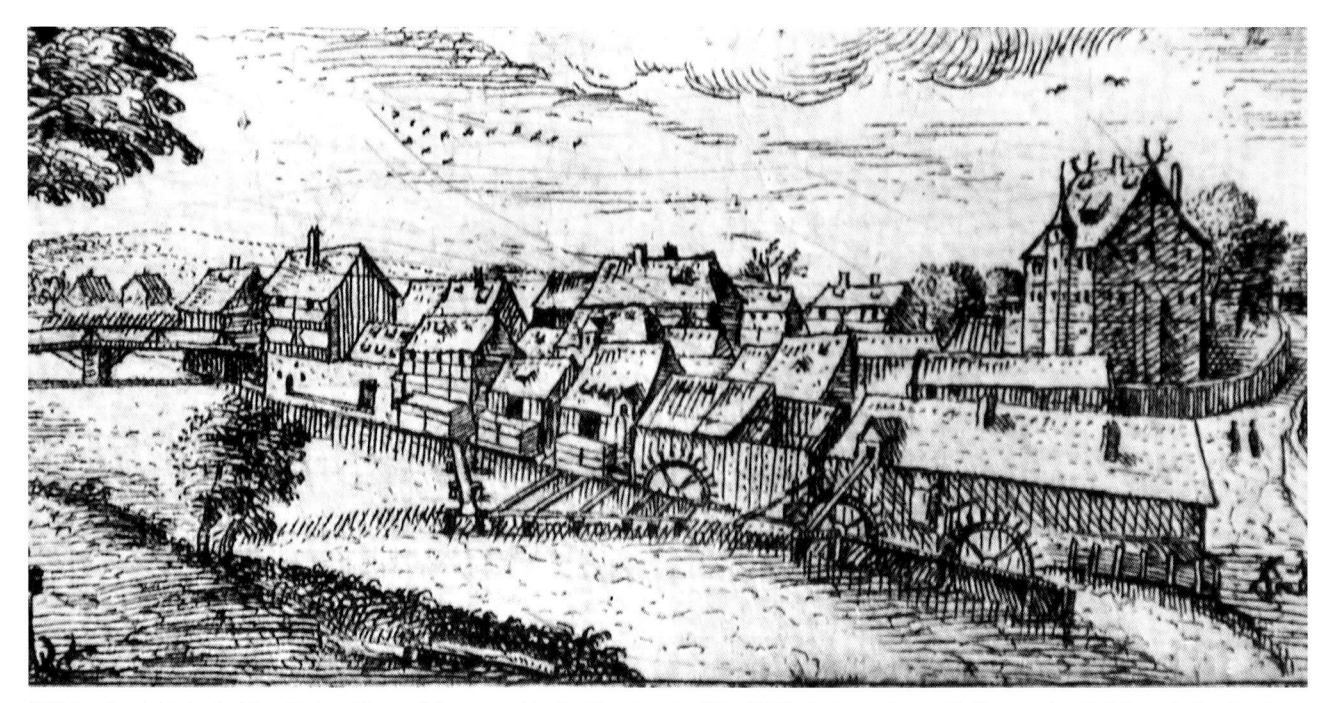

260.1 Ansicht der beiden Steiner Herrenhäuser, rechts der Geudersche Sitz (260), links und unmittelbar an der Brücke mit den Laubengängen an den Obergeschossen das „Seegerische Herrenhaus" (261), Radierung von Lorenz Strauch um 1598/99 (StadtMN)

erwarb der Unternehmer Cornelius Lebrun, ein reformierter Protestant, der 1622 nach Nürnberg emigriert und Gesellschafter der Steirischen Stahlhandelsgesellschaft geworden war, von Hans Philipp Geuder die ruinierte Liegenschaft. Während der Käufer das Hammerwerk bald nach dem Kauf wiederherstellte, wurde das „Herrensitzlein" erst um 1665 erneuert. 1689 geriet dieses neue Herrenhaus in ein Zwangsverfahren, das über die Erben hereinbrach, als die Witwe Lebrun 1684 völlig verschuldet verstorben war. Nach jahrelangen Streitigkeiten zwischen Gläubigern, Erben und den mittlerweile zu Reichsfreiherrn avancierten Geudern von Heroldsberg reklamierten die letzteren das Schlösslein für sich und veräußerten es im Februar 1717 an den Pfragner Tobias Reinhard.

Der Papiermüller Johann Lothar Knödel der Ältere kaufte das „Schlößlein" schließlich am 14. April 1760 von der Erbengemeinschaft Reinhard. Seit dieser Zeit war das Herrenhaus mit der Papiermühle der Familie Knödel verbunden. Von einer herrschaftlichen Wohnung konnte keine Rede mehr sein: Um 1800 waren mehrere Mieter, meist Handwerker, darin untergebracht. Nach dem Konkurs des Johann Lothar Knödel junior kam es 1829 zu einer Versteigerung: Der Papierfabrikant Georg Friedrich Carl Volkert von der Oberfichtenmühle erwarb das Herrenhaus mit der Knödelschen Papiermühle, veräußerte das Gebäude jedoch 1834 an den Schuhmacher Johann Peter Baer. Dessen Sohn Johann Michael Baer verkaufte es dann 1877 an den Bleistiftfabrikanten Lothar von Faber. 1922 wurde das Steiner Herrenhaus mit der alten Hausnummer 31 schließlich für den Neubau von Fabrikgebäuden der Firma Faber-Castell abgebrochen.

Quellen

StAN Rst. Nbg., Waldamt Lorenzi I Nr. 419, 1315. Ft. An., Oberamt Cadolzburg Urk. Nr. 460. Rentamt Erlangen I Nr. 124. Archiv Geuder-Rabensteiner Nr. 1077, 2431, 3569.

Müllner I, S. 341.

Literatur

Deliciae II, S. 95.

Hirschmann, Gerhard: Stein bei Nürnberg. Geschichte eines Industrieortes (= Schriftenreihe der ANL Bd. 9). Nürnberg 1962.

Ders.: Stein. Vom Industriestandort zur Stadt. Nürnberg 1991.

Marabini, Edmund: Die Papiermühlen im Gebiet der weiland Freien Reichsstadt Nürnberg. Nürnberg 1894, S. 79-81.

Stadtlexikon Nürnberg, S. 1037, mit der Radierung von L. Strauch von 1598/99.

261 B2

Stein II

Abgegangener Herrensitz, „Seegerisches Herrenhaus" (Abbruch im 18. Jahrhundert)

Stadt Stein bei Nürnberg

Landkreis Fürth

1628 wird erstmals ein zweites Herrenhaus zu Stein überliefert, das offenkundig schon um 1600 bestanden hatte. Als „Seegerisches Herrenhaus" lag es beim Messing- und Drahthammer, den 1589 der Nürnberger Bürger und Messinghändler Caspar Seeger erworben hatte. Nachdem Seeger, ein Afterlehnsmann der Geuder, 1606 in Konkurs gegangen war, folgte ein langer Streit: Die Herren von Leonrod, die sich als Lehnsherren jahrzehntelang weigerten, die Geuder erneut zu belehnen, vergaben das Hammerwerk mit dem Herrenhaus 1656 (wieder) an Niklaus Dörffler, wobei die 1632 ruinierten Gebäude [vgl. Stein I] zu dieser Zeit allenfalls zum Teil wiederhergestellt waren. Noch 1676 heißt es, das Herrenhaus sei „heutzutage ganz elend und nicht in alter Form und Pomp erbauet ... wie es vor dem Brand gewesen". Von der Familie Dörffler ging der Besitz 1684 an den Nürnberger Eisenhändler Johann Jacob Breithaupt, der ihn schon 1695 an Hanns Luger veräußerte. Wenig später folgte Christoph Steinberger aus Schweinau als Besitzer nach.

Nach einer Ortsansicht, einer Bleistiftzeichnung von 1684, lag das Seegerische Herrenhaus unmittelbar nordwestlich der Rednitzbrücke und stieß nördlich an den Zainhammer. Unter der Familie Steinberger scheint die Bezeichnung Herrenhaus für das Gebäude nicht mehr auf: Offenbar wurde es im 18. Jahrhundert für die Produktion oder zur Unterbringung von Arbeitern genutzt. 1750/51 wandelte Johann Caspar Steinberger den Komplex in ein Glaspolierwerk um, wobei die Gebäude abgebrochen und neu aufgebaut worden sein sollen. Das Steinbergersche Glaspolierwerk wurde 1848 an Lothar von Faber verkauft, der es wenig später für einen Fabrikneubau beseitigte.

Quellen

StAN Archiv Geuder-Rabensteiner Nr. 3569.

Literatur

Hirschmann, Gerhard: Stein bei Nürnberg. Geschichte eines Industrieortes (= Schriftenreihe der ANL Bd. 9). Nürnberg 1962, S. 32 f, 39, 55 f, 59, 72, 88-92, 130.

Stadtlexikon Nürnberg, S. 1037.

262 — A5

Steinach

Herrensitz

Steinach 6, 7, 10

Stadt Fürth

Steinach ging aus einem Einzelhof hervor, der 1326 aus dem Erbe der Reichsministerialen von Gründlach an die Burggrafen von Nürnberg überging. Seit etwa der Mitte des 14. Jahrhunderts im Besitz Nürnberger Bürger, wurde der Bauernhof schon früh in drei Anwesen geteilt. Die Behauptung, bereits vor dem Zweiten Markgrafenkrieg habe in Steinach auch ein Herrensitz bestanden, der 1552 zerstört worden sei, dürfte nicht zutreffen. Abgesehen davon, dass ein solcher in den Listen der Kriegsschäden nicht erscheint, spricht auch die Erkundung der Nürnberger Landschaft von 1504 nur von einem Weiler, und in den alten Karten des Nürnberger Gebiets bis einschließlich 1559 ist ebenfalls kein Sitz eingezeichnet.

Vielmehr ist dem Nürnberger Chronisten Johannes Müllner Recht zu geben, der 1623 berichtete, der

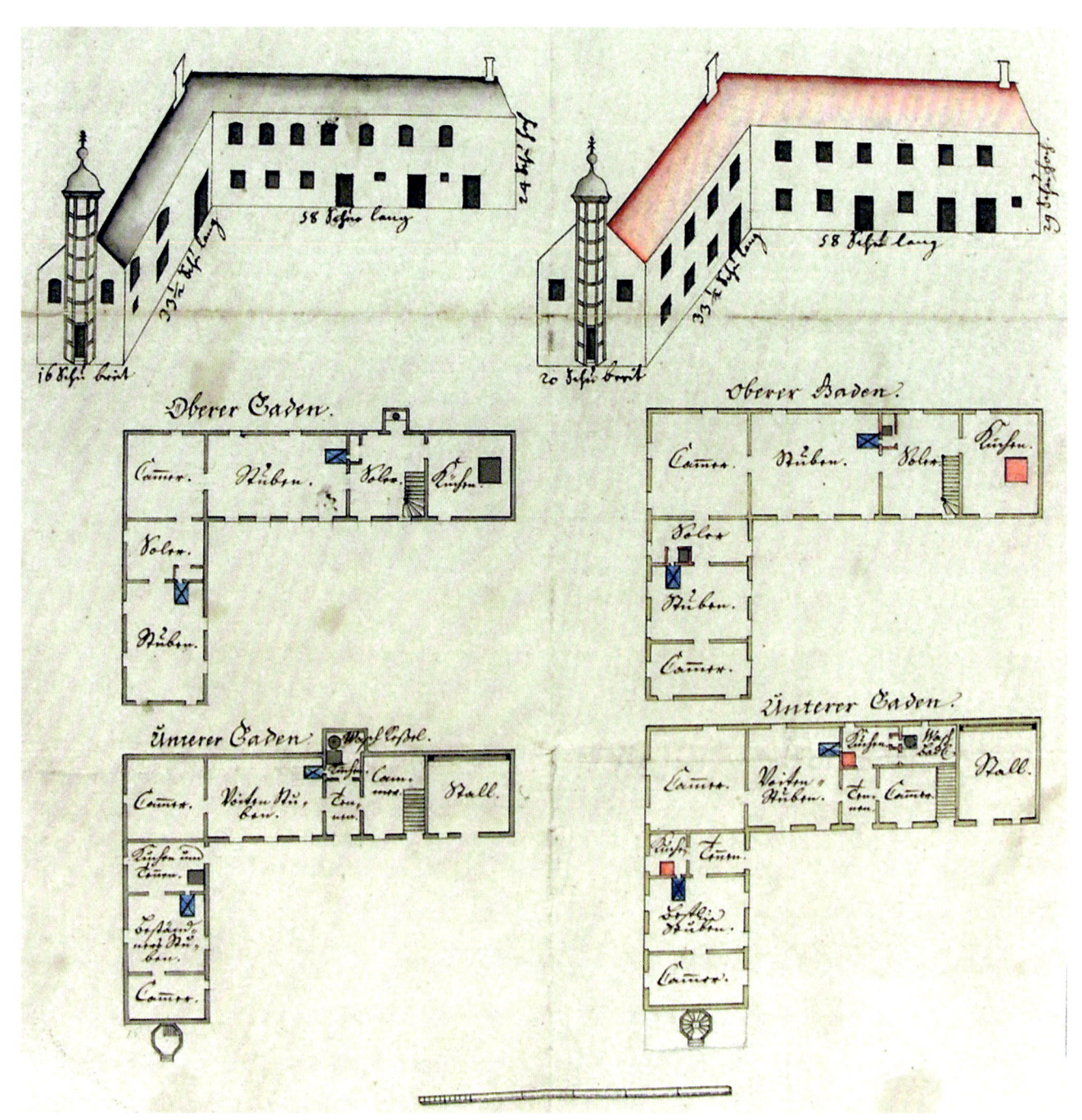

262.1 Grund- und Aufrisse für den Neubau des Voit- und Nebenhauses, links Bestand, rechts Planung, gezeichnet 1753 für eine Baueingabe an das Waldamt Sebaldi (StAN)

Steinacher Herrensitz sei erst nach dem Krieg unter den Kötzlern errichtet worden. Bauherr soll um 1556 der Nürnberger Ratskonsulent Dr. Valentin Kötzler (1499–1564) gewesen sein. Damit stimmt überein, dass auf der Großen Wald- und Fraischkarte von 1563 Steinach erstmals als Sitz erkennbar ist. 1591 wird der Sohn Thomas Kötzler (1541–1597) als Inhaber genannt.

1611 gehörte der Herrensitz bereits Bartholomäus Pömer (1561–1621), dessen Sohn Wolf Sigmund die Nachfolge antrat, aber schon im Oktober 1632 starb. Nach einer Beschreibung von 1620 bestand der Sitz damals aus dem Herrenhaus, zwei Gärten, dem Voithaus samt einem „neuen Häußla" und zwei Städeln. Er wurde im 30-jährigen Krieg – vermutlich im September 1632, als alle Orte der Pfarrei Poppenreuth mit Ausnahme von Braunsbach angezündet wurden – ein Opfer der kaiserlichen Soldateska. 1635 lag Steinach öde und verlassen da.

Das war auch noch weitgehend der Fall, als Ende 1658 der Nürnberger Reichsschultheiß Burkhard Löffelholz (1599–1675) das Landgut Steinach nach einem längeren Prozess von den Pömerschen Erben erwarb und im Jahr darauf mit dem Bau des jetzigen Schlosses (Nr. 7) begann, das im Herbst 1661 unter Dach gebracht wurde. Das westlich gelegene Nebengebäude firmierte seitdem als „altes Herrenhaus" (Nr. 6), vielleicht hatten die Löffelholz hier bis zur Fertigstellung des Neubaus ein provisorisches Quartier bezogen. Ein repräsentativer Kupferstich Lucas Schnitzers von 1662 markiert wohl den vorläufigen Abschluss der Arbeiten.

Nach Burkhards Tod 1675 wurde das Schlossgut von den Söhnen Georg Burkhard (1636–1714) und Georg Christoph Löffelholz (1641–1683) übernommen und fiel nach des letzteren Tod ganz an den älteren Bruder. Dessen gleichnamiger Sohn Georg Burkhard Löffelholz (1664–1737) ließ 1715 das links am Eingang in den Schlosshof stehende Nebenhaus (Nr. 10) umbauen. Dabei wurde giebelseitig ein kleiner Turm zur Unterbringung eines Uhrwerks angebaut. Nach dem Tod des Bruders Georg Christoph Löffelholz (1677–1738), mit dem die Steinacher Linie im Mannestamm erlosch, wurde das inzwischen als Familienstiftung geführte Gut zunächst von seiner Schwester Katharina Eleonora, der Witwe des Kastellans Wolf Jakob Nützel verwaltet.

Nach einer Beschreibung von 1738 war das Schloss „mit einer starken Mauern und Zwinger" umfangen und bestand aus dem zweigeschossigen „alten Herrenhaus" – gemeint ist das im Südwesten stehende, L-förmige Nebengebäude – mit angebautem Glockentürmchen;

262.2 Blick auf das Voithaus und den Brunnen von Norden, Fotografie: G. v. Volckamer um 1894 (StadtMN)

es enthielt eine Wohnung für die Herrschaft und zwei weitere für einen Pächter und den Fischvogt (der sich um die zum Gut gehörigen Weiher kümmern musste), dazu einen Viehstall und die Fischkammer. Von dort gelangte man durch einen „Schnecken" (Treppenturm mit Spindeltreppe) in das „neue Herrenhaus". Außerdem gab es noch einen Pferdestall, Backofen und Schöpfbrunnen, einen Zwingergarten sowie außerhalb des Zwingers eine weitere Pächterwohnung, einen Stadel usw. Nach einem Plan um 1750 im Hallerarchiv lag östlich und nördlich am Schloss der in die Mauer einbezogene „große Garten", dem sich nach Norden der „Spitzgarten" und westlich davon ein weiterer Garten samt Vogelherd anschlossen. Der Platz vor dem Schloss war demnach der „Zwinger" und ebenfalls allseits von Mauern begrenzt, jedoch mit offenen Toren im Osten und Westen, weil hier die Straße von Boxdorf nach Stadeln hindurchführte.

Das erst 1715 veränderte Nebengebäude war 1748 schon wieder sehr baufällig, sodass eine Instandsetzung nötig wurde. Bei dieser Gelegenheit sollte auch gleich eine Erweiterung stattfinden, die jedoch vom Waldamt Sebaldi abgelehnt wurde. Daraufhin ruhte die Baueingabe bis 1753. Der neue Administrator der Stiftung, Losungsrat Johann Georg Haller von Hallerstein (1685–1763), der Catharina Nützel, eine Tochter der

262.3 Blick auf die Hofeinfahrt des Herrensitzes, links das 1753 erneuerte Voithaus mit dem Glockentürmchen, Fotografie: G. v. Volckamer um 1894 (StadtMN)

Kastellanin geheiratet hatte, legte einen modifizierten Plan vor, der den völligen Neubau des Voit- und des Nebenhauses unter einem Dach und in weitaus größeren Dimensionen (jedoch unter Beibehaltung des Uhrenturms) vorsah. Im Oktober 1753 wurde dies schließlich unter der Bedingung bewilligt, dass das Obergeschoss nicht vermietet werden dürfe.

Als Besitzer des Schlosses bzw. als Verwalter der Stiftung erscheinen 1767 Catharina Eleonora Haller (die Witwe des Losungsrates) und später die Erben ihrer Schwestern Sophia Maria, der „Generalin" [vgl. Grünsberg], und Maria Juliana (1704–1727), die Hans Joachim Haller geheiratet hatte. Deren Tochter Helena Maria (ihr dritter Ehemann Karl Friedrich Behaim starb noch im Jahr der Hochzeit 1776) vererbte den Besitz 1802 ihrer verwitweten Kusine Katharina Eleonora Stromer (1735–1815), der Tochter der „Generalin". Nach dem Tod ihres Sohnes Christoph Friedrich im Jahr 1828 wurde Steinach an den vormaligen Nürnberger Konsulenten Dr. Karl Johann Friedrich (von) Roth (1780–1852) verkauft, der im selben Jahr Oberkonsistorialpräsident in München wurde und als solcher bis 1848 die Geschicke der Evangelisch-lutherischen Kirche in Bayern maßgeblich bestimmt hat.

Seine Erben verkauften das Schloss an einen Oberexpeditor Döderlein.

1892 ging der Herrensitz, damals noch weitgehend im Originalzustand erhalten, an die Familie Greiner über. Bald zeigten sich aber die Folgen vernachlässigten Bauunterhalts, denn 1913 stürzte der Südgiebel ein; vermutlich waren hölzerne Konstruktionen unter der Last schwerer Verzierungen aus Sandstein zusammengebrochen. Beim Wiederaufbau durch den neuen Besitzer, den Nürnberger Kaufmann Johann Seifert, gingen diese verloren, ebenso die Portalbekrönung mit dem Löffelholzwappen und die geschweiften Steinwangen der Freitreppe; auch die Anordnung der Fenster und das Innere des Hauses wurden verändert sowie im Saal des Erdgeschosses ein Café eingerichtet. Zehn Jahre später brach angeblich ein Brand aus, der einen Teil der Decke im Saal herabstürzen ließ. Inzwischen hatte 1920 die Familie Kirschner das Anwesen übernommen, der 1928 Hans Back folgte. Nach dessen Konkurs erwarb es 1931 Konrad Schmidt. Er wandelte um 1953 das Café in eine Gaststätte um, die noch bis 1994 in Betrieb war. Diese Nutzung führte zu weiteren Eingriffen in die historische Bausubstanz.

Im Jahre 2001 übernahmen Roland Häring und Marianne Hubert das Schlösschen, die es seitdem mit viel Liebe und erheblichem Aufwand innen instandsetzten; die Fassaden hatten noch die Vorbesitzer 1989 renoviert. Zuletzt wurde auch die Restaurierung des Saales abgeschlossen, der die östliche Hälfte des Erdgeschosses einnimmt. Er weist eine bemerkenswerte Stuckierung wohl noch aus der Bauzeit auf, vor allem als Umrahmung der großen ovalen Fenster, die auch das Äußere des Hauses prägen.

Heute präsentiert sich der zweigeschossige Hauptbau (das Obergeschoss soll teilweise noch aus verputztem Fachwerk bestehen) mit dem westlich angebauten Treppenturm und dem mächtigen Satteldach, dessen Ostseite durch ein Zwerchhaus und zwei stehende Gauben belebt wird, wieder in einem guten Zustand. Das große Einfahrtstor aus rustizierten Quadern zeigt sich gegenüber dem Stich von 1662 nahezu unverändert. Dagegen wurde leider zwischen 1958 und 1963 der baufällige Glockenturm am ehemaligen Voithaus abgebrochen. Zu bedauern ist aber vor allem, dass nach der Abtrennung des östlichen Gartens im Jahre 2001 dorthin ein überdimensioniertes kubisches Gebäude (Tonstudio) gesetzt wurde, dessen moderne Bauformen jedes Verständnis für die historische Umgebung vermissen lassen und den Blick auf das Schloss zerstören.

Quellen

StAN Rst. Nbg., Handschriften Nr. 198. Rst. Nbg., Waldamt Sebaldi I Nr. 364.

HallerA Karten und Pläne K 118; Materialsammlung Schloss Steinach.

Restauratorischer Untersuchungsbericht 2000/2001 in Besitz von Roland Häring und Renate Hubert.

Literatur

Denkmäler in Bayern. Bd. V/61: Stadt Fürth. Bearb.: Heinrich Habel. München 1994, S. 472-475.

Großner, Rudolf / Haller, Bertold Frhr. von: „Zu kurzem Bericht umb der Nachkommen willen". In: Erlanger Bausteine zur fränkischen Heimatforschung 40 (1992), S. 25 mit Anm. 91, S. 51.

KDM Fürth, S. 159-161.

Lehner-Burgstall, S. 196-198.

Sprung, Werner: Der Weiler und das Schlösschen Steinach bei Fürth. In: Fürther Heimatblätter. Neue Folge 8 (1958), S. 1-16.

262.4 Schloss und Stadel von Nordosten, Fotografie um 1989 (Erich Guttenberger)

263

Steinbühl I

Mutmaßlicher Herrensitz

Bereich Wiesenstraße / Heynestraße 14

Stadt Nürnberg

Etwa 200 Meter östlich des erst im Zweiten Weltkrieg untergegangenen Herrensitzes [vgl. Steinbühl II] – auf dem Anwesen mit den alten Hausnummern 9 und 10 – vermutete Friedrich August Nagel einen angeblich schon im 13. Jahrhundert entstandenen Ansitz. Ihm folgten ohne nähere Prüfung Hermann Rusam und Helmut Beer. Ausgangspunkt für diese Hypothese waren vermutlich der Name Steinbühl, die geographische Situation – der Bereich zwischen der Gibitzenhof- und der Heynestraße lag gegenüber der Umgebung leicht erhöht – und der Umstand, dass der Sitz in Steinbühl unmittelbar südlich vor den Mauern der Reichsstadt Reichslehen in der Hand der Herren von Breitenstein war. Diese hatten ihren Besitz zum Teil von den Herren von Stein geerbt, zu denen auch der als Reichsbutigler von 1258 bis 1266 nachweisbare Heinrich von Stein zählte.

Nagel wollte in ihm daher den Erbauer sehen. Er behauptete sogar, dass der alte Sitz, im 18. Jahrhundert als „hinteres oder altes Schlösslein" bezeichnet, auch den Zweiten Markgrafenkrieg überstanden habe und als „ältester Turmhausbau Nürnbergs" erst 1734 abgebrochen worden sei. Dieses Gebäude habe in einem bis ins 19. Jahrhundert teilweise noch erhaltenen Weiher, die Wied genannt, gestanden. Zwischen 1500 und 1600 sei der Sitz von den Fürern von Haimendorf an Mitglieder einer Bauernfamilie Schopper vererbt worden.

Tatsächlich fehlt bislang jeder Nachweis für Nagels Annahmen. In den zahlreichen, z.T. sehr detaillierten Plänen und Ansichten Steinbühls seit der Mitte des 16. Jahrhunderts erscheint immer nur ein Sitz, und bei ihm kann es sich nur um denjenigen an der Stelle der heutigen Wiesenstraße 19 handeln. In der Erhebung strategisch wichtiger Punkte in der Landschaft um Nürnberg, angelegt vor Ausbruch des Landshuter Erbfolgekriegs 1504, wird für Steinbühl überhaupt nichts derartiges angeführt. Für die vom Ratsschreiber Johannes Müllner in seinen Annalen von 1623 enthaltene Mitteilung, der Sitz in Steinbühl habe 1330 den Pfinzing gehört, fehlt bislang ein urkundlicher Beleg. Womöglich beruht sie aber nur auf der Behauptung Ulman Stromers aus dem späten 14. Jahrhundert, dass einst ein Marquart Pfinzing zu Steinbühl gesessen sei. Auch dies ließ sich bislang nicht verifizieren, zumal Steinbühl vermutlich 1360 erstmals nachweislich erwähnt wird.

Es mag sein, dass der so genannte Schoppershof mit den alten Hausnummern 9/10, der an dem erwähnten Weiher lag und zu Beginn des 19. Jahrhunderts den größten Grundbesitz in Steinbühl besaß, aus einem einstigen Wirtschaftshof des Herrensitzes in der Wiesenstraße 19 hervorgegangen ist. Allenfalls eine gründliche Untersuchung der Breitensteiner Lehen in Steinbühl, die 1608 vom Nürnberger Rat erworben wurden, anhand der erhaltenen Lehnbücher und anderer archivalischer Unterlagen wird diese Frage klären können.

Quellen

StAN Rst. Nbg., Salbücher Nr. 131; Rst. Nbg., Waldamt Lorenzi I Nr. 516, 862.

StadtAN E 10/21 Nr. 112.

Gelegenhait, Nr. 753, 1879 f.

Müllner I, S. 337.

Literatur

Beer, Helmut: Südstadtgeschichte (= Ausstellungskataloge des Stadtarchivs Nürnberg Nr. 15). Nürnberg 2004, S. 47-49.

Rusam, Dorfkerne, S. 64-69, 80.

Schwemmer, Wilhelm: Die ehemalige Herrschaft Breitenstein-Königstein (= Schriftenreihe der ANL Bd. 13). Nürnberg 1965, S. 59, 70-72.

264

Steinbühl II

Abgegangener Herrensitz (1945 zerstört)

Wiesenstraße 19

Stadt Nürnberg

Ein Sitz in Steinbühl soll bereits im 14. Jahrhundert im Besitz der Pfinzing gewesen sein, doch fehlt hierfür ein Nachweis [vgl. Steinbühl I]. Friedrich August Nagel datierte die Errichtung eines Sitzes im Zentrum Steinbühls auf das ausgehende 15. Jahrhundert. Ein solcher wird allerdings in der strategischen Erhebung von 1504 nicht erwähnt. Erst 1517 erklärte Sebald Gartner der Stadt das Öffnungsrecht im Kriegsfall auf seinem wohl eben erst errichteten Haus zu Steinbühl, das mit Mauern befestigt worden war. 1529 belehnten Joachim und Hans von Breitenstein dann Carl Gartner mit dem Sitz. 1538 teilte dieser seinem Lehnsherrn Christoph von Breitenstein mit, dass er den Sitz an die verwitwete Sophia Gabler, vermutlich seine Schwester, verkauft habe, die sich mit Stephan Voit von Wendelstein vermählen wolle. Für 1542 erschien in einem Amtsbuch

264.1 Darstellung des Herrensitzes und Dorfes Steinbühl als Ausschnitt aus dem Pfinzing-Atlas von 1594 (StAN)

des Waldamtes Lorenzi unter der Rubrik „Steynpuhell" ebenfalls der Sitz der Witwe, die hier allerdings noch immer Gabler heißt. 1548 heiratete Sophia Gabler nun den kaiserlichen Sekretär Veit Gugel, der das Lehen von Joachim von Breitenstein empfing. Angeblich wurde der Sitz sofort weiterverkauft, zunächst an einen Stephan Kemblau, dann kurz darauf an die Gebrüder Caspar, Gabriel und Sigmund Nützel, die 1549 von den Breitensteinern belehnt wurden.

Ob der Sitz im Zweiten Markgrafenkrieg 1552 beschädigt oder gar zerstört worden ist, wird nicht belegt; in den Schadenslisten erscheint er jedenfalls nicht. 1581 war er im Besitz des Hieronymus Hopfer, der 1596 noch einmal von den Breitensteinern belehnt wurde. Diese waren aber stark verschuldet und veräußerten daher 1608 ihre sämtlichen Lehen an den Nürnberger Rat. Inzwischen muss der Sitz Steinbühl an Hieronymus Koeler (1542–1613) gelangt sein, dessen Tochter Magdalena sich im Jahre 1600 mit Marx Christoph Gugel vermählte. Nach dessen Tod (1626) verkauften die Erben den Sitz 1630/31 an Johann Sigmund Fürer von Haimendorf, der spätestens Anfang 1631 durch eine Zahlung an die Stadt die Lehnsherrschaft ablöste. Kein Geringerer als Hans Bien zeichnete in diesem Jahr das dreigeschossige Weiherhaus mit seiner Fachwerkkonstruktion und der Wehrmauer, während es von Paulus Pfinzing im ausgehenden 16. Jahrhundert und im Cnopfschen Skizzenbuch von etwa 1612/14 verputzt dargestellt wurde.

Nach dem Tod Johann Sigmund Fürers 1642 ging der Besitz an den Sohn Georg Sigmund Fürer über, der 1677 starb. Danach wurde er 1677 an Endres Imhoff verkauft, allerdings behielt die Familie Fürer ein Eigenrecht zurück, das den jeweiligen Besitzer zur jährlichen Zahlung eines Eigenzinses verpflichtete. Schon 1680 erschien jedoch Nicolaus Christoph Rotenhoffer als neuer Besitzer. Im selben Jahr ging der Besitz an Christoph Carl Kirchmayer über, der ihn um 1684 an Melchior Christoph Mayer veräußerte. 1687 erwarb dann Gabriel Furtenbach von Reichenschwand das Gut. Er kümmerte sich sogleich um die von seinen Vorbesitzern offenbar vernachlässigten Bauten: 1687

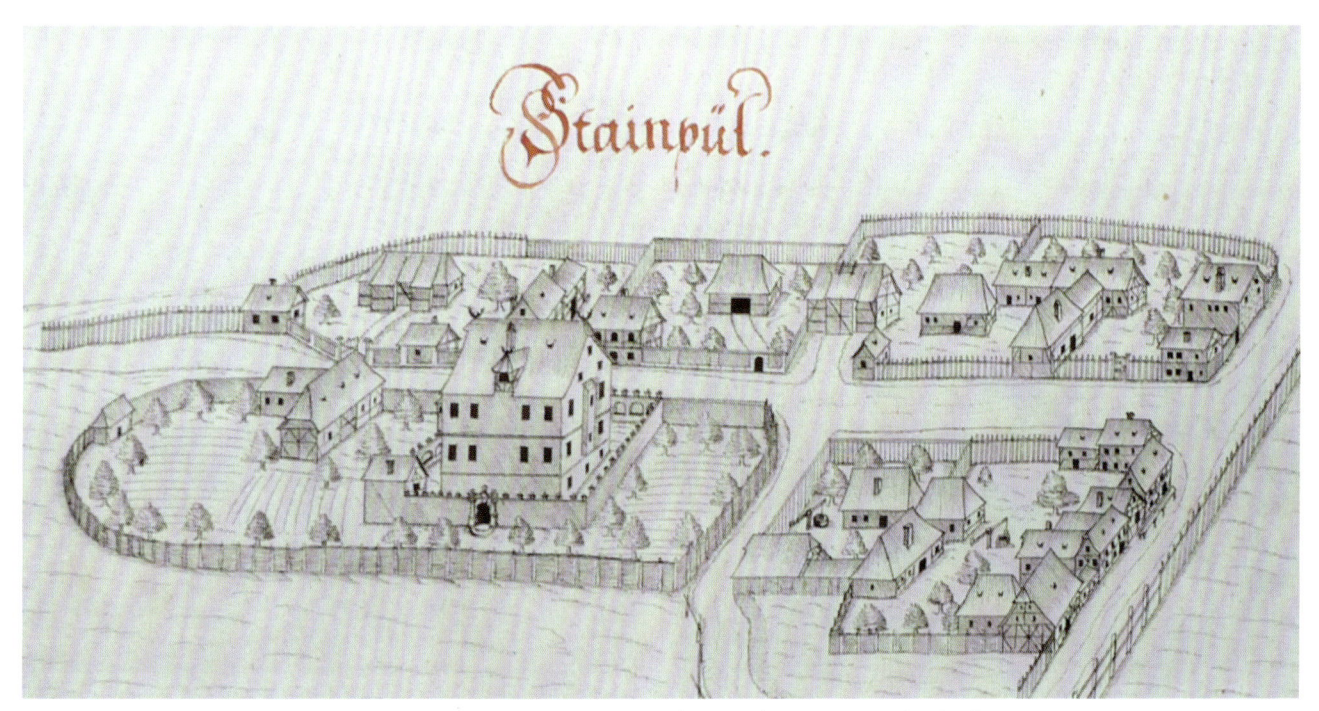

264.2 Steinbühl als Federzeichnung im so genannten Cnopfschen Skizzenbuch von um 1612/14 (HallerA)

wurde ihm die Aufstockung des Voithauses, wo ein „Sommergemach" entstehen sollte, genehmigt. 1688 sollten die Stallungen und der Stadel im Schlosshof wegen vieler Bauschäden „gänzlich" abgebrochen und erneuert werden.

Doch auch Furtenbach besaß Steinbühl nicht lange. Schon 1689 verkaufte er den Sitz an den Nürnberger Kaufmann Daniel Weller. Ein Grund für den häufigen Besitzwechsel könnte u.a. die Unterbringung der Steinbühler Schule im Erdgeschoss des Schlösschens gewesen sein: Gabriel von Furtenbach hatte sich schon 1689 über das „höchstbeschwerliche" Schulhalten in seinem Herrenhaus beklagt. Der Besitzer konnte darüber hinaus nur das erste Obergeschoss nutzen, denn das zweite war in den späten 1680-er Jahren an eine verwitwete Frau von Greifenberg vermietet. Gemeint ist die berühmte, aus Österreich emigrierte Barockdichterin Catharina Regina von Greiffenberg (1633–1694), die 1689 auch die Patenschaft für eine Tochter Furtenbachs übernahm und 1692/93 in die Stadt Nürnberg zog.

In den Jahren nach 1700 stand der Sitz leer. 1710 wollte Christoph Friedrich Graf von Brandenstein, der angab, Altersschwäche und Krankheit zwängen ihn zu einer Wohnung in Stadtnähe, das Herrenhaus mieten. Nach Beschreibungen des frühen 18. Jahrhunderts lag der Sitz damals noch immer „auf einem trockenen (wohl angeschütteten) Zwinger" in einem großen Weiher. Der Schlosshof war mit einer Mauer eingefriedet, zwei Zugbrücken sicherten den Zugang. Das „Schlößlein" verfügte über drei Vollgeschosse. Im Erdgeschoss waren ein Haustennen und eine ehemalige Kapelle, die bereits im späten 17. Jahrhundert die oben genannte Schule beherbergte, ein Pferdestall und eine (wohl kleine) Zinswohnung (das ehemalige Bad) untergebracht. Ein kleiner und ein in Felsen geschlagener Keller wurden vermutlich vom Erdgeschoss aus erschlossen. Im ersten und zweiten Obergeschoss befanden sich herrschaftliche Wohnungen mit je einem Vorplatz, zwei großen Stuben, einer Küche mit Speisekammer und wenigen Kammern. Das Dach war mit vier Kammern teilausgebaut. Im Schlosshof hatte man ein Gärtneroder Voithaus, ein kleines Beständnerhaus (Mietshaus), das Bad- und Hühnerhäuslein und einen großen Stadel sowie Zinswohnungen für den Schulmeister und einen Gärtner errichtet.

Mit dem Tod Daniel Wellers fiel die Liegenschaft 1721 seinem Sohn Michael Joachim Weller zu. Der Erbe beantragte in den 1720-er Jahren zunächst vergeblich den Neubau eines der Zinshäuslein. Ein Brandunglück

264.3 Ansicht der östlichen Giebelfassade des Herrenhauses, Fotografie: F. A. Nagel 1936 (StadtMN)

264.4 Ansicht der nördlichen Traufseite mit kurz zuvor freigelegtem Fachwerk, Fotografie F. A. Nagel Oktober 1942 (StadtMN)

in dem Gebäude 1727 ermöglichte schließlich doch den Abbruch der Nebengebäude und den Neubau des Stadels und eines großen Mietshauses im Schlosshof. Um 1800 starb der Tuchhändler Cornelius Weller als letzter männlicher Spross seiner Familie. Die Erbengemeinschaft verkaufte den Herrensitz 1804 an den Kaufmann Lorenz Benjamin Schoch. Dieser vermachte das Gut 1817 seiner Nichte Caroline Luise Octavia Schoch.

Als es um 1830 abermals verkauft wurde, setzte ein Niedergang ein. In den 1880-er Jahren wurde der Wassergraben trockengelegt und aufgefüllt. Das Herrenhaus soll richtig „verkommen" gewesen sein, als es zur Zeit des Ersten Weltkriegs dem Kohlenhändler Freiberger gehörte, der im Erdgeschoss Kohlen lagerte und die Obergeschosse an arme Leute vermietet hatte. Angesichts dieser Nutzung konnte es nicht ausbleiben, dass, wie Friedrich August Nagel im frühen 20. Jahrhundert bemerkte, „die alte Innenausstattung, die grosse Stube oder Conventstube oder der Saal mit seiner Wandvertäfelung" verloren gingen. Später wurde noch der Fassadenputz abgenommen und das Fachwerk freigelegt. Das Steinbühler Schlösschen wurde schließlich bei den Bombenangriffen Anfang 1945 zerstört.

Quellen

StAN Rst. Nbg., Waldamt Lorenzi I Nr. 516, 862, 933.

StadtAN E 10/21 Nr. 112.

Gelegenhait, Nr. 753, 1879 f.

Müllner I, S. 337.

Literatur

Amburger, Hannah: Die Familiengeschichte der Koeler. In: MVGN 30 (1931), S. 285, 288.

Beer, Helmut: Südstadtgeschichte (= Ausstellungskataloge des Stadtarchivs Nürnberg Nr. 15). Nürnberg 2004, S. 47-49.

Fleischmann, Ernst: 100 Jahre Vorstadtverein Nürnberg-Süd 1881–1981. Nürnberg 1981, S. 12 f, mit Fotografie kurz vor der Zerstörung.

Fleischmann, Peter: Der Nürnberger Zeichner, Baumeister und Kartograph Hans Bien (1591–1632) (= Ausstellungskataloge der Staatlichen Archive Bayerns Nr. 30). München 1991, S. 156-158.

Rusam, Dorfkerne, S. 64-72, 80.

Ruthrof, Renaissance, S. 20-22, mit anonymer Darstellung des 18. Jahrhunderts.

Schnabel, Werner Wilhelm: Ein ruhig Schäferhüttlein an der Pegnitz? Zu den Lebensumständen der Catharina Regina von Greiffenberg in Nürnberg 1680–1694. In: JffL 53 (1992), S. 166 f.

Schwemmer, Wilhelm: Die ehemalige Herrschaft Breitenstein-Königstein (= Schriftenreihe der ANL Bd. 13). Nürnberg 1965, S. 59, 70-72.

Stadtlexikon Nürnberg, S. 1038.

Voit, Pegnitz, S. 42 ff.

265 — C5

Stettenberg

Abgegangenes burggräfliches Jagdschloss

Gemeinde Kalchreuth

Landkreis Erlangen-Höchstadt

Der unmittelbar westlich von Heroldsberg am Rande des Sebalder Reichswaldes gelegene Weiler Stettenberg ist vermutlich im 13. Jahrhundert durch Rodung entstanden. Ein befestigter Sitz taucht erstmals am 5. Dezember 1358 auf, als Burggraf Albrecht in der Auseinandersetzung mit seinem Neffen Friedrich das „Haus" und eine „Weyerstatt" zugesprochen wurde. Albrecht hielt sich hier zumindest gelegentlich auf, wie zwei am 23. April 1359 zu Stettenberg ausgestellte Urkunden bezeugen. 20 Jahre später überließ Burggraf Friedrich V. den „sitz" mit Wissen des Nürnberger Reichsschultheißen Heinrich Grundherr, der Stettenberg als Leibgeding innehatte, dem Ullein Ramung gegen eine jährliche Abgabe von 6 Sümmer Hafer und 4 Hühnern zu Erbrecht; Ramung und seine Familie hatten den Sitz aber unverzüglich wieder abzutreten, wenn die Burggrafen dort irgendeinen „pürcklichen pau" beabsichtigten, ihn also wieder selbst nutzen wollten.

Ob das geschah, ist nicht bekannt. Jedenfalls wurde im Städtekrieg das „Wasserhaus, das des Burggrafen Jagdhaus ist gewesen", von den Nürnbergern im Herbst 1388 ausgebrannt. Drei Jahre später übergab Burggraf Friedrich den „Sitz" zu Stettenberg, den er mittlerweile an Hermann Schütz versetzt hatte, unter denselben Bedingungen wie 1379 dem Hermann Sackmann. Zusätzlich wurde jedoch vereinbart, dass die Burggrafen ihm bei Rückgabe das Geld ersetzen sollten, das er bis dahin dort verbaut habe, weil der Sitz „verwüst und abgeprannt" worden sei. 1408 wurde dem Nürnberger Bürger und Großkaufmann Ott Haid das Gut auf Lebenszeit seiner beiden Söhne verpfändet. Im Jahr darauf erhielt er die Erlaubnis, den „alten weyer zu Stettenberg" wieder herzurichten „und ein jag(d)heuslin darein" zu bauen; die Baukosten wollte der Burggraf übernehmen.

In der Urkunde über den Verkauf des Sebalder Reichswaldes 1427 war Stettenberg nicht erwähnt worden und gelangte erst 1432 in den Besitz der Reichsstadt Nürnberg, die es dem Sebalder Waldamt unterstellte. Von da an war Stettenberg nur noch ein wenn auch stattlicher Bauernhof mit 120 Morgen Grund, der Sitz wird nicht mehr erwähnt. Womöglich wurde er von der Reichsstadt Nürnberg abgebrochen.

In den Drangsalen des 30-jährigen Krieges verödete der Hof nach dem Tod des Besitzers Georg Hofmann 1632. Zehn Jahre später waren das nur eingeschossige Bauernhaus und die anderen Gebäude (zwei Städel, ein Hofhäuslein, das vermietet war, dazu noch Pferde-, Rinder- und Schweineställe) „mehrentheils schon eingefallen und zu haußen [wohnen] dort ganz und gar nichts mehr". Nach dem Krieg wurde der Bauernhof wieder errichtet und bestand 1835 aus Wohnhaus, Nebenhaus, Stadel und Stallung. Seit etwa 1900 ist er im Besitz der Familie Siebenhaar.

Die durch eine Fotografie von Friedrich August Nagel aus den 1930-er Jahren genährte Vermutung, es hätten sich in den jetzigen Gebäuden noch Reste des alten burggräflichen Jagdschlosses erhalten, wird durch den Baubefund widerlegt. Bei dem am Westrand des Hofes zu einem kleinen Weiher hin stehenden zweigeschossigen Wohnhaus mit Ökonomietrakt, das nach jahrzehntelanger Vernachlässigung inzwischen teilweise eingestürzt ist, handelt es sich um einen Fachwerkbau des 17./18. Jahrhunderts, dessen West- und Südseite aus glatt behauenen Sandsteinquadern vermutlich in das späte 18. oder 19. Jahrhundert zu datieren ist. Die Standortbestimmung des abgegangenen Jagdschlosses sowie eine eindeutige Klärung der noch vorhandenen historischen Bebauung sind bis heute nicht erfolgt.

Quellen

Mon. Zoll. Bd. 3, Nr. 399, 407, 408; Bd. 6, Nr. 399, 436, 481; Bd. 8, Nr. 538.

Müllner II, S. 264.

Literatur

Dannenbauer, S. 213.

Gemeinde Kalchreuth (Hrsg.): 700 Jahre Kalchreuth 1298–1998. Ein fränkisches Dorf im Wandel der Zeiten. Konzeption: Bertold Frhr. von Haller. Rödental 1998, S. 57 f, 142.

Held, Wilhelm: Chronik der Gemeinde Kalchreuth. Mskr. 1953/56 (Kopie im HallerA), S. 375-383.

266 G9

Stierberg

Burgruine, ehemals reichsstädtisches Pflegschloss

Stadt Betzenstein

Landkreis Bayreuth

Der Name Stierberg erscheint erstmals 1187 mit der Nennung des Bamberger Domkanonikers Otnand de Stierberc. Ein Poppo von Stierberg wird 1188 und 1216 als Ministeriale des Hochstifts Bamberg bezeugt. Dass das Ministerialengeschlecht im 12. Jahrhundert die Burg erbaut habe, wie Hellmut Kunstmann vermutete, ist kaum anzunehmen. Vermutlich saßen sie als Dienstleute des Bamberger Bischofs auf der Burg. Die Feste selbst wird jedoch erst 1308 im Testament des Edelfreien Gottfried von Schlüsselberg erwähnt. Nur einige Jahre später taucht sie im ältesten bischöflichen Urbar von 1323/27 als „castrum" des Hochstifts Bamberg auf, obwohl sie zu dieser Zeit bereits an die mit den Schlüsselbergern verwandten Landgrafen von Leuchtenberg gefallen war. Landgraf Ulrich von Leuchtenberg hatte sie schon 1316 dem Erzbischof Balduin von Trier zu Lehen aufgetragen, wohl um seinen Besitztitel gegenüber den Ansprüchen Bambergs zu sichern. Hellmut Kunstmann vermutete einen Übergang an die Schlüs-

265.1 Der Bauernhof an der Stelle des untergegangenen burggräflichen Schlosses Stettenberg. Fotografie: F. A. Nagel 1938 (StadtMN)

266.1 Kolorierte Zeichnung angeblich der Burg Stierberg, vermutlich 1. Hälfte 16. Jahrhundert (GNM)

266.2 Ansicht der Burgruine auf einem Stich von L. Schlemmer von 1799 (StadtA Lauf)

selberger und Leuchtenberger im Zusammenhang mit dem Erbfolgekrieg nach dem kinderlosen Tod des Herzogs Otto von Meranien 1248.

Das Hochstift Trier behielt die Lehnsherrschaft bis 1356, als die Feste an Kaiser Karl IV. und damit an die Krone Böhmen verkauft wurde. Die als Folge der erbitterten Fehde mit dem Bamberger Bischof angewachsenen Schulden zwangen die Landgrafen von Leuchtenberg, ihr nun böhmisches Lehen im Jahr 1400 an den Nürnberger Patrizier Peter Haller zu verpfänden, der sie der Reichsstadt militärisch zur Verfügung stellte. 1407 war die Burg jedoch wieder in der Hand der Landgrafen. Nach einem spektakulären Überfall leuchtenbergischer Söldner auf einen großen Kaufmannszug wurden die Landgrafen 1413 von den Burggrafen von Nürnberg, auf deren Geleitstraße der Übergriff erfolgt war, verklagt. Um die Entschädigungssumme aufbringen zu können, verkaufte Landgraf Leopold von Leuchtenberg schließlich die Burg Stierberg mit allen Rechten und Zugehörigkeiten am 27. Januar 1417 an Pfalzgraf Johann von Neumarkt-Neunburg. Die Burg blieb nun bis zum Landshuter Erbfolgekrieg 1504 pfälzisch. Der Sohn des Pfalzgrafen Johann, König Christoph von Dänemark, hatte sie allerdings 1443 den Herren von Parsberg verpfändet. Das Pfand wurde erst 1482 durch Pfalzgraf Otto II. von Neumarkt-Mosbach ausgelöst.

Im Landshuter Erbfolgekrieg wurde die Burg am 2. Juli 1504 von den Nürnbergern eingenommen, ohne dass sie auf größere Gegenwehr gestoßen wären. Der pfälzische Viztum und Kriegshauptmann Ludwig von Eyb zu Hartenstein eroberte Stierberg jedoch im Oktober 1504 zurück, wobei es zu Schäden vor allem in der unteren Burg gekommen sein soll. Mit dem für Nürnberg siegreichen Ausgang des Erbfolgekriegs übernahm die Reichsstadt 1505 mit den westlichen pfälzischen Ämtern auch Stierberg. Die Burg wurde von 1505 bis 1513 in Stand gesetzt und zum Sitz eines reichsstädtischen Pflegamtes bestimmt. Auch das Amt Betzenstein, wo nach der Zerstörung der Burg 1420/21 keine Amtsräume zur Verfügung standen, wurde von Stierberg aus verwaltet [vgl. Betzenstein I].

Das Ende der Burg, an der laufend Reparaturen ausgeführt werden mussten, kam im Zweiten Markgrafenkrieg. Nachdem sie bereits 1552 zweimal den Besitzer gewechselt hatte, erschien am 21. Mai 1553 Markgraf Albrecht Alcibiades mit seinen Truppen in Stierberg. Nach heftiger Beschießung wurde die Burg von den

266.3 Blick auf die östlich gegenüber der oberen Burg isoliert stehende Turmruine, Zustand 2005 (Rg)

Nürnberger Kriegsknechten übergeben und vom Feind zerstört, indem die leicht brennbaren hölzernen Nebengebäude der unteren Burg in Brand gesetzt wurden. Die Reichsstadt hatte 1555 bereits mit einem Wiederaufbau begonnen, als die Bauarbeiten schon nach wenigen Monaten aufgegeben wurden. Zur Einsparung von Baukosten sollte der Pfleger sich eine Wohnung in der Stadt Betzenstein suchen [vgl. Betzenstein II]. Diese Entscheidung bedeutete das Ende der Feste. Während die obere Burg in Trümmern liegen blieb, wurden im 16. Jahrhundert wenigstens die Befestigungen der unteren Burg noch einmal repariert und dort ein Voithaus, ein Getreidekasten und diverse Wirtschaftsgebäude errichtet. Das Voithaus wurde 1778 wegen Baufälligkeit durch einen Neubau ersetzt; der Kasten verschwand vor 1799. Mehrere Quellen, auch der Stich von Leonhard Schlemmer, bezeugen, dass bei der Eingliederung des reichsstädtischen Territoriums 1806 in das Königreich Bayern noch ansehnliche Reste der Burganlage existierten. Die Befestigung der unteren Burg war von der Reichsstadt noch im 18. Jahrhundert baulich unterhalten worden. Im 19. und 20. Jahrhundert muss es zu großen Verlusten am Bestand gekommen sein, vermutlich weil man die Anlage als Steinbruch missbrauchte.

Die Burgruine liegt südöstlich des Dorfes auf einem Dolomitfelsriff. Die obere Burg drängte sich südlich der ehemaligen Zufahrt auf einem hoch über der unteren Burg aufragenden Felsen und bestand aus einem Turm und einem angefügten, in historischen Quellen Kemenate genannten Wohnbau oder Wohnturm. Nach der Überlieferung bestanden zumindest Teile der oberen Burg aus hochmittelalterlichem Werksteinmauerwerk, das sich nur noch in geringen Resten beobachten lässt. Die massive Umfassung des Turmes trug einst hölzerne Obergeschosse. Von den 1799 noch ansehnlichen Ruinen der oberen Burg sind heute nur noch wenige Spuren erhalten. Auf dem tiefer gelegenen Sattel zwischen dem Felsen der oberen Burg und einem nördlichen Felsriff erstreckte sich die untere Burg. Ein zu ihrer Sicherung nördlich angelegter Rundturm hat sich in einer Höhe von bis zu 6 Metern auf einem hoch aufragenden Felsen erhalten.

Quellen

StAAm OPf. Registraturbücher Nr. 13, fol. 419 f.

StAN Rst. Nbg., Briefbücher des Landpflegamtes Nr. 27, fol. 124.

Müllner III, S. 287, 370.

Literatur

KDM Pegnitz, S. 515 f.

Kunstmann, Östliche Fränkische Schweiz, S. 460-481, mit Lageplan und Fotografien.

Rühl, Pegnitz, S. 91 f.

Stadtlexikon Nürnberg, S. 1043.

Voit: Obermain, S. 354 f.

267 — G8

Strahlenfels

Burgruine

Gemeinde Simmelsdorf

Landkreis Nürnberger Land

Der Name der Burg Strahlenfels scheint erstmals in einer Urkunde vom Juli 1254 auf, als der Reichsministeriale Hiltpolt von Rothenberg den Nürnberger Magdalenerinnenkonvent beschenkte und „Heinricus de Stralenvels" dafür als Zeuge auftrat. Der Ministeriale stand offenbar in enger Beziehung zu dem bedeutenden Reichsministerialengeschlecht, das sich wechselweise nach Hiltpoltstein, Rothenberg und Lauf nannte. Nicht auszuschließen ist, dass die Strahlenfelser selbst der Reichsdienstmannschaft entstammten, zumal sie im frühen 14. Jahrhundert verwandtschaftliche Beziehungen zu den höherrangigen ehemaligen Reichsministerialen von Henfenfeld und Heimburg pflegten.

Die Strahlenfelser standen wahrscheinlich schon seit dem späten 13. Jahrhundert den machtpolitisch aufstrebenden bayerischen Ministerialen von Wildenstein, die den eingangs genannten Hiltpolt von Rothenberg beerbt hatten, im Wege. Nicht zufällig setzten die einflussreichen Gefolgsleute des Bayernherzogs um 1300 ihre Burg Wildenfels den Strahlenfelsern als Symbol ihrer Machtansprüche sprichwörtlich vor die Nase [vgl. Wildenfels]. Die Strahlenfelser wichen offensichtlich bald darauf aus. Sie verlegten ihren Sitz vor 1310 auf die Wasserburg Reichenschwand [vgl. Reichenschwand I] und traten die Burg Strahlenfels schließlich noch im ersten Viertel des 14. Jahrhunderts an die erfolgreichen Wildensteiner ab. Heinrich V. von Wildenstein, der im Zuge des Schlichtungsverfahrens der Wildensteiner-Henfenfelder-Fehde die Tochter Gebhards von Henfenfeld, des erbittertsten Feindes seines Vaters, hatte heiraten müssen, saß 1330 zu Strahlenfels. 1354 trug er die Burg König Karl IV. zu böhmischem Lehen auf und räumte dem Monarchen das Öffnungsrecht der Burg ein. Nur kurze Zeit später, im Dezember 1360, verkaufte sie Heinrich an den mittlerweile zum Kaiser gekrönten Karl, der mit dem Erwerb sein neuböhmisches Territorium arrondieren konnte. 1366/68 erscheint die Burg daher als böhmischer Amtssitz.

Die böhmische Burg Strahlenfels wurde im Krieg des pfälzischen Kurfürsten und Gegenkönigs Ruprecht gegen König Wenzel um 1400 von der Pfalz in Besitz genommen. Denn 1401 erhielt Albrecht von Egloffstein, zeitweise Pfleger von Auerbach, die Feste Strahlenfels, die König Ruprecht I. dem böhmischen König „im offenem kriege und veintschafft angewunnen" hatte, als Pfand, doch sollte sie Offenhaus der Pfalz bleiben. Gegen diese Pfandschaft klagten um 1406 die reichen Nürnberger Bürger Hans und Sebald Ellwanger, Kaufleute im Montan- und Tuchgeschäft, da ihnen der abgesetzte König Wenzel, die aktuelle machtpolitische Situation ignorierend, die Burg seinerseits verpfändet hatte. Pikant ist die Tatsache, dass Sebald Ellwanger zu dem Konsortium Nürnberger Unternehmer gezählt hatte, das König Ruprecht 1402 in Venedig die enorme Summe von 2.200 Dukaten geliehen hatte.

Nach der Pfälzer Landesteilung 1410 unter den Söhnen des Königs ging das Amt Strahlenfels an Pfalzgraf Johann von Neumarkt-Neunburg, der es 1412 mit der Burg an den Gefolgsmann und Ritter Hermann von Freudenberg verpfändete. Offenbar wurde das Pfand einige Jahre später wieder eingelöst, denn der Pfalzgraf übergab Strahlenfels schließlich 1425/26 „um getreuen Dienst willen ... zu aigen" seinem Vertrauten Martin von Wildenstein, allerdings unter Vorbehalt des militärischen Öffnungs- und eines Vorkaufsrechtes. Mit dieser Transaktion nahmen die Wildensteiner Strahlenfels wieder in Besitz. Der neue Eigner war vermutlich mit dem 1466 verstorbenen Martin von Wildenstein identisch, der zeitweise in den 1440-er Jahren als Statthalter für König

267.1   Idealisierte Darstellung der Burgruine auf einer Nürnberger Grenzkarte von 1574 (StAN)

Christoph von Dänemark, den Sohn des Pfalzgrafen Johann, das Fürstentum Pfalz-Neumarkt regiert hatte.

Bei einem Nürnberger Angriff im Ersten Markgrafenkrieg am 9. März 1450 wurde nur die Vorburg erobert. Offenbar verloren die Wildensteiner nach dem Landshuter Erbfolgekrieg und dem Anbruch des 16. Jahrhunderts ihr Interesse an der Burg: Bauunterhalt fand in den Jahrzehnten nach 1500 nicht mehr nennenswert statt. Größere Bauschäden sind bereits für 1547 überliefert. Ein Hinweis von 1589 lässt auch ahnen, dass die Feste kein sehr wohnlicher Ort war. Es existierte nur ein Wohngebäude, dem noch ein „gemauerter stock" gegenüberlag, der die „klein finstere kirch oder capell", einen Keller und über dem Kapellenraum lediglich ein Getreidelager beherbergte.

Bald nach dieser Notiz wurde die Burg endgültig aufgegeben: Nachdem die grundherrschaftlichen Einnahmen sich damals gerade einmal auf fünf Grundholden und einige Zehntrechte stützten, erschien das Rittergut Strahlenfels nicht sehr rentabel, zumal ein Gerichts- und Verwaltungssitz unterhalten werden musste. Ein nicht datiertes, Prozessunterlagen von etwa 1640 beigelegtes Urbar des Albrecht IV. von Wildenstein (1571–1629) bezeugt, dass die Burg schon kurz nach 1600 ihrer Dächer beraubt und entsprechend ruiniert worden war: „Daß schloß alda ist abgebrochen von zimmer, unndt nur das alte gemeuer verhanden". Im Dorf befand sich jetzt eine bequemere „behausung", die dem Wildensteiner Vogt als Wohnsitz diente und auf dessen Dachboden man das Gült- und Zehntgetreide schütten konnte.

Nachdem die obere Pfalz nach der Schlacht am Weißen Berg 1620 von Bayern besetzt worden war, wurde die

267.2 Noch erhaltener, jedoch stark geschädigter Rest aufgehenden Mauerwerks, Zustand 2006 (Rg)

Gegenreformation mit aller Härte durchgeführt. Die pfälzischen Landsassen, die nicht katholisch wurden, verwies man des Landes, einige, die sich als pfälzische Gefolgsleute hervorgetan hatten, wurden enteignet. Der neue bayerische Kurfürst Maximilian I. konfiszierte daher auch das Wildensteiner Rittergut und verlieh es 1630 dem katholischen Eytel Hanns Truchsess von Höfingen, dem auch das Amt Auerbach übertragen worden war. Die grundherrschaftlichen Einnahmen sollten Teil des Auerbacher Pflegergehalts sein. Nach dem Tod des Beamten 1637 entbrannte ein längerer Streit der Amberger Regierung mit dessen Erben. Das Rittergut Strahlenfels wurde daraufhin bald wieder den inzwischen „bayerisch" orientierten und zum Katholizismus konvertierten Wildensteinern überlassen. 1655 wurden die Brüder Hans Christoph und Friedrich Oktavian von Wildenstein und ihr Vetter Christoph gleichzeitig vom Kurfürsten belehnt.

Die Herren von Wildenstein hatten mittlerweile für das Rittergut Strahlenfels vereinbart, dass der jeweils Geschlechtsälteste als Administrator und Lehnsträger amtieren sollte. In den 1740-er Jahren trug sich das Geschlecht offenbar mit Verkaufsabsichten: Als man das Rittergut Strahlenfels und die Güter zu Eichenstruth 1747 an das Kloster Weißenohe veräußern wollte, verhinderte die Amberger Regierung den Verkauf. 1759 fand Ernst Ludwig von Wildenstein mit Johann Friedrich Wilhelm Buirette von Oehlefeld einen Käufer, der, wie auch sein Bruder Johann Gustav Adolph, trotz seines reformierten Glaubens von Kurbayern als Lehnsmann und Landsasse akzeptiert wurde.

Johann Friedrich Wilhelm Buirette von Oehlefeld titulierte als Geheimer Rat der Fürsten von Sachsen-Coburg-Saalfeld und erwarb 1766 auch das Rittergut Rathsberg bei Erlangen. Er entstammte einer Kaufmannsfamilie aus dem Hennegau, die im 17. Jahrhundert in Franken eingewandert war. Seit dem späten 17. Jahrhundert war die Familie bereits in Nürnberg und Erlangen etabliert, brachte 1694 das Rittergut Wilhelmsdorf bei Emskirchen an sich und betrieb ein sehr erfolgreiches Handelshaus. Einzelne Mitglieder, wie der Vater des Käufers, befanden sich im hohen diplomatischen Dienst des preußischen Königs. 1771 wurden die Buirette in den Freiherrenstand erhoben. 1778 übertrug der bereits schwer kranke Baron Strahlenfels und die übrigen Güter zur Gänze seinem 1726 geborenen Bruder Johann Gustav Adolph, der mit der berühmten Johanna Louise Gräfin du Quesne verheiratet war. Das Ehepaar galt als gesellschaftlicher Mittelpunkt Erlangens. 1803 erbte der Sohn Karl Ludwig (1769–1855) alle väterlichen Güter.

Von der Burg war zu Zeiten der Freiherren von Buirette nicht mehr viel übrig, sie scheint im frühen 17. Jahrhundert gründlich demoliert und als Steinbruch genutzt worden zu sein. Schon 1829 beobachtete man „nur noch wenige Überreste". Heute sind lediglich geringe Mauerreste sowie in den Fels gehauene Treppenstufen, die vom Vorhof auf den Burgfelsen führen, auszumachen. Der aufgehende Bestand beschränkt sich weitgehend auf eine noch etwa 6 Meter lange und 2 Meter hohe, vom völligen Abgang akut bedrohte Mauer im Bereich der westlichen Burgstelle.

Quellen

StAAm Reg. Amberg, Landsassen Nr. 325, 359, 419. OPf. Lehensurkunden Nr. 3623, 3624, 3629-3632, 3636, 3639, 3648-3651. OPf. Registraturbücher Nr. 13, fol. 335; Nr. 19, fol. 61, 200 f.

Gelegenhait, Nr. 612, 837.

Müllner III, S. 245 f.

NUB Nr. 356.

Pfalzgr. Reg. II, Nr. 851, 852.

Böhmisches Salbuch, S. 64.

Die Chroniken der deutschen Städte, Bd. II. Leipzig 1864, S. 491.

Literatur

Ambronn, Karl-Otto: Die Landsassen des Fürstentums der Oberen Pfalz (= HAB Altbayern Reihe II, Bd. 3). München 1982, S. 200 f.

Deliciae II, S. 171 f.

Heinz, Walter: Ehemalige Burgen im Umkreis des Rothenbergs. 1. Teil: Von Schnaittach bis Wildenfels (= Vom Rothenberg und seinem Umkreis, Heft 15/1). Schnaittach 1992, S. 43-48.

KDM Forchheim, S. 201.

Rühl, Eduard: Burgen und Schlösser im Landkreis Forchheim. In: Kaupert, Max (Hg.): Forchheimer Heimat. Bamberg 1951, S. 183-185.

Stadtlexikon Erlangen, S. 187 f, 748.

Stromer, Wolfgang von: Oberdeutsche Hochfinanz 1350–1450 (= Beihefte der VSWG Nr. 55-57). Wiesbaden 1970, Teil 1, S. 211 f; Teil 2, S. 353, 415.

Voit, Pegnitz, S. 242-247, 276, 284.

Ders., Wildensteiner.

268 E5

Strengenberg

Herrenhaus

Strengenberg 35

Gemeinde Rückersdorf

Landkreis Nürnberger Land

Das mit einem Herrenhaus bebaute Gut Strengenberg ging aus einem Bauernhof hervor, der dem Nürnberger Katharinenkloster grundbar war und als Erbzinslehen vergeben wurde. Für 1484 wird als erster Grundholde ein Hans Schleiffer überliefert, 1516 Hans Bischof. Dieser verkaufte 1531 an Hans Vischer, einen Nürnberger Bürger, der das Anwesen vermutlich von einem Pächter bewirtschaften ließ. Schnelbögl hielt die Familie eines 1514 genannten klösterlichen Grundholden Eberlein Streng, der am Schmalzberg größere Flurstücke besaß, für den möglichen Namensgeber der Hofstelle; tatsächlich ist dieser schon 1497 in Rückersdorf nachweisbar. Von einem Sitz ist zu dieser Zeit noch nicht die Rede, auch im Bericht über die große Landeserkundung, 1504 vor Ausbruch des Landshuter Erbfolgekriegs erstellt, wird das Anwesen nicht erwähnt. Zudem wurde das Anwesen noch auf der so genannten Waldkarte von 1519 mit dem Namen „Schmaltzhof" eingetragen.

1548 war der Laufer Bürger Hans Wasserbeck im Lehnsbesitz, vor 1572 folgte der italienische Kaufmann Johann Baptista de Francisci, der auch den Kotzenhof besaß [vgl. Kotzenhof]. Dessen Witwe Katharina reichte das Lehen vor 1584 an Elias Ebner weiter. Auch bei den folgenden Belehnungen dürften Nürnberger Bürger zum Zuge gekommen sein: 1590 Georg Beck, 1593 Fritz Arnold, 1608 Michael Arnold und 1615 Georg Barth.

1616 erwarb der Nürnberger Kaufmann Hieronymus Hofmann den Hof. Er hatte sich um 1612 mit Maria, Witwe des 1604 verstorbenen Pius Petz, vermählt und bereits den Herrensitz Lichtenhof erheiratet [vgl. Lichtenhof]. Mit der in Strengenberg vorgefundenen Wohnung war er wegen angeblicher Bauschäden nicht zufrieden. Sie bestand damals aus einem so genannten „wonheußlein", lediglich etwa 8 auf 9 Meter groß.

Hier hielten sich die Lehnsinhaber wohl nur bei gelegentlichen Besuchen auf, während der die Ökonomie führende „Voit" im Nebenhaus wohnte. Der zum Hofmannschen Baugesuch vorgelegte Eingabeplan enthält einen Aufriss des Wohnhauses, das ein Fachwerkobergeschoss auf einer massiven Umfassung besaß und mit zwei Sonnenuhren in der südlichen Giebel- und westlichen Traufseite geschmückt war.

Es ist nicht mehr nachvollziehbar, ob das Hofmannsche Bauvorhaben 1616 überhaupt ausgeführt worden ist. Möglicherweise wurde der Umbau noch einmal modifiziert, spätestens als vor 1622 Peter van Lierd, Inhaber einer Handelsgesellschaft, als Besitzer nachfolgte. Die vom Plan abweichende Ausführung wurde spätestens deutlich, als der Grundherr, das reichsstädtische Katharinenamt als Rechtsnachfolger des inzwischen aufgehobenen Klosters, 1629 den bekannten Zeichner und Kartographen Hans Bien nach Strengenberg schickte, um das Gut zu vermessen. Sein auf trigonometrischer Aufnahme beruhendes Kartenblatt stellt das neue Herrenhaus aus der Vogelschau dar. Es zeigt ein zweigeschossiges repräsentatives Herrenhaus mit den vier typischen Nürnberger Eckürmchen. Dieses steht in der nordöstlichen Ecke des Hofraums, der westlich noch mit einem größeren Neben- oder Voithaus und südlich mit den Wirtschaftsgebäuden bebaut ist. Vor dem Herrenhaus sind noch ein Ziehbrunnen und ein Taubenhaus erkennbar. Südlich des Hofes erstreckt sich ein großer Baumgarten, der ebenso wie zwei der Weiher und die Bebauung von einem Zaun eingefriedet sind.

Nur kurze Zeit nach dieser Vermessung erwarben die Nürnberger Kaufleute Walter Steffens und Gamaliel Vallier 1635 die van Lierdschen Besitzungen, wobei Strengenberg an Letzteren überging. Diese Transaktion blieb umstritten, Prozesse folgten, schließlich Zwangs-

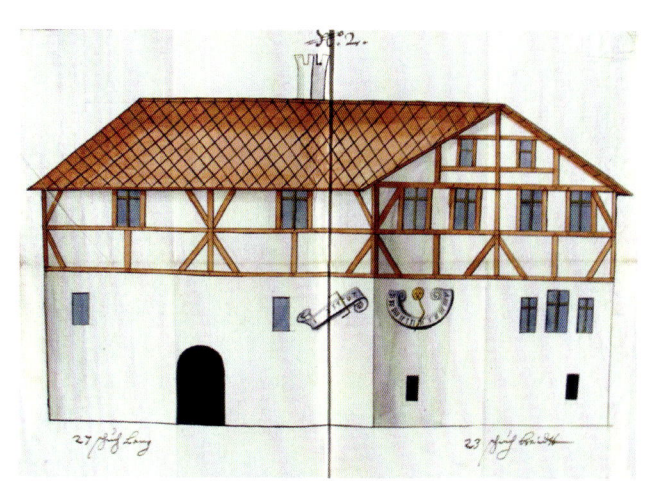

268.1   Aufriss des geplantes Wohnhauses, gezeichnet 1616 für die Baueingabe des Hieronymus Hofmann (StAN)

268.2 Strengenberg auf einer Karte des Hans Bien von 1629 (StAN)

vollstreckungen und 1648 ein Verkauf an die Familie Felber, die das Gut auch nicht halten konnte.

Zuvor war es noch von feindlichen Truppen heimgesucht worden. Die gelegentlich behauptete Zerstörung ist jedoch in Frage zu stellen; vermutlich wurde das Herrenhaus (nur) Opfer von Vandalismus. Tatsächlich gab ein späterer Besitzer 1670 an, es hätten „Soldaten darinnen gehauset" und der Sitz sei „ruiniret gewesen"; vor allem „der zerstümelte und zerflichte obere gaden" (Obergeschoss) und das schadhafte Dach dürften Folgen des Kriegsereignisses gewesen sein, die erst 1670 beseitigt wurden. Zuvor hatte Johann Gottfried Adler um 1653 die Liegenschaft wiederbelebt und ein Tagelöhnerhäuschen in Stand gesetzt. Friedrich Waldstromer (1634–1684), der ihn um 1663 ablöste, ließ unerlaubt weitere Arbeiterwohnungen einbauen. Die gegen Waldstromer verhängte Geldstrafe übernahm dann dessen Nachfolger (ab 1670) Wolf Michael Haunoldt, der im Gegenzug die noch fehlenden Feuerrechte zugesprochen bekam.

Lange blieb auch er nicht Lehnsmann des Katharinenamtes; bereits 1683 war Wolf Rech, 1695 Imanuel Schopp und 1696 der Obristleutnant Größer nachgefolgt. Diesem wurde noch 1696 der Neubau des Pächterhauses genehmigt. Der 1710 belehnte Daniel Heinrich Peyer baute 1720 eine neue Stallung, sein 1732 erstmals genannter Nachfolger Georg Strassenreuther beantragte 1734 einen neuen großen Fachwerkstadel. 1735 war er bereits verstorben, und der Bau wurde unter seiner Witwe Helena Sabina ausgeführt. Ihr folgten um die Mitte des 18. Jahrhunderts ein Herr (Daniel Heinrich?) von Peyer und 1765 der Rückersdorfer Pfarrer Wolf Jakob Freymüller, der im Jahr zuvor Maria Christiana von Peyer geheiratet hatte.

Das heutige Erscheinungsbild des Herrenhauses wurde geprägt, als Dr. Philipp Ludwig Wittwer (1752–1792) und seine Ehefrau Anna Magdalena den Hof 1778 kauften. Der Arzt und kurzzeitige Inhaber eines Lehrstuhls der Altdorfer Universität war der bedeutendste Besitzer des Gutes. Er zählte zu den führenden Vertretern der Spätaufklärung in Nürnberg, engagierte sich u.a. in Freimaurerlogen und war auch Mitglied des Illuminatenordens.

Bereits unmittelbar nach dem Erwerb beantragte er im April 1778 den Umbau, wobei der Eingabeplan erkennen lässt, dass das Gebäude wohl schon infolge der Schäden im 30-jährigen Krieg die von Bien dokumentierten Aufbauten verloren hatte. Das nach 1616 auf etwa 11 Meter verlängerte Gebäude erhielt nun ein Mansarddach mit Halbwalm. Die Halbgiebel aus Sandsteinquadern sollten mit Voluten geschmückt werden. Mit dem neuen Dachwerk kam ein mit einer Stube ausgebautes erstes Dachgeschoss. Größere Folgen hatte die Verlegung der Treppe von der nordöstlichen in die nordwestliche Ecke. Dies führte im Obergeschoss zu einem neuen Raumgefüge mit einer größeren Stube und neuen Küche.

Das Gut geriet nach dem Tod des Arztes an einen Amtmann Neuper, der es schließlich in mehrere Liegenschaften zertrümmerte und an verschiedene Interessenten verkaufte. 1796 erwarb Johann Georg Meier das Herrenhaus. Ihm folgte Johann Pemsel, der 1822 an den Köbler (Kleinbauern) Johann Schmidt veräußerte. Dann erwarben 1853 Georg Ringler, 1857 Johann Leha und um 1870 noch weitere Eigentümer in rascher Folge, bis die Liegenschaft 1890 an August Amman gelangte. In diesen unruhigen Jahren wurde das Erdgeschoss durch Wandeinbauten weiter unterteilt. Auch der Hauseingang soll damals verlegt und der Anbau an der Nordseite errichtet worden sein.

1922 kaufte Philipp Mend das ehemalige Herrenhaus, das er 1933 seiner Witwe Alwine und dem Sohn Wilhelm vererbte. In den 1960-er Jahren waren im Obergeschoss noch zwei mit Rocaillen und floralen Motiven gestaltete Stuckdecken erhalten. Der Kunstdenkmälerband von 1966 verzeichnet für das erste, schon damals modernisierte Dachgeschoss noch eine zweiflügelige Rokoko-Türe.

Quellen

StAN Rst. Nbg., Karten und Pläne Nr. 433. Rst. Nbg., Waldamt Sebaldi Nr. 355.

Fleischmann, Peter: Das Reichssteuerregister von 1497 der Reichsstadt Nürnberg (und der Reichspflege Weißenburg) (= Quellen und Forschungen zur fränkischen Familiengeschichte Bd. 4). Nürnberg 1993, S. 121 Nr. 3934.

Müllner III, S. 329.

Literatur

Alberti, Volker / Baumann, Lorenz / Holz, Horst: Burgen und Schlösser in Lauf und Umgebung. Unteres Pegnitztal (= Fränkische Adelssitze Bd. 2). Simmelsdorf-Hüttenbach 1999, S. 28-33.

Fleischmann, Peter: Der Nürnberger Zeichner, Baumeister und Kartograph Hans Bien (1591–1632) (= Ausstellungskataloge der Staatlichen Archive Bayerns Nr. 30). München 1991, S. 145-147, mit einer einfarbigen Reproduktion des Kartenblattes.

KDM Lauf, S. 494-498.

Kleinöder, Evi / Rosenbauer, Wilhelm: Rückersdorf – ein Ort im Wandel. Lauf 1984, S. 80-82, 188-190, 193 f.

Ruthrof, Renaissance, S. 45 f.

Schnelbögl, Fritz: Bausteine zur Heimatkunde. In: MANL 8 (1959), Heft 1, S. 28.

Stadtlexikon Nürnberg, S. 1195.

Waldau, Georg Ernst: Diptycha continuata ecclesiarum in oppidis et pagis Norimbergensibus. Nürnberg 1780, S. 181.

Wittmann, Leonhard: Landkarten in Franken aus der Zeit von 1490 bis 1700. Mappe 2, Nürnberg-Lauf 1940/41, Bl. 12.

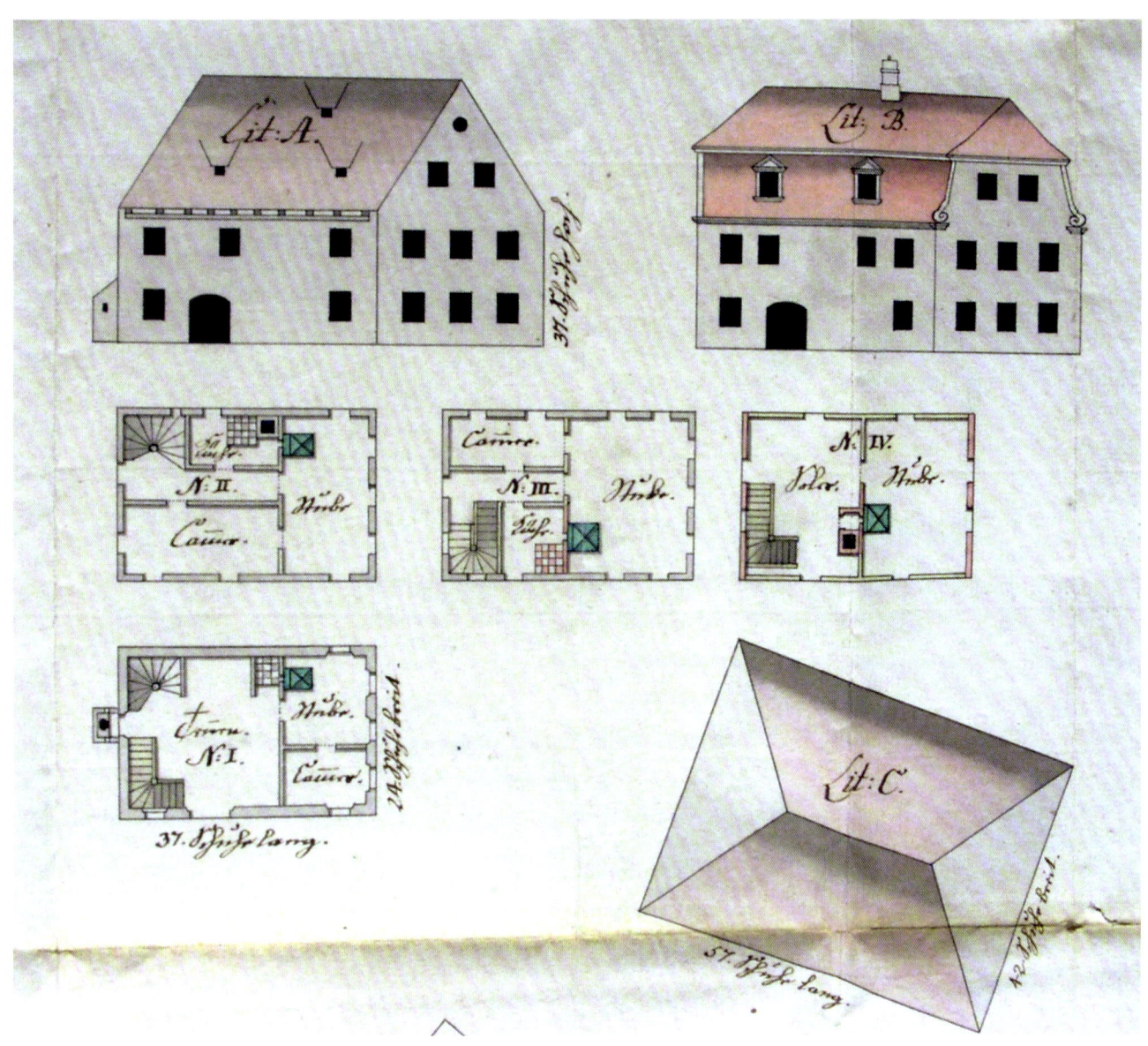

268.3 Auf- und Grundrisse (Bestand und Planung) für die Baueingabe des Dr. Wittwer aus dem Jahr 1778 (StAN)

Sündersbühl I

Abgegangener Herrensitz, „Nützelschlösschen"
(1943/45 zerstört)

Rothenburger Straße 119

Stadt Nürnberg

Das Lehngut Sündersbühl, das zu einem Drittel vom Hochstift und zu zwei Dritteln von der Dompropstei Bamberg verliehen wurde, soll nach den Annalen des Johannes Müllner durch eine Heirat von den Staudigl an die Nützel gekommen sein. Das könnte sich auf Konrad Nützel beziehen, der angeblich 1340 starb und eine Staudigl zur Frau hatte. Im Zuge des Ersten Markgrafenkrieges wurde das Vorfeld der Stadt durch eine „Verschrankung" gesichert, die bei Sündersbühl bis an den Zaun reichte, „do des Nuczels haus stunde". Dennoch wurde zumindest das Dorf am 10. Juli 1449 von den markgräflichen Truppen abgebrannt. 1487 musste sich Gabriel Nützel gegenüber der Stadt verpflichten, seinen mit Graben, Zäunen und Mauern umfangenen Sitz nur an Nürnberger Bürger zu verkaufen, was 1516 seine Söhne Caspar und Gabriel und 1519 ihr Vetter Hans Nützel wiederholten.

Hans Nützel hatte bereits 1516 um Bauholz für den Ausbau des Hauses gebeten. 1526 beklagte sich der

269.1 Ansicht des bereits ins Schlachthofgelände integrierten Herrenhauses, Fotografie: G. v. Volckamer um 1894 (StadtMN)

269.2 Ansicht des Herrenhauses nach dem Umbau der Altane, Fotografie: F. A. Nagel 1931 (StadtMN)

Markgraf, der neue, eingezäunte Sitz des Hans Nützel habe einen gut dreieinhalb Meter hohen Fuß von Quadersteinen und einen Umfang von 40 auf 30 Schuh (etwa 12 auf 9 Meter). Die Witwe des Hans Nützel erklärte dazu, ihr Mann habe lediglich das alte Haus abreißen und durch ein bürgerliches Wohnhaus mit Steinsockel und Fachwerkobergeschoss ersetzen lassen.

In den folgenden Jahrhunderten blieb der Sitz in der Hand des Nürnberger Geschlechts, das sich bis zu seinem Erlöschen im 18. Jahrhundert Nützel von Sündersbühl nannte. Allerdings musste es im Zweiten Markgrafenkrieg am 12. Mai 1552 erleben, wie der Stammsitz in Flammen aufging. Er dürfte bald wieder aufgebaut worden sein, zunächst wohl in der alten Form, d.h. mit einem Fachwerkobergeschoss auf einem massiven Sockel. Im späten 16. Jahrhundert erfuhr er dann wahrscheinlich eine Erneuerung, denn auf der Ansicht im so genannten Cnopfschen Skizzenbuch um 1614 präsentierte sich das Herrenhaus als dreigeschossiger, vermutlich massiver Satteldachbau.

Zwei Jahrzehnte später soll es im 30-jährigen Krieg 1632 oder 1634 abermals zu Grunde gegangen sein: Während Waldamtsakten auf Tillysche Völker weisen, die im September 1632 Schweinau und St. Leonhard

„in die Aschen gelegt" hatten, erinnert eine andere Quelle an einen Einfall von Kroaten im Jahr 1634. Am 8. September hatten sie Fürth angezündet und in der folgenden Nacht „Sindersbühl ganz bis aufs Schloß und 2 Häuslein abgebrannt". Danach scheint der Nützelsche Herrensitz verschont geblieben zu sein. Nach anderen Quellen lag er dagegen bis nach 1680 öd und wurde erst in den 1680-er Jahren wieder hergestellt, wobei man dann aber zumindest die massiven Teile weiterverwendete.

1711/12 hatten die Nützel das Schloss offenbar weitgehend verpachtet. Genannt werden das Herrenhaus, das neue Gebäude mit vier Zinswohnungen, wovon sich die Nützel lediglich eine als „Scherbenstube für die Pomeranzenbäume" vorbehielten, der Stadel, die Gärtnerswohnung, das Weberhäuslein, der Schlossgarten und der große Garten. Außerdem waren noch ein Dutzend Höfe und Güter im Dorf an Bauern als Erbzinslehen vergeben und z.T. ebenfalls mit Mietern dicht belegt.

Mit dem Tod Johann Joachim Nützels von Sündersbühl am 10. Mai 1747 erlosch das alte Nürnberger Geschlecht, das seit 1272 nachweisbar ist, im Mannesstamm. Als Mannlehen fiel der Herrensitz mit seinen Rechten, zu denen auch die die Vogtei und die niedere Gerichtsbarkeit über die zugehörigen Untertanen zählten, an die Lehnsherren heim. 1766 überließen sie das Herrenhaus (gemeint ist vermutlich das „neue Gebäude") mit einem Nebenhaus und dem so genannten Küchengarten einem gewissen Hornung [vgl. Sündersbühl II]. Mit den Nützelschen Erben kam es dagegen zu langwierigen Prozessen. Erst 1774 verkauften das Hochstift und die Dompropstei Bamberg den gesamten Lehnkomplex mit Vogtei, Dorf- und Gemeindeherrschaft, Nachsteuer und Umgeld als Mannlehen für 25.000 Gulden an Johann Sigmund Haller von Hallerstein. Die Reichsstadt soll 4.000 Gulden zum Kaufpreis zugeschossen haben, damit die Grundherrschaft wieder in Nürnberger Hände kommen konnte; zudem wurde ihr von den Lehnherren ausdrücklich die Steuer- und Wehrhoheit über die Untertanen zugesprochen. Dennoch mussten zur Finanzierung erhebliche Kredite aufgenommen werden.

Dokumente aus der Registratur der Bamberger Dompropstei von 1766 und 1773/79 sowie die Ansichten von Boener und Delsenbach aus dem frühen 18. Jahrhundert überliefern einige Hinweise auf den Baubestand. Das Herrenhaus war ein dreigeschossiger, „von Quater Steinen" errichteter Satteldachbau. Im Erdgeschoss befanden sich ein Fletz, ein Bierkeller, ein weiteres „Gewölb" und eine Brennholzlege. 1766 ist auch von einem kleinen Stall die Rede. Im ersten Obergeschoss waren zwei Stuben; ihnen waren jeweils eine Kammer und ein kleines Küchlein zugeordnet. Darüber im zweiten Obergeschoss waren ein Saal, eine Stube und eine Kammer untergebracht. Unter dem Dach fand man ein „Verschlägle" und den Getreideboden. Das Herrenhaus war noch zu Beginn des 19. Jahrhunderts von einem Wassergraben oder „Weyher" umgeben, der von einer 1779 erneuerten hölzernen Brücke überspannt wurde. Zusätzlich wurde der Sitz einschließlich des „Rupprechtschlösschens" und des großen Gartens von einer Mauer eingefriedet.

Auch die Freiherren Haller von Hallerstein nutzten das Schloss kaum; zumindest von 1792 bis 1805 war es vermietet. Daher verkauften sie das infolge der hohen Kapitalbelastung wenig rentable Objekt am 7. September 1814 für 2.050 Gulden an Simon und Margarethe Baier. 1834 übernahm Christian Alexander Baier das Schlösschen von seiner verwitweten Mutter. Die Grundherrschaft dagegen war nach der Ablösung der bambergischen Lehnsherrschaft im Jahr 1818 mit dem

269.3 Treppenhaus des Herrensitzes, Fotografie: F. A. Nagel, um 1910 (HallerA)

Verkauf des Gutes Sündersbühl 1823 an den Marktadjunkten und Kaufmann Karl Benedikt von Schwarz gelangt, der schon einige andere Hallersche Liegenschaften erworben hatte [vgl. Artelshofen, Henfenfeld, Prackenfels]; 1834 wurde sie von Rosa Alice Weiß, geborene von Schwarz, ausgeübt. 1862 erwarben der Gastwirt Johann Schutzmarlin und seine Ehefrau das Baiersche Anwesen, das seit der Reformgesetzgebung von 1848 freies Eigentum war. Das Ehepaar verkaufte es aber schon 1867 an Franz Freiherrn von Ziegler und dieser 1873 weiter an die Stadt Nürnberg, die seinerzeit bereits den Neubau des großen städtischen Schlachthofs auf dem Gelände plante. Das Herrenhaus wurde nicht abgebrochen, sondern zunächst ab 1880 als Armenhaus und später für Zwecke des 1891 eröffneten Schlachthofs genutzt, in dessen Bebauung es integriert war. Nur das Hallerwappen über dem Eingang erinnerte noch an den „Glanz verschwundener alt-reichsstädtischer Patrizierherrlichkeit". 1943/45 wurde das Schlösschen bei einem Luftangriff völlig zerstört. Etwas weiter südlich wurde 1959 die Berufsschule für Metzger errichtet.

Quellen

StABa B 81 Nr. 881, 1001, 1002, 1003.

StAN Rst. Nbg., D-Laden Urk. Nr. 456. Rst. Nbg., Handschriften Nr. 323. Rst. Nbg., Rechnungen der markgräflichen Krieges Nr. 95, 96. Rst. Nbg., Waldamt Lorenzi I Nr. 512, 1315. Kataster Sündersbühl Nr. 1, 4, 8, 11.

StadtAN E 10/21 Nr. 113.

HallerA Besitz Sigmundsche Linie, Bestand Sündersbühl.

Bayerisches Hauptstaatsarchiv Reichskammergericht Bd. 4 (= Bayer. Archivinventare Bd. 50/4). München 1998, Nr. 1600.

Die Chroniken der deutschen Städte, Bd. II. Leipzig 1864, S. 150, 272.

Gelegenhait, Nr. 773, 1889.

Müllner I, S. 338 f.

Literatur

Großner, Rudolf / Haller, Bertold Frhr. von: „Zu kurzem Bericht umb der Nachkommen willen". In: Erlanger Bausteine zur fränkischen Heimatforschung 40 (1992), S. 25, 43.

HAB Nürnberg-Fürth, S. 176.

Pfeiffer, Gerhard: Die Offenhäuser der Reichsstadt Nürnberg. In: JffL 14 (1954), S. 166 f, 169, 171, 174.

Rusam, Dorfkerne, S. 191-217.

Ruthrof, Renaissance, S. 80 f.

Stadtlexikon Nürnberg, S. 1059, mit Kupferstich von J. A. Delsenbach 1716.

270 · N

Sündersbühl II

Abgegangenes Herrenhaus, „Rupprechtschlösschen" (vermutlich nach 1880 abgebrochen)

Nördlich der Rothenburger Straße 119

Stadt Nürnberg

Das so genannte Rupprechtschlösschen ging aus dem 1711 erwähnten „neuen Gebäude" im Hof des Nützelschen Sitzes hervor [vgl. Sündersbühl I]. Nach dessen Heimfall 1747 an die Lehnsherrschaft, das Hochstift und die Dompropstei Bamberg, wurde es mit weiteren Gebäuden sowie den zum Schloss gehörigen landwirtschaftlichen Grundstücken nach der Jahrhundertmitte angeblich dem Bamberger Lehenkommissar Johann Matthäus Rupprecht überlassen. Ob die um 1750 genannte Dienstwohnung des Bamberger Geheimrats Förtsch hier oder im Herrenhaus gewesen war, bleibt ungeklärt.

Das Wohnhaus, ein zweigeschossiger Massivbau mit Satteldach, der 1711 an mehrere Parteien vermietet war und als Orangerie diente, möglicherweise einst Voithaus gewesen war, erhielt bald die Bezeichnung „Rupprechtschlößchen". 1766 wurde es mit Nebengebäuden und zugehörigen Grundstücken an einen gewissen Herold vererbt, der es noch im selben Jahr an Margaretha Rupprecht veräußerte. Nach ihrem Tod 1771 erbten die beiden Kinder Johann Matthäus Rupprecht jun., der in Nürnberg als Kaufmann wirkte, und Margaretha Fleischhauer, deren Anteil 1801 an ihren Bruder fiel. Bereits 1774 war die Grundherrschaft mit dem Lehnkomplex Sündersbühl an die Haller übergegangen.

Der junge Rupprecht bewohnte den Sitz nicht selbst, sondern verpachtete ihn an den Wirt Johann Hutzler, der das Recht zum Betrieb eines Gasthauses verliehen bekommen hatte. Im frühen 19. Jahrhundert verfügte das Anwesen über das zweigeschossige Herrenhaus, das neben der Wirtschaft auch noch mehrere Zinswohnungen, Wein- und Bierkeller sowie eine Stallung enthielt (Sündersbühler Hausnummer 1), ein Nebenhaus Nr. 2 (ein Gartenhäuschen mit Keller, Gemüse- und Blumengarten) und das ehemalige Gärtnerhaus Nr. 3 samt Schüpf und Backofen sowie über einen großen Stadel mit einem gewölbten Weinkeller, mehrere Stallungen und Remisen.

Dieser Besitz wurde 1814 nach dem Tod der Witwe Barbara Rupprecht auf ihre Kinder Johann Andreas Rupprecht und Margaretha Dorothea Wilhelmina Golling

270.1 Der Nützelsche Sitz (links Sündersbühl I) von Osten auf einem Kupferstich von J. A. Delsenbach von 1715; die nördlichen, hier traufseitig stehenden Gebäude bildeten später das Rupprecht-Schlösschen (StadtMN)

überschrieben. Bereits um 1816 war aber das Gut als Erbzinslehen an Sophia Margaretha Feldkirchner und den Polizei-Aktuar Johann Tobias Lauter übergegangen. 1817 verkauften sie es an den Kaufmann Karl Löblein. Noch in der ersten Hälfte des 19. Jahrhunderts wurde es besitzrechtlich zertrümmert und in drei Anwesen aufgeteilt. Das ehemalige Herrenhaus ging an Johann Georg und Margaretha Pickelmann, die weiterhin die Gastwirtschaft betrieben sowie ein Waschhaus und eine Kegelbahn anbauten; 1856 gehörte es der Witwe Pickelmann. 1869 erwarben die Metzgerseheleute Friedrich und Margaretha Ebenhack das Eigentum.

Diese mussten vor 1880 die Liegenschaft an die Stadt Nürnberg verkaufen, die seinerzeit bereits den Neubau des großen städtischen Schlachthofs auf dem Gelände plante. Dieser konnte nach zweijähriger Bauzeit 1891 eröffnet werden. Das „Rupprecht-Schlösschen" dürfte demnach spätestens 1889 beseitigt worden sein.

Quellen

StABa B 81 Nr. 881, 1001, 1002, 1003.

StAN Kataster Sündersbühl Nr. 1, 4, 8, 11.

HallerA Besitz Sigmundsche Linie, Bestand Sündersbühl.

Literatur

Rusam, Dorfkerne, S. 191-197.

Stadtlexikon Nürnberg, S. 1059.

271 N

Sündersbühl III

Abgegangener Herrensitz, „Burgfriedschlösschen" (1943/45 zerstört)

Rothenburger Straße 154-158

Stadt Nürnberg

Der noch lange gebräuchliche Name „Burgfriedschlößchen" für diesen Sündersbühler Herrensitz erinnert an einen wehrhaften mittelalterlichen Wohnturm, der erstmals 1360 aufscheint, als Bertold Pfinzing einen Hof zu Sündersbühl an Herman Stolz vererbte, mit Ausnahme „dez perfrids und dez gertleins, do daz perfrid innen stund". Von Pfinzing gelangte der Besitz an die Stromer, denn 1384 verkaufte Hans Stromayr (Stromer) einen halben Anteil am Hof und den Bergfried zu Sündersbühl an seinen Bruder Konrad. Der veräußerte den Bergfried, der in einem Weiher stand, mit dem landwirtschaftlichen Gut im Vorhof 1391 an Conrad Kötzner. Dessen Söhne Eberhard und Kraft Kötzner wurden am 27. Oktober 1408 vom Bamberger Bischof Albrecht belehnt. Am Turmhaus war vor 1424 eine „abseiten" (Flügelgebäude) angebaut worden. In jenem Jahr ging der Sitz an den Nürnberger Bürger Hans Eysenmanger über. Dieser vererbte das Lehngut an Paul und Sebald Eysenmanger. 1460 wurden Endres und Hans Eisenmanger belehnt. Die Familie verkaufte den Sitz an Martin Holzschuher, dessen Söhne Martin und Fritz 1467 das Lehen empfingen.

Allerdings wurde der Sitz in der zweiten Hälfte des 15. Jahrhunderts nicht mehr als Bergfried, sondern als „burgstall" bezeichnet, was auf eine Zerstörung möglicherweise im Ersten Markgrafenkrieg 1449/50 schließen lässt [vgl. Sündersbühl I]. Als das Lehen 1502 von Martin und Paul Holzschuher an ihren „Schwager" Peter I. Imhoff veräußert wurde, dürfte an der Stelle des Burgstalls nur ein weniger wehrhaftes Bauwerk gestanden haben. Im Kaufbrief wurde der Sitz als „herren heußlein daselbst zum Sinterspühl, genannt der bergfried" geführt. Vielleicht hatte ein eher bescheidenes Erscheinungsbild dafür gesorgt, dass der Sitz nicht in der Erhebung von 1504 über die Beschaffenheit der Landschaft um Nürnberg genannt wird.

Das Gut blieb für Jahrzehnte im Besitz der Familie Imhoff. Genannt werden als Inhaber und Bamberger Lehnsleute 1523 Sebastian und Peter II. Imhoff, 1546 Hieronymus, Wolf und Henslein (Söhne Peters II.), 1570 Jörg und zuletzt 1587 Hans d. Ä. und seine Vettern, die Brüder Georg und Maximilian Imhoff. Als diese drei den Herrensitz 1588 veräußerten, bestand er aus zwei Gebäuden, nämlich dem Herrenhaus und dem so genannten alten Haus, sowie mehreren Ökonomiegebäuden. Erwerber war der Kaufmann Carl (Carlo) Wertemann, dessen Vorfahren, die eigentlich Vertemati oder Vertema hießen, von Plurs im Bergell nach Nürnberg eingewandert waren und in Nürnberg u.a. ein Wohn- und Geschäftshaus in der heutigen Winklerstraße erworben hatten. Schon 1575 betrieben sie in Nürnberg drei Firmen, die sich vor allem im Handel mit Seide, Wein, Gewürzen und Fisch engagierten. Immerhin war ihr Heimatort Plurs Stapelplatz für italienische Seide.

Carl Wertemann wandte sich 1589 an das Waldamt Lorenzi, weil er eines der Imhoffschen Herrenhäuser, das jetzt aus zwei T-förmig zusammengefügten Flügeln bestand, umbauen wollte. Vor allem sollte der eine nur eingeschossige Flügel ebenfalls aufgestockt und ein zweites Gebäude, das offenbar seit dem Zweiten Markgrafenkrieg 1552 ruiniert lag, wiederhergestellt werden. Das eher bescheiden anmutende Vorhaben führte zu einem Prachtbau, wie die Ansicht des neuen Schlosses auf einem Blatt des so genannten Cnopfschen Skizzenbuches aus der Zeit um 1614 beweist. Der viergeschossige „Gartenpalast" sollte offenbar für Mußestunden der in der Stadt wohnenden Kaufmannsfamilie dienen.

Der Neubau präsentierte sich als typisches Nürnberger Weiherhaus mit vier Ecktürmchen, dessen Erdgeschoss mit Arkaden aufgebrochen worden war. In einem der Obergeschosse ließ Wertemann einen Saal einrichten, auf dessen Deckenspiegel kunstvoll der Stammbaum der italienischen Familie gemalt wurde. Friedrich August Nagel hatte seinerzeit noch im Stadtarchiv Nürnberg eine Abbildung des Plafonds entdeckt. An das Gebäude wurde außerdem ein Treppenturm angebaut.

Ein Besitzanteil an dem prachtvollen Anwesen wurde an einen Sohn übergeben, der eine glänzende Karriere als kaiserlicher Hofrat durchlief, an der Universität Pisa zu einem „Rector der deutschen Nation" ernannt, kaiserlicher Gesandter am Hofe König Ludwigs XIII. von Frankreich und schließlich als Matthias von Wertemann auf Sallegg geadelt wurde. Gleichwohl soll das Wertemannsche Handelshaus nach riskanten Geldgeschäften mit dem Reichspfennigmeister Matthäus Welser schon 1607 in Konkurs gegangen sein. Der Konkurs entwickelte sich zum dramatischen Kriminalfall, als während der Abwicklung 1608 zwei Familienmitglieder, Wilhelm und Alusio Wertemann, unter mysteriösen Umständen gleichzeitig verstarben. Daraufhin wurde die gesamte wertvolle Ausstattung des Herrenhauses beschlagnahmt und im Haus in der Winklerstraße unter Verschluss gebracht. Überliefert wird auch, dass sich Carl Wertemann, vielleicht noch identisch mit dem gleichnamigen Bauherrn von 1589, in Prag und sein Bruder Francesco in Bamberg in Sicherheit gebracht hatten und nicht daran dachten, nach Nürnberg zurückzukehren. 1610 wurden schließlich die Mobilien, auch die Sündersbühler Ausstattung, aus dem Haus in der Winklerstraße gestohlen. Bei einem Einbruch wurde sogar eine Sprengladung angebracht, die glücklicherweise nicht zündete. Die Einbrüche, gleich drei hintereinander, wurden nie aufgeklärt; die Gläubiger, zu denen auch der Ansbacher Markgraf zählte, blieben unbefriedigt.

Offenbar wurde nur das Vermögen in der Stadt um 1610 liquidiert. Der Sitz in Sündersbühl dagegen blieb als Bamberger Lehen im Besitz mindestens eines Familienmitglieds, das schließlich den Untergang im 30-jährigen Krieg miterleben musste. Das 1632/34 zerstörte große Herrenhaus blieb vermutlich für immer öd liegen. Wann und in welchem Umfang die übrige Bebauung des „Burgfriedschlösschens" wiederhergestellt wurde, ist noch nicht geklärt. Als Hieronymus Franziskus Wertemann 1699 belehnt wurde, war wohl nur das kleinere, an der Straße liegende Herrenhaus wieder aufgebaut.

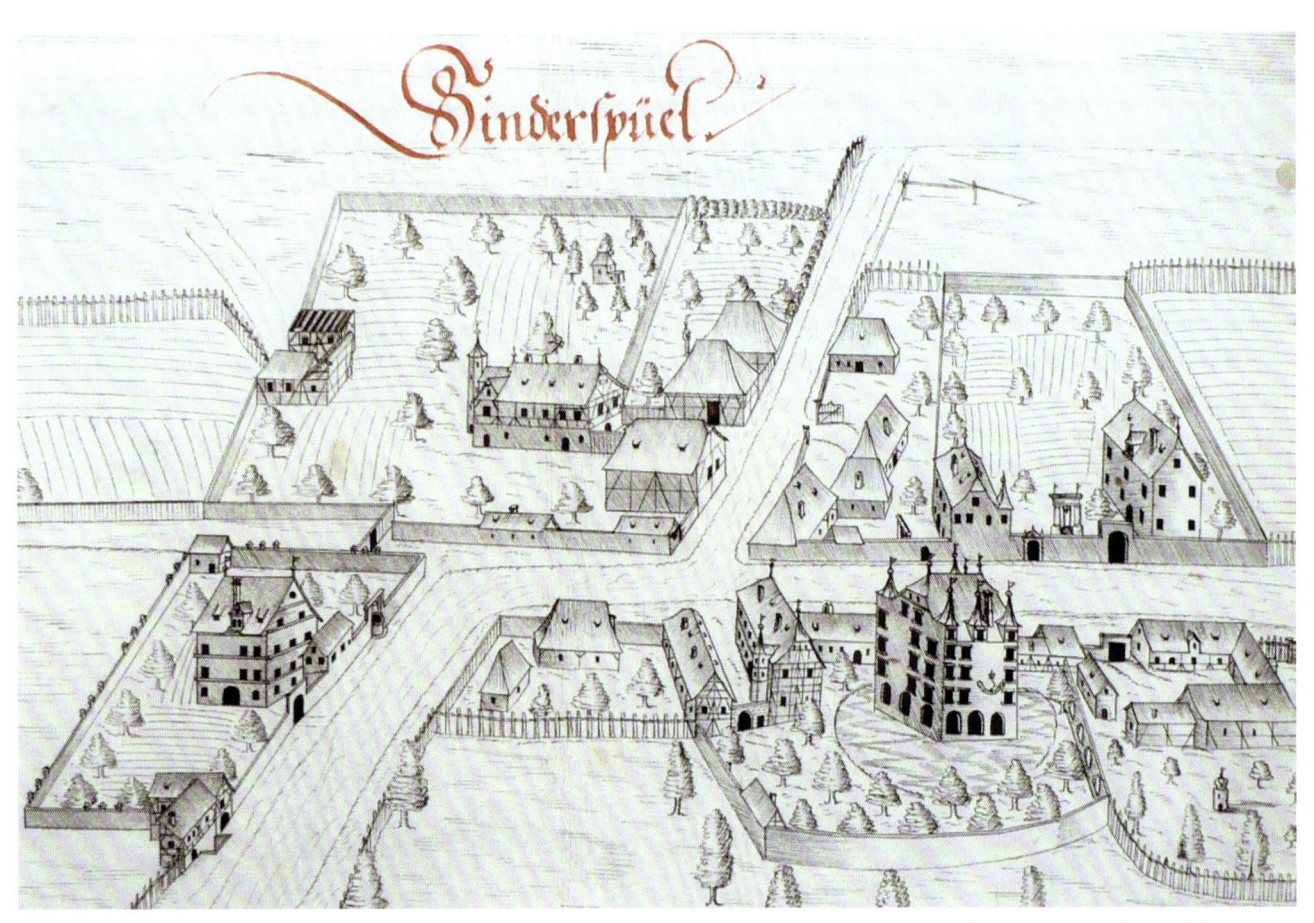

271.1 „Sinderspüel" von Norden im so genannten Cnopfschen Skizzenbuch von um 1612/14, rechts der im Weiher stehende Wertemannsche Sitz, links Sündersbühl I (südlich der Straße von links: repräsentative Gebäude einer Gärtnerei und eines Gasthofs) (HallerA)

Der letzte des Kaufmannsgeschlechts starb 1700 ohne männliche Erben, sodass das Gut an die Lehnsherrschaft heimfiel und danach an den kaiserlichen Postoffizier Wolfgang Antoni Oexle von Friedenberg verliehen wurde. In einer Nachricht vom April 1707 ist davon die Rede, dass das Anwesen von „liederlichen" Leuten bewohnt werde und vernachlässigt sei. In diesem Zusammenhang wurde auch bemerkt, dass dieses Gebäude, in dem die „Werdemänner daselbst gewohnt", einst nur das „Pomeranzenhaus", demnach wohl eine Kombination von Sommerhaus und Orangerie, gewesen sei. Dieser Bau soll im frühen 18. Jahrhundert am Dach und am Mauerwerk sehr ruinös gewesen sein.

1770 gelangte das Anwesen an den Fürther Kaufmann und Brauer Johann Georg Hofmann, der es 1773 an Heinrich Salomon und Daniel Friedrich Hofmann vererbte. Ersterer starb als Braumeister zu Fürth 1796, sein Bruder 1795 als königlich-preußischer Brauereiverwalter zu Zirndorf. 1798 wurde der ehemals brandenburg-ansbachische Rat Daniel Hofmann mit dem Gut belehnt. Nach seinem Ableben nach 1821 erbte dessen Sohn Heinrich Salomon Hofmann das mittlerweile von der Lehenbindung befreite Gut. Im Juni 1855 wurde es einer Erbengemeinschaft, bestehend aus der Witwe Barbara Hofmann und den drei Kindern, überschrieben. Sie verkaufte die Liegenschaft im August 1869 an Joseph und Josephine Beck aus Nürnberg. Das Privatiersehepaar führte 1870/71 umfangreiche Um- und Neubauten durch. Das Anwesen ist bei Bombenangriffen im Zweiten Weltkrieg beschädigt und in den Jahren nach 1945 abgebrochen worden.

Quellen

StAN Rst. Nbg., Waldamt Lorenzi I Nr. 512, 1315. Rst. Nbg., Prozessakten Nr. 1989 II. Kataster Sündersbühl Nr. 1, 4, 8, 11.

StadtAN A 1 Nr. 1378, September 28 (Vidimus 1360, Januar 30). E 10/21 Nr. 113.

GNM-A Imhoff-A Teil II Nr. 20.

Müllner I, S. 338.

Literatur

Deliciae II, S. 90.

Giersch, Robert: Archivalien zur Bau- und Nutzungsgeschichte des historischen Bürgerhauses Winklerstraße 13 in Nürnberg. Denkmalpflegerische Voruntersuchung 1995. Unveröff. im BLfD.

HAB Nürnberg-Fürth, S. 176.

Rusam, Dorfkerne, S. 191-197.

Unger, Eike Eberhard: Nürnbergs Handel mit Hamburg im 16. und beginnenden 17. Jahrhundert. In: MVGN 54 (1966), S. 18, 47 f.

272.1 Blick auf den Turmhügel von Südwesten, Zustand 2006 (RG)

272   B6

Tennenlohe I

Abgegangene Burg

Südwestlich von Schlossgasse 7

Stadt Erlangen

Vermutlich 1395 (die allein erhaltene Abschrift der Urkunde ist irrtümlich auf 1345 datiert) ließ sich Ulrich III. Haller einen Teil seiner zahlreichen Besitzungen vom Landgericht Nürnberg bestätigen, darunter „das Burckstall und Gütlein zu Tennenlohe". 1398 erhielt er von den Burggrafen u.a. „das wal und drey gut zu dem Tenneloe" zu Lehen. „Wal" meint wie „Burgstall" die Stelle eines abgegangenen Sitzes. Er muss zu den Gütern in Tennenlohe gehört haben, die Ulrich Haller 1383 von den Erben des verstorbenen Hilpolt von Mayental erworben hatte und die einst Hermann und Dietrich Schütz besessen hatten; sie waren teils Lehen der Burggrafen, teils der Hohenlohe-Brauneck. Als burg- bzw. markgräfliches Lehen blieb dieser Komplex bis 1463 im Besitz der Haller und wurde dann an die Löffelholz verkauft. Ein Burgstall wird dabei aber nicht mehr erwähnt.

Dieser ehemalige Ansitz wird unmittelbar südwestlich des Schlosses [vgl. Tennenlohe II] auf einem erhöhten Terrain vermutet, das früher als Acker genutzt und mittlerweile als hochmittelalterlicher Turmhügel in der Denkmalliste eingetragen wurde. Es ist im Westen und Süden zum Hutgraben hin noch regelmäßig kreisförmig und wallartig erhöht, jedoch im Norden und Nordosten durch Überbauungen und landwirtschaftliche Nutzungen vermutlich schon seit Jahrhunderten verloren. Dieses Gelände gehörte zum Wirtschaftshof des Herrensitzes (Schlossgasse 6), der aber freieigen war und offenbar nichts mit dem erwähnten markgräflichen Lehenkomplex zu tun hat, sodass die Lokalisierung noch nicht gesichert erscheint. Auch die Frage, ob der Sitz einst zu den burggräflichen oder aber zu den Brauneckschen Lehen zählte und damit aus dem Erbe der Reichsministerialen von Gründlach stammte, die in Tennenlohe zahlreiche Besitzungen hatten, lässt sich derzeit nicht beantworten.

Als Inhaber des Burgstalls gilt bislang Conradus de Tenninloch, der 1265 in der Urkunde Burggraf Konrads II. über dessen große Güterschenkung an das Kloster Engelthal [vgl. Peuerling] nach den Reichsministerialen (u.a. Kammerstein, Thann, Berg-Hertingsberg und Immeldorf) und vor den Nürnberger Bürgern unter den Ministerialen als Zeuge erscheint. Vermutlich war er von der Verfügung selbst betroffen, denn der Burggraf übergab dem Kloster auch die Vogtei über ein Gut in Gersdorf sowie den Neubruchzehnt von Stockach (später in Gersdorf aufgegangen). 1328 verkaufte nämlich Ulrich, des alten Tennenlohers Sohn, eine Gült aus seinem Erbe zu Stockach und zehn Jahre später Heinrich Prew von Gersdorf, ebenfalls des alten Tennenlohers Sohn, ein Gut sowie Heinrich der Jüngere Tennenloher sein Haus und Hofstatt zu Gersdorf an das Kloster Engelthal. Das lässt vermuten, dass „Conradus de Tenninloch" bereits 1265 zu Gersdorf saß. Der 1304 im Handlungsbuch der Holzschuher genannte „Schuzzo de Tennenloch" hat dagegen sicher nichts mit den Ministerialen und dem Burgstall zu tun, sondern wohnte nur in Tennenlohe.

Quellen

HallerA Besitz, Urkunden Kalchreuth; markgräfliches Lehen Tennenlohe.

Chroust, Anton / Proesler, Hans (Hg.): Das Handlungsbuch der Holzschuher in Nürnberg von 1304–1307 (= VGFG X/1). Erlangen 1934, Nr. 657.

Müllner I, S. 318 f.

NUB Nr. 408.

Literatur

Bischoff, Johannes: Die Zeidelhuben und Bienenpflege im Sebalder Reichswald. In: JffL 16 (1956), S. 102-104.

Ders.: Evang.-Luth. Pfarrkirche und Pfarrei St. Maria Erlangen-Tennenlohe. Erlangen 1978, S. 6.

KDM Erlangen, S. 142 f.

Kunstmann, Hellmut: Mensch und Burg. Würzburg 1967, S. 34.

Stadtlexikon Erlangen, S. 695-697.

Vahl, Rittersiegel Bd. 1, S. 392.

Voit, Gustav: Engelthal. Geschichte eines Dominikanerinnenklosters im Nürnberger Raum (= Schriftenreihe der ANL Bd. 26). Nürnberg 1978, S. 122, 130, 147 f.

273   B6

Tennenlohe II

Ehemaliger Herrensitz

Schlossgasse 7

Stadt Erlangen

Die schon im 14. Jahrhundert abgegangene Burg [vgl. Tennenlohe I] hatte lange Zeit keinen Nachfolger. Die Beschreibung der Nürnberger Landschaft aus dem Jahre 1504 geht mehrfach auf Tennenlohe ein, ohne einen Sitz zu erwähnen, ebenso wenig wie die Schadenslisten des Zweiten Markgrafenkrieges von 1552/53. Den ersten, indirekten Hinweis auf die Existenz eines Herrensitzes gibt die Gedächtnistafel des Hans Christoph Tetzel (1562/63–1601) und seiner Frau Martha geb. Haßolt

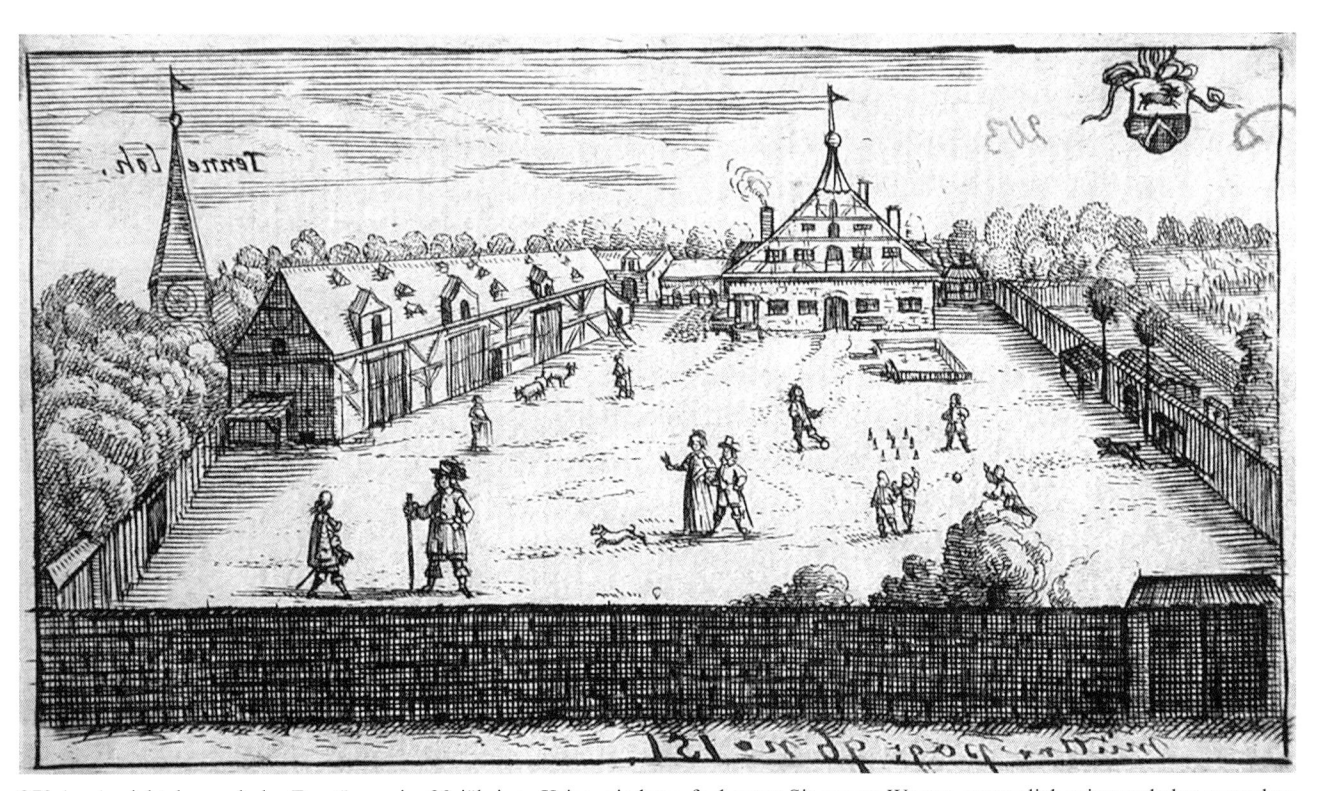

273.1 Ansicht des nach der Zerstörung im 30-jährigen Krieg wieder aufgebauten Sitzes von Westen, vermutlich seitenverkehrt gestochen und daher hier spiegelbildlich wiedergegeben, Kupferstich von etwa 1660 (StadtMN)

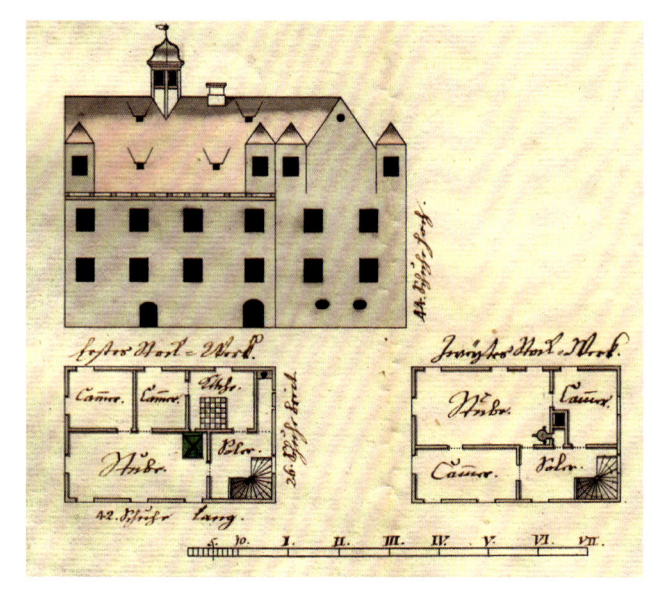

T TENNENLOHE II

273.2 Das alte, nach 1650 errichtete Herrenhaus auf einem Eingabeplan an das Waldamt Sebaldi (StAN)

auf die Erneuerung der Tennenloher Kirche 1590. Von Tetzel ist außerdem überliefert, er habe sich „viel zu Tennenlohe aufgehalten".

Vermutlich wurde der Besitz unter seinen beiden Töchtern geteilt. Maria Magdalena Tetzel (1585–1642) heiratete Endres Schilling, ihre Schwester Maria 1619 Justus von Oyrl (sein Vater Philipp hat das Fembohaus in Nürnberg erbaut). Deren Tochter Maria Magdalena von Oyrl (1619–1686) vermählte sich 1642 mit Wilhelm Bartholomäus Peller, der anscheinend 1653 auch die andere Hälfte des im 30-jährigen Krieg (vermutlich 1634) zerstörten Schlosses an sich brachte. In seinem Nachlassinventar von 1670 ist das „Landgut zu Tennenlohe" mit 2.500 Gulden veranschlagt. Von seiner Witwe gelangte es an die Tochter Maria Sabina (1651–1705), die 1668 Christoph Jakob Behaim heiratete. Dieser wurde 1681 mit seinem Bruder in den erblichen Reichsfreiherrenstand erhoben.

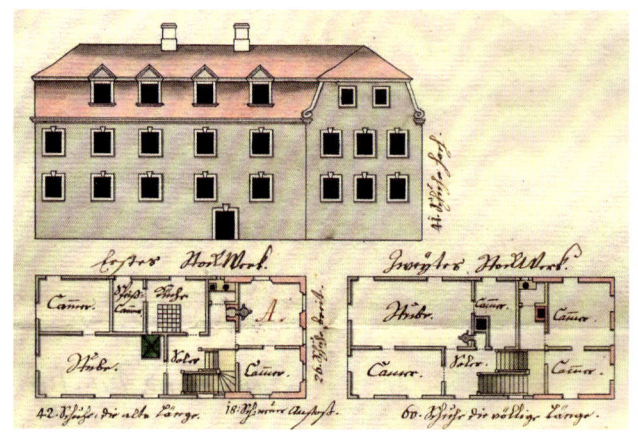

Der nach dem Krieg wieder aufgebaute Herrensitz war nach einem Kupferstich um 1660 (der aber vermutlich seitenverkehrt ausgeführt wurde) nur ein erdgeschossiger Bau mit Fachwerkgiebel; davor stand ein Ziehbrunnen. Im weiträumigen, teils ummauerten, teils umzäunten Hof war außerdem eine langgestreckte Fachwerkscheune erbaut. 1690 entschloss sich die inzwischen verwitwete Baronin von Behaim, ein neues Herrenhaus zu errichten. An der alten Stelle, aber auf einer erheblich geringeren Grundfläche von nur noch 41 auf 26 Schuh (ca. 12,3 auf 7,8 Meter) statt bisher etwa 22 auf 13,5 Meter entstand ein dreigeschossiges, turmartiges Herrenhaus mit den häufig im Nürnberger Raum zu beobachtenden vier Ecktürmchen. Das Satteldach trug einen Dachreiter mit Welscher Haube und Wetterfahne.

Angeblich ging der Sitz schon 1699 an Melchior Christian von Mayersbach über [vgl. Bruck I], aus dessen Nachlass er 1719 von Christoph Jakob Peller (1683–1729) erworben wurde. Seine Tochter Maria Anna vermählte sich 1737 mit Jakob Gottlieb Rudolf Volckamer von Kirchensittenbach, der ab 1777 das heute noch stehende Schlösschen in Tennenlohe errichten ließ. In seiner Baueingabe bat er zunächst um Genehmigung „wegen Reparatur und Erweiterung meines Herren-Sitzes", bei der ein Giebel und das Dachwerk vollkommen erneuert werden sollten. Er wollte bei dieser Gelegenheit „den Mangel des Raums in diesem Gebäude ... etwas abhelfen" und erwartete um so weniger Einwände, als „das Hauß ehedem noch einmal so lang und so breit gewesen, als ... Frau Behaim ... zu Ende des vorigen Jahrhunderota aufführen lassen".

273.3 Eine erste, dann verworfene Umbauplanung von 1777 (StAN)

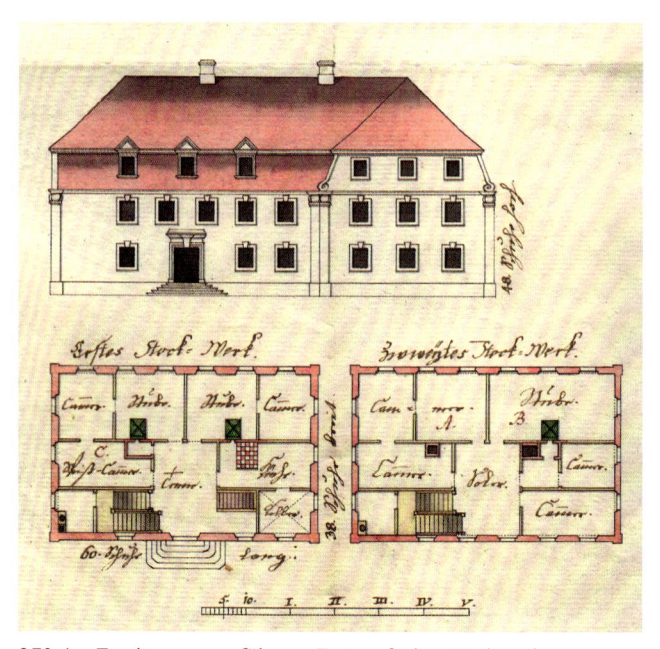

273.4 Zweiter, ausgeführter Entwurf der Umbauplanung von 1777 (StAN)

273.5 Blick auf das Herrenhaus aus südwestlicher Richtung. Fotografie: G. v. Volckamer um 1894 (StadtMN)

Im Zuge der Bauarbeiten zeigte sich angeblich, dass das knapp hundert Jahre alte Gebäude viel zu baufällig war. Volckamer erweiterte sein Gesuch, indem er den völligen Abbruch und Neubau für unabdingbar hielt, der allerdings um ca. 3 ½ Meter breiter werden sollte. Der neu eingereichte, modifizierte Plan zeigt das Herrenhaus, wie es sich im wesentlichen bis heute erhalten hat, nämlich als zweigeschossigen Sandsteinquaderbau mit abgewalmtem Mansarddach.

1780 erbte Johann Albrecht Andreas Adam von Volckamer den Besitz. Nach dem Tod seiner Witwe Maria Philippina im Jahre 1826 gelangte dieser schließlich 1835 an die Familie Klein, die im Schloss 1860 eine Gastwirtschaft einrichtete und darin bis heute betreibt.

Quellen

StAN Rst. Nbg., Waldamt Sebaldi II Nr. 192, 210.

Gelegenhait, Nr. 703, 1929.

NUB Nr. 408.

Literatur

Bischoff, Johannes: Die Zeidelhuben und Bienenpflege im Sebalder Reichswald. In: JffL 16 (1956), S. 102-104.

Ders.: Evang.-Luth. Pfarrkirche und Pfarrei St. Maria Erlangen-Tennenlohe. Erlangen 1978, S. 28 f, 42, 47-49, 55 f.

Jakob, Andreas / Hofmann-Randall, Christina (Hg.): Erlanger Stadtansichten. Zeichnungen, Gemälde und Graphiken aus sieben Jahrhunderten. Nürnberg 2003, S. 318-320 (Nr. 6.16.2 zeigt tatsächlich Kirchensittenbach, bei Nr. 6.16.5 und 6 sind die Abb. vertauscht).

KDM Erlangen, S. 142 f.

Schwemmer, Wilhelm: Das Fembohaus zu Nürnberg. 2. Aufl. Nürnberg 1960, S. 14-17.

Seibold, Gerhard: Die Viatis und Peller. Beiträge zur Geschichte ihrer Handelsgesellschaft. Köln-Wien 1977, S. 364, 398 f.

Stadtlexikon Erlangen, S. 696 f.

274 J4

Thalheim

Ehemaliger Herrensitz

Thalheim 1

Gemeinde Happurg

Landkreis Nürnberger Land

Der Ortsname scheint erstmals im um 1275 erstellten Urbar des Bayernherzogs mit einer Mühle zu Thalheim auf. Sie zählte zur Propstei des Klosters Bergen, das auch in Gothelmshofen, das später in Thalheim aufging, über grundherrschaftliche Rechte verfügte. Nach beiden Orten nannten sich wenig später Lehnsleute der Schenken von Reicheneck, die die Vogtei über die Propstei wahrnahmen. Während sich Heinrich 1289 noch nach Gothelmshofen nannte und zum Umfeld der Schenken gehörte, trat 1304 Konrad von Thalheim als Burghüter oder Pfleger des Grafen Gebhard von Hirschberg auf der Burg Troßberg bei Pilsach auf. Ein gleichnamiger Thalheimer wurde im Lehnbuch der Schenken von Reicheneck von etwa 1331 als Inhaber von Lehen geführt. Bereits 1322 trat ein Heinrich von Thalheim als Provinzial der Franziskaner in Nürnberg auf, den Eckard Lullies ebenfalls dem Geschlecht zuordnet.

Ein befestigter Sitz unter dem Geschlecht in Thalheim lässt sich bislang weder archäologisch noch urkundlich belegen. Lediglich ein „paumgarten unnd sein gefaß" (vielleicht eine Einfriedung oder doch ein Schreibfehler des Kopisten für „gesaß"?) scheinen als Lehen des Konrad von Thalheim 1331 auf. Im späten 14. Jahrhundert, als die Gothelmshofer-Thalheimer längst als Nürnberger Bürger erscheinen, hatte sich schließlich am Ort ein Hammerwerk etabliert, das 1377 Hermann Holzhaymer gehörte. Mit dem „hamer zu Talhaim" und dem in Haunritz war der Nürnberger Montanunternehmer Jobst Tetzel 1387 Mitglied der Oberpfälzer Hammereinung, die er maßgeblich mit initiiert hatte. 1391 verliehen die Bayernherzöge ihm diverse „Freiheiten" für seinen Hammer zu „Gotmannshofen", der auch Thalheim genannt werde, und über eine den Landgrafen von Leuchtenberg zu Lehen gehende Schenkstatt zu „Goczmanshofen".

1418 wurde Peter Tetzel, ausdrücklich Inhaber des Hammers zu Thalheim, mit dem Leuchtenberger Wirtshaus belehnt. Das Hammerwerk war 1424 als Erbzinslehen oder Pachtgut an den Hammermeister Peter Tyrol vergeben, der mit seiner Gemahlin Gerhaus seinerzeit die Kirche St. Peter und Paul in Thalheim stiftete. Auch wenn diese Nachrichten nicht eigens ein Herrenhaus bei dem Hammer erwähnen, so ist seine Existenz im 15. Jahrhundert zu vermuten. Bezeugt wird es schließlich im Bericht der groß angelegten Landeserkundung, die 1504 vor Ausbruch des Landshuter Erbfolgekrieges vom Nürnberger Rat angeordnet worden war. Hier ist ausdrücklich der Sitz und der Hammer des Sulzbacher Bürgers Gilg Teurl verzeichnet. Offenbar war das Gut im späten 15. Jahrhundert an die Teurl übergegangen, die schon Jahrzehnte zuvor Beziehungen zu den Tetzel unterhalten hatten. So hatte Jobst Tetzel seit 1463 Eigenrechte am Hammer in Haunritz an Hans Teurl veräußert.

Vermutlich ging das Hammergut bald nach dem Ausgang des Landshuter Erbfolgekrieges und der Eingliederung Thalheims in das neue reichsstädtische Pflegamt Reicheneck, angeblich 1506, an den Nürnberger Bürger Anton Harsdorfer über. „Schloss" und Hammerwerk übergab er 1516 seinem Schwiegersohn Sebald Ketzel.

1527 erwarb Jakob Groland „Hammerwerk und Ansitz" um 1.100 Gulden. Es folgten 1542 Jörg von der Grün, 1568 Hans von der Grün, 1595 Hans Jacob von der Grün, dessen Tochter um 1600 den 1567 geborenen Hans Sigmund II. von Preysing zu Lichtenegg und Haunritz heiratete. 1601 wurde der Schwiegersohn erstmals als Inhaber des Hammers genannt. Sigmund Gabriel Holzschuher kaufte 1621 für 8.500 Gulden von ihm das Gut. Er musste 1635 erleben, wie es von bayerischen Truppen überfallen und niedergerissen wurde. Doch wurde es wiederaufgebaut und blieb bis Anfang des 20. Jahrhunderts im Besitz des Nürnberger Patriziergeschlechts.

Das Holzschuhersche Hammergut wurde erstmals 1702 durch einen Kupferstich von J. A. Boener bildlich überliefert. Die leider sehr vereinfachende Darstellung zeigt neben dem von drei Wasserrädern angetriebenen Hammer einen aus zwei Gebäuden bestehenden Herrensitz: ein turmartiges, massives oder zumindest verputztes Herrenhaus, das von einer Mauer umfasst wurde und ein zweigeschossiges Nebenhaus, das vielleicht für das Hammerpersonal zur Verfügung stand. Nur wenige Jahre nach Anfertigung des Kupferstichs wurde das Hammergut 1707 bei einem Hochwasser schwer beschädigt, sodass Sigmund Elias Holzschuher die alten Gebäude abbrechen und durch Neubauten ersetzen ließ. An der Stelle des alten Sitzes entstand nach Plänen des Nürnberger Landbaumeisters Johann Ulrich Mösel [vgl. Behringersdorf IV] durch den Maurermeister Michael Vogel aus Alfeld und den Zimmermeister Leonhard Zeumer aus Fürnried ein neues Hammerschloss. Als

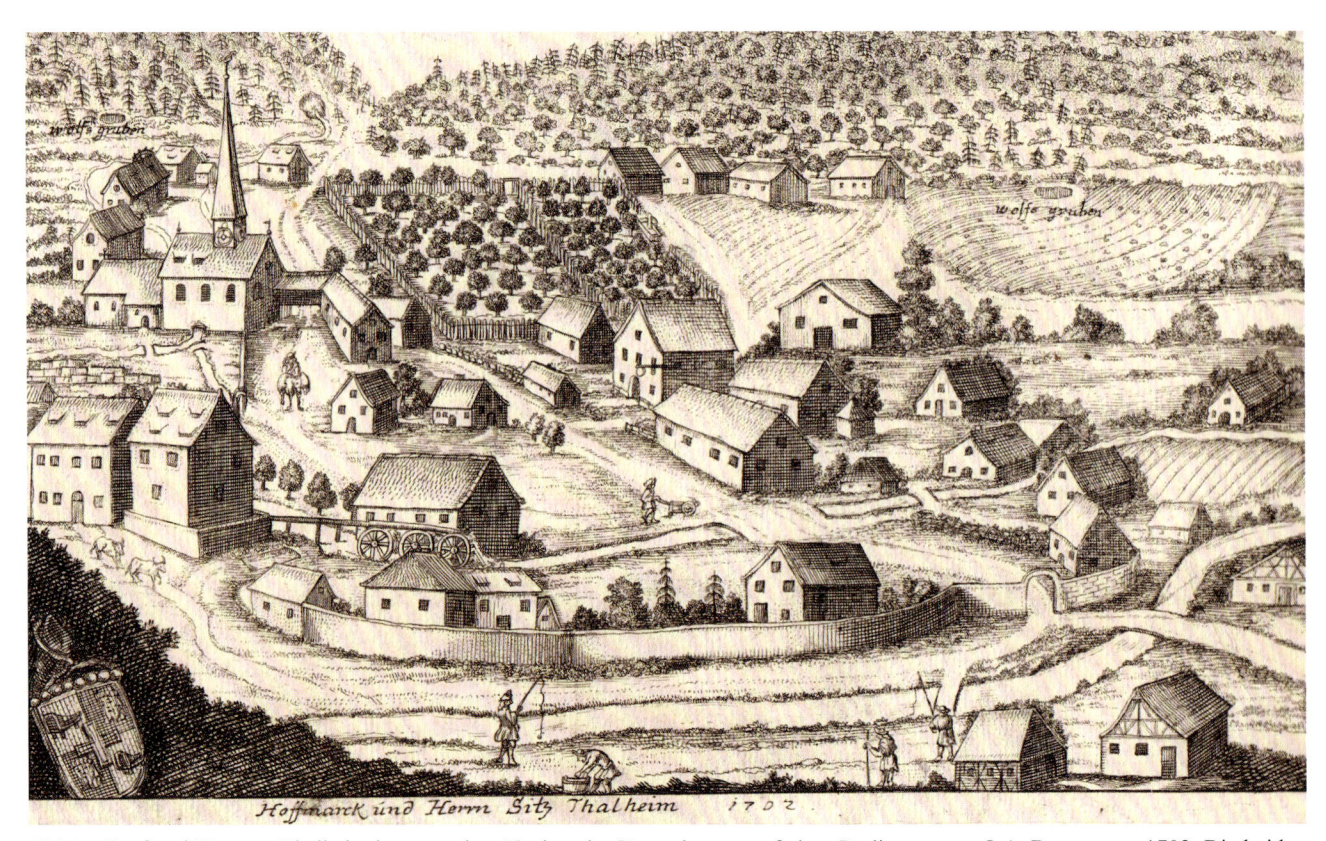

274.1 Dorf und Hammer Thalheim kurz vor dem Neubau des Herrenhauses auf einer Radierung von J. A. Boener von 1702. Die beiden Gebäude des alten Sitzes links im Bild (StadtA Lauf)

der Bauherr 1709 starb, war erst der Rohbau beendet. Unter Karl Sigmund Holzschuher erfolgte ab 1713 der Innenausbau durch Nürnberger Handwerker. Erst 1720/21 konnten die Arbeiten mit der Herstellung der massiven Einfriedung abgeschlossen werden.

Zwei Kupferstiche von J. A. Delsenbach von 1718 bezeugen den bereits fertiggestellten barocken Neubau, dessen Erscheinungsbild sich bis heute bewahrt hat. Das breit gelagerte, zweigeschossige Herrenhaus trägt ein Walmdach, dessen Flächen mit stehenden Gauben gegliedert wurden, die man später durch Schleppgauben ersetzte. Ein Treppenturm zur Erschließung von Erd-, Ober- und Dachgeschoss wurde in der Mitte der Südfassade angebaut. Im Inneren statteten die Holzschuher einige repräsentative Räume, u. a. ein saalartiges, großes Zimmer des Obergeschosses, mit Stuckdecken aus, die laut Schwemmer lebhaft bewegtes Rahmen- und Bandwerk zeigen. Die übrigen Räume erhielten überwiegend Spunddecken. Erhalten blieben auch zwei bauzeitliche, grün glasierte Kachelöfen sowie barocke Zweifüllungstüren mit geohrter Bekleidung.

Nach der Eingliederung des reichsstädtischen Territoriums ins junge Königreich Bayern 1806 und der Aufhebung des Pflegamtes Reicheneck kam das Hammergut mit seinen grundherrschaftlichen Rechten in den Distrikt des Landgerichts Hersbruck. Der Familie Holzschuher, 1819 in den Freiherrenstand erhoben, verlieh man im selben Jahr die Patrimonialgerichtsbarkeit 2. Klasse, die 1833 vom bayerischen Staat abgelöst wurde.

1909 verkauften die Holzschuher das Schloss an die Thalheimer Familie Panzer, in deren Besitz es sich bis zur Gegenwart befindet. Kurz nach umfangreichen Renovierungen in den Jahren nach 1999 brannte 2003 der Dachstuhl ab; Löschwasser zog die darunter liegenden Räume in Mitleidenschaft. Dank des großen Engagements der Familie Panzer konnte der Schaden bis 2006 wieder behoben werden.

Quellen

StAAm Pfalz-Sulzbach, Stadt- und Landgericht Sulzbach Nr. 836. Reichsherrschaft Parsberg Lehenpropstamt Nr. 1/1, fol 26, dort eindeutig „gefaß" statt „gesaß" (Sitz).

StAN Ft. An., Differenzen, Nürnberger Bücher Nr. 83. Reg. v. Mfr., K. d. Fin., Abgabe 1937, Nr. 1445.

Gelegenhait, Nr. 995.

Laschinger, Johannes: Transkription der Großen Hammereinung. In: Bergbau- und Industriemuseum Ostbayern (Hg.): Die Oberpfalz ein europäisches Eisenzentrum. 600 Jahre Große Hammereinung (= Schriftenreihe des Bergbau- und Industriemuseums Ostbayern Bd. 12/1). [Theuern] 1987, S. 141 f.

Lehnbuch 1331, S. 91, 190 f.

Müllner III, S. 350.

274.2   Das neue Herrrenhaus von Süden. Kolorierter Kupferstich von J. A. Delsenbach aus dem Jahr 1718 (StadtA Lauf)

Völkl, Georg: Das älteste Leuchtenberger Lehenbuch. In: Verhandlungen des Historischen Vereins für Oberpfalz und Regensburg 96 (1956), S. 313.

Literatur

Alberti, Volker / Baumann, Lorenz / Holz, Horst: Burgen und Schlösser in Hersbruck und Umgebung. Oberes Pegnitztal (= Adelssitze in Franken Bd. 3). Simmelsdorf-Hüttenbach 1999, S. 49-51.

Braun, Otto: Exzerpte aus dem Pfarrarchiv Pommelsbrunn. Unveröff. Manuskript o. J.

Geiger / Voit, Hersbrucker Urbare, S. 29, 47.

HAB Lauf-Hersbruck, S. 101, 137, 153.

KDM Hersbruck, S. 267-270, mit den Kupferstichen von J. A. Boener und J. A. Delsenbach sowie einem Erdgeschoss-Grundriss aus der Zeit um 1710.

Rühl, Pegnitztal, S. 163 f, Lageplan mit Schloss, Kirche und Wasserläufen.

Schnelbögl, Fritz: Bausteine zur Heimatkunde. In: MANL 6 (1957), Heft 2, S. 58; 7 (1958), Heft 2, S. 39 f.

Schwemmer, Wilhelm: Altnürnberger Herrensitze. Der Herrensitz und die Grundherrschaft Thalheim. In: MANL 19 (1970), Heft 1/2, S. 1-7. S. 5 mit Kupferstich von G. D. Heumann von 1758.

Stadtlexikon Nürnberg, S. 1070 f.

Voit, Grundherrschaften, S. 45 f.

Voit, Pegnitz, S. 81 f.

274.3 Südfassade und Treppenturm. Fotografie: F. A. Nagel 1926 (StadtMN)

Thumenberg

Abgegangener Herrensitz (1896 abgebrochen)

Erlenstegen/Platnersberg

Stadt Nürnberg

Der Ansitz Thumenberg entstand in der ersten Hälfte des 16. Jahrhunderts auf einer Anhöhe, nach dem dort wachsenden Kün- oder Kienschroten (Wacholder) Kunschrottenberg genannt. Ältere Nachrichten, die vor allem auf die Aufzeichnungen des Friedrich von Kordenbusch zurückgehen und nach denen bereits die Groland oder der kaiserliche Rat Lorenz Stauber/Staiber [vgl. Erlenstegen VIII] hier einen Sitz errichtet haben sollen, treffen nicht zu. Der Bericht zur Erkundung der Landschaft, vor Ausbruch des Landshuter Erbfolgekriegs 1504 durchgeführt, erwähnt den Kunschrottenberg nicht einmal. Stauber hatte wahrscheinlich 1532 lediglich einen „Sandberg" von der Familie Groland erworben, um einen Weinberg anlegen zu können. Doch bereits 1533 vertauschte Stauber den „ort pergs so mit holz bewachsen ist" an den Montanunternehmer Jörg Thum.

Erst dieser habe, so hielt der reichsstädtische Landschreiber Bonifatius Nöttelein um 1560 fest, die öde Höhe von Stauber gekauft, um dort um 1545 (nach anderen Quellen schon 1534) einen „sitz auf ein lustige höhe, eins ackers, [zu] erpawen und darum der Thumenberg genannt". Der Unternehmer hatte sehr erfolgreich Kapital in ein Bergwerk in Joachimstal im Erzgebirge investiert und mit dem Neubau, wie Nöttelein anmerkte, seinen wirtschaftlichen Erfolg auch „wollen sehen lassen".

Nach dem Tod des Jörg Thum wurde der repräsentative Herrensitz 1551 an den reichen Kaufmann und Güterhändler Bonaventura von Furtenbach, den Inhaber der Herrschaft Reichenschwand, verkauft [vgl. Mühlhof, Oberbürg, Reichenschwand, Schoppershof]. Schon ein Jahr später, im Zweiten Markgrafenkrieg, schlug der Markgraf sein Hauptquartier angeblich auf dem Thumenberg auf. Bei seinem Abzug hinterließ er ein verwüstetes Herrenhaus, wobei die Behebung der Schäden bis 1557 immerhin 800 Gulden gekostet haben soll. Damals beantragte Furtenbach ein zusätzliches Feuerrecht und verpflichtete sich, den Besitz nur an einen Nürnberger Bürger zu verkaufen.

1561 wurde der Thumenberg zusammen mit dem Herrensitz in Schoppershof dem Goldschmied Jacob Hof-

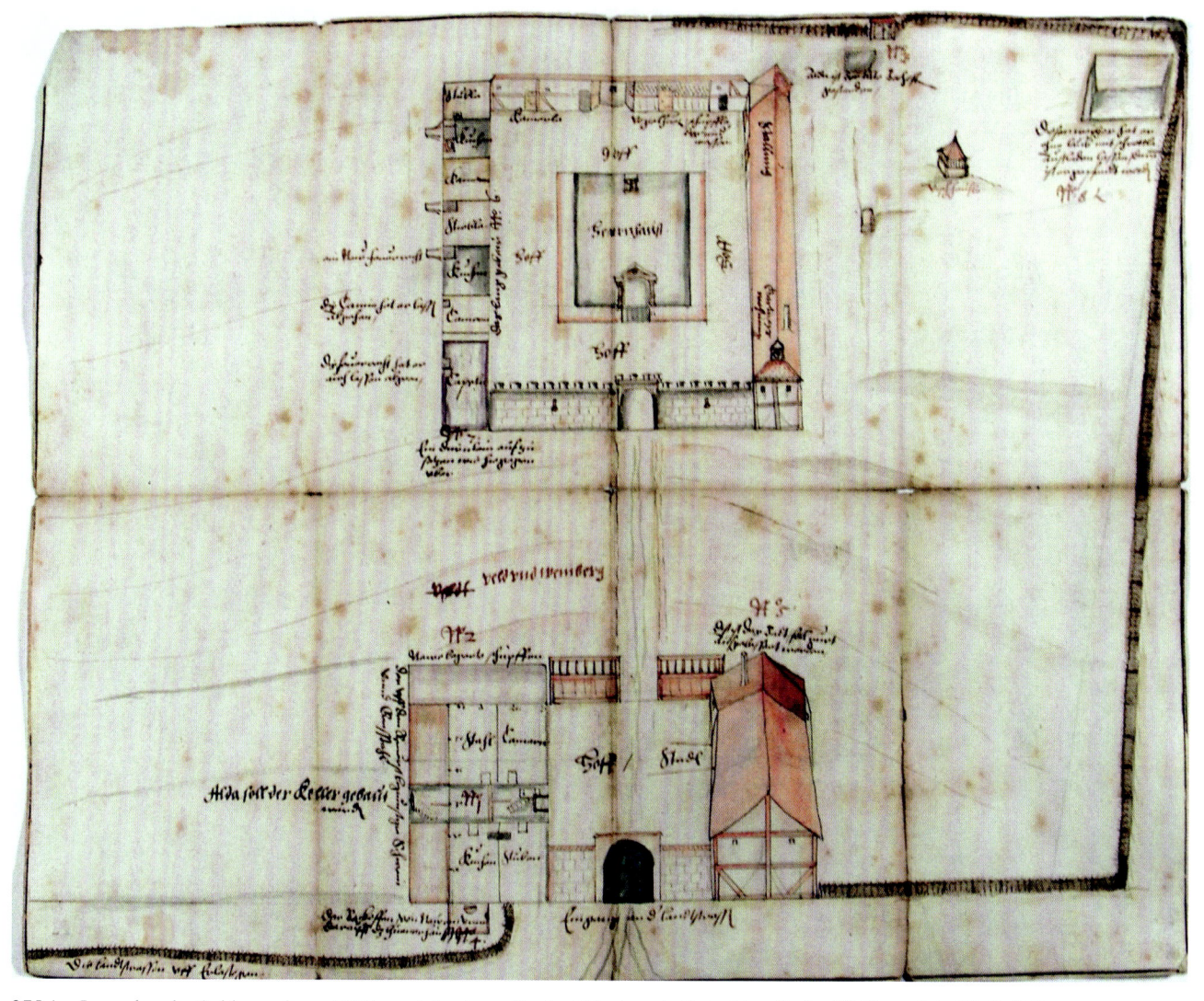

275.1 Lageplan der Schlossanlage, 1590 gezeichnet von Paulus Pfinzing als Gutachter für das Waldamt Sebaldi (StAN)

mann veräußert [vgl. Rummelsberg, Schoppershof]. Anfang der 1570-er Jahre verkauften die Nachfahren des 1564 verstorbenen Goldschmieds an Heinrich Reutter. Auf dem Nürnberger Rundprospekt von 1577/81 ist der dreigeschossige Sitz deutlich zu erkennen. 1590 gelangte er an Leonhard Dilherr, der, weil ihm männliche Nachkommen fehlten, den Thumenberg einer Dilherrschen Familienstiftung zuführte. Die bald darauf geplanten baulichen Erweiterungen wurden jedoch vom Waldamt Sebaldi untersagt, woraufhin ein längerer Streit mit dem Bauherrn entbrannte. In diesem Zusammenhang wurde Nürnbergs bekannter Kartograph Paulus Pfinzing zur Anfertigung eines Lageplans zum Thumenberg entsandt. Einen besonderen Anstoß erregte Dilherrs eigenmächtiger Umbau eines Nebenhauses zu einer Kapelle, auf die er trotz eines Verbots sogar noch ein Glockentürmchen setzte. Angeblich hat sich der Bauherr aber nicht durchsetzen können, sodass die Kapelle wenig später zu einem Sommerhaus umgebaut wurde.

Das Schloss blieb für Generationen dem Geschlecht der Dilherr erhalten, das sich seit dem frühen 17. Jahrhundert auch nach Thumenberg nannte. Auf Leonhard Dilherr folgten 1603 als Administrator sein Neffe Magnus III. Dilherr und dessen Nachfahren Johann Erasmus 1627 und Hans Ulrich 1654. Der schwedische König Gustav Adolf verhandelte im Juni 1632 auf dem Thumenberg mit den Abgesandten des Nürnberger Rates.

Johann Heinrich Dilherr von Thumenberg ließ 1728 ein Sommerhaus errichten. Einer Baunachricht von 1750 verdanken wir den Hinweis, dass das seit den 1590-er Jahren umstrittene Glockentürmchen auf dem Sommerhaus noch immer existierte. Bald darauf, 1758, erlosch das Geschlecht der Dilherr von Thumenberg mit dem Tod des 1688 geborenen Johann Paul im Mannesstamm. Noch im selben Jahr, in der Nacht zum 18. Dezember 1758, brach im Schlosshof ein Brand aus, der zwar das bereits als baufällig bezeugte Herrenhaus verschonte, jedoch einen Großteil der Neben- und Wirtschaftsgebäude vernichtete. Den Schaden trug Andreas Georg Volckamer von Kirchensittenbach, der 1755 Clara Friederica Regina Dilherr von Thumenberg geheiratet hatte.

Volckamer war es auch, der den ersten gravierenden Umbau des Herrenhauses durchführte und es barock überformen ließ. Lange unbeachtet gebliebene Feuchtigkeitsschäden am Dachwerk hatten bereits in den 1760-er Jahren für schwere statische Mängel gesorgt:

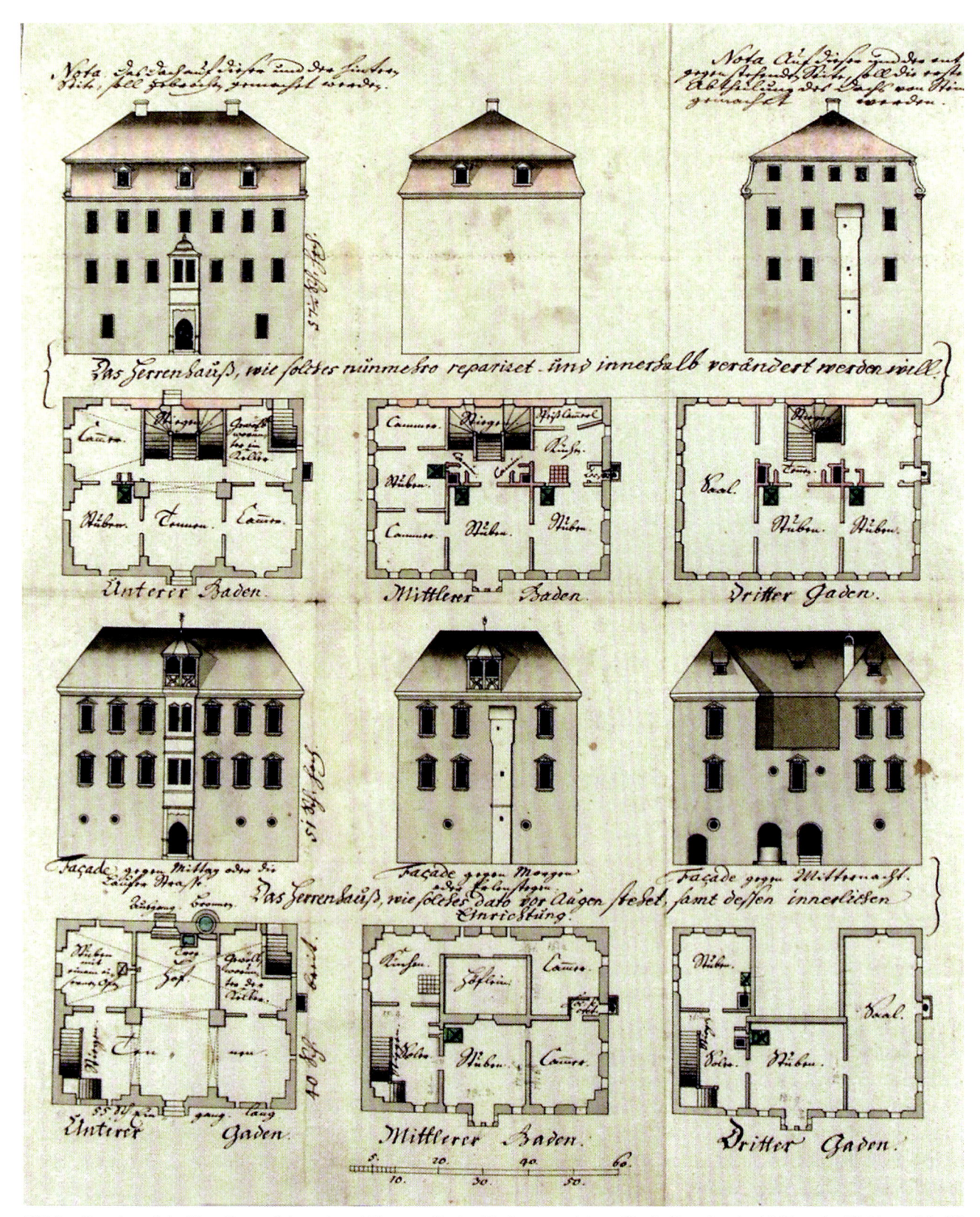

275.2 Grund- und Aufrisse Bestand (unten) und Planung für den Umbau, gezeichnet für die Baueingabe 1767 an das Waldamt Sebaldi (StAN)

275.3 Ansicht des Schlosses auf einem Stich von C. D. Henning, Ende 18. Jahrhundert (StAN)

Die nördliche Umfassungswand hing um bis zu 4½ Zoll nach außen, fünf Fensterstürze waren bereits geborsten. Nach den Instandsetzungsplänen sollte das kleine, von der nördlichen Umfassung geschlossene Innenhöflein überbaut werden. Der im Herbst 1767 genehmigte Umbau sah nicht nur ein neues Mansarddach, sondern auch Veränderungen der Raumstruktur und eine Verlegung der Treppenanlage vor.

Es wird nicht deutlich, wie weit der Umbau gediehen war, als das Ehepaar von Volckamer das Schloss bereits 1770 an Dr. med. Johann Conrad Wittwer (1720–1775), Mitglied des Pegnesischen Blumenordens, veräußerte. Eine Erbengemeinschaft verkaufte dann den Thumenberg 1793 an den Arzt und Astronomen Dr. Friedrich von Kordenbusch (1731–1802), der sich erstmals auch mit der Geschichte des Sitzes auseinandersetzte. Er vererbte ihn 1802 dem Juristen Dr. Johann Christoph Stürmer. 1832 folgte dann der Erlenstegener Steinmetzmeister Georg Capeller, der schon 1836 an den Fabrikanten Georg Zacharias Platner, Hauptaktionär und 1. Direktor der Ludwigsbahn, der ersten deutschen Eisenbahn, veräußerte. Platner (1779–1862), der in die Unternehmerfamilie Cramer eingeheiratet hatte, beauftragte 1838 Karl Alexander Heideloff, das Schloss im Stil der Neugotik umzubauen. 1854 setzte Platner die Umbenennung des Thumenbergs in Platnersberg durch. Von den Erben, die Tochter Therese Platner hatte 1864 Leupold Freiherrn von Andrian-Werburg geheiratet, gelangte das Anwesen 1873/74 an Konrad Kronburger, der es 1889 an die Familie Hilpert verkaufte. Der Fabrikdirektor Julius Beißbarth erwarb es schließlich 1895 und ließ ein Jahr später das Herrenhaus abbrechen, um Platz für den Neubau einer Villa zu schaffen. Friedrich August Nagel zweifelte diese Nachricht an und ging von einem sehr weitgehenden Umbau des historischen Bestandes aus, was bisher nicht bestätigt werden konnte. Als Beißbarth 1906 Konkurs anmelden musste, kaufte die Stadt Nürnberg die Gebäude und richtete eine Gastwirtschaft ein, die verpachtet wurde. Den Schlossgarten wandelte man in eine öffentliche Anlage, die Platnersanlage, um. Das Anwesen wurde schließlich im Zweiten Weltkrieg, vermutlich in der Nacht vom 10. auf den 11. August 1943, durch einen Bombentreffer zerstört.

Quellen

StAN Rst. Nbg., Handschriften Nr. 323. Rst. Nbg., Waldamt Sebaldi I Nr. 367. Kataster Erlenstegen 1, 4, 11.

StadtAN E 10/21 Nr. 115, mit der Geschichte des Thumenbergs von Friedrich von Kordenbusch.

Gelegenhait, Nr. 740-746, 1949-1956.

Müllner I, S. 328.

Literatur

Chlingensperg, Maximilian Benno Peter von: Das Königreich Bayern in seinen alterthümlichen, geschichtlichen, artistischen und malerischen Schönheiten ... München 1849, S. 161, mit Stahlstich von J. Poppel.

Glockner, Marie: Lorenz Stauber, Nürnberger Kaufherr und Ritter Heinrichs VIII. von England. In: MVGN 52 (1963/64), S. 210 f.

Lehner-Burgstall, S. 127-136.

Mittenhuber, Martina / Schmidt, Alexander / Windsheimer, Bernd: Arbeiterwohnungen, Villen und Herrensitze. Der Nürnberger Nordosten (= Nürnberger Stadtteilbücher Nr. 4). Nürnberg 1998, S. 131-139.

Nopitsch, Christian Conrad: Nürnbergisches Gelehrten-Lexikon Bd. 6. Nürnberg 1805, S. 256.

Ruthrof, Renaissance, S. 83 f, 86, 94 mit Ansicht von 1656.

Sieghardt, August: Nordbayerische Burgen und Schlösser. Nürnberg 1934, S. 18-23, Tafel 3 mit Stahlstich von A. Marx.

Stadtlexikon Nürnberg, S. 215, 830 f.

Zahn, Anton: Heimatkunde zwischen Erlenstegen und Stadtpark Nürnberg. Nürnberg 1968, S. 31-34.

275.4 Ansicht des von dem Heideloffschen Umbau geprägten Herrenhauses, Fotografie: G. v. Volckamer um 1894 (StadtMN)

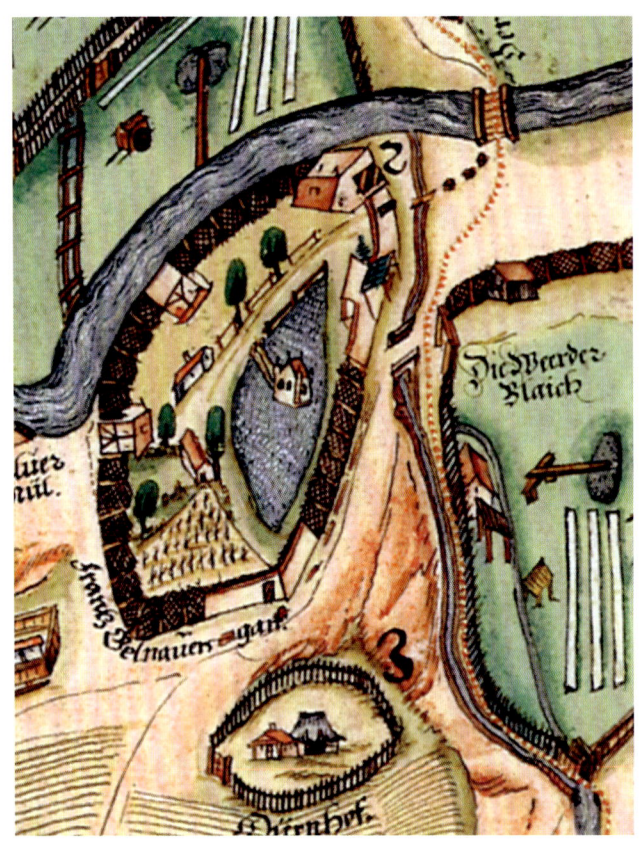

276.1 Der so genannte Vogelsgarten mit dem Weiherhaus zur Zeit des Franz Gelnauer, Ausschnitt aus dem Atlas des Paulus Pfinzing von 1594 (StAN)

276

Tullnau I

Abgegangener Herrensitz, „Vogelsgarten"
(1944/45 zerstört)

Vogelsgarten 9

Stadt Nürnberg

Der Herrensitz entstand im so genannten Vogelsgarten, der im späten 15. Jahrhundert als markgräfliches Mannlehen im Besitz des Patriziergeschlechts Groland war. Erwähnt wird er bereits in Endres Tuchers Baumeisterbuch von 1464/70 bei der Beschreibung der Nürnberger Landwehr als „der Snödin weierhaus", das zwischen der Pegnitzbrücke bei Wöhrd und dem Dürrenhof lag. Auch im Bericht zur Landeserkundung von 1504 erscheint das „weyerheuslein" an der Bleichwiese bei Wöhrd. Nach dem Tod des Loy oder Lienhard Groland 1521 fiel das „Weiherhaus vor Nürnberg, gegen Wöhrd uber, unter dem Dürrnhof an der Pegnitz gelegen" an den Lehnsherrn heim, der es seinem Landschreiber Johann Dettelbach verlieh. Jacob Groland konnte es jedoch wieder erwerben und veräußerte es bereits 1528 an Arnold König. Der Markgraf belehnte daraufhin Arnold und Gotthard König 1542 und Ersteren nochmals allein. 1550 wurde der Sitz an Christoph Lindner veräußert. Wenig später soll das Weiherhaus im Zweiten Markgrafenkrieg im Mai 1552 zu Grunde gegangen sein.

Das Anwesen wurde unter dem neuen Besitzer Franz Gelnauer wieder in Stand gesetzt, woraufhin der Markgraf 1568 die Umwandlung in ein „Weiberlehen" genehmigte, sodass künftig beim Ausbleiben männlicher Erben nicht mehr der Heimfall an den Lehnsherrn befürchtet werden musste. Auf dem Nürnberger Rundprospekt von 1577/81 erscheint der „Gelnauersgarten", der auch im Pfinzingatlas von 1594 auf dem Blatt der südlichen Landwehr eingetragen ist; die von Paul Pfinzing beigefügte Erläuterung identifiziert das eingezeichnete Weiherhäuslein ausdrücklich mit demjenigen der Schnödin in Tuchers Baumeisterbuch. Um 1603 war es in der Hand des Lazarus Gelnauer, der damals nicht näher bestimmte Umbauten durchführen wollte. Bald darauf folgten Wolff Vogel und sein Sohn, auf die der spätere Name des Anwesens zurückgehen dürfte. Die Stadtpläne des Hans Bien mit der Landwehr von 1620 und 1630 zeigen den Herrensitz aus der Vogelschau mit dem Teich und dem winzigen Weiherhäuslein darin. Letzteres erscheint auch noch auf dem gedruckten „Grundris" der Stadt von 1732, während es auf dem Urkatasterplan von 1825 verschwunden und nur noch ein großer, halbkreisförmiger Weiher eingetragen ist.

In der ersten Hälfte des 17. Jahrhunderts wechselte der Besitz relativ häufig, bis er 1655 an Georg Forstenhauer fiel. Ihm folgten wieder Patrizier: 1695 Georg Paul Pömer (1646–1695) und 1700 Johann Jacob Waldstromer (1666–1704), der Pömers Witwe geheiratet hatte. Vor 1720 erwarb dann der markgräflich-ansbachische Kommissionsrat Carl Wilhelm von Braun das Anwesen. Dessen Witwe Sophie Eleonore wurde 1759 als Besitzerin genannt, 1809 eine Erbengemeinschaft von Braun. 1829 verkaufte der Rosolifabrikant und Gutsbesitzer Carl Julius Christian Alexander von Braun den Herrensitz an den Gastwirt Georg Leonhard Stettner, der eine Gaststätte einrichtete. Noch 1930 fand sich hier die Gastwirtschaft „Zum Vogelsgarten". Am ehemaligen Herrenhaus war damals noch ein Wappenrelief der Ansbacher Beamtenfamilie von Braun angebracht. Auch das Voithaus war um 1940 noch erhalten. Die Gebäude wurden kurz darauf bei einem Bombenangriff zerstört; 1953 waren alle Reste weggeräumt, sodass von nun an nichts mehr an den Herrensitz erinnerte.

Quellen

StAN Rst. Nbg., Waldamt Lorenzi I Nr. 518. Ft. An., Differenzen Nürnberger Bücher Nr. 95.

StadtAN B 23 Nr. 1. E 10/21 Nr. 2, 57.

Gelegenhait, Nr. 1863.

Lexer, Matthias (Hg.): Endres Tuchers Baumeisterbuch der Stadt Nürnberg (1464–1475) (= Bibliothek des Litterarischen Vereins Stuttgart Bd. 64). Stuttgart 1862, S. 210.

Müllner I, S. 326.

Literatur

Fleischmann, Peter: Der Nürnberger Zeichner, Baumeister und Kartograph Hans Bien (1591–1632) (= Ausstellungskataloge der Staatlichen Archive Bayerns Nr. 30). München 1991, S. 96, 111-114.

Satzinger, Walter: Entwicklung, Stand und Möglichkeiten der Stadtkartographie dargestellt vorwiegend an Beispielen aus Nürnberg. München 1964, Anlage X („Grundris ..." 1732).

Stadtlexikon Nürnberg, S. 1094 f, mit einer Darstellung der Tullnauer Weiher von J. A. Graff von 1684.

277 N

Tullnau II

Abgegangener Herrensitz, „Kressengarten"
(Abbruch nach 1955)

Tullnaustraße 7

Stadt Nürnberg

277.1 Der Herrensitz und Garten des Georg Bayer, Ausschnitt aus dem Atlas des Paulus Pfinzing von 1594 (StAN)

Im so genannten Kressengarten war in der frühen Neuzeit einer der prachtvolleren Herrensitze vor der Stadt entstanden. 1736 verfügte das Anwesen über ein zweigeschossiges Herrenhaus, etwa 14½ Meter lang und 7½ Meter breit. Im Erdgeschoss war eine Gärtnerwohnung untergebracht, während das Obergeschoss von der Herrschaft genutzt wurde. Abgesehen von mehreren Ökonomiebauten besaß der Sitz zusätzlich ein Saalgebäude, in dem sich ein vermutlich mit einem Muldengewölbe versehener, im manieristischen Stil

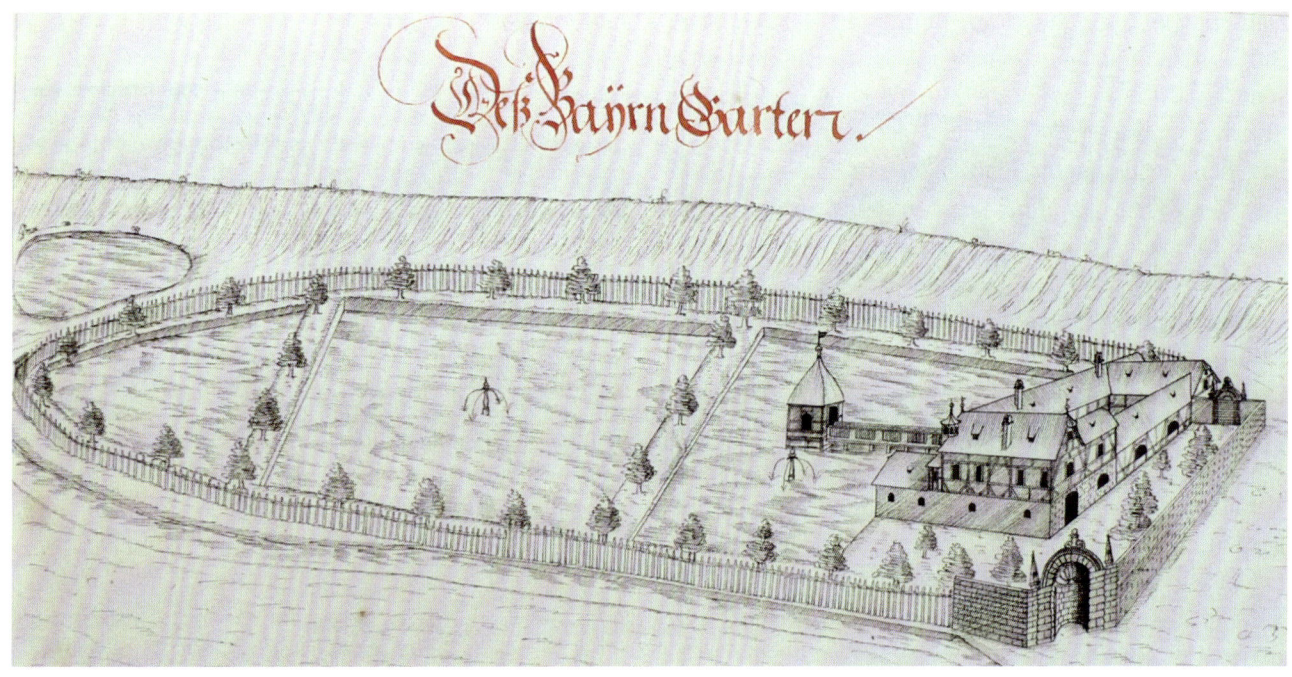

277.2 Darstellung des Herrensitzes auf einem Blatt des so genannten Cnopfschen Skizzenbuches von 1612/14 (HallerA)

T TULLNAU II

277.3 Ansicht des Herrensitzes vermutlich von Südwesten, Fotografie: G. v. Volckamer um 1894 (StadtMN)

277.4 Ansicht der Ökonomiegebäude, Fotografie: F. A. Nagel 1912 (StadtMN)

der Zeit um 1600 prachtvoll ausgemalter Sommersaal befand, in dem einst Wasserspiele installiert waren. An der westlichen Außenwand existierte noch nach 1945 eine interessante Reihe „epigrammatischer Inschriften" früherer Zeiten. Bemerkenswert war auch die dekorative Gestaltung des Südgiebels aus der Zeit um 1600. Ein hölzernes Sommerhaus stand auf Pfählen im östlich anschließenden Gartenweiher und verlieh dem Anwesen ein überaus romantisches Ambiente.

Das ursprüngliche Gartenanwesen gehörte um 1548 angeblich einem Dr. Hieronymus Hofmann und befand sich im ausgehenden 16. Jahrhundert im Besitz des reichen Kaufmanns Georg Bayer aus der Hirschelgasse. 1595 teilte ihm das Waldamt Lorenzi wenigstens 12 Stämme Bauholz für die Errichtung eines neuen „Weyerhäusleins" auf altem Grund sowie 24 Stämme für den Bau einer Sommerlaube mit Pferdestall zu. Der neue Sitz wird demnach noch vor 1600 fertiggestellt worden sein und ist daher auch im so genannten Cnopfschen Skizzenbuch um 1614 als „deß Bayrn Garten" wiedergegeben. 1613 machte jedoch der gleichnamige Sohn von sich reden, als er bei der Fälschung von Gewürzwaren, vor allem von Safran, ertappt wurde und nur mit Mühe einer Hinrichtung entging. Von der Witwe des Georg Bayer, geb. Gammersfelder, erwarb 1630 Jobst Christoph Kreß von Kressenstein (1597–1663) den Sommersitz, der sich auf einem Kupferstich von 1660 noch weitgehend unverändert gegenüber der Zeichnung um 1614 präsentiert. Als Besitzer wurde ab 1665 der Sohn Georg Adolf, der 1723 verstarb, aufgeführt. Die Liegenschaft blieb bis kurz nach dem Tod des Johann Christoph Sigmund (1730–1818) in der Hand der Familie. Danach wurde das längst als Kressengarten bekannte Anwesen an Heinrich Meyer veräußert. 1870 besaß der Fuhrmann Johann Adam Schwarz den einstigen Herrensitz, dessen herrlicher „Prospekt auf Stadt und Pegnitztal" vielfach gerühmt wurde. 1891 ging er in den Besitz der Stadt Nürnberg über, die ihn in den 1930-er Jahren als Baumagazin verwendete.

Unter der Familie Kreß von Kressenstein war das Herrenhaus bereits 1743 östlich verlängert worden. 1752 wurde ein zweites Obergeschoss aufgebaut, das zur Unterbringung eines weiteren Saals und einer Kammer diente. 1953 war der Herrensitz bis auf die einst im Weiher stehende Sommerlaube noch gut erhalten. Damals wurde darauf hingewiesen, dass der historisch wertvolle Bestand „ernstliche Beachtung, Pflege und Instandsetzung" verdiene. Gleichwohl wurde das Herrenhaus in den Jahren nach 1955 abgebrochen.

Quellen
StAN Rst. Nbg., Waldamt Lorenzi I Nr. 518.
StadtAN B 1/II LXXIIIb10. E 10/27 Nr. 2, 17, 57.

Literatur
Frank zu Döfering, Karl Friedrich von: Die Kressen. Eine Familiengeschichte. Senftenegg 1936, Sp. 1551-1557.
Stadtlexikon Nürnberg, S. 586 mit Fotografie von 1911.

278 N

Tullnau III

Abgegangenes Herrenhaus bei der Papiermühle (vermutlich 1943 zerstört)

Ostendstraße 14

Stadt Nürnberg

Bei den Weihern in der Tullnau war schon im 15. Jahrhundert ein Hammerwerk in Betrieb, das kurz nach 1490 unter Ludwig Schnöd, Richter zu Wöhrd, zu einer Papiermühle umgebaut wurde. Das Recht zum Papiermachen war von der Schnieglinger Papiermühle übertragen worden [vgl. Schniegling I]. Die Papierproduktion in der Tullnau erlangte seit dem 16. Jahrhundert größere Bedeutung, die jedoch mit der Zerstörung im Zweiten Markgrafenkrieg 1552 unterbrochen wurde. In der zweiten Hälfte des 16. Jahrhunderts wurde die Papiermühle wieder in Gang gesetzt und unter dem Müller Bernhard Buffsky baulich erweitert. Nach 1590 folgte Nikolaus Rumpler als Papiermüller nach. 1595 wurde Rumpler dabei ertappt, als er die Wasserversorgung des Schönen Brunnens auf dem Hauptmarkt, die der Besitzer der Papiermühle seit 1501 mitbenutzen durfte, so stark anzapfte, dass er den Brunnen trocken legte. Als er nach ausgestandenem Turmarrest die Papier- nicht zu einer Pulvermühle umbauen durfte, gab er das Anwesen um 1598 an Hanns Uffinger ab. Auf die Familie Uffinger folgten 1656 der Kaufmann Michel Ernst, 1705 Johann Paul Buckel und 1720 Georg Kleber.

Ein Herrenhaus bei der Papiermühle wurde erstmals 1735 genannt. Seinerzeit war es im Besitz des Handelsmanns und Papierfabrikanten Johann Baptista Mayer [vgl. Wendelstein VI]. Zu seiner Zeit diente das zweigeschossige, damals etwa 12 auf 7½ Meter große Herrenhaus nur im Obergeschoss für die Aufenthalte der Unternehmerfamilie. Nach der Jahrhundertmitte erwarb es der Nürnberger Kaufmann Johann Jonas Schwarz, der es 1777 entweder weitgehend neu errichtete oder zumindest grundlegend umbaute, wie eine noch 1930 erhaltene Inschrift mit seinem Namen in einer Sandsteinkartusche am Nordgiebel vermuten ließ. Edmund Marabini, der die gerahmte Inschrift „17IWK59" am Mühlengebäude anführt, weist dagegen auf den Besitz des Papierers Justus Wilhelm Kohler. Dies lässt eine vorübergehende besitzrechtliche Trennung von Herrenhaus und Mühle annehmen.

Die Baumaßnahme von 1777 brachte ein zweigeschossiges Herrenhaus mit Umfassungen aus Sandsteinquadern und einem Satteldach hervor. Lediglich das Obergeschoss soll der Garteninhaber zu seiner „Plaisir" reserviert haben, während das Erdgeschoss vermietet wurde. Friedrich August Nagel berichtete davon, dass man um die Mitte des 19. Jahrhunderts bauliche Veränderungen vorgenommen habe, bei denen das große Zwerchhaus entstanden sei.

Nach der Zeit des Papierfabrikanten Schwarz übernahm der Kaufmann Georg Lauterbach um 1796 die Liegenschaft. Er erwarb von Johann Wilhelm Kohler damals

278.1 Ansicht des ehemaligen Herrenhauses links im Hintergrund, rechts das dreigeschossige Mühlengebäude, Fotografie: G. v. Volckamer um 1894 (StadtMN)

auch die Mühle. 1808/09 wurde die Papiermühle durch den neuen Besitzer Ernst Rausch in eine Wollspinnerei umgebaut, deren Einrichtung aber dem verheerenden Hochwasser 1845 zum Opfer fiel. Das ehemalige Herrenhaus erhielt in der 2. Hälfte des 19. Jahrhunderts die Schankgerechtigkeit; es war 1930 noch gut erhalten und soll erst 1943 bei Luftangriffen im Zweiten Weltkrieg zerstört worden sein. Das Gelände ist von 1966 bis 1972 mit der von Harald Loebermann geplanten Wohnanlage „Norikus" neu bebaut worden.

Quellen
StAN Rst. Nbg., Waldamt Lorenzi I Nr. 518.

StadtAN E 10/21 Nr. 2, 116.

Literatur
Marabini, Edmund: Die Papiermühlen im Gebiet der weiland freien Reichsstadt Nürnberg. Nürnberg 1894, S. 43-53.

Centrum Industriekultur (Hg.): Räder im Fluß. Die Geschichte der Nürnberger Mühlen. Nürnberg 1986, S. 218-220.

Sporhan-Krempel, Lore: Papiermühlen auf Nürnberger Territorium. Die Papiermühle zur Tullnau. In: Archiv für Geschichte des Buchwesens 19 (1978), Sp. 1465-1492.

Stadtlexikon Nürnberg, S. 1094 f.

U UNTERBÜRG

279 D4

Unterbürg

Herrensitz, ehemalige Wasserburg

Unterbürger Straße 26

Stadt Nürnberg

Nach Laufamholz nannte sich im 13. Jahrhundert ein bedeutendes Reichsministerialengeschlecht, das vermutlich einst eine wichtige Rolle in der staufischen Administration in und um Nürnberg gespielt hatte. 1256 scheint es mit Heinrich und Ulrich von Laufamholz auf, wobei mehrere Forscher auf deren Abstammung von dem Reichsgutverwalter und Butigler Reimar von Mögeldorf hingewiesen haben [vgl. Mögeldorf]. 1273 wird als dritter Bruder Bruno von Immeldorf genannt [vgl. Immeldorf]. Das Geschlecht geriet vermutlich spätestens im letzten Drittel des 13. Jahrhunderts zusehends in Konflikt mit den aufstrebenden Nürnberger Burggrafen. Die Laufamholzer wichen den Mächtigeren: Sie erwarben weitläufigen Besitz im Steigerwald; um 1333/34 erhielten sie das Dorf Obermelsendorf nordöstlich von Schlüsselfeld als Würzburger Lehen, 1346 wird dort ausdrücklich eine Burg („castrum Melsendorf") genannt. Zuletzt standen sie in Diensten des Hochstifts Bamberg. In Mögeldorf behielten sie jedoch Lehenrechte bis zu ihrem Aussterben 1568 [vgl. Mögeldorf VI].

Als Stammsitz der Laufamholzer kommt trotz des Widerspruchs von Friedrich August Nagel [vgl. Oberbürg] nur die Unterbürg in Frage. Der mächtige steinerne Turm mit einer Mauerstärke von 1,7 Metern, der seit 1453 immer wieder eigens erwähnt wird, dürfte ursprünglich von ihnen erbaut worden sein. Wie lange die Unterbürg noch im Besitz der Laufamholzer blieb, ist nicht bekannt; bei der ersten urkundlichen Erwähnung 1363 gehörte sie ihnen schon nicht mehr. In diesem Jahr räumte Leupold Groß, ein Sohn des berühmten Reichsschultheißen und Stifters des Heilig-Geist-Spitals Konrad Groß, der Reichsstadt über sein „stainhaus ze Lauffenholtz in dem weyer gelegen" das Öffnungsrecht im Kriegsfall ein. Etwa neun Jahre später veräußerte er die reichslehnbare Wasserburg an den Nürnberger Bürger Ulrich Groland. Dieser wurde daraufhin von Kaiser Karl IV. 1372 mit dem „Steinhaus zu Laufenholz" mitsamt allen Häusern und Städeln, Äckern, Wiesen und Weihern belehnt.

1390 räumten Ulrich Groland und sein Sohn Hans d. Ä. der Reichsstadt wiederum das Öffnungsrecht über ihre „vesten Lauffenholtz" ein. Nicht lange nachdem Ulrich Groland 1404 gestorben war (sein Grabstein ist in der Mögeldorfer Kirche erhalten), teilten 1407 seine beiden Söhne Hans d. Ä. und Hans d. J. Groland den Grundbesitz, nicht aber die Burg, mit der sie im selben Jahr von König Ruprecht gemeinsam belehnt wurden. Zwei Jahre später wurde offenbar der Grund um die spätere Oberbürg abgetrennt und fiel an Hans d. J.

Nach dem Tod Hans d. Ä. Groland gelangte die Unterbürg an seine drei Söhne Stephan, Sebald und Leonhard. 1434 (?) verkauften die beiden erstgenannten ihre Anteile an Leonhard Groland. Die mehrfach behauptete Zerstörung der Unterbürg im Ersten Markgrafenkrieg 1449 lässt sich nicht nachweisen. Dagegen spricht auch, dass 1453, als Leonhard Groland „die hoffrai[t]e, die behausung, den thurn und stadel zu Lauffenholz"

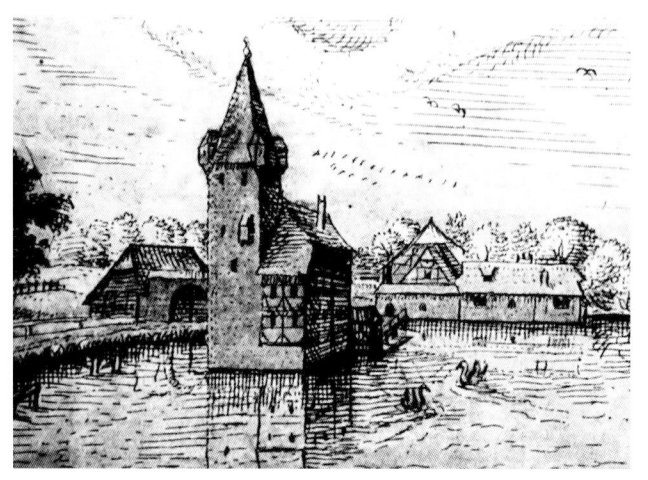

279.1 Ansicht der Unterbürg mit dem damals noch weitgehend aus Fachwerk bestehenden Wohnbau. Radierung von Lorenz Strauch 1598 (StadtMN)

an Ortolf Stromer veräußerte, von irgendwelchen Kriegsschäden keine Rede war. In der Folgezeit waren die Besitzverhältnisse verworren. Gegen diesen Verkauf klagte nämlich Leonhard Grolands Tochter Anna (sie war mit Sebald Pfinzing von Lichtenhof vermählt) vor dem Landgericht; der Prozess soll erst 1475 durch einen Vergleich beendet worden sein.

Aber auch Agnes Gruber, die Witwe Hans Grolands (eines Sohnes Hans d. J.) und inzwischen mit Hans Volckamer verheiratet, behauptete, die Unterbürg von Leonhard Groland hergebracht zu haben. Tatsächlich wurde Hans Volckamer als Lehenträger seiner Frau 1467 mit der „Behausung zu Lauffenholz, die man nennet die Burg bey Megeldorf gelegen", von Kaiser Friedrich III. belehnt. 1473 vermachte Agnes Volckamer diesen Besitz Jakob und Karl Holzschuher, den Söhnen ihrer Schwester Gerhaus. Er wird dabei beschrieben als „behawsung hoffhauß Stedell gertten zu lauffenholcz zum purgleins genant ob Egeldorff bey Nüremberg gelegen mit sambt dem holcz hinten an dem hofe gelegen genant das wedlach und den purckweir daran die behausung und der thurn stet zusambt dem grunt losen See" nebst weiteren Hölzern, Weihern, dem unvererbten Bauhof und der Wiese im Baumgarten.

1482 kam es zu einem Vergleich: Ortolf und Leonhard Stromer (die Söhne des 1454 verstorbenen Ortolf Stromer), dann Anton und Ladislaus Derrer einigten sich mit Jakob und Karl Holzschuher, dass letztere ihre Gerechtigkeiten zu dem „Pürgles" zu zwei Dritteln den Derrer und zu einem Drittel den Stromer überließen; die Derrer (die im selben Jahr vom Kaiser belehnt wurden) sollten ihnen dafür 500 Gulden zahlen, über die zwei Jahre später auch quittiert wurde. Die Stromer und Derrer waren Stiefbrüder, denn ihre gemeinsame Mutter Els Gruber (eine Schwester der schon erwähnten Agnes Volckamer und Gerhaus Holzschuher) war in erster Ehe mit Ortolf Stromer und dann mit Ladislaus Derrer vermählt, der 1477 starb.

1489 übernahm Ortolf Stromer den Lehenanteil seiner Bruders und verkaufte 1491 seine Rechte an die beiden Derrer. Die Brüder wurden noch 1491 vom Kaiser mit der Burg belehnt, die in den folgenden Jahrhunderten zum Stammsitz des Nürnberger Patriziergeschlechts wurde.

Lassla (Ladislaus) III. Derrer besaß sie von 1510 bis 1569. Im Mai 1552, im Zweiten Markgrafenkrieg, blieb die Wasserburg zwar vom Niederbrennen verschont, die feindlichen Truppen sollen jedoch das Inventar zerschlagen und einen Schaden von etwa 800 Gulden verursacht haben. Lasslas Bruder Balthasar Derrer,

1579 Losunger der Reichsstadt und noch im selben Jahr Reichsschultheiß, saß bis zu seinem Tod 1586 zu Unterbürg. Schließlich wurde 1595 seinem Sohn Balthasar d. J. Derrer erlaubt, im Ökonomiehof einen neuen Stadel zu bauen. Ausdrücklich sollte der Neubau an der Stelle errichtet werden, wo einst das alte, 1449 angeblich untergegangene Schloss gestanden sei. Diese Nachricht diente aber vermutlich nur dem Zweck, ein nicht vorhandenes Waldrecht zu behaupten. Das schließt nicht aus, dass dort früher schon einmal Gebäude existierten.

Die Wasserburg blieb bis 1706 mit den Derrer von Unterbürg verbunden. Mit Georg Veit Derrer starb das Geschlecht in diesem Jahr aus. Der Sitz kam an eine Erbengemeinschaft, an der die Witwe Barbara Katharina, geborene von Oelhafen, und die vier Töchter mit ihren Ehemännern teilhatten. 1716 saß der Jurist Dr. Johann Paul Endter auf der Unterbürg; er hatte die verwitwete Barbara Katharina Derrer geheiratet, die sich 1708 zunächst mit Johann Paul Heystein vermählt hatte. Ihre Tochter Maria Katharina heiratete 1735 Johann Pius Petz von Lichtenhof, während ihr Sohn (?) Johann Hieronymus Heystein, Obristleutnant der Nürnberger Stadtgarde, 1770 Clara Sabina Petz von Lichtenhof (1739–1817) zur Frau nahm. Nach Heysteins Tod (1789) ehelichte die Witwe ihren Vetter Georg Christoph Petz (1755–1802), des Johann Pius älteren Bruder, der 1793 vom Kaiser mit der Unterbürg belehnt wurde. 1802 brachte sie den Besitz ihrem dritten Ehemann zu, dem preußischen Generalmajor Christian von Randahl (1750–1826). Über die Familien Lambeck, Schildknecht und einige Spekulanten kam er schließlich 1885 an den Spediteur Heiling.

Unter Heiling erlebte der historische Baubestand gravierende Verluste, da der Käufer wenig einfühlsam mit

279.2 Darstellung der Unterbürg im so genannten Cnopfschen Skizzenbuch von 1612/14 (HallerA)

U UNTERBÜRG

279.3 Ansicht der Unterbürg von Nordwesten, kolorierte Zeichnung von J. C. Bankel 1903 (StadtA Lauf)

ihm umging. Nach 1885 wurde die Wasserburg unter Verwendung neogotischer Stilelemente umgebaut und den damaligen Wohnansprüchen angepasst, die Weiheranlage aufgefüllt und zu einem Garten umgewandelt. Bereits im frühen 20. Jahrhundert wurde nach einer Besichtigung festgestellt, dass das Gebäude „im Innern seines Denkmalwertes ... vollkommen beraubt worden" sei. Man hatte die mittelalterlichen Schlitzfenster zu großen Fensteröffnungen geweitet und eine „überaus hässliche sinnlose Steintreppe mit Eisengeländer" ein- und eine gusseiserne Altane angebaut. Es ist aber nicht auszuschließen, dass eine erste historisierende Überformung bereits um 1840 stattgefunden hatte. Immerhin hatte sich Karl Alexander Heideloff in seiner Nürnberger Zeit zumindest zeichnerisch mit der Unterbürg beschäftigt.

Kern des Ansitzes blieb aber trotz der Heilingschen Veränderungen der vielleicht noch im 13./14. Jahrhundert entstandene Wohnturm (er könnte mit dem 1363/72 genannten „Steinhaus" identisch sein), der bereits 1563 mit spitzem Zeltdach und vier Scharwachttürmchen bildlich bezeugt wird. Der Ansitz wurde schon 1453 und 1473 als „Behausung und Thurn" bezeichnet, 1504 als „guter wassersitz" und als „wassersitzlein mit einen thurn" zu der „Unntern Purg". In den 1590-er Jahren war dann auch schon der viergeschossige, unmittelbar an den Turm angefügte Wohnbau vorhanden. Auf älteren Darstellungen wurde er noch als Fachwerkbau auf massivem Sockelgeschoss und mit Walmdach dargestellt. Die Abbildungen des 17. und 18. Jahrhunderts zeigen ihn dann mit Giebelwand und mit verputzten oder massiven Fassaden. Es muss demnach in den ersten Jahren des 17. Jahrhunderts zu einem größeren Umbau gekommen sein. Dass sowohl Georg Adam als auch Georg Christoph Wilder den Wohnbau nach 1805 wieder mit Walmdach überliefern, weist auf eine weitere Veränderung des Dachwerks hin.

Noch im 18. Jahrhundert bot der Ansitz trotz der frühneuzeitlichen Umbauten den Anblick einer mittelalterlichen Wasserburg. Eine Zugbrücke ermöglichte den Zugang zum Hauptgebäude. Der Vorhof war mit zwei Toranlagen und einer Wehrmauer gesichert. Innerhalb des Mauerrings waren Nebengebäude gruppiert: ein bewohnbares Torhaus am oberen Tor, das Schlossbauernhaus, eine Wagenremise, zwei Scheunen, ein Gärtnerhaus mit angebauter Schupfe, ein Tagelöhnerhaus, ein Zinshaus, Stallungen, Schweineställe und ein Backhaus. Auch die Vorburg lag innerhalb der Weiheranlage, wobei ein befahrbarer Damm den Zugang gewährleistete. Der im Zweiten Weltkrieg untergegangene große Schloss-Stadel stand im nordöstlichen Eck des Vorhofes und wurde einmal als „besonderes Schmuckstück der Landschaft" bezeichnet.

Wie durch ein Wunder überstand der Herrensitz den Zweiten Weltkrieg, wenn auch mit schweren Schäden, während die unmittelbar benachbarten Wirtschaftsgebäude und die nahe Oberbürg weitgehend zerstört wurden. Lange Zeit prägte ein Notdach das äußere Erscheinungsbild des Turms, bis die Unterbürg nach einem Besitzerwechsel 1990 restauriert wurde und als Rekonstruktion die alte Dachform und die Scharwachttürmchen wieder zurückerhielt.

Quellen

StAN Rst. Nbg., Handschriften Nr. 323. Rst. Nbg., Waldamt Lorenzi I Nr. 860.

StadtAN E 10/21 Nr. 83 I, 92, 117.

GNM-A Heideloff-Nachlass I C Nr. 723.

Gatterer, Johann Christoph: Historia genealogica dominorum Holzschuherorum. Nürnberg 1755, Codex diplomatum et documentorum Nr. 169*, 175*, 179*.

Gelegenhait, Nr. 686, 1852.

279.4 Ansicht von Südwesten, Fotografie: F. A. Nagel 1930 (StadtMN)

Hoffmann, Hermann: Das älteste Lehenbuch des Hochstifts Würzburg 1303–1345. Würzburg 1972, Nr. 3035.

Ders.: Das Lehenbuch des Fürstbischofs Albrecht von Hohenlohe 1345–1372. Würzburg 1982, Nr. 389.

Müllner I, S. 362.

NUB Nr. 364.

Pfalzgr. Reg. II, Nr. 4794.

Literatur

KDM Stadt Nürnberg, S. 376.

Lehner-Burgstall, S. 77-82.

Mulzer, Vorstädte, S. 92 f.

Ruthrof, Renaissance, S. 58-60, mit dem Stich von L. Strauch 1598, S. 70 f.

Schwemmer, Bavaria Ant., S. 13, mit kolorierter Zeichnung von G. Adam 1811, S. 49.

Stadtlexikon Nürnberg, S. 1121 f, mit Radierung von J. A. Boener um 1700.

Will, Georg Andreas: Der Nürnbergischen Münz-Belustigungen Vierter Theil. Nürnberg 1767, S. 224-226.

Wittek, Ansgar: Der Nürnberger Vorort Laufamholz. Nürnberg 1984, S. 19-30, 44-62.

280 G5

Unterkrumbach

Abgegangene Burg

Gemeinde Kirchensittenbach

Landkreis Nürnberger Land

Etwa 950 Meter westlich von Kühnhofen liegt in Spornlage auf dem Kleinen Hansgörgl die Stelle einer größeren, jedoch vollkommen abgegangenen Burg. Erkennbar sind nur noch ein doppeltes Grabensystem und wallartige Bodenformen, die eine Gliederung in eine Vor- und eine höher gelegene Hauptburg erkennen lassen. Die Anlage hatte eine gesamte Längenausdehnung von 125 Metern und erreichte in der Vorburg eine größte Breite von etwa 90 Metern. Das Plateau der Hauptburg misst 33 auf 18 Meter.

Auch wenn noch keine Freilegungen von Mauerwerk erfolgt sind, schließen doch Spuren von Mauermörtel eine frühgeschichtliche Befestigung aus. Keramische Funde weisen ins 13. Jahrhundert, sodass vor einer hochmittelalterlichen Burganlage ausgegangen werden kann. Schriftliche Nachrichten zu ihr fehlen völlig. Wiederholte Mutmaßungen über einen Sitz des bis 1323 nachweisbaren Geschlechts der Krumpecken bleiben ohne Beleg.

Literatur

Heinz, Walter: Der Burgstall auf dem Kleinen Hansgörgel. In: Ehemalige Burgen im Umkreis des Rothenbergs, 2. Teil (= Vom Rothenberg und seinem Umkreis, Heft 15/2). Schnaittach 1992, S. 106-108.

KDM Hersbruck, S. 214.

Kunstmann, Hellmut / Schnelbögl, Fritz: Burgstall Kleiner Hans-Görgl (Krumbach). In: MANL 2 (1953), Heft 3, S. 12-14.

Voit, Pegnitz, S. 125 f.

280.1 Blick auf den Halsgraben von Süden, Zustand 2006 (Rg)

Burgstall auf dem „Kleinen Hansgörgel"

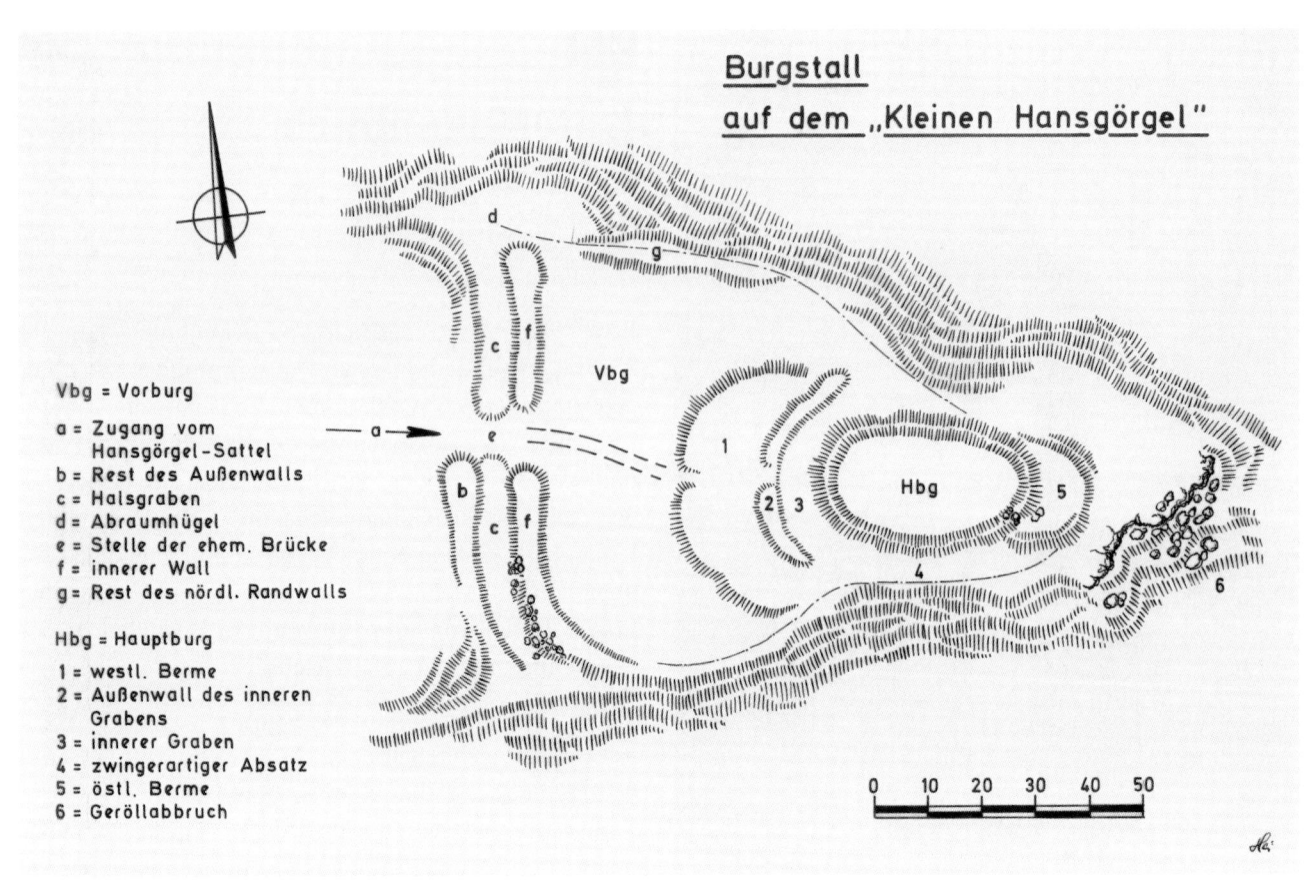

Vbg = Vorburg
a = Zugang vom Hansgörgel-Sattel
b = Rest des Außenwalls
c = Halsgraben
d = Abraumhügel
e = Stelle der ehem. Brücke
f = innerer Wall
g = Rest des nördl. Randwalls

Hbg = Hauptburg
1 = westl. Berme
2 = Außenwall des inneren Grabens
3 = innerer Graben
4 = zwingerartiger Absatz
5 = östl. Berme
6 = Geröllabbruch

280.2   Lageplan der Burganlage auf dem Kleinen Hansgörgl von Walter Heinz und Ernst Dörr (Pr)

281 · B7

Uttenreuth

Herrensitz

Esperstraße 22

Gemeinde Uttenreuth

Landkreis Erlangen-Höchstadt

Im Alten Reich beanspruchte das Markgraftum Brandenburg-Bayreuth die Landeshoheit über Uttenreuth. Dessen Hofstellen verfügten jedoch über Waldrechte im Sebalder Reichsforst, den 1427 die Stadt Nürnberg erworben hatte. Über die Waldnutzung wachte daher das reichsstädtische Waldamt Sebaldi, das auch über Bauanträge zu entscheiden hatte, und zwar unabhängig von der grundherrschaftlichen Zugehörigkeit. Diese Situation hat natürlich zu mancherlei Streitigkeiten geführt.

Auch der Herrensitz zu Uttenreuth verfügte über Waldrechte. Er lässt sich bereits für die erste Hälfte des 14. Jahrhunderts in der Hand der Strobel annehmen. Diese zählten zu den Gefolgsleuten der Reichsministerialen von Gründlach und dann der Hohenlohe-Brauneck und saßen u.a. in Marloffstein, Adlitz, Atzelsberg und Spardorf. Ulrich Strobel, der sich 1345 nach Uttenreuth nannte, stiftete hier eine Frühmesse, die von seinen Söhnen 1348 bestätigt wurde. Noch vor 1400 dürfte Walther Schütz von Hagenbach den Sitz erworben haben, der erstmals für das Jahr 1408 als burggräfliches Lehen in der Hand seiner Erben erscheint. Später waren auch die Reck [vgl. Röckenhof] und Motter [vgl. Eibach] zeitweise im Besitz. 1525 mussten die Schütz erleben, wie ihr Gut ebenso wie der Stammsitz in Hagenbach im Bauernkrieg niedergebrannt wurde.

Das Rittergut wurde schließlich um 1550 dem Markgrafen abgetreten und kurz darauf an den markgräflichen Rentmeister Veit Zick verpfändet. 1575 wurde dessen Schwiegersohn Lorenz Hofmann Pfandinhaber. Der Sitz war im Zweiten Markgrafenkrieg 1552/53 abermals verbrannt und 1576 noch nicht wieder hergestellt. Dies muss aber wenig später erfolgt sein, denn im 1581 begonnenen Uttenreuther Salbuch wird erstmals das neue Herrenhaus bezeugt. 1601 besaß Georg Hofmann, der auch zu Atzelsberg saß, das Pfand. 1616 wurde es wieder eingelöst und danach als Sitz des markgräflichen Amtsvogts eingerichtet. Um 1670 bewohnte Andreas Merg als markgräflicher Vogt das nach der Zerstörung im 30-jährigen Krieg wiederhergestellte Herrenhaus.

281.1 Ansicht des zum Gasthaus umgenutzten Herrenhauses von Westen, anonyme Ansichtskarte um 1900 (StadtA Er)

281.2 Ansicht des Herrenhauses noch vor der Aufstockung des hinteren, östlichen Teils, Fotografie um 1930 (StadtA Er)

Im Jahre 1700 wurde das Rittergut Uttenreuth einschließlich der Vogteirechte an das Nürnberger Geschlecht der Rieter von Kornburg und 1708 an die Winkler von Mohrenfels verpfändet, während die hoheitlichen Befugnisse – Blutgerichtsbarkeit, Hohe Jagd, Jus episcopale (Kirchenregiment) und Steuerhoheit – bei dem Oberamt Baiersdorf verblieben. Erst 1731 wurde Uttenreuth wieder eingelöst und dort erneut ein Verwalter- oder Vogtamt eingerichtet, das dem Oberamt Baiersdorf unterstellt war und seinen Sitz im Schloss hatte. Die neue Behörde wurde 1732 vom brandenburg-bayreuthischen Kommissionsrat und Kriegskommissar Johann Adam Rößler abgelöst, dem 1735 Johann Jacob Wiedemann folgte. 1766 bis 1772 wurde dieser von seinem Schwiegersohn Wilhelm Jacob Friedrich Lips abgelöst. Ab 1772 saß dann der Amtmann Georg Adam Brendel im Schloss.

Nach der Beschreibung des Oberamts Baiersdorf von 1778 soll bereits in den 1760-er Jahren die „vormalige Herrn- oder Beamtenwohnung", also das „Schloss", weil sie „auf den Einfall stunde, an den damaligen Amts-Verwalter Lips" veräußert worden sein, der das Haus „schön repariren lassen, und bei seinem Abgang wiederum verkauft" habe. Angeblich hat Lips 1768 das baufällige Fachwerkobergeschoss abgebrochen und erneuert. Die östliche Hälfte des Hauses war aber nur eingeschossig, daran schloss sich das heute noch erhaltene schmale Nebengebäude an, damals ebenfalls aus Fachwerk.

1778 befand sich „das ehemalige Amtshaus nebst Stadel und Neben-Gebäu" im Besitz des Nürnberger Kaufmanns Daniel Kurzmandel, der jedoch in wirtschaftliche Schwierigkeiten geriet, sodass das Anwesen in Uttenreuth zwangsversteigert wurde. Der Gold- und Silberdrahtfabrikant Johann Christoph Brater, Schwager des verstorbenen Amtmannes Brendel, gab das Höchstgebot ab. Beim Waldamt Sebaldi kündigte der Käufer 1780 an, Bauholz für eine dringend erforderliche Instandsetzung und einen Umbau des Herrenhauses zu benötigen. Brater gab auch bekannt, dass seine Schwester, die als Teil ihrer Witwenpension die Uttenreuther Zolleinnahmen beanspruchen durfte, dort wohnen würde. 1785 wurde das Gesuch nochmals vorgetragen, sodass die Baumaßnahme dann um 1785/86 erfolgt sein wird.

Um 1800 ging das Herrenhaus für kurze Zeit an den in Erlangen wohnhaften Freiherrn von Blonay, der in Uttenreuth 1804 auf tragische Weise verstarb. Daraufhin folgten mehrere Besitzwechsel, bis es vom Metzgermeister Johann Endres aus Kalchreuth erworben wurde. Im ehemaligen Herrenhaus wurde nun eine Gastwirtschaft eingerichtet, was aber erst nach einer Erweiterung des Gastbetriebs nach 1955 zu erheblichen Veränderungen am historischen Bestand geführt haben soll. Vermutlich wurde auch erst bei dieser Gelegenheit die Osthälfte des Hauses aufgestockt und so der langrechteckige Zweigeschosser hergestellt, dessen Satteldach nach Westen abgewalmt ist. Heute leidet das Gebäude, in dem nach wie vor eine Speisegaststätte untergebracht ist, unter den Ergebnissen wenig denkmalgerechter Modernisierungen, bei denen auch die schönen geohrten Fensterfaschen verschwanden. Lediglich die Ecklisenen erinnern noch an die einstige repräsentative Funktion des früheren Herrenhauses.

Quellen

StAN Rst. Nbg., Waldamt Sebaldi II Nr. 257, 294. Reg. v. Mfr., Lehenakten Nr. 6005, 6021.

Gelegenhait, Nr. 571.

Memmert, Rudolf: Materialsammlung zur Geschichte des Verwalteramtes Uttenreuth. Mskr. im Besitz des Heimat- und Geschichtsvereins Erlangen.

Literatur

KDM Erlangen, S. 145.

Kunstmann, Südwestliche Fränkische Schweiz, S. 265-268.

Paulus, Erich / Paulus Regina: Uttenreuth. Geschichtsbuch über ein fränkisches Dorf am Rande der Stadt. Uttenreuth 2001, S. 35-52, 63-68, 124-126, 129.

Rhau, Johann Leonhard: Versuch einer topographischen Beschreibung derer in dem Ober- und Jurisdictionsamt Bayersdorf rechtfraischlichen Territorialbezirk gelegener Orthschaften, Dörfer, Wailer, Hoefe, Mühlen ... 1778 (Mskr. im Stadtarchiv Erlangen), S. 466, 473.

Stadtlexikon Erlangen, S. 678, 719.

Vahl, Rittersiegel Bd. 1, S. 416-422.

281.3 Ansicht des von Modernisierungen und der östlichen Aufstockung geprägten Herrenhauses von Osten, Fotografie 2006 (Rg)

282 — G/7

Utzmannsbach

Herrensitz

Utzmannsbach 1

Gemeinde Simmelsdorf

Landkreis Nürnberger Land

Nach einer dendrochronologischen Untersuchung der Spunddecken im Erdgeschoss soll eine derselben und damit der Kern des Herrenhauses auf die Jahre 1374/75 zurückgehen. Es entstand neben einem Hammerwerk, das noch im 14. Jahrhundert Eberhard von Winterstein von den Herren von Wildenstein, damals einem der einflussreichsten Geschlechter nördlich der Pegnitz [vgl. Rothenberg, Strahlenfels, Wildenfels], zu Lehen empfangen hatte. 1414 erwarb der Sohn Lorenz Wintersteiner von Hans I. Wildensteiner auch dessen Halbteil der Lehnsherrschaft über das Hammerwerk, Utzmannsbach wurde also zur Hälfte freies Eigen. 1437 geriet der junge Wintersteiner jedoch in eine wirtschaftliche Notlage, die ihn zum Verkauf der erstmals ausdrücklich genannten „Behausung" und des Hammers an Hans III. von Wildenstein zwang, der ohnehin bereits die von seinem Vater Heinrich IX. ererbte halbe Lehnherrschaft über Utzmannsbach besaß.

Der Wildensteiner veräußerte Sitz, Hammerwerk und Zubehör bereits 1442 an Philipp Hiltpoltsteiner zu Hüttenbach [vgl. Hüttenbach, Winterstein], der den Hammermeister Contz Schwarzkopf mit dem Hammerwerk belehnte. 1446 erwarb das Nürnberger Augustinerkloster das Lehngut, trennte sich jedoch schon 1450 wieder davon; es behielt sich aber eine Eigenschaft (also den Anspruch auf einen jährlichen Grundzins) von 20 Gulden vor. Käufer war der Nürnberger Bürger und Montanunternehmer Linhard Groland d. Ä., der bereits über den Ansitz im nahen Diepoltsdorf verfügte [vgl. Diepoltsdorf I, Unterbürg]. Er vererbte Sitz und Hammerwerk 1468 seinem Sohn Bartholomäus Groland. Durch die Heirat mit der Tochter Grolands kam das Hammergut an den Nürnberger Bürger Jörg Peßler, der 1506 kinderlos verstarb. Der Erbfall an Stephan Peßler wurde vom noch lebenden Bartholomäus Groland bestritten, doch erst der Sohn, Linhard d. J., konnte den Herrensitz und den Hammer 1511 wieder in Besitz nehmen.

Linhard d. J. Groland starb 1521. Er hinterließ das Gut seiner Witwe Katharina und den Kindern. Katharina Groland heiratete 1523 in zweiter Ehe Sebald Rech

282.1 Herrenhaus und Hammerwerk innerhalb einer Wehrmauer, Kartenausschnitt des frühen 17. Jahrhunderts, Reproduktion einer heute verschollenen Karte: F. A. Nagel vor 1941 (StadtMN)

[vgl. Rechenberg], der den Besitz noch 1525 verwaltete. Der Hammer sowie der Herrensitz wurden als Lehen an den Nürnberger Bürger Michael Hübner vergeben, der ihn vor 1530 seinem Stiefsohn Stephan Kanler und dessen Ehefrau Helena veräußerte. Kanler zählte zu den engagiertesten Montanunternehmern der Reichsstadt und betrieb auch den großen Messinghammer bei Laufamholz [vgl. Hammer] und mehrere weitere Hammerwerke im reichsstädtischen Territorium. In die Zeit Kanlers fällt ein weitgehender Umbau des Herrenhauses unter dem reichsstädtischen Werkmeister Jörg Weber [vgl. Velden], der laut dendrochronologischer Analyse um das Jahr 1535/36 stattfand und vor allem dem Gebäude ein neues Dachwerk bescherte. Vor 1548 übergab Stephan Kanler das Lehengut seinem Sohn Hans, der beim Herrenhaus ein „lustgärtlein" anlegte und es mit einer Mauer einfriedete.

Zwar zählte der Utzmannsbacher Herrensitz zu den wenigen Gütern, die den verheerenden Zweiten Markgrafenkrieg 1552/53 offenbar ohne Schäden überstanden, der Familie Kanler ging er jedoch durch einen Konkurs 1574 verloren. Er geriet weit unter Wert an den Gläubiger Christoph Lang, der ihn 1584 an die Nürnberger Montangesellschaft Flentz & Tramel verkaufte [vgl. Weiherhaus am Dutzendteich]. Hans Flentz und Hans Tramel vererbten Utzmannsbach an ihre Söhne. Zuletzt fiel das Gut an die Erben der Töchter, die sich gegen Ende des 30-jährigen Krieges um den Besitz stritten. Um 1653 wurde er dem Enkel Johann Philipp Kob zugesprochen. Nach dessen Tod wurde 1690 sein Stiefsohn Johann Philipp Wurzelbaur bzw. von Wurzelbau (1651–1725), der berühmte Astronom [vgl. Kontumazgarten], Besitzer und mit dem Gut belehnt. Lehnsherr war mittlerweile die Tuchersche Familienstiftung. Ihre Rechte gingen auf Sebald Tucher zurück, der 1609 Katharina Holzschuher, Enkelin der Katharina Groland, geheiratet hatte.

Johann Philipp von Wurzelbau überließ 1693 seine Güter dem Neffen Johann Daniel van Lierd, der dann auch (als Lehenträger seiner Mutter) mit Utzmannsbach belehnt wurde [vgl. Mögeldorf IV, Schniegling II]. 1709 musste der Neffe, dessen Geschäfte stark nachgelassen hatten, sein Lehngut an den Nürnberger Salzhändler Paul Hackenschmied verkaufen. Der überließ die Nutzung seiner Schwägerin Felicitas von Ach. Nach Streitigkeiten mit dem Lehnsmann und weil dieser zu viele Schulden angehäuft hatte, kaufte die Tucher-Stiftung nach kurzer Zeit das Gut zurück und behielt es mehrere Jahrzehnte für sich. Nach einem kurzen Pachtverhältnis wurde es nach 1792 an den Nürnberger Kaufmann Johann Wilhelm Kirchdörfer veräußert. 1836 erwarb schließlich der Fürther Spiegelglasfabrikant Berlin die Liegenschaft, um im Hammer eine Glasfabrik zu etablieren. Er ließ auch die Befestigungen abbrechen und den Wassergraben auffüllen. Erst 1913 veräußerte die Familie Berlin den Besitz an die Familie Lautenschlager. 1958 wurde schließlich das Deutsche Jugendherbergswerk Eigentümer und richtete

282.2 Ansicht des Herrenhauses von Nordwesten, Fotografie: F. A. Nagel 1934 (StadtMN)

U UTZMANNSBACH

282.3 Blick vom südlichen Ortseingang auf das im Naifertal liegende Herrenhaus, 2006 (Rg)

eine Jugendherberge ein, was leider zu erheblichen Bestandsverlusten führte. Gegen Ende der 1970-er Jahre wurde sie aufgelöst und das Schloss an die Familie Alberti verkauft, die es 1979/80 einer Renovierung zuführte.

Das dreigeschossige Herrenhaus geht auf einen in der Grundfläche fast quadratischen, massiven Wohnturm zurück, der schon 1468 als „steinhaus" bezeichnet und im 18. Jahrhundert durch einen zweigeschossigen Anbau nach Norden verlängert wurde. Die Giebelscheiben aus Fachwerk sind verputzt und gehen auf den Umbau um 1536 zurück. Die in verschiedenen Varianten präsentierten Ansichten von angeblich 1612 (übrigens mit dem zeitlich unpassenden Wappen der von Lierd!) müssen, da es sich um irreführende Machwerke des 20. Jahrhunderts handelt, als Quelle für den damaligen Bauzustand ausscheiden. Das gilt nicht nur für die Dachdeckung mit Schiefer, die sicher erst aus dem späten 19. Jahrhundert stammt, sondern auch für die nachträglich angesetzten Strebepfeiler, die wohl die ungenügende Gründung der Bruchsteinkonstruktion ausgleichen sollten. Der erdgeschossige Eingang sowie die regelmäßige, auf Symmetrie bedachte Anordnung der vermutlich erst später vergrößerten Fenster auf der Ostseite dürften ebenfalls erst dem 18. oder 19. Jahrhundert angehören.

Dagegen existierte noch bis zur Einrichtung der Jugendherberge 1958 der alte Hocheingang an der Westseite. Im Inneren des Hauses haben sich zum Teil spätmittelalterliche Spunddecken erhalten, darunter eine auf 1374/75 datierte im Erdgeschoss. Im zweiten Obergeschoss findet sich der ehemalige Saal, der über die Hälfte der Geschossfläche einnahm. Er wird von einer Spunddecke, deren Last von zwei Stützen und einem durchlaufenden Unterzug aufgenommen wird, überspannt. Der Raum wurde im 19. Jahrhundert durch den Einbau einer Innenwand verkleinert.

Literatur

Alberti, Volker: Herrensitz Utzmannsbach. In: MANL 36 (1987), Sonderheft Nr. 33.

Ders.: Baudatierung des Herrensitzes in Utzmannsbach – 1374/75 und 1535. In: Voit, Gustav / Stark, Heinz / Alberti, Volker: Burgen, Ruinen und Herrensitze der Fränkischen Schweiz. In: MANL 46 (1997), Sonderheft Nr. 45, S. 70-95.

KDM Lauf, S. 502 f, jedoch falsch beschrieben.

Ritter, Ernst: Eisenhämmer der Oberpfalz. Unveröff. Manuskript im StAAm.

Ruthrof, Renaissance, S. 29, 35 f.

Voit, Gustav: Wildenfels. In: MANL 33 (1984), Sonderheft Nr. 31, S. 18.

283

Veilhof

Abgegangener Herrensitz, „Oberveilhof"
(vermutlich vor 1840 zerstört)

Veilhofstraße 24-28

Stadt Nürnberg

Der zwischen dem Bretzengarten und der Pegnitz gelegene Veilhof gelangte in der Mitte des 15. Jahrhunderts von Wilhelm Rummel an Herdegen Tucher, der dort seit etwa 1460 eine Saigerhütte zur Gewinnung von Silber aus Kupfererzen betrieb. Wegen des enorm hohen Holzverbrauchs musste sie wie alle anderen im Nürnberger Gebiet ihren Betrieb 1469 einstellen. Herdegens Enkelin Helena Tucher brachte den Veilhof durch ihre Heirat 1513 ihrem Mann Christoph Kreß zu. Bereits 1517 erscheint er jedoch in anderen Händen, denn in diesem Jahr musste sich Anton Rosenthaler verpflichten, den Veilhof im Kriegsfall dem Nürnberger Rat zur Verfügung zu stellen; inzwischen war hier also ein Sitz mit einem gewissen militärischen Wert entstanden. Dagegen wurde im Bericht zur Erkundung der Landschaft, die der Rat vor Ausbruch des Landshuter Erbfolgekrieges 1504 in Auftrag gegeben hatte, noch nichts dergleichen erwähnt.

Nach der Zerstörung des „burgerssytzles" und der etwas hangabwärts an der Pegnitz gelegenen, 1507 errichteten Pulvermühle im Zweiten Markgrafenkrieg am 18. Mai 1552 wurde vermutlich bald wieder ein Neubau errichtet, der auf dem Nürnberger Rundprospekt von 1577/81 dargestellt ist. Als Besitzer des (Ober-)Veilhofs ist erst wieder Sigmund Herel bekannt, der 1614 Dorothea Rosina Kreß heiratete und 1618 starb. Seine Witwe brachte den Veilhof 1621 ihrem zweiten Mann Wilhelm Imhoff zu. 1630 fertigte der bekannte „Ingenieur" und Zeichner Hans Bien eine detaillierte Ansicht des zweigeschossigen Fachwerkbaus samt Treppenturm an der Südostecke und südlichen Anbauten. Dieser Zustand wird auch durch einen Kupferstich in Meisners „Schatzkästlein" von 1631/78 überliefert, der außerdem das etwas weiter östlich gelegene Bauerngut Unterveilhof zeigt.

Nach dem Tod der Dorothea Rosina Imhoff im Jahr 1632 wurde der Sitz für den Sohn Wilhelm Imhoff (1622–1690) zunächst durch zwei Vormünder, den Nürnberger Ratskonsulenten Dr. Tobias Oelhafen und Hanns Wilhelm Kreß von Kressenstein, verwaltet, die 1634/35 ein Nebengebäude erneuern ließen. Der Herrensitz, der sich in der Nachbarschaft der Henzschen Pulvermühle (nicht zu verwechseln mit derjenigen in Wöhrd) befand, fiel nach Wilhelms Tod an dessen Sohn, den Waldamtmann Lazarus Imhoff (gest. 1732). Dessen Witwe musste erleben, wie 1739 das Nebenhaus abbrannte.

Ein Kupferstich von Johann Ulrich Kraus nach einer Vorlage von Johann Andreas Graff zeigt den Oberveilhof 1688 von der Westseite als repräsentatives zweigeschossiges Satteldachgebäude, wobei hier offensichtlich verputzte Fassaden dargestellt werden. Eine Federzeichnung um 1698 überliefert dagegen die Ansicht der Süd- und Ostseite sowie des Treppenturms noch mit Sichtfachwerk, das auch die nachträglich aufgesetzten Eckerker deutlich erkennen lässt.

283.1 Ansicht des Herrensitzes aus der Vogelschau auf einem Messoperat, gezeichnet 1630 von Hans Bien (StAN)

V VEILHOF

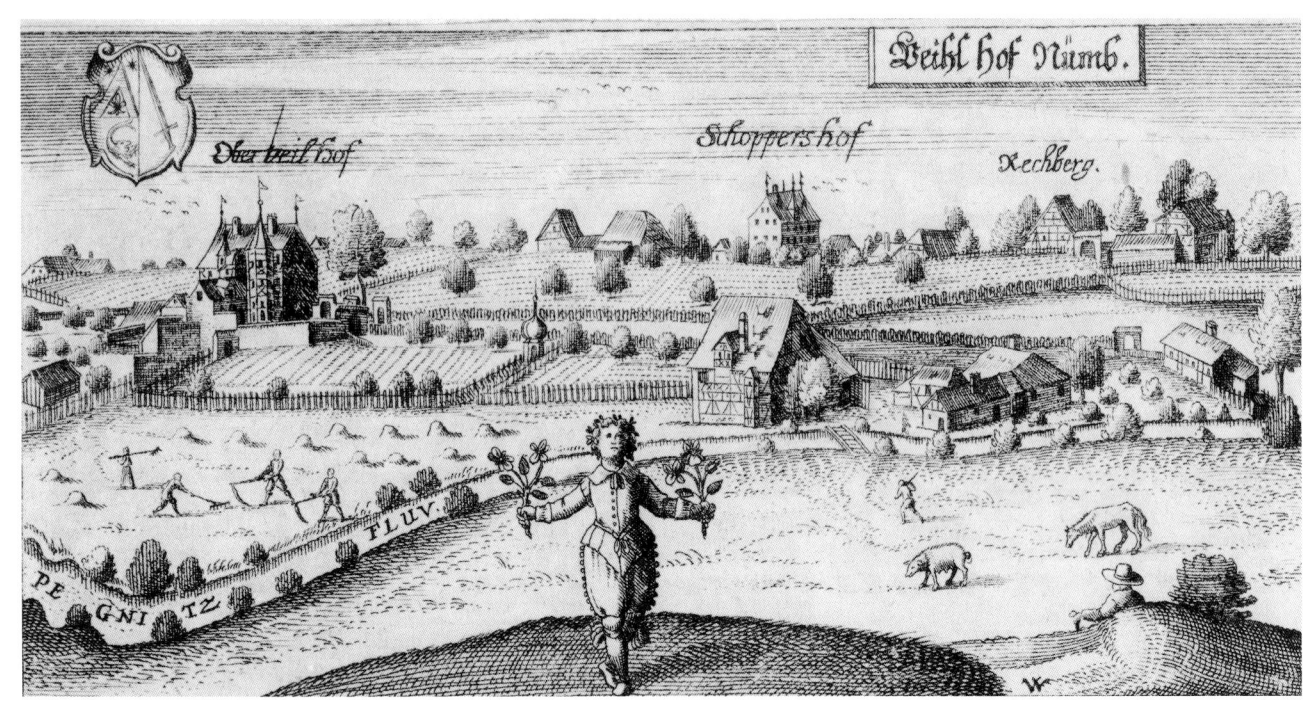

283.2 Blick auf die Herrensitze Oberveilhof (links), Schoppershof und Rechenberg sowie auf Unterveilhof am Pegnitzufer von Süden, Kupferstich in Meisners „Schatzkästlein" von 1631/78 (HallerA)

Im späten 18. Jahrhundert befand sich der Oberveilhof im Besitz des Jakob Christoph Joachim Imhoff (1754–1820), der jedoch 1802 Konkurs machte. Nach Kompetenzstreitigkeiten zwischen den Behörden der Reichsstadt und des Königreichs Preußen, das seinerzeit das Nürnberger Umland bis an die Stadttore besetzt hatte, gelangte der Gutskomplex Ober- und Unterveilhof einschließlich der vormaligen Pulvermühle 1805 an die Brüder Dr. Martin Wilhelm und Johann Philipp von Neu. Letzterer übernahm das Herrenhaus und wohnte seit 1810 auch dort, verkaufte den gesamten Gutskomplex aber 1839 wieder. Vermutlich existierte das Herrenhaus zu dieser Zeit schon nicht mehr, da es bei einem bisher nicht näher datierten Brandunglück im frühen 19. Jahrhundert untergegangen sein soll.

Der frühere Leiter der Zeltnerschen Ultramarinfabrik Thomas Leykauf gründete mit einem Kompagnon auf dem Veilhof-Gelände 1841 eine Fabrik für Türkisch-Rot, die jedoch bereits 1854 ihren Betrieb einstellte. 1863 erwarb die 1824 von Karl von Raumer gegründete private Erziehungsanstalt für arme und verwahrloste Kinder, die bereits seit 1849 im so genannten Gürschingschen Garten untergebracht war, den Herrensitz und richtete in einem ehemaligen Manufakturgebäude das „Rettungshaus Veilhof" ein.

Nachdem dieses Bauwerk zu klein geworden war und den hygienischen Anforderungen nicht mehr entsprach, wurde es abgebrochen und 1902 durch einen Neubau ersetzt, der nach der Verlegung der Erziehungsanstalt nach Hilpoltstein 1922 von der evangelisch-lutherischen Landeskirche erworben und für ihr Predigerseminar genutzt wurde. Im Zweiten Weltkrieg stark beschädigt, wurde er 1948/52 verändert wiederhergestellt. Auf dem zugehörigen Gelände ist seit 1955 außerdem das Landeskirchliche Archiv untergebracht.

Quellen

StAN Rst.Nbg., Handschriften Nr. 323. Rst. Nbg., Waldamt Sebaldi I Nr. 369.

Gelegenhait, Nr. 747, 1953 f.

Müllner I, S. 326; II, S. 542; III, S. 394.

283.3 Ansicht des Herrensitzes von Südosten, anonyme Tuschezeichnung um 1698 (StadtMN)

283.4 Ansicht von Oberveilhof aus westlicher Richtung, Nachstich von J. A. Boener (kurz nach 1700) des Kupferstichs von J. U. Kraus nach Vorlage von J. A. Graff (StadtA Lauf)

Literatur

Beckh, Hermann: Johannes Zeltner (1805–1882), ein Nürnberger Unternehmer. In: MVGN 58 (1971), S. 310 f.

Deliciae II, S. 71.

Fleischmann, Peter: Der Nürnberger Zeichner, Baumeister und Kartograph Hans Bien (1591–1632) (= Ausstellungskataloge der Staatlichen Archive Bayerns Nr. 30). München 1991, S. 155 f.

Frank zu Döfering, Karl Friedrich von: Die Kressen. Eine Familiengeschichte. Senftenegg 1936, Sp. 1518 f.

HAB Nürnberg-Fürth, S. 157, 181.

Hirschmann, Gerhard: Zwischen Frankreich, Preußen und Bayern. Die Lebensschicksale der Brüder von Neu in Nürnberg an der Wende des 18. zum 19. Jahrhundert. In: MVGN 64 (1977), S. 250-252, 284, 288.

Honold, Matthias: Der unbekannte Riese. Geschichte der Diakonie in Bayern. Augsburg 2004, S. 16 f.

Nürnberger Rettungshaus für arme und verwahrloste Kinder (Hg.): Bericht der Nürnberger Erziehungs-Anstalt für arme und verwahrloste Kinder im Rettungshause Veilhof 1 (1850/51).

Ruthrof, Renaissance, S. 91.

Schneider (Hausvater): Die Erziehungsanstalt und das Rettungshaus Veilhof. In: Evangelisches Gemeindeblatt für die Dekanatsbezirke Nürnberg und Fürth 9 (1902) Nr. 45, S. 529-531; Nr. 46, S. 541-544; Nr. 47, S. 554-556, S. 542 mit einer Ansicht des Manufaktur- und ersten Heimgebäudes.

Stadtlexikon Nürnberg, S. 254, 840, 1129 f, mit Kupferstich nach Zeichnung von J. A. Graff 1694.

Weigelt, Horst: Karl von Raumer 1783–1865. In: Helfen im Namen Gottes. Lebensbilder aus der Geschichte der bayerischen Diakonie. München 1986, S. 18-21.

Westermann, Ekkehard: Das Eislebener Garkupfer und seine Bedeutung für den europäischen Kupfermarkt 1460–1560. Köln-Wien 1971, S. 181-184.

Velden

Ehemaliges Pflegschloss

Schlosshof 4

Stadt Velden

Landkreis Nürnberger Land

Nach der siegreichen Teilnahme der Reichsstadt Nürnberg am Landshuter Erbfolgekrieg wurde ihr 1505 eine Reihe von ehemals bayerischen und pfälzischen Ämtern zugesprochen. Diese Erwerbungen bildeten die Grundlage des großen reichsstädtischen Territoriums, das bis zur Eingliederung in das Königreich Bayern 1806 bestand. Auch das pfälzische Amt Velden wurde 1505 reichsstädtisch und mit einem Nürnberger Pfleger besetzt. Er nahm zunächst seinen Amtssitz im 1481 erbauten pfälzischen Pflegschloss ein. Die schlampige Bauweise und vor allem eine mangelhafte Gründung hatten bereits im frühen 16. Jahrhundert für Bauschäden gesorgt. Dies ließ das Nürnberger Landpflegamt als vorgesetzte Behörde gegen Ende der 1530-er Jahre

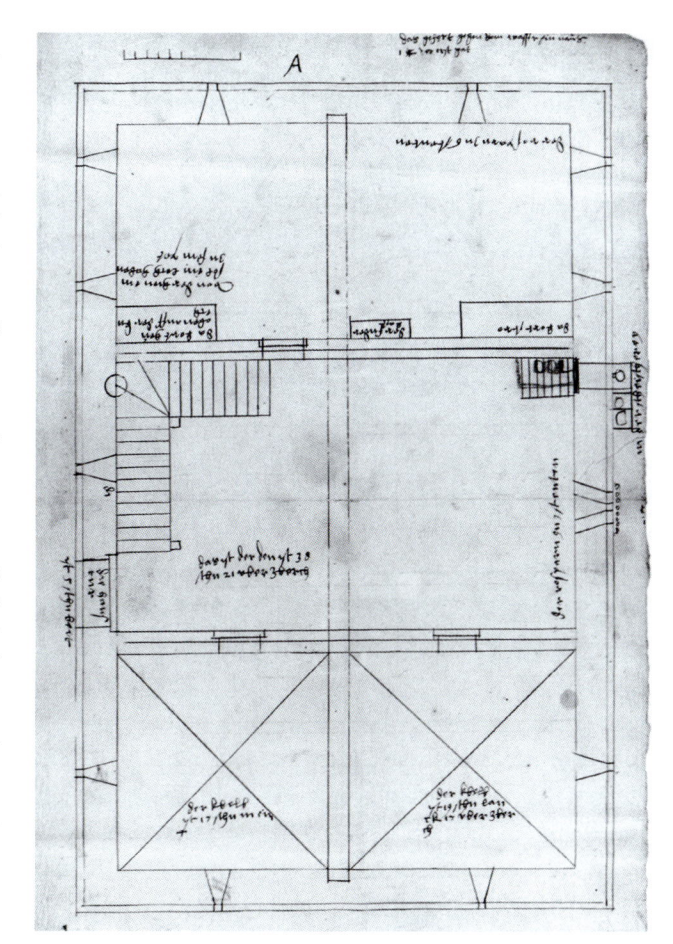

284.1 Grundriss des Erdgeschosses, gezeichnet 1540/41 für den Neubau des Pflegschlosses (StAN)

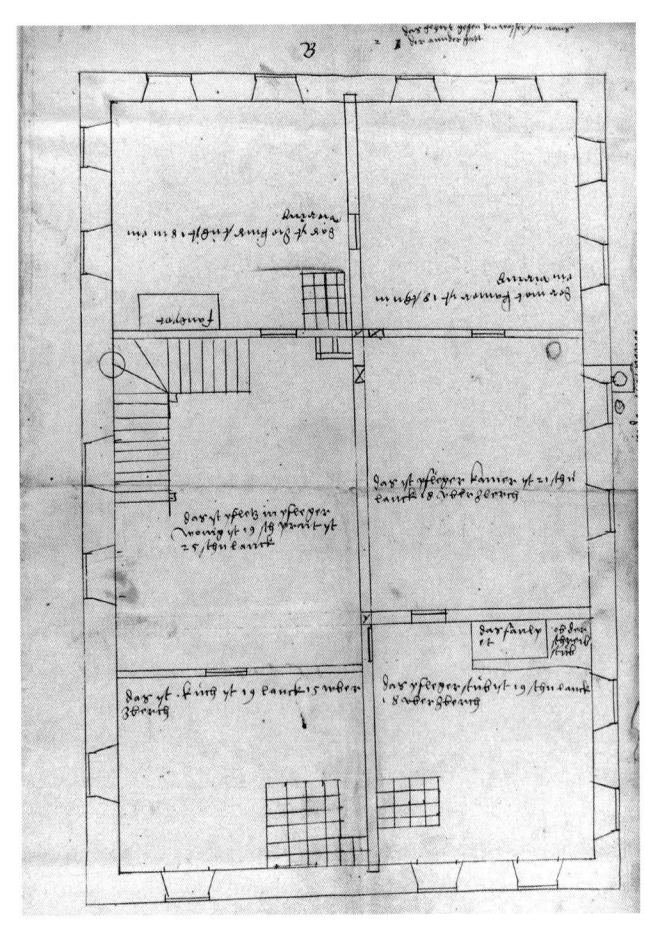

284.2 Grundriss des 1. Obergeschosses mit der Pflegerwohnung, gezeichnet 1540/41 (StAN)

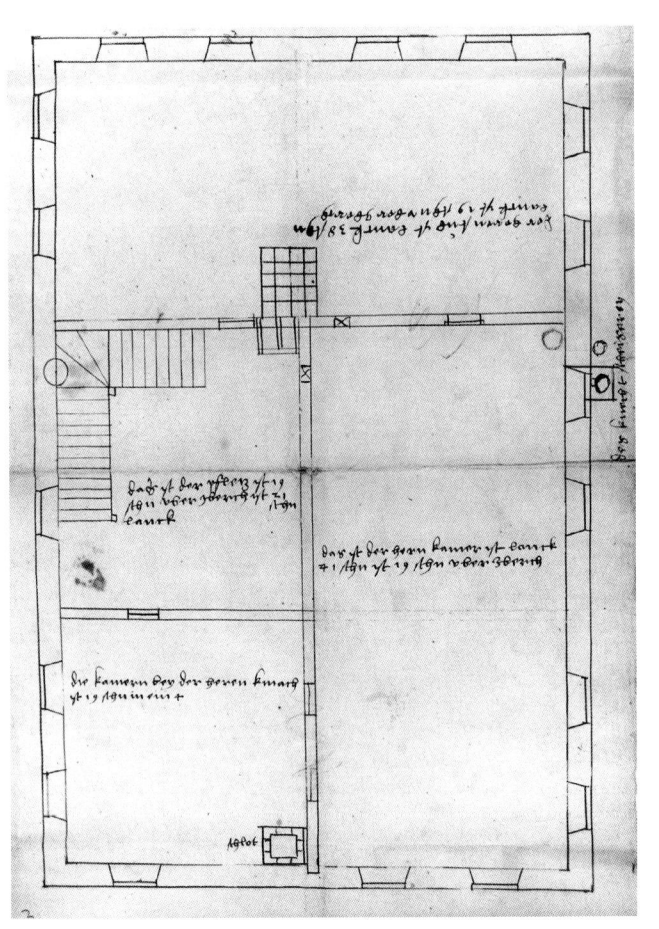

284.3 Grundriss des repräsentativen 2. Obergeschosses mit der Herrenstube, gezeichnet 1540/41 (StAN)

über einen Neubau an derselben Stelle nachdenken, den schließlich die städtischen Werkmeister Jörg Weber und Simon Rößner planen sollten [vgl. Lichtenau, Utzmannsbach].

Der Neubau des Veldener Schlosses begann unter der Leitung Jörg Webers am 10. April 1541 mit der Herstellung der Fundamente. Aufgrund des wenig tragfähigen Untergrunds in der Flussniederung musste zunächst eine Pfahlrostgründung erstellt werden. Der Neubau erhielt dann Umfassungen aus Bruchsteinmauerwerk mit Eckquaderungen. Das Erdgeschoss, wo auch Pferdeställe und Lagerräume geplant waren, wurde teilweise mit Kreuzgewölben überspannt. Das erste Obergeschoss wurde für die Dienstwohnung des Pflegers ausgebaut; das zweite war dagegen repräsentativen Anlässen vorbehalten und enthielt die so genannte „Herrenstube", den Saal des Hauses. Die übrigen Wohnräume im zweiten Obergeschoss dienten vor allem zur Unterbringung hochrangiger Gäste wie der Landpfleger, die aus Nürnberg zu gelegentlichen Visitationen kamen. Die Bauarbeiten wurden 1543 weitgehend abgeschlossen. Während der Nürnberger Stadtschreiner Konrad Lang die Ausstattung des Ge-

bäudes mit Fenstern, Türen und Täfelungen 1542/43 übernahm, lieferte der Kunstdrechsler Balthasar Friedel 1545 ein repräsentatives Täfelwerk für die Herrenstube im zweiten Obergeschoss. Die Glaserwerkstatt des Veit Hirsfogl d. J. erledigte die Verglasung der Fenster, wobei die Fenstergläser der Herrenstube mit Wappenmalereien versehen wurden. Die kunstvolle Vertäfelung aus der Werkstatt Friedels wurde (vermutlich im 19. oder frühen 20. Jahrhundert) verkauft, sodass sich Einzelteile des Kunstwerks 1927 im Kunsthandel bzw. in einem Zimmer des Kurhauses in Rupprechtstegen befanden. Letztere wurden 1934 vom Staat zurückerworben und in die damals gerade renovierte Nürnberger Kaiserburg transferiert, sollen jedoch dem Zweiten Weltkrieg zum Opfer gefallen sein.

Das nürnbergische Pflegamt blieb bis zur Mediatisierung der Reichsstadt 1806 im Schloss einquartiert. Nach der Zerstörung des Pflegschlosses Hauseck im Zweiten Markgrafenkrieg 1552 war auch das dortige kleine Amt von hier aus verwaltet worden [vgl. Hauseck]. Größere bauliche Veränderungen fanden nach der Erbauung nicht mehr statt. Hinweise finden sich nur auf eine 1611 angebaute und wohl 1750 wieder besei-

VELDEN V

284.4   Ansicht des ehemaligen Pflegschlosses aus südöstlicher Richtung, Fotografie: G. v. Volckamer um 1894 (StadtMN)

284.5   Ansicht des Schlosshofes mit Blick auf die nördliche Traufseite, Fotografie: F. A. Nagel 1924 (StadtMN)

471

284.6 Ansicht der Tür in der ehemaligen Herrenstube, Teil des untergegangenen Täfelwerks des Kunstdrechslers Balthasar Friedel von 1545 (StadtAN)

tigte Spindeltreppe an der Nordseite, und auf das Jahr 1650, als das Landpflegamt die Wände der Herrenstube durch den Rothenburger Maler Peter Müller mit den Wappen der Landpfleger und der bisherigen Veldener Pfleger bemalen ließ. In der Pflegerwohnung wurde 1726 eine Stubendecke stuckiert, und 1750 wurde der innere Treppenaufgang zum Teil erneuert.

Nach der Übernahme der reichsstädtischen Gebäude durch das Königreich Bayern zeichnete sich bald nach einer Bestandsaufnahme die Privatisierung des Schlosses ab. Ab 1811 wurde der Gebäudekomplex versteigert. Als der Erwerber des eigentlichen Pflegschlosses 1829 Konkurs machte, wurde es im Jahr darauf an drei Interessenten veräußert. Da ihnen jeweils Räume in allen Geschossen zugeteilt wurden, mussten zum Teil neue Trennwände eingezogen werden. Die Aufteilung in Eigentumsanteile hält bis heute an. Der Baubestand des 16. Jahrhunderts hat sich jedoch noch sehr weitgehend erhalten. Bei einer Restaurierung der Fassaden um 1990 zeigte sich, dass auch die bauzeitliche Putzhaut, 1543 in hervorragender Qualität von Hersbrucker Tünchern angebracht, bis heute erhalten ist. Es handelt sich um einen einlagigen, verdichteten Kellenputz, der hell gefasst wurde. Zur Gliederung der Fassaden wurde eine rottonige Scheinquaderung an den Gebäudeecken und um die Fassadenöffnungen gemalt.

Literatur

Giersch, Claus / Giersch, Robert: Denkmalpflegerische Voruntersuchungen an den Fassaden des ehem. Pflegschosses Velden a. d. Pegnitz 1989/90. Unveröff. im BLfD.

KDM Hersbruck, S. 286-288, mit Grundriss des Erdgeschosses.

Schnurrer, Ludwig: Georg Weber von Dinkelsbühl (1495–1567). Leben und Tätigkeit eines Nürnberger Werkmeisters. In: MVGN 66 (1979), S. 140, 153, 169 f.

Schwemmer, Wilhelm: Velden. Aus der Geschichte einer alten Stadt (= Schriftenreihe der ANL Bd. 24). Nürnberg 1976, S. 103-109.

Seyfert, Werner: Velden a. d. Pegnitz. Nürnberg 1927, S. 17-56, 70-72, Abb. 2-15.

Stadtlexikon Nürnberg, S. 1130, mit Kupferstich von C. M. Roth 1759.

285   16

Vorra I

Herrenhaus, „altes Schloss"

Hirschbacher Straße 2

Gemeinde Vorra

Landkreis Nürnberger Land

Ein Herren- oder vielleicht zunächst nur ein Verwaltungssitz entstand provisorisch 1601/02 auf der nahe der Pegnitz gelegenen Hofstelle, die Carl Tetzel von Kirchensittenbach (1557–1611) von Jobst Pamler gekauft hatte. Die Adaption des nur eingeschossigen Bauernhauses erfolgte, nachdem der Nürnberger Patrizier die Hofmark Vorra 1597 von Georg Sebastian Stiebar von Pretzfeld erworben hatte und sich nach langjährigen Streitereien mit seinem Bruder Jobst Friedrich in Kirchensittenbach wohl einem eigenen Gut widmen wollte [vgl. Kirchensittenbach III]. Die Reichsstadt förderte den Erwerb mit einem zinslosen Darlehen von 4.000 Gulden, damit die in ihrem Territorium gelegene Grundherrschaft in Nürnberger Hände kam, denn der Vorbesitzer war kein Bürger, sondern im Kanton Gebürg der fränkischen Reichsritterschaft eingetragen.

1601 kaufte Carl Tetzel dem Bamberger Stift St. Jakob die Vorraer Zehntrechte ab, wozu unmittelbar darauf im Hofraum des Sitzes ein großer Zehntkasten gebaut wurde, der auf älteren Darstellungen unmittelbar südlich des Herrenhauses zu erkennen ist. Nach seinem Tod am 23. Januar 1611 verwaltete dessen Witwe Anna die Hofmark bis zum 2. Februar 1618, als der Sohn

Hans Jakob Tetzel (1565–1646) nach einem Vergleich mit seinen zwei Geschwistern das Erbe übernahm. Dieser begann sein Wirken in Vorra mit großem Tatendrang, denn er ließ nicht nur das „Vorracher Saalbuch" anlegen, in dem alle Güter, Rechte und Ordnungen der Hofmark zusammengetragen wurden, sondern begann 1618 auch mit einem Umbau des ehemals Pamlerschen Hauses zu einem zweigeschossigen Herrenhaus sowie mit der Errichtung eines Badehäusleins und einer Hofmauer, die den bisher ungesicherten Sitz einfriedete.

Kein Geringerer als der Nürnberger Zeichner und Kartograph Hans Bien wurde zehn Jahre später beauftragt, einen Situationsplan der Hofmark anzufertigen, der sich bis heute erhalten hat. Er zeigt das damals neue Herrenhaus aus der Vogelschau als einen zweigeschossigen, annähernd quadratischen Bau mit einem über die ganze Hausbreite gestreckten Zwerchhaus, das auf die nördliche Giebelseite gesetzt worden war. Da ein Pendant auf der südlichen Seite fehlte, darf Vorra als besondere, auch relativ junge Variante dieser typisch Nürnberger Dachlandschaft gelten [vgl. Neunhof bei Kraftshof, Schwarzenbruck, Ziegelstein I]. Bien stellte auch die übrige Bebauung des Sitzes dar: südlich des Herrenhauses der große Zehntgetreidekasten von 1601 und an seiner Westseite angebaut der Schlossstadel. Ein westlich des Hofraums benachbartes Wohnhaus könnte ein Voit- und/oder Amtshaus gewesen sein.

Mitten im 30-jährigen Krieg erwarb Hans Jakob Tetzel 1626 das Rittergut Artelshofen von der Erbengemeinschaft Harsdorfer [vgl. Artelshofen] und erlebte 1631 die Besetzung Vorras durch kurbayerische Truppen. Erst 1635 gelang es ihm unter Aufbringung von angeblich 10.000 Reichstalern, die konfiszierten Besitzungen Artelshofen und Vorra wiederzuerlangen. Nach seinem Tod fiel Vorra 1646 an den Sohn Philipp Jakob, der seit 1660 als Pfleger das reichsstädtische Amt Engelthal leitete. Dort ist noch heute der so genannte Tiergarten bekannt, den Tetzel seinerzeit zu seinem Zeitvertreib anlegen ließ. Hier wurde er 1669 durch einen Hirsch angegriffen und tödlich verletzt.

Daraufhin trat sein Bruder Gustav Philipp, der ihm 1665 schon Artelshofen abgekauft hatte, in die Verwaltung von Vorra ein, die er 1689, zwei Jahre vor seinem Tod, dem Sohn Gustav Georg Tetzel übergab. Dieser war seit 1683 mit Anna Maria Peller von Schoppershof verheiratet und musste wegen seiner großen Verschuldung im Jahre 1707 das Gut Vorra seinem Schwiegervater Jobst Christoph Peller (1638–1709) für 30.000 Gulden verkaufen. Das führte aber zu heftigen Streitigkeiten, sodass nach Pellers Tod Vorra 1710 wieder an Tetzel überlassen wurde gegen Verrechnung mit Anna Marias Erbteil.

Am 2. August 1728 starb der 68-jährige Gustav Georg Tetzel als letzter männlicher Spross seiner Linie in Vorra. Die 1684 geborene Tochter Maria Helena heiratete schließlich 1736 den verwitweten Christoph Wilhelm Scheurl von Defersdorf [vgl. Schwarzenbruck I]. Sie hatte sich mit einer Armenstiftung und anderen Wohltaten um Vorra verdient gemacht und starb 1743 kinderlos, ihr Mann sechs Jahre später. Dessen Sohn aus erster Ehe Jacob Wilhelm Scheurl trat 1749 das Erbe an. Er ließ den beim verheerenden Dorfbrand am 27. August 1780 zerstörten Herrensitz in vereinfachter Form wieder in Stand setzen. Das Gebäude aus Kalkbruchstein erhielt nicht mehr seinen markanten Dachaufbau, sondern wird seither von einem Halbwalmdach gedeckt.

Nach dem Tod Jacob Wilhelms erbten 1783 die Söhne Christian Wilhelm (1763–1853) und Karl Jakob Scheurl die Grundherrschaften Schwarzenbruck und Vorra und verwalteten sie gemeinsam. 1801 entschied ein Los die Übernahme Vorras durch Christian Wilhelm. Als er 1853 im Alter von 90 Jahren starb, hatte er die Eingliederung der Hofmark ins Königreich Bayern 1806, die vorübergehende Verleihung der Patrimonialgerichtsbarkeit (1819 bis 1837) und schließlich 1848 die gesetzliche Aufhebung der Grundherrschaft erlebt.

285.1 Ansicht des Herrensitzes bei der Kirche mit dem 1601 erbauten Zehntkasten und dem Herrenhaus von 1618, gezeichnet und koloriert von Hans Bien 1628 (StAN)

Schon vor dem Tod des letzten Scheurl zu Vorra, der die Töchter Dorothea Jakobina Wilhelmina (1788–1856), Sophie Maria Christina und Helena Jakobina Karolina hinterließ, soll sich der Ehemann der Letzteren, Franz Ludwig Karl Julius Freiherr von Soden (1790–1869), an der Verwaltung beteiligt haben; zumindest werden seine regelmäßigen Sommeraufenthalte im Herrenhaus überliefert. Als seine Gemahlin 1861 kinderlos verstarb, fiel ihr Erbteil an die Schwester Sophie Maria Christina, die sich sehr der armen Bevölkerung annahm und die „Sophienstiftung" und die „Scheurlsche Weihnachtsbestimmung" ins Leben rief.

Bereits zwei Jahre bevor sie 1891 im 92. Lebensjahr starb, trat der von ihr testamentarisch vorgesehene Neffe ihres Schwagers Julius August Freiherr von Soden (1846–1921) das Erbe an. Mit dem Bau des neuen Schlosses 1890/91 [vgl. Vorra II] verlor das Herrenhaus seine bisherige Funktion und wurde, nach einer Renovierung, von nun an als Nebenhaus genutzt. Das mittlerweile „altes Schloss" genannte Gebäude teilte als Bestandteil des herrschaftlichen Anwesens dessen Schicksal, das schließlich 1955 zur Einrichtung eines Schullandheimes führte. Diese Nutzung besteht bis heute. Mit Umbauten, die den historischen Bestand vermutlich vor allem im Erdgeschoss erheblich beeinträchtigten, wurden das ehemalige Herrenhaus dem Heimbetrieb angepasst und im Erdgeschoss ein Bastelraum sowie im Ober- und ersten Dachgeschoss Übernachtungsräume für die Gäste des Heimes eingerichtet. Die Putzfassaden weisen keinerlei Schmuck auf, im Inneren finden sich jedoch noch barocke Zweifüllungstüren mit geohrten Bekleidungen und Stuckdecken vermutlich aus der Zeit des Wiederaufbaus um 1781.

285.2 Abbildung des alten (nach 1780 wiederaufgebauten) Herrensitzes in Vorra. Fotografie: F. A. Nagel 1910 (StadtMN)

Quellen

StAN SchlossA Vorra Nr. 4, 10, fol. 210 r.

Müllner III, S. 341.

Literatur

KDM Hersbruck, S. 289 f, 297-299, mit Grundriss.

HAB Lauf-Hersbruck, S. 17 f, 104, 138 f, 153.

Alberti, Volker / Baumann, Lorenz / Holz, Horst: Burgen und Schlösser in Hersbruck und Umgebung. Oberes Pegnitztal (= Adelssitze in Franken Bd. 3). Simmelsdorf-Hüttenbach 1999, S. 66-69.

Drechsel, Theodor: Chronik des Dorfes Vorra. Vorra 1924, S. 30-34, 39-44, 54-61.

Fleischmann, Peter: Peter Ermer (um 1560–1632). Ein bisher unbekannter Kartograph in Hersbruck. In: MVGN 76 (1989), S. 244 f.

Ders.: Der Nürnberger Zeichner, Baumeister und Kartograph Hans Bien (1591–1632) (=Ausstellungskatalog der Staatlichen Archive Bayerns Nr. 30). München 1991, S. 144 f, weist erstmals auf das Baudatum 1618; S. 131 Abbildung der gesamten Karte.

Meyer, Manfred: Vorra – Ein Heimatbuch. Vorra 1978, S. 49-97, 118-120, mit Kartenausschnitten, Ortsansichten und Porträts von Schlossbesitzern.

Seibold, Gerhard: Die Viatis und Peller. Beiträge zur Geschichte ihrer Handelsgesellschaft. Köln-Wien 1977, S. 382 f, 386, 398.

Voit, Grundherrschaften Hersbruck S. 38 f.

286 **16**

Vorra II

Herrenhaus, „Neues Schloss"

Hirschbacher Straße 2

Gemeinde Vorra

Landkreis Nürnberger Land

Nachdem Sophie Maria Christina Scheurl von Defersdorf Julius August Freiherrn von Soden (1846–1921) als Erben eingesetzt hatte [vgl. Vorra I], begann dieser schon vor dem Tod der Tante 1889/90 mit dem Bau eines neuen Schlosses. Der Bauherr war als kaiserlicher Diplomat auf verschiedenen Einsätzen in aller Welt unterwegs gewesen und wollte seinen Ruhestand in Vorra in einer standesgemäßen Wohnung genießen. Für den Bau des neuen Herrenhauses wurden ein Saal- und verschiedene Nebengebäude westlich des alten Hauses abgebrochen. Der hohe Grundwasserspiegel und der wenig tragfähige Baugrund bescherten von Anfang an Probleme, die schließlich zu Verformungen, Rissen und einem Einsturz des Turmes im November 1890 führten. Nach einem Wechsel des Baumeisters konnten die Standfestigkeit hergestellt und der Bau noch im Jahr 1891 beendet werden. Auch wurde der Schlossgarten zu einer Parkanlage im Englischen Stil umgestaltet.

286.1 Das neue, in den Jahren nach 1889 errichtete Schloss. Fotografie: G. v. Volckamer um 1894 (StadtMN)

Der dreigeschossige Neubau wurde historisierend in der Formensprache der Renaissance errichtet, was sich vor allem an den mit Obelisken und anderen Werksteinaufsätzen geschmückten Giebeln und einem pittoresken Abschluss des Turmes zeigte. Viele dieser Details sind jedoch späteren Umbauten zum Opfer gefallen. Dem an der Westseite leicht vortretenden, ursprünglich mit Figuren geschmückten Risalit wurde eine kleine Altane mit Austritt in Höhe des zweiten Obergeschosses angefügt. An der Südseite ist eine zweite, breit gelagerte Altane für eine Terrasse angebaut, von der aus eine großzügige Freitreppe in den Garten führt.

Nachdem der Bauherr, der schon einmal Gouverneur der damals deutschen Kolonie Kamerun gewesen war, überraschend noch für drei Jahre diese Position in Deutsch-Ostafrika einnehmen musste, konnte er erst 1893 den Neubau beziehen, der mit zahlreichen Jagdtrophäen und Waffen aus seinen ehemaligen Einsatzorten ausgestattet wurde. Zunächst wurde das Schloss dauerhaft bewohnt, aber seit der Berufung des Barons zum Kabinettchef des Königs von Württemberg und dem Umzug nach Stuttgart 1899 diente es nur noch als Urlaubsdomizil. 1920 veräußerte er die Schlossanlage mit beiden Herrenhäusern an den königlich-württembergischen Major Otto Karl Alfred Alexander Freiherrn von Ellrichshausen. Dieser ließ bereits 1921 einige Änderungen am neuen Herrenhaus durchführen, dabei verlor der Turm sein Dachwerk und wurde mit einer Aussichtsplattform versehen.

Der neue Eigentümer verstarb 1937 in München. Sein Sohn und Haupterbe, auf dem Familienbesitz in Argentinien lebend, hatte kein Interesse an dem Besitz und veräußerte ihn an die „Deutsche Arbeitsfront", die hier eine Gauschule einrichtete. Nach ihrem Einmarsch richteten die amerikanischen Streitkräfte 1945 ihre Ortskommandantur im Schloss ein. Zunächst von der Militärregierung, dann vom bayerischen Staat pachtete ab November 1945 die Baronin Irmgard von Löffelholz das Schloss, um hier ein evangelisches Landschulheim, eine Oberschule mit Internat, einzurichten. 1955 übernahm das Schullandheimwerk Mittelfranken die Räumlichkeiten und nahm verschiedene Umbauten vor, die bis 1956 abgeschlossen wurden. Eine weitere Modernisierung fand 1977 statt, die vermutlich noch einmal zu Veränderungen am historischen Bestand führte. Die Nutzung als Schullandheim hält bis zum heutigen Tag an.

Literatur

Drechsel, Theodor: Chronik des Dorfes Vorra. Vorra 1924, S. 56-61.

Meyer, Manfred: Vorra – Ein Heimatbuch. Vorra 1978, S. 95-97, 118–120.

287 — J4

Waizenfeld

Abgegangener Ministerialensitz
Gemeinde Pommelsbrunn
Landkreis Nürnberger Land

Nur in einigen wenigen Fällen liefern urkundliche Nachrichten Hinweise auf die Wohnung niederer Ministerialen des 13. und frühen 14. Jahrhunderts. Es ist wiederum die überdurchschnittlich überlieferte Dienstmannschaft der Schenken von Reicheneck, von der bekannt ist, dass nur eine Minderzahl der Ritter auf kleinen Turmburgen wie in Hohenkuchen [vgl. Oberndorf bei Offenhausen u.v.m.], die meisten anderen aber auf bloßen Hofstellen hausten. Das Reichenecker Ministerialengeschlecht von Waizenfeld verfügte im 14. Jahrhundert zumindest über ein Steinhaus, das sich daher markant von der bäuerlichen Bebauung abhob und nach dem man sich stolz nannte. Immerhin waren der Familie auch Zehnteinnahmen am Ort als Lehen überlassen. Ausdrücklich erklärte Walter Schenk von Reicheneck im Februar 1367, dass er Herr des „Haintzlein von Wetzenfeld in dem Staynhaws" sei. Eckard Lullies hat auch den 1356 im Salbuch des Rüdiger Valzner vorkommenden, zu Waizenfeld sitzenden „Ulrich im Stainhaus" dem Geschlecht zugeordnet.

Von diesem „Steinhaus" abgesehen, ließ sich im Ort ein mittelalterlicher Sitz bislang weder archäologisch noch in schriftlichen Quellen nachweisen. Er dürfte zudem spätestens im Laufe des 15. Jahrhunderts wieder verschwunden sein, da in der Beschreibung der Nürnberger Landschaft aus dem Jahre 1504 für Waizenfeld nichts dergleichen erwähnt wird.

Quellen

BayHStA Pfalz-Neuburg, Reichsstädte Nr. 274.
Gelegenhait, Nr. 988.
Lehnbuch 1331, S. XXXVII, 7, 69, 196.
Neukam, Wilhelm (Hg.): Das Salbuch des Rüdiger Valzner von Nürnberg 1356. In: Jahresbericht des Historischen Vereins für Mittelfranken 68 (1939), S. 49 und Abb. S. 28 b.

288 — E8

Walkersbrunn

Abgegangener Herrensitz
Walkersbrunn 23
Stadt Gräfenberg
Landkreis Forchheim

Die Entstehung des kleinen Walkersbrunner Herrensitzes ist bislang ungeklärt. Die großangelegte Erkundung der Landschaft, die der Nürnberger Rat 1504 vor Ausbruch des Landshuter Erbfolgekrieges angeordnet hatte, stellte nichts dergleichen im Ort fest, obwohl die (unbefestigte) „steinerne Behausung" schon existierte. 1482 veräußerte der Gräfenberger Bürger Hans Hofmann das Eigenrecht an seiner Behausung zu Walkersbrunn – „darin ich jetzo wohnhaft bin" – sowie einige Rechte Schulden halber an Ruprecht Haller. Vermutlich war das Herrenhaus nach 1461/1467 auf einer von drei Hofstellen entstanden, die Hans Hofmann samt grundherrschaftlichen Rechten und diversen Grundstücken von Clara, Witwe des Fritz Sünlein und danach Ehefrau des Contz Erlbeck, gekauft hatte.

Da sich die wirtschaftlichen Verhältnisse der Familie nicht verbesserten, musste sie dem Nürnberger Patrizier 1489 und 1496 weitere grundherrschaftliche Einkünfte verkaufen. Nachdem sich schon um 1500 eine Zwangsvollstreckung abgezeichnet hatte, ließ sich mit dem Tod des verschuldeten Hans Hofmann vermutlich 1501 der Verkauf nicht mehr aufhalten: Für 1.200 Gulden übergaben die Witwe Magdalena und ihre Kinder die „steinen Behausung" mit dem Stadel, der Stallung und dem sonstigen Zubehör im Januar 1502 an Wilhelm, Sohn des Ruprecht Haller.

Entweder durch einen Erbfall nach dem Ableben des Wilhelm Haller 1504 oder seines Sohnes Karl 1509 fiel das Gut an die Schwester Wilhelms, Ursula Mendel. Sie vererbte dieses und weitere mittlerweile erworbene Walkersbrunner Güter sowie ein inzwischen erbautes Voithaus 1537 an ihren Neffen Wolf Haller. Dieser, seinerzeit Schatzmeister der Königin Maria von Ungarn an ihrer Brüsseler Hofhaltung, konnte sich offenbar nicht mit der Walkersbrunner Verwaltung beschäftigen und verkaufte das Gut im Juli 1540 für 5.080 Gulden an den Nürnberger Rat. 1552 war „der herrn sicz oder hawß ... mit steinen vmbfangen" und „dieser zeit nit vererbt".

Wenig später jedoch musste die Reichsstadt im Zweiten Markgrafenkrieg, am 2. Juni 1553, hinnehmen, dass feindliche Truppen den Sitz niederbrannten. Zwar meinten Bausachverständige, das „Herrenhäusle ... mocht wieder zu pauen sein mit 500 Gulden", doch unterließ der Rat dies wohl, zumal die Grundherrschaft längst vom Pflegamt Gräfenberg verwaltet wurde. Der Sitz wurde vermutlich schon kurz danach an einen Grundholden verliehen und sank zu einem Bauernhof herab. Der Hausname „Schluuß" (Schloss) hält die Geschichte dieses Anwesens bis heute wach.

Quellen

StAN Rst. Nbg., Päpstliche und fürstliche Privilegien Nr. 575. Rst. Nbg., Rechnungen des markgräflichen Krieges Nr. 95, 96. Rst. Nbg., Salbücher Nr. 114.

Gelegenhait Nr. 572d, 572e.

Müllner III, S. 247.

Literatur

Dannenbauer, S. 237.

Dorfgemeinschaft Walkersbrunn (Hg.): 975 Jahre Walkersbrunn 1021–1996. Walkersbrunn 1996, S. 28-31, 40, 140.

289

Weigelshof

Herrensitz

Ödenberger Straße 52-54

Stadt Nürnberg

Nach den Annalen der Reichsstadt Nürnberg von 1623 soll das Geschlecht der Weigel von Neumarkt [vgl. Eschenau I] den Ortsnamen geprägt haben. Tatsächlich hatte 1388 Clara, die Witwe des Georg Ammann, einen halben Hof bei des Schoppers Hof samt 12 Tagwerk Wiesen („daz alles etwenn [einst] des Weigleins gewesen wer") an Contz Haug verkauft, der sie zwei Jahre später dem Kartäuserkloster überließ. Zugleich verzichtete Burggraf Friedrich V. auf die Lehnsherrschaft.

Dieser nunmehr freieigene Bauernhof muss später an die Haller gekommen sein, die darauf einen Sitz errichteten. Noch im Bericht über die strategisch bedeutsamen Orte der Landschaft, der 1504 vor Ausbruch des Landshuter Erbfolgekriegs angeordnet worden war, wird er nicht erwähnt. Erst am 22. Februar 1507 erhielt Fabian Haller nachträglich die Genehmigung für sein inzwischen beim Weigelshof erbautes „Lusthaus" (nach dem damaligen Sprachgebrauch ein repräsentativer Sommersitz), musste sich aber verpflichten, es

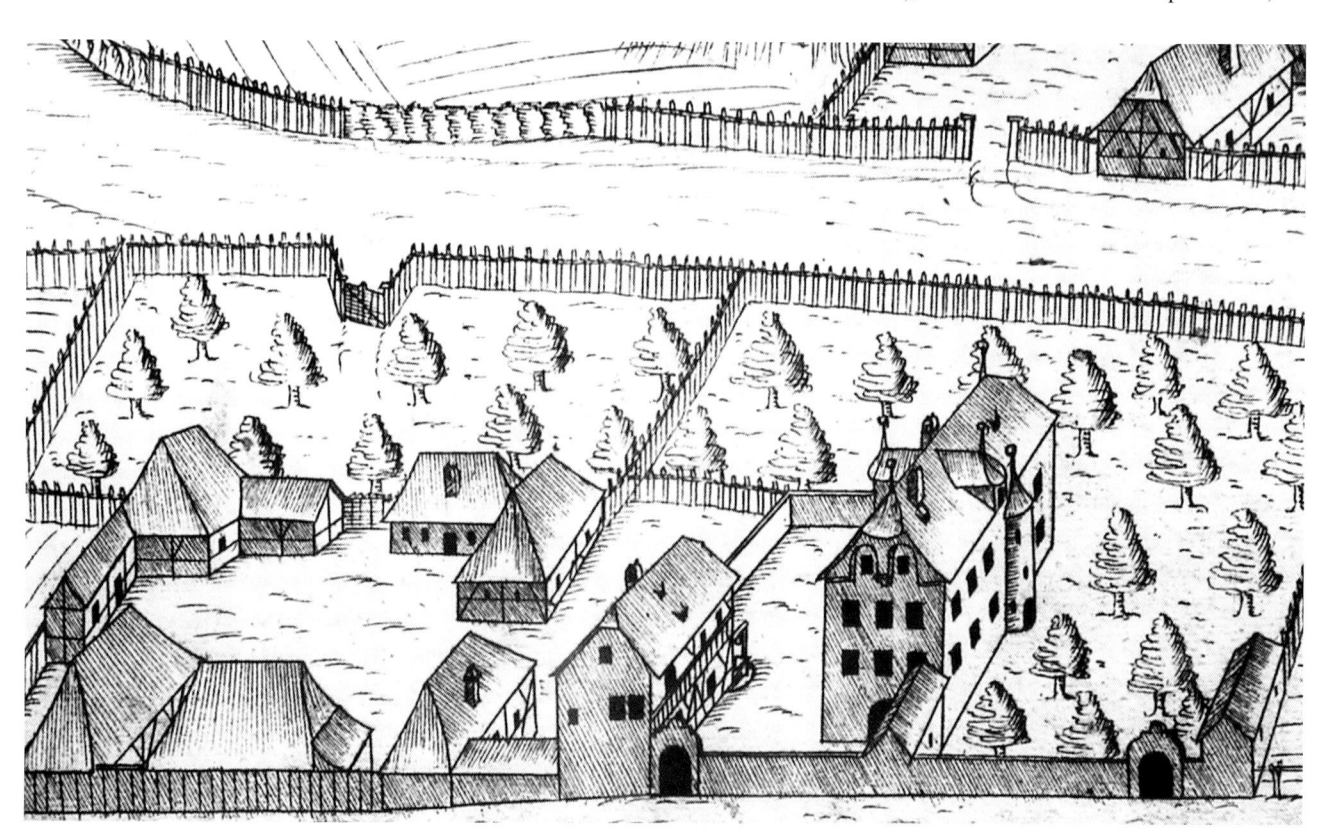

289.1 Darstellung des Herrensitzes auf einem Blatt des so genannten Cnopfschen Skizzenbuchs von 1612/14 (HallerA)

auf Verlangen des Nürnberger Rates jederzeit wieder abzubrechen.

Auf bislang unbekanntem Weg kam der Sitz an Seifried Pfinzing (1486–1545), der ihn in seinem Testament erwähnte; auch seinen Voit zum Weigelshof hatte er darin bedacht. Gemeinsam mit Georg Dietherr besaß er dort noch zwei weitere Bauernhöfe, die markgräfliches Lehen waren und aus der anderen Hälfte des 1388 genannten halben Hofes hervorgegangen sein müssen. Sie blieben bis ins 18. Jahrhundert im gemeinsamen Besitz der beiden Familien.

Im Zweiten Markgrafenkrieg wurde der Weigelshof am 17. Mai 1552 von den Nürnbergern selbst niedergebrannt, um freies Schussfeld zu haben und den feindlichen Truppen keinen Unterstand zu bieten. Der Schaden am „Burgerßsytz" wurde auf 2.000 Gulden taxiert.

Seifrieds Sohn Carl Pfinzing (1539–1570) ließ den Sitz 1568, ein Jahr nach seiner Hochzeit mit Eleonora Geuder, wieder aufbauen. Sein Sohn Seifried Pfinzing ließ 1591 einen neuen Stadel errichten. Im so genannten Cnopfschen Skizzenbuch von 1612/14 ist das Herrenhaus erstmals detailliert wiedergegeben mit seinen bis heute erhaltenen charakteristischen Einzelheiten, z.B. den Blendarkaden am abgewalmten Giebel.

1617 starb mit Seifried Pfinzing die Weigelshofer Linie aus. Sein enormes Vermögen bestimmte er großenteils zu einer Wohltätigkeitsstiftung [vgl. Günthersbühl, Heuchling, Nuschelberg]. Weigelshof dagegen vermachte er seinem Neffen Sebastian Scheurl von Defersdorf. Dieser wiederum schenkte den Besitz 1649 seinem Enkel Carl Sebastian Pfinzing von der Gründlacher Linie. Nach dem Tod des Sohnes Christoph Karl Pfinzing (1680–1739) fiel Weigelshof als Vermächtnis an dessen Gerichtsschreiber, den Spitalmeister Johann Andreas Regulein.

289.2 Ansicht des Herrenhauses auf einer Radierung von J. A. Boener von 1699, fälschlich mit „Weigelsdorf" betitelt (StadtMN)

Wenig später kam er an die Kaufmannsfamilie Günther [vgl. Gleißhammer II, Schniegling III]. 1770 besaß die Jungfer Sibylla Günther (1734–1797), die Tochter des Marktvorstehers Johann Wolfgang Günther, den Herrensitz, in dessen Pferdestallung sie eine Stube für einen Pferdeknecht einbauen ließ. 1777 heiratete sie Carl Friedrich Volckamer von Kirchensittenbach, der 1786 ein neues Nebenhaus bauen lassen wollte, aber noch im selben Jahr verstarb. 1794 vermählte sich die Witwe mit dem königlich-preußischen Kammerherrn Friedrich Gottfried Ernst Freiherrn von Egloffstein (1769–1848). Der inzwischen verwitwete Baron hatte 1798/99 zwei Arbeiter in dem Herrenhaus untergebracht, die dort an dem Prototyp einer „electrischen Zündmaschine" basteln sollten. Erst nach längeren Verhandlungen war das Waldamt Sebaldi bereit, für 100 Gulden zwei Feuerrechte abzutreten, damit die Arbeitsräume beheizbar gemacht werden konnten. Lange blieb der Baron nicht im Besitz: 1808 verfügte bereits die Erbengemeinschaft des Nürnberger Kaufmanns Wilhelm Gottfried Kießling, der den Sitz kurz vor seinem Tod erworben hatte, über das Anwesen.

Die Familie Kießling verkaufte 1815 an den Kaufmann Karl Benedikt Schwarz (1771–1832), der zu dieser Zeit eine große Zahl an herrschaftlichen Immobilien erwarb [vgl. u.a. Artelshofen, Henfenfeld, Hirschbach, Laufamholz, Sündersbühl I], was ihm 1816 zur Nobilitierung verhalf. Unter seinem Sohn Johann Christoph David von Schwarz (1802–1885) wurde das Herrenhaus vermutlich noch in den 1830-er Jahren von Karl Alexander Heideloff im neogotischen Stil umgestaltet [vgl. Thumenberg]. Bei dieser Gelegenheit erhielt der Treppenturm seinen gotischen Zinnenkranz. Außerdem fand zu dieser Zeit eine Umwandlung des Barockgartens in eine Englische Anlage statt, wie das die Familie von Schwarz auch in Artelshofen und Henfenfeld hatte durchführen lassen. Trotzdem veräußerte Johann Christoph David von Schwarz das Anwesen bereits 1843 an den Bankier Georg Martin Kalb. Vom nachfolgenden Besitzer Constantin Beck erwarb es 1879 der Hopfenhändler Johannes Barth, der sein Wappen über der Haustüre anbringen ließ [vgl. Rechenberg].

Im Zweiten Weltkrieg wurde das dreigeschossige, aus Sandsteinquadern errichtete Herrenhaus beschädigt und erfuhr nach 1945 eine vereinfachte Instandsetzung. Nach wie vor wird sein Erscheinungsbild von dem mit Schopfwalm und Schleppgauben gegliederten Satteldach, den Blendarkaden im Nordgiebel und dem Zinnenturm geprägt. Zu Beginn der 1950-er Jahre wurde einmal festgestellt, dass das Gebäude den Weltkrieg

289.3 Ansicht des Herrensitzes aus westlicher Richtung, Fotografie: G. v. Volckamer um 1894 (StadtMN)

zwar „äußerlich" überstanden hätte, aber „in seinem Innenausbau ... durch vielfältige Modernisierungen" gelitten habe.

Quellen

StAN Rst. Nbg., Handschriften Nr. 198. Rst. Nbg., Waldamt Sebaldi I Nr. 371.

StadtAN A 1 Nr. 2, Mai 1391. E 10/21 Nr. 120.

HallerA PfinzingA, Personalia Urk. 1545 März 6, 1617 März 7, 1649 Dez. 31, 1733 Mai 25.

Gelegenhait, Nr. 743, 1952.

Mon. Zoll. Bd. V, Nr. 261, 263.

Müllner I, S. 327 f.

Literatur

KDM Stadt Nürnberg, S. 402 f.

Pilz, Kurt: Die Familie von Schwarz auf Artelshofen und Hirschbach. In: MVGN 66 (1979), S. 252 f, 258-261.

Ruthrof, Renaissance, S. 79 f, mit Kupferstich von J. A. Boener von etwa 1700, S. 85, 94.

Stadtlexikon Nürnberg, S. 1163 f, mit Kupferstich von J. C. Claußner von etwa 1800.

Zahn, Anton: Heimatkunde zwischen Erlenstegen und Stadtpark Nürnberg. Nürnberg 1968, S. 20-23.

290 E2

Weiherhaus bei Feucht

Herrensitz

Weiherhaus 3

Markt Feucht

Landkreis Nürnberger Land

1376 verzichtete Heinrich von Thann zu Lichtenegg gegenüber Hermann Ebner auf etwaige Lehnrechte über einen Hof und den Weiher im Nürnberger Wald beim Hannenhof (Hahnhof), die früher den Ortlieb und jetzt den Ebnern gehörten (die Mutter des Hermann Ortlieb soll eine Ebner gewesen sein), weil sie nicht von ihm, sondern vom Reich zu Lehen gingen. Anscheinend dieselben Reichslehen, nämlich einen Weiher und den Burgstall (also einen abgegangenen Sitz) bei dem Hahnhof, der zuvor den Ortlieb gehörte, verkaufte Christian Feuchter am 19. Juni 1381 samt Häusern und Städeln an Conrad I. Haller. Feuchter hatte im Jahr zuvor diesen Hof an Conrad Zeydler vererbt unter der Bedingung, dass sich Feuchter oder seine Nachfolger jederzeit einen „Sitz und eine Wohnung" auf dem Hof bauen dürften mit ebenso vielen Gemächern, wie sie Zeydler unterhalte. Dieser veräußerte aber das Erbrecht (am Hof zu den Weihern bei Hahnhof) bereits am 14. Oktober 1381 an seinen neuen Eigenherren Conrad Haller.

Nachdem der Nürnberger Rat bereits am 28. Mai 1381 durchgesetzt hatte, dass die Burgstelle nur an einen Bürger der Reichsstadt verkauft werden durfte, verpflichtete sich Conrad II. Haller (sein gleichnamiger Vater war bereits 1388 gestorben) am 9. Juni 1395 für den Fall, dass er „auf das purkstal doselbst ein haws pawen" würde, dieses dem Rat im Kriegsfall zu öffnen.

1399 veräußerte Conrad II. den halben „Hahnhof" (die andere Hälfte behielt er zunächst womöglich noch selbst) an seinen Vetter Martin I. Haller [vgl. Eschenau I], wobei nicht deutlich wird, ob der Ansitz mittlerweile wieder aufgebaut worden war. Der Sohn Martin II. Haller übergab 1465 seine Lehen, darunter den Hahnhof, seinem Schwiegersohn Ulrich Grundherr, der aber die Einkünfte daraus auf Lebenszeit seinen Schwiegereltern überließ. Zwei Jahre später starb Martin Haller; nach einem Vergleich vom 29. Februar 1472 verzichtete seine Witwe Barbara auf die Nutzung der Lehen, darunter „das Weyerhaus zu dem Hannenhoff mitsampt allen weyern vnd wasserflüssen, auch holtzern, eckern, wysen", und übergab sie an Anna und Ulrich Grundherr gegen eine jährliche Rente von 24 Gulden.

1486 wird unter den Reichslehen des Ulrich Grundherr auch das „weyer hewsslin zu dem Hanhof" und 1504 bei der Erkundung der Nürnberger Landschaft in „Hannhoff ein sitz" bezeugt. Der Sohn Leonhard Grundherr räumte der Reichsstadt Nürnberg 1516 das Öffnungsrecht ein, das dem Rat eine militärische Nutzung im Kriegsfall zusprach. Auf Leonhard folgte Paulus Grundherr (1497–1557), der um 1535 auch die Güter Gauchsmühle und Altenthann erwarb [vgl. Altenthann, Gauchsmühle I].

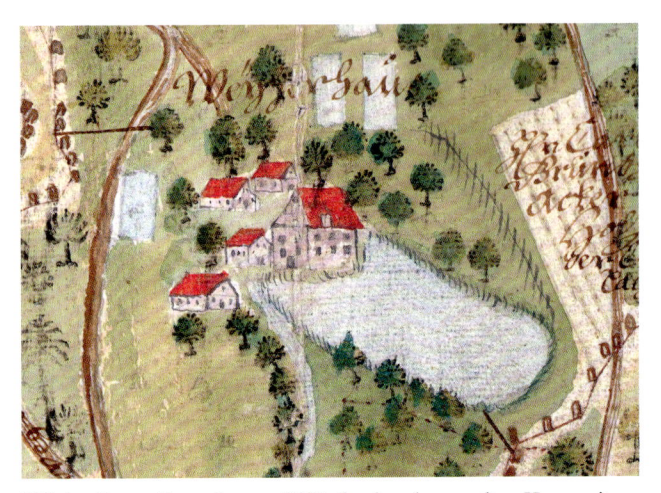

290.1 Darstellung des um 1760 abgebrochenen alten Herrensitzes auf einer Karte des 17. oder frühen 18. Jahrhunderts (HallerA)

290.2 Blick auf den Hauseingang, Fotografie: F. A. Nagel 1910 (StadtMN)

Das Grundherrsche Herrenhaus, zuweilen auch „Weiherhaus Oberhahnhof" genannt, wurde ein Opfer des Zweiten Markgrafenkrieges. Am 29. Mai 1552 wurde es zusammen mit dem Herrensitz Gauchsmühle bei einem Einfall feindlicher Truppen niedergebrannt. Die Familie Grundherr setzte den zerstörten Sitz offenbar bald nach Kriegsende wieder in Stand. Bereits um 1560 wurde er als ein „herrensitz im Weyer und ein hof dabei" überliefert. Des Paulus Sohn Carl Grundherr (1535–1605) beantragte 1605 die Einrichtung eines Werkstattraums für einen Leineweber, der auch als Voit des Sitzes eingesetzt war. Seine Witwe erneuerte 1609 das zunächst abgelehnte Baugesuch an das Waldamt Lorenzi.

1627 wurden der Herrensitz und auch andere Besitzungen der Grundherr von nicht näher beschriebenen „Leuten" aus der Altdorfer Gegend, die sich an der Familie rächen wollten, überfallen. Die Marodeure legten Feuer und plünderten das Herrenhaus. Möglicherweise ist es wenige Jahre später durch Kriegseinwirkung in den 1630-er Jahren abermals zu Schäden gekommen. Denn als sich das Weiherhaus im frühen 18. Jahrhundert in einem sehr schlechten baulichen Zustand befand, erklärte Carl Sigmund Ferdinand Grundherr einmal, dass die Schäden des Zweiten Markgrafen- und des 30-jährigen Krieges nie angemessen behoben worden seien. 1730 wurde es gar als das „vor kurzer Zeit in den Weyer gesunckene alte Herrnhauß" bezeichnet.

Der Baubestand war offenbar derart ruinös, dass sich die Grundherrsche Familienstiftung, die 1679 nach langjährigen Erbstreitigkeiten gegründet worden war, schließlich für einen Abbruch entschied und 1761 ein neues Schloss errichten ließ. Es entstand ein zweigeschossiges, mit einem Mansarddach überdecktes Herrenhaus aus massiven Umfassungen. Das langrechteckige Gebäude weist traufseitig neun Fensterachsen auf und Putzfassaden, die mit Ecklisenen und Gurtgesims gegliedert werden. Im repräsentativen Obergeschoss finden sich Rokoko-Stuckierungen. 1943 wurde das Schloss von einer Fliegerbombe getroffen und im südlichen Teil beschädigt. Die 1857 neu begründete Grundherrsche Familienstiftung hat den Schaden nach dem Krieg behoben. Die Familie Grundherr von Altenthann und Weiherhaus ist noch immer Eigentümerin ihres Stammsitzes.

Quellen

StAN Rst. Nbg., Urk. Nr. 2563/2. Rst. Nbg., Salbücher Nr. 19. Rst. Nbg., Handschriften Nr. 323. Rst. Nbg., Rechnungen des markgräflichen Krieges Nr. 95. Rst. Nbg., Waldamt Lorenzi I Nr. 433, 444.

StadtAN E 13/1 Nr. 30, 40, 41, 42, 44, 85. E13/III Nr. 2398.

HallerA Besitz-Urkunden Linie Conrad I und Franz I (Weiherhaus bei Hahnhof).

Gelegenhait, Nr. 1088.

Müllner I, S. 348.

Reg. Imp. Bd. XIII, Nr. 7864.

Literatur

KDM Landkreis Nürnberg, S. 71.

Pfeiffer, Gerhard: Die Offenhäuser der Reichsstadt Nürnberg. In: JffL 14 (1954), S. 159, 164, 167.

Stadtlexikon Nürnberg, S. 387, 389.

290.3 Ansicht des Herrenhauses aus südöstlicher Richtung im Jahr 2006 (Rg)

291

Weiherhaus am Dutzendteich

Abgegangenes Herrenhaus, „Breidingsches Schlösschen" (Abbruch um 1877)

Bereich Seumestraße / Großer Dutzendteich

Stadt Nürnberg

Der Dutzendteich lag auf Reichsboden und soll durch das Aufstauen mehrerer Bäche entstanden sein, nachdem Kaiser Ludwig der Bayer dies 1337 Konrad Waldstromer genehmigt hatte. 10 Jahre später wurde das Privileg durch Karl IV. erneuert. Nach dem Erwerb der Wasserfläche und der inzwischen errichteten Mühle durch den Rat der Reichsstadt 1495 wurde auch der relativ wasserreiche Fischbach in den Dutzendteich geleitet. Nun konnten zwei Hammerwerke errichtet werden, beide vermutlich am Ausfluss, weil nur dort eine ausreichende Stauhöhe gegeben war.

Ein 1587 erwähntes „Weiherhaus", das zum Zubehör des damals von der Stadt nur verpachteten Hammers mit Schmelzhütte zählte, ist vermutlich mit dem 1588 genannten „Weyerwart Erbhaus und Wohnung" der Reichsstadt identisch, das offenbar auch von Ratsherren beim jährlichen Vergnügen des „Dutzendteichfischens" genutzt wurde. Weder die Darstellung des Dutzendteich-Geländes im Pfinzing-Atlas von 1594 noch eine Karte von 1599 zeigt ein Gebäude, das sich als Herrenhaus erkennen ließe.

Nach dem Verkauf des oberen Hammer- und Hüttenwerkes 1588 an die Gesellschaft Hans Flenz & Hans Traml [vgl. Utzmannsbach] beantragte man den Bau eines neuen Weiherhauses, das nur vier Räume aufweisen und wohl wiederum nur der Fischwirtschaft dienen sollte. 1638 erhielt der „Seewärter" erstmals die Genehmigung zum Bierauschank und um 1690 erlaubte man ihm endgültig die „offt verbottene Wirtschaft auf dem Tuzentaich". Das 1713 neu erbaute, langgestreckte Gasthaus, das 1898 abgebrochen wurde, brauchte mit seinen zwei Geschossen und Walmdach zwar rein äußerlich einen Vergleich mit manchen Nürnberger Landschlösschen nicht zu scheuen, aber ein Herrensitz war es deswegen noch nicht.

Ein solcher entstand vielmehr am Einfluss des Fischbachs in den Dutzendteich, wenn auch ein sehr bescheidener. 1594 erhielt der städtische Zeug- und frühere Röhrenmeister Hans Löhner die Erlaubnis, an dieser

291.1 Ansicht des östlichen Dutzendteichs mit dem Hammer- und Hüttenwerk des Gesellschaft Flentz & Traml sowie dem fischwirtschaftlichen Anwesen im Pfinzing-Atlas von 1594 (StAN)

Stelle ein neues eingeschossiges Häuslein und daneben ein Mühlwerk zu errichten, das zum Schermesser- und Ahlenschleifen sowie zum Zerstoßen von Brasilholz und zum Bleischlagen dienen sollte. Auf einem Plan des Dutzendteichs von 1599 ist sie als „Zeugmeistersmül" eingetragen. Später wurde jedoch eine Papiermühle daraus, die um 1615 der Stecknadelfabrikant David Puchfelder besaß. Ein bereits dem Löhner genehmigtes „Schüpflein" war von diesem zu Lebzeiten nicht mehr erbaut worden und wurde erneut bewilligt, jetzt aber „von Steinwerck".

Ob das Mühlwerk überhaupt längere Zeit in Betrieb war, ist unklar. 1717 wurde es dem Conrad Ottendörfer, der damals das „Gütlein" vom Waldamt Lorenzi erwarb, nochmals bestätigt. Der Antrag auf Wiedererrichtung der Mühlwerke zwei Jahre später stieß aber offenbar auf Widerstände, sodass Ottendörfer gegen Überlassung von Grundstücken darauf verzichtete. Von der 1729 erteilten Genehmigung zum Bau eines Städeleins anstelle einer bei seinem Wohnhaus stehenden Schupfe wurde anscheinend kein Gebrauch gemacht.

Schließlich erwarb der Marktvorgeher Friedrich Breiding, der seit 1766 als Genannter dem Größeren Rat angehörte, das zur Grundherrschaft des Waldamts Lorenzi gehörende Gütlein. Im Dezember 1777 erhielt er die Erlaubnis zum Abbruch des sehr baufälligen, neben der Beständnerwohnung stehenden zweigeschossigen Wohnhauses, das 30 Schuh lang und 18½ Schuh breit war. Den Neubau von 32 auf 22 Schuh (etwa 9,60 auf 6,60 Meter) wollte er „von Steinen" und mit einem Mansarddach errichten. Über das im Obergeschoss hergebrachte Feuerrecht hinaus wurde ihm gestattet, auch ebenerdig einen Ofen zu setzen, und schließlich auch den bereits 1729 von Ottendörfer beantragten Stadelbau auszuführen. Dies geschah vermutlich im Juni 1778.

1785 erbte der Sohn Friedrich Valentin Breiding das „Gut an der Feuchter Straße beim Dutzendteich gelegen", nämlich das zweigädige, massiv erbaute Wohnhaus mit zwei Feuerrechten sowie der angebauten eingeschossigen Beständnerwohnung und dem daran liegenden Stadel mit Viehstall; der Erbbrief des Waldamts wurde allerdings erst am 3. April 1787 ausgestellt. Ein Stich von Johann Michael Steinmetz aus dem Jahr 1802 zeigt des „Herrn Cap. Breiding Schlösslein am Dutzendteich" von Nordwesten und stimmt mit der

291.2 Ansicht des Dutzendteichs auf einer Radierung von J. A. Boener von 1702, im Hintergrund rechts ist der Vorgängerbau des Breidingschen Schlössleins zu erkennen, links von der Mitte das Gasthaus (StadtA Lauf)

291.3 Ansicht des Breidingschen Schlössleins von Nordwesten auf einem Stich von Johann Michael Steinmetz aus dem Jahr 1802 (StadtMN)

erwähnten Beschreibung der Gebäude genau überein: Das aus Sandstein erbaute zweigeschossige Herrenhaus von fünf zu drei Fensterachsen ist an den Ecken mit Lisenen und an den Giebeln mit Voluten geschmückt; das abgewalmte Mansarddach wird durch ein Zwerchhaus und mehrere Gauben belebt. Nach Osten sind die Pächterwohnung und der Stadel angebaut.

1825 erbte der Kaufmann Friedrich Valentin Schückher das „Schlösslein" bzw. Landgut von seinem Onkel und Taufpaten Breiding. Nach mehrmaligem Besitzerwechsel entstand auf dem Grundstück in den 1850-er Jahren ein Fabrikgebäude, und ab 1857 richteten dort die Eheleute Stephan und Juliana Brunner, die auch die Herrnhütte besaßen, eine Ziegelei ein. Das „Schlösslein" wurde vermutlich um 1877 für den Bau von Arbeiterwohnungen abgebrochen.

Quellen

StAN Rst. Nbg., Waldamt Lorenzi I Nr. 44; II Nr. 131. LG ä.O. Nürnberg Grundakten, Gemeinde Gleißhammer, Hausnr. 43. Kataster Gleißhammer Nr. 1, 4, 9, 11.

Literatur

Heller, Hartmut: Der Nürnberger Dutzendteich. Nürnberg 1983.

Marabini, Edmund: Die Papiermühlen im Gebiet der weiland freien Reichsstadt Nürnberg. Nürnberg 1894, S. 59 f.

Sporhan-Krempel, Lore / Stromer, Wolfgang von: Wolf Jacob Stromer 1561–1614. Ratsbaumeister zu Nürnberg. In: MVGN 51 (1962), S. 279.

Stadtlexikon Nürnberg, S. 228 f.

292 B2

Weiherhaus bei Pillenreuth

Herrensitz

An den Weihern 3

Stadt Nürnberg

Im Jahre 1354 erwarb die Stadt Nürnberg von den Fischbecken [vgl. Fischbach] die großen Weiheranlagen im Reichswald südlich der Stadt, welche zur Versorgung Nürnbergs mit Fischen beitrugen. Sie ernannte einen Amtmann, der für die Weiher verantwortlich war. Da der alte, 1339 erwähnte Sitz der Fischbecken vermutlich dem neugegründeten Kloster Pillenreuth übergeben worden war [vgl. Pillenreuth I], legte die Stadt zur Verwaltung, Schutz und Nutzung der Weiher ein Weiherhaus an, dem wir erstmals 1381 in der Lagebezeichnung „weir vnt(er) dem hawse" begegnen.

Dieser Amtssitz lag inmitten des Weihergebietes an der Straße nach Katzwang und Schwabach, wo der Weg nach Herpersdorf abzweigte. Die Lage war offenbar so reizvoll, dass selbst König Wenzel den Ort (vermutlich zum Fischfang) aufsuchte; 1388 wurden dem Amtmann Andreas Pfinzing 55 Gulden übergeben, nachdem sich „der kunig" drei Nächte bei den Weihern aufgehalten und einen „Schaden" in dieser Höhe verursacht hatte.

In diesem Jahr war aber auch der Städtekrieg ausgebrochen, sodass Sicherungsmaßnahmen erforderlich wurden: Der Amtmann erhielt 114 Pfund Heller für den Bau eines Zaunes (als Annäherungshindernis) um das Weiherhaus und den dazugehörigen Hofraum. Zusätzlich wurden die Nürnberger Untertanen auf dem Land aufgeboten, die nicht flüchten, sondern sich im Wald verschanzen sollten. Für einen der „Hauffen" wurde das Gebiet zwischen dem Weiherhaus und Maiach bestimmt, wo sie sich gerade am sichersten fühlten. 1391 verbuchten die Nürnberger Stadtrechnungen weitere 204 Pfund Heller für „das hawse, stadel und zawne bey den weyern mit alln sachen". Im Ersten Markgrafenkrieg scheint Weiherhaus keine größeren Schäden erlitten zu haben, obwohl ganz in der Nähe im Frühjahr 1450 die „Schlacht bei den Pillenreuther Weihern" stattfand.

Die hohen Ausgaben für den Unterhalt der bis dahin selbst bewirtschafteten Weiheranlagen veranlassten den Rat, sie mit dem Sitz ab 1476 zu verpachten. 1504 wurde dieser noch als „der stat weyerhaus" bezeichnet. Nachdem 1514 ein Pächter vom Vertrag vorzeitig zurücktrat und die Weiher sich in einem desolaten Zustand befanden, verständigte sich der Rat 1518 auf ihren Verkauf an den Landbaumeister Hans Beheim den Jüngeren. Dieser erwarb die sechs alten, reichslehnbaren Weiher, den „Hof zum Weyerhaus" und die erst später angelegten stadteigenen Weiher. Beheim verpflichtete sich, Weiher und Gebäude in einem guten Zustand zu erhalten und nur an Nürnberger Bürger weiter zu veräußern.

Nach seinem Tod im Jahre 1535 fielen die Besitzungen an die Söhne Christoph und Hans. Sie mussten erleben, wie das Weiherhaus im Zweiten Markgrafenkrieg am 15. Mai 1552 „verprennt und verwüst" wurde. Der vermutlich bald wiederhergestellte, zeitweise geteilte Besitz gelangte schließlich an Christoph Beheims Witwe Margarethe, die auch ihren zweiten Mann Georg Petzolt überlebte, und ihre fünf Kinder. Ihr Schwiegersohn Jakob Büttner sowie Johann Georg Gwandschneider, der 1593 ihre Enkelin Sabine Körner geheiratet hatte, erwarben 1595 zu ihren Erbteilen von je einem Zehntel noch alle übrigen Anteile der Margarethe Petzolt und deren Kinder Maria Funk und Christoph Beheim hinzu. Die Familie Gwandschneider war im Leinwandhandel groß geworden und betrieb zeitweise eine Gesellschaft mit einem Kapital von nahezu 300.000 Gulden. Ihr Reichtum und ihre Verdienste ließen sie 1595 in den erblichen Adelsstand aufsteigen. Johann Georg investierte große Summen in Grundbesitz und in repräsentative Bauten. 1604 begann er mit einer Instandsetzung der Ökonomiebauten, die sich bis 1607 hinzog. Neben

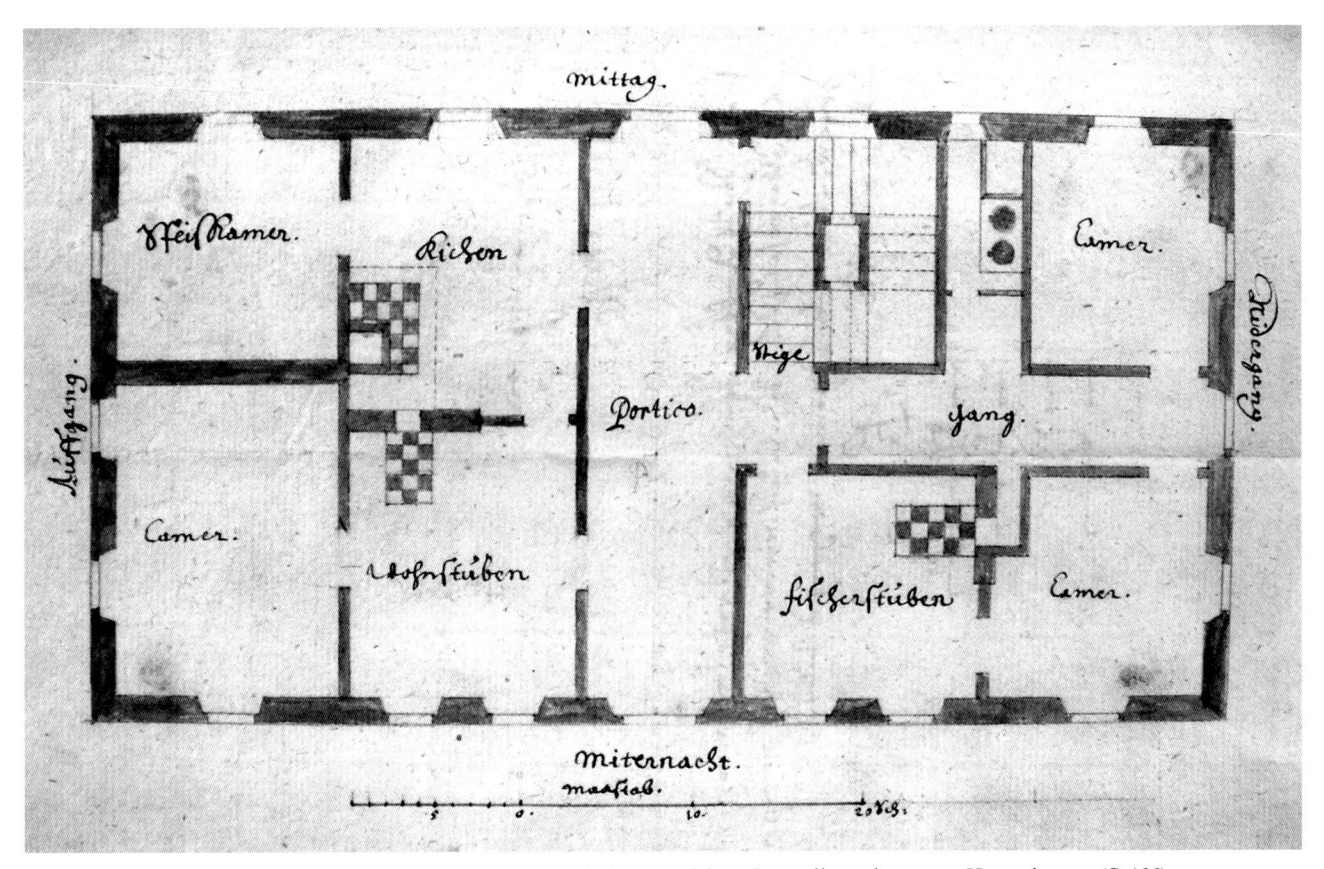

292.1   Nicht datierter Grundriss des Erdgeschosses, vermutlich von 1696 zur Darstellung des neuen Herrenhauses (StAN)

Weiherhaus erwarb er 1604 auch den Wirtschaftshof des ehemaligen Klosters Pillenreuth [vgl. Pillenreuth I, II], den er mit Weiherhaus zu einem großen Komplex verbinden wollte.

Kurz vor dem Tod des Johann Georg Gwandschneider 1609 brach die Handelsgesellschaft zusammen. Die Verwaltung der Güter fiel an Jakob Büttner. Zu den wichtigsten Gläubigern zählte Georg Pfinzing von Henfenfeld, der mit Maria, einer Tochter des Hieronymus Gwandschneider, verheiratet war [vgl. Mögeldorf II]. Aus der Konkursmasse konnte er zunächst die Hälfte des Gutes Weiherhaus erwerben und bis 1625 den Gesamtbesitz in seiner Hand vereinen.

1620 beantragte er die Verlegung eines so genannten Feuerrechts, das zur Einrichtung einer Herdstätte nötig war, aus dem als Bauernhaus bezeichneten Personalwohnhaus in die Pferdestallung, wo eine kleine Wohnung für einen Tagelöhner eingerichtet werden sollte. Bei dieser Gelegenheit ist zu erfahren, dass neben dem Herren- und dem Bauernhaus ein massives, etwa 14 Meter langes Stallgebäude linkerhand der Einfahrt, eine hölzerne Schupfe, ein Backhaus mit einer damals neueingerichteten Fischerwohnung und weitere nicht näher genannte Nebengebäude bestanden. Das später an anderer Stelle genannte Voithaus wird in dieser Quelle noch nicht aufgeführt.

Bald darauf verkaufte Georg Pfinzing das kurz zuvor nur auf 12.000 Gulden veranschlagte Anwesen mit dem Herrenhaus für 24.520 Gulden an die Kinder seines 1619 verstorbenen Bruders Martin, nämlich Sigmund, Jacob und Katharina Pfinzing sowie an Magdalena Praun geb. Gammersfelder (sie übernahm den Hauptteil des Besitzes), die ihm alle große Summen vorgestreckt hatten. Der Kaufpreis wurde daher komplett mit Georg Pfinzings Schulden verrechnet, was dessen Bankrott jedoch nicht mehr verhindern konnte.

Im 30-jährigen Krieg war Weiherhaus noch bis 1630 unversehrt geblieben, weil es außerhalb der Dörfer lag und daher von Einquartierungen verschont wurde. Doch schon zwei Jahre später ließ Wallenstein „umb Nürnberg herum viele Dörfer anzünden" und dabei wurde angeblich auch „Weyerhaus ... fast ganz in die Aschen gelegt". In den von Mummenhoff erstellten umfangreichen Akten- und Rechnungsauszügen wird diese völlige Ruinierung nicht sichtbar. Vielmehr scheint der Weiherbetrieb den ganzen weiteren Krieg über und danach weitergelaufen zu sein. 1650 war das Herrenhaus soweit erhalten, dass ein Maler zwei neue Sonnenuhren anbringen konnte.

292.2 Ansicht des Herrensitzes von der Weiherseite aus, kolorierter Kupferstich von J. A. Annert von etwa 1790 (StadtMN)

Der Besitz war in diesen Jahren unter vielen Händen aufgeteilt; erst in den Jahren 1682 bis 1696 gelang es Esaias Pfinzing (1635–1714), dem Sohn des Sigmund Pfinzing, und seiner Frau Maria Sabina, die sehr heruntergekommenen Güter wieder zusammenzufassen. Im Frühsommer lag sein Antrag zur „vorhabenden neuen Erbauung" des Herrenhauses vor, das ausdrücklich um etwa 3 Meter länger als der Vorgänger werden sollte. Am 15. August 1696 genehmigte das Waldamt das Vorhaben nach dem vorgelegten Eingabeplan, der sich als Erdgeschossgrundriss bis heute erhalten hat. Er zeigt den Bau in seinen bis heute erhaltenen langrechteckigen Dimensionen und mit sieben Achsen an der Nordseite, sechs an der Südseite und jeweils drei Achsen an den Schmalseiten. Das Erdgeschoss war offenbar für Personalwohnungen bestimmt, eine davon für den Fischer, die durch einen Haustennen in der Mittelachse geteilt wurden. Die Fassaden des zweigeschossigen Walmdachbaus wurden verputzt und mit Rustikalisenen an den Ecken und Längsseiten geschmückt.

Im März 1706 ließ Esaias Pfinzing das mittlerweile baufällige Voithaus in Stand setzen, wobei ein „Riebgebäu", nach Nürnberger Sprachgebrauch ein großer Giebelerker oder ein Zwerchhaus, aufgesetzt werden sollte. Ihm wurden insgesamt 100 Stämme Bauholz bewilligt.

Sein Schwiegersohn Karl Benedikt Geuder (1670–1744), seit 1714 sein Nachfolger auf Weiherhaus, hatte hohe städtische Ämter inne und stieg schließlich zum Vordersten Losunger und Reichsschultheißen auf. Unter ihm erfolgte 1728 der Umbau des massiven Kellerhauses zu einem Sommerhaus mit einem Obergeschoss aus Fachwerk. In der Literatur genannte Umbauten im

292.3 Gartenseite des Herrensitzes Weiherhaus bei Pillenreuth. Fotografie: G. v. Volckamer um 1894 (StadtMN)

Herrenhaus im frühen 18. Jahrhundert werden von der Überlieferung des Waldamtes nicht bezeugt.

Auf Karl Benedikt folgte sein Sohn Johann Adam Rudolph Carl Geuder (1718 1789). Er erreichte immerhin das Amt des Zweiten Losungers, erwarb aber auch als Ritterrat die Mitgliedschaft im Kanton Gebürg der Reichsritterschaft. Die Geuder verkauften 1795 den Gutskomplex um 19.200 Gulden an Karl Wilhelm von Welser, Nürnberger Stadtbaumeister. Damals umfasste er neben dem massiven Schlossgebäude auch ein Gartenhaus, Stallungen, einen Stadel und je ein Voit-, Tagelöhner- und Fischerhaus.

Die Weiher waren zu diesem Zeitpunkt bereits großenteils trockengelegt und in Wiesen oder Wälder umgewandelt. Karl Wilhelm von Welser starb 1812 in schwierigen finanziellen Verhältnissen, sodass seine Frau schon kurz nach seinem Tod gezwungen war, Weiherhaus um 19.970 Gulden an die Gebrüder Carl und Paul Christoph von Oelhafen zu veräußern. Diese zerschlugen das Gut, verkauften die Gebäude einzeln an Bürgerliche und behielten nur das Herrenhaus in ihrer Hand. 1814 erwarb Carl den Anteil seines Bruders, überließ ihm aber die meisten zugehörigen Ländereien, darunter die beiden Königsweiher. Paul Christoph von Oelhafen ließ sie trocken legen und gründete zur Bewirtschaftung der Flächen ein neues Gut [vgl. Königshof].

Nach Carl von Oelhafens Tod 1828 konnte die Witwe den Besitz nicht mehr halten. Im Januar 1830 gelangte das Gut aus der Konkursmasse an Fräulein Sophie Maria Christina von Scheurl, die den Besitz 1854 (kurz nachdem sie Vorra geerbt hatte) an bürgerliche Familien verkaufte [vgl. Vorra I]. Nach mehreren Besitzerwechseln folgte 1875 Lothar von Faber [vgl. Schwarzenbruck II], dessen Familie bis 1952 Eigentümer blieb. Das zuletzt 1986 von der Familie Matzdorf renovierte Herrenhaus birgt noch Spund- und einige Stuckdecken des 18. Jahrhunderts.

Quellen

StAN Rst. Nbg., Waldamt Lorenzi I Nr. 485.

Gelegenhait, Nr. 1874.

Müllner I, S. 359 f.

Literatur

Alberti, Volker / Boesch, Anton: Herrensitz Weiherhaus bei Pillenreuth. In: MANL 39 (1990), Sonderheft 36.

KDM Nürnberg, S. 482.

Mummenhoff, Ernst: Die Pillenreuther Weiher und die Dutzenteiche. In: MVGN 19 (1911), S. 159-234; 20 (1913), S. 175-233.

Stadtlexikon Nürnberg, S. 357, 1164f.

293-298 C1

Wendelstein

Bereits im 11. Jahrhundert soll in der Nachbarschaft der Kirche ein Königshof angelegt worden sein, doch fehlen hierfür eindeutige archivalische oder archäologische Belege. Erst mit dem Nürnberger Bürger Arnold von Wendelstein erscheint der Ort 1259 in den Urkunden. 1273 (?) verpfändete König Rudolf einen Hof an Burggraf Friedrich von Nürnberg und 1282 einem Albrecht Propst vermutlich aus demselben Hof eine Getreidegült, die erst Kaiser Ludwig der Bayer 1333 wieder einlöste. Nach dem Nürnberger Reichssalbüchlein gehörte Wendelstein um 1300 zum Reichsgut um Nürnberg und war an Burggraf Konrad versetzt; womöglich bezieht sich das aber nur auf den erwähnten Hof. 1325 wird mit einer Urkunde Heinrich Ammans von Wendelstein erstmals das Gericht erkennbar, das 1336 der Sohn Konrad von Wendelstein vom Kaiser zu Lehen erhielt. Im Jahr darauf wurde ihm aber nur noch das halbe Gericht zugesprochen; die andere Hälfte war anscheinend an Konrad Groß, den Reichsschultheißen und Gründer des Heilig-Geist-Spitals in Nürnberg verpfändet, der 1347 von Karl IV. damit belehnt wurde.

Das 14. Jahrhundert brachte weitere Teilungen. Neben den Amman von Wendelstein traten seit 1360 die Voit von Wendelstein als Mitinhaber des Gerichts auf; vermutlich deutet ihr Name (= Vogt) ebenso auf ihre Funktion wie bei den Amman (= Amtmann). Von dem inzwischen in vier Teile zersplitterten Gericht gelangten nach mehreren Besitzwechseln 1467 drei Viertel an das Nürnberger Heilig-Geist-Spital und ein Viertel an Markgraf Albrecht Achilles.

Diese Aufteilung des reichslehnbaren Gerichts blieb bis zum Ende des Alten Reiches bestehen; sie sorgte dafür, dass die immerwährenden Auseinandersetzungen zwischen Nürnberg und den Markgrafen in Wendelstein einen zusätzlichen Nährboden fanden.

1484 konnte zumindest der Streit um die Wendelsteiner Jurisdiktion, die nur das Niedergericht umfasste, vertraglich geschlichtet werden. Im Verhältnis der jeweiligen Lehnsrechte stand der markgräfliche Richter im vierten Jahr dem Gericht vor, während immer drei Jahre der Richter des Nürnberger Heilig-Geist-Spitals amtierte [vgl. Wendelstein II].

Quellen

Müllner I, S. 352-356.

NUB Nr. 235, 664, 1073 [16].

Literatur

Dannenbauer, S. 11-15.

HAB Schwabach, S. 259-266.

Schlüpfinger, Heinrich: Wendelstein. Geschichte eines Marktes mit altem Gewerbe und moderner Industrie (= Schriftenreihe der ANL Bd. 17). Nürnberg 1970, S. 3-26.

Wiedemann, Ernst: Zur Geschichte Wendelsteins bei Nürnberg. In: MVGN 24 (1922), S. 261-296.

293 | C1

Wendelstein I

Abgegangener Herrensitz, „Großscher Burgstall"

Bereich Kirchenstraße 18-28

Markt Wendelstein

Landkreis Roth

Schon im Hochmittelalter dürfte dem königlichen Richter und Amtmann ein befestigter Sitz zur Verfügung gestanden haben. Der Nürnberger Ratsschreiber Johannes Müllner berichtete 1623 in seinen Annalen, dass bei der Wendelsteiner Pfarrkirche „noch viel altes Gemäur vor Augen, da vor Jahren ohne Zweifel der Wendelsteiner Residenz gewest. Ist heutigs Tags nur ein hülzernes Haus allda. Auf dem hat Ißmeria, Gabriel Kolben Wittib ... dem Rat zu Nürnberg Öffnung verschrieben, Anno 1592". Er bezog diese Nachricht also auf den freieigenen Sitz unmittelbar westlich der Kirche, dessen Gebäude an der Nordwestseite noch heute von den Resten einer spätmittelalterlichen Mauer eingefasst werden.

Schlüpfinger behauptete, es handele sich dabei um jene Hälfte des an Konrad Groß verpfändeten Amtshofes, die derselbe sich 1351 bei der Weitergabe des Pfandes an Arnold von Seckendorff zurückbehalten hatte. Das erscheint aber angesichts der vielen Besitzverschiebungen zwischen den Teilhabern des Amtes Wendelstein keineswegs gesichert. Sollte an dieser Stelle tatsächlich bereits ein alter Sitz gestanden haben, so wurde er wohl spätestens 1449 zerstört, als Markgraf Albrecht Achilles am 11. Juli auch in Wendelstein einfiel und den Ort restlos niederbrannte, dass „im flecken nit mer dann ein behausung" stehen blieb, wie sich der damalige Wendelsteiner Gerichtsschreiber Niklaus Nöttelein 1528 erinnerte.

1518 war die freieigene Hofstatt im Besitz von Niklas und Simon Groß. Auf sie geht offenbar der spätere Hausname „Großscher Burgstall" zurück. Die Brüder verkauften es 1518 ihrer Schwester Katharina, die mit dem Nürnberger Bürger Niklas Kolb verheiratet war. Sie räumte noch im selben Jahr der Reichsstadt das Öffnungsrecht im Kriegsfall ein. 1548 einigten sich die Erben auf eine Übergabe ihrer Anteile an dem freieigenen Sitz oder Haus „gegenüber dem Spitalhof [vgl. Wendelstein II] neben der Kirche" an den Miterben

293.1 Ansicht neuzeitlicher Gebäude auf der alten Burgstelle, Fotografie: F. A. Nagel 1910 (StadtMN)

Gabriel Kolb. Dessen Witwe Ismeria geborene Pömer erneuerte 1592 das Öffnungsrecht.

Nach 1600 geriet das Herrenhaus an den Nürnberger Bürger Joachim Kleewein und seine Ehefrau Klara, die eine geborene Baumgartner war. 1636 kam es nach einer Erbeinigung unter den Kindern zur Übernahme durch Maria Magdalena Kleewein, die den Patrizier Johann Friedrich Löffelholz von Colberg (1587–1640) geheiratet hatte. Von diesen gelangte der Besitzkomplex mit zwei Häusern, Stadel, Stallung, Gärtlein und der von einer Quadersteinmauer umfangenen Hofreit an die Tochter Clara Regina, die in zweiter Ehe seit 1677 mit Johann Jobst Harsdorfer vermählt war. Sie gaben das Erbrecht an der Liegenschaft an Heinrich Oed und schließlich 1682 an dessen gleichnamigen Sohn. Bis 1761 hatten sich an der Stelle des längst abgegangenen Herrenhauses ein Gütlein (Kirchenstraße 26) und zwei Häuser etabliert, die der Grundherrschaft der Behaimschen Familienstiftung unterstanden. Nach Heinrich Schlüpfinger soll das Haus mit der alten Nummer 68 (Kirchenstraße 22) das ehemalige Voithaus des Sitzes gewesen sein.

Quellen

StAN Rst. Nbg., Losungsamtliche Reverse Nr. 105. Ft. An., Differenzen, Nürnberger Bücher Nr. 95.

Müllner I, S. 354; II, S. 433.

Literatur

Deliciae II, S. 105 f.

Schlüpfinger, Heinrich: Wendelstein. Geschichte eines Marktes mit altem Gewerbe und moderner Industrie (= Schriftenreihe der ANL Bd. 17). Nürnberg 1970, S. 6, 22, 51 f, 98–100, 241 f.

294 | C1

Wendelstein II

Ehemaliger Richteramtshof, „Wendelsteiner Schlösschen"

Kirchenstraße 3

Markt Wendelstein

Landkreis Roth

Als Wendelsteiner Schlösschen wird gemeinhin ein Anwesen bezeichnet, dessen repräsentatives Erscheinungsbild durchaus einem Herrenhaus entspricht. Es soll aus dem „freien Amthofe bei der Kirche zu Wendelstein" hervorgegangen sein, der 1427 in einer Lehenurkunde König Sigmunds erwähnt worden und

294.1 Blick auf das „Wendelsteiner Schlösschen", den ehemaligen Nürnberger Richteramtshof, Fotografie: G. v. Volckamer um 1894 (StadtMN)

1467 mit dem Verkauf von drei Vierteln der Gerichtsrechte durch Hans und Franz Ortolf an das Nürnberger Heilig-Geist-Spital gegangen war. Dieses verpachtete bzw. vererbte den Hof bzw. die Gebäude an Personen, die nur gelegentlich mit dem jeweiligen Nürnberger Richter identisch waren.

Eine Inschrift in einem Fenstersturz soll auf einen Neubau des Richteramtshauses im Jahr 1545 hinweisen. Ob dies auf der Stelle des möglicherweise teilweise integrierten Vorgängerbaus geschah, scheint nicht geklärt. Jedoch wurde auch der erneuerte Amtshof als Erbzinslehen vergeben. 1555 erscheint der Nürnberger Bürger Augustin Fürnberger als Lehnsinhaber. Ihm folgte vor 1562 Dr. Melchior Ayrer, Nürnberger Stadt- und Spitalarzt. Der 1579 verstorbene Gelehrte wurde durch ein Kunstkabinett und seine astronomischen sowie mathematischen Forschungen berühmt. Weitere Erbrechtler waren seit 1600 Sebastian Müller, 1616 Caspar Plank und 1638 Franz Reuter. Nach dem Ende des 30-jährigen Krieges lässt sich die Juristenfamilie Herold auf dem Amtshof nachweisen, letztmals 1729 Johann Michael Herold.

Nachdem das Heilig-Geist-Spital das Erbrecht von der Witwe Herold zurückgekauft hatte, wurde das von nun an nur noch öffentlich genutzte Gebäude um 1736 durch einen weitgehenden Umbau verändert. Eine Datierung an der Westseite erinnert an diese Baumaßnahme. Im Jahre 1758 wurde die Gerichtsstube im ersten Obergeschoss zu einem Herrensaal für repräsentative Anlässe umgebaut und die Gerichtsstube in das zweite Obergeschoss verlegt. In dem Amtshaus fanden damals auch die Richterwohnung, diverse Gastzimmer und ein Raum für die Utensilien des Amtsknechtes wie Prangergeräte, Fuß- und Handketten Platz.

Erst das Königreich Bayern hob den Amtssitz auf und ließ die Gebäude privatisieren. Georg Andreas Ammon ersteigerte ihn 1809. Die 1818 von Ammons Nachfahren auf dem Anwesen etablierte Brauerei gelangte mit dem Hauptgebäude an die Familien Weiß und Lang, aus deren Besitz das Brauhaus Lang & Maisel hervorging. Dieses war noch in den 1970-er Jahren in Betrieb, wobei das Richterhaus zuletzt die Büros der Brauerei beherbergte. Dann erwarb die evangelische Kirchengemeinde den ehemaligen Amtssitz und ließ ihn 1987 bis 1989 für eine Diakoniestation mit Kurzzeitpflegeplätzen umbauen. Beim Richteramtshaus handelt es sich um einen dreigeschossigen, verputzten Massivbau, der vom abgewalmten Dach und den beiden Giebeltürmchen sowie einem Zwerchhaus an der Südseite geprägt wird. Diese Dachlandschaft vermittelt dem Bau das Erscheinungsbild eines frühneuzeitlichen Nürnberger Herrenhauses. Ob die 1970 noch vorhandenen Stuckdecken und Ausstattungen die Modernisierungen zur Gänze überstanden haben, ist zweifelhaft.

Quellen

StAN Rst. Nbg., Waldamt Lorenzi I Nr. 535.

Literatur

Alberti, Volker / Baumann, Lorenz / Holz, Horst: Burgen, Schlösser und Herrensitze in Kornburg und Umgebung (= Adelssitze in Franken 5). Nürnberg 2005, S. 39-45.

Diakonieverein Wendelstein e.V. 2006. URL: <http://www.diakonie-wendelstein.de>.

KDM Schwabach, S. 408 f.

Schlüpfinger, Heinrich: Wendelstein. Geschichte eines Marktes mit altem Gewerbe und moderner Industrie (= Schriftenreihe der ANL Bd. 17). Nürnberg 1970, S. 6-9, 45 f und Tafel I.

Stadtlexikon Nürnberg, S. 93.

295 — C1

Wendelstein III

Herrensitz, „Pfinzingschlösschen"

Vorderer Mühlbuck 9

Markt Wendelstein

Landkreis Roth

Das Herrenhaus in der ehemaligen Mühlstraße könnte, sollte eine angeblich bauseitige Inschrift zutreffen, auf das Jahr 1499 zurückgehen. Eine zweite Datierung mit

295.1 Ansicht des so genannten Pfinzing-Schlösschens von Südosten auf einer lavierten Federzeichnung von J. L. Dorst von Schatzberg von 1836 (Stadtmuseum Schwabach)

295.2 Ansicht des ehemaligen Herrenhauses aus nordöstlicher Richtung im Jahr 2006 (Rg)

der Jahreszahl 1564 an der Ostseite weist wohl auf einen Umbau oder eine Instandsetzung hin. Das Herrenhaus wurde 1513 von der Nürnberger Bürgerin Magdalena Grüner an den Kaufmann Bruno Engel veräußert, der zwei Jahre zuvor zum Genannten des Größeren Rats in Nürnberg gewählt worden war. 1518 räumte der neue Besitzer der Reichsstadt das Öffnungsrecht im Kriegsfall ein. 1530 verkaufte Engel, der im Jahr zuvor Schloss (Ober-)Wolkersdorf bei Schwabach erworben hatte (er besaß es noch bis 1541), den Sitz und weitere Wendelsteiner Liegenschaften an Marx Pflaum d. Ä.; von einem namentlich nicht bekannten weiteren Besitzer ging das Erbrecht 1550 an den reichen Nürnberger Kaufmann Christoph Schlaudersbach und seine Ehefrau Barbara [vgl. Gleißhammer I]. Ob das Haus bei dem Einfall markgräflicher Truppen im Zweiten Markgrafenkrieg am 15. Mai 1552 zu Schaden kam, ist ungewiss, da die Schadenslisten „nur" eine Plünderung verzeichnen.

Bereits vor der Mitte des 16. Jahrhunderts wurde der Sitz nicht mehr von der Eigenherrschaft bewohnt, sondern als Erbzinslehen vergeben, d.h. der Besitzer war wie die meisten Bauern zu einer jährlichen Gültzahlung verpflichtet. 1590 war Leonora, die Witwe des Carl Pfinzing [vgl. Heuchling], Eigenherrin; damals verkaufte Bonaventura Hegner die Erbschaft am Sitz und Herrenhaus, samt dem Holzschlag und Zinshäusern unten an der Mühlgasse liegend, an die Händler Pankraz Henn und Georg Ringler. Leonoras Sohn Seyfried Pfinzing vermachte den größten Teil seines beträchtlichen Vermögens, darunter seine Güter zu Wendelstein, der nach ihm benannten Wohltätigkeitsstiftung [vgl. u.a. Günthersbühl, Nuschelberg], weshalb sich der Hausname „Pfinzingschlösschen" einprägte. Die Verwaltung der Stiftung übernahm sein Neffe Sebastian Scheurl.

Besitzer war damals Sigmund Rosenberger, der 1619 sein Erbrecht an den Nürnberger Kaufmann Hans Rumpler veräußerte. Das Herrenhaus war seinerzeit baufällig, sodass dem Käufer wohl eine Renovierung unmittelbar bevorstand. 1712 scheint als Besitzer und Lehnsmann der Stiftung der Nürnberger Bürger Johann Michael Engelhardt auf, 1740 der Schneider Johann Friedrich Ernst Engelhardt und 1762/64 Johann Lorenz Franz. Im Jahre 1800 übernahm der Köbler (Kleingütler) Stephan Abraham das „Schlößlein oder Herrenhaus" von seinen Schwiegereltern, den Wolfgang Sturmischen Eheleuten, nebst Zubehör um 1.500 Gulden. Damals war der Sitz mit seinem bis an die Schwarzach reichenden Garten noch von einer massiven Einfriedung umgeben. Um 1802 hatte man dazu einen kleinen Stadel an die Hofmauer angebaut. Im 20. Jahrhundert war dann längere Zeit ein Laden des Konsumvereins im Herrenhaus untergebracht; mittlerweile wird es als Wohnhaus genutzt.

Nach einer Federzeichnung des J. L. Dorst von Schatzberg bot das Gebäude noch 1836 den Anblick eines typischen Nürnberger Herrenhauses: Wohnturmartig präsentierte es sich mit vorkragendem Dachgeschoss mit Kniestock, an der Nord- und Südseite jeweils mit durchlaufenden Zwerchhäusern, die an den Hausecken Spitzhelme trugen. Ob diese das abgewalmte Dach wirklich auf die dargestellte Weise „durchstoßen" haben, entzieht sich der Überprüfung. Dieses malerische Erscheinungsbild ging bei einem nicht näher datierten Brand verloren. Dach-, Giebel- und sonstige Fachwerkkonstruktionen wurden erneuert. Die regelmäßige Durchfensterung der wiederhergestellten Außenwände sowie das konstruktive Fachwerk an der Ostseite des Obergeschosses weisen auf das 19. Jahrhundert. Heinrich Schlüpfinger führte an, dass das Haus bei einer weiteren Baumaßnahme um 1950 noch viel von seiner früheren Gestalt verloren habe.

Quellen

StadtAN B 14/I Nr. 106, Bl. 98v.

HallerA PfinzingA, Seyfried Pfinzingsche Stiftung.

Literatur

Alberti, Volker / Baumann, Lorenz / Holz, Horst: Burgen, Schlösser und Herrensitze in Kornburg und Umgebung (= Adelssitze in Franken 5). Nürnberg 2005, S. 47-51.

Haller von Hallerstein, Helmut Freiherr: Größe und Quellen des Vermögens von hundert Nürnberger Bürgern um 1500. In: Beiträge zur Wirtschaftsgeschichte Nürnbergs Bd. 1. Nürnberg 1967, S. 140 f. [zu Bruno oder Braun Engel, Vater und Sohn]

Schlüpfinger, Heinrich: Wendelstein. Geschichte eines Marktes mit altem Gewerbe und moderner Industrie (= Schriftenreihe der ANL Bd. 17). Nürnberg 1970, S. 100 f, 247 f und Tafel IV.

Wendelstein IV

Abgegangenes Herrenhaus (1720 abgebrochen)

Hauptstraße 25

Markt Wendelstein

Landkreis Roth

An der Stelle des Evangelisch-Lutherischen Pfarramts stand ein Herrensitz, der sich bis 1579 im Besitz Nürnberger Bürger befand. 1455 verkauften ihn die Vormünder des Hans Haug an den gleichnamigen Vater. Vier Jahre später gelangte er an Wilhelm Rummel und 1469 an Anna Zenner. Sie erbaute 1475 einen Brunnen, der gemeinsam mit dem benachbarten alten Pfarrhof genutzt wurde. 1481 übernahm Stephan Koler und 1496 Jörg Koler das Anwesen, der die Gebäude erneuerte. Seine Witwe Ursula musste den Sitz 1518 dem Nürnberger Rat öffnen, d.h. für den Kriegsfall zur Verfügung stellen. Nach ihrem Tod wurde 1558 Lucas Franz neuer Eigentümer, vor 1573 Wolf Möringer und 1575 Lorenz Zatzer. Von ihm erwarb vier Jahre später Markgraf Georg Friedrich als Lehnsherr der Pfarrei Wendelstein das freieigene Anwesen und ließ dorthin den bis dahin weiter westlich situierten Pfarrhof verlegen.

Die „inzwischen alt und unansehnlich gewordenen Gebäude" wurden 1720 abgerissen und an der Stelle des vorderen Hauses an der Hauptstraße das heute noch stehende zweigeschossige Pfarrhaus mit Mansarddach errichtet. Vor dem Abbruch ließ der markgräfliche Richter Simon Ulrich Engelhardt einen Bestandsplan erstellen, der dem reichsstädtischen Waldamt Lorenzi vorgelegt wurde. Er zeigt den Pfarrhof mit zwei Wohngebäuden: vorne an der Straße das von einem Walmdach überdeckte Nebenhaus und hinten, nordöstlich davon im Hof gelegen, das aus dem Herrenhaus

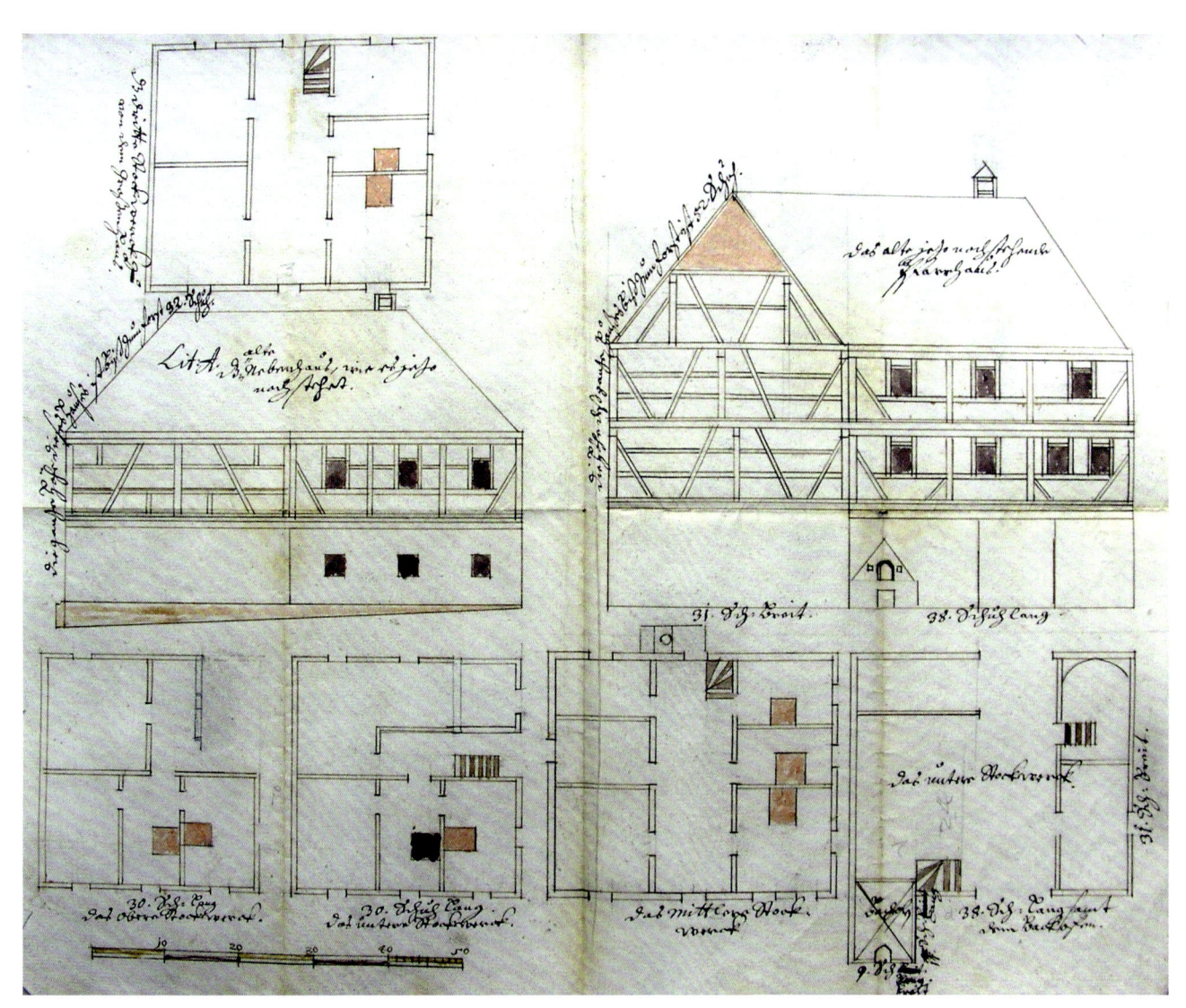

296.1 Auf- und Grundrisse der Pfarrhofgebäude als Bestand 1720 gezeichnet, das dreigeschossige Pfarrhaus mit dem Halbwalmdach war möglicherweise noch mit dem Herrenhaus aus der Zeit vor 1575 identisch (StAN)

hervorgegangene Pfarrhaus. Ob das 1720 untergegangene dreigeschossige Satteldachgebäude, dessen zwei Obergeschosse aus Fachwerk auf einem massiven Erdgeschoss mit Backofenanbau ruhten, seit 1575 unverändert geblieben war, ist nicht überliefert.

Quellen

StAN Rst. Nbg., Waldamt Lorenzi I Nr. 628. Ft. An., Oberamt Schwabach Urkunden Nr. 780, 781, 786-789, 791 f, 794-798.

Literatur

Schlüpfinger, Heinrich: Wendelstein. Geschichte eines Marktes mit altem Gewerbe und moderner Industrie (= Schriftenreihe der ANL Bd. 17). Nürnberg 1970, S. 151 f, 240.

297 — C1

Wendelstein V

Abgegangener Herrensitz, „Markgrafenschlösschen" (1868 zerstört)

Schulstraße 1

Markt Wendelstein

Landkreis Roth

Dem so genannten „Markgrafenschlösschen" war nur eine relativ kurze Lebensdauer beschieden: Das Herrenhaus brannte 1868 aus und wurde daraufhin abgebrochen. Das Grundstück wurde neu bebaut, sodass sich keine Reste erhalten haben. Das Gebäude ging auf den brandenburgischen Richter Simon Ulrich Engelhardt zurück, der kurz vor 1695 das Anwesen des Messerschmieds Sebastian Schweinshaupt erwarb und es 1714 abbrechen ließ. Daraufhin wurde ein Herrenhaus errichtet, das der hohe Beamte 1716 dem vierjährigen Erbprinzen Carl Wilhelm Friedrich von Brandenburg-Ansbach schenkte. Nach einem Inventar von 1730 waren in dem Herrenhaus tatsächlich fürstliche Räume eingerichtet worden, die vom 1723 verstorbenen Markgrafen Wilhelm Friedrich und seiner Familie bei gelegentlichen Besuchen genutzt wurden.

1750 zog die markgräfliche Administration das fürstliche Mobiliar ab und verfrachtete es nach Ansbach. 1774 wurde das Herrenhaus auf Befehl des markgräflichen Kastenamtes Schwabach an Barbara Magdalena von Seefried, Ehefrau eines markgräflichen Regierungsrates, verkauft. Von der Frau von Seefried gelangte es

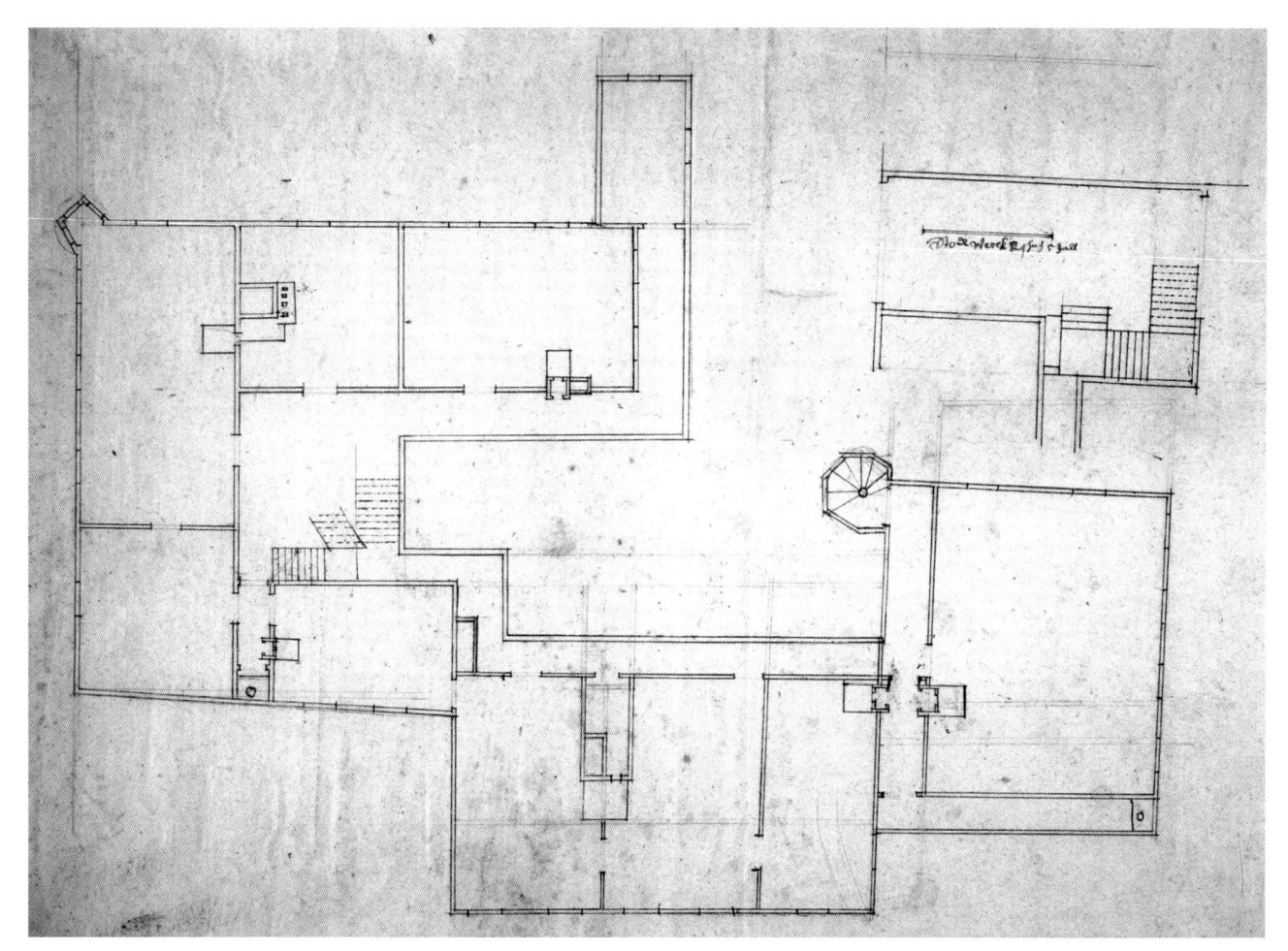

297.1 Obergeschossgrundriss des „Markgrafenschlösschens" (mit Ausschnitt aus dem Erdgeschoss rechts oben: Einfahrt und Treppenaufgang) aus dem 18. Jahrhundert, links das an der Schulstraße liegende Hauptgebäude mit einem südlichen Eckerker (StAN)

schließlich vor 1808 an den Metzgermeister Johann Georg Böhm, dann vor 1834 an den Wirt Johann Sebastian Abraham.

Der Ansitz des Markgrafen bestand aus einem Hauptgebäude an der heutigen Schulstraße, zwei Flügelgebäuden und westlich einem so genannten Hintergebäude, in dem sich die Stallungen und im Obergeschoss ein Saal befanden. Im anstoßenden kleinen Schlossgarten war ein Springbrunnen eingerichtet worden. An der Stelle der Brandruine baute die Marktgemeinde Wendelstein 1870/71 ein heute noch stehendes Schulhaus.

Quellen

StAN Rst. Nbg. Waldamt Lorenzi II Nr. 624. Reg. v. Mfr. Plansammlung I Mappe X Nr. 50.

Literatur

Schlüpfinger, Heinrich: Wendelstein. Geschichte eines Marktes mit altem Gewerbe und moderner Industrie (= Schriftenreihe der ANL Bd. 17). Nürnberg 1970, S. 101-105.

298 — C1

Wendelstein VI

Herrenhaus der Endterschen Papiermühle

Fabrikstraße 16

Markt Wendelstein

Landkreis Roth

Der Nürnberger Verleger und Buchdrucker Wolfgang Endter d. Ä. erwarb 1630 die Wendelsteiner Papiermühle, ein Erbzinslehen des Nürnberger Heilig-Geist-Spitals, um den heruntergekommenen Betrieb in Stand zu setzen und hochwertiges Papier herzustellen. Gleichzeitig kaufte Endter ein benachbartes Wohnhaus, ließ es abbrechen und 1630/31 an seiner Stelle ein hohes dreigeschossiges Haus erbauen, in dem angeblich nur Papier getrocknet werden sollte. Das Baudatum 1631 wird auch durch eine Inschrift am Portal des mächtigen Sandsteinquaderbaus bezeugt. Schon das repräsentative Erscheinungsbild des Gebäudes lässt annehmen, dass von vornherein eine Wohnnutzung für vorübergehende Aufenthalte des Unternehmers geplant gewesen war, obwohl nur das Recht zur Einrichtung einer einzigen Feuerstelle bestand. Endter musste sich zwar längere Zeit mit dem reichsstädtischen Waldamt Lorenzi herumstreiten, konnte dann aber doch das Gebäude beziehen. In der Folgezeit wurde es auch prompt Herrenhaus genannt. Der Bauherr genießt überregionale historische Bedeutung: Wolfgang Endter hat eine Reihe sehr verbreiteter Bibelausgaben, aber auch Georg

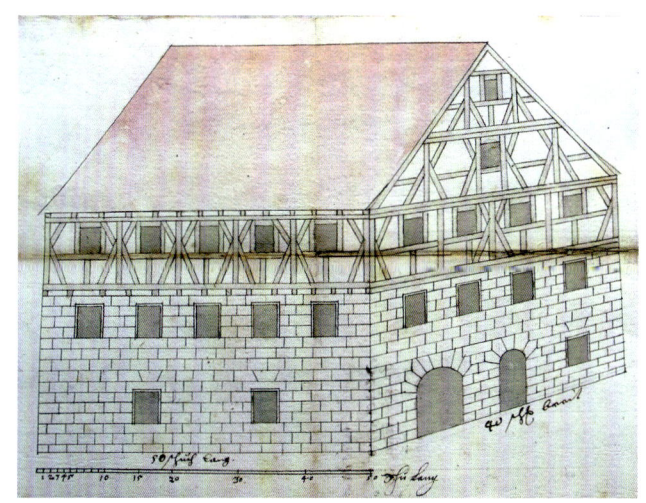

298.1 Aufriss für die Baueingabe an das Waldamt Lorenzi von 1630 (StAN)

Philipp Harsdorfers berühmtes Poetiklehrbuch und das Volksbuch „Eulenspiegel" gedruckt. Herzog Ernst I. von Sachsen-Weimar beauftragte die Endtersche Verlagsdruckerei mit der Herstellung der so genannten Weimarer Bibel, die zu den erfolgreichsten lutherischen Bibelausgaben des 17. und 18. Jahrhunderts zählte.

Auch nach dem Tod des Wolfgang Endter 1659 blieb das Anwesen lange in Familienbesitz. Nach Wolf Moritz Endter fiel die Wendelsteiner Papiermühle 1723 an die Tochter Regina Clara, die mit dem Kaufmann Wolfgang Baptista Mayer verheiratet war. 1738 verkaufte sie als Witwe an ihren Schwager, den Papierfabrikanten Johann Baptista Mayer [vgl. Tullnau III]. Die erfolgreiche Unternehmerfamilie Mayer wurde später als von Mayr geadelt. Bemerkenswert ist, dass Johann Philipp von Mayr das Herrenhaus 1808 auch wieder als „Hänghaus zum Papiertrocknen" bezeichnete: Die Doppelfunktion hielt wohl lange an.

Die Familie von Mayr besaß das Anwesen bis 1853. Unter der Firma Friedrich Stepff, die den Besitz 1857 erwarb, ereignete sich 1867 ein Brandunglück, das die Fabrik schwer beschädigte, glücklicherweise jedoch nicht das Herrenhaus. Die Friedrich Stepff GmbH war noch um 1970 Eigentümer; später kam es an die Familie Müller. Das ehemals Endtersche Herrenhaus ist, nachdem das ursprünglich aus Fachwerk erstellte zweite Obergeschoss durch eine massive Konstruktion ersetzt wurde, ein massiger dreigeschossiger Sandsteinquaderbau mit einem hohen dreigeschossigen Dachwerk. Der südwestliche Fachwerkgiebel weist K-Streben und in Höhe des ersten Dachgeschosses vier Feuerböcke als Zierelemente auf. Die Giebelfassade wird jedoch vor allem von den beiden rustizierten Rundbogenportalen für das Tor und den Hauseingang geschmückt, wobei

W WENDELSTEIN VI

298.2 Ansicht des Herrenhauses aus südlicher Richtung im Jahr 2006 (Rg)

letzterer mit einem von toskanischen Säulen getragenen Dreiecksgiebel versehen ist. Als Schmuckaufsätze sind beidseitig Werksteinplatten aufgesetzt, aus denen stilisierte Papierrollen herausgearbeitet wurden. Am ersten Obergeschoss finden sich südlich auch die Reste einer Sonnenuhr. Der Gesamteindruck wird heute leider durch die ungeteilten Fenster und einen hässlichen, unmittelbar vor die Schaufassade gestellten Metallzaun beeinträchtigt.

Quellen

StAN Rst. Nbg., Waldamt Lorenzi I Nr. 567.

Literatur

Oertel, Hermann: Die Frankfurter Feyerabend-Bibeln und die Nürnberger Endter-Bibeln. In: MVGN 70 (1983), S. 75-116.

Schlüpfinger, Heinrich: Wendelstein. Geschichte eines Marktes mit altem Gewerbe und moderner Industrie (= Schriftenreihe der ANL Bd. 17). Nürnberg 1970, S. 134-137.

Stadtlexikon Nürnberg, S. 245.

299   G8

Wildenfels

Burgruine, ehemals Pflegschloss (1552 zerstört)

Gemeinde Simmelsdorf

Landkreis Nürnberger Land

Die Burg Wildenfels wurde im ausgehenden 13. oder frühen 14. Jahrhundert von den aus der Altmühlregion stammenden hochrangigen Ministerialen von Wildenstein erbaut. Vermutlich durch eine Heirat mit einer Tochter aus dem bedeutenden Reichsministerialengeschlecht von Hiltpoltstein-Lauf-Rothenberg war Dietrich I. von Wildenstein nach der Mitte des 13. Jahrhunderts an die Burg Rothenberg [vgl. Alter Rothenberg, Rothenberg] und zu Besitz in der Region gekommen. Die herzoglich-bayerischen Gefolgsleute gewannen zur Zeit des Herzogs Ludwig II. erheblich an Einfluss. Dietrich I. von Wildenstein scheint 1276 als Viztum (Statthalter) zu Nürnberg auf, ab 1280 als Viztum für die herzoglichen Lande nördlich der Donau. An vorderster Front kämpfte das Geschlecht in den 1290-er Jahren für Bayernherzog Rudolph im Krieg gegen den Grafen von Hirschberg. In diesem Zusammenhang entwickelte sich auch eine heftige Fehde gegen die mit dem Grafen verbundenen Herren von Henfenfeld. 1323 nannte sich Dietrich III. von Wildenstein dann zu Wildenfels sitzend und bezeugte so erstmals die Burg, die vermutlich um 1290/1300 errichtet worden war.

Offensichtlich genoss die Platzierung des Neubaus gegen die unmittelbar östlich gelegene Burg Strahlenfels eine besondere, symbolhafte Bedeutung [vgl. Reichenschwand I, Strahlenfels]. Dass sie um 1300 den machtpolitischen Anspruch der Wildensteiner demons-

299.1 Vereinfachte Darstellung der Burgruine als Ausschnitt aus der Fraischkarte des reichsstädtischen Amtes Hiltpoltstein, kolorierte Federzeichnung von 1574 (StAN)

299.2 Ansicht der Burgruine auf einem Kupferstich von L. Schlemmer von 1799 (StadtA Lauf)

trieren sollte, genießt angesichts der bezeugten engen Beziehungen der Strahlenfelser zu den verfeindeten Herren von Henfenfeld einige Plausibilität.

Für Generationen blieb die Burg im Besitz des Geschlechts, auch wenn sie Kaiser Karl IV. 1356 zu Lehen aufgetragen wurde. Das Öffnungsrecht im Kriegsfall wurde dem Kaiser ebenfalls eingeräumt. Wildenfels blieb seither unter böhmischer Lehnherrschaft. Dietrich VII., der zeitweise Amtmann von Roth war, übertrug jedoch das Öffnungsrecht 1378 für die Dauer seiner Rother Amtszeit seinem Dienstherrn, dem Nürnberger Burggrafen. 1397 saß Dietrichs Sohn Hans auf Wildenfels. Er war als streitbarer Geist bekannt, der beinahe mit allen Nachbarn Auseinandersetzungen pflegte. 1410 stritt er sich gleichzeitig mit dem Pfalzgrafen Johann von Neunburg-Neumarkt und mit der Reichsstadt Nürnberg. In diesem Zusammenhang entführte er einen Prager Bürger, woraufhin der Wildensteiner von der Reichsstadt gefangen genommen wurde. Im Oktober 1410 musste er Urfehde (Ende der Fehde unter Einhaltung eines Friedgebotes) schwören. In den aufregenden Folgejahren, geprägt vom Bayerischen Krieg 1420/21 und den Hussiteneinfällen, war er bis um 1429 Pfleger des kurpfälzischen Amtes Hirschau. Die Burg Wildenfels sah ihn daher wohl nicht mehr so häufig. Zu dieser Zeit nannte sich auch Hans III. von Wildenstein zu Wildenfels. Er hatte 1406 die Tochter des Jörg I. Haller, damals Inhaber von Gräfenberg, geehelicht und stand der Reichsstadt nahe. 1431 war Hans III. in Nürnberger Kriegsdiensten tätig und öffnete die Burg Wildenfels der Reichsstadt.

Alexander I. von Wildenstein war der letzte dieses Familienzweigs auf der Burg. Seine Tochter Christina war mit Christoph von Lentersheim, Pfleger von Lauf, vermählt, der die Burg nach dem Tod Alexanders um 1500 in Besitz nahm [vgl. Strahlenfels]. Erst nach dem Tod der Christina von Lentersheim soll Wildenfels um 1503 vermutlich durch Kauf an die verwandten Wildensteiner von Strahlenfels gefallen sein, die die Burg schließlich 1509 an die Nürnberger Bürger Conrad und Friedrich, die Pelcken genannt, verkauften. Bereits 1511 traten die Brüder sie an die Reichsstadt Nürnberg ab.

Zunächst wurde Wildenfels vom reichsstädtischen Pflegamt Hiltpoltstein verwaltet. Der Rat setzte vorerst nur einen Voit auf die Burg. Erst 1518 richtete Nürnberg hier ein eigenes Pflegamt ein. Von größeren Baufällen in dieser Zeit wird jedoch nichts überliefert. Nur 1538

299.3   Blick auf die Ruine des Bergfrieds mit dem Hocheingang, Zustand 2006 (Rg)

wurde von einem Betzensteiner Zimmermann zu Füßen der Burg ein Viehhaus, ein sehr schmales Stallgebäude mit einer Wohnzone, gebaut. Da man offenbar den Bauunterhalt vernachlässigte, stand es bald nicht mehr zum Besten mit den Gebäuden: 1550 stürzte ein Teil der Außenwand, vermutlich die äußere Mauerschale, „gegen dem dörffle" zu, ab. Ein Gräfenberger Maurermeister musste die Konstruktion abstützen und den Schaden wohl eher notdürftig beheben.

Das Ende der Burg Wildenfels kam kurz darauf im Zweiten Markgrafenkrieg. Schon im ersten Kriegsjahr, am 27. Mai 1552, setzten markgräfliche Truppen den Nürnberger Amtssitz in Brand. Im Mai 1553 kam der Feind noch einmal nach Wildenfels und brannte zwei Häuser und zwei Städel nieder. Einen Pfleger sah die Burg nicht mehr: Nach dem Krieg wurde nur das Voithaus im Wirtschaftshof unterhalb der Burg erneuert. Der Voit stand jedoch wieder unter dem Regiment des Hiltpoltsteiner Pflegers. Für sein Dienstanwesen zu Füßen der Burg sind noch längere Zeit Ausgaben für den Bauunterhalt verzeichnet, während es sonst lediglich 1596 zu einer Begutachtung der Ruinen kam. Als letzter reichsstädtischer Voit wurde 1616 Jörg Dilman ernannt.

Obwohl die Feste seit 1552 als Brandruine liegen blieb, wartet sie heute mit einem noch recht eindrucksvollen Mauerwerksbestand auf. Erreicht wird sie über einen Pfad, der östlich des ehemaligen Wirtschaftshofes angelegt ist. Der alte Zugang führte dagegen durch den Wirtschaftshof und südwestlich am Burgfelsen vorbei zur unteren Burg. Beide Wege treffen sich heute vor dem früheren Torgebäude, dessen Umfang im Gelände ablesbar ist. Die südliche untere Außenwand des Torgebäudes wurde offensichtlich bei einer Reparatur modern rekonstruiert. Während südöstlich noch der ansehnliche Rest eines größeren Gebäudes der Unterburg (vielleicht ein ehemaliger Stadel oder Kasten) zu sehen ist, führt der Pfad steil aufwärts zur oberen Burg. Früher gelangte man, wie Schriftquellen bezeugen, über einen eingehausten und mit Ziegeln gedeckten Treppenaufgang hinauf.

Die obere Burg wird von der recht hohen Ostwand des einst quadratischen Bergfrieds beherrscht, die sogar noch den bauzeitlichen Hocheinstieg präsentiert. Leider wurde das Fugenbild bei einer modernen Reparatur mit zementhaltigem Mörtel und partiellen Ergänzungen und Ausflickungen völlig gestört, sodass kaum noch baugeschichtliche Beobachtungen möglich sind. 1827 war der bis dahin noch weitgehend erhaltene Turm von einem Blitzschlag getroffen worden, wodurch die Westwand in die Tiefe stürzte. Fast die gesamte Nordseite der Oberburg wird vom Rest des ehemaligen Wohngebäudes eingenommen. Die teilweise noch mehrere Meter hoch anstehenden Umfassungswände aus Kalkbruchstein zeigen noch Spuren der Geschossteilung. Im Innern sind auch noch Teile der Kellergewölbe erhalten. Bei einer Sicherungsmaßnahme im 20. Jahrhundert wurden ohne Rücksicht auf baugeschichtliche Befunde recht willkürlich Mauerwerk und Wandöffnungen rekonstruiert. Nur noch wenige Reste zeugen unmittelbar südlich des Bergfrieds von einem zweiten, jedoch viel kleineren Gebäude der oberen Burg.

Quellen

StAN Rst. Nbg., Landpflegamt, Pflegamt Hiltpoltstein Rep. 34 a, b, c. Rst. Nbg., Handschriften Nr. 313. Rst. Nbg., Salbücher Nr. 243. Rst. Nbg., Rechnungen des markgräflichen Krieges Nr. 95, 96.

Gelegenhait, Nr. 613, 836.

Müllner III, S. 244 f, 286, 546 mit bislang nicht bestätigter Beschädigung im Bauernkrieg.

Literatur

Heinz, Walter: Ehemalige Burgen im Umkreis des Rothenbergs. Eine Auswahl. 1. Teil: Von Schnaittach bis Wildenfels (= Vom Rothenberg und seinem Umkreis, Heft 15/1). Schnaittach 1992, S. 29-42a.

KDM Forchheim, S. 221.

Stadtlexikon Nürnberg, S. 1180, mit Kupferstich von L. Schlemmer von 1799.

Voit, Wildensteiner, S. 8, 11 f, 17, 21-23, 37.

Ders.: Pegnitz, S. 274-301.

Ders. / Kaulich, Brigitte / Rüfer, Walter: Vom Land im Gebirg zur Fränkischen Schweiz. Eine Landschaft wird entdeckt (Schriftenreihe des Fränkische-Schweiz-Vereins Bd. 8). Erlangen 1992, S. 167-171, mit Lithografie von L. Ebner nach Zeichnung von G. Adam 1803 und Stahlstich von A. Marx 1844.

Ders.: Wildenfels. In: MANL 33 (1984), Sonderheft Nr. 31.

300 F7

Winterstein

Burg, teilweise Ruine

Winterstein 9

Gemeinde Simmelsdorf

Landkreis Nürnberger Land

Die Anfänge der Burg Winterstein liegen bis heute im Dunkel der Geschichte verborgen. Bei ihrem ersten Aufscheinen im Jahr 1326 diente sie als Sitz eines Neidung aus einem Ministerialengeschlecht, das vermutlich einst bei den Edelfreien von Osternohe und/oder den Reichsministerialen von Hiltpoltstein-Rothenberg in Dienst gestanden war [vgl. Diepoltsdorf, Hiltpoltstein, Osternohe II, Simmelsdorf I]. 1326 veräußerte Neidung von Winterstein, Sohn des verstorbenen Rienolt von Osternohe, Güter an den Deutschen Orden. Sein Bruder Hartmann von Diepoltsdorf bürgte für ihn; um 1331 besaßen sie gemeinsam ein Lehen der Schenken von Reicheneck. Ob der sich 1305 nach seinem Dienstsitz Hiltpoltstein nennende Neidung mit dem späteren Wintersteiner identisch ist, ist nicht mehr zu klären. Vermutlich geht die Errichtung der Burg Winterstein nicht auf dieses Geschlecht, sondern auf einen ihrer Dienstherrn zurück. Immerhin lag Winterstein später im Hochgerichtsbezirk der Feste Hiltpoltstein. Dass auch später noch Familienmitglieder bei Geschäften der Herren von Wildenstein, die die Reichsministerialen von Rothenberg beerbt hatten, auftraten, weist wiederum auf frühere Dienstverhältnisse.

Nach der Mitte des 14. Jahrhunderts war die Burg in etliche Besitzanteile zerfallen; vermutlich bot sich das Bild einer Ganerbenburg, auf der sich mehrere Familien des Geschlechts aufhielten. Die wirtschaftliche Basis der Grundherrschaft war eher schmal, sodass sich diese Situation nicht lange halten konnte. Zwischen 1369 und 1378 veräußerten die Wintersteiner ihren Stammsitz an die Egloffsteiner, worüber bislang nur eine Reihe einander widersprechender Urkundenregesten bekannt ist.

Im Ersten Markgrafenkrieg zogen die Nürnberger am 9. März und am 15. Mai 1450 vor Winterstein, wohl auch, weil sich etliche Egloffsteiner im feindlichen Lager befanden. Die Burg, die der Egloffsteinsche Voit Cunz Sixt geschlossen hielt, wurde nicht eingenommen; aber man brannte beim ersten Mal alles nieder, „was umb das Schloß Winterstain liegt". Beim zweiten „Besuch" im Mai plünderte man nur noch in den Hofstellen der Bauern.

Um 1500 war Claus von Egloffstein Burgherr; Christoph von Egloffstein veräußerte die Burg 1519 an Pankraz Lochner, ebenfalls Abkömmling eines oberfränkischen

300.1 Ansicht der Burg aus nördlicher Richtung auf einer Radierung von 1677 nach einer Vorlage des Malers Johann Keill (1642–1719) (GNM)

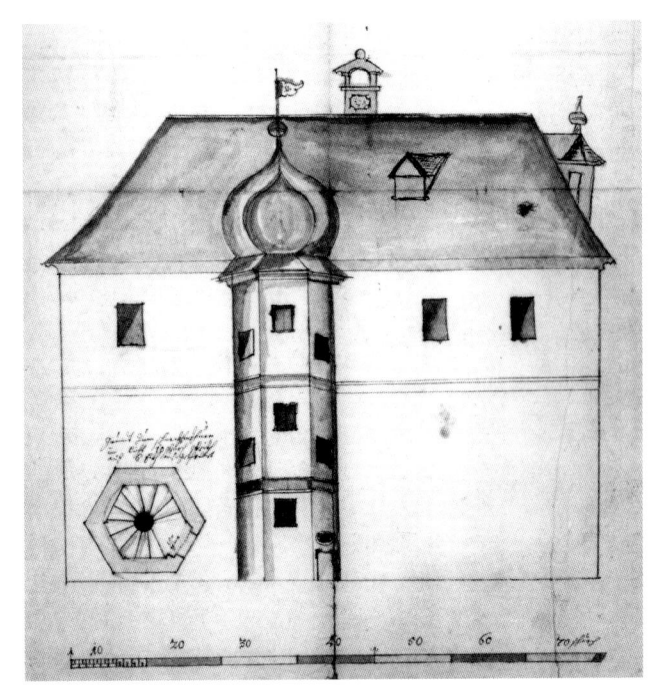

300.2 Aufriss des Hauptgebäudes, gezeichnet 1740 für den Anbau eines Treppenturms vom Hüttenbacher Maurermeister Johann Wurm (StadtAN)

Ministerialengeschlechts [vgl. Hüttenbach]. Nach seinem Tod 1546 und einer Vormundschaftsverwaltung teilten seine Söhne Andreas und Georg den Besitz, zu dem schon seit 1528 auch das Rittergut Hüttenbach gehört hatte. Andreas erhielt das Rittergut Winterstein, starb aber um 1590 ohne männliche Nachkommen, sodass seine Hüttenbacher Neffen Hans Georg und Wolf Pankraz erbten. Nach einem Vergleich 1592 übernahm letzterer die Burg. Als Hans Georg Lochner 1606 verstarb, verwaltete der Wintersteiner Bruder als Vormund auch das erheblich verschuldete Hüttenbacher Gut.

Einige Zeit nach dem Tod des Wolf Pankraz Lochner (1639), der viele Jahre auch bei der Familie Tucher in der Kreide gestanden war, veräußerten dessen Töchter Katharina und Maria Magdalena in ihrer Not 1662/64 das Rittergut mit der Burg an die Gläubiger. Diese blieben von nun an bis heute Besitzer, wobei sie sich seither Tucher von Simmelsdorf und Winterstein nennen. In der Burg wurde ein Tucherscher Voit einquartiert, der sie und die Schlossökonomie verwaltete. Ansonsten erfüllte die Feste allenfalls noch die Funktion eines gelegentlich aufgesuchten Jagdschlosses.

Die Lochner hatten den Besitz vermutlich seit dem 30-jährigen Krieg stark vernachlässigt, sodass er zu Beginn der 1660-er Jahre erheblich baufällig war. Schon im Jahr des Kaufes ließ die Tuchersche Verwaltung das Torhaus und diverse Nebengebäude ausbessern. Auch in den folgenden Jahren waren größere Ausgaben nötig: 1665 musste man die Mauern des so genannten alten Schlosses mit Hölzern sichern, vielleicht abstützen; 1666 bis 1669 wurden an nicht näher bezeichneten Dächern Ziegel erneuert sowie mancherlei Ausbesserungen durchgeführt.

Renovierungsarbeiten wurden auch verstärkt in den späten 1680-er und frühen 1690-er Jahren erledigt. Wiederum lag ein Schwerpunkt bei Dachreparaturen, zum Teil an Schindeldächern. Um 1689/90 scheint das heute noch erhaltene Obergeschoss im Torhaus modernisiert worden zu sein. So wurden 1689 in der „vorderen Stube oberhalb des Thors" ein Unterzug eingebaut und Ausbesserungen, u.a. am Kachelofen, ausgeführt.

Bemerkenswert sind die beiden Pläne des Hüttenbacher Maurermeisters und Stuckators Johann Wurm von 1740. Einer zeigt einen Aufriss des Hauptgebäudes, das damals einen sechseckigen Treppenturm für eine Spindeltreppe erhalten sollte. Der zweite Riss ist ein Deckenspiegel für eine reich dekorierte Stuckdecke eines etwa 8 Meter langen und 6½ Meter breiten Saals, den ebenfalls Johann Wurm signiert hat. Es ist noch nicht geklärt, ob der Bau des Treppenturms realisiert worden ist.

300.3 Ansicht einer Stuckdecke in einem Saal des Hauptgebäudes, gezeichnet 1740 von Johann Wurm (StadtAN)

Eine Ansicht Wintersteins von Norden entstand bereits um 1677. Die Radierung nach einer Vorlage von Johann Keill (1642–1719) zeigt im Vordergrund das heute noch erhaltene zweigeschossige Torhaus (damals mit einem Fachwerkerker) sowie nach Osten anschließend ein Gebäude gleicher Höhe sowie einen Rundturm, dessen Helm und obere Teile jetzt abgetragen sind. Weitgehend verschwunden sind dagegen der auf einem Felsriff errichtete, mehrgeschossige wohnturmartige Hauptbau und ein niedrigeres Gebäude mit mächtigem Halbwalmdach, das im südöstlich gelegenen Burghof stand.

Leider ist unklar, wann die Hauptgebäude zu Grunde gegangen sind. Nach Otto Röder sollen sie erst nach dem Verkauf an Bauern gegen Ende des 19. Jahrhunderts abgebrochen worden sein. Erst nach der Wiedererwerbung durch die Tucher sei das ebenfalls baufällige so genannte Torhaus zu Beginn der 1930-er Jahre repariert worden. Eine weitere Renovierung erfolgte in den 1970-er Jahren. Eine gründliche Untersuchung zur Baugeschichte der Burg wäre überaus wünschenswert.

Quellen

StAAm Landsassen Nr. 325.

StAN Rst. Nbg., Landpflegamt, Hiltpoltstein Rep. 34 a, fol. 89, Nr. 3. Rst. Nbg., Handschriften Nr. 198. SchlossA Hüttenbach Urk. Nr. 23; Akten Nr. 39.

StadtAN E 29/II Nr. 1031.

HallerA SchlossA Henfenfeld Urk. Nr. 198 (neu Nr. 185).

Gelegenhait, Nr. 611, 843.

Müllner II, S. 458, 472; III, S. 254.

Lehnbuch von 1331, S. LX, LXIV, 26, 75, 89, 159 f.

Literatur

Alberti, Volker: Die Herrschaft Winterstein. In: Fundgrube 39 (1998), Nr. 1, S. 1-5.

Deliciae II, S. 183.

KDM Forchheim, S. 224.

Röder, Otto: Winterstein. Geschichte eines Herrensitzes. Nürnberg 1985.

Voit, Pegnitz, S. 302-304.

301 N

Winzelbürg

Angeblicher Herrensitz

Bismarckstraße

(zwischen Nettelbeck- und Lützowstraße)

Stadt Nürnberg

Die noch wenig erforschte Geschichte des Anwesens Winzelbürg gab Anlass zu fantasievollen Deutungen, die einer näheren Prüfung nicht standhalten. Dazu gehört auch die Behauptung, der Name beziehe sich auf eine im frühen 11. Jahrhundert erbaute Burg der Bischöfe von Bamberg auf dem heutigen Rechenberg. Sie wurde vermutlich erst von dem vor allem als Fotografen verdienten Architekten und Heimatforscher Friedrich August Nagel (1876–1959) aufgebracht. Der Nürnberger Stadtarchivar Ernst Mummenhoff hatte 1904 lediglich davon berichtet, dass Sebald Rech beim Bau seines Wohnturmes auf dem Schübelsberg in den 1520-er Jahren auf alte Fundamente von bis zu 1,8 Metern Stärke, auf Münzen und einen unterirdischen Gang gestoßen sei, der 1902 untersucht wurde [vgl. Rechenberg I].

1527 erhielt der erwähnte Sebald Rech 6 Morgen Feld mit einem Garten und Wiesflecklein daran, die „Wynselbürg" genannt, die er von Balthasar Wolf von Wolfsthal erworben hatte, von Michael von Lauffenholz zu Lehen. Dieses kleine Bauerngut zwischen Schübelsberg und Weigelshof, das zuvor anscheinend der Stiftung des „Reichen Almosens" gehört hatte,

300.4 Blick auf die Ruine des Hauptgebäudes und das Torhaus aus südlicher Richtung, Fotografie: F. A. Nagel 1931 (StadtMN)

war an einen Heinrich Ziegler zu Weigelshof vererbt, der 1529 seine Rechte an dem Gut „Wynntzelpurg" an Rech abtrat. 1555 wurde es an den Rechtskonsulenten Dr. Valentin Kötzler [vgl. Steinach] als „ein zerrissenes Bauernhaus und ein Stadel mit Hofstatt, dazu eine Wiese und 13 Morgen Ackerfeld" veräußert. Der schlechte Zustand des Hauses ging wahrscheinlich auf den Zweiten Markgrafenkrieg zurück. 1563 ist der Hof als „Wintzburg" auf der Nürnberger Wald- und Fraischkarte mit der Andeutung eines Herrensitzes eingetragen, doch bezieht sich dies vermutlich auf das benachbarte Schübelsberg, das auf der Karte fehlt.

Auch die Angaben des Nürnberger Ratsschreibers Johannes Müllner in seinen Annalen von 1623 erscheinen zweifelhaft. Die „Wintzburg" habe „vor Jahren ein Burgershaus oder Sitz auf der Höhe gehabt, der ist abgegangen. Ist bei unsern Zeiten der Unterholtzer gewest, die habens Herren Endreßen Im Hoff dem Jungern verkaufft, welcher etwas besser herab ein burgerlichs Gartenhaus von Steinen erbauen lassen". Denn mit dem Sitz „auf der Höhe" kann eigentlich nur der Rechenberg gemeint sein, der ja ebenfalls Sebald Rech gehört hatte, und der Bau weiter unten dürfte sich auf das Herrenhaus des Andreas Imhoff in Schübelsberg beziehen [vgl. Schübelsberg], das bei Müllner sonst nicht erwähnt wird.

Auf der Ansicht des Rechenbergs im so genannten Cnopfschen Skizzenbuch um 1612/14 ist die Winzelbürg als kleines Bauerngehöft am Nordostabhang des Rechenbergs zu sehen. Als einzelnes Gut unterstand es um 1800 der Grundherrschaft der Behaim und gehörte bis 1835 zu deren Patrimonialgericht Leyh. Für den angeblichen Herrensitz Winzelbürg fehlt also jeder Nachweis.

301.1 Ansicht des Hofes Winzelbürg am Fuße des Rechenberges, rechts oben der untere Sitz Rechenberg mit zinnenbekröntem Tor, Ausschnitt aus dem so genannten Cnopfschen Skizzenbuch von etwa 1612/14 (HallerA)

Quellen

StAN Rst. Nbg., Handschriften Nr. 198.

StadtAN E 10/21 Nr. 122.

Müllner I, S. 327.

Literatur

Dannenbauer, S. 213.

HAB Nürnberg-Fürth, S. 190, 242.

Mummenhoff, Ernst: Der Rechenberg und der unterirdische Gang daselbst. In: MVGN 16 (1904), S. 193, 200, 205.

Winkler, Johann: Der Güterbesitz der Nürnberger Kirchenstiftungen unter der Verwaltung des Landalmosenamts im 16. Jahrhundert. In: MVGN 47 (1956), S. 189, 201 (Anm. 65), 284.

Zahn, Anton: Heimatkunde zwischen Erlenstegen und Stadtpark Nürnberg. Nürnberg 1968, S. 6-9.

302 C6

Wolfsfelden

Abgegangener Herrensitz (1891 Abbruch)

Gemeinde Kalchreuth

Landkreis Erlangen-Höchstadt

An Wolfsfelden erinnert heute nur noch die Flurbezeichnung für eine Wiese im Sebalder Reichswald zwischen Kalchreuth und Neunhof, wo bis zum Ende des 19. Jahrhunderts ein Herrenhaus mit einem kleinen Weiler stand. Das 1394 erstmals genannte „Wolfsfeld" gelangte 1432 von den Zollern, die es 1413 mit der Stadt Erlangen an Franz Pfinzing verpfändet hatten, an die Reichsstadt Nürnberg. Damals existierte hier nur ein Bauernhof, der dem Nürnberger Zinsmeisteramt unterstellt wurde und nach der Abfindung Pfinzings zunächst an Contz Imhof vererbt war. Im 16. Jahrhundert saß eine Bauernfamilie Starck auf dem Hof, von der er 1611 an Peter Wölfel kam. Nach mehreren Besitzerwechseln erwarb ihn 1625 Hans Leistner, der dessen Verwüstung im 30-jährigen Krieg hinnehmen musste.

1652 verkaufte er die öde Hofstelle für 2.400 Gulden an den österreichischen Glaubensflüchtling Johann Adam von Praunfalk zu Neuhaus. Dieser erhielt noch im selben Jahr die Erlaubnis, auf dem alten Baugrund ein größeres, zweigeschossiges Haus aus Quadersteinen zu errichten. Die Herstellung des später so genannten Schlosses soll über 10.000 Gulden gekostet haben. Auch die Ökonomie wurde wiederaufgebaut, denn zu dem Gut gehörten seinerzeit 53 Morgen Ackerland, 27 Tagwerk Wiesen und 5 Morgen Wald; bereits 1653 erwarb Herr von Praunfalk 13 Morgen vom Reichs-

302.1 Ansicht des Herrenhauses auf einer kolorierten Zeichnung von Pfarrer C. G. Rehlen von 1843 (Pfarrarchiv Kalchreuth)

wald hinzu. Im Jahr darauf wurde der Bau eines neuen Stadels genehmigt.

Der Herrensitz war kaum fertiggestellt, als Johann von Praunfalk 1655 verstarb. Seine Witwe heiratete 1657 den gleichfalls aus Österreich stammenden Nürnberger Kunstsammler Graf Johann Septimius Jörger. 1678 übernahm das Gut Praunfalks Schwiegersohn Baron Johann Albrecht von Blomberg, ebenfalls ein Emigrant aus Österreich, welcher der hoch verschuldeten Reichsstadt beträchtliche Darlehen zur Verfügung gestellt hatte. Das Waldamt musste daher von der sonst üblichen, nur sehr restriktiven Gewährung von Bauholz absehen, als Blomberg zur Steigerung der Rendite und zu Lasten des Reichswaldes begann, auf dem Sitz mehrere Mietwohnungen zu errichten. Auf seine Gelder verweisend, die er andernfalls abziehen werde, maßte er sich noch weitere unbefugte Holzentnahmen an. So erhöhte sich allein die Zahl der Wohngebäude in Wolfsfelden, das 1678 nur aus dem Schloss, einem Bauernhaus, dem Kastenhäuslein, zwei Scheunen und einer Stallung bestanden hatte, bis zu Blombergs Tod im Jahre 1698 auf neun.

Der durch diese Eigenmächtigkeiten zum Weiler angewachsene Herrensitz gelangte nunmehr an die Witwe Johanna Veronika von Blomberg, eine geborene von Neumann, die das Gut aber erst 1717 formell übernahm. Im selben Jahr wurde Wolfsfelden von einer großen Räuberbande überfallen; die Fahndung nach den Tätern blieb erfolglos. Nach Johanna Veronikas Tod (1738) fiel Wolfsfelden an ihre Schwester Maria Sophia Salome von Neumann, die bereits 1740 starb und das Gut ihrem Bruder vermachte. Die Stadt Nürnberg wollte es aber endlich wieder in der Hand Nürnberger Bürger sehen und ordnete den Verkauf an die Brüder Marx Carl und Balthasar Christoph Kreß an. Dies hatte einen längeren Rechtsstreit zur Folge. Erst 1753 konnte Johann Friedrich Wilhelm von Neumann das Erbe antreten. Seine Witwe Charlotte Louise Amalie geborene von Stauff veräußerte das Gut 1769 für 6.500 Gulden an ihre Schwägerin Barbara Maria von Stauff, geborene Kreß von Kressenstein, die sogleich um Holz zur Reparatur der „ruinös" übernommenen Bauten bat. Ein aus diesem Anlaß entstandener Plan zeigt die Lage der damaligen Gebäude.

Frau von Stauff starb 1816, ihr Sohn Johann Friedrich Wilhelm fünf Jahre später, ohne Kinder zu hinterlassen. Er vermachte Wolfsfelden dem Kalchreuther Pfarrer Leonhard Stephan Meister mit der Auflage, sich lebenslänglich um seinen geistig behinderten Bruder zu kümmern. Meister wollte daher nach Wolfsfelden ziehen, was ihm aber die kirchlichen Behörden nicht erlaubten. Daher verpachtete er das Gut bis 1827, um es dann um 10.600 Gulden an den Nürnberger Essigfabrikanten

Johann Martin Meißel zu verkaufen. Dieser musste außerdem die Verpflichtung übernehmen, „den blödsinnigen Herrn von Stauff" auf Lebenszeit zu versorgen. Bereits acht Jahre später veräußerte Meißel, nun um 14.000 Gulden, das Gut an den Bauern Johann Sperber und dessen Ehefrau Margaretha aus Kalchreuth, die den landwirtschaftlichen Betrieb wieder in die Höhe brachten. Zu ihrer Zeit präsentierte sich das Schloss als eingeschossiger Sandsteinbau mit Zwerchhaus, hohem Satteldach, vasengeschmückten Giebeln und mächtigen Stützpfeilern an den Ecken des Gebäudes.

1862 übergab Johann Sperber Wolfsfelden seinen Söhnen, wobei Konrad das Herrenhaus mit zwei Dritteln des Gutes übernahm, der Bruder Johann jun. dagegen ein Drittel. Ersterer war jedoch schon 1871 zahlungsunfähig und musste die Zwangsversteigerung seines Anteils hinnehmen. Erheblich unter dem Wert ersteigerte ein Konsortium, bestehend aus dem Fürther Kaufmann David Sontheimer sowie den Kaufleuten Bernhard Priester und David Frohmann aus Dormitz, für 9.600 Gulden die Konkursmasse, die abgesehen von rund 80 bayerischen Tagwerk Grund aus dem Herrenhaus, drei Nebenhäusern, einem Wirtshaus, diversen Tagelöhnerwohnungen und vielen landwirtschaftlichen Nebengebäuden bestand. Zwei Jahre später vereinnahmten die Käufer allein 9.500 Gulden vom Staat, als dieser das alte Forstrecht des Sitzes ablöste. Die Liegenschaft selbst veräußerten sie schon 1872 an den Heroldsberger Bauern Johann Georg Raab.

Dieser betrieb bald darauf die Verlegung der seit mindestens 1826 bestehenden Gastwirtschaft ins Schloss, was ihm mit Unterstützung der Gemeinde Kalchreuth auch 1873 gelang. Allerdings entwickelte sich das Lokal nicht nur zu einem beliebten Ausflugsziel Erlanger Studenten (die dort u.a. ihre damals verbotenen Mensuren ausfochten), sondern auch einiger zwielichtiger Gestalten wie Wilddieben und Holzfrevlern, sodass es den Forst- und Polizeibehörden zunehmend ein Dorn im Auge war. Diese Entwicklung kam der Forstverwaltung sicher nicht ungelegen, da sie nun zusätzliche Argumente gegen den Fortbestand des mitten im Wald gelegenen unruhigen Weilers an die Hand bekam.

Raab bewirtschaftete das Schlossgut mit dem Gasthaus noch bis 1887, veräußerte es dann seinem Sohn Georg Sebald Raab und dessen Verlobter, die jedoch ihre Rechte bereits 1888 an den Bruder Wolfgang Raab veräußerten. Offenbar stand diese Transaktion unter dem Zeichen wirtschaftlicher Schwierigkeiten, unter denen bald auch der Bruder zu leiden hatte.

1890 räumte Wolfgang dem Georg Sebald wieder eine Eigentumshälfte ein, um dann gemeinsam und kurz vor einer Zwangsvollstreckung 1891 das Schlossgut an den Staat zu verkaufen. Unmittelbar danach wurden alle Gebäude vertragsgemäß abgebrochen. Der Drittelhof der Familie Sperber folgte 1900 diesem Schicksal. Mit ihm ging die Geschichte Wolfsfeldens endgültig zu Ende.

Quellen

StAN Rst. Nbg., Waldamt Sebaldi I Nr. 399 f; II, Nr. 399.

Müllner II, S. 264.

Literatur

Wolfsfelden – ein verschwundener Weiler. In: Gemeinde Kalchreuth (Hg.): 700 Jahre Kalchreuth 1298–1998. Ein fränkisches Dorf im Wandel der Zeiten. Konzeption: Bertold Frhr. von Haller. Rödental 1998, S. 58 f, 142.

Horneber, Helmut: Der abgegangene Weiler Wolfsfelden im Sebalder Reichswald. Die letzten hundert Jahre seiner Geschichte. In: Erlanger Bausteine zur fränkischen Heimatforschung 47 (1999), S. 353-372.

Schnabel, Werner Wilhelm: Österreichische Exulanten in oberdeutschen Reichsstädten (= Schriftenreihe zur bayerischen Landesgeschichte Bd. 101). München 1992, S. 490, 505 f, 614 f.

Werner, Hans: Wolfsfelden. Die Geschichte einer untergegangenen Siedlung. In: Frankenland [Beilage zu den Erlanger Neuesten Nachrichten] 3 (1926), Nr. 23, 25, 26.

303

Zerzabelshof

Herrensitz

Aussiger Platz 1 und 6

Stadt Nürnberg

Der Name Zerzabelshof scheint erstmals in einem Verzeichnis der Erbförster im Lorenzer Reichswald von 1309/10 auf, das auch Götz und Leupold „de Sternzagelshoue" nennt. 1344 belehnte Kaiser Ludwig den Conrad Waldstromer unter anderem mit der Forsthube „Zernzagelshoff", die er von seinem Vater geerbt hatte. Vorübergehend scheint sie an die Pfinzing gekommen zu sein, denn 1370 verkaufte Bertold Pfinzing die Forsthube nebst Zubehör an Hans Waldstromer. Im Jahre 1396 erwarb die Stadt Nürnberg von den Erben Konrad Waldstromers mit dem Forstmeisteramt des Lorenzer Reichswaldes offenbar auch Zerzabelshof.

1442 war die Forsthube anscheinend der Frau oder Witwe eines Rudolf Steiner vererbt, die das Lehngut 1447 an Heinrich Vornberger veräußerte. Dessen Erben traten die Forsthube 1453 an Hermann Schaller ab. Ihm folgten ein Sebald und 1486 Georg Schaller. Nach dessen Tod stießen die Testamentsvollstrecker das Erbe 1491 an den Nürnberger Bürger Hans Schütz ab [vgl. Rothenbruck]. Er soll um 1500 in Zerzabelshof unerlaubt eine Kapelle erbaut haben, was auf den Widerstand der Reichsstadt stieß, da sie für ihre Bürger „Schaden und Unannehmlichkeiten" fürchtete. Nachdem Schütz entgegen seiner der Stadt gegebenen Zusage die Kapelle der hl. Anna zu Ehren weihen ließ, wandte sich der Rat an Papst Alexander VI., auf dessen Anordnung (1501) die Vorgänge untersucht und die Kapelle gegebenenfalls wieder eingerissen werden sollte. Diese blieb aber erhalten und wurde erst im Zweiten Markgrafenkrieg 1552 zerstört.

Es ist bislang nicht geklärt, seit wann neben der Forsthube auch ein Herrenhaus existierte. Die Nachricht, wonach bereits die Waldstromer 1365 ihren Sitz der Reichsstadt geöffnet, d.h. für den Kriegsfall zur Verfügung gestellt hätten, erscheint mehr als zweifelhaft. Erst die Beschreibung der Nürnberger Landschaft, die im Vorfeld des Landshuter Erbfolgekriegs 1504 erstellt wurde, nennt eindeutig einen „Sitz" in Zerzabelshof. Er war anscheinend ausreichend befestigt, denn 1504 ließ ihn die Reichsstadt mit drei oder vier Hakenbüchsenschützen besetzen. Von Schäden lesen wir seinerzeit nichts.

Im September 1506 verstarb Hans Schütz. Seine Witwe vererbte die Forsthube mit dem Sitz den Töchtern Ursula und Cordula, die mit Sebald Staiber bzw. Michael Roth verheiratet waren und 1517 den Sitz der Reichsstadt öffneten. 1521 erwarb Cordula auch die Staibersche Hälfte, verheiratete sich, mittlerweile verwitwet, vor 1536 mit Hans Winkler und starb 1545.

Im Zweiten Markgrafenkrieg wurde der Herrensitz 1552 ebenso wie 30 weitere Zerzabelshofer Gebäude niedergebrannt, wodurch allein der Familie Winkler ein Schaden von 2.000 Gulden entstand. Vermutlich gehörte er damals bereits einer Erbengemeinschaft von drei Töchtern, denn ein Jahr nach der Zerstörung wurde er von ihnen an Hans und Barbara Orting verkauft. In einer Beschreibung von 1555 wird die Forsthube noch immer als „oede hofstatt, darauf das herrenhaus gestanden", bezeichnet. Ferner verfügte sie über ein vermutlich schon wiederaufgebautes Wohn- und Bauernhaus, einen Stadel mit angebauter Schupfe, ein kleines Hofhäuslein, einen Backofen, das ruinierte Bad sowie Plätze, wo eine ganze Reihe von Gebäuden bei der Katastrophe völlig abgegangen waren, darunter die Kapelle, die Stallung und das Voglerhaus.

Das Ehepaar Orting blieb nicht lange Besitzer, sondern veräußerte für 2.600 Gulden bereits 1563 an Thomas Löffelholz (1525–1575) und dessen Gemahlin Apollonia. Der in der Literatur behauptete Wiederaufbau erst durch den Käufer ließ sich nicht bestätigen, zumindest ein Flügel des Herrenhauses dürfte schon unter der Familie Orting wiedererstanden sein. Wolff Löffel-

Z ZERZABELSHOF

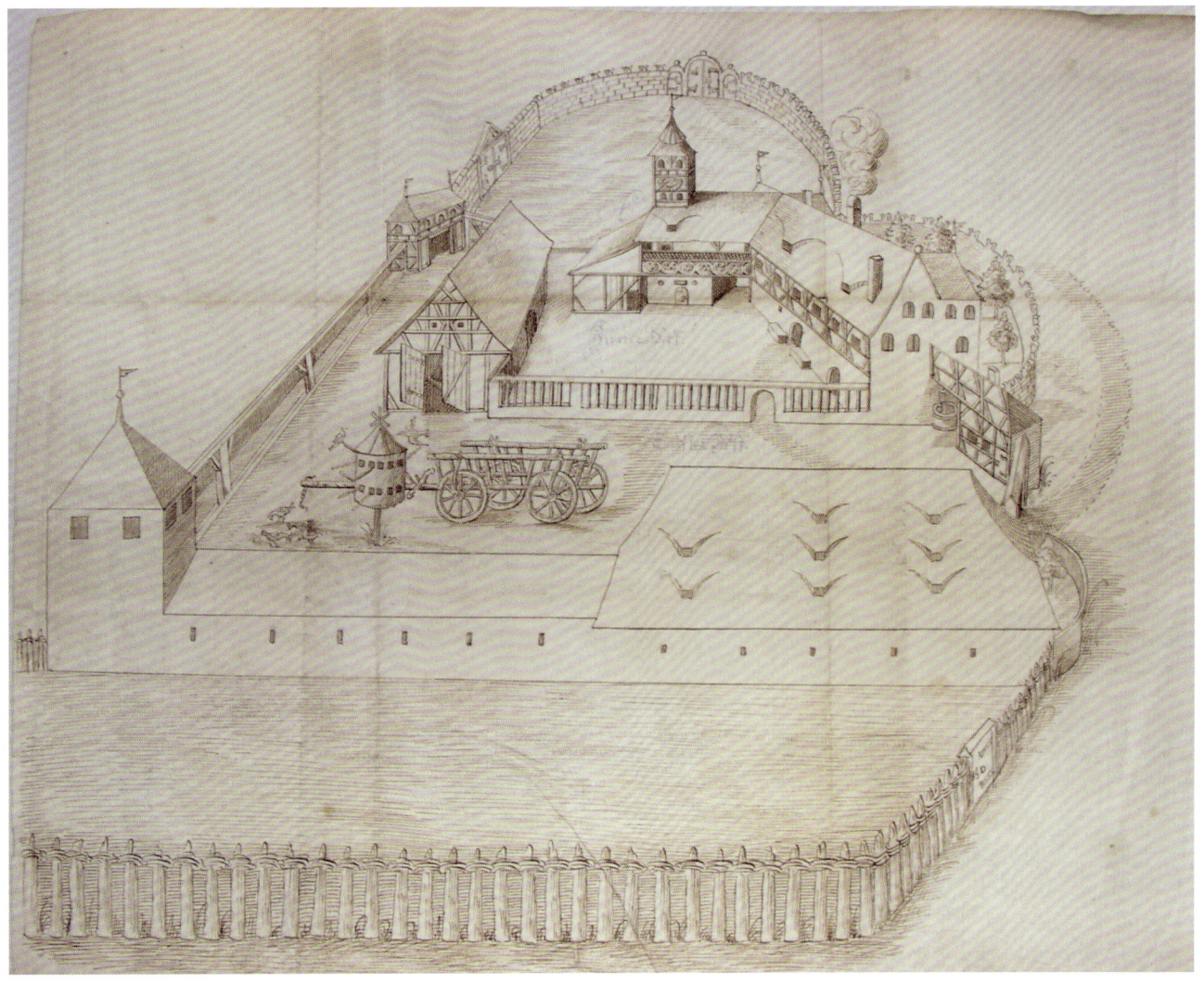

303.1 Ansicht des Herrensitzes aus der Vogelschau von Westen, Darstellung des Bestandes im Jahr 1600 für eine Baueingabe an das Waldamt Lorenzi (StAN)

holz gab im Frühjahr 1600 dem Waldamt Lorenzi zur Auskunft, sein Vater habe den Sitz, wie er „auf die alte noch stehende brandstitzen erbauet", um 1562 „an sich gebracht". Eine erste Baumaßnahme des Thomas Löffelholz lässt sich für 1566 nachweisen, als er eine von zwei Herdstätten im Sitz abzog und auf ein neues „heußlein", das wohl als Sommerhaus im so genannten Biengarten gebaut werden sollte, übertrug.

Nach dem Tod des Schlossherrn 1575 und einer vormundschaftlichen Verwaltung übernahm dessen Sohn Wolff (1563–1617) das Gut. Er leitete 1600 einen größeren Umbau des Herrensitzes ein. Das im Obergeschoss aus Fachwerk bestehende Herrenhaus war bereits vor 1600 mit einigen Schäden behaftet und bot zu wenig Wohnraum, zumal das Erdgeschoss nur Wirtschaftsräume enthielt. Angeblich standen der Herrschaft nur eine Stube, ein Schreibstüblein und zwei Kammern zur Verfügung, sodass Wolff Löffelholz eine Erweiterung des Hauptgebäudes beantragte. Außerdem sollten der Stadel erneuert sowie eine Remise für Fischereigerät zu einem Gärtnerhaus umgewandelt werden. Nachdem das Waldamt am 1. März 1600 das angeforderte Bauholz bewilligt hatte, ist von der Ausführung des Vorhabens auszugehen.

In doppelter Ausfertigung erhaltene Zeichnungen überliefern das Erscheinungsbild des Herrensitzes vor und nach dieser Baumaßnahme. Im Zentrum des Sitzes standen zwei Flügel: Etwa in Ost-West-Richtung ein zweigeschossiges Gebäude, vermutlich das 1555 genannte Wohn- und Bauernhaus (Südflügel), mit Fachwerkobergeschoss und westlichem Giebelerker. In den östlichen Achsen war sodann im rechten Winkel das damals sehr bescheidene Herrenhaus angefügt, wobei dessen Dachwerk als Zwerchhaus bis an die südliche Traufe des Südflügels eingebunden war. Das ebenfalls zweigeschossige Gebäude besaß nur die im Bauantrag genannten, über einen offenen Laubengang erschlossenen Räume. Auf dem Dachreiter aus Fachwerk war eine Sonnenuhr aufgemalt. Im Erdgeschoss führte eine offene Durchfahrt in den Garten, dessen Fläche heute u.a. von der Kachletstraße überbaut ist. Ein Bretterzaun auf gemauertem Sockel im Westen und ein Ökonomiegebäude wohl mit Wagenremise im Norden schlossen den innern Hof.

Um diesen waren der äußere Hof und die Gärten gruppiert. Die Gärten östlich und südlich des Sitzes wurden von einer – auf der Zeichnung halbkreisförmig verlaufenden – Mauer mit Schwalbenschwanzzinnen eingefriedet. Den L-förmigen äußeren Hof begrenzte im Westen eine massive Front, bestehend aus einem großen Stadel (später mit Voitwohnung) und in Verlängerung wohl die 1555 genannte niedrige Schupfen, die an der Südwestecke mit einem rechteckigen Turm mit Zeltdach endete. Ganz im Osten stand die Remise für das Fischzeug, die dem Gärtnerhaus weichen sollte. Im Norden wurde der Hof durch eine offenbar weitgehend hölzerne Einfriedung und das Torgebäude aus Fachwerk geschlossen.

Der Bauantrag sah nun vor, das Herrenhaus nach Abbruch eines kleinen Anbaus bis an das Ökonomiegebäude zu verlängern, sodass der innere Hof U-förmig mit einer einheitlichen Firstlinie geschlossen werden konnte. Im Westen sollte der Hof mit einer Quadermauer mit Schwalbenschwanzzinnen eingefriedet werden. Die vierachsige Verlängerung des Herrenhauses sah offenbar nur im Ober- und ersten Dachgeschoss weitere Wohnräume vor, wofür zwei Zwerchhäuser im Dachwerk integriert wurden. Das Erdgeschoss zeigt dagegen ein größeres Tor und keine Fenster, was eine landwirtschaftliche Nutzung annehmen lässt. Auch der Südflügel war vom Umbau betroffen, da die Zeichnung einen weiteren Giebelerker erkennen lässt.

Nach dem Tod des Wolf Löffelholz fiel die Forsthube mit dem Herrensitz 1617 an seine einzige Tochter Maria, die sich mit Johann Friedrich aus einer anderen Linie der Geschlechts vermählt hatte. Nachdem Maria bereits im ersten Kindbett verstorben war, vermählte sich ihr Witwer noch zweimal mit Töchtern aus den Familien Holzschuher und Kleewein. Nach seinem Tod teilten sich 1640 die Halbbrüder Johann Friedrich II. und Johann Joachim den Besitz. 1664 konnte Johann Friedrich II. nach dem Tod seines Halbbruders den Sitz für wenige Jahre in seiner Hand vereinigen, übertrug ihn aber zum gemeinschaftlichen Besitz an seine Söhne Johann Friedrich III. und Hans Carl I. (1644–1714). Nach dem Tod des Johann Friedrich III. im Jahre 1704 kam seine Hälfte an den Bruder, der bis zu seinem Tod im März des Jahres 1714 allein über das Gut verfügte.

Im August 1718 beantragten die Nachfolger, Hans Carl II. (1673–1756) und Hans Friedrich IV. (1682–1759), einen Umbau des Herrenhauses. Sie gaben an, nur über eine Küche im Erdgeschoss ihres gemeinschaftlich

303.2 Darstellung des Herrensitzes mit dem geplanten Neubau für die Baueingabe von 1600 an das Waldamt Lorenzi (StAN)

genutzten Schlosses zu verfügen, was gelegentlich zu großen Unbequemlichkeiten führe. Daher wollte man im so genannten kleinen Saal des Obergeschosses eine zweite Küche einrichten, wozu ein weiteres Feuerrecht benötigt wurde. 1736 renovierten und bauten die beiden Brüder das neue Voithaus um.

1759 erbte der Sohn Johann Friedrichs IV., Christoph Friedrich Löffelholz (1718–1800), der mit Helena Maria geborene Volckamer von Kirchensittenbach verheiratet war. Unter seinem Enkel Georg Wilhelm Friedrich Frhr. von Löffelholz (1775–1818) wurde im frühen 19. Jahrhundert noch unverändert die Schlossökonomie betrieben, die über fast 50 Tagwerk Nutzflächen verfügte. 1837 verkaufte die Witwe das Schloss um 16.000 Gulden an den Müllermeister Johann Christoph Schlee, der es 1853 an den Seifenfabrikanten Johann Krauß er und seine Frau Barbara Philippina weiter veräußerte. Das Schloss kaufte 1861 der königliche Forstmeister Carl Freiherr von Mettingh, der 1862 den Südflügel großzügig umbauen und seine Fassaden im Tudorstil neu gestalten ließ. 1871 übernahm sein Sohn Fritz Freiherr von Mettingh (1826–1891), ein Jurist, das Gut. Für den ehemaligen Herrensitz der Löffelholz hatte sich inzwischen der Name Mettingh-Schloss eingebürgert. Die Zerschlagung des herrschaftlichen Anwesens mit seinen landwirtschaftlichen Grundstücken ereignete sich erst, nachdem es am 8. Oktober 1906 an Leonhard Haas verkauft worden war, der 1912 große Teile der Flächen für die Anlage des Sportparks des 1. FCN veräußerte.

Das Ende des Herrensitzes kam am 3. Oktober 1944, als er bei einem Fliegerangriff von Bomben getroffen wurde. Der Ostflügel mit dem Dachreiter wurde völlig zerstört, der 1862 umgebaute Südflügel stark beschädigt. Bei seiner Instandsetzung 1955 erhielt er ein Walmdach und wurde vermutlich unter weiterer Beseitigung historischer Substanz repariert. An der Stelle des Ostflügels entstand ein Kino, das mittlerweile zu einem Supermarkt umgestaltet wurde. Diese Veränderungen und die schon im frühen 20. Jahrhundert vorgenommenen Straßenbaumaßnahmen haben die historisch gewachsene Situation völlig zerstört, sodass die einstige Schlossanlage trotz überkommener Bauteile heute nicht mehr erkennbar ist.

303.4 Ansicht des Herrensitzes mit dem um 1862 historistisch im Tudorstil umgestalteten Südflügel, Fotografie: G. v. Volckamer 1894 (StadtMN)

Quellen

StAN Rst. Nbg., D-Akten Nr. 4915, Prod. 64. Rst. Nbg., Amts- und Standbücher Nr. 117, fol. 73 r. Rst. Nbg., Waldamt Lorenzi I Nr. 540.

StadtAN E 10/21 Nr. 125.

StBBa J.H. Msc. 58, fol. 32.

Gelegenhait, Nr. 688.

Müllner I, S. 361; III, S. 196, 277.

Literatur

KDM Stadt Nürnberg, S. 489 f.

Klier, Richard: Zur Genealogie der Bergunternehmerfamilie Schütz in Nürnberg und Mitteldeutschland im 15. und 16. Jahrhundert. In: MVGN 55 (1967/68), S. 191.

Kraus, Josef: Die Stadt Nürnberg in ihren Beziehungen zur Römischen Kurie während des Mittelalters. In: MVGN 41 (1950), S. 52 mit Anm. 442.

Liebel, Hans: Zerzabelshof. Die Geschichte eines Stadtteils. Nürnberg 1993.

Rusam, Dorfkerne, S. 218-226.

Ders.: Zerzabelshof. Von der alten Forsthube im Lorenzer Reichswald zur modernen Vorstadt Nürnbergs (= Sonderdruck aus VVZ-Nachrichten. Mitteilungsblatt des Vorstadtvereins Zabo e.V. Nürnberg, Oktober/November 1985).

Ruthrof, Renaissance, S. 76 f, 94.

Stadtlexikon Nürnberg, S. 1210 f.

303.3 Ansicht von Zerzabelshof mit dem Herrensitz aus südlicher Richtung, Radierung von etwa 1702 von J. A. Boener (StadtA Lauf)

Ziegelstein I

Abgegangener Herrensitz,
„Hallerschloss" (1642 zerstört)

Bereich Ziegelsteinstraße 201 a

Stadt Nürnberg

Die Anfänge von Ziegelstein liegen im Dunkeln. Eine nur durch archäologische Grabungen bekannte, in das 10. Jahrhundert datierte Siedlungsstelle lag einige hundert Meter östlich des späteren Ortskerns, wurde aber anscheinend bald wieder aufgegeben. Die vermutlich schon im Hochmittelalter aufgekommene Produktion von Ziegelwaren gab dem Ort zunächst den Namen „Ziegelhof", der noch bis in die Mitte des 15. Jahrhunderts gebräuchlich war. Wohl im 14. Jahrhundert entstand hier auf einer künstlichen Erhebung in der sumpfigen Talaue ein reichslehnbarer Herrensitz, der 1370 erstmals urkundlich bezeugt wurde, als Peter III. Haller sein mit Zäunen und Gräben befestigtes Haus „zu dem Zyegelhof" dem Nürnberger Rat für den Kriegsfall öffnete. Der Sitz erhielt den Namen Ziegelstein, der allmählich auch für das Dorf üblich wurde.

Entsprechend dem Testament fiel das Erbe 1425 als ungeteilter Besitz an Peter Hallers sechs Söhne Christian I., Peter IV., Jakob II., Wilhelm I., Paulus I. und Georg III. Haller, die von König Sigmund mit dem Haus Ziegelstein, allen Gütern daselbst und dem „Feld im See" belehnt wurden. Diese vom Vater angeordnete Besitzgemeinschaft ließ aber Jakob Haller durch König Friedrich 1440 aufheben und sich mit einem Sechstel-Anteil belehnen mit dem Recht, diesen weiter zu verleihen oder zu verkaufen. Kurz darauf veräußerte er ihn an seinen Bruder Paulus, was 1441 zu einem Prozess mit Georg und dem Neffen Wilhelm II. führte, die offenbar vergeblich am gemeinsamen, ungeteilten Besitz festhalten wollten. Obwohl Paulus Haller zuletzt drei Viertel von Ziegelstein an sich bringen konnte, wurde der Besitz in der nächsten und übernächsten Generation völlig zersplittert, zeitweise bis in Zweiunddreißigstel- und Sechsunddreißigstel-Anteile. Dazu hatte ein 1478 erteiltes Privileg beigetragen, das den Haller erlaubte, ihre Reichslehen nach Belieben zu verkaufen, zu vererben usw. Immerhin blieben alle Anteile in der Familie.

Inwieweit Ziegelstein von den wechselnden Teilhabern auch bewohnt wurde, ist nicht bekannt. Gleich zu Beginn des Ersten Markgrafenkrieges im Juli 1449 wurde das Dorf und dabei wahrscheinlich auch der Sitz in Brand gesteckt. Die Instandsetzung erfolgte wohl bald nach Kriegsende. Im Salbuch des Ruprecht Haller von 1488 wird „Ziegelstein mitsampt dem haws, greben und gütern" ohne Hinweis auf irgendwelche Schäden genannt. Auch der Bericht zur Erkundung der Landschaft vor Ausbruch des Landshuter Erbfolgekrieges 1504 erwähnt den Sitz bzw. das „schloslein" zu Ziegelstein. Damals wurde er mit einigen Nürnberger Hakenschützen besetzt.

Ein Ururenkel Peter I., Bartholomäus I. Haller von Hallerstein, der 1525 Reichsbann- und Stadtrichter in Nürnberg wurde und 1551 als Reichsschultheiß von Frankfurt am Main starb, brachte ab 1518 den zersplitterten Besitz nach und nach ganz in seine Hand. 1526 wurde er von den Markgrafen im so genannten Neugebäu-Prozess verklagt, weil er in Ziegelstein eine starke Kemenate mit einem Zwinger, vier Türmen, guten Streichwehren und Schießlöchern errichtet habe, die von drei Wassergräben umgeben seien. Dass Bartholomäus Haller den Sitz weiter ausgebaut hat, ist anzunehmen, über Einzelheiten und den früheren Zustand der Anlage sind wir allerdings nicht unterrichtet.

Eine Miniaturmalerei in drei Exemplaren seiner Geschlechterbücher um 1533 überliefert das mit der Beschreibung von 1526 übereinstimmende Erscheinungsbild des Herrensitzes zu dieser Zeit. Demnach handelte es sich um eine kleine, gut befestigte Wasserburg. Das wohnturmartige Hauptgebäude aus Sandsteinquadern wies eine gewisse Ähnlichkeit mit dem erhaltenen Neunhofer Schloss auf: zwei Obergeschosse auf einem hohen, nur mit kleinen Lichtöffnungen versehenen Sockelgeschoss, und an den Schmalseiten saßen zwei über die gesamte Breite reichende Zwerchhäuser aus Fachwerk auf [vgl. Neunhof bei Kraftshof]. Dem Herrenhaus war an der Nordseite ein kleinerer Anbau angefügt, der den großen rundbogigen Eingang enthielt. Beide Gebäude waren von einer zinnenbekrönten, mit vier Eckbasteien (den 1526 erwähnten „Türmen") versehenen Zwingermauer umgeben. Die kleine Wasserburg lag in einem Weiher und war nur über eine schmale Insel zu erreichen, die als Vorhof diente und auf der kleinere Wirtschaftsbauten und ein 1513 errichteter Fachwerkbau standen, den die Haller ohne Genehmigung zunächst als Kapelle aufgeführt hatten. Die prompt ausgesprochene Abbruchverfügung des Nürnberger Rates [vgl. auch Zerzabelshof] wurde schließlich dahin abgeändert, dass der Bau als Pferdestall (!) stehen bleiben durfte. Der Zugang war nur über zwei Wippbalkenbrücken möglich, wobei die erste

304.1 Ansicht des Hallerschlosses aus der Vogelschau, Aquarell aus der Zeit um 1533 (HallerA)

auf den Vorhof und die zweite von dort zur Hauptburg führte. Die Wehranlage war zusätzlich durch einen äußeren Wassergraben und einen Flechtzaun geschützt. Diese Annäherungshindernisse sind schon für das Jahr 1370 bezeugt.

Leider ist die baugeschichtliche Überlieferung des Sitzes, die nach einer Notiz vermutlich noch vor 1806 dem Akt des Waldamtes Sebaldi entnommen wurde, heute verschollen. Lediglich die Aufschrift auf dem erhaltenen Aktendeckel weist auf den Wiederaufbau des „seit 1552 in der Asche gelegenen adelichen Burgstall oder Schloßes zu Ziegelstein" nach dem Zweiten Markgrafenkrieg. Nach den Kriegsrechnungen der Reichsstadt wurde der Sitz jedoch erst am 26. Mai 1553 von markgräflichen Truppen niedergebrannt. Bartholomäus Haller war bereits 1551 gestorben und hatte so die Zerstörung seines Schlosses nicht mehr erleben müssen. 1552 wurden seine drei Söhne Christoph, Ruprecht und Wolf von Kaiser Karl V. mit Ziegelstein belehnt. Der jüngste von ihnen, der kaiserliche Reichspfennigmeister Wolf VIII. Haller [vgl. Mögeldorf I, III], ließ bereits 1554/55 gleichzeitig an der Instandsetzung des Sitzes und der Hallerschen Ziegelei arbeiten und erhielt dazu Bauholz aus den Wäldern des damals von der Reichsstadt okkupierten Klosters Frauenaurach. Da das massive Herrenhaus nur ausgebrannt war, wurde es vermutlich in der alten Form wieder hergestellt. Vielleicht wurden die vormals in Fachwerk errichteten Dachausbauten diesmal massiv erneuert oder verputzt; zumindest zeigt eine Variante der erwähnten Miniatur, die ihrerseits in zwei übereinstimmenden Exemplaren überliefert ist, diesen Zustand.

Nach dem Tod des Reichspfennigmeisters im Jahre 1571 erbten seine beiden Töchter Maria und Helena den Besitz. Die Schwiegersöhne Thomas Kötzler und Martin VI. Haller einigten sich darauf, ihn bis zur Abzahlung der Schulden gemeinsam zu behalten. Maria verkaufte ihren Anteil aber schon vorher an ihren Vetter Hans Jakob II. Daraufhin verklagte ihn Martin Haller 1586 vor dem Reichskammergericht; zwei Jahre später brachte er Ziegelstein ganz an sich. Sein Sohn Martin Carl Haller (1585–1652) hatte wie schon der Vater immer wieder Auseinandersetzungen mit dem Nürnberger Rat, weil er für sein Reichslehen Ziegelstein vergeblich die Hohe Obrigkeit beanspruchte und daraus Sonderrechte hinsichtlich Kirchweihschutz, Schankrecht usw. abzuleiten suchte.

Im 30-jährigen Krieg erlebte das Schloss seine dritte Katastrophe. Im Gegensatz zu den meisten anderen Nürnberger Herrensitzen, die bereits 1632/34 zerstört

304.2 Ansicht der Schlossruine im späten 17. Jahrhundert, Kupferstich von U. Krauß nach einer Zeichnung von J.A. Graff um 1690 (HallerA)

wurden, scheint es diese schlimmste Zeit überstanden zu haben. Ende 1642 jedoch, als drei in der Gegend einquartierte kaiserliche Kavallerieregimenter wieder abzogen, ging „das Schloß oder Herrenhaus zu Ziegelstein samt etlichen Bauernhäusern daselbst" in Flammen auf. Diesmal wurde es nicht wiederhergestellt. Wohl über ein Jahrhundert blieb das Hallerschloss als Ruine liegen, während der Besitz über die Schlüsselfelder an die Imhoff gelangte [vgl. Ziegelstein II]. Ein Stich von Johann Ulrich Kraus nach einer Zeichnung von Johann Andreas Graff zeigt 1688 neben dem zerstörten Schloss, dessen Mauern noch bis zum Ansatz des ersten Obergeschosses standen, einen kleinen Fachwerkbau. In diesem Weiher- oder Fischerhaus „auf dem alten Schloß" wohnte 1766 der Gärtner Thomas Röthel.

1809 wurde das Haus (damals Nr. 7, später Ziegelsteinstraße 201 a) mit der ehemaligen Burgstelle – die Ruine war inzwischen abgebrochen, dort lag jetzt ein Acker, „Altes Schloss" genannt – von Johann Sigmund Georg Imhoff an den Tagelöhner Johann Adam Flohr verkauft. Die Weiher- und Grabenanlage ist aber noch auf dem Urkatasterplan von 1825 zu sehen. Nach deren Verfüllung war hier noch lange eine kreisrunde Bodenerhebung zu erkennen, die seit den 1950-er Jahren als ehemaliger Turmhügel gedeutet wurde. Erst im ausgehenden 20. Jahrhundert wurde die Burgstelle größtenteils modern bebaut.

Quellen

StAN Rst. Nbg., Handschriften Nr. 198. Rst. Nbg., Ratsbücher Nr. 10, Bl. 67, Nr. 28, Bl. 20, 114 v, 232, 323, 338 v. Rst. Nbg., Verlässe der Herren Älteren Nr. 3, Bl. 179. Rst. Nbg., Rechnungen des markgräflichen Krieges Nr. 95, 96. Rst. Nbg., Waldamt Sebaldi I Nr. 374.

GNM-A Imhoff-A Teil II Nr. 31.

HallerA Urkunden und Akten Ziegelstein (Reichslehen VI); Salbuch Ruprecht Haller 1488.

Bayerisches Hauptstaatsarchiv Reichskammergericht Bd. 4 (= Bayer. Archivinventare Bd. 50/4). München 1998, Nr. 1493; Bd. 11 (= Bayer. Archivinventare Bd. 50/11). München 2004, Nr. 4581.

Gelegenhait, Nr. 718, 1945.

Müllner I, S. 315; II, S. 433; III, S. 277.

Literatur

Friedel, Birgit: Ziegelstein – Eine Siedlung des 10. Jahrhunderts. In: Friedel, Birgit / Frieser, Claudia (Hg.): Nürnberg. Archäologie und Kulturgeschichte. Büchenbach 1999, S. 43-47.

Gumpert, Karl: Frühmittelalterliche Turmhügel in Franken. In: Jahresbericht des Historischen Vereins für Mittelfranken 70 (1950), S. 94.

Pfeiffer, Gerhard: Die Offenhäuser der Reichsstadt Nürnberg. In: JffL 14 (1954), S. 156 f, 166 f, 171.

Rusam, Dorfkerne, S. 313-320.

Ruthrof, Renaissance, S. 39 f.

Schornbaum, Karl: Die Kapelle in Ziegelstein. In: MVGN 43 (1952), S. 487.

Stadtlexikon Nürnberg, S. 397, 1212.

Truckenbrot, Michael: Nürnberg im dreißigjährigen Kriege. Nürnberg 1789, S. 173 f.

305 — C4

Ziegelstein II

Herrensitz, „Imhoffschloss"

Am Anger 26-34

Stadt Nürnberg

Den 1652 verstorbenen Martin Carl Haller [vgl. Ziegelstein I] überlebte nur eine Tochter Catharina Helena (1626–1684), die sich 1647 mit Georg Wilhelm Schlüsselfelder (1596–1679) vermählt hatte. Ihre einzige Tochter Helena Catharina heiratete 1666 Georg Andreas Imhoff [vgl. Mögeldorf I], dessen Familie dann über 150 Jahre im Besitz von Ziegelstein blieb.

Nachdem das alte Hallerschloss als Ruine liegen blieb, wurde östlich davon am Südrand des Ziegelsteiner Espans (Dorfangers) ein neuer Herrensitz erbaut. Über dessen Entstehung liegen widersprüchliche Nachrichten vor. Als Bauherr kommen aber wohl nur Georg Wilhelm Schlüsselfelder oder Georg Andreas Imhoff

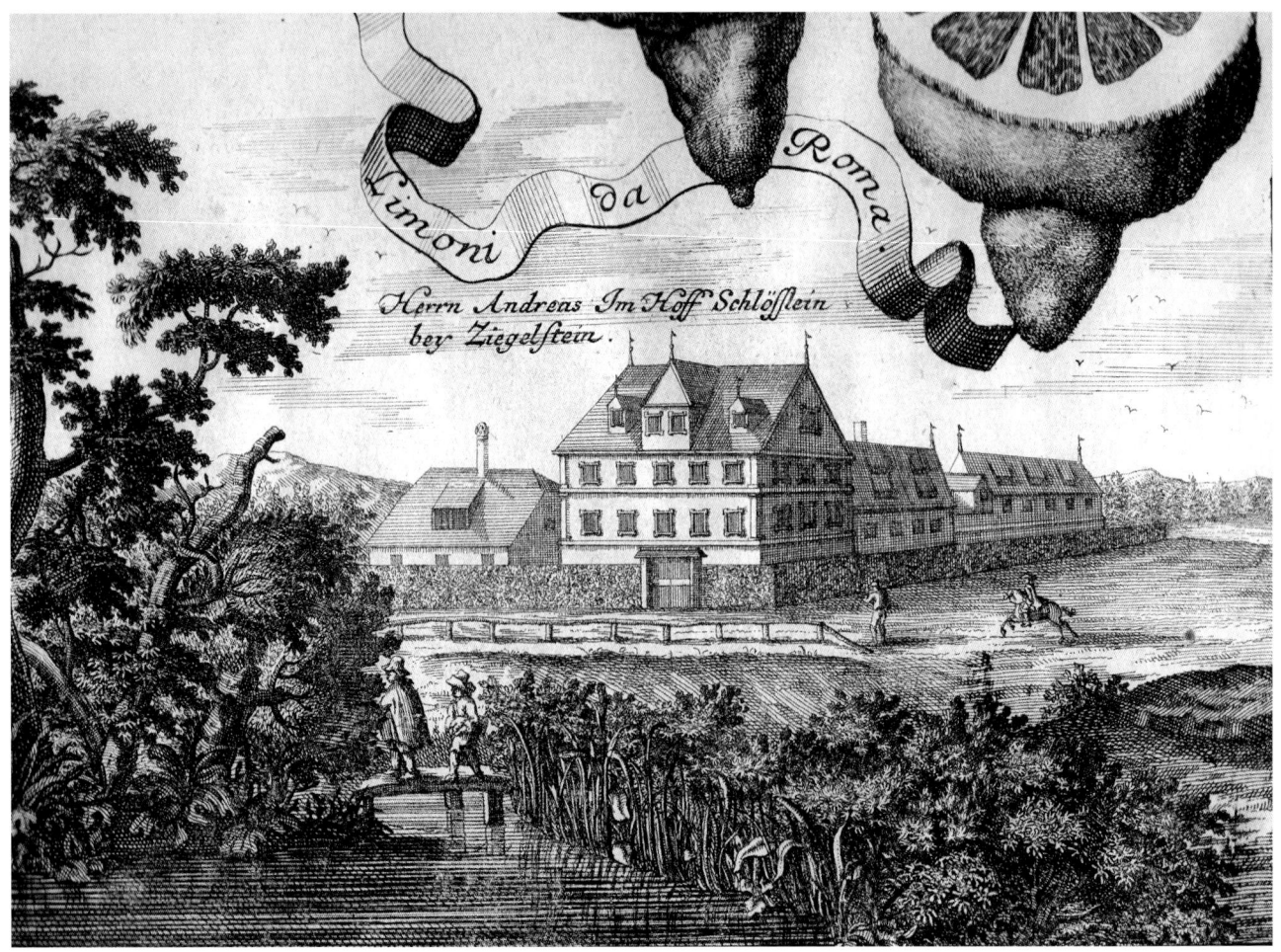

305.1 Ansicht des Imhoff-Schlosses noch ohne Dachreiter auf dem Herrenhaus, Blatt der Hesperides von J. C. Volkamer, 1708 (StadtA Lauf)

305.2 Ansicht des Sitzes aus südwestlicher Richtung auf einem Stich von J. B. Funck um 1743 (HallerA)

in Frage, der mit seiner Frau bald nach der Heirat das als Mann- und Weiberlehen geltende Reichslehen übernahm.

Auf einem Kupferstich vom Beginn des 18. Jahrhunderts präsentierte sich das Imhoffschlösschen als zweigeschossiger Bau von fünf (tatsächlich nur vier) zu drei Achsen mit Satteldach und einem Zwerchhaus an der Westseite; nach Osten schlossen sich zwei Nebengebäude an. Wohl noch vor 1743 entstand der charakteristische achtseitige Dachreiter, während das Zwerchhaus später wieder beseitigt wurde.

Georg Andreas Imhoff, seit 1706 oberster Landpfleger, starb 1713. Nach dem Tod seiner Gemahlin Helena Katharina 1727 wurde das Testament angefochten. Der Erbstreit vor dem Reichshofrat in Wien endete mit dem Vergleich vom Juli 1728 und setzte den Enkel Georg Christoph Gottlieb Imhoff (1701–1768) als Besitzer ein, räumte aber auch den Miterben, den Schwestern Helena Katharina von Furtenbach und Helena Regina, verheiratet mit Johann Albrecht Karl von Mü(h)lholz, sowie ihrer Kusine Maria Helena Ebner von Eschenbach (1714–1760) Rechte ein.

Nach dem Tod Georg Christoph Gottliebs folgte dessen Sohn Johann Sigmund Georg, der erstmals 1770 mit dem Reichslehen Ziegelstein belehnt wurde. Der Sohn, der zeitweise als Burgamtmann zu Nürnberg amtierte, starb im Dezember 1831. Er hinterließ nur eine Tochter, Barbara Sabina Maria, verheiratet mit einem Oberleutnant Friedrich Christoph Rech, die im April 1833 kinderlos verstarb [vgl. Erlenstegen VI]. Der Herrensitz fiel daraufhin an eine Erbengemeinschaft, die aus den vier Kindern des 1829 zu Ansbach verstorbenen Postmeisters Burkhard Carl Friedrich von Mühlholz (eines Enkels der Helena Regina von Furtenbach) bestand. Bereits drei Jahre vor der gesetzlichen Aufhebung der Patrimonialgerichtsbarkeit 1848 traten August von Mühlholz und seine Miterben die Gerichtsrechte an den bayerischen Staat ab.

Im Jahr 1866 kaufte schließlich die Gemeinde Ziegelstein den Herrensitz als Ersatz für das ganz unzulänglich gewordene, seit 1660 benutzte alte Schulhaus (alte

305.3 Ansicht des Herrensitzes aus nordöstlicher Richtung, Fotografie: G. v. Volckamer um 1894 (StadtMN)

Hausnummer 12 = Ziegelsteinstraße 182, im Zweiten Weltkrieg zerstört). Das nach Pfarrer Julius Kelber als „Jagdschlößchen" bezeichnete Herrenhaus (alte Hausnummer 19 = Am Anger 28), wo schon einmal vorübergehend Unterricht gehalten worden sein soll, wurde zu einem Schulhaus mit Lehrerwohnung umgebaut und konnte im November 1868 bezogen werden. Als Schulhaus wurde das ehemalige Herrenhaus bis etwa 1922 genutzt, als die stetig anwachsende Schülerzahl einen Neubau erforderlich machte.

Leider veräußerte die Gemeinde die übrigen Teile der Schlossanlage 1867/68 an verschiedene Interessenten, was eine für das Baudenkmal ungünstige Entwicklung in Gang setzte. Die Hausnummern 18 und 20 (Am Anger 26 und 34) wurden an Johann Georg und Eleonora Hollfelder, die östlichen Anbauten des Herrenhauses, Hausnummern 19 b und 19 c, an den Schuhmacher Johann Häckel und einen Georg Adam Stauber verkauft.

Das Schloss selbst überstand den Zweiten Weltkrieg glimpflich, lediglich der markante Dachreiter wurde 1945 zerstört. Leider hat man im Kunstdenkmälerband für die Stadt Nürnberg fälschlicherweise den restlosen Untergang des offenbar mit dem Hallerschlösschen verwechselten Herrensitzes behauptet; der Imhoffsche Sitz wurde als solcher gar nicht erkannt und erscheint daher als Bauernhaus (!) mit der falschen Datierung „im Kern Mitte 19. Jh.". Prompt wurden die erhaltenen Teile der Schlossanlage nach 1980 aus der Denkmalliste gestrichen. Sie sind mittlerweile durch eine Vielzahl von Modernisierungsversuchen völlig verunstaltet und lassen quasi als Lehrbeispiel deutlich werden, welche Entwicklung das reiche Kulturerbe Bayerns ohne Denkmalschutz einschlagen wird.

Quellen

StAN Rst. Nbg., Handschriften Nr. 198. Rst. Nbg., Waldamt Sebaldi I Nr. 374. Kataster Ziegelstein Nr. 4, 11, 12, 17, 18 Bd.1.

GNM-A Imhoff-A Teil II Nr. 2, 31.

Literatur

HAB Nürnberg-Fürth, S. 191, 245, 266.

KDM Stadt Nürnberg, S. 490.

Kelber, Julius: Die ehemalige Dorfgemeinde Ziegelstein. Nürnberg 1939, S. 6, 9, 15 f, 18.

Rusam, Dorfkerne, S. 315-320.

Steinmaier, Walter: Als das ABC auf die Dörfer kam. Nürnberg 2001, S. 164 f.

Willenberg, Knud / Groh, Rudolf: Ziegelstein und Herrnhütte früher. Teil 1 (bis 1945). Nürnberg 1989, S. 2 f, 10 f und Titelbild.

305.4 Ansicht des Herrensitzes aus südöstlicher Richtung, Fotografie: G. v. Volckamer um 1894 (StadtMN)

305.5 Ansicht des durch Modernisierungen im 20. Jahrhundert verunstalteten „Imhoff-Schlosses" im Jahr 2006 (Rg)

Anhang

Burg Hiltpoltstein von Osten, Bleistiftzeichnung von C. J. W. C. J. Haller von Hallerstein 1809 (HallerA)

Ortsregister

Das nachstehende Verzeichnis bezieht sich auf die Objektnummern und erfasst die im Text (nicht aber im Quellen- und Literaturanhang) genannten Herrensitze und sonstigen Orte bzw. Ortsteile. Die Gemeindezugehörigkeit wird hier nicht angegeben, vergleiche dazu das gesonderte Verzeichnis der bearbeiteten Objekte nach Kreisen und Gemeinden. Mehrere Herrensitze am selben Ort sind durch römische Zahlen unterschieden, die Hauptfundstelle ist jeweils hervorgehoben. Nicht berücksichtigt werden bloße Herkunftsbezeichnungen, Verweise auf andere Herrensitze nur dann, wenn sie mit sachlichen Erläuterungen verbunden sind.

A

Adelenburg siehe Haimburg
Adlitz 281
Affalterbach 134
Albewinistein *1*, 19
  siehe auch Ebermannsdorf
Alfalter *2*
Alfeld *3*
Almoshof *4, 5, 6, 7*
  Holzschuhersitz (I) *4*
  Imhoffscher Sitz (IV) *7*
  Praunscher Herrensitz (II) *5*
  Stromerscher Sitz (III) *6*, 161
Altdorf *8*, 48, 51, 107, 199, 210, 213, 214, 227, 233, 268, 290
  Amt 54, 55, 102, 106, 107, 249
  Hofmark 107, 213
  Pflegschloss *8*
  Rentamt 55, 214
Alte Veste 23, 148
Altenfurt *9, 10*
  Eingefallenes Schloss, abgegangene Burg am Hutberg (II) *10*
  Herrensitz (I) *9*
Altensittenbach 142-144
Altenthann *11*, 38, 290
  Nikolaus-Kapelle 11
Alter Rothenberg
  Abgegangene Burg *12*, 127, 133, 157, 230, 267, 299
Altes Haus
  siehe Pommelsbrunn
Altes Schloss
  siehe Alfalter

Amberg 1, 47, 100, 117, 143, 162, 164, 169, 182, 223, 240, 267
Amsterdam 134
Ansbach 161, 225, 251-253, 297, 305
Appelsberg 209
Artelshofen *13*, 70, 120, 130, 158, 269, 285, 289
Atzelsberg 281
Auerbach 82, 100, 223, 267

B

Bad Muskau
  Landschaftsgarten 255
Baiersdorf
  Oberamt 197, 281
Bamberg
  Dompropstei 251-253, 251, 269, 270
  Kloster Michelsberg 126
  Kollegiatstift St. Jakob 183-187, 285
Beerbach *14*, 232
Behringersdorf *15*, 167, 232
  Alter oder Grolandscher Sitz (III) *16, 17*
  Neues Schloss (IV) *18*, 99
  Ministerialensitz (I) *15*
  Spitalsitzlein (II) *16*, 17
Berg 213
Bergen
  Kloster 119, 125, 132, 141, 219, 274
Berngau 107, 213
Betzenstein 1, *19, 20*, 133, 164
  Amt 266
  Burg (I) *19*, 20
  Pflegamt 19, 20, 160
  Pflegschloss, Pflegamtshaus (II) 19, *20*, 266
Birkensee *21*, 48, 155, 199, 219
Birnthon *22*
Bislohe *23*
Boxberg 148
Brand 36, 136
  Abgegangener Herrensitz (I, II) *24, 25*
  Schloss (III) *26*
Branitz
  Landschaftsgarten 255
Braunsbach 23, *27*, 262
Breitenthal
  Bergfried bei Weigendorf *28*, 118
Bre(t)zengarten
  siehe Nürnberg
Bruck *31, 32, 33, 34*
  Abgegangener Sitz bei der Kirche (II) *31*
  Keltschenschloss (IV) *33*
  Mayersbachscher Sitz, Schlösschen (I) *30*
  Steinhaus (III) *32*
Bruckberg (bei Ansbach) 35, 216
Brunn *34*, 181
Buckenhof 31, *35*
Büg 24, *36*, 67, 84, 169
Bürtel
  Abgegangener Turmhügel bei Pommelsbrunn *37*
Burgebrach 89
Burgfarrnbach 251
Burgstall
  siehe Siegersdorf

Burgstall Rüsselbach
  siehe Mitteldorf
Burgstall-Weiher
  siehe Reichelsdorfer Keller
Burgstein
  siehe Oberkrumbach
Burgstuhl
  siehe Sankt Helena
Burgthann
  Amt 72, 167, 245
  Burghuten der Kühedorf und Muslohe 38
  Burgruine, Pflegschloss 11, *38*, 70

C

Cadolzburg
  Oberamt 65

D

Dehnberg *39*
Deinschwang 48, 51, 199
Diepersdorf *40*, 224
Diepoltsdorf *41, 42, 43*, 203, 255, 282
  Hintere oder Alte Behausung (I) *41*
  Neue Behausung, Harsdorfsches Herrenhaus (III) *43*
  Vordere Behausung (II) 41, *42*
Dörnhof *44*, 111, 246, 259
Doos 140
  siehe auch Kernstein
Dorfhaus 171
Dormitz
  Abgegangener Herrensitz (I) *45*
  Steinhaus (II) *46*
Dürrenhof
  siehe Schoppershof
Dürrenhof bei Grünsberg 102
Düsselbach 2

E

Ebermannsdorf
  Turmburg *1*
  siehe auch Albewinistein
Ebrach
  Kloster 139
Eckenhaid 24, 47, 66, 69, 77-81, 167, 168
  Herrensitz *47*
  Marienburg (abgegangen) 47
  siehe auch Marquardsburg
Eckenmühle 168
Egelsee
  siehe Dehnberg
Egensbach 8, 21, *48*, 51, 155, 199, 219
Eger 213
Eibach *49*, 148, 217
Eibental (bei Plech) *50*
Eichenstruth 267
Eingefallenes Schloss (am Hutberg, Lorenzer Reichswald)
  siehe Altenfurt
Eismannsberg 214, 220
  Abgegangene Burg der Ratz (I) *51*
  Abgegangener Herrensitz der Rech (II) *52*
  Abgegangenes Herrenhaus der Ratz (III) 52, *53*
  Schloss (IV) *54*, 197

Engelthal
　Kloster　3, 21, 27, 38, 48, 55, 108, 117, 120, 199, 205, 219, 272
　Pflegamt　55, 107, 219, 232, 285
　Pflegschloss　*55*
　S(ch)winach　223
Enzendorf
　Herrnsitz　*56*, 70, 130
　Hammer　56, 70, 117, 130
Enzenreuth　254
Erlangen　33, 35, 158, 267, 281, 302
Erlenstegen　57-64, 57, 58, 59, 60, 61, 62, 63, 64, 172-179, 275
　Dietherrscher oder Pömerscher Sitz (VII)　*63*, 248
　Förrenbergerscher Sitz (VIII)　57-64, 63, *64*
　Groland- oder Scheurl-Schloss (I)　57-64, *57*, 63
　Gugel- oder Schreiber-Schloss (VI)　*62*
　Kressicher Sitz (IV)　*60*
　Schlösslein, Topplers(berger) Herrensitz (III)　58, *59*
　Voit- oder Ebnerschloss (II)　57, *58*
　Wölckernschloss (V)　*61*, 62
Ermreuth　*65*, 66, 226
Eschenau　24, 39, 47, 68, 69
　Abgegangene Turmhügelburg (I)　*66*, 289
　Gronesches, Kleines oder Unteres Schloss (IV)　67, 68, *69*
　Großes Haus　66
　Muffel- oder Großes Schloss (II)　*67*, 68, 69
　Nebenschlösschen oder Mahlsches Schloss (III)　67, *68*
Eschenbach　*70*, 117, 130

F
Feldkirch　220
Feucht　10, 245
　Abgegangener Herrensitz (IV)　*74*
　Pfinzingschloss, Schloss Mornek (I)　*71*, 74, 75
　Tucherschloss (III)　*73*
　Unterholzersches Herrenhaus (V)　*75*
　Zeidlerschloss, Schloss im Kartäuserweiher (II)　71, *72*, 74
Finstermühle　*76*, 231
Fischbach　10, 77-81, 77, 78, 79, 80, 81, 163, 167, 291
　Abgegangener Herrensitz (IV)　77-81, *80*
　Harsdorfsches Schloss (I)　77-81, *77*
　Kleines Schlösschen (V)　77-81, *81*
　Pellerschloss (III)　77-81, *79*
　Scheurlsches Schloss (II)　77-81, *78*
Fischstein　*82*
Flaschenhof　*83*, 89, 105
Forchheim　36, 39, 66, 116, 125, 151, 193
Forth　36, *84*, 168, 169
Frauenaurach
　Kloster　99, 304
Freiröttenbach　12
Freystadt　164
Frohnhof　*85*
Fürth　66, 94, 168, 269, 271,

G
Gabermühle　103, 183-187
Galgenhof
　siehe Glockenhof
Gauchsmühle　86, 87, 290
　Abgegangener Herrensitz (I)　*86*
　Herrensitz der Grundherr (II)　*87*
Geierstein
　siehe Peuerling
Gerasmühle　229
Gersberg　205
Gersdorf　272
　siehe auch Stockach
Gibitzenhof　*88*
Gleißbühl　83, *89*
　Millasgarten　89
　Scherleinsgarten　89
Gleißhammer
　Güntherschlösschen, Vargetenschlösschen (II)　*91*
　Zeltnerschloss (I)　*90*, 91, 177
Glockenhof (Obergalgenhof)　*92*
Gnadenberg
　Kloster　107
Goppoltzpürg
　siehe Prackenfels
Gothelmshofen (aufgegangen in Thalheim)　274
Gostenhof
　Löffelholz-Schlösslein (I)　*93*
　Pflegschloss (II)　*94*
Gräfenberg　65, 95-96, 95, 96, 288, 299
　Burg (I)　*95*, 96
　Pflegamt　44, 111
　Pflegschloss (Großhaus, Steinhaus, Steinhof) (II)　95-96, 95, *96*
　Wolfsberger Schloss　96
Großenfalz (bei Sulzbach)　90
Großengsee　*97*
Großer Hansgörgl　193
Großgeschaidt　145
Großgründlach　98, 99, 167, 191, 203
　Angeblicher Turmhügel (I)　*98*
　Kloster Himmelthron　99, 189
　Schloss (II)　98, *99*, 172, 238
Grünreuth　70, 100, 101
　Abgegangene Burg (II)　*101*
　Grünreuther Schlößl (I)　*100*, 117
Grünsberg　11, 48, 51, *102*, 210, 214
　Himmelgarten　102
　Sophienquelle　102
Gsteinach　249
Güntersthal　231
Günthersbühl　*103*, 126, 183-187, 191, 196, 227, 289
Guttenburg　*104*
Gybelspürg
　siehe Prackenfels

H
Hacburg
　siehe Happurg
Hackenhof　102
Hadermühle　83, 89, 105
　Abgegangenes Herrenhaus　*105*
　Papiermühle　105
Hag
　siehe Offenhausen
Hagenbach　281

Hagenbüchach　117
Hagenhausen　53, 106
　Ödes Schloss, abgegangener Herrensitz　*106*
Hahnhof
　siehe Weiherhaus bei Feucht
Haimburg
　Adelenburg　107
　Burgruine　*107*
　Pflegamt　107, 214
Haimendorf　*108*, 224
Hallerweiherhaus　*109*
Hals (bei Passau)　19
Hammer　*110*, 192, 282
Hammermühle　*111*, 259
Hammerschrott　*112*, 182
Hansgörgl, Großer　193
Hansgörgl, Kleiner
　siehe Unterkrumbach
Happurg　113, 114, 115, 116, 219
　Hacburg, mutmaßliche Burgstelle (III)　*115*
　Hundsdruck, abgegangene Turmhügelburg (IV)　37, *116*
　Tucherschloss (II)　*114*
　Weiherhaus (I)　*113*, 114
Hartenstein　76, 132, 230
　Burg　100, 112, *117*, 164, 192
　Pflegamt　117, 255
Hartmannshof　164
　Turm im Weidental, abgegangene Turmburg　28, *118*
Haunritz　53, 162, 274
Hauseck　119, 132
　Burgruine, ehem. Pflegschloss　*119*, 130, 284
　Pflegamt　119, 284
Heideck　96
Heidelberg　125
Heilsbronn　135
Henfenfeld　13, 120, 130, 158, 219, *220*, 269, 289
Heroldsberg　57-64, 121-124, 121, 122, 123, 124, 145, 185, 265
　Amt　32, 135, 136-138, 183-187
　Gelbes Schloss (IV)　121-124, *124*, 145
　Grünes oder Rabensteiner Schloss (I)　121-124, *121*, 122, 123, 124
　Rotes Schloss (III)　121-124, 121, *123*, 124
　Weißes Schloss (II)　121-124, 121, *122*, 124
Herpersdorf　292
Hersbruck　2, 39, 116, 125, 132, 182, 193, 219, 245, 274
　Pflegschloss　*125*
　Pflegamt　55, 56, 120, 125, 132, 219, 232
　Propstei　132, 142-144, 164, 219
　Rentamt　132, 168, 219
Heuchling　*126*, 164, 191, 289
Hienberg
　siehe Rampertshof
Hiltpoltstein　127, 132, 157, 255, 267, 299, 300
　Burg, ehemals Pflegschloss　*127*
　Neues Schloss (Pfleghaus)　127
　Pflegamt　127, 299
Himmelgarten　*128*, 167
Himpfelshof　*129*

515

ORTSREGISTER

Hirschau 299
Hirschbach (Oberhirschbach) 13, 70, 100, 117, 119, 120, *130*, 231, 260, 289
Hockelhof (abgegangen) 102
Höchstädt (bei Betzenstein) 1
Höfen 82
Höfles *131*
Höfstetten 3
Högen 53
Hofstetten 1
Hohenburg 162
Hohenkuchen
  siehe Oberndorf bei Offenhausen
Hohenrasch
  siehe Rasch
Hohenstadt 116, 167, 245
Hohenstein 2
  Burg, Pflegschloss 125, 127, *132*, 203
  Pflegamt 132
Hormersdorf 41
Houbirg 115
Hüttenbach *133*, 203, 300
Hummelstein *134*
Hundsdruck
  siehe Happurg
Hutberg
  siehe Altenfurt

I

Immeldorf *135*, 161, 279
Ingolstadt 143

K

Käswasser
  Forsthube 126
Kalchreuth 25, 126, 136-138, 136, 137, 138, 225, 302
  Drachenschloss, Neues Haus (III) *138*
  Hallerschloss (I) 25, *136*
  Imhoff- oder Wölckernschloss (II) *137*
Kastl
  Kloster 170
Katzwang *139*, 218, 292
Keilberg
  siehe Offenhausen
Kernstein (bei Doos) *140*
Kersbach *141*, 230
Kirchensittenbach 2, 97, 142-144, 142, 143, 144
  Abgegangenes Herrenhaus, Alter Burgstall (II) 142-144, 142, *143*, 144
  Burgstall Glashütte (I) 142-144, *142*, 143
  Kleines Schloss 143
  Tetzel-, Neues oder Großes Schloss (III) 142-144, 142, 143, *144*, 161, 285
Kirchrüsselbach 171
Kitzenau
  siehe Scherau
Kleiner Hansgörgl
  siehe Unterkrumbach
Kleingeschaidt 145
Kleinsorheim 135
Königshof *146*, 292
Königstein 132, 219

Kontumazgarten
  siehe Nürnberg
Kopenhagen 102
Kornburg 148, 149, 150
  Ehemalige Wasserburg (I) 49, *148*
  Müller-Vargethsches Freihaus (III) *150*
  Seckendorffsches Schloss (II) *149*, 150
Kotzenhof *151*, 268
Kraftshof 152, 188
  Herrenhaus oder Schloss (III) 153, *154*
  Kressenstein (I) *152*, 153, 154
  Neben- und Fischerhaus 152, 153, 154
  Neuer Herrensitz (II) 152, *153*, 154
Kressengarten
  siehe Tullnau
Kronach 133
Krottensee 112
Kucha *155*, 194, 199
Kühnhofen 280
Kufstein 255
Kuttenberg 56
Kugelhammer *156*

L

Landshut 255
Lauf 39, 126, 127, 132, 133, 157, 164, 185, 186, 267, 299
  Kaiserburg, Pflegschloss *157*, 190
  Pflegamt 157, 168, 245
Lauf (bei Hohenfels) 223
Laufamholz 110, 163, 192, 279, 289
  Herrenhaus *158*
  siehe auch Unterbürg
Lehenthal 28
Leienfels 133
Letten *159*
Leupoldstein *160*
Leuzenberg 195
Lichtenau 22, 96, , 135, 161, 245
  Festung, Pflegschloss *161*
Lichtenegg
  Burgruine 2, 28, *162*, 164, 201, 208
  Pflegamt 162
Lichtenhof 109, *163*, 268
Lichtenstein
  Burgruine 2, 19, *164*, 208, 209
  Pflegamt 164
Lindelburg
  siehe Rödlas
Lochhof 12
Lohhof bei Nürnberg 165

M

Maiach 166, 292
  Hinteres Schloss, Weiherschlösslein 166
  Vorderes Schloss, Großes Haus 166
  Tucherschloss *166*
Malmsbach 15, 77-81, 99, *167*, 203
Marienburg
  siehe Eckenhaid
Marloffstein 281
Marquardsburg 47, *168*
Mausgesees 36, *169*
Mauterndorf 182
Michelfeld
  Kloster 82, 120, 160, 164, 255

Mittelburg *170*
Mitteldorf *171*
Mögeldorf 57-64, 163, 172-179, 172, 173, 174, 175, 176, 177, 178, 179, 213, 279
  Baderschloss (II) 172-179, *173*
  Bremensitz (VII) 172-179, *178*
  Cnopfsches oder Linksches Schloss (V) 172-179, *176*
  Doktorschlösschen (VI) 172-179, 173, *177*, 197
  Hallerschloss mit Imhoff-Bau (I) 172-179, *172*, 173
  Linksches (Leinckersches) Schloss, Oberes Schlösslein (VIII) 172-179, *179*
  Schmausenschloss (IV) 172-179, 174, *175*
  Vermeintlicher Herrensitz (III) 172-179, *174*, 175
Moritzberg 108, 222
Mühlhof 165, *180*
München 100, 125
Murach 82

N

Naifermühle 97
Neidstein 117
Netzstall *181*
Neuburg an der Donau 125, 143, 162
Neuhaus-Veldenstein 112, 182
  Amt 182, 231
  Burg Veldenstein 112, *182*
Neumarkt 38, 51, 102, 107, 141
Neumühle (bei Bruckberg) 35
Neunhof bei Kraftshof 121, 188, 302
  Herrensitz (I) *188*, 285, 304
  Wasserhäuslein (II) *189*, 237
Neunhof bei Lauf 103, 151, 183-187, 183, 184, 185, 186, 187, 196
  Altherrenhäuslein, dann Schloss 2 (Brille) (III) 183-187, *185*, 186
  Geuderschloss (IV) 183-187, *186*, 187
  Kolerschloss (II) 183-187, *184*, 188, 197
  Mutmaßlicher Herrensitz bei der Kirche (I) 183-187, *183*
  Pfaffenhäuslein 183
  Welserschloss (Hauptschloss, Neues Schloss) (V) 183-187, 185, *187*
Niederaltaich 213
Niederkuchen
  siehe Kucha
Niederrasch
  siehe Rasch
Nördlingen 196, 222
Nonnenberg 205
Nürnberg (allgemeine Erwähnungen wurden nicht erfasst)
  Augustinerkloster 282
  Barfüßerkloster siehe Franziskanerkloster
  Bayrngarten siehe Tullnau-Kressengarten
  Bre(t)zengarten *29*, 283
  Burg 34, 77-81, 162, 284
  Deutschherrenwiese 129
  Deutschordenshaus 166
  Dominikanerkloster 108
  Dürrenhof 276

Dutzendteich 134, 146, 291
Weiherhaus am Dutzendteich (Breidingsches Schlösschen) 146, 282, *291*
Egidienkloster 9, 45, 237
Elisabethspital 166
Franziskanerkloster (Barfüßerkloster) 107, 164, 194
Hauptmarkt 166, 278
Heilig-Geist-Spital 16, 39, 73, 90, 99, 148, 165, 181, 227, 233, 238, 257, 279, 293-298, *294*, *298*
Kartäuserkloster 289
Katharinenkloster 14, 128, 151, 268
Klarakloster 188, 206, 207
Königsweiher, Großer 146
Kontumazgarten 147
Vargethschloss 91, *147*
Kressengarten siehe Tullnau
Landwehr 276
Magdalerinnenkonvent 267
Marienvorstadt 83, 89
Nassauer Haus 156
Papiermühle siehe Hadermühle und Tullnau
Platneranlage siehe Thumenberg
Rathaus 125
Reiches Almosen 161, 228, 301
Rosenau 129
Scherleinsgarten siehe Gleißbühl
Tuchergarten 124
Tucherschloss (Hirschelgasse) 166
Vargethschlösschen siehe Gleißbühl
Vargethschloss siehe Nürnberg-Kontumazgarten
Vogelsgarten siehe Tullnau
Weidenmühle 237
Nuschelberg 145, 289
Abgegangener Sitz, Burgstall (I) *190*, 191
Hallerschlösschen (II) 126, *191*

O
Oberbürg 57, 110, *192*, 246, 279
Oberferrieden 38
Obergalgenhof
siehe Glockenhof
Oberhahnhof
siehe Weiherhaus bei Feucht
Oberhirschbach
siehe Hirschbach
Oberkrumbach
Burgstein, mutmaßliche Burgstelle *193*
Oberkuchen
siehe Oberndorf bei Offenhausen
Oberlindelbach 226
Obermelsendorf (Steigerwald) 279
Oberndorf bei Offenhausen 194, 287
Hohenkuchen, abgegangene Burg 155, *194*
Oberndorf bei Reichenschwand *195*
Oberrohrenstadt 214, 220
Oberschöllenbach 103, 183-187, 196, 197
Oberer Sitz (II) 196, *197*
Unterer Sitz (I) *196*, 197
Oberveilhof
siehe Veilhof
Oberviechtach
Pflegamt 64

Öd 28
Oedenberg 57, 145, *198*
Ödes Schloss
siehe Peuerling
Offenhausen 13, 108, 155, 194, 199, 200, 201, 219, 223
Hag, Mutmaßlicher Ministerialensitz (III) *201*
Keilberg, Angebliche Burgstelle (II) *200*
Widenburg, mutmaßlicher Ministerialensitz (I) *199*
Osternohe 202, 203
Amt 203
Angebliche Turmhügelburg (I) *202*
Burgruine Schlossberg (II) 202, *203*
Ottensoos *204*

P
Passau 255
Pegnitz
Oberamt 203
Penzendorf 253
Peuerling 194, 205, 272
Abgegangene Burg (Ödes Schloss, Geierstein) 194, *205*
Pfaffenhofen 107
Pillenreuth
Alter Herrensitz (I) *206*, 207
Kloster 206, 207, 292
Ehemaliger Herrensitz, Pröpstinnenhaus (II) *207*
Weiher 77-81, 218, 292
siehe auch Weiherhaus bei Pillenreuth
Plassenburg 86
Platnersberg
siehe Thumenberg
Pommelsbrunn 164, 208, 209
Abgegangene Burg Altes Haus (I) *208*, 209
Mutmaßliche Turmburg (II) *209*
Poppenreuth 262
Prackenfels 210, 214, 269
Burgstall *210*
Goppoltzpürg, Gybelspürg 210, 214
Prag 116, 117, 157
Prethalmühle 107
Purckles
siehe Rödlas
Purgstall
siehe Reichelsdorfer Keller und Spiesmühle

R
Rabenshof (am Rothenberg) 254
Rabenshof (bei Pommelsbrunn) 209
Rampertshof
Abgegangene Burg (Burgstall am Hienberg) (II) *212*
Angeblicher Herrensitz (I) *211*
Rasch 102, 210, 214
Abgegangene Burg Hohenrasch (I) *213*, 214
Ehemaliger Herrensitz (Welserschloss) (II) *214*
Niederrasch 214
Rathsberg 267
Rechenberg 215, 216, 247
Abgegangener Herrensitz, Wohnturm (I) *215*

Unteres Herrenhaus (II) *216*
siehe auch Winzelbürg
Reckersdorf 35
Regensburg 10, 116, 125, 193
Rehberg 76
Reichelsdorf *217*, 218
Reichelsdorfer Keller
Abgegangener Sitz Purgstall *218*
Reicheneck 108, 113
Burg, ehem. Pflegschloss 161, 200, 201, 208, *219*
Pflegamt 57, 114, 219, 232, 274
Reichenschwand 51, 53, 162, 195, 220, 221, 230, 275, 299
Neues Schloss (II) *221*
Wasserschloss (I) 53, *220*, 267
Reichertshofen 143
Renzenhof 222
Reutles
Kapelle St. Felicitas 189
Riegelstein *223*
Rockenbrunn *224*
Röckenhof *225*
Rödlas
Angebliche Burgstellen Purckles und Lindelburg *226*
Röthenbach an der Pegnitz 167, 227, 228
Bachmeier- oder Gelbes Schlösschen (I) *227*
Zainhammer- oder Zimmermann-Schlösschen (II) 227, *228*
Röthenbach bei Schweinau 229, 237
Weiherhaus bei Stein *229*
Rollhofen 254
Roth 163, 299
Rothenberg 12, 65, 127, 133, 143, 157, 168, 210, 220, 223, 230, 254, 282
Burg, Festung 117, 141, *230*, 240, 255, 299
Egloffsteiner Schloss 230
Rothenburg 90, 163
Rothenbruck 76, 100, 112, 130, *231*
Rückersdorf 192, *232*, 268
Rüsselbach 171
Rummelsberg *233*
Rupprechtstegen 284

S
Sandreuth *234*
Sankt Helena 97
Burgstuhl, mutmaßliche Burgstelle *235*
Sankt Jobst
Pflegerschlösschen *236*
Siechkobel 236, 238
Sankt Johannis
Angerers Weiherhäuslein (I) *237*
Pflegerhaus des Heilig-Kreuz-Spitals (II) *238*
Sankt Leonhard 269
Scherau (Kitzenau) *239*
Schesslitz 182
Schlossberg
siehe Osternohe
Schnaittach 12, 43, 168, 169, 230, 240
Velhorn-Schloss *240*
Schniegling *241*, 242, 243, 244, 278
Abgegangener Herrensitz, Hochhaus (I) *241*

Ortsregister

Hörmannscher Sitz (II) *242*, 243
    Schloss im Brettergarten (IV) *244*
    Serzsches Schloss (III) *243*
Schönberg
    Burg, markgräfliches
        Amtsschloss *245*, 249
    Oberamt 245, 255
Schoppershof 246, 247, 289
    Durrenhof 246
    Herrensitz *246*, 275
Schrotsdorf 201
Schrott
    siehe Hammerschrott
Schübelsberg 215, *247*, 301
Schwabach 292, 297
    Oberamt 251-253
Schwaig *248*
Schwarzenbruck 126, 249
    Faberschloss (II) *250*
    Petzsches Schloss (I) 245, *249*, 285
    Pflegamt 249
Schweinau
    251-253, 251, 252, 253, 269
    Abgegangenes Herrenhaus (I, II, III) *251, 252, 253*
    Angebliches Herrenhaus 252
Schweinfurt 86
S(ch)winach
    siehe Engelthal
Seligenporten
    Kloster 38
Sendelbach 220
Siegersdorf
    Mutmaßlicher Ministerialensitz *254*
Simmelsdorf 211, 230, 255, 300
    Neues Schloss (II) *256*
    Tucherschloss (I) *255*
Simonshofen *257*
Sindlbach 107
Sinning (bei Neuburg an der Donau) 143
Sinnleithen 112
Spardorf 281
Speyer 178
Spies
    Amt Spies-Hetzendorf 258
    Abgegangene Burg *258*
Spiesmühle 259
    Abgegangene Burg Purgstall *259*
Stallbaum 208
Stein 180, 250, 251-253, 260, 261
    Geudersitz, Schlösslein *260*, 261
    Seegerisches Herrenhaus *261*
Steinach *262*
Steinbühl 167, 263, 264
    Abgegangener Herrensitz (II) *264*
    Hinteres oder altes Schlösslein (I) *263*
Stettenberg *265*
Stierberg 132, 133
    Amt 20, 266
    Burgruine, ehem. Pflegschloss 19, *266*
Stockach (in Gersdorf aufgegangen) 272
Stöckelsberg 106
Strahlenfels 220, *267*, 282, 299
Strengenberg *268*

Stürzelhof 102
Sündersbühl 269, 270, 271
    Burgfriedschlösschen (III) *271*
    Nützelschlösschen (I) *269*, 270, 289
    Rupprechtschlösschen, Neues Gebäude (II) 269, *270*
Sulzbach 82, 107, 112, 130, 162, 231

T

Tauchersreuth 103, 183-187, 196
Tennenlohe 272, 273
    Burgstall, abgegangener Sitz (I) *272*
    Herrensitz (II) *273*
Thalheim *274*
Theuern 1
Thumenberg (Platnersberg) 59, 63, 246, *275*, 289
Tressau 240
Troßberg 107, 274
Tullnau
    Herrenhaus bei der Papiermühle (III) *278*
    Kressengarten (Bayrn Garten), Herrensitz (II) *277*
    Vogelsgarten, Herrensitz (I) *276*

U

Unterbürg 192
    Ehem. Wasserburg (Steinhaus, Veste zu Laufenholz) *279*
Unterdeutenbach 198
Unterdorf 12
Untergalgenhof 92
Unterkrumbach
    Kleiner Hansgörgl, abgegangene Burg 193, *280*
Unterrüsselbach 171
Unterschöllenbach 103, 183-187, 196
Unterveilhof 283
Ursensollen 240
Uttenreuth
    Herrensitz *281*
    Verwalteramt 281
Utzmannsbach 41, *282*, 284

V

Vach 30
Veilhof
    Herrensitz Oberveilhof 29, *283*
    Saigerhütte 283
    siehe auch Unterveilhof
Velden 112, 282, 284
    Amt 130, 182, 231
    Pflegschloss *284*
Veldenstein
    siehe Neuhaus-Veldenstein
Venedig 225
Vestenberg 161
Vilseck 3, 132, 133, 182
Vogelsgarten
    siehe Tullnau
Vohburg 65
Vorra 2, 126, 141, 143, 285, 292
    Altes Schloss *285*, 286
    Neues Schloss 285, *286*

W

Waischenfeld
    Pflegschloss 182
Waizenfeld *287*
Waldmünchen 231
Waldsassen 213
Walkersbrunne *288*
Weferlingen 245
Weidental
    siehe Hartmannshof
Weigelshof 126, 191, 247, *289*, 301
Weigendorf 28
    siehe auch Breitenthal
Weiher (bei Hollfeld) 133
Weiherhaus am Dutzendteich
    siehe Nürnberg-Dutzendteich
Weiherhaus bei Feucht 137
    Grundherrscher Sitz (Weiherhaus Oberhahnhof) *290*
    Burgstall, Weiherhaus bei Hahnhof 290
Weiherhaus bei Pillenreuth 146, 197, 206, 218, 237, *292*
Weiherhaus bei Stein
    siehe Röthenbach bei Schweinau
Weihersberg 76
Weisendorf 258
Weißenohe
    Kloster 95-96, 127, 171, 267
Wendelstein 293-298
    Abgegangenes Herrenhaus, jetzt Pfarrhof (IV) *296*
    Großscher Burgstall (I) *293*
    Herrenhaus der Endterschen Papiermühle (VI) *298*
    Markgrafenschlösschen (V) *297*
    Pfinzingschlösschen (III) *295*
    Richteramtshof, Wendelsteiner Schlösschen (II) *294*
Wetzendorf 244
Wetzlar 23
Widenburg
    siehe Offenhausen
Wien 134
Wildenfels 282
    Burgruine, ehem Pflegschloss 97, 267, *299*
    Pflegamt 299
Wilhelmsdorf 267
Winkelhaid 87
Winterstein 97, 255, *300*
Winzelbürg 215, 247, *301*
Wöhrd 276, 278, 283
    Amt 29
Wolfsfelden (abgegangen) 302
Wolfstein 51
Wolkersdorf 295
Wondreb 213
Worzeldorf 206
Würzburg 202

Z

Zant (abgegangen bei Höfstetten) 3
Zerzabelshof *303*, 304
Ziegelhof
    siehe Ziegelstein
Ziegelstein
    Hallerschloss (I) 121, 285, *304*, 305
    Imhoffschloss (II) *305*
Zirndorf 271

Personenregister

Das nachstehende Verzeichnis bezieht sich auf die Objektnummern und erfasst die Namen in den Objektbeschreibungen (ausgenommen die darin genannten Autoren), nicht aber die Bildunterschriften und den Quellen- und Literaturanhang. Bei den Frauen wird, soweit bekannt, sowohl der Geburts- als auch der Ehename angegeben. Gleichnamige Personen werden nicht unterschieden, kommen solche jedoch in derselben Objektnummer vor, so wird dies durch einen Stern gekennzeichnet.

Die Schreibung der Vornamen, die im Text meist den Quellen folgt, wird im Register vereinheitlicht; Namen, die mit C beginnen (z.B. Carl, Conrad usw.), sind unter K (Karl, Konrad), Endres, Jörg und Kunz unter Andreas, Georg und Konrad zu finden. Bei stark abweichender Schreibung von Nachnamen erfolgt ein Verweis. Herrscher stehen unter dem Namen des Landes, deutsche Kaiser und Könige unter Deutsches Reich.

A

Abenberg, Grafen von 258
Abraham
    Andreas 239
    Georg 239
    Heinrich 239*
    Johann Konrad 22
    Johann Sebastian 297
    Luise 239
    Margaretha 239
    Margaretha, geb. Meier 239
    Stephan 295
Absberg, von
    Hans 219
    Heinrich 219
    Klara, geb. Schenk von Reicheneck 219
    Margaretha, geb. Schenk von Reicheneck 219
Ach, von
    Felicitas 282
Adam
    Georg 279
Adler
    Johann Gottfried 268
Agricola
    Anna Maria 134
    Anna Sabina, geb. Büttel 134
    Christoph 134
Ahorn, von 99
Alberti 282
    Clara Susanna, geb. Schwab 23
Albrecht 112
Alfalter, von 2
    Bernhard 2
    Erhard 2
Alfeld, von 3
    Agnes 3
    Albrecht 3
    Konrad 3
Almspach, von
    siehe Malmsbach, von
Altdorf, von
    Ludwig 8
    Marquard 8
Altenthann, von
    siehe Thann, von
Amberger
    Georg Paul 158
    Johann 158
Amman(n) 199
    Anton 109
    August 268
    Clara 289
    Fritz 109
    Georg 289
Amman (von Wendelstein) 293-298
    Heinrich 293-298
    Ulrich 167
Ammon 39
    Georg Andreas 294
Ancillon, d(e)
    François 230
Andechs-Meranien, Herzöge von 258
    Otto 258, 266
Andre
    Andreas 230
Andrian-Werburg, von
    Leopold Ernst Eduard 192
    Leupold 275
    Therese, geb. Platner 275
Angerer
    Barbara 237
    Hans 237
    Linhart 237
    Magdalena 237
Annert
    Friedrich Albrecht 92, 222
Annweiler, von
    Markward 102
Ansbach, Markgrafen von (Brandenburg-)
    siehe Markgrafen von Brandenburg
Apfelbacher
    Wolfgang 76
Aribo
    Pfalzgraf 171
Arnold
    Andreas 221
    Egidius 60
    Fritz 268
    Michael 268
    N., Seilermeister 221
    Peter 221
Auer (von Luppurg)
    Georg (Jörg) 245

Aufseß, von
    Konrad 258
Augsburg, von
    Hans 49
Ausin, von
    Friedrich August 33
Axthelm, von
    Ernst Gottlieb Heinrich 220
Ayrer
    Barbara, geb. Kastner 172
    Christoph Heinrich 172
    Hans Egidius 138
    Melchior 294
    Paulus 248

B

Bachmeier
    Leonhard 227
Back
    Hans 262
Baer
    Johann Michael 260
    Johann Peter 260
Bär
    Hanns 112
Bäumler 57
    Maria 57
Baier
    Christian Alexander 269
    Margarethe 269
    Simon 269
Balbach
    Carolina Maria, geb. Wagner 134
Ballador
    Johann Anton 243
Bamberg, Bischöfe von 19, 99, 215, 219, 231, 247, 266, 301
    Albrecht (von Wertheim) 19, 271
    Arnold (von Solms) 182
    Heinrich I. (von Bilversheim) 38
    Leupold I. (von Gründlach) 99
    Lothar Franz (von Schönborn) 182
    Otto I. 1, 120, 160
    Philipp (Graf von Henneberg) 182, 231
    Veit (Truchsess von Pommersfelden) 182
    Wernto (Schenk von Reicheneck) 19, 182
    Wulfing (von Stubenberg) 19, 182
Bankel
    Johann Christoph 228
Barmeyer
    Eitel Heinrich 176
    Heinrich 176
Barth
    Georg 268
    Johannes 216, 289
    N., Büttner 68
Bauer
    Johann Georg 22
Baum
    Hans 166
Bayer
    Georg 277*
    Hans Heinrich 206
    N., geb. Gammersfelder 277

PERSONENREGISTER

Bayern, Herzöge von   119, 125, 127, 157, 162, 164, 190, 219, 220, 230, 245, 274
   Berthold   125
   Heinrich XIII.   182
   Ludwig II.   38, 102, 132, 182, 245, 299
   Ludwig IV. siehe Deutsches Reich, Könige und Kaiser
   Maria Anna   230
   Otto V.   157
   Rudolf   12, 119, 132, 157, 299
   Wiltrud   125, 132
Bayern-Ingolstadt, von
   Ludwig VII.   19, 132, 164
   Stephan III.   164
Bayern-Landshut, von
   Friedrich   157
   Ludwig IX.   162, 219, 245
Bayern-München, von
   Albrecht IV.   132, 219
   Johann II.   164
Bayern, Kurfürsten von
   Ferdinand Maria   230
   Karl I. Albrecht   230
   Maximilian I.   267
   Maximilian II. Emanuel   230
Bayern, Könige von
   Ludwig I.   127, 132, 182, 230
   Max I. Joseph   120, 163
Bayreuth, Markgrafen von (Brandenburg-)
   siehe Markgrafen von Brandenburg
Beck
   Alexander   64
   Daniel   35
   Georg   268
   Joseph   271
   Josephine   271
   Konstantin   289
Beck-Brass
   Kommerzienrat   175
Beckh
   Edwin   90
Beer
   Georg   191
   Matthäus   114
Beerbach, von   14, 232
   Durinchart   14
   Heinricus   14
   Konrad   14
   s. auch Rückersdorf, von
Behaim (von Schwarzbach)   144, 216, 293, 301
   Berthold   22
   Christoph Jakob   273
   Friedrich   77-81, 78, 102
   Helena Maria, geb. Haller   262
   Karl Friedrich   262
   Maria Sabina, geb. Peller   273
   Maria Sophia Klara, geb. Ebner   216
   Michael   78
   Sigmund Friedrich   216
Beheim
   Christoph   292*
   Hans   8, 125, 292*
   Margarethe   292
   Michael   119
   Paulus   8, 120, 157, 159, 161, 238
Behringer
   Rudolph   163
Beißbarth
   Julius   275
Benninger
   Kaspar   191
Berg (-Hertingsberg), von   152, 272
   Eberhard   258
   Heinrich   27, 258*
Bergau
   N., Professor   5
Bergmann
   Johann Samuel   60
Berlichingen, von
   Götz   230
Berlin
   N., Fabrikant   282
   Petrus   242
Bernklau
   Hans   162
Berthold
   Reichsministerialer   213, 245
Besserer
   Daniel   242, 243
Bestelmeyer
   German   245
Bettschart, Graf von
   Karl Theodor   47, 168
Betzenstein, von
   Friedrich   19
Bieberbach, Marschälle von
   siehe Pappenheim, Marschälle von
Bien
   Hans   152, 153, 264, 268, 276, 283, 285
Binder
   Johann Jakob   94
Birkensee, von
   Konrad, Ritter   21*, 48
Birkner
   Johann Kaspar   158
   Johann Paul   158
   Maria Sabina, geb. Herold   158
Birnthal, von
   Bertold   22
Bischof   13
   Hans   268
Blansdorf, von
   Hans   192
Bleisteiner
   Johann   58
Blomberg, Freiherren von
   Johann Albrecht   302
   Johanna Veronika, geb. von Neumann   302
Blonay, Freiherr von
   N.   281
Bödecker
   Susanna Martha, geb. Hörmann   242
Böhm   124
   Georg   73
   Johann Georg   297
   Leonhard   136
Böhmen, Könige von
   Friedrich V.   230
   Karl IV. siehe Deutsches Reich, Könige und Kaiser
   Ottokar II. Premysl   183-187
   Wenzel siehe Deutsches Reich, Könige und Kaiser
   (W)ladislaus   96, 127, 255
Bömer
   Hans   241
Boener
   Johann Alexander   36, 123, 179, 233, 234, 269, 274
Boesch   206
Bornacz
   Erhard   182
Brand (von Neidstein)
   Eva Sophia   113
Brand, von (Brander)   24, 70
   Leupoldus   24
   Rudegerus   24
   Roger   47
Brandenburg, Markgrafen von
   siehe Markgrafen von Brandenburg
Brandenstein, Graf von
   Christoph Friedrich   264
Brasch
   Magnus   121
Brater
   Johann Christoph   281
Brauch
   Hans Paulus   178
Braun   105
   Georg Hannibal   72
Braun, von   276
   Karl Julius Christian Alexander   276
   Karl Wilhelm   276
   Sophie Eleonore   276
Braunsbach, von   27
   Marquard   27*
   Mechthild   188
   Otto   46
Brechtelbauer
   Maria Helena   172
   N., Bäckermeister   172
Breiding
   Friedrich   291
   Friedrich Valentin   291
Breitenstein, von (Breitensteiner)   103, 190, 191, 263, 264
   Christoph   191, 264
   Erasmus   120
   Hans   191, 264
   Hermann   107, 120
   Joachim   191, 264
Breithaupt
   Johann Jakob   261
Brem
   Anthony   178
Bremstahler
   Johann   76
Brendel
   Georg Adam   281
Broccho
   Hortensio   113
Brückhamb
   Hermann   76
   N.   231

Brunel (-Geuder)
Erika 123
Roland 123*
Brunner 130
Fred 73
Georg 204
Juliana 291
Stephan 291
Brunnhuber
Benedikt 182
Bub 197
Ulrich 197
Buchner 172-179
Anna Maria, geb. Wertemann 178
Friedrich 178
Hans 58, 59, 117, 192, 232
Klara, geb. Weyermann 178
Moritz 178
Sigmund 178*
Buckel
Johann Paul 278
Bühler 23
Sebold 23
Bünau, von 24, 36, 84, 169
Dorothea Sabina 169
Günther 36, 84
Heinrich 36*, 67, 84
Rudolf 36*, 84
Wilhelmine Ernestine 84
Büttel
Anna Sabina 134
Melchior 134
Veit Christoph 134
Büttner
Jakob 292
N., Bauinspektor 87
Buffsky
Bernhard 278
Buirette (von Oehlefeld) 267
Johann Friedrich Wilhelm 267
Johann Gustav Adolph 267
Karl Ludwig 267
Burckhart
Hans 94
Burggrafen (von Nürnberg)
siehe Markgrafen von Brandenburg
Burgschmiet
Jakob Daniel 120
Burka
Christoph Andreas 173
Buttendorf, von
siehe Leonrod, von

C

Cammerer
Konrad 110
Sebastian 191
Wolf 191
Camerarius (Kammermeister)
Joachim 216
Maria Magdalena 216
Capeller
Georg 275
Carl
Hans 238
Peter 55, 161

Castell-Rüdenhausen, Graf von
Alexander 250
Ottilie, geb. von Faber 250
Churenburg, von
siehe Kornburg, von
Cnopf
Adolf 176
Georg Karl 176
Johann Jakob Christoph 176
Johann Konrad 176
Coburger
Georg 42
Klara, geb. Groland 42
Maria 42
siehe auch Koberger
Conradty 222
Eugen 227
Friedrich 227
Konrad 222, 227
Ottmar 227
Pauline Johanna Karoline 227
Coquille, de
Johann Peter 230
Coremans
Viktor Amadeus 230
Cossa
Balthasar siehe Päpste
Cramer 275
Albert Johann 175
Cramer-Klett, Freiherr von
Theodor 175, 216
Cregel
Ernst 233
Magdalena 214
Creutzer
Heinz 75

D

Dänemark, Könige von
Christoph 102, 266, 267
Sophia Magdalena 245
Dannreuther
Christoph Wilhelm 244
Friedrich Wilhelm 244
Maria Magdalena 244
Daumer
Margaretha Barbara 242
De Brahe
Abraham 173
Degenkolb
Hans 147
Dehnberg, von 39
Deichsler 28, 177
Berthold 246
Christian 177, 246
Hans 177, 246*
Konrad 177
Sebald 16
Ursula 167
Deinzer
Johann 195
Delsenbach
Johann Adam 26, 100, 104, 269, 274

Deroy
N., Bayer. General 67
Derrer (von Unterbürg) 188, 279
Anton 220, 279
Balthasar 279*
Barbara Katharina, geb. Oelhafen 279
Els, geb. Gruber 279
Friedrich 109
Georg Veit 279
Ladislaus 227, 279*
Wilhelm 60
Dettelbach
Johann 276
Deutsches Reich, Kaiser und Könige
Agnes 40
Albrecht I. 8, 47, 136-138, 213, 214
Elisabeth 245
Ferdinand I. 86, 127, 210
Ferdinand II. 142, 163
Friedrich I. Barbarossa 132, 208, 213
Friedrich II. 213
Friedrich III. 136, 161, 163, 192, 196, 217, 249, 279, 304
Heinrich II. 70, 125, 132
Heinrich III. 132, 245
Heinrich IV. 40, 132
Heinrich V. 1, 132
Heinrich VI. 102
Heinrich VII. 132
Heinrich (VII.) 14, 213
Heinrich Raspe 107
Joseph I. 125
Karl IV. 19, 34, 77-81, 95-96, 107, 117, 119, 125, 127, 132, 157, 162, 163, 164, 166, 183-187, 210, 214, 219, 220, 230, 246, 255, 266, 267, 279, 291, 293-298, 299
Karl V. 86, 142, 153, 172, 195, 196, 304
Karl VI. 125
Konrad I. 182
Konrad II. 172-179, 249
Konrad III. 11
Konrad IV. 245
Leopold 103, 187
Ludwig IV., der Bayer 47, 66, 95-96, 102, 112, 117, 118, 127, 164, 217, 231, 291, 293-298, 303
Maria Theresia 230
Matthias 125
Maximilian I. 88, 142, 196, 255
Maximilian II. 142
Otto II. 125
Philipp von Schwaben 203
Rudolf I. 24, 30, 38, 47, 103, 117, 162, 183-187, 293-298
Rudolf II. 65, 163
Ruprecht I. 19, 22, 34, 38, 41, 103, 107, 117, 125, 128, 132, 148, 159, 162, 163, 183-187, 196, 219, 222, 230, 249, 258, 267, 279
Sig(is)mund 5, 105, 119, 120, 127, 163, 210, 211, 219, 222, 249, 255, 258, 294, 304

521

PERSONENREGISTER

Wenzel 34, 47, 66, 107, 117, 127, 132, 160, 163, 219, 230, 258, 267, 292
Diepersdorf, von 40
Diepoltsdorf, von
Folkolt 41
Hartmann 41, 203, 300
Dietherr (von Anwanden) 248
Christoph 63
Georg 63*, 289
Johann Christoph 63, 248
Johann Georg 63, 248
Ludwig 248
Maria Salome 63
Paulus 63
Peter Engelhardt 63
Sabina Dorothea 63, 248
Dietmai(e)r
Hans 127, 161
Dietrich
Wilhelm 38
Dietz
Hans 173, 248
Dilherr (von Thumenberg) 62, 275
Anna Maria 93
Hans Ulrich 275
Johann Erasmus 275
Johann Heinrich 275
Johann Paul 275
Klara Friedericke Regina 62, 275
Leonhard 275
Magnus 275
Dilman
Georg (Jörg) 299
Distler
Lorenz 38
Döbrich
Paul 247
Sibylla Barbara 247
Döderlein
N., Oberexpeditor 262
Dörf(f)ler
Hans 46
Niklaus 261
Dormitz (Dorenbenze), von
Sigefridus 46
Dorn
Hans 56
Dornberg, von 27, 161
Kunigunda 161
Rudolf 161
Wolfram 135, 161
Dorst von Schatzberg
J. L(eonhard). 295
Dümler
Johann 182
Dürer
Albrecht 47, 121, 123, 124, 136, 237
Dürsch
Johann 242
Durban
Hans 217
Durnhöfer
Hans 102
Duschel
Georg 130

E
Ebbo
Ministerialer 40
Ebenhack
Friedrich 270
Margaretha 270
Ebermannsdorf, von 1, 120
Ebner (von Eschenbach) 13, 56, 70, 81, 100, 130, 152, 173, 247, 248
Anna Maria 22
Barbara 13
Bigenot 246
Christine 55
Elias 268
Erasmus 173, 177
Friedrich Wilhelm 60, 100, 130
Georg 13
Hans 13, 56, 70* 117, 130
Helena Barbara 232
Helena Eleonora 90
Hermann 290
Hieronymus 173
Hieronymus Wilhelm 13, 22, 58, 104
Jobst Wilhelm 60, 81, 90*, 100*, 130*, 198, 216
Johann Karl 22, 100
Johann Wilhelm 100, 130, 247
Margarethe 70
Maria 216
Maria Hedwig 81
Maria Helena 22, 305
Maria Helena, geb. Fürer 56, 70
Maria Jakobina, geb. Nützel 22, 58
Maria Katharina 114
Maria Sophia, geb. Nützel 90, 198, 216
Paul Sigmund Wilhelm 198
Paul Wilhelm 164
Regina 198
Ursula, geb. Harsdorfer 56, 70
Wilhelm 130
Eckenbrecht
Hieronymus 227
Eckstein
Johann Paul 177
Egen
Hans 174
Egensbach, von (Egensbeck) 48
Heinrich 21, 48
Konrad 21, 48
Egloff
Hans 187
Egloffstein, von 13, 65, 84, 117, 120, 149, 160, 169, 182, 219, 230, 300
Albrecht 65, 219, 222, 267
Christoph 300
Elisabeth 65
Friedrich Gottfried Ernst 289
Georg 65
Georg Albrecht 149
Hans 13, 46, 65, 120, 182, 203
Hartung 120
Heinrich 219
Jobst 13
Karl 36
Klaus 300

Konrad 65
Martha 65
Sibylla, geb. Günther 289
Sigmund 19, 117, 182
Wilhelmine Ernestine, geb. Bünau 84
Wolfram 13, 222
Ehenheim, von
Ernbolt 66
Ehinger
Konrad 152
Wolf 192
Ehringshauser
Georg 178
Eibach, von 148, 217
Konrad 49, 148
Kraft 49
Rudolf 49
Seitz 49
Eichstätt, Bischöfe von
Gundekar 245
Johann Anton I. (Knebel) 198
Konrad 198
Eißner
Anna Maria, geb. Dilherr 93
Hans 93
Eisvogel (Eysvogel)
Gabriel 60
Konrad 230
Elch
Johanna Regina 33
Ellrichshausen, Freiherr von
Otto Karl Alfred Alexander 286
Ellwanger
Hans 267
Sebald 267
Embs 38
Endres
Johann 281
Endter
Barbara Katharina, geb. Derrer 279
Helene 26
Johann Paul 279
Maria Katharina 279
Regina Clara 298
Wolf Moritz 298
Wolfgang 298
Engel
Bruno 295
Engelhard 126
Johann 228
Engelhardt
Johann Friedrich Ernst 295
Johann Michael 295
Simon Ulrich 296, 297
Epenstein, von
Hermann 182
Erdinger
N., Bauinspektor 132
Erdmann
Johann 91
Erlbeck, von 38, 70, 142-144, 142, 143, 144
Georg 132
Haug 142
Hermann 70
Klara 288

522

Klaus 142, 143
Konrad (Contz, Cuntz) 142, 288
Sebastian 142, 143
Wolfgang 142
Erlenstegen, von
Giselher 57-64
Ermreuth, von (Ermreuther)
Heinz 65
Ernst
Michel 278
Eschenau, von 66
Otnand 11, 102
Eschenbach, von (Eschenbeck) 70
Markward 70
Eschenloher
Konrad 56
Escherer
Peter 172
Eseler
Konrad 47
Essig
Anna Maria, geb. Heugel 249
Vinzenz 249
Eßlinger
Karl August 217
Eyb, von 225
Friedrich Karl Joseph 225
Friedrich Karl Marquard 225
Hedwig, geb. Ratz 53
Hieronymus Gregor 53
Ludwig 117*, 167, 266
Eysenmanger
Andreas (Endres) 271
Hans 271*
Paul 271
Sebald 271
Eysvogel
siehe Eisvogel
Eyttenholzer
Peter 222
Eyttenholzer
Peter 222

F

Faber, von 292
Catharina Benigna, geb. Schwab 23
Faber (-Castell, Grafen) von 229
Irmengard Luise 250
Lothar 229, 250, 260, 261, 292
Ottilie 229, 250*
Wilhelm 250
Roland Lothar Wolfgang 250
Falkner
Karl 110
Falkner (von Sonnenburg)
Max(imilian) 112, 182
Fazuni
Antonio 161
Fechter
Johann 100
Federsack 37
Feierlein
Fritz 88
Felber 268
Feldkirchner
Sophia Margaretha 270

Fensel 198
Georg 198
Fertsch
Margareta 172
Fetzer (von Buchschwabach) 29
Jakob 192, 248
Magnus 29
Tobias Magnus 176
Feucht(er), von 108
Christian 108, 290
Feuerbach
Ludwig Andreas 216
Fiechtel
Konrad (Cunz) 172
Finkler 26
Georg Ernst 25, 26
Helena, geb. Endter 26
Johanna Helene 26
Fischbach, von (Fischbeck) 34, 77-81, 167, 206, 292
Friedrich 47
Fritz 77-81
Hans 77-81
Johann 47
Fischer
Barbara 237
Johann Michael 117
Peter 251
Flasch (Rothflasch) 83
Anna 83
Flechsel
N., Rentamtmann 214
Fleischhauer
Margaretha, geb. Rupprecht 270
Flentz
Hans 282, 291
Kilian 134
Ursula, geb. Horneck 134
Flinsch
Hans 140
Konrad 140
Flohr
Johann Adam 304
Flürl
Hans Wolf 89
Förrenberger 64
Andreas Karl 64
Andreas Zacharias 64
Johann Zacharias 64
Joseph Ignatius von 64
Förster
Johann Adam 243
Förtsch
N., Geheimrat 270
Förtsch (von Thurnau)
Anna, geb. von Stein 107
Martin 107
Forch(h)eim, von (Forchheimer, Vorcheimer) 21, 48, 199
Heinrich 167
Marquard 21, 48*
Forstenhauer
Georg 276
Forster (von)
Georg Christoph 110
Herbert 110

Johann Lorenz 110
Karl 110
Forstmeister
Otto 34
Franchi
Francesco 147
Frane 147
Francisci
Johann Baptista de 268
Katharina 268
Frankreich, König von
Ludwig XIII. 271
Ludwig XIV. 161
Franz
Johann Lorenz 295
Lucas 296
Freiberger
N., Kohlenhändler 264
Freitag
Heinz 233
Freudenberg, von (Freudenberger) 13
Albrecht 13, 133
Christoph 13
Heinrich 102
Hermann 102, 267
Ulrich 8, 102
Frey
Erhart 109
Freydell (Friedell)
Christoph 134*
Freymüller
Maria Christina, geb. Peyer 268
Wolf Jakob 268
Friedel
Balthasar 284
Friedrich
Georg 81
Friedrich
Propst zu Berching 257
Fritz
Barbara Sabina, geb. Paumgartner 192
Johann Georg 192
Frohmann
David 302
Fronhofen, von (Fronhofer) 85
Heinrich 85
Fuchs
Georg 114
Hans 90
Johann Georg 114
Fürer (von Haimendorf) 108, 128, 222, 224, 229, 239, 263, 264
Anna, geb. Tucher 108
Anna Maria, geb. Grundherr 239
Christoph 108*, 126, 222, 234
Christoph Karl Sigmund 229
Christoph Sigmund 239
Felizitas 156*
Georg Sigmund 128, 224, 264
Gustav Philipp 234
Johann Moritz 224
Johann Sigmund 167, 264
Karl 108, 156
Karl Gottlieb 108
Karl Gustav Gottlieb 239
Karl Sigmund 229

523

Konrad 121-124
Maria Helena 70
Maria Sophia 149
Moritz 108
Sigmund 90, 108*, 156
Sophia Maria 178
Sibylla 167
Fürleger
Sigmund 90, 108*, 156
Sophia Maria 178
Andreas 29
August 29
Hans 29*
Hans Georg 29
Johann Philipp 29
Philipp 29
Susanne 29
Wolf(gang) 29
Fürnberger
Augustin 247, 294
Fütterer 188
Barbara 71
Georg 188
Fugger, von 241
Funk
Maria 292
Furtenbach (von Reichenschwand) 67, 195
Bonaventura 180, 192, 195*, 220, 246, 275
Christoph Andreas 195
Christoph Gottlieb Wilhelm 177
Emil 217
Gabriel 264
Georg Sigmund 221
Hans 97, 162, 195, 220*
Helena Katharina 305
Helena Regina 305
Jakob Wilhelm 195
Jobst Wilhelm 132, 195, 220
Johann Bartholomäus 220
Johann Sigmund 220
Johann Wilhelm 220
Katharina Eleonora Karolina 177
Margaretha Klara, geb. Furtenbach 177
Maria Magdalena, geb. Tucher 195
Maria Philippina Karolina, geb. Volckamer 217
Sabina Dorothea, geb. Tetzel 195
Ursula Philippina 220
Wilhelm August 220, 221

G
Gabler
Sophia 264
Stefan 86
Gärtner
Hans 166, 180
Gaiswurgel
Margaretha 176
Michael 176
Gammersfelder
Magdalena 292
N., verh. Bayer 277
Gartner
Anna 191

Karl 264
Sebald 264
Gebhardt
Hans 60
Michael 18
Gechter 30
Bernhard 33
Elisabeth 33
Geier 84
Ernst 84
Geiger
Johann 228
Katharina 25
Magdalena 25
Sebolt 25
Geist
Georg 36
Gelnauer
Franz 276
Lazarus 276
Gemmel
Johann 217
Gemming, von
Karl 230
Gerngroß
Abraham Hirsch 168
Geuder (von Heroldsberg, -Rabensteiner) 32, 33, 121-124, 121, 124, 126, 183-187, 184, 187, 260, 261
Andreas (Endres) 32, 121, 122, 124, 147
Anna Elisabeth, geb. Rabensteiner von Döhlau 121
Anton 183-187, 185, 186, 260
Christoph 185
Eleonora 126, 289
Elsa Johanna 122
Emilie 121
Erika 123
Friedrich Karl Sigmund 121
Georg 126
Hans Philipp 260
Heinrich 183-187
Hieronymus 124
Jakob 186, 187
Johann Adam 124
Johann Adam Georg Christoph 124
Johann Adam Rudolph Karl 292
Johann Christoph 184
Johann Georg 121
Johann Philipp 121
Juliane 184
Julius 123, 260
Karl Benedikt 123, 292
Katharina 126
Katharina, geb. Welser 99
Luise 124
Maria 184
Maria Magdalena 123
Martin 123, 183-187, 184*, 185, 260
Philipp 17, 99
Sebald 185
Susanna 81
Gewandschneider
siehe Gwandschneider

Giech, von
Christoph 130, 260
Gienger
Gabriel 165
Glock
Karl Borromäus 124
Glockengießer 92
Christoph (Rosenhard) 92*
Georg Paulus 92
Hans 92
Heinrich 92
Johann Heinrich 92
Karl 92
Nikolaus 260
Glotz
Bernhard 71
Göckel
Anna Maria, geb. Lochner 134
Christoph Ludwig 134
Heinrich Lorenz 134
Göring
Hermann 182
Göschel
Johann 182
Gößel
Johann Michael 173, 179, 220
Gößwein
Georg 246
Karl 246
Gohren, von
Felicitas 36
Friedrich 36
Goldfuß
August 177
Katharina Eleonora Karolina, geb. Oelhafen 177
Golling
Margaretha Dorothea Wilhelmina, geb. Rupprecht 270
Golsdorf, von
Hermann 38
Gotfrid
Elsbet 232
Hans 232
Gothelmshofen, von (Gothelmshofer)
Heinrich 201, 274
Gottschalk 190
Gotzmann (von Büg) 24, 36, 85, 169
Albrecht 36*
Dietrich 36
Hans Friedrich 36
Heinrich 36
Konrad 36
Ulrich 36
Gräfenberg, von
Heinz 103
Sigehard 95-96
Ulrich 95-96
Wirnto 95-96
Grätz
Peter 176
Graf
Konrad 95-96
Graff
Johann Andreas 99, 147, 196, 283, 304
Maria Sibylla, geb. Merian 147

Grander
 Anton   172
 Lukas   172
Grazberger
 Gottfried   100
Greiffenberg, von
 Catharina Regina   264
Greiner   262
Groe
 Georg   176
Größer
 Andreas Paulus   232
 Christoph   232
 Margaretha   232
 N., Obristleutnant   268
Grötsch
 Jakobina, geb. Welser   72
 Philipp Jakob   72
Groland (von Oedenberg)   23, 41, 57, 144, 198, 275, 276
 Agnes, geb. Gruber   279
 Anna   279
 Anna Katharina, geb. Harsdorfer   56
 Bartholomäus   282
 Christoph   41, 42, 43
 Gabriel Paul   57
 Hans   57-64, 57, 192*, 279*
 Jakob   17, 41, 57*, 274, 276
 Katharina   43, 282
 Klara   42
 Leonhard (Linhard, Loy))   41*, 56, 276, 279, 282*
 Lorenz   41
 Niklas   192*
 Paul Karl   57
 Peter   192
 Sebald   279
 Sebastian   41, 42, 43
 Stephan   279
 Ulrich   57*, 279
 Ursula   41
 Wolf   17
 Wolff Jakob   57
Grolock
 Barthel   157, 219
Grone, von
 Christian Friedrich   67, 69
 Maria Ursula Regina, geb. Muffel   67, 69
Groper
 Maria Felicitas, geb. Hentz   228
Groß
 Amaley   13
 Katharina   72*, 293
 Konrad   39, 90*, 99, 121-124, 206, 257, 279, 293-298, 293
 Leupold   279
 Nikolaus (Niklas)   72, 293
 Prant   233
 Sebald   90
 Simon   293
Großhauser
 Fritz   177
Grotte
 Alexander   140
Gruber
 Agnes   279

 Els   279
 Gerhaus   279
Grün, von der
 Georg (Jörg)   231, 274
 Hans   76, 231, 274
 Hans Jacob   274
Gründlach, von   15, 98, 99, 167, 188, 225, 262, 272, 281
 Leupold   11, 99
 Margarethe   15, 99, 167, 203
Grüner
 Magdalena   295
Grünhofer
 Christoph   134
 Ursula   134
Grünschneider
 Andreas   243
Grundherr (von Altenthann und Weiherhaus)   87, 92, 248, 290
 Anna, geb. Haller   290
 Anna Maria   239
 Barbara, geb. Pirckheimer   109
 Christoph Karl   167
 Georg Christoph Karl   92
 Heinrich   265
 Johann Karl   167
 Johann Karl Burkhard   167
 Karl   210, 290
 Karl Sigmund Ferdinand   290
 Leonhard   87, 210, 290
 Paulus   86, 87, 210*, 290
 Ulrich   290
Günther (von)   289
 Heinrich Paul Wolfgang   91, 150, 243
 Johann Wolfgang   289
 Sibylla   289
Gugel (von Brand und Diepoltsdorf)   25, 26, 41, 62
 Adelheid, geb. Muffel   42
 Albrecht Christoph   62
 Andreas (Endres)   25
 Christoph   72
 Christoph Andreas (Endres)   25
 Christoph Friedrich   62
 Christoph Gottfried   41, 42
 Christoph Ludwig   62
 Franz Wilhelm Christoph   42
 Georg Christoph   130
 Hans Christoph   248
 Johann Christoph   25
 Johanna Helene, geb. Finkler   26
 Joseph Maria Ludwig Christoph   42
 Katharina, geb. Meindel   130
 Luise   42
 Magdalena, geb. Koeler   264
 Maria, geb. Coburger   42
 Maria Salome   72
 Marx Christoph   264
 Paul Christoph   26
 Sophia, geb. Gabler   264
 Veit   264
Guibert, de
 Friederike, geb. Wahler   192
 Jean Jacques   192
Gundelfingen, von
 Schwigger   107

Gundlach
 Fritz   66
Gutmann
 Paulus   72
Gutteter   188
 Hans   188
Gwandschneider   292
 Anna Maria   54
 Christoph   206
 Hieronymus   173, 292
 Johann Georg   206, 207, 292
 Johann Paul   229
 Maria   292

H
Haas
 Hans   96
 Johann Georg   87
 Konrad   251
 Leonhard   303
 Wolf Wilhelm   176
Habsberg-Kastl, Graf von
 Otto   1
Hackenschmied
 Paul   282
Häckel
 Johann   305
Häffner
 N., Voit   232
 Sigmund   198
Häring
 Roland   262
Hag, von (Hager)   51, 201
 Heinrich   201
 Linhart   162, 201
 Wolfhart   201
 Wolfram   201
Hagelsheimer (genannt Held)
 Sigmund   60
Hagen, von
 Johann Georg Friedrich   175, 192
Hahn
 Christian   179
 N., Papierfabrikant   167
Haid (Heyd)
 Konrad   167
 Margaretha, geb. Haller   167
 Martin   96
 Ott(o)   117, 132, 167, 265
 Peter   167
Haimburg, von   107, 267
 Heinrich   107*
 Konrad   107
 Petrissa   107
 Sophia   107
Haimendorf, von   108
 Elisabetha   108
 Friedrich (Fritz)   108*
 Heroldus   108
 Katharina   108
Halbwachs   156, 196
Haller (von Hallerstein)   9, 13, 23, 35, 44, 58, 66, 67, 92, 95-96, 99, 110, 136-138, 136, 137, 138, 148, 172-179, 172, 191, 210, 225, 238, 269, 270, 272, 289, 304
 Alexius   109

525

Anna 189, 290
Anna, geb. Weigel 66
Anna Maria 9
Barbara 290
Bartholomäus 92, 304
Bernhard 95
Bertold 95-96, 203, 238, 259
Burckhard Albrecht 109, 148
Christian 304
Christoph 304
Christoph Joachim 35, 148
Dorothea 95
Dorothea, geb. von Wolkenstein 109
Erhard 66
Fabian 289
Felicitas, geb. Fürer 156
Friedrich 35, 238
Georg (Jörg) 35, 66, 259, 299, 304
Georg Christian 9
Hans 9
Hans Albrecht 109, 156
Hans Christoph 9, 156
Hans Jakob 109, 156, 304
Hans Joachim 262
Hans Melchior 109
Helena 172, 304
Helena Maria 262
Hieronymus 66
Jakob 25, 136, 304
Jobst 119*, 130*, 136*, 138, 167*
Johann Andreas 214
Johann Friedrich 161
Johann Georg 9, 23, 99, 109*, 114, 232, 262
Johann Karl Christoph Wilhelm Joachim (Karl) 127
Johann Sebastian 102
Johann Sigmund 99, 102, 109, 114, 120, 130, 269
Johann Sigmund Christoph Joachim 148
Karl 138, 189, 288
Katharina 78
Katharina Eleonora 262
Katharina Eleonora, geb. Nützel 262
Katharina Helena 305
Klara, geb. Ortlieb 140
Kunigunde, geb. Weigel 66
Konrad 136*, 290*
Levinus 45
Ludwig 35
Margaretha 167*
Maria 72, 172, 176, 304
Maria Hedwig Jakobina 232
Maria Helena 9, 156
Maria Helena, geb. Ebner 22
Maria Jakobina, geb. Tucher 114
Maria Juliana, geb. Nützel 262
Martha 66, 90
Martin 66*, 136, 138*, 172, 290*, 304*
Martin Karl 172, 304, 305
Paulus 304
Peter 35, 96, 157, 167, 245, 266, 304*
Philippina Jakobina 77
Polyxena, geb. Holzschuher 109

Ruprecht 288, 304*
Sebald 35
Sigmund 35, 102, 210, 214*, 238
Sophia Maria 262
Sophia Maria, geb. Nützel 102
Thomas 136*
Tobias 35
Ulrich 95*, 96, 136-138, 136*, 245, 272
Ursula 288
Ursula, geb. Koberger 136
Ursula, geb. Letscher 136
Wilhelm 189, 288, 304*
Wolf(gang) 45, 92, 109, 136, 138, 172, 174, 176, 288, 304
Hallertauer
 Hans 222
Hals, Graf von
 Albert 182
 Elisabeth, geb. Truhendingen 182
Hammerer
 Philipp Karl 227
Hardenberg, von
 Karl August 67
Harder (von Rasch) 210, 214
 Albrecht 214
 Anna 210
 Bertold 214
 Elspet 214
 Konrad 210*, 214*
 Ruprecht 210
Hardesheim
 Johann Christoph 248
 Justin 72
 Maria Jakobina 114
Harsdorfer (Harsdorf von Enderndorf) 2, 43, 70, 77-81, 77, 130, 145, 183-187, 229, 285
 Andreas (Endres) 56
 Anna 56, 70
 Anton 274
 Christoph 77
 Christoph Willibald 229
 Fabian 72
 Georg Philipp 298
 Hans 56, 70
 Hans Christoph 13
 Heinrich 70, 258
 Jobst Christoph 77
 Johann Jobst 293
 Johann Karl Friedrich Christoph 43
 Katharina 56, 70, 72
 Klara Regina, geb. Löffelholz 293
 Lazarus 13
 Margaretha Philippina Jakobina, geb. Haller 77
 Peter 56, 77
 Ursula 56, 70
 Wolf 13, 77, 81
Hartenstein, von 70, 112, 117, 119, 231
 Albrecht 117
 Eberhard 117
 Heinrich 112, 117
 Hermann 117
 Rupertus 117
 siehe auch von Neidstein

Hartmann
 Konrad 28
 Michel 100
Has (von Hasenburg)
 Anna 163
 Swinko 77-81, 163
Haßolt
 Martha 273
Haug
 Hans 296*
 Konrad (Contz) 289
Haunhorst
 Hans Anna 117
Haunoldt
 Wolf Michael 268
Hausmann, von
 Johann Baptist 112, 182
Hausner 72
 Georg 72
 Maria 72
Heber 231
 Christoph 231
 Hans 111
 Peter 259
 Stephan 60
 Veit 231
Heerdegen 73
 Johann 73
 Johann Georg 72
Hegner (von Altenweiher)
 Bonaventura 295
 Hans 231
 Ulrich 162
Heher
 Johann 228
 Johann Georg 173
Heideck, von 161
 Friedrich 161
 Gottfried 135, 161
 Kunigunda, geb. Dornberg 161
Heideloff
 Karl Alexander 134, 220, 275, 279, 289
Heidemann
 Christoph 230
Heiling
 N., Spediteur 279
Heilmann
 Hans 247
Heimburg
 siehe Haimburg
Helchner 44, 96
 Burkhart 259
 Hans 44*, 259
 Margarethe 96
Held
 Friedrich 231
Henfenfeld, von 120, 220, 267, 299
 Eberhard 119
 Elisabeth 119
 Gebhard 120, 267
 Kaezelinus 120
 Linhard 119, 164
 Petrissa, geb. von Haimburg 107
 Ulrich 119, 120
 Wirnt 120
Heng, von 102

Henn
  Pankraz 295
Hentz
  Georg Wilhelm 227, 228
  Klara Magdalena 228
  Lorenz 227, 228
  Maria Felicitas 228
  Susanna Maria 228
Herberstein, Freiherren von
  Friedrich Otto 71
  Otto Friedrich 206
Herel
  Dorothea Rosina, geb. Kreß 283
  Sigmund 283
Herold 270, 294
  Johann Adam 158
  Johann Michael 294
  Maria Sabina 158
  Susanna Barbara 158
Herrmann
  Johann Heinrich 179
Hertenstein, von
  siehe Hartenstein, von
Herzog 173
Heßberg, von
  Maria Salome, geb. Kreß 29
Hetzelsdorf, von (Hetzelsdorfer) 24, 25
  Georg Jörg) 24
  Hans 24
Hetzlin
  Katharina vgl. Hölzel
Heugel
  Anna Maria 249
  Anna Maria, geb. Dilherr 93
Heumann
  Georg Daniel 187
Heuplin (Hewplin)
  Konrad (Cunz) 33
Heyd
  siehe Haid
Heymann
  Tobias 234
Heystein
  Barbara Katharina, geb. Derrer 279
  Johann Hieronymus 279
  Johann Paul 279
  Klara Sabina, geb. Petz 279
Hilling 243
  Johann Adam 242
Hilpert 275
  Georg 62
  Helena 61
Hiltpoltstein (Lauf, Rothenberg), von (Hiltpoltsteiner) 12, 127, 157, 199, 230, 254, 267, 299, 300
  Elisabeth 133
  Hans 133
  Heinz 133
  Hiltpolt 12, 127, 133, 157, 199, 267
  Kaspar 133
  Liupold 157
  Philipp 133, 282
  Ulrich (Odalricus) 127
Hirneiß, von
  Johann Franz Michael 76
  Lorenz 76

Hirschberg, Grafen von 199, 214, 220, 299
  Gebhard 157, 199, 274
Hirschmann
  Johann 87, 228
Hirschvogel
  Andreas (Endres) 58, 64
  Katharina, geb. Hölzel 64
Hirsvogel (Hirsfogl)
  Veit 284
Hirt
  Ferdinand 177, 217
  Therese 177
Hoeflich
  N., Justizrat 33
Hölzel
  Katharina 64
Hörmann
  Johann Christian 242
  Karl von 242
  Maria Katharina 242
  Susanna Martha 242
  Wilhelm Gottfried 242
Hößler
  Hans 103
Hof(f)mann 58
  Barbara 271
  Daniel 271
  Daniel Friedrich 271
  Eva Johanna 58
  Georg 265, 281
  Hans 288
  Heinrich Salomon 271*
  Hieronymus 163, 268, 277
  Jakob 62, 233, 246, 275
  Johann Georg 271
  Lorenz 281
  Magdalena 288
  Maria, geb. Schönborn 163, 268
  N., Revierförster 232
  Sebastian 180
Hohenfels, von
  Anna 148
  Hiltpolt 107
  Katharina, geb. Kornburg 148
Hohenlohe, von 203, 217
  Gottfried 203
  Ludwig 219
Hohenlohe-Brauneck, von 188, 225, 272, 281
  Gottfried 15, 99, 167, 203
  Margarethe, geb. Gründlach 15, 99, 167, 203
Hohenstein, von
  Sicolinus 132
Holbeck
  Christoph Adam 72
Holdolt 13, 199
  Erhard 13
  Klara 13
Holl
  Tobias 61
Hollfelder
  Eleonora 305
  Johann Georg 305
Holzhaymer
  Hermann 274

Holzschuher (von Harrlach) 4, 13, 36, 79, 145, 147, 150, 172-179, 177, 195, 196, 274, 303
  Agnes 233
  Anna Helena 60
  Anna Helena Katharina 188
  Berthold 56, 177
  Christoph Johann Sigmund 150
  Dorothea, geb. Müntzer 109
  Eustachius Karl 22
  Friedrich 152
  Fritz 77-81, 271
  Georg (Jörg) 13
  Gerhaus, geb. Gruber 279
  Hans 77-81, 77
  Heinrich 156
  Herdegen 152
  Hieronymus 109*, 177
  Jakob 279
  Karl 77, 233*, 279
  Karl Hieronymus 109
  Karl Sigmund 274
  Katharina 282
  Lazarus 233
  Margaretha, geb. Ploben 13
  Marie Salome 22
  Martin 271*
  Pankraz 77-81, 77
  Paul 77-81, 77, 271
  Polyxena 109
  Rudolf 109
  Sebald 77-81, 78
  Sebastian 77
  Sigmund Elias 4, 274
  Sigmund Gabriel 4, 274
  Veit 177
  Wolf 77-81
Hopfer
  Hieronymus 264
Horlemus
  Johann 196
Horneck
  Sebald 134
  Ursula 134
  Wolf 134
Hornung 269
Howitz
  Paul 134
Huber
  Christina 179
  Leonhard 179
Hubert
  Marianna 262
Huck
  Fritz 167
Hübner 77-81
  Hans 81*
  Jakob 57-64, 64
  Michael 110, 282
Hüglin
  Maria Hedwig, geb. Ebner 81
Hüls 22
  Andreas Heinrich 22
  Maria Salome, geb. Holzschuher 22
Hüpeden, von
  Christian Friedrich 60
  Sarah Johanna, geb. Kreß 60

527

Hüttenbach, von / Hüttenbeck 133, 203
   Engelhard 133*
   Eschwin 133
   Georg 245
   Stefan 245
   Wolfhart 120
   Wolflein Herdegen 133
Humann
   Johann 72
Hummel
   Nikolaus 134
Hummelmann 32
Humser 33
Hunger
   Hans 158
   Michael 158
Huter
   Georg 149
   Hieronymus 45
Hutt 72
   Konrad 222
Hutzler
   Johann 270

I

Imhoff, von 7, 62, 79, 83, 90, 172, 249, 304, 305
   Andreas (Endres) 90, 247, 264, 301
   Anna, geb. Flasch 83
   Anton 167
   Barbara Sabina Maria 62, 305
   Charlotte Katharina 158
   Dorothea 102
   Dorothea Rosina, geb. Kreß 283
   Georg (Jörg) 247, 271*
   Georg Andreas (Endres) 172, 173, 247, 305
   Georg Christoph Gottlieb 305
   Georg Karl 137
   Gustav Gabriel 7
   Hans (Henslein) 271*
   Hans Christoph Wilhelm 173
   Helena Jakobina Katharina 83
   Helena Katharina, geb. Schlüsselfelder 172, 305
   Hieronymus 271
   Jakob 90
   Jakob Christoph Joachim 283
   Johann Jakob 158
   Johann Sigmund Georg 62, 172, 304, 305
   Johann Wilhelm 83
   Karl 167
   Katharina 90, 167
   Klara Maria Sophia 83
   Klara Regina 67, 69
   Konrad (Contz) 83, 302
   Lazarus 283
   Louise Maria 158
   Ludwig 7
   Magdalena 83
   Maximilian 271
   Nicolaus 63
   Paul Christoph Wilhelm Andreas 83
   Peter 271*
   Philipp Ernst 137

   Sebastian 56, 271
   Susanna 90
   Wilhelm 283*
   Wolf 271
Immeldorf, von 272
   Bruno 135, 279
   Sifrit 135
Ingwer
   Jakob 99
Isselburg
   Peter 237

J

Jacobi
   Ernst 67, 68
Jacquet, von
   Georg Christoph 58
   Maria Hedwig, geb. Kreß 58
Jahnus (von Eberstädt)
   Adolf Wilhelm 117, 230
Jakober
   Hans 100, 117
Janus
   siehe Jahnus
Jentschura
   Stephan 64
Jöbstelsberg, Freiherren von
   Johann Sigmund 60
   Wolfgang Friedrich 60
Jörger, Graf von
   Johann Septimius 302
Jonabach
   Georg (Jörg) 91
Junghans
   Jakob 56

K

Kachelrieß 172
Kad(en)
   Johann Georg 53
Kalb 64
   Georg 64
   Georg Martin 289
Kammermeister
   siehe Camerarius
Kammerstein, von 272
Kan(d)ler 110
   Andreas (Endres) 110*, 192
   Anna Katharina, geb. Rieter 110
   Georg 110, 192
   Hans 282
   Hans Thomas 110, 192
   Helena 282
   Stephan 110, 282
Kapfer
   Jakobina Karolina, geb. Örtel 227
   N., Dr. 227
Kargel 70
Kastner (von Schnaittenbach)
   Barbara 9, 172
   Hans 9
   Heinrich 100
Katzenelnbogen, Grafen von 198
Katzwang, von 139
   Waltherus 139
Kauper
   Kaspar 76

Keil
   Hans 182
Keill
   Johann 255, 300
Keller
   Johann Konrad 173
Kellner
   Karl 184
Keltsch
   Konrad (Cunz) 33
Kemblau
   Stephan 264
Kemnath, von (Kemnather)
   Altman 28, 162
   Friedrich 162
   Heinrich 119, 162
   Johann 119
   Konrad 119*
Kemplein
   Hans 173
Kern
   Johann 60
   Wolf 140
Kessel
   Johann Veit 91
Kettenhöfer 177
Kettlein
   Johann Georg 217
Ketzel 96
   Barbara 96
   Katharina 232
   Sebald 274
Khevenhüller, Graf von
   Paul 192
Kießkalt
   Johann 191
Kießling
   Carl Gottfried 140
   Wilhelm Gottfried 289
Kirchdörfer
   Johann Wilhelm 282
Kirchmayer
   Christoph Carl 264
Kirschner 262
Kißkalt 158
   Konrad 158
   Margaretha 158
Klack, von 38
   Georg 167
Klausner
   Christoph 225
   Georg 225
Kleber
   Georg 278
Kleewein 303
   Joachim 293
   Klara, geb. Baumgartner 293
   Maria Magdalena 293
Klein 273
Klugel
   Fritz 124
Knauer
   Georg 8
Knebel, von
   Johann Christian 225
Knödel
   Johann Lothar 260*

Knorrenschild
    Johann Leonhard   138
Kob
    Johann Philipp   282
Koberger
    Anton   78, 136, 222
    Kaspar   71
    siehe auch Coburger
Kö(h)ler
    Johann David   34
Koeler
    Hieronymus   264
    Magdalena   264
König
    Andreas Philipp   72
    Arnold   276
    Balthasar   217
    Gotthard   276
König (von Königsthal)
    Eberhard Jodokus   90
    Wilhelm Georg Eberhard   90
Königstein, von   51
    Elisabeth   219
    Ulrich   14, 27, 48, 108, 119, 194, 219*, 223
    Wirnt   219
Körner
    Sabine   292
Körnlein
    Johann Ernst   91
Kötzler   178, 262
    Christoph Hieronymus   217
    Karl   217
    Maria., geb. Haller   172, 176, 304
    Marx   248
    Stefan   217*
    Thomas   172, 262, 304
    Valentin   262, 301
Kötzner
    Eberhard   271
    Konrad   271
    Kraft   271
Kohler
    Johann Wilhelm   278
    Justus Wilhelm   278
Kohlhofer
    N., Metzger   178
Kolb   206
    Gabriel   293
    Ismeria, geb. Pömer   293
    Katahrina, geb. Groß   293
    Niklas   293
    Otto   126
Kolbmann
    Hans Georg   240
Koler
    Kuntz   81
Koler (von Neunhof)   124, 184, 185
    Erkenbrecht   188
    Georg (Jörg)   296
    Georg Seifried   90, 184
    Helene Juliana Jacobine   184
    Katharina, geb. Imhoff   90
    Konrad (Cunz)   9
    Paul   184
    Paul Sigmund   90
    Stephan   296

Susanna   188
Susanna, geb, Imhoff   90
Susanna, geb. Seckler   188
Ursula   296
Konhofer
    Konrad   72
Kopp
    Ludwig Karl   149
Kordenbusch, von
    Friedrich   275
Korn
    Johann   196
Kornburg, von   148
    Heinrich   148*
    Katharina   148
    Konrad (Chunradus)   49, 148
    Stephan   148
Krach
    Anton   252
Kracker, von
    Johann Georg   36
Kraus(s)
    Johann Ulrich   283, 304
    Sebald   233
Krausel
    Fritz   172
Kraußer
    Barbara Philippina   303
    Johann   303
    Konrad   22
    Simon Johann Ulrich   22
Kreß (von Kressenstein)   13, 58, 83, 152, 153, 154, 159, 188, 231, 277
    Anna Helena, geb. Holzschuher   60
    Anna Helena Katharina, geb. Holzschuher   188
    Anna Maria, geb, Ebner   22
    Anton   153, 231, 246
    Balthasar Christoph   302
    Barbara Johanna, geb. Muncker   89
    Barbara Maria   302
    Brechtel   152
    Christoph   152, 153, 159, 189, 246, 283
    Christoph Gottlieb Siegmund   58
    Christoph Jakob   29
    Christoph Karl   29, 216
    Christoph Leonhard   60
    Christoph Michael   156
    Christoph Wilhelm Karl   188
    Dorothea Rosina   283
    Elisabeth   188
    Georg (Jörg)   152, 153*, 246
    Georg Adolf   152, 153, 154, 277
    Georg Christoph   89
    Georg Christoph Wilhelm   60, 89, 159
    Hans   188, 246
    Hans Wilhelm   188, 283
    Helena, geb. Tucher   283
    Hieronymus   152, 153*, 246
    Hiltpolt   166
    Jobst   55
    Jobst Christoph   152, 277
    Johann Adam   188
    Johann Christoph Sigmund   277
    Johann Wilhelm   188

Karl   29
Karl Sigmund   63
Kaspar   159
Katharina, geb. Rieter   159
Klara   166
Klara Jakobina   177
Konrad   152, 166
Magdalena   159
Maria, geb. Ebner   216
Maria Hedwig   58
Maria Salome   29
Maria Salome, geb. Dietherr   63
Maria Sophia Klara   216
Markus   29
Marx Carl   302
Sarah Johanna   60
Susanna, geb. Koler   188
Ulrich   152
Kretschmann
    Georg   147
Kreutzer
    Heinrich   156
Krochmann
    Anna Susanna   243
    Heinrich   243
    Johann Christoph   243
    Johann Jakob   243
Kronburger
    Konrad   275
Krumbach, von (Krumpeck)   280
Küfler
    Anton   167
Kü(he)dorf, von (Kühedorfer)   38
    Thomas   38, 258
Kühnlein
    Heinrich   72
Künnerlein
    Egidius   113
Künsberg, von   65
    Georg Friedrich   65*, 178
    Karl Wilhelm Friedrich   65
    Valentin Georg   65
Künzel
    Cornelius   158
Kürenburg, von
    siehe Kornburg, von
Kütt   57
Kuhn
    Hans   125
    Heinrich   125
Kun
    Christina   126
    Niclas   126
Kupfer
    Konrad   63
Kurz   64
    Peter   64
Kurzmandel
    Daniel   281

L

Lämmermann
    Konrad   206
Lambeck   279
Landeck
    Wolfgang Jacob Matthäus   173
    Zacharias   173

Lang 294
  Christoph 282
  Georg 110
  Hanns Christoph 110
  Konrad 284
  Werner 22
Langenberger
  Georg Friedrich 67
Langfritz
  Leonhard 151
Langmann
  Adelheid 55
Lanzinger 93, 243
  Sebastian 241, 242
Lauf, von
  siehe Hiltpoltstein, von
Laufamholz, von
  (Lauffenholzer) 135, 165, 172-179, 173, 177, 192, 279
  Bruno siehe Immeldorf, von
  Heinrich 135, 279
  Konrad 135
  Michael 301
  Ulrich 279
Lautenschlager 282
Lauter
  Luise, geb. Geuder 124
  Johann Tobias 270
Lauterbach
  Georg 278
  Otto 126
Lebrun
  Cornelius 260
Leha
  Johann 268
Leikam 33
Leincker
  Paul Canutius 179
Leininger (von Sorgendorf)
  Eva Sophia 113
  Johann 113
Leistner
  Hans 302
Lemke-Kellner
  Brigitte 184
Lengenfelder
  Paulus 248
Lentersheim, von
  Christina, geb. Wildenstein 299
  Christoph 97, 299
Leonrod, von 260, 261
Leopold
  Eberhard 173
Letscher
  Ursula 136
Leucht
  Christian Leonhardt 137
Leuchtenberg, Landgrafen von 19, 44, 50, 51, 219, 259, 266, 274
  Leopold 19, 266
  Ulrich I. 19, 182, 266
Leuckart (von Weißdorf), Freiherren
  Friedrich 192
  Wilhelm 192
Leupoldstein, von
  Ebermarus 160
  Egilolf 160

Leykauf
  Thomas 283
Lichtenberger
  Georg (Jörg) 38
Lichtenstein, von 164
  Agnes 164
  Albrecht 28
  Andreas 132
  Heinrich 164*
Lin(c)k 225
  Albrecht 38
  Carolus 176
  Hans 29, 38
  Margaretha Barbara 179
  Martin 179
Lindner
  Christoph 276
Linnert
  Johann Georg 219
Lintach, von
  Richwin 1
Lips
  Wilhelm Jacob Friedrich 281
Lisberg, von (Lisberger)
  Günther 120
Lochaim, von
  Burkard 249
  Hans 249*
Lochner
  Anna Maria 134
  Hans 38
  Michael Friedrich 134
Lochner (von Hüttenbach) 133, 223, 300
  Adam Friedrich 133*
  Adam Joseph 133
  Andreas 133, 300
  Christian Adam 133
  Christian Philipp 133
  Christoph Heinrich 133
  Christoph Ludwig 133, 223
  Franz Ludwig 133
  Friedrich Ferdinand 133
  Georg 133, 300
  Hans Georg 133, 300
  Heinrich 70
  Joseph Christian 133
  Joseph Simon 133
  Karl Dietrich 133
  Katharina 300
  Liborius 133
  Maria Magdalena 300
  Pankraz 133, 300
  Rochus 133
  Wolf Pankraz 133, 300
Loebermann
  Harald 278
Löblein
  Karl 270
Löchner
  Christoph 242
Loefen (von Heimhof) 42
  Johann Martin 214
  Luise, geb. Gugel 42
  Sibylla 240
  Wilhelm Johann 42

Löffelholz (von Colberg) 88, 93, 148, 159, 167, 178, 179, 229, 231, 262, 272
  Agatha 22
  Anna Maria, geb. Dilherr 93
  Anna Maria, geb. Heugel 249
  Apollonia 303
  Burkhard 93, 229, 249, 262
  Christoph 88
  Christoph Friedrich 303
  Christoph Gottlieb 72
  Georg Burkhard 262*
  Georg Christoph 262*
  Georg Friedrich 93
  Georg Karl Wilhelm 88
  Georg Sebastian 167
  Georg Wilhelm 88, 93
  Georg Wilhelm Friedr. 303
  Hans Karl 303*
  Helena Maria, geb. Volckamer 303
  Irmgard 286
  Jakob Gottlieb 88
  Johann Friedrich 293, 303*
  Johann Hieronymus 88
  Johann Joachim 303
  Johann Sebastian 167
  Klara Regina 293
  Maria 303
  Maria Hedwig, geb. Scheurl 63, 64
  Maria Magdalena, geb. Kleewein 293
  Martin 22
  Matthias 88*
  Sebastian 167
  Sibylla, geb. Fürer 167
  Thomas 303
  Wilhelm 88
  Wolf 88, 99, 303
Löhner
  Hans 291
Löwel
  Andreas 109
Lohbauer
  Adam 207
Loneysen
  Georg (Jörg) 82
  Sigmund 82
Loos
  Karl 91
Luger
  Hans 261
Lunckenbein
  Johann Christian 230
Lupburg, von
  Konrad 51

M
Mager
  Christoph 140
Magerer
  Konrad 132
Mahl
  Georg 68
Maier
  Hans 222
  N. 197

530

Mair
  Barbara 172
Malmsbach, von (Malmsbeck) 167
Mamolo
  Candido 252
  Wilhelm 252
Markgrafen von Brandenburg / Burggrafen (von Nürnberg)
  Burggrafen (von Nürnberg) 19, 29, 36, 38, 41, 77, 97, 103, 105, 107, 136-138, 148, 161, 167, 172, 183-187, 188, 196, 203, 225, 230, 245, 258, 262, 265, 272, 279, 299
  Agnes 136-138
  Albrecht 8, 34, 99, 121-124, 214, 249, 265
  Anna 121-124
  Elisabeth 38
  Friedrich II. 38
  Friedrich III. 30, 152, 293-298
  Friedrich IV. 15, 99, 136-138, 167, 203
  Friedrich V. 105, 152, 265, 245, 289
  Friedrich VI., siehe unter Markgraf Friedrich I. von Brandenburg
  Johann I. 136-138
  Johann II. 34, 99, 293-298
  Johann III. 136
  Konrad II., der Fromme 136-138, 194, 272, 293-298
  Markgrafen von Brandenburg 6, 31, 36, 37, 45, 65, 77, 81, 108, 110, 134, 137, 153, 164, 172, 173, 177, 188, 192, 217, 223, 225, 230, 243, 245, 249, 251-253, 260, 269, 271, 275, 276, 293-298, 302, 304
  Friedrich I. 103, 183-187, 219, 245, 258
  Albrecht Achilles 57, 77, 135, 161, 163, 167, 192, 213, 230, 293-298
  Markgrafen von Brandenburg-Ansbach
  Friedrich d.Ä. 223, 245, 249
  Georg Friedrich 38, 161, 296
  Karl Alexander 38
  Karl Wilhelm Friedrich 297
  Kasimir 5
  Wilhelm Friedrich 297
  Markgrafen von Brandenburg-Bayreuth 67, 68, 230
  Christian Heinrich 245, 249
  Markgrafen von Brandenburg-Kulmbach 69
  Albrecht Alcibiades 19, 69, 86, 161, 182, 230, 238, 241, 266
  Sigmund 249
Marperger
  Paul Jakob 247
  Sibylla, geb. Döbrich 247
Marstaller
  Erhard 92
Matzdorf 292
Mauerer
  J. G. 29
Maurer
  Johann 173

May
  Karl Heinrich Friedrich August 182
  Johann 31
Mayenschein
  Hans 77-81, 80
Mayental, von
  Hiltpolt 272
Mayer (Mayr, von) 298
  Jakob 6
  Johann Baptista 278, 298
  Johann Philipp 298
  Karl 36
  Melchior Christoph 264
  Regina Klara, geb. Endter 298
  Wolfgang Baptista 298
Mayersbach, von
  Melchior Christian 30, 273
Mayer-Starzhausen, von
  Elsa Johanna, geb. Geuder 122
Meglindorf, von
  siehe Mögeldorf, von
Meichsner
  siehe Meixner
Meier
  Johann Georg 268
  Margaretha 238
  Walburga 114
Meindel
  Georg 130*
  Katharina 130
  Konrad 130
Meisel 137
Meisner
  Daniel 283
Meißel
  Johann Martin 302
Meister
  Leonhard Stephan 302
Meixner 82, 156
  Heinrich 156
Melber
  Matthias 77-81, 79
  Sebastian 6
Melfuhrer
  Andreas (Endres) 248
Mend
  Alwine 268
  Philipp 268
  Wilhelm 268
Mendel 165, 183-187, 184
  Apollonia 159
  Ursula, geb. Haller 288
Mendorfer
  Hilpolt 132, 164
Mentelein 249
Meranien, Herzöge von
  siehe Andechs-Meranien, Herzöge von
Merg
  Andreas 281
Merian
  Maria Sibylla 147
Merk
  Christian 147
Merkel
  Georg Christoph 29
Meßthaler 149, 207

Mettingh, Freiherren von
  Carl 303
  Fritz 303
Meusel
  Niklas 25
Meyer
  Heinrich 277
  Johann Michael 33
Meyern
  Johann Sigmund 176
Michel
  Georg 206
Milchvogel
  Paulus 177
  Sibylle 177
Miller, Freiherr von
  Johann Georg 76
Minderle 176
Mistelbach, von (Mistelbeck) 48
  Eberhart 164
  Georg (Jörg) 8, 48*, 51
  Hans 164
  Wilhelm 164
Mittelburg, von
  Erkenbrecht 170
  Konrad 170
Mögeldorf, von 172
  Reimarus 172-179, 279
Möller
  N., Dr. 67
Möringer
  Wolf 296
Mösel
  Johann Ulrich 18, 99, 154, 274
Monroe
  Benedict 176
  N., Oberst 182
Mordeisen
  Brigitte, geb. Nützel 72
  Christoph 71, 72, 80
  Katharina 9
Morne 71
Motter 49, 281
Much
  Hans 121*
  Karola 121
Mü(h)lholz, von
  August 305
  Burkhard Karl Friedrich 305
  Helena Regina 305
  Johann Albrecht Karl 305
Mülheim, von
  Wolf 141
Müllegg
  Hans 64
  Heinrich 64
Müller 96, 298
  Benedikt 114
  Erhard 68
  Ernst 36
  Georg Heinrich 89
  Jochen 87
  Johann Heinrich 89
  Paulus 127
  Peter 284
  Sebastian 294
  Thomas Gottlieb 150

531

Müll(n)er
  Sebald 71, 249
Müllner
  Johannes 3, 4, 5, 27, 34, 40, 57-64, 65, 75, 77-81, 88, 90, 103, 108, 110, 128, 130, 148, 172-179, 178, 181, 192, 200, 217, 224, 229, 233, 239, 248, 258, 262, 263, 269, 293, 301
Müllner (Mullner)
  Hans 65, 249
Münch
  Tobias 99
Müntzer
  Ludwig 109
Münzer
  Karl Alois 47
Muffel (von Ermreuth bzw. Eschenau) 47, 65, 66, 67, 68, 69, 226
  Adelheid 42
  Barbara 65, 66
  Christoph 65, 67
  Christoph Jakob 47, 67, 68, 159
  Friedrich Jakob 67
  Gabriel 47, 68
  Georg Jakob 68
  Georg Marquard 168
  Georg Tobias 47, 67, 168
  Hans 65
  Hans Christoph 65
  Hans Jakob 67
  Hans Sigmund 65, 169
  Heinrich 47, 69
  Hieronymus 47
  Jakob 28, 47, 66, 67, 68
  Jobst 65
  Johann Jakob 67, 69
  Johann Christoph 67
  Johann Wilhelm 67, 69
  Karl Sigmund 47
  Klara Magdalena, geb. Pfinzing 159
  Klara Regina, geb. Imhoff 67, 69
  Maria Ursula Regina 67, 69
  Marquard 168
  Niklas (Claus) 47*, 65*, 66*, 67, 88
  Stephan 65, 66
  Susanne Maria Helena 240
  Ulrich 47
  Ursula 102
  Wilhelm Heinrich 67
Mulzer
  Helena Maria 251
  Johann 251
  Paul 251
Muncker
  Balthasar Sebastian 89
  Barbara Johanna 89
  Sara Johanna 92
Munkert
  N., Maurer 172
Murach, von 79
  Felicitas, geb. Redwitz 79
  Philipp 79
Murus
  Anton Heinrich 138

Muslohe, von 38
  Andreas (Endres) 38
  Heinrich 38
  Johann Georg 38
  Sebastian 38

N
Nassau, Grafen von 121-124, 249
  Anna 148
  Emicho 8, 148*, 214
  Johann 8, 121-124
Neder
  August 33
  Johann Ernst 33
Neidstein, von 70, 112, 117, 231
  Rupert 117
  siehe auch Hartenstein, von
Neidung 41, 100, 203, 255
  Eckhart 100
  Fritz 255
  Ulrich 255
Nenningen, von
  Gebhard 129
Nerreter
  Georg Andreas 166
  Johann Konrad 166
Neu, von
  Johann Philipp 283
  Martin Wilhelm 283
Neubauer 234
  Johann Wilhelm 175
  Lorenz Wilhelm 175
Neumann
  Friedrich 60
Neumann, von
  Charlotte Louise Amalie, geb. von Stauff 302
  Johann Friedrich Wilhelm 302
  Johanna Veronika 302
  Maria Sophia Salome 302
Neumarkt, von (Neumarkter) 249
  Adelheid, geb. Pfinzing 151
  Konrad 151
Neunhof, von (de Nova Curia)
  Heinricus 188
  Mechthild, geb. Braunsbach 188
Neuper
  N., Amtmann 268
Neustetter (genannt Lochner)
  Elisabeth 31
  Hans 31
  Konrad 31
Noblet, de
  Jakob 76
Nöttelein
  Bonifatius 44, 57-64, 275
  Georg (Jörg) 189
  Niklas 220, 293
Nopitsch
  Anna Magdalena 251
  Christian Friedrich 251
  Moritz 251
Nothafft, von
  Heinrich 182
Nova Curia, de
  siehe Neunhof, von

Nürnberg, Burggrafen von
  siehe Markgrafen von Brandenburg
Nürnberg, von (Nuremberc, de) 38
Nürnberger
  Georg 110
Nüßlein
  Heinrich 148
Nützel (von Sündersbühl) 9, 80, 216, 269, 270
  Brigitte 72
  Felicitas 156
  Felicitas, geb. Fürer 156
  Gabriel 71, 72, 264, 269*
  Hans 156, 269
  Johann Joachim 90, 216, 269
  Karl 216
  Karl Benedikt 22, 216
  Kaspar 264, 269
  Katharina, geb. Groß 72
  Katharina Eleonora 262
  Katharina Eleonora, geb. Löffelholz 262
  Konrad 269
  Maria Jakobina 22*
  Maria Juliana 262
  Maria Magdalena, geb. Camerarius 216
  Maria Sophia 90, 198, 216
  Nikolaus 72
  Sigmund 264
  Sophia Maria 102, 262
  Wolf Jakob 9, 22, 262

O
Oberst
  Max 184
Oberth
  Hermann 71
Ochs
  Sebastian 196
Ochsenfelder
  David Ernst 180, 260
  Joachim 180
  Magdalena 180
  Sebald 180, 260
Oed
  Heinrich 293*
Oedenberger (Odenburc, von) 39, 198
  Chonrad 198
  Heinrich 39
  Kunigunde 39
Oelhafen (von Schöllenbach) 72, 145, 146, 196, 197
  Anna Maria, geb. Gwandschneider 54
  Barbara Katharina 279
  Christoph Elias 53, 54
  Christoph Friedrich 196
  Christoph Karl 177, 197
  Christoph Karl Jakob 197
  Eugen 197
  Ferdinand 197
  Georg Christoph 54*, 72, 196
  Hans 196
  Jakob Christoph 54

Johann Wilhelm Christoph Karl 184
Karl 292
Karl Christoph 54
Karl Sigmund Jakob Ferdinand 197
Karl Wilhelm 54
Katharina Eleonora Karolina 177
Katharina Eleonora Karolina, geb. Furtenbach 177
Klara Jakobina, geb. Kreß 177
Maximilian 196*
Paul Christoph 146, 292
Sara Johanna Sabina 184
Sixt 196*
Tobias 283
Wilhelmine 54

Örtel (Nürnberger Geschlecht)
Abraham 22
Agatha 22
Andreas 102*, 210, 214*
Christoph 22, 210
Florentin 22
Georg Christoph 72
Hieronymus 22
Maria, geb. Haller 72
Paulus 22
Sigmund 210

Örtel (Bürger in Altdorf)
Abraham Jakob 227
Georg Abraham Jakob 103
Karl Heinrich 227
Jakobine Karoline 227

Öttingen, Grafen von 135, 161
Ludwig 161

Oexle (von Friedenberg)
Wolfgang Antoni 271

Orlamünde, Grafen von
Kunigunde 38, 99
Otto 99

Orting
Barbara 303
Hans 303

Ortlieb 290
Hans 140
Hermann 290
Klara 140
Ulrich 140

Ortolf
Franz 294
Hans 294

Osternohe, von 41, 202, 203, 300
Bruno 203
Engelhard 203
Konrad 203*
Poppo 202, 203*
Reginold 202
Rienolt 203, 300
Wolfram 203

Otnand
Reichsministerialer 66

Ott
Hans 172

Ottendörfer
Konrad 291

Ottmann
Johann 158

Oyrl, von
Justus 273
Maria, geb. Tetzel 273
Maria Magdalena 273
Philipp 273

P

Päpste
Alexander VI. 303
Johannes XXIII. (Balthasar Cossa) 225

Pamler
Jobst 285

Panzer 274

Pappenheim, Marschälle von 246
Heinrich 246

Parsberg, von 266
Dietrich 132
Werner 100

Pattberg
Gustav Adolf 178
Heinrich 178

Paumgartner (von Holnstein) 79, 198
Barbara Sabina 192
Hieronymus 196
Johann Paul 102*
Klara 293
Nikolaus 222
Sophia Maria, geb. Nützel 102
Stephan 219

Paußmann
Michael 56

Pawr
Hans 164

Pegnitzer
Andreas (Endres) 191

Peiffer
David 169
Johann David 169

Pelck(en)
Friedrich 299
Konrad 299

Pelckhofen, von
Johann Friedrich 53
Maria 214
Maria Monica 53

Peller (von Schoppershof) 77-81, 79, 246
Anna Maria 285
Christoph 246
Christoph Gottfried 246
Christoph Jakob 273
Christoph Karl Friedrich Wilhelm 246
Jobst Christoph 285
Karl Christoph Alexander 246
Maria Anna 273
Maria Magdalena, geb. Oyrl 273
Maria Sabina 273
Martin 246
Tobias 246
Wilhelm Bartholomäus 273

Pemsel
Johann 268

Peringsdorfer 15, 16, 232
Elisabeth 16
Sebald 119, 130, 167
Wolff 16

Permüller
Hans 165

Peßler 7, 72
Burckardt 49, 72
Georg (Jörg) 282
Konrad 222
Stephan 72, 90, 282
Wolf 9

Pettendorf, Freiherr von
N., Offizier 176

Petz
Georg (Jörg) 119, 130

Petz (von Lichtenhof) 163, 249
Friedrich Hannibal 163
Georg Christoph 279
Georg Christoph Wilhelm 163, 249
Georg Friedrich 163
Georg Gustav Wilhelm 163
Hieronymus 163*
Johann Pius 279
Karl Friedrich Ludwig August 163
Klara Sabina 279
Maria, geb. Schönborn 163, 268
Maria Katharina, geb. Heystein 279
Pius 163, 268
Susanna Maria Wilhelmine, geb. Tucher 163

Pe(t)zold
Georg 292
Konrad (Cuntz) 93, 141
Margarethe 292

Peyer (von)
Daniel Heinrich 268
Maria Christiana 268

Petzold, von
Karl Eduard 255

Pfalzgrafen, Kurfürsten von der Pfalz 119, 125, 127, 141, 162, 164, 219, 230, 240, 255
Elisabeth, geb. Burggräfin von Nürnberg
Friedrich II. 117, 141
Friedrich IV. 255
Friedrich V. siehe Böhmen, Könige von
Ludwig III. 225
Ludwig V. 141
Ottheinrich II. 53, 162
Philipp I. 230
Rudolf II. 157
Ruprecht I. 102, 107
Ruprecht II. 8, 119, 157, 214
Ruprecht III. siehe Deutsches Reich, Kaiser und Könige

Pfalz-Mosbach-Neumarkt
Otto I. 163, 230
Otto II. 102, 107, 141, 230, 266

Pfalz-Neunburg-Neumarkt
Christoph 102
siehe auch Dänemark, König von
Johann 19, 28, 102, 107, 162, 164, 230, 231, 266, 267, 299
Katharina, geb. von Pommern-Stolp 19

Pfalz-Sulzbach
Christian August 162

533

Pfalz-Zweibrücken
  Wolfgang 162
Pfann
  Anna 158
  Anton 71
  Georg 33, 73, 158
  Hans 71
  Johann 73, 158
Pfeffer
  Matthes 8, 55, 125, 127, 132, 157
Pfeßel
  Peter 251
Pfinzing (von Henfenfeld) 46, 74, 99, 103, 109, 113, 120, 123, 144, 145, 163, 172-179, 190, 191, 198, 225, 263, 264
  Adelheid 151
  Andreas 292
  Anna, geb. Groland 279
  Berthold 108, 162, 163, 166, 196, 271, 303
  Christian 190
  Christoph 145
  Christoph Karl 99, 103, 126, 289
  Eleonora 126
  Eleonora, geb. Geuder 289
  Eleonora, geb. Scheurl 126
  Esaias 292
  Franz 302
  Georg (Jörg) 130, 162, 173, 231, 292
  Heinrich 163
  Helena Katharina, geb. Tucher 99
  Jakob 292
  Johann 159
  Johann Sigmund 120
  Karl 99, 103, 126*, 159, 289, 295
  Karl Sebastian 99, 103, 126, 289
  Katharina 73, 292
  Katharina, geb. Ploben 163
  Katharina, geb. Waldstromer 163
  Klara, geb. Kreß 166
  Klara Magdalena 159
  Konrad 109, 163*, 198
  Leonora 295
  Ludwig 71, 163, 167*, 190
  Magdalena 71, 159
  Margarethe 249
  Maria, geb. Gwandschneider 292
  Maria Magdalena, geb. Geuder 123
  Maria Sabina 292
  Marquart 263
  Martin 120*, 292
  Martin Seifried 113
  Paul 2, 56, 113*, 120, 125, 132, 208, 237, 241, 264, 275, 276
  Sebald 77-81, 163*, 279
  Seitz 109, 190
  Seyfried 103, 123, 126, 190, 191, 289*, 295
  Sigmund 22, 31, 249, 292
  Veit 77
Pflaum
  Marx 295
Pfleger
  Niclaus 151

Pickelmann
  Johann Georg 270
  Margaretha 270
Pilgram
  Pankraz 243, 244
  Wolfgang 228
Pirckheimer
  Barbara 109
  Hans 65, 109, 183-187
  Juliane, geb. Geuder 184
  Lorenz 65
  Philipp 85
  Ursula 65
  Willibald 41, 183, 184, 231
Plank
  Kaspar 294
  N., Gastwirt 26
Platner
  Georg Zacharias 275
  Therese 275
Plendinger
  Friedrich 100
Ploben, von 13, 62
  Christoph 62
  Katharina 163
  Leonhard 13
  Margaretha 13
Plochmann
  Rudolf 133
Plöd 67
  Lukas 67
Pöhlmann
  Lucie 33
Pömer
  Hans 241
Pömer (von Diepoltsdorf) 63, 225, 242
  Balthasar 136*
  Bartholomäus 262
  Georg 214, 242
  Georg Christoph 43, 214
  Georg Jacob 60
  Georg Paul 276
  Georg Wilhelm 43
  Ismeria 293
  Jakob 173
  Maria Magdalena, geb. Stockhamer 43
  Wolf Albrecht 13, 161
  Wolf Sigmund 262
Pötzling, von (Pötzlinger) 40
Pogner 82
Polheim, Grafen von
  Matthias Julius Eberhard 192
  Margaretha Susanna, geb. Zinzendorf 192
Polli
  Donato 99, 123, 149, 187
Pommer 206
Pommern-Stettin, Herzöge von
  Anna, geb. Burggräfin von Nürnberg 121-124
  Swantibor 8, 121, 124
Port
  Johann 228*
  Johann Andreas 228

Praß
  Georg 112
  Hans 112
  Leonhard 112
Praun, von 7, 104, 158
  Christoph 5
  Friedrich 5
  Hans 5*
  Jakob 5
  Jobst Christoph Sigmund 158
  Johann Friedrich Sigmund 7
  Magdalena, geb. Gammersfelder 292
  Niklas 5
  Paulus 5
  Sigmund Christoph Ferdinand 7
  Sigmund Friedrich Wilhelm 158
  Stephan 5
Praunfalk, von
  Johann Adam 302
Prechtl
  N., Marktschreiber 76
Preising, von
  siehe Preysing, von
Preuß
  Andreas (Endres) 177
  Margaretha 177
  Ursula 177
Preußen, König von 172
Prew
  Heinrich 272
Preysing (von Lichtenegg) 162
  Eva Sophia, geb. Brand von Neidstein 113
  Hans Philipp Jakob 53
  Hans Sigmund 162, 274
  Johann Georg 113, 114
Priester
  Bernhard 302
Propst
  Albrecht 293-298
Prosberg, von 205
Prünsterer
  Hans 229
Puchfelder
  David 291
Puchner
  Hans 206
Puck 14
Pückler-Limpurg, Graf von
  Christian Wilhelm Karl 251, 253
Pückler-Zeil, Grafen von 6
Pückler-Muskau, Fürst von
  Hermann 255

Q
Quesne, Gräfin Du
  Johanna Louise 267
Quenzler
  N., Maurer 172

R
Raab
  Georg Sebald 302
  Johann Georg 302
  Wolfgang 302

Rabenstein, von
　Elisabeth　76, 133
　Georg (Jörg)　76, 133
Rabensteiner (von Döhlau)
　Anna Elisabeth　121
Rabnolt
　Markart　60
Radnecker
　Christoph　177
Raitenbuch, von
　Wilhelm　8
Ramung
　Ullein　265
Randahl, von
　Christian　279
　Klara Sabina, geb. Petz　279
Rasch, von　213
　Bertold　213*
　Heinrich　213*
　Konrad　214
　siehe auch Harder
Ratz (von Eismannsberg)　51
　Amalie　220
　Berthold　8, 51, 220
　Friedrich　51
　Georg (Jörg)　53
　Hedwig　53
　Ulrich　220
　Wolfram　51
Rauch
　Ott　162
Rauh
　Johann　67
Raumer, von
　Karl　283
Rausch
　Ernst　278
Rauscher
　Wilhelm　102
Rayger
　Georg (Jörg)　192
Raymar (Remar, Reymar)
　Hans　31, 35
　Heinrich　35
　Hermann　35
Rebel
　Martin　260
　Wolf　260
Rech
　Barbara Sabina Maria, geb.
　　Imhoff　62, 305
　Friedrich Christoph　305
Rech (von Rechenberg)
　Agatha　22
　Andreas (Endres)　6, 22, 102, 196
　Hans　6
　Helena　6
　Hieronymus　6, 22, 196
　Katharina　282
　Reinhart　214
　Sebald　6, 52, 196, 210, 214, 215,
　　247, 282, 301
　Ursula, geb. Wipfeld　214
　Wolf　268
Reck (von Reckenhof)　225, 281
　Bertold　225

　Heinrich　225
　Hermann　225
Reck-Malleczewen
　Friedrich　240
Recknagel
　Hans　132
Redwitz, von　70
　Felicitas　79
Regensburg, Bischof von
　Siegfried　213
Regulein
　Johann Andreas　289
Rehlinger
　Hieronymus　172
Reich　145
　Pankraz　188
　Thomas　188
Reichelsdorf, von　217
　Rüdiger (Rudger)　180, 217*
　Sifrit　217
Reicheneck, von
　siehe Schenk von Reicheneck
Reichold
　Thomas　260
Reinhard
　Tobias　260
Reiser
　Ernestine　240
　Josefa, geb. Velhorn　240
　Wolfgang　240
Reiter
　Georg　228
Reitmeier
　N., Pfleger zu Pfaffenhofen　107
Remar
　siehe Raymar
Reuter
　Franz　294
Reutter
　Heinrich　275
Reymar
　siehe Raymar
Reyter
　Konrad (Cunz)　9
Riedel
　Konrad　178
Riegel　248
Rieger
　Antoni　60
Riesenburg, von
　Guotha　127
Rieter (von Kornburg)　148, 159, 173,
　281
　Anna Katharina　110
　Barbara　148
　Georg (Jörg)　148
　Hans　148
　Heinz　148
　Johann Albrecht Andreas　148
　Katharina　159
　Maria Sophia, geb. Fürer　149
　Paul Albrecht　148
　Peter　148
　Sebald　159
Rindsmaul　38, 102, 217, 245, 249
　Albert　102*
　Albrecht　245*

　Hartmann　102
　Heinrich　203, 245
　Hermann　102
　Johann　245
　Ludwig　245
　Marquard　102
Ringel
　Hans　172
Ringelsdörfer
　Hans　29
Ringler
　Georg　268, 295
Rock
　Johann Gottlieb　253
Rödel　252
　Anna Barbara　252
　Konrad　252
　Susanna Maria　252
Rögner
　Georg　159
Röhser
　N., Fabrikant　146
Römer　233
Röschlau　172
Rös(s)ner
　Simon　19, 284
Rößler
　Johann Adam　281
Röthel
　Thomas　304
Rohrenstadt, von
　Konrad　8
Rohrmann
　Georg Peter　67
Ros(a)　194
　Heinrich　194*
　Hermann　194
Rosenberger
　Sigmund　295
Rosenhard (genannt Glockengießer)
　siehe Glockengießer
Rosent(h)aler
　Alexander　71
　Anton　283
　Hannibal　6
　Martin　6
　Susanne　6
Rost
　Martin　89
　Wolfgang　89
Rotenhoffer
　Nicolaus Christoph　264
Roth
　Christoph Melchior　67
　Cordula, geb. Schütz　303
　Karl Johann Friedrich　262
　Maria Katharina　131
　Michael　303
Rothan
　Christoph　35
　Sebold　65
Rothenberg, von
　siehe Hiltpoltstein, von
Rothenhofer
　Johann Philipp　178
Rothflasch
　siehe Flasch

PERSONENREGISTER

Rottengatter   172-179
 Paulus   176*
Rozand, de
 Jean Claude   230
Rückersdorf, von   14, 15, 232
 Albert (Albrecht)   14, 27, 232
 Durinchart   14
 siehe auch Beerbach
Rückert
 Johann Paulus   73
Rühl
 Johann   207
Rüsselbach, von   171
Rüssenbach, von
 Dietrich   13
 Margaretha   13
Ruff
 Christoph   179
Ruland
 Erasmus   172
 Maria, geb. Haller   172
Rummel (von Lonnerstadt)   78, 135, 144, 161, 233
 Franz   22, 161
 Hans   135, 167
 Heinrich   22, 161
 Ulrich   167
 Wilhelm   283, 296
Rumpler, von
 Hans   295
 Johann Georg   244
 Nikolaus   278
Rupprecht
 Barbara   270
 Johann Andreas   270
 Johann Matthäus   270*
 Margaretha   270
 Margaretha Dorothea Wilhelmina   270
 Wolfgang   89

S

Saalwirth
 Andreas   173
Sachs(en)
 Niclaus   63
Sachsen, Kurfürst von
 Johann Georg   192
Sachsen-Weimar, Herzog von
 Ernst   298
Sackmann
 Hermann   265
Sailer
 Burkard   161
Salva
 Jobst   127
Sau(e)rmann   137
 Friedrich   64*
 Matthäus   137
Sauerzapf
 Erasmus   130*, 231
 Jacob   130
Sauter
 Paul   227
Schadelock
 Gottfried   178

Schäfer
 Konrad (Kunz)   123
Schäff
 Andreas   65
Schalkhausen-Dornberg, von
 siehe Dornberg, von
Schaller
 Georg   303
 Hermann   303
 Sebald   303
Schatz
 Anna   190
 Hans   190
Schaumberg, von
 Amalia Katharina   46
 Georg Albrecht   46
 Wilwolt   117
Schaumberger
 Bernhard   20
Schedel
 Georg (Jörg)   222
 Hartmann   105, 140, 222*
Scheer   136
Scheidlin, von   175
 David   175, 177
 Friedrich Ludwig August   178
 Johann August   178
 Johann Georg   175, 178
 Johann Kaspar   178
 Margaretha Klara   177
Scheller   131
 Margarete Felicitas   131
Schenk
 Wilhelm   136
Schenk von Geyern
 Hans   219
 Magdalena   219
Schenk von Klingenburg   38
 Elisabeth, geb. Königstein   219
 Konrad   219
 Walter   219
Schenk von Leutershausen
 Heinrich   203
Schenk von Reicheneck   3, 13, 37, 38, 51, 70, 100, 117, 119, 155, 164, 182, 199, 201, 208, 219, 223, 254, 258, 274, 287, 300
 Erhard   219
 Klara   219
 Konrad   37, 117, 118, 201, 219*
 Ludwig   164, 210, 219
 Margaretha   219
 Ulrich   70
 Walter   70, 201, 219, 287
 Wirnt (Wernto)   182
Scherl   89
Scherrbacher
 Friedrich   71
 Helena, geb. Schmidt   71
Schertel
 Albrecht   158
Scheurl (von Defersdorf)   9, 77-81, 78, 80, 126
 Albrecht   78
 Christian Wilhelm   285
 Christoph   78, 81, 126
 Christoph Gottlieb   57, 71*

 Christoph Gottlieb Adolph   126
 Christoph Joachim Wilhelm   249
 Christoph Wilhelm   126, 249, 285
 Dorothea Jakobina Wilhelmina   285
 Eleonore   126
 Friedrich Karl   57, 63, 64
 Friedrich Karl Christoph   57, 219
 Gabriel Seifried   126
 Georg   161
 Gottlieb Christoph   90
 Gottlieb Christoph Wilhelm   57
 Hans Christoph   78
 Helena Jakobina Karolina   285
 Jakob Christian Wilhelm   9
 Jakob Wilhelm   285
 Johann Karl   57
 Johann Friedrich   80
 Karl Jakob   285
 Karl Jakob Wilhelm   249
 Karl Wilhelm   57, 71
 Katharina, geb. Haller   78
 Katharina Helena   214
 Klara Helena, geb. Tucher   249
 Maria Hedwig   63, 64
 Maria Helena, geb. Haller   9
 Maria Helena, geb. Tetzel   126, 285
 Philipp Jakob   57
 Sebastian   126, 289, 295
 Sophie Maria Christina   285, 286, 292
 Susanne, geb. Welser   126
Schier
 Otto   71
Schildknecht   279
Schiller
 Seitz   88
Schilling
 Andreas (Endres)   273
 Maria Magdalena, geb. Tetzel   273
Schlaudersbach
 Barbara   295
 Christoph   90, 295
 Georg (Jörg)   90
Schlee
 Johann Christoph   93, 303
Schlegel
 Ursula   232
Schleicher
 Franz   64
Schleiffer
 Hans   268
Schlemmer
 Leonhard   196, 266
Schlüsselberg, von   99, 103, 144, 183-187, 183, 196
 Gottfried   266
 Konrad   19
 Ulrich   103, 183-187
Schlüsselfelder (von Kirchensittenbach)   105, 144, 156, 304
 Anna   144
 Ernestine, geb. Velhorn   240
 Georg Wilhelm   172, 305
 Hans Wilhelm   72
 Helena Katharina   172, 305
 Johann Karl   156

Katharina Helena, geb. Haller   305
Magdalena, geb. Imhoff   83
Maria Helena, geb. Haller   156
Wilhelm   83
Willibald   144
Schmaus(s)
Albert   240
Anna Susanne   175
Georg   175
Johann Baptist   240
Leonhard   240
Schmidmayer (von Schwarzenbruck)   77-81, 79
Andreas (Endres)   249
Anna Maria, geb. Dilherr   93
Anna Maria, geb. Heugel   249
Johann Jobst   93, 249
Klara Helena, geb. Tucher   249
Margaretha, geb. Pfinzing   249
Wolf   126
Wolf Jakob   249
Schmidt
Barbara Elise   71
Georg Konrad   71
Helena   71
Johann   268
Johann Georg   178
Konrad   87, 262
Michael   158
N., Maurermeister   220
Peter   151
Schmidt, von   242
Maria Katharina, geb. Hörmann   242
Schmidtner
Leonhard   255
Schmitter
Joachim   228
Schmittmayr
siehe Schmidmayer
Schneider
Johann Konrad   72
Schnell
Karl   29
Friedrich   29
Schniegling, von
Bertold   213
Schnitzer
Lucas   262
Schnöd
Hieronymus   72
Ludwig   72, 278
N. (Snödin)   276
Schoapp (Schoax?)
Zacharias   178
Schober
Johann Friedrich   91, 242
Schoch
Karoline Luise Octavia   264
Lorenz Benjamin   264
Schön
Konrad   188
Schönberg, von
Eberhard   245
Lupold   245
Schönborn
Maria   163
Valentin   163

Schoener, von
Euphrosina Rosina   176
Schöpff
Johann Elias   242
Schopp
Imanuel   268
Schopper (Nürnberger Geschlecht)   246
Bartholomäus   85
Christian   246
Fritz   246*
Götz   246
Heinrich   246
Jakob   246
Peter   85
Schopper (Bauernfamilie)   263
Schott (von Hellingen)
Konrad (Kunz)   230, 260
Schreiber (von Grünreuth)   100
Georg (Jörg)   100
Georg Alexander   62
Johann Paul   100
Schrimpf
Martin   127
Schrödel
Johann Georg   253*
Maria   253
Schrotsdorf, von (Schrotsdorfer)   201
Schückher
Friedrich Valentin   291
Schürstab (von Oberndorf)   16, 45
Erasmus   232
Erhard   48, 108, 200, 255
Hans   45, 140
Hieronymus   16
Leopold   105
Schütz   31, 179
Balthasar   31
Cordula   303
Dietrich   272
Georg (Jörg)   31
Hans   92, 231, 303
Heinz   31
Hermann   265, 272
Konrad (Cuntz)   60
Sebald   179
Ursula   303
Walter   31
Schütz (von Hagenbach)   281
Walther   281
Schütz (von Pfeilstadt)
Marquard Leopold   53, 214
Schuler   70, 72
Schultheiß
Georg (Jorg)   248
Schunck
Julius   35
Schurger
Andreas (Endres)   140, 260
Schutzbar (genannt Milchling), von
Johann Konrad   229
Schutzmarlin
Johann   269
Schwab (von Bislohe)   23
Bartel   23
Bartel Lorenz   151

Erasmus   23
Johann Christoph   23
Johann Erasmus   23
Karl Wilhelm   23
Katharina Benigna   23
Lorenz   23
Lucia   23
Wilhelm Friedrich   23
Schwämmlein
David   147
Schwartzkopf
Konrad (Contz)   282
Schwarz
Johann Adam   277
Johann Jonas   278
Schwarz, von   120, 130, 289
Benedikt Gottlieb   13
Erika   120
Georg Christoph Benedikt   120
Johann Christoph David   289
Karl Benedikt   13, 120, 130, 158, 210, 269, 289
Maria Regina, geb. Weghorn   158
Paul August Benedikt   13
Rosa Alice   269
Schweden, König von
Gustav II. Adolf   90, 163, 249, 275
Schweinau, von
Bertold   93
Schweinfurt, Grafen von   1
Schweinshaupt
Sebastian   297
Schwemmer
Magdalena   71
Schwepfermann (Schweppermann)   38, 102, 199, 201
Kaspar   102
Katharina   102
Seifried   102
S(ch)winach, von   51, 199, 201
Seck, Freiherr von
N.   37
Seckendorff, von   6, 108, 127, 149, 150, 255
Anna, geb. von Hohenfels   148
Arnold   293
Balthasar   90
Friedrich   127
Fritz   133
Georg   148, 219, 255
Hans   127, 148, 220, 255
Kaspar   53, 133, 255
Lamprecht   230
Lorenz   255
Magdalena, geb. Schenk von Geyern   219
Melchior   6
Sixt   255
Seckler
Georg (Jörg)   73
Susanna   188
Sedlmayer
Sebastian   162
See, von   135
Sifrit   135

Seefried, von
  Barbara Magdalena 297
Seeger
  Kaspar 180, 261
Seiboth
  Hans 167
  Margaretha, 167
Seidenschuher
  Paul 147
Seifert
  Johann 262
Seitz
  Hans 162
Serz, von 243
  Anna Susanne, geb. Krochmann 243
  Johann Albrecht 243
  Johann Wolfgang Albert 150, 243
  Nicolaus Christoph Albrecht 243
Seufferheld
  Heinrich 177
Seybold
  Johann 196
Seyfried
  Leonhard 241
Sickenbach, von
  siehe Sittenbach, von
Siebenhaar 265
Siegersdorf(er), von 254
  Jakob 254
Sigerer
  Hans 151
Silberrad
  Johann Gustav 242
  Johann Jakob 242
  Stephan Jacob 242
Simmel
  Wolf 64
Sippel
  Stephan 179
Sittenbach, von (Sittenbeck) 141, 142-144, 142, 143
  Heinrich 13, 70
  Konrad 13
  Rudker 142-144
  Ulrich 141
Sitzinger
  Lukas 22, 241, 242
  Ursula 241
Sixt
  Konrad (Cunz) 300
Snöd
  siehe Schnöd
Soden, Freiherren von
  Franz Ludwig Karl Julius 285
  Helena Jakobina Karolina, geb. Scheurl 285
  Julius August 285, 286
Sörgel
  Heinrich 136-138
Sontheimer
  David 302
Speiser
  Johann Lorenz 177
Sperber
  Johann 302*
  Konrad 302
  Margaretha 302

Sperreuth, von 6
Spies (Spiez), von
  Berthold 258
  Dietrich 203
  Heinrich 258
  Ulrich 258
Staiber (Stauber)
  Hans 58
  Lorenz 64, 275
  Sebald 303
  Ursula, geb. Schütz 303
Stainlein
  Cunz 32
Stappel, Freiherr von
  Dietrich Christian 225
Starck 302
Star(c)k (von Röckenhof) 5, 109, 225
  Hans 5, 109
  Ulrich 5*, 109, 225
Starz
  Georg 35
  Hans 35
Stauber
  Georg Adam 305
  siehe auch Staiber
Staudigl 269
Staufer (Hohenstaufen, von) 12, 70, 107, 117, 120, 125, 132, 157, 161, 162, 213, 219
  Konradin 102, 132, 162, 182, 245, 249
  siehe auch Deutsches Reich, Kaiser und Könige
Stauff, von
  Barbara Maria, geb. Kreß 302
  Charlotte Louise Amalie 302
  Johann Friedrich Wilhelm 302
Steffens
  Walter 268
Stein, von 263
  Heinrich 107*, 263
  Hermann 107
  Hiltpolt 107*
  Wilhelm 127, 132
  siehe auch Breitenstein, Haimburg
Steinberger
  Anna Margaretha 253
  Christoph 261
  Friedrich 253*
  Georg Friedrich 252, 253*
  Johann Kaspar 253, 261
  Margaretha Elisabetha 252
Steinelbeck 38
Steiner
  Rudolf 303
Steinhauser
  Michel 217
  Simon 217
Steinling, von (Steinlinger)
  Friedrich 162
  Hans 162
Steinmetz
  Johann Michael 291
Steinmüller
  Konrad 166
Stellwag
  Johann Andreas 131

Stepff
  Friedrich 298
Stepper
  Georg 217
Sternzagelshove, von
  siehe Zerzabelhof, von
Stetten, von
  Magdalena 229
Stettin, Herzöge von
  siehe Pommern-Stettin, Herzöge von
Stettner
  Georg Leonhard 276
Stettner (von Grabenhof)
  Johann Gottfried Ehrenreich 36
Stiebar (von Buttenheim) 46
  Albrecht 65
  Georg Sebastian 65, 285
  Hans Joachim 65, 141
  Hans Philipp 65
  Philipp Alfons 65
  Wolf Andreas (Endres) 65
Stieber 180
Stiegler
  Georg 221
  Johann 69
Stierberg, von
  Otnand 266
  Poppo 266
Stock
  Andreas 178
Stock(h)amer 144
  Alexander 43
  Maria Magdalena 43
Stöckel
  Erhard 140
Stöhr
  Hans 45
Stör (von Störnstein) 182
  Fritz 258
  Konrad (Kunz) 76, 258
  Wilhelm 100
Stöttner
  Michael August 251
Stolz
  Hermann 271
Strahlenfels, von 220, 267, 299
  Adam 220
  Georg 8, 132, 220
  Heinrich 267
  Konrad 220
  Leonhard 220
  Peter 220*
  Thomas 220
Stransky, von
  Franz Otto 220
Strassenreuther
  Georg 268
  Helena Sabina 268
Strassmayr (von Herbstheim)
  N., Pfleger zu Thurndorf 76
Straub
  Barbara 167
  Heinz (Hans?) 167
Strauch
  Lorenz 260
Streit
  Franz 182

Streng
  Eberlein 268
Strobel (von Atzelsberg) 108, 152, 281
  Heinrich 108, 245
  Ulrich 108, 222, 281
Ströbel 146
Stromer (von Reichenbach bzw. von Auerbach) 6, 80, 82, 102, 144, 169, 217
  Andreas (Endres) 109
  Apollonia 82
  Christoph Friedrich 262
  Els, geb. Gruber 279
  Fritz Friedrich 6, 169
  Georg (Jörg) 82, 105, 140
  Hans 271
  Heinrich 82, 100
  Karl Christoph 102
  Katharina Eleonora, geb. Haller 262
  Konrad 90, 271
  Leonhard 279
  Michael 82
  Ortolf 279*
  Paul 140
  Ulman 105, 199, 263
  Ulrich 82
  Wolf 169
  Wolf Jakob 6, 144, 161
  Wolfgang 102
Stromer-Baumbauer
  Rotraud 102
Strupperger
  Georg 214
  Hans 214
  Jakob 214
  Ursula, geb. von Wipfeld 214
Stubenberg, von
  Amalie 192
Stubinger
  Hans 140
Stürmer
  Johann Christoph 275
Sturm
  Johann 112
  Wolfgang 295
Sünlein
  Fritz 288
  Klara 288
Süß
  Martin 221
Sulzbach, Grafen von 12, 70, 117, 120, 125, 132, 170, 199, 219
  Berengar 117, 132
  Gebhard 132
Sulzbürg, von
  Gottfried 107
Sunter
  Heinrich 201
Suntleuttner
  Konrad 130
Sußner
  Birgit 239
  Konrad 239
  Luise, geb. Abraham 239
  Margit 239

T
Tann(e), von
  siehe Thann, von
Tauber
  Christian 163
Tennenlohe, von
  Conradus 272
  Heinrich 272
  Schuzzo 272
  Ulrich 272
Tetzel (von Kirchensittenbach) 13, 95, 142-144, 144, 172, 231
  Anna 166, 189, 285
  Anna, geb. Schlüsselfelder 144, 285
  Anna Maria, geb. Peller 285
  Anton 134, 189
  Barbara, geb. Fütterer 71
  Friedrich 90
  Gabriel 88*, 96
  Georg 71
  Gustav Georg 285
  Gustav Philipp 13, 285
  Hans 28, 88, 95, 96, 172
  Hans Christoph 273
  Hans Jakob 13, 285
  Jobst 56, 142, 143, 157, 274*
  Jobst Friedrich 142-144, 142, 143, 144, 165, 285
  Karl 143, 144, 285
  Magdalena, geb. Pfinzing 71
  Margarethe, geb. Toppler 90
  Maria 273
  Maria Helena 126, 285
  Maria Magdalena 273
  Martha, geb. Haßolt 273
  Peter 274
  Philipp Jakob 13, 285
  Sabina Dorothea 195
  Sigmund 64
  Wolf 96
Teufel
  Niklas 125
Teurl
  Gilg 274
  Hans 274
Thalheim, von
  Heinrich 274
  Konrad 274*
Thann, von 8, 11, 37, 38, 51, 225, 272
  Heinrich 14, 37*, 148, 162, 290
  Hermann 11
  Volkolt 8
Themar (Thymer)
  Paul 86
Theuern, von
  Hartnit 1
Thill, von
  Cordula 166
  Gustav Gabriel 7
  Johann Friedrich 227
Thon
  Christian Heinrich Ludwig 220
  Johann Wilhelm von 109
  Oskar 220
  Wilhelm 220
Thürner
  Konrad 63

Thum
  Georg (Jörg) 275
Thurn, Graf von
  N., General 161
Thymer
  siehe Themar
Tiefenbrock
  Anna Margaretha 23
Tilly, Graf von
  Johann Tserclaes 161, 217, 269
Tintner
  Werner 230
Top(p)ler 59
  Anna 90
  Heinrich 90
  Heinz 65
  Jakob 90
  Konrad 90
  Margaretha 90
  Niclas 167
  Paulus 59
Toussaint
  N., Rechtsanwalt 58
Tram(e)l
  Hans 282, 291
Trettenbach
  Balthasar 231
  Kaspar 231
Trier, Erzbischof von
  Balduin 266
Trost
  Johann 99
Truchsess (von Höfingen)
  Eytel Hanns 267
Truchsess (von Pommersfelden)
  Bartholomäus 219
  Dorothea, geb. Imhoff 102
  Ludwig 102
  Martin 102
  Ursula, geb. Muffel 102
Truchsess (von Sulzbach)
  Konrad 162
Truchsess (von Wetzhausen)
  Hans 136
Truhendingen, von
  Agnes, geb. Burggräfin von Nürnberg 136-138
  Elisabeth 182
  Friedrich 182
Truppach, von
  Wolf 86
Tucher (von Simmelsdorf und Winterstein) 16, 17, 18, 30, 73, 97, 133, 166, 246, 255, 300
  Adam 166
  Andreas (Endres) 25, 255, 276
  Anna 108
  Anna, geb. Tetzel 166
  Anton 13, 17, 73*, 133
  Christoph 17
  Christoph Bonaventura 97
  Christoph Sigmund 17
  Christoph Wilhelm 15, 17, 18, 99
  Cordula, geb. Thill 166
  Georg 97
  Georg Friedrich 73
  Georg Stephan 73*

Gottlieb 113
Hans 16, 166
Hans Paul 166
Helena 283
Helena Barbara, geb. Ebner 232
Helena Katharina 99
Herdegen 73, 108, 283
Jakob Gottlieb Friedrich 73, 166
Jobst 166
Johann Christoph 22
Johann Gottlieb 114, 232
Johann Jakob 73
Johann Sebastian 232
Karl 73
Karl Benedict 114, 232
Karl Gottfried 73
Katharina, geb. Holzschuher 282
Katharina, geb. Imhoff 167
Katharina, geb. Pfinzing 73
Klara Helena 249
Magdalena 232
Maria Jakobina 114
Maria Jakobina, geb. Hardesheim 114
Maria Katharina, geb. Ebner 114
Maria Magdalena 195
Marie Salome, geb. Gugel 72
Paul 73, 166
Philipp Jakob 72
Sebald 44, 282
Silvester 232
Stephan 73
Susanna Maria Wilhelmine 163
Theodor 216
Thomas 73
Ursula, geb. Schlegel 232
Türriegel (von Riegelstein) 51, 70, 199, 223, 255
Dietrich 70, 203, 223, 255
Georg 203, 223, 255
Georg Michael 223, 255
Hans 223*, 255
Heinrich 133, 201, 211, 255*
Heinz 223
Konrad (Conz) 255*
Werner 132, 255*
Tyrol
Gerhaus 274
Peter 274

U
Uffinger
Hans 278
Ullrich
Paulus 38
Ungarn, Königin von
Maria 288
Unterholzer 301
Eustachius 71*, 75
Eustachius Karl 71
Tobias 71

V
Vallier
Gamaliel 268
Valzner 34
Herdegen 34, 90*, 108, 120, 125, 127, 128, 159, 222
Jobst 128, 159
Margarethe 108, 159
Peter 34, 127
Rüdiger 287
van Lierd
Anna Susanna, geb. Schmaus 175
Daniel 229
Johann Daniel 175, 242, 282
Peter 268
Varell, von
Christoph Adam 223
Maria Elisabeth, geb. Willmersdorf 223
Vargeth
Georg 147
Johann Christoph 150
Johann Nikolaus 91
Vaut
Susanna, geb. Fürleger 29
Veit Philipp 29
Velhorn, von
Johann Friedrich Anton 240
Johann Leonhard 240
Johann Wolfgang Alois 240
Josefa 240
N. 43
Susanna Maria Helena, geb. Muffel 240
Sibylla, geb. Loefen 240
Vertema(ti)
siehe Wertemann
Vetter
Louis 243
Viatis
Bartholomäus 246
Hieronymus Bartholomäus 81
Vilber 231
Hans 231
Virdung
Martin 231
Vischbeck
siehe Fischbach, von
Vischer
Adolarius 215, 216
Hans 268
Völkel
Johann 166
Völkl
Hans 20
Vogel
Christoph 51, 52, 53
Christoph Wilhelm 178
Michael 274
Wolf 276
Vogelhofer 103
Voit (von Wendelstein) 58, 104, 293-298
Christoph Hieronymus 58, 104
Hans 58*, 190
Hans Jakob 59
Johann Jakob 58
Stephan 264
Volckamer (von Kirchensittenbach) 61, 70, 144, 181
Agnes, geb. Gruber 279
Andreas Georg 275
Christoph Adam Friedrich 214
Christoph Gottlieb 223
Christoph Karl Joseph 217
Christoph Wilhelm 72
Hans 279
Helena Maria 303
Jakob Gottlieb Rudolf 273
Johann Albrecht Andreas Adam 273
Johann Burkhard 214
Karl Friedrich 289
Katharina Helena, geb. Scheurl 214
Klara Friedericke Regina, geb. Dilherr 62, 275
Ludwig 126
Maria Anna, geb. Peller 273
Maria Philippina 273
Maria Philippina Karolina 217
Sibylla, geb. Günther 289
Sigmund Friedrich Karl Wilhelm 217
Volker 144
Volkamer
Johann Christoph 134
Johann Magnus 140
Magnus Gottlieb 110
Paulus Magnus 110
Volkert
Georg Friedrich Carl 260
Ida 148
Volkol(t)storf, von
Marquart 139
Volland
Hermann 152
Vorcheimer
siehe Forch(h)eim, von
Vorchtel 198
Vornberger
Heinrich 303

W
Wagler
N., Dr. 26
Wagner
Andreas 61
Georg 172
Hieronymus Conrad 134
Irmel 35
Karolina Maria 134
Katharina 92
Konrad (Kunz) 22, 222
Martin 92, 109
Wahl, Graf von der
N., General 182
Wahler, von
Friedericke 192
Johann Jakob 192
Johann Wolfgang 192, 244
Maria Magdalena, geb. Dannreuther 244
N. 175
Waizenfeld, von 287
Haintzlein 287
Ulrich 287
Waizmannsdorf, von
Hartmann 258
Waldmann
Anna Maria, geb. Agricola 134

Georg   134
Johann Andreas   72
Waldstromer (von Reichelsdorf)   34, 49, 71, 77-81, 88, 93, 163, 167, 217, 303
Adam   130
Agnes   210
Anna   214
Anna, geb. Has von Hasenburg   163
Berthold   210, 217
Christoph Jakob   63, 248
Christoph Karl Alexander   248
Christoph Wilhelm   248
Ernst   41
Franz   210
Friedrich   137, 268
Hans   41, 210*, 303
Heinrich   109
Jakob   109
Johann Jakob   276
Karl Alexander   248
Katharina   163
Konrad   34, 109, 163*, 180, 210, 217, 291, 303*
Lorenz   210
Sabina Dorothea, geb. Dietherr   63, 248
Ursula, geb. Groland   41
Wallenstein (von Waldstein), Herzog von Friedland
Albrecht   23, 90, 126, 148, 180, 217, 229, 241, 292
Walther
Anna   32
Heinz   32
N., Zimmermann   17
Warmuth
Margarethe   126
Wasserbeck
Hans   268
Watt, von   65
Weber
Ernst August   172
Georg (Jörg)   161, 219, 282, 284
Wedel   62
Weghorn
Maria Regina   158
Weidlich
August   67
Weidner
Johann Georg   229
Weigel
Oskar   146
Weigel (von Eschnau)   66, 289
Anna   66
Jakob   66
Kunigunde   66
Offnai   66
Stephan   68, 69
Weihermann
siehe Weyermann
Weiß   294
Johann Nikolaus   233
Rosa Alice, geb. Schwarz   269
Weith
Eberhard   112

Weller
Cornelius   264
Daniel   264
Michael Joachim   264
Welser (von Neunhof)   99, 145, 183-187, 184, 185, 187
Hans Karl   184
Helena Juliana Jakobina, geb. Koler   184
Hieronymus Felix   53, 214
Jakob   79*
Jakobina   72
Johann Friedrich   29
Johann Karl   183-187, 184
Johann Michael   184
Karl   185
Karl Friedrich   214
Karl Wilhelm   146, 292
Katharina   99
Magdalena   214
Maria Helena   184
Matthäus   271
Susanne   126
Wendelstein, von
Arnold   293-298
Konrad   293-298
Niklas   47
siehe auch Amman bzw. Voit von Wendelstein
Wenzel
Kanzler   132
Wert(h)emann (Vertema)
Alusio   271
Anna Maria   178
Carl(o)   271
Francesco   271
Hieronymus Franziskus   271
Matthias von   271
Wilhelm   271
Westhauser
Hans   161
Weyermann   178
Joachim   178, 248
Klara   178
Susanna   248
Widman
Joachim   172
Wiedemann
Johann Jacob   281
Wieland   103
Wiesenthau, von   160, 165, 182
Alexander   31
Clement   31
Dietrich   160
Eyring   160
Hans   164
Heinrich   160
Konrad   160
Seybrecht   160
Wilcke
Johann Simon   23
Lucia, geb. Schwab   23
Wild   54
David Friedrich   71
Gottlieb Friedrich   71
Johann   38
Simon   72

Wildenstein, von   12, 50, 97, 104, 120, 220, 230, 267, 282, 299, 300
Albrecht   65, 267
Alexander   299
Christina   299
Christoph   267
Dietrich   12, 230, 255, 299*
Elisabeth, geb. von Henfenfeld   119
Ernst Ludwig   267
Friedrich Octavian   267
Georg   203, 258
Hans   282*, 299*
Hans Christoph   267
Heinrich   12, 107, 119, 120, 230*, 255, 267, 282
Martin   267
Wolf Wilhelm   65
Wilder
Georg Christoph   203, 279
Wilmersdorf, von
Henning   223
Maria Elisabeth   223
Wimpffen, von   100
Georg Abraham   100, 130
Johann Karl   100
Johann Christoph   100, 130
Johann Dietrich   231
Johann Friedrich   70, 130, 231
Windischgrätz, Freiherr von
Karl   192
Winkler
Cordula, geb. Schütz   303
Hans   303
Winkler (von Mohrenfels)   281
Winter
Georg Daniel   176
Winterstein, von (Wintersteiner)   300
Eberhard   282
Lorenz   282
Neidung   41, 203, 300
Wipfeld, von
Ursula   214
Wirsberg, von
Stephan   260
Wittelsbach, von
siehe unter Bayern und Pfalz
Wittmann
Johann Georg   179
Leonhard   30
Margaretha   179
Wittmayer
Hans   96
Wittwer
Anna Magdalena   268
Johann Konrad   275
Philipp Ludwig   268
Wöhrl
Hans Rudolf   220
Wöhrlein
Johann   134
Wölckern, von   61, 137
Christoph Karl   173
Karl Wilhelm   61
Martin Karl Wilhelm   93
Wölfel   136
N., Maurermeister   173
Peter   302

Wolf
   Sebald   9
Wolf (von Wolfsthal)
   Balthasar   301
Wolff
   Jakob   125, 157, 161
Wolfsberg, von
   Ulrich   47
Wolfstein, von
   Albrecht   66, 68, 119
   Christoph   119
   Hans   70, 119*
   Margarethe   70
   Sophie Christine   245, 249
   Stephan   66, 68, 70, 119
   Wilhelm   119
   Wolf   70
   Wygleis   70
Wolgemut
   Michael   105
Wolkenstein, von
   Dorothea   109
   Veit   109
Wortmann
   Barbara   60
   Jeremias   60
Wrede, Fürsten von
   Adolph Wilhelm   220
   Karl Philipp, Feldmarschall   220
Württemberg, Herzog von
   Manfred   113
Württemberg, König von   286
Würzburg, Bischöfe von   19
   Johann II.   219

Wüttich
   Anna Regina, geb. Tucher   22
Wurm
   Johann   300
Wurmrauscher (von Fraunberg)
   Hans Wilhelm   53
   Johann Christoph   53
   Maria, geb. Pelckofen   53, 214
Wurzelbau, von (Wurzelbaur)
   Johann Friedrich   147
   Johann Philipp   147, 282
Wuttich
   Georg Wolfgang   91

Z

Zahn
   Paulus   84
Zatzer
   Lorenz   296
   Sebastian   216
Zaymer
   Apollonia, geb. Stromer   82
Zeller
   Hans Wilhelm   82
   Leonhart   82*
Zeltner   247
   Hedwig   43
   Johann   90
   Johann Stephan   43
Zenner
   Anna   296
Zerreis(en)   112
   Lorenz   112
   Sebastian   112

Zerzabelshof (Sternzagelshove), von
   Götz   303
   Leupold   303
Zeumer
   Leonhard   274
Zeunlein
   Konrad   140
Zeydler
   Konrad   86, 290
Zick
   Veit   281
Zi(e)gler
   Heinrich   301
   Johann   126
   Matthesen   182
Ziegler, Freiherr von
   Franz   269
Zimmermann
   Georg   228
   Hans   30
Zingel
   Johann   222
   Paul   222
   Thomas   222
Zinzendorf, Grafen von
   Georg Ludwig   192
   Margaretha Susanna   192
   Otto Christian   192
Zitzmann
   Johann Leonhard   158
Zollern
   siehe Markgrafen von Brandenburg
Zollner   66
Zwingel   206

Allgemeine Abkürzungen

A	Archiv
Abb.	Abbildung
Abg.	Abgabe
ANL	Altnürnberger Landschaft
As	Andreas Schlunk
BA	Bezirksamt
Bavaria Ant.	Bavaria antiqua
BayHStA	Bayerisches Hauptstaatsarchiv
Bd.	Band
Bearb., bearb.	Bearbeiter, bearbeitet
Bl.	Blatt
BLfD	Bayerisches Landesamt für Denkmalpflege
Bvh	Bertold Frhr. von Haller
ders.	derselbe
dgl.	desgleichen
dies.	dieselbe(n)
ebd.	ebenda
f, ff	folgende Seite(n)
frdl.	freundlich
Frhr.	Freiherr(en)
Ft. An.	Fürstentum Ansbach
Gde.	Gemeinde
GNM	Germanisches Nationalmuseum Nürnberg
GNM-A	Archiv des Germanischen Nationalmuseums Nürnberg
HAB	Historischer Atlas von Bayern
HallerA	Archiv der Frhr. Haller von Hallerstein
Hg., hg.	Herausgeber, herausgegeben
Hist. Ver. Mfr.	Historischer Verein für Mittelfranken
Jb. Mfr.	Jahrbuch des Historischen Vereins für Mittelfranken
JffL	Jahrbuch für fränkische Landesforschung
K. d. Fin.	Kammer der Finanzen
KDM	Die Kunstdenkmäler von Bayern bzw. Bayerische Kunstdenkmäler
LG ä.O.	Landgericht älterer Ordnung
MA	Münchner Abgabe 1992
MANL	Mitteilungen der Altnürnberger Landschaft
Mon. Boica	Monumenta Boica
Mon. Zoll.	Monumenta Zollerana
Mskr.	Manuskript
MVGN	Mitteilungen des Vereins für Geschichte der Stadt Nürnberg
MvO	Marschalk von Ostheim
Nr.	Nummer
NUB	Nürnberger Urkundenbuch
o. J.	ohne Jahr
OPf.	Obere Pfalz
Pfalzgr. Reg.	Regesten der Pfalzgrafen am Rhein
Pr	privat
QGKN	Quellen zur Geschichte und Kultur der Stadt Nürnberg
r	recto (Vorderseite)
Reg. Boica	Regesta sive rerum Boicarum Autographa (Regesta Boica)
Reg. Imp.	Regesta Imperii
Reg. v. Mfr.	Regierung von Mittelfranken
Rep.	Repertorium
Rg	Robert Giersch
Rst. Nbg.	Reichsstadt Nürnberg
S.	Seite
SchlossA	Schlossarchiv
Sp.	Spalte
StAAm	Staatsarchiv Amberg
StABa	Staatsarchiv Bamberg
StadtA	Stadtarchiv
StadtA Er	Stadtarchiv Erlangen
StadtAN	Stadtarchiv Nürnberg
StadtMN	Grafische Sammlungen der Museen der Stadt Nürnberg
StAN	Staatsarchiv Nürnberg
StBBa	Staatsbibliothek Bamberg
StG	Steuergemeinde
StromerA	Archiv der Frhr. von Stromer
Tab.	Tabula (Tafel)
unveröff.	unveröffentlicht
Urk.	Urkunde(n)
URL	Uniform Resource Locator (Web-Adresse)
v	verso (Rückseite)
v.	von
VGFG	Veröffentlichungen der Gesellschaft für fränkische Geschichte
VSWG	Vierteljahrschrift für Sozial- und Wirtschaftsgeschichte

Abgekürzt zitierte Literatur

Biedermann
Biedermann, Johann Gottfried: Geschlechtsregister des hochadelichen Patriciats zu Nürnberg. Bayreuth 1748.

Böhmisches Salbuch
Schnelbögl, Fritz (Hg.): Das „Böhmische Salbüchlein" Kaiser Karls IV. über die nördliche Oberpfalz 1366/68 (= Veröffentlichungen des Collegium Carolinum Bd. 27). München-Wien 1973.

Bosl, Reichsministerialität
Bosl, Karl: Die Reichsministerialität der Salier und Staufer. Ein Beitrag zur Geschichte des hochmittelalterlichen deutschen Volkes, Staates und Reiches (= Schriften der Monumenta Germaniae Historica Bd. 10). 2 Teile, Stuttgart 1950/51.

Dannenbauer
Dannenbauer, Heinz: Die Entstehung des Territoriums der Reichsstadt Nürnberg (= Arbeiten zur deutschen Rechts- und Verfassungsgeschichte Heft 7). Stuttgart 1928.

Deliciae II
Deliciae Topo-Geographicae Noribergenses, oder Geographische Beschreibung der Reichs-Stadt Nürnberg und derselben ... Gegend. 2. Aufl. Frankfurt a. M.-Leipzig 1774.

Freitag-Stadler
Freitag-Stadler, Renate: Herrensitze im Bereich der Reichsstadt Nürnberg unter Berücksichtigung des Problems der Weiherhäuser. Diss. Erlangen-Nürnberg 1972.

Gelegenhait
Schnelbögl, Fritz / Hofmann, Hanns Hubert (Hg.): Gelegenhait der landschaft mitsampt den furten und helltten darinnen. Eine politisch-statistische, wehr- und verkehrsgeographische Beschreibung des Großraums um Nürnberg zu Beginn des 16. Jahrhunderts (= Schriftenreihe der ANL Bd. 1). Hersbruck 1952.

Glückert, Burgen
Glückert, Ewald: Burgen, Schlösser, Herrensitze. Wehr- und Herrschaftsbauten im Stadtgebiet von Lauf a.d. Pegnitz (= ZeitenLauf Bd. 5. Publikationen zur Stadtgeschichte). Lauf 2005.

HAB Forchheim
Bog, Ingomar: Forchheim (= Historischer Atlas von Bayern, Teil Franken, Reihe I, Heft 5). München 1955.

HAB Lauf-Hersbruck
Schwemmer, Wilhelm / Voit, Gustav: Lauf-Hersbruck (= Historischer Atlas von Bayern, Teil Franken, Reihe I, Heft 14). München 1967.

HAB Neumarkt
Heinloth, Bernhard: Neumarkt (= Historischer Atlas von Bayern, Teil Altbayern, Heft 16). München 1967.

HAB Nürnberg-Fürth
Hofmann, Hanns Hubert: Nürnberg-Fürth (= Historischer Atlas von Bayern, Teil Franken, Reihe I, Heft 4). München 1954.

HAB Schwabach
Eigler, Friedrich: Schwabach (= Historischer Atlas von Bayern, Teil Franken, Reihe I, Heft 28), München 1990.

HAB Sulzbach
Piendl, Max: Herzogtum Sulzbach, Landrichteramt Sulzbach (= Historischer Atlas von Bayern, Teil Altbayern, Heft 10). München 1957.

KDM Ansbach
Fehring, Günther P.: Stadt und Landkreis Ansbach (= Bayerische Kunstdenkmale, Kurzinventar Bd. 2). München 1958.

KDM Erlangen
Gebeßler, August: Stadt und Landkreis Erlangen (= Bayerische Kunstdenkmale, Kurzinventar Bd. 14). München 1962.

KDM Eschenbach
Hager, Georg (Bearb.): Bezirksamt Eschenbach (= Die Kunstdenkmäler von Bayern, Regierungsbezirk Oberpfalz und Regensburg Bd. 11). München 1909.

KDM Forchheim
Breuer, Tilmann: Stadt und Landkreis Forchheim (= Bayerische Kunstdenkmale, Kurzinventar Bd. 12). München 1961.

KDM Fürth
Gebeßler, August: Stadt und Landkreis Fürth (= Bayerische Kunstdenkmale, Kurzinventar Bd. 18). München 1963.

KDM Hersbruck
Schwemmer, Wilhelm (Bearb.): Landkreis Hersbruck (= Die Kunstdenkmäler von Bayern, Regierungsbezirk Mittelfranken Bd. 10). München 1959.

KDM Landkreis Nürnberg
Gebeßler, August: Landkreis Nürnberg (= Bayerische Kunstdenkmale, Kurzinventar Bd. 11). München 1961.

KDM Lauf
Meyer, Werner / Schwemmer, Wilhelm (Bearb.): Landkreis Lauf an der Pegnitz (= Die Kunstdenkmäler von Bayern, Regierungsbezirk Mittelfranken Bd. 11). München 1966.

KDM Neumarkt
Hofmann, Friedrich Hermann / Mader, Felix (Bearb.): Stadt und Bezirksamt Neumarkt (= Die Kunstdenkmäler von Bayern, Regierungsbezirk Oberpfalz und Regensburg Bd. 17). München 1909.

KDM Pegnitz
Schädler, Alfred (Bearb.): Pegnitz (= Die Kunstdenkmäler von Bayern, Regierungsbezirk Oberfranken Bd. 2). München 1961.

KDM Schwabach
Gröber, Karl / Mader, Felix (Bearb.): Stadt und Landkreis Schwabach (= Die Kunstdenkmäler von Bayern, Regierungsbezirk Mittelfranken Bd. 7). München 1939.

KDM Stadt Nürnberg
Fehring, Günther P. / Ress, Anton: Die Stadt Nürnberg (= Bayerische Kunstdenkmale, Kurzinventar Bd. 10), 2. Aufl. bearb. von Wilhelm Schwemmer. München 1977.

KDM Sulzbach
Hager, Georg / Lill, Georg (Bearb.): Bezirksamt Sulzbach (= Die Kunstdenkmäler von Bayern, Regierungsbezirk Oberpfalz und Regensburg Bd. 19). München 1910.

Kunstmann, Östliche Fränkische Schweiz
Kunstmann, Hellmut: Die Burgen der östlichen Fränkischen Schweiz (= VGFG Bd. IX/20). Würzburg 1965.

Kunstmann, Südwestliche Fränkische Schweiz
Kunstmann, Hellmut: Die Burgen der westlichen und nördlichen Fränkischen Schweiz. 1. Teil: Der Südwesten (= VGFG Bd. IX/28). Würzburg 1971.

Lehnbuch 1331
Lullies, Eckard (Bearb.): Das Lehnbuch der Schenken von Reicheneck von 1331 (= Schriftenreihe der ANL Bd. 49). Lauf a. d. Pegnitz 2005.

Lehner-Burgstall
: Lehner-Burgstall, M. J.: Nürnbergs nächste Umgebung mit besonderer Berücksichtigung der Herrensitze. 2. verm. Auflage München 1913.

Looshorn
: Looshorn, Johann: Die Geschichte des Bisthums Bamberg. 7 Bde., Bamberg 1886–1910.

Mon. Boica
: Monumenta Boica. Hg. von der Bayerischen Akademie der Wissenschaften. 60 Bde., München 1763–1956.

Mon. Zollerana
: Monumenta Zollerana. Urkundenbuch zur Geschichte des Hauses Hohenzollern. 8 Bde., Berlin 1852–1890.

Müllner I, II, III
: Müllner, Johannes: Die Annalen der Reichsstadt Nürnberg von 1623. Teil I: Von den Anfängen bis 1350. Hg. von Gerhard Hirschmann (= QGKN Bd. 8). Nürnberg 1972; Teil II: Von 1351–1469. Hg. von Gerhard Hirschmann (= QGKN Bd. 11). Nürnberg 1984; Teil III: 1470–1544. Bearb. von Michael Diefenbacher (= QGKN Bd. 32). Nürnberg 2003.

Mulzer, Vorstädte
: Mulzer, Erich: Vor den Mauern Nürnbergs. Kunst und Geschichte der Vorstädte. Nürnberg 1961.

NUB
: Nürnberger Urkundenbuch. Hg. vom Stadtrat zu Nürnberg. Bearb.: Stadtarchiv Nürnberg (= QGKN Bd. 1). Nürnberg 1959.

Pfalzgr. Reg.
: Regesten der Pfalzgrafen am Rhein 1214–1508. 2 Bde., Innsbruck 1894–1939.

Reg. Boica
: Regesta sive rerum boicarum autographa. 13 Bde. und Registerband, München 1822–1854, 1927.

Reg. Imp.
: Regesta Imperii. Hg. von Johann Friedrich Böhmer u.a. Innsbruck 1877 ff. [s. unter gedruckte Quellen].

Rühl, Pegnitztal
: Rühl, Eduard: Kulturkunde des Pegnitztales und seiner Nachbargebiete (= Schriftenreihe der ANL Bd. 5). Nürnberg 1961.

Rühl, Regnitztal
: Rühl, Eduard: Kulturkunde des Regnitztales und seiner Nachbargebiete von Nürnberg bis Bamberg, aufgezeigt an Kulturdenkmälern (= Schriftenreihe der ANL Bd. 10). 3. Aufl. Nürnberg 1982.

Rusam, Dorfkerne
: Rusam, Hermann: Untersuchung der alten Dorfkerne im städtisch überbauten Bereich Nürnbergs (= Nürnberger Werkstücke zur Stadt- und Landesgeschichte Bd. 27). Nürnberg 1979.

Ruthrof, Renaissance
: Ruthrof, Jörg Rainer: Nürnberger Herrensitze der Renaissance. Zur Typologie reichsstädtischer Herrschaftsbauten. In: MANL 47 (1999), Sonderheft Nr. 47.

Schnelbögl, Lauf-Schnaittach
: Schnelbögl, Fritz: Lauf-Schnaittach. Eine Heimatgeschichte. Lauf 1941.

Schwemmer, Bavaria Ant.
: Schwemmer, Wilhelm: Alt-Nürnberger Herrensitze, des Rates wehrhafte Offenhäuser (= Bavaria Antiqua. Verborgene Kostbarkeiten der bayerischen Kulturgeschichte). München 1979.

Stadtlexikon Erlangen
: Friederich, Christoph / Haller, Bertold Frhr. von / Jakob, Andreas (Hg.): Erlanger Stadtlexikon. Nürnberg 2002.

Stadtlexikon Nürnberg
: Diefenbacher, Michael / Endres, Rudolf (Hg.): Stadtlexikon Nürnberg. 2. Aufl. Nürnberg 2000.

Vahl, Rittersiegel
: Vahl, Wolfhard: Fränkische Rittersiegel. Eine sphragistisch-prosopographische Studie über den fränkischen Niederadel zwischen Regnitz, Pegnitz und Obermain im 13. und 14. Jahrhundert (= VGFG Bd. IX/44). 2 Bde., Neustadt/Aisch 1997.

Voit, Grundherrschaften
: Voit, Gustav: Grundherrschaften im Amte Hersbruck (= Schriftenreihe der ANL Bd. 12). Nürnberg 1966.

Voit, Obermain
: Voit, Gustav: Der Adel am Obermain. Genealogie edler und ministerialer Geschlechter vom 11. bis 14. Jahrhundert (= Die Plassenburg Bd. 28). Kulmbach 1969.

Voit, Pegnitz
: Voit, Gustav: Der Adel an der Pegnitz 1100 bis 1400 (= Freie Schriftenfolge der Gesellschaft für Familienforschung in Franken Bd. 20). Neustadt/Aisch 1979.

Voit, Reicheneck
: Voit, Gustav: Reicheneck (= Schriftenreihe der ANL Bd. 38). Nürnberg 1989.

Voit, Wildensteiner
: Voit, Gustav: Die Wildensteiner. In: MANL 13 (1964), Sonderheft [Nr. 12].

Will-Nopitsch
: Will, Georg Andreas / Nopitsch, Christian Conrad: Nürnbergisches Gelehrten-Lexikon oder Beschreibung aller Nürnbergischen Gelehrten ... 8 Bde., Nürnberg-Altdorf 1755–1808.

LITERATURVERZEICHNIS

Verzeichnis der sonstigen Literatur

Aufgenommen wurden sämtliche zitierte Literatur und die gedruckten Quellen. Mehrere Werke derselben Verfasser stehen in chronologischer Folge, die unveröffentlichten Manuskripte folgen jeweils am Schluss.

I. Gedruckte Quellen

Ambronn, Karl-Otto: Landsassen und Landsassengüter des Fürstentums der Oberen Pfalz im 16. Jahrhundert (= Historischer Atlas von Bayern, Teil Altbayern, Reihe II, Heft 3). München 1982.

Bayerisches Hauptstaatsarchiv Reichskammergericht Bd. 4 (= Bayer. Archivinventare Bd. 50/4). München 1998.

Bayerisches Hauptstaatsarchiv Reichskammergericht Bd. 11 (= Bayer. Archivinventare Bd. 50/11). München 2004.

Chmel, Joseph: Regesta chronologicodiplomatica Friderici IV romanorum regis (imperatoris III). Wien 1838/40. [zitiert als Reg. Imp. Bd. XIII]

Chroust, Anton / Proesler, Hans (Hg.): Das Handlungsbuch der Holzschuher in Nürnberg von 1304–1307 (= VGFG Bd. X/1). Erlangen 1934.

Die Chroniken der deutschen Städte vom 14. bis ins 16. Jahrhundert, Bd. 1/2 (= Die Chroniken der fränkischen Städte. Nürnberg Bd. 1/2). Leipzig 1862/64.

Fleischmann, Peter: Das Reichssteuerregister von 1497 der Reichsstadt Nürnberg (und der Reichspflege Weißenburg) (= Quellen und Forschungen zur fränkischen Familiengeschichte Bd. 4). Nürnberg 1993.

Gatterer, Johann Christoph: Historia genealogica dominorum Holzschuherorum. [Teil 2:] Codex Diplomatum et Documentorum. Nürnberg 1755.

Geiger, Rudolf / Voit, Gustav (Hg.): Hersbrucker Urbare (= Schriftenreihe der ANL Bd. 15). Nürnberg 1965.

Goez, Elke (Bearb.): Codex diplomaticus Ebracensis I. Die Urkunden des Klosters Ebrach 1127–1306 (= VGFG Bd. III/7). Neustadt/Aisch 2001.

Gothaisches genealogisches Taschenbuch der freiherrlichen Häuser auf das Jahr 1861. Gotha 1860.

Groß, Lothar: Die Reichsregisterbücher Kaiser Karls V. Wien-Leipzig 1930.

Guttenberg, Erich Frhr. von (Bearb.): Die Regesten der Bischöfe und des Domkapitels von Bamberg (= VGFG Bd. VI/2). Würzburg 1963.

Heidingsfelder, Franz (Bearb.): Die Regesten der Bischöfe von Eichstätt (= VGFG Bd. VI/1). Erlangen 1938.

Hoffmann, Hermann: Das älteste Lehenbuch des Hochstifts Würzburg 1303–1345 (= Quellen und Forschungen zur Geschichte des Bistums und Hochstifts Würzburg Bd. 25). Würzburg 1972.

Hoffmann, Hermann: Das Lehenbuch des Fürstbischofs Albrecht von Hohenlohe 1345–1372 (= Quellen und Forschungen zur Geschichte des Bistums und Hochstifts Würzburg Bd. 33). Würzburg 1982.

Monumenta Germaniae Historica. Die Urkunden der deutschen Könige und Kaiser. 10. Bd. 1. Teil: Die Urkunden Friedrichs I. 1152–1158. Bearb. v. Heinrich Appelt. Hannover 1975.

Neukam, Wilhelm G.: Das Salbuch des Rüdiger Valzner von Nürnberg 1356. In: Jb. Mfr. 68 (1938/39), S. 19-59.

Oetter, Samuel Wilhelm: Todenkalender des ehemaligen Franziskanerklosters zu Nürnberg vom Jahre 1228 angefangen (= Historische Bibliothek Bd. 2). Nürnberg 1753.

Pfeiffer, Gerhard (Bearb.): Die ältesten Urbare der Deutschordenskommende Nürnberg (= VGFG Bd. X/10). Neustadt/Aisch 1981.

Regesta Imperii:

Bd. 8: Die Regesten des Kaiserreiches unter Kaiser Karl IV. 1346–1378. Neubearb. von A. Huber. Innsbruck 1877.

Bd. 11: Die Urkunden Kaiser Sigmunds (1410–1437). Neubearb. von W. Altmann. Innsbruck 1896–1900.

Bd. 13: s. Chmel, Joseph und Rübsamen, Dieter.

Bd. 14: Ausgewählte Regesten des Kaiserreiches unter Maximilian I., 1493–1519. Bearb. von Hermann Wiesflecker. Wien-Köln-Weimar 1989–2004.

Rübsamen, Dieter (Bearb.): Regesten Kaiser Friedrichs III. (1440–1493), nach Archiven und Bibliotheken geordnet. Heft 14: Die Urkunden und Briefe aus Archiven und Bibliotheken der Stadt Nürnberg, Teil 1 (1440–1449); Heft 19: dgl. Teil 2 (1450–1455). Wien-Weimar-Köln 2000 und 2004. [zitiert als Reg. Imp. Bd. XIII, Heft 14 und 19]

Scherzer, Walther: Das älteste Bamberger Bischofsurbar 1323/28 (Urbar A). In: Bericht des Historischen Vereins Bamberg 108 (1972), S. 5-170.

Schuhmann, Günther / Hirschmann, Gerhard (Bearb.): Urkundenregesten des Zisterzienserklosters Heilsbronn (= VGFG Bd. III/3). Würzburg 1957.

Schultheiß, Werner (Bearb.): Satzungsbücher und Satzungen der Reichsstadt Nürnberg aus dem 14. Jahrhundert (= QGKN Bd. 3). Nürnberg 1965.

Staatsarchiv Nürnberg / Altnürnberger Landschaft e.V. (Hg.): Der Pfinzing-Atlas von 1594. Faksimile. Nürnberg 1994.

Stadtarchiv Nürnberg (Hg.): Die Nürnberger Bürgerbücher I. Die pergamentenen Neubürgerlisten 1302–1448 (= QGKN Bd. 9). Nürnberg 1974.

Stahl, Irene (Hg.): Die Nürnberger Ratsverlässe Heft 1 1449–1450 (= Schriften des Zentralinstituts für fränkische Landeskunde und allgemeine Regionalforschung an der Universität Erlangen-Nürnberg Bd. 23). Neustadt/Aisch 1983.

Thiel, Matthias / Adam, Carl: Archiv der Freiherren Stromer von Reichenbach auf Burg Grünsberg (Bayerische Archivinventare, Heft 33/34). Neustadt/Aisch 1972.

Völkl, Georg: Das älteste Leuchtenberger Lehenbuch. In: Verhandlungen des Historischen Vereins für Oberpfalz und Regensburg 96 (1955), S. 277-404.

Wittmann, Franz Michael (Hg.): Monumenta Wittelsbacensia I. Urkundenbuch zur Geschichte des Hauses Wittelsbach (= Quellen und Erörterungen zur bayerischen und deutschen Geschichte, Alte Folge Bd. 5). München 1857.

II. Literatur

A

Achilles-Syndram, Katrin: Die Kunstsammlung des Paulus Praun (= QGKN Bd. 25). Nürnberg 1994.

Adamski, Margarete: Kersbach am Rothenberg. In: MANL 44 (1995), Sonderheft Nr. 43.

Alberti, Volker: Herrensitz Utzmannsbach. In: MANL 36 (1987), Sonderheft Nr. 33.

Alberti, Volker: Die Herrschaft Simmelsdorf. Grundherren und Untertanen vom 14. bis 19. Jahrhundert (= Schriftenreihe der ANL Bd. 41). Simmelsdorf 1995.

Alberti, Volker: Das Wasserschloß in Diepoltsdorf. In: MANL 47 (1998), Heft 1, S. 241-247.

Alberti, Volker: Herrensitz Heuchling. In: MANL 48 (1999), Heft 1, S. 351-357.

Alberti, Volker: Schloss Artelshofen. In: MANL 50 (2001), Heft 1, S. 564-570.

Alberti, Volker: Bausteine zur frühen Ortsgeschichte Pillenreuths. Existierte in vorklösterlicher Zeit ein Castellum in Pillenreuth? In: MANL 53 (2004), Heft 2, S. 805-813.

Alberti, Volker / Baumann, Lorenz / Holz, Horst: Burgen und Schlösser im Schnaittachtal (= Fränkische Adelssitze Bd. 1). Simmelsdorf-Hüttenbach 1999.

Alberti, Volker / Baumann, Lorenz / Holz, Horst: Burgen und Schlösser in Lauf und Umgebung. Unteres Pegnitztal (= Fränkische Adelssitze Bd. 2). Simmelsdorf-Hüttenbach 1999.

Alberti, Volker / Baumann, Lorenz / Holz, Horst: Burgen und Schlösser in Hersbruck und Umgebung. Oberes Pegnitztal (= Adelssitze in Franken Bd. 3). Hersbruck 2003.

Alberti, Volker / Boesch, Anton / Holz, Horst: Burgen und Schlösser in Altdorf und Umgebung (= Adelssitze in Franken Bd. 4). Altdorf 2004.

Alberti, Volker / Boesch, Anton / Holz, Horst: Burgen und Herrensitze in Kornburg und Umgebung (= Adelssitze in Franken Bd. 5). Nürnberg 2005.

Alberti, Volker / Boesch, Toni: Herrensitz Weiherhaus. In: MANL 39 (1990), Sonderheft Nr. 36.

Alberti, Volker / Boesch, Toni: Herrensitz Hüttenbach. In: MANL 40 (1991), Sonderheft Nr. 37.

Alberti, Volker et al.: Hüttenbach. Geschichte eines Dorfes 1140–1990. Hüttenbach 1989.

Amburger, Hannah: Die Familiengeschichte der Koeler. In: MVGN 30 (1931), S. 153-288.

Andrian-Werburg, Klaus Frhr. von: Nuschelberg und das „Hallerschlößchen". Typoskript 1954.

B

Baier, Alfons / Freitag, Dieter: Zur Geologie und zur vorgeschichtlichen Stellung des Hetzlaser Gebirges bei Neunkirchen am Brand (Oberfranken). In: Geologische Blätter für Nordostbayern 43 (1993), Heft 3/4, S. 271-314.

Baier, Helmut: Urbar des Klosters St. Egidien in Nürnberg 1487–1522 (= VGFG Bd. X/11). Neustadt/Aisch 1982.

Bartelmeß, Albert: Lebensbeschreibung des Hans Rieter von Kornburg (1522–1584) und seine beiden Kopial- und Stammbücher. In: MVGN 56 (1969), S. 360-383.

Beckh, Herrmann: Johannes Zeltner (1805–1882), ein Nürnberger Unternehmer. In: MVGN 58 (1971), S. 304-336.

Beckh, Max: Geschichte des Schlosses Gleißhammer bei Nürnberg. Nürnberg 1925.

Bedal, Konrad: Fachwerk vor 1600 in Franken. Eine Bestandsaufnahme (= Schriften und Kataloge des Fränkischen Freilandmuseums des Bezirks Mittelfranken Bd. 49). Bad Windsheim-Petersberg 2006.

Beer, Helmut: Nürnberger Erinnerungen 10. Rund um die Altstadt, Nürnbergs Vorstädte. Nürnberg 2001.

Beer, Helmut: Südstadtgeschichte (= Ausstellungskataloge des Stadtarchivs Nürnberg Nr. 15). Nürnberg 2004.

Beyer, Leo: Mögeldorf, der Schmausenbuck und der Nürnberger Reichswald. Nürnberg 1952.

Beyer, Leo: Der Nürnberger Stadtteil Mögeldorf. Eine Häusergeschichte. Nürnberg 1964.

Beyerstedt, Horst-Dieter: Neunhof. Geschichte eines Dorfes im Knoblauchsland (= Schriftenreihe der ANL Bd. 43). Simmelsdorf 1996.

Biegel, Hans: Nürnberger Künstler in der Landschaft. Johann Christoph Jakob Wilder (1783–1838), Pfarrer, Zeichner und Radierer. 2. Fortsetzung. In: MANL 8 (1959), Heft 1, S. 20-28.

Bischoff, Johannes: Die Zeidelhuben und Bienenpflege im Sebalder Reichswald zwischen Erlangen und Nürnberg in siedlungs- und waldgeschichtlicher Sicht. In: JfFl 16 (1956), S. 29-107.

Bischoff, Johannes: Evang.-Luth. Pfarrkirche und Pfarrei St. Maria Erlangen-Tennenlohe. Erlangen 1978.

Boeck, Urs: Karl Alexander Heideloff. In: MVGN 48 (1958), S. 314-390.

Böhm, J.: Führer durch Altdorf und Umgebung. Nürnberg 1888.

Brunel-Geuder, Eberhard: Heroldsberg. Geschichte einer Marktgemeinde. Heroldsberg 1990.

Brunel-Geuder, Eberhard / Alberti, Volker: Die Geuder-Rabensteiner und das Weiße Schloss zu Heroldsberg. Heroldsberg 2002.

Büchert, Gesa: Die mechanische Herstellung von Glasspiegeln im Landgebiet der Reichsstadt Nürnberg. Betrachtung eines vorindustriellen Produktionszweigs im Zeitalter des Merkantilismus. In: MVGN 85 (1998), S. 51-140.

C

Centrum Industriekultur (Hg.): Räder im Fluß. Die Geschichte der Nürnberger Mühlen. Nürnberg 1986.

Chlingensperg, Maximilian Benno Peter von: Das Königreich Bayern in seinen alterthümlichen, geschichtlichen, artistischen und malerischen Schönheiten ... München 1849.

D

Deinlein, Konrad: Aus der Geschichte Rummelsbergs. Rummelsberg 1982.

Dendorfer, Jürgen: Adelige Gruppenbildung und Königsherrschaft. Die Grafen von Sulzbach und ihr Beziehungsgeflecht im 12. Jahrhundert. München 2004.

Denkmäler in Bayern, Bd. V: Mittelfranken. Bearb.: Hans Wolfram Lübbeke. München 1986.

Denkmäler in Bayern, Bd. V/61: Stadt Fürth. Bearb.: Heinrich Habel. München 1994.

Der Landkreis Ansbach. Vergangenheit und Gegenwart. Aßling-Pölsdorf 1964.

Dimler, Andreas: Marktgemeinde Neuhaus – Gestern und Heute (= Veldensteiner Mosaik Bd. 2). Neuhaus 1989.

Doeberl, Michael: Die Markgrafschaft und die Markgrafen auf dem bayerischen Nordgau. München 1894.

Dorfgemeinschaft Walkersbrunn (Hg.): 975 Jahre Walkersbrunn 1021–1996. Walkersbrunn 1996.

Drechsel, Theodor: Chronik des Dorfes Vorra. Vorra 1924.

E

Ehrngruber, Hans: Aufzeichnungen über die Ausgrabungen am Reisberg. Manuskript im Besitz der Naturhistorischen Gesellschaft Nürnberg.

Eisen, Ludwig: Vor den Toren Alt-Nürnbergs. Geschichte der Vorstadt Gostenhof und des Siechkobels St. Leonhard. Nürnberg 1923.

Elbinger, Thomas / Sartorius, J. B.: Führer durch Hersbruck und Umgebung. Hersbruck 1885.

Elstner, Albert: Die von Künsberg. Geschichte eines fränkischen Adelsgeschlechts (= Jubiläumsgabe des Frankenwaldvereins 1972). Kronach 1972.

Endres, Rudolf: Zum Problem der Landeshoheit in Franken. Der Übergang Eschenaus an Bayreuth. In: MVGN 61 (1974), S. 161-187.

Erben, Wilhelm: Ein oberpfälzisches Register aus der Zeit Kaiser Ludwigs des Bayern. München 1908.

Eßlinger, K.: Zur Geschichte von Reichelsdorf. Schwabach 1922.

Evangelische Kirchengemeinde St. Jobst (Hg.): St. Jobst: Acht Jahrhunderte Kirche an ihrem Ort. Nürnberg 1996.

Eyb, Eberhard Freiherr von: Das reichsritterliche Geschlecht der Freiherren von Eyb (= VGFG Bd. IX/29). Neustadt/Aisch 1984.

F

Fensel, Rainer: Kraftshof. Haus- und Sozialgeschichte eines nürnbergischen Dorfes (= Quellen und Forschungen zur Familiengeschichte Bd. 9). Nürnberg 2001.

Fink, Helmut: Ludwig-Feuerbach-Stätten in Nürnberg. In: Aufklärung und Kritik. Sonderheft Nr. 3 der Zeitschrift für freies Denken und humanistische Philosophie 6 (1999), Teil II.

Fischer, W. / Kiener, K.: Das Pfinzingschloß – Seine Geschichte – Seine Geschichten. Zur Neueröffnung am 24. November 1989. Feucht 1989.

Fleischmann, Ernst: 100 Jahre Vorstadtverein Nürnberg-Süd 1881–1981. Nürnberg 1981.

Fleischmann, Peter: Peter Ermer (um 1560–1632). Ein bisher unbekannter Kartograph in Hersbruck. In: MVGN 76 (1989), S. 241-263.

Fleischmann, Peter: Der Nürnberger Zeichner, Baumeister und Kartograph Hans Bien (1591–1632) (= Ausstellungskataloge der Staatlichen Archive Bayerns Nr. 30). München 1991.

Fleischmann, Peter (Bearb.): Die handgezeichneten Karten des Staatsarchivs Nürnberg bis 1806 (= Bayerische Archivinventare Bd. 49). Nürnberg 1998.

Forstner-Karl, Gisela: Fischbach – ein Gang durch seine Geschichte. Hg. vom Bürgerverein Nürnberg-Südost e.V. Feucht 1984.

Frank zu Döfering, Karl Friedrich von: Die Kressen. Eine Familiengeschichte. Schloß Senftenegg (Niederösterreich) 1936.

Freitag-Stadler, Renate: Neunhof bei Kraftshof, ein Nürnberger Patriziersitz. In: MVGN 61 (1974), S. 129-160.

Freitag-Stadler, Renate: Johann Adam Klein 1792–1875. Zeichnungen und Aquarelle (= Bestandskatalog der Stadtgeschichtlichen Museen Nürnberg). Nürnberg 1975.

Friedel, Birgit: Ziegelstein – Eine Siedlung des 10. Jahrhunderts. In: Friedel, Birgit / Frieser, Claudia (Hg.): Nürnberg. Archäologie und Kulturgeschichte. Büchenbach 1999, S. 43-47.

Friedrich, Gunther: Bibliographie zum Patriziat der Reichsstadt Nürnberg (= Nürnberger Forschungen Bd. 27). Nürnberg 1994.

Friedrich, Helmut: Chronik des Dorfes Röckenhof. In: Gemeinde Kalchreuth (Hg.): 700 Jahre Kalchreuth 1298–1998. Ein fränkisches Dorf im Wandel der Zeiten. Konzeption: Bertold Frhr. von Haller. Rödental 1998, S. 49-54.

Fries, Walter: Kirche und Kloster zu St. Katharina in Nürnberg. In: MVGN 25 (1924), S. 1-143.

Frommann, Friedrich: Albrecht Dürers „Weier Haus" – das „Haller-Weiherhaus". In: Nürnberger Schau (Oktober 1941), S. 247-249.

Furtenbach, Franz Josef von: Geschichte des Geschlechts Furtenbach: 14.–20. Jahrhundert. Hg. von Amalie von Furtenbach. Limburg 1969.

G

Gärtner, Georg: Rund um Nürnberg. Streifzüge im Nürnberger Burgfrieden. Nürnberg 1926.

Gärtner, Georg: Altnürnbergische Landschaft. Streifzüge im Landgebiet der ehemaligen freien Reichsstadt Nürnberg. Nürnberg 1928.

Geiger, Otto: Die Steinbrüche am Kornberg bei Wendelstein. In: MVGN 22 (1918), S. 147-173.

Geiger, Rudolf: Hersbruck – Propstei des Klosters Bergen. In: MVGN 43 (1952), S. 154-224.

Gemeinde Kalchreuth (Hg.): 700 Jahre Kalchreuth 1298–1998. Ein fränkisches Dorf im Wandel der Zeiten. Konzeption: Bertold Frhr. von Haller. Rödental 1998.

Giersch, Claus: Untersuchungsberichte zu restauratorischen Untersuchungen für das Staatliche Hochbauamt Nürnberg 1990–2004. Unveröff. Manuskript.

Giersch, Claus: Bauforschung an der Burg Hohenstein. Denkmalpflegerische Voruntersuchung 1998–2002. Unveröff. im BLfD.

Giersch, Claus / Giersch, Robert: Denkmalpflegerische Voruntersuchungen an den Fassaden des ehem. Pflegschlosses Velden a. d. Pegnitz 1989/90. Unveröff. Manuskript.

Giersch, Claus / Giersch, Robert: Baugeschichte Schloss Kugelhammer. Aktenvermerke zu den denkmalpflegerischen Voruntersuchungen 1996. Unveröff. im BLfD.

Giersch, Robert: Geschichte des Rückersdorfer Herrensitzes. In: MANL 43 (1994), Heft 1, S. 205-234.

Giersch, Robert: Quellenhinweise zur Frühgeschichte der Burg Wolfstein. In: Forschungsergebnisse im Auftrag der Wolfsteinfreunde i. d. OPf. e.V. CD-ROM-Edition Neumarkt 2000.

Giersch, Robert: Denkmalpflegerischer Erhebungsbogen zur Dorferneuerung Aichamühle, Hallershof, Schrotsdorf. Dokumentation für das Dorferneuerungsverfahren 2004.

Giersch, Robert: Denkmalpflegerischer Erhebungsbogen zur Dorferneuerung Birkensee-Egensbach. Dokumentation für das Dorferneuerungsverfahren 2004.

Giersch, Robert: Burg Lichtenegg. Quellen zur Geschichte der Burg und ihrer Besitzer. In: MANL 49 (2004), Sonderheft Nr. 50.

Giersch, Robert: Das Sitzingersche Hammergut und das Krochmann-Serzsche Schloss zu Nürnberg-Schniegling. In: MANL 54 (2005), Heft 1, S. 12-30.

Giersch, Robert: Kurze Geschichte der Burg Hartenstein. Hartenstein 2006.

Giersch, Robert: Abschied von der Ruine des Nürnberger Pflegschlosses Hauseck. In: MANL 55 (2006), Heft 1, S. 49-55.

Giersch, Robert: Historische Nachrichten zur Kapelle St. Ottmar und St. Ottilien auf dem Keilberg bei Offenhausen. In: MANL 55 (2006), Heft 2, S. 40-48.

Giersch, Robert / Sörgel, Werner: Der Bergfried bei Breitenthal und der Turm im Weidental: Zwei Burgstellen bei Hartmannshof. In: MANL 55 (2006), Heft 1, S. 56-60.

Giersch, Robert / Specht, Oliver: Archäologie und Baugeschichte einer Pestkapelle: St. Ottmar und St. Ottilien auf dem Keilberg in Offenhausen. In: Das archäologische Jahr in Bayern 2005. Stuttgart 2006, S. 137-140.

Giersch, Robert: Quellenzusammenstellung zur Baugeschichte der Nürnberger Pflegschlösser Altdorf, Lauf und Velden. Unveröff. Manuskript für das BLfD 1989/90.

Giersch, Robert: Archivforschung Herrensitz Rückersdorf. Denkmalpflegerische Voruntersuchungen 1991. Unveröff. im BLfD.

Giersch, Robert: Archivforschung zur Baugeschichte Schloss Behringersdorf. Denkmalpflegerische Voruntersuchung 1993. Unveröff. im BLfD.

Giersch, Robert: Archivalien zur Bau- und Nutzungsgeschichte des historischen Bürgerhauses Winklerstraße 13 in Nürnberg. Denkmalpflegerische Voruntersuchung 1995. Unveröff. im BLfD.

Giersch, Robert: Bau- und Nutzungsgeschichte des Tucherschlosses in Feucht bei Nürnberg. Denkmalpflegerische Voruntersuchungen 1996. Unveröff. im BLfD.

Giersch, Robert: Bau- und Nutzungsgeschichte des Tucherschlosses in Maiach. Schwerpunkt ehemals vorderes Schloss. Denkmalpflegerische Voruntersuchungen 1996. Unveröff. im BLfD.

Giersch, Robert: Archivalien zur Geschichte des Schlosses Gauchsmühle. Hinweise zur Nutzungs- und Baugeschichte. Denkmalpflegerische Voruntersuchung 1998. Unveröff. im BLfD.

Giersch, Robert: Bau- und Nutzungsgeschichte der Burg Hohenstein. Auswertung der Hohensteiner Amtsrechnungen. Dokumentation für die denkmalpflegerischen Voruntersuchungen 1998. Unveröff. im BLfD.

Giersch, Robert: Archivalienforschung zur Baugeschichte des Schlosses Reichenschwand – Schwerpunkt bauliche Veränderungen an den Fassaden 19./20. Jahrhundert. Manuskript 1999. Unveröff. im BLfD.

Giersch, Robert: Archivalienforschung zur Geschichte des ehemaligen Herrensitzes zu Happurg. Denkmalpflegerische Voruntersuchung 2000. Unveröff. im BLfD.

Giersch, Robert: Bau- und Nutzungsgeschichte des Schlosses Büg. Unveröff. Manuskript 2002.

Giersch, Robert: Quellenzusammenstellung zur Geschichte der Burgruine Ebermannsdorf. Unveröff. Manuskript für das BLfD 2003.

Giersch, Robert: Archivalien zur Baugeschichte des Schlosses Henfenfeld vom 16.–19. Jahrhundert. Dokumentation zu den denkmalpflegerischen Voruntersuchungen 2004/2005. Unveröff. im BLfD.

Giersch, Robert: Archivalienforschung zur Baugeschichte der Burg Hartenstein. Schwerpunkt 16. bis 19. Jahrhundert. Denkmalpflegerische Voruntersuchung 2005. Unveröff. im BLfD.

Giersch, Robert: Chronik von Offenhausen. Unveröff. Manuskript Teil I (erscheint voraussichtlich 2007).

Giersch, Robert: Hohenrasch. Ein bisher falsch lokalisierter Burgstall. Unveröff. Mskr. (erscheint voraussichtlich 2007 in den MANL).

Glaß, Erich von: Die Schreiber von Grünreuth (Bis zur Gegenreformation). In: Verhandlungen des Historischen Vereins für Oberpfalz und Regensburg 124 (1984), S. 333-347.

Glockner, Marie: Lorenz Stauber (1486–1539). Nürnberger Kaufmann, Ritter und Agent König Heinrichs VIII. von England. In: MVGN 52 (1963/64), S. 163-231.

Glückert, Ewald: Schloß Neunhof als Gottesdienststätte reformierter Glaubensflüchtlinge. In: Frankenland 38 (1986), S. 311-316.

Glückert, Ewald: Zwischen Reichsstadt und Reichsritterschaft. Aus der Geschichte der Herrschaft Neunhof bei Lauf. In: MANL 36 (1987), Heft 1, S. 249-263.

Glückert, Ewald: Das Kolerschloss in Neunhof. In: Neunhofer Land 24 (1999), S. 20-53.

Glückert, Ewald: Ein Bild im Bilde: Oberschöllenbach. In: Neunhofer Land 26 (2001), S. 42-46.

Goez, Werner: Über die Rindsmaul von Grünsberg. Studien zur Geschichte einer staufischen Ministerialenfamilie. In: Hochfinanz, Wirtschaftsräume, Innovationen. Festschrift für Wolfgang von Stromer. Hg. v. Uwe Bestmann u.a. Trier 1987, Bd. 3, S. 1227-1249.

Goldwitzer, F.W.: Geschichte des Marktes Neunkirchen am Brand und des ehemaligen Klosters. Erlangen 1814.

Gräf, Friedrich: Kurze Geschichte der zwei benachbarten Dörfer Ober- und Unterschöllenbach. München 1933.

Gräf, Friedrich: Geschichte des Marktes Eschenau. Ansbach 1910.

Gräf, Friedrich: Haus- und Familiengeschichte Eschenaus (Entwurf). 1913 (= Beiträge zur Heimatkunde des Marktes Eschenau und dessen Umgebung). Manuskript im StAN.

Gräf, Friedrich: Kurze Beschreibung der Geschichte des Dorfes Brand. München 1922 (Manuskript im StAN Nürnberg, Gemeindedepot Eschenau Nr. 7).

Greif, Thomas: der Aufstieg der NSDAP im Bezirk Forchheim (1918–1933). In: MANL 55 (2006), Heft 2, S. 11-39.

Großmann, Ulrich: Architektur und Museum – Bauwerk und Sammlung (= Kulturgeschichtliche Spaziergänge im Germanischen Nationalmuseum Bd. 1). Ostfildern-Ruit 1997.

Großmann, G. Ulrich et al. (Hg.): Burg Lauf a. d. Pegnitz. Ein Bauwerk Kaiser Karls IV. (= Forschungen zu Burgen und Schlössern Sonderband 2). Nürnberg 2006.

Großner, Rudolf / Haller, Bertold Frhr. von: „Zu kurzem Bericht umb der Nachkommen willen". Zeitgenössische Aufzeichnungen aus dem Dreißigjährigen Krieg in Kirchenbüchern des Erlanger Raumes. In: Erlanger Bausteine zur fränkischen Heimatforschung 40 (1992), S. 9-107.

Gumpert, Karl: Frühmittelalterliche Turmhügel in Franken. In: Jb. Mfr. 70 (1950), S. 7-138.

Gundelfinger, Gerhard: Häuserchronik der Stadt Gräfenberg. Gräfenberg 2001.

H

Hacker, Paul: Eine private Schloss-Loge im Nürnberger Patrizierschloss Schwarzenbruck um 1800. In: Quatuor Coronati Jahrbuch 1975, S. 141-145.

Hacker, Toby / Schramm, Peter: Chronik von Artelshofen 976–1976. Vorra 1976.

Haller, Bertold Frhr. von: St. Laurentius in Großgründlach. Geschichte eines Kulturdenkmals im Knoblauchsland. Nürnberg 1990.

Haller, Bertold Frhr. von: Aus zwei Jahrhunderten Großgründlacher Geschichte. In: Vorstadtverein Alt Gründlach (Hg.): Geschichte(n) aus Großgründlach. Erlangen-München 1997, S. 8-51.

Haller, Bertold Frhr. von: Das Pilgerspital zum Heiligen Kreuz. In: Wallfahrten in Nürnberg um 1500 (= Pirckheimer Jahrbuch Bd. 17). Wiesbaden 2002, S. 105-132.

Haller, Bertold Frhr. von: Zur Geschichte des Halbhofes Nr. 8 (Fleischmann) in Braunsbach. Unveröff. Manuskript o. J.

Haller, Bertold Frhr. von: Zur Geschichte des Rokokosaales im Schloß Buckenhof. Unveröff. Festrede zur Wiedereröffnung 1999.

Haller, Bertold Frhr. von: Albrecht Dürer und die Haller. Unveröff. Manuskript (erscheint voraussichtlich 2007).

Haller von Hallerstein, Helmut Frhr.: Schloß und Dorf Gründlach. In: MANL 14 (1965), Sonderheft [Nr. 14].

Haller von Hallerstein, Helmut Frhr.: Die Reichsministerialen von Gründlach und von Berg-Hertingsberg. In: MANL 14 (1965), Heft 1/2, S. 32-37.

Haller von Hallerstein, Helmut Frhr.: Größe und Quellen des Vermögens von hundert Nürnberger Bürgern um 1500. In: Beiträge zur Wirtschaftsgeschichte Nürnbergs Bd. 1. Nürnberg 1967, S. 117-176.

Haller von Hallerstein, Helmut Frhr.: Schloß und Dorf Henfenfeld (= Schriftenreihe der ANL Bd. 35). Nürnberg 1986.

Haller von Hallerstein, Helmut Frhr. / Eichhorn, Ernst: Das Pilgrimspital zum Heiligen Kreuz vor Nürnberg. Geschichte und Kunstdenkmäler (= Nürnberger Forschungen Bd. 12). Nürnberg 1969.

Harsdorf, Karl Frhr. von: Die Herrensitze von Diepoltsdorf. In: MANL 2 (1953), Heft 1, S. 1-11.

Harsdorf, Karl Frhr. von: Der Kupferhammer zu Enzendorf bei Rupprechtstegen. In: MVGN 48 (1958), S. 26-50.

Hase, Oscar von: Die Koberger. 3. Aufl. Amsterdam und Wiesbaden 1967.

Literaturverzeichnis

Heckel, Gottlob: Katzwang und seine Pfarrei im Mittelalter. In: Schwabacher Heimat 10 (1965), Nr. 1.

Heinz, Walter: Der Burgstall bei der Houbirg. In: MANL 37 (1988), Heft 2, S. 79-82.

Heinz, Walter: Ehemalige Burgen im Umkreis des Rothenbergs. Eine Auswahl. 1. Teil: Von Schnaittach bis Wildenfels. 2. Teil: Vom Hohenstein zum Keilberg. 3. Teil: Von der Hacburg zum Grünreuther Schlößl (= Vom Rothenberg und seinem Umkreis Heft 15/1-3). Schnaittach 1992.

Heinz, Walter: Ehemalige Adelssitze im Trubachtal (= Die fränkische Schweiz – Landschaft und Kultur, Bd. 10). Erlangen-Jena 1996.

Heinz, Walter: Was blieb vom alten Hammerort Hirschbach? Ein Kupferstich des Nürnbergers Johann Adam Delsenbach gibt Aufschluß, wieviel vom alten Ortskern noch besteht. In: Heimat. Beilage zur Hersbrucker Zeitung 70 (2000), Nr. 25.

Heinz, Walter / Dörr, Ernst: Der vergessene Alfelder Burgstall. In: Heimat. Beilage zur Hersbrucker Zeitung 68 (1998), Nr. 6, S. 21-23.

Heinz, Walter / Dörr, Ernst: Rätselhafte Wallanlage an der Eisenstraße. Vermutlich die Reste eines „Wachhauses" mit weiter Sicht an der Altstraße zwischen Regensburg und Forchheim. In: Heimat. Beilage zur Hersbrucker Zeitung 69 (1999), Nr. 1, S. 3 f.

Heinz, Walter / Leja, Ferdinand: Der Burgstall „Altes Schloß" bei Stöppach. In: MANL 38 (1989), Heft 2, S. 161-168.

Heinz, Walter / Leja, Ferdinand: Der Burgstall auf dem Hienberg, Gde. Simmelsdorf, Lkr. Nürnberger Land. In: MANL 41 (1992), Heft 1, S. 26-36.

Held, Wilhelm: Geschichte des Dorfes Dormitz. Brand 1967 (3. Aufl. 1992).

Held, Wilhelm: Geschichte eines Dorfes. Brand im Schwabachgrund. Brand 1975.

Held, Wilhelm: Ein kurzer Beitrag zur Geschichte der beiden Dörfer Ober- und Unterschöllenbach. In: 700 Jahre Ober- und Unterschöllenbach 1279–1979. Festschrift Eckental 1979, S. 13 f.

Held, Wilhelm: Aus der Geschichte des Marktes Eschenau. Eckental 1981.

Held, Wilhelm: Chronik der Gemeinde Kalchreuth. Manuskript 1953/56.

Heller, Ehrenfried: In memoriam: Elektrizitätswerk Hammerschrott. In: MANL 44 (1995), Heft 1, S. 281-309.

Heller, Hartmut: Der Nürnberger Dutzendteich. Nürnberg 1983.

Hirschmann, Gerhard: Die Familie Muffel im Mittelalter. Ein Beitrag zur Geschichte des Patriziats, seiner Entstehung und seines Besitzes. In: MVGN 41 (1950), S. 257-392.

Hirschmann, Gerhard: Stein bei Nürnberg. Geschichte eines Industrieortes (= Schriftenreihe der ANL Bd. 9). Nürnberg 1962.

Hirschmann, Gerhard: Wie vor 400 Jahren aus dem Galgenhof der Glockenhof wurde. In: MANL 15 (1966), Heft 1/2, S. 29-36.

Hirschmann, Gerhard: Kraftshof. Ein nürnbergisches Dorf mit Herrensitz und Wehrkirche. In: MANL 19 (1970), Sonderheft [Nr. 19].

Hirschmann, Gerhard: Das Nürnberger Patriziat im Königreich Bayern 1806–1918 (= Nürnberger Forschungen Bd. 16). Nürnberg 1971.

Hirschmann, Gerhard: Zwischen Frankreich, Preußen und Bayern. Die Lebensschicksale der Brüder von Neu in Nürnberg an der Wende des 18. zum 19. Jahrhundert. In: MVGN 64 (1977), S. 223-288.

Hirschmann, Gerhard: Stein. Vom Industriestandort zur Stadt. Nürnberg 1991.

Historia Norimbergensis Diplomatica. Nürnberg 1738.

Hofmann, Hanns Hubert / Schuhmann, Günther: Franken in alten Ansichten und Schilderungen. Konstanz 1967.

Honold, Matthias: Der unbekannte Riese. Geschichte der Diakonie in Bayern. Augsburg 2004.

Horneber, Helmut: Der abgegangene Weiler Wolfsfelden im Sebalder Reichswald. Die letzten hundert Jahre seiner Geschichte. In: Erlanger Bausteine zur fränkischen Heimatforschung 47 (1999), S. 353-372.

Horrelt, Jasmin: Der Himmelgarten zu Grünsberg. Ein historischer Schloßpark in Mittelfranken. In: MANL 45 (1996), Heft 2, S. 88-99.

Hühnermann, W.: Egelsee. Ein abgegangenes „Weiherhaus" bei Lauf a. P. In: Fränkische Alb 4 (1918), S. 36 f.

J

Jakob, Andreas / Hofmann-Randall, Christina (Hg.): Erlanger Stadtansichten. Zeichnungen, Gemälde und Graphiken aus sieben Jahrhunderten (= Veröffentlichungen des Stadtarchivs Erlangen Nr. 1). Nürnberg 2003.

Janz, Heinrich: Carl Dietrich Lochner von Hüttenbach, der Erbauer des neuen Schlosses. In: MANL 25 (1976), Heft 1/2, S. 28-31.

K

Kaschel, Werner: Die Flurnamen der Gemarkung Siegersdorf (= Vom Rothenberg und seinem Umkreis, Heft 12). Schnaittach 1990, S. 32-35.

Kaschel, Werner / Pfeiffer, Eckhardt: Der Niedergang des Schlößchens in Grünreuth. In: Heimat. Beilage zur Hersbrucker Zeitung 69 (1999), Nr. 4, S. 15 f.

Kaschel, Werner: Das Schloß zu Grünreuth. Sein Schicksal seit dem Übergang in die Hände der Ortsgemeinde im Jahre 1809. Manuskript o. J.

Kaulich, Brigitte: Ein Burgstall auf der Hasenleite bei Grünreuth, Gde. Hartenstein, Landkreis Nürnberger Land. In: Beiträge zur Archäologie in Mittelfranken 7 (2003), S. 189-194.

Kelber, Julius: Die ehemalige Dorfgemeinde Ziegelstein. Nürnberg 1939.

Kelber, Karl: Chronik des Kirchspiels Immeldorf. Unveröff. Manuskript 1914.

Kindler, Gerhard: Mögeldorf einst und jetzt. Mögeldorf 1978.

Kleinöder, Evi / Rosenbauer, Wilhelm: Rückersdorf. Ein Ort im Wandel. Rückersdorf 1984.

Klier, Richard: Zur Genealogie der Bergunternehmerfamilie Schütz in Nürnberg und Mitteldeutschland im 15. und 16. Jahrhundert. In: MVGN 55 (1967/68), S. 185-213.

Klöhr, Hans: Aus der Ortsgeschichte von Rasch. Typoskript o. J. (1962).

Knapp, Friedrich: Die Bergfestung Rothenberg. Nürnberg 1898.

Koch, Karl: Das Glockengießerspital zu Lauf a. d. Pegnitz (= Schriftenreihe der ANL Bd. 2). Lauf 1954.

Kö(h)ler, Johann David: Commentatio Historica Ad Privilegium Norimbergense De Castro Imperii Forestali Brunn. Diss. Altdorf 1728.

Kö(h)ler, Johann David: Historia Genealogica Dominorum et Comitum de Wolfstein. Frankfurt-Leipzig 1728.

Kölbel, Richard: Lothar von Faber (1817–1896). Ehrenbürger der Stadt Nürnberg. In: MVGN 83 (1996), S. 145-166.

Kolbmann, Georg: Betzensteiner Geschichtsbilder (= Schriftenreihe der ANL Bd. 19). Nürnberg 1973.

Koschik, Harald: Die Houbirg im Nürnberger Land (= Schriftenreihe der ANL Bd. 32). Nürnberg 1985.

Kraft, Wilhelm / Schwemmer, Wilhelm: Kaiser Karls IV. Burg und Wappensaal zu Lauf (= Schriftenreihe der ANL Bd. 7). Nürnberg 1960.

Kraus, Josef: Die Stadt Nürnberg in ihren Beziehungen zur Römischen Kurie während des Mittelalters. In: MVGN 41 (1950), S. 1-154.

Kreß, Frhr. Georg von: Gründlach und seine Besitzer. Nürnberg 1889.

Kretschmer, Ulrich: Fischbach. In: Nürnberger Stadtteile im Wandel der Jahrhunderte. Hg. v. Bürgerverein Nürnberg Süd-ost e.V. Nürnberg 1999, S. 9-138.

Kriegstage 1796 (= Vom Rothenberg Nr. 9). Schnaittach 1980.

Kroder, Karl / Kroder-Gumann, Birgit: Schnaittacher Häuserchronik (= Quellen und Forschungen zur fränkischen Familiengeschichte Bd. 11). Nürnberg 2002.

Kunnert, Heinrich: Nürnberger Montanunternehmer in der Steiermark. In: MVGN 53 (1965), S. 229-254.

Kunstmann, Hellmut: Burgenstudien. Der Turm im Weidental. In: MANL 4 (1955). Heft 2, S.17-19.

Kunstmann, Hellmut: Burgstall „Altes Haus" bei Pommelsbrunn. In: MANL 4 (1955), Heft 2, S. 19 f.

Kunstmann, Hellmut: Burgstall auf dem Keilberg. In: MANL 4 (1955), Heft 2, S. 21 f.

Kunstmann, Hellmut: Burgstall bei Oberndorf. In: MANL 4 (1955), Heft 2, S. 22 f.

Kunstmann, Hellmut: Burgstall Hohenrasch. In: MANL 4 (1955), Heft 2, S. 23-25.

Kunstmann, Hellmut: Gefahr für die Ruine Schloßberg bei Osternohe. In: MANL 6 (1957), Heft 2, S. 53-55.

Kunstmann, Hellmut: Die Burganlagen in Gräfenberg, ihre Besitzer und ihre Schicksale. In: MANL 10 (1961), Heft 1/2, S. 16-25.

Kunstmann, Hellmut: Hiltpoltstein. In: MANL 10 (1961), Heft 1/2, S. 63 f.

Kunstmann, Hellmut: Mensch und Burg. Burgenkundliche Betrachtungen an ostfränkischen Wehranlagen (= VGFG Bd. IX/25). Würzburg 1967.

Kunstmann, Hellmut: Burg Hiltpoltstein. In: MANL 17 (1968), Heft 2/3, S 64-66.

Kunstmann, Hellmut: Die Herrn von Fronhofen und der Sitz zu Schlichenreuth. In: Fränkische Schweiz 30 (1978), S. 605-608.

Kunstmann, Hellmut /Schnelbögl, Fritz: Burgstall Kleiner Hans-Görgl (Krumbach). In: MANL 2 (1953), Heft 3, S. 12-14.

Kunstmann, Hellmut / Schnelbögl, Fritz: Der Burgstall oberhalb Mitteldorf, der mutmaßliche Sitz der Reichsministerialen von Rüsselbach. In: MANL 2 (1953), Heft 3, S. 14-19.

Kunstmann, Hellmut / Schwemmer, Wilhelm / Schnellbögl, Fritz: Burg Hohenstein. Ein Baudenkmal und seine Geschichte. In: MANL 5 (1956), Sonderheft [Nr. 4].

Kunstmann, Hellmut / Schwemmer, Wilhelm / Schnellbögl, Fritz: Osternohe, Burg und Kirche. In: MANL 17 (1968), Sonderheft [Nr. 16].

L

Landbauamt Ansbach (Hg.): Die Festung Lichtenau: Pläne, Bilder, Texte zur Einweihungsfeier am 20. Oktober 1983. Ansbach 1983.

Lang, Werner: Birnthon im Wandel von 7 Jahrhunderten. Vom Zeidelgut zum Herrensitz des Nürnberger Patriziats und zum kleinsten Stadtteil Nürnbergs. In: Nürnberger Stadtteile im Wandel der Jahrhunderte. Hg. v. Bürgerverein Nürnberg-Süd-ost e.V. Nürnberg 1999, S. 211-277.

Laschinger, Johannes: Transkription der Großen Hammereinung. In: Bergbau- und Industriemuseum Ostbayern (Hg.): Die Oberpfalz ein europäisches Eisenzentrum. 600 Jahre Große Hammereinung (= Schriftenreihe des Bergbau- und Industriemuseums Ostbayern Bd. 12/1). [Theuern] 1987, S. 137-144.

Lauter, Karl Theodor: Weißenoher Urkundenfälschungen. In: Archivalische Zeitschrift 39 (1930), S. 226-259.

Leja, Ferdinand: Die Burgruine Lichtenegg. Gde. Birgland, Lkr. Amberg-Sulzbach/OPf. Sanierung und Ergebnis der archäologischen Untersuchungen. In: MANL 52 (2003), Heft 2, S. 751-763.

Lexer, Matthias (Hg.): Endres Tuchers Baumeisterbuch der Stadt Nürnberg (1464–1475) (= Bibliothek des Literarischen Vereins Stuttgart Bd. 64). Stuttgart 1862.

Liebel, Hans: Zerzabelshof. Die Geschichte eines Stadtteils. Nürnberg 1993.

Löwenthal, Johann Nepomuk von: Geschichte des Schultheißenamtes und der Stadt Neumarkt. München 1805.

M

Mahr, Helmut: Bislohe. Die Geschichte eines Herrensitzes im Knoblauchsland. In: Fürther Heimatblätter 13 (1963), S. 69-100.

Maier, Rudolf: Dorf und Veste Brunn. In: MANL 29 (1980), Sonderheft [Nr. 27].

Malter, Wilhelm: Mittelfranken, Nürnberger Umland. Nürnberg 1971.

Marabini, Edmund: Die Papiermühlen im Gebiete der weiland freien Reichsstadt Nürnberg. Nürnberg 1894.

Mayer, Friedrich: Wanderungen durch das Pegnitzthal mit 24 Stahlstichen von Alexander Marx. Nürnberg 1844.

Memmert, Rudolf / Memmert Elisabeth: Materialien zu einer Ortsgeschichte von Erlangen-Bruck. 5. Folge. In: Erlanger Bausteine zur fränkischen Heimatforschung 44 (1996), S. 335-372; 8. Folge. In: Ebd. 47 (1999), S. 373-396. 9. Folge. In: Ebd. 48 (2000), S. 387-418. 11. Folge. In: Ebd. 50 (2004), S. 351-384.

Mende, Matthias: Albrecht Dürer – ein Künstler in seiner Stadt. Nürnberg 2000.

Meyer, Manfred: Vorra – Ein Heimatbuch. Vorra 1978.

Mitius, Otto: Mit Albrecht Dürer nach Heroldsberg und Kalchreuth. Erlangen 1924.

Mittenhuber, Martina / Schmidt, Alexander / Windsheimer, Bernd: Arbeiterwohnungen, Villen und Herrensitze. Der Nürnberger Nordosten (= Nürnberger Stadtteilbücher Nr. 4). Nürnberg 1998.

Mummenhoff, Ernst: Der Rechenberg und der unterirdische Gang daselbst. In: MVGN 16 (1904), S. 193-217.

Mummenhoff, Ernst: Die Pillenreuther Weiher und die Dutzenteiche [sic!]. In: MVGN 19 (1911), S. 159-234; 20 (1913), S. 175-233.

Mummenhoff, Ernst: Altnürnberg in Krieg und Kriegsnot. Bd. 1: Der zweite markgräfliche Krieg. Nürnberg 1916.

N

Nadler, Martin: Testgrabung in einer urnenfelderzeitlichen Siedlung bei Großenbuch, Gemeinde Neunkirchen a. Brand, Landkreis Forchheim, Oberfranken. In: Das Archäologische Jahr in Bayern 1986. Stuttgart 1987, S. 71-73.

Nagel, Friedrich August: Führung durch die Mögeldorfer Schlößchen und Bauernhäuser. In: Jahresbericht des Vereins für Geschichte der Stadt Nürnberg 63 (1940), S. 16-27.

Nagel, Friedrich August: Die Herrensitze Lichtenhof und Humelstein [sic!]. In: MVGN 38 (1941), S. 93-164.

Neukam, Wilhelm G.: Ein Einbruch in das burggräfliche Geleite in der Nähe Egers durch den Landgrafen von Leuchtenberg und seine Helfer 1413. In: MVGN 42 (1951), S. 98-144.

Literaturverzeichnis

Nikol, Hans: Die Herren von Sauerzapf. In: Verhandlungen des Historischen Vereins für Oberpfalz und Regensburg 114 (1974), S. 127-214.

Nürnberger Rettungshaus für arme und verwahrloste Kinder (Hg.): Bericht der Nürnberger Erziehungs-Anstalt für arme und verwahrloste Kinder im Rettungshause Veilhof 1 (1850/51).

O

Oertel, Hermann: Die Frankfurter Feyerabend-Bibeln und die Nürnberger Endter-Bibeln. In: MVGN 70 (1983), S. 75-116.

P

Paulus, Erich / Paulus Regina: Uttenreuth. Geschichtsbuch über ein fränkisches Dorf am Rande der Stadt. Uttenreuth 2001.

Pfeiffer, Gerhard: Die Offenhäuser der Reichsstadt Nürnberg. In: JffL 14 (1954), S. 153-179.

Pilz, Kurt: Die St. Nikolaus- und Ulrichskirche in Nürnberg-Mögeldorf. Nürnberg 1970.

Pilz, Kurt: Kalchreuth und seine Pfarrkirche St. Andreas. In: Erlanger Bausteine zur fränkischen Heimatforschung 21 (1974), S. 55-152.

Pilz, Kurt: Die Familie von Schwarz auf Artelshofen und Hirschbach. Ein Beitrag zur Firmengeschichte Nürnbergs im 19. und 20. Jahrhundert. In: MVGN 66 (1979), S. 248-269.

Popp, David: Seyfried Schweppermann und das Geschlecht der Schweppermanne. Sulzbach 1822.

Potzel, Herbert: Gefangene auf dem Rothenberg (= Vom Rothenberg Nr. 10). Schnaittach 1983.

Pröll, Friedrich: Geschichte des ehemaligen markgräflich-bayreuthischen Schlosses und Amtes Osternohe und der dortigen Kirche. In: Jb. Mfr. 50 (1903), S. 1-144.

R

Raum, Helmut: Gasthof „Goldener Hirsch" in Hirschbach und seine Geschichte. In: MANL 35 (1986), Heft 1, S. 170-176.

Rebmann, August: Aus der Geschichte des Kotzenhofes. In: Fundgrube 1941, S. 73, 89.

Rebmann, August: Die drei Urhöfe in Nuschelberg und sein Burgstall. In: Fundgrube 29 (1959) Nr. 1/2, S. 3-10.

Rebmann, August: Der Wappensaal in Lauf. In: MANL 8 (1959), Heft 1, S. 1-10.

Recknagel, Erika / Recknagel, Hans / Theisinger, Dieter: Mauritius Hoffmann: Botanische Exkursion von Altdorf zum Moritzberg 1694. In: Natur und Mensch (= Jahresmitteilungen der Naturhistorischen Gesellschaft Nürnberg e.V.) 2001, S. 35-60.

Rehm, Martin: 850 Jahre Geschichte von Dormitz 1142–1992. In: 850 Jahre Dormitz 1142–1992. Dormitz 1992, S. 1-82.

Reichold, Helmut: Aus Atzelsbergs Vergangenheit. In: Erlanger Bausteine zur fränkischen Heimatforschung 14 (1967), S. 33-51.

Ress, Franz Michael: Der Eisenhandel der Oberpfalz in alter Zeit. (= Deutsches Museum, Abhandlungen und Berichte 19, Heft 1). München 1951.

Ress, Franz Michael: Bauten, Denkmäler und Stiftungen deutscher Eisenhüttenleute. Düsseldorf 1960.

Rhau, Johann Leonhard: Versuch einer topographischen Beschreibung derer in den Ober- und Jurisdictionsamt Bayersdorf rechtfraischlichen Territorialbezirk gelegener Orthschaften, Dörfer, Wailer, Hoefe, Mühlen ... 1778 (Mskr. im Stadtarchiv Erlangen).

Ried, Thomas: Genealogisch-diplomatische Geschichte der Grafen von Hohenburg, Markgrafen auf dem Nordgau. 2 Abteilungen. Regensburg 1812/13.

Ritter, Ernst: Eisenhämmer der Oberpfalz. Ohne Ort und Jahr. Unveröff. Manuskript im Staatsarchiv Amberg.

Röder, Otto: Winterstein. Geschichte eines Herrensitzes. Nürnberg 1985.

Roth, Johann Ferdinand: Geschichte des Nürnbergischen Handels. 4 Bde., Leipzig 1800–1802.

Roth, Johann Ferdinand: Verzeichniß aller Genannten des größern Raths. Nürnberg 1802.

Rühl, Eduard: Burgen und Schlösser im Landkreis Forchheim. In: Kaupert, Joh. Max (Hg.): Forchheimer Heimat. Ein Heimatbuch für den Stadt- und Landkreis Forchheim. Bamberg 1951, S. 152-200.

Rupprecht, Klaus: Das früheste Urbarbuch der Ganerbschaft Rothenberg (1478). Edition und Erläuterungen. In: Jb. Mfr. 97 (1994/95), S. 51-76.

Rusam, Georg: St. Jobst in Geschichte und Gegenwart. 2. Aufl. Nürnberg 1981.

Rusam, Hermann: Mögeldorf. Aus der Geschichte eines alten Dorfes vor den Mauern Nürnbergs bis zu seiner Eingemeindung am 1. Januar 1899. In: MANL 32 (1983), Heft 1/2, S. 1-9.

Rusam, Hermann: Kraftshof – ein Ortsbild von Hans Bien aus der ersten Hälfte des 17. Jahrhunderts. In: MANL 33 (1984), Heft 2, S. 29-43.

Rusam, Hermann: Herrensitze und Lusthäuslein des reichsstädtischen Patriziats im Knoblauchsland bei Nürnberg. In: Fürther Heimatblätter 35 (1985), S. 49-61.

Rusam, Hermann: Zerzabelshof. Von der alten Forsthube im Lorenzer Reichswald zur modernen Vorstadt Nürnbergs (= Sonderdruck aus VVZ-Nachrichten. Mitteilungsblatt des Vorstadtvereins Zabo e.V. Nürnberg, Oktober/November 1985).

Rusam, Hermann: Erlenstegen. Ein altes nürnbergisches Dorf im Sog großstädtischer Entwicklung. In: MANL 35 (1986), Heft 1, S. 145-160.

Rusam, Hermann: 650 Jahre Gleißhammer. In: Mitteilungsblatt des Vorstadtvereins Gleißhammer – St. Peter 1899 e.V., Juli 1986, S. 42-65.

Rusam, Hermann: Schweinau. Ein ehemals bambergisches Dorf im Sog der großstädtischen Entwicklung Nürnbergs. In: MANL 36 (1987), Heft 2, S. 289-302.

Rusam, Hermann: Die bauliche Entwicklung des alten Ortskerns von Mögeldorf. In: MANL 39 (1990), Heft 1, S. 181-200.

Rusam, Hermann: Schoppershof – das prächtigste Renaissance-Schlößchen vor den Mauern Nürnbergs. In: Frankenland. Zeitschrift für fränkische Landeskunde und Kulturpflege 50 (1998), S. 333-337.

Ruthrof, Jörg Rainer: Nürnberger Herrensitze der Renaissance. Versuch einer Typologie reichsstädtischer Herrschaftsbauten. Magisterarbeit (masch.) Universität Erlangen-Nürnberg 1996.

S

Satzinger, Walter: Entwicklung, Stand und Möglichkeiten der Stadtkartographie dargestellt vorwiegend an Beispielen aus Nürnberg. München 1964.

Schaper, Christa: Die Beheim. Eine Geschütz- und Glockengießerfamilie in Nürnberg (1350–1600). In: MVGN 51 (1962), S. 160-213.

Schaper, Christa: Die Ratsfamilie Rummel – Kaufleute, Finanziers und Unternehmer. In: MVGN 68 (1981), S. 1-107.

Scharr, Adalbert: Die Nürnberger Reichsforstmeisterfamilie Waldstromer bis 1400 und Beiträge zur älteren Genealogie der Familien Forstmeister und Stromer von Reichenbach. In: MVGN 52 (1963/64), S. 1-41.

Scheurl, Siegfried Frhr. von: Die Scheurl von Defersdorf. In: MVGN 61 (1974), S. 283-292.

Schieber, Martin: Die Geschichte des Klosters Pillenreuth. In: MVGN 80 (1993), S. 1-115.

Schlüpfinger, Heinrich: Wendelstein. Geschichte eines Marktes mit altem Gewerbe und moderner Industrie (= Schriftenreihe der ANL Bd. 17). Nürnberg 1970.

Schlunk, Andreas: Wernto von Reicheneck, Dompropst zu Regensburg und Bischof zu Bamberg (ca. 1293–8.4.1335), Teil I: Als Domkanoniker in Regensburg (1309–1328). In: MANL 34 (2005), Heft 1, S. 31-38.

Schmid, Dagmar: Ehemaliger Herrensitz Bislohe. Unveröff. Manuskript 1998.

Schnabel, Werner Wilhelm: Österreichische Exulanten in oberdeutschen Reichsstädten (= Schriftenreihe zur bayerischen Landesgeschichte Bd. 101). München 1992.

Schnabel, Werner Wilhelm: Ein ruhig Schäferhüttlein an der Pegnitz? Zu den Lebensumständen der Catharina Regina von Greiffenberg in Nürnberg 1680–1694. In: JffL 53 (1992), S. 159-187.

Schneider (Hausvater): Die Erziehungsanstalt und das Rettungshaus Veilhof. In: Evangelisches Gemeindeblatt für die Dekanatsbezirke Nürnberg und Fürth 9 (1902), Nr. 45, S. 529-531; Nr. 46, S. 541-544; Nr. 47, S. 554-556.

Schnelbögl, Fritz: Das Geheimnis des „Alten Rothenberges". In: MANL 1 (1952), Heft 1, S. 6-11.

Schnelbögl, Fritz: Siedlungsbewegungen im Veldener Forst. In: JffL 11/12 (1953), S. 221-235.

Schnelbögl, Fritz: Nürnbergs Bollwerk Lichtenau. In: MANL 4 (1955), Sonderheft [Nr. 3].

Schnelbögl, Fritz: Bausteine zur Heimatkunde. In: MANL 6 (1957), Heft 2, S. 57-59. [Hammer Gotzmannshofen]

Schnelbögl, Fritz: Bausteine zur Heimatkunde. In: MANL 8 (1959), Heft 1, S. 28-30. [Ortsname Strengenberg]

Schnelbögl, Fritz: Ortgeschichtliche Bilder: Aus der Ortsgeschichte von Dehnberg. In: MANL 11 (1962), Heft 1, S. 18 f.

Schnelbögl, Fritz: Heroldsberger Urkunden mit geschichtserzählendem Inhalt. In: Archive und Geschichtsforschung. Neustadt/Aisch 1966, S. 175-186.

Schnelbögl, Fritz: Heroldsberg im Bild von der Dürerzeit bis zur Gegenwart. In: MANL 16 (1967), Heft 1/2, S. 1-9.

Schnelbögl, Fritz: Wiederaufbau des zweiten Schloßturms in Hersbruck. In: MANL 17 (1968), Heft 2/3, S. 62 f.

Schnelbögl, Fritz: Der zweite Schloßturm in Hersbruck steht wieder. In: MANL 20 (1971), Heft 3, S. 58.

Schnelbögl, Fritz: Schnaittach und seine Landschaft (= Schriftenreihe der ANL Bd. 20). Nürnberg 1971.

Schnelbögl, Fritz: Burg und Festung Rothenberg. In: MANL 21 (1972), Sonderheft [Nr. 20].

Schnelbögl, Fritz: Altnürnberger Herrensitze – Schloß Birnthon. In: MANL 22 (1973), Heft 3, S. 56-63.

Schnelbögl, Fritz: Aus der Geschichte von Siegersdorf. In: MANL 22 (1973), Heft 3, S. 63-65.

Schnelbögl Fritz: Die Königsurkunde vom 6. Mai 1025. In: 950 Jahre Schwarzenbruck. Ein historischer Ort im Nürnberger Reichswald. Nürnberg 1975, ohne Seitenzählung.

Schnelbögl, Fritz: Rummelsberg. In: 950 Jahre Schwarzenbruck. Ein historischer Ort im Nürnberger Reichswald. Nürnberg 1975, ohne Seitenzählung.

Schnelbögl, Fritz: Auerbach in der Oberpfalz. Aus der Geschichte der Stadt und ihres Umlandes. Auerbach 1976.

Schnelbögl, Fritz: Herrensitze und Wirkungsstätten der Imhoff im Landgebiet der Reichsstadt Nürnberg. In: MANL 26 (1977), Heft 1/2, S. 1-13.

Schnurrer, Ludwig: Georg Weber von Dinkelsbühl (1495–1567). Leben und Tätigkeit eines Nürnberger Werkmeisters. In: MVGN 66 (1979), S. 111-171.

Schönwald, Claus: 100 Jahre Heimatverein Schnaittach (= Vom Rothenberg und seinem Umkreis Nr. 17). Schnaittach 1993.

Schönwald, Ina: Rockenbrunn und Grünsberg. Zwei außergewöhnliche Quellfassungen Nürnberger Patriziersitze. In: Frankenland 49 (1997), Heft 6, S. 382-386.

Schönwald, Ina: Die Patrizierfamilie Paumgartner auf Burg Grünsberg (= Schriftenreihe des Stadtarchivs Altdorf). Lauf 2001.

Schötz, Hartmut / Töpner, Kurt: Vergangenheit hat Zukunft – Denkmalprämierung des Bezirks Mittelfranken 1995. Bergatreute 1995.

Schornbaum, Karl: Die Kapelle in Ziegelstein. In: MVGN 43 (1952), S. 487.

Schütz, Martin: Die Ganerbschaft vom Rothenberg in ihrer politischen, juristischen und wirtschaftlichen Bedeutung. Nürnberg 1924.

Schütz, Martin (Hg.): Vom Rothenberg. Gesammelte Aufsätze und Beiträge zur Geschichte der ehemaligen Herrschaft und (der bayerischen) Festung. Heft 1 und 2. Lauf 1939, 1951.

Schuh, Eduard von: Fischbach bei Nürnberg. Sein Ursprung und seine Geschichte. In: MANL 3 (1954), Sonderheft [Nr. 2].

Schultheiß, Werner: Geld- und Finanzgeschäfte Nürnberger Bürger vom 13.–17. Jahrhundert. In: Beiträge zur Wirtschaftsgeschichte Nürnbergs, Bd. 1. Nürnberg 1967, S. 49-116.

Schultz, Fritz Traugott: Die Rundkapelle zu Altenfurt bei Nürnberg (= Studien zur deutschen Kunstgeschichte Heft 94). Straßburg 1908.

Schwemmer, Wilhelm: Die Burg und das ehemalige Bamberger Oberamt Veldenstein. In: Bericht des Historischen Vereins Bamberg 92 (1953), S. 35-159.

Schwemmer, Wilhelm: Der Herrensitz und die Grundherrschaft Simmelsdorf. In: MANL 5 (1956), Heft 1, S. 1-12.

Schwemmer, Wilhelm: Das Fembohaus zu Nürnberg. 2. Aufl. Nürnberg 1960.

Schwemmer, Wilhelm: Burg und Amt Veldenstein – Neuhaus (= Schriftenreihe der ANL Bd. 8). Nürnberg 1961.

Schwemmer, Wilhelm: Die ehemalige Herrschaft Breitenstein-Königstein (= Schriftenreihe der ANL Bd. 13). Nürnberg 1965.

Schwemmer, Wilhelm: Der Herrensitz und die Grundherrschaft Thalheim. In: MANL 19 (1970), Heft 1/2, S. 1-7.

Schwemmer, Wilhelm: Altnürnberger Herrensitze. Schloss und Dorf Kirchensittenbach. In: MANL 23 (1974), Heft 3, S. 37-52.

Schwemmer, Wilhelm: Geschichte des Dorfes Alfalter. In: MANL 25 (1976), Heft 1/2, S. 2-12.

Schwemmer, Wilhelm: Das Schloss und die Grundherrschaft Eschenbach. In: MANL 25 (1976), Heft 3, S. 53-72.

Schwemmer, Wilhelm: Velden a. d. Pegnitz. Aus der Geschichte einer alten Stadt (= Schriftenreihe der ANL Bd. 24). Nürnberg 1976.

Schwemmer, Wilhelm: Alt Feucht. Aus der Geschichte einer Marktgemeinde am Lorenzer Reichswald (= Schriftenreihe der ANL Bd. 25). Nürnberg 1977.

Schwemmer, Wilhelm: Alt-Reichenschwand. In: MANL 28 (1979), Sonderheft [Nr. 25].

Schwemmer, Wilhelm: Alt-Lichtenau. Aus der Geschichte der Ortschaft und der Festung (= Schriftenreihe der ANL Bd. 27). Nürnberg 1980.

Literaturverzeichnis

Schwemmer, Wilhelm: Röthenbach an der Pegnitz. Die Geschichte einer Industriestadt (= Schriftenreihe der ANL Bd. 30). Nürnberg 1982.

Schwemmer, Wilhelm / Schnelbögl, Fritz: Herrensitze um Nürnberg. In: MANL 8 (1959), Sonderheft [Nr. 7].

Seibold, Gerhard: Die Viatis und Peller. Beiträge zur Geschichte ihrer Handelsgesellschaft (= Forschungen zur internationalen Sozial- und Wirtschaftsgeschichte Bd. 12). Köln-Wien 1977.

Seibt, Ferdinand: Karl IV. Ein Kaiser in Europa 1346–1378. München 1978.

Seitz, Reinhard H.: Das Betzensteiner Stadtprivileg von 1359. In: MANL 24 (1975), Heft 3, S. 49-59.

Seyfert, Werner: Velden a. d. Pegnitz. Ein Beitrag zur Kunstgeschichte Frankens. Nürnberg 1927.

Sieghardt, August: Nordbayerische Burgen und Schlösser. Nürnberg 1934.

Soden, Franz Baron von: Historisch-topographische Beschreibung der uralten Kapelle zu Altenfurth bei Nürnberg. Nürnberg 1834.

Sörgel, Werner: Eine Turmburg der Salierzeit von Hartmannshof. In: Archäologie im Landkreis Nürnberger Land. Bericht des Bodendenkmalpflegers für den östlichen Landkreis 13 (2003), S. 16-39.

Sörgel, Werner: Der Hochberg bei Mittelburg. Eine bedeutende vorgeschichtliche Höhensiedlung in der Frankenalb. In: MANL 54 (2005), Heft 2, S. 21-34.

Sörgel, Werner: Versunkene Kulturen. Hartmannshof – Archäologie einer Kleinregion in der Frankenalb. Nürnberg 2006.

Spälter, Otto: Frühe Etappen der Zollern auf dem Weg zur Territorialherrschaft in Franken. Die allmähliche Entwicklung der Schriftlichkeit und der Landesorganisation bei den Burggrafen von Nürnberg zwischen 1235 und 1332 (= VGFG Bd. IX/48). Ohne Ort 2005.

Specht, Oliver: Archäologie und Baugeschichte der Pestkapelle auf dem Keilberg bei Offenhausen. In: MANL 55 (2006), Heft 2, S. 49-71.

Spille, Irene: Das Patrizierschloss Neunhof bei Nürnberg. Dependance des Germanischen Nationalmuseums. Nürnberg 2001.

Sporhan-Krempel, Lore: Die Gleißmühle zu Nürnberg. Geschichte der ältesten deutschen Papiermühle. In: Archivalische Zeitschrift 49 (1954), S. 89-110.

Sporhan-Krempel, Lore: Papiermühlen auf Nürnberger Territorium. Die Papiermühle zur Tullnau. In: Archiv für Geschichte des Buchwesens 19 (1978), Sp. 1465-1492.

Sporhan-Krempel, Lore: Zur Geschichte der Familie Hermann von Wimpffen. In: Blätter für fränkische Familienkunde 12 (1984), Heft 2, S. 57-68.

Sporhan-Krempel, Lore: Ulman Stromers Gleißmühle zu Nürnberg. In: Zauberstoff Papier. Sechs Jahrhunderte Papier in Deutschland. München 1990, S. 37-45.

Sporhan-Krempel, Lore / Stromer, Wolfgang von: Das Handelshaus der Stromer von Nürnberg und die Geschichte der ersten deutschen Papiermühle, nach neuen Quellen. In: VSWG 47 (1960), S. 81-104.

Sporhan-Krempel, Lore / Stromer, Wolfgang von: Wolf Jakob Stromer 1561–1614. Ratsbaumeister zu Nürnberg. In: MVGN 51 (1962), S. 273-310.

Sprung, Werner: Der Weiler und das Schlößchen Steinach bei Fürth. In: Fürther Heimatblätter. Neue Folge 8 (1958), S. 1-16.

Sprung, Werner: Aus der Geschichte Schnieglings. In: Festschrift zur Einweihung der Versöhnungskirche in Nürnberg-Schniegling. Nürnberg 1967, S. 3-6.

Sprung, Werner: Aus der Ortsgeschichte von Deutenbach. In: MANL 18 (1969), Heft 3, S. 42-51.

Sprung, Werner: Reichelsdorf und Mühlhof. In: MANL 25 (1976), Sonderheft [Nr. 23].

Stammler, Georg: Die Wasserburg in Diepoltsdorf. In: Die Fundgrube 3 (1927), Nr. 8, S. 2 f.

Steeger, Wolfgang: Vorbericht über die Ausgrabungen im Ostflügel der Burg Thann 1987 und 1988. In: MANL 38 (1989), Heft 2, S. 129-156.

Steeger, Wolfgang: Die Staufische Reichsministerialenburg „Tanne" in Burgthann. In: Friedel, Birgit / Frieser, Claudia: Nürnberg. Archäologie und Kulturgeschichte. Büchenbach 1999, S. 268-278.

Steeger, Wolfgang / Schmidt, Gwendolyn: Bericht über die archäologische Ausgrabung und Dokumentation der Fundamente der Kirche St. Veit in Altenthann. Bodensee 2005.

Steinmaier, Walter: Als das ABC auf die Dörfer kam. Die Entstehung der Nürnberger Landschulen und das Leben ihrer Schulmeister. Nürnberg 2001.

Stremel, Fritz: Das Rieterschloß bei Kornburg. In: Die Fränkische Alb 15 (1928), S. 207-211.

Stromer, Wolfgang von: Oberdeutsche Hochfinanz 1350–1450 (= VSWG Beihefte Nr. 55-57). Wiesbaden 1970.

Stromer, Wolfgang von: Die Sophienquelle zu Grünsberg. In: MANL 29 (1980), Sonderheft [Nr. 26].

Stromer, Wolfgang von: Ein Lehrwerk der Urbanistik aus der Spätrenaissance. Die Baumeisterbücher des Wolf-Jacob Stromer 1561–1614 (= Willibald-Pirckheimer-Gesellschaft, Jahresgabe 2/1984). Nürnberg 1984.

Süß, Helmut: Kostenvoranschläge und Schreiben zum Neubau der Hersbrucker Schlossbrücke von 1741 bis 1775. In: MANL 54 (2005), Heft 1, S. 38-53.

T

Tacke, Andreas: Bartholomäus I. Viatis im Porträt. In: MVGN 83 (1996), S. 57-64.

Thiermann, Karl: Adel und Adelssitze im Mittelalter, namentlich im und am Hammerbachtal. In: Heimatbeilage der Hersbrucker Zeitung 8 (1932), Nr. 2.

Thurm, Sigrid (Bearb.): Deutscher Glockenatlas, Bd. Mittelfranken. München 1973.

Truckenbrot, Michael: Nürnberg im dreißigjährigen Kriege. Nürnberg 1789.

U

Ulsamer, Willi (Hg.): 100 Jahre Landkreis Schwabach 1862–1962. Schwabach 1964.

Umweltpädagogisches Zentrum der Stadt Nürnberg (Hg.): Hummelstein im Wandel der Zeiten. Nürnberg 1997.

Unger, Eike Eberhard: Nürnbergs Handel mit Hamburg im 16. und beginnenden 17. Jahrhundert. In: MVGN 54 (1966), S. 1-85.

V

Vogt, Gerhard: Historische und moderne Sonnenuhren in Franken. In: Erlanger Bausteine zur fränkischen Heimatforschung 45 (1997), S. 9-74.

Voit, Gustav: Die Lichtensteiner. In: Heimatbeilage der Hersbrucker Zeitung 31 (1961), Nr. 8.

Voit, Gustav: Die Schlüsselberger in Neunhof. Ein bisher unbekanntes Zinsregister im Staatsarchiv Bamberg. In: MANL 15 (1966), Heft 3, S. 62-66.

Voit, Gustav: Engelthal. Geschichte eines Dominikanerinnenklosters im Nürnberger Raum (= Schriftenreihe der ANL Bd. 26). Nürnberg 1977/78.

Voit, Gustav: Zwei Schadenslisten aus dem Baierischen Erbfolgekrieg 1504/1505. In: MVGN 65 (1978), S. 172-211.

Voit, Gustav: Wildenfels. In: MANL 33 (1984), Sonderheft [Nr. 31].

Voit, Gustav: Die Schlüsselberger (= Schriftenreihe der ANL Bd. 37). Nürnberg 1988.

Voit, Gustav: Die Rabensteiner. Werdegang, Schicksale und Ende eines bedeutenden Rittergeschlechtes der Fränkischen Schweiz. In: MANL 47 (1998), Sonderheft Nr. 46.

Voit, Gustav: Geschichte des Klosters Engelthal. Diss. phil. (masch.) Erlangen 1958.

Voit, Gustav / Kaulich, Brigitte / Rüfer, Walter: Vom Land im Gebirg zur Fränkischen Schweiz. Eine Landschaft wird entdeckt (= Schriftenreihe des Fränkische-Schweiz-Vereins Bd. 8). Erlangen 1992.

Voit, Gustav / Stark, Heinz / Alberti, Volker: Burgen, Ruinen und Herrensitze der Fränkischen Schweiz. In: MANL 46 (1997), Sonderheft Nr. 45.

Volckamer, Guido von: Die Ortschaften des ehemaligen Gebiets der Reichsstadt Nürnberg nebst der Enclave. 620 Blätter in 25 Mappen. Nürnberg 1895.

Vollrath, Friedrich: Die Houbirg. In: MANL 9 (1960), Sonderheft [Nr. 8].

W

Wagner, Illuminatus: Geschichte der Landgrafen von Leuchtenberg. 5 Bde. Kallmünz 1950–1956.

Waldau, Georg Ernst: Diptycha continuata ecclesiarum in oppidis et pagis Norimbergensibus. Nürnberg 1780.

Weber, Jost: Siedlungen im Albvorland von Nürnberg (= Erlanger geographische Arbeiten Heft 20). Erlangen 1965.

Wedel, Hans: Burgthann. Geschichte, Geschichten und Notizen aus den Dörfern der Großgemeinde. Burgthann 1982.

Wehr, Gerhard: Gutes tun und nicht müde werden. Ein Jahrhundert Rummelsberger Diakone. München 1989.

Weigelt, Horst: Karl von Raumer 1783–1865. In: Helfen im Namen Gottes. Lebensbilder aus der Geschichte der bayerischen Diakonie. München 1986, S. 18-21.

Weispfenning, Elisabeth / Scheidl, Sigrid: Unterwegs nach Altenfurt. In: Nürnberger Stadtteile im Wandel der Jahrhunderte. Hg. v. Bürgerverein Nürnberg-Südost e.V. Nürnberg 1999, S. 141-186.

Welser, Johann Michael von: Die Welser. 2 Bde., Nürnberg 1917.

Welser, Ludwig Frhr. von: Neunhof. Kulturgeschichtliche Blätter aus dem Archive eines patrizischen Herrensitzes im Gebiete der Reichsstadt Nürnberg (= VGFG Bd. XIII/18). Bamberg 1928.

Werner, Hans: Wolfsfelden. Die Geschichte einer untergegangenen Siedlung. In: Frankenland [Beilage zu den Erlanger Neuesten Nachrichten] 3 (1926), Nr. 23, 25, 26.

Werner, Theodor Gustav: Zur Geschichte Tetzelscher Hammerwerke bei Nürnberg und des Kupferhüttenwerks Hans Tetzels auf Kuba. In: MVGN 55 (1967/68), S. 214-225.

Westermann, Ekkehard: Das Eislebener Garkupfer und seine Bedeutung für den europäischen Kupfermarkt 1460–1560. Köln-Wien 1971.

Wich, Heinrich: Geschichte von Kloster Pillenreuth mit Weiherhaus und Königshof. Nürnberg 1925.

Wiedemann, Ernst: Die Besitzverhältnisse am Kornberg bei Wendelstein. In: MVGN 23 (1919), S. 89-93.

Wiedemann, Ernst: Zur Geschichte Wendelsteins bei Nürnberg. In: MVGN 24 (1922), S. 261-296.

Wiedemann, Ernst: Der Hersbrucker Burgstall. In: MANL 7 (1958), Heft 1, S. 1-7.

Wiegel, Helmut: Gartendenkmalpflegerische Voruntersuchungen Schlossgarten Simmelsdorf. Unveröff. Manuskript.

Wiegel, Helmut: Schlossgarten Tucherschloss Feucht. Gartendenkmalpflegerische Voruntersuchungen 2005. Unveröff. Manuskript.

Wierczimok, Joachim: Die Territorialerwerbungen der Reichsstadt Nürnberg im Spanischen Erbfolgekrieg. Diss. Erlangen 1959.

Will, Georg Andreas: Der Nürnbergischen Münz-Belustigungen Erster (bis Vierter) Theil. 4 Bde., Altdorf 1764–1767.

Willax, Franz (Bearb.): Die Belagerung der Festung Rothenberg 1744 (= Vom Rothenberg Nr. 3). Schnaittach 1975.

Willax, Franz: Die Zerstörung der Veste Rothenberg 1703 und die erhaltenen Bauteile. In: MANL 24 (1975), Heft 1/2, S. 32-37.

Willax, Franz: Der Kampf um die Veste Rothenberg 1703 (= Vom Rothenberg und seinem Umkreis Heft 16/1-5). Schnaittach 1992–96.

Willax, Franz: Die Befestigungsanlagen Gustav Adolfs von Schweden um Nürnberg 1632. In: MVGN 82 (1995), S. 185-235.

Willenberg, Knud / Groh, Rudolf: Ziegelstein und Herrnhütte früher. Teil 1 (bis 1945). Nürnberg 1989.

Willers, Johannes: Die Nürnberger Handfeuerwaffe bis zur Mitte des 16. Jahrhunderts (= Nürnberger Werkstücke zur Stadt- und Landesgeschichte Bd. 11). Nürnberg 1973.

Winkler, Johann: Der Güterbesitz der Nürnberger Kirchenstiftungen unter der Verwaltung des Landalmosenamts im 16. Jahrhundert. In: MVGN 47 (1956), S. 160-296.

Winterroth, Hans: Hartenstein. Burg Hartenstein. In: MANL 12 (1963), Heft 1/2, S. 26-30.

Winterroth, Hans: Hartenstein. Chronik von Burg, Festung, Dorf. Schwabach 1977.

Wittek, Ansgar: Der Nürnberger Vorort Laufamholz. Nürnberg-Laufamholz 1984.

Wittmann, Leonhard: Landkarten in Franken aus der Zeit von 1490 bis 1700. Mappe I–IV, Nürnberg 1940–52.

Wolf, Georg Philipp / Tausendpfund, Walter: Pegnitz – Veldensteiner Forst (= Die Fränkische Schweiz – Landschaft und Kultur Bd. 3). Erlangen 1986.

Würdinger, J.: Kriegsgeschichte von Bayern, Franken, Pfalz und Schwaben von 1347 bis 1506. Bd. I, München 1868.

Würfel, Andreas: Sammlung einiger Nachrichten von der Capelle zu St. Ottmar und St. Ottilien bey Offenhausen. Altdorf 1757.

Würfel, Andreas: Historische, genealogische und diplomatische Nachrichten zur Erläuterung der Nürnbergischen Stadt- und Adels-Geschichte. 2 Bde., Nürnberg 1766/67.

Z

Zahn, Anton: Heimatkunde zwischen Erlenstegen und Stadtpark Nürnberg. Nürnberg 1968.

Zelenka, Ales: Der Wappenfries aus dem Wappensaal zu Lauf. Passau 1976.

Zink, Fritz: Dürers Weiherhäuschen in Nürnberg-St. Johannis. In: Zeitschrift für Kunstgeschichte 12 (1949), S. 41-45; gekürzter Wiederabdruck in: Bürgerverein St. Johannis-Schniegling-Wetzendorf 53 (2003), S. 22-26.

Zink, Fritz: Hans Sachs am Rechenberg bei Nürnberg. In: MVGN 46 (1955), S. 518-523.

Zink, Fritz: Die Entdeckung des Pegnitztales. In: MVGN 50 (1960), S. 271-285.

Bildnachweis

Angegeben sind jeweils die Bildnummern.

Archive

BayHStA: 51.1 (PLS Nr. 3011).

BLfD: 21.2, 48.1, 116.1, 155.1, 164.3, 194.1, 205.1, 258.2.

Gemeinde Simmelsdorf: 133.2.

GNM: 5.3 (SP 6627), 120.2 u. 120.3 (Hs 18394), 152.1, 215.1 (HB 19866), 233.1 (SP 2990), 266.1 (SP 3201), 300.1 (SP 10316).

Gutsarchiv Neunhof bei Lauf: 186.1, 187.1.

HallerA: 5.2, 7.1, 19.1, 19.2, 23.2, 69.2, 90.1, 92.1, 96.2, 99.1, 99.2, 99.3, 102.2, 102.3, 102.4, 105.2, 107.2, 109.1, 117.4, 123.1, 136.1, 140.1, 153.1, 167.2, 172.1, 187.2, 196.2, 220.1, 230.3, 230.5, 230.6, 230.7, 238.1, 238.2, 246.1, 264.2, 269.3, 271.1, 277.2, 279.2, 283.2, 289.1, 290.1, 301.1, 304.1, 304.2, 305.2; Seite 513.

Pfarrarchiv Kalchreuth: 136.2, 225.2, 302.1.

SchlossA Behringersdorf: 17.1, 18.2.

StAAm:

Reg. Amberg, Amt Hartenstein: 117.3 (Nr. 373).

Reg. Pfalz-Sulzbach, Sulzbacher Akten: 53.1 (Nr. 71/27a).

Reg. Pfalz-Sulzbach, Geh. Registratur: 53.2 (Nr. 56.35).

Plansammlung: 56.1 (Nr. 9577), 76.2 (Nr. 3166), 82.1 (Nr. 3162), 112.1 (Nr. 3173), 117.1 (Nr. 3198), 119.2 (Nr. 3196), 182.2 (Nr. 3173), 231.1 (Nr. 3166).

StABa: 182.3 (Reg. Obermainkreis Nr. 1027).

StAN:

Rst. Nbg., D-Laden Akten: 162.1 (Nr. 1234), 284.1, 284.2 und 284.3 (Nr. 4859).

Rst. Nbg., Landpflegamt / Altdorf: 8.1 (S I L 302 Nr. 93).

Rst. Nbg., Landpflegamt / Engelthal: 55.2 (S I L 347 Nr. 14).

Rst. Nbg., Karten und Pläne: 2.1 (Nr. 523), 8.2 (Nr. 386), 24.1 (Nr. 327), 25.1 (Nr. 568), 36.1 (Nr. 568), 44.1 (Nr. 567), 65.1 (Nr. 568), 67.1 (Nr. 410), 70.1 und 76.1 (Nr. 642), 89.1 (Nr. 230/5), 96.1 (Nr. 575), 107.1 (Nr. 371), 108.1 (Nr. 410), 110.1 (Nr. 308), 113.1 (Nr. 518), 117.2 und 119.1 (Nr. 642), 120.1 (Nr. 230/I), 128.1 und 130.2 (Nr. 410), 132.1 (Nr. 230), 132.2 (Nr. 642), 159.1 (Nr. 410), 160.1 (Nr. 612), 161.1 (Nr. 702), 161.2 (Nr. 709), 161.3 (Nr. 711), 163.1 (Nr. 202), 165.1 (Nr. 307), 167.1 (Nr. 410), 180.1 (Nr. 306), 182.1 (Nr. 642), 192.1 (Nr. 308), 192.2 (Nr. 410), 207.1 (Nr. 320), 208.1 (Nr. 230), 222.1 (Nr. 410), 223.1 (Nr. 642), 237.1 und 241.1 (Nr. 230), 245.2 (Nr. 410), 258.1 (Nr. 642), 264.1 (Nr. 230), 267.1 (Nr. 574), 268.2 (Nr. 433), 276.1, 277.1 und 291.1 (Nr. 230), 299.1 (Nr. 574).

Rst. Nbg., Waldamt Lorenzi I: 9.1 und 9.2 (Nr. 409 I), 38.3 (Nr. 385), 77.1 (Nr. 424 II), 78.1 (Nr. 424 I), 90.3 und 91.1 (Nr. 439), 134.1 (Nr. 842), 147.1 und 147.2 (Nr. 441), 148.1 und 149.1 (Nr. 450), 158.1 (Nr. 549a), 163.2 (Nr. 459), 173.1 und 173.2 (Nr. 462), 239.1 (Nr. 451), 248.1 (Nr. 511), 292.1 (Nr. 485), 296.1 (Nr. 628), 298.1 (Nr. 567), 303.1 und 303.2 (Nr. 540).

Rst. Nbg., Waldamt Sebaldi I: 4.1 und 5.1 (Nr. 260), 23.1 (Nr. 341), 57.2, 57.3, 58.3, 60.3 und 61.1 (Nr. 292), 64.1 (Nr. 242), 103.1 (Nr. 342), 126.1 (Nr. 317), 137.1 und 137.2 (Nr. 325 II), 151.1 und 151.2 (Nr. 327), 198.1 (Nr. 337), 216.1 (Nr. 352), 232.1 und 232.2 (Nr. 350), 236.1 und 236.2 (Nr. 319), 241.2, 243.1 und 244.1 (Nr. 354), 247.1 und 247.2 (Nr. 362), 262.1 (Nr. 364), 268.1 und 268.3 (Nr. 410), 275.1 und 275.2 (Nr. 364).

Rst. Nbg., Waldamt Sebaldi II: 35.1 und 35.2 (Nr. 174), 273.2, 273.3 und 273.4 (Nr. 192).

Ft. An., Karten und Pläne: 38.1 (Nr. 500), 47.1, 55.1 und 66.1 (Nr. 80), 156.1 (Nr. 500), 203.1, 230.1 und 245.1 (Nr. 80), 249.1 (Nr. 500).

Rentamt Altdorf I: 22.1 (Nr. 1189).

Reg. v. Mfr., Plansammlung I: 8.3 (Mappe XI Nr. 4), 132.4 (Mappe IX Nr. 92), 132.5 (Mappe IX Nr. 87), 157.2 und 157.3 (Mappe IX Nr. 95), 297.1 (Mappe X Nr. 50).

Reg. v. Mfr. K. d. Fin., Abg. 1909: 240.2 (Nr. 6661).

Reg. v. Mfr. K. d. Fin., Abg. 1937: 47.2 (Nr. 3337), 55.4 (Nr. 2667).

Bildsammlung: 13.1 (Nr. 1.10), 125.1 (Nr. 8.6), 130.1 (Nr. 60.1), 275.3 (Nr. 23.21).

Historischer Verein Mfr.: 132.3, 219.1, 219.2 und 219.3 (Ms hist.160).

MuffelA Eschenau, Akten: 67.2 (Nr. 216).

StromerA Akten: 6.1 (Nr. 1071), 283.1 (Karten Nr. 10b).

SchlossA Vorra: 285.1 (Nr. 10).

StadtA Altdorf: 8.4, 210.1.

StadtA Erlangen: 30.2, 33.1, 281.1, 281.2.

StadtA Lauf: 13.4, 14.1, 17.2, 29.1, 38.2, 38.4, 60.2, 61.2, 62.1, 63.2, 64.2, 70.4, 83.1, 88.1, 96.1, 97.1, 107.3, 121.1, 125.2, 126.3, 127.3, 140.2, 144.1, 152.1, 157.1, 166.2, 167.3, 175.1, 176.1, 177.1, 179.2, 183.1, 183.2, 185.1, 188.1, 188.2, 191.2, 196.1, 196.2, 198.2, 203.2, 203.3, 206.1, 214.1, 219.4, 219.5, 222.2, 225.1, 227.1, 228.1, 230.2, 230.4, 239.2, 245.3, 246.3, 247.3, 247.4, 248.2, 248.4, 249.2, 266.2, 274.1, 274.2, 279.3, 283.4, 291.2, 299.2, 303.3, 305.1.

StadtAN:

E 29/II: 73.1 (Nr. 1152), 166.1 (Nr. 1198), 300.2 und 300.3 (Nr. 1031).

E 29/III: 232.3 (Nr. 83).

F 1: 142.1, 143.1 (Nr. 82).

Bildarchiv: 284.6 (Nagel Nr. 816).

StadtMN:

4.2, 26.1, 34.1, 36.2, 55.3, 57.1, 58.1, 58.2, 60.1, 63.1, 70.2, 70.3, 71.1, 90.2, 92.3, 94.1, 100.1, 102.1, 104.1, 105.1, 108.2, 127.1, 127.2, 134.2, 134.3, 140.2, 156.2, 163.3, 188.1, 189.1, 198.2, 217.1, 220.1, 224.1, 224.2, 234.2, 236.3, 255.1, 260.1, 270.1, 273.1, 279.1, 289.2, 291.3, 292.2.

Guido von Volckamer: Die Ortschaften des ehemaligen Gebiets der Reichsstadt Nürnberg... Photographische Aufnahmen: 9.3, 13.2, 18.1, 19.3, 26.2, 29.2, 42.2, 43.1, 54.1, 57.4, 58.4, 62.3, 68.1, 71.2, 72.1, 77.2, 78.2, 79.1, 88.2, 88.3, 90.4, 109.2, 117.5, 127.4, 130.4, 132.6, 132.7, 133.1, 134.4, 136.3, 144.2, 148.2, 148.3, 152.2, 154.1, 156.3, 157.4, 157.5, 159.2, 161.4, 163.4, 164.1, 164.2, 166.3, 172.2, 175.2, 176.2, 177.2, 182.4, 182.5, 184.3, 185.2, 192.3, 197.1, 206.2, 214.3, 216.2, 217.2, 217.3, 219.6, 220.2, 222.3, 224.3, 232.4, 239.3, 240.1, 246.2, 247.5, 248.3, 249.3, 250.1, 253.1, 255.2, 256.1, 262.2, 262.3, 269.1, 273.5, 275.4, 277.3, 278.1, 284.4, 286.1, 289.3, 292.3, 294.1, 303.4, 305.3, 305.4.

Sammlung Dr. F. A. Nagel: 3.1, 4.3, 9.4, 13.3, 13.3, 17.3, 18.1, 19.1, 19.4, 20.1., 20.2, 22.2, 23.3, 29.3, 30.1, 33.2, 35.3, 35.4, 36.3, 38.5, 41.1, 42.3, 47.3, 47.4, 60.4, 61.3, 62.2, 64.3, 65.2, 67.3, 69.1, 71.3, 72.2, 73.2, 76.3, 87.1, 87.2, 91.2, 92.2, 92.4, 93.1, 100.2, 102.1, 104.2, 108.3, 109.3, 120.4, 120.5, 121.2, 122.1, 123.2, 124.1, 124.2, 126.2, 127.5, 128.2, 128.3, 130.3, 130.5, 136.4, 138.1, 138.2, 143.2, 145.1, 145.2, 146.1, 148.4, 149.2, 150.1, 152.2, 152.3, 154.2, 158.2, 159.3, 162.3, 167.4, 168.1, 172.4, 173.3, 173.4, 175.3, 176.3, 177.3, 178.1, 179.1, 184.2, 187.3, 188.3, 191.1, 192.4, 192.5, 192.6, 192.7, 195.1, 196.3, 197.2, 198.2, 198.3, 214.2, 217.4, 220.3, 224.4, 225.3, 227.2, 232.5, 234.1, 242.1, 243.2, 244.2, 244.3, 245.4, 246.4, 251.1, 252.1, 252.2, 253.2, 255.3, 264.3, 264.4, 265.1, 269.2, 273.5, 274.3, 277.4, 279.4, 282.1, 282.2, 283.3, 284.5, 285.2, 290.2, 293.1, 300.4.

Stadtmuseum Schwabach: 295.1.

Private

Fam. Dorner: 114.1.

Giersch, Claus: 42.1.

Giersch, Robert: 2.2, 17.1, 21.1, 28.1, 37.1, 48.2, 73.3, 84.1, 87.3, 106.1, 107.4, 110.2, 114.2, 119.3, 131.1, 160.2, 162.2, 172.3, 182.6, 194.2, 200.1, 205.2, 213.1, 214.2, 221.1, 223.2, 266.3, 267.2, 272.1, 280.1, 281.3, 282.3, 290.3, 295.2, 298.2, 299.3, 305.5.

Glückert, Ewald: 184.1.

Gutenberger, Erich: 262.4.

Haller, Bertold Frhr. von: 99.4.

Heinz, Walter / Dörr, Ernst: 2.3, 12.1, 115.1, 193.1, 208.3, 212.1, 280.2.

Schlunk, Andreas: 121.3, 122.2, 208.2.

Sörgel, Werner: 118.1, 118.2.

Steeger, Wolfgang / Schmidt, Gwendolyn: 11.1, 11.2.

Wild, Dieter: 54.2.

Ungenannter Privatbesitz: 93.1, 210.2.

Objektübersicht nach Kreisen und Gemeinden

Landkreis Amberg-Sulzbach
Gemeinde Birgland
Lichtenegg 162

Gemeinde Etzelwang
Hauseck 119

Gemeinde Hirschbach
Hirschbach 130

Gemeinde Weigendorf
Breitenthal 28

Landkreis Ansbach
Markt Lichtenau
Immeldorf 135
Lichtenau 161

Landkreis Bayreuth
Stadt Betzenstein
Betzenstein I–II 19–20
Leupoldstein 160
Riegelstein 223
Spies 258
Stierberg 266

Markt Plech
Eibental 50

Landkreis Erlangen-Höchstadt
Gemeinde Buckenhof
Buckenhof 35

Markt Eckental
Brand I–III 24–26
Büg 36
Eckenhaid 47
Eschenau I–IV 66–69
Forth 84
Frohnhof 85
Marquardsburg 168
Mausgesees 169
Oberschöllenbach I–II . 196–197

Markt Heroldsberg
Heroldsberg I–IV 121–124
Kleingeschaidt 145

Gemeinde Kalchreuth
Kalchreuth I–III 136–138
Röckenhof 225
Stettenberg 265
Wolfsfelden 302

Gemeinde Uttenreuth
Uttenreuth 281

Kreisfreie Stadt Erlangen
Bruck I–IV 31–34
Tennenlohe I–II 272–273

Landkreis Forchheim
Gemeinde Dormitz
Dormitz I–II 45–46

Markt Egloffstein
Hammermühle 111

Stadt Gräfenberg
Dörnhof 44
Gräfenberg I–II 95–96
Guttenburg 104
Spiesmühle 259
Walkersbrunn 288

Markt Hiltpoltstein
Hiltpoltstein 127

Markt Neunkirchen a. Brand
Ermreuth 65
Rödlas 226

Gemeinde Weißenohe
Mitteldorf 171

Landkreis Fürth
Stadt Stein
Stein I–II 260–261

Kreisfreie Stadt Fürth
Bislohe 23
Braunsbach 27
Steinach 262

Landkreis Neumarkt i. d. OPf.
Gemeinde Berg
Haimburg 107
Rasch I 213

Landkreis Nürnberger Land
Gemeinde Alfeld
Alfeld 3

Stadt Altdorf
Altdorf 8
Eismannsberg I–IV 51–54
Grünsberg 102
Hagenhausen 106
Prackenfels 210
Rasch I–II 213–214

Gemeinde Burgthann
Burgthann 37

Gemeinde Engelthal
Engelthal 55
Peuerling 205

Markt Feucht
Feucht I–V 71–75
Gauchsmühle I–II 86–87
Weiherhaus bei Feucht 290

Gemeinde Happurg
Happurg I–IV 113–116
Reicheneck 219
Thalheim 274

Gemeinde Hartenstein
Enzendorf 56
Grünreuth I–II 100–101
Hartenstein 117

Gemeinde Henfenfeld
Henfenfeld 120

Stadt Hersbruck
Hersbruck 125

Gemeinde Kirchensittenbach
Hohenstein 132
Kirchensittenbach I–III   142–144
Oberkrumbach 193
Unterkrumbach 280

Stadt Lauf a. d. Pegnitz
Beerbach 14
Dehnberg 39
Günthersbühl 103
Heuchling 126
Kotzenhof 151
Lauf 157
Letten 159
Neunhof bei Lauf I–V . 183–187
Nuschelberg I–II 190 191
Oedenberg 198

Objektübersicht nach Kreisen und Gemeinden

Schönberg 245
Simonshofen 257

Gemeinde Leinburg
Diepersdorf 40
Scherau 239

Markt Neuhaus an der Pegnitz
Finstermühle 76
Fischstein 82
Hammerschrott 112
Neuhaus-Veldenstein 182
Rothenbruck 231

Gemeinde Neunkirchen am Sand
Kersbach 141

Gemeinde Offenhausen
Birkensee 21
Egensbach 48
Kucha 155
Oberndorf 194
Offenhausen I–III ... 198–200

Gemeinde Ottensoos
Ottensoos 204

Gemeinde Pommelsbrunn
Bürtel 38
Eschenbach 70
Hartmannshof 118
Lichtenstein 164
Mittelburg 170
Pommelsbrunn I–II ... 208–209
Waizenfeld 287

Gemeinde Reichenschwand
Oberndorf bei
  Reichenschwand 195
Reichenschwand I–II .. 220–221

Stadt Röthenbach a. d. Peg.
Haimendorf 108
Himmelgarten 128
Renzenhof 222
Rockenbrunn 224
Röthenbach I–II 227–228

Gemeinde Rückersdorf
Rückersdorf 232
Strengenberg 268

Markt Schnaittach
Alter Rothenberg 12

Osternohe I–II 202–203
Rothenberg 230
Schnaittach 240
Siegersdorf 254

Gemeinde Schwaig
Behringersdorf I–IV 15–18
Malmsbach 167
Schwaig 248

Gemeinde Schwarzenbruck
Altenthann 11
Rummelsberg 233
Schwarzenbruck I–II .. 249–250

Gemeinde Simmelsdorf
Diepoltsdorf I–III 41–43
Großengsee 97
Hüttenbach 133
Rampertshof I–II 211–212
St. Helena 235
Simmelsdorf I–II 255–256
Strahlenfels 267
Utzmannsbach 282
Wildenfels 299
Winterstein 300

Stadt Velden an der Pegnitz
Velden 284

Gemeinde Vorra
Alfalter 2
Artelshofen 13
Vorra I–II 285–286

Gemeindefreier Forstbezirk
Altenfurt II 10

Kreisfreie Stadt Nürnberg
Almoshof I–IV 4–7
Altenfurt 9
Birnthon 22
Brezengarten 29
Brunn 30
Eibach 49
Erlenstegen I–VIII 57–64
Fischbach I–V 77–81
Flaschenhof 83
Gibitzenhof 88
Gleißbühl 89
Gleißhammer I–II 90–91
Glockenhof 92
Gostenhof I–II 93–94
Großgründlach I–II 98–99

Hadermühle 105
Hallerweiherhaus 109
Hammer 110
Himpfelshof 129
Höfles 131
Hummelstein 134
Katzwang 139
Kernstein 140
Königshof 146
Kontumazgarten 147
Kornburg I–III 148–150
Kraftshof I–III 152–154
Laufamholz 158
Lichtenhof 163
Lohhof 165
Maiach 166
Mögeldorf I–VIII ... 172–179
Mühlhof 180
Netzstall 181
Neunhof bei
  Kraftshof I–II ... 188–189
Oberbürg 192
Pillenreuth I–II 206–207
Rechenberg I–II ... 215–216
Reichelsdorf 217
Reichelsdorfer Keller .. 218
Röthenbach bei Stein .. 229
Sandreuth 234
St. Jobst 236
St. Johannis I–II ... 237–238
Schniegling I–IV ... 241–244
Schoppershof 246
Schübelsberg 247
Schweinau I–III 251–253
Steinbühl I–II 263–264
Sündersbühl I–III .. 269–271
Thumenberg 275
Tullnau I–III 276–278
Unterbürg 279
Veilhof 283
Weigelshof 289
Weiherhaus am Dutzendteich 291
Weiherhaus bei Pillenreuth . 292
Winzelbürg 301
Zerzabelshof 303
Ziegelstein I–II 304–305

Landkreis Roth
Markt Wendelstein
Kugelhammer 156
Wendelstein I–VI ... 293–298

559

Übersicht der Burgen und Herrensitze

Nach Objektnummern mit
Angabe des Planquadrats

Nr.	Name	Quadrat
1	Albewinestein	H9
2	Alfalter	H6
3	Alfeld	I 3
4	Almoshof I	B4
5	Almoshof II	B4
6	Almoshof III	B4
7	Almoshof IV	B4
8	Altdorf	G2
9	Altenfurt I	D3
10	Altenfurt II	D3
11	Altenthann	F2
12	Alter Rothenberg	F6
13	Artelshofen	I 6
14	Beerbach	D6
15	Behringersdorf I	D4
16	Behringersdorf II	D4
17	Behringersdorf III	D4
18	Behringersdorf IV	D4
19	Betzenstein I	H9
20	Betzenstein II	H9
21	Birkensee	G3
22	Birnthon	E2
23	Bislohe	A5
24	Brand I	D6
25	Brand II	D6
26	Brand III	D6
27	Braunsbach	B5
28	Breitenthal	J5
29	Brezengarten	N
30	Bruck I	A6
31	Bruck II	A6
32	Bruck III	A6
33	Bruck IV	A6
34	Brunn	E3
35	Buckenhof	B7
36	Büg	E7
37	Bürtel	J5
38	Burgthann	F1
39	Dehnberg	F5
40	Diepersdorf	F4
41	Diepoltsdorf I	G7
42	Diepoltsdorf II	G7
43	Diepoltsdorf III	G7
44	Dörnhof	E9
45	Dormitz I	C7
46	Dormitz II	C7
47	Eckenhaid	E6
48	Egensbach	G3
49	Eibach	B2
50	Eibental	H8
51	Eismannsberg I	H2
52	Eismannsberg II	H2
53	Eismannsberg III	H2
54	Eismannsberg IV	H2
55	Engelthal	G4
56	Enzendorf	I 6
57	Erlenstegen I	C4
58	Erlenstegen II	C4
59	Erlenstegen III	C4
60	Erlenstegen IV	C4
61	Erlenstegen V	C4
62	Erlenstegen VI	C4
63	Erlenstegen VII	C4
64	Erlenstegen VIII	C4
65	Ermreuth	D8
66	Eschenau I	D6
67	Eschenau II	D6
68	Eschenau III	D6
69	Eschenau IV	D6
70	Eschenbach	I 5
71	Feucht I	D2
72	Feucht II	D2
73	Feucht III	D2
74	Feucht IV	D2
75	Feucht V	D2
76	Finstermühle	J7
77	Fischbach I	D3
78	Fischbach II	D3
79	Fischbach III	D3
80	Fischbach IV	D3
81	Fischbach V	D3
82	Fischstein	J9
83	Flaschenhof	N
84	Forth	E7
85	Frohnhof	E7
86	Gauchsmühle I	E2
87	Gauchsmühle II	E2
88	Gibitzenhof	N
89	Gleißbühl	N
90	Gleißhammer I	N
91	Gleißhammer II	N
92	Glockenhof	N
93	Gostenhof I	N
94	Gostenhof II	N
95	Gräfenberg I	E8
96	Gräfenberg II	E8
97	Großengsee	G8
98	Großgründlach I	A5
99	Großgründlach II	A5
100	Grünreuth I	J7
101	Grünreuth II	J7
102	Grünsberg	F2
103	Günthersbühl	E5
104	Guttenburg	E8
105	Hadermühle	N
106	Hagenhausen	G2
107	Haimburg	H1
108	Haimendorf	F4
109	Hallerweiherhaus	N
110	Hammer	D4
111	Hammermühle	E9
112	Hammerschrott	J8
113	Happurg I	H4
114	Happurg II	H4
115	Happurg III	H4
116	Happurg IV	H4
117	Hartenstein	I 7
118	Hartmannshof	J4
119	Hauseck	J6
120	Henfenfeld	G4
121	Heroldsberg I	D5
122	Heroldsberg II	D5
123	Heroldsberg III	D5
124	Heroldsberg IV	D5
125	Hersbruck	H5
126	Heuchling	F5
127	Hiltpoltstein	F8
128	Himmelgarten	E4
129	Himpfelshof	N
130	Hirschbach	I 6
131	Höfles	B4
132	Hohenstein	H7
133	Hüttenbach	F7
134	Hummelstein	N
135	Immeldorf	L
136	Kalchreuth I	C6
137	Kalchreuth II	C6
138	Kalchreuth III	C6
139	Katzwang	B1
140	Kernstein	B4
141	Kersbach	G6
142	Kirchensittenbach I	H6
143	Kirchensittenbach II	H6
144	Kirchensittenbach III	H6
145	Kleingeschaidt	D6
146	Königshof	C2
147	Kontumazgarten	N
148	Kornburg I	C1
149	Kornburg II	C1
150	Kornburg III	C1
151	Kotzenhof	E5
152	Kraftshof I	B5
153	Kraftshof II	B5
154	Kraftshof III	B5
155	Kucha	H3
156	Kugelhammer	D1
157	Lauf	E5
158	Laufamholz	D4
159	Letten	E4
160	Leupoldstein	G9
161	Lichtenau	L
162	Lichtenegg	J4
163	Lichtenhof	N
164	Lichtenstein	I 5
165	Lohhof	B2
166	Maiach	B2
167	Malmsbach	D4
168	Marquardsburg	D6
169	Mausgesees	E6
170	Mittelburg	I 4
171	Mitteldorf	E7
172	Mögeldorf I	C4
173	Mögeldorf II	C4
174	Mögeldorf III	C4
175	Mögeldorf IV	C4
176	Mögeldorf V	C4
177	Mögeldorf VI	C4
178	Mögeldorf VII	C4
179	Mögeldorf VIII	C4
180	Mühlhof	B2
181	Netzstall	E3
182	Neuhaus-Veldenstein	J8
183	Neunhof/Lauf I	E6
184	Neunhof/Lauf II	E6
185	Neunhof/Lauf III	E6
186	Neunhof/Lauf IV	E6
187	Neunhof/Lauf V	E6
188	Neunhof b. Kr. I	B5
189	Neunhof b. Kr. II	B5
190	Nuschelberg I	E5
191	Nuschelberg II	E5
192	Oberbürg	D4
193	Oberkrumbach	G6
194	Oberndorf b. Offenhsn.	H3
195	Oberndorf b. R'schwand	G5
196	Oberschöllenbach I	D6
197	Oberschöllenbach II	D6
198	Ödenberg	D5
199	Offenhausen I	G3
200	Offenhausen II	G3
201	Offenhausen III	G3
202	Osternohe I	G6
203	Osternohe II	G6
204	Ottensoos	F5
205	Peuerling	G4
206	Pillenreuth I	B2
207	Pillenreuth II	B2
208	Pommelsbrunn I	I 4
209	Pommelsbrunn II	I 5
210	Prackenfels	G2
211	Rampertshof I	G7
212	Rampertshof II	G7
213	Rasch I	G1
214	Rasch II	G1
215	Rechenberg I	N
216	Rechenberg II	N
217	Reichelsdorf	B2
218	Reichelsdorfer Keller	B2
219	Reicheneck	I 4
220	Reichenschwand I	G5
221	Reichenschwand II	G5
222	Renzenhof	E4
223	Riegelstein	H8
224	Rockenbrunn	F4
225	Röckenhof	C6
226	Rödlas	D7
227	Röthenbach/Pegnitz I	E4
228	Röthenbach/Pegnitz II	E4
229	Röthenbach b. Schw.	B2
230	Rothenberg	G6
231	Rothenbruck	I 7
232	Rückersdorf	E4
233	Rummelsberg	E1
234	Sandreuth	N
235	St. Helena	G8
236	St. Jobst	N
237	St. Johannis I	N
238	St. Johannis II	N
239	Scherau	F3
240	Schnaittach	F6
241	Schniegling I	N
242	Schniegling II	N
243	Schniegling III	N
244	Schniegling IV	N
245	Schönberg	F4
246	Schoppershof	N
247	Schübelsberg	N
248	Schwaig	D4
249	Schwarzenbruck I	E1
250	Schwarzenbruck II	E1
251	Schweinau I	N
252	Schweinau II	N
253	Schweinau III	N
254	Siegersdorf	G6
255	Simmelsdorf I	F7
256	Simmelsdorf II	F7
257	Simonshofen	E6
258	Spies	G8
259	Spiesmühle	E8
260	Stein I	B2
261	Stein II	B2
262	Steinach	A5
263	Steinbühl I	N
264	Steinbühl II	N
265	Stettenberg	C5
266	Stierberg	G9
267	Strahlenfels	G8
268	Strengenberg	E5
269	Sündersbühl I	N
270	Sündersbühl II	N
271	Sündersbühl III	N
272	Tennenlohe I	B6
273	Tennenlohe II	B6
274	Thalheim	J4
275	Thumenberg	N
276	Tullnau I	N
277	Tullnau II	N
278	Tullnau III	N
279	Unterbürg	D4
280	Unterkrumbach	G5
281	Uttenreuth	B7
282	Utzmannsbach	G7
283	Veilhof	N
284	Velden	I 7
285	Vorra I	I 6
286	Vorra II	I 6
287	Waizenfeld	J4
288	Walkersbrunn	E8
289	Weigelshof	N
290	Weiherhaus b. Feucht	E2
291	Weiherhaus a. Dutzendt.	N
292	Weiherhaus b. Pillenrth.	B2
293	Wendelstein I	C1
294	Wendelstein II	C1
295	Wendelstein III	C1
296	Wendelstein IV	C1
297	Wendelstein V	C1
298	Wendelstein VI	C1
299	Wildenfels	G8
300	Winterstein	F7
301	Winzelbürg	N
302	Wolfsfelden	C6
303	Zerzabelshof	C3
304	Ziegelstein I	C4
305	Ziegelstein II	C4

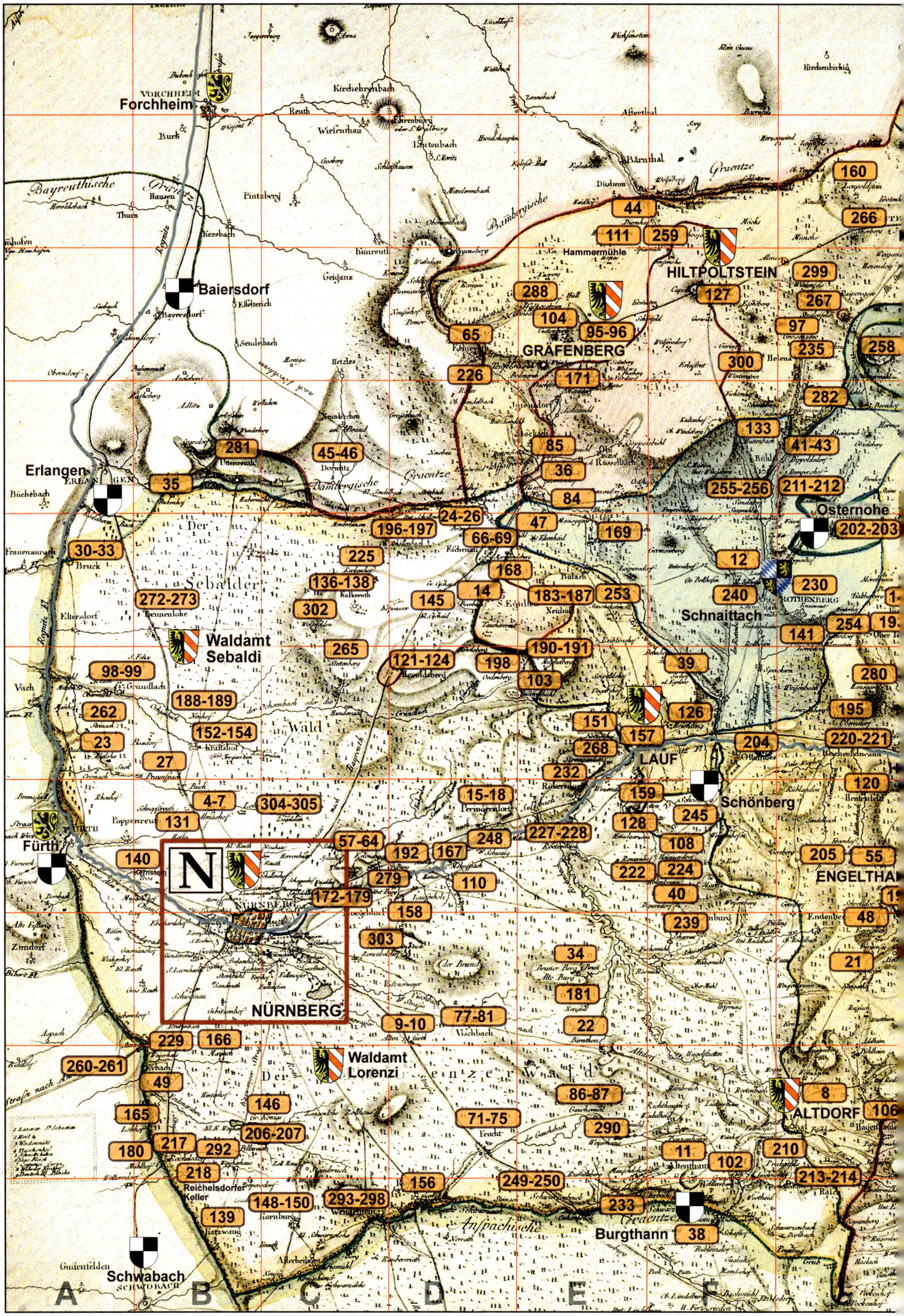
Forchheim
Baiersdorf
Erlangen
Waldamt Sebaldi
Fürth
Hammermühle
GRÄFENBERG
HILTPOLTSTEIN
Osternohe
Schnaittach
LAUF
Schönberg
ENGELTHAL
N
NÜRNBERG
Waldamt Lorenzi
ALTDORF
Burgthann
Reichelsdorfer Keller
Schwabach
A
B
C
D
E
F
160
266
44
111
259
299
127
267
288
104
95-96
97
235
258
65
300
226
171
282
133
281
45-46
85
41-43
35
36
84
255-256
211-212
24-26
47
196-197
66-69
169
202-203
30-33
225
168
12
136-138
14
145
183-187
253
240
230
272-273
302
254
141
265
190-191
121-124
198
39
98-99
103
280
188-189
126
195
262
151
157
152-154
204
220-221
23
268
27
232
120
15-18
159
4-7
304-305
131
245
128
227-228
57-64
248
108
140
192
167
205
55
279
110
222
224
172-179
40
158
239
48
303
34
21
181
77-81
9-10
22
229
166
260-261
49
86-87
8
146
106
165
71-75
290
206-207
217
292
180
11
102
210
218
249-250
213-214
156
148-150
293-298
233
139
38

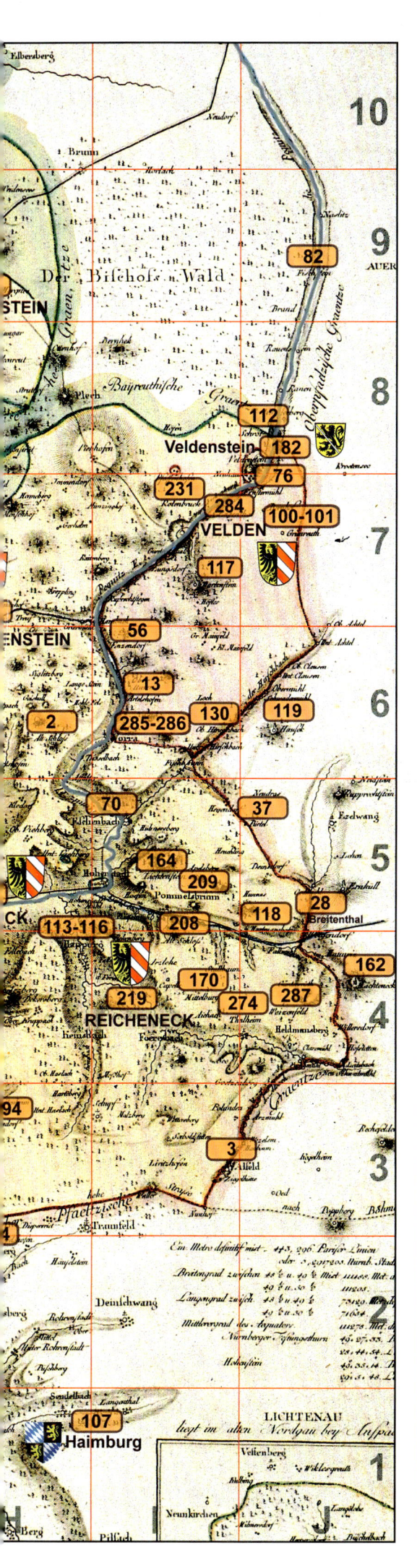

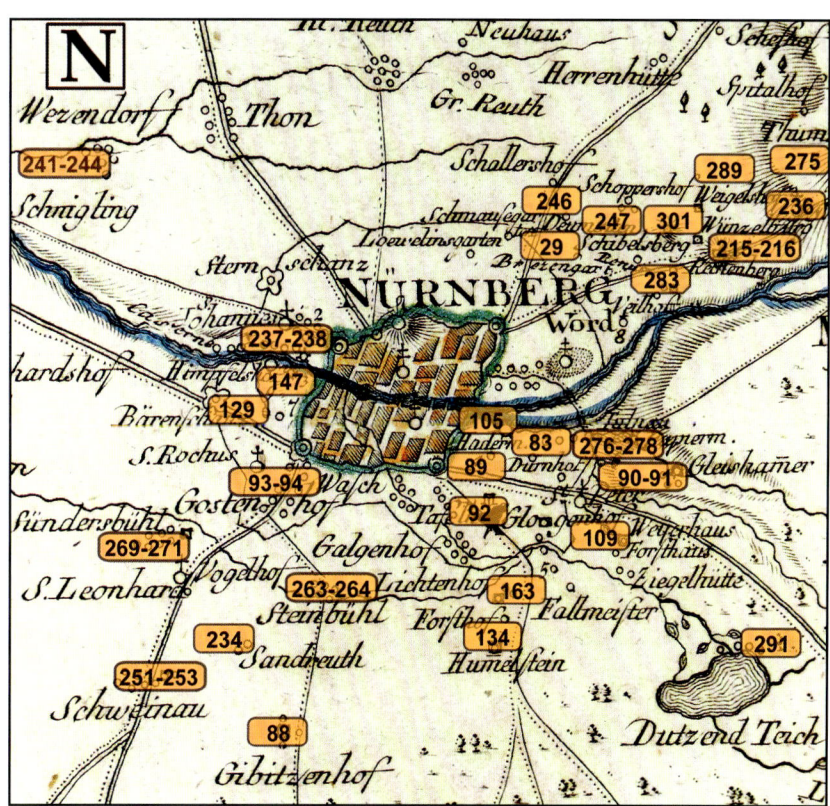

Burgen und Herrensitze in der Alten und Neuen Nürnberger Landschaft (nach 1504)

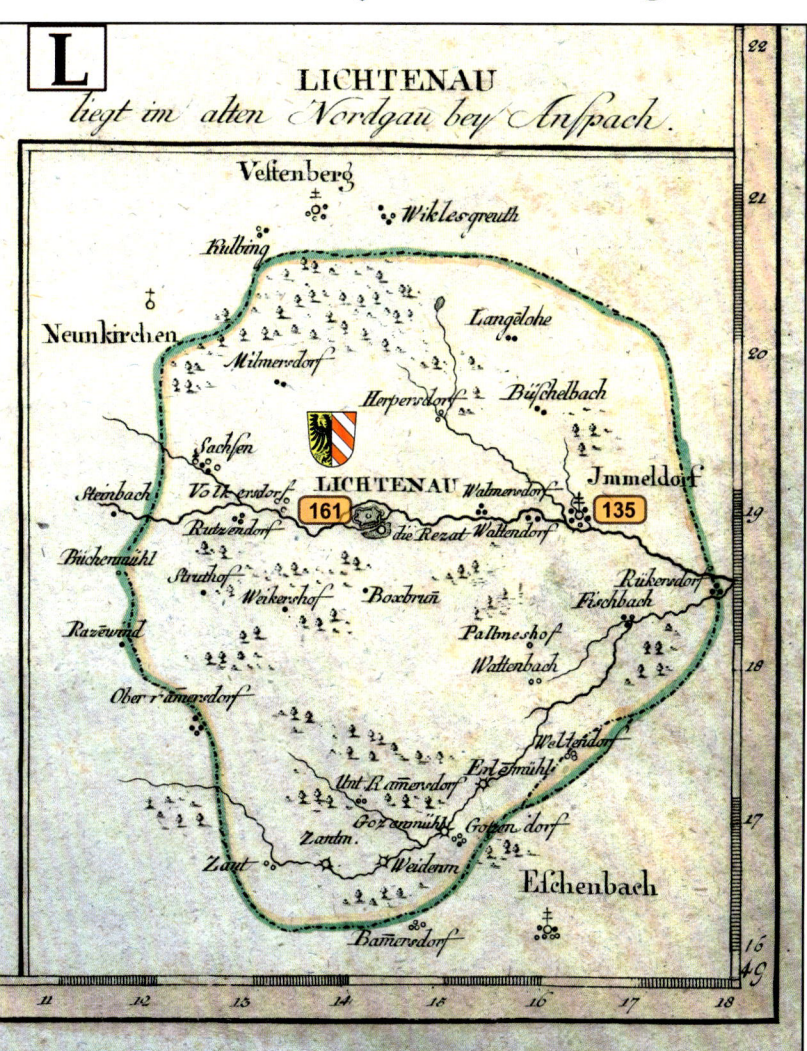

🟧 39 Objektnummer   Ämter: nürnbergisch   markgräflich   pfälzisch/kurbayerisch   bambergisch

Grundkarte:
Johann Leonhard Spaeth, 1806
(Staatsarchiv Nürnberg)